W0273254

Robert Neumann / Gerhard Graf

•

Management-Konzepte im Praxistest

Management-Konzepte im Praxistest

State of the Art
Anwendungen
Erfolgsfaktoren

herausgegeben von
Robert Neumann und Gerhard Graf

Linde
international

Bibliografische Information Der Deutschen Bibliothek

Die Deutsche Bibliothek verzeichnet diese Publikation in der Deutschen Nationalbibliografie; detaillierte bibliografische Daten sind im Internet über http://dnb.ddb.de abrufbar.

www.lindeverlag.at
ISBN: 978-3-7143-0114-4

1210 Wien, Scheydgasse 24, Tel.: 01 / 24 630
www.lindeverlag.at

Satz: deleatur.com, 1050 Wien, Hartmanngasse 15
Druck: Hans Jentzsch & Co. GmbH, 1210 Wien, Scheydgasse 31

Inhalt

Abbildungsverzeichnis

Organisationsdesign heute. Ein pragmatischer Ansatz zur Entwicklung einer Hochleistungsorganisation

Industrialisierung interner Dienstleistungs- und Verwaltungsprozesse durch den Aufbau eines Shared-Service-Centers

Nachhaltige Unternehmensentwicklung als Oberziel eines Integrierten Managements – Das Management der Lebenszykluskurve – Theorie und Beispiele aus der Praxis

Organizational Maturity – oder: Wie reif muss eine High-Performance-Organisation sein ... ?

Professionalität im Change Management. Veränderungen in Gang bringen und wirksam umsetzen

Projektmanagement bei Organisations- und Managementprojekten. Eine besondere Herausforderung im Umgang mit Komplexität und Dynamik

Entwicklung, Veränderung und Neugestaltung von Unternehmen durch Transformationsmanagement

Unternehmenskooperationen. Aufbau, Gestaltung und Nutzung

Development Center/Assessment Center „Future Mind®". Eine neue, innovative und sehr effiziente Form zur Potenzialbeurteilung und Mitarbeiterauswahl

Generation Resource Management – Innovative HR-Konzepte im demografischen Wandel

Managementtheorie: Grundlagen und aktuelle Entwicklungen

„Mind-Settings“ im Management – Gedanken zum „Führungskraft-SEIN“

Vorwort

Mit dem vorliegenden Buch zum Thema „Management-Konzepte im Praxistext" wollen wir nicht lemming-artig dem „Mainstream" folgen und weitere Management-Moden präsentieren, die dann im besten Fall als Mythen vorzeitig und innerhalb kurzer Zeit von nächsten Themen abgelöst werden.

Zahlreiche Bücher und Fachmagazine präsentieren ständig neue Empfehlungen an die Praxis der Unternehmensführung. Die Erfahrung zeigt jedoch, dass vielfach entweder neuer Wein in alten Schläuchen verkauft wird oder aber Adaptierungs-, Implementierungs- und Anwendungsversuche im Unternehmensalltag daran scheitern, dass die jeweiligen Unternehmen auf die neuen Ansätze zu wenig vorbereitet sind. Jedes Management-Konzept, jeder Optimierungsversuch, jede Maßnahme, die zur Sicherung bzw. Steigerung der Wettbewerbsfähigkeit beitragen soll, stößt auf ein organisatorisches Gedächtnis. Und ob dieses Gedächtnis Neuerungen und Veränderungen in welchem Ausmaß auch immer zulässt, ist im Vorfeld niemals klar. Erst die Qualität an innerbetrieblich erzeugter Konsensbereitschaft in den Zielen und im Nutzen angestrebter Lösungen entscheidet letztendlich über Erfolg bzw. Misserfolg eingeleiteter Veränderungen.

Mit dem vorliegenden Werk wollen wir nicht klüger sein als zahlreiche andere Managementwissenschafter, Experten oder Richtungsgeber der Unternehmenspraxis. Wir möchten mit dieser Arbeit einen aktuellen, breiten Überblick geben, was aus sowohl wissenschaftlicher wie auch anwendungsorientierter Sicht heute notwendig ist, um zentrale Bereiche im Unternehmen so aufeinander abzustimmen und inhaltlich zu organisieren, dass daraus exzellente Ergebnisse resultieren. Denn erfolgreiche Hochleistungsunternehmen verfügen nicht nur über eine herausragende Qualität bei den Führungskräften, sondern sind auch in der Lage, ihr Unternehmen strukturell wie auch prozessmäßig und in Bezug auf das Binnen-Design marktorientiert auszurichten. Sie wissen, dass der Geschäftserfolg aus dem Ergebnis eines komplexen Zusammenspiels unterschiedlichster Einflussfaktoren resultiert. Dazu muss sowohl in das Außen wie vor allem auch in das Innen der Unternehmen und in die Qualität der Zusammenarbeit investiert werden. D.h. es müssen begünstigende Rahmenbedingungen geschaffen werden, um die Organisation lebendig zu halten. Dies erfordert insbesondere eine zielgerichtete Entwicklung einer Anpassungs-, Lern- und Veränderungsfähigkeit, um sowohl den Reifegrad bei Führungskräften und Mitarbeitern als auch bei internen Richtlinien, Regeln und Standards kontinuierlich zu erhöhen.

Vor dem Hintergrund unserer integrativen und somit gesamthaften Perspektive präsentieren wir durch die vorliegende Arbeit eine Auswahl jener Managementfaktoren, die im Zusammenwirken die Einzigartigkeit und Professionalität von Unternehmen unterstreichen kann.

In jedem der dazu gewählten Themenfelder wie „Organisation und Gestaltung", „Veränderung und Entwicklung", „Kooperation und Zusammenarbeit", „Wissen und Lernen", „Personal und Arbeit" und letztlich „Management und Führung" wird dazu in einem ersten Schritt grundlegendes Basis- bzw. Überblickswissen vermittelt. Dadurch werden sozusagen die inhaltlichen Grundlagen skizziert. Ergänzt werden diese Beiträge schließlich von Themen, die sowohl aktuelle bzw. zukunftsorientierte Fragen aufwerfen als auch Umsetzungsbeispiele beschreiben. So entsteht ein Mix aus wissenschaftlich fundierten Erkenntnissen und reflektierten praktischen Anwendungsbeschreibungen. In diesem Theorie-Praxis-Austausch wird letztendlich durchaus kritisch darauf hingewiesen, welche Ideen es im Allgemeinen heute gibt, welche Überzeugungen zur Umsetzung wirken, was funktioniert und woran man scheitern kann. Im Vordergrund stehen erprobte Zugänge zu den einzelnen Themengebieten, die auch die Nützlichkeit bestimmter Konzepte unterstreichen.

Das Buch wendet sich daher sowohl an Studierende von Managementwissenschaften bzw. an Teilnehmer/innen von Management-Lehrgängen als auch an Führungskräfte, Entscheider und Richtungsgeber der Unternehmenspraxis. Mit den gewählten Inhalten hoffen wir, dass Sie sich zum einen vor dem Hintergrund bereits gemachter Erfahrungen bestätigt sehen und zum anderen wertvolle Anregungen für neue und alternative Zugänge erhalten.

Abschließend möchten wir uns bei all jenen Autorinnen und Autoren recht herzlich bedanken, die mit ihrem Wissen und ihrer Kompetenz so intensiv an der Entwicklung dieses Buches mitgewirkt haben.

Univ. Prof. Mag. Dr. Robert Neumann — Dr. Gerhard Graf

Klagenfurt, St. Gallen im Juli 2007

Organisation und Gestaltung

Organisationsdesign heute

Ein pragmatischer Ansatz zur Entwicklung einer Hochleistungsorganisation

Gerhard Graf

In diesem Beitrag erfahren/erhalten Sie

- einen Überblick über die historischen Wurzeln und Entwicklungen der Organisationstheorien, insbesondere die Einbettung organisationstheoretischer Überlegungen in die Betriebswirtschaftslehre
- wie viele und welche Dimensionen zur Beschreibung von Organisationsstrukturen notwendig sind
- wie die strukturierte Anwendung dieser Dimensionen zu einem vernünftigen Organisationsdesign führt
- welches praktische Konzept zum Organisationsdesign heute empfohlen werden kann
- welche kulturspezifischen Besonderheiten der Unternehmensstruktur vor allen Dingen deutsche Unternehmen im Vergleich zu französischen und britischen aufweisen und wie sich diese Besonderheiten erklären.

1. Einleitung und Zielsetzung

Im Zuge der Vorbereitungsarbeiten auf diesen Beitrag versuchte ich mich von der praktischen Seite her der Thematik Organisation zu nähern. Ich stellte mir bewusst die Frage, wo, wann und in welcher Form ich an einem durchschnittlichen Arbeitstag mit Organisationen in Kontakt komme und wie wichtig das Funktionieren von Organisationen für meinen Alltag überhaupt ist. Meine kleine empirische Studie brachte die zentrale Erkenntnis zu Tage: Es ist in unserer heutigen modernen Gesellschaft schon sehr schwierig, Bereiche des Lebens zu finden, die nicht in irgendeiner Form von Organisationen determiniert sind[1]. In Organisationen bringen wir den ganz überwiegenden Teil unserer Erwerbsarbeit ein, wir gestalten mit deren Hilfe großteils unsere Freizeit, Organisationen dienen der Herstellung von Produkten und der Bereitstellung von Dienstleistungen, Organisationen bündeln Interessen und setzen diese anderen Interessen gegenüber durch. In Organisationen sind wir von Geburt an eingebettet, Organisationen begleiten uns unser ganzes Leben hindurch und Organisationen wirken sogar bis über unseren Tod hinaus. Anders formuliert: Moderne Gesellschaften sind offensichtlich Gesellschaften mit einem hohen Maß an Durchorganisierung, sie sind „Organisationsgesellschaften".

Wenn nun unsere Gesellschaft in einem so hohen Grad von Organisationen durchdrungen ist, sollten wir über diese Institutionen Bescheid wissen, sie verstehen und begreifen. Wir sollten prinzipiell verstehen, wie Organisationen „organisiert" sind, wie sie funktionieren, welche Gesetzmäßigkeiten darin herrschen und wie wir die Entwicklung von Organisationen bewusst gestalten und verändern können.

Damit wären wir beim Kernanliegen des vorliegenden Beitrags angelangt. Gemäß dem Leitgedanken „Managementpraxis" soll so wenig wie möglich und so viel wie notwendig organisationstheoretisches Wissen behandelt werden. Vielmehr stehen aktuelle organisationspraktische Themen im Mittelpunkt. Und hier vor allen Dingen möchte ich die strukturellen Themen behandeln, das heißt der Frage nachgehen: Wie sollten Organisationen in ihrem strukturellen Aufbau gestaltet sein, damit sie das Geschäft unterstützen und fördern? Wie sollte man bei dem Organisationsdesign in sinnvoller Weise vorgehen und was muss dabei im Besonderen berücksichtigt werden?

In einem ersten Schritt möchte ich mich auf methodische Art und Weise dem Phänomen „Organisation" nähern. Und hier möchte ich gerne mit einem kurzen Exkurs, der das Spannungsfeld Betriebswirtschaftslehre und deren methodischen Umgang mit dem zentralen Element Organisation beleuchtet, beginnen.

[1] Ich für meinen Teil konnte überhaupt keinen Lebensbereich entdecken, der nicht von Organisationen, auf welche Art und Weise auch immer, bestimmt ist. Sollten Sie welche in Ihrem Umfeld entdecken, würde ich mich über einen Hinweis freuen.

2. Exkurs: Organisation und das Selbstverständnis der Betriebswirtschaftslehre

Erich Gutenbergs grandioser Gründungsakt der Betriebswirtschaftslehre bestand darin, die Unternehmung zum Gegenstand einer „betriebswirtschaftlichen Theorie“ zu machen, indem der Sachverhalt der „Organisation“ in diesem Unternehmen bewusst ausgeklammert wurde. In seiner Habilitationsschrift über „Die Unternehmung als Gegenstand betriebswirtschaftlicher Theorie“ aus dem Jahr 1929 hält Gutenberg in aller Deutlichkeit fest:

„Die Unternehmung als Objekt betriebswirtschaftlicher Theorie kann (...) nicht unmittelbar die empirische Unternehmung sein. Es muss für sie die Annahme gemacht werden, dass die Organisation der Unternehmung vollkommen funktioniert. Durch diese Annahme wird die Organisation als Quelle eigener Probleme ausgeschaltet und so weit aus ihrer wissenschaftlich und praktisch bedeutsamen Stellung entfernt, dass aus ihr keine Schwierigkeiten mehr für die theoretischen Gedankengänge entstehen können. Die Annahme einer solchen eingestimmten, den reibungslosen Vollzug der betriebswirtschaftlichen Grundprozesse gewährleistenden Organisation bedeutet nicht eine Negation, sondern lediglich eine Neutralisierung der Probleme der Organisation. Gerade aus der hier weiter voranzutreibenden Einstellung heraus wird sich eine Fülle von Argumenten für die wissenschaftliche Bevorzugung organisatorischer Fragen ergeben. Jedoch soll nunmehr der Blick von der Organisation fortgenommen und unmittelbar auf die Unternehmung als Objekt betriebswirtschaftlicher Theorie gelenkt werden.“

Weiters führte Gutenberg aus, dass die Betriebswirtschaftslehre nur dann zu einer eigenen wissenschaftlichen Disziplin entwickelt werden kann, wenn sie sich nicht mit den technischen, den psychologischen und den soziologischen Fragen der Organisation beschäftigt und auch die eher philosophischen Fragen, worin die Bedingungen der Möglichkeit der Organisation bestehen, auf sich beruhen lässt. Alle diese Themenstellungen werden deswegen nicht etwa unwichtig, aber zu ihrer Behandlung verwies Gutenberg auf die entsprechenden Nachbarwissenschaften. Ausgeklammert wird also all das, was für Ingenieure, Psychologen, Soziologen und Philosophen wichtig ist.

Die entscheidende Leistung dieses Zuganges liegt darin, das Problem gefunden, definiert und ausgearbeitet zu haben, welches die deutsche Betriebswirtschaftslehre seither bearbeitet und das der französischen Science de Gestion, die eher verwaltungswissenschaftlich orientiert ist, ebenso unklar ist wie den angelsächsischen Management Studies, die sich eher aus einem universitären Selbstverständnis des Interesses an einem bestimmten Gegenstand ableiten. Gutenberg definiert für die Betriebswirtschaftslehre das Problem, die Möglichkeit der Anwendung eines ökonomischen Kalküls auf einen sich diesem Kalkül immer auch entziehenden, ihm widersprechenden Gegenstand – die Person, die unternehmerische Organisation – zu überprüfen, zu untersuchen und nicht zuletzt – als Ausbildungswissenschaft und Betriebslehre – auch durchzusetzen.

In den 1960er Jahren nimmt dieser Zugang schließlich eine markante Wendung. Zunehmend wird die Ausklammerung der Organisation aus dem wissenschaftlichen Gedankengebäude der Betriebswirtschaftslehre für nicht mehr opportun gehalten. Es hält die Erkenntnis Einzug, dass die Ausgrenzung eines doch evidentermaßen wichtigen Gegenstandes und Themas aus der Disziplin nicht länger sinnvoll erscheint. Edmund Heinen eröffnet in seinem Werk „Einführung in die Betriebswirtschaftslehre" (1968) demgemäß: *„Der Mensch ist in eine ihm fremde Welt hineingeboren, die ihn täglich vor neue Probleme der Daseinsbewältigung stellt. Seit jeher wird es als die vornehmste Aufgabe der Wissenschaft angesehen, dem Menschen bei der Bewältigung dieser Daseinsprobleme zu helfen. Hier liegen somit Ausgangs- und Bezugspunkt allen wissenschaftlichen Bemühens um Erkenntnis. (...) Die Betriebswirtschaftslehre zählt zu den Gesellschafts- und Sozialwissenschaften, die sich mit dem menschlichen Verhalten im allgemeinsten Sinne befassen. Sie versucht auf systematische Weise und mit objektiven wissenschaftlichen Methoden Wissen über das tatsächliche menschliche Verhalten zu erarbeiten und zu vermitteln."* Damit stellt Heinen „das Entscheiden" in den Mittelpunkt der Betriebswirtschaftslehre. Unter Entscheidung versteht Heinen den Akt der Willensbildung, das heißt den Entschluss eines Menschen, etwas so und nicht anders auszuführen ... und damit ist die Brücke zu den wissenschaftlichen Disziplinen wie Soziologie und Psychologie geschlagen.

Heinen konstatiert damit, dass die Betriebswirtschaftslehre mit dieser „Öffnung" zwar eine Fülle neuer Gegenstände und Themen gefunden hat, aber ihrer ursprünglichen Problemstellung verlustig gegangen ist. Er tritt in seiner Arbeit die Flucht nach vorne an und erklärt, dass sich die Wissenschaft für das menschliche Verhalten und menschliche Entscheiden nicht etwa generell, sondern *„aktiv-mitarbeitend"* interessiert. Dieses Interesse äußert sie dadurch, dass sie „normative Modelle" zur Verfügung stellt, etwa: „Entscheidungen in der Unternehmung müssen so getroffen werden, dass der größtmögliche Gewinn erzielt wird", oder: „Bei betrieblichen Dispositionen müssen negative Auswirkungen auf die Arbeitszufriedenheit vermieden werden", etc.

Ich komme auf diese in meinen Augen durchaus sinnvolle theoretische Entwicklung nur zurück, um darauf hinweisen zu können, dass die Sensibilität gegenüber der notwendigerweise selektiven Behandlung des Themas der Organisation und des Organisierens, über die Gutenbergs Ausklammerung noch verfügt, verloren gegangen ist, seit Edmund Heinen mit Verweis auf menschliches Verhalten und menschliches Entscheiden und Hans Ulrich mit Verweis auf gesellschaftliche Verantwortung, beide ja durchaus berechtigt, die „Büchse der Pandora" geöffnet haben.

Viele andere sind ihnen auf diesem Weg gefolgt und haben dadurch die Betriebswirtschaftslehre in der Nachfolge der Soziologie der 60er und 70er Jahre heute zur Leitwissenschaft werden lassen. Aber genauso wie damals die Soziologie und die Gesellschaft unter der Überschätzung der Soziologie gelitten haben – ich möchte hier nur daran erinnern, dass man damals aus der Einsicht, dass komplexe Phänomene nicht steuerbar sind, die Konsequenz ableitete, man müsse auf informiertere und indirektere Art und Weise, aber trotzdem steuern –, so leiden heute die Betriebswirtschaftslehre und die Gesellschaft unter der Überschätzung der Betriebswirtschaftslehre. Wer glaubt, dass „Management“ eine Führungs- und Gestaltungskunst sei, die unterschiedslos allen Organisationen, also nicht nur Unternehmen, sondern auch Behörden, Kirchen, Vereinen, Schulen, Universitäten, sozialen und kulturellen Einrichtungen sowie Armeen verschrieben werden kann, weiß nicht mehr, dass dieses Management ein Produkt der Anwendung eines wirtschaftlichen Kalküls auf einen diesem Kalkül fremden Gegenstand, die Organisation, ist.

Das ist der Pfad, auf dem die Betriebswirtschaftslehre seither wandelt, und mit diesem Hintergrund sind auch nachfolgende Organisationstheorien besser zu verstehen.

Die Entwicklung der Organisation und des Organisationsverständnisses speziell im letzten Jahrzehnt möchte ich beinahe als Revolution verstehen. Sie wurde in den 20er Jahren des letzten Jahrhunderts in Gang gebracht, hat seit den 60er Jahren an Schubkraft gewonnen und erfährt in diesem Jahrhundert eine noch nie da gewesene besondere Form von Dynamik und Bedeutung: es geht um die Revolution der Organisation an sich, die Umstellung von Bürokratie, Pyramidenorganisation und Fließband hin zu einem offenen Netzwerk von Information, Kommunikation und Produktion. Die Devise dieser Revolution ist es, den stolzen Satz des 19. Jahrhunderts: „Wer arbeitet, produziert“, auszuwechseln gegen den in seinen Konsequenzen noch nicht absehbaren Satz: „Wer arbeitet, kommuniziert.“

Wir müssen uns das konkret vorstellen: Die eigene, unsere Arbeit orientiert sich nicht mehr am Stolz auf das Produkt, sondern an der Gesprächsfähigkeit der Absichten und Mittel. Ein Großteil der soziologischen Bemühungen dieser Jahre hat sich von Kategorien der Produktion auf Kategorien der Kommunikation umgestellt, ohne dass die Motive für diesen Kategorienwechsel immer durchsichtig sind. Zunehmend steht nicht mehr die Produktion und damit das Ergebnis und seine Autorität im Mittelpunkt, sondern vielmehr die Kommunikation und damit der Prozess und seine Reversibilität im Zentrum des Interesses.

Anzeichen für diese Revolution finden sich auf zwei Ebenen: erstens im vielzitierten Wertewandel der letzten Jahrzehnte von einer Ideologie disziplinierter Produktivität hin zu einer Ideologie emanzipierter Interaktivität und zweitens in einem enormen Aufschwung so genannter Managementphilosophien, die sich nicht mehr am Leitbild der Hierarchie, sondern am Leitbild des Teams orientieren.

Aber bevor wir jetzt in die weiteren Details moderner organisationaler Sichtweisen und Verständnisse eintauchen, lassen Sie mich zunächst den Terminus Organisation konkreter fassen und das diesem Beitrag zugrunde liegende Verständnis skizzieren. Im zweiten Schritt möchte ich dann einen organisationstheoretischen Abriss versuchen. Damit wäre dann das Fundament für die weitere, eher praktisch ausgelegte Arbeit gebildet.

3. Der Organisationsbegriff

Üblicherweise verwenden wir den Terminus „Organisation“ in mindestens zwei Bedeutungen: Einerseits werden häufig ganze Systeme so genannt, wir bezeichnen Unternehmen, Kirchen, Gewerkschaften, Schulen, Vereine, Behörden usw. als Organisationen. Andererseits haben wir bei dem Begriff Organisation auch besondere Merkmale eines Systems vor Augen, die wir Organisation nennen. In diesem Fall sagen wir dann: „ ... ein Unternehmen ist ausgezeichnet organisiert “, „... eine veraltete Organisation hat sich in einer Umorganisation befunden ...“, „ ... hat bereits mehrere Reorganisationen hinter sich ...“ usw. Dementsprechend werden auch die Begriffe in der Organisationstheorie differenziert; im ersten Fall sprechen wir vom institutionellen, im zweiten Fall vom instrumentellen Organisationsbegriff.

- In der allgemeinen deutschen Betriebswirtschaftslehre war lange Zeit der instrumentelle Organisationsbegriff vorherrschend. Hier wird die Organisation als Instrument der Betriebsführung begriffen, das den Leistungsprozess steuern hilft. Innerhalb dieser instrumentellen Sichtweise gibt es wiederum unterschiedliche Vorstellungen darüber, wie der Gegenstandsbereich der Organisation zu fassen ist. Im Wesentlichen werden dabei zwei Konzeptionen unterschieden: der funktionale und der konfigurative Organisationsbegriff.
  - Der funktionale Organisationsbegriff sieht die Organisation als eine Art Funktion der Unternehmensführung, also als eine Aufgabe, die wahrgenommen werden muss, um die Zweckerfüllung der Unternehmung sicherzustellen. Die Organisation tritt neben die anderen Funktionen der Unternehmensführung (z. B. Planung, Kontrolle, Steuerung) und ist in Bezug auf diese auszugestalten.
  - Der konfigurative Organisationsbegriff stellt die dauerhafte Strukturierung von Arbeitsprozessen in den Mittelpunkt. Bei dieser Sichtweise handelt es sich um ein festes Gefüge (Konfiguration) welches allen anderen Maßnahmen und Dispositionen vorgelagert ist. Damit kommt der Organisation eine völlig andere Rolle zu. Sie bildet gewissermaßen das Gerüst der Unternehmung. Die Organisation schafft quasi den Rahmen, innerhalb dessen die dispositiven Anordnungen getroffen werden können. Dementsprechend ist die Organisation definiert „als endgültig gedachte Strukturierung, die in der Regel auf längere Sicht gelten soll“ (vgl. dazu die strukturationstheoretischen Ausführungen unten).
- Beim institutionellen Organisationsbegriff wird der Blick auf das gesamte System, auf die Institution, gelenkt. Folgende Merkmale stehen hier im Vordergrund:
  - Spezifische Zweckorientierung: Organisationen sind auf spezifische Zwecke hin ausgerichtet. Diese Zwecke müssen sich keineswegs mit dem persönlichen Zweckinteresse der Organisationsmitglieder decken.
  - Geregelte Arbeitsteilung: Organisationen bestehen aus mehreren Personen, genauer formuliert, aus Handlungen mehrerer Personen, deren Aufgabenaktivitäten nach einem der Absicht nach gemeinsam definierten

Muster geteilt und verknüpft werden. Dieses Muster setzen Organisationen in Erwartungen um, an denen sich das Handeln der Mitglieder ausrichten soll.

- Beständige Grenzen: Organisationen weisen Grenzen auf, die es möglich machen, organisatorische Innenwelt und Außenwelt (Umwelt) zu unterscheiden. Die Grenze zwischen Organisation und Umwelt ist weder naturhaft gegeben noch bloß zufällig, sie ist absichtsvoll hergestellt und weist ein gewisses Maß an Stabilität auf. Eine Organisation kann nur bestehen, wenn es ihr gelingt, die Grenze zur Umwelt aufrecht zu erhalten.

Bereits aus diesen skizzenhaften Erläuterungen des institutionellen Organisationsbegriffes wird deutlich, dass hier ein ganz anderer Blickwinkel greift. Der Gegenstandsbereich der Organisationstheorie dehnt sich durch diese Perspektive nicht nur aus, sondern bezieht auch wichtige Probleme mit ein, die im instrumentellen Organisationsverständnis gar nicht zum Thema werden können. Der institutionelle Organisationsbegriff gibt nicht nur den Blick frei für die organisatorische Strukturierung, die formale Ordnung, sondern für das ganze soziale Gebilde, die geplante Ordnung, die ungeplanten Prozesse, die Funktionen, aber auch die Dysfunktionen organisierter Arbeitsabläufe, die Entstehung und die Veränderung von Strukturen, die Ziele und ihre Widersprüche.

Der instrumentelle Organisationsbegriff thematisiert das organisatorische Gestaltungsproblem im Vergleich dazu aus einem sehr engen Blickwinkel, nämlich dem rationalen Entwurf organisatorischer Strukturen. Eingeengt ist der Blickwinkel zum einen, weil vereinfacht unterstellt wird, dass die Regeln grundsätzlich in der geplanten Form befolgt werden. Bedeutsamer aber noch ist, dass bei der instrumentellen Betrachtungsweise Abweichungen von organisatorischen Regelungen nicht erklärt werden können, dazu fehlt die Perspektive des Gesamtsystems. Ein weiteres Kernproblem des instrumentellen Ansatzes ist, dass er die Strukturbildung als isolierte Expertenentscheidung modelliert und damit zwangsläufig der gesamte Strukturentstehungs- und Strukturentwicklungsprozess, seine Beobachtung durch die Mitglieder und ihre offiziellen und inoffiziellen Reaktionen und Modifikationsversuche ausgeblendet werden. Dies hat zur Konsequenz, dass sehr viele Phänomene und Funktionsbedingungen organisierter Systeme im instrumentellen Ansatz unerkannt und unbearbeitet bleiben.

Die angeführten Erkenntnisse und Einsichten in die für das Verständnis der Organisationsprobleme fragwürdige Begrenzung der Untersuchungsperspektive hat den instrumentellen Organisationsbegriff in seiner Bedeutung zurückgedrängt und in den letzten Jahren bzw. nun schon Jahrzehnten immer mehr den institutionellen Begriff zu dem gebräuchlicheren gemacht. Auch im vorliegenden Beitrag möchte ich dem institutionellen Grundverständnis folgen, denn nur dann ist überhaupt eine Modellierung nach dem TCG-9-Stufen-Modell möglich. Die prinzipielle Perspektive ist damit festgelegt. Damit fehlt jetzt noch ein Überblick über die verschiedenen, oft divergierenden organisationstheoretischen Konzeptionen, damit ein tragfähiges Fundament für die praktischen Themen dieser Arbeit vorliegt.

4. Überblick über die wichtigsten organisationstheoretischen Ansätze

Bevor ich überhaupt organisationstheoretische Ansätze sinnvoll diskutieren kann, möchte ich mich zunächst der offensichtlichsten Frage in diesem Kontext stellen: Wozu brauchen wir überhaupt Organisationstheorien?

Grundsätzlich kann dazu festgehalten werden, dass uns Organisationstheorien helfen sollen, den Zweck, das Entstehen, das Bestehen, den Wandel und die Funktionsweise von Organisationen zu verstehen und/oder zu erklären – siehe dazu die Überlegungen eingangs dieses Beitrages. Das ist natürlich ein ehernes, sehr schönes Ziel an sich, jedoch ist es unmittelbar an das „Wozu" geknüpft. Ein Organisationstheoretiker rückt natürlich die wissenschaftliche Perspektive dieser Thematik in den Mittelpunkt und versucht, sich deskriptiv dem Phänomen zu nähern. Ein Geschäftsführer oder Vorstand hat diesbezüglich ein ganz anderes Motiv, er muss gestalten, optimieren, verbessern; ein Mitarbeiter innerhalb eines Unternehmens ist wiederum durch ein völlig persönlich begründetes Motiv im Sinne von: „Wie verhalte ich mich richtig oder eben nicht richtig?", „Was dient meiner Karriere, was eher nicht?", etc. interessiert.

Es besteht auch nach wie vor Uneinigkeit zwischen den Organisationswissenschaftlern, welcher Art das Verhältnis zwischen Organisationstheorie und Organisationspraxis sein soll. Während die einen argumentieren, dass die Organisationstheorien zur rationalen – effizienten, humanen, umweltverträglichen usw. – Gestaltung von Organisationen beitragen sollen, sind die anderen zunächst an Erklärungen oder am Verstehen interessiert, schließen aber nicht aus, dass Theorien und deren Ergebnisse der auf ihnen basierenden Forschungsarbeiten über Umwege in die Organisationspraxis Eingang finden können. Wir können hier zusammenfassend feststellen, dass die Organisationstheorie bis zum heutigen Tag keine homogene Disziplin geworden ist. Sie verfügt weder über ein allseits akzeptiertes Paradigma, das Forschung und praktische Gestaltung einheitlich leiten würde, noch über ein einheitliches Theoriengebäude, um Erklärungs- und Gestaltungsrelevanz zu erreichen; im Gegenteil: heute existiert eine Vielzahl unterschiedlicher, einander oft konkurrierender Ansätze.

In diesem Kapitel möchte ich einen kurzen Überblick über die gängigsten organisationstheoretischen Zugänge geben.

Das zweifellos nachvollziehbarste Verständnis für die Disziplin an sich kann sicherlich aus ihrer geschichtlichen Entwicklung heraus gewonnen werden. Dies führte jedoch dazu, dass aufgrund der damit verbundenen detaillierten Ausführungen der Rahmen der vorliegenden Arbeit gesprengt werden würde. In Anbetracht der notwendigen Praxistauglichkeit des Beitrages möchte ich daher den alternativen Zugang zum organisationstheoretischen Abriss wählen. Dieser nähert sich der Thematik über die verschiedenen grundsätzlichen Perspektiven bzw. Ordnungsebenen, mit denen Institutionen betrachtet werden können.

Als solche gelten:

- die technisch-ökonomische Sichtweise
- die politisch-behavioristische Ordnungsebene
- die kulturell-kognitive Perspektive sowie
- die systemische Ordnungsebene.

Nachfolgende Grafik gibt einen Überblick über die verschiedenen organisationstheoretischen Konzepte und deren maßgebliche Vertreter.

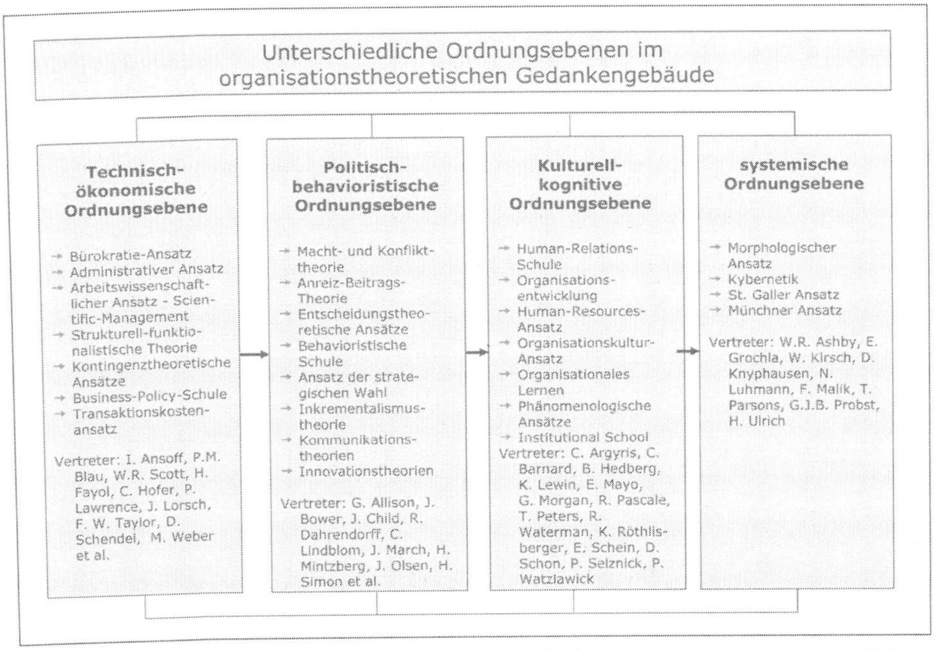

Abbildung 1: Die bedeutendsten organisationstheoretischen Ansätze und deren maßgebliche Vertreter

4.1. Technisch-ökonomisch geprägte Ansätze

Die technisch-ökonomische Ordnungsebene betont den Charakter einer Organisation als funktionales und zweckrationales Gebilde. Die Organisation verkörpert ein produktives, informationsverarbeitendes System, in dessen Zentrum das Produktionsproblem steht, d. h. der Transformationsprozess. Organisationen haben hier die vordringliche Aufgabe, durch die geeignete Anordnung und Nutzung des Faktorsystems von Arbeitskräften, Kapital, technischen Ressourcen unter Berücksichtigung von kontextuellen Einflüssen den Output zu maximieren. Somit ist die Organisation ein nach formalen Regeln konzipiertes Zielsetzungs- und Zielerreichungssystem, das gemäß der „Logik der Effizienz" und der „Logik der Effektivität" strukturiert ist. Das Bild der Organisation entspricht dem eines Werkzeugs, eines Instrumentes zur Lenkung kollektiver Aktivitäten auf rational bestimmte organisationale Ziele hin.

Folgende grundlegende Annahmen gelten hier:

- Damit eine „Organisation“ entsteht bzw. aufrechterhalten bleibt, müssen Ordnungsmuster im Rahmen bewusster und gewollter, aktiver Gestaltungsprozesse von Organisationsgestaltern, den so genannten Managern bzw. Vorgesetzten, geschaffen bzw. verändert werden.
- Es herrscht vollkommene Transparenz hinsichtlich der zur Verfügung stehenden Wahlmöglichkeiten aus alternativen Organisationsformen und -aktivitäten. Kausalzusammenhänge sind bekannt, und es wird angenommen, es gebe jeweils bestimmte Strukturen, Systeme, Strategien usw., die im Hinblick auf Ziele, Umweltsituationen, Technologie, Beteiligte etc. „optimal“ sind.
- Formalisierte und generalisierte Regelungen wirken verhaltensnormierend, gewährleisten eine personenunabhängige Aufgabenerfüllung und sichern ein kontrolliertes und koordiniertes Handeln; sie schützen die Organisation vor menschlichen Unzulänglichkeiten.
- Das Organisieren ist primär ein Ingenieurproblem und besteht vor allem in der Manipulation formaler Organisationselemente, um eine möglichst optimale Kombination der Systeme herzustellen und die Kapazität der Organisation zu steigern. Es handelt sich hier somit primär um Designthemen der Organisation.

Folgende Theorien weisen eine überwiegend technisch-ökonomische Ausrichtung auf:

Bürokratie-Ansatz, administrativer Ansatz, Scientific-Management – arbeitswissenschaftlicher Ansatz, strukturell-funktionalistische Theorie, kontingenztheoretische Ansätze, Business-Policy-Schule, Transaktionskostenansatz, strategische Planung.

Die Liste der maßgeblichen Vertreter dieser Ansätze umfasst unter anderem I. Ansoff, P.M. Blau, W.R. Scott, H. Fayol, C. Hofer, P. Lawrence, J. Lorsch, F. W. Taylor, D. Schendel, M. Weber.

4.2. Politisch-behavioristische Organisationstheorien

Aus politisch-behavioristischer Sicht verkörpern Organisationen nicht einfach zielorientierte, monolithisch agierende Entitäten, sondern werden primär im Interaktionszusammenhang konkreter Menschen und sozialer Gruppierungen (Organisationsmitglieder wie Mitarbeiter/Manager und -teilnehmer wie weitere Stakeholder mit einem Interesse am Unternehmen) gesehen. Sie verfolgen im Zuge der Auseinandersetzung um begrenzte Ressourcen eine Vielfalt von (egoistischen und daher höchstens subjektiven rationalen) Zielen (Zielpluralität).
„A business firm is a political coalition … the composition of a firm is not given; it is negotiated. The goals of the form are not given; they are bargained“, so March in einer seiner zentralen Arbeiten zur „verhaltensorientierten Theorie der Firma“ (vgl. March (1962), S. 672).

Organisationen sind widerspruchsvolle, konfliktbeladene politische Ökonomien, in denen um die Kontrolle über Ressourcen gerungen wird. Im Zentrum steht der permanente Kampf einzelner Koalitionen (Koalitionstheorie, Anreiz-

Beitrags-Theorie) um Macht, Prestige, Gefolgschaft, Geld, Informationen und psychische Ressourcen. Organisationen erscheinen damit nicht als durch die Zweckrationalität einzelner „Organisationsmanager" bestimmte Strukturen und Prozesse, sondern viel eher als „Arena" interessengeleiteter Interventionen, laufender Aushandlungsprozesse und Konfliktlösungen mit jeweils nur temporärem Charakter. Interessen und Machtpositionen bestehen auf unterschiedlichen Ebenen inner- und außerhalb der Organisation.

Auf der Ebene der Mikropolitik stehen die Herrschaftssicherung durch die Führungselite sowie die Allokation organisationaler Ressourcen auf die verschiedenen Subsysteme im Vordergrund. Auf der makropolitischen Ebene geht es demgegenüber um die laufende Sicherstellung von benötigten Ressourcen aus der Umwelt, damit die Funktionsfähigkeit, der Handlungsfreiraum und letztlich das Überleben der Organisation gesichert werden können.

Von welchen Grundannahmen wird hier ausgegangen?

- Die Ordnung einer Organisation entsteht aus politischen Interaktionsprozessen und ist nicht einfach ein neutrales und technisches Instrument.
- Ordnungsprozesse in Organisationen sind mehr als nur lösungsoptimierende Suchroutinen; es sind Verhandlungs-, Konfliktlösungs- und Kommunikationsprozesse, in denen um die Organisationsziele gerungen wird und deren Durchsetzung politisches Fingerspitzengefühl, Überzeugungskraft und Beharrlichkeit verlangt.
- Es wird von einem desillusionierten, „realistischen" Menschenbild ausgegangen, bei dem Eigeninteressen, opportunistische Verhaltensweisen einzelner Mitglieder und Interessengruppen einen mindestens ebenso großen Stellenwert genießen wie die offiziellen Organisationsziele.

Interessen- und machtpolitische Komponenten spielen nach diesem Verständnis in der Entwicklung und Gestaltung von Organisationen eine herausragende Rolle. Organisationsgestaltung ist vielmehr ein Problem des Durchsetzens von Neuerungen und Anpassungen als ein Design- und Entwurfsproblem.

Folgende theoretische Organisationsansätze weisen primär eine politisch-behavioristische Tradition auf: Macht- und Konflikttheorie, Anreiz-Beitrags-Theorie, entscheidungstheoretische Ansätze, behavioristische Schule, Ansatz der strategischen Wahl, Inkrementalismustheorie, Kommunikationstheorien, Innovationstheorien.

Als zentrale Vertreter dieser Perspektive gelten u. a. G. Allison, J. Bower, J. Child, R. Dahrendorff, C. Lindblom, J. March, H. Mintzberg, J. Olsen, H. Simon.

4.3. Die kulturell-kognitive Ordnungsebene

Dieser Blickwinkel versteht Organisationen als wertebeladene Institutionen und kognitive Systeme. Diese Betrachtung setzt an den Grundlagen und Quellen sozialer Ordnung überhaupt an; Organisationen verkörpern demnach in erster Linie ein Netz von Werten und Glaubensvorstellungen sowie von kognitiven und normativen Orientierungsmustern, die das System auf immaterieller Ebene zusammenhalten. Organisationale Kulturen wirken weltbildprägend und integrativ. Menschliches und damit mittelbar auch organisationales Handeln wird kognitiv vorbereitet (Denken ist das Ordnen des Tuns) und gründet auf unterschiedlichen Werten und Wirklichkeitsauffassungen. Mitglieder einer Organisation müssen ein gemeinsames System von grundlegenden Annahmen und Werthaltungen teilen, um überhaupt koordiniert interagieren zu können (kognitiver Ansatz). Organisationale Wirklichkeit erscheint mithin als sozial produziert, als laufendes Resultat handlungsbegleitender Deutungsprozesse und symbolisch vermittelter Wirklichkeiten (interpretativer Ansatz). Damit sind sie auch wertebeladene Institutionen, die zum Teil weit über die technischen Notwendigkeiten zur Aufgabenerfüllung hinausgehen. Sie sind ein Produkt sozialer Bedürfnisse und Anforderungen und reflektieren damit in erster Linie die verinnerlichten Werthaltungen der Organisation bzw. ihrer gesellschaftlichen Umwelt.

Organisationen sind sinnstiftende intelligente Systeme. Einzelne Organisationsmitglieder kommen und gehen, aber ganze Organisationen vermögen Wissen, Verhaltensrepertoires, Denkmuster, symbolische Interpretationsschlüssel, Normen und Werte zu speichern. Gerade im Lichte wechselnder Kontexte verfügt die Organisation über die Funktion der kritischen Selbstreflexion, d. h. die Fähigkeit zur Uminterpretation von Deutungsmustern und Schaffung neuer Symbole.

Folgende Annahmen sind aus dieser Perspektive tragend:

- Organisationen sind menschliche Produkte, die in eine institutionale Umwelt eingebettet sind, welche die soziale Realität definiert und begrenzt. Was an einer Organisation wichtig ist, liegt nicht in erster Linie in der objektiven Welt begründet, sondern in den bewusstseinsprägenden Realitätsausschnitten, Sinnzusammenhängen und symbolischen Bedeutungsgehalten, die ihnen von Organisationsmitgliedern zugeordnet werden.
- Organisationale Akteure haben begrenzte perzeptionelle Fähigkeiten und unterschiedliche Wertstrukturen. Menschen in Organisationen wollen sich selbst aktualisieren, sind partizipativ eingestellt und bei entsprechender Motivation willens, ihr Bestes zu geben.
- Organisationen sind grundsätzlich mehrdeutig und paradox. Erst durch die Zuordnung von Symbolen werden notwendige Vereinfachungen vorgenommen, Leitlinien vorgegeben, Unklarheiten aufgelöst, Möglichkeiten ausgeschlossen, Orientierungshilfen angeboten usw. und damit einzelne Handlungsmuster mit Sinn versehen.
- Organisationen besitzen nach diesem Grundverständnis die Eigenschaften eines „intelligenten Wesens“. Sie reflektieren Handlungen vor dem Hintergrund vergangener Entscheidungen und Verhaltensweisen sowie zukünftiger Erwartungen.

Das Management und die Gestaltung von Organisationen sind nach diesem Zugang humanistischer (psychologisch-kultureller) Natur und beziehen sich auf das Erkennen und Bewusstmachen der Gestaltungsnotwendigkeit, das Aufzeigen neuer Marschrichtungen sowie auf die soziale Beeinflussung der Organisationsmitglieder.

Leitende Theoriegebäude sind hier: die Human-Relations-Schule, das Konzept der Organisationsentwicklung, der Human-Resources-Ansatz, der Organisationskultur-Ansatz, die Theorie des organisationalen Lernens, phänomenologische Ansätze, die Institutional School.

Zu maßgeblichen Vertretern zählen C. Argyris, C. Barnard, B. Hedberg, K. Lewin, E. Mayo, G. Morgan, R. Pascale, T. Peters, R. Waterman, K. Röthlisberger, E. Schein, D. Schon, P. Selznick, P. Watzlawick.

4.4. Die systemische Ordnungsebene

Die Systemtheorie hatte von Anfang an eine starke Anziehungskraft auf die Organisationstheorie. Das systemtheoretische Denken selbst hat jedoch im Laufe der Zeit sehr unterschiedliche Phasen durchlaufen und dadurch erhebliche Veränderungen erfahren. Ebenso unterschiedlich waren demgemäß auch die Impulse, die von ihr auf die Organisationstheorie ausgingen. Der Einfluss der Systemtheorie war häufig mehr indirekter Natur insofern, als sie zu bestimmten Perspektiven und Denkweisen angeregt hat (z. B. Kybernetik, Kontingenztheorie, Autopoiese), ohne jedoch selbst Organisationstheorie im engeren Sinne zu werden.

Gemäß der systemischen Ordnungsebene sind Organisationen durch drei Hauptmerkmale gekennzeichnet: Autonomie, Zirkularität und Rekursivität. Diese verleihen ihnen die Fähigkeit, sich selbst zu erhalten und zu erneuern, d. h. soziale Systeme steuern sich grundsätzlich selbst. Maturana und Varela haben dafür den Begriff Autopoiesis geprägt. Sie behaupten, dass das Bestreben solcher Systeme letztendlich darin besteht, sich selbst hervorzubringen. Ihre Organisation und Identität ist eines der wichtigsten Ergebnisse.

Das erfolgt durch zirkuläre Interaktionsmuster, wobei Veränderungen in einem Element des Systems mit Veränderungen an anderer Stelle einhergehen, wodurch kontinuierliche Interaktionsmuster entstehen, die immer rekursiv, d. h. rückbezogen sind. Über zweckgerichtete Handlungen von kompetenten Akteuren, die sich in ihrer Interaktion auf Strukturen, auf Sets von Regeln und auf Ressourcen beziehen, erzeugen sie Eigenschaften und strukturelle Merkmale, die wiederum ihr eigenes Handeln bestimmen. Diese Selbstreproduktion, und damit die Aufrechterhaltung der eigenen Grenzen, ist der lebenserhaltende Mechanismus von sozialen Systemen.

Mit diesem Verständnis sind soziale Systeme somit in sich, d. h. operativ, geschlossen, um stabil Beziehungsmuster nach innen aufrechtzuerhalten (Rekursivität). Das systemische Organisationsverständnis spricht hier von mentalen Modellen der Organisation. Charakteristisch sind hier nicht ausschließlich die formalen Strukturen, die strukturellen Eigenschaften oder Input-Output-Relationen bzw. Kommunikation und Entscheidung, sondern organisationale Praktiken und wiederkehrende Formen des Handelns. Sie sind wichtige Ressourcen, denn sie schaffen Orientierung, begründen Gemeinsamkeit und Identität. Sie ziehen Grenzen, normieren und entlasten in Alltagsroutinen. Sie umfassen zentrale Glaubenssätze und Werte des Unternehmens. Diese mentalen Modelle erklären, wie das Unternehmen sich steuert, worauf es ankommt, welche für die Organisation relevanten „Ursachen-Wirkungs-Ketten" greifen.

Die Theorie mentaler Modelle lehrt, dass sich Organisationen anhand ihrer Wahrnehmungsmechanismen ein Bild von ihrer Umwelt machen. Allgemein kann von vereinfachenden Modellen gesprochen werden, die die Vielfalt des realen Geschehens in der Umwelt auf eine verarbeitbare Größe filtern, diese dann beschreiben und erklären (Schnittstellenmanagement). Mit Hilfe dieser mentalen Modelle bleibt die Organisation handlungsfähig. Alles Wissen eines Unternehmens setzt sich aus solchen Modellen zusammen, die in Form von Arbeitsabläufen, Arbeitsanweisungen (implizit oder explizit), in Entscheidungsmechanismen etc. gespeichert sind. Anhand dieser Modelle können Simulationen durchgeführt werden, die es Organisationen erlauben, aufgrund von Annahmen über zukünftige Entwicklungen Prognosen abzugeben, Alternativen abzuschätzen und anhand verschiedener Präferenzen und strategischer Optionen Entscheidungen zu treffen. Anschließend werden die Energie und der Ressourceneinsatz auf solche Objekte und Sachverhalte ausgerichtet, die Gegenstand der Simulationen sind, um so die Grundlagen der getroffenen Entscheidung und des gewählten Vorgehens zu überprüfen. Mentale Modelle steuern folglich nicht nur das Organisationsverhalten, sie bestimmen auch, welche und wie Unternehmen Signale aus der Umwelt aufnehmen, auf welche „Reize" sie reagieren und auf welche nicht (Filtermechanismen).

Die Gestaltung von Organisationen nach dem oben skizzierten Grundverständnis erfolgt für Manager daher immer indirekt und mittelbar.

Maßgebliche organisationstheoretische Konzepte innerhalb dieses Ordnungselements sind die Strukturationstheorie, der morphologische Ansatz, die Kybernetik, der St. Galler Ansatz, der Münchner Ansatz, der Wiener Ansatz mit ihren maßgeblichen Vertretern A. Giddens, W.R. Ashby, E. Grochla, W. Kirsch, D. Knyphausen, N. Luhmann, F. Malik, T. Parsons, G.J.B. Probst, H. Ulrich, H. Kasper.

4.5. Welche der Theorien ist nun die beste?

Aus der Darstellung der unterschiedlichen Ansätze lässt sich zunächst die Erkenntnis ziehen: Es gibt vielfältige Möglichkeiten, sich dem Phänomen Organisation theoriegeleitet zu nähern, und jede Theorie lässt bestimmte Facetten der Organisation in den Vordergrund treten und drängt zugleich andere in den Hintergrund. Es ist wie bei den sechs blinden Männern, die auf einen Elefanten stoßen: Der eine fasst den Stoßzahn und meint, die Form lasse auf einen Speer schließen. Ein anderer ertastet den Elefanten von der Seite und behauptet, er gleiche einer Mauer. Der dritte fühlt ein Bein und interpretiert, der Elefant habe große Ähnlichkeit mit einem Baum. Der vierte greift den Rüssel und ist der Ansicht, der Elefant gleiche einer Schlange. Der fünfte fasst an ein Ohr und vergleicht den Elefanten mit einem Fächer; und der sechste, welcher den Schwanz erwischte, kann dem allen nicht folgen und meint, der Elefant sei eher so etwas wie ein dickes, ausgefranstes Seil.

In der Tat: die vorgestellten theoretischen Zugänge legen höchst unterschiedliche Schwerpunkte bei der Analyse, sie haben unterschiedliche Zielsetzungen und weisen unterschiedliche Annahmegefüge auf. Während ein Teil der Theorien eine starke Gestaltungsorientierung aufweist (z. B. Human-Relations-Theorie, administrativer Ansatz), ist das primäre Ziel anderer Theoriegebäude in erster Linie die Erklärung oder das Verstehen formaler Organisationen (so z. B. Bürokratie-Theorie, verhaltenswissenschaftliche Entscheidungstheorie etc.). Auch hinsichtlich der Annahme über das oberste Ziel der Organisationsleitung bei der Gestaltung formaler Strukturen unterscheiden sich die Theorien. Bei einigen Ansätzen, so z. B. in der klassischen Management- und Organisationslehre, in der Bürokratietheorie oder im situativen Ansatz wird in erster Linie von der Effizienz der Aufgabenbewältigung ausgegangen. In anderen Theorien, etwa in der verhaltenswissenschaftlichen Entscheidungstheorie oder in der neoinstitutionalistischen Organisationstheorie, besteht das Leitziel in der langfristigen Überlebenssicherung der Organisation. Weiters findet sich bei einem Teil der theoretischen Ansätze die Annahme, dass es einen „one best way of organizing“ gibt. In anderen Theorien wiederum, wie z. B. in der verhaltenswissenschaftlichen Entscheidungstheorie, wird hingegen betont, dass es zu jeder spezifischen Ausprägung der formalen Organisationsstruktur funktionale Äquivalente gibt, die im gleichen Maß effizient sein können.

Der Vergleich der unterschiedlichen Konzepte und Ansätze könnte in der Form problemlos weitergeführt werden, entspricht jedoch nicht der eigentlichen Intention dieses Beitrages und würde den Rahmen dieser Arbeit bei weitem sprengen.

Trotzdem steht nach wie vor die Ausgangsfrage im Raum: Welche Theorie ist denn nun die beste? Nun ja … bereits in den kurzen Ausführungen hat sich gezeigt, dass diese Frage nicht zu beantworten ist, denn ein zentrales wissenschaftliches Kriterium für die Beurteilung der Güte einer Theorie ist ihre empirische Bestätigung bzw. ihre Falsifikation. Und wie ich gerade angedeutet habe, gibt es für einander widersprechende Theorien jeweils empirische Evidenzen, also Befunde, die die eine, aber auch die andere Theorie bestätigen. Es gibt aber auch Evidenzen, aus denen sich ablesen lässt, dass die eine oder andere Theorie zumindest partiell zurückgewiesen werden müsste. Natürlich werden Sie jetzt einwenden, dass das doch eigentlich nicht sein darf. Ist ungenau gemessen worden, sind nicht die richtigen Auswertungsverfahren genutzt worden? Die Antwort auf diese Frage lautet: Ja und nein. Nein, weil bei empirischen Untersuchungen von den jeweiligen Vertretern der unterschiedlichen Theorien, aber auch von deren Gegenspielern versucht wird, mit den zu einem bestimmten Zeitpunkt akzeptierten Methoden zu arbeiten – Methoden, die zudem kontinuierlich verfeinert und zugleich zunehmend komplexer werden.

Wenn das so ist, dann müsste doch zumindest irgendwann ein Urteil möglich sein, welche Theorie die beste ist, welche den höchsten Erklärungswert besitzt, den höchsten Wahrheitsgehalt aufweist. Vielleicht. Derzeit jedenfalls lässt sich nur konstatieren, dass die empirische Organisationsforschung noch keine Messinstrumente und Analysemethoden entwickelt hat, die ein objektives Urteil erlauben würden. Und Vertreter einer konstruktivistischen Forschungsrichtung halten die Möglichkeit eines objektiven Urteils sowieso für ausgeschlossen. Denn nach deren Auffassung sind auch die Ausgestaltung der Erhebungsinstrumente und die zu erwartenden Ergebnisse der (sozial-)wissenschaftlichen Forschung soziale Konstruktionen, die ihren Sinn und ihre Wirkung aus Interaktions-, Kommunikations- und Deutungsprozessen beziehen.

Stellt sich die Frage: Welche Konsequenzen ergeben sich aufgrund dieser Erkenntnisse für die weiteren Überlegungen in diesem Beitrag? Mit Blickrichtung auf den Anspruch einer konsequenten Praxisorientierung erscheint es vor allen Dingen als besonders diskussionswürdig, die formale Organisationsstruktur und die Wandlungen, denen sie unterliegt, sowie ihre Einflussfaktoren zu beschreiben und zu erklären. Die Konzentration gerade auf diesen speziellen Aspekt erscheint für die Praxistauglichkeit von herausragendem Interesse und befreit mich von der zunehmend als unerfüllbar erscheinenden Forderung, Organisation umfassend aus einer theoretischen Perspektive zu beschreiben und zu erklären. Ich möchte mich auch dem eben explizit festgelegten Blickwinkel folgend nicht auf die Betrachtung aus einer Theorieperspektive reduzieren, vielmehr möchte ich auf verschiedene Organisationstheorien Bezug nehmen.

Mit der Frage, wie nun formale Organisationsstrukturen gestaltet werden sollen, um optimal auf das Geschäftsmodell ausgerichtet zu sein, wollen wir also tiefer in das organisationale Strukturverständnis eintauchen.

5. Die Beschreibung formaler Organisationsstrukturen

Die Gesamtaufgaben eines Unternehmens sind in der Regel dermaßen umfangreich, dass sie von einer einzelnen Person nicht erledigt werden können. Sie sind auf mehrere Personen zu verteilen, und daher ist festzulegen, welche Teilaufgaben von welchen Organisationsmitgliedern zu erledigen sind. Arbeitsteilung und Spezialisierung sind daher die Grundprinzipien organisationaler Gestaltung.

Ist diese Aufgabenverteilung festgelegt, müssen die Spezialisierungen in irgendeiner Form koordiniert werden, damit nicht Doppelarbeiten erfolgen, Ressourcen effizient eingesetzt werden, etc.

Sind die Aufgabenverteilung und die Gesamtkoordination definiert, muss in weiterer Folge geklärt werden, wer letztendlich unter gleichberechtigten „Koordinationspartnern" im Zweifel entscheiden kann. Konkret stellt sich die Frage, wer die Befugnis hat, Weisungen zu erteilen. Damit sind die Konfiguration (Leitungssystem) und die Entscheidungsdelegation als dritte Dimension der Organisationsprinzipien thematisiert. Konkret geht es hier um die hierarchische Ordnung. Die Aufgaben und die sie durchführenden Personen sind einander über-, unter- oder nebengeordnet.

Die vierte und letzte Dimension, die ich als Formalisierung bezeichnen möchte, bezieht sich schließlich auf die geltenden Regelungen, die in einer Unternehmung Gültigkeit besitzen. Wenn wir von formaler Organisation sprechen, so ist damit nicht gemeint, dass alle Regeln der Zusammenarbeit schriftlich fixiert, also formalisiert sind. Diese formalen Regeln sind jedoch in jeder Organisation im Hinblick auf die Erreichung bestimmter Ziele unbedingt notwendig. Formale Regeln sind unabhängig von Individuen und offiziell in dem Sinne, dass sie von der Kerngruppe der Organisation autorisiert sind. Mit dem Aspekt der Formalisierung ist schließlich die vierte Dimension organisatorischer Gestaltungsprinzipien definiert.

Im Allgemeinen erscheinen mir diese vier Strukturdimensionen zur Erklärung von Strukturentwicklungen erforderlich, aber auch ausreichend, um die für unsere Fragestellung wichtigsten Aspekte von Organisationsstrukturen erfassen und vorliegende empirische Untersuchungen kritisch analysieren zu können. Jede dieser Dimensionen besteht wiederum aus mehreren Subdimensionen, mit deren Hilfe ein differenziertes Strukturbild gewonnen werden kann.

Die vier Hauptdimensionen der Organisationsstruktur sind:

- Spezialisierung (Arbeitsteilung)
- Koordination
- Konfiguration (Leitungssystem) und Entscheidungsdelegation (Kompetenzverteilung) sowie
- Formalisierung.

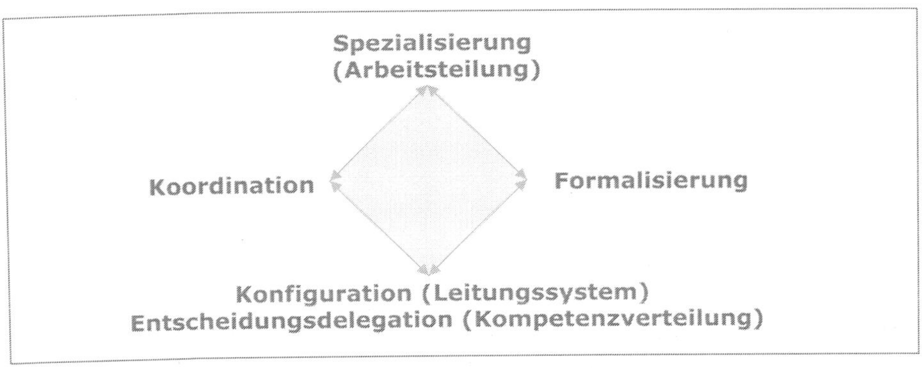

Abbildung 2: Die vier Hauptdimensionen zur Organisationsstruktur

5.1. Strukturdimension – Spezialisierung

Organisationen gliedern die zur Erreichung ihrer Ziele notwendigen Aktivitäten auf und verteilen sie auf die einzelnen Mitglieder. Diese als Arbeitsteilung bezeichnete Differenzierung wird sowohl im Bürokratie-Ansatz als auch in der Organisationslehre als strukturelles Grundprinzip herausgestellt. Es soll eine rationale Zielerreichung sichern. Jeder verrichtet in einer Organisation seinen Fähigkeiten entsprechend eine spezielle Aufgabe. Mit dieser Spezialisierung geht die Stellenbildung einher. Die Hauptvorteile dieser Spezialisierung und Arbeitsteilung werden primär im höheren Wirkungsgrad und in der höheren Effizienz im Gesamtgefüge einer Organisation gesehen. Die Organisationsmitglieder können sich so besser auf ihren Arbeitsabschnitt organisationaler Tätigkeit konzentrieren.

Eine besondere Herausforderung der Spezialisierung ist es, die richtige Dimension des Zuschnitts zu finden. Wie man nunmehr weiß, führt ein zu eng definiertes Aufgabengebiet bei Mitarbeitern zu Langeweile und innerer Emigration, ein zu weit geschnittenes Aufgabenspektrum zur Überforderung und Blockade. Welche Gestaltungsmerkmale sollten dann heute Arbeitsaufgaben aufweisen, damit eine entsprechende Motivation bei Mitarbeitern entstehen kann?

Wir wissen heute, dass sich Mitarbeiter in besonderer Weise mit ihrer Aufgabe und ihrem Arbeitsspektrum identifizieren, wenn die intrinsische Motivation ihrer Tätigkeit sehr hoch ist. Das ist diejenige Motivation, die aus der Aufgabenerfüllung selbst resultiert, also nicht durch äußere monetäre oder andere Anreize geschaffen wird. Bei wachsender Aufgaben- und Entscheidungskompetenz nimmt in der Regel gerade diese intrinsische Motivation zu. Es gilt heute als erwiesen, dass die meisten Menschen lieber eine umfassendere Tätigkeit ausüben als eine hoch arbeitsteilige und lieber selbst über ihre Arbeit bestimmen, als „fremdgesteuert" zu sein.

Im Einzelnen sollten Arbeitsaufgaben nach Ulich folgende Gestaltungsmerkmale aufweisen, damit eine intrinsische Motivation entstehen kann (vgl. Ulich et al. (1989)).

a) *Ganzheitlichkeit*: Je umfangreicher die Arbeitsaufgabe gestaltet ist, desto höher ist das Ansehen, das der Stelle entgegengebracht wird. Diese Ausweitung soll sowohl in qualitativer als auch in quantitativer Hinsicht gelten und bezieht sich auf einen entsprechend zugeschnittenen Entscheidungs- und Kontrollspielraum.

b) *Anforderungsvielfalt*: Die Erledigung der Arbeitsaufgabe sollte verschiedene Anforderungen an den Mitarbeiter stellen, d. h. zur Erfüllung der Tätigkeit sollten unterschiedliche Fähigkeiten, Kenntnisse und Fertigkeiten notwendig sein, um eine einseitige Beanspruchung des Stelleninhabers zu vermeiden. Primär geht es hier um die optimale Integration planender, ausführender und kontrollierender Funktionen.

c) Möglichkeit der *sozialen Interaktion*: Durch die Schaffung von Rahmenbedingungen, die Kooperation und Koordination erfordern, soll das Erleben sozialer Unterstützung im Arbeitsalltag gefördert und gefordert werden.

d) *Autonomie*: Hier handelt es sich um den Anspruch der eigenständigen Entscheidungsmöglichkeiten des Stelleninhabers bezüglich seiner Aufgabenerfüllung. Die Forderung nach mehr Autonomie korrespondiert jedoch unmittelbar mit notwendigen, passenden Koordinations- und Konfigurationsmechanismen.

e) *Lern- und Entwicklungsmöglichkeiten*: Die Arbeitsaufgabe sollte in der Form gestaltet sein, dass sie den Mitarbeiter in die Lage versetzt, sein Wissen ständig zu erweitern. Damit sollte einerseits die geistige Flexibilität auf Seiten des Mitarbeiters erhalten bleiben und andererseits kann das Qualifikationsniveau der gesamten Unternehmung angehoben werden.

f) Feedback: Gemeint ist die kontinuierliche Rückmeldung zur Arbeitsqualität, die sowohl formalisiert als auch implizit in den Stellenbeschreibungen enthalten sein sollte.

Mit der Formulierung solcher Gestaltungsrichtlinien sind noch keine Aussagen über die konkrete Ausformung der Arbeitsaufgaben getroffen. Die Art der Spezialisierung legt im Prinzip fest, in welchem Ausmaß das Geschäftsmodell des Unternehmens organisational unterstützt wird.

Hier sind prinzipiell drei Zugänge möglich:

- Die Spezialisierung nach Verrichtungen – Verrichtungszentralisation: Hier werden funktionale Aufgaben organisational verankert. Gleiche oder verwandte Verrichtungen bzw. Funktionen werden zu Abteilungen zusammengefasst (siehe Abb. 3).

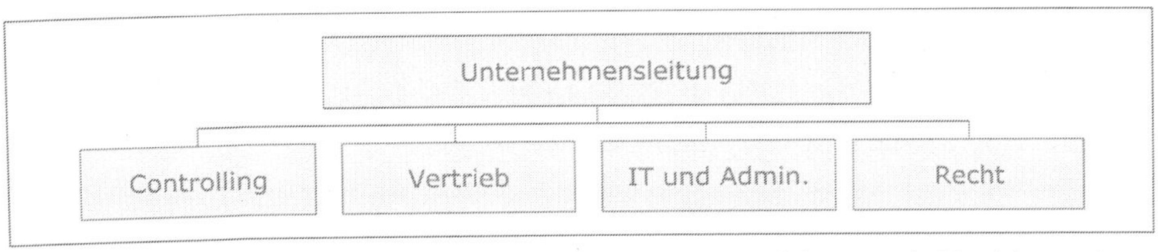

Abbildung 3: Beispiel der Spezialisierung und Abteilungsbildung nach Verrichtung bzw. Funktion

- Die Spezialisierung nach Objekten – Objektzentralisierung: Hier werden die Aufgaben nach Objekten bzw. Dienstleistungen ausgelegt. In unserem Beispiel der Versicherung führt dies zur Abteilungs-, Bereichs- oder Divisionsbildung gegliedert nach Produkten (siehe Abb. 4).

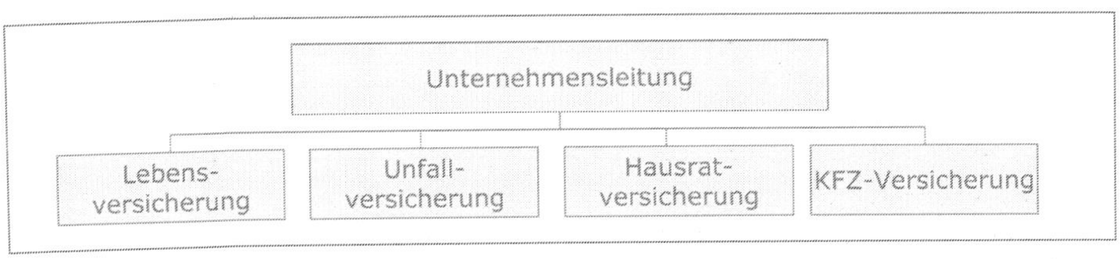

Abbildung 4: Beispiel der Spezialisierung und Abteilungsbildung nach Objekt bzw. Dienstleistung bei einem Versicherungsunternehmen

- Die Spezialisierung nach Kundengruppen oder Regionen: Schließlich können Arbeitsstellen nach Kunden und Kundengruppen ausgelegt sein. Eine Zusammenfassung mehrerer Stellen führt dann zur Bildung von Abteilungen, Bereichen bis hin zu einer divisionalen Struktur, ausgerichtet eben auf Kundengruppen, Regionen etc. (siehe dazu Abb. 5).

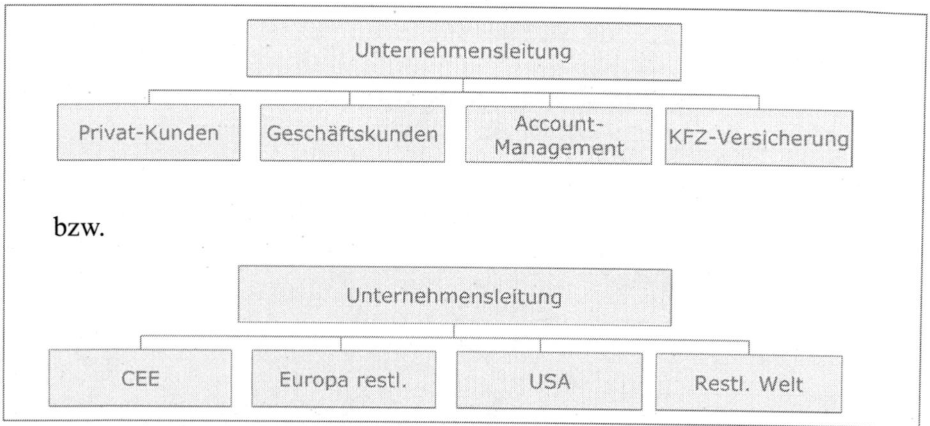

Abbildung 5: Beispiel der Spezialisierung und Abteilungsbildung nach Kundengruppen bzw. Regionen anhand eines Versicherungsunternehmens

Grundsätzlich hat sich gezeigt, dass die Abteilungsbildung auf der ersten Ebene nach der Unternehmensleitung maßgeblich die Organisationsstruktur des gesamten Unternehmens prägt. Nach der Art der Abteilungsbildung auf dieser Ebene lassen sich zwei Strukturtypen in heutigen Großorganisationen unterscheiden: die funktionale Organisation, bei der die Abteilungen bzw. Bereiche auf der ersten Ebene unterhalb der Unternehmensleitung nach Verrichtungen oder Funktionen gebildet werden (Funktionsbereiche), und die divisionale Organisationsstruktur, bei der diese Abteilungen nach Objekten, Regionen oder Kundengruppen ausgerichtet sind (Divisionen, Sparten oder Geschäftsbereiche). Die divisionale Struktur wird dementsprechend auch Sparten- und Geschäftsbereichsorganisation genannt.

Um den Koordinationsaufwand, der in der Regel wenig bis keine unmittelbare Wertschöpfung bringt, möglichst gering zu halten, sollte bei der Bildung von Abteilungen und Bereichen darauf geachtet werden, dass diese ihren Aufgabenbereich so autonom wie möglich, d. h. weitgehend unabhängig von der Aufgabenerfüllung anderer Abteilungen, wahrnehmen können. Wir sollten uns nur vor Augen halten, wie träge und schwerfällig eine Organisation wird, wenn jeder Abteilungsleiter bzw. Bereichsleiter in seinen Entscheidungen permanent Koordinationsentscheidungen anderer Abteilungen oder Bereiche berücksichtigen müsste.

Wie sollten nun moderne Organisationen in Bezug auf Spezialisierung ausgerichtet sein?

Es hat sich in den letzten Jahren gezeigt, dass Organisationen in ihrer Ausrichtung heute in erster Linie dem Grundsatz: „Structure follows Strategy“ folgen. Die Basis modernen Organisationsdesigns bildet eine Kombination von Kunden/Kundengruppen und Produkten/Dienstleistungen. Den Zuschnitt der verschiedenen Stellen, Abteilungen und Bereiche richtet sich dann klar nach strategischen Geschäftsfeldern bzw. bearbeitbaren Produkt-Markt-Kombinationen aus (siehe Kapitel 6 – modernes Organisationsdesign).

5.2. Strukturdimension – Koordination

Arbeitsteilung erzeugt Koordinationsbedarf. Durch die Aufteilung der Gesamtheit der zur Leistungserstellung notwendigen Aktivitäten auf eine größere Anzahl von Mitgliedern überblickt der Einzelne in der Regel nicht mehr alle Aktivitäten. Allerdings kann seine Leistung nur dann der Erreichung der Organisationsziele dienen, wenn andere ihm in bestimmter Weise zuarbeiten, mit ihm zusammenarbeiten und wenn er selbst wiederum anderen in einer bestimmten Weise zuarbeitet. Diese wechselseitigen Abhängigkeiten müssen wiederum organisiert und geklärt werden, sollte nicht ein völliges Organisationschaos ausbrechen.

Die Notwendigkeit zur Koordination bezieht sich in erster Linie auf die Vorauskoordination und die Feedback-Koordination. Denn Koordination erfolgt zum einen als vorausschauende Abstimmung (Management-Planungs-Prozess) und zum anderen als Reaktion auf Störungen bzw. institutionalisierte Rückschau auf die erreichten Arbeitsresultate (Management by Objectives-Processes, Mitarbeitergespräche).

Orientieren wir uns an den Medien, mit deren Hilfe die Koordination erfolgt und unterscheiden wir diese Medien aus der Sicht der von Koordinationsentscheidungen betroffenen Organisationsmitglieder, so ergibt sich folgende Aufteilung:

Bei einer unmittelbaren, persönlichen Kommunikation sprechen wir von einer

- Koordination durch persönliche Weisung und einer
- Koordination durch Selbstabstimmung bzw. Selbstkoordination.

Im ersten Fall handelt es sich primär um eine vertikale, im zweiten Fall um eine vorwiegend horizontale Kommunikation. Die betroffenen Organisationsmitglieder erfahren die Koordinationsentscheidungen dabei als das sichtbare Ergebnis der Handlungen genau identifizierbarer Personen, als einen sozialen Prozess, in dem auch Macht und Konflikte eine wichtige Rolle spielen. Daher werden diese beiden Koordinationsinstrumente auch als personenorientiert bezeichnet. Stützt sich die Koordination weitgehend auf persönliche Weisungen, so führt dies leicht zur Überlastung der Instanzen und der Dienstwege. Die Folge ist eine mangelhafte Koordination. Hinzu kommt, dass Instanzen oft Koordinationsentscheidungen treffen müssen, deren Konsequenzen sie nicht überblicken, da sie unter Umständen vom Ort, an dem die Störungen ursprünglich auftraten, weit entfernt sind. Eine Vorauskoordination auf der Basis persönlicher Anweisungen wird sich auch nur auf einen relativ kurzen Zeitraum erstrecken und dazu nur jeweils wenige Variablen umfassen können. Bei einer Koordinationssystematik der Selbstabstimmung gibt es keine auf die Koordination spezialisierten Organisationsmitglieder, sondern alle Mitglieder sollen an allen sie betreffenden Koordinationsentscheidungen teilhaben. Dies scheitert ab einer bestimmten Dimension an Zeit- und Qualifikationsrestriktionen. Jedoch müssen wir davon ausgehen, dass in jeder Organisation ein Teil der Koordination durch Selbstabstimmung erfolgt. Jeder Bereich richtet sich in einem gewissen Umfang in seinen Aktivitäten selbst ein – er betreibt Selbstabstimmung. Formalisiert sprechen wir dann von so genannten selbststeuernden oder teilautonomen Gruppen, die in verschiedenen Industrieunternehmen vor allem in der Produktion eingerichtet sind. Von Koordination durch Selbstabstimmung sprechen wir jedoch erst dann, wenn solche Gruppenentscheidungen offiziell vorgesehen sind und die Entscheidungen der Gruppen für alle Gruppenmitglieder auch verbindlich sind.

Eine Art von persönlicher Koordination liegt auch in Form einer fallweisen Interaktion (Kollegen stimmen sich untereinander ab) nach eigenem Ermessen, einer themenspezifischen Interaktion (Abstimmung zu einem konkreten Thema – Qualitätszirkel, Projektarbeit etc.) oder einer institutionalisierten Interaktion (Komitees, Ausschüsse, Konferenzen etc.) vor.

Eine Koordination auf Basis spezieller Medien liegt in folgenden Fällen vor:

- *Koordination durch Programme* (Prozessbeschreibungen etc.): Hier wird die Koordination durch persönliche Weisungen erheblich entlastet. Mit Programmen wird die Komplexität der Realität reduziert. Programme legen fest, wie differenziert die Umwelt wahrgenommen wird. Je geringer die Anzahl vorgegebener Kategorien ist, desto gleichförmiger erfolgt die Aufgabenerfüllung trotz der Unterschiedlichkeit der Probleme. Programme führen in diesem Sinne zu einer Standardisierung der Aufgabenerfüllung. Dies wird besonders in der öffentlichen Verwaltung sichtbar.
- Eine *Koordination durch Pläne* erfolgt dann, wenn Entscheidungen getroffen werden, die in die Zukunft hineinwirken. Hier bekommen Stellen periodisch bestimmte Vorgaben, die ihre Aktivitäten koordinieren. Diese Vorgaben sind weder persönliche Weisungen noch das Ergebnis einer Selbstabstimmung. Sie resultieren auch nicht aus der Anwendung von Programmen durch die Ausführenden. Diese Vorgaben werden vielmehr in der Regel nach festgelegten Verfahren im Rahmen eines institutionalisierten Planungsprozesses erarbeitet (Management-Planungs-Prozess). Pläne und Programme sind Instrumente der Vorauskoordination. Ihre Koordinationswirkung hängt davon ab, dass zukünftige Entwicklungen vollständig erfasst und korrekt prognostiziert werden, was heute sehr schwierig bis nahezu unmöglich ist.
- *Koordination durch organisationsinterne Märkte*: Ziel der Einrichtung interner Märkte ist, die Koordinationseffekte und/oder die Anreizwirkungen von Märkten in der Organisation zu nutzen, um die Effizienz der Organisation insgesamt zu steigern. Interne Märkte unterscheiden sich allerdings in wesentlicher Hinsicht von externen Märkten, d. h. Märkten, die außerhalb der Grenzen der Organisation liegen. Der zentrale Unterschied liegt darin begründet, dass die internen Transaktionspartner durch Arbeits- und Gesellschaftsverträge in ihrer Entscheidungs- und Verhandlungsfreiheit hinsichtlich der Wahl der Transaktionspartner und der Modalitäten des Leistungstausches eingeschränkt werden. Dabei lassen sich zwei Formen interner Märkte unterscheiden: reale und fiktive interne Märkte.
  - Bei realen internen Märkten besteht weder für den liefernden noch für den abnehmenden Bereich die Möglichkeit, einen externen Transaktionspartner frei zu wählen. Allenfalls bestehen Wahlmöglichkeiten hinsichtlich

der internen Partner. Reale interne Märkte sind immer dann eine organisatorische Gestaltungsalternative, wenn hinsichtlich des Bedarfs ein Ermessensspielraum besteht, beispielsweise ob und in welchem Umfang eine Leistung, etwa eine interne Beratung, in Anspruch genommen wird. Primär soll hier der sinnvolle und effiziente Umgang mit Ressourcen im Vordergrund stehen.

- Fiktive interne Märkte werden genutzt, wenn die Leistungsbeziehungen zwischen organisatorischen Bereichen eine sehr geringe Flexibilität aufweisen. Fiktive interne Märkte unterscheiden sich von realen internen Märkten vor allem dadurch, dass zum einen das Spektrum der verhandelbaren Leistungsmerkmale und Konditionen noch stärker eingeschränkt wird. Verhandlungen zwischen den Transaktionspartnern werden durch in der Regel zentrale Planung ersetzt.
- Profit-Center, Cost-Center und Service-Center sowie Verrechnungspreise sind die wichtigsten Elemente bei der Implementierung interner Märkte. Die Centerorganisationen sind organisatorische Teilbereiche einer Unternehmung, für die ein gesonderter Erfolgsausweis vorgenommen wird. Auch wenn die Einrichtung von Centerorganisationen erst in den letzten Jahren in verstärktem Maß in der Praxis zu beobachten ist, der Gedanke, Marktelemente in die Struktur der Organisation zu integrieren, ist nicht neu. Bereits um 1900 wurden beispielsweise bei Siemens & Halske Anstrengungen unternommen, einen bereichsorientierten Erfolgsausweis zu ermöglichen.

Koordination durch Programme, Pläne oder organisationsinterne Märkte beruht auf bestimmten Medien, die zwar auch verbindliche Festlegungen enthalten, deren Urheber oft jedoch nicht unmittelbar identifiziert werden können und die von den Betroffenen in der Regel auch nicht als das Ergebnis von Entscheidungen einzelner Personen aufgefasst werden. In diesem Sinne ist von einer Dynamik der Verselbständigung der Medien der Koordination auszugehen. Sie werden dann in den Augen der Betroffenen zu einer Institution. Dementsprechend werden sie meist als unpersönlich und/oder technokratisch empfunden.

Das Instrument der

- Koordination durch Organisationskultur basiert schließlich darauf, dass die Organisationsmitglieder zentrale handlungssteuernde Normen und Werte, die in einer Organisation bestehen, verinnerlicht haben und sich entsprechend verhalten. Hierzu zählen auch jene Mechanismen, die bewirken, dass Mitarbeiter die gewünschten Werte und Überzeugungen verinnerlichen. Einer dieser Mechanismen ist die schriftliche Fixierung von Grundsätzen in Form von Unternehmungsphilosophien, Unternehmensleitlinien, Führungsgrundsätzen usw. Ob solche Grundsätze Überzeugungen der Organisationsmitglieder nachhaltig prägen, hängt ganz entscheidend von der Art und Weise ab, in der sie zustande kommen und bekannt gemacht werden. Wenn das Topmanagement solche Grundsätze einfach verabschiedet, drucken lässt und verschickt, so dürften sich nicht sehr viele Mitglieder der Unternehmung beeindruckt zeigen. Stärkere Wirkungen auf Einstellungen und Überzeugungen können zweifelsohne erzeugt werden, wenn Arbeitsgruppen, die mehrere Hierarchieebenen umfassen, in den Diskussions- und Formulierungsprozess einbezogen werden, wenn die Grundsätze in Veröffentlichungen ausführlich dargestellt und begründet und in Verlautbarungen der Unternehmung, in Weiterbildungsseminaren und in internen Diskussionen häufig explizit herangezogen werden. Weitere diesbezügliche Gestaltungsmöglichkeiten sind Rituale, Symbole oder das „Stilisieren von Helden“ (siehe dazu den Abschnitt „Veränderung und Entwicklung“ in diesem Band).

Wenn ich bei meiner Gliederung der Koordinationsmechanismen bei der Wahrnehmung der Betroffenen ansetze, so liegt dies daran, dass ein Ziel des vorliegenden Beitrags darin besteht, die Wirkungen formaler Organisationsstrukturen auf die Organisationsmitglieder zu verdeutlichen. Während Programme und Pläne ausschließlich einer Vorauskoordination dienen, können Anweisungen und Gruppenentscheidungen (Selbstabstimmung) sowohl zum Zweck einer Vorauskoordination als auch einer Feedbackkoordination eingesetzt werden. Ich möchte auch darauf hinweisen, dass sich die hier aufgezeigten Koordinationsinstrumente nicht dadurch unterscheiden, dass einige grundsätzlich schriftlich fixiert sind und andere nicht. Persönliche Weisungen können ebenso mündlich wie schriftlich erteilt werden, Programme können gleichermaßen in Handbüchern wie im Bewusstsein der Organisationsmitglieder „festgeschrieben“ sein, und wichtige Werte und Normen einer Organisationskultur werden nicht nur „gelebt“ und durch bestimmte, diese Werte und Normen aktivierende Rituale, Geschichten, Legenden ins Bewusstsein gerufen, sondern häufig in Unternehmensgrundsätzen und Führungsrichtlinien schriftlich niedergelegt.

Die beiden bisher behandelten Strukturdimensionen, Spezialisierung und Koordination, bilden die allen formalen Organisationsstrukturen zugrunde liegenden zentralen Prinzipien oder Mechanismen. Um formale Strukturen möglichst umfassend zu beschreiben, dürfen wir uns mit der Diskussion dieser Mechanismen jedoch nicht zufriedengeben. Wichtig ist auch, die äußere Form des Stellengefüges zu erfassen, zu der die Gestaltung dieser Mechanismen führt. Diese äußere Form des Stellengefüges möchte ich in Anlehnung an Pugh et al. (in Kieser/Walgenbach (2003), S. 196) als Konfiguration verstehen und diese Komponente als dritte Hauptdimension formaler Organisationsstrukturen sehen. Hier handelt es sich primär um Fragen der Entscheidungs- und Weisungskompetenz – ich möchte also hier von Leitungssystem sprechen.

5.3. Strukturdimension Konfiguration und Entscheidungsdelegation

Die Konfiguration bzw. die Leitungssysteme zeigen sich graphisch in den klassischen Organisationsschaubildern. Diese Organigramme sind das am häufigsten verwendete Mittel, um das Stellengefüge einer Organisation bildlich festzuhalten und grundsätzliche Transparenz in der Weisungshierarchie zu vermitteln.

Weisungsbeziehungen zwischen Stellen führen zu Unter- und Überordnungsverhältnissen, die im Organisationsschaubild meist durch eine Unterscheidung verschiedener Ebenen und eine entsprechende Einordnung der Stellen auf diesen Ebenen wiedergegeben werden. Weisungsbeziehungen kommen folglich in den Verbindungslinien zwischen Kästchen auf den verschiedenen Ebenen zum Ausdruck. Eine Linie zwischen zwei auf unterschiedlichen Ebenen eingeordneten Stellen bedeutet, dass die „höhere" Stelle der „niedrigeren" Weisungen geben darf.

5.3.1. Ein- und Mehrliniensysteme sowie die Organisationsrealität der fachlich begrenzten Kompetenzen

Nach dem klassischen „Weisungsverständnis" sollte die Weisungsbeziehung stets so gestaltet sein, dass zwar eine höhere Stelle mehreren niedrigeren Stellen Weisungen erteilen darf, dass jedoch jede niedrigere Stelle nur von einer höheren Stelle Weisungen empfängt. In diesem Fall handelt es sich um eine bestimmte Struktur von Weisungsbeziehungen, die als *Einliniensystem* bezeichnet wird. Das *Einliniensystem* beruht auf dem Prinzip der Einheit der Auftragserteilung. Es wurde von dem Franzosen Henry Fayol (1919) erstmals formuliert (siehe dazu oben unter 4.1. Technisch-ökonomische geprägte Ansätze).

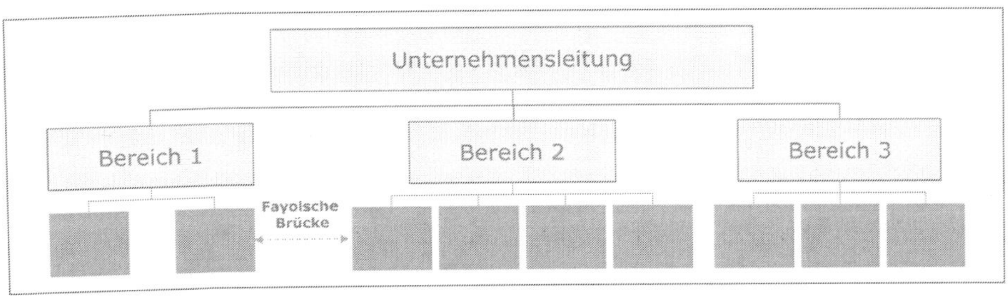

Abbildung 6: Aufbau eines klassischen Einliniensystems

Dem Einliniensystem wird ein idealer alternativer Typus von Organisationsstruktur gegenübergestellt, das Mehrliniensystem. Es fußt auf dem von F.W. Taylor entwickelten Funktionsmeistersystem (Taylor 1911). Dieses Prinzip fordert, dass die Leitungsfunktion für eine organisatorische Einheit aufgegliedert und auf mehrere Instanzen verteilt wird, sodass einer organisatorischen Einheit mehrere spezialisierte Instanzen vorgesetzt sind (Mehrfachunterstellung).

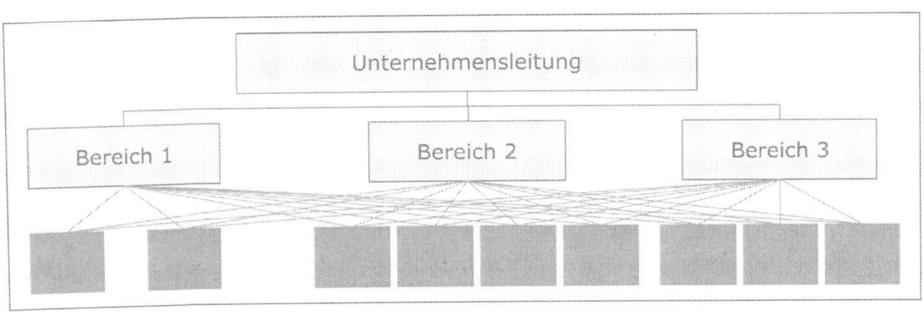

Abbildung 7: Der Idealtyp des Mehrliniensystems

Als Taylor das Funktionsmeistersystem vorschlug, hatte er weniger den Aspekt der Verantwortungszurechnung und der Koordination im Auge als vielmehr das Problem der Besetzung von Instanzen. Im Gegensatz zu Europa mit seiner langen handwerklichen Tradition gab es in den Vereinigten Staaten zu Beginn des letzten Jahrhunderts keine Meister nach unserem Verständnis. Meister werden in ihrer Ausbildung darauf vorbereitet, alle in der Fertigung anfallenden Probleme zu lösen. Sie sollen Arbeiter anlernen und Lehrlinge ausbilden, sie sollen bei Störungen konkrete Anweisungen geben und notfalls auch selbst eingreifen können. Da entsprechend qualifiziertes Personal zu Taylors Zeit in den Vereinigten Staaten nicht in ausreichendem Maße verfügbar war, kam er auf die Idee, die Gesamtfunktion eines Meisters aufzugliedern und auf mehrere Vorgesetzte zu verteilen. Eine solche Spezialisierung in den Leitungsaufgaben ermöglicht seiner Einschätzung nach – wie jede andere Form der Spezialisierung – ein kurzfristiges Anlernen der Stelleninhaber.

Halten wir uns beide Strukturmöglichkeiten vor Augen, so wird deutlich, dass beide Grundformen des Leitungssystems aus unterschiedlichen Problemlagen heraus und mit unterschiedlichen Zwecksetzungen entwickelt worden sind. Das Prinzip der Einheit der Auftragserteilung und das daraus resultierende Einliniensystem sollen eine klare Zuordnung von Verantwortung und eine reibungslose Koordination garantieren. Dies führt zwangsläufig zu einer starken Beanspruchung von Instanzen durch Koordinationsaufgaben, was den zentralen Nachteil dieser Struktur darstellt. Bei konsequenter Einhaltung des Prinzips der Einheit der Auftragserteilung müssen die Instanzen abstimmungsbedürftige Probleme, die ihre Kompetenzen überschreiten, an übergeordnete Ebenen weiterleiten. Außerdem müssen sie bestimmte Entscheidungen und Weisungen an nachgeordnete Instanzen und Stellen weitergeben, da der hierarchische Dienstweg stets einzuhalten ist. Wird also zwischen zwei Stellen aus verschiedenen Gruppen eine Abstimmung erforderlich, so muss der Informationsfluss über die beiden Gruppenleiter bis zu ihrem nächsten gemeinsamen Vorgesetzten und von dort wieder die Hierarchie hinab verlaufen. Die Gruppenleiter sind dann zweimal mit der bloßen Weitergabe von Informationen befasst, ohne dass sie selbst auf den Koordinationsprozess Einfluss nehmen. Dieser Aufwand ist erforderlich, damit die Gruppenleiter von allen Entscheidungen stets Kenntnis besitzen und ihrer Verantwortung gerecht werden können. Fayol hat diese Problematik erkannt. Seiner Einschätzung nach hat das Ziel klarer Verantwortung Vorrang. Für im Einzelnen zu spezifizierende Fälle sieht er allerdings auch eine direkte Abstimmung zwischen Stellen aus verschiedenen Abteilungen mit anschließender Unterrichtung der jeweils übergeordneten Instanz vor. Eine solche direkte Beziehung wird im Fachjargon auch Fayolsche Brücke (siehe Abb. 5) genannt.

Das Funktionsmeister- und das daraus resultierende Mehrliniensystem sollen hingegen qualifizierte Entscheidungen und Weisungen der Vorgesetzten durch eine Spezialisierung bewirken und den Qualifikationsbedarf für die Instanzen senken. Das damit einhergehende Problem ist die Mehrfachunterstellung, sie erschwert die Zurechnung von Verantwortlichkeit.

In der Praxis kombinieren die meisten Organisationen beide Prinzipien miteinander. In der Regel wird dabei auf eindeutige disziplinarische Unterstellungsverhältnisse geachtet, und auch die Gesamtverantwortung wird meist einer Instanz übertragen. Für bestimmte Fragen, die ein besonderes Fachwissen erfordern oder die aus anderen Gründen aus der Kompetenz der jeweiligen Vorgesetzten zumindest teilweise herausgenommen werden sollen, kommt es zu einer zusätzlichen fachlichen oder funktionalen Unterstellung. In der Praxis geht es also nicht um ein „Entweder-oder", sondern sinnvollerweise hat jeder Stelleninhaber einen disziplinarischen Vorgesetzten und eventuell zusätzlich noch einen oder mehrere fachliche Vorgesetzte.

Typisch ist die Einrichtung solcher zusätzlicher funktionaler Unterstellungsverhältnisse für Unternehmungen mit mehreren, räumlich auseinander liegenden Produktionsstätten. Oft sind Niederlassungen oder Werke dann mit einigen Stellen für Verwaltungstätigkeiten ausgestattet, die vor Ort ständig anfallen, wie z. B. Personalthemen oder das Controlling. Hier sind die Werksleiter allen Werksangehörigen disziplinarisch vorgesetzt. Für bestimmte Funktionen liegt die fachliche Kompetenz jedoch bei Instanzen in der Zentrale. Dann empfangen die Stellen z. B. für Personalangelegenheiten und Controlling in den Werken ihre Richtlinien und fachlichen Anweisungen von Abteilungen der Zentrale.

Sehr oft sind in Konzernen die Leiter der Finanzabteilungen der Konzerntöchter nicht der Unternehmensführung der jeweiligen Tochtergesellschaften, sondern dem Finanzchef des Mutterkonzerns fachlich und manchmal sogar disziplinarisch unterstellt. Damit ist eine bessere Kontrolle der Tochterunternehmungen durch die Konzernmutter möglich.

5.3.2. Linien- und Stabsstellen

Bevor wir nun zu weiteren Möglichkeiten und Ausprägungen der Konfiguration kommen, möchte ich auf zwei Arten von Stellen näher eingehen, welchen in der Organisationslehre große Bedeutung beigemessen wird: es geht um die Unterscheidung zwischen Linienstellen und Stabsstellen.

Der Terminus Linienstelle umfasst Ausführungsstellen und Instanzen. Jene Stellen sind unmittelbar mit der Erfüllung der Kernaufgaben einer Organisation befasst, in Industrieunternehmungen also Produktion und Vertrieb und in Handelsunternehmungen z. B. Einkauf, Lagerung und Vertrieb.

Der Begriff der Stabsstelle kommt aus dem militärischen Bereich. Der obersten Leitung der einzelnen Waffengattungen sind dort in gerader Linie über mehrere hierarchische Ebenen hinweg Divisionen, Brigaden, Regimenter, Bataillone und Kompanien unterstellt. Daneben verfügen die leitenden Instanzen der größeren organisatorischen Einheiten über so genannte Generalstäbe, die heute teilweise Führungsstäbe oder Kommandostäbe genannt werden. Sie sollen die leitenden Instanzen beraten und unterstützende Funktionen für die „kämpfende Truppe" übernehmen. Ihnen obliegen zum Beispiel das Nachrichtenwesen, das Transportwesen, die Versorgung etc.

In der englischsprachigen Organisationslehre wird grundsätzlich zwischen „line" und „staff" unterschieden. Alle Funktionen, die der Kernaufgabe eines

Unternehmens dienen, fallen unter „line“, alle anderen unter „staff“. So werden Rechnungswesen bzw. Controlling hier klar dem Bereich „staff“ zugeordnet.

Wesentlich enger wird der Terminus „Stab“ in der deutschsprachigen Organisationslehre verwendet. Hier werden analog zur Beratungsfunktion des militärischen Generalstabes Stäbe allgemein als Leitungshilfsstellen definiert. Stäbe sollen Instanzen bei der Erfüllung ihrer Leitungsfunktionen beraten und unterstützen. Von den Instanzen unterscheiden sie sich dadurch, dass sie keine Entscheidungsbefugnisse und keine Weisungsbefugnisse besitzen. Während der „staff“ die Stellen umfasst, die die mit der Leistungserstellung und -verwertung direkt befassten Ausführungsstellen unterstützen, bezieht sich der deutsche Stabsbegriff nur auf diejenigen Stellen, die Instanzen unterstützen.

In Organisationsschaubildern werden Stabsstellen von Instanzen oft dadurch unterschieden, dass Instanzen als Rechtecke und Stäbe als Kreise dargestellt werden. Das Fehlen von Weisungsbefugnissen geht daraus hervor, dass entsprechende Verbindungslinien zu untergeordneten Instanzen oder Ausführungsstellen fehlen.

Stabsstellen größerer Einheiten sind Stabsstellen kleinerer Einheiten fachlich vorgesetzt. Bisweilen verfügen sie über Richtlinienkompetenz, mittels derer sie Linienstellen auf tiefer liegenden Ebenen gewisse Vorgaben machen können.

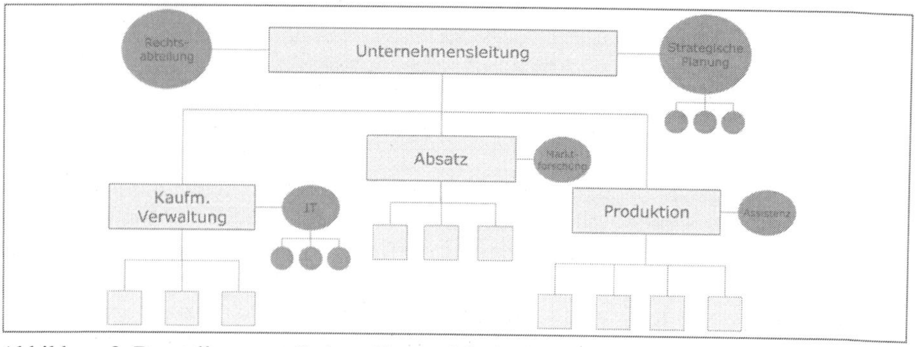

Abbildung 8: Darstellung von Stabsstellen und Stabsabteilungen in Organisationen

Das Definitionsmerkmal fehlender Weisungsbefugnisse muss relativiert werden. Der Leiter einer Stabsabteilung besitzt den ihm untergeordneten Stabsstellen gegenüber selbstverständlich Entscheidungs- und Weisungsbefugnisse. Nur gegenüber Stellen außerhalb seines Bereiches besitzt er nach der Definition keine Kompetenzen. Aber auch bei dieser Relativierung ist die Identifizierung von Stabsstellen in der Praxis schwierig. Und diese grundsätzliche Verwirrung finden Sie prinzipiell auch in jeder Organisation. Einige Unternehmen bezeichnen die Personalabteilung, die IT oder die Marktforschungsabteilung als Stabsabteilungen, andere Organisationen als Linienabteilungen. Dies liegt darin begründet, dass meist diese Abteilungen keineswegs nur Beratungsfunktionen erfüllen, sondern auch Aufgaben selbstständig durchführen. Grochla unterscheidet daher zwischen Stabsstellen (im eigentlichen Sinne), die an der Entscheidungsvorbereitung beteiligt sind, indem sie Alternativen ausarbeiten und den Instanzen vorlegen, und Dienstleistungsstellen, die Informationen sammeln und verarbeiten. Auch diese Unterscheidung löst das Problem nicht gänzlich, sie wird aber der Praxis schon eher gerecht. Marktforschungsabteilungen und IT erfüllen tatsächlich Dienstleistungsfunktionen für andere Abteilungen und werden in der Praxis auch Dienstleistungsabteilungen oder Serviceabteilungen genannt.

5.3.3. Produktmanagement-Struktur

Mit der Einrichtung eines Produktmanagements wird das Ziel verfolgt, Absatzaktivitäten und unter Umständen dem Absatz vorgelagerte Aktivitäten stärker auf Produkte und Produktgruppen auszurichten. Nicht mehr die Funktion steht im Vordergrund, sondern das Produkt bzw. die Produkt-Markt-Kombinationen bzw. das strategische Geschäftsfeld. Hintergrund ist die Überlegung, dass das Produktmanagement die Anpassungsfähigkeit der Unternehmung an sich ändernde Märkte oder Marktsegmente wesentlich verbessert.

Unter welchen Bedingungen ist die Einrichtung eines Produktmanagements hilfreich bzw. erforderlich?

Gehen wir zunächst von einer funktionalen Organisationsstruktur aus, in der der Vertrieb nach Regionen gegliedert ist. Wenn das Angebotsprogramm der Unternehmung Produkte oder Produktgruppen umfasst, die in Märkten mit sich dynamisch und unterschiedlich entwickelnden Bedingungen angesiedelt sind, dann bietet eine funktionale Organisationsstruktur meist nicht in ausreichendem Umfang die Voraussetzungen dafür, dass sich die Aktivitäten der Unternehmung rasch genug auf die Besonderheiten der verschiedenen Märkte ausrichten können. Die Abteilungsleiter konzentrieren sich auf die Erfüllung ihrer spezifischen Funktionen und die Gebietsverkaufsleiter auf die Besonderheiten ihrer Gebiete. Es gibt keine Stellen, die für den Erfolg der Produkte oder Produktgruppen verantwortlich sind, die Informationen über die spezifischen Produktmärkte erfassen und auswerten, produktmarktspezifische Marketingkonzepte erstellen und dafür Sorge tragen, dass diese Konzepte in konkrete Aktivitäten münden. Produktmanagement-Stellen sollen für dieses Problem Abhilfe schaffen.

Je mehr unterschiedliche Produkte oder Produktgruppen das Angebotsprogramm einer Unternehmung umfasst, je unterschiedlicher die Marktbedingungen für diese Produktgruppen sind und je größer die Dynamik in den verschiedenen Märkten ist, desto dringlicher ist in der Regel die Einführung von Produktmanagern in einer funktionalen Organisationsstruktur. Die Etablierung von Produktmanagern stellt meist einen ersten Schritt in Richtung Divisionalisierung dar. Wenn sich die Produktgruppen auch in ihrer Technologie signifikant unterscheiden und wenn ihre Umsätze die Einrichtung spezifischer Produktionsanlagen und Vertriebsorganisationen rechtfertigen – wenn eine ausreichende Auslastung der Produktions- und Vertriebskapazitäten gewährleistet ist, dann bietet sich die Einrichtung von Divisionen oder Geschäftsbereichen für Produktgruppen an. Betrachten wir heutige Konzernstrukturen, so sind diese sehr häufig divisional „aufgestellt".

Eine wichtige Entscheidung bei der organisatorischen Ausgestaltung des Produktmanagements ist zunächst, ob Produktmanager innerhalb einer Funktion oder funktionsübergreifend angesiedelt werden sollen. In sehr vielen Fällen sind Produktmanager im „Marktumfeld" eines Unternehmens (Marketing, Business Development, Vertrieb) eingeordnet. Da das Produktmanagement als organisatorische Verankerung des marktorientierten Denkens und als Institution zur Koordination absatzwirtschaftlicher Aktivitäten im Hinblick auf spezifische Produktmärkte angesehen wird, ist dies naheliegend.

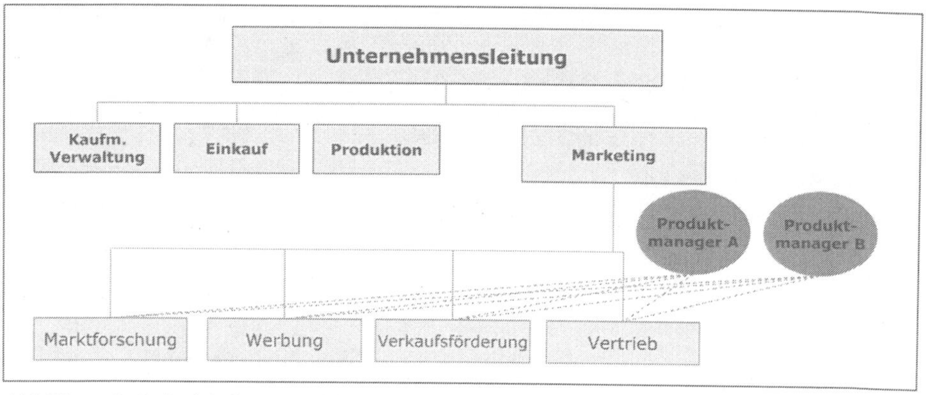

Abbildung 9: Beispiel eines Produktmanagements innerhalb des Marketingbereiches

Eine funktionsübergreifende Einordnung ist dann in Erwägung zu ziehen, wenn die Produktmanager in einem hohen Maße Produktion und Entwicklung in ihre Koordinationsaufgabe einbeziehen müssen, wenn es beispielsweise erforderlich ist, Aktivitäten von Produktion und Entwicklung auch kurzfristig auf die spezifischen Produktmärkte abzustimmen. In der Investitionsgüterindustrie ist das häufiger der Fall als in der Konsumgüterindustrie.

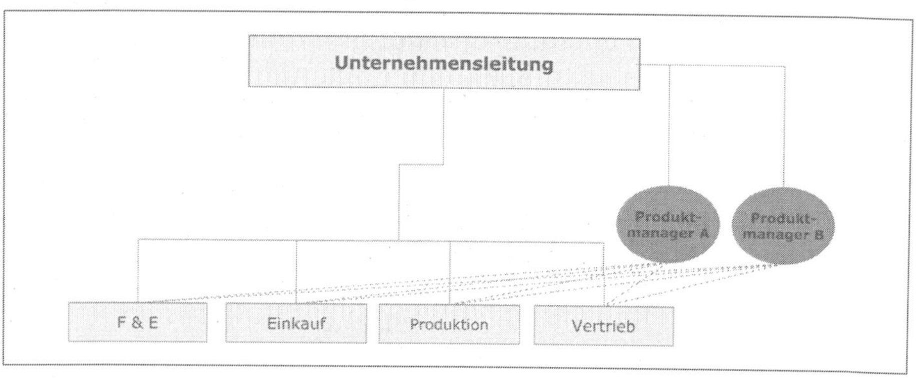

Abbildung 10a: Beispiel einer funktionsübergreifenden Einordnung des Produktmanagements

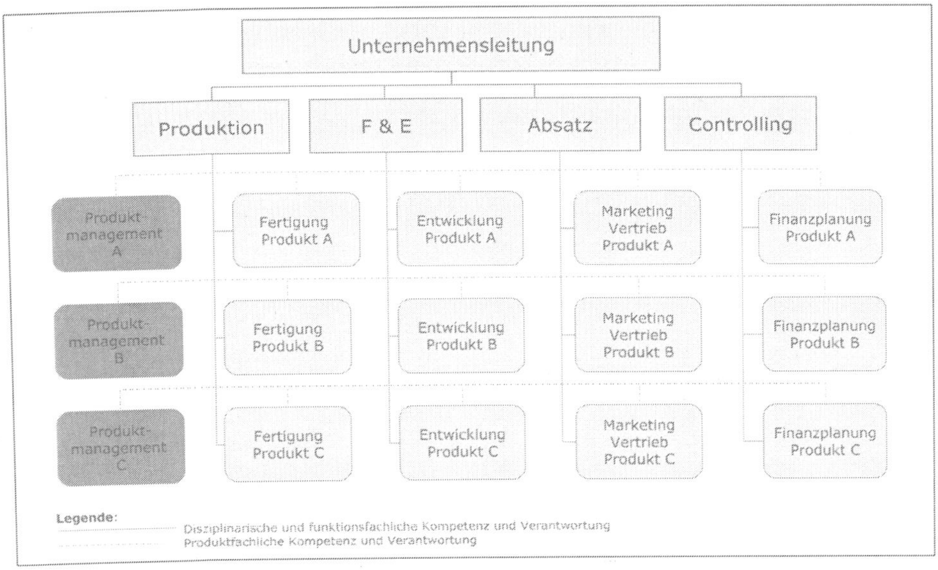

Abbildung 10b: Beispiel einer Produkt-Matrix-Organisation

Eine weitere Herausforderung der organisatorischen Ausgestaltung des Produktmanagements ist, ob die Produktmanager mit fachlich begrenzter Weisungs- und Entscheidungsbefugnis ausgestattet werden sollen – ob das Produktmanagement als Stab-Linienorganisation oder als Matrixorganisation eingerichtet werden muss.

Im ersten Fall repräsentieren die gestrichelten Linien die Weisungsbeziehungen. So kann den Produktmanagern das Recht eingeräumt werden, über Konditionen und Verkaufsförderungsaktivitäten zu entscheiden und diese gegenüber dem Vertrieb direkt durchzusetzen. Bei einer funktionsübergreifenden Einordnung der Produktmanager werden ihnen gegenüber Produktion und Entwicklung in aller Regel keine Entscheidungs- und Weisungsrechte eingeräumt, damit die Verantwortung von Produktions- und Entwicklungsleitern nicht ausgehöhlt wird.

Die Hauptherausforderung in dieser Art der Weisungs- und Kooperationsform ist die systemimmanent „eingebaute" Notwendigkeit der Koordination, die sehr schnell zu Konflikten führen kann. Sachliche Konflikte sind in Matrixstrukturen durchaus gewollt, sie schlagen aber leicht in Konflikte zwischen Personen um, und dann wird es oft sehr schwierig. Um dieses Gefahrenpotenzial zu kanalisieren, ist eine präzise Festlegung der Entscheidungs- und Weisungsbefugnisse der Produkt- und Funktionsmanager (etwa mittels eines Funktionendiagramms) durch Erstellung umfassender mittelfristiger Rahmenplanungen erforderlich. Diese Maßnahmen erhöhen wiederum den Formalisierungsgrad der Organisation und wirken sich unter Umständen negativ auf die Anpassungsfähigkeit des Unternehmens aus.

Um den beschriebenen oft schwierigen Ausprägungen einer Matrixstruktur entgegenzuwirken, wird versucht, das Produktmanagement als Selbstabstimmung zu organisieren. Vertreter aus verschiedenen funktionalen Bereichen – in der Regel Stelleninhaber, die in den jeweiligen Funktionen überwiegend mit den betreffenden Produktgruppen beschäftigt sind – bilden ein Produktkomitee. Dadurch ist ein gemeinsames Aushandeln verschiedener Positionen im Rahmen des Planungskorridors institutionalisiert. Das Produktkomitee übernimmt sämtliche Aufgaben, die das Produktmanagement betreffen. Es tritt in bestimmten, definierten zeitlichen Abständen und nach Bedarf zusammen und ist gesamthaft für Konzepte, Strategien und Pläne für die von ihm vertretene Produktgruppe(n) verantwortlich. Ein Mitglied agiert in diesem Fall als Sprecher und Koordinator.

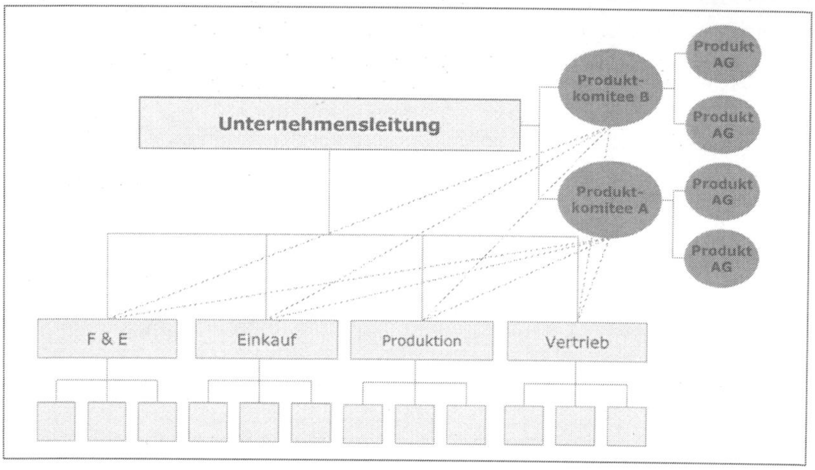

Abbildung 11: Beispiel des Produktmanagements durch Produktkomitees

Ein wichtiger Vorteil des Produktkomitees liegt darin, dass einerseits in ihm Sachverstand umfassender zum Tragen kommt als in einer Produktmanagement-Stelle oder in einer Produktmanagement-Abteilung und andererseits das Spiel der politischen Entscheidungen institutionalisiert und durch dieses Komitee kanalisiert wird. Wichtige Entscheidungen werden in diesem Gremium gefällt, die Umsetzung erfolgt dann in den jeweiligen Funktionsbereichen. Damit muss nicht mehr ein Produktmanager die Vertreter der operativen Bereiche überzeugen oder ihnen – unter Umständen gegen ihren Widerstand – Anweisungen erteilen. Die Vertreter der funktionalen Bereiche setzen Beschlüsse um, die sie selbst im Produktkomitee mit getroffen haben.

Beim direkten Vergleich von Produktmanagement und Produktkomitee ergeben sich folgende Offensichtlichkeiten: Wenn die Mitglieder eines Produktkomitees in der Lage sind, Konsens zu entwickeln, wenn sie bereit und fähig sind, im Produktkomitee ihre funktionalen Orientierungen – ihre „Abteilungsegoismen“ – zu Gunsten einer „unternehmerischen“ Orientierung zu überwinden, wenn sie sich gemeinschaftlich als „Unternehmer der jeweiligen Produktgruppe“ sehen, dann ist diese Lösung bei funktionsübergreifenden Produktmanagementaufgaben mit großer Wahrscheinlichkeit dem Produktmanagement in Form einer Stelle überlegen. Sind diese Voraussetzungen jedoch nicht gegeben, dann ist die Wahrscheinlichkeit sehr groß, dass die Ergebnisse schlechter ausfallen als die konventionellen Produktmanagement-Lösungen (kompetente Produktmanager vorausgesetzt).

Eine spezielle Form des Produktmanagements ist das Kundengruppenmanagement. Hier werden Stellen eingerichtet, die für verschiedene spezifische Kundengruppen – Einzelhändler, private Haushalte, Industriekunden etc. – individuelle Lösungen inklusive Marketingprogrammen entwickeln und durchaus auch eine aktive Rolle bei der Betreuung dieser Kundengruppen übernehmen. Diese Entwicklungen finden sich häufig im Versicherungsbereich und in den letzten Jahren bei Telekommunikationsanbietern und IT-Dienstleistern. Im Extremfall werden solche Stellen sogar für einzelne Kunden eingerichtet, die einen bedeutenden Teil des Umsatzes einer Unternehmung bestreiten. In diesem Fall spricht man von Key-Account-Management. Die Aufgaben des Kundengruppenmanagers entsprechen denen des Produktmanagers – nur liegt hier nicht der Schwerpunkt auf Produktgruppen, sondern auf bestimmten Kundengruppen oder wie bei Key-Account-Managern auf einem speziellen, bedeutenden Kunden.

Immer wieder richten Unternehmen sowohl Produktmanagement-Stellen als auch Kundengruppenmanagement-Stellen parallel ein. Die Kundengruppenmanager sind dann meist dem Vertrieb zugeordnet, die Produktmanager dem Business Development-Department oder dem Marketing. Dann erstellen Produktmanager in Abstimmung mit dem Einkauf, der Produktion und F&E die allgemeinen Konzepte, die dann von den Kundengruppenmanagern und „Key-Accountern" im Hinblick auf ihre speziellen Anforderungen hin „gecustomized" werden.

Zusammenfassend betrachtet soll sich das Produkt- und Kundengruppenmanagement auf folgendes Problem konzentrieren: Stellt die bestehende Organisationsstruktur nicht in ausreichendem Maße sicher, dass relevante Herausforderungen des Marktes im Auge behalten und in der Steuerung und Koordination der Aktivitäten berücksichtigt werden, dann kann dieser Mangel ganz oder zumindest teilweise durch Einrichtung zusätzlicher Stellen behoben werden, deren Aufgabe darin besteht, sich mit der vernachlässigten Problematik zu beschäftigen, Lösungskonzepte zu erarbeiten und auf die Koordination entsprechend einzuwirken. Die Einwirkung kann in Form eines Einflussmanagements, aber auch auf der Basis fachlich begrenzter Weisungsbeziehungen erfolgen.

So oder so, bei einem nachträglichen Ergänzen von Aufgaben und Funktionen von dieser Tragweite und Bedeutung in die bestehende Organisation wird immer die soziale, mikropolitische Organisationskomplexität und -dynamik erhöht. Bevor neue Stellen dieser Form installiert werden, die dann eine oft überraschende und nur mehr bedingt beeinflussbare Eigendynamik entwickeln – und von dieser Eigendynamik ist auszugehen –, ist es vielmehr ratsam, eine grundsätzlichere Diskussion über die Lösung dieser Herausforderung unternehmensintern anzustoßen. Dann geht es um eine fundierte Auseinandersetzung zur grundsätzlichen strategischen Ausrichtung, zum langfristig ausgelegten Geschäftsmodell, zu Fragen der Unternehmenssteuerung und dann letztendlich zum Organisationsdesign. Nur durch diese methodische Herangehensweise ist gewährleistet, dass die Struktur kein Flickenteppich, sondern ein in sich harmonisches und abgestimmtes Gefüge wird.

5.3.4. Projektmanagement-Struktur

Projekte sind umfangreiche, aber zeitlich begrenzte Aufgaben. Solche Projekte erfordern in der Regel die Zusammenarbeit zwischen Stellen aus verschiedenen Bereichen, sodass Koordinationsaufgaben entstehen, die aus dem Rahmen der laufenden Koordinationsprozesse fallen. Eine Möglichkeit zur Koordination von solchen besonderen und zeitlich begrenzten Aufgaben besteht in einer institutionalisierten Selbstabstimmung auf Zeit. Wenn z. B. zur Entwicklung eines neuen Produktes eine Zusammenarbeit zwischen Absatz, Produktion und F&E erforderlich wird, dann kann ein Ausschuss gebildet werden, der sich aus Vertretern dieser drei Bereiche zusammensetzt. Wenn die Produktentwicklung jedoch sehr umfangreich ist und vielfältige Entwürfe, Analysen, Versuche und Tests erforderlich werden, die laufend abgestimmt werden müssen, so kann dies die situative Selbstabstimmung überfordern. Diesfalls ist die Einrichtung eines Projektmanagements unter der Verantwortung eines explizit ernannten Projektmanagers sinnvoll (generell zum Projektmanagement siehe dazu in diesem Band im Abschnitt „Veränderung und Entwicklung").

Meist werden heute im Organisationsalltag beide Möglichkeiten miteinander kombiniert: Die Instanzen der betroffenen organisatorischen Einheiten bilden einen Steuerungs- oder Lenkungsausschuss („steering committee") und beschränken sich auf die Vorgaben von Richtlinien und die Entscheidung grundsätzlicher Fragen, zumeist in der Form von Genehmigungen vorbereiteter Vorschläge. Der Projektmanager sorgt dann für die laufende Abstimmung zwischen allen beteiligten Stellen, sammelt Informationen, arbeitet Vorschläge aus, legt sie dem Ausschuss vor und dient anschließend wieder als Verbindungsstelle zu den einzelnen Bereichen.

In Abhängigkeit von der Ausgestaltung der Kompetenzen des Projektmanagers lassen sich drei Arten des Projektmanagements unterscheiden:

- Beim *Einfluss-Projektmanagement* erhält der Projektmanager keine Entscheidungskompetenzen und Weisungsbefugnisse. Koordination und Einhaltung von Terminen und Projektmasterplan stehen hier im Mittelpunkt der Aufgaben des Projektmanagers. Er hat in erster Linie ein umfassendes Informations- und Beratungsrecht.
- Beim *reinen Projektmanagement* ist der Projektmanager mit allen Kompetenzen und Weisungsbefugnissen ausgestattet. Diese Art von Projektmanagement findet man meist bei umfassenden Bauprojekten, weniger bei Organisationsprojekten.
- Beim *Matrix-Projektmanagement* erhält der Projektmanager ähnlich einer Matrix-Organisationsstruktur nur einen Teil der erforderlichen Ressourcen fest zugeteilt. Er muss, um Projektaufgaben erledigen zu können, auf Res-

sourcen von funktionalen Abteilungen zurückgreifen. Im Gegensatz zum Einfluss-Projektmanagement hat hier der Projektverantwortliche jedoch Weisungs- und Entscheidungskompetenz.

Zu den weiteren Details im Projektmanagement siehe im Abschnitt „Veränderung und Entwicklung“ in diesem Band.

Die Entwicklung von Neuprodukten im Sinne des Business-Development wird heute meist in Projektform gestartet. Die Zusammensetzung des Projektteams orientiert sich bereits von Beginn an danach, mit wem und in welcher Form dieses Projekt des Neuproduktes bei entsprechendem Erfolg in die Regelorganisation eingebunden werden kann. Es ist zu empfehlen, dass jene Mitarbeiter, die die Projektverantwortung übertragen bekommen, bei entsprechend vorweisbaren erfolgreichen Ergebnissen dieses Produkt später als Produktmanager im Rahmen der Regelorganisation weiterentwickeln können. Damit ist eine optimale Brücke zur Produkt-Matrix-Organisation bzw. die divisionale Grundstruktur geschaffen (siehe dazu die Ausführungen weiter unten unter Punkt 7).

5.3.5. Gliederungstiefe, Leitungsspanne und Stellenrelation

Immer dann, wenn wir von Leitungssystem und Stellengefüge sprechen, taucht unweigerlich bei Organisationsgestaltern und Unternehmensverantwortlichen die Frage nach der „richtigen“ Gliederungstiefe, der passenden Leitungsspanne und Stellenrelation auf.

Vorweg kann, wie in den meisten Fällen, nicht definitiv vorgegeben werden, wie die horizontale und vertikale Spanne eines Unternehmens sein soll. Es gilt wiederum der Grundsatz: „Es hängt davon ab ...“

- *Gliederungstiefe*: In Abhängigkeit von der Tiefe der Gliederung des Stellengefüges sprechen wir grundsätzlich von einer steileren oder flacheren Pyramide. Die Zahl der hierarchischen Ebenen wird als vertikale Spanne bezeichnet. Wenn alle Instanzen mit speziellen Personen besetzt werden, so führt die hierarchische Gliederung des Stellengefüges zu einer rangmäßigen Differenzierung zwischen den Organisationsmitgliedern. In Abhängigkeit von der Höhe der hierarchischen Einordnung einer Stelle verfügen die Stelleninhaber nicht nur über unterschiedlich weitreichende Weisungs- und Entscheidungsbefugnisse, sondern auch über einen unterschiedlichen Status, der oft mit Prestigesymbolen (eigenes Sekretariat, eigene Assistenz, Firmenwagen, Firmenwohnung, Größe des Büros etc.) verbunden ist.
- *Leitungsspannen*: Als Leitungsspanne wird die Anzahl der einer Instanz direkt untergeordneten Stellen bezeichnet. Man spricht hier auch von Subordinationsspannen und – aufgrund einer falschen Übersetzung des englischen Ausdrucks „span of control“ – von Kontrollspanne (im Englischen bedeutet „control“ vor allen Dingen Leitung, Steuerung). Der Zusammenhang zwischen Leitungsspanne und Gliederungstiefe besteht darin, dass je größer die Leitungsspannen sind, desto weniger Ebenen gebildet werden müssen.

  In der Organisationslehre wird die Schaffung einer größeren Zahl von Ebenen oft damit begründet, dass ein Vorgesetzter schon allein aus zeitlichen Gründen nur eine begrenzte Zahl von Untergebenen koordinieren und über-

wachen kann. Wenn eine Abteilung wächst und die Zahl der Mitglieder diese Kapazitätsgrenze des Vorgesetzten überschreitet, so wird es notwendig, die Abteilung aufzugliedern und eine weitere Hierarchieebene zu schaffen. Aber stimmt diese Argumentationskette wirklich?
Zunächst ist hervorzuheben, dass sich die Definition einer Leitungsspanne auf die einer Instanz unmittelbar untergeordneten Stellen bezieht. Damit sprechen wir von einem strengen Einliniensystem. In der Praxis existieren jedoch meistens Mehrfachunterstellungen. Weiters basiert diese Argumentation auf der Annahme, dass die Koordination ausschließlich auf dem Instrument persönlicher Weisungen basiert. Wenn jedoch z. B. ausgefeilte, technokratische Koordinationsinstrumente eingesetzt werden, so kann die Leitungsspanne ohne Zweifel größer sein als bei einer Koordination, die sich weitgehend auf persönliche Weisungen stützt. Eine alternative Anpassung auf das Wachstum einer Abteilung, eines Bereiches kann somit auch darin bestehen, die Koordinationsmechanismen anzupassen.
Der besondere Einfluss von unterschiedlichen technischen Koordinationsinstrumenten auf die Leitungsspanne und Gliederungstiefe einer Organisation beweist das, in den 90er Jahren sehr stark diskutierte Toyota- oder auch Lean-Management-Modell mit seinen speziellen Ausprägungen von flachen Hierarchien und relativ großen Leitungsspannen. Das Konzept fand Nachahmungsversuche in der Automobil- und Maschinenbauindustrie, wobei die erhofften Einspar- und „Geschwindigkeitsergebnisse" meist weit hinter den Erwartungen zurückblieben. Aus heutiger Sicht lässt sich eine der Hauptursachen darin finden, dass gerade dieses auf das japanische Arbeits- und Organisationsverständnis maßgeschneiderte Koordinationssystem (beginnend bei den Spezifika der Teamführung bis hin zu Koordinationsinstrumenten wie Shikake-Funktionen oder Andon-Systemen) ausschlaggebend ist für die unter Lean-Management bekannt gewordene flache Organisationsstruktur.
Ein Blick in die Empirie zeigt, dass die Leitungsspannen innerhalb einer Organisation von Hierarchieebene zu Hierarchieebene oder auch – auf jeweils derselben Hierarchieebene – von Teilbereich zu Teilbereich erheblich variieren.

- *Stellenrelationen*: Stellenrelationen bezeichnen schließlich das Verhältnis zwischen bestimmten Arten von Stellen. Stellenrelationen, wie etwa die Relation zwischen Instanzen und Ausführungsstellen, charakterisieren neben Gliederungstiefe und Leitungsspanne ebenfalls die äußere Form des Stellengefüges. Darüber hinaus können sie auch einen Einblick in die Wirtschaftlichkeit oder Zweckmäßigkeit des Leitungssystems vermitteln. Große Popularität hat in diesem Zusammenhang das „Parkinson'sche Gesetz" erlangt. Dieses Gesetz bringt zum Ausdruck, dass die Zahl der Verwaltungsstellen überproportional zur Anzahl der Ausführungsstellen wächst (vgl. Parkinson 1966). In der neueren Organisationsforschung wird die Relation zwischen Verwaltungsstellen und ausführenden Stellen als Leitungsintensität bezeichnet (dazu die interkulturellen Ausführungen unter Punkt 7.1).

5.3.6. Entscheidungsdelegation

Mit Entscheidungsbefugnis ist das Recht gemeint, zukünftige Sachverhalte für die Organisation nach innen und/oder nach außen verbindlich festzulegen. Jede Weisung setzt zwar Entscheidungen voraus, aber nicht jede Entscheidung mündet auch in eine Weisung. Soweit es um Entscheidungen geht, die die Organisation nach außen bindet, vor allen Dingen Vertragsabschlüsse, so spricht man nicht von Weisungsbefugnissen, sondern von Vertretungsbefugnissen. Im Innenverhältnis sind Entscheidungen den Weisungen vorgelagert. Entscheiden heißt dabei, dass die Instanz für sich selbst verbindlich festlegt, dass ein bestimmter Zustand erreicht oder eine bestimmte Maßnahme ergriffen werden soll, und von dieser Festlegung bei ihren weiteren Überlegungen ausgeht. Hat sich die Instanz für eine Maßnahme entschieden, so kann sie diese entweder selbst ausführen oder eine ihr untergeordnete Stelle durch Weisungserteilung mit der Ausführung beauftragen.

Verbindliche Entscheidungen kann eine Instanz jedoch nur innerhalb der ihr übertragenen Kompetenzen fällen. Wenn die Befugnis zur Entscheidung über die Annahme oder Ablehnung eines Auftrags nicht dem Vertriebsleiter, sondern einer Instanz im Finanzbereich übertragen ist, so kann der Vertriebsleiter auch keine diesbezüglichen Weisungen erteilen. Erteilt der Vertriebsleiter ohne Rücksprache mit der Instanz im Finanzbereich eine solche Weisung, so ist dies „illegal“. Und das produziert immer Schwierigkeiten und Konflikte. Umso wichtiger ist es, dass im Grunddesign einer Organisation Kompetenzfelder und Verantwortungsbereiche weitestgehend zusammenfallen (siehe dazu die Grundsätze im TCG-9-Stufen-Modell).

Bei der Entscheidungsdelegation handelt es sich um die Frage der umfangmäßigen Verteilung der Entscheidungsbefugnisse in einer Organisation.

Es geht im Wesentlichen um die Kompetenzverteilung über die verschiedenen Hierarchieebenen. Sind die Kompetenzen verteilt, so ist eine Instanz grundsätzlich nicht befugt, Entscheidungsbefugnisse der ihr untergeordneten Stellen an sich zu ziehen oder eigene Kompetenzen an diese zu delegieren. Tut sie dies doch, so weicht sie von den offiziellen organisatorischen Regelungen ab und kann sich höheren Stellen gegenüber nicht auf die Delegation berufen. Im Einzelnen beinhaltet die Delegation von Entscheidungsbefugnissen die Zuweisung von Aufgaben, die Vorgabe von Zielen für die Aufgabenerfüllung, die Geschäftsjahresplanung, die Ausstattung mit den zur Aufgabenerfüllung notwendigen Rechten und die Zuweisung von Verantwortung.

Bezüglich der Verantwortung müssen wir differenzieren. In der Literatur wird zwischen Fremdverantwortung und Eigenverantwortung unterschieden. Im Falle der Fremdverantwortung ist der Vorgesetzte auch für Handlungen seiner Untergebenen verantwortlich, im Falle der Eigenverantwortung nur für seine eigenen Handlungen. Speziell nach Bilanzfälschungsskandalen wie bei Enron in den USA oder aktuell bei Korruptionsskandalen bei VW, bei Schwarzgeldkonten oder Kartellrechtsvergehen der Siemens AG etc. stellt sich auch unmittelbar immer die Frage der Mitverantwortung.

Grundsätzlich wird heute davon ausgegangen, dass jeder Vorgesetzte die Richtlinienkompetenz besitzt und somit für die Konsequenzen dieser Entscheidungen einstehen muss. Eigenverantwortung bedeutet daher, dass der Vorgesetzte zwar nicht mehr für jede einzelne Handlung seiner Untergebenen verantwortlich ist, wohl aber für die Ergebnisse der gesamten organisatorischen Einheit, soweit diese von seinen grundsätzlichen Entscheidungen beeinflusst werden. Er wird also nicht vollkommen aus der Verantwortung für die Handlungen seiner Mitarbeiter entlassen. Er ist dafür verantwortlich, dass seine Vorgaben richtig sind. Und zusätzlich wird dem Vorgesetzten in der Regel auch eine Aufsichtspflicht übertragen. Dann ist er auch dafür verantwortlich, dass seine eigenen Vorgaben und die generellen organisatorischen Regelungen von seinen Untergebenen eingehalten werden.

5.4. Strukturdimension – Formalisierung

Die vierte Hauptdimension zur Charakterisierung von Organisationsstrukturen ist der Grad der Formalisierung. Als Formalisierung bezeichnet man in der Organisationsliteratur allgemein den Einsatz schriftlich fixierter organisatorischer Regeln in Form von Organisationsschaubildern, -handbüchern, Richtlinien, Stellenbeschreibungen usw. Eine solche Formalisierung wurde lange Zeit als typisches Merkmal der Bürokratisierung mit all ihren damit verbundenen Assoziationen einer Organisation gesehen. Die jüngsten Strömungen der organisationstheoretischen Diskussionen sehen den Aspekt der Formalisierung als Ausdruck des Reifegrades einer Organisation (siehe dazu den Beitrag „Organizational Maturity“ in diesem Band).

Zur Konkretisierung der Strukturdimension – Formalisierung – möchte ich mich an die von Pugh et al. (1968) getroffene Unterscheidung von drei Subdimensionen halten:

- *Schriftliche Fixierung organisatorischer Regeln (Strukturformalisierung)*: Diese Teildimension bezieht sich auf den Umfang, in dem organisatorische Regeln in Form von Schaubildern, Handbüchern, Richtlinien etc. schriftlich fixiert sind. Diese Handbücher dienen jedoch nicht nur der Definition und Abgrenzung von Stellen, sondern legen auch die in einem Unternehmen praktizierten Verfahren und Programme fest. Damit stellt sich natürlich die Frage, inwiefern sich diese Subdimension von der Dimension der Koordination (siehe dazu Punkt 5.2.) unterscheidet. Dazu eine klare Aussage: eigentlich überhaupt nicht. Durch die Strukturformalisierung wird lediglich die Organisationsstruktur im Form von festgeschriebenem Organigramm und Strukturaufbau explizit betont und nicht die Programme oder Ablaufpläne. Denn es ist nicht ohne Bedeutung für die Beschaffenheit der Organisationsstruktur und für das Verhalten der Organisationsmitglieder, ob organisatorische Regeln zur Spezialisierung, Konfiguration, Entscheidungsdelegation usw. schriftlich fixiert sind oder nicht. Daher ist es sinnvoll, diesen Aspekt gesondert hervorzuheben.

Zur Formalisierung organisatorischer Regelungen hat die Organisationslehre eine Fülle von Instrumenten entwickelt, von denen Folgende als die am häufigsten verwendeten gelten:
- Organigramme
- Stellenbeschreibungen
- Organisationshandbücher sowie
- Verfahrensrichtlinien.

- *Formalisierung des Informationsflusses (Aktenmäßigkeit)*: Von den schriftlich fixierten Programmen, die generelle Regelungen beinhalten und damit Teil der formalen Organisationsstruktur werden, sind die auf den Einzelfall bezogenen schriftlichen Weisungen zu unterscheiden. Sie heißen in der Praxis Dienstanweisungen, Mitteilungen, Vorstandsbeschlüsse etc. Meist handelt es sich hier um Protokolle, die Entschlüsse eines Gremiums wiedergeben und sowohl den Mitgliedern dieses Gremiums als auch anderen Stellen zugeleitet werden. Im Gegensatz zu Programmen beinhalten solche Schriftstücke jedoch keine organisatorischen Regelungen, sondern Weisungen einer Instanz mit einem bestimmten, auf Einzelfälle bezogenen Inhalt.
  Unter dieser Teildimension werden all jene Regelungen zusammengefasst, die vorsehen, dass bestimmte Kommunikationsprozesse schriftlich zu erfolgen haben – vor allen Dingen für Kontroll- und nachvollziehbare Abstimmungszwecke. Diesen Aspekt hat Weber (1972) als Aktenmäßigkeit bezeichnet. Sie kommt nicht nur in der schriftlichen Übermittlung direkter Weisungen, sondern auch in der Übermittlung von schriftlichen Anfragen, Aktennotizen, Memos, dem Gebrauch von vielfältigen Formularen zum Ausdruck – Spezifika, die im Allgemeinen in bürokratischen Organisationen wie Ämtern als zentrale Steuerungsinstrumente verwendet werden (siehe dazu die Ausführungen unter Punkt 4.1. zu den technisch-ökonomischen organisationstheoretischen Ansätzen).
- *Leistungsdokumentation*: In heutigen Unternehmen nimmt der Anteil variabler Gehaltselemente grundsätzlich zu. Mit der Variabilisierung von Gehältern sind Zielerreichungsgrad und Leistungsdokumentation verbunden. Zu den im Einzelnen dabei angewandten Instrumenten gehören z. B. Arbeitszeitkarten, Arbeitsstatistiken, Klassifikationsschemata für die analytische Arbeitsbewertung oder Fragebögen, Scoringmodelle, die als Basis für Mitarbeitergespräche gelten.

Mit der grundsätzlichen Beschreibung der Strukturdimension „Formalisierung" sind nun sämtliche Elemente zum Verständnis des Gesamtgefüges einer Organisation, die möglichen damit verbundenen Dynamiken und Konsequenzen ausreichend skizziert.

Im zweiten Schwerpunkt möchte ich mich nun analog zu diesem theoretischen Fundament konkreten, praktischen Themen des Organisationsaufbaus und Organisationsdesigns widmen.

Den praktischen Teil der vorliegenden Arbeit möchte ich mit zwei konkreten Themen füllen.

1. Einerseits stellt sich nach den obigen Ausführungen die Frage: „... und was bedeuten diese Erkenntnisse für das ganz praktische Gestalten von Organisationen für Verantwortliche, die neue Strukturen zur Unterstützung ihres Geschäftsmodells, ihrer neuen Strategie entwerfen müssen?“ Dazu möchte ich das 9-Stufen-Modell der Transformation Consulting Group GmbH als praxiserprobtes Modell zum Organisationsdesign vorstellen und diskutieren.
2. Und andererseits stellt sich die Frage, ob dieses Stufenmodell auf spezielle kulturelle Ausprägungen passt oder international Verwendung finden kann. Dazu ist eine Diskussion über kulturspezifische Ausprägungen von Organisationen sinnvoll. Konkret möchte ich hier der Frage nachgehen: Weisen Organisationsstrukturen in verschiedenen Kulturen typische Unterschiede auf? Gibt es Spezifika in den Strukturdimensionen, wo liegen hier die Besonderheiten und welche Auswirkungen haben diese Besonderheiten auf das 9-Stufen-Modell?

6. Das TCG-9-Stufen-Modell zum Design einer Hochleistungsorganisation

In den obigen Ausführungen haben wir uns aus theoretischer Perspektive dem prinzipiellen Organisationsaufbau und seinen unterschiedlichen Dimensionen genähert. Für den organisationspraktischen Alltag in der Gestaltung von Unternehmensstrukturen hilft jedoch dieser allgemeine Zugang lediglich, um ein Grundverständnis für die Problemlage zu entwickeln. Im Sinne der Intention dieses Buches soll im folgenden Teil und auf Basis der bisherigen Ausführungen ein praxistaugliches, konkretes Anwendungsmodell vorgestellt und diskutiert werden.

Dabei möchte ich von folgenden Grundannahmen ausgehen:

Professionell aufgestellte Unternehmen zeichnen sich heute aus durch einen optimalen Mix einer klaren, kunden-, markt- und technologiefokussierten Strategie ...

- mit einem Geschäftsmodell, das auf die erarbeitete Strategie abgestimmt ist;
- mit einer Unternehmenssteuerung, die das Erreichen der strategischen Ziele abbildet;
- mit einem Organisationsdesign, welches die strategische Ausrichtung, das Geschäftsmodell und die Unternehmenssteuerung stringent unmittelbar und wirkungsvoll unterstützt. Damit soll den Erkenntnissen aus der Studie von Alfred Chandler konsequent gefolgt werden. Kernerkenntnis dieser Studie war der Nachweis, dass eine Strategie nur erfolgreich eingeführt werden kann, wenn die Organisationsstruktur entsprechend angepasst wird (vgl. Chandler 1962 in Abplanalp/Lombriser 2000, S. 127);
- sowie durch eine konsequente Skill-Entwicklung des Managements und der Mitarbeiter zur Realisierung der strategischen Grundrichtung (Coaching, Aus- und Weiterbildung).

Professionelles Organisationsdesign ist immer im Kontext zu den vier Eckpfeilern der strategischen Unternehmensgestaltung zu sehen. Es gibt somit nicht die richtige und die falsche Organisationsstruktur per se, sondern dies ist immer eine Frage des Kontextes zum Gesamtsystem der Unternehmensgestaltung.

Richtige Organisationsstruktur und passendes Organisationsdesign sind das Ergebnis eines Entwicklungs- und Konzeptionsprozesses, der die oben angeführten Eckpfeiler gleichermaßen und in sequenzieller Abfolge berücksichtigt. Eine schlechte bzw. falsch ausgerichtete Organisationsstruktur behindert hingegen die Geschäftsentwicklung, ja blockiert diese sogar und kann die Organisationsmitglieder in mikropolitischen Streitereien und in kurzfristigem Taktieren verharren lassen.

Nachfolgende Kompetenzraute der strategischen Unternehmensentwicklung verdeutlicht nochmals den Gesamtkontext zum Organisationsdesign.

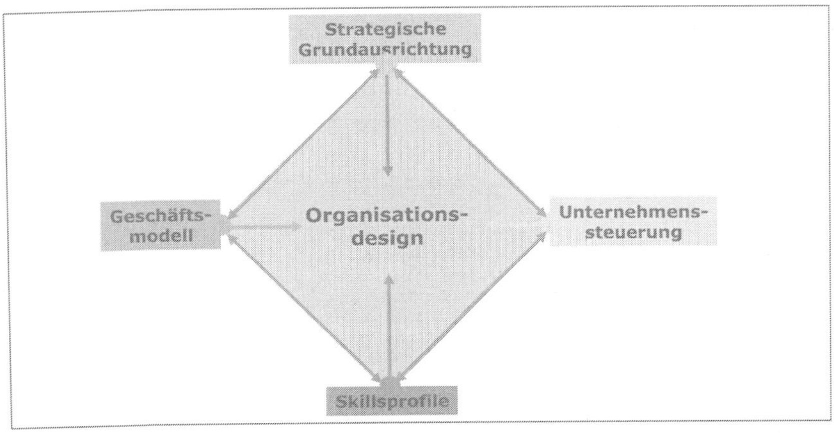

Abbildung 12: Zusammenspiel des Gesamtsystems der Unternehmensgestaltung im Kontext

Aufgrund meiner Erfahrungen kann ich es nicht oft genug betonen: Die notwendige Voraussetzung für die Entwicklung einer tragfähigen Organisationsstruktur bildet eine klare strategische Ausrichtung des Gesamtunternehmens im Sinne des strategischen Portfolio-Managements. Die zentrale Position nehmen dabei strategische Geschäftsfelder ein. Unter einem strategischen Geschäftsfeld wird hier ein (Teil-)Markt, in dem das Unternehmen operiert, verstanden. Dieser Markt ist durch eine spezielle Wettbewerbssituation gekennzeichnet und unterscheidet sich grundsätzlich von anderen Märkten. Damit muss das Unternehmen diesen Markt sinnvollerweise strategisch eigenständig behandeln. Ein Geschäftsfeld repräsentiert somit eine eigenständige Marktaufgabe des Unternehmens. Der richtigen Abgrenzung von Geschäftsfeldern kommt dabei die zentrale Bedeutung zu.

Die Herausforderung dieser Segmentierung besteht darin, die verschiedenen marktbezogenen Aktivitäten des Unternehmens so voneinander abzugrenzen und zu bündeln, dass Einheiten entstehen, die in sich strategisch homogen sind und jeweils besonderen Bedingungen unterliegen. Diese Einheiten können dann zumindest eigenständig ausgerichtet, im Idealfall sogar wie Unternehmen im Unternehmen geführt werden.

Gestaltungsprinzipien des 9-Stufen-Modells nach den vier organisationalen Strukturdimensionen:

- Strukturdimension – Spezialisierung:
  - Grundsatz einer möglichst umfassenden Bereichs-, Abteilungs- sowie Stellenautonomie.
  - Grundsatz der einheitlicher Aufgabenstruktur über sämtliche Ebenen (Aufgabenkaskade).
  - Ausrichtung der Unternehmensbereiche nach Produkt-Markt-Kombinationen bzw. in weiterer Folge nach strategischen Geschäftsfeldern, um eine möglichst hohe Marktorientierung zu erreichen.
- Strukturdimension – Koordination:
  - Im Allgemeinen sind heute Märkte durch zunehmende Dynamisierung und wachsende Komplexität gekennzeichnet. Eine steigende Umweltkomplexität und -dynamik erfordert eine differenziertere und intensivierte Informationsbeschaffung und -verarbeitung, damit einhergehend vor allem eine stärkere Spezialisierung (horizontal und vertikal) und Professionalisierung. Darüber hinaus erzwingt speziell die wachsende Dynamik ein erhöhtes Maß an Flexibilität und Innvationsbereitschaft, was sich u. a. in einer verstärkten Dezentralisierung und einer geringeren Formalisierung im herkömmlichen Verständnis (Bürokratisierung) niederschlägt. Damit gilt als weiteres organisationsgestalterisches Kriterium in diesem Modell die Stimmigkeit zwischen Unternehmensstrategie, Organisationsstruktur und Umwelt. Nur ein zwischen diesen drei Kategorien abgestimmtes und konsistentes Muster kann den erforderlichen Erfolg gewährleisten – „Konfiguration". Optimalerweise ist diese bei Spiegelung externer Marktkomplexität auf unternehmensinterne Binnenkomplexität erreicht. Die Koordination über organisationsinterne Märkte soll dies ermöglichen.
  - Basiskoordination und Primärsteuerung über Pläne und Programme im Managementprozess sowie möglichst umfassende Nutzung der Kräfte der Selbstabstimmung und Selbstorganisation auf operativer Ebene.
  - Entwicklung einer leistungsbetonten und ergebnisorientierten Unternehmenskultur.
  - Hoher Grad an Kostentransparenz und Kostenwahrheit als zentrales Koordinationsinstrument (Service Center, Cost Center, Profit Center).
- Strukturdimension – Konfiguration und Entscheidungsdelegation:
  - Die Orientierung an Markt- und Kundengruppen erzwingt den Aufbau einer Produkt bzw. Projektmanagementstruktur.
  - Möglichst dezentrale Entscheidungsstruktur; konsequente Verfolgung des Prinzips der Entscheidungskompetenz vor Ort.
  - Individuelle Entwicklung von Leitungsspanne, Gliederungstiefe und Stellenrelation in den einzelnen Geschäftsfeldern (Strukturautonomie) geleitet nach den individuellen Marktspezifika und technologischen Anforderungen.

- Strukturdimension – Formalisierung:
  - Ausrichtung der Gesamtorganisation auf Guiding Management Principles.
  - Formalisierung über einen einheitlichen Managementplanungs- und Reportingprozess.
  - Orientierung und Steuerung über einheitliche Basiskennzahlen der Bereiche.
  - Konsequente Leistungsorientierung und Leistungsdokumentation in allen Bereichen und auf sämtlichen Ebenen.

In der nachfolgenden Graphik sind die neun Stufen zum Organisationsdesign einer schlagkräftigen Organisationsstruktur übersichtlich dargestellt. Auf jeder zu erarbeitenden Stufe sind obige Gestaltungsprinzipien Step by Step situationsangepasst zu verwirklichen.

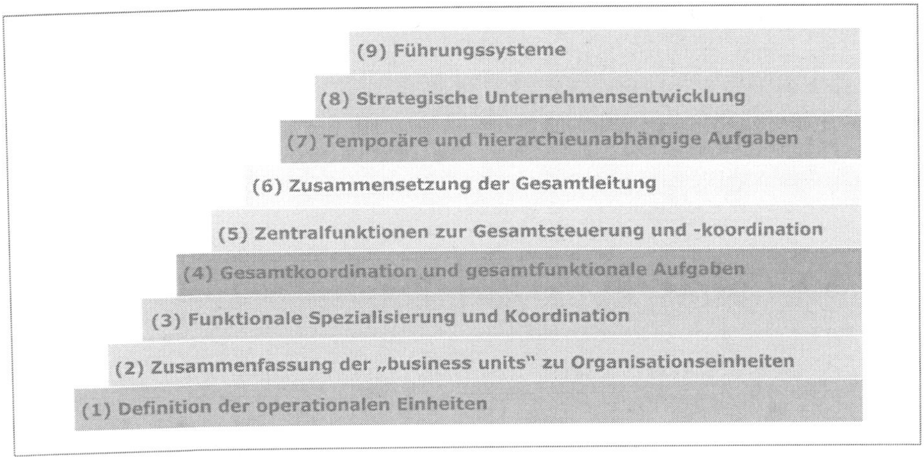

Abbildung 13: Übersicht des TCG-9-Stufen-Modells

Zur Verdeutlichung der notwendigen Überlegungen möchte ich die Steps im Organisationsdesign anhand eines konkreten Beispiels aus meinem Beratungsalltag vorstellen. Konkret soll der Zugang zur Methodik auf zweifache Art erfolgen. In einem ersten Schritt möchte ich mich den Themen prinzipiell nähern, um dann anhand des konkreten Falles die notwendige praktische Substanz zu erreichen.

Zu unserem Fall daher folgende Basisinformationen:

Fallbeispiel – Ausgangssituation:
Das betreffende Unternehmen ist ein neu am Markt agierender IT-Dienstleister. Ursprünglich handelte es sich bei diesem Unternehmen um eine größere IT-Abteilung eines öffentlichen Unternehmens. Die IT-Leistungen wurden in ein neu gegründetes Unternehmen der MYRCOM AG[2] ausgelagert. Gleichzeitig gelang es, einen strategischen Partner (einen Konzern der IT-Branche) für eine Mehrheitsbeteiligung zu gewinnen. In einem Strategiepapier war festgehalten, dass der ursprüngliche Mutterkonzern die weitere Abnahme der IT-Dienstleistungen für die nächsten drei Jahre voll und bis zum fünften Jahr von zumindest 50 % garantiert. In dieser Zeitspanne sollte sich das Unternehmen am Markt als kompetenter IT-Dienstleister etabliert haben. Die zentrale strategische Aufgabe war es somit, diese Organisationseinheit zu einem selbständigen, auf dem Markt erfolgreich agierenden Unternehmen zu entwickeln.
Zentrale Eckwerte: Umsatz ca. € 10 Mio.; 120 Mitarbeiter, teilweise im Beamtenstatus.

6.1. Schritt 1: Grundsätzliche Festlegung der operativen Einheiten

Mit der Frage: „Was sind unsere operationalen, organisatorischen Einheiten (Business Units) aus
- Sicht der Gliederung in strategische Geschäftsfelder,
- Sicht der Marktsegmentierung?", …

… werden die operativen Einheiten definiert.

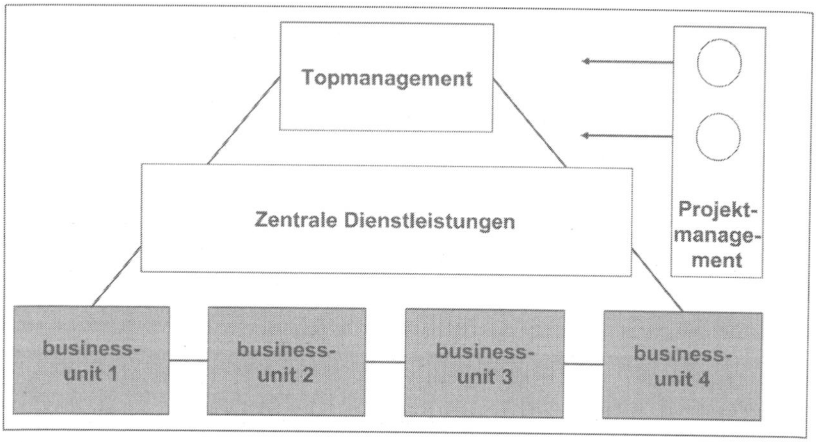

Abbildung 14: Prinzipielle Möglichkeiten zu den strategischen Geschäftsfeldern

2 Der Name MYRCOM AG ist ein von mir frei erfundener Firmenname. Sollte es trotzdem ein Unternehmen mit dieser Bezeichnung geben, so ist das rein zufällig und es steckt hier keinerlei irgendwie geartete Absicht dahinter.

Im ersten Schritt geht es um den prinzipiellen strategischen Zuschnitt dieser Einheiten. Jeder operative Bereich sollte ein eigenes Marktsegment bearbeiten können. Dimension, Fokus und Entwicklungspfad dieser Einheiten müssen in einem Strategieentwicklungsprozess erarbeitet werden.

Eine Möglichkeit, den strategischen Zuschnitt im Sinne des organisationsstrukturellen Ansatzes nochmals zu verifizieren, bildet das Instrument des morphologischen Kastens. Anhand einer Leistungsmatrix werden hier potenzielle Produkt/Markt-Kombinationen bzw. potenzielle strategische Geschäftsfelder auf ihre „Geschäftstauglichkeit“ hin überprüft (siehe Abb. 15). Dabei gilt der Grundsatz, dass jede Produkt/Markt-Kombination (PM-Kombinationen), die in jedem der fünf Bereiche (Kunden, Produkte/Dienstleistungen, Kundenbedürfnisse, Vertriebskanäle, Kernkompetenz/Technologie) Leistungselemente (blaue Kästchen im Beispiel) vorweist, als potenzielle strategische Geschäftseinheit im Unternehmen verankert werden kann.

Für unsere MYRCOM AG ergab sich folgender Aufbau der Morphologie:

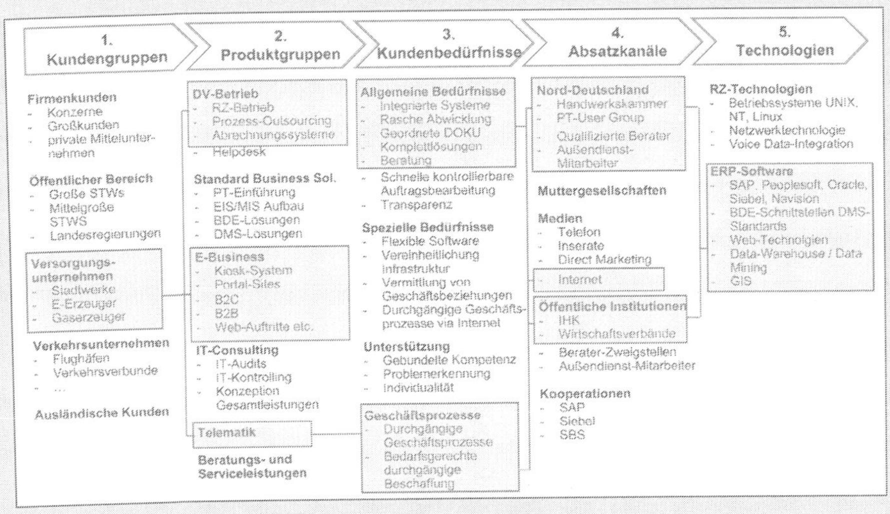

Abbildung 15: Beispiel einer strategischen Geschäftsfeldmorphologie anhand der MYRCOM AG

Auf Basis der Ergebnisse aus der Morphologie waren die im Rahmen eines Strategieentwicklungsprozesses erarbeiteten potenziellen fünf strategischen Geschäftsfelder verifiziert (siehe dazu Abbildung 16).

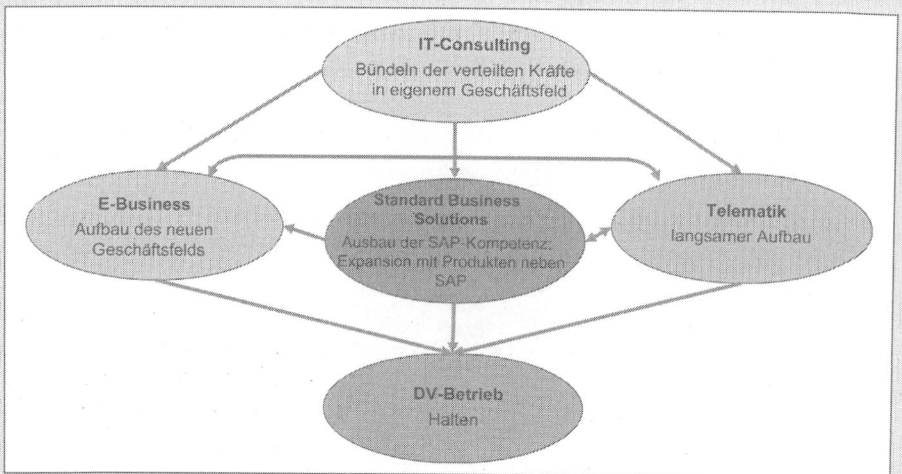

Abbildung 16: Prinzipielle Produkt-Markt-Kombinationen des IT-Dienstleisters im Gesamtblick

Eckwerte der einzelnen PM-Kombinationen:

Geschäftsfeldbezeichnung	Umsatz Jahr x in EURO	Erwarteter Umsatz in 2 Jahren	Anzahl Mitarbeiter
It-Consulting	900.000	1.350.000	8
E-Business	1.700.000	2.400.000	16
Standard Business Solution	5.200.000	7.000.000	47
Telematik	600.000	850.000	5
DV-Betrieb	5.400.000	6.550.000	49
Gesamt	13.800.000	18.150.000	125

… und die geplante Gesamtentwicklung

	IST	x+1	x+2	x+3	x+4
Umsatz Mio €	13,8	15,18	18,06	20,2	22,8
Δ in %	-	10%	19%	12%	13%
Leistungspotential MJ	125	125	136	145	152

Können diese Produkt-Markt-Kombinationen auch zu strategischen Geschäftsfeldern entwickelt werden? Bringt jede Kombination für sich prinzipiell das dazu notwendige Potenzial mit, oder wie viel „Anschubfinanzierung“ ist zur Entwicklung der einzelnen Geschäftsfelder notwendig?

Gerade diese Fragestellungen müssen ausreichend und fundiert diskutiert werden. Nur wenn klare, nachvollziehbare Antworten gefunden sind, ist eine strategische Etablierung in der neuen Organisationsstruktur zu empfehlen. Dazu jetzt der zweite Schritt:

6.2. Schritt 2: Festlegung der Organisationseinheiten und Dimensionierung der Business-Units

Nachdem der Zuschnitt der Organisationsbereiche prinzipiell festgelegt ist, muss im nächsten Step geklärt werden, welche „Business Units" zu einer Organisationseinheit zusammengefasst werden können bzw. sollen.

In die Überlegungen fließen neben Hard Facts auch marktliche Einschätzungen und Marktexpertisen ein, d. h. auf Basis von erwarteten Umsatzzahlen, aufgrund der Kostenstruktur, auf Basis der derzeitigen und zu erwartenden Marktstellung bzw. strategischen Marktpositionierung, des notwendigen Finanzbedarfs etc. werden die Organisationseinheiten so dimensioniert, dass diese langfristig überlebensfähig sind und am Markt selbständig agieren können.

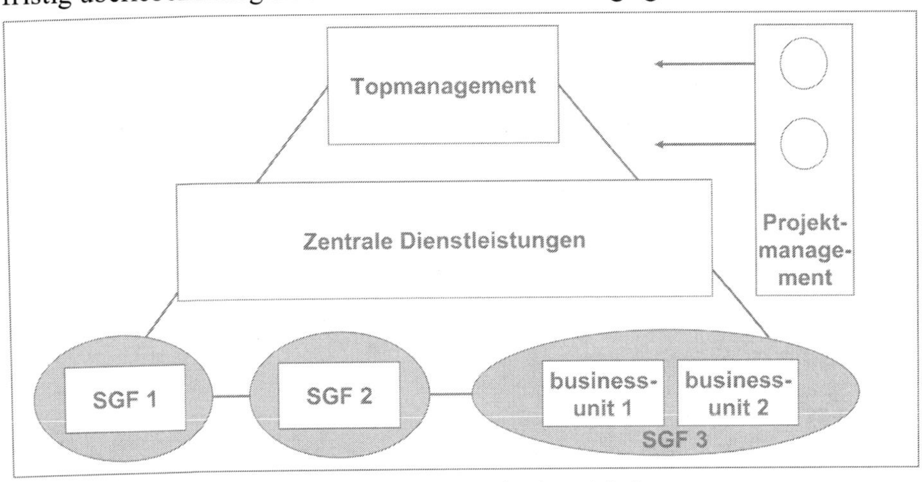

Abbildung 17: Zuschnitt der verschiedenen Organisationseinheiten

Zu einer fundierten Einschätzung und tragfähigen Entscheidung dient die nachfolgende Checkliste. Die „Muss-Ja"-Positionen müssen für ein strategisches Geschäftsfeld nach kritischer Betrachtung tatsächlich „halten".

Abgrenzungsfragen	Kommentar / Begründung Bedeutung – Einschätzung
1. Befriedigt das SGF ein eigenständiges und andauerndes Kundenbedürfnis?	**Muss Ja sein**

Abgrenzungsfragen	Kommentar / Begründung Bedeutung – Einschätzung
2. Bedient das SGF eine klar abgrenzbare, in sich möglichst homogene Zielgruppe?	
3. Kann für das SGF eine eigene, gegenüber anderen SGFs differenzierbare Marketing-Strategie verfolgt werden (selbständiges Auftreten am Markt/ Fokussierung möglich)?	
4. Ist eine eigenständige Marktleistung (Produkte/Dienstleistungen) möglich?	
5. Sind gute Voraussetzungen für eine wirtschaftliche Bearbeitung des SGF und/oder evtl. Rationalisierungsmöglichkeiten (Erfahrungskurve) gegeben?	
6. Können die durch das Geschäftsfeld erzielten Erträge und die verursachten Kosten diesem zugeordnet werden?	**Muss Ja sein**
7. Kann die Verantwortung für das Geschäftsfeld einer sinnvollen organisatorischen Einheit zugeteilt werden?	**Muss Ja sein**
8. Kann der SGF-relevante Markt mit bestimmten Betriebstypen oder Absatzkanälen besonders effizient bearbeitet werden?	
9. Vermeidet die vorgesehene Gliederung in strategische Geschäftsfelder eine Zersplitterung der Tätigkeiten?	
10. Werden möglichst viele bedeutende Synergien durch die SGF-Gliederung nutzbar?	
11. Können bestimmte Konkurrenten klar zugeordnet werden? ODER ABER: Gelingt es, mit diesem SGF der Konkurrenz aus dem Weg zu gehen?	
12. Ist das SGF in sich homogen?	
13. Wäre das Geschäftsfeld allein grundsätzlich lebensfähig?	**Muss Ja sein**

Wenn die Leistungsmorphologie sowie der strategische Marktcheck positive Ergebnisse liefern, kann grundsätzlich von einer Business-Unit im Sinne einer operativen Organisationseinheit ausgegangen werde. Die Business-Unit besitzt dann das prinzipielle Potenzial eines strategischen Geschäftsfeldes und kann als selbständige Organisationseinheit implementiert werden.

Bei der MYRCOM AG wurde vom Management nach langer Diskussion und intensiven Auseinandersetzungen entschieden, alle fünf Produkt-Markt-Kombinationen als Business-Units im Unternehmen zu verankern. Sie sollen kurz- bis mittelfristig selbständige Organisationseinheiten im Unternehmen bilden. Die Kernkompetenzen dieser Felder waren wie folgt festgelegt:

SGF 1: IT-Consulting	Das Geschäftsfeld IT-Consulting deckt die frühen Phasen von DV-Projekten ab und unterstützt die Anwender durch Trainings. Die Leistungen umfassen: Beratung Systemauswahl, Systemintegration, Produkteinführung, Konzept, Design und Einführung von Netzwerken, Erstellung von IT-Architekturen, IT-Audits (Assessment, Benchmarks), IT-Controlling, BPR/GPO; Reengineering von Software; Projektmanagement/-leitung; Coaching/Training
SGF 2: E-Business	Baut für Kunden neue Geschäftsmöglichkeiten auf und macht die Vielzahl an Lösungen für Kunden beherrschbar. Die Leistungen umfassen: Kiosk-Systeme, Portal-Sites, Web-Auftritt/Web-Server, B2C: Shopping-Systeme/Marktplätze/Auktionen, B2B-Lösungen auf Basis von Standard-SW (SAP, Siebel, ...), Internet-Anbindung bestehender Systeme
SGF 3: Standard Business Solution	Vereint ERP-Standardsoftware mit Bürokommunikation-Lösungen für den kompletten Prozess. Die Leistungen umfassen: Einführung SAP, Peoplesoft, Oracle Applications, Siebel, Navision, PT-Einführung, EIS/MIS Aufbau, BDE-Lösungen, Groupware-Lösungen, Workflow-Lösungen, DMS-Lösungen
SGF 4: Telematik	Telematik nimmt das Know-how aus dem xx-Bereich auf und erweitert es um die Anwendung neuer Technologien. Die Leistungen umfassen: Mobilitätszentralen, Telematik/GIS/CAD, Navigationsdienst für ÖPNV, Forschungsprojekte (MOTIV) im Verkehrsbereich
SGF 5: DV-Betrieb	„Konzentration auf die Kernprozesse"; die Leistungen umfassen: RZ-Betrieb, Prozess-Outsourcing, Betrieb Abrechnungssysteme, Application Service Providing, Helpdesk, Desktop Services

Mit Abschluss des zweiten Steps sind die Business-Units definiert.

6.3. Schritt 3, Schritt 4 und Schritt 5: Funktionsverteilung und grundsätzliche Steuerungsfragen

Nun besteht die Herausforderung, die einzelnen Einheiten mit jenen Aufgaben und Verantwortlichkeiten auszustatten, mit welchen prinzipiell deren Lebensfähigkeit garantiert ist. Sie müssen als selbständige Einheiten darstellbar sein. Es ist darauf zu achten, dass sämtliche Organisationseinheiten gleichen Ordnungsprinzipien folgen.

Grundsätzlich hängt es von der jeweiligen Situation ab, inwiefern jede Business-Unit die Funktionen

- Einkauf,
- Produktion,
- Vertrieb,
- Marketing,
- F&E,
- Personal,
- Controlling
- IT etc.

in ihrem Verantwortungsbereich „autonom" gestalten kann, wie und in welcher Form funktionale Aufgaben sinnvoller und effizienter zentral erbracht werden können und welche Aufgabenfelder die Geschäftsführung zur Gesamtsteuerung des Unternehmens zentral benötigt.

Schritt 3, Schritt 4 und Schritt 5 sind somit parallel zu diskutieren:

- Schritt 3: Welche Funktionen benötigen die einzelnen strategischen Geschäftsfelder, um lebensfähige Einheiten darstellen zu können?

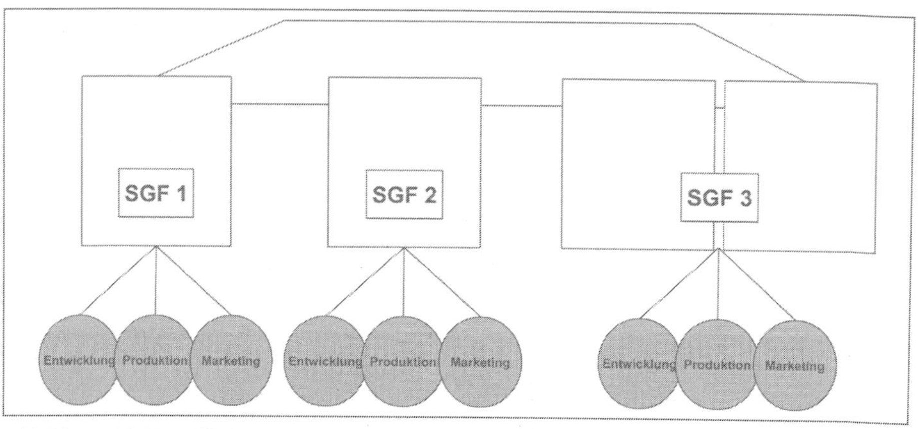

Abbildung 18: Kernfunktionen der SGFs

- Schritt 4: Welche zentralen Dienste braucht das einzelne strategische Geschäftsfeld? Welche Leistungen können für alle SGFs effizienter zentral erbracht werden?

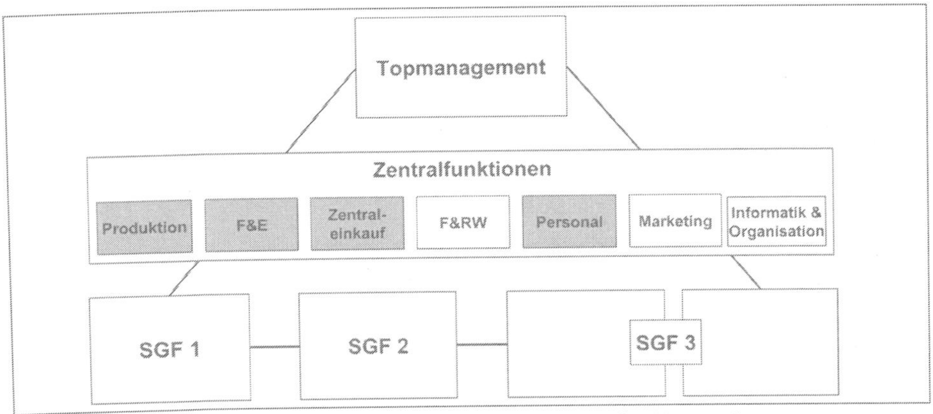

Abbildung 19: Zentrale Funktionen zur Effizienzsteigerung des Unternehmens

- Schritt 5: Schließlich ist parallel zu den beiden obigen Fragen zu klären, welche Zentralfunktionen das Management zur Steuerung des Unternehmens braucht.

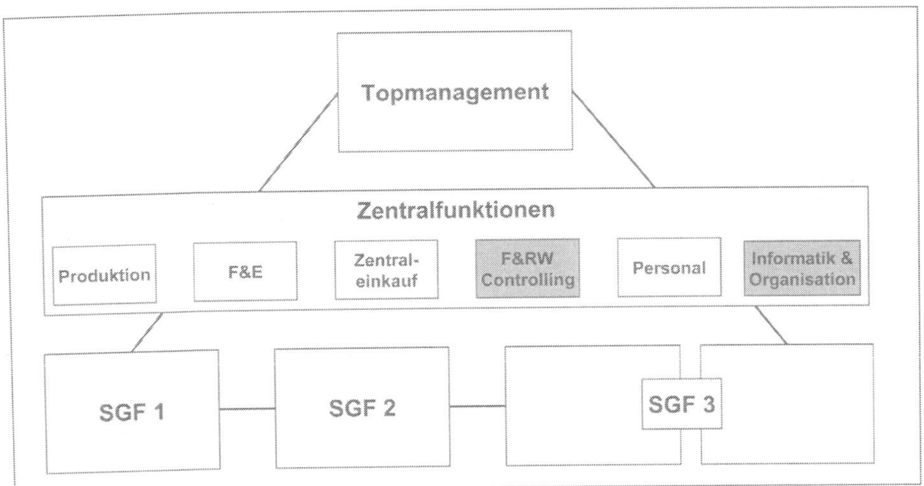

Abbildung 20: Zentrale Funktionen zur Gesamtsteuerung des Unternehmens

Es sei hier nochmals ausdrücklich betont, dass die funktionale Aufteilung der verschiedenen Aufgaben und das Zusammenspiel dieser Einheiten einheitlich über sämtliche Bereiche nach gleichen Richtlinien erfolgen müssen. Denn nur das ermöglicht eine stringente Unternehmenssteuerung zum Zweck einer erfolgreichen Marktperformance.

Sollte dies aufgrund unterschiedlicher Ausgangspositionen der verschiedenen SGFs (z. B. ein SGF ist bereits am Markt etabliert, ein SGF wird neu aufgebaut und muss sich am Markt erst behaupten) schwierig sein, so sollten potenzielle SGFs in einer ersten Phase als Projekte geführt werden, um bei entsprechender Performance als Business-Units organisatorisch langfristig im Unternehmen verankert zu werden. Diese Flexibilität ist eine besondere Stärke des vorliegenden Modells.

Bevor wir nun die Überlegungen zu der funktionalen Aufgabenverteilung im Unternehmen im Detail durchdiskutieren, möchte ich kurz auf die originären Aufgabenschwerpunkte der Unternehmensfunktionen generell eingehen. Zur Grundorientierung sind dabei die Dimensionen innen/außen, Zukunft/Gegenwart bzw. Vergangenheit hilfreich:

- Vertriebsaktivitäten sind klar nach außen gerichtet und primär am Hier und Jetzt zur Umsatzmaximierung orientiert;
- Marketing ist in die Zukunft und nach außen gerichtet;
- zur fokussierten, sinnvollen Produktentwicklung sind F&E und Business Development zwischen Vertrieb, Technik und Marketing angesiedelt;
- Einkauf und Produktion sind klar nach innen und primär nach der Gegenwart ausgerichtet;
- Controlling positioniert sich als „in die Zukunft gerichtet" und stark nach innen orientiert;
- Rechnungswesen hat schließlich schwerpunktmäßig die Orientierung nach innen und ermittelt die bereits erzielten Zahlenwerte, ist daher primär gegenwarts- bzw. vergangenheitsbezogen.

Die graphische Darstellung zeigt ein Bild, welches in der Bündelung von Aufgaben im Sinne der Schritte 3 bis 5 unbedingt zu berücksichtigen ist:

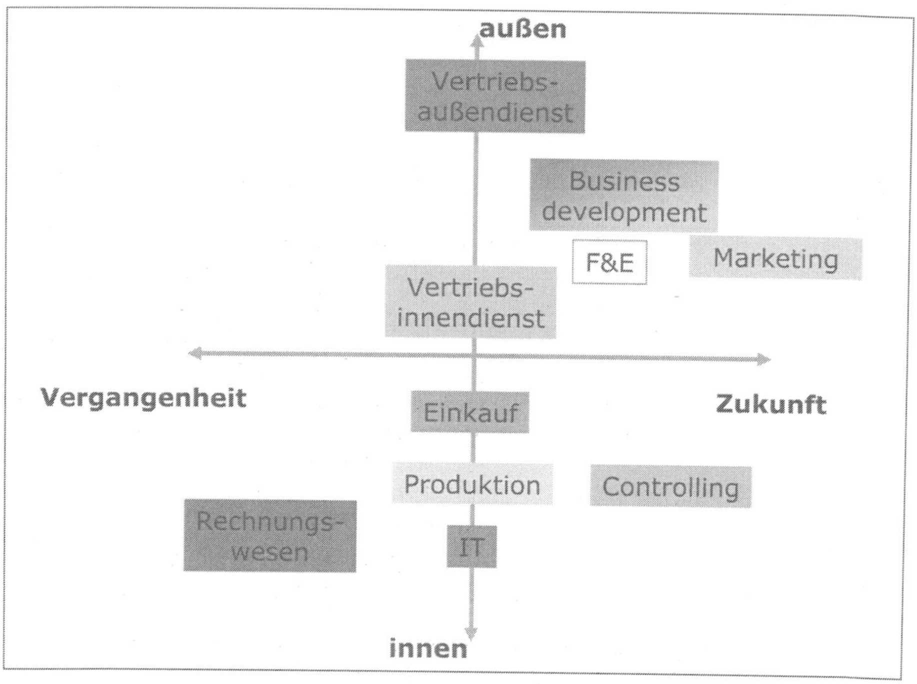

Abbildung 21: Grundausrichtung der funktionalen Aufgabenbereiche in Unternehmen

Welche Überlegungen werden nun konkret in den Schritten 3 bis 5 angestellt[3]?

Grundsätzlich soll jedes SGF selbst über den Einkauf, die Produktion und den Verkauf bzw. den Vertrieb verfügen. Entlang dieser Prozesskette läuft die Wertschöpfung und jeder SGF-Verantwortliche muss selbst entscheiden können, wie, was und in welcher Höhe er zur Erfüllung seiner Kernaufgabe investiert. Nur dann ist sichergestellt, dass Verantwortung und Entscheidung zusammenfallen.

Zur Funktion *Einkauf*:

Zunächst geht es um Dimensionierung und Zuständigkeiten des Einkaufs. Soll der Einkauf prinzipiell über die Fachseiten, die ja die eigentliche fachliche Kompetenz über Produktqualität etc. besitzen, erfolgen, oder sollte der Einkauf über professionelle Einkäufer, die sowohl betriebswirtschaftliche, marktliche als auch fachspezifische Skills mitbringen müssen, möglichst „neutral" nach einem definierten Pflichten- und Anforderungsheft durchgeführt werden? Beide Ansätze haben ein Für und Wider. Ein zentraler Einkauf bündelt Know-how und Einkaufskompetenz, ermöglicht eine weitestgehende Beschaffungstransparenz über sämtliche Unternehmensbereiche und bietet der Unternehmensleitung einen direkten Hebel für Einsparungsmaßnahmen. Ein zentraler Einkauf erhöht jedoch den Abstimmungsbedarf zwischen Einkauf und den Fachseiten, was zu einer Erweiterung der Binnenkomplexität im mikropolitischen Umfeld führt. Konzerne gehen heute meist einen Mittelweg, indem ein primär zentral gesteuerter Einkauf einerseits sowohl operative als auch strategische Einkaufsfunktionen übernimmt, andererseits sich jedoch sehr eng mit den Fachseiten über die Produktspezifika abstimmen muss (z. B. Lead-Buyer-Modell).

Welche Überlegungen sind, konkret auf unser Fallbeispiel bezogen, anzustellen?

Zur Erinnerung: Wir haben fünf strategische Geschäftsfelder: SGF 1: IT-Consulting; SGF 2: E-Business; SGF 3: Standard Business Solution; SGF 4: Telematik; SGF 5: DV-Betrieb.

Sollen nun alle SGFs selbst einkaufen, wie soll die Gesamtorganisation strukturiert werden, um maximale Geschäftsorientierung sicherzustellen?

Grundsätzlich macht es bei der vorliegenden Unternehmensgröße wenig Sinn, wenn jede SGF-Einheit selbständig sämtliche Aufgaben im Einkauf übernimmt. Präziser formuliert: Strategische Einkaufsthemen über die Art der Produkte (z. B. IT-Geräte, Software) müssen in den jeweiligen SGFs verankert sein; operative Beschaffungsaufgaben wie Einholung von Angeboten, Produktkontrolle bei Anlieferung, Rechnungskontrolle etc. können oder sollten aus Effizienzgründen zentral erbracht werden. Die konkreten Verhandlungen mit potenziellen Lieferanten sind dann für strategische SGF-Themen mit einer Doppelbesetzung des Verhandlungsteams – ein Mitarbeiter aus dem SGF und dem Einkäufer – fixiert. Damit wird organisatorisch zwischen stra-

[3] In meinen nachfolgenden Überlegungen möchte ich aufgrund der Themenstellung nur Denkanstöße liefern. Eine erschöpfende und ausführliche Diskussion würde den Rahmen dieser Arbeit bei weitem sprengen.

tegischem Einkauf bzw. Sourcingfunktionen und dem operativen Einkauf, somit Operations, differenziert. In den Verhandlungen tritt dann die MYRCOM AG mit gebündelter Kompetenz auf.

Bezüglich der allgemeinen Warengruppen, der so genannten Commodities (wie z. B. Büromaterialien), bietet sich ein zentraler Einkauf an.

Die operative Beschaffungsabwicklung soll letztendlich durch ein bis zwei Personen erfolgen. Sie sind zuständig für Wareneingang, Qualitätskontrolle, Lagerung etc. Damit ist gewährleistet, dass für Themen die Kernkompetenz betreffend weiterhin der SGF-Leiter verantwortlich zeichnet, die operativen und allgemeinen Leistungen jedoch ökonomischer zentral erbracht werden.

Organisatorisch wird somit die Einkaufsfunktion zweigeteilt. Strategische Themen bleiben in den SGF-Einheiten und der operative Einkauf erfolgt zentral durch ein bis zwei Mitarbeiter aus der zentralen Administration (siehe Abb. 25).

Zum Funktionsbereich *Produktion*:

Grundsätzlich liegt der Bereich Produktion immer originär in der Verantwortung eines jeden SGF-Leiters.

Wir finden in der Managementliteratur immer wieder die Empfehlungen, den Produktionsbereich als eine möglichst autarke und autonom zur Marktentwicklung stehende Einheit zu etablieren. Hauptaufgabe der Fertigung ist es dann, Stabilität, Kostenreduktion und Minimierung von Ausfallszeiten „zu erzeugen". Dieses bis in die 90er Jahre vorherrschende „Produktionsparadigma" wurde grundlegend durch Untersuchungen von Womack/Jones/Roos, deren Erkenntnisse in das Lean-Management-Konzept flossen und konkret im Produktionskonzept bei Toyota realisiert waren, in Frage gestellt. Seither sind „atmende Fabrik", „flexible, schnelle Anpassung an den Absatz" gängige, akzeptierte und durchaus Erfolg versprechende Grundkonzepte.

Die organisatorische Verankerung des Bereiches Produktion bewegt sich somit immer zwischen den technischen Notwendigkeiten und den Marktzwängen. Generell ist jedoch heute eine zunehmende Dynamisierung auch in der Produktion erkennbar.

Die Produktionsaufgaben unseres IT-Dienstleisters MYRCOM AG sind relativ heterogen. Aufgrund der strategischen Herausforderung, sich den Marktmechanismen und der Marktdynamik in allen Bereichen zu stellen, erscheint daher die Grundentscheidung sinnvoll, dass jedes SGF seinen Produktionsbereich selbst entwickeln muss.

Was passiert dann z. B. mit dem Rechenzentrumsbetrieb? Sollte jedes SGF ein eigenes Rechenzentrum aufbauen?

Natürlich nicht. Aus Effizienzgründen betreibt die MYRCOM AG nach wie vor nur ein Rechenzentrum, und das muss von allen SGFs genutzt werden. Dies gilt auch für weitere Kompetenzfelder wie Consultingleistungen, die Telematik etc. Mit dieser Grundsatzentscheidung ist die Diskussion über die interne Leistungsverrechnung und deren Gestaltungsmöglichkeiten eröffnet. Diesen Faden möchte ich gerne im Schritt 9 des Modells zum Thema Führungssystem wieder aufnehmen.

Zum Thema *Vertrieb*:

Grundsätzlich sollte jede Business-Unit direkten Marktzugang besitzen und auch eigenständig den Vertrieb steuern können. Es sollte schließlich im Verantwortungsbereich eines jeden SGF-Leiters liegen, Promotionsmaßnahmen für bestimmte Produkte im eigenen Vertrieb zu setzen oder eben nicht. Aus ökonomischen und marktspezifischen Überlegungen heraus ist es jedoch oft sinnvoller, das sogenannte Account-Prinzip zu nutzen (grundsätzliche Details dazu wurden bereits unter Punkt 5.3.3 ausgeführt), d. h., dass beim Kunden vor Ort ein Account-Manager agiert und dieser bei Bedarf die Vertriebsmitarbeiter aus den einzelnen SGFs zur Erstellung von konkreten Angeboten hinzuzieht.

Im vorliegenden Fall war es besonders wichtig, dass jedes SGF seinen eigenen Vertrieb aufbaut, damit die notwendige Erfahrung zur Marktdynamik im Unternehmen selbst entwickelt wird. Vertriebsinnendienst und Call-Center wurden aus ökonomischen Gründen zentral verankert (siehe dazu Abb. 25).

Eine besondere Position nimmt der Kernkunde der MYRCOM AG ein, die ehemalige Muttergesellschaft. In der ersten Unternehmensphase deckt die Muttergesellschaft nahezu 80 % des Gesamtgeschäftes der MYRCOM AG ab. Zudem bestehen historisch bedingt sehr enge, vielschichtige Verflechtungen vom Unternehmen in die Muttergesellschaft. Damit die Kommunikation und Kunden-Lieferantenrealität auch tatsächlich entwickelt werden kann, wird gerade an dieser Schnittstelle ein spezielles Account-Management installiert.

Überlegungen zum Thema *Marketing*:

Je nach Unternehmensgröße und strategischer Ausrichtung des Unternehmens kann der Bereich Marketing prinzipiell von jedem SGF betrieben werden oder aber auch in Form einer Zentralfunktion etabliert sein. Wie letztendlich die strukturelle Positionierung dieses Bereiches im Gesamtgefüge eines Unternehmens erfolgt, wird maßgeblich von der strategischen Grundausrichtung und natürlich von der individuellen wirtschaftlichen Leistungsfähigkeit bestimmt. Konkret bedeutet dies, dass Marketingaufgaben nur dann dezentral wahrgenommen werden können, wenn die finanzielle Größenordnung der SGFs/Divisionen etc. dies erlaubt. Ansonsten werden diese Tätigkeiten durchwegs zentral gesteuert, wie wir es primär bei Klein- und Mittelbetrieben vorfinden. Auf Konzernebene spiegelt sich die marktstrategische Grundausrichtung im Aufbau der Marketingfunktion wider. Hier finden wir stark zentralisierte Strukturen (wie z. B. bei der Siemens AG) gleichermaßen wie sehr dezentral aufgestellte Marketingbereiche wie vornehmlich im Consumerumfeld (wie bei Procter & Gamble, Henkel, Johnson & Johnson oder Nestlé). Diese Beispiele zeigen, dass je nach strategischer Grundausrichtung und finanzieller Kapazität eine zentrale Marketingabteilung genauso richtig sein kann wie eine dezentrale.

Im Falle unserer MYRCOM AG sollte Marketing zentral über sämtliche Geschäftsfelder einheitlich gestaltet werden. Dezentrale Marketingaktivitäten durch die verschiedenen SGF-Einheiten würden die vorhandenen Ressourcen falsch bündeln. Aus ökonomischen Gründen und aufgrund der Notwendigkeit, dass das Unternehmen in der Wahrnehmung potenzieller Kunden einheitlich auftreten soll, ist das zu diesem Zeitpunkt die einzige vernünftige Lösung. Die organisatorische Verankerung zeigt wiederum Abbildung 25.

Überlegungen zum Funktionsbereich *F&E, Business Development*:

Die Grunddynamik bei einem eigenständigen Bereich Forschung & Entwicklung, entkoppelt von Marktentwicklung, Marketing und Vertriebsaktivitäten, führt sehr häufig in das berühmte „Elfenbeinturmdenken". F&E sollte daher immer eng im Kontext zum unmittelbaren Marktzugang und potenziellen Geschäftsoptionen eines Unternehmens stehen und im Sinne von Business Development agieren. Es geht um eine marktgetriebene Produktentwicklung und weniger um kreative, aber nicht realisierbare Innovationen oder Revolutionen, denn die passieren in 99 % der Fälle ohnehin nie.

Bei der MYRCOM AG wurde die Aufgabe des Business Development aufgrund der Heterogenität in den Schwerpunktthemen in den einzelnen SGFs platziert.

Überlegungen zum Funktionsbereich *Personal*:

Die operative Personalarbeit findet grundsätzlich immer zwischen Vorgesetztem und Mitarbeiter statt, daher ist die diesbezügliche Diskussion müßig. Hier geht es primär um Supportaufgaben im Personalbereich: Sollten diese durch die einzelnen SGFs wahrgenommen werden oder besser zentral erfolgen? Dies hängt naturgemäß wiederum von der Größe des Unternehmens ab. In Form einer Stabsabteilung erfolgt heute in der Regel die strukturelle Verankerung der Personalfunktion, obwohl in sehr vielen Konzernen auf oberster Ebene mittlerweile eine eigene Vorstandsposition „Personal" geschaffen ist.

In Klein- und Mittelbetrieben sehen wir heute meist eine zentrale Personalabteilung, die die jeweiligen Supportprozesse steuert und verantwortet.

Bei multinationalen Großkonzernen hingegen wird die Personalarbeit hochkomplex. Da müssen grundsätzliche Vorgaben seitens der Zentrale eingehalten werden, gleichzeitig müssen die Besonderheiten der einzelnen Divisionen und Bereiche Berücksichtigung finden und schließlich Länderspezifika greifen. Eine grundsätzlich dezentrale Struktur der Personalaufgaben mit zentralen Koordinationseinheiten ist daher üblich.

Darf sich nun ein SGF-Leiter seine Mitarbeiter selbst aussuchen, sie einstellen bzw. freisetzen oder nicht? Folgen wir dem Grundsatz der Freiheit der Entscheidung für den Verantwortungsbereich, so würde die Antwort klar Ja lauten. Personalthemen dürfen in ihrer Art jedoch nicht kurzfristige, geschäftsgetriebene Entscheidungen sein, sondern haben in unserem Arbeits- und Sozialrechtsumfeld immer eine strategische, langfristige Komponente. Ausnahmen bilden

Zeitarbeitsverträge, Mitarbeiter mit zeitlich festgesetztem Anstellungsverhältnis, projektbezogene Anstellungen etc.

In der vorliegenden Dimension unseres Fallbeispiels ist es nicht empfehlenswert, für jedes SGF einen eigenen Personalverantwortlichen zu benennen. Eine Unterstützung der Vorgesetzten und Mitarbeiter im Bereich Personalentwicklung, Mitarbeiterqualifizierungsmaßnahmen, Mitarbeitergespräche usw. sollte zentral erfolgen, ebenfalls die operative Arbeit der Personalakten, Personalverrechnung etc.

Die Themen Mitarbeitereinstellung und -freisetzung sollten prinzipiell aufgrund ihrer Tragweite und Bedeutung in den Planungsprozess bzw. Managementprozess eingebettet werden, d. h. im Rahmen der Jahresplanungen wird von jedem SGF-Leiter sein Bedarf angemeldet inklusive Forecast für die nächsten drei Jahre. Auf Basis des Gesamtentwicklungsplanes der MYRCOM AG entscheidet dann die Geschäftsleitung über die zu besetzenden Stellen und deren Anzahl. Die operative Einstellungsarbeit (Ausschreibung, Auswahl und Entscheidung über die Einstellung) bleibt dann wiederum bei den SGF-Leitern unter Information der Geschäftsführung.

Überlegungen zum Funktionsbereich *Controlling*:

Natürlich braucht jeder SGF-Leiter seine Kennzahlen. Diese müssen jedoch nicht unbedingt von ihm bzw. seinem Bereich selbst ermittelt werden. Der Prozess sollte im Prinzip dergestalt definiert sein, dass jedes SGF zeitnah seine relevanten Daten dem zentralen Controlling zur Verfügung stellt, das zentrale Controlling die entsprechenden Werte aufbereitet, aggregiert und den einzelnen SGF-Leitern für die Geschäftsdurchsprache wieder zur Verfügung stellt. Damit ist gewährleistet, dass der Unternehmensleitung die wichtigen Daten für die Gesamtsteuerung zur Verfügung stehen und gleichzeitig sämtliche SGF-Leiter über „ihre" individuellen Zahlen verfügen.

Werfen wir einen Blick auf die strukturelle Aufteilung bzw. Eingliederung des Bereichs Finance in Konzernen, so finden wir sehr häufig das gesamte Controlling bzw. den Finance-Bereich als eigenständige zentralisierte Struktureinheit von der Zentrale hin zu den Divisionen und Töchtern. Damit wird eine direkte und unmittelbare Steuerung möglich.

Für unsere MYRCOM AG wäre natürlich aufgrund der Unternehmensgröße eine eigene Finanzfunktion je SGF-Bereich nicht sinnvoll, wobei dies bei entsprechender Expansion als Option jederzeit möglich wäre. Da sich die bisherige Leitung des Unternehmens aus einem Geschäftsführer und einem kaufmännischen Leiter zusammensetzt, liegt weiterhin die Verantwortung des Controllings beim kaufmännischen Leiter. Er muss die Richtlinienkompetenz behalten, strategische SGF-übergeordnete Themen vorantreiben und die mit den SGF-Leitern vereinbarten Kennzahlen zeitnah zur Verfügung stellen.

Überlegungen zum Bereich *IT*:

Soll IT zentral organisiert sein oder nicht?

Als Denkanstoß möchte ich kurz den Überlegungen nachgehen, was eine dezentral organisierte Funktion IT im Unternehmen bewirkt und was eine zentrale:

In letzter Konsequenz würde eine dezentrale IT die Gefahr in sich bergen, dass in einem Unternehmen unterschiedlichste Systeme zum Einsatz kommen. Im schlimmsten, durchaus realistischen Fall werden innerhalb eines Unternehmens IT-Systeme genutzt, die nicht vernünftig miteinander kommunizieren können. Dies passiert häufig dann, wenn Konzerne in einer Übernahmewelle zahlreiche unterschiedlichste Unternehmen einkaufen und übernehmen. Die Konsolidierung dieser IT-Strukturen bildet im Integrationsprozess eine besondere Herausforderung.

Die unmittelbare Konsequenz aus dieser Tatsache ist: Es braucht in jedem Unternehmen eine einheitliche IT-Organisationsstruktur und -verantwortlichkeit, die die Homogenität des Gesamtsystems im Auge behält. Diese Funktion nimmt heute in der Regel der CIO (Chief Information Officer) mit seiner Stabsorganisation wahr.

In unserem Fall ist die übergeordnete IT-Homogenität für die Schlagkraft des Unternehmens ein kritischer Erfolgsfaktor. Die Gesamtsystematik und -struktur der IT wurde daher zentral bei der Geschäftsführung verankert.

Zusammenfassend möchte ich nochmals die prinzipielle Funktionsverteilung zwischen Business-Units und zentralen Diensten in unserer MYRCOM AG darstellen:

Funktionsbereich	**SGF**	**Zentrale Einheit**
Einkauf	Strategische Beschaffungsthemen; Mitglied im Verhandlungsteam bei Kaufgesprächen	Operative Beschaffungsarbeit; Kaufverhandlungen
Produktion	In den Kernaufgaben im SGF	Wechselseitige Nutzung der Kernkompetenzfelder wie Rechenzentrumsbetrieb etc.
Vertrieb	Vertriebsaußendienst	Accountmanagement Vertriebsinnendienst
Marketing	Kooperation, Ideengeber	Gesamtverantwortung Marketing
F&E, Business-Development	Business-Development	Übergeordnete Themen, Bereitstellung von Finanzressourcen
Personal	Operative Führungsarbeit	Supportfunktion für Personaltätigkeit, Personalverrechnung
Controlling	Operativ dezentral bei den SGFs Bereitstellung der operativen Daten	Verantwortung zentral; Aufbereitung der Daten
IT	Ideengeber und Formulierung von Anforderungen	Verantwortung zentral

Nachdem nun prinzipiell die zentralen Unternehmensfunktionen zwischen den Organisationseinheiten aufgeteilt sind, muss geklärt werden, wie sich die Unternehmensleitung zusammensetzen soll.

6.4. Schritt 6: Zusammensetzung der Unternehmensleitung

Sollten sämtliche Unit-Leiter in der Geschäftsleitung einen Platz einnehmen oder sollte hier sinnvollerweise eine Abstufung erfolgen?

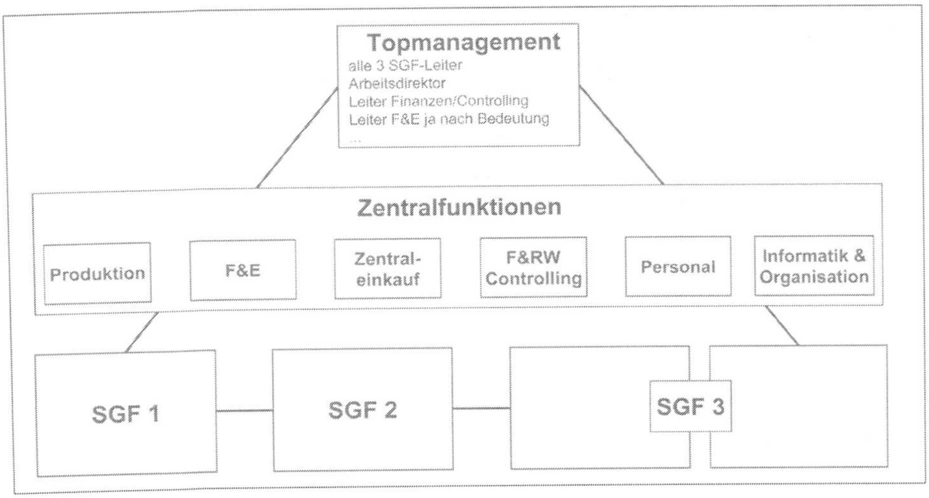

Abbildung 22: Beispiel der Zusammensetzung einer Unternehmensleitung

Grundsätzlich besteht die Möglichkeit, dass sich die SGF-Struktur unmittelbar in der Unternehmensleitung widerspiegelt, d. h. alle Verantwortlichen der SGFs sind auch Mitglieder der Unternehmensführung.

Damit entsteht schnell ein Entscheidungsgremium von mehr als fünf Personen. Mit steigender Anzahl von Mitgliedern wird die Unternehmensleitung jedoch schwieriger zu steuern und damit schwerfälliger in ihrer Entscheidungsfindung. Als Folge daraus werden dann Sitzungen in einem kleineren GF-Kreis vorbesprochen und vorbereitet. Dieser Kreis bildet dann die Runde der wirklich mächtigen Personen des Unternehmens. Hier werden die wichtigen Entscheidungen gefällt. In den offiziellen GF-Sitzungen erfolgt dann nur mehr die Bestätigung. In diesem Fall sprechen wir von einer offiziellen Formalstruktur, die nicht besonders handlungsfähig ist, und einer schlagkräftigen informellen, der eigentlichen Entscheidungsstruktur.

Für die Größe von Entscheidungsgremien in Organisationen gibt es wiederum keine allgemein gültigen Richtwerte. Denn die Entscheidungsqualität des Gremiums hängt sehr stark vom Zusammenspiel und der Qualität der betreffenden Personen ab. Tendenziell setzt sich die Geschäftsführung in kleinen bis mittleren Unternehmen aus drei bis fünf Personen zusammen. In Konzernen findet man in der Regel komplexere und heterogenere Strukturen.

Weiters sei an dieser Stelle besonders betont, dass die Mitgliedschaft in einer Geschäftsführung auch arbeitsrechtliche Konsequenzen nach sich zieht, die geprüft und sorgfältig bedacht werden müssen.

In unserem konkreten MYRCOM-Fall setzte sich die Geschäftführung vor Beginn des Strategieentwicklungsprozesses aus zwei Personen, dem Geschäftsführer und dem kaufmännischen Leiter, zusammen.

Sollte sich nun mit der Etablierung der neuen Struktur auch die Unternehmensleitung neu zusammensetzen oder sollte diese gleich bleiben? Aufgrund der besonderen Entwicklungsphase empfiehlt es sich, in einem ersten Schritt alle Unit-Leiter sowie den Account-Verantwortlichen zeitlich begrenzt in die Unternehmensleitung aufzunehmen. Nach einem halben Jahr sollte das Gremium auf drei Personen reduziert werden.

6.5. Schritt 7 und Schritt 8: Hierarchienunabhängige Projektstrukturen und Unternehmensentwicklung

In den nächsten Designüberlegungen erfolgt die Entscheidung über die Verankerung der Funktion der Unternehmensentwicklung und die Gestaltung von hierarchieunabhängigen Projektmanagement-Strukturen und deren Positionierung im Gesamtsystem der Organisation.

Prinzipiell ist dazu festzuhalten, dass Unternehmensentwicklung die originäre Aufgabe der Unternehmensleitung ist; dafür werden die Verantwortlichen auch bezahlt. Unternehmensentwicklung kann daher nur als eine Art Stabsfunktion auf der Ebene der Geschäftsleitung gesehen werden (siehe dazu Abbildung 23).

Projektmanagement kann prinzipiell auf jeder Unternehmensebene etabliert werden. Treiber und Gesamtverantwortlicher für ein Projekt sollte immer jene Ebene sein, die auch die Kompetenz und Verantwortung für Projektentscheidungen trägt. In der Regel haben in Organisationen Projektmanager primär eine koordinierende Funktion und weniger Entscheidungskompetenz. Organisationsprojekte werden daher in der Regel entscheidungstechnisch über die Linienorganisationen gesteuert (dazu die Ausführungen zum Themenkomplex Projektmanagement in diesem Band).

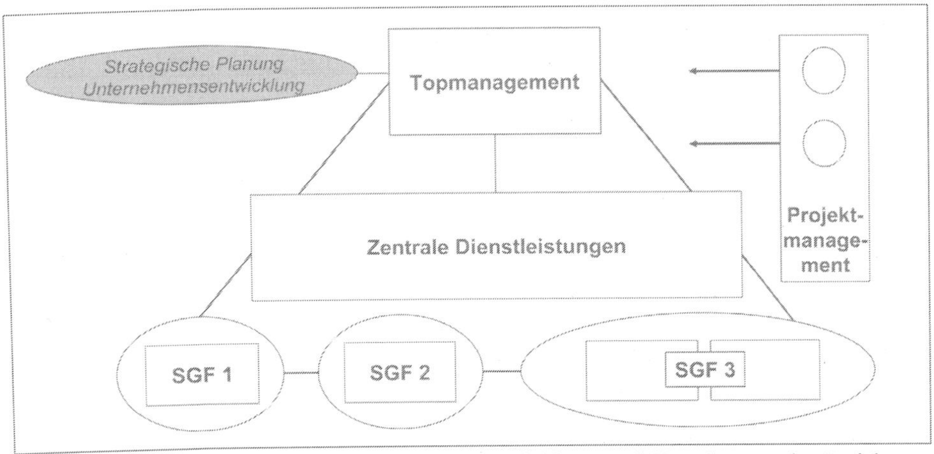

Abbildung 23: Darstellung der Unternehmensentwicklung und Verankerung des Projektmanagements im Unternehmen

6.6. Schritt 9: Entwicklung der notwendigen Führungssysteme

Die Schlagkraft einer Organisationsstruktur entfaltet sich naturgemäß dann, wenn sie das passende Führungs- und Geschäftsmodell für die notwendige erfolgreiche Positionierung des Unternehmens am Markt unterstützt. Im Lauf der Jahre kristallisieren sich in heutigen Organisationen immer stärker der Trend zur Geschäftsverantwortung auf verschiedensten Ebenen und in sämtlichen Geschäftsbereichen, hohe Kostentransparenz und Unternehmertum auf allen Ebenen des Unternehmens heraus.

Damit gewinnt die Center-Struktur zunehmend an praktischer Relevanz. Folgende Grundsätze sollten dabei berücksichtigt werden:

Profit-Center

Profit-Center verkaufen ihre Leistungen (Produkte, Dienstleistungen) gegen Entgelt auf dem internen oder externen Markt. Ihr Erfolgsmaßstab ist der Beitrag zum Ergebnis (Betriebsergebnis, Gewinn, Deckungsbeitrag). Der Verantwortliche hat immer zwei Eckwerte zu berücksichtigen: Erlös und Kostenstruktur für ein maximales Ergebnis. Profit-Center-Einheiten werden daher immer an ihrem Beitrag zum Unternehmensergebnis, z. B. EBIT, EBITDA, gemessen. Es handelt sich im Sinne einer fraktalen Struktur um ein Unternehmen im Unternehmen.

Cost-Center

Cost-Center nehmen im Auftrag der Geschäftsleitung gesamtunternehmerische Aufgaben wahr. Ihre Leistungen werden über Deckungsbeiträge der Profit-Center abgedeckt. Vorgaben der Cost-Center bzw. Zielvereinbarungen werden in der Form ermittelt, als sie dem Ansatz des Lernkurveneffektes folgen, d. h. Verantwortliche von Cost-Centern müssen permanent ihre Kosten bei gleich bleibendem Servicegrad und gleich bleibender Leistungsqualität optimieren.

Dabei gilt folgender Richtwert: Mit der Verdopplung der kumulierten Ausbringungsmenge sinken die inflationsbereinigten (realen) Herstellkosten um einen konstanten Prozentsatz von 20–30 %. Bezogen auf die Kernaufgabe eines Cost-Center-Leiters bedeutet dies ein permanentes Kosteneinsparpotenzial in der oben skizzierten Größenordnung. Diese Grundsystematik des Erfahrungskurveneffektes bezieht sich dabei nicht nur auf Produktionsbereiche, sondern betrifft prinzipiell alle Bereiche eines Unternehmens. Typische Cost-Center sind Produktionslinien.

Service-Center

Service-Center sind Organisationseinheiten, die vorwiegend dem internen Unternehmensmarkt ihre Serviceleistungen oder Vorleistungen gegen Verrechnung kostendeckender (evtl. konkurrenzfähiger) Preise anbieten. Sie werden über die Gemeinkostenverteilung finanziert. Typische Service-Center sind Marketingabteilungen oder Rechtsabteilungen.

Diskutieren wir sämtliche funktionsübergreifende Themen durch, so stellt sich zu jedem SGF-übergreifenden Aufgabenfeld die Kernfrage, wie und in welcher Form dieses gesteuert werden sollte. Ist der Einkauf ein Cost- oder Service-Center? Wenn er als ein Cost-Center etabliert werden soll: Wie könnte in diesem Fall die sukzessive Kostenoptimierung im Sinne des Lernkurveneffektes aussehen? Wie kann das gemessen und nachvollziehbar dargestellt werden?

Wird der Einkaufsbereich als Service-Center konzipiert, wie erfolgt dann die Verrechnung der anfallenden Kosten – über die Anzahl der Bestellungen, d. h. wer mehr bestellt, zahlt mehr, über den Bestellwert, d. h. wer einen höheren Bestellwert pro Jahr aufweist, zahlt mehr etc.

Auch hier gibt es keine allgemeingültigen Richtlinien. Gerade die Thematik der internen Leistungsverrechnung ist immer ein Thema mikropolitischer Verhandlungen zwischen den Organisationseinheiten und unterliegt dem stetigen Prozess der Optimierung und Verbesserung.

Eine Übersicht zur Dynamisierung von zentralen Dienstleistungsfunktionen soll folgende Graphik geben:

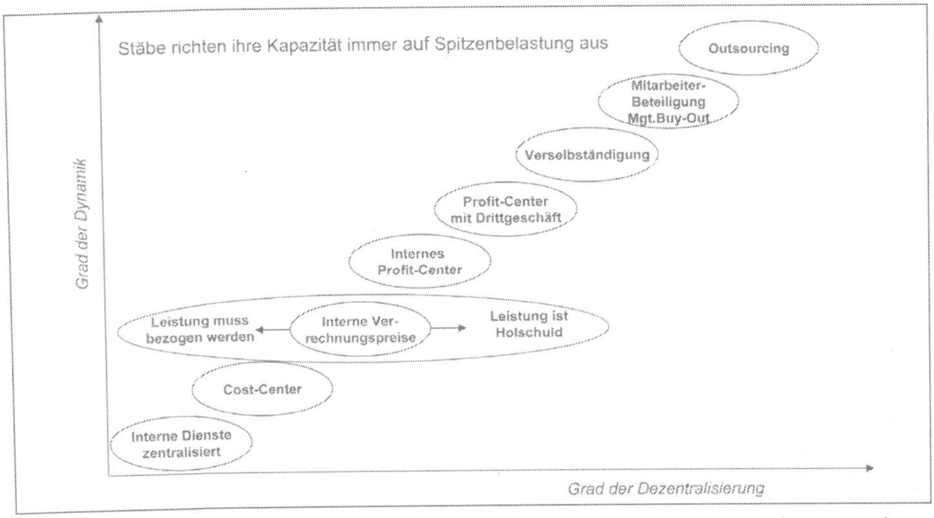

Abbildung 24: Dynamisierung von Dienstleistungsfunktionen in der Unternehmensstruktur

Auch in der MYRCOM AG wurden die Themen im Detail lange und intensiv durchdiskutiert. Im vorliegenden Gesamtdesign wurde eine Center-Organisation entwickelt, die einerseits dem Marktgedanken folgt, andererseits bei internen Leistungen ein tragfähiges Verrechnungssystem benötigt, welches eine konkurrenzfähige Gesamtkalkulation ermöglicht.

Die grundsätzliche Brisanz dieser Thematik möchte ich anhand eines konkreten Beispiels verdeutlichen:

Es ergab sich relativ schnell die Situation, dass der Bereich Consulting ein recht lukratives Geschäft in Aussicht hatte. Für ein Angebot einer Gesamtlösung war das Zusammenspiel des SGF-Telematik, des SGF-Rechenzentrum und des SGF-Business Solutions essenziell. Dabei tauchten folgende Fragen auf: Wer darf letztendlich den Preis gegenüber dem Kunden festlegen? Welchen Preis dürfen die anderen SGFs kalkulieren? Ein Preis mit Gewinnaufschlag aus jeder Unit würde die Verhandlungsposition aufgrund des zu erwartenden hohen kalkulierten Preises schmälern. Wenn nur die Kosten einkalkuliert werden, dann verschlechtert dies das Ergebnis der Unit-Leiter. Alles Themenblöcke, die in einem diskursiven Prozess zur Entwicklung eines Führungssystems intelligent gelöst werden müssen.

Sie sehen also, welche Brisanz dem Themenfeld „Führungssystem" innewohnt. In letzter Konsequenz kann dieser Prozess in keinem Unternehmen als abgeschlossen gelten, er bedarf vielmehr immer wieder einer Adaption.

Die Gesamtstruktur der MYRCOM AG war nach erfolgreichem Durchlauf des 9. Schrittes wie folgt entwickelt:

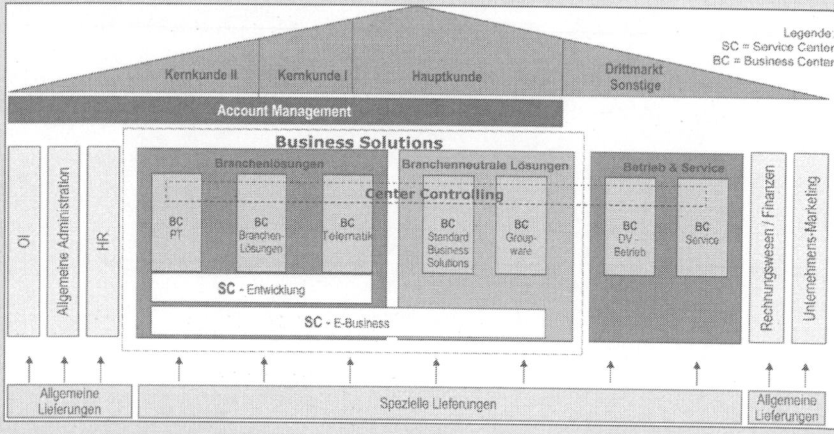

Abbildung 25: Geschäftsaufbau und Führungssystem der MYRCOM AG

Abschließend möchte ich noch vorstellen, wie und in welcher Form strategische Geschäftsfelder in einem Unternehmen verankert werden können:

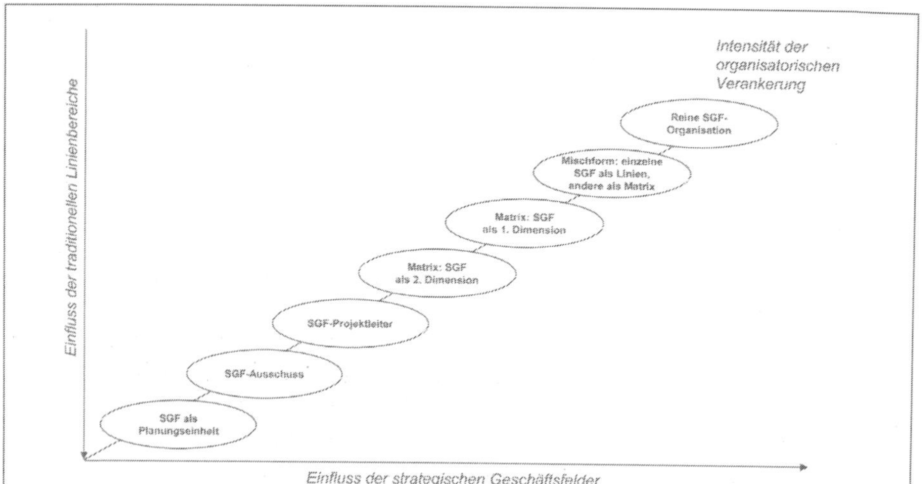

Abbildung 26: Möglichkeiten der organisatorischen Verankerung von Geschäftsfeldern

Im Laufe zahlreicher Projekte zum Organisationsdesign hat sich der Aufbau des vorliegenden TCG-9-Stufen-Modells als sehr probates, pragmatisches und hilfreiches Mittel erwiesen. Es kann nicht nur für Unternehmen, sondern in gleichem Maße bei der Entwicklung von Non-Profit-Organisationen effizient eingesetzt werden. Sogar beim strukturellen Aufbau einer Schulorganisation erwies sich das Modell für alle Beteiligten als sehr hilfreich.

Der Vorteil dieses Stufenmodells liegt in der offenen Gestaltung und den offenen Fragestellungen, die einen Diskurs zur jeweiligen unternehmerischen Situation erzwingen und somit zu einer tragfähigen Entscheidungsbasis führen.

Bleibt nun die Frage: Wo und wie kann das Modell eingesetzt werden?

Damit die Brauchbarkeit des 9-Stufen-Modells zum Organisationsdesign auch im internationalen Kontext realistisch eingeschätzt werden kann, möchte ich mich im abschließenden Teil des vorliegenden Beitrags gerade diesem Thema widmen.

Dazu erlauben Sie mir, zunächst der Frage der kulturspezifischen Ausprägungen von Organisationen nachzugehen.

7. Einfluss der Kultur auf Organisationsstrukturen

Sind Organisationen „culture-free“ oder „culture-bound“?

Dazu gibt es zwei grundlegende, kontroverse Thesen:

These 1: Organisationsstrukturen sind rationale Muster, die der Lösung betrieblicher Probleme dienen. Sie streben nach Effizienz und dazu ist es im Prinzip egal, in welchem kulturellen Kontext sich Unternehmen entwickeln (culture-free thesis).

These 2: Organisationen stehen langfristig unter sehr starkem kulturspezifischem Einfluss und tragen diesem Rechnung, ob sie nun wollen oder nicht (culture-bound thesis).

Typische Vertreter der ersten These argumentieren, dass der Prozess der Industrialisierung bestimmte organisatorische Lösungen „herbeizwingt“, auch gegen kulturelle Widerstände. Diese Argumentation lässt sich bei einer oberflächlichen Betrachtung durchaus empirisch bestätigen. Unternehmungen in verschiedenen Ländern führen nach gleichen Prinzipien Arbeitsteilung durch und setzen Verfahrensrichtlinien gleich ein. Wenn sie wachsen, verstärken sie die Formalisierung. Wir können also hier durchaus von internationalen organisationsstrukturellen Gesetzmäßigkeiten ausgehen.

Sieht man genauer hin, so zeigen sich doch erhebliche Unterschiede in der Art der realisierten organisatorischen Lösungen im Detail. In Analogie zu Kieser/Walgenbach (2003) möchte ich in einem Vergleich von französischen und britischen mit deutschen Unternehmen aufzeigen, auf welche Weise verschiedene Kulturen unterschiedliche Organisationsstrukturen bedingen.

7.1. Unterschiede zwischen Organisationsstrukturen französischer und deutscher Unternehmungen

Eines der herausragendsten Merkmale im Unterschied zwischen französischen und deutschen Unternehmungen zeigt sich in der Leitungsintensität. Unmittelbare Vergleiche in zahlreichen Studien haben ergeben, dass französische Betriebe stets eine mindestens doppelt so hohe Leitungsintensität vorweisen wie deutsche Vergleichsbetriebe.

Hierarchien sind in französischen Betrieben wesentlich steiler – auch wenn man unterstellt, dass in deutschen Betrieben einzelne Arbeiter durchaus Vorarbeiterfunktionen ausüben.

Weiters ist bemerkenswert, dass in französischen Produktionsbetrieben die technischen Büros in der Regel stärker besetzt sind als in deutschen. Im Schnitt liegt der Anteil der in diesen Abteilungen beschäftigten Arbeitskräfte an der Gesamtbelegschaft in den französischen Betrieben mit über 10 % rund doppelt so hoch wie in Deutschland.

Zur Verdeutlichung sei hier ein Beispiel aus dem Werkzeugmaschinenbau herangezogen:

Deutscher Betrieb		**Französisches Unternehmen**	
Produktionsleiter	1	Produktionsdirektor	1
Obermeister	3	stellv. Produktionsdir.	1
Meister	17	Fertigungsleiter	1
Arbeiter	452	Abteilungsleiter	3
		Stellv. Abteilungsleiter	2
		Obermeister	3
		Meister	5
		Vorarbeiter	23
		Arbeiter	406

Auch die kaufmännischen und administrativen Abteilungen werden in französischen Betrieben wesentlich stärker besetzt als in deutschen. Bezogen auf die Gesamtbelegschaft beläuft sich in der Regel der Anteil des kaufmännisch-administrativen Personals in Deutschland auf gut 4 %, in französischen Betrieben auf ca. 9 %. Auch hier sind die französischen Unternehmen durch eine wesentlich steilere Hierarchie charakterisiert. Dazu folgendes Beispiel aus einem Vergleich zweier Papierhersteller:

	Deutscher Betrieb	**Französisches Unternehmen**
Leitende Angestellte	4	4
Mittlere Führungskräfte	–	20
Sachbearbeiter und Gleichgestellte	12	48
Hilfskräfte	21	32
Gesamt	37	104

Bei formal gleicher funktionaler Aufgabenteilung zwischen Zentrale und Werksverwaltung scheint der deutsche Betrieb eine wesentlich größere Autonomie im konkreten Vollzug zu besitzen. Die Koordination geschieht in deutschen Betrieben vorwiegend mittels persönlicher Kontakte – der Werksleiter ist Mitglied verschiedener Gremien in der Zentrale –, in französischen Betrieben vorwiegend in Form bürokratischer Koordinationsmechanismen.

Natürlich stellt sich unweigerlich die Frage, warum das so ist. Die allgemeine, vorherrschende Lehrmeinung sieht die Hauptursache in den unterschiedlichen Bildungssystemen begründet. Eine genauere Analyse der Bildungsniveaus lässt erkennen, dass in Frankreich die allgemeine Bildung im Durchschnitt höher ist, in Deutschland hingegen die berufliche. Das hat die Konsequenz, dass ein durchschnittlicher deutscher Industriebetrieb mit einer Fertigung, die etwa dem Typ des Maschinenbaus entspricht, mit hoher Verfügbarkeit von Arbeitskräften rechnen kann, die eine abgeschlossene Facharbeiterausbildung, ergänzt um eine mehr oder minder lange berufliche Praxis, mitbringen. Damit können diese einen erheblichen Teil der im Produktionsprozess anfallenden technisch-organisatorischen Probleme aus eigener Initiative und Kompetenz lösen, ohne dass dies ihre unmittelbar produktive, mehr oder minder routinisierte Leistung nennenswert beeinträchtigt.

Deutsche Unternehmen sind infolgedessen in der Lage, sich mit einer flachen und relativ gering besetzten Führungsstruktur zu begnügen.

Gänzlich anders zeigt sich die Situation bei französischen Unternehmen. Hier sieht sich die Organisation aufgrund der sehr allgemeinen, unspezifischen Ausbildung der Mitarbeiter gezwungen, Produktionsablauf und Arbeitsvollzug durch besondere technische Stellen einer ständigen Analyse und Kontrolle zu unterziehen. Planende, konzipierende Arbeit ist hier viel stärker von der ausführenden Ebene getrennt als in vergleichbaren deutschen Unternehmen.

Hier wird deutlich, dass das Ausbildungssystem, welches in verschiedenen Kulturen sehr unterschiedlich sein kann, gravierende Auswirkungen auf die Organisationsstruktur hat. Heute wissen wir, dass sich Organisationsstruktur und Ausbildungssysteme gegenseitig stabilisieren, denn Unternehmen gestalten zunächst ihre Organisationen nach den vorhandenen Qualifikationen und fragen dann die Qualifikationen nach, die ihren Organisationen zugrunde liegen. Veränderungen auf dieser Ebene der Organisationsstruktur erweisen sich als schwierig, da unter Umständen nicht mehr die benötigten Qualifikationen am Arbeitsmarkt zur Verfügung stehen und Reformen des Ausbildungssystems erschwert werden, denn die Absolventen haben keine passenden Stellen mehr in Aussicht.

Würden diese Erkenntnisse eine Anpassung des 9-Stufen-Modells erfordern?

Die kulturspezifischen Besonderheiten haben auf die Grundstruktur unseres 9-Stufen-Modells keinen unmittelbaren Einfluss. Die Kernfragestellungen werden die Gleichen sein. Es ist jedoch davon auszugehen, dass die Antworten und konkreten strukturellen Ausprägungen natürlich diese kulturspezifischen Handschriften tragen werden.

7.2. Unterschiede der Organisationsstrukturen britischer und deutscher Unternehmen

Basis der vorliegenden Ergebnisse bilden Interviews, die bei gleichartigen Unternehmen verschiedener Branchen bei britischen und deutschen Organisationen durchgeführt wurden. Hier geht es weniger um organisationssachliche Eckwerte (wie Führungsspanne und Gliederungstiefe, Verhältnis zwischen leitender und ausführender, administrativer und produktiver Tätigkeit), sondern vielmehr um Selbstverständnis, Führungsphilosophie, Struktur der Aufgaben und Verantwortung von Stelleninhabern etc.

Auf die Frage, worin ihre zentrale Aufgabe im Unternehmen besteht, antworten britische und deutsche Manager ganz ähnlich: Sie haben dafür zu sorgen, dass die Arbeit in ihrer Abteilung „reibungslos funktioniert“. Die Aufgabenstellung selbst wird in sehr ähnlicher Weise sowohl in Großbritannien als auch in Deutschland wahrgenommen. Sieht man sich jedoch die konkreten Tätigkeitsinhalte, mit denen die Manager diese Erwartungen zu erfüllen versuchen, an, so unterscheiden sich die deutschen von den britischen mittleren Managern erheblich.

Für deutsche mittlere Manager stellt die Erledigung fachlicher Arbeiten einen wichtigen Bestandteil ihrer täglichen Arbeitsaktivitäten dar, und zwar aus mehreren Gründen:

- Zum einen sind ihnen bestimmte fachliche Aufgaben direkt zugeordnet;
- zum anderen sind sie aufgrund der aus ihrer Sicht sowohl in qualitativer als auch quantitativer Hinsicht zu knapp bemessenen Personalausstattung ihrer Abteilungen immer wieder in Aufgaben involviert, die sie grundsätzlich an ihre Mitarbeiter delegieren könnten;
- weiters sehen deutsche Manager die Erledigung fachlicher Arbeiten als notwendige Voraussetzung, um die Führungsaufgabe überhaupt wahrnehmen zu können. Sie rechtfertigen auch ihre Autorität und ihre hierarchisch übergeordnete Position primär aus ihrem Fachwissen und ihrem umfangreichen Erfahrungswissen. Sie wollen bei allen anfallenden Problemen der fachlich kompetente „Primus inter Pares“ sein, der den Mitarbeitern jederzeit Hilfestellung geben kann.

Ganz anders sehen britische Manager ihr Selbstverständnis im Führungsverhalten. Sie wollen so wenig wie möglich in die Erledigung fachlicher Aufgaben einbezogen werden. Im Gegenteil: sie sehen effektives Management in der Fähigkeit, die Arbeitsprozesse in ihren Abteilungen „am Laufen zu halten“, ohne sich an fachlichen Aufgaben selbst beteiligen zu müssen. Für sie ist das „Man-Management“ die zentrale Führungsaufgabe. Damit steht auch die Förderung und Orientierung hin zum einzelnen Mitarbeiter im Vordergrund. Besonders hervorzuheben ist die Tatsache, dass die fachliche Orientierung, wenn sie geäußert wird, primär mit Rechtfertigungen, beinahe Entschuldigungen verbunden ist, also nicht wie bei allen befragten deutschen mittleren Managern eine Selbstverständlichkeit und Notwendigkeit darstellt. Britische mittlere Manager nehmen beispielsweise – dies lässt sich aufgrund der getroffenen Beobachtungen des Arbeitsverhaltens der Manager klar festhalten – die Möglichkeiten der flexiblen Arbeitszeit- und Pausengestaltung ausgiebig in Anspruch, während die deutschen mittleren Manager von der Nutzung solcher Vorrechte bewusst absehen, auch um ein Vorbild für die eigenen Mitarbeiter zu sein.

Dieses Grundverständnis unterstreicht eine kürzlich publizierte Untersuchung über das Verhältnis von Spezialisten und Generalisten der Vorstandsvorsitzenden der 30 DAX-notierten Unternehmen. Hier sind nur elf von 30 als Generalisten ausgewiesen.

Genauere Untersuchungen haben als zentralen Erklärungsansatz für diese Unterschiedlichkeit wiederum das Bildungssystem identifiziert. Auffällig ist in diesem Zusammenhang, dass die von den deutschen Managern erworbenen Qualifikationen, sei es in Form einer Berufsausbildung, eines Fachschul- oder Fachhochschulabschlusses, eines Abschlusses einer Berufsakademie oder gar einer Universität, inhaltlich immer in einem unmittelbaren Zusammenhang zu den Kernaufgaben der Abteilung stehen, für die sie verantwortlich zeichnen. Dabei wird ein unmittelbarer Bezug der formalen Qualifikation des einzelnen Managers zu den fachlichen Aufgaben der von ihm zu leitenden Abteilungen als eine Art Conditio sine qua non gesehen.

Systematische Unterschiede zwischen deutschen und britischen mittleren Managern zeigen sich sehr klar bei einem direkten Vergleich der Karrieremuster:

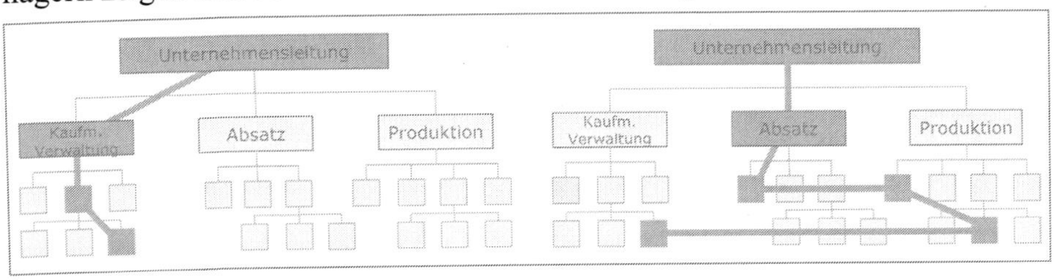

Abbildung 27: Typische Karrierepfade eines deutschen (links) und eines britischen (rechts) Managers

Aus den unterschiedlichen Karrieremustern der deutschen und britischen Manager lässt sich auf ein übergeordnetes Karrieresystem mit jeweils unterschiedlicher Zielsetzung schließen. Während das Karrieresystem in deutschen Unternehmen darauf abzielt, dass sich die Unternehmensverantwortlichen ein umfangreiches Fachwissen und fachbezogenes Erfahrungswissen in einem eng umrissenen Bereich erwerben, stellt das britische System darauf ab, dass sich die Manager eher allgemeine, von fachlichem Wissen losgelöste Managementfähigkeiten aneignen und sich so schon frühzeitig zu einem General Manager entwickeln können.

Eine Erklärung für diese unterschiedlichen Karrierepfade findet man sicherlich vor dem Hintergrund einer anderen historischen Entwicklung von Unternehmen und eines anderen strukturellen Aufbaus derselben in den beiden Ländern. Britische Unternehmen sind häufig in der Form einer Holding aufgebaut. Die Unternehmensleitung steuert hier meist eine Vielzahl von Divisionen, die oft in höchst unterschiedlichen Branchen operieren. Deutsche Unternehmen zeigen hingegen auch heute noch die Tendenz zur vertikalen Integration, und die Arbeitsteilung auf der Ebene des Topmanagements lässt eine Neigung zu einer funktionalen Spezialisierung erkennen.

Zusammenfassend kann festgestellt werden, dass britische Managementstellen einen erheblich größeren Handlungsspielraum aufweisen als deutsche. Während die britischen Manager durchgängig die Möglichkeit betonen, dass bestimmte Arbeiten je nach eigenem Gusto delegiert oder auch nicht delegiert werden können, sogar hervorheben, dass ein anderer Manager ihre Stelle grundsätzlich ganz anders ausfüllen könnte, sehen die deutschen mittleren Manager kaum eine Möglichkeit, mehr Arbeiten zu delegieren oder gar die eigene Stelle anders auszufüllen. Besonders hervorzuheben ist das primär personenorientierte Grundverständnis der Führungsfunktion bei britischen Verantwortlichen, während bei Deutschen eher die Gruppe bzw. die Entwicklung des Kollektivs im Fokus steht.

In Bezug auf unser 9-Stufen-Modell kann resümiert werden, dass dieses sicherlich dem britischen Führungsverständnis sehr entgegenkommt und gerade diese Art von Management fördert und fordert. Auf die grundsätzlichen strukturellen Überlegungen wird dies jedoch kaum merklichen Einfluss nehmen, vielmehr wird im Schritt 9 sicherlich eine unterschiedliche Akzentuierung der Systeme erfolgen.

7.3. Konsequenzen für das 9-Stufen-Modell

Im Vergleich zwischen französischen oder britischen mit deutschen Unternehmen kamen zwei Gruppen von Einflussfaktoren klar zum Vorschein: die kulturellen Unterschiede im Ausbildungssystem sowie Einstellungen, Normen und Werte.

Selbst wenn wir in verschiedenen Kulturen weitgehend identische formale organisatorische Regeln identifizieren, so bedeutet das nicht zwangsläufig, dass sie auch übereinstimmende Funktionen haben: sowohl in Südamerika und in vielen Ländern Asiens, als auch in den USA weisen Organisationen einen hohen Programmierungs- und Formalisierungsgrad auf. In Ländern mit großer Machtdistanz (wie z. B. in Südamerika und in einigen Ländern Asiens) haben diese primär den Zweck, soziale Über- und Unterordnungsverhältnisse festzulegen, zentralistische Machtstrukturen abzusichern und spontane Kontaktaufnahmen zu verhindern, sodass sie als Statusunterschiede verstärkende Mechanismen zwischen den Ebenen wirken. Eine wichtige Funktion formaler Regelungen ist dort also die Status- und Machtsicherungsfunktion. In Unternehmungen in den USA gibt es zwar auch ausgeprägte formale Regelungen, jedoch dienen diese dort in erster Linie der Transparenz und Kontrollierbarkeit der Prozesse und Verantwortlichkeiten sowie einer gezielten Leistungskontrolle.

Organisationsstrukturen entwickeln sich evolutionär: Regelungen, die an die Kultur angepasst sind – an deren Ausbildungssystem, Statussystem, an eine individualistische oder kollektivistische Orientierung usw. –, setzen sich eher durch; sie verbreiten sich schneller in der konkreten strukturellen Verwendung in Unternehmen als Regelungen, die diesen Bedingungen nicht entsprechen. Wenn sich Kulturen verändern, ändern sich auch Organisationsstrukturen. Man kann zwar organisatorische Lösungen von einer Kultur in eine andere übertragen; manche dieser Lösungen werden jedoch „abgestoßen", andere müssen modifiziert werden, damit sie mit den jeweiligen kulturellen Bedingungen verträglich sind.

Von einer Gesetzmäßigkeit struktureller Regelungen in dem Sinne, dass sich unabhängig von Ort und Zeit dieselben Beziehungen zwischen Situationsfaktoren und Dimensionen der Organisationsstruktur herausbilden, kann nicht die Rede sein.

Aufgrund dieser Tatsachen eignet sich das vorgestellte 9-Stufen-Modell durchaus auch im interkulturellen Kontext, da hier strukturelle Grundsatzvorgaben (SGF-Strukturierung, fraktaler Organisationsaufbau etc.) mit kulturspezifischen Besonderheiten gemeinsam entwickelt werden können, und das in einer Form, in welcher Management-Teams gemeinsam mit Unternehmensverantwortlichen das Organisationsdesign schrittweise entwerfen können. Damit ist im Prinzip eine breite, tragfähige Basis für eine schlagkräftige, flexible Organisation möglich.

Sehr häufig wird am Ende von Fachbüchern zum Thema Organisation die Frage nach der Brauchbarkeit der behandelten Themen gestellt.

Auch in diesem Beitrag steht bzw. stand die Frage nach der Brauchbarkeit und Praktikabilität im Mittelpunkt. Die Herausforderung dieses Beitrages lag in dem Balanceakt zwischen Lehrbuchcharakter und dem pragmatisch Praktischen. Ich wollte mich hier bewusst nicht auf die Ebene des distanzierten, wissenschaftlichen Beobachters, der primär Themen und Inhalte analysiert, aus verschiedenen Blickwinkeln betrachtet und abwägt, zurückziehen, sondern ganz gezielt den Weg beschreiten, der im praktischen Organisationsalltag gefordert ist: nämlich ein Modell als Hilfsmittel zum pragmatischen Organisationsdesign vorstellen, gleichzeitig jedoch Gestaltungsspielräume öffnen und damit die Möglichkeit unterschiedlicher Entwurfsalternativen aufzeigen. Ich hoffe, das ist mir im Großen und Ganzen gelungen, die endgültige Beurteilung obliegt jedoch all jenen Personen, die diesen Beitrag studieren und sich selbst ein Bild davon machen müssen.

8. Lern- und Kontrollfragen

- Welche Rolle spielte die Organisation als ein zentrales Element der Unternehmensführung im Laufe der Entwicklung der betriebswirtschaftlichen Disziplin im deutschen Sprachraum? Ab wann und vor allen Dingen warum veränderte sich der Fokus betriebswirtschaftlicher Überlegungen diesbezüglich seit Mitte der 60er Jahre?
- Je nach Definition des Terminus Organisation werden unterschiedliche Schwerpunkte in der Behandlung der Thematik gesetzt. Welche Begriffsdefinitionen sind gebräuchlich und wo liegen die Unterschiede?
- Welche bedeutendsten organisationstheoretischen Ansätze entwickelten sich im Laufe der Jahre und welches Verständnis ist zu empfehlen?
- Was unterscheidet die technisch-ökonomische Organisationssichtweise von der systemischen Perspektive?
- Welchen Gestaltungsmerkmalen sollten Arbeitsaufgaben zur Motivationsförderung idealerweise genügen?

- Nach welchen vier Hauptdimensionen lassen sich Organisationsstrukturen beschreiben?
- Welche organisationsstrukturellen Herausforderungen werden durch welche Hauptdimension behandelt?
- Welche Probleme versucht man durch eine Profit-Center-Organisation zu lösen und welche Probleme entstehen gerade durch diesen Ansatz?
- Durch die Strukturdimension Konfiguration und Entscheidungsdelegation werden welche organisationalen Themen behandelt und welche diesbezüglichen Ansätze sind heute in Unternehmen verbreitet?
- Welche Ansätze zur Koordination von Aufgaben in Unternehmen sind heute üblich?
- Was bedeuten die Begriffe Gliederungstiefe, Leitungsspanne und Stellenrelation?
- Welche Elemente umfasst die Kompetenzraute der Unternehmensentwicklung und wie kann diese angewandt werden?
- Welche neun Stufen der Organisationsentwicklung führen in der Regel zu einer Hochleistungsorganisation?
- Welche Themen müssen in jeder Stufe im Detail behandelt werden?
- Worin zeigt sich primär der Unterschied zwischen deutschen, französischen und britischen Organisationsstrukturen und wie lassen sich die Kernunterschiede erklären?

9. Verwendete Literatur

Abplanalp, P.; Lombrister, R. (2000); Unternehmensstrategie als kreativer Prozess; München.

Baecker, D. (2003); Organisation und Management; 1. Auflage; Frankfurt am Main.

Baecker, D. (1999); Organisation als System; 1. Auflage; Frankfurt am Main.

Bleicher, K. (1991); Organisation: Strategien, Strukturen, Kulturen; Wiesbaden.

Bleicher, K. (2005); Management im Wandel. Meilensteine der Entwicklung eines Integrierten Managements 1; Künzelsau.

Bloed, P.; Voss. M. (2007); Eier, Wolle, Milch. Auf Spurensuche in Deutschlands Chefetagen.; in: Focus-Money 20/2007; S. 10–12.

Bronner, R. (1992); Verantwortung; in Frese (Hrsg.): Handwörterbuch der Organisation; S. 2503 – 2513; Stuttgart.

Bruhn, M.; Steffenhagen, H. (Hrsg.) (1998); Marktorientierte Unternehmensführung. Reflexionen – Denkanstöße – Perspektiven; 2. Auflage; Wiesbaden.

Grochla, E. (1972); Unternehmensorganisation; Reinbek bei Hamburg.

Graf, G. (1996); Das Phänomen Lean Management. Eine kritische Analyse; Wiesbaden.

Heitger, B.; Doujak, A. (2002); Harte Schnitte neues Wachstum; Frankfurt/Wien.

Homburg, C.; Krohmer, H. (2003); Marketingmanagement. Strategie – Instrumente – Umsetzung – Unternehmensführung; Wiesbaden.
Hungenberg, H. (2000); Strategisches Management in Unternehmen; Wiesbaden.
Jensen, O. (2001); Key-Account-Management. Gestaltung – Determinanten – Erfolgswirkungen; Wiesbaden.
Kieser, A. (Hrsg.) (1995); Organisationstheorien; 2. überarbeitete Auflage; Stuttgart et al.
Kieser, A.; Walgenbach, P. (2003); Organisation; 4., überarbeitete und erweiterte Auflage; Stuttgart.
Lane, C. (1989); Management and Labour in Europe; Aldershot.
Lane, C. (1995); Industry and Societa in Europe; Aldershot.
March, J.G. (1962); The business firm as a political coalition; in: Journal of Politics 24; S. 662–678.
Müller-Stewens, G.; Lechner, Ch. (2001); Strategisches Management. Wie strategische Initiativen zum Wandel führen; Stuttgart.
Neumann, R. (2000); Die Organisation als Ordnung des Wissens; Wiesbaden.
N.N. (2000); Arbeitspapiere St. Galler Managementprogramm; St. Gallen.
Oeller, K.H. (2002); Strategische Unternehmensentwicklung; Arbeitspapier.
Parkinson, N. C. (1966); Parkinsons Gesetz und andere Untersuchungen über die Verwaltung; Reinbek bei Hamburg.
Perich, R. (1992); Unternehmungsdynamik; Bern et al.
Pugh, D.S., et al. (1968) ; Dimensions of organization structure; in: Administrative Science Quarterly 13; S. 65–105.
Ritzer, G. (2004); The McDonaldization of Society; Thousand Oaks – California/London.
Rosenstiel, L. von; Grundlagen der Organisationspsychologie; 3. Auflage; Stuttgart.
Rosenstiel, L. von; Molt, W.; Rüttinger, B.; Organisationspsychologie; 5., neu überarbeitete Auflage; Stuttgart et al.
Schreyögg, G. (2006); Organisation. Grundlagen moderner Organisationsgestaltung; 4. Auflage; Wiesbaden.
Stewart, R.; Barsoux, J.L.; Kieser, A.; Ganter, H.D.; Walgenbach, P. (1994); Managing in Britain and Germany; London.
Ulich, E.; Groskurth, P.; Baitsch, H. (1989); Arbeitsform mit Zukunft. Ganzheitlich flexibel statt arbeitsteilig; Bern et al.
Weber, M. (1972); Wirtschaft und Gesellschaft; Tübingen.
Womack, J.P.; Jones, D.T.; Roos, D. (1992); Die zweite Revolution in der Autoindustrie; Frankfurt am Main.

Industrialisierung interner Dienstleistungs- und Verwaltungsprozesse durch den Aufbau eines Shared-Service-Centers

Matthias Egelhaaf

In diesem Beitrag erfahren Sie

- was Shared Services sind,
- was über Erfolg und Misserfolg entscheidet,
- was für eine nachhaltige Implementierung berücksichtigt werden muss und
- wie sich Shared Services weiterentwickeln werden.

1. Warum Shared Services immer wichtiger werden

1.1. Ausgangslage und Begriffsdefinition

Dezentralisierung – seit den 1980er Jahren für Unternehmen das Schlagwort, um auf die zunehmende Globalisierung und Fokussierung des Geschäftes vorbereitet zu sein. Viele Unternehmen gingen dazu über, ihre Organisation an Kernkompetenzen oder Kundengruppen auszurichten und in selbständige strategische Geschäftseinheiten zu segmentieren. Das Ziel: mehr Flexibilität im Vergleich zu einem vormals zentralistisch aufgebauten Unternehmen (siehe dazu auch der Beitrag „Organisationsdesign heute" in diesem Band).

Doch es zeigte sich schnell, dass den Vorteilen der selbständigen Geschäftseinheiten auch erhebliche Nachteile bei den internen Dienstleistungs- und Verwaltungsprozessen gegenüberstanden. Diese Nachteile, wie etwa lokal unterschiedliche Abläufe gleicher Prozesse in den Geschäftseinheiten, ineffiziente und ineffektive interne Dienstleistungen, nicht standardisierte Informationstechnologie, verteilte Systeme, hoher Infrastrukturbedarf pro Geschäftseinheit und folglich eine erschwerte Gesamtunternehmenssteuerung, führten zu Doppelarbeit, hohen Gemeinkosten, unwirtschaftlicher Ressourcenallokation und wurden von Investoren in der Unternehmensbewertung durch einen Conglomerate Discount bestraft.

„The luxury of having duplicate identical services in each business unit and operating company is a cost companies simply can no longer afford. Duplication and decentralization are passé."

Aus Sicht des Gesamtunternehmens stellt sich folgerichtig die Frage: Gibt es eine komplementäre Strategie und Organisationsform, bei der sich alle Vorteile der Dezentralisierung nutzen lassen, gleichzeitig jedoch die Nachteile bei den internen Dienstleistungs- und Verwaltungsprozessen vermieden werden können?

Shared Services sind ein möglicher Ansatz, um gerade Doppelarbeit, hohe Gemeinkosten sowie unwirtschaftliche Ressourcenallokation zu vermeiden. Die Idee der Shared Services entspringt diversen praxisorientierten Organisationskonzepten und strebt an, interne Kundenwünsche effizienter zu befriedigen. Als Shared Services sind also diejenigen Aufgaben und Aktivitäten zu verstehen, die in verschiedenen Unternehmensteilen anfallen und abteilungsübergreifend zusammengefasst werden können: Produkte und Dienstleistungen werden standardisiert, optimiert und zu einer kundenorientierten Problemlösung gebündelt. Diese geteilte Nutzung (1:n-Beziehung) und Bündelung verschafft dem Unternehmen signifikante Skaleneffekte hinsichtlich Kosten, Kompetenz und Geschwindigkeit. Shared Services dienen also der Optimierung des Ressourceneinsatzes und einer Qualitätsverbesserung der internen Dienstleistungen.

Die Leistungsbündelung erfolgt in einer semi-autonomen, service- und marktorientierten Organisationseinheit mit eigener Erfolgsverantwortung – dem Shared-Service-Center. Diese neue, „sauber abgegrenzte" organisatorische Einheit besitzt keinerlei Kompetenz zur Festlegung von Strategien und Richtlinien, sondern dient ausschließlich der Bereitstellung qualitativ hochwertiger Dienstleistungen für mehrere Geschäftseinheiten. Im Fokus der konsequent kundenorientiert handelnden Shared-Service-Center stehen transaktionsbezogene, standardisierte interne Dienstleistungen. Sie liefern also diejenigen Dienste, die zwar alle Geschäftseinheiten benötigen, jedoch nicht selbst in der geforderten Qualität und Effizienz erbringen können. Das Management des Shared-Service-Centers ist demnach nicht der Unternehmensleitung, sondern den einzelnen Geschäftseinheiten gegenüber verantwortlich. Erst durch die Konsolidierung entsteht die Basis für den effizienten und konzentrierten Aufbau von Spezialwissen sowie die Anwendung von Best Practices im Unternehmen.

1.2. Was beschleunigt die Verbreitung von Shared Services?

Eine Vielzahl von Faktoren bewirkt, dass Shared Services zunehmend an Bedeutung gewinnen. Einige dieser Faktoren, der so genannten Treiber, sind:

- die Suche nach einer Mischform zwischen Zentralisierung (Economies of Scale) und Dezentralisierung (Markt- und Kundennähe),
- das Streben, die Leistungstiefe in den internen Dienstleistungs- und Verwaltungsprozessen zu reduzieren,
- die rasant fortschreitende Entwicklung der Informations- und Kommunikationstechnologie,
- die europäische Integration und
- der kontinuierliche Wettbewerbsdruck, die Kosten zu reduzieren.

Neben den genannten Überlegungen führte die ständige Optimierung des unternehmensweiten Wertschöpfungsmodells zum Entstehen von Shared Services. Anfang der 1990er Jahre setzte eine Revolution der Wertschöpfung ein, als die Unternehmen ihre Fertigungstiefe abzusenken begannen. Heute sind viele Unternehmen damit so weit fortgeschritten, dass sie an ganz natürliche Grenzen stoßen: eine weitere Absenkung der Fertigungstiefe ist in vielen Fällen kaum noch möglich.

Die enorme Entwicklung der Informations- und Kommunikationstechnologie erlaubt es, diesen Grundgedanken des Absenkens auch auf Dienstleistungen zu übertragen. Anstatt der Fertigungstiefe wird hier jedoch die Leistungstiefe optimiert. In der Vergangenheit wurden die internen Dienstleistungs- und Verwaltungsprozesse kaum in die Optimierung der Wertschöpfung einbezogen. So sind in den letzten drei Jahren die Verwaltungskosten in Relation zum Umsatz bedeutend stärker angewachsen als die Kosten der Fertigung. Damit wird deutlich: Der Hebel zur Verbesserung der Wertschöpfung verschiebt sich zusehends von der Fertigungs- zur Leistungstiefe, von der Produktion zur Administration.[1] „For-

[1] Die Untersuchung der Verwaltungskosten bezieht sich auf die Unternehmen Altana, Bayer, BMW, EON, SAP, Schering, Siemens und VW. Dort sind die Verwaltungskosten von 1998 bis 2002 um ca. zwölf Prozent relativ zum Umsatz angestiegen, während die Fertigungskosten um ca. zwei Prozent gesunken sind. (Vgl. Fink/Köhler/Scholtissek (2004), S. 41 f.)

ty years ago, service and support costs accounted for no more than 10 percent or 15 percent of total costs. So long as they were so marginal, their low productivity did not matter. Now that they are more likely to take forty cents out of every dollar they can no longer be brushed aside“ (Drucker [1969], S. A16). Vor diesem Hintergrund gilt es, die Erkenntnisse aus dem Fertigungsbereich auf die internen Dienstleistungs- und Verwaltungsprozesse anzuwenden.

Die Einführung von Shared Services überträgt den Marktmechanismus und damit einen Effizienz- und Effektivitätsdruck auf die internen Dienstleistungen. Bestehende Strukturen und wenig serviceorientierte Denkweisen werden mit der Realisierung eines Shared-Service-Centers aufgebrochen und zusätzlich wird beachtliches Einsparpotenzial generiert. Mit dem Shared-Service-Modell wird die Liberalisierung bzw. Industrialisierung interner Dienstleistungen vorangetrieben.

Der häufigste Grund für die Einführung eines Shared-Service-Modells ist aus Sicht des Unternehmens nach wie vor das Streben nach einer verbesserten Kostenposition. Untersuchungen zeigen: Durch Shared Services wurden mittlerweile bei weltweit agierenden Unternehmen sowohl Kosteneinsparungen für bestimmte Prozesse zwischen 20 und 50 Prozent als auch um 20 bis 80 Prozent gesunkene Prozessdurchlaufzeiten erreicht. Die systematische Suche nach Synergien zwischen den strategischen Geschäftseinheiten ist ein wesentlicher Hebel für die Kosteneinsparungen – und ein Hauptanliegen jedes Shared-Service-Centers. Dieses ist organisatorisch darauf ausgerichtet, Synergien im Bereich interner Dienstleistungen aufzuspüren und durch Bündelung nutzbar zu machen; es fungiert quasi als Treiber der Synergienutzung.

1.3. Chancen und Risiken von Shared Services

Wie bei jeder Art von fundamentalem Wandel entstehen auch beim Aufbau von Shared Services verschiedene Chancen und Risiken.

Obwohl die folgenden wesentlichen Risiken nicht als Hinderungsgrund gegen die Implementierung von Shared Services stehen, müssen sie bei der Gestaltung eines Shared-Service-Modells Beachtung finden. Diese Risiken sind:

- **Erhöhte Implementierungsbarrieren** durch unterschiedliche Kulturen, Ängste der Mitarbeiter, Standortwechsel und Machtverlust.
- **Schwierigkeiten bei der Prozess- und Systemvereinheitlichung** durch unterschiedliche Historien, Interessenlagen und Anforderungen.
- **Kosten wachsender Komplexität** durch erhöhten Abstimmungs- und Koordinationsbedarf.
- **Komplexe rechtliche Rahmenbedingungen** durch unterschiedliche rechtliche und steuerliche Situationen in den einzelnen Ländern.

Die vorgenannten Risiken werden jedoch durch eine Vielzahl von Chancen überkompensiert. Diese Chancen sind:

- **Kostenreduktion** durch Bündelung der Ressourcen, Erreichen von Economies of Scale und Abbau von Redundanzen.

- **Kostenmanagement** durch Transparenz, Verrechnungspreise, Kostenbewusstsein und Performancemessung.
- **Qualitätsverbesserung und Reduktion der Durchlaufzeiten** durch Standardisierung, Eliminierung von nicht wertschöpfenden Prozessteilen und Optimierung der Prozesse.
- **Erhöhung der Wettbewerbsfähigkeit** durch Fokussierung auf die Kernkompetenzen in den Kernaktivitäten und Aufbau eines Kunden-Lieferanten-Verhältnisses mit klarer Marktorientierung in den internen Dienstleistungen.
- **Aktiver Austausch von Informationen und Wissen** durch Bündelung der Wissensträger und Aufbau von zentralem Know-how.
- **Mitarbeitermotivation** durch erweiterte Aufgaben- und Verantwortungsbereiche und Schaffung einer Service- bzw. Dienstleistungskultur.

Wie lassen sich nun beim Aufbau eines Shared-Service-Centers die Chancen verstärken und die Risiken verringern? Die nachfolgenden Erfolgsfaktoren geben darauf Antwort.

2. Erfolgsfaktoren für die Gestaltung und Umsetzung

2.1. Die sieben zentralen Erfolgsfaktoren

Wird der Shared-Service-Ansatz in der Unternehmensstrategie verankert, lässt sich Doppelarbeit in den einzelnen Geschäftseinheiten nachweislich vermeiden. Erreicht wird dies durch Transparenz, Bündelung, Standardisierung und Optimierung. Entlang dieser vier Hebel sollen jetzt die zentralen Erfolgsfaktoren näher beleuchtet werden.

- **Transparenz**
  Ein wichtiger Schritt zur Einführung eines Shared-Service-Modells ist die Schaffung von Transparenz (Erfolgsfaktor 1) über den im Unternehmen nötigen Aufwand für interne Dienstleistungs- und Verwaltungsprozesse.
- **Bündelung**
  Zunehmende Größe und Wettbewerbsdruck zwingen die Unternehmen zu einer systematischen Suche nach Synergien. Ein Shared-Service-Center ist organisatorisch geradezu darauf ausgerichtet, Synergien im Bereich interner Services aufzuspüren und durch Bündelung nutzbar zu machen. Dazu sind der geeignete Initiierungsstil (Erfolgsfaktor 2) und die richtige Verankerung (Erfolgsfaktor 3) im Unternehmen zu finden.
- **Standardisierung**
  Im Rahmen der Standardisierung werden die internen Dienstleistungs- und Verwaltungsprozesse über das gesamte Unternehmen vereinheitlicht. Dafür müssen die passenden Prozesse ausgewählt (Erfolgsfaktor 4) und in einer Servicevereinbarung (Erfolgsfaktor 5) beschrieben werden.

- **Optimierung**
  Die Zusammenfassung von dezentralen Aktivitäten in einem Shared-Service-Center bildet oft den Ausgangspunkt für eine umfassende Optimierung. Wesentliche Parameter sind hierbei die interne Verrechnung (Erfolgsfaktor 6) und die kontinuierliche Verbesserung entlang einer Balanced Scorecard (Erfolgsfaktor 7).

2.2. Erfolgsfaktor 1: Herstellung absoluter Transparenz

Wurde die Entscheidung getroffen, eine Shared-Service-Strategie umzusetzen, ist die exakte Aufnahme der momentanen Situation unabdingbar. Ohne diese Standortbestimmung ist keine erfolgreiche Implementierung von Shared Services möglich! Ein erster wichtiger Schritt zur Einführung eines Shared-Service-Modells besteht deshalb darin, Transparenz zu schaffen über die in einem Unternehmen nötigen Aufwendungen für interne Dienstleistungs- und Verwaltungsprozesse. Diese Transparenz ist absolut notwendig für die Ermittlung der Wirtschaftlichkeit eines Shared-Service-Modells – und stellt bereits einen essenziellen Mehrwert dar. Positiver Nebeneffekt: Häufig werden allein durch die gewonnene Transparenz des gesamten Preises ungenutzte Dienstleistungen aufgegeben oder andere Dienstleistungen auf ein sinnvolles Maß reduziert.
Die Transparenz sollte demzufolge nachstehende Felder abdecken:

- Auflistung der aktuellen Dienste
- Aufnahme der Kostensituation
- Bestimmung der internen wie externen Verträge
- Inventarisierung der Anlagewerte
- Übersicht über die Mitarbeiter, die an den aktuellen Diensten arbeiten
- Durchführung von Benchmarks
- Erhebung der Kundenzufriedenheit

Diese in den verschiedenen Feldern geschaffene Basis wird als zukünftiger Vergleichsmaßstab festgeschrieben und dient der Formulierung von Zielvorgaben für das Shared-Service-Center.

Die Aufnahme der Kostensituation ist sicherlich einer der entscheidenden Punkte für die Herstellung der Transparenz, aber auch der wesentliche Hebel, um die bestehende Kultur und die Mentalität gegenüber internen Dienstleistungen zu verändern. Wichtig ist es hierbei, wirklich die Vollkosten zu ermitteln – und nicht nur die direkten Kosten eines Services. Die Geschäftseinheiten müssen verstehen, was die echten Kosten eines bestehenden Services sind – schließlich bilden diese die Basis der künftigen Shared-Service-Center-Preise (vgl. dazu die Ausführungen zu den verschiedenen Center-Verrechnungsansätzen bei „Organisationsdesign heute …" in diesem Band). In vielen Unternehmen ist diese Information noch nicht im geforderten Umfang verfügbar und damit quasi neu; zahlreiche Unternehmen besitzen heute noch keinen ausreichenden Informationsstand darüber. Die Herstellung von Kostentransparenz bedeutet daher im Vorfeld einen hohen Aufwand. Wird jedoch darauf verzichtet, können die Geschäftseinheiten die Shared-Service-Center-Preise leicht als zu hoch empfinden. Für einen korrekten Vergleich muss daher unbedingt transparent sein, auf Basis welcher Kosten sich der Preis zusammensetzt.

Es genügt allerdings nicht, nur die Kostenblöcke (z. B. bei der Personalabrechnung) offenzulegen; zusätzlich müssen die spezifischen Kostentreiber für die jeweilige Kostenstruktur ermittelt werden. Was bedeutet das konkret? Nicht die absoluten Kosten für eine Personalabrechnung interessieren, sondern der Preis für die Personalabrechnung pro Mitarbeiter. Das bewirkt einen Wandel weg vom Kostendenken und hin zum Preisdenken und drückt sich künftig in einem Preis pro Leistung aus. Die internen Leistungsbezieher sollen durch aktive Steuerung der beanspruchten Menge an Dienstleistungen auch die Gesamtkosten für die beanspruchte Dienstleistung beeinflussen können.

Diese Kostentransparenz ermöglicht es auch, über Benchmarks einen Vergleich mit externen Serviceanbietern anzustellen. Die erfasste Kostensituation und die Ergebnisse des Benchmarks geben einen ersten Eindruck, welche Kosten die einzelnen Dienstleistungen den Geschäftseinheiten verursachen werden – und ob diese Dienstleistungen überhaupt wettbewerbsfähig sind. Außerdem bietet die Auflistung der bestehenden Funktionen, Prozesse und wesentlichen Aktivitäten eine gute Diskussionsgrundlage für Gespräche mit den Geschäftseinheiten bezüglich deren Erwartungshaltungen und Geschäftsanforderungen.

2.3. Erfolgsfaktor 2: Der richtige Initiierungsstil

Strategische Initiativen können sich in unterschiedlicher Form in Unternehmen formieren. Mit der Initiierung von Shared Services wird das Unternehmen fundamental verändert, weshalb der strategische Vorstoß top down erfolgen, also von der Unternehmensleitung kommen muss. Dennoch sollte der Beteiligungsgrad nicht zu gering gewählt werden, da sonst die Geschäftseinheiten keinen Einfluss mehr auf die Initiative haben und wichtige Energiefelder und Innovationsquellen ungenutzt bleiben. Die positive Einflussnahme der Geschäftseinheiten auf die gesamte strategische Initiative ist für die Akzeptanz und den Erfolg eines Shared-Service-Modells unumgänglich, denn oftmals leisten gerade die Mitarbeiter und Führungskräfte der betroffenen Geschäftseinheiten aus Angst um ihren Arbeitsplatz oder vor Machtverlust erheblichen Widerstand. Ein ausgewogener Beteilungsgrad garantiert, dass sich die Umsetzungsgeschwindigkeit nicht zu sehr verlangsamt (vgl. dazu die Ausführungen im Abschnitt „Professionalität im Change Management …“ in diesem Band).

Aus Furcht vor Gegenreaktionen der Geschäftseinheiten werden in den meisten Unternehmen Initiativen, die zu unpopulären Maßnahmen führen, so lange wie möglich zurückgehalten. Doch diese zögerliche Haltung bringt massive Probleme mit sich. Denn überlegen und erfolgreich sind diejenigen Unternehmen, die schnell agieren und Lösungen umsetzen können. Und das wiederum wird nur möglich durch ausreichende Transparenz. Bei Shared Services sollte deshalb ein hoher Transparenzgrad angestrebt werden: Die Geschäftseinheiten müssen zu jeder Zeit informiert sein, wie der Weg in Richtung Shared Services gestaltet wird und welcher Status erreicht ist. Auch wenn in einem frühen Projektstatus nicht alle Fragen beantwortet werden können, entwickelt sich auf diese Weise das nötige Vertrauen, gut informiert zu sein und Einfluss auf die Entwicklung nehmen zu können.

Der Initiierungsparameter „Arbeitsweise“ sollte bei Shared Services eine gesunde Mischung aus analytischem und intuitivem Vorgehen sein. Viele Manager betrachten eine intuitive Vorgehensweise als Antithese zum logisch-rationalen Arbeiten: Man verlässt sich – aufbauend auf gewonnenen Erfahrungen – auf die eigenen Fähigkeiten zur Einschätzung einer Situation. Auch bei der Initiierung von Shared Services ist diese Fähigkeit sehr wichtig. Da aufgrund der hohen Komplexität in einigen Situationen nicht alles im Voraus analytisch durchdacht werden kann, hilft nur intuitives Vorgehen weiter. Dennoch sollte auf eine analytische Phase nicht verzichtet werden, in der zunächst einmal eine intensive Daten- und Situationsanalyse (Erfolgsfaktor 1) im Vordergrund steht.

Wie fein oder grob soll nun der Strukturierungsgrad einer strategischen Initiative sein? Ein feiner Strukturierungsgrad zwingt dazu, relevante Themen explizit und nach einem standardisierten Modus zu durchdenken sowie Handlungsoptionen und deren Konsequenzen abzuwägen. Zwar sind die internen Dienstleistungs- und Verwaltungsprozesse keine Kernprozesse, doch werden beispielsweise Finanzprozesse in ein Shared-Service-Center überführt und kann danach keine Rechnungslegung mehr durchgeführt werden, so hat dies erhebliche Auswirkungen auf das Gesamtunternehmen. Des Weiteren führt ein Fehler im Shared-Service-Center durch die Aktivitätenbündelung zu Konsequenzen im gesamten Unternehmen, während bei einer dezentralen Erledigung nur ein Geschäftsgebiet betroffen wäre. Diese kritischen Aspekte sprechen für einen feinen Strukturierungsgrad, um durch die Einführung eines Shared-Service-Center nicht das gesamte Unternehmen zu gefährden.

Jedes Unternehmen muss seinen individuellen und spezifischen Initiierungsstil finden, indem es die generellen Empfehlungen für Shared Services in seinen konkreten Kontext überträgt. Dabei sollte der Initiierungsstil sowohl auf die internen Kontextfaktoren ausgerichtet sein, also auf Unternehmensgröße und -kultur oder Struktur der Aufbauorganisation, als auch auf externe Faktoren wie Wettbewerbsintensität, Branchenstruktur oder Marktdynamik.

2.4. Erfolgsfaktor 3: Verankerung von Shared Services im Unternehmen

Ziel einer jeden Unternehmenszentrale ist es, einen über die Möglichkeiten der einzelnen Geschäftseinheiten hinausgehenden Mehrwert zu generieren. Ein wesentlicher Mehrwert, der über den Shared-Service-Ansatz erreicht werden kann, ist die Neuausrichtung der internen Dienstleistungs- und Verwaltungsprozesse. Gerade dann, wenn sich die Fertigung nur noch im Grenzbereich verbessern lässt, geraten die internen Dienstleistungs- und Verwaltungsprozesse ganz unweigerlich in den Fokus der Unternehmenszentrale. Die internen Dienstleistungs- und Verwaltungsprozesse sind seit jeher ein besonderes Aktionsfeld für Kostensenkungsprogramme. Allerdings wurde die Organisation nicht in der Weise auf den Prüfstand gestellt, wie dies nun im Falle von Shared Services zutrifft.

Zur Identifikation unternehmensinterner Dienstleistungen, die in einem Shared-Service-Center gebündelt werden können, ist das Konzept der Wertkette hilfreich. Es eignet sich, um Dienstleistungen in den primären und sekundären Tätigkeiten des Unternehmens abzubilden und systematisch zu erfassen. Sekundäre Tätigkeiten befassen sich nicht direkt mit der Herstellung des Produkts oder der Dienstleistung; ihre Aufgabe ist es vielmehr, die primären Aktivitäten der gesamten Kette mit Leistungen aus den Bereichen der Unternehmensinfrastruktur zu versorgen, der Personalwirtschaft, der Technologien sowie der Beschaffung.

Gemäß der Definition von Shared Services erfolgt die Bündelung von internen Dienstleistungs- und Verwaltungsprozessen in einer neuen, semi-autonomen, service- und marktorientierten Organisationseinheit, die ihrerseits eine Managementstruktur mit eigener Erfolgsverantwortung aufweist. Durch die Bündelung werden die funktionalen Silos je Geschäftseinheit aufgelöst. Daraus folgt, dass die sekundären Aktivitäten nicht mehr in jeder Geschäftseinheit erbracht werden, sondern nur noch einmal für alle Geschäftseinheiten zentral in einem Shared-Service-Center. Somit gilt das folgende generische Organisationsbild:

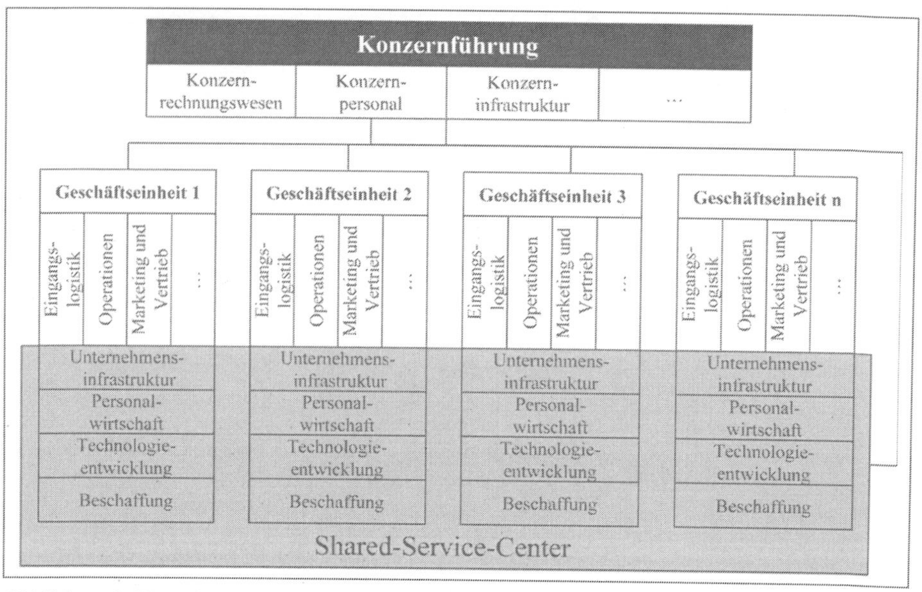

Abbildung 1: Verankerung eines Shared-Service-Centers in der Unternehmensorganisation

Für eine erfolgreiche Verankerung eines Shared-Service-Centers müssen in einem weiteren Schritt seine möglichen Ausprägungen erarbeitet werden. Grundsätzliche Fragen dabei sind:

- Soll das Shared-Service-Center vollständiges Eigentum des Unternehmens sein oder sind beispielsweise Joint Ventures angedacht?

- Soll eine Verbesserung der Services vorrangig hinsichtlich der Kosten oder der Qualität der Leistungserbringung erreicht werden?
- Gilt für die operativen Geschäftseinheiten auf Dauer eine Abnahmeverpflichtung oder dürfen die Geschäftseinheiten die Leistungen auch am Markt zukaufen?
- Wird das Shared-Service-Center als Profit- oder Cost-Center geführt?

Diese und weiterführende Fragen sind im Rahmen der grundlegenden Festlegung des Shared-Service-Centers aufzuwerfen und im Vorfeld zu entscheiden. Die weiterführenden Fragen können anhand der üblichen Abgrenzungskriterien (z.B. Produkte, Marktsegmente, Kundennutzen, Technologien, Geografie, Kostenstrukturen) wie bei einer Festlegung einer Geschäftseinheit für eine strukturierte Vorgehensweise herangezogen werden.

2.5. Erfolgsfaktor 4: Unternehmensinterne Dienstleistungen als Gegenstand von Shared Services

Bei der (zumindest teilweisen) Entlastung der Unternehmenskernbereiche von sekundären Aktivitäten stellt sich die Frage nach den konkreten Prozessen: Welche Leistungen aus den Bereichen der Unternehmensinfrastruktur, der Personalwirtschaft, der Technologien sowie der Beschaffung sollen verlagert werden bzw. bei den Geschäftseinheiten verbleiben?

Die Auswahl der für ein Shared-Service-Center geeigneten Prozesse entscheidet wesentlich über Erfolg und Misserfolg des Vorhabens. Beispielhafte Kriterien zur Prozessauswahl sind: Prozessspezifika, -volumina und -interdepedenzen, strategische Relevanz, Kundennähe, regionale Beschränkungen sowie das Kosten-Nutzen-Potenzial. Typische für Shared Services prädestinierte Prozesse sind generisch, nicht erfolgskritisch und kaum zur Erzielung von Wettbewerbsvorteilen geeignet. Der oft bestehende Hang zur Individualisierung in den sekundären Aktivitäten wird zugunsten der Kostenvorteile in einem Shared-Service-Center aufgegeben.

Vor allem die Transaktionsprozesse, wie zum Beispiel die Abwicklung der Kreditoren- und Debitorenbuchhaltung und auch die rein transaktionsorientierten Aufgaben im Rahmen der Abschlussprozesse, sind grundsätzlich keine Kernaufgaben und damit gut für Shared Services geeignet. Lokal verbleiben hingegen solche Prozesse und Aufgaben, die eine hohe strategische Relevanz für die lokale Gesellschaft haben, zum Beispiel Planungsprozesse, Kostenmanagement, Finanz- und Investitionsanalyse. Als allgemeine Regel gilt: Prozesse, die in einer Geschäftseinheit einzigartig sind oder für die ein Kunde lokal einen klaren Nutzen erkennen kann, werden nicht gebündelt, sondern bleiben auf die jeweilige Geschäftseinheit verteilt.

Immer mehr Unternehmen ergänzen die Dienstleistungspalette des Shared-Service-Centers um Prozesse, die über die reine Massenverarbeitung hinausgehen. Beispiele dafür sind wissensorientierte Prozesse der Forschung und Entwicklung, der rechtlichen und steuerlichen Dienste, Marketing und Presse, der Vertriebsunterstützung oder der Grundstücksverwaltung. Geht es bei den transaktionsorientierten Prozessen vorrangig um die Realisierung von größenbedingten Kostendegressionen und einer besseren Kapazitätsauslastung, stehen bei den wissensorientierten Prozessen Lerneffekte und Qualitätsverbesserung über eine Know-how-Bündelung im Vordergrund.

Die Definition der Prozesse, für die das Shared-Services-Center verantwortlich sein wird, stellt im Rahmen der Entwicklung von unternehmensweiten Shared Services ein Kernelement dar. Zusammenfassend lässt sich folgende Darstellung potenzieller Prozesse für Shared Services erstellen, strukturiert nach Themengebieten aus der Wertschöpfungskette:

	Unternehmens-infrastruktur	Personal-wirtschaft	Technologie-entwicklung	Beschaffung	Produkt-begleitende Dienstleistungen
Transaktionsorientierte Prozesse	▪ Auftragserfassung ▪ Rechnungsstellung ▪ Debitorenbuchhaltung ▪ Mahnwesen ▪ Cash Management & Treasury ▪ Fremdwährungs-management ▪ Berichtswesen/ Reporting ▪ Anlagenbuchhaltung ▪ Kreditorenbuchhaltung ▪ Hauptbuchhaltung ▪ Finanzberichterstattung ▪ Steuerplanung ▪ Fakturierung	▪ Personalverwaltung ▪ Spesenabrechnung ▪ Lohn- und Gehalts-buchhaltung ▪ Verwaltung sozialer Leistungen ▪ Sonderzahlungen ▪ Renten ▪ Fuhrpark ▪ Reisemanagement ▪ Reisekosten-abrechnung	▪ Help Desk ▪ Rechenzentren ▪ Anwendungs-betreuungszentren ▪ Datennetzwerke ▪ Telefonie ▪ Datendienste ▪ Reinigung ▪ Sicherheitsdienst ▪ Beschwerde-management	▪ Beschaffung ▪ Bestandsführung ▪ Angebotseinholung	
Wissensorientierte Prozesse	▪ Finanzanalysen ▪ Kapitalanlage/ Cash Management ▪ Steuerrechtliche Dienste ▪ Juristische Dienste ▪ Interne Revision ▪ Finanzmitteldisposition ▪ Devisenabsicherung ▪ Versicherungs-management	▪ Relocation Services ▪ Reisebüro ▪ Weiterbildung/Training ▪ Eventorganisation	▪ Forschung und Entwicklung ▪ Gebäudemanagement ▪ Anwendungs-entwicklung	▪ Vertragswesen ▪ Verhandlungs-management	▪ Verkauf ▪ Telemarketing ▪ Televerkauf ▪ Kundenservice ▪ Beschwerde-management ▪ Marketing ▪ Presse ▪ Übersetzungsdienste

Abbildung 2: Zusammenfassung der potenziellen Prozesse für ein Shared-Service-Center

2.6. Erfolgsfaktor 5: Servicevereinbarungen für die Shared-Service-Prozesse

Die Einführung eines Shared-Service-Centers beeinflusst maßgeblich die Ausgestaltung von Konzernführungsfunktion und Organisationsentwicklung. Da die Kompetenz zur Abwicklung standardisierter Aktivitäten und Prozesse im Shared-Service-Center gebündelt wird, muss seine Zusammenarbeit mit den übrigen Abteilungen von Anfang an konfliktfrei gestaltet werden.

Sind die potenziellen Prozesse für ein Shared-Service-Center bestimmt, müssen in einem nächsten Schritt das Leistungsportfolio und der Leistungsumfang je Service vertraglich festgelegt werden. Analog zu marktorientierten Grundsätzen sind Aktivitäten zur nachhaltigen Steuerung der Kunden-Lieferanten-Beziehung, also der Zusammenarbeit zwischen Leistungsempfänger und Shared-Service-Center, erforderlich. Für eine konfliktfreie Gestaltung der Zusammenarbeit zwischen Shared-Service-Center und den Geschäftseinheiten werden in der Praxis so genannte Service Level Agreements vereinbart. Mittels Service Level Agreements definieren Kunden (Geschäftseinheiten) und Dienstleister (Shared-Service-Center) ihre wechselseitigen Rechte und Pflichten, indem sie die Qualität und den Service-Grad (also Art, Umfang, Verfügbarkeit) von Dienstleistungen vereinbaren. Als vertragliche Vereinbarungen umfassen Service Level Agreements unter anderem Merkmale wie verschiedene Kennzahlen (z.B. Verfügbarkeit, Reaktionszeit), Ziele, vorgesehene Abnahmemenge, Messverfahren, Eskalationsprozeduren, Maßnahmen und Sanktionen bei Abweichungen.

Da sich der unmittelbare Nutzen einer internen Dienstleistung oft nur schwer darstellen lässt, setzt Kritik meist auf einer nur mangelhaften Faktenbasis auf. Dem lässt sich begegnen, indem die Leistungen vorab beschrieben und nach Abschluss in dieser Form verrechnet werden. Service Level Agreements bieten dem internen Kunden die Möglichkeit, die Qualität von Ergebnissen nach seinen Ansprüchen zu definieren – und stellen einen bedeutenden Wandel dar: Der Kunde beschreibt nur noch das „Was" einer Leistung, das Shared Service Center hingegen definiert das „Wie" der Leistungserbringung. Mittels Service Level Agreements ist es dem internen Kunden nun möglich, Dienstleistungsprozesse in ein internes Controlling- und Steuerungssystem zu implementieren und dadurch transparenter und somit steuerbar zu machen. Ein deutlicher Nachteil, der bei keiner oder nur unvollständiger Definition von Service Level Agreements entstehen kann: Der Kunde verfügt über keine tragfähige vertragliche Basis, er kann also die für ihn erbrachten Leistungen nicht messen. Sollte er die geleisteten Dienste als ungenügend empfinden, hat er dennoch keine Grundlage, aufgrund derer er gegen den Leistenden vorgehen könnte.

Mit der Vereinbarung von Service Level Agreements zwischen den Geschäftseinheiten und dem Shared-Service-Center werden zusammenfassend folgende Zielsetzungen verfolgt:

- Bessere Positionierung des Shared-Service-Centers im Unternehmen (Image).
- Einleiten eines Kulturwechsels in den internen Dienstleistungs- und Verwaltungsprozessen, d.h. das Shared-Service-Center soll seine Anwender als Kunden verstehen, die Kunden das Shared-Service-Center als serviceorientierten Dienstleiter wahrnehmen.
- Einführung einer Servicekultur.
- Verbesserte Identifikation der Schwerpunkte und Bedürfnisse der einzelnen Geschäftseinheiten.

- Umwandlung der Geschäftseinheiten als Kunden des Shared-Service-Centers zu Empfängern und Mitgestaltern von Services bzw. internen Dienstleistungen.
- Ausrichtung der Leistungserbringung am Markt über Benchmarks.
- Möglichkeit von Integration und Aufbau von Zielvereinbarungssystemen, in denen Service Level Agreements enthalten sind.

Ein Service Level Agreement sollte zwar alle typischen Merkmale abdecken, aber dennoch einfach gehalten werden und nicht dem Anspruch verfallen, alle Eventualitäten berücksichtigen zu müssen. Wichtig ist es umso mehr, kein bürokratisches Instrument mit „allumfassenden“ Service Level Agreements zu schaffen, die dann zu zusätzlichen Transaktionskosten führen.

2.7. Erfolgsfaktor 6: Festlegung der Verrechnungspreise

Die Leistungen eines Shared-Service-Centers sind marktfähige, jedoch eigenverbrauchte Leistungen des Unternehmens, die in dessen Produktionsprozess eingesetzt, möglichst verursachungsgerecht den empfangenden Kostenstellen angelastet und den leistenden Stellen gutgeschrieben werden.

Die dafür angesetzten internen Verrechnungspreise haben vier Hauptfunktionen: Lenkung, Erfolgsermittlung, Motivation und Abrechnung. Die Betriebswirtschaftslehre kennt allerdings keinen einzigen „richtigen“ Verrechnungspreis, sondern gelangt je nach Zielsetzung zu unterschiedlichen Werten. Bei der Ermittlung der Verrechnungspreise werden meist Ansätze der Vollkosten, Teilkosten, Prozesskosten oder Marktpreise angewendet. Die spezifische Verrechnungsbasis unterliegt dabei der Variation einer minimalen Größe in Form der Grenzkosten bis zu den Vollkosten als Maximalansatz. Aus Sicht von Unternehmensleitung und Geschäftseinheiten liegt die zentrale Herausforderung in der Schaffung einer von allen Beteiligten als fair empfundenen, überschaubaren Gestaltung der innerbetrieblichen Leistungsverrechnung. Denn auch das beste Verrechnungsmodell kann die notwendige Vertrauensbasis zwischen den Beteiligten nicht ersetzen.

In den meisten Unternehmen werden die internen Dienstleistungs- und Verwaltungsprozesse überwiegend nach sehr pragmatischen Überlegungen festgelegt und noch nicht verrechnet, sondern als kostenlose Dienstleistungen und damit zumeist über die Gemeinkostenumlage der Unternehmenszentrale finanziert. Die Festlegung von Verrechnungspreisen ist deshalb ein fundamentales Instrument, um das Shared-Service-Center im Unternehmen als eigenes, internes Geschäft zu positionieren. Aus bislang über Schlüssel umgelegten Gemeinkostenfunktionen werden transparente Services – aus Kosten werden Preise.

Die strategische Positionierung einer Geschäftseinheit hat großen Einfluss auf die Gestaltung der innerbetrieblichen Leistungsverrechnung. Mit ihrer Festlegung durch die Konzernleitung werden deshalb bereits die wesentlichen Grundlagen für die interne Verrechnung gelegt. Die für ein Shared-Service-Center gebräuchlichen strategischen Positionierungen sind Cost-Center oder Profit-Center.

Da sich die Strategie für ein Shared-Service-Center mit seinen Entwicklungsphasen ändert, sollte die Verrechnungspreissystematik daran gekoppelt, die verschiedenen Verrechnungspreisansätze also in einem Phasenkonzept kombiniert werden. Stehen anfangs noch der Aufbau des Shared-Service-Centers und Themen wie Standardisierung und Kostenreduktion im Mittelpunkt, ergibt sich in der Aufbauphase daraus die Notwendigkeit einer Cost-Center-Philosophie. Die Steuerung der Leistung erfolgt über Leistungsmengen und Qualität, ihre Verrechnung nach tatsächlicher Inanspruchnahme. Ziel ist es, die variablen und fixen Kosten zu decken; die Steuerung erfolgt über Budgetvorgaben. Hier würden kostenorientierte Verrechnungspreise (Teil- oder Vollkosten) die zentrale Rolle spielen, doch haben diese einen wesentlichen Nachteil: das Fehlen eines direkten Marktdrucks auf das Shared-Service-Center.

Mit steigendem Reifegrad in der Entwicklung agiert das Shared-Service-Center wie ein externer Leistungslieferant. Daher sollte die Verrechnungssystematik verändert werden – schließlich sind Shared Services nun kein Kostenfaktor mehr, sondern liefern einen Wertbeitrag zum Unternehmen. Damit wird es möglich, die Führung des Shared-Service-Centers als Profit-Center aufzusetzen. In dieser Phase gewinnen die Produktkalkulation und die Ergebnisrechnung an Bedeutung. Das Konzept der Zielkostenrechnung eignet sich demzufolge sehr gut, da die Preise in der Regel vom externen Dienstleistungsmarkt bekannt sind. Die Marktpreismethode ist in besonderem Maße geeignet für Dienstleistungen, die standardisierbar, wiederholbar und marktgängig sind – und weist zudem eine hohe Motivationswirkung auf. Die Prozesskostenrechnung unterstützt diese Phase ebenfalls, indem sie die Stückkosten für jede geleistete Einheit im Shared-Services-Center ermitteln kann. Soll das geschaffene Shared-Service-Center von den Geschäftseinheiten des Unternehmens auf Dauer akzeptiert werden, muss es den Wettbewerb mit externen Dienstleistern anstreben.

2.8. Erfolgsfaktor 7: Messung des Erfolgs über eine Balanced Scorecard

Je mehr ein Shared-Service-Center auf Strategie und Bedürfnisse der Geschäftseinheiten eingeht, desto besser kann es diese unterstützen. Doch obwohl Shared Services Vorteile durch Skaleneffekte und Spezialisierung erzeugen sollen, sind sie in der Praxis oft noch bürokratisch, unflexibel und nicht kundenorientiert. Der Aufbau einer Balanced Scorecard für Shared Services richtet deshalb deren Strategie an den Strategien und Bedürfnissen der zu unterstützenden Geschäftseinheiten aus, um so den optimalen Mehrwert für diese zu schaffen. Im Unterschied zu den Kennzahlensystemen, die sich nicht selten recht unkontrolliert im Unternehmen entwickeln, soll eine Scorecard ein effektives und übersichtliches Arbeitsinstrument sein, operative und strategische Entscheidungen unterstützen und über das jeweils aktuelle Maß der Zielerreichung informieren – im tatsächlich benötigten Umfang.

Erfolgreiche Balanced-Scorecard-Unternehmen entwickeln Scorecards zunächst für ihre strategischen Geschäftseinheiten, welche Produkte und Dienstleistungen direkt an externe Kunden liefern. Als zweiter Schritt werden Scorecards für das Shared-Service-Center ausgearbeitet. Für eine integrale Verbindung zwischen den Geschäftseinheiten und dem Shared-Service-Center gelten fünf Komponenten als Grundvoraussetzungen:

1. **Servicevereinbarung:** Ein formales Abkommen zwischen den Geschäftseinheiten und dem Shared-Service-Center legt auf Basis von Service Level Agreements den Umfang der Dienstleistungen fest (Erfolgsfaktor 5).
2. **Verrechnungspreise:** Basierend auf den Servicevereinbarungen werden die Kosten bzw. die Preise der Dienstleistungen bestimmt (Erfolgsfaktor 6).
3. **Balanced Scorecard des Shared-Service-Centers:** Das Shared-Service-Center stellt eine Scorecard auf, die seine Strategie zur Unterstützung der Servicevereinbarungen mit den Geschäftseinheiten widerspiegelt.
4. **Verbindungs-Scorecard:** Das Shared-Service-Center übernimmt die Verantwortung für die Verbesserung ausgewählter Messgrößen der Geschäftseinheiten.
5. **Kundenfeedback:** Das Shared-Service-Center erhält von den Geschäftseinheiten regelmäßig Feedback über seine tatsächliche Performance aus Kundensicht.

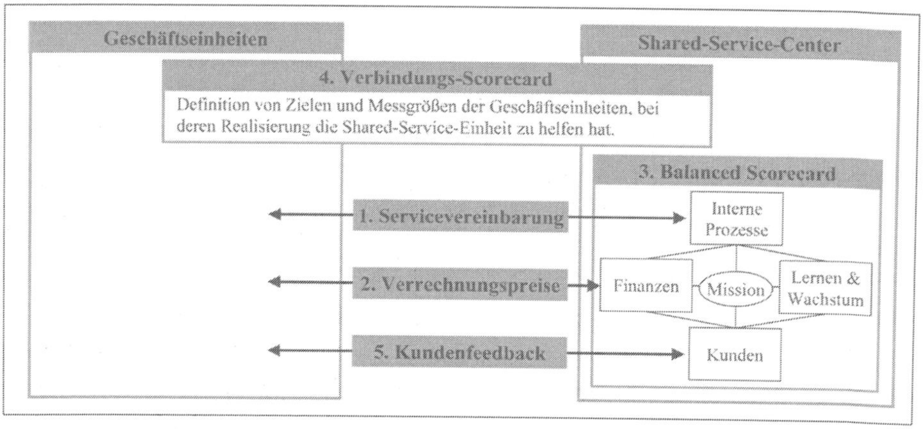

Abbildung 3: Das Einbinden des Shared-Service-Centers in das Gesamtunternehmen

Das Neuartige an einer Scorecard für Shared-Service-Center liegt in der Einbindung einer übergeordneten Komponente: der Verbindungs-Scorecard. Diese kann aus verschiedenen Messgrößen der Geschäftseinheits-Scorecard bestehen und überträgt damit dem Shared-Service-Center die Verantwortung für die Bedürfnisse externer Kunden. Denn nur wenn die Geschäftseinheit erfolgreich ist, kann auch das Shared-Service-Center erfolgreich sein. Solche Messgrößen erweitern den Blickwinkel der Mitarbeiter eines Shared-Service-Centers über die bloße Unterstützung der Geschäftseinheiten hinaus: Sie müssen berücksichtigen, welchen Wertbeitrag sie zu den übergeordneten finanziellen und kundenbezogenen Unternehmensbereichszielen leisten. Dieser externe Fokus unterstützt den Wandel des Shared-Service-Centers vom rein internen Zulieferer hin zum strategischen Partner der Geschäftseinheiten und fördert seine Akzeptanz. Der Vorwurf, ein Shared-Service-Center sei nicht kundenorientiert, oft bürokratisch und unflexibel, kann demgemäß entkräftet werden.

Die eigentliche Ausgestaltung der fünf Komponenten wird so individuell sein wie das abgebildete Unternehmen selbst. Deshalb ist es auch wenig sinnvoll, sich an den Kennzahlen seiner Konkurrenten oder generellen Empfehlungen zu orientieren – schließlich geht es darum, die eigenen Kernkompetenzen und Wettbewerbsvorteile mit Hilfe der Balanced Scorecard strategisch zu steuern.

3. Vorgehensmodell für die nachhaltige Implementierung

Die genannten Erfolgsfaktoren sind zwar eine notwendige Voraussetzung, aber noch keine hinreichende Bedingung für den erfolgreichen Aufbau eines Shared-Service-Centers. Dafür muss auf Seiten des Managements der Wille zur Bündelung gegeben sein – und doch wird häufig eine Vielzahl von Argumenten gegen diese Bündelung angeführt. Denn aus Sicht der Betroffenen ist der inkrementelle Wandel meist die wünschenswertere Form von Veränderung. Mit fundamentalem Wandel gehen im Allgemeinen Unsicherheit, Verwirrung, Angst etc. einher, was dann auch die entsprechenden Widerstände auslöst. Bei der Umsetzung des Shared-Service-Ansatzes werden nun fundamentale und weit reichende technologische und organisatorische Veränderungen angestrebt, die Anforderungen einer solchen Umsetzung allerdings häufig unterschätzt. Die wesentliche Herausforderung für das Management besteht deshalb darin, den „Faktor Mensch“ im Auge zu behalten. Daher wird für die Implementierung eines Shared-Service-Centers ein Vorgehensmodell gewählt, das mit bestehenden Ansätzen aus dem Change Management angereichert wird.

Phase 1 beginnt mit der Initialisierung. In dieser Phase fällt die Konzernführung die Entscheidung für Shared Services und gibt dafür ihre uneingeschränkte Unterstützung. Die Konzipierung und Machbarkeitsprüfung in Phase 2 steckt den Rahmen für das Shared-Service-Projekt ab. Dabei geht es um die Definition der Shared-Service-Center-Strategie und des erforderlichen Dienstleistungsspektrums. Eine aktuelle Kundenzufriedenheitsstudie stellt die Vergleichbarkeit vor und nach Shared Services sicher, damit sich allgemeine Phrasen wie: „Früher war alles besser!“ entkräften lassen. Aufbauend auf Initialisierung und Konzipierung wird in Phase 3 das eigentliche Geschäftsmodell für das Shared-Service-Center definiert. In dieser Designphase, an deren Ende ein implementierungsfähiges Detailkonzept steht, entscheiden sich die wesentlichen Leistungsmerkmale des Shared-Service-Centers. Die eigentliche Umsetzung beginnt in Phase 4. Für die Implementierung eines Shared-Service-Centers bestehen grundsätzlich verschiedene Möglichkeiten, wobei in den meisten Fällen ein Wellenmodell mit einer Implementierung in Teilschritten bevorzugt wird. Die Verstetigung in Phase 5 schließlich sorgt für Stabilisierung und laufende Weiterentwicklung.

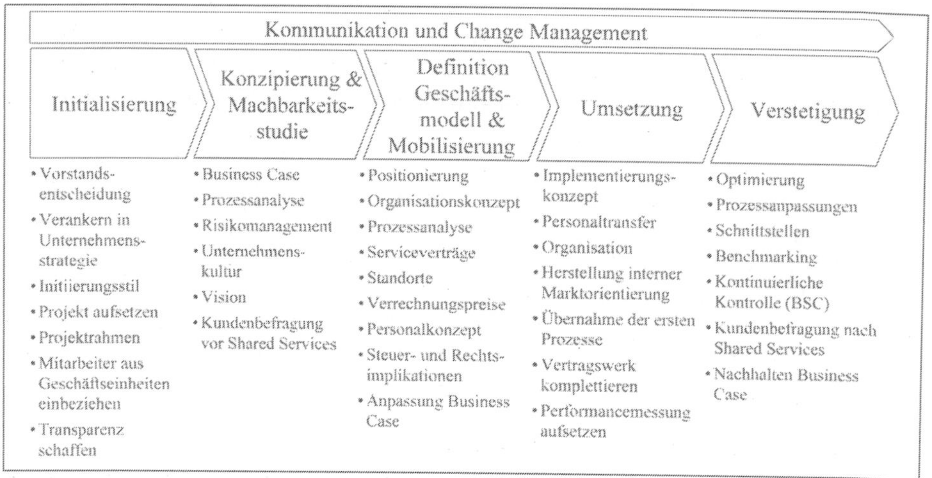

Abbildung 4: Vorgehensmodell in fünf Phasen für die Implementierung von Shared Services

Für die nachhaltige Implementierung eines Shared-Service-Modells ist es unabdingbar, sämtliche Phasen mit Kommunikations- und Change-Management-Maßnahmen zu begleiten und innerhalb des Vorgehensmodells auf einen möglichst hohen Beteiligungsgrad aller wesentlichen Stakeholder zu achten (vgl. dazu den Beitrag „Professionalität im Change Management …“ in diesem Band). Das bedeutet, dass alle Interessengruppen berücksichtigt werden müssen – von der Konzernführung über die Leitung der Geschäftseinheiten bis hin zu den Fachexperten. Mit nur einem Instrument kann diese Aufgabe allerdings unmöglich realisiert werden. Deshalb sind Nutzergremien für die strategische, taktische und operative Ebene notwendig, die aufeinander aufbauen und sich bezüglich der jeweiligen Entscheidungsbefugnis klar voneinander abgrenzen. Das oberste Entscheidungsgremium auf strategischer Ebene ist Auftraggeber und höchste Kontrollinstanz für die Implementierung des Shared-Service-Modells und umfasst Vertreter der Konzernführung und die Leiter der Geschäftseinheiten. Auf der taktischen Ebene sollte ein Kontrollorgan zur Beurteilung neuer Ideen, veränderter Servicedefinitionen und Budgetfreigaben eingerichtet werden. Und schließlich kontrolliert ein Qualitätsmanagement-Board auf operativer Ebene die Servicequalität und die Kosten. Seine zentrale Aufgabe ist es, die Einhaltung der Service Level Agreements und der darin definierten Kennzahlen zu überwachen.

4. Die logische Weiterentwicklung von Shared Services

Bislang bleibt vorhandenes Verbesserungspotenzial bei den internen Dienstleistungs- und Verwaltungsprozessen durch Einsatz des Shared-Service-Modells noch weitgehend ungenutzt. Doch wenn interne Dienstleistungs- und Verwaltungsprozesse in ein Shared-Service-Center überführt werden, rücken Faktoren wie Kundenorientierung, Standardisierung und unternehmerische Verantwortung in den Vordergrund. Ein Effizienz fördernder Wettbewerbsdruck entsteht, sobald sich interne Verrechnungspreise an externen Marktpreisen orientieren, die erbrachten Leistungen wie standardisierte Produkte behandelt und eine Kunden- und Serviceorientierung verankert werden. Künftig werden Kosteneinsparungen durch steigende Leistungseffizienz vor dem Hintergrund höherer Kundenorientierung zum entscheidenden Erfolgsfaktor eines Unternehmens. Daher wird der Trend zur Bildung solcher Organisationsformen anhalten.

Das Shared-Service-Modell wird sich stetig weiterentwickeln. Schon heute kristallisieren sich im Wesentlichen drei Zukunftstrends heraus, die deutlich belegen: Der Aufbau eines Shared-Service-Centers ist nicht das Ziel, sondern erst der Anfang einer Reise!

Trend 1: Shared Services als Vorstufe

Mit der Implementierung eines Shared-Service-Modells werden die internen Dienstleistungs- und Verwaltungsprozesse innerhalb eines Unternehmens oder Unternehmensverbundes standardisiert und gebündelt. Im Zuge dessen wird eine hohe Transparenz über die Qualität der erbrachten Dienstleistungen erlangt und die erstellten Benchmarks bieten eine solide Basis für belastbare Aussagen über die Kosten der internen Leistungserbringung. Damit können Shared Services als Vorstufe zur eventuellen Auslagerung von bestimmten internen Leistungen eingesetzt werden. Denn bei erreichter Transparenz und einer unternehmensweit umgesetzten Konsolidierung lassen sich diese Leistungen bei Nicht-Marktkonformität relativ einfach an einen externen Dienstleister auslagern. Anhand der Servicebeschreibungen und definierten Service Level Agreements können mit wenig Aufwand externe Ausschreibungen erstellt und die internen Verrechnungspreise mit externen Angeboten verglichen werden.

Soll das interne Know-how jedoch nicht vollständig nach außen gegeben werden, kann das Shared-Service-Center auch in ein Joint Venture mit einem externen Partner eingebracht werden, um interne und externe Vorteile zu kombinieren.

Trend 2: Das Shared-Service-Center wird marktaktiv

Ein Shared-Service-Center kann verschiedene Entwicklungsstufen durchlaufen – von der rein internen Ausrichtung bis hin zur Positionierung auf dem externen Markt. Die erste externe Stufe ist, dass das Shared-Service-Center marktaktiv wird und seine Leistungen auch Dritten anbietet. Die Möglichkeit, Dienstleistungen auch externen Kunden anzubieten, die ihre internen Dienstleistungs- und Verwaltungsprozesse outsourcen, zeigt die Flexibilität und das Potenzial der Shared-Service-Organisationsform. Externe Umsätze können Deckungsbeiträge liefern und so ihrerseits die interne Kostenposition verbessern.

In der nächsten Stufe kann das Shared-Service-Center sogar zu einem eigenen strategischen Geschäftsfeld des Unternehmens werden. Es agiert wie ein externer Lieferant der erbrachten Leistungen und kann sich am Markt bewegen –

genauso wie die operativen Geschäftseinheiten. Das Shared-Service-Center ist also kein Kostenfaktor mehr, sondern liefert einen eigenen Wertbeitrag zum Unternehmen. Damit erreicht es die höchste Stufe der Professionalität und wird zum Dienstleistungsunternehmen. Führende Marktforschungsunternehmen sehen auf der einen Seite in der Bereitstellung von internen Dienstleistungen ein großes und ständig wachsendes Potenzial – auf der anderen Seite zeigen die Erfahrungen aus den vergangenen Jahren aber auch, dass der letzte Schritt zum externen Anbieter nur sehr geringe Erfolgsaussichten hat.

Trend 3: Die Shared-Service-Organisation wird virtuell

Ein weiter Trend besteht darin, dass für Shared Services keine dedizierte Organisation mehr aufgebaut wird, also eine Geschäftseinheit bestimmte Services für die jeweils anderen Geschäftseinheiten erbringt. Konkret heißt das, dass sich beispielsweise eine Geschäftseinheit nur auf Services aus dem Bereich Finanzen konzentriert und diese den anderen Geschäftseinheiten anbietet; eine andere Geschäftseinheit wiederum liefert spezialisierte Personaldienstleistungen für alle anderen Unternehmenseinheiten. Die Auswahl der jeweils angebotenen Prozesse hängt davon ab, welche Geschäftseinheit in diesem Bereich die Best-Practice-Lösung bezüglich Kostenstruktur und Qualität vorzuweisen hat. Im Zuge der Einführung eines verteilten Organisationsmodells entwickelt sich ein traditionelles Shared-Service-Center zu einer „virtuellen" Organisation. Dieses Modell ist auch bekannt unter dem Begriff „Lead-Center". Gerade bei diesem Ansatz ist darauf zu achten, dass dennoch ein vollwertiges Geschäftsmodell entlang der sieben Erfolgsfaktoren definiert wird. Die Virtualität darf nicht dazu führen, dass beispielsweise die Prozessauswahl, die Verrechnungspreise oder die Implementierungsstrategie nicht eindeutig festgelegt sind, da sonst die Effizienzvorteile beim Aufbau im laufenden Betrieb wieder aufgezehrt werden.

Die Relevanz von Shared Services wird von internationalen Unternehmen zunehmend wahrgenommen. Die Tatsache, dass sich eine Reihe überregionaler und globaler Unternehmen für die Shared-Service-Center-Struktur entschieden hat, zeigt die Flexibilität und vielseitige Anwendbarkeit dieser Organisationsform. Damit dokumentieren bereits heute zahlreiche bestehende Shared-Service-Center die Bedeutung dieses Lösungsansatzes. In Anbetracht der globalen Herausforderungen an internationale Unternehmen lässt sich festhalten: Shared Services stellen eine bedeutsame Organisationsform der Zukunft dar. Um sich Wettbewerbsvorteile zu sichern, ist es notwendig, sich bereits heute auf diese Zukunft vorzubereiten. Shared Services sind ein Modell, mit dem die Unternehmen die Industrialisierung der internen Dienstleistungs- und Verwaltungsprozesse vorantreiben und das Unternehmen auf die neuen Marktanforderungen ausrichten können.

5. Lern- und Kontrollfragen

- Hintergrund für Shared-Service-Überlegungen: Was sollte durch diesen Ansatz in Unternehmen vermieden werden?
- Warum verbreitet sich das Shared-Service-Denken zunehmend in Konzernen? Was sind die Treiber für die Shared-Service-Anstrengungen und welche Intentionen stecken hinter diesen Treibern?
- Welche Chancen und Risiken sind mit der Einführung von Shared Services in Organisationen verbunden?
- Wie lassen sich beim Aufbau von Shared-Service-Centern die Chancen verstärken und die Risiken minimieren? Welche zentralen Erfolgsfaktoren sind hier bestimmend?
- Was ist mit „richtigem Initiierungsstil" bei der Einführung von Shared Services gemeint?
- Welche Leistungen eigenen sich in besonderer Weise für Shared Services?
- Welche Schritte sind zur Einführung von Shared Services in Unternehmen zentral?
- Welche Funktion haben Service Level Agreements bei Shared Services und welche Ziele werden damit verfolgt?
- Welche Ansätze zur Ermittlung von Verrechnungspreisen können angewandt werden und welche Funktion nehmen Verrechnungspreise im Shared-Service-Ansatz ein?
- Welche Brisanz steckt im Themenkomplex Verrechnungspreise und wie wird mit diesen Herausforderungen umgegangen?
- Wie sollte idealerweise die Performancemessung von Shared-Service-Einheiten erfolgen?
- Welche Trends zur Weiterentwicklung des Shared-Service-Ansatzes zeichnen sich heute ab?

6. Literaturverzeichnis

Verwendete Literatur:

- Bernhard, M.G./Mann, H./Lewandowski, W./Schrey, J. (2003): Praxishandbuch Service-Level-Managment, Düsseldorf.
- Drucker, P.F. (1969): Sell the Mailroom, The Wall Street Journal, 22. Juli 1969, Seite A16.
- Fink, D./Köhler, T./Scholtissek, St. (2004): Die dritte Revolution der Wertschöpfung, mit Co-Kompetenzen zum Unternehmenserfolg, München.
- Kaplan, R./Norton D. (2001): Die strategiefokussierte Organisation, Stuttgart.
- Müller-Stewens, G./Lechner, Ch. (2003): Strategisches Management. Wie strategische Initiativen zum Wandel führen, 2., überarbeitete und erweiterte Auflage, Stuttgart.

- Quinn, B./Cooke, R./Kris, A. (2000): Shared Services. Mining for Corporate Gold; Prentice Hall.
- Scholz, K. (1999): Konzernverrechnungspreise für Dienstleistungen, Wien
- Schüssler, T. (1999): Shared-Service-Center – Organisationsform der Zukunft?, in: IS Report 12/99, 3. Jahrgang.
- Schuurmans, L./Stoller, Chr. (1998): Der Shared-Service-Center Trend, in: io management Nr. 6/1998, S. 37–41.
- Wisskirchen, F./Kleinertz, M. (2000): Shared-Service-Center als Alternative zu Outsourcing, in: Köhler-Frost, W. (Hrsg.): Outsourcing. Eine strategische Allianz.

Weiterführende Literatur:

- Campenhausen, C./Rudolf, A. (2001): Shared Services – profitabel für vernetzte Unternehmen, in: Harvard Business Manager 1/2002, S. 82–93.
- Dietrich, Y. (2005): Geteilte Kosten – doppelte Kosten, erschienen im Harvard Business Manager Juli 2005, S. 8–11.
- Kagelmann, U. (2001): Shared Services als alternative Organisationsform am Beispiel der Finanzfunktion im multinationalen Konzern, 1. Auflage, Wiesbaden.
- Schulman, D., et al. (1999): Shared Services: Adding value to the business, New York.
- The Economist Intelligence Unit (Hrsg.) (1998): Shared Services: A new business architecture for Europe.

Nachhaltige Unternehmensentwicklung als Oberziel eines Integrierten Managements – Das Management der Lebenszykluskurve – Theorie und Beispiele aus der Praxis

Christian Abegglen

In diesem Beitrag erfahren Sie

- unterschiedliche Spielarten der Unternehmensentwicklung
- Kernaussagen des St. Galler Konzepts Integriertes Management
- Merkmale typischer Lebenszyklus-Phasenverläufe in einer Unternehmung
- Überlegungen und Erfolgsvoraussetzungen zur Einführung eines Lebenszyklusmanagement-Konzeptes in einer Großunternehmung

1. Integriertes Management und Unternehmensentwicklung

Seit einigen Jahren durchlaufen Unternehmen eine der größten Transformationsphasen der letzten Jahrhunderte, die geprägt ist von Turbulenzen und diskontinuierlichen Entwicklungen besonderer Heftigkeit. Hierzu haben die von Naisbitt schon früh vorhergesagte Globalisierung der Märkte und der diese Entwicklung flankierende und weltweite Vernetzungen überhaupt erst ermöglichende Informationstechnologieschub wesentlich beigetragen.

Birgt schon die in der Regel phasenartig, mit dem Lebenszyklus biologischer Systeme vergleichbar verlaufende Entwicklung von Unternehmen immer das Risiko eines jederzeitigen Scheiterns und besonders häufig im Übergang zu einer neuen Entwicklungsstufe, so hat sich das Kollapspotenzial für Unternehmen durch diesen oben angesprochenen Übergang in Richtung einer internationalen Wissensgemeinschaft zusätzlich um ein Mehrfaches gesteigert, denn die aufgrund der Anpassungsnotwendigkeit vorgenommenen Kurskorrekturen beschleunigen den in Gang gesetzten Wandel mit dem Resultat unbekannter Störungen bzw. neuer Rahmenbedingungen in der Regel noch weiter.

Die sich daraus ergebende Geschwindigkeit der Veränderungen in Verbindung mit der hohen Vernetzung des Wirtschaftsgeschehens ist es somit, die an gewohnten Denk- und Verhaltensweisen des Managements rüttelt und das Navigieren eines Unternehmens auf einem kontinuierlichen, Prosperität verheißenden Entwicklungspfad schwierig macht.

Angesprochen ist damit die Frage der langfristigen Entwicklung von Unternehmen im Zeitablauf und den Beeinflussungsmöglichkeiten durch Management in einem hochdynamischen Umfeld, in welchem ständig größer werdende Veränderungen in immer kürzeren Zeiten zu bewältigen sind.

In Wissenschaft und Praxis gibt es viele Deutungsversuche und Definitionen für Management. Sucht man jedoch jenseits von kurzfristigen Modeerscheinungen nach dem eigentlichen Kern, so ist darunter nichts anderes als die erfolgreiche Bewältigung dieser oben angesprochenen Aufgabe der Unternehmensentwicklung zu verstehen, d.h. Unternehmungen im Zeitablauf so zu qualifizieren, dass durch eine Veränderung und eine adäquate Inanspruchnahme von Nutzenpotenzialen ein im Vergleich zu anderen Wettbewerbern höherer Nutzen für alle Bezugsgruppen gestiftet wird und dadurch quasi eine Legitimation des Unternehmens im evolutorischen Sinne begründet wird.

Was sich in der Theorie einfach formulieren lässt, stellt sich in der Praxis als umso schwieriger dar und verlangt nach Konzepten zur Sicherung der langfristigen Lebensfähigkeit von Unternehmen und einem Management der Lebenszykluskurve.

In der wissenschaftlichen Literatur ist seit den 80er Jahren glücklicherweise hinreichend abgesichertes Wissen vorhanden, wie sich die Mitglieder der Unternehmenslandschaft ihre (Über-)Lebensfähigkeit in einem dynamischen Umfeld in andersartigen äußeren Bedingungen durch eine Änderung ihrer inneren Konstitution langfristig erhalten können. Zahlreiche theoretische Aufsätze schildern zudem anschaulich die typischen Phasen im Lebenszyklus eines Unternehmens – angefangen von der sog. Pionier- und Wachstums- bis hin zur Reife- und anschließenden Revitalisierungsphase. Vielerorts finden sich Aufschluss über Dos und Don'ts in den jeweiligen Lebensphasen wie sogar bemerkenswerte, eher philosophisch geprägte Überlegungen zum Versuch einer generellen Überwindung des Unternehmens-Lebenszyklus.

Es zeigt sich jedoch auch, dass dieses Wissen offenbar bislang nur bedingt in der Praxis umgesetzt wurde. Offensichtlich öffnet sich eine immer deutlichere Lücke zwischen den Ansprüchen an das Management und den menschlichen Möglichkeiten zur Erfüllung eben dieser Managementaufgabe: War diese lange Zeit bei geringerer Dynamik des Geschehens noch tolerierbar, da sie mit den herkömmlichen Führungsmethoden einigermaßen geschlossen werden konnte, so indiziert die Entwicklung des Unternehmensgeschehens besonders der letzten zehn Jahre, dass es der Unternehmensführung zahlreicher Unternehmen mitnichten mehr gelingt, Entscheidungen bezüglich miteinander interagierender Einflussfaktoren, deren Vernetzung niemand verlässlich vorherzusagen weiß, für eine unbekannte Zukunft in der Gegenwart vorzunehmen und sich in einem zugegebenermaßen schmalen Handlungskorridor einer langfristigen Unternehmensentwicklung zu bewegen.

Ein kurzer Blick zurück beweist: Die vorherrschende Hochstimmung zu Zeiten der New Economy verführte viele Unternehmen zu wenig reflektierten, übersteigerten Wachstumsstrategien, welche mit dem Platzen dieser Internet-Blase genauso rasch wieder zu Rückzugs- und Redimensionierungsstrategien führten, indem nun die Management Fads des Aufschwungs durch Wunder versprechende Pillen des Krisenmanagements abgelöst wurden. Unter den daraus folgenden überstürzten Kostenmanagement-Aktivitäten leiden heute noch zahlreiche Unternehmen. Enorme materielle und immaterielle Unternehmenswerte wurden unnötigerweise vernichtet, von negativen Effekten im Sozialen ganz zu schweigen.

Es zeigt sich anhand dieses kurzen Vergangenheitsrückblicks deutlich: Je stärker das scheinbar Sichere schwankt, desto eher wird das Falsche getan. Je komplexer die Situation, desto größer der vermeintliche Zeitdruck, desto rascher wird auf kurzfristige, bloße Symptome bekämpfende isolierte Rezepte gesetzt. Insbesondere die letzten Jahre zeigen einen eklatanten Rückschritt im Verständnis dessen, was unseren Umgang mit nachhaltiger Unternehmensentwicklung anbelangen sollte.

Es scheinen – wie auch von vielen Systemtheoretikern schon oft konstatiert – tatsächlich immer wieder dieselben Fehler im Umgang mit Zukunfts-Bewältigung begangen zu werden. Eine Negation einer integrierten vorwärtsorientierten Betrachtungsnotwendigkeit ist gerade bei größeren Organisationen der Wirtschaft offenbar, fehlende Nachhaltigkeit, mangelhafte Zielerkennung, Nichterkennen von Nebenwirkungen, Unterschätzen des Faktors Zeit, Negation humansozialer und verhaltensspezifischer Aspekte überwiegen (Dörner). Offensichtlich verfügen die wenigsten Unternehmen über Systeme und Instrumente, wie Unternehmen aus dem Heute über die bekannten Phasen eines Werdens, Wachstums und der Reife zu führen sind. Noch schlimmer: Viele geben sich nicht einmal den Anschein, sich für den sog. „Code“ eines gleichsam ewigen Lebenszyklus zu interessieren.

Hinter diesen Fehlentwicklungen steckt unseres Erachtens aber nicht nur Unvermögen im Sinne, dass durch das beschränkte Perzeptionsvermögen des Managements aufgrund der zahllosen interdependenten Verflechtungen bei gleichzeitiger hoher Dynamik zahlreiche Fehlentscheide getroffen werden. Auch kann nicht nur persönlicher Egoismus im Sinne eines Auseinanderklaffens des Lebenszyklus der die Unternehmen steuernden Individuen mit dem Unternehmenslebenszyklus der Grund sein. Vielmehr wird auch virulent, dass die scientific community es offenbar vielfach entweder nicht mag oder nicht vermag, theoretisch wertvolle abstrakte Beiträge verständlich zu erklären, zu kommunizieren und zu konkretisieren, so dass es auch getan wird. Bekanntlich gilt – frei nach Konrad Lorenz –, dass Gedachtes noch lange nicht geschrieben, Geschriebenes nicht verstanden ist und Verstandenes noch lange nicht meint, etwas sei getan oder gar gelungen. Ausgeprägte verbale Fähigkeiten vieler Wissenschafter vermögen vielleicht Außenstehende zu beeindrucken, nützen dem Praktiker, welcher mit einer sehr heterogenen Mannschaft anspruchsvolle Ziele zu erreichen hat, aber nur bedingt. Demzufolge sollte es auch legitim sein, Abstraktes gelegentlich zulasten eines Allgemeingültigkeitsparadigmas in konkrete einzelfallorientierte Lösungsvorschläge zu überführen. Ansonsten überlässt man das Feld zu sehr sog. selbsternannten „Gurus“, welche als scheinbare Taktgeber der Managementlehre meist eher nur eindimensionale und banale Scheinlösungen werbewirksam zu verkaufen wissen, was von der Wissenschaft anschließend wieder beklagt wird.

Es ist vornehmlich das Verdienst einiger Wissenschafter der Universität St. Gallen, welche diese Problematik schon sehr früh erkannten und die Herausforderung annahmen, geeignete Lösungsansätze zur Bewältigung komplexer Aufgabenstellungen in einem auch dynamischen Umfeld zu entwickeln und diese vor allem anschließend adäquat zu vermitteln und so aufzubereiten, dass sie in der Praxis nicht nur verstanden, sondern auch umgesetzt werden können. In diesem Zusammenhang sind auch weiterführende Konzepte zur Unternehmensentwicklung geschaffen worden. Das Handeln zahlreicher heute tätiger Manager ist von diesen ganzheitlichen St. Galler Denkweisen und Handlungsempfehlungen nachhaltig beeinflusst.

Ungeachtet dieser besonders im deutschen Sprachraum zwar vorherrschenden hohen Bekanntheit und realitätsnahen Ausrichtung ist die Einstiegsbereitschaft, sich mit diesen St. Galler Ansätzen vertieft auseinanderzusetzen, speziell im anglo-amerikanischen Raum mit dem dort zu beobachtenden eher mechanistisch-quantitiativ orientierten Management-Denken, doch eher immer noch gering und die Unternehmensberatungspraxis zeigt, dass die Anforderungen hinsichtlich eines erfolgreichen Umgangs mit dem St. Galler Denkansatz offensichtlich eine relativ hohe Eintrittsbarriere darstellen.

Denn bewusst vermitteln die St. Galler Ansätze keine Quick-Fixes bzw. einfachen Patentlösungen. Vielmehr eröffnen sie einen Gestaltungsrahmen, ein „Leerstellengerüst für Sinnvolles" (Ulrich), mit dem Führungspersönlichkeiten dank besserer Kenntnis der Gesamtzusammenhänge Probleme selbst identifizieren und mögliche Lösungen finden können. Dies bedeutet im Einzelnen, dass die jeweiligen Dimensionen des Modells inhaltlich im Bezug auf eine anzustrebende Zukunft unter Berücksichtigung der aktuellen Ausgangslage zu integrieren sind, was ein prozessorientiertes, iteratives Vorgehen erfordert. Dadurch ergeben sich in der Anfangsphase mehr Fragen als Antworten, deutliche Lösungen werden erst nach mehreren „Denkschlaufen" evolutiv generiert. Dieses dadurch ausgelöste „Tappen im Nebel", der sich erst im weiteren Verlauf allmählich auflöst, verbunden mit einem vermeintlich fehlenden roten Faden am Anfang, erzeugt bei vielen Unsicherheit und führt häufig dazu, dass das Top-Management im Zweifel dann doch Lösungen in Richtung scheinbar sofort wirksamere „Quick-Fixes" bevorzugt. Dass einer integrierten St. Galler Vorgehensweise folgend sich der bei Beginn ergebende hohe Zeitaufwand spätestens in der nachfolgenden Implementierung ins Gegenteil verkehrt, kann von Skeptikern natürlich nicht mehr erkannt werden.

In den nachstehenden Ausführungen geht es uns nun in erster Linie vor allem darum, die zentralen Themen eines Einsatzes von einem Lebenszyklus-Modell in den Gesamt-Zusammenhängen aufzuzeigen und vor allem auch deutlich zu machen, dass mittels Verwendung des ganzheitlichen St. Galler Gedankengutes ein solches Modell sehr nachhaltig und rekursiv mit einfachen Instrumenten auf alle Einheiten eines Unternehmens übertragen werden kann, was zwar mit einem anfänglich hohen zeitlich Aufwand und Commitment des Managements verbunden ist; eine Anstrengung allerdings, die sich dafür in der Umsetzung und im langfristigen „Betrieb" eines Lebenszyklus-Managements ins Gegenteil verkehrt bzw. deutlich macht, dass das Modell in einer Organisation zum Selbstläufer werden kann und die Organisation dadurch einen großen Mehrwert erfährt, da nicht ständig von neuem Strategien zu entwickeln sind, dadurch Wandelart zum Tagesgeschäft wird.

Daraus resultieren Antworten und Kernaussagen zu:

- Wie packen Unternehmen Fragen ihrer Zukunftsbewältigung üblicherweise an?
- Welche Unternehmensentwicklungs-Konzepte haben sich bewährt?
- Wie sieht der typische Lebensverlauf eines Unternehmens über die Zeitachse aus?
- Wie gestaltet sich die Architektur bzw. der Prozess eines Lebenszykluskonzeptes und damit das Management der Lebenszykluskurve?

Bei der Darlegung des integrierten, ganzheitlichen St. Galler Gedankengutes fokussieren wir uns dabei auf das sog. St. Galler Management-Konzept von Knut Bleicher und das darauf basierende Unternehmensentwicklungsmodell. Bleichers Werk hat das ursprüngliche „St. Galler Management-Modell" von Hans Ulrich um wesentliche Determinanten ergänzt und bereichert und es gilt ungeachtet zahlreicher Weiterentwicklungen in Richtung eines neuen St. Galler Managementmodells doch nach wie vor als die *zentrale Säule* des St. Galler Managementverständnisses.

Im St. Galler Management-Konzept wird zwischen normativen, strategischen und operativen Dimensionen unterschieden, die im Hinblick auf notwendige Aktivitäten, Strukturen und Verhalten in Einklang zu bringen sind, um eine langfristige Lebensfähigkeit durch Erhaltung von Nutzenpotenzialen zu sichern. Die sich aus dem formalen Bezugsrahmen ergebenden neun Bezugsfelder durchdringen sich gegenseitig, woraus ein Prozess der Unternehmensentwicklung insofern abgeleitet werden kann, als dass sämtliche dieser Elemente im Zeitablauf immer wieder neu auszurichten (Ist-Position) und anzupassen sind (Soll-Position) bzw. eine immer wieder neue Integration abhängig vom jeweiligen Entwicklungsstand zu erfolgen hat. Von Bedeutung ist darüber hinaus, dass Bleicher die jeweiligen Extrempole der einzelnen Themen im Sinne von durch das Management zu lösenden Spannungsfeldern entweder in Richtung eher stabilisierend oder eher verändernd aufzeigt.

Deren Analyse und anschließende bewusste Gestaltung bieten dem Management die Möglichkeit, präzise Aussagen zum Entwicklungsstand und zur zukünftigen Ausrichtung eines Unternehmens zu machen.

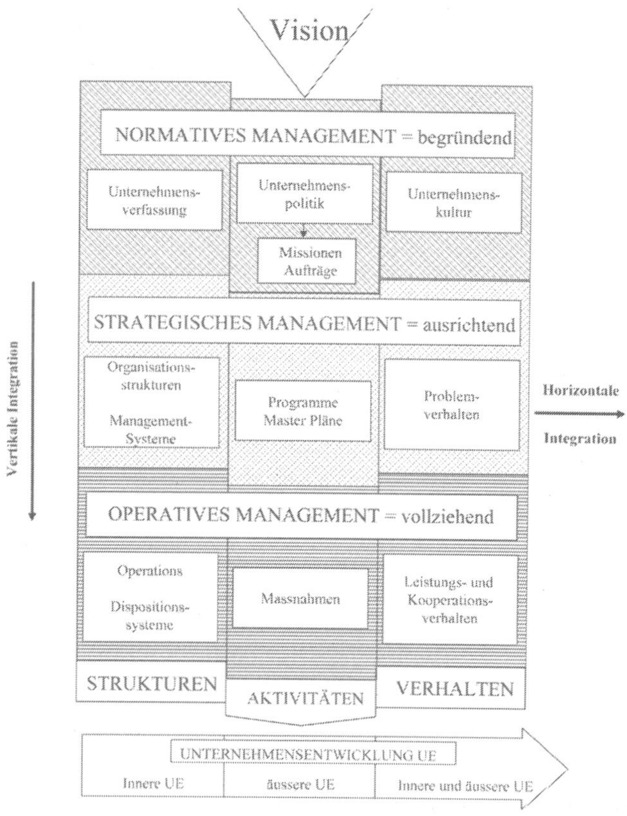

Abbildung 1: Das St. Galler Konzept Integriertes Management von Knut Bleicher

2. Wie packen Unternehmen Fragen ihrer Zukunftsbewältigung üblicherweise an?

Unternehmensentwicklung will die Frage nach der Zukunft eines Unternehmens und seiner Schritte dahin beantworten. Untrennbar verbunden ist damit sofort auch die Frage, welche Wege Organisationen gehen und einschlagen, um sich mit dieser Frage überhaupt auseinandersetzen zu können. Aus der Strategiepraxis haben Nagel und Wimmer dabei vier typische, aber meist unausgesprochene Spielarten und Muster herauskristallisiert, wie Weichenstellungen für eine ungewisse Zukunft vorgenommen werden. So lassen sich zum einen implizite und explizite Formen unterscheiden, zum andern ist es von Bedeutung, durch wen und wo nach nachhaltigen Lösungen gesucht wird.

Entweder ist es ein Unternehmer als oberstes Organ selbst oder ein außenstehender Experte, die sich quasi außerhalb der Organisation sehen und entweder mittels durch Erfahrung abgesicherten Wissens zu Zukunftsentscheidungen kommen (implizit) oder die Handlungsempfehlungen mittels eines bewusst gesteuerten externen Entscheidungsprozesses einfordern (explizit). Zum andern kann Auseinandersetzung mit Zukunft und eine daraus resultierende Neuorientierung als rein zufälliges, sich selbst ergebendes Resultat vieler kleiner Entscheidungen, die an unterschiedlichsten Stellen einer Unternehmung getroffen werden und sich in der Summe zu radikalen Änderungen verdichten, oder eines aktiv gestalteten Unternehmensentwicklungsprozesses aller Beteiligten innerhalb der Organisation angesehen werden.

Die nachstehende Abbildung verdeutlicht diese vier Grundmuster, die jeweils spezifische Vor- und Nachteile aufweisen und in der Regel über lange Zeit in einer Unternehmung dominant ausgeprägt sind.

Spielarten der Unternehmensentwicklung

Wo und durch wen findet Unternehmens-Entwicklung statt?	*implizit*	*explizit*
außerhalb der Organisation als Vorgabe für den Managementprozess	intuitives Verhalten	expertenorientierte Ansätze
als Leistung innerhalb des Systems, insbesondere innerhalb des Management-prozesses	evolutionäre Strategien	systemischer Ansatz: periodische Reflexion als gemeinschaftliche Führungsleistung

Abbildung 2: Spielarten der Unternehmensentwicklung

(1) Intuitive Art der Unternehmensentwicklung

Die intuitive Art der Unternehmensentwicklung lässt Außenstehende angesichts hoher Treffsicherheit von weitreichenden Entscheidungen immer wieder staunen: Nicht selten spricht man in Fällen wiederkehrenden Erfolgs vom „Unternehmer mit der goldenen Hand" (diejenigen, die scheitern, werden selten sichtbar und zitiert) und betont das diesbezügliche Charisma, das bei Mitarbeitenden zu einem uneingeschränkten Akzeptieren seiner Visionen führt. Intuitives Handeln ist meist aber nichts anderes als das Resultat langjähriger Erfahrung in angestammten Geschäftszweigen, gepaart mit einem ganzheitlich ausgelegten unternehmerischen Sinn. Alleinentscheider und Alleinrisikonehmer finden sich zwar vornehmlich in Pionierunternehmen, aber auch in Unternehmen mit weit fortgeschrittener Reife.

Bei vielen intuitiven Unternehmern wird ein mangelhafter Aufbau von wirklich entscheidungskompetenten Gremien konstatiert, die Verantwortungsbereitschaft der Mitarbeitenden verkümmert, mittleres Management wird zum bloßen Boten an die Mitarbeitenden degradiert mit Konsequenz fehlender Streitkultur. Je länger die Erfolgsgeschichte dauert, desto deutlicher wird in Verbindung mit diesen Problemen ein häufiges Negieren von „schwachen" Warnsignalen, welches bis hin zur willkürlichen Manipulation der Bemessungsgrundlage bei ausbleibenden Erfolgen führen kann. Dies dauert häufig so lange, bis ein Unternehmen handlungsunfähig wird.

Diesen Gefahren entgegenzuwirken, erfordert aus unserer Sicht ein Höchstmaß an persönlicher Selbst-Reflexionsfähigkeit; der echte intuitive Entscheider, der es auch geschafft hat, ein Unternehmen aufzubauen, welches längst die Gründerzeit hinter sich gelassen hat, ist sich – ohne dies unbedingt zu kommunizieren – im Übrigen dieser oben dargelegten Problemlagen meist bewusst und wird diesbezügliche problembehebende Aktivitäten entfalten. Damit verliert die intuitive Form der Unternehmensentwicklung aber gleichzeitig ihren Charakter eines durchwegs implizit aufzufassenden Entscheidungsfindungsprozesses.

(2) Expertenorientierte Unternehmensentwicklung

Bei dieser Spielart entledigt sich das meist angestellte Top-Management der eigentlichen unternehmerischen Verantwortung, indem die Unsicherheit bezüglich Zukunftsentscheidungen „nach außen" – externe Berater oder interne Stäbe – verlagert wird. Eine derartige expertenlastige Form der Unternehmensentwicklung fußt auf der Tradition der „rational choice", die besagt, dass es für jeden Tatbestand ein Set an Optionen gibt, welches nach rationalen Kriterien bewertet werden kann. Im Falle eines Scheiterns ist das Management entlastet, zumindest, wenn die „Besten der Branche" eingekauft wurden. Allerdings negiert das Top-Management durch ein solches Verhalten seine eigentliche Kernaufgabe, nämlich das Unternehmen langfristig erfolgreich zu positionieren. Brillante Analysen und innovative Ideen sind zudem nur eine Seite der Medaille, die andere Seite ist eine notwendige Verzahnung von gewonnenen Erkenntnissen und Zielen mit den mittleren und unteren Ebenen, was eine eigentliche Umsetzung zum vorneherein erschwert und der Forderung des Strategiepapstes Mintzberg widerspricht: Machen Sie Ihre Strategie zu einer guten Strategie, indem sie ihr Leben einhauchen und sie querbeet von Mitarbeitenden des ganzen Unternehmens entwickeln lassen.

(3) Evolutionäre Unternehmensentwicklung

Diese evolutionäre Form gibt bewusst dem Zufall eine Chance, ähnlich der Entwicklung biologischer Systeme. Die Unternehmensspitze gibt keine Vorgaben hinsichtlich der Zukunft, vielmehr gewährt sie großen Freiraum und lässt Innovationen zu. Die Zukunft ergibt sich aus unzähligen Anstößen des täglichen Geschäftslebens. Einzelne Akteure oder Business Units greifen Ideen auf, plötzlich ist daraus ein Geschäft geworden. Diese Art der Unternehmensentwicklung kann zu einem Verlust einer gesunden Gesamtentwicklung führen: Wenn immer wieder neue Ideen auftauchen, wer optimiert dann Bestehendes und bringt dieses zur Perfektion? Bewusst, z.B. durch Aufbau von Parallelorganisationen oder dezentralen Einheiten bei gleichzeitigem Einhalten einer Gesamtlinie, kann diese Art sehr erfolgreich sein.

(4) Systemische Unternehmensentwicklung

Unter systemischer Unternehmensentwicklung ist eine Integration der ersten drei Arten auf einem neuen Niveau zu verstehen, indem die Spezifika der einzelnen vorangehend dargestellten Entwicklungsarten von einzelnen Mitgliedern eines Managementteams aufgenommen und in einen teamorientierten Entscheidungsprozess eingebracht werden. Indem das vollständige Extrakt unterschiedlichster Vorgehensweisen und Modelle, rationale und emotionale Gesichtspunkte, akkumuliertes betriebliches Erfahrungswissen wie statistisch erhärtete wissenschaftliche Befunde in die Problembewältigung und Unkalkulierbarkeit eines Zukunftsbildungsprozesses miteinbezogen werden, ergibt sich häufig ein erstaunlich konsistentes und stabiles inhaltlich hochwertig ausgestaltetes Unternehmensentwicklungskonzept, welches von allen Beteiligten – unten wie oben – nicht nur getragen, sondern auch weiterentwickelt wird.

Nagel und Wimmer führen hier im Besonderen folgende Vorteile einer systemischen Vorgehensweise an, welche aus unserer Beratungspraxis sehr zielführend gerade auch die Gestaltung des St. Galler Lebenszykluskonzeptes ermöglichen:

- Zukunftsfindung betrachtet als integraler Teil des Managementprozesses
- Top-Down – Buttom-up-Prozess
- Schaffung verteilter Gesamtverantwortung des obersten Managements für sämtliche Gesellschaften in den jeweiligen Lebenszyklusphasen
- Dezentrale Verantwortung pro jeweilige Lebensphase und Organisation
- Überblick dank Distanz und Hubschrauberperspektive
- Best Practice dank Vergleichsmöglichkeiten zu anderen Gesellschaften
- Frühwarnsysteme automatisch institutionalisiert
- Institutionalisierte periodische Auszeiten sichergestellt
- Leistungsfähiges, konfliktbejahendes Führungsteam mit „kurzer Zündschnur“

- Indirektes Manager-Assessment-System und Nachfolgeregelung
- Denkpendel zwischen Gegenwart und Zukunft fördert Lernende Organisation
- Bewusste Unterschiede der einzelnen Lebenszyklusphasen schaffen neue Perspektiven und vermitteln Denkanstöße für das Ganze
- Umsetzungsorientierte Ausrichtung von Anfang an
- Rekursionsgedankengut ermöglicht rasche Multiplikation gewonnener Resultate.

Dieser systemorientierte, kybernetische Ansatz der Unternehmensentwicklung kann aus unserer Erfahrung als der zielführendste und chancenreichste Ansatz zur Gestaltung der Unternehmensentwicklung angesehen werden, weil die Nachteile der anderen dargestellten Ansätze weitgehend eliminiert werden. Das breite Spektrum, das diese Vorgehensweise abdeckt, und die daraus entstehenden vielfältigen Ausgestaltungsalternativen ermöglichen es Unternehmen, ein Gesamtkonzept mit Dos und Don`ts über alle Phasen des Lebenszyklus zu erarbeiten und die einzelnen Phasen dadurch gleichzeitig immer zu revitalisieren. Nachteile liegen im bereits dargelegten Zeitaufwand in den Anfangsphasen der Ansatzaufsetzung. Entsprechend ist diese Art der Unternehmensentwicklung besonders zielführend für Groß-Unternehmen bzw. Konzerne, welche Aussagen nicht nur über einzelne Phasen ihrer Gesellschaften, sondern auch den Gesamtlebenszyklus ihres Konzerns mit allen dazugehörigen Gesellschaften managen wollen.

3. Welche Unternehmensentwicklungs-Konzepte haben sich bewährt?

Betrachtet man eine Unternehmung als ein von Menschen geschaffenes künstliches soziales System mit ökonomischer Zielsetzung, so lassen sich vielfältige Gemeinsamkeiten zu biologischen Systemen erkennen: Beiden ist im Zeitablauf ein stetes Wiederkehren von Entstehung, Wachstum, Vervollkommnung, Veränderung und Untergang gemeinsam mit der Faszination, dass auf der Grundlage des Vergehens Kraft für die Entwicklung von wiederum Ähnlichem, Verbessertem oder gar Neuem entsteht.

Diese gedanklich an einem Lebenszyklus orientierte Entwicklung von biologischen Systemen ist Ausdruck einer natürlichen Evolution, die im Wettbewerb eine Auslese der überlebensfähigeren Systeme vor dem Hintergrund sich ändernder Rahmenbedingungen bewirkt und die offensichtlich auch für Unternehmen gilt. Aus Sicht einer Makro-Ebene können sich Organisationen mit jedem neu beginnenden Zyklus auf eine nächsthöhere Stufe entwickeln. Das Lebenszykluskonzept ist somit ein Ordnungsmuster evolutionärer Entwicklung mit einem in der Regel S-förmigen Kurvenverlauf.

Schon seit langem finden sich deshalb in der Betriebswirtschaftslehre Konzepte, die das Modell des Lebenzyklus auf verschiedene Objekte übertragen, allgemein bekannt sind etwa Konzepte des Produkt-Lebensyzklus, des Technologie-Lebenszyklus, des Branchen-Lebenszyklus oder des Nutzenpotenzial-Lebenszyklus. In der Literatur sind diesen Gedanken folgend zahlreiche Modelle zur (Gesamt-)Unternehmensentwicklung zu finden. Dazu zählen u.a.

- Metamorphose- und Krisenmodelle
- Marktentwicklungsmodelle
- Strukturveränderungs- und Verhaltensänderungsmodelle
- Systemische Unternehmensentwicklungsmodelle

Metamorphose- und Krisenmodelle zeichnen die möglichen typischen Entwicklungsphasen eines Unternehmens, sei es im Bezug zur Organisationsstruktur, zum Führungsverhalten des Managements oder zum Umgang mit dem Markt. Dabei wird davon ausgegangen, dass der Übergang zwischen den Phasen von sehr großen Veränderungen begleitet ist, deren Ausmaß Krisencharakter annehmen oder gar zum Kollaps führen kann. Im positiven Erlebensfall wird gleichzeitig aber auch die Chance eröffnet, auf ein gleichsam höheres Niveau zu gelangen.

Marktentwicklungsmodelle orientieren sich am Lebenszyklus der einzelnen Produkt-/Leistungszyklen eines Unternehmens und sehen Unternehmensentwicklung somit vornehmlich extern beeinflusst.

Strukturveränderungsmodelle stellen die im Verlaufe des Wachstums unterschiedlichen Organisationsformen und Führungsstrukturen in das Zentrum ihrer Betrachtungen bzw. skizzieren notwendige typische Kultur- und Verhaltensweisen über die Zeitachse der Unternehmensentwicklung. Daraus lassen sich Rückschlüsse zu den jeweils notwendigen Führungskräften ziehen.

All diesen obigen Modellen, abgesehen von denjenigen des systemischen Ansatzes, ist gemeinsam, dass sie aus unterschiedlichen Perspektiven und damit zum Teil recht eindimensionaler Sicht den Verlauf der Entwicklung eines Unternehmens zu erklären versuchen, dabei unterstellen, dass die für eine bestimmte Phase charakteristische Problemstellung auch mit einem bestimmten Lösungskonzept wieder „unter Kontrolle“ gebracht werden kann.

Orientiert man sich an den Erkenntnissen der Systemtheorie und Kybernetik, so wird allerdings rasch deutlich, dass in der heutigen Dynamik einfache isolierte Eingriffe kaum erfolgversprechend sein können, es den „typischen Fall“ , den es zu überwinden gilt, nicht gibt, da die Ganzheitlichkeit, die Vernetzung der Organisation mechanistisch-rationale Eingriffe zum vorneherein unberechenbar machen wird.

Ein heutigen Erfordernissen wesentlich besser angepasstes Modell findet sich im Modell der Unternehmensentwicklung von Bleicher innerhalb des sog. St. Galler Management-Konzeptes. Dieses Modell der Unternehmensentwicklung kann durchaus als evolutives, systemisches Modell bezeichnet werden und eignet sich daher besonders auch beim Einsatz in der systemischen Form einer Unternehmensentwicklung, wie sie vorangehend dargestellt wurde.

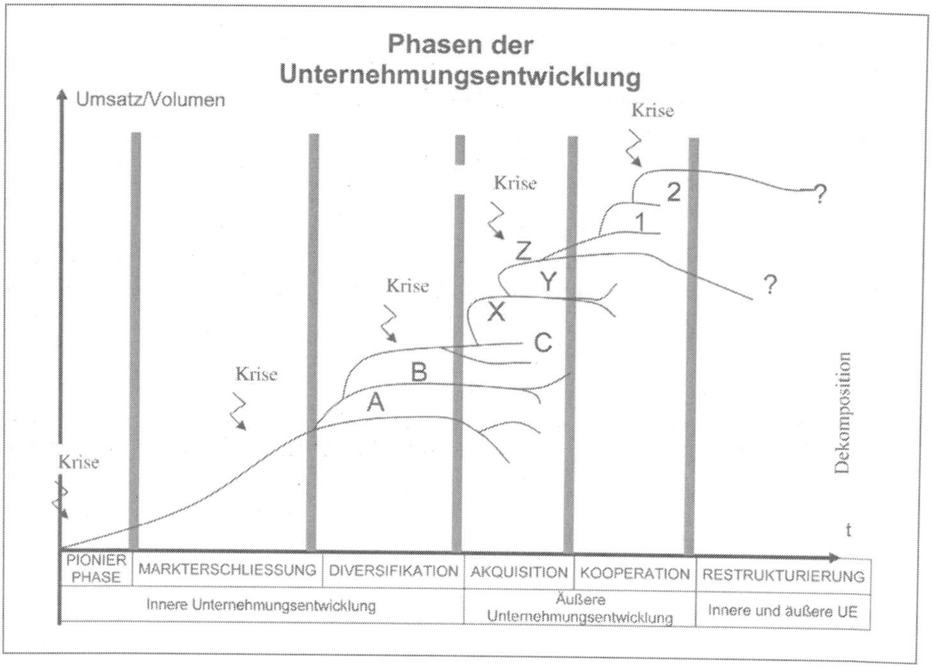

Abbildung 3: Das St. Galler Unternehmensentwicklungsmodell

Bleicher zeigt dabei auf, dass Wandel mit beinahe missionarischem Eifer zu pflegen ist. Das Spannungsfeld zwischen Vergangenheitserfahrungen und Anforderungen zur Gestaltung einer sich möglicherweise stark verändernden Zukunft stellt Management und Mitarbeitende eines Unternehmens vor schwierig zu bewältigende Anpassungsprobleme. Nicht nur müssen neue Verhaltensmuster und Verfahrensweisen *erlernt* werden, sondern bislang durchaus erfolgreiche Handlungsweisen müssen *entlernt* werden.

Das Konzept einer idealtypischen Unternehmensentwicklung umfasst folgende Stadien: die innere Unternehmensentwicklung (Pionierphase, Markterschließungsphase, Diversifikationsphase), die äußere Unternehmensentwicklung (Akquisitionsphase und Kooperationsphase) sowie die innere und äußere Unternehmensentwicklung (Restrukturierungsphase). Die einzelnen Phasen einer idealtypischen Unternehmensentwicklung lassen sich unter den Gesichtspunkten des normativen, strategischen und operativen Managements beschreiben. Sie schaffen Krisenpotenziale und erfordern Bewältigungsstrategien.

Das normative Management gibt den sachlichen und formalen Rahmen für die weitere Unternehmensentwicklung generell vor, das strategische Management ist für die Konkretisierung einzelner Programme verantwortlich, die mittelfristig zur Veränderung von strategischen Erfolgspositionen führen. Diese Programme müssen ständig auf kurzfristiger Basis umgesetzt und korrigiert werden, damit sich eine Unternehmung gegenüber wechselnden kontextualen und situativen Bedingungen durchsetzen kann. Im Bereich dieser kurzfristigen, operationellen Entwicklung zeigen sich auch überprüfbare Ergebnisse der normativen und strategischen Vorgaben in Form von Erfolg und Liquidität.

In der Praxis ergeben sich zwei häufige Hauptprobleme im zeitlichen Spannungsverhältnis von normativem, strategischem und operativem Management im Bezug auf Vor- und Rückkopplungszyklen:

A. Das normative Konzept, welches vor langer Zeit strategisch definiert und ausformuliert wurde, wird im Vertrauen auf die Richtigkeit des eingeschlagenen Weges exakt weiterverfolgt, obwohl es im operativen Bereich bereits zu groben Störungen und Misserfolgen kommt. Das operative Management konzentriert sich verzweifelt auf das operative Aussteuern von Störungen, es erfolgt praktisch keine Rückkopplung über die operative Dimension hinaus. Ein Mehr vom Bestehenden verstärkt die vorherrschenden Störungen zusätzlich.

B. Jede wesentliche Störung im operativen Bereich führt zu übereilten Korrekturen beim strategischen Vorgehen. Durch die ständige Korrektur der strategischen Konzepte schlägt dieser Rückkopplungsprozess schließlich auch auf die normative und operative Ebene durch, das Unternehmen gerät dadurch in einen ressourcenverschlingenden Zickzackkurs, welcher zum Absturz führen kann.

Dementsprechend resultiert aus obigen Herausforderungen für die Unternehmensführung die Aufgabe eines permanenten „Management of Change" im Normativen, Strategischen und Operativen mit dem Resultat von sich wechselnden Gestaltungsergebnissen hinsichtlich Strukturen, Verhalten und Aktivitäten. Dies verleiht dem Unternehmen für den außenstehenden Betrachter im Übrigen ein immer wieder andersartiges Aussehen, es lässt es gleichsam in sich abwechselnden Bildern erscheinen. War es anfänglich vielleicht das Wachstum überhaupt erst ermöglichende Potenzial ungestümer Kreativität, so sind es in einer späteren Phase vielleicht eher rigide zentrale, das Abschöpfen einer erfolgreich aufgebauten Marktposition ermöglichende Strukturen. Eine breite Öffentlichkeit gewinnt dadurch häufig den Eindruck einer Fehlsteuerung von Unternehmen. Genauso wenig allerdings wie dem Wechsel der Jahreszeiten ein Vorwurf zu machen ist, darf ein solches proaktiv handelndes Management in derartigen Fällen an den Pranger gestellt werden.

Proaktive, nach dem Lebenszyklus geführte Unternehmen erklären Wandel nicht nur in den Übergängen der einzelnen Phasen, sondern auch innerhalb der jeweiligen Phase zum Dauerzustand. Die Erkenntnisse der Merkmale der einzelnen Lebenszyklusphasen, welche im nächsten Kapitel vorgestellt werden, bilden dabei die wesentlichen Orientierungspunkte. Der Fokus liegt dabei anfänglich immer auf einem „Doing the right things", der im weiteren Verlauf durch ein „Doing things right" abgelöst wird. Stoßen dann im weiteren Verlauf vor allem Effizienz- und Produktivitätssteigerungsaktivitäten an ihre Grenzen, so ist wieder ein Remodelling bzw. ein Übergang in die nächste Phase angesagt.

Folgende Reihenfolge eines befriedigenden konzeptionellen Vorgehens, welches analog einem Regelkreis fortwährend zu steuern ist, bietet sich an:

1. Konfigurations-Management – Feststellung des Ist-Status einer Organisation und des optimalen Soll-Status, inkl. Aufzeigen der einzuschlagenden Wege und dafür notwendigen Maßnahmenkataloge. Das Unternehmen entwirft ein Bild von sich selbst, seiner Zukunft, den möglichen optimalen Optionen, diese Zukunft zu erreichen, und den diesbezüglich aufzusetzenden Maßnahmen. Hier wird geprüft, ob sich die Unternehmung am Anfang eines Lebenszyklus befindet, Optimierungen des Bestehenden ausreichen oder radikalere Änderungen nötig werden. Ebenfalls wird diskutiert, welche Umsetzungsmaßnahmen nötig sein werden und inwiefern die Organisation diese bewältigen bzw. ob diese zu ihren gegenwärtigen Stärken und Schwächen unter Berücksichtigung möglicher Chancen und Risiken auch passen.
2. Transitions-Management – In-Angriff-Nehmen der geplanten Umsetzungsschritte und Maßnahmen: Nun werden die aus der Konfigurations-Phase entwickelten und präferierten Optionen durch die definierten Maßnahmenpakete konkret umgesetzt. Diese Phase ist von erheblicher Unsicherheit geprägt: Waren unsere Entscheidungen richtig, könnten wir das Ruder wieder herumreißen etc.? Es gilt rasch sichtbare objektive Verbesserungen deutlich werden zu lassen.
3. Performance-Management – Optimierung des neuen Systemzustandes, um die volle Leistungsfähigkeit der Organisation zu entfalten. Am Ende der Transition ist noch nicht die optimale Wirkung einer Strategieumsetzung erreicht, noch nicht alle Organisationsmitglieder und Systeme sind konsistent zur angestrebten Strategie. Ein Leistungshöhepunkt, den es über eine lange Zeit möglichst immer zu toppen und vor allem erlebbar zu machen gilt, ist noch nicht erreicht. Im späteren Verlauf sind diese Höhepunkte dann bereits wieder kritische Signale in Richtung eines bevorstehenden Überganges in eine neue Phase in der eben gezeigten Sequenz. Die nachstehende Abbildung veranschaulicht diesen Prozess.

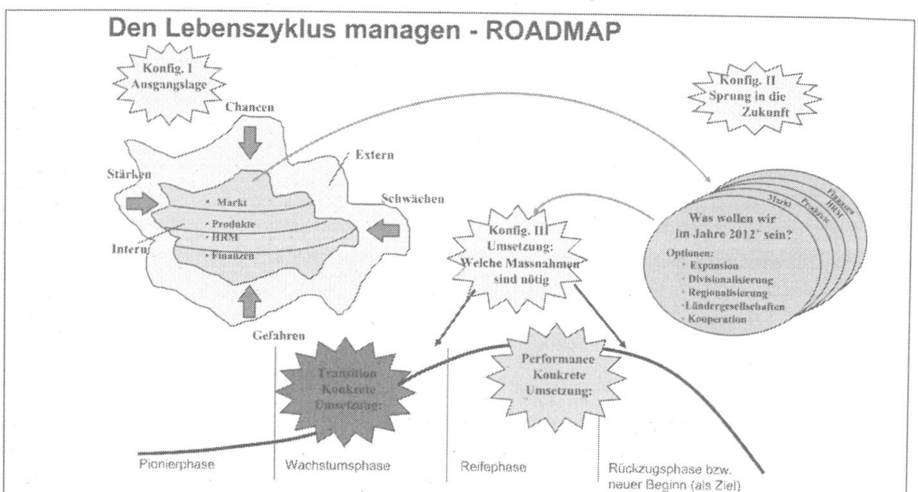

Abbildung 4: Road Map des Change Management

Was bedeutet dies für die Praxis der Unternehmensführung? Diese muss Wandel als Normalität begreifen und kommunizieren, zugleich den zyklischen Gedanken des Lebens von Systemen verstehen und als immer wiederkehrenden Grundrhythmus begreifen. Dies bedeutet, den Blick für das Gesamtbild des ablaufenden Prozesses immer prägnant präsent zu haben, um vor dessen Hintergrund aus dem aktuellen operative Tagesgeschehen den Stand der Organisation richtig beurteilen und lenken zu können. Erfolgt dies nicht, so kommt die Logik eines schleichenden Niederganges, wie viele Beispiele zeigen, im Anschluss an die Performance-Phase systemimmanent zum Tragen. Denn jeder der Vervollkommnung dienende Schritt in der Performance bedeutet eigentlich schon Reife und deutet damit auf ein nahendes Ende hin. Damit zeigt sich aber auch eine anspruchsvolle Gratwanderung zwischen Optimierung des Bestehenden und einer Neuausrichtung, Erweiterung, einem Loslassen und Anpacken von Neuem, zwischen Kernfähigkeiten und Kompetenzerweiterung.

Besonders ist dabei die menschliche Rolle in diesem Wandelprozess anzusprechen. Die erforderliche Anpassung erfolgt schließlich im Tagesgeschäft an der Front eines Unternehmens durch viele einzelne lenkende und gestaltende Eingriffe, die letztlich in der Summe zu einer Gesamtanpassung führen. Entsprechend gilt es eine permanente Wandlungsfähigkeit der Mitarbeitenden zu erhalten. In Pionier- und Wachstumsunternehmen ist diese meist kein Problem, hier ist es der Zwang des Marktes, der Wandelsnotwendigkeit verdeutlicht, in Unternehmen der Reife bedarf es meist eines Top-Managements, welches (künstlichen) Leidensdruck erzeugt, die „Zündschnur" bei ihrem Management kurz hält, um so immer wieder für Änderungen im Sinne von Verbesserungen zu sorgen. Ist doch Erfolg die Droge eines schon in den Startlöchern stehenden Misserfolgs.

4. Wie sieht der typische Lebensverlauf eines Unternehmens über die Zeitachse aus?

Im Rahmen des St. Galler Konzepts und der weiterführenden Forschungen finden sich ausführliche Beschreibungen und Typisierungen der jeweiligen Phasen. Eine gute Darstellung, welche den beschriebenen Lebenszyklus nochmals verdeutlicht und aus der Perspektive des ertragsgesetzlichen Verlaufs von z.B. Produktionsfunktionen beschreibt, stellt das Konzept des „Nutzen- bzw. Erfolgspotenzials" von Pümpin dar, wie es auch vom St. Galler Lebenszykluskonzept aufgegriffen wurde. Pümpin definiert Nutzenpotenzial als externe oder interne Konstellationen, die von einem Unternehmen durch Aktivitäten zum Vorteil seiner Bezugsgruppen ausgeschöpft werden können. So können im Bezug auf Nutzenpotenzial unterschieden werden:

1. Pionier-Unternehmen: Die Erfolgspotenziale des Pionier-Unternehmens beruhen auf wenigen Faktoren und sind vom Pioniergeist des Unternehmens geprägt. Der Grenznutzen verläuft zu Beginn proportional und steigt im Zeitablauf leicht überproportional an.

2. Wachstums-Unternehmen: Das Wachstums-Unternehmen erschließt bei steigendem Grenznutzen bestehende und neue Nutzenpotenziale für seine Bezugsgruppen zielgerichtet und systematisch.
3. Diversifikations-/Reife-Unternehmen: Das Reife-Unternehmen lebt von der Abschöpfung bereits erschlossener Nutzenpotenziale mit abnehmendem Grenznutzen.
4. Wende-Unternehmen: Die ausgeschöpften Nutzenpotenziale befinden sich in der Niedergangsphase bei ständig abnehmendem Grenznutzen.

Es wird evident, dass die natürliche Entwicklung in einem sehr bedrohlichen Zustand für das Unternehmen enden kann. Der Mangel an Ressourcen macht das Unternehmen handlungsunfähig und führt es in die Insolvenz. Ein Management der Lebenszykluskurve ist notwendig, um den biologisch-definitiven Verlauf der Kurve zielgerichtet zu modellieren und die Lebensfähigkeit erhalten zu können. Dies macht es wiederum nötig, die von Bleicher herausgearbeiteten Merkmale einer idealtypischen Entwicklung und Krisenpotenziale von Unternehmen auf der bereits gezeigten „St. Galler Lebenszykluskurve" aufzuzeigen und so Ansatzpunkte für die Praxis zu generieren. Nachstehende Abbildung gibt einen ersten Überblick:

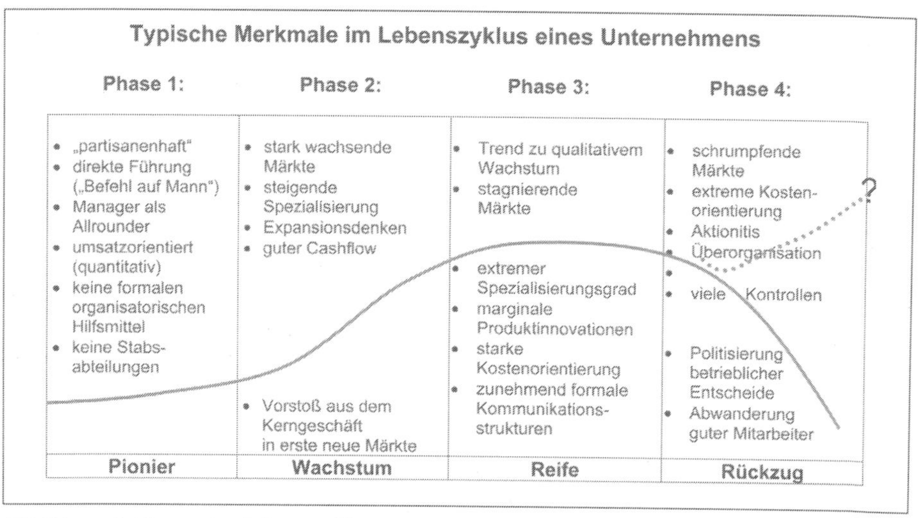

Abbildung 5: Phasen im Lebenszyklus

(1) Typische Merkmale der Pionierphase

In der Pionierphase ist der Beginn der Unternehmungsentwicklung zumeist von einer Erfindung oder von der Bereitstellung innovativer, bedürfnisorientierter Angebote, die sich deutlich von denjenigen der Konkurrrenz unterscheiden, getragen. Die **normativ** gehandhabte Vision ist meist ausschließlich vom Eigentümer und Begründer geprägt. Dessen Herkunft, Persönlichkeit und Vergangenheitserlebnisse in anderen Institutionen begründen die Unternehmungskultur. Man befindet sich in einer „Kitchen-cabinet"-Situation: Die Art und Weise, wie der Gründer seine Rolle hinsichtlich Zielerreichung, Kontrolle, Innovationsbereitschaft, Kreativität, Arbeitseinsatz etc. wahrnimmt, ist von prägender Wirkung für das weitere Werden des Unternehmens.

Strategisch betrachtet ergibt sich zumeist ein Markteintritt mit einem Produkt bzw. einer Dienstleistung in einer unbesetzten Marktnische oder einem Markt, der erst noch zu schaffen ist. Von Organigrammen ist in dieser Phase kaum zu reden, es herrscht eher eine zum Chaos neigende Improvisation vor. Managementsysteme sind kaum vorhanden, die persönliche Anweisung und der „Befehl auf Mann und vor Ort" erscheinen zur Lenkung als völlig ausreichend. Die notwendige wirtschaftliche Verfolgung von Ergebnissen wird häufig outgesourct und nur begrenzt wahrgenommen.

Die **operative Führung** konzentriert sich auf das Tagesgeschäft und die Bewältigung von Einzelproblemen. Im Falle des Erfolges werden häufig Engpässe in den Bereichen Logistik, Produktion und Controlling deutlich. Oft wird die finanzielle Grundlage arg strapaziert und verlangt zunehmende Aufmerksamkeit im täglichen Geschäft. Mitarbeiterführung ist stark paternalistisch geprägt, um den Pionier hat sich eine ihm und der Sache verpflichtete Betriebsgemeinschaft geschart.

Das **Krisenpotenzial und Kollapspotenzial** ist in der Pionierphase als besonders hoch einzuschätzen. Es ist statistisch relevant, dass die Mehrzahl aller unternehmerischen Vorhaben bereits in dieser Phase scheitert. Die Gründe dafür liegen einerseits in der nicht ausreichenden Tragfähigkeit der unternehmerischen Idee, andererseits häufig in einer mangelnden Bereitstellung eines ausgewogenen Leistungs- bzw. Finanzpotenzials zur operativen Bewältigung der bei der Realisierung der Geschäftsidee auftretenden Probleme.

Wie sich in unserer Beratungspraxis jedoch zeigt, ist es insgesamt fast immer die nicht ausreichend ausgewogene Berücksichtigung von unternehmerischen und manageriellen Aspekten bei der Führung, die ein einzelnes isoliertes Pionierunternehmen ins Verderben führen, im Konzernverbund aber problemlos aufgefangen werden können. In dem Zusammenhang ist es aber entscheidend, Krisenpotenziale überhaupt nicht erst entstehen zu lassen, indem mit Best Practices als quasi Vorab-Medizin gearbeitet wird. Als weitere Alternative bieten sich bewährte Franchise-Konzepte etc. an.

Ursachen von Krisen – Phase 1:

- Abhängigkeit von der Person des Gründers,
- patriarchalische Führungsform,
- mangelnder Professionalismus in der Führung,
- zentralistische Organisationsstruktur mit Improvisationscharakter,
- mangelnde organisatorische Anpassung an wachsende Größe,
- Nichtvorhandensein von Managementsystemen,
- wenig erprobte Technologie,
- unzureichende Produkteigenschaften,
- Überforderung der Kapazität durch Nacharbeiten,
- zu späte Anpassung durch Investitionen,
- unzureichende Vertriebsweg-Gestaltung,
- materielle, personelle und finanzielle Ressourcenbeschränkung.

(2) Typische Merkmale der Marktentwicklungs- oder Wachstumsphase
Nun werden das angebotene strategische Erfolgspotenzial bzw. die unternehmerische Idee derart multipliziert, dass über die zunehmend professionellere Erschließung weiterer und breiterer Kundenkreise eine massive Steigerung der Umsätze eintritt. Sie ist eine Phase bedeutenden und schnellen Wachstums, die erarbeiteten Erträge müssen vorauseilend zur Lösung rasch auftauchender interner Ressourcenprobleme eingesetzt werden. Die Managementkapazität ist meist jedoch selbst der entscheidende Engpassfaktor. Eine bloße Erfinder- oder Verkäufer-Persönlichkeit droht an den Erfordernissen der Schaffung eines Gleichgewichts zwischen innen und außen zu scheitern, da zumeist auch die finanzielle Basis bei auftretenden Störungen und Timelags fehlt.

Das **normative Management** ist in dieser Phase ganz auf Expansion ausgerichtet. Kunden stehen im Zentrum, es ergeben sich jedoch rasch Konfliktfelder: Soll der Wachstumsmotor aufrechterhalten bleiben, bedingt dies eine laufende spezifischere und segmentiertere Ausrichtung auf Kunden, was eine Fokussierung und klare Steuerung der Mitarbeitenden nötig macht. Dies schafft ein großes Konfliktpotenzial, zumal sich zunehmend auch zwangsweise Kräfte aufbauen, die den eher von Chaos geprägten Zuständen der Gründerzeit zuwiderlaufen. Zwang nach Ordnung und Gleichgewicht rufen nach Standardisierung und Hierarchie.

Das **strategische Management** konzentriert sich auf die Erweiterung und den Ausbau der ursprünglich erschlossenen Marktnische, die nunmehr einer Neudefinition bedarf und ggf. eine erste Klassifikation von Geschäftsfeldern nötig macht. Überlegungen der Nutzung von Erfahrungskurve und Lernkurve zur Erreichung von Economies of scale and scope erfordern zusätzlich weitere organisatorische Anpassungen, die die bisherige funktionale Organisation vielfach durch eine weitere Dimension – meist kundensegmentspezifisch – ergänzen sollen. Damit werden Entscheidungen gewissermaßen etwas entzentralisiert, was sich allerdings häufig mit der Gründerorientierung der Unternehmungskultur „reibt“. Das Aushalten dieser Spannungen ist es aber, das erst eine integrierte Anpassung aller Funktionen an das Wachstum und damit wiederum weiteres Wachstum sozusagen „aus einem Guss“ erlaubt.

Im **Operativen** ist das Management auf der Suche nach Gleichgewichten in der Optimierung des Wachstums, gegebener Produkte und Prozesse. Nötig sind zudem Zielsetzungs-, Planungs-, Informations- und Kontrollsysteme, die im täglichen Einsatz ihren Tribut an ein technokratisches Management fordern. Manager und Verwalter ziehen in die Führungsetagen ein; Erfinder, Unternehmer und Menschenführer werden gegen Ende dieser zweiten Phase zunehmend verdrängt. Die Form wird wichtiger als Inhalte. Die genaue Regelbefolgung wird mit der Notwendigkeit begründbar, Größen und Wachstum nur auf diesem Wege bewältigen zu können. Risikofreudigkeit wird dadurch abgebaut, Lernbereitschaft verkümmert, da es ja immer nur darum geht, noch mehr von dem Gleichen rationeller zu leisten. Hier wird der Samen für Krisenpotenziale der Zukunft gesät. Dem Management bleibt wenig Zeit, sich um strategische Probleme zu kümmern; der Aufbau neuartiger strategischer Erfolgspotenziale für die Zukunft bleibt in der Folge auf der Strecke.

Gegenüber der Pionierphase ergibt sich allgemein in der Markterschließungsphase ein verringertes Krisenpotenzial. Vor allem sind es Anpassungsfehler an das mögliche Wachstum, welche den Wettbewerbern Chancen zum Markteintritt oder zum Ausbau ihrer Marktposition geben, die ein zukünftiges Risiko beinhalten. Hinzu tritt als weiteres Krisenpotenzial die durch die übertriebene Aufmerksamkeit, welche das Management auf das laufende Geschäft richtet, bedingte Vernachlässigung der strategischen Entwicklung neuer Erfolgspotenziale für die Zukunft. Am Ende der Phase 2 bei zunehmend ausgereiztem Lebenszyklus besteht die Gefahr von Überkapazitäten, Umsatzstagnation, sinkenden Erträgen und des immer wieder feststellbaren Unvermögens, Umsätze und Gewinne weiterhin gleichzeitig zu steigern.

Ursachen von Krisen – Phase 2:

- zu schmales Produkt- und Regionalprogramm,
- Folgen übertriebener Expansion mit Kapitalbindung in Leerkapazitäten und Lagerbeständen,
- Niedrigpreispolitik führt in die Kostenschere,
- ein technokratisches Management bevorzugt Ausbeutungsstrategien,
- kurzfristiges Erfolgsdenken,
- zentralistisch geführte funktionale Organisation mit Kamineffekten,
- unzureichende Berücksichtigung der Kompetenz des mittleren Managements,
- bürokratische Verhaltensweisen der Regelbefolgung,
- Erstarrung im Routinebetrieb.

(3) Merkmale der Diversifikations- bzw. Reife-/Stagnationsphase

Weiteres Wachstum kann nun nur in der Suche nach und der Entwicklung neuer Erfolgspotenziale gesehen werden. Dies lässt sich über die Anwendung bisheriger Erfahrungen auf neue technologische und marktliche Anwendungsfelder erreichen, für die hier mit Igor Ansoff der Begriff Diversifikation Verwendung finden kann.

Was dabei allerdings als „neu“ gelten kann, bedarf im konkreten Fall einer näheren Auslegung, denn die Spannweite zwischen einer geschäftsnahen und einer geschäftsfernen (konglomeraten) Diversifikation kann äußerst groß sein. Bereits eine Segmentierung bestehender Kunden, die es erlaubt, Bedürfnisse mit bestehenden Produkten noch besser abzudecken, kann als „Anfangs-Diversifikation“ angesehen werden, die „Endphase“ einer Diversifikation beinhaltet meist eine völlige Abkehr von bestehenden Geschäftsmodellen, Kunden- bzw. Leistungstypen. Derartige „Anfangs-Diversifikationen“ gehören bereits in der Phase 2 zum Normalen. Nur die frühzeitige Suche nach geschäftlichen Zukunftsfeldern, anderen Verkaufsansätzen und Geschäftsmodellen und ihre zielstrebige Umsetzung im Wissen um die Bedeutung eines sich erschöpfenden Lebenszyklus der ursprünglichen unternehmerischen Idee wird jedoch Garant sein für weiteren Erfolg. Ohne ein in der Phase der Markterschließung aufgebautes und funktionierendes strategisches Management dürfte es schwerfallen, eine klar konzipierte Diversifikation zu finden. Sicherlich liegen die vielen Fehlschläge einer

Diversifikationspolitik von Unternehmungen in diesem Punkt begründet: dem konzeptlosen, opportunistischen Sprung aus einem ausgereizten Lebenszyklus in neue Betätigungsfelder, die sich gerade anbieten, mit der vermeintlichen, aber selten realisierbaren Vorstellung einer Synergie zum Bestehenden.

Die Diversifikationsphase bringt einen Wechsel von der Multiplikation zur Innovation und erfordert andere Rollen und ein anderes Verhalten von den Führungskräften. Statt einen engen Fokus auf ein Erfolgspotenzial zu richten, gilt es nunmehr mit mehreren „Bällen" zu spielen und einen Ausgleich zwischen den Chancen und Risiken, die die neuen und die bestehenden Geschäftsfelder bieten, zu erreichen.

Normative Vorgaben und **strategische Programme** sind in der Diversifikationsphase auf das Finden neuer Geschäftsfelder und Modelle und auf deren Ausgleich zum Bestehenden gerichtet. Reife, bestehende Geschäftsfelder sind mit neuen, aufstrebenden Geschäftsfeldern unter den Gesichtspunkten von Technologie, Markt und den Möglichkeiten der Liquiditäts- und Rentabilitätsentwicklung zu harmonisieren. Dies bedeutet, dass die Träger von Strategien auf der Unternehmungsebene verhaltensmäßig in der Lage sein müssen, mit dieser Differenziertheit ihrer Geschäftsmodelle umzugehen, die auf der Geschäftsfeldebene jeweils andere Träger- und Verhaltensprofile aufweisen (z.B. KAM Organisation vs. Filialgeschäfte). Damit stößt die Kapazität der operativen Führung dabei vielfach an ihre Grenzen. In der Praxis hat sich die Verwendung der Ansoff-Matrix im Sinne eines Ampel- bzw. Gefahrenmeldungssystems bewährt, wobei deutlich ist, dass gerade die Diversifikation durch die Erschließung neuer Produkte *und* neuer Märkte als hochriskant einzustufen ist. In der Hektik des Tagesgeschäfts, unter entsprechendem Erfolgsdruck, ist ein häufiger Trend hin zu wenig reflektierten neuen Geschäften auszumachen, die in Verbindung mit fehlender Kompetenz und Akzeptanz fast notgedrungen scheitern müssen. Darin liegt das Haupt-Krisenpotenzial der Diversifikation.

Im Laufe der weiteren Unternehmungsentwicklung sollte sich eine Art aktiv angeregter Pendelbewegung zwischen Zentralisierungs- und Dezentralisationstendenzen ergeben, die ein Optimieren des Bestehenden bei gleichzeitigem Entwickeln von Neuem möglich macht.

Ursachen von Krisen – Phase 3:

- Entscheidungsschwäche der Leitung mit Verlust der Beurteilungskompetenz in neuen Geschäftsfeldern,
- Zentrifugalkräfte der Geschäftsbereichsorganisation,
- Koordinationsmängel trotz vielfältiger Zentral- und Stabsstellen,
- starres Budget- und Planungsdenken,
- zu viele organisatorische Umstrukturierungen,
- zu breites Produkt- und Regionalprogramm,
- Innovationsschwäche,
- auf Erfolgsdruck hin zu früher Start mit neuen Geschäftsfeldern,
- unzureichende Nutzung von Synergie- und Rationalisierungspotenzialen,
- Spartenegoismus und kurzfristiges Profit-Center-Denken,
- mangelnde Anerkenntnis bereichskultureller Differenziertheit.

Alternativ bleiben abschließend nur noch kurz aufgeführt Möglichkeiten der **Akquisition** und **Kooperation** als Suche eines Auswegs oder Beschleunigungsinstrument bereits eingeleiteter Entwicklungen. Durch die Übernahme anderer Unternehmungen oder von einzelnen Geschäftsbereichen lässt sich entweder die in der eigenen Markterschließung unzureichend angelegte Multiplikation der ursprünglichen unternehmerischen Idee verstärken oder – in der hier darzustellenden Reihenfolge – der Mangel in der an sich nicht gegebenen oder nicht ausreichend schnellen Entwicklung neuer Erfolgspotenziale durch eine Übernahme heilen. Eine Kooperation kann dergestalt erfolgen, dass Marktpartner ihre Erfolgspotenziale poolen, um auf dem Wege der gemeinsamen Nutzung von Potenzialen einen höherwertigen Nutzen zu entwickeln. Dies kann langfristig zu strategischen Allianzen führen, die entweder auf Dauer oder auf Zeit globale Netzwerke der Zusammenarbeit bilden.

Aus obigen Überlegungen lassen sich Dos und Don`ts für die jeweilige Phase ableiten. Nachstehende Abbildung zeigt ein Praxisbeispiel für Phase 1 und 2 bezogen auf verschiedene Managementaktivitäten.

	Dimensionen	Phase 1 **Umsatz orientiert** **Fokus: Reine Multiplikation** Verkäufer als Bindeglied (Verkäuferin ist stark involviert)		Phase 2: **Umsatz und Gewinn orientiert** Fokus: Divisionalisierung Verkäuferin und Unternehmen gleicher Stellenwert	
		Früh-Pionier, Fa. < 11 MA	Spät-Pionier Firma > 10 MA	Wachstum 1: <71	Wachstum 2 Comp > 70
Verkaufskonzept	Verkäufer	Jeder Kunde zählt, erfolgsorientiertes Entlohnungssystem, Multiplikation (Wachstum im Vordergrund), Anzahl Kunden pro Verkäufer zählt	Übergang zu erster Segmentierung (Hotels, Kantinen, Werkstätten), Break-even pro Verkäufer zählt	Bildung von Segment-Divisionen	Subdivisionen, Spezialisierte Verkäuferinnen, Key Account
	Verkaufsleiter	Geschäftsführer ist Oberverkäufer mit Produktwissen und Kundenverantwortung	Segmentverantwortliche mit Kundenverantwortung, Spezialist pro Segment	Divisionsleiter, 3 Hierarchiestufen (Divisionsleiter, Regionalleiter, Gebietsleiter)	Verhältnis: ADM/IDM abnehmend
	Shops/Filialen	keine		Wenige Shops	
	Alternative Absatzwege	keine		Hochpreispolitik, Marke im Zentrum	
	Telemarketing / Telefonverkauf	Forderungsmanagement, Kleinstkunden-Betreuung		Nichtkundenreaktivierung, Servicehotline, Adresspflege	
	Telefon, Fax, Internet	Telefon wird nur passiv eingesetzt		Aktiv bei Nichtkunden (Faxaktionen, Mailing)	
	Verkaufssystem	Katalog, Müsterli, Wettbewerbe		Kataloge, Müsterli, Musterkartons, Branchenvergleich	
Kundenarbeit	Gewinnen	Klare Ziele setzen (Bsp. 20 Neukunden/Monat/Verkäufer), Neukundengewinnung, Partisanenmethode (Auslesten)		Kundenstammerweiterung (Aufbau Kundendatenstrukturen)	
	Bearbeiten	Umsatz orientiertes Verkaufen		Einsatz von Marketinginstrumenten, "Produkte im Abo"	
	Binden / Bewahren	Werbegeschenke, Kunde empfiehlt uns einem anderen Kunden Treueprämie		Partnerkunden, Bonus, Absatzmittler	
	Begeistern / Ausschöpfen	Anreize, Sammel-, Treueaktionen, Testprodukte		Kunden-Befragung, Know-how-Service, Produkttraining, Premiumkunden	
	Zurückgewinnen	Kontakt mit den Kunden halten		Nichtkundenharpunist, flexible Preissysteme.	
	Preise / Profitabilität	Maximieren der Profitabilität, Kunden und Produkte sorgfältig ausloten (das richtige Produkt dem richtigen Kunden anbieten), hohe Verkäuferfluktuation		Kernprodukte pro Branche preis-aggressiv	
Pricing	Provisionssystem	Umsatz orientiert		Rohertrag orientiert 50 %, Umsatz 50 %	
	nicht monetäre Anreizsysteme	Incentives		Incentives	
	Sonstiges, Konditionenpoliti	Start mit rohertragsstarken Produkten, Umsatz orientierte Volumenprodukte		auftrags- und positionsbezogene Aufschläge, Preisplausibilität und -kontinuität, Preispsychologische Preisgestaltung	
Personal	allgemein	Es gibt keine PE - Aufgabe wird von Führungskräften wahrgenommen: Geschäftsführer		Aufbau einer Personalentwicklung, Schwerpunkte: Fach- und Verkaufswissen	
	Mitarbeiter	Massenrekrutierung, Ausleseprozess durch Verkaufserfolg, hohe Fluktuation akzeptabel, Persönlichkeits-Verkäufer, Führungskarriere als Ziel, Entwicklung passiert, wird aber nicht bewusst initiiert		Verkaufs- und Produkttraining, Beginn eines Karrieremodells (Qualifizierung von Nachwuchsführungskräften), Masseneinstellungen	
	Führungskräfte	Vormacher sein, selbst bester Verkäufer sein; Allrounder-Prinzip		Führungskräfte als Coach, Führungstrainings, Talent Pool	
	Unternehmen	keine PE; Leitbild kommt von Geschäftsführung, Bezahlungssystem Umsatz, rein quantitative		Systemwechsel muss vorbereitet werden, welche Personen können das Unternehmen auf die nächste Stufe bringen?	
IT		Eigene PC-Lösung, Zugriff auf Zentralrechner durch Geschäftsführer		Erweiterter Funktionsumfang, Vernetzung der Prozesse	
Lager		Einfache Lagerhaltung, Zu-Fuß-Lager, Handlager, z.T. keine eigene Lagerhaltung sondern Versand von Muttergesellschaft		Weiterreichsysteme mit Fördertechnik, optimierte Platzverwaltung (Pick + Pack Systeme)	
Firmen		Ukraine, Kasachstan, Liechtenstein, Georgien, Polen, Rumänien, Portugal	Bulgarien, Argentinien, Türkei, Niederlande, Frankreich	Schweden, Slowakei, Irland, Schweiz	Mexiko, Norwegen, Kanada, Italien

Abbildung 6: Praxisbeispiel für Phase 1 und 2 – Dos/Don‘ts

5. Wie gestaltet sich die Architektur bzw. der Prozess eines Lebenszykluskonzeptes und damit das Management der Lebenszykluskurve?

Wenn die Implementierung neuer Managementsysteme erst nach Abschluss der Gestaltungsphase beginnen würde, hätte man falsch angefangen. Dieser Forderung vom St. Galler Systemtheoretiker Schwaninger folgend, ist die hier nachstehend dargelegte Implementierung (unter Implementierung wird dabei die Überführung eines gedanklichen Konzeptes in die Realität verstanden) wiederum im Sinne einer evolutorischen Art der Systemgestaltung angelegt.

Der nachstehende kurze Überblick über eine mögliche Architektur bzw. den Prozess bei der Einführung bis hin zum laufenden „Betrieb" eines Lebenszykluskonzeptes erfolgt am Beispiel eines großen, international tätigen und breit diversifizierten Konzerns, der auf ein kontinuierliches Wachstum der letzten 50 Jahre und speziell hohe Wachstumsraten seit der Jahrtausendwende zurückblicken kann. Insgesamt gehören zu diesem Konzern 400 Gesellschaften; dazu zählen zum einen Ländergesellschaften, welche die ursprünglichen Kernprodukte der Gründerphase in abgewandelter Art nach wie vor produzieren und verkaufen, zum andern auch Gesellschaften, die mit den ursprünglichen Produkt-Leistungsprogrammen keine Gemeinsamkeiten mehr haben und als Diversifikationen im weiteren Sinne bezeichnet werden. Typisch für diesen Konzern ist die dezentrale Führung, jeder Geschäftsführer einer Landesgesellschaft bzw. einer diversifizierten Tochter führt sein Unternehmen, als wäre es sein eigenes Geschäft. An jährlich stattfindenden Strategie- und Planungstagen erfolgt mit dem Top-Management des Konzerns ein Review des Geleisteten und gemeinsam werden für die jeweiligen Gesellschaften Ziele für die nächsten fünf Jahre vereinbart, welche sich aus den Zielen des Konzerns ableiten bzw. diese mitbegründen.

Initialzündung des Lebenszyklusprozesses war das unbestimmte Gefühl einiger Mitglieder des Top-Managements einzelner Landesgesellschaften, mit ihren in der Vergangenheit höchst erfolgreichen Firmen langsam an „die Grenzen des Wachstums" zu stoßen und bei allem immer größer werdenden Einsatz immer kleinere Erträge zu generieren.

Wie vorangehend deutlich gemacht wurde, fördert, ja erzwingt das St. Galler Unternehmensentwicklungsmodell eine integrierende Betrachtung des Unternehmens über alle Dimensionen sozialer Systeme hinweg.

Ohne zunächst sofort die einzelnen Gesellschaften durchleuchten zu wollen, wurden deshalb am Beispiel ehemaliger großer, alt gewordener politischer und wirtschaftlicher Organisationen deren Werden, Wachsen und Vergehen dargelegt und gemeinsam unter Anleitung eines externen Moderators mögliche Begründungen für deren Scheitern erarbeitet.

Diese Schlussfolgerungen wurden in das beschriebene St. Galler Unternehmensentwicklungsmodell integriert, und nachdem man sich immer mehr von der Richtigkeit und Relevanz des Modells überzeugen konnte, wurde es schrittweise auf einzelne scheinbar typische Gesellschaften des Konzerns übertragen. Zum

Einsatz kamen dabei zwei Instrumente, welche sich für ein erstes sog. Blitzscreening sehr bewährt haben: Mit dem aus der Strategie- und Organisationspraxis bekannten sog. „Eisberg-Modell" wurde aus einer Hubschrauberperspektive vor allem das „Unsichtbare", nicht direkt Sichtbare, in den Mittelpunkt der Betrachtungen gelegt und zwischen Ursachen und Symptomen unterschieden (vgl. Abbildung 7: Eisberg) Entsprechend konnte auch deutlich gemacht werden, in welchen Bereichen die tatsächlichen, „anzupackenden" Aufgabenstellungen liegen.

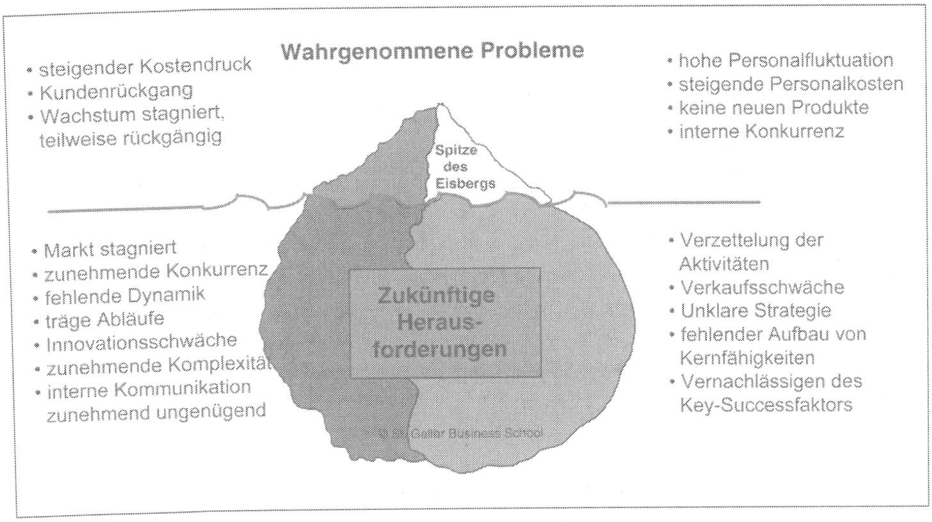

Abbildung 7: Eisberg

Im Rahmen eines nicht ganz einfachen „Selbstfindungs-Prozesses" fand sich ein Konsens, dass Erfolg nicht weiter fortgeführt werden kann, indem man bloß an den einschlägigen, einst wirkungsvollen Stellschrauben der Vergangenheit dreht. Anstatt sich ausschließlich wie bisher auf Hard Facts zu konzentrieren, kam der Vorschlag, in der für die Untersuchung herangezogenen Ländergesellschaft zunächst einmal die Kultur im „Führungs-Cockpit" selbst genauer unter die Lupe zu nehmen und nach im Verlaufe der Zeit entwickelten inadäquaten Verhaltensweisen zu fragen, die eine Zusammenarbeit eher behindern als fördern. Im Rahmen verschiedener Diskussionen um die diesbezügliche „optimale Flughöhe" einer Führungsmannschaft in bestimmten Unternehmensphasen kamen Verhaltensweisen der einzelnen Akteure zu Tage, die nicht mehr kongruent zum aktuellen Reifegrad der Gesellschaft waren. Sehr rasch wurde bei der exemplarisch herangezogenen Landesgesellschaft dann auch deutlich: Für den weiteren Erfolg ist alles vorhanden: Erfahrung, Kunden, Produktionsstätten, Märkte, Logistik, Top-Mitarbeiter, Finanzressourcen. Nur die Führung passte nicht mehr in die aktuelle Konfiguration des Unternehmens.

100 weitere typische Gesellschaften unterzogen sich anschließend mittels des zweiten rasch einsetzbaren Tools, des sog. „Lebenszyklus-Radars", der Untersuchung und konnten in der Folge aufgrund einiger weniger typischer Merkmale

Lebenszyklus–Radar: In welcher Phase befinden wir uns – Blitzscreening*)

In welcher Phase befinden wir uns?

Typische Merkmal Phase 1:	Trifft zu	Trifft nicht zu
• Junges Unternehmen	o	o
• Umsatzorientiertes Verkaufen steht im Vordergrund	o	o
• Das Management als Allrounder	o	o
• Persönliche Beziehung des Managements mit vielen Kunden	o	o
• Eher Autoritär-patriarchalischer Führungsstil	o	o
• Keine formalen organisatorischen Hilfsmittel, wenig standardisierte Abläufe, keine Stabsabteilungen	o	o
• Geringer Spezialisierungsgrad der Mitarbeiter	o	o
• Aktivitäten des Unternehmens eher „partisanenhaft"	o	o
	Total: ☐	

Typische Merkmal Phase 2:	Trifft zu	Trifft nicht zu
• Umsatz sowie Anzahl der Mitarbeiter steigen rasant an	o	o
• Unternehmen weist Funktionalstruktur auf	o	o
• Standardisierung der Produktpalette, viele neue Produkte	o	o
• Delegativer Führungsstil	o	o
• Einführung von Stäben (IT, Controlling)	o	o
• Zunehmende Formalisierung der Kommunikationsstrukturen	o	o
• Weniger Innovation, vielmehr Multiplikation	o	o
• Ausgeprägtes Expansionsdenken auf allen Unternehmensebenen	o	o
• Zunehmender Spezialisierungsgrad der Mitarbeiter	o	o
• Weiteres Umsatzwachstum durch erste Segmentierungs- bzw. Regionalisierungsansätze	o	o
	Total: ☐	

Typische Merkmal Phase 3:	Trifft zu	Trifft nicht zu
• Quantitatives und qualitative geringes Wachstum	o	o
• Zunehmende Stagnation der Märkte	o	o
• Das obere Management weist kaum Basiskontakt auf	o	o
• Zunehmende Machtkämpfe des Managements	o	o
• viele Standardisierungs- und Kontrollinstrumente	o	o
• Abwanderung guter Mitarbeiter	o	o
• Orientierung an Finanzgrössen und Produktivität überdeckt nicht-quantifizierbare Zielgrössen wie Qualität, Know how, Verkäuferkompetenz	o	o
	Total: ☐	

Typische Merkmal Phase 4:	Trifft zu	Trifft nicht zu
• Überkapazitäten, Preiskämpfe, Verdrängungswettbewerb	o	o
• Intoleranz gegenüber abweichende Verhalten	o	o
• Politisierung betrieblicher Entscheide	o	o
• Deutlicher Umsatzrückgang, Substitution	o	o
• Unklare Anweisungen and den Mitarbeiter, Hineinregieren durch den Vorgesetzten/Topmanagement, wechselnde Prioritäten	o	o
• Reagieren auf Aktionen der Konkurrenz	o	o
• Überalterung des oberen Managements, Selbstisolation	o	o
	Total: ☐	

***) am Beispiel eines Direktvertriebsunternehmens im Körperpflegebereich; in Anlehnung an den Fragebogen bei Schwaninger (Checkliste)**

Vorgehen zum Grobscreening des Lebenszyklus

- Die jeweiligen Merkmale überprüfen und bewerten: Trifft zu, Trifft nicht zu
- Die Anzahl Bewertungen mit „Trifft zu" an der entsprechenden Achse des Lebenszyklus-Radars abtragen
- Die einzelnen Punkte aller vier Achsen verbinden
- Einschätzung der Lebenszyklusphase vornehmen

WICHTIG: Es gibt keine 100%ig klare Zuordnung zu den einzelnen Phasen. Die Graphik zeigt in der Regel aber eine klare Tendenz an.

Abbildung 8: Radar 1

rasch den typischen Phasen des Lebenszyklus zugeordnet werden. Anhand der jeweiligen Konfiguration erfolgreicher bzw. erfolgloser Gesellschaften hinsichtlich Märkten/Produkten/Human Resources Management und Finanzen konnten rasch Erfolgs-Verhaltensprinzipien pro Lebenszyklusphase herausgefiltert werden. Daraus wurden allgemeine Dos und Don‘ts pro Phase definiert. Die Abbildung 6: Dos/Don‘ts zeigt dies anhand zweier Gesellschaften in stark vereinfachter Form auf. Nur zu deutlich wurde allen, dass die Erfolgszutaten immer wieder für jede neue Etappe neu und anders gemischt werden müssen, mit entsprechend großen Auswirkungen auf Strukturen, Prozesse und Mitarbeiter. Der Wille zum „Neumischen“ muss aber vorhanden sein, entsprechend brauchen das Top-Management und die Schlüsselmitarbeiter ein gemeinsames akzeptiertes Bild der Zukunft. Entsprechend hat in der Folge jede Gesellschaft eine griffige, plakative Lebenszyklus-Strategie, im Abgleich zu bestehenden Stärken/Schwächen wie auch Chancen/Gefahren, erarbeitet, welche Auskunft über aktuelle Phase, Stoßrichtung und besonders natürlich einzuleitende Maßnahmen gibt. Die Grundlage kann hier die von der St. Galler Business School auf Basis allgemeiner Strategiepraxis entwickelte Lebenszyklus-Strategie bilden (vgl. Abbildung 10: Strategie).

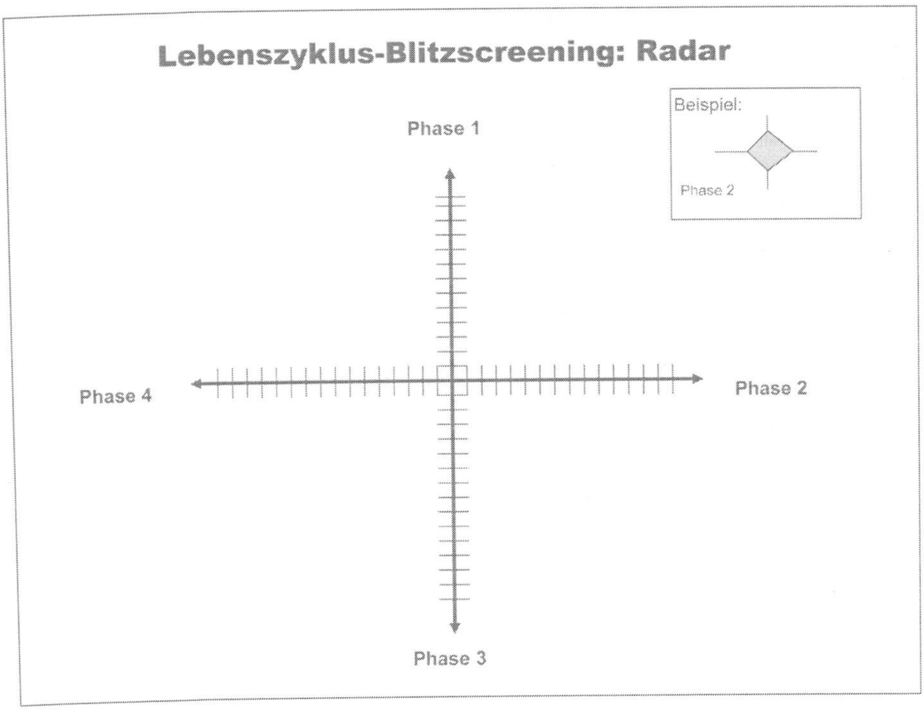

Abbildung 9: Radar 2

Es soll klar geworden sein, dass nicht ein vorgefertigtes Modell nach dem Prinzip einer „Bombenwurfstrategie“ zum Einsatz gekommen ist, bildlich gesprochen verzichtete man auf den Einkauf eines „fixfertigen Konfektionsanzuges“, sondern die Einführung des Lebenszykluskonzeptes folgte einem Implementierungsansatz, welcher das Management der zentralen Hauptgesellschaften des Konzerns von Anfang an ins Boot holte und stark auf deren Rückmeldungen aufbauen konnte. Aus der Konsolidierung der Lebenszyklus-Strategien entstand letztlich ein spezifisches adaptives Modell eines Konzern-Lebenszyklus. Sämtliche Gesellschaften können so den jeweiligen Lebensphasen zugeordnet werden, woraus sich Anknüpfungspunkte für ein nicht nur quantitativ orientiertes Controlling ergeben. Aus einem anfänglichen „Experimentieren mit einzelnen Stoffballen“ wurde mit der Zeit ein edler, perfekt sitzender Maßanzug.

Im „Betrieb“, d.h. in der konkreten permanenten Anwendung des Modells, liegt allerdings erst der Gesamterfolg begründet. Entsprechend war es Aufgabe eines Umsetzungsteams, die richtige Anwendung des Modells zu sichern und weiter zu festigen, das heißt den Maßanzug auch aus dem Schrank zu nehmen und ihn bei bestimmten, zum vorneherein festgelegten Anlässen zu tragen. Dies bedeutet in der Praxis, dass jeweils kritisch alle aufgrund des Modells getroffenen Maßnahmen nach ihrem Erfolgsbeitrag jährlich beurteilt und neu ausgerichtet werden müssen.

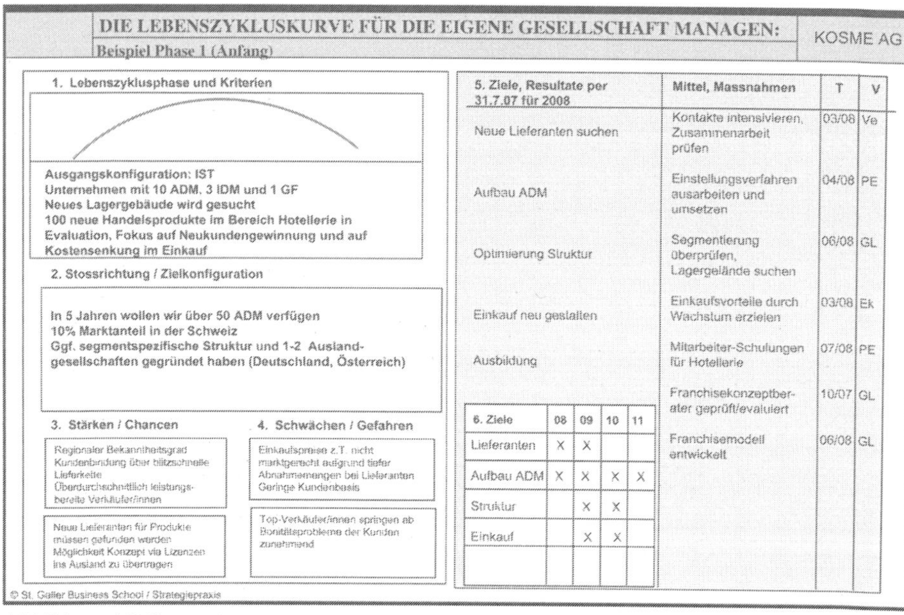

Abbildung 10: Strategie

Diese Vorgehensweise folgte klar dem von Ulrich und Bleicher postulierten Lernprozess: überblicks- und hubschrauberartig einzusteigen, die einzelnen Elemente zuerst grob, dann verfeinert mit „konkretem“ Leben zu füllen und das Modell so aufzubauen, dass sämtliche Instrumente und Tools rekursiv auf der nächsten Ebene wieder zum Einsatz kommen können.

6. Schlussfolgerungen

- Unternehmen, die einen Veränderungsbedarf nicht erkennen oder angehen wollen, werden später auf extremen äußeren Druck (Banken, drohende Insolvenz) reagieren müssen. Meist ist dann eine Transformation aber nur noch unter sehr großen Opfern möglich. Das Lebenszyklusmodell kann hier somit helfen, eine Art künstlichen Leidensdruck im Vorfeld zu schaffen, so dass einzelne Gesellschaften nie in solch kritische Situationen kommen.
- Das Modell ist universell anwendbar, und zwar auf Unternehmen jeder Größenordnung und jeder Branche. Durch die modellhafte Beschreibung des Unternehmens als Ganzes wird es den Führungskräften ermöglicht, gerade im späteren Verlauf des Modelleinsatzes auf eine einfache Art und Weise rasch Informationen über Position und Zielerreichungsgrad zu erhalten und so einen fruchtbaren, permanenten Wandel sicherzustellen.
- Es ist aber deutlich zu betonen, dass es nicht „das Patentrezept", keine allgemeingültige Anleitung zur Umsetzung gibt; vielmehr gilt es zielorientiert, dabei adaptiv und gleichzeitig kreativ einen geeigneten Weg zu finden und diesen vor allem dann auch zu beschreiten.
- Deshalb ist dem Aspekt des Lernens beziehungsweise einem prozessorientierten Vorgehen ein besonderer Stellenwert einzuräumen.
- Jede Phase beinhaltet immer bestimmte organisatorische Veränderungsnotwendigkeiten. Sämtliche bestehenden Funktionen/Bereiche/Divisionen sind bei jedem Phasenübergang einer kritischen Überprüfung zu unterziehen. Ein sich daraus ergebendes systematisches Umorganisieren wird dadurch eher zur Regel und nicht zur Ausnahme. Daraus ergibt sich für Mitarbeiter zwar der Zwang zur Veränderung, gleichzeitig aber auch die Chance der persönlichen Weiterentwicklung. Nur so können Mitarbeitende ihr Potenzial nutzen.
- Die ganzheitliche Lebenszyklusmodellbetrachtung zwingt die Führungskräfte aller Stufen, sich mit allen hinter den Zahlen steckenden Problemen und anzupackenden Aufgaben auseinanderzusetzen: Reine quantitative Planungen verdecken häufig den Blick auf die hinter den Ist- und Soll-Zahlen liegenden wirklichen Herausforderungen.
- Daher sind bewusst auch nicht messbare, nicht quantifizierbare und nicht mathematisch formulierbare, eher nebulöse Phänomene (z.B. Führungsstile, Geschichte des Unternehmens) in das Denkmodell mit einzubeziehen. Dadurch können unterschiedlichste Sachverhalte nach einheitlichen Gesichtspunkten analysiert und gestaltet werden.
- Qualitative Aussagen sind am Ende aber dennoch immer mit quantitativen Aussagen zu versehen: Die Ziele einzelner Maßnahmen müssen quantitativ wiedergegeben werden können. Eine Maßnahme, die quantitativ hinsichtlich ihrer Wirkung überhaupt nicht darstellbar ist, kann auch nicht erfolgreich sein, da weder kontrollierbar noch steuerbar. Am Anfang kann und soll man sich aber mit groben Hilfsgrößen behelfen.
- Sämtliche qualitativen Maßnahmen müssen quantitativ aufsummiert letztlich in einer Art Gesamtunternehmens-Cockpit die Gesamtsituation (z.B. Kon-

zern-Lebenszyklus-Portfolio), die Gesamtaufwand- bzw. -erlössituation des Unternehmens widerspiegeln.

- Aufgabe im Rahmen einer mindestens jährlichen Prüfung des Top-Managements wird es sein, das Gesamtbild der jeweiligen Unternehmung kritisch unter die Lupe zu nehmen und auf Plausibilität zu prüfen. So ist aus Gesamtsicht sichergestellt, dass nicht plötzlich und unerwartet die Entwicklung aus dem Ruder läuft.
- Mit Hilfe eines solchen „Life-cycle-Tools" erreichen Unternehmen eine wesentlich höhere „Trefferwahrscheinlichkeit" und es kann ein immer souveräner Umgang mit schwierigen Situationen stattfinden, da die Maßnahmenkataloge, quasi der Inhalt des Medikamentenkastens, immer größer werden und zum Voraus für viele „Leiden" die passenden Medikamente bereitliegen.
- Viele der Maßnahmenpläne der Lebenszyklusstrategie werden anfänglich noch ungenügend und oberflächlich sein. Diese werden mit jeder neue Runde weiter zu perfektionieren sein. Daraus wird in drei bis vier Jahren ein sehr gutes, kompaktes und schlankes Steuerungssystem für jede Unternehmung. Ein solches Vorgehen setzt Lernbereitschaft wie auch Akzeptanz von Nicht-Perfektion in der Anfangsphase voraus.
- Es steht kein „Formular-Ausfüllen" im Zentrum: Jede Führungskraft muss sich Gedanken machen über die Zukunft ihrer Unternehmung und ihren Beitrag dazu. Insofern kann sie diese Gedanken auch leicht im Rahmen dieses strukturierten Modells darlegen. Das Modell hilft ihr zu prüfen, ob sie wirklich alle relevanten Überlegungen angestellt hat.
- Mit Hilfe des sich aus dem Lebenszyklusmodell ergebenden Maßnahmenpaketes können Aussagen des Managements perfekt und kritisch hinterfragt werden. Stimmen Zahlen nicht, wird die Ausrede: „Der Wettbewerb hat Preise gesenkt", nur gelten, wenn dergestalte Risiken bereits in den Lebenszyklusstrategien aufgeführt sind, inklusive geplanter Gegenmaßnahmen etc. Aufgabe des Top-Managements ist in diesem Zusammenhang, Impulse zu geben, zu fragen, nachzubohren, Abweichungen zu hinterfragen.
- Gerade in großen Konzernen gilt: Nicht alle Tochterfirmen eines Konzerns haben die gleiche Statur, das gleiche Aussehen, das gleiche Alter: Dies heißt auch, dass die Merkmale der einzelnen Phasen und die Dos/Don`ts nicht auf alle Gesellschaften 1:1 übernommen werden dürfen. Daher muss das Modell so offen sein, dass es regional, divisional, branchen- und unternehmensspezifisch angepasst werden kann.
- Diskussionen über Sinn und Unsinn des Modells sind immer wichtig und nötig: nur dadurch wird das Modell hinsichtlich seiner Inhalte weiter geschärft. Das Modell ist dementsprechend nicht Selbstzweck, sondern Denkhilfe (Genies denken eigentlich immer in derartigen Strukturen – ohne dass sie sich dessen vielleicht bewusst sind).
- Als Unternehmer haben wir es insgesamt wahrscheinlich mit ganz „normalen" Mitarbeitern zu tun: Die hohe Kunst der Führung besteht dann darin, mit diesen durchschnittlichen Menschen überdurchschnittliche Resultate zu

erzielen, was Peter Drucker schon in den 60er Jahren forderte. Dementsprechend müssen wir auch passende einfache Tools und Turngeräte bereitstellen.

- Die Berücksichtigung der sozialen Dimension (Human Resources Management) des Unternehmensgeschehens ist unverzichtbar: Das Unternehmen als gesellschaftliche Institution ist ein System, dessen Elemente Menschen sind. Daraus ergeben sich Situationen, die nicht immer rational begründbar und vorhersehbar ist, sondern ein Resultat vielfältiger sozialer, zwischenmenschlicher Vorgänge und Konstellationen. Im Zweifel ist dem Menschen, nicht den Modellaussagen der Vorzug zu geben.
- Führungsstil: Die Art der Führung, mithin der Führungsstil, ist jeder Phase anzupassen. Der vielleicht autoritäre, chaotische „Partisanenchef" einer frühen Phase 1 ist nicht unbedingt der Manager für eine große Gesellschaft in einem reifen Markt. Es zeugt von der Größe eines Managers, sich persönlich immer wieder zu fragen, ob er am richtigen Platz ist.
- Der Lebenszyklus von Unternehmen und seinen Managern verläuft nicht kongruent; entsprechend führen persönliche Interessen, Rücksichtnahmen, Besitz-Standesdenken etc. vielfach zu Führungsstrukturen, die das Unternehmen behindern. Es ist Aufgabe der Eigner, hier frühzeitig, wenn nötig, einzugreifen.
- Gleichzeitig sollte deutlich geworden sein, dass ein Lebenszyklus-Prozess „nie" aufhört, das heißt, sobald man den Prozess durchlaufen hat, „ist wieder von vorne zu beginnen". Damit ist das Modell auch zur Lern- und Denkhilfe geworden. Der Praktiker und erfahrene Berater wird dabei selbstverständlich nicht immer den ganzen Prozess durchlaufen, sondern erkennt auf Grund langjähriger Erfahrung sofort entsprechende Knackpunkte.
- Da der Lebenszyklus-Prozess nie abgeschlossen ist, empfiehlt es sich, allenfalls eine zu institutionalisierende Lebenszyklus-Abteilung zu schaffen; diese hat als partnerschaftlicher Coach, Feedbacklieferant, Kommunikator, Motivator, Integrator, Impulsgeber u.a.m. aufzutreten. Es ist auf Transparenz in der Vorgehensweise zu achten. Zudem hat sie dafür Sorge zu tragen, dass das Konzept „Lebenszyklus" „lean" gestaltet wird und bleibt.

Werden diese Ratschläge als Angebot zur „education permanente" im Lebenszyklus-Management befolgt, wird in normalen Zeiten sicher und bei Turbulenzen dank Vorbereitung erst recht optimales Handeln ermöglicht.

7. Lern- und Kontrollfragen

- Welche Spielarten der Unternehmensentwicklung lassen sich unterscheiden?
- Was bezweckt das St. Galler Konzept Integriertes Management?
- Welche typischen Lebenszyklus-Phasenverläufe lassen sich in einer Unternehmung üblicherweise unterscheiden, welche Merkmale kennzeichnen die einzelnen Phasen?

- Was ist bei der Einführung eines Lebenszyklusmanagement-Konzeptes in einer Großunternehmung zu beachten? Wie würden Sie einen derartigen Prozess steuern? Welche Instrumente kommen zum Einsatz?
- Welche generellen Schlussfolgerungen ergeben sich aus dem Lebenszykluskonzept?

8. Verwendete und weiterführende Literatur

Abegglen C. (Hrsg.): Management im Wandel, in: Meilensteine eines Integrierten Management von Knut Bleicher, Bd. 1, St. Gallen 2005

Ansoff H.I.: Strategies for Diversification, in: Harvard Business Review 35 (5/1957), S. 113–124

Bleicher K.: Das Konzept Integriertes Management, 7. Aufl., Frankfurt/New York 2004

Brauchlin E./Hauser P.: Integriertes Management in der Praxis, Frankfurt/New York 2004

Malik F.: Führen, leisten, leben, München 2001

Nagel R./Wimmer R.: Systemische Strategieentwicklung. Modelle und Instrumente für Berater und Entscheider, Stuttgart 2002

Pümpin C./Prange J.: Management der Unternehmensentwicklung. Phasengerechte Führung und der Umgang mit Krisen, Frankfurt/New York 1991

Pümpin C./Wunderlin C.: Unternehmensentwicklung. Corporate Life cycles: Metamorphose statt Kollaps, Bern/Stuttgart/Wien 2005

Raisch S./Probst G./Gomez P.: Wege zum Wachstum. Wie Sie nachhaltigen Unternehmenserfolg erzielen, Wiesbaden 2007-08-14

Schwaninger M.: Intelligent Organizations. Powerful Models for Systemic Management, Berlin/Heidelberg 2006

Von Krogh G.: Inneres Gleichgewicht. Die Grenzen gesunden Wachstums, in: Wirtschaftswoche, Nr. 28, 9.7.2007, S. 67

Wolf J.: Organisation, Management, Unternehmensführung. Theorien und Kritik, 2. Aufl., Wiesbaden 2005

Organizational Maturity – oder: Wie reif muss eine High-Performance-Organisation sein ...?

Robert Neumann

In diesem Beitrag erfahren Sie

- wie man die Reife von Organisationen (Organizational Maturity) definieren kann
- welche unterschiedlichen Reifegradmodelle es gibt
- was man unter Fähigkeiten, Kompetenzen, Intelligenz und Fortschrittsfähigkeit von Organisationen versteht
- für welche unterschiedlichen betrieblichen Anwendungen das Organizational-Maturity-Modell einsetzbar ist
- welche Zusammenhänge zwischen Organizational Maturity und Change Management bestehen.

1. Hintergrund und Zielsetzung

Wirtschaftlicher Erfolg reicht den wenigsten Unternehmen und Führungskräften. Das Streben nach Mehr, nach einem vermeintlichen Optimum, nach Steigerungsraten, die die Konkurrenz beeindrucken, das ständige Vergleichen mit Best Practices anderer Unternehmen beherrscht die Wirtschaftspraxis und treibt somit die Geschwindigkeit an Veränderungen im sprichwörtlichen Hamsterrad noch rasant an. Da verwundert es auch weiter nicht, wenn jene Management-Konzepte an Attraktivität gewinnen, die diesem Wunsch nach Wachstum und Optimierung entsprechen. Total-Quality-Management-Konzepte punkteten dahingehend, dass sie nicht nur die umfassende Qualität in den Vordergrund stellten, sondern auch das ständige Lernen und Weiterentwickeln – gemessen an den Leistungen vergleichbarer Benchmarkpartner –, um so schrittweise im Sinne eines Continuous Improvement für Verbesserungen zu sorgen. Ob damit immer auch die Qualität tatsächlich umfassend weiterentwickelt wurde und Lessons Learned die Folge sind, ist fallweise unterschiedlich zu diskutieren und zu beantworten. Offen ist auch die Frage, ob damit der Reifegrad und damit die Qualität an Problemlösungen, die Qualität in der Führungsarbeit, die Qualität im Einsatz und der Weiterentwicklung von Mitarbeitern, die Qualität im Umgang mit Kunden und Partnern usw. tatsächlich Verbesserungsraten aufzuweisen hat. Die Reife einer Organisation ist also differenzierter zu hinterfragen, ist sie doch von so vielen unterschiedlichen Faktoren abhängig, wie der jeweiligen geschichtlichen Entwicklung, dem Einfluss der jeweils prägenden Führungspersönlichkeiten, der Bewältigung verschiedener Reifungskrisen im Laufe des Bestehens, den unterschiedlichen Einwirkungen seitens des Marktes, der Orientierung gegenüber Mitbewerbern usw. Im Sinne einer betriebswirtschaftlichen Anschlussfähigkeit besitzt diese Thematik aber nicht nur einen intellektuellen Reiz, sondern verspricht auch eine vielfältige Verwertbarkeit. Wäre es nicht reizvoll, die Reife von Unternehmen nach allgemein anerkannten Merkmalen skizzieren und messen zu können, sodass damit auch eine Vergleichbarkeit mit anderen Unternehmen gegeben wäre? Darüber hinaus hätte man so eine klare Orientierung und Ausrichtung von Veränderungs- und Entwicklungsmaßnahmen in Richtung einer gezielten und geplanten Steigerung dieses Reifegrades, um damit nicht nur die Business Performance, sondern auch den Wert des Unternehmens erhöhen zu können. Diese Schemata würden dann auch eine klare Wertbestimmung erlauben, was wiederum in Due-Diligence-Berechnungen bei Mergers & Acquisitions von Vorteil wäre. Im Post-Merger-Integration Management ergibt sich damit ein klarer Anhaltspunkt, in welche Richtung die zu integrierenden Unternehmen(seinheiten) zu entwickeln sind, um eine gemeinsame unternehmensweite Reife zu besitzen. Standorte von Unternehmen, verschiedene Geschäftsbereiche bzw. Abteilungen usw. könnten im internen Wettbewerb hinsichtlich Reifeentwicklung konkurrenzierend miteinander verglichen werden, um damit womöglich Rückschlüsse auf die Management-Qualität ziehen zu können. Apropos Management-Qualität: Gibt es da vielleicht auch nachweisbare Zusammenhänge zwischen der Reife eines Unternehmens und der Reife der verantwortlichen Führungskräfte wie auch der Reife der jeweiligen Mitarbeiter/innen bzw. der Reife der Projektorganisation usw.? Die Bewertung des Reifegrades eines Unternehmens misst somit erreichte Fortschritte gegenüber einem angestrebten Ideal-Modell für Spitzenleistungen einer High-Performance-Organisation (siehe dazu den Beitrag „Organisationsdesign heute …“ in diesem Band), beteiligt die Mitarbeiter der Organisation und verpflichtet diese, kontinuierliche Verbesserung und Kundenzufriedenheit anzustreben, fördert und ermöglicht das Benchmarking mit anderen Unternehmen und liefert eine umfassende Analyse und Basis für die strategische Ausrichtung des Unternehmens sowie eine Priorisierung für anstehende Veränderungs- und Entwicklungsmaßnahmen.

Das Thema scheint also nicht nur vielfältig verwertbar, sondern zeigt darüber hinaus Wechselwirkungen und Gesamtzusammenhänge bzw. Ursache-Wirkungs-Ketten auf, die nicht so trivial erscheinen und sicherlich auch nicht so ohne weiteres allgemeingültig beantwortet werden können. Die Frage ist auch, ob die Reifung eines Unternehmens der bewussten Absicht von gezielten Managementmaßnahmen unterliegt oder nicht viel mehr Ergebnis von reflektierten Lernprozessen unter Einbeziehung verschiedener Erfahrungswelten ist. Außerdem ist noch zu definieren, ab wann eigentlich eine Organisation als soziale Einheit eine Reife aufweist, wie man diese erkennt und vor allem, nach welchen Kriterien hier eine Beurteilung erfolgen soll. Wie auch immer, das Thema hat seinen Reiz und bietet verschiedenste Ansatzpunkte für eine stetige Professionalisierung von Unternehmen, weshalb in der Folge darauf konzentrierter eingegangen werden soll. Neben den Ursprüngen und historischen Wurzeln dieses Ansatzes soll vor allem erstmals ein möglicher Klassifizierungsraster vorgestellt werden, um hier nicht nur einen Beitrag für eine zu führende Diskussion im Organisationsbereich zu liefern, sondern um vor allem einen nächsten Schritt in Richtung Anwendbarkeit zu gehen.

2. Die Reife als Ausdruck von Fähigkeiten, Kompetenzen, Intelligenz und Entwicklung

Bevor auf die unterschiedlichen Möglichkeiten und bisherigen Versuche der Messung des organisationalen Reifegrades im Detail eingegangen werden kann, müssen zunächst einige grundlegende begriffliche Klärungen erfolgen und hier insbesondere eine attributionstheoretische Abgrenzung der Begriffe Fähigkeit, Kompetenz, Intelligenz und Reife.

Der Begriff der **Fähigkeiten** bezeichnet insbesondere jene erworbenen Bedingungen, die zur Erreichung von Leistungen notwendig sind. Dazu gehören auch Fertigkeiten und Kenntnisse im Sinne der Capabilities, womit das Können, die Leistungsfähigkeit, das Leistungsvermögen, das Potenzial, das Talent, die Tauglichkeit, die Tüchtigkeit und das Vermögen in Verbindung gebracht werden. Die Fähigkeiten einer Organisation basieren auf Wissen und der zielgerichteten Bündelung und Anwendung desselben, sodass Leistungen erstellt und verwertet werden können. Damit besitzen diese Fähigkeiten einen unternehmensspezifischen Potenzialcharakter, d.h. es manifestieren sich darin Erfolgspotenziale, die es gezielt aufzubauen und zu nutzen gilt. In den Fähigkeiten einer Organisation spiegeln sich dann Erfolgspotenziale wider, wenn es dem Unternehmen gelingt, mit den sozio-ökonomischen Anforderungen des Umfeldes in Form von Chancen und Gefahren erfolgreich umzugehen.

Kompetenz hingegen beschreibt die Fähigkeit, Aufgaben selbständig und in Eigenverantwortung durchführen zu können (und dürfen)? Insbesondere auf individueller Ebene wird damit auch die Qualifikation einer Person verstanden, was zur Entwicklung unterschiedlicher Kompetenzmessverfahren geführt hat (siehe den Beirag von Heyse, „Kompetenzmanagement. Methoden, Vorgehen, Praxiserfahrungen", in diesem Band). Auf die organisationale Kompetenz wird insbesondere im Zuge ressourcenbasierter Ansätze im strategischen Management eingegangen, wonach Wettbewerbspositionen und Unternehmenserfolge auf das vom Unternehmen gebildete und bereitgestellte einzigartige, firmenspezifische, insbesondere intangible Ressourcenbündel zurückzuführen sind. Kompetenz wird als komplexes Cluster akkumulierten Wissens verstanden, das für die Wettbewerbsfähigkeit eines Unternehmens bestimmend ist. Die **organisationale Kompetenz** besteht z.B. in der Fähigkeit, Ressourcen zu koordinieren und intelligent einzusetzen, in der Fähigkeit zur kongenialen Verbindung der Innen- und Außenwelt von Unternehmen, sodass daraus für den Kunden wertvolle Leistungen resultieren, und vor allem in der Fähigkeit, komplexe, herausfordernde Problemstellungen zu erfassen und Lösungen dafür anzubieten. Aus diesen Überlegungen zu den Fähigkeiten eines Unternehmens resultiert letztlich die Zielsetzung zur Konzentration der Managementmaßnahmen zur Bewirtschaftung der **Kernkompetenzen** eines Unternehmens, die darin gekennzeichnet sind, dass sie wertvoll (valuable), selten (rare), schwer imitierbar (imitable) und nicht substituierbar (non-substitutable) sind und so einen zentralen Wettbewerbsvorteil des Unternehmens darstellen. **Kompetenzmodelle** dienen der Beurteilung, inwieweit ein Objekt allgemeingültige, definierte qualitative Anforderungen erfüllt, wozu standardisierte Methoden zur Informationserhebung und Analyse angewendet werden.

Die **Intelligenz** eines Unternehmens spiegelt dann letztlich die Fähigkeit wider, intelligente Ressourcen eines Unternehmens auf talentierte Weise in einer Kette von Leistungen umzusetzen. Es geht somit um die Nutzung von Ressourcen auf wirkungsvolle erfolgreiche Weise. Dies schließt somit auch die organisatorische Lernfähigkeit, das organisatorische Gedächtnis und das organisationale Wissen mit ein, das für die Steigerung der Wettbewerbsfähigkeit gezielt genutzt und erweitert werden soll. Intelligente Organisationen verstehen es, Veränderungsnotwendigkeiten rechtzeitig zu erkennen, Lernprozesse zu initiieren, Wissen und andere Ressourcen zu nutzen, um ihr Können in ihren Handlungen und letztlich in ihren erzielten Ergebnissen auszudrücken. Sie gehen insgesamt intelligenter mit den Umweltanforderungen um, sie erkennen sie rechtzeitig, leiten proaktive Schritte ein, agieren am Markt flexibel, vernetzen sich intern wie extern, entwickeln innovative Produkte und Dienstleistungen und steigern damit ihre Wettbewerbsfähigkeit. Die Intelligenz von Organisationen wird auch mit dem „collective mind" in Verbindung gesetzt. Demnach ist der Erfolg einer Organisation weniger in den einzelnen Organisationsmitgliedern begründet, sondern vielmehr in den Abhängigkeiten und Beziehungen zueinander, im Handlungsstil, im Muster, das sich in Handlungen ausdrückt, sich ständig verändert und erneuert. Die Steuerung bzw. Entwicklung der Intelligenz einer Organisation vollzieht sich somit über indirekte Formen der Einflussnahme durch die Schaffung begünstigender Rahmenbedingungen (*Kontextmanagement*).

Die **Reife** steht für die Erreichung eines bestimmten Zustandes bzw. Grades innerhalb einer Entwicklung oder einer Perfektionierung. Während das Erreichen eines gewissen Entwicklungszustandes einen fast natürlichen Lauf nimmt oder fast schon nehmen muss und vorbestimmt scheint, kann man bei der Perfektionierung davon ausgehen, dass es jemanden gibt, der für die Herbeiführung des reifen Zustandes verantwortlich ist. Damit kommt vor allem der Qualität der Führungsarbeit im Gestaltungs-, Entwicklungs-, Veränderungs- und Reifungsprozess eine besondere Bedeutung zu. Entscheidend sind die jeweiligen Akzente, die eine Führungskraft zur Entwicklung weiterer Führungskräfte und zur Gestaltung kontextueller Rahmenbedingungen (Ziele, Strategien, Kommunikation, Kultur, Spielregeln, Richtlinien, Standards, Jobdesigns, technische Ausstattung, Personalarbeit usw.) setzt.

Die Reife einer Organisation schließt auch die jeweilige **Fortschrittsfähigkeit** mit ein und damit die von Kirsch angesprochenen Kernfähigkeiten wie *Wachsamkeit und Responsiveness*, *Lern- und Entwicklungsfähigkeit*, *Selbstregulations- und Erneuerungsfähigkeit* und letztlich die *Handlungsfähigkeit*. Insbesondere die **Entwicklungsfähigkeit** einer Organisation wird durch ein materielles wie auch immaterielles Ordnungsmuster bestimmt. Dabei handelt es sich einerseits um kollektive, kulturelle, von der Organisation getragene Glaubenssätze und Koordinatensysteme in Form von Denkmustern, Werthaltungen, Symbolen, Riten, Regelsystemen, usw. und andererseits um mikropolitisch verhaltenssteuernde Prozesse in Form von Handlungsprogrammen, Entscheidungsfindungs- und Konfliktlösungsmustern, Hintergrundinteressen usw.

Zusammenhänge zwischen dem Reifegrad einer Organisation und der jeweiligen **Historizität** und **Pfadabhängigkeit** in den unterschiedlichen Existenzstadien von Organisationen sind bis dato mit unterschiedlichen Schwerpunktsetzungen und Akzentuierungen thematisiert worden. So bestehen innerhalb der Betriebswirtschaftslehre *Metamorphosenmodelle* (Beschreibung einer Abfolge von Unternehmenszustandsphasen), *Krisenmodelle* (Behandlung von Entwicklungskrisen), *Marktentwicklungsmodelle* (Entwicklung von Unternehmen aufgrund externer Einflüsse des Marktes) und *Strukturänderungsmodelle* (Beschreibung der Unternehmensentwicklung aufgrund notwendiger Änderungen in den Strukturen der Organisation aufgrund eines Wachstums). Quinn und Cameron beschreiben z.B. neun **Lebenszyklusmodelle** und differenzieren zwischen einem *Entrepreneur-*, einem *Kollektivitäts-*, einem *Formalisierungs-* und *Kontrollstadium* und einem *Stadium der strukturellen Adaption*. Greiner hingegen konzentriert sich auf die **Evolution** und **Revolution** von Organisationen und geht davon aus, dass das Alter und die Größe einer Organisation entscheidend die Entwicklung und den Ablauf der Lebenszyklen prägen. Sein Zyklusmodell besteht somit aus Evolutions- und Revolutionsphasen, sodass ein höheres Entwicklungsniveau durch das bewusste Durchleben dieser Phasen entsteht. Phasen der **Unternehmensentwicklung** beschreiben auch Pümpin und Prange. Sie skizzieren vier Phasen, die *Pionier-*, die *Wachstums-*, die *Reife-* und die *Wendephase*, von Organisationen. Sie betonen dabei idealtypische Unternehmenskonfigurationen, die seitens des Managements mit dem Ziel der Ausschöpfung von jeweils phasenabhängigen Nutzenpotenzialen geprägt und gestaltet werden. Vor dem Hintergrund einer systemtheoretischen Betrachtung von Organisationen konzentriert sich Bleicher in seinem Modell der zyklischen Unternehmensentwicklung auf sechs Phasen, die entweder der inneren **oder** äußeren oder aber inneren **und** äußeren Unternehmensentwicklung zuzuordnen sind. Demnach durchleben Organisationen eine *Pionier-*, eine *Markterschließungs-* eine *Diversifikations-*, eine *Akquisitions-*, eine *Kooperations-* und eine *Restrukturierungsphase*. Der Zusammenhang zwischen diesen Wachstums-, Alterungs- und Krisenbewältigungsphasen von Organisationen und deren Reifegrad ist aus unserer Sicht jedoch kritisch zu hinterfragen. Denn es gibt Unternehmen, die durchaus Krisen gemeistert bzw. gemanagt haben und vielleicht via Costcutting-Maßnahmen und mit diversen Sanierungsstrategien überlebt haben, jedoch aus ähnlichen Ursachen schon wieder auf die nächste Krise zusteuern, weshalb hier wohl nicht von einem Lern-, Entwicklungs- bzw. Reifeprozess gesprochen werden kann. Reife setzt also die direkte Konfrontation mit Ursachen und deren Wirkung und eine bewusste Reflexion als Grundlage für Lernprozesse voraus, sodass daraus ein erweitertes Verhaltensrepertoire im Umgang mit ähnlichen Situationen entsteht. **Reife** kann somit eher mit Erfahrung, Perfektionierung, Souveränität, Weisheit und der Fähigkeit zur Reflexion kombiniert werden.

3. Die Grundstruktur von Reifegradmodellen

Das Besondere an **Reifegradmodellen** ist, dass sie die individuellen Beurteilungen der universellen Anforderungen der Kompetenzmodelle zusammenfassen und in Reifegraden zum Ausdruck bringen. Die Reifegrade werden dabei in eine sequentiell, aufeinander aufbauende Ordnung gebracht. Jedem Reifegrad werden eine oder mehrere universelle Anforderungen mit deren Erfüllungsgraden zugeordnet. Je mehr Anforderungen ein Objekt immer umfassender und damit besser erfüllt, als desto reifer wird es also eingeschätzt. Ein Reifegradmodell ist somit eine Art weiterentwickeltes Kompetenzmodell oder auch nur eine spezielle Form eines Kompetenzmodells.

Ansätze zur Bestimmung eines Reifegrades wurden bis dato primär aus technischen Perspektiven entwickelt, um z.B. aus der Sicht der Informatik die technischen Komponenten der Systeme und die Notwendigkeit ihrer jeweiligen Adaptierung nach definierten Kriterien beurteilen zu können. Modelle zur Beurteilung der organisationalen Reife bestehen in der Regel aus vier bis fünf aufeinander aufbauenden Stufen bzw. definierten Reife-Stadien („maturity levels", wobei **„maturity"** verstanden wird als „fully developed or grown up" bzw. „fully considered or perfected"). Es wird davon ausgegangen, dass eine Organisation jeweils eine Stufe gesamthaft durchlebt haben muss, um den nächsten darauf aufbauenden Reifegrad und das damit verbundene Fähigkeitenpotenzial erreichen zu können. Dieser gezielte Lern- und Entwicklungsprozess wird mittels kontinuierlicher Verbesserungs- bzw. Veränderungsprozesse unterstützt und gefördert, sodass jenes Fähigkeitsniveau erreicht wird, das auch den definierten strategischen Zielsetzungen entspricht. Im Wesentlichen verständigen sich alle gängigen Reifegradmodelle auf folgende fünf Reifeniveaus:

1. **Initial (initial)**: Das Handeln in der Organisation ist nicht koordiniert und nicht standardisiert. Die Auswahl der Handlungsgrundsätze unterliegt weitestgehend den handelnden Personen. Es gibt keine gemeinsame Sprachregelung. Das Verhalten der Organisation ist nicht voraussagbar und unzureichend gelenkt. Auf dieser Stufe lernen Organisationen ihren gegenwärtigen Reifegrad einzuschätzen und erkennen ihre Verbesserungspotenziale. Business-Prozesse werden hier als ad hoc und sogar als chaotisch charakterisiert. Sie sind nicht geplant und gesteuert und der Erfolg eines Projektes hängt in erster Linie vom Einsatz und der Kompetenz der Mitarbeiter ab. Projekte werden kaum gesteuert, es gibt unklare und wechselnde Anforderungen, die Planung ist unvollständig bzw. unrealistisch und die jeweils gewählte Vorgehensweise ist vom einzelnen Mitarbeiter abhängig.
2. **Wiederholbar (repeatable):** Einzelne Aufgaben, Prozesse und Handlungsweisen wurden erfolgreich bewältigt und wiederholt zur Anwendung gebracht. In Teilbereichen der Organisation sind sie bereits definiert, werden aber nicht in allen Bereichen angewandt. Es werden stets nur Teilbereiche des Unternehmens durch diese Prozesse und Handlungsweisen abgedeckt. Dieser Reifegrad ist für Organisationen bestimmt, die bereits mehrere Selbstbewertungszyklen durchlaufen und mit der Realisierung eines Verbesserungsprojektes begonnen haben. Hier sind die Mitarbeiter in der Lage, Projekte zu planen und auch zu realisieren. Anhand der Pläne können sie die Projektdurchführung verfolgen und steuern. Auf dieser Stufe sind die wesentlichen Managementprozesse etabliert.
3. **Definierte, standardisierte Prozesse (defined):** Prozesse und Handlungsweisen werden in der gesamten Organisation charakterisiert, verstanden, vereinheitlicht und standardisiert. Diese werden zu einer Methodik verdichtet, welche die Grundlage für eine einheitliche Planung und Steuerung der Organisation bilden. Die Mitarbeiter können Daten und Erfahrungen zwischen den Projekten austauschen. Sie dürfen sich nicht mehr nur auf das eigene Projekt konzentrieren, sondern müssen beispielsweise vorgegebene Vorgehensweisen nutzen oder Informationen sammeln, die in eventuell zukünftigen Projekten zur Anwendung kommen können.
4. **Quantitativ erfasst – Geleitet (managed):** Es werden Messwerte (Kennzahlen) für vereinbarte, quantitative Ziele gebildet und diese werden zur aktiven Steuerung der Organisation sowie zur Identifikation von Schwächen

verfolgt. Dadurch werden Ergebnisse wiederverwendet, womit insgesamt die Produktivität erhöht werden kann.

5. **Kontinuierliche Verbesserung – Optimierung (optimizing)**: Die höchste Stufe an Reife wird erreicht, sobald die Messwerte, welche in Stufe 4 definiert und verfolgt wurden, organisationsweit zur kontinuierlichen Verbesserung der Kompetenzen verwendet werden. Es werden Verfahren und Methoden entworfen, die es erlauben, aus der Tätigkeit in der Vergangenheit, der Planung und Kontrolle über die Kennzahlen zu lernen. Die Lernergebnisse dienen der weiteren Gestaltung des organisationalen Handelns. Auf dieser Reifestufe hat die Organisation die Fähigkeit entwickelt, sich bei größeren externen oder internen Veränderungen flexibel auf neue Anforderungen einzustellen. Bestandteil dieses Reifegrades bildet die kontinuierliche Verbesserung mit der systematischen Auswahl und Umsetzung von Verbesserungen sowie der systematischen Analyse von noch auftretenden Problemen. Hier werden Wettbewerbsvorteile durch höhere Qualität und Produktivität sowie ein schnelleres Time-to-Market erreicht.

Die Reifegrade 2 bis 5 setzen sich aus Prozessbereichen zusammen, die Anhaltspunkte dafür geben, wie ein Prozess verbessert werden kann. Die Anhaltspunkte konzentrieren sich darauf, was zu tun ist, nicht wie es zu tun ist. Diese Einschränkung erlaubt die individuelle Gestaltung der Aktivitäten je nach den Bedürfnissen der verschiedenen Organisationen. In den jeweiligen Reifeniveaus werden Messwerte definiert. Messwerte im Rahmen von Reifegradmodellen werden entweder dazu benutzt, um den Reifegrad eines Objektes oder die Zugehörigkeit eines Objektes zu einem Reifegrad zu bestimmen (Standortbestimmung) oder um daraus Maßnahmen zur Verbesserung abzuleiten (Standortverbesserung). Die jeweiligen **Key-Performance-Indikatoren** (KPIs) sind definierte Kennzahlen, also qualitative bzw. quantitative Metriken, anhand deren man den Fortschritt oder den Erfüllungsgrad hinsichtlich wichtiger Zielsetzungen oder kritischer Erfolgsfaktoren innerhalb einer Organisation ermitteln, messen, beurteilen und gegenüberstellen kann.

4. Gängige Reifegradmodelle im Überblick

Reifegradmodelle, die in Anlehnung an Konzepte eines Total Quality Managements primär der Beurteilung, dem Vergleich und der Optimierung von Qualität in der Softwareentwicklung dienen, repräsentieren im Wesentlichen die bisherigen Darstellungen organisationaler Reife und konzentrieren sich vorwiegend auf Prozesse und deren Verbesserung (continous process improvement). Man orientiert sich dabei an Fähigkeiten- bzw. Kompetenz-Profilen, die sich auf Prozesse, auf Mitarbeiter und Führungskräfte, auf die Abwicklung von Projekten oder auf die gesamthaften organisationalen Rahmenbedingungen konzentrieren. Auf die Charakteristika und Kernaussagen einiger dieser Grundmodelle soll hier nachfolgend kurz eingegangen werden.

4.1. Capability Maturity Model (CMM)

Das „Capability Maturity Model" (CMM) wurde ursprünglich vom amerikanischen Verteidigungsministerium entwickelt, um Richtlinien für die Vergabe von Software-Entwicklungsprojekten bereitstellen zu können. Die Weiterentwicklung des Grundmodells erfolgte dann vom Software Engineering Institute (SEI) der Carnegie Mellon University (Pittsburgh, Pennsylvania) in den Jahren 1986 bis 1991 zur Optimierung von Software-Entwicklungsprozessen und konzentriert sich auf die Definition, Etablierung und Optimierung der prozessorientierten Vorgehensweise in Softwareentwicklungsprojekten wie auch zur Etablierung von (Software-)Qualität im Projektmanagement und differenziert fünf aufeinander aufbauende Stufen (siehe Abbildung 1).

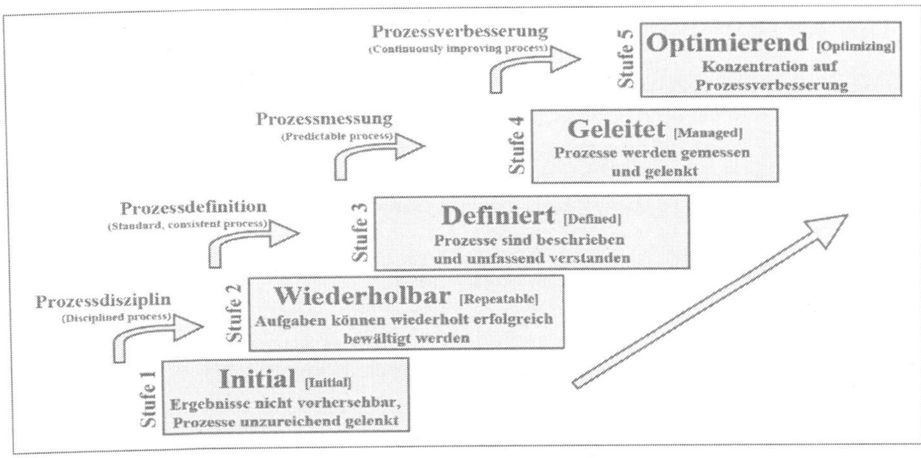

Abbildung 1: Die fünf unterschiedlichen Entwicklungsstufen

Die Reifegrade (levels) beschreiben die Fähigkeit, einen Prozess zu beherrschen (process capability). Dabei muss für jeden Reifegrad eine bestimmte Anzahl von aufeinander aufbauenden Schlüsselprozessbereichen (key process areas) beherrscht werden. Dies wird dadurch nachgewiesen, dass die Ziele (goals) einer Gruppe von Aktivitäten innerhalb der einzelnen Schlüsselprozessbereiche erreicht werden. Die Ziele spezifizieren den Umfang, die Grenzen und die Intention der einzelnen Aktivitäten innerhalb der Schlüsselprozessbereiche. Die Schlüsselpraktiken (key practices) haben stets fünf Indikatoren (Common Features) zur Überwachung der Institutionalisierung und Implementierung der Prozesse. Die institutionalisierenden Indikatoren sind die Verpflichtung zur Durchführung (commitment to perform), die Voraussetzungen zur Durchführung (ability to perform), die Messung und Analyse (measurement and analysis) sowie die Verifizierung der Implementierung (verifying). Implementierende Indikatoren der Schlüsselprozessbereiche sind die durchgeführten Aktivitäten (activities performed). Die Schlüsselpraktiken unterstützen also, sofern sie erfolgreich umgesetzt wurden, die Erreichung der Ziele in den Schlüsselprozessbereichen entweder implementierend oder institutionalisierend. Das **Capability Maturity Model Integration (CMMI)** wurde vom Software Engineering Institute in Zusammenarbeit mit dem US-Verteidigungsministerium und der National Defense Industrial Association auf Basis des CMM entwickelt. Eine wesentliche Änderung bei der Einführung des CMMI wurde im Bereich der Reifegradbestimmung vorgenommen. Neben der stufenförmigen Darstellung (staged) der Reifegrade wurde eine kontinuierliche (continuous) Darstellungsform eingeführt. Wie im CMM gibt es auch im CMMI fünf Reifegrade, welchen Prozessgebiete (process areas) zugeordnet sind. Im Unterschied zum CMM weist aber jedes Prozessgebiet bereits spezifische Ziele (specific goals) auf, welche durch spezifische Praktiken (specific practices) zu einer Implementierung des Prozessgebietes führen. Jedem Prozessbereich ist eine gewisse Anzahl von spezifischen Zielen zugeordnet, die wiederum einer bestimmten Anzahl von spezifischen Praktiken zur Zielerreichung zugewiesen sind. In der stufenförmigen Darstellung des CMMI gibt es zwei Stufen der Institutionalisierung und daher zwei generische Ziele (generic goals), welche sich durch die Anzahl an generischen Praktiken je Ziel unterscheiden, je nachdem, welchem Reifegrad diese zugeordnet sind. Die generischen Ziele weisen jeweils eine gemeinsame Struktur (common features) auf, welche über alle Prozessbereiche hinweg ähnliche Forderungen auf Basis der generischen Praktiken (generic practices) aufweisen. In der kontinuierlichen Darstellung des CMMI gibt es fünf generische Ziele. Jedes generische Ziel ist einem Fähigkeitsgrad (capability level) zugeordnet, wodurch sich dieses Modell vom stufenförmigen Ansatz unterscheidet, indem es jeden Prozessbereich einzeln und damit feingradiger zu beurteilen in der Lage ist und nicht den Reifegrad der gesamten Organisation misst.

Fähigkeitsgrad			***Generisches Ziel*** (GZ)	***Merkmale***
0	Incomplete	Unvollständig	***GZ 0*** Kein generisches Ziel erreicht	Ein Prozess wird nicht oder nicht vollständig durchgeführt, ein oder mehrere spezifische Ziele werden nicht erreicht.
1	Initial	Durchgeführt	***GZ 1*** Spezifische Ziele erreichen	Alle spezifischen Ziele eines Prozessgebietes werden erreicht.
2	Managed	Gemanagt	***GZ 2*** Einen gemanagten Prozess institutionalisieren	Ein Prozess wird geplant, die Einhaltung des Plans wird kontrolliert und Abweichungen werden ggf. korrigiert.

3	Defined	Definiert	***GZ 3*** Einen definierten Prozess institutionalisieren	Es werden bewährte Standardprozesse eingesetzt, die detailliert beschrieben werden. Außerdem liegt ein Verständnis über die Beziehungen zwischen den verschiedenen Prozessaktivitäten vor.
4	Quantitatively managed	Qualitativ gemanagt	***GZ 4*** Einen qualitativ gemanagten Prozess institutionalisieren	Ein Prozess wird mit Hilfe von statistischen und anderen quantitativen Methoden gesteuert und damit vorhersagbar.
5	Optimizing	Optimierend	***GZ 5*** Einen optimierenden Prozess institutionalisieren	Ein Prozess wird kontinuierlich verbessert, indem Abweichungsursachen behoben werden.

Tabelle 1: Die Kompetenzniveaus der Fähigkeitsgrade im kontinuierlichen CMMI

Wesentliche Vorteile des CMMI-Ansatzes sind die weite Verbreitung der Methode und die umfangreichen Erfahrungen in der Anwendung sowie die damit einhergehende Datenbasis. Auf Basis dieser Erfahrungen werden in regelmäßigen Abständen statistische Daten der letzten Assessments veröffentlicht, welche Einblicke in die Reifegradentwicklung, die Firmengrößen, die Branchenverteilung etc. bieten.

4.2. People Capability Maturity Model (PCMM)

Aufgrund der vielseitigen Adaptier- und Anwendbarkeit des Grundmodells zur Reifegradbestimmung wurden im Laufe der Zeit verschiedene Varianten des CMM entwickelt. So wurde es unter anderem für den Personalbereich nutzbar gemacht, um sozusagen die Reife von Mitarbeitern und Teams im Unternehmen zu bestimmen und zu verbessern. Es wird davon ausgegangen, dass die Mitarbeiter wesentliche Erfolgsträger der Organisation sind, d.h. nur durch eine Investition in die Weiterentwicklung, das Wissen und die Fähigkeiten von Mitarbeitern wird letztlich auch die Performance des gesamten Unternehmens erhöht.

Der **Reifegrad 1 (initial)** ist durch ein unbeständiges Management, inkonsistente Arbeitsabläufe, Unklarheiten bei Verantwortungs- und Ressourcenzuordnung, Ad-hoc-Reaktionen und eine unsystematische Mitarbeiteranleitung charakterisiert. Sobald die Führungskräfte die Verantwortung für die Mitarbeiterentwicklung, die Teambildung, die Kommunikation und das Management der verfügbaren Ressourcen übernehmen und die Kompetenzerweiterung von Mitarbeitern bewusst forciert wird, kann von einem **Reifegrad der Stufe 2 (managed)** ausgegangen werden. Werden die Mitarbeiterkompetenzen und die Teams auf die Strategien und Zielen der Organisation ausgerichtet und Leistungssteigerungen aufgrund der Kombination von Arbeitsabläufen und Ressourcen erzielt, so spricht man von einem **Reifegrad der Stufe 3 (defined)**. Ab dieser Stufe werden die Kernkompetenzen der Organisation durch die Kernkompetenzen der Mitarbeiter unterstützt und können ab der **Stufe 4 (predictable)** als strategischer Vorteil genutzt werden. Eine Organisation mit dieser Reife nutzt die Informationen aus Messungen, um die Effizienz und Effektivität ihres Ressourceneinsatzes zu ermitteln und Abweichungen in der Zielerreichung zu reduzieren. Power-Teams können aufgrund des Wissens über die gegenwärtigen und zukünftigen Kompetenzen der Mitarbeiter und die Anforderungen zusammengestellt werden. Die **Stufe 5 (optimizing)** wird gekennzeichnet durch die ständige Suche nach Wegen zur Verbesserung. Die Motivation soll gesteigert, die Potenziale sollen ausgebaut, es soll für Eigeninitiative in Bezug auf Weiterbildung gesorgt und die Effektivität der Mitarbeiter gemessen werden. Eine „optimierende" Organisation sorgt für ein Klima der gegenseitigen, leistungssteigernden Unterstützung zum Aufbau von Wissen, Kompetenzen und Fähigkeiten der Mitarbeiter, Teams, Gruppen, Abteilungen und der gesamten Organisation. Jeder Reifegrad weist eindeutig ihm zugewiesene Schlüsselprozesse auf, welche erfüllt werden müssen, um den nächsten Reifegrad erreichen zu können.

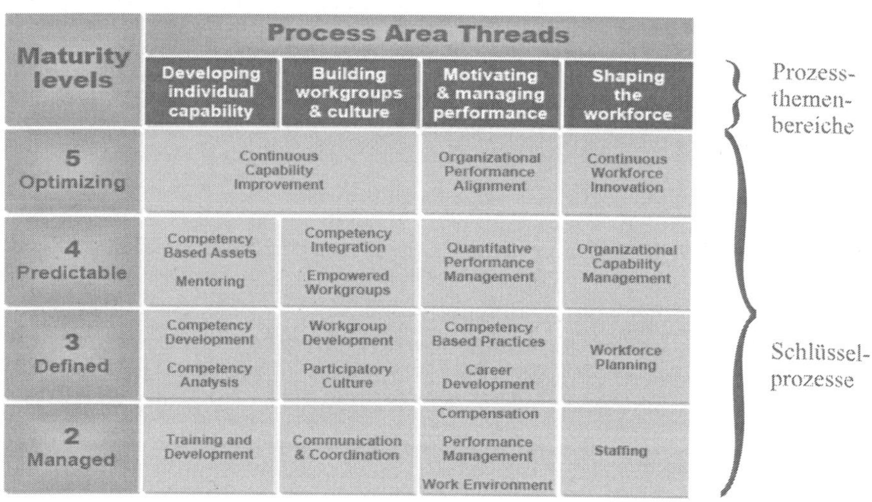

Abbildung 2: Schlüsselprozesse und Prozessthemenbereiche des P-CMM

Die Reifegrade zeigen die organisationale Reife an, indem ihnen Schlüsselprozesse zugewiesen werden, deren Leistungsfähigkeit durch die Erfüllung von Zielen beschrieben wird.

4.3. Leadership Maturity Model (LMM)

Das Leadership Maturity Model (LMM) verfolgt einen anderen Ansatz bei der Reifegradmessung als die bisher beschriebenen Modelle. Das LMM ist ein Kompetenzmodell zur Beurteilung von Führungseigenschaften, welches aber nicht, wie sonst üblich, die Fähigkeiten und Potenziale von Führungskräften misst, sondern die Fähigkeiten und Performance von Führungskräften in deren organisationalem Umfeld. Das Modell erhebt den Anspruch, die notwendigen Fähigkeiten und Potenziale von Führungskräften so zu entwickeln, dass jene Qualität erreicht wird, die notwendig ist, um die Strategie des Unternehmens konsequent und lösungsorientiert umzusetzen. Das Reifegradmodell soll in erster Linie die Fähigkeit bzw. die Rahmenbedingungen einer Organisation bestimmen, die nötig sind, um jene Führungskräfte zu fördern und zu befähigen, die auch die Unternehmung fortschrittsorientiert weiterbringen können.

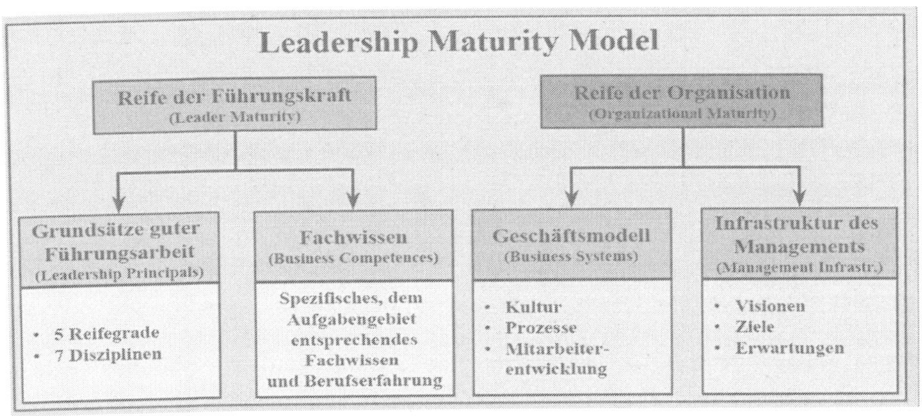

Abbildung 3: Umfang des Leadership Maturity Models (LMM)

Das LMM bewertet also neben der Effektivität der einzelnen Führungskraft auch das operationale unternehmensinterne Umfeld und differenziert dabei zwischen den Fähigkeiten selbst (ability) und der jeweils notwendigen Umsetzungsfähigkeit (capability).

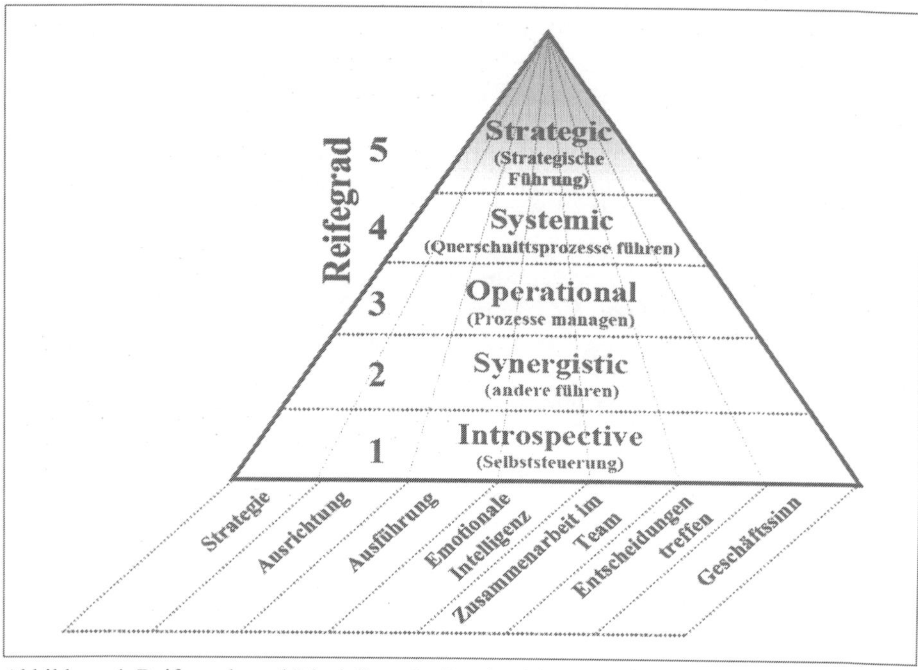

Abbildung 4: Reifegrade und Disziplinen im Leadership Maturity Model (LMM)

Bei der Reifegradbestimmung wird davon ausgegangen, dass effektive Führungsarbeit auf dem Erkennen der Basisfähigkeiten (Grundlagen), dem Einüben der Grundlagen und dem Praktizieren des Gelernten aufbaut und dies auch in weiterer Konsequenz so gemessen werden muss. Pyramidenartig baut das Modell auf sieben Kernbereichen, den Disziplinen der Führung im LMM, auf:

- **Strategie (strategy):** Strategisches Denken, Planen, Steuern und Entwickeln.
- **Ausrichtung (alignment):** Ausrichtung am Kunden, an Prozessen und an der Strategie.
- **Ausführung (operations):** Projekte und Prozesse managen, Menschen und Teams führen.
- **Emotionale Intelligenz (emotional intelligence):** Selbsterkenntnis (intrapersonale Erkenntnis), Selbstreflexionsvermögen und Beziehungsfähigkeit.
- **Zusammenarbeit im Team (teams/collaboration):** Teambildung, Teamentwicklung, Teambefähigung.
- **Entscheidungen treffen (decision making):** Unabhängige und vernetzte Entscheidungen treffen und Verantwortung übernehmen können.
- **Geschäftssinn (business sense):** Branchenwissen, die Fähigkeit zum Geschäftsaufbau und zur Geschäftsentwicklung, um Business-Modelle erfolgreich realisieren zu können. Wissen in finanziellen Belangen.

Die aufeinander aufbauenden Reifegrade enthalten jeweils eine Anzahl von Schwerpunktthemen (focus area) ähnlich den Schlüsselpraktiken des CMM und diese wiederum eine Anzahl von Prinzipien (principles), die erfolgreich bewältigt werden müssen, damit die nächste Reifegradstufe erreicht werden kann. Die jeweiligen Reifegrade sind dabei wie folgt definiert:

(1) **Introspective (Selbststeuerung):** Wissen über sich selbst, Selbstkontrolle, Selbstdisziplin und Selbstmanagement.
(2) **Synergistic (andere führen):** Fähige Teams bilden und engagierte Mitarbeiter finden und gezielt entwickeln. Führung durch Beziehungsaufbau mit den Mitarbeitern und Vorgesetzten.
(3) **Operational (Prozesse managen):** Führen einzelner Mitarbeiter und unterstellter Teams durch Prozesse und den Prozessrahmen der Organisation.
(4) **Systemic (Querschnittsprozesse führen):** Grenzüberschreitend und integrativ arbeiten, um die unentdeckten Möglichkeiten, Fähigkeiten und Potenziale des Unternehmens nutzbar zu machen.
(5) **Strategic (strategische Führung):** Entwicklung einer Vision für die Organisation, Ziele festlegen, Entscheidungen treffen und geschicktes marktorientiertes Ausrichten und Steuern des Unternehmens in der Ausgewogenheit von innen und außen, um erfolgreich sein zu können.

Gemäß diesem Modell ist die Reife der Führungskraft in hohem Maße von der Reife der Organisation abhängig, die sozusagen die notwendigen erfolgsrelevanten Kontextbedingungen sicherstellen soll, um die Fähigkeiten einer Führungskraft optimal nutzen zu können. Aus diesem Grunde sieht das LLM neben dem eigentlichen Assessment (LMA, „Leader Maturity Assessment") auch die Aufbereitung der Ergebnisse in einer Art Zusammenfassung, dem „Organizational Leadership Maturity Inventory", vor. Dabei werden die Einzelergebnisse der handelnden Personen, die gemittelten Gruppenergebnisse und die organisationsweit gemittelten Ergebnisse umfassend dargestellt. Auf Basis dieser Auswertung wird ein Aktionsplan für das Unternehmen und die einzelnen Mitarbeiter zusammengestellt.

4.4. Organizational Project Management Maturity Model (OPM3)

Bereits 1998 gab es vom amerikanischen „Project Management Institute" (PMI) Pläne, ein zum „Project Management Body of Knowledgement" (PMBOK) konsistentes Reifegradmodell zu entwickeln. Im Jahre 2000 wurde ein umfassendes Programm vorgelegt, welches unter Führung von Schlichter J. und Cooke-Davies T.J. mit Hilfe von 100 Freiwilligen unter Analyse von 27 Reifegradmodellen die Entwicklung des „Organizational Project Management Maturity Models" (OPM3) vorsah. Bis zur endgültigen Freigabe beteiligten sich über 800 Projektmanager aus 35 Ländern an der Entwicklung der Standards, welche die Verbindung von unternehmerischem Erfolg mit organisationalen Projektmanagement-Fähigkeiten beschreiben. Der Standard sollte eine Schritt-für-Schritt-Methode aufzeigen, welche die Entwicklung und Verankerung der organisationalen Fähigkeiten zur Übertragung der Unternehmensstrategie in wiederholbare, erfolgreiche Projektabwicklung unterstützt.

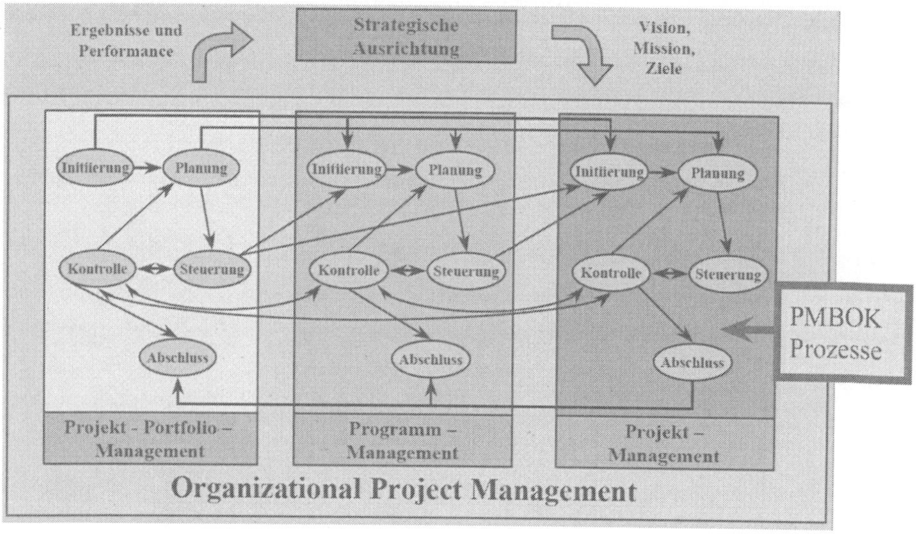

Abbildung 5: Ebenenvernetzung im OPM3

Dieses Organizational Project Management Maturity Model sieht eine Messung des Reifegrades auf drei verschiedenen Ebenen vor (siehe auch Abb. 6):

(1) Auf der Ebene des **„Projektmanagements“**, welche auf projektindividueller Ebene auf den fünf Projektmanagementprozessen der PMBOK basiert;
(2) auf der Ebene des **„Programmmanagements“**, welche der projektübergreifenden Koordination aller das Programm betreffenden Projekte dient;
(3) auf der Ebene des **„Projektportfoliomanagements“**, die der koordinierten Steuerung und Kontrolle aller Projekte und Programme nützt.

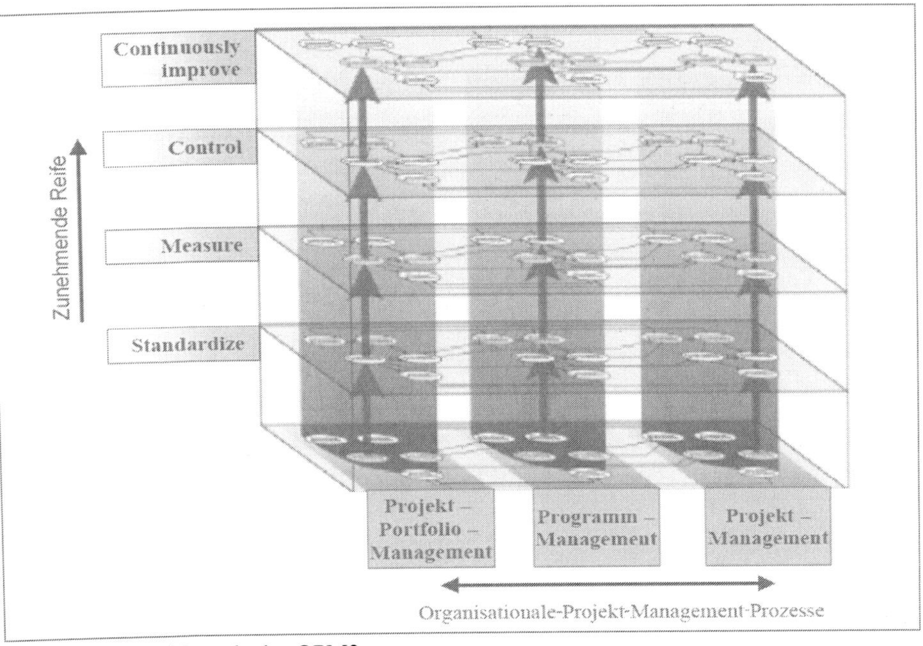

Abbildung 6: Reifegrade des OPM3

Mit Hilfe des Organizational Project Management Maturity Models sollen Methoden und Werkzeuge bereitgestellt werden, um Assessments hinsichtlich gegebener Stärken und Schwächen durchführen zu können. Darüber hinaus bietet es Hilfestellungen und Ansatzpunkte, um Möglichkeiten der Verbesserung und Weiterentwicklung der Projektarbeit unter Ausnutzung von Best Practices aufzuzeigen (plan of improvement).

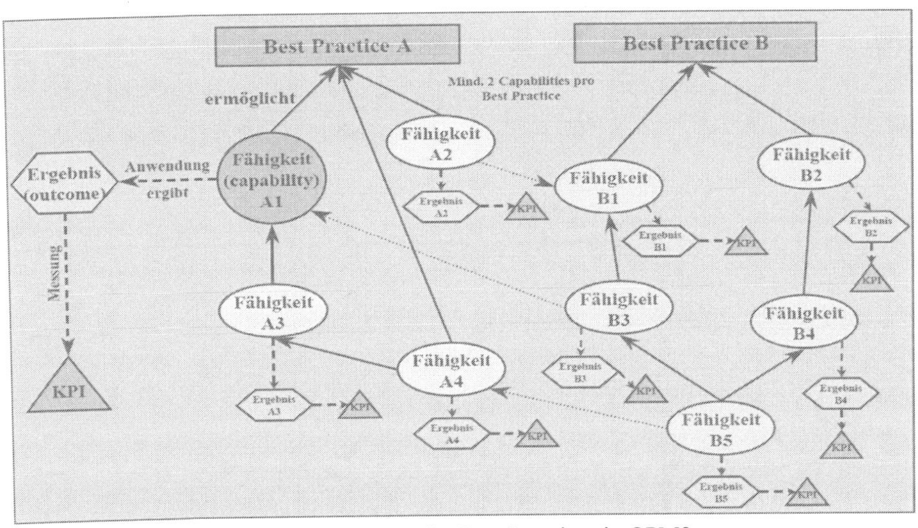

Abbildung 7: Einbettung und Vernetzung der Best Practices in OPM3

Zur Beurteilung der Reife der einzelnen Prozesse in der jeweiligen Prozessebene wird ein umfassendes und anerkanntes „Best-Practice"-Wissen zur Anwendung gebracht. Die mehr als 600 PM Best Practices gliedern sich dabei in die Bereiche PM-Prozesse, PM-Organisation und PM-Verfahren auf. Im Self-Assessment evaluieren die Anwender, welche Best Practices in den jeweiligen Prozessen der jeweiligen Prozessebene benötigt werden und welche erst aufgebaut werden müssen. Dazu listet das OPM3 die Best Practices auf und weist diesen zumindest je zwei unterstützende Fähigkeiten (capabilities) zu. Im Self-Assessment wird auch festgestellt, welche Fähigkeiten in der Organisation schon zur Erfüllung der Best Practices vorhanden sind und welche noch zu etablieren sind. Zur Realisierung einer schrittweisen Verbesserung im Sinne eines „plan of improvement" wird seitens des Modells ein konkretes Vorgehenskonzept vorgeschlagen, das folgende Schritte beinhaltet:

1. Kennenlernen (Erlernen) des Standards und Einarbeiten in die Thematik
2. Assessment der Organisation durchführen und Überprüfung des Zufriedenheitsgrades mit dem Assessment
3. Festlegen des Schwerpunktes für Verbesserungen
4. Festlegen des Verbesserungspfades unter Berücksichtigung der Abhängigkeiten zwischen den Best Practices
5. Evaluierung der gegenwärtigen Fähigkeiten zu den im Schritt 4 definierten, zu verbessernden Best Practices
6. Planung des Verbesserungsprozesses inklusive Erarbeitung einer Road Map
7. Implementierung der Verbesserungen
8. Re-Assessment, um den erzielten Fortschritt zu bestätigen, oder Weiterarbeit an noch nicht erfolgreich umgesetzten Best Practices.

Das Organizational Project Management Maturity Model weist einen hohen Freiheitsgrad auf und ist in Wirksamkeit und Nutzen von der jeweiligen Unternehmung und deren Kultur und Konsequenz in der Umsetzung abhängig. Es ist aber jedenfalls für unterschiedliche Unternehmensarten und -größen verwendbar, um in Summe die Qualität der jeweiligen Projektarbeit im Sinne eines Lernprozesses schrittweise zu verbessern, was sich dann natürlich insgesamt auf die Unternehmens-Performance positiv auswirkt.

5. Bestimmungsgrößen eines Transformation Maturity Models (TMM) – auf dem Weg zur professionellen Unternehmung

5.1. Hintergrund, Gesamtzusammenhänge und Zielsetzung

Erfolg und Misserfolg in und von Unternehmen ist von zahlreichen weichen wie harten Faktoren in ihrem jeweils oft schwer erkennbaren Wechselspiel abhängig. Verantwortliche Führungskräfte haben sich dabei auf einige wenige zentrale Steuerungsgrößen zu konzentrieren, die es konzertiert aufeinander abzustimmen und laufend nachzujustieren gilt. Daran bemisst sich letztlich wohl auch die **Qualität in der Führungsarbeit**, nämlich in der Fähigkeit, die richtigen Fragen an das richtige Problem zu richten, um daraus letztlich erfolgversprechende Lösungen zu generieren. Führungskräften kommt die Funktion zu, als Kontextmanager zu agieren, d.h. jene **organisatorischen Rahmenbedingungen** herzustellen, die für das Entstehen erfolgreicher Lösungen notwendig sind. Sie agieren über Ziele, realistische Umsetzungsmaßnahmen, inhaltliche Job-Designs, den Einsatz und die (Weiter-)Entwicklung fähiger Mitarbeiter, die Investition in Kompetenzen und Erfolgspotenziale, die Definition von Verantwortlichkeit, die Bereitstellung von Informationen und Ressourcen, das Setzen von Standards, Regeln und Richtlinien und das Anpassen hilfreicher Incentives. Professionelle Führungskräfte sind daran interessiert und letztlich auch von ihren Fähigkeiten her in der Lage, die Professionalisierung ihres Verantwortungsbereiches (Abteilung, Unternehmensbereich, Gesamtunternehmen) schrittweise in einem kontinuierlichen zu organisierenden Lernprozess voranzutreiben. Sie orientieren sich an dem für die Zielerreichung notwendigen Wissen und den notwendigen Fähigkeiten und dem in der Unternehmung vorhandenen Wissen. Ziel ist es, Wissen in Erfolg zu transformieren, wozu strategisch relevantes Wissen erworben, entwickelt, intern ausgetauscht und angewendet und letztlich in intelligente Produkte und/oder Dienstleistungen transferiert werden muss. Die Konzentration liegt auf einem Management für Wissen und dem Zur-Verfügung-Stellen von Infrastrukturen, um jenes implizite Wissen zu nutzen, das in den Fähigkeiten einzelner Mitwirkender wie auch in den anonymisierten Strukturen eingebettet ist (embedded knowledge), anstatt nur bereits explizites Wissen zu dokumentieren. Wissen wird so zu einer erfolgsrelevanten immateriellen Ressource, die eine indirekte Bewirtschaftung erfordert. Dieses soeben skizzierte Wechselspiel von **Management bzw. Personal**, der gezielten Nutzung und Erweiterung von **Wissen als Ressource** und die daraufhin notwendige Gestaltung, Entwicklung und Veränderung **organisationaler Rahmenbedingungen** sind für den Erfolg eines Unternehmens von zentraler Relevanz und müssen somit Ziel von Professionalisierungsmaßnahmen sein.

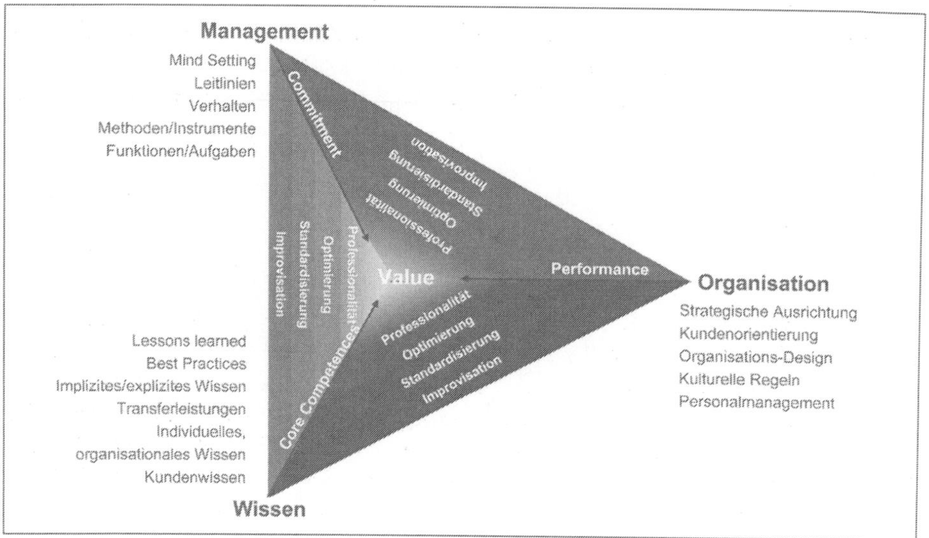

Abbildung 8: Transformations-Perspektiven

Der Grad an Investition in diese Faktoren und das jeweilige beobachtbare und messbare Niveau dieser Ordnung sind **Ausdruck der Reife** eines Unternehmens. Diese ist vom Alter des Unternehmens zwar direkt unabhängig (wie beim Menschen ist das Alter nicht die Garantie für Reife), wird aber von der geschichtlichen Entwicklung derselben maßgeblich geprägt, ist einerseits Resultat eines evolutionären Prozesses und macht andererseits gezielte Veränderungsmaßnahmen notwendig. Der Lernschritt von einem Reifeniveau zum nächsten gleicht einem Transformationsprozess, da sich die Form der Organisation bzw. die unternehmensspezifische Ordnung von Führung, Wissen und Organisation oft maßgeblich verändert. Die Unterstützung dieser Transformationsprozesse macht gezielte Veränderungsmaßnahmen notwendig und muss letztlich in einer Verankerung der jeweiligen Elemente münden.

5.2. Charakteristische Merkmale der jeweiligen Transformation Maturity eines Unternehmens

Wenn von der organisationalen Reife gesprochen wird, ist es notwendig, sich die Organisation als eigenständig handelnde soziale Entität vorzustellen, d.h. der Organisation werden als größeres Ganzes aus der Sicht eines außen stehenden Beobachters Handlungen zugeschrieben. Und wenn wir dieses Handeln erkennen, so können wir auch davon ausgehen, dass dahinter eine Wissensbasis mit einer Menge an Kenntnissen und Fähigkeiten existiert. Die Leistungen, Ergebnisse, Entscheidungen, die wir bei einem Unternehmen erkennen, schreiben wir dabei nicht einzelnen Personen zu, sondern dem Unternehmen als eigenständiger kollektiver Einheit. Diese ist ja auch in ihrem Bestehen und Überleben von einzelnen Personen oft unabhängig, obwohl diese häufig prägende Wirkungen erzielen.

Einzelne Personen wären auch gar nicht in der Lage, das zu schaffen und umzusetzen, was ganze Organisationen zu leisten im Stande sind. Würde die Gesamtleistung eines Unternehmens auf einzelne Personen reduziert werden, wäre das komplexe Zusammenspiel von Einzelleistungen gar nicht beschreibbar und letztlich für die Beurteilung des Gesamterfolgs auch gar nicht notwendig. Es bedarf somit eines Zusammenwirkens aller Beteiligten auf der Grundlage gemeinsam geteilten Wissens und der Entwicklung gemeinsamer Leistungen im Sinne einer holografischen Betrachtung von Organisationen.

Die Reife des jeweiligen Unternehmens wird hier als Transformation Maturity verstanden und lässt sich entlang der oben beschriebenen zentralen drei Perspektiven Management, Wissen und Organisation unterschiedlich charakterisieren (siehe Übersichts-Matrix).

Die **improvisierte Organisation auf der Reifestufe I** ist gekennzeichnet durch ein eher spontanes, auf rein erfahrungsbasiertes Wissen stützendes **Flik-Flak-Management**, d.h. es werden Entscheidungen ad hoc getroffen und wenig konsequent verfolgt und realisiert. Führungskräften und Mitarbeitern fehlt die klare Ausrichtung und Orientierung. Es gibt keine durchgängigen Planungs- und Steuerungsinstrumente auf Basis eines durchgängigen Betriebsdatenerfassungssystems. Es herrscht meist Unklarheit darüber, wo man entlang geschäftsrelevanter Kenngrößen steht, wie Werte aussagekräftig interpretiert und Entscheidungen steuernd abgeleitet werden können. Der Erfolg ist das Resultat von Einzelkämpfern, die sich engagiert entlang oft unausgesprochener Interessen einsetzen. Dementsprechend ist das Handeln oft wenig geplant und koordiniert. Lösungen entstehen aufgrund von Versuchs-Irrtums-Strategien auf Basis vorhandenen individuellen und heterogen verteilten Wissens. Die Organisation wirkt fallweise chaotisch, da keine transparenten Wege zur Positionierung und Entwicklung erkennbar sind. Meist folgen diese den impliziten Überlegungen des Gründers bzw. Eigentümers. So wirken auch die Umsetzungen meist improvisiert und wenig zuverlässig. Die Strukturen sind noch kaum klar und nachvollziehbar ausgeprägt, d.h. Funktionen, Aufgaben und Verantwortungsbereiche sind nicht definiert, weshalb ungewollte Redundanzen die Folge sind. Die Zusammenarbeit erfolgt ebenfalls eher ad hoc, es formieren sich erst erfolgswahrscheinliche Kooperationskonstellationen. Mitarbeiter werden meist nach nicht klar definierten Anforderungen und Kompetenzprofilen aufgenommen, Rekrutierung wird so zum zentralen Instrument des Personalmanagements. Ziel eines nächsten Transformationsschrittes muss es daher sein, Orientierung nach definierten Zielen und Strategien zu schaffen, Regeln, Standards und Richtlinien zu entwickeln, die mehr Ordnung und Transparenz bieten. Es wird ein durchgängiges Change-Programm notwendig, um an verschiedenen Stellen des Unternehmens (Strategie, Struktur, Kultur, Personalarbeit, IT-Infrastrukturen, Marktbearbeitung usw.) konzertiert ansetzen zu können. Es sind im Sinne einer Pull-Strategie Leitlinien festzulegen, an denen sich die Organisation und die in ihr tätigen Mitarbeiter auszurichten haben.

In einer auf **Standardisierung ausgerichteten Organisation auf der Reifestufe II** ist das Management auf die Schaffung autorisierter Machtpositionen ausgerichtet. Es werden Positionen geschaffen, die einer festen Ordnung folgen und somit Zuständigkeiten und Verantwortlichkeiten auf formale Weise festlegen. Routinen werden definiert, Standards gesetzt und Richtlinien festgelegt, die zu mehr Stabilität führen sollen. Wissen als Ressource wird zu dokumentieren und in anonymisierten IT-Infrastrukturen festzuhalten versucht. Handbücher, Produktbeschreibungen, Verfahrensanweisungen legen klare Regeln fest. Strategisch gesehen gilt es einerseits an dem festzuhalten, was bereits erreicht wurde, und andererseits Wachstum zu forcieren, um damit Dominanz und Vorherrschaft am Markt auszubauen bzw. zu sichern. Mitarbeiter gelten als Ressource, die gezielt einzusetzen ist, weshalb primär traditionelle Instrumente und Methoden des Human Resource Managements im Sinne einer Personaladministration Verwendung finden. Die Organisation gleicht vom Charakter her einer *Palastorganisation* mit einem hohen Spezialisierungsgrad, der Integration von Suborganisationen, klaren Zielvorstellungen und eindeutigen Autoritätsstrukturen mit formalisierten Informationskanälen. Die Autonomie bzw. Vielfältigkeit in den Prozessen ist meist eingeschränkt. Strategien werden mittels direktiver Anweisungen und Kontrollinstrumente und -verfahren durchgesetzt. Der Steuerungscharakter ist daher eher mechanistisch-aufbauorientiert und setzt eine hohe Gesetzmäßigkeit von Abläufen voraus. Die Palastorganisation wirkt für den Beobachter meist starr und träge hinsichtlich des Informations- und Führungssystems und wenig flexibel hinsichtlich sich ändernder Marktverhältnisse, womit die Gefahr einer totalen Ordnung sicherlich besteht. D.h. einerseits dient das höhere Maß an Ordnung als wichtige Stabilisierungs- und Konsolidierungsmaßnahme, andererseits ist ein Zuviel an Ordnung zu vermeiden, um hier nicht wichtige Anschlussfähigkeit zu verlieren. Entlang dem Transformationspfad bedeutet dies aus der Veränderungsperspektive den Versuch, eine Geländegängigkeit aufrechtzuerhalten oder erneut herzustellen, indem der Weg der Optimierung eingeschlagen wird. Mit Hilfe unterschiedlicher, aufeinander abgestimmter Teilprojekte gilt es an verschiedenen Seiten der Organisation inhaltlich so anzusetzen, dass im Sinne eines Continuous Improvement eine Verbesserung und Weiterentwicklung stattfindet. Meist macht dies eher eine Top-down-Strategie in der Auftauphase der Organisation notwendig. Mittels Push-Methoden werden Strukturen lebendig gehalten und Change-Maßnahmen folgen dem Ziel einer schrittweisen Anpassungsveränderung.

In **Unternehmen der Reifestufe III**, die auf **Optimierung ausgerichtet** sind, wirkt ein Management, das Programme für Veränderungen bzw. Verbesserungen durchgängig implementiert. Führungskräfte sind auf Basis ihres Verhaltens und ihrer Leistungen akzeptierte Autoritäten, die Entscheidungen mittels sozial-kommunikativer Kompetenz wirkungsvoll in jene Handlungen umsetzen, die der Organisation dienen. Das Management orientiert sich an definierten strategischen Stoßrichtungen, die in einem durchgängigen Management-Planungs- und Ergebnis-Kontroll-System stringent und durchgehend verfolgt werden. Die betriebswirtschaftliche Basis dafür liefert ein Management-Cockpit-System unter Verwertung der durchgängig und regelmäßig erhobenen Betriebsdaten. Führungsrichtlinien legen den inhaltlichen wie auch psychosoziokulturellen Schwerpunkt für die Führungsarbeit fest. Man nutzt das vorhandene Wissenspotenzial und orientiert sich an eigenen Best Practices und auch jenen anderer in Form von Benchmarking. Mitarbeiter werden gezielt zu Mitdenkern, und deren Wissen und Fähigkeiten werden ständig weiterentwickelt. Die Personalentwicklung nimmt somit innerhalb eines strategischen Human Resource Managements einen hohen Stellenwert ein. Die Zusammenarbeit erfolgt bereichsübergreifend kooperativ und flexibel. Es handelt sich dabei um eine adhocratische, entwicklungsorientierte *Zeltorganisation*, wo man Wert auf Flexibilität, Kreativität, Direktheit, und Initiative legt. Die Zeltorganisation ist darauf ausgerichtet, in risikoreichen unsicheren Umfeldbedingungen zu überleben, denn diese lösen Such- und Entwicklungsprozesse aus und führen zu einzelfallspezifischen Entscheidungssituationen, die rasch und unkompliziert gelöst werden. Veränderungsmaßnahmen konzentrieren sich auf Strukturen, Prozesse und organisatorische Regelungen mit dem Ziel einer Professionalisierung. Im Sinne des Prinzips der Co-Creation werden auf partizipative Weise jene Veränderungsmaßnahmen geplant und zielgerichtet umgesetzt, die dem Lernen und der weiteren Vitalisierung des Unternehmens dienen.

Die **High-Performance-Organisation** ist auf der **Reifestufe IV** durchgängig durch ein **hohes Maß an Professionalität** gekennzeichnet (siehe dazu den Beitrag „Organisationsdesign heute …" in diesem Band), das sich natürlich auch in den Geschäftsergebnissen niederschlägt. Das Management agiert souverän, integer und konsequent und beherrscht das duale Management-Prinzip: „Fordern und fördern." Die Zusammenarbeit passiert partnerschaftlich und netzwerkartig auf Basis eines Win-win-Prinzips. Das hohe Maß an personaler Kompetenz wird in Form der transformationalen Führung authentisch realisiert (siehe dazu den Beitrag „Entwicklung, Veränderung und Neugestaltung des Unternehmens durch Transformationsmanagement" in diesem Band). D.h. man geht über die Zielerreichung hinaus und strebt nach jenen organisationalen Kontextbedingungen wie Kultur, Werte, Regeln, Richtlinien und Standards, die zum einen den Ansprüchen der Mitwirkenden entsprechen und zum anderen das Lernen der Organisation fördern sowie den aktuellen Markterfordernissen entsprechen, um wirksam und erfolgreich zu sein. Die Mitarbeitermotivation wird durch fördernde Rahmenbedingungen primär intrinsisch getriggert und über Sinnvermittlung verstärkt. Führungskräfte leisten Überzeugungsarbeit, wecken Begeisterung, erkennen Potenziale und sind in der Lage, das vorhandene explizite und implizite Wissen in Erfolg zu transformieren. Es werden im Sinne eines Managements für Wissen jene kontextuellen Rahmenbedingungen gestaltet, verändert und weiterentwickelt, die notwendig sind, um das individuelle und organisationale Wissen als immaterielle Ressource bestmöglich einzusetzen. Fehler dienen als Lernquelle und in Communities of Practice wird neues Wissen generiert und in intelligente Produkte und Dienstleistungen transferiert und genutzt. Für den Beobachter wirkt die Organisation intelligent, da man passend für die Zielerreichung organisatorisch aufgestellt ist, die Strategien konsequent realisiert, die dafür notwendigen organisatorischen Designelemente ein resultatorientiertes Verhalten erzeugen, Frühwarn- und Feedbackmechanismen institutionalisiert sind und ständige

Lernprozesse zu einer Weiterentwicklung des Unternehmens beitragen. Mitarbeiter werden entsprechend ihren Fähigkeiten eingesetzt und Karrierepfade und gezielte Entwicklungsmaßnahmen deuten auf vielfältige Perspektiven hin. Strategisch gesehen setzt man auf Effektivität und Einzigartigkeit, differenziert sich somit vom Mainstream und weiß um die Kernkompetenzen, die zum Wohle des Kundennutzens bewirtschaftet werden. Die Organisationskonfiguration ist durch heterarchische Strukturen bzw. flukturierende Hierarchien mit dezentralen Organisationseinheiten gekennzeichnet (lose Kopplungen). Es existiert gewissermaßen Redundanz und Organizational Slack, das aber nicht als Verschwendung bzw. abzubauender Überschuss interpretiert wird, sondern die Handlungsvarietät und Fähigkeit zur Selbstorganisation erhöht. Es werden Prinzipien der internen und externen Vernetzung praktiziert – dies vor dem Hintergrund einer Vertrauenskultur in der Dialektik von Konkurrenz und Kooperation. Veränderungen dienen der schrittweisen Entwicklung hin zum Ideal einer *„lernenden Organisation“,* wodurch Ressourcen, Fähigkeiten und Routinen zu Kernkompetenzen verdichtet werden. In organisierten und gesteuerten Lernprozessen, die als kollektive Reflexions-, Such-, Explorations- Entdeckungs- und Austauschprozesse gestaltet sind, werden die jeweiligen Deutungs- und Erfahrungswelten sowie strategische Leitplanken wie auch Organisationsarchitekturen kritisch hinterfragt und gegebenenfalls neu entworfen. Führungskräfte treten dabei als Facilitator und Promotoren des Wandels und des Lernens in Erscheinung, zeigen Commitment und sind im Stande, die Wissens-, Willens-, Fähigkeits- und Beziehungsbarrieren des Veränderungsprozesses zu bewältigen. Das Veränderungsprogramm ist als Corporate Change Governance System geführt, sodass konkrete Change-Maßnahmen direkter Bestandteil von Zielvereinbarungen in der Verantwortung von Führungskräften sind. Veränderungen konzentrieren sich auf die Schaffung von Neuem im Sinne der Transformation und zielen auf Neuausrichtungen auch im Mind Setting bzw. den Collective Maps der Organisation ab.

Die soeben skizzierte professionelle und intelligente Organisation mag auf den ersten Blick ein nie zu erreichendes Ideal darstellen. Nachhaltige Unternehmenserfolge brauchen jedoch ein anzustrebendes Soll im Sinne einer Vision, die es sich lohnt, schrittweise im Sinne einer Professionalisierungsstrategie zu erreichen. Erst wenn in allen Dimensionen – Management, Wissen und Organisation – die jeweiligen Reifeniveaus erreicht sind, kann von einer Transformation Maturity I bis IV gesprochen werden. Abweichungen können auch optisch mit Hilfe des unten dargestellten Dreiecks übersichtlich aufbereitet werden, um auf den ersten Blick zu erkennen, wo sozusagen „room for improvement“ besteht.

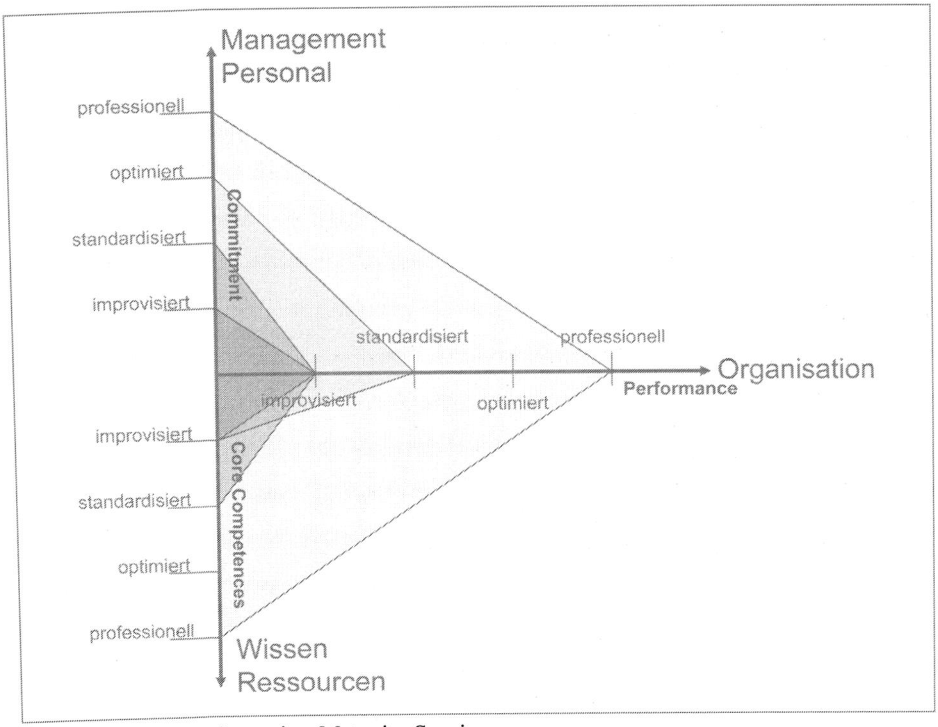

Abbildung 9: Transformation-Maturity Scoring

Perspektive	Reifestufe I Improvisation	Reifestufe II Standardisierung	Reifestufe III Optimierung	Reifestufe IV Professionalität
Management	**Flik-Flak-Management** **Aufseher-Mentalität** Initiativ, improvisiert, imitierend, Ad-hoc-Entscheidungen, Einzelkämpfer, unkoordiniert und hohes Konfliktpotenzial; hohes Maß an Überforderung; hoher Grad an Willkür; Orientierungslosigkeit; Trail & Error; implizites Commitment; Unklare, chaotische Machtstrukturen **Fach- und Methoden-Kompetenz** im Mittelpunkt	**Positionierte Macht** **Dominante Koalitionen** Definierte Rollen und Zuständigkeiten; routinisierte Tätigkeiten; festgelegte Karriere durch Zugehörigkeit; definierte Entwicklungspläne; kaum variable Gehaltsbestandteile; Abstimmung/Abgrenzung; explizites Commitment **Aktivitäts- und Handlungskompetenz**	**Akzeptierte Autorität** **Aktive Steuerung** Kostenbewusstsein; Zielvereinbarung und Kompetenzentwicklung; Programme für Verbesserungen; Skills; Methoden-Know-how; Prozess-Know-how; **Sozial-kommunikative Kompetenz**	**Gelebte Authentizität** **Leadership-Prinzipien** Balance zwischen Fördern und Fordern; Netzwerkfähigkeit; kritische Selbstreflexion; Wirksamkeit, Konsequenz, Integrität, klare Strukturen der Autorität, wachsende Selbstbestimmung, Bescheidenheit, professionelle Willenskraft, Entschlossenheit, Rigorosität, Durchsetzungsvermögen, Katalysatorwirkung für Erfolg, erzielt Spitzenresultate und achtet auf Nachhaltigkeit **Personale Kompetenz**
Wissen	Heterogen verteiltes Wissen; unklar, welches Wissen vorhanden; kein fundiertes Kunden-Know-how; primär **implizites Wissen**	Wichtige Wissensträger; mehr dokumentiertes Wissen; Handbücher; Produktbeschreibungen; **explizites Wissen**	Orientierung an best practice; Benchmarks; Imitation der Prozesse und des Managements; continuous improvement; **implementiertes Wissensmanagement und Kompetenzentwicklung**	Verteilte Wissensträger in der Gesamtorganisation; externalisiertes Wissen und genutzte Communities of Practice; organisierte und institutionalisierte Lernprozesse; Orientierung an Lessons learned **Management für Wissen**

Organisation	**Flik-Flak-Organisation**	**Palast-Organisation**	**Zelt-Organisation**	**High-Performance-Organisation**
Strategie	**Marktpräsenz** Ohne Profil Muddling through keine Management-Planungssysteme; keine Zielsysteme	**Wachstum** Definierte Position Geregelte Verantwortungen	**Differenzierung** Definierte strategische Stoßrichtungen, Management-Planungssysteme, Zielvereinbarungen, Management Cockpit, Leading Principles, Corporate Governance	**Einzigartigkeit** Gelebte Vision, Mission, Leitbilder, Customer Value, Marktentwicklung wird antizipiert
Strukturen	**chaotisch** Willkürlich	**geordnet** Definierte Standards und Routinen; abgegrenzte Funktionen geregelte Schnittstellen	**verbessert, tuning** Klare Zuständigkeiten, institutionalisierte Qualitätsverbesserung, Prozesstransparenz,	**entwickelt** Selbstorganisation; Durchlässigkeit der Hierarchien, interne/externe Netzwerke, Transparenz von Grenzen
Kultur	**offen** Zusammenarbeit ad hoc In Bildung	**normierend** Regeln und Richtlinien Zusammenarbeit geordnet	**kooperativ** Fördert Zusammenarbeit und bereichsübergreifende Kooperation	**integrativ** Schafft und stiftet Identität und Identifikation, verbindliche Beziehungsstrukturen, Vertrauen
Personal	**Rekrutierung** Mitarbeiter an Bord bringen	**Einsatz** Stellenbeschreibungen	**Entwicklung** Mitarbeiterförderung und -entwicklung, Einsatz nach Fähigkeiten	**Perspektiven, Bindung** Transformation von Fähigkeiten in Erfolg; hohes Maß an Selbständigkeit

Transformationspfad				
Change-Perspektive	**Reifestufe I Improvisation**	**Reifestufe II Standardisierung**	**Reifestufe III Optimierung**	**Reifestufe IV Professionalität**
Codierung	Orientierung	Strukturierung	Vitalisierung	Kreation
Priorität	Programm	Design	Lernen	Identität
Dimension	Ökonomie	Strukturen	Mikropolitik	Mind Setting
Methode	Pull-Strategie	Push-Strategie	Co-Creation Lernen	Corporate Change Governance System, Lernen
Veränderungstyp	Anpassung	Tuning	Entwicklung	Transformation
Prinzip	**Standardisierung** Stabilisierung Konsolidierung	**Optimierung** Projektmanagement Continous Improvement	**Professionalisierung** Governance-Prinzipien Duales Management	**Lernende Organisation** Organisierte Lernprozesse Selbstorganisation

6. Zusammenfassung

Reifegradmodelle haben ihren Ursprung primär im technischen Bereich und setzen die bisherigen Bemühungen zur Optimierung im Bereich des Total Quality Managements fort. Sie entsprechen dem Wunsch nach Steigerung, Vergleich mit anderen und dem Streben nach einem Ideal auch in betriebswirtschaftlicher Hinsicht. In der Zwischenzeit existiert neben den hier dargestellten Basisansätzen eine unüberschaubare Zahl vielfältigster Darstellungs- und Differenzierungsversuche organisationaler Reife, bezogen auf Mitarbeiter, Führungskräfte, Projekte, Prozesse, Strukturformen usw. Nur wenige Modelle basieren auf einer integrativen bzw. holistischen Sichtweise von Organisationen, wie sie in dem hier postulierten Modell der **Transformation Maturity** primär herausgestellt wurde. Entlang den Dimensionen Management, Wissen und Organisation werden jene Reifecharakteristika hervorgehoben, die den Erfolg und damit die Business Performance maßgeblich beeinflussen. Im Vordergrund steht aber vor allem der zu wählende Transformationsansatz, um die Entwicklung in Richtung eines nächsten Reifegrades in einem bewusst geplanten und gesteuerten Prozess vorantreiben zu können. Der betriebliche Einsatz dieser Modelle in der Unternehmenspraxis soll auf Basis eines definierten Zwecks erfolgen: Gilt es damit lediglich eine Orientierung für weiterführende Professionalisierungsmaßnahmen anzubieten, interne bzw. externe Vergleiche herzustellen, die interne Zielerreichung zu konkretisieren oder Integrationsmaßnahmen nach erfolgten Mergers & Acquisitions zu begleiten? Wenig hilfreich ist der Einsatz dieser Modelle zur Bildung von Stereotypen und Schubladisierungen, ohne daraus konkrete Schlüsse für hinreichende Veränderungsnotwendigkeiten zu ziehen. Entscheidend ist die Vergleichbarkeit und Nachvollziehbarkeit aufgrund definierter Key-Performance-Indikatoren entlang jeder gewählten Perspektive bzw. Dimension und aufgrund des abzuleitenden Nutzens als Orientierungshilfe für gezielte Entwicklungsmaßnahmen.

7. Lern- und Kontrollfragen

- Was versteht man unter Organizational Maturity?
- Welche unterschiedlichen grundlegenden Reifegradmodelle gibt es?
- Wie lassen sich Fähigkeiten, Kompetenzen, Intelligenz von Organisationen definieren?
- Für welchen Zweck lassen sich Maturity-Modelle konkret einsetzen und was sind möglicherweise damit verbundene Schwierigkeiten?
- Welche unterschiedlichen Reifeniveaus betrachtet ein Transformation Maturity Model?
- Welche Dimensionen sind dabei in ihren Wechselwirkungen von Relevanz?
- Wie lassen sich die jeweiligen Reifeniveaus gezielt erweitern?

8. Verwendete und weiterführende Literatur

Ahlemann F./Schröder C./Teuteberg F. (2005): Kompetenz- und Reifegradmodelle für das Projektmanagement, Osnabrück: ISPRI-Arbeitsbereicht Nr. 01/2001.

Becker J. (2005): Prozessmanagement: Ein Leitfaden zur prozessorientierten Organisationsgestaltung, 5. Auflage, Berlin.

Booz/Allen/Hamilton (Hrsg.) (1997): Unternehmens-Vitalisierung, Stuttgart.

Collins, J. (2001): Der Weg zu den Besten. Die sieben Management-Prinzipien für dauerhaften Unternehmenserfolg, München.

Collins J./Porras J.I. (2003): Immer erfolgreich. Die Strategien der Top-Unternehmen, München.

Dymond K. (2002): CMM Handbuch, Berlin.

Erpenbeck J./Rosenstiel L. von (2003): Handbuch Kompetenzmessung – Erkennen, verstehen und bewerten von Kompetenzen in der betrieblichen, pädagogischen und psychologischen Praxis, Stuttgart.

Füssl K./Galejew C./Gleier B./Pieper R./Rostowsky C. (1993): Organsisationale Transformationen, S. 123-174, in: Hinterhuber H./ Pieper R. (1993): Fallstudien zum strategischen Management, 1. Auflage, Wiesbaden.

Gartner P. (2000): Projektmanagement. A Guide to the Project Management Body of Knowledge. Deutsche Übersetzung der Originalausgabe des PMI Standards Committee USA, Berlin.

Hofinger Th. (2006): Corporate Maturity – Der Reifegrad von Organisationen – Grundlagen, Auswahl, Integration und Verankerung in projektorientierten Unternehmen. Master Thesis im Rahmen des Advanced Academic Business Manager (MBA) Lehrganges der Alpen Adria Universität Klagenfurt.

Janes A./Prammer K./Schulte D. M.(2001): Transformationsmanagement – Organisationen von Innen verändern, 1. Auflage, Wien.

Kaplan R. S./Norton D. P. (2004): Strategy Maps – Der Weg von immateriellen Werten zum materiellen Erfolg, Stuttgart.

Kerzner H. (2001): Using the Project Management Maturity Model. Strategic Planning for Project Management, New York.

Kneuper R. (2006): CMMI – Verbesserung von Softwareprozessen mit Capability Maturity Model Integration, 2. Auflage, Heidelberg.

Marengo L. (1992): Coordination and Organizational Learning in the Firm, in: Journal of Evolutionary Economics, Vol. 2, Number 4, S. 313–326, Berlin.

Rosenstiel L. von/Pieler D./Glas P. (Hrsg.) (2004): Strategisches Kompetenzmanagement – Von der Strategie zur Kompetenzentwicklung, Wiesbaden.

Schlichter J. (2000): Organisational Project Management Maturity Model – Program Plan, Newtown Square (PA, USA).

Schreyögg G. (2003): Organisation – Grundlagen moderner Organisationsgestaltung, 4. Auflage, Wiesbaden.

Schreyögg G./Kliesch M. (2003): Projektbericht: Rahmenbedingungen für die Entwicklung Organisationaler Kompetenz, Berlin: Arbeitsgemeinschaft

Betriebliche Weiterbildungsforschung e. V./Projekt Qualifikations-Entwicklungs-Mgt., Heft 48.

Schreyögg G./Kliesch M. (2005): Organisationale Kompetenzen und die Möglichkeiten ihrer Dynamisierung: Eine strategische Perspektive, Seite 3–49, in: QUEM-Report (2005): Individuelle und organisationale Kompetenzen im Rahmen des strategischen Managements, Arbeitsgemeinschaft Betriebliche Weiterbildungsforschung e. V./Projekt Qualifikations-Entwicklungs-Management, Schriften zur beruflichen Weiterbildung, Heft 94.

Teece D. J./Dosi G. (1993): Organizational Competencies and the Boundaries of the Firm, Berkeley (CA, USA): University of California at Berkeley, CCC Working Paper No. 93–11.

Veränderung und Entwicklung

Professionalität im Change Management

Veränderungen in Gang bringen und wirksam umsetzen

Robert Neumann

In diesem Beitrag erfahren Sie

- theoretische Hintergründe zum Thema Veränderungen von und in Organisationen
- Wirkungsweisen und Begleiterscheinungen von Veränderungen
- Ansätze, Methoden und Instrumente zur praktischen Umsetzung von Veränderungen
- Leitlinien für die Qualität und den Erfolg von Veränderungsmaßnahmen
- anwendungsorientierte Umsetzungs-Beispiele aus der Change-Praxis.

1. Change Management als Wettbewerbsfaktor

„Wir sind der Meinung, dass der einzige Wettbewerbsvorteil der Zukunft in der Fähigkeit von Management und Unternehmen liegen wird, schneller als seine Konkurrenten zu lernen und zu verändern." (Jack Welsh, General Electric Annual Report)

Die aktuelle Wirtschaftsrealität ist gekennzeichnet durch ein ständiges Getriebensein nach quantitativem Wachstum, permanenter Kosten-Optimierung, Kapitalisierung und Ausrichtung nach Anlegergesichtspunkten, branchenspezifischen Machtkonzentrationen, dem Vergleich mit anderen („Benchmarking") und dem Folgen von Management-Moden auf der Suche nach Spitzenleistungen und Erfolg.

Erfolg ist aber nicht das Ergebnis von unkontrollierter, „mainstream"artiger Effizienzsteigerung und bedingungsloser Globalisierung, sondern das Ergebnis einer konsequenten Investition in die Einzigartigkeit des Unternehmens, der Nutzung erfolgsrelevanter Kernkompetenzen und einer Fähigkeit, schneller als andere lern- und veränderungsfähig zu sein. Verantwortliche scheitern langfristig am Erfolg, der satt, zufrieden und blind gegenüber notwendigen Veränderungen macht, an traditionellen Fehlern einer oft unprofessionellen Führungsarbeit, an einer mangelnden Fähigkeit, sich als Unternehmen rechtzeitig stets neu zu erfinden, und an einer fehlenden Balance zwischen „innen" und „außen", weil das Versprechen gegenüber Kunden von der Binnenorganisation nicht in der notwendigen Qualität erfüllt werden kann.

Erfolgreiche Unternehmen sind durchsetzt mit kompetenten Führungskräften, die qualifizierte Mitwirkende engagieren, um gemeinsam herausragende Ideen mit Hilfe einer professionellen Organisation, orientiert nach sinnvollen Zielen und realistischen Strategien gegenüber ernst genommenen Kunden in respektvoller und konstruktiver Zusammenarbeit bestmöglich zu verwirklichen.

Die nachhaltige Implementierung einer neuen strategischen Ausrichtung, Maßnahmen zur Qualitätsverbesserung, die Realisierung von Prozessorientierung in der Ablauforganisation, ein Umbau der Organisation in Richtung Markt- und Kundenorientierung, die Implementierung neuer IT-gestützter Anwendungssysteme, „Out- bzw. Insourcing", Optimierungen in unterschiedlichen Unternehmensbereichen (z.B. Einkauf, Produktion, Logistik), die Beschleunigung von F&E- und Wissenstransfer-Prozessen, die Schaffung leistungsorientierter und innovationsfördernder Unternehmenskulturen, eine ergebnisorientierte Post-Merger-Integration, die Bewältigung von Krisensituationen usw. sind für Unternehmen aktuell relevante Themen, die die Anwendung von Change-Kompetenz notwendig machen.

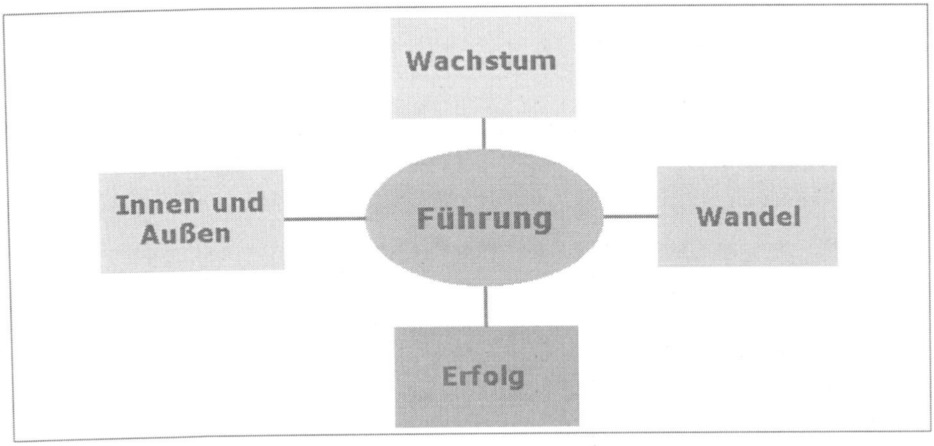

Abbildung 1: Zentrale Herausforderungen im Management

Um diesem Anspruch im Grunde gerecht zu werden, ist nicht nur eine ständige individuelle Lern- und Entwicklungsarbeit notwendig, sondern auch eine professionelle Form der Planung, Führung, Steuerung, Realisierung und Verankerung gezielter Veränderungsmaßnahmen. Führungskräfte, die den Bedarf bzw. die Notwendigkeit für Veränderungen erkennen und sich bewusst für den Start von Change-Programmen entscheiden, übernehmen dabei eine wichtige und zugleich oft unpopuläre Funktion. Sie müssen ihre Mitarbeiter aus einer Komfortzone herausführen, Gewohntes und Tradiertes in Frage stellen und neue Wege für Verbesserungen glaubwürdig und authentisch aufzeigen und gleichzeitig die für eine erfolgreiche Implementierung notwendige Mitmachmotivation gewinnen.

Veränderungsvorhaben sind daher keine technisch rational zu führenden Projekte, wie man sie aus der traditionellen Projektarbeit kennt. Veränderungsprojekte sind mikropolitische Programme, die meist auf divergierende Interessen im Wechselspiel zwischen Entwicklung und Bewahrung treffen. Sie werden von unterschiedlichen Befindlichkeiten verschiedenster Stakeholder beeinflusst und sind durch im Detail nicht vorhersehbare Eigendynamiken gekennzeichnet.

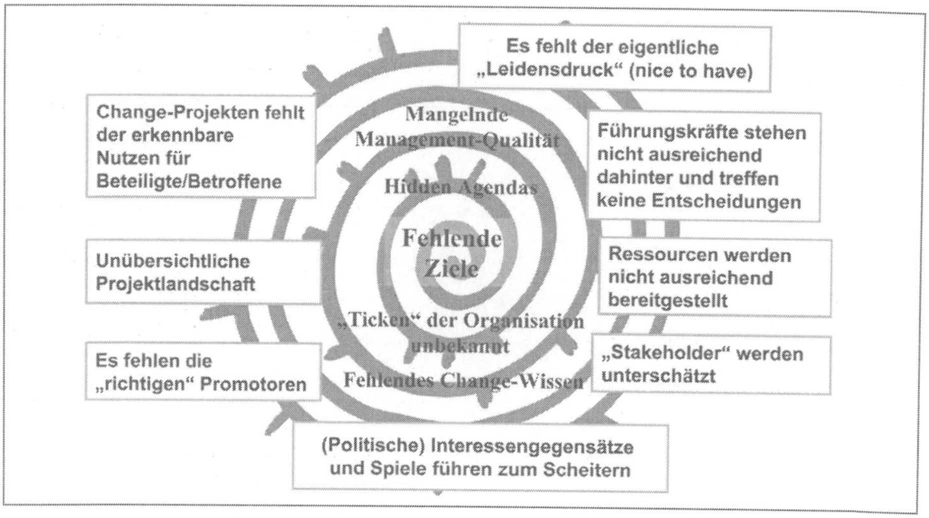

Abbildung 2: Change-Management-Fehler als Herausforderung

An der Umsetzung von Veränderungen zeigen sich jene Muster an kumulierten unternehmensinternen Widersprüchlichkeiten, Pathologien und blinden Flecken, für deren Bearbeitung wirksame Ansätze entwickelt werden müssen. Und darin besteht nicht nur eine der wohl größten Herausforderungen, sondern auch gleichzeitig die größte Gefahr: die des Scheiterns. Denn die Analyse zahlreicher misslungener Veränderungen zeigt, dass diese Projekte meist daran scheitern, …

- dass von Beginn an der notwendige Leidensdruck fehlt („Change“ als „Nice-to-have“-Aktion),
- dass Führungskräfte nicht an getroffenen Entscheidungen konsequent festhalten oder diese unterschiedlich interpretieren und widersprüchliche Signale im täglichen Arbeiten vermitteln,
- dass die berühmten „Hidden Agendas“ den tatsächlichen und nicht den offiziellen, anständigen Interessen folgen,
- dass machtpolitische interne Spiele dominieren,
- dass die Ziele und der Nutzen einer angestrebten Veränderung grundsätzlich unklar sind,
- dass Ressourcen nicht ausreichend bereitgestellt werden,
- dass die wirklich wichtigen Promotoren fehlen,
- dass die Anzahl der verschiedenen Stakeholder und vor allen Dingen deren Macht der Beeinflussung unterschätzt wird,
- dass definierte Detailprojekte in Veränderungsprogrammen nicht ernsthaft verfolgt werden und der scheinbar wichtigeren Tagesarbeit weichen müssen und
- dass Detailmaßnahmen nicht konsequent genug implementiert werden.

Darüber hinaus wird die Entwicklung von Unternehmen durch die aus der Vergangenheit geprägten Denk- und Handlungsmuster, das Verharren in bewährten (Macht-)Strukturen, das hohe Maß an Sicherheitsdenken, das fehlende Problembewusstsein, die Angst vor Neuem, die oft stark ausgeprägten Profilierungs- und Selbstdarstellungsneurosen einzelner Führungskräfte, diffuse Zielsetzungen, Planungen von innen nach außen anstatt umgekehrt, unrealistische Zeithorizonte, Verfolgen von Favoritenlösungen, ungenügenden Einbezug Betroffener, Bekämpfung von Widerständen, verwirrende Informationspolitik und rein technische Problemlösungsversuche behindert.

Die soeben skizzierten Erfahrungen bestätigen auch immer wieder die von internationalen Beratungskonzernen durchgeführten Studien (z.B. CapGemini, A.T. Kearny), wonach z.B. 70 % aller Change-Management-Projekte die definierten Ziele nicht erreichen und daher auch ca. 68 % der Führungskräfte Angst vor dem Tempo, der Eigendynamik und Unberechenbarkeit organisatorischer Veränderungsprozesse haben.

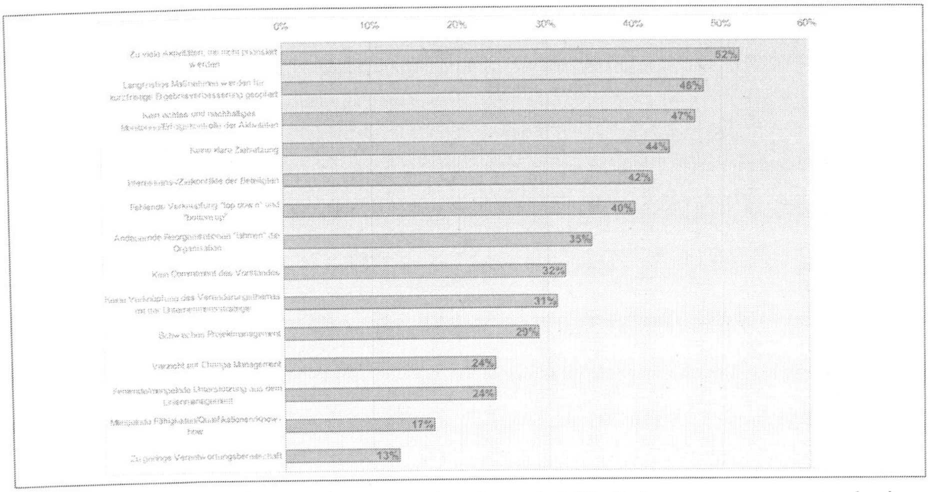

Abbildung 3: Die häufigsten Umsetzungsbarrieren bei Veränderungsprozessen nach einer CapGemini-Studie 2003/2008, S. 36

Veränderungsvorhaben benötigen daher das höchste Maß an Aufmerksamkeit und Professionalität im Management.

Dieser Teil des Buches soll dazu einerseits die zentralen theoretischen Hintergründe und Gesamtzusammenhänge liefern und zum anderen anhand praxisrelevanter Leitlinien des Change Managements aufzeigen, wie die Herausforderung „Veränderung" erfolgreich bewältigt werden kann. Change Management wird hier verstanden als die Kunst, die richtigen Fragen an die Vergangenheit, Gegenwart und Zukunft von Unternehmen zu richten, um daraus Antworten und Wissen zur Gestaltung von Veränderungen abzuleiten. Dazu wird ein Repertoire an einerseits theoretischen Hintergrundkonzepten und andererseits an Ansätzen, Methoden, Instrumenten und Vorgehensmodellen praktischer Erfahrungswelten benötigt, um Entwicklungs- und Lernprozesse in Unternehmen mit Zustimmung lösungsorientiert realisieren zu können. Die Problematik dabei ist nicht die Erfindung des Neuen, sondern das Loslassen des Alten.

2. Theorien der Veränderung von und in Organisationen

2.1. Die organisationstheoretische Perspektive der Veränderung

Wer sich mit der bewussten und zielgerichteten Veränderung in und von Unternehmen beschäftigt, sollte immer auch klären, vor welchem organisationstheoretischen und paradigmatischen Hintergrund dies passieren soll. Denn das spezifische **„mind setting“** von Führungskräften, Organisatoren, Beratern usw. prägt letztlich die Herangehensweise an eine gezielte Veränderung organisationaler Bedingungen. D.h. je nachdem, welches Organisationsverständnis quasi paradigmatisch das Auge des Betrachters bestimmt, erfolgt die Wahl des Veränderungsprogramms, der Einsatz von Methoden und Instrumenten, die Selektion von Information und Wissen, das Treffen konkreter Entscheidungen und die Implementierung von Lösungen. Demnach macht es einen Unterschied, ob die Unternehmung im mechanistischen Sinne als Großanlage oder im systemtheoretischen Sinn als soziales Gebilde betrachtet wird. Die mechanistische Betrachtung bringt wahrscheinlich eine eher auf einzelne Perspektiven der Organisation reduzierte (z.B. nur die Technik als Problem, nur der Vertrieb als Ursache) Analyse mit sich. Ein systemtheoretisches Verständnis von Organisationen hingegen rückt Gesamtzusammenhänge, Ursache-Wirkungs-Ketten, systemeigene Widersprüche und Gesetzmäßigkeiten, historisch entwickelte Eigenlogiken, im Unternehmen verbreitete Problemlösungsheuristiken, Kommunikationen und Entscheidungen in die Aufmerksamkeit des Betrachters, die es in gemeinsam geteilten Wirklichkeitsauffassungen konstruktiv zu hinterfragen gilt, um co-creative Lösungen mit dem jeweils betroffenen System zu generieren. Mit Hilfe einer neueren Systemtheorie werden Möglichkeiten zum wert- und urteilsfreien Verstehen angeboten, warum bzw. wie Veränderungen in und von Organisationen gehandhabt werden bzw. warum es zu Abwehrroutinen, Trägheitsmomenten und Renitenzwahrscheinlichkeiten zur Aufrechterhaltung eines bestimmten Status quo kommt. In unserem Verstehen von organisationalen Lern-, Veränderungs- und Entwicklungsprozessen bedienen wir uns aus metatheoretischer Sicht dieser systemtheoretischen Betrachtung von Organisationen.

Gemäß einer **Theorie selbstreferentieller Systeme** gelten Organisationen in ihrem Verhältnis zur Umwelt als gleichzeitig offen und geschlossen im Zusammenwirken von Selbstreferenz und Fremdreferenz. Es besteht sozusagen eine selektive Offenheit bzw. partielle Autonomie, die zu einem permanenten Balanceakt zwischen Offenheit und Geschlossenheit führt. Die Offenheit besteht hinsichtlich energetischer Austauschbeziehungen zwischen Organisation und Umwelt und der Aufnahme von Daten. Die Geschlossenheit hingegen ergibt sich bei der Bedeutungszuweisung und systeminternen Verarbeitung von Informationen zu Wissen. Umweltereignisse können zwar im Sinne eines Rauschens systeminterne Prozesse anregen, jedoch entscheidet jedes System selbst aufgrund von eigenen Kriterien und Regeln die Relevanz und Sinnzuweisung von Informationen. Organisationen treffen demnach die Entscheidungen, aus denen sie bestehen, selbst und bestimmen, welche Anregungen und welches Wissen sie aus der Umwelt aufzunehmen bereit sind.

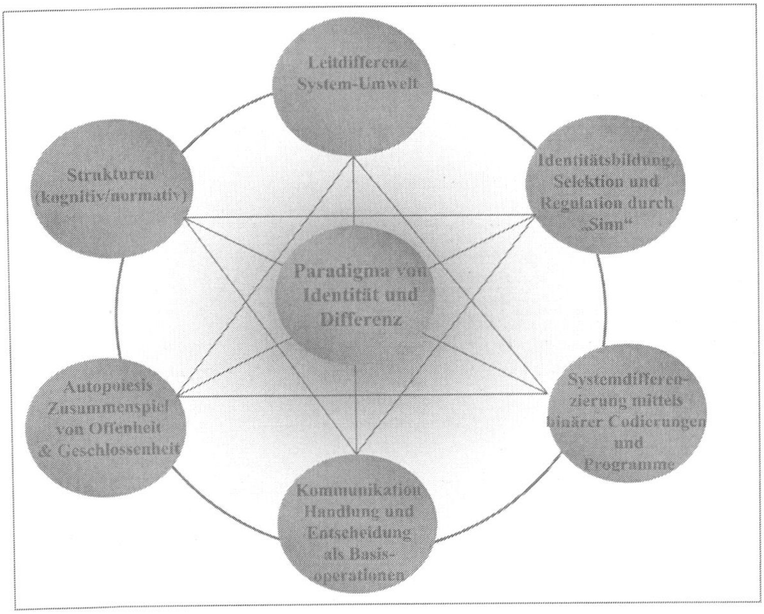

Abbildung 4: Kernelemente einer Theorie selbstreferentieller Systeme

Von der Organisation werden nur jene Umwelt-Informationen zugelassen, die Sinn machen, zu einem bereits vorhandenen Wissen passen und damit der Aufrechterhaltung einer kollektiv konstruierten Wirklichkeitsauffassung, Ordnungserhaltung und Identitätssicherung dienen. Die Konsequenz, die sich daraus für ein Veränderungsmanagement ergibt, ist jene, dass Einflüsse von außen, Interventionsversuche von Beratern und Führungskräften in die jeweilige Systemaufmerksamkeit geraten müssen, um ernsthaft aufgegriffen, intern verarbeitet und damit anschlussfähig und zum Gegenstand von Entscheidungen werden zu können. Und dies beginnt bereits bei der gewählten Sprachregelung, der Verwendung von Begrifflichkeiten und Abkürzungen, dem direkten Ansprechen wirklich relevanter Themen, der Bewusstmachung von Auffälligkeiten, der Formulierung von Durchbruchsthemen usw. Auch lässt uns die soeben beschriebene systemtheoretische Betrachtung von Organisationen verstehen, warum es zu Ablehnungswahrscheinlichkeiten gegenüber Neuem kommt, warum die Veränderungsresistenz und damit das Beharrungsvermögen von vielen Unternehmen so ausgeprägt sind, warum sich Widerstände formieren und Killerphrasen gegen Veränderungsabsichten verwendet werden, um der Aufrechterhaltung eines Status quo Ausdruck zu verleihen.

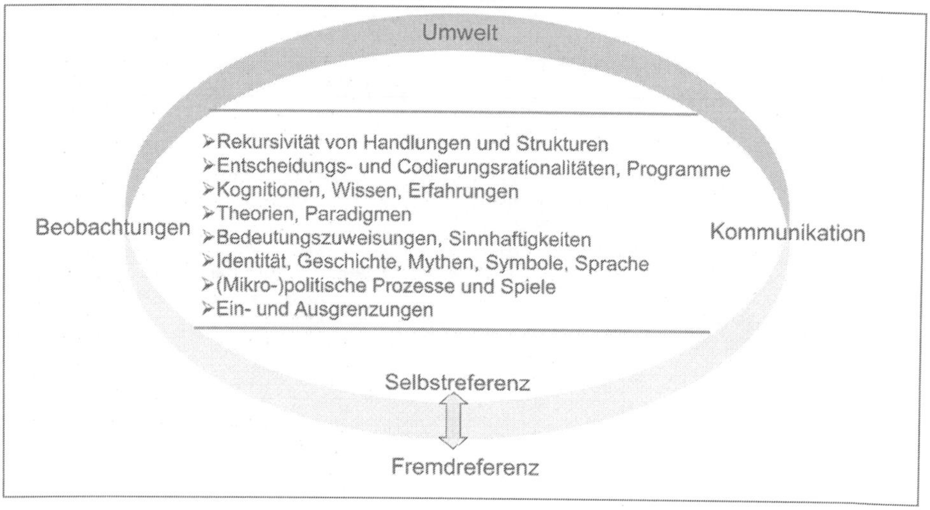

Abbildung 5: Das Eigenleben von Organisationen

Für die Erklärung von Gesamtzusammenhängen im Inneren von Organisationen bedienen wir uns einer **handlungs- bzw. strukturationstheoretischen** Hintergrundbetrachtung. D.h. Ordnung gebende Strukturen im soziologischen Sinn, bestehend aus Richtlinien, Regeln, Standards, Routinen, Infrastrukturen usw., bestimmen das Verhalten und Handeln der Organisationsmitglieder und legen damit fest, was richtig ist und was nicht. Das Verhalten und Handeln wird mit diesen Strukturen sozusagen legitimiert, indem man sich darauf bezieht, womit ein rekursives Verhältnis und damit ein sich wechselseitig aufrechterhaltendes Verhältnis von Strukturen und Verhaltensweisen entsteht („Strukturen schaffen Verhalten und Verhalten verstärkt Strukturen!"). Die Strukturen werden damit in ihrer Richtigkeit bestätigt, weshalb eine Abänderung auch kaum möglich ist. Dies erklärt auch die Stabilität in Organisationen und die mangelnde Bereitschaft, eingespielte, routinisierte Verhaltensweisen kritisch zu reflektieren und abzuändern. Versuche, das Verhalten zu verändern, durch Trainingsmaßnahmen zu erweitern, durch das Ersetzen von Mitarbeitern zu erneuern, scheitern deshalb, weil diese Verhaltensweisen auf bestehende institutionalisierte und ins Gedächtnis der Organisation geschriebene Regeln treffen, womit der organisationale Bezugsrahmen fehlt bzw. nicht passend genug ist. Sollen Veränderungen greifen, ist daher zunächst an diesen kontextgebenden Strukturen anzusetzen, damit neue Verhaltensweisen entstehen können.

Abbildung 6: Das rekursive Verhältnis von Strukturen und Verhalten

Die innere Struktur in Form sämtlicher Aktivitäten, Entscheidungen, Handlungen, Beobachtungen und Kommunikationen muss so konfiguriert werden, dass einerseits eine Abgrenzung von der Umwelt die exklusive Leistungsfähigkeit intern erhöht, andererseits aber nicht Verkrustungen und engstirnige Wahrnehmungsausschnitte die Folge sind. Anders ausgedrückt geht es bei Veränderungen um die Erhöhung der strukturellen Intelligenz einer Organisation in Form ausgeklügelter Prozeduren, Abläufe, Standardisierungen und Mitarbeiterunterweisungen.

Kernaussage

Die Wahl des jeweiligen theoretischen Bezugsrahmens bestimmt die Herangehensweise an Veränderungen in und von Organisationen. Vor dem Hintergrund der jeweiligen organisatorischen Betrachtung werden Beobachtungsperspektiven, Methoden, Instrumente, Problemursachen, Zielgruppen, Lösungsansätze usw. gewählt.

2.2. Veränderung durch Lernen

Veränderungen sind immer auch Lernprozesse unterschiedlichen Niveaus, unterschiedlicher Intensität und unterschiedlicher Qualität und Nachhaltigkeit. Denn es kommt beim Lernprozess darauf an, wie viel Zeit dafür zur Verfügung steht und wie lange er dauert, wie tiefgreifend er ist, wer davon betroffen ist, wie er am Laufen gehalten wird und wie Resultate des Lernens gelebt und verankert werden. Die Veränderung in und von Organisationen kann auch als ein Lernprozess beschrieben werden, der bewusst oder unbewusst vollzogen wird. Organisationales Lernen ist ein Prozess, bei dem die Wissensbasis eines Unternehmens in einem Wechselspiel von Einzelpersonen und Organisation als Ganzes unter Einbeziehung der Umwelt erweitert wird, was letztlich zu einem größeren Problemlösungspotenzial führt. „Organisationales Lernen" dient als theoretische Grundlage für die Beschreibung organisationaler Veränderungserscheinungen. Organisationen werden als soziale intelligente Systeme verstanden, die die Fähigkeit besitzen, Erfahrungen zu sammeln, zu speichern und weiterzuverarbeiten. Dabei können nach Argyris und Schön, den namhaften Entwicklern dieser Theorie, verschiedene Lernniveaus unterschieden werden. Beim sogenannten „Single-Loop-Lernen" werden Abweichungen von einem richtigen Sollzustand festgehalten, um Korrekturen in unterschiedlichen Verfahrensweisen abzuleiten. Dieses Anpassungslernen führt so lediglich zu einer Effizienzsteigerung durch Optimierungsversuche bestehender Problemlösungsmuster. Das „Double-Loop-Lernen" geht dann einen Schritt weiter und macht wesentliche Führungsgrößen selbst zum Thema. D.h. es werden in einem kollektiven Prozess auch herrschende Normen und Bezugsrahmen thematisiert und gegebenenfalls modifiziert, weshalb man auch vom Veränderungslernen spricht. Durch diese Form des Lernens wird eigentlich die lernende Organisation begründet, da dabei durch Reflexion die Fähigkeit erworben wird, neues Wissen aufzubauen, das für die Gestaltung der Unternehmenszukunft relevant ist. Organisatorische Veränderungen mit Hilfe organisierter Lernprozesse beinhalten aber immer auch Prozesse des Verlernens und damit die bewusste Trennung von unbrauchbar gewordenen und behindernden Handlungsprogrammen.

Beim „Deutero Learning" handelt es sich um ein reflexives Lernen, d.h. es werden die bisherigen Lernprozesse selbst zum Gegenstand des Lernens gemacht. Es handelt sich dabei um ein Erneuerungs- und Metalernen, da die Spielregeln des Lernens zum Thema gemacht werden. Damit wird die Möglichkeit geschaffen, eine transformative Veränderung der Organisation zu erreichen, Lernhemmnisse abzubauen und neue Voraussetzungen für eine Verbesserung von Lernprozessen zu generieren.

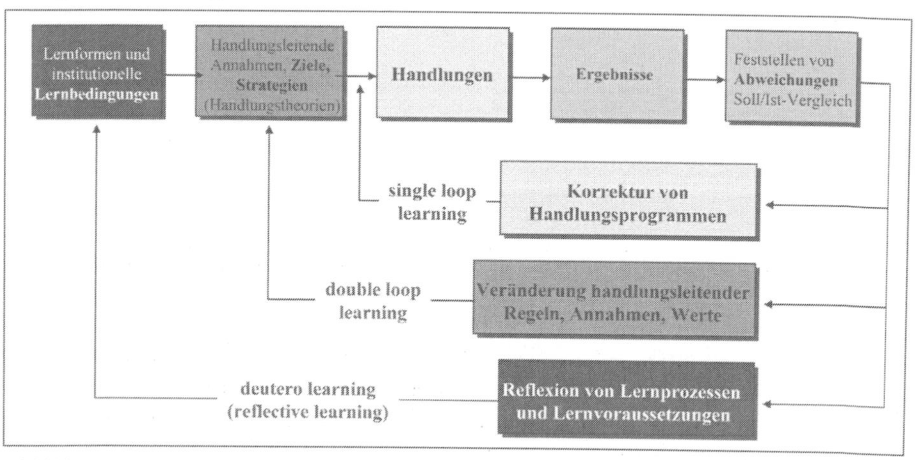

Abbildung 7: Unterschiedliche Ebenen organisationalen Lernens

Überlegungen aus der Lerntheorie finden im Veränderungsmanagement unterschiedliche Anwendung. Zum einen gilt es zu respektieren, dass Organisationen als lernende Systeme ihrer Eigenzeitlichkeit entsprechend evolutionäre Schritte der Veränderung im Sinne der Anpassung vollziehen. Zum anderen ist es notwendig, zielgerichtete kollektive Lernprozesse im Zuge von Veränderungsvorhaben so zu organisieren, dass die Betroffenen Problemhintergründe erkennen und bearbeiten lernen, um so insgesamt das Repertoire an Vorgehensweisen und Lösungswegen zu erweitern, womit insgesamt die Intelligenz eines Unternehmens erhöht wird. Lernen schließt dabei immer auch Konfrontation mit den eigenen Annahmen, den eigenen Sichtweisen, den unterschiedlichen Perspektiven, den herrschenden Prinzipien und Regeln und damit den dominierenden Mind-Settings mit ein, um Alternativen, neue Ansätze, gangbare Lösungswege, mögliche Verbesserungen usw. schrittweise ausprobieren und annehmen zu lernen.

Der gesamte Prozess einer Veränderung im Zeitverlauf kann als Lernen verstanden werden. Am Beginn gilt es die Mind-Settings der Entscheider, die historisch geprägten kulturellen Muster, die eingespielten Handlungen und Verhaltensweisen konstruktiv zu hinterfragen, und die Betroffenen müssen lernen, welche Wirkungen und Konsequenzen mit diesen oder anderen verbunden sind. Im Verlauf von konkreten Veränderungsprojekten gewinnen die Beteiligten zusätzliches Wissen und lernen, wie sich Maßnahmen umsetzen lassen. Insbesondere in der Phase der Verankerung und Institutionalisierung von Veränderungen werden neue Regeln, Standards und Richtlinien erprobt, adaptiert und letztlich festgesetzt. Die Unternehmensmitglieder lernen damit umzugehen und werden zum Teil auch über gezielte Trainingsmaßnahmen darauf vorbereitet.

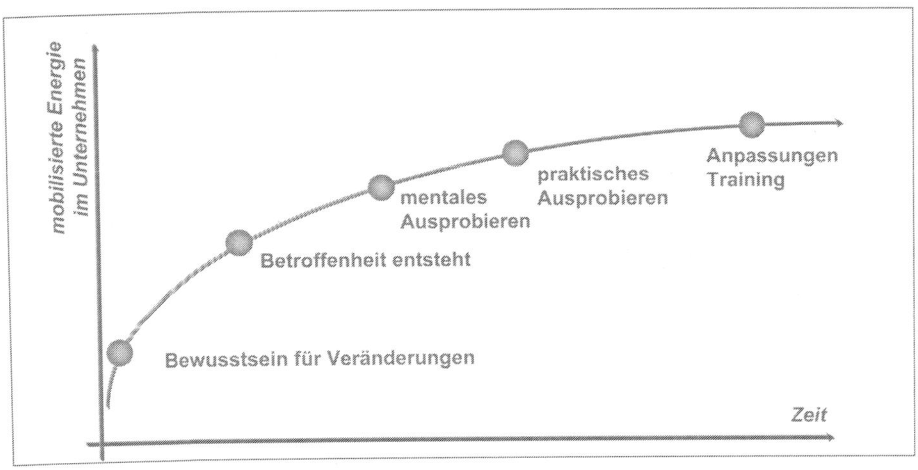

Abbildung 8: Veränderung als Lernprozess

Wie viel Zeit allerdings für diese organisierte Form von Veränderung als Lernen tatsächlich zur Verfügung steht, ist abhängig von der jeweiligen Dringlichkeit von Maßnahmen der Veränderung. D.h. es ist zu entscheiden, wie schnell, wie druckvoll, wie direktiv oder partizipativ die Veränderung sein muss bzw.

sein kann, um jene Ziele sicherzustellen, die für die Überlebensfähigkeit des Unternehmens notwendig sind. Anders formuliert heißt dies, dass beispielsweise in Krisenzeiten der Spielraum für kollektive Lernprozesse gering ist, weshalb schnelle Maßnahmen nach dem Top-down-Prinzip realisiert werden müssen. Nicht selten werden dann aber nach erfolgten Einschnitten Ansätze des Lernens angewendet, um sozusagen im Sinne einer wichtigen Nacharbeit die Begleit- und Folgeerscheinungen dieser zuvor notwendigen drastischen Maßnahmen aufzuarbeiten bzw. zu korrigieren.

Kernaussage

Organisationslernen dient nicht einem Selbstzweck, sondern soll dazu führen, dass die Leistungs- und Entwicklungsfähigkeit eines Unternehmens aufrechterhalten bzw. verbessert werden kann.

Veränderungen können als Lernprozess verstanden und organisiert werden, um eine Form von Nachhaltigkeit zu erzielen.

2.3. Die Balance von Stabilität und Veränderung

Das ständige Bestreben nach Erlangung und Aufrechterhaltung von Wettbewerbsfähigkeit macht die Balance von Lernen, Entwicklung und Veränderung einerseits und die Sicherstellung von Stabilität und Ordnung andererseits notwendig. Damit verbunden ist die Gefahr, von einem pathogenen Extrem in das andere zu verfallen. Zum einen gilt es die Umwelt und vor allem die beobachtbaren Veränderungen proaktiv wahrzunehmen und zum Gegenstand von unternehmensinternen Entscheidungen zu machen, was Anpassungs- bzw. Entwicklungsveränderungen notwendig macht. Zum anderen sind ständige Veränderungen der Auslöser von Unsicherheit und Orientierungslosigkeit. Die spannungsvolle Wechselbeziehung von Stabilität und Flexibilität und Anpassungsfähigkeit ist geprägt von der Frage, wie einerseits eine Ordnung aufrechtzuerhalten ist und andererseits doch eine ständige Entwicklungs- und Veränderungsfähigkeit erreicht werden soll. Eine bestehende Ordnung versorgt immerhin die Organisation mit Orientierung, Stabilisierung, Identifikation, Integration, Legitimation, Risikoschutz und Entscheidungsprämissen. Ein ausschließliches Festhalten an dieser Ordnung führt allerdings zur potentiellen Gefahr der Verkrustung und mangelnden Anpassungsfähigkeit. Es bedarf einerseits eines hohen Maßes an Elastizität und Veränderungsfähigkeit bzw. -bereitschaft, um gegenüber veränderten Umfeldbedingungen anschlussfähig zu sein, andererseits einer gewissen Invarianz der inneren Struktur, womit das Spannungsfeld zwischen Bewahrung und Veränderung zur zentralen Herausforderung der Unternehmensführung wird. Dies macht zum einen ein offenes Vorgehen, Risikobereitschaft, Experimentierfreudigkeit und Spielwitz auf der Suche nach Neuem und zum anderen die formale Orientierung an Verbesserung, Optimierung, Effizienz, Effektivität, Qualität und Implementierung notwendig.

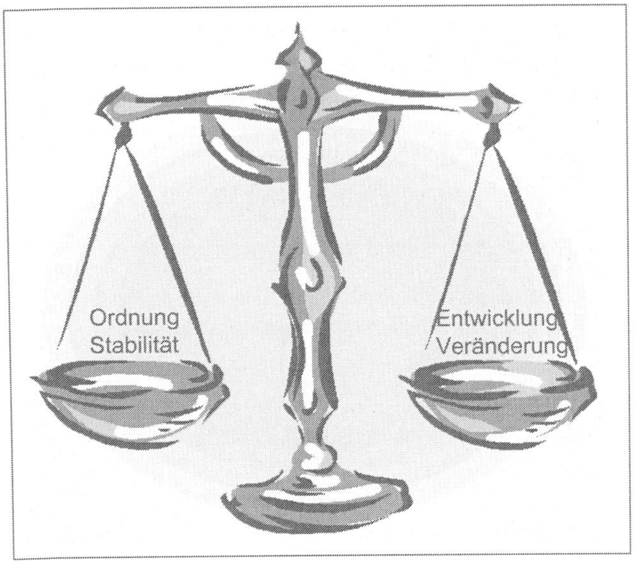

Abbildung 9: Der Balanceakt der Veränderung

Veränderungen in Organisationen treffen meist auf ein bestehendes und geprägtes Vorgängersystem, in dem sie gewissermaßen verhaftet sind. Die Veränderung führt zur Störung und Destabilisierung eines Zustandes des Fließgleichgewichts. In einer Transitionsphase des Übergangs entstehen daher Doppelgleisigkeiten und Mehrdeutigkeiten zwischen einer tradierten und gewachsenen Altorganisation/-kultur und einer noch zu entwickelnden Neuorganisation/-kultur. Dauern dieses Ungleichgewicht, diese Unruhe und Unsicherheit zu lange, lassen sich keine klaren Ergebnisse bzw. Verbesserungen erkennen und werden diese nicht im Unternehmensalltag gelebt, so besteht nicht nur ein großes Risiko des frühzeitigen Versandens derartiger Wandlungsprozesse, sondern auch die Gefahr von Chaos, weil zu viel, zu schnell und zur gleichen Zeit an dem geändert wird, was für die Lebensfähigkeit und Stabilität von Organisationen ebenso wichtig ist, wie Bewegung, Wandel, Lernen und Entwicklung. Ein Zuviel an Veränderung ist daher ebenso schädlich wie ein Zuwenig, was bekanntlich zur Erstarrung, Trägheit, Lähmung, Verkrustung und Bewegungsunfähigkeit in und von Organisationen führt. Hier das richtige Maß zu finden ist wohl das Schwierigste und zugleich Wichtigste für die Existenz-, Lebens-, Entwicklungs- und Fortschrittsfähigkeit von Unternehmen. Change Management erfordert somit eine ständige Bewältigung des Balanceaktes zwischen destabilisierenden wie auch stabilisierenden Aktivitäten. Dieser Herausforderung müssen sich allen voran Führungskräfte stellen, was recht treffend mit dem folgenden Zitat zum Ausdruck gebracht werden kann: *„Die Kunst des Fortschritts besteht darin, inmitten des Wandels Ordnung zu wahren, und inmitten der Ordnung den Wandel aufrechtzuerhalten."* (Alfred North Whitehead)

Nach Phasen der Veränderung müssen immer auch Phasen der Stabilisierung bewusst in Veränderungsprozesse eingeplant werden, damit Neues ausprobiert, nachjustiert, eingespielt und zur Normalität werden kann.

Kernaussage
Eine Grundfrage für Veränderungen lautet: Wie viel Veränderung braucht die Organisation und wie viel Veränderung verträgt die Organisation?

2.4. Pfade der Veränderung von Organisationen – „Change tracks“

Der Themenkreis „Veränderungen in und von Organisationen“ ist ein recht breiter, heterogener und unübersichtlicher und außerdem existiert keine einheitliche Theorie der Veränderung an sich. Vielfach wird versucht, dieses Dilemma anhand zentraler Fragestellungen aufzulösen. Diese Fragen richten sich zum einen an: **WAS** soll verändert werden?, und konzentrieren sich auf den **Gegenstandsbereich** organisationalen Wandels und mögliche Ansatzpunkte. Zum anderen geht es um: **WARUM** soll überhaupt etwas verändert werden?, womit die jeweils aus der Unternehmenspraxis stammenden **Anlassfaktoren** und kausalen Erklärungszusammenhänge organisationalen Wandels gemeint sind. Unterschiedliche extern induzierte Anlassfaktoren wie Marktveränderungen, Konkurrenzdruck, Auftragsrückgänge, vermehrte Kundenreklamationen, Unternehmenszusammenschlüsse usw. wie auch intern induzierte Anlassfaktoren wie Krisen, Leistungsabfall, innerbetriebliche Schwierigkeiten in der Zusammenarbeit, Optimierungsanstrengungen, Konsolidierungsmaßnahmen, Redesign von Strukturen und Prozessen usw. sind hier wesentliche Auslöser für gezielte Veränderungsmaßnahmen. Die Frage danach, **WIE Veränderungsprozesse verlaufen**, meint entweder revolutionär z.B. aufgrund eines hohen Leidensdruckes in finanziell angespannten bzw. sogar existenzbedrohenden Situationen wie Krisen, oder evolutionär, emergent und inkremental in kleinen Schritten im Sinne eines Lernprozesses. Die Frage nach dem **WO** meint den Ort der Veränderung, d.h. einzelne Situationen, unternehmensinterne Einheiten, Standorte oder das gesamte Unternehmen. Eine zeitliche Komponente entsteht mit der Frage danach, **WANN** Veränderungen stattfinden, d.h. entweder antizipativ und damit proaktiv oder aber reaktiv aufgrund entstehender und zunehmend ernster werdender Anlassfaktoren.

Letztlich konzentriert sich die Frage nach der Intensität einer Veränderung auf die Unterscheidung zwischen **tiefgreifenden fundamentalen Veränderungen** oder aber Veränderungen, die lediglich die **Oberflächenstruktur** wie Ziele, Strategien, Strukturen, Prozesse, Regeln, Standards usw. betreffen. Ein dahin wirkender sogenannter **Wandel erster Ordnung** konzentriert sich auf die Herstellung einer besseren Anpassungsfähigkeit an sich ändernde Bedingungen und Anforderungen, d.h. man macht etwas schneller, besser oder kostengünstiger. Der Schwerpunkt liegt beispielsweise auf der Abflachung von Hierarchien, einer Konzentration auf die Kerngeschäfte, einer Durchforstung und Optimierung der Kostenstruktur, einer Zentralisierung oder Dezentralisierung von Prozesssteuerungen usw. Auch von ständigen Anpassungen, seien sie im ersten Moment noch so gering, können langfristig große Veränderungen ausgehen. Die **Tiefenstruktur** hingegen umfasst den internen Kontext und das organisatorische Unbewusste, wie z.B. die Unternehmenskultur als Summe der Selbstverständlichkeiten und Gesamtheit gelebter Werte, Normen und gedanklicher Koordinatensysteme und Einstellungen, die letztlich die Identität der Organisation repräsentieren. Bei jeder Veränderung wird über die Unternehmenskultur eigentlich neu entschieden. Denn aus systemtheoretischer Sicht bestimmt insbesondere diese soziale Struktur die Deutung, Interpretation und letztlich Akzeptanz bzw. Bereitschaft zum ernsthaften Aufgreifen von Veränderungen. Veränderungen, die auch diese Dimension integrieren, werden als **Veränderungen zweiter Ordnung** bezeichnet, weil sozusagen fundamentale Bereiche einer Organisation, die das Innenleben und die Außensicht prägen, wie Grundannahmen, mentale Modelle, implizite Ordnungsmuster, historisch überlieferte Prägungen, zum Gegenstand von Diagnose-, Reflexions- und Lernprozessen werden. Eine gesamthafte Betrachtung von der Möglichkeit zur Veränderung führt zwangsläufig zur Erkenntnis, dass sich Oberflächen- und Tiefenstruktur eines Unternehmens wechselseitig beeinflussen und nachhaltige Veränderungen wohl nur mit Hilfe von Interventionen in beiden Bereichen erreichbar werden. Es lässt sich jedoch ein Pfad und damit eine Richtung bzw. Abfolge von Schritten der Veränderung mit unterschiedlichem Tiefgang und damit verschiedener Erfolgsaussicht erkennen.

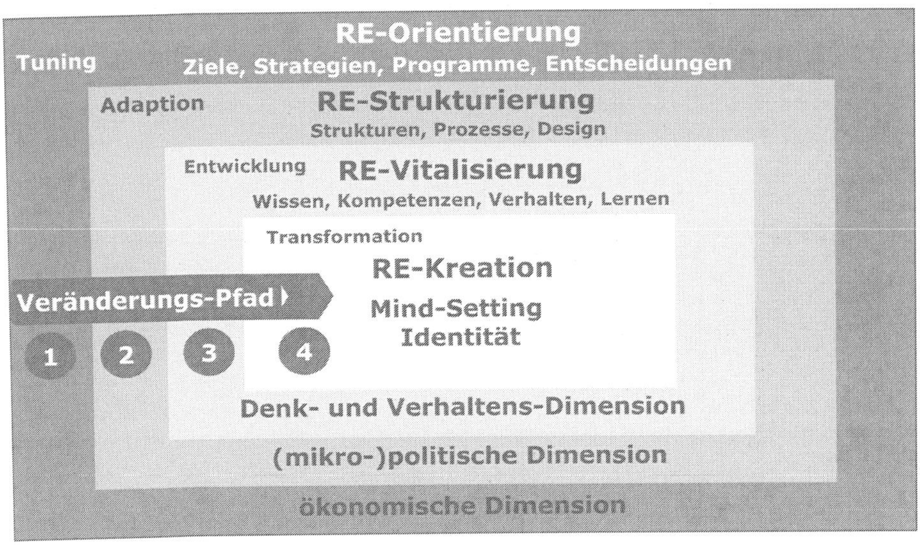

Abbildung 10: Pfade der Veränderung – „Change tracks“

Denn die Bereitschaft, zunächst an Zielen, Strategien und Programmen anzusetzen, wird weitaus größer sein. Diese Änderung der kognitiven Ordnung trifft sozusagen nur die Spitze des Eisbergs. Deshalb scheitern ja z.B. Versuche der Implementierung einer Balanced Scorecard nie am Konzept selbst, sondern viel eher an nicht akkordierbaren Zielen in der Geschäftsleitung, Konkurrenzkämpfen zwischen Führungskräften, kontraproduktiven unternehmensinternen Spielregeln, fehlenden strukturellen Anpassungen usw. Eine Veränderung von Strukturen trifft schon wesentlich stärker auf die inneren Gesetzmäßigkeiten einer Organisation und erhöht die Wahrscheinlichkeit verschiedenster Bremsmanöver enorm. Immerhin geht es hier um Abänderungen eingefahrener Routinen, verfestigter Ansichten wie: „Das haben wir immer schon so gemacht", Abläufe, Zuständigkeiten, Arbeitsinhalte usw. Doch Änderungen in diesem Bereich wirken aus strukturationstheoretischer Sicht auf das Verhalten, das z.B. im nächsten Schritt mittels anwendungsorientierter An-, Ver- und Umlernphasen adaptiert wird. Am schwierigsten scheint wohl der Zugang zum Paradigma, zum „Mind-Setting" bzw. dem „mental cage" von Entscheidungsträgern und zu den Quellen einer „dominanten Logik" zu sein, um hier ein grundlegendes Umdenken zu bewirken. Die zentrale Frage, die sich Change-Verantwortliche stellen müssen, ist: Wie tiefgreifend kann und muss vorgegangen werden, um jene Change-Ziele zu erreichen, die für die Entwicklung der Organisation und der in ihr tätigen Menschen wichtig sind, bzw. um die aktuelle Situation zu verbessern?

Kernaussage

Der Pfad der Veränderung einer Organisation wird bestimmt von Anlassfaktoren, Leidensdruck, Zielen, Tiefgang und möglicher Wirksamkeit. D.h. es ist jeweils zu entscheiden, ob es reicht, bei Veränderungen an der Oberflächenstruktur anzusetzen, oder aber ob es notwendig ist, bis in die Tiefenstruktur vorzudringen.

3. Dimensionen der Veränderung

Veränderungen in und von Unternehmen sind – wie wir wissen – keine triviale Angelegenheit und daher auch keine rein technisch und sachlich rational zu führenden Projekte, die einer eindimensionalen Logik folgen. Veränderungen vollziehen sich in komplexen Prozessen und sind daher aus unterschiedlichen Perspektiven zu betrachten.

Aus **ökonomischer Sicht** sollen Veränderungsvorhaben einen konkreten messbaren Verwertungsnutzen hervorbringen. Immerhin haben Veränderungsprojekte keinen Selbstzweck, sondern müssen definierte Ziele der Verbesserung, Optimierung, Professionalisierung bzw. Entwicklung ansteuern. Auf Basis der analysierten, diagnostizierten und erkannten Ist-Situation und strategischen Überlegung zur anzustrebenden Soll-Situation werden Entscheidungen getroffen, die es schrittweise zu realisieren gilt. Ohne Ziele, die Orientierung und Legitimation stiften, folgt keine ernsthafte und verantwortungsvolle Veränderung. Und diese Ziele sind in Wirtschaftsorganisationen meist ökonomischer Natur, da nur so eine gewisse Aufmerksamkeit bzw. fördernde Störwirkung und Aufbrechen der organisationalen Trägheitsmomente erzeugt werden kann. Wir sprechen hier von sogenannten Change-Hebeln, also jenen Themen, Programmen und Projektinhalten, die einen ökonomischen Nutzen versprechen, wie z.B. Prozessbeschleunigung, Verbesserung in der Marktorientierung, schnellere Post-Merger-Integration, Optimierung von Unternehmensbereichen (z.B. Einkauf, Produktion, Vertrieb), Kostenreduktion, Erzielung von Synergie-Effekten usw.

Veränderungsvorhaben haben neben der ökonomischen Nutzendimension immer auch eine **mikro-politische Dimension**. Man kann nicht davon ausgehen, dass die Ziele einer Veränderung mit allen akkordiert und gleich ausgerichtet sind und von allen gleich intensiv und ernsthaft verfolgt werden. Hinter den Zielen stehen Interessen, und wo Interessen sind, gibt es auch Gegeninteressen. Die wahren Interessen der Entscheider und/oder Mitwirkenden in Change-Projekten sind nicht selten von den offiziell proklamierten verschieden und zeigen sich vielfach erst im späteren Verlauf dieser Projekte, z.B. wenn es um die Einforderung von Unterstützung, der Inanspruchnahme zugesicherter Ressourcen, der aktiven Übernahme von Verantwortung in Teilprojekten, der Bereitstellung von Zeit und Energie usw. geht. Nicht selten führen dann paradoxe und nicht erwartete Verhaltensweisen oder Reaktionen zu Hypothesen nach den wahren Hintergründen und dominierenden Interessenlagen.

Beispiel: In einem öffentlichen Unternehmen in Richtung verstärkter Marktorientierung sind zwei Vorstände. Ein Vorstand ist erst kurz „an Bord“ und voller Tatendrang und Engagement hinsichtlich Neuausrichtung, Umstrukturierung, Einführung von Leistungsprinzipien, eines „kulturellen Wandels“ usw. Das Interesse besteht vorwiegend darin, den Beweis der eigenen Fähigkeiten nach der Neueinstellung anzutreten und sozusagen ein Meisterstück zu demonstrieren. Er will eine Aufbruchstimmung erzeugen, stellt junge Nachwuchsführungskräfte ein und will für Erneuerung sorgen. Der zweite Vorstand steht nur mehr wenige Jahre vor der Pensionierung. Er wird zu Veränderungen gedrängt, soll diese mittragen und fühlt sich dabei manchmal nicht nur überrannt, sondern auch massiv überfordert. Sein Interesse besteht vorwiegend darin, den Status quo zu erhalten. Diese Interessengegensätze bieten sich an, sind auch verständlich und aus der jeweiligen Perspektive nachvollziehbar und legitim. Sie spielen jedoch bei Entscheidungen, Übernahme von Verantwortung, Ernsthaftigkeit, Beschleunigung bzw. Verzögerung von Prozessen eine erhebliche Rolle und sind daher für die Planung und Steuerung des Veränderungsprozesses von Bedeutung. Ebenso lassen sich Konfliktsituationen erahnen und womöglich unterschiedliche Koalitionsformen in den jeweiligen Managementebenen befürchten. Der Change-Prozess erhält somit eine interessenpolitische Energie, die für Erfolg bzw. Misserfolg von zentraler Bedeutung ist.

Für den Erfolg bzw. Misserfolg von Veränderungen sind insbesondere die Interessenlagen der sogenannten „dominanten Koalitionen“ und damit die Befindlichkeiten, Absichten und Motive der Mächtigen im Unternehmen von größter

Wichtigkeit. Denn immerhin treffen diese die Entscheidungen hinsichtlich Richtung, Ressourcen, Ergebnis der jeweiligen Veränderung.

Die **Denk- und Verhaltensdimension** betrifft nicht nur die kognitiven Landkarten und mentalen Modelle in den Köpfen einzelner Personen, sondern auch das organisationale Gedächtnis, das prägend auf die Annahmen, Sichtweisen, Meinungen, Verhaltensweisen und Handlungen der Organisationsmitglieder wirkt. Es geht hier um das sogenannte **„Ticken" der Organisation**, d.h. um die Grundmuster, kulturellen Symbole, Rituale, Mythen, Werte, Normen, verwendeten Metaphern, vermeintlichen Weisheiten, Überlieferungen, historischen Prägungen, Traditionen, herrschenden Prinzipien, Leitlinien, heimlichen Regeln, Kommunikationsstile, Sprachregelungen, Problemlösungsheuristiken usw., an denen sich Führungskräfte und Mitarbeiter orientieren und letztlich auch hinsichtlich Systemzugehörigkeit gemessen werden. Jeder Change-Verantwortliche, ob interne Führungskraft, Stabstelle, Mitarbeiter oder externer Konsulent, ist gut beraten, das Funktionieren der Organisation gezielt herauszufinden und verstehen zu lernen. Denn es bildet letztlich den relevanten Rahmen jeglicher Veränderungen und bestimmt, was möglich ist, was anschlussfähig ist, wie schnell Umsetzungen greifen, was unterstützt bzw. verhindert wird, wer aktiv mitmacht und wer sich aktiv oder passiv dagegenstellt.

Beispiel: Wir bleiben wieder bei unserem behördenähnlichen öffentlichen Unternehmen, das auf dem Weg in Richtung Marktorientierung bzw. -ausrichtung ist und daher große Veränderungen zu bewältigen hat. Sie erinnern sich, an der Spitze sind zwei unterschiedliche Vorstände. Der eine erst kurz an Bord und aus der Industrie, der andere kurz vor der Pensionierung und schon seit Beginn seiner Berufszeit in der „Firma". Der junge ambitionierte und erfolgsorientierte Manager will eine rasche Veränderung herbeiführen und sozusagen das System schnell drehen – nicht nur aus Willkür und persönlichen Karriereplänen, sondern weil die Überlebensfähigkeit des Unternehmens auf dem Spiel steht und daher eine dringliche Notwendigkeit für rasche Veränderungen auch aus Eigentümersicht gegeben ist. Er fordert daher viel von den Führungskräften und Mitarbeitern. Er möchte sozusagen Pinguine zum Fliegen bringen, möchte aus Beamten Unternehmer kreieren, und das in kürzester Zeit. Er verwendet Begrifflichkeiten der Industrie, die vielen nicht geläufig sind, verwendet Tools, die bis dato nicht in Gebrauch waren, investiert in Dinge, die bis dato nicht üblich waren, führt Leistungsprinzipien ein, die bis dato nicht gelebt wurden, macht Führungskräfte für Bereiche verantwortlich, was zur Überforderung führt, und übersieht vor allem die politischen Einflüsse von außen und innen, nach denen man sich bis dato orientiert hat. Anders formuliert: Das Denken und Verhalten des jungen Vorstandes passt nicht zum Denken, Verhalten und Handeln der restlichen Organisationsmitglieder, sodass nicht nur die wechselseitige Anschlussfähigkeit fehlt. Der Aufwand der Veränderung wurde damit ein ungleich höherer, da nicht nur die Widerstände größer wurden, sondern die ständige Überforderung auch zur Verlangsamung anstatt zur Beschleunigung führte. Es formierten sich im Untergrund politisch mächtige Koalitionen, die im Top-Management nach Verbündeten suchten, um dem Spuk ein Ende zu bereiten und um wieder die „Normalität" herzustellen. Hätte der Vorstand nicht nur die Eigenzeitlichkeit des Systems, sondern vor allem die Grundmuster und politischen Leitprinzipien erkannt, ernst genommen und respektiert, hätte er sich diese auch so zunutze machen können, dass er Koalitionen und Promotoren für die Veränderung gewonnen hätte.

Kernaussagen

Veränderungsprojekte brauchen einen ökonomischen Verwertungsnutzen, um ernsthaft verfolgt zu werden.

Veränderungsprojekte haben immer eine mikropolitische Dimension, d.h. es geht um das Zusammenwirken unterschiedlicher Interessen wichtiger Stakeholder.

Das „Ticken" der Organisation bestimmt, was an Veränderungen zugelassen, möglich und wirksam ist und was nicht.

4. Begleiterscheinungen, Effekte und Dynamiken bei Veränderungen

„Die Menschen wehren sich nicht gegen die Veränderung, sondern dagegen, verändert zu werden!" (Peter Senge)

Darf ich Sie zu einer kleinen demonstrierenden Übung einladen, um Ihnen deutlich zu machen, was in uns vorgeht, wenn wir mit Veränderungen zu tun haben? Wenn ja, wenn Sie sich kurz darauf einlassen wollen, dann machen Sie bitte Folgendes: Falten Sie einfach spontan Ihre Hände. Ich gehe davon aus, dass Sie nicht darüber nachgedacht haben, ob Ihr rechter oder linker Daumen obenauf liegt. Ich denke, wir können auch davon ausgehen, dass es keinen Zusammenhang mit dem Umstand gibt, dass Sie Links- oder Rechtshänder/in sind. Nun versuchen Sie bitte, eine bewusste Veränderung herbeizuführen, d.h. Sie legen jeweils den anderen Daumen obenauf. Was bemerken Sie bzw. wie geht es Ihnen dabei? Fühlt es sich unangenehm an? Stimmt mit dem Gesamtgefüge der gefalteten Hände etwas nicht mehr, d.h. müssen Sie sie eventuell neu ineinanderfügen? Möchten Sie das Experiment lieber gleich wieder abbrechen und in den gewohnten Ausgangszustand zurückkehren? Probieren wir das Gleiche doch noch mit dem Verschränken der Arme. Auch hier wird Ihre gewohnte Automatik, ohne dass Sie darüber nachdenken müssen, Sie den rechten oder linken Arm obenauf liegen lassen. Und wenn Sie das bewusst ändern, stellen Sie wieder einige recht unangenehme Begleiterscheinungen fest. Sie wissen im ersten Moment vielleicht gar nicht, wie das gehen soll, möchten den Vorgang am liebsten gleich wieder abbrechen, haben die Befürchtung, dass während des Vorgangs womöglich ein unlösbarer Knoten entsteht, und werden sicherlich bei nächstbester Gelegenheit in die Ihnen vertraute Automatik verfallen. Und dies insbesondere dann, wenn Ihnen das Ziel und vor allem der Nutzen einer dieser Veränderungen nicht klar ist. Und was lehren uns diese kleinen Beispiele? Veränderungen sind unangenehm, wir wollen sie nicht bzw. ein großer Prozentsatz unserer Gesellschaft (ca. 85 %) will sie nicht und sieht darin eine Bedrohung, hat Angst davor, sieht die Negativseiten, entwickelt aktive oder passive Gegenwehr, versucht, sie wegzurationalisieren und den Status quo aufrechtzuerhalten, und sucht nach verbal vernichtenden Killerphrasen (z.B. „Das haben wir immer schon so gemacht"; „Das haben wir alles schon versucht"; „Das gilt doch alles nicht für uns, denn bei uns läuft das alles ganz anders"; „Warum denn etwas ändern, das klappt doch wohl auch so, und das ist ja wohl das Wichtigste!") usw., und dies insbesondere dann, wenn ein Leidensdruck nicht gegeben ist. Umgekehrt bedeutet dies, dass nur ca. 15 % von uns in Veränderung eine Chance der Entwicklung, des Lernens, der Verbesserung sehen, d.h. bereit sind, Neues auszuprobieren, sich gedanklich und praktisch der Veränderung zu nähern und vielleicht auch aktiv dahinter zu stehen. Für Change-Verantwortliche lassen sich aus diesen Überlegungen konkrete Konsequenzen ableiten. Denn diejenigen, die weniger Berührungsängste mit Veränderungen haben, sind als aktive Mitstreiter, als Promotoren, als Change Agents und „Facilitators", als Multiplikatoren und Meinungsführer zu gewinnen und mit aktiven Funktionen und Verantwortlichkeiten im Veränderungsprozess auszustatten. Und der Großteil der Bedenkenträger ist von Anfang an zum einen mit aufklärender Information zu versorgen und zum anderen in Kommunikationsprozessen, d.h. in bewusst zu gestaltenden Begegnungsmöglichkeiten dialogisch auf anstehende Veränderungsschritte und notwendige Maßnahmen vorzubereiten. In dieser direkten Auseinandersetzung ist die Perspektive der Betroffenen einzunehmen, um zu verstehen, was die Ursachen für unterschiedliche Ängste und Widerstände sind. Diese müssen ernst genommen werden und im Change-Design wenn möglich Berücksichtigung finden. Betroffene werden zu Beteiligten des Prozesses, wodurch ein „Not-invented-here-Syndrom" abgebaut wird, die Akzeptanz für Entscheidungen und Maßnahmen steigt und letztlich auch die Motivation zunimmt. Diese soeben beschriebenen Überlegungen lassen sich auch noch anders begründen: Es gibt scheinbar einige zentrale grundlegende Treiber in unserem Leben, die uns besonders wichtig sind, nach denen wir uns orientieren, die uns Dinge tun oder aber total blockieren lassen. Diese basalen Faktoren sind Sinn, Macht und Angst. Ist etwas sinn-voll, macht etwas Sinn, so wissen wir, dass wir die Kraft haben, uns zu entscheiden. Denn wir haben die Richtung, die Perspektive und den Antrieb, das Sinnstiftende zu erreichen. Im gegenteiligen Fall, wenn etwas sinn-los und un-sinnig erscheint, werden wir die größte Mühe haben, uns dafür zu erwärmen und Tatendrang zu verspüren. Wir werden eher dagegen sein und blockieren. Ebenso geht es uns mit Macht. Wenn wir mitmachen, mit-gestalten und mit-denken können, dann werden wir mit-tun. Es gibt dann die Gelegenheit der Mit-Bestimmung und Mit-Entscheidung und nicht das Gefühl der Ohn-Macht und Machtlosigkeit und dies führt zur aktiven Teilnahme an einer Veränderung. Ähnlich verhält es sich mit Angst. Angst ist einerseits ein wichtiger Antreiber, denn die Angst, stehen zu bleiben, zu verlieren, lässt uns Energie aufbringen. Im gegenteiligen Fall, wenn das Maß an Angst, und dies ist individuell natürlich unterschiedlich, spürbar zu groß wird, ist Angst der größte und ungesündeste Stressfaktor und lässt uns daher erstarren, blockieren, zurückziehen oder aggressiv werden.

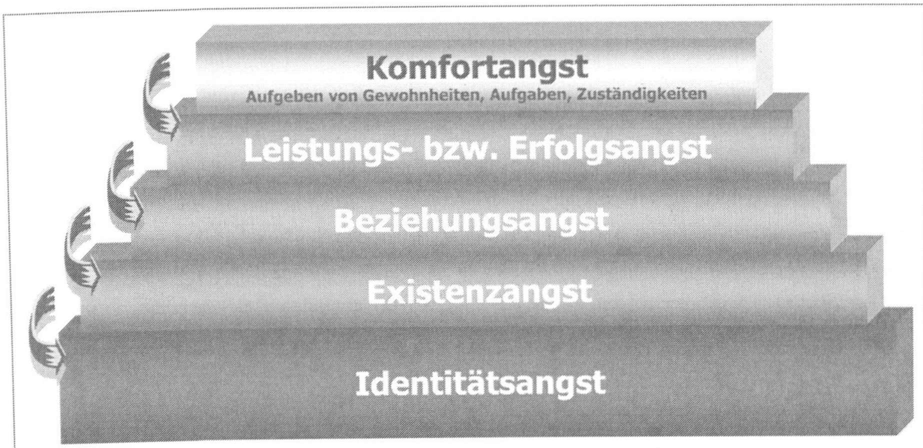

Abbildung 11: Angstniveaus

Die jeweiligen Angstniveaus sind dabei sehr verschieden und unterscheiden sich in Anlass, Hintergrund, Tiefgang und Auswirkung. Je nachdem, ob die Betroffenen von Veränderungen Angst haben, lediglich an Annehmlichkeiten der Komfortzone zu verlieren, oder Ängste vor neuen Beziehungskonstellationen haben, Angst vor Versagen in neuen Funktionen entwickeln oder aber befürchten, ihre Existenz oder Identität auf Basis ihrer Rolle zu verlieren, werden Reaktionen und Gegenwehr anders erkennbar und daher anders zu behandeln sein. Diese Hintergründe der Angst zu erkennen, zu verstehen und ernst zu nehmen ist Aufgabe der jeweiligen Change-Verantwortlichen. Auch lässt sich für die Change-Praxis daraus ableiten, dass diese Faktoren Sinn, Macht und Angst in ein Change-Design zu übersetzen sind. Denn der Faktor Sinn macht es notwendig, der Veränderung Ziele und damit Richtung, Orientierung und Nutzen zu geben. Die Berücksichtigung des Faktors Macht bedeutet, dass es Möglichkeiten der Mitwirkung geben muss. Der Respekt der unterschiedlichen Aspekte von Angst führt wiederum zur direkten, unverfälschten, offenen und dialogischen Form von Aufklärungsarbeit, Kommunikation und Information.

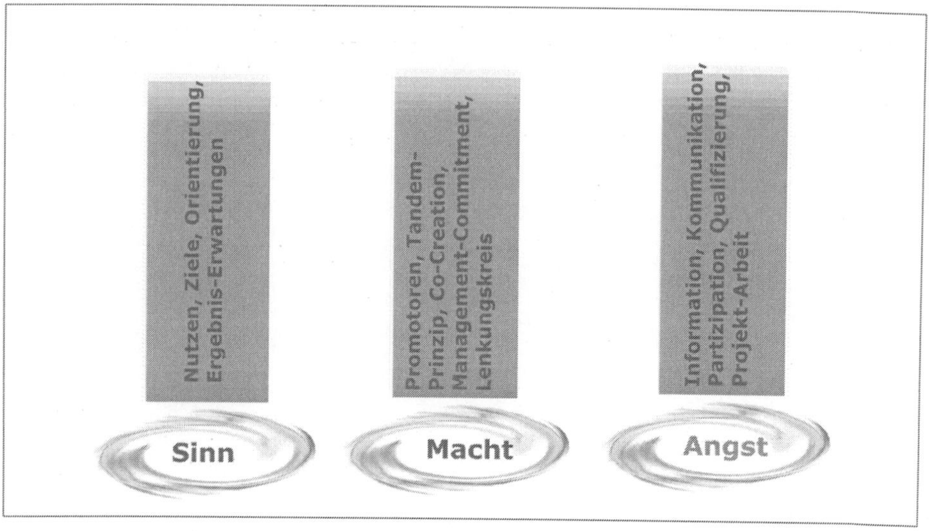

Abbildung 12: Treiber der Veränderung

Für die unterschiedlichen Erscheinungsformen individuellen Widerstands liefern auch noch Erkenntnisse aus der Entwicklungspsychologie einige Erklärungsansätze. Demnach finden nachhaltige Lern- und Entwicklungsprozesse aufgrund von Reifungskrisen statt. Wir begegnen diesen auslösenden Veränderungsanlässen jedoch auf musterhafte typische Weise immer ähnlich. Zuerst werden auslösende Momente personifiziert, d.h. es werden Sündenböcke gesucht, die dafür verantwortlich gemacht werden, um diesen dann aggressiv zu begegnen und sie für schuldig zu erklären. Botschafter werden so mit der Botschaft verwechselt, was scheinbar im Mittelalter wohl mit ein Grund dafür war, dass Herrscher die Überbringer schlechter Botschaften hinrichten ließen. Da dieses Verhalten aber weder das Problem noch die Ursache für Veränderungsauslöser behebt, folgen die Phasen der Ignoranz, des Nicht-wahrhaben-Wollens und der Verdrängung. Probleme werden bagatellisiert, verharmlost und Problemlösungen auf unbestimmte Zeit verschoben. D.h. die Veränderungsresistenz ist groß und die Bereitschaft, sich mit Ursachen und Notwendigkeit für Veränderungsschritte bewusst und direkt auseinanderzusetzen, eher gering. Erst in der Phase der Konfrontation und damit in der Phase des Leidensdrucks und der höchsten Aufmerksamkeit steigt der Druck, aber auch die Bereitschaft, sich der Situation zu stellen und diese anzunehmen. Die Phase der Konfrontation kann konfliktär und schmerzhaft sein und für Betroffenheit sorgen. Diese Betroffenheit liefert jedoch die notwendige Bereitschaft, über mögliche Wege aus der Situation nachzudenken, realistische Perspektiven zu entwickeln und konkrete Umsetzungsaktionen zu setzen. Mündet dieser Prozess in einer bewussten Reflexion und damit in einer Phase der konstruktiv kritischen Auseinandersetzung mit Eigen- und Fremdsicht und der Frage nach den Lernerfahrungen, so steigt damit insgesamt nicht nur das Problemlösungspotenzial, sondern auch die Form der Reife, mit ähnlichen Prozessen zukünftig umzugehen. Die Übertragung auf unser Thema des Veränderungsmanagements ist offensichtlich. Der Widerstand, die Gegenwehr, die Suche nach Schuldigen, die Ignoranz und Immunität gegen geplante Veränderungsschritte sind ebenso Bestandteile der Veränderung wie Ursachenforschung, Diagnostik, Perspektiven-Entwicklung, praktische Umsetzung und Supervision bzw. Reflexion, die zum Lernen aller Prozessbeteiligten führen.

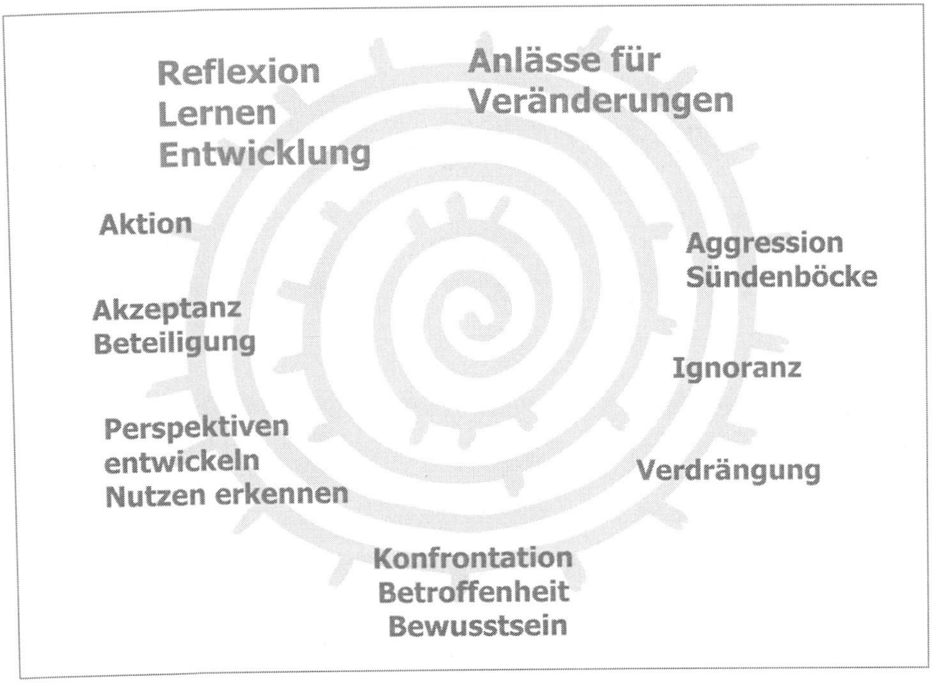

Abbildung 13: Typische Reaktionsmuster bei Veränderungen

Auch die Kognitionspsychologie und Gehirnforschung hat in letzter Zeit wieder verstärkt interessante Aspekte zum Thema Widerstand in die Veränderungsthematik eingebracht. Demnach verändern wir uns nur in dem Maße, wie unser Gehirn auch tatsächlich dazu bereit ist. Da das Weitermachen wie bisher im Gehirn scheinbar einen starken Belohnungseffekt auslöst, lassen wir Veränderungen nicht zu. D.h. Menschen verändern sich nur im Rahmen bewusster oder auch unbewusster Erfolgs- und Belohnungserwartungen. Und am Bewährten, Gewohnten und Tradierten festzuhalten vermittelt ein Gefühl der Sicherheit, Ordnung und Orientierung, womit Ängste reduziert werden können. Die Macht der Gewohnheit ist immerhin der stabilste Klebstoff der Welt. Weitermachen wie bisher löst somit einen starken Belohnungseffekt aus. Verhaltensänderungen können daher nur dann erzielt werden, wenn diese eine höhere Belohnung und Nutzen versprechen und auch tatsächlich erwarten lassen. Oft begreifen die Organisationsmitglieder gar nicht, was konkret von ihnen im Rahmen von Veränderungen verlangt wird bzw. was zu erwarten ist, weshalb sie sich von einer Veränderung auch nichts versprechen, der Nutzen somit unklar bleibt. Die andere Alternative ist, dass sie zwar auf der Bewusstseinsebene zu Veränderungen bereit sind, ihr Unbewusstes jedoch nicht wirklich mitspielt. Daher ist es notwendig, aufklärend zu wirken, Wissen bereitzustellen und auf Verhaltensebene coachend bzw. supervisorisch bzw. trainierend zu wirken, um Sicherheiten aufzubauen. Anders formuliert, es müssen neben fordernden Elementen in einer Change-Architektur immer auch bewusst und nachvollziehbar fördernde Elemente verankert werden. Welche das im Detail sein können, werden wir später noch erörtern.

Auf organisationaler Ebene ist die zu erwartende Melodie des Gegenwindes und geringen Begeisterung für Veränderungen bereits aus systemtheoretischer wie auch strukturationstheoretischer Perspektive ansatzweise thematisiert worden. Die Problematik bei Veränderungen ist weniger der konzeptionelle Entwurf des Neuen, sondern vielmehr das Loslassen des Alten und Bestehenden. Und das Alte kann nur dann vergessen werden, wenn es ein glaubwürdiges Versprechen zum Wert des Neuen geben kann. Die bestehenden starren und scheinbar unveränderbaren impliziten Regeln darüber, wie etwas zu funktionieren hat, was gescheit ist und was weniger und die mangelnde Vorstellungskraft einer anderen Form von Ordnung, für die ja auch oft Begriffe und Beschreibungen fehlen, erhöhen das Trägheitsmoment einer Organisation. D.h. der Strukturkonservatismus, das penetrante und sture Festhalten an Geschäftsmodellen, Strukturen, Richtlinien, Regeln, Standards usw. führen zum vermeintlichen Recht, einfach so weitermachen zu können wie bisher. Aktiv findet die ins Gedächtnis der Organisation geschriebene Aufrechterhaltung von Identität ihren Ausdruck in verzögerten Reaktionen, indirekten Wirkungen, unkalkulierbaren Beobachtungen und unerwarteten Querschlägen. Obwohl diese Phänomene die Arbeit für Change-Verantwortliche recht mühsam und beschwerlich machen, sind sie doch Bestandteil der sozialen Realität von Unternehmen und eine natürliche Begleiterscheinung, wenn es um Wandel geht.

Kernaussage

Wir reagieren mehrheitlich nicht gerade mit Begeisterung auf Veränderungen, weshalb derartige Vorhaben naturgemäß von Widerständen und Ängsten begleitet sind. Diese müssen wahr- und ernst genommen, hinterfragt und respektiert werden. Die Schaffung von Orientierung, der Einsatz von Promotoren und die Möglichkeiten der aktiven Mitwirkung sowie laufende Kommunikationsarbeit sollen die Mitmachmotivation erhöhen.

5. Die wichtigsten Qualitätsmerkmale und Erfolgskriterien im Veränderungsmanagement

Langjährige Erfahrungen im Forschungs- und Arbeitsfeld des Veränderungsmanagements lassen inzwischen Unterscheidungen zwischen unprofessionellen, nebenfolgenreichen und schon beinahe fahrlässigen Vorgehensweisen und jenen Merkmalen und Kriterien des Change Managements zu, die professionell, zielgerichtet, lösungsorientiert und daher erfolgreich sind. Diese Leitlinien sollen hier beschrieben, diskutiert und anhand konkreter Beispiele veranschaulicht werden.

5.1. Die Entscheidung für den offiziellen Change-Start – die Veränderungsenergie und das Management Commitment

Der Start von Veränderungsvorhaben muss in Form eines Rituals inszeniert werden, Programme müssen einen kommunizierbaren und aussagekräftigen Namen erhalten, damit die Aufmerksamkeit und das Bewusstsein aller Beteiligten bzw. Betroffenen erzeugt und verstärkt werden. Der Führungskreis bzw. die Top-Entscheider müssen diesen Schritt tun und damit die Ernsthaftigkeit, den Veränderungswillen und die Bereitschaft zur aktiven Mitwirkung unter Beweis stellen. Management-Commitment wird in diesem Zusammenhang als Begriff oft überstrapaziert, aber die Erfahrung zeigt, dass dieses demonstrative, sicht- und erlebbare aktive Vorangehen von Führungskräften in einem Veränderungsprozess unbedingt notwendig ist, um Glaubwürdigkeit zu vermitteln. Keine leichte Aufgabe, nimmt doch damit das Management eine wichtige Störfunktion wahr, die aus Gewohnheit und Bequemlichkeit herausführen soll. Nicht selten sind diese Effekte sogar auf Management-Ebene bemerkbar. Nichtsdestotrotz, ist diese Veränderungsenergie nicht spürbar im obersten Managementbereich vorhanden, ist nicht dort der sprichwörtliche Leidensdruck, wo auch Entscheidungen getroffen werden können, so lohnt es sich nicht, über visionäre Veränderungsillusionen nachzudenken. Der Wille aus den mittleren oder unteren Managementebenen wird zwar öfter artikuliert, doch sie brauchen die Entscheidungen aus der Top-Ebene, da ja auch Ressourcen für den Wandel bereitgestellt werden müssen. Der Leidensdruck muss also dort sein, wo etwas aktiv dagegen getan werden kann. Und von dort aus muss mutig die Entscheidung zum Start einer Veränderung getroffen werden, die Verantwortung für die Ergebnisse übernommen und die Veränderungsenergie auf alle Unternehmensebenen übertragen werden. Veränderungen sind nicht selten mit erheblichen Eingriffen in vorhandene Handlungsspielräume von dominanten Akteuren verbunden. Und da das Handeln in Organisationen niemals in einem herrschaftsfreien Raum passiert, also frei von Macht und persönlichen Interessen ist, muss mit Gegenwehr, Ignoranz und Immunisierungsverhalten gerechnet werden. Ob ein Wandel erfolgreich gemeistert werden kann oder nicht, ist daher nie nur eine Frage einer kognitiven Erkenntnis und des positiven Willens, sondern immer auch eine Frage nach der Möglichkeit, die Interessen diverser Richtungsgeber zu involvieren. Dieser Einphasprozess ist somit ein politischer Prozess, der die Mitwirkung oder zumindest die Genehmigung auch wichtiger anderer Stakeholder des Unternehmens erfordert (z.B. Eigentümer, Aufsichtsrat). Auch müssen zuvor schon wichtige Proponenten des Wandels identifiziert und in die Pläne eingeweiht werden. Sie sind sozusagen die Lobbyisten, die Multiplikatoren, die Meinungsbildner und -führer im Unternehmen, die die Aufnahmebereitschaft von Change-Ankündigungen begünstigen können. Die Akzeptanz von Veränderungsprojekten hängt somit von der Authentizität derer ab, die die Botschaft verkünden, und deren Management-Qualität, sich auch konsequent und beständig mit Ausdauer daran zu halten. Vage Ankündigungen, sprunghaftes Ja und dann doch wieder Nein, ein ständiges Vielleicht und Eventuell oder auch doch Später im Sinne eines Flik-Flak-Managements führt nicht nur generell zur Unglaubwürdigkeit von Führungskräften, sondern ganz besonders dann, wenn es um richtungsweisende neue Wege mittels angekündigter Veränderungen geht.

Kernaussage

Veränderungsprojekte brauchen Führungskräfte, die mutige Entscheidungen treffen und bereit sind, in Lösungen zu investieren und diese zu verantworten. D.h. der Start erfordert Entschlossenheit, Verlässlichkeit und Konsequenz auch in der Planung und Bereitstellung von Ressourcen.

5.2. Das Erkennen der richtigen Change-Hebel – die Diagnose

„Nicht alles was zählt, kann gezählt werden, und nicht alles, was gezählt werden kann, zählt.“ (Albert Einstein)

Eine der wohl größten Herausforderungen im Veränderungsmanagement besteht darin, herauszufinden, woran eigentlich angesetzt werden soll, mit welchen Themen die höchste Wirkung erreicht wird und mit welchen Projekten sogenannte schnelle Lösungen (quick wins) erzielt werden können. Erfahrungsgemäß gibt es im Unternehmen eine Vielzahl an scheinbar offensichtlichen Problemen und Themen, die als vermeintlich wichtig erachtet werden. Meist erweisen sich diese jedoch als Symptom einer Reihe von oft unerkannten Ursache-Wirkungs-Zusammenhängen und blinden Flecken, die wesentlich dringender aufzugreifen wären. Führungskräfte werden im Laufe ihrer Berufstätigkeit darauf getrimmt, Probleme zu sehen und zu lösen. Nicht selten wird dabei sofort in Maßnahmen bzw. Favoritenlösungen gedacht, ohne die wahren Ursachen zu entdecken. Die Lösungen bleiben damit in Wirklichkeit oberflächlich, liefern nur eine schnelle kosmetische Korrektur, und eine wirklich verankerte Wirksamkeit wird nicht nachhaltig erzielt. Die Phase der Unternehmensdiagnose soll hier methodisch und instrumentell dazu zwingen, die Ursachen von erkannten Schwachstellen und Auffälligkeiten von musterhaften Eigentümlichkeiten zu unterscheiden. Mit der Diagnose werden die Wahrnehmungs- und Aufmerksamkeitshorizonte erweitert (awareness), Hypothesen entwickelt, Zusammenhänge hergestellt, Wechselwirkungen erkannt und aus einer Fülle an gesammelten quantitativen und qualitativen Daten die Mosaiksteine zu einem Gesamtbild geformt. Dies macht die Erzeugung von konstruktiven Spannungen durch das Aufzeigen von Organisationsdilemmata und auffallenden pathologischen Ordnungsmustern notwendig. Zwei unterschiedliche Methoden bieten sich dazu an: zum einen die analytische „Sherlock-Holmes-Methode". Es werden akribisch genau Daten gesammelt und analysiert, logisch-rational hinterfragt und in einer Gesamtaussage zusammengefasst. Dem gegenüber steht die explorative „Columbo-Methode", die von einem scheinbar unkoordinierten, chaotischen Vorgehen gekennzeichnet ist. In Wirklichkeit werden Daten mit einem Methodenmix (siehe Abbildung), bestehend aus Problemerhebungs-Workshops mit horizontalen Querschnittsgruppen, Dokumentenanalysen, Befragungen, Beobachtungen, Analysen von Vergleichsdaten mittels Benchmarking, Erstellen von Stärken-Schwächen/Chancen-Risiko-Portfolio (SWOT-Analysen), „maturity-checks" usw. gesammelt. Eine Theorie der Beobachtung, eine Arena des Lernens und die Anwendung integrativer Methoden der Analyse sollen die blinden Flecken eines Unternehmens aufhellen und damit die Vielfalt des Sehens erhöhen.

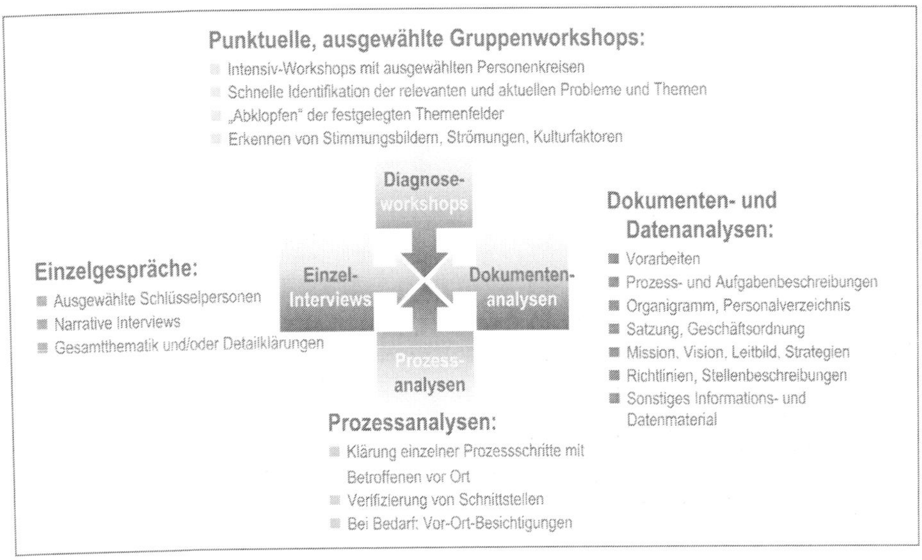

Abbildung 14: Methodenmix in der Unternehmensdiagnose

Es werden offene Fragen an Wahrnehmungen gestellt, kreative Annahmen getroffen, diese werden dann über festgestellte Evidenzen verifiziert oder falsifiziert, bis ein stimmiges Gesamtbild entsteht, das mit den Betroffenen rückgekoppelt und auf Plausibilität geprüft wird. Die Diagnose ist daher von einem induktiven Vorgehen geprägt und führt zu Entdeckungen, die interpretativer Natur sind, aber mittels der erhobenen Daten begründ- und belegbar sein müssen. Ziel der Diagnose muss sein, sogenannte Durchbruchsthemen bzw. Change-Hebel zu entdecken. Das sind jene Themen, die an den wahren Ursachen anpacken, die heißen Eisen, die heiligen Kühe, die auf Widerstand stoßen und unterschiedliche Interessen auslösen, für die Wirksamkeit von Veränderungsmaßnahmen jedoch katalysierend und multiplizierend wirken. Wenn definierte Veränderungsprojekte keine Gegenwehr erzeugen, keine Gegeninteressen auslösen und nicht für Unruhe sorgen, werden wahrscheinlich oberflächliche Nebenthemen angegangen, die für niemanden gefährlich und wirklich relevant sind. Auch sind dies nicht die Themen, die ständig bemängelt werden. Denn wenn Themen über längere Zeit zwar angesprochen und kritisiert werden, aber doch seit langem existieren und nicht konsequent bearbeitet werden, lässt dies die berechtigte Frage zu, für wen die Aufrechterhaltung eines Zustandes auch einen positiven Nutzen stiftet, sprich auch Vorteile mit sich bringt. Beispiel: Im Unternehmen ärgert man sich zwar über die Unverbindlichkeit in der Zusammenarbeit, d.h. jeder gibt anderen Zusagen und Versprechungen, die aber nicht eingehalten werden. Dies mag zwar für viele schwierig für Entscheidungen usw. sein, gibt aber gleichzeitig auch die Möglichkeit, selbst in einer ähnlichen Situation ebenfalls Unverbindlichkeit an den Tag zu legen. Somit wäre eine Änderung dieses Kulturmerkmals auch mit negativen Konsequenzen für jene verbunden, die sich darüber beklagen, dass es so ist, wie es ist.

Die Diagnose führt zur Konfrontation mit Problemursachen, soll Betroffenheit erzeugen, Erkenntnisse und Aha-Erlebnisse vermitteln, Einsichten gewähren, den Perspektiven-Winkel erweitern, neue Lernfelder erschließen sowie Erfolgs- und Misserfolgsfaktoren definieren. Die Diagnose ist eine realisierte Form des Prinzips „holding the organization in question“, Dilemmata und Pathologien der „zweiten Organisation“ oder auch Schattenorganisation, die heimlichen Spielregeln auf Funktionalität zu überprüfen und gegebenenfalls abzuändern bzw. aufzulösen.

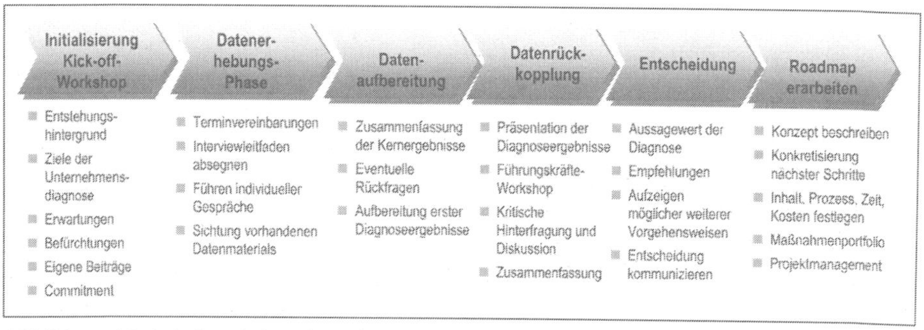

Abbildung 15: Arbeitsschritte der Unternehmensdiagnose

In der Metapher des organisatorischen Eisbergs gedacht heißt dies, zu erkennen, was sich unter der Oberfläche abspielt, und Gründe dafür zu finden, die für die offensichtlichen und messbaren Ergebnisse verantwortlich sind. Die Zusammenhänge zwischen den Hard Facts und den Soft Facts eines Unternehmens liefern damit vielfältige Ansatzpunkte für konkrete Veränderungsansätze. Insbesondere die Verwendung von Bewertungen, wie sinnvoll und aussagekräftig sie auch immer sein mögen, bewegen Entscheidungsträger zum Entschluss, etwas zu verändern. Die Diagnose nutzt daher die Macht der Zahlen, um die Logik des Verhaltens zu studieren.

Die Qualität einer Unternehmensdiagnose entsteht erst durch die Perspektivenvielfalt und damit die gezielte Reduktion von einseitigen Betrachtungsweisen aus der Sicht von Disziplinen-Experten. Controller achten auf das Zahlenwerk und erkennen den Ansatzpunkt auf der Kostenseite, Human-Resource-Experten entdecken die Notwendigkeit der Personalentwicklung und eines geänderten Job-Designs, Techniker sehen die Lösung in der Verbesserung der Infrastruktur, Marketing- und Vertriebs-Spezialisten wollen die Vertriebsstrukturen optimieren, Schnittstellen von Außen- und Innendienst regeln und die Organisationsexperten wollen die Prozesslandschaft redesignen, Strukturen vereinfachen, die Unternehmenskultur weiterentwickeln und die Kommunikation verbessern.

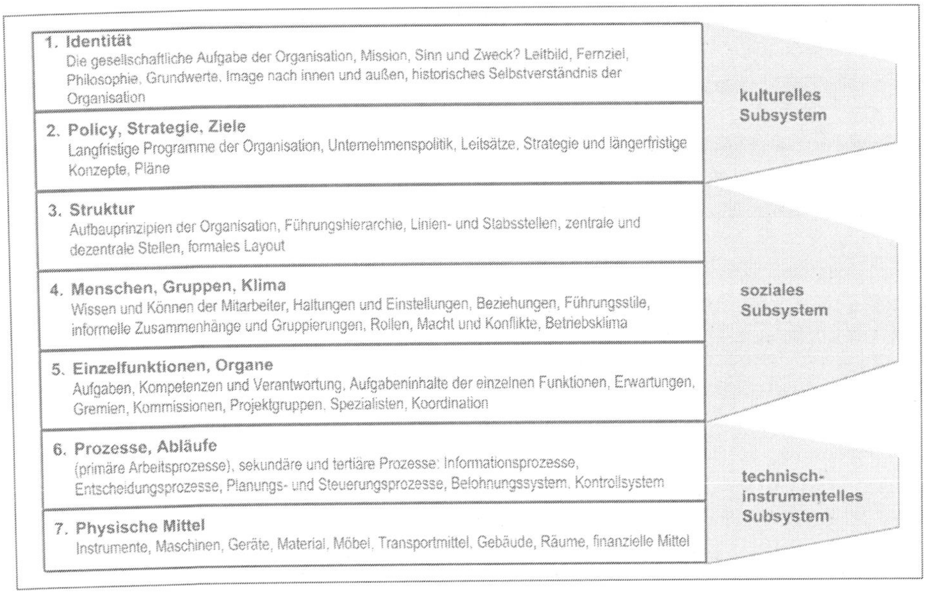

Abbildung 16: Integrative Betrachtung des Unternehmens

Die Herausforderung besteht somit in der integrativen Betrachtung dieser Teildisziplinen, um eine differenzierte Gesamtsicht zu erzeugen. Im Innenbereich der Organisation müssen darüber hinaus die Gesamtzusammenhänge zwischen jenen Detailfaktoren erkannt werden, die gewissermaßen das Design eines Unternehmens bestimmen. Diese Designelemente, die gleichzeitig als wichtige Interventionsvariable erkannt werden, sind u.a. die Form der Information und Kommunikation, die Regelung von Aufgaben/Funktionen und Verantwortung, die Gestaltung von Prozesslandschaften und hierarchischen Strukturen, die Regelungen von Anreiz- und Belohnungsmechanismen sowie Kontroll- und Sanktionsprogramme wie auch institutionalisierte Formen des Feedbacks und des Lernens.

Meist ist für die Unternehmensdiagnose im Change-Design nicht viel Zeit vorgesehen, der Wunsch nach schnellem Loslegen auch aus Kostengründen ist daher verständlicherweise weit verbreitet. Dies zwingt zu schnellen und kreativen, aber trotzdem aussagekräftigen und treffsicheren Vorgehensweisen und intelligenten Diagnose-Designs. So ist es z.B. in vielen Fällen wenig sinnvoll, aufwendige und umfangreiche Interviews mit vielen Einzelpersonen zu führen, diese dann auszuwerten, Ergebnisse zusammenzufassen und zu präsentieren. Effektiver können hier schon Gruppengespräche oder aber Workshops mit den Betroffenen von verschiedenen Unternehmensbereichen sein. Als äußerst nützlich, effektiv und zielführend erweist sich dabei das Basisprinzip: „Put the whole system in one room“ (Marvin Weisbord), da dabei nicht nur die Aussagen der verschiedenen Stakeholder-Gruppierungen von Interesse sind, sondern auch wichtige Beobachtungssituationen entstehen, Transparenz und Nachvollziehbarkeit gewährleistet wird und Möglichkeiten zum unmittelbaren Nachfragen bestehen, die Situationen schrittweise explorieren lassen.

Ziel und Inhalt einer Diagnose muss es auch sein, das Gesamtsystem, in dem der Veränderungsprozess eingebunden ist, auszuloten und zu definieren, um in der Planung auf unterschiedliche Interessengruppierungen differenziert agieren bzw. reagieren zu können. Die Rede ist hier von einer Stakeholderanalyse, die die jeweiligen Personengruppen mit ihren unterschiedlichen Interessen, Bedenken, Ängsten, Einflussmöglichkeiten und Betroffenheiten klar erfasst, um auch präventive Informations-, Kommunikations- und aktive Partizipationsarbeit leisten zu können.

Die Zusammenführung der jeweiligen Einschätzungen diverser identifizierter Stakeholder nach Einfluss- und Betroffenheitsgrad führt letztlich zu einer Darstellung entlang einer Matrix, um auch bildlich die Relevanz ersichtlich zu machen.

Zu dem durch einen hohen Betroffenheitsgrad gekennzeichneten Kreis gehören insbesondere Mitarbeiter, mittlere und obere Führungskräfte, Betriebsräte, Vorstände, Personalverantwortliche, Investoren, Gewerkschaften und Aufsichtsräte.

Diese Stakeholder-Analyse kann in weiterer Folge durch ein sogenanntes Readyness-Assessment erweitert werden. Dies soll helfen zu beurteilen, wie hoch das jeweilige Bereitschaftsniveau einzelner Stakeholdergruppierungen ist, gewisse definierte Veränderungen mitzutragen. Dabei müssen die einzelnen geplanten Schritte definiert und entlang einer zu wählenden Skalierung beurteilt werden.

Tabelle zur Einschätzung des Bereitschaftsniveaus (10 = hoch)										
Bereitschaftsniveau (Readiness Level)	1	2	3	4	5	6	7	8	9	10
Die Performance-Messungen und die gebotenen Anreize sind auf die Anforderungen neuer Geschäftslösungen ausgerichtet.										
Die Unternehmenskultur ist der Annahme neuer Einstellungen und Verhaltensweisen förderlich.										
Die Unternehmensführung zeigt Engagement, den geschäftlichen Wandel zu fördern.										
Die Mitarbeiter aller Hierarchiestufen sind in der Lage, den geschäftlichen Wandel voranzutreiben.										
Die Mitarbeiter aller Hierarchiestufen engagieren sich für die neuen Geschäftslösungen.										
Die neuen Geschäftslösungen werden durch die Organisationsstruktur und die Entscheidungsprozesse entsprechend unterstützt.										
Die organisatorischen Kommunikationsprozesse eignen sich dazu, die Stakeholder zu mobilisieren und für erforderliche Aktivitäten zu gewinnen.										

Tabelle 1: Readyness-Assessment

Da die Diagnose nicht nur am Anfang einer zu planenden Veränderung steht, sondern in Wirklichkeit im Verlauf eines iterativen Lernprozesses eine immer wiederkehrende bzw. eine mitlaufende Aufgabe ist, Status, Hintergrund, Zusammenhänge usw. zu erheben und zu hinterfragen, ist auch die präventive Einschätzung möglicher Risiken entlang des Projektverlaufs zweckmäßig, um rechtzeitig wirksame Begleit- bzw. Gegenmaßnahmen zu entwickeln.

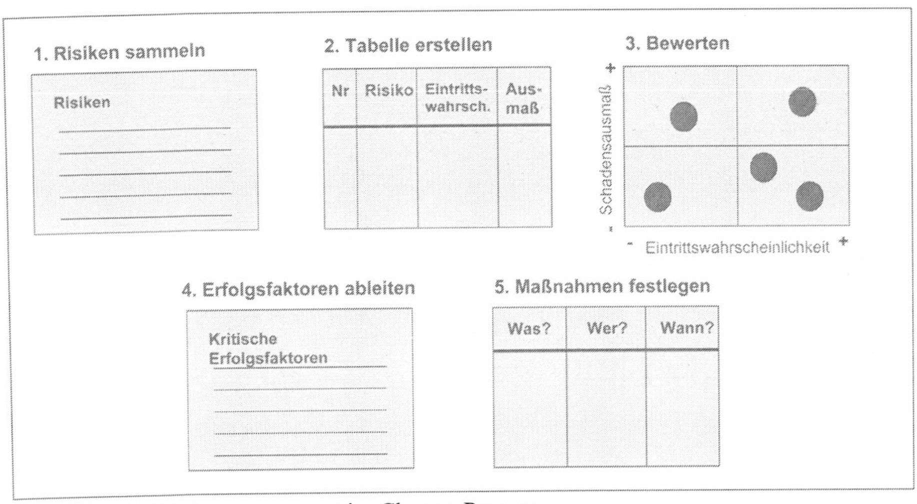

Abbildung 17: Risikomanagement im Change-Prozess

Fallbeispiel: Bezirkskrankenhaus – Konsolidierung und Neuausrichtung

Kurz zum Hintergrund des konkreten Falls: Es handelt sich um ein Bezirkskrankenhaus in privatem Besitz mit einem sehr starken Wachstum in den vergangenen Jahren (ca. Verdoppelung der Mitarbeiter). Die Organisation wurde nicht auf die neue quantitative Größenordnung qualitativ angepasst, sondern es existiert weiterhin in vielen Bereichen eine „Zuruforganisation". Projektanlass ist die allgemeine Unzufriedenheit im Haus und der Eindruck, dass das Klima insgesamt verbessert und die Abstimmung der Abläufe im Patientenprozess optimiert werden müssen. Die erstgenannten Projektziele konzentrieren sich also auf eine Standardisierung von Abläufen, die Klärung von Zuständigkeiten, die Festlegung organisatorischer Regelungen, die Förderung der Kommunikation und Verbesserung der Zusammenarbeit in und zwischen Bereichen und Berufsgruppen und die Motivation der Mitarbeiter. Insbesondere in der Diagnose des Patientenprozesses müssen Ansatzpunkte gefunden werden, um all jene zu involvieren, die im Patientenprozess eine zentrale Rolle spielen, also die Aufnahme, die Diagnosebereiche (Labor, Röntgen) und die einzelnen Fachabteilungen, und dies entlang der Berufsgruppen Medizin, Pflege und Verwaltung.

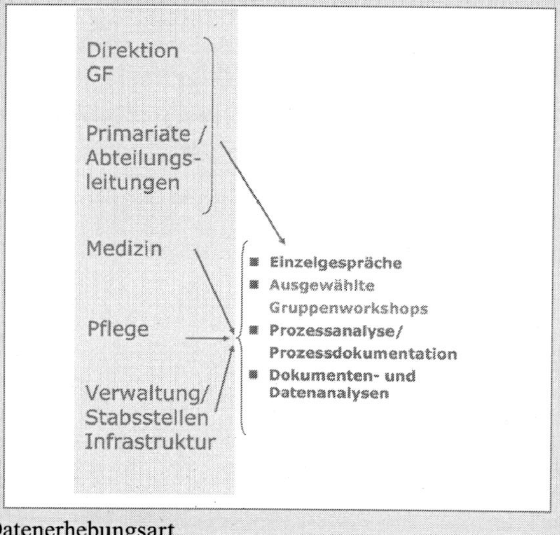

Abbildung 18: Datenerhebungsart

Würde die Datenerhebung hier mittels Einzelinterviews erfolgen, so wäre dies nicht nur zeitaufwendig, es würden auch sehr heterogene Einzelaussagen zu Schwierigkeiten in der Verifizierung und Auswertung führen. Alternativ dazu wäre es auch möglich, Vertreter verschiedener Berufsgruppen entlang der genannten Bereiche Aufnahme, Diagnostik, Fachabteilungen in einer Workshop-Situation zusammenzuführen. In diesem Diagnose-Workshop können dann gemeinsam einerseits die reflektierenden Fragen: „Was läuft denn entlang des Patientenprozesses gut, was weniger gut und was müsste aus Sicht der Beteiligten verändert werden?", beantwortet werden, und andererseits könnten die einzelnen Prozessschritte aus Sicht aller Betroffenen entsprechend dem Echtbetrieb aufgenommen werden. Mögliche Ansatzpunkte zur Verbesserung des Prozesses könnten hier sogar bereits erörtert und auf eine sinnvolle Machbarkeit hin hinterfragt werden. Damit ergibt sich nicht nur insgesamt eine Zeitersparnis in der Vorgehensweise, sondern es lassen sich gleichzeitig jene berufsgruppen- und bereichsübergreifende Schwerpunktthemen erkennen, die für die Bearbeitung des Kernthemas relevant erscheinen.

In diesem spezifischen Fall hat die Diagnose entlang des Kernthemas Prozesse folgende erste Erkenntnisse ergeben:

Ambulanz, Triage:

- Der Aufnahmeprozess funktioniert vormittags und bei Normalfällen i.d.R. gut. Schwachstellen liegen in der qualifizierten Besetzung der Ambulanz (nachmittags, nachts) und dem Informationsfluss zwischen allen Beteiligten bei Aufnahmen nachts, für Klasse-Patienten, für nicht akute OPs am selben Tag sowie bei Wiederaufnahmen.
- Der gesamte Ambulanzbereich inklusive Triage-Prozess geht derzeit wegen teils fehlender Verfügbarkeit medizinischer Ansprechpartner zu Lasten der Patienten und des Pflegepersonals. Ein Triage-Vorschlag zur Verbesserung wurde als Pilot erarbeitet und initialisiert. Die gesamte Ambulanzthematik muss jedoch bearbeitet werden.

Untersuchungen:

- Orderprozess und Terminisierungen (OP, Untersuchungen, Behandlungen) erfolgen uneinheitlich, häufig auf Zuruf mit telefonischer Abstimmung und sind aus Patientensicht nicht optimal koordiniert.
- Die OP- und Untersuchungsvorbereitung ist für die Pflege-Mitarbeiter/innen durch mangelnden Informationsfluss teils schlecht planbar, daher sehr situativ und geht zu Lasten der Patienten.
- Doppelprozess – elektronische Information und „Zettelinformation"

Bettenbelegung, Patientenbetreuung:

- Ein mangelhafter Informationsfluss zwischen medizinischem und Pflegepersonal behindert die Planung und Koordination der Bettenbelegung für die Stationen.
- Es fehlt ein einheitlicher, elektronischer Patientenlaufzettel, auf dem patientenbezogen alle Termine eines Tages für alle Beteiligten transparent und planbar sind.
- Die Patientenübergabe zwischen Stationen bzw. zwischen den medizinischen Zuständigkeiten ist häufig schlecht abgestimmt und erfolgt nicht einheitlich. Standards hierfür scheinen zu fehlen oder werden nicht gelebt.
- Die Übergabe der Pflegedokumentation bei Stationswechseln ist nicht patientendatenflussorientiert, die Abstimmung erfolgt oft informell.
- Der gesamte Fluss der Patienteninformation und -dokumentation berücksichtigt nicht optimal die rechtzeitige Verfügbarkeit der erforderlichen

Daten für alle Beteiligten (inklusive Stationen, nicht bettenführender Abteilungen, Portier, Verwaltung, Betriebskräften).
- Die Planung und Koordination der Patiententransporte (im Haus; mobile Patienten außer Haus) ist ineffizient (u.a. telefonisch, auf Zuruf, unnötige Wege, keine „Sammelfahrten").

Materialaufgaben, Hilfsaufgaben:
- Der Prozess der Materialverwaltung (Bestellung und Ausgabe) wird von den Stationen teilweise nicht eingehalten. Die Zuordnung zur Verwaltung ist zu hinterfragen.
- Die Durchführung von Hilfsaufgaben (wie externe Besorgungsgänge, Holen/Bringen erforderlicher Unterlagen, Post usw.) erfolgt meist unkoordiniert und ad hoc. Die Einrichtung eines Supportdienstes mit Botendienst und Hauspost könnte insbesondere das Pflegepersonal entlasten.
- Der Rhythmus Frühstück, Mittagessen und Abendessen und die damit verbundenen Zeiten und Aufwendungen sind weder patienten- noch pflegedienstgerecht ausgelegt.

Nach dem Prinzip des Methodenmix wurden auch die Themenfelder „Zuständigkeiten, Aufgaben, Verantwortung", „Infrastruktur und Ausstattung", „Dienstplanung", „Berichtswesen, Controlling", „Patientenstrom", „Interne Information und Kommunikation", „Personalentwicklung", „Klima der Zusammenarbeit und Führung" und „Außenwirkung" erhoben, hinterfragt und diagnostiziert, sodass daraus insgesamt ein Bündel an zu priorisierenden Projektmaßnahmen entstanden ist.

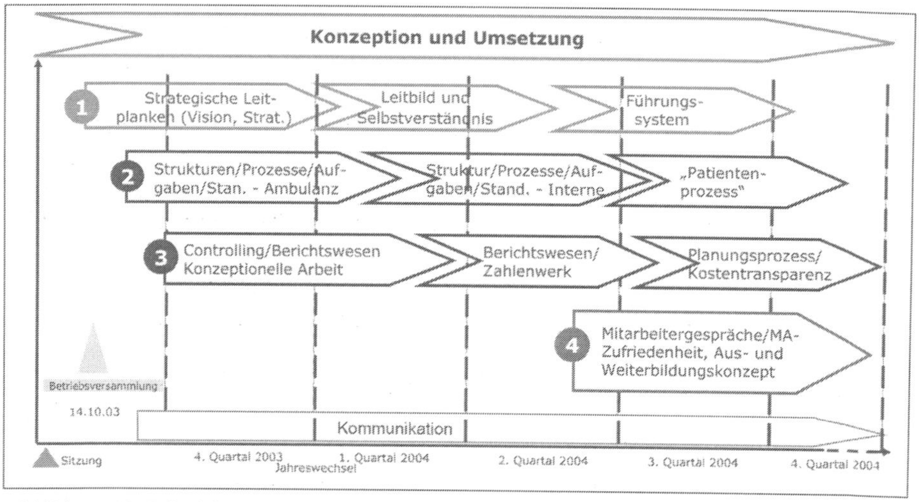

Abbildung 19: Priorisierte Durchbruchsthemen

Fallbeispiel: Reorganisation in einem mittelständischen Unternehmen der Bauwirtschaft

Beim nächsten konkreten Fall handelt es sich um ein Pionierunternehmen mit Chefeigentümer in der Bauwirtschaft. Das Unternehmen konzentriert sich wirtschaftlich erfolgreich auf die Komplettausstattung von Gebäuden und Anlagen im Elektrobereich (Starkstrom, Telekommunikation, Sicherheit, Projektmanagement „alles aus einer Hand"). Nach ersten Gesprächen wurde deutlich, dass unter der Oberfläche doch einige nennenswerte Symptome erkennbar sind. So gibt es z.B. hohe interne Reibungsverluste in der Zusammenarbeit zwischen den einzelnen (ca. zwölf) Fachabteilungen bei der Lösung gesamthafter und vernetzter Bauausstattungsprojekte sowie eine katastrophale Informations- und Berichtskultur mit einer völlig überforderten Buchhaltung bzw. Verwaltung. Die Anzahl unzufriedener Kunden steigt bereits, was zu zahlreichen kostspieligen Nachreparaturen führt. Neben den entstehenden Kosten-, Termin- und Qualitätsproblemen macht sich auch schon einige Demotivation unter den Mitarbeitern breit. Nach dem Prinzip: „Jeder kooperiert gegen jeden", gibt es Rivalitätskämpfe zwischen den einzelnen Abteilungen. Die geführten Vorgespräche haben auch zur Konkretisierung der Projektzielsetzungen geführt, die sich primär auf eine möglichst ganzheitliche Analyse und Optimierung des Geschäftsprozesses und der damit zusammenhängenden internen Abwicklungsprozesse und eine Optimierung der internen Kommunikations- und Führungskultur (inkl. Motivation) konzentriert. Die hohe Dringlichkeit im Handlungsbedarf erforderte einen schnellen und vor allem direkten Einstieg, um recht schnell zu den eigentlichen Kernproblemen vorzudringen. Daraus entstand ein dreitägiger Diagnose-Workshop mit fast allen Mitarbeitern (ca. 100) und den zentralen Schlüsselpersonen. Die Unternehmensmitglieder wurden in einem Plenumsraum nach ihren natürlichen Arbeitszusammenhängen gruppiert, sodass die Bereichsgrenzen deutlich sichtbar waren. Ein „lebendiger Auftrag" – ein Mitglied des Consulting-Staffs definierte eine Kundenanfrage, die dann „wie im richtigen Leben" bearbeitet werden sollte – wurde durchgespielt. Der Weg führte von Abteilung zu Abteilung, es wurden Auftragsnummern vergeben, lange unnötige Stillstandszeiten erkennbar, Irrläufe ersichtlich, falsche Bearbeitungsschritte deutlich, späte Rechnungslegungen bemängelt und vor allem Ressortegoismen nachvollziehbar. Durch die Präsenz und aktive Teilnahme aller Mitarbeiter/innen war der Prozess transparent, Konflikte wurden direkt ansprechbar, Grenzen als sinnlos erkannt und spontane Lösungsansätze entwickelt. Es kam so nicht nur zu einer offenen Kulturauseinandersetzung, sondern es traten auch offizielle wie inoffizielle, heimliche Spielregeln der Zusammenarbeit deutlich zu Tage. Im Anschluss daran erfolgte eine Abarbeitung diagnostischer Fragestellungen, mit deren Hilfe die jeweiligen Abteilungen sich einerseits selbst und andererseits die Zusammenarbeit in und mit anderen Abteilungen konstruktiv kritisch hinterfragen konnten. Die Arbeitsfragen konzentrierten sich auf eigene Aufgaben, Definition von internen Kunden und Lieferanten, den eigenen Wertbeitrag und Nutzen, die Beurteilung von Leistung,

Qualität, Termintreue, Kosten, Umgang mit Nachbarabteilungen, Umgang mit externen Kunden, internes Klima und letztlich Gesamtergebnisse. Hinzu kamen Fragen zum konkreten Veränderungsbedarf, zu Unterstützungsmöglichkeiten anderer und möglichen ersten Ansatzpunkten. Durch die Selbst- und Fremdbeurteilung jeder Abteilung entstand schrittweise eine bunte Problemlandschaft im Sinne eines Diagnosebildes vor den Augen aller Unternehmensmitglieder. Endergebnis waren direkt erkannte „Schmerzstellen“ als Durchbruchsthemen mit dem höchsten Rating und einige realistische Handlungsmöglichkeiten, denen man sich zunächst in Querschnittsgruppen und dann in einer mit Nachwuchsführungskräften besetzten Projektsteuerungsgruppe widmete.

Kernaussage

Die Unternehmensdiagnose ist zur Klärung der Ausgangssituation und Hintergründe von anstehenden Veränderungen unerlässlich und verfolgt im Wesentlichen folgende Ziele:

1. Erkennen von Zusammenhängen, Wechselwirkungen aus unterschiedlichen Perspektiven – Aufhellen der blinden Flecken
2. Schaffen von Problembewusstsein, Aufmerksamkeit und Leidensdruck – Awareness aufbauen
3. Konkretisierung und Definition sinnvoller und erfolgversprechender Problemlösungsdesigns – Programm-Entwicklung

5.3. Entwicklung einer Change-Vision und das Setzen der richtigen Change-Ziele – die Orientierung

Am Beginn von Veränderungsvorhaben ist zu definieren, wohin die Reise gehen soll, d.h. es erfolgt die Festlegung der Intention eines angestrebten Wandels. Die Vision eines Veränderungsprozesses kreiert das Selbstverständnis, legt die Grundidee fest und schafft damit auch die Wertebasis für all jene Aktivitäten, die sich im Zuge der Veränderung auf die Organisation konzentrieren. Die Vision bereitet sozusagen gedanklich auf die anstehende Veränderung vor, zeigt somit einen deutlichen Unterschied zur gegenwärtig erlebten Realität und muss eine gewisse Herausforderung bieten. Es hat sich als nützlich erwiesen, dieses Bild der Zukunft mit plastischen Vorstellungen, Metaphern, Analogien, Symbolen und Geschichten (Storytellling) in Verbindung zu setzen, so dass eine einfache Nachvollziehbarkeit begünstigt wird. Die damit zu erreichende Sinngebung und Sinnstiftung soll den Beteiligten attraktiv erscheinen, eine gewisse Zugkraft auslösen, die Identifikation ermöglichen, die Mitmachmotivation stärken und letztlich Perspektiven aufzeigen. Die Veränderungsvisionen erfüllen diese nützlichen Aspekte jedoch nur, wenn sie auch gleichzeitig ein starkes Gefühl der Verbundenheit und des Verpflichtetseins erzeugen sowie Verhaltensweisen und Handlungen auslösen.

Auf Basis der Diagnose, den strategischen Gesamtüberlegungen und einer Veränderungsvision werden die Ziele von Veränderungsmaßnahmen festgelegt, die aus systemtheoretischer Sicht ähnlich wie Regeln eine hohe Asymmetrierungsfunktion haben und das Verhalten indirekt in eine bestimmte Richtung lenken. Es ist sozusagen eine strategische Architektur bzw. ein konzeptioneller Schirm festzulegen, um konzertierte Vorgehensweisen zielgerichtet planen, steuern und letztlich im Ergebnis kontrollieren zu können. Das Setzen und Kommunizieren definierter Zielsetzungen für anstehende Veränderungsmaßnahmen unterstreicht nicht nur die Ernsthaftigkeit seitens der Entscheider, sondern schafft insbesondere Orientierung und hilft, die Fülle an ungeklärten Fragen und die naturgemäß entstehende Unsicherheit bei Veränderungen zu reduzieren. Je konkreter hier die Vorstellungen eines Veränderungsprojektes sind, desto eher finden sich nicht nur Mitstreiter, sondern desto direkter lassen sich beabsichtigte Schritte kommunizieren. In der Festlegung dieser Veränderungsziele zeigt sich letztlich auch die Qualität der zu leistenden Führungsarbeit, die sich auf die Gestaltung erfolgsrelevanter Kontextfaktoren konzentriert. Die Ziele lassen sich schlussendlich dann auch in der pragmatisch praktischen Projektarbeit für die Formulierung und Delegation von Projektaufträgen nutzen. Sie legen eine Reiseroute fest, die durch Überzeugungskraft, Ernsthaftigkeit, Konsequenz und Beständigkeit versucht werden soll ‚schrittweise zu gehen, um jene Ergebnisse zu erreichen, die von Beginn an ins Visier genommen wurden.

Beispiel: Am Beginn eines konzernumfassenden Change-Programms bei der seinerzeitigen Hoechst-AG namens „Business Process Excellence" stand ein beeindruckendes Papier des Vorstandsvorsitzenden. Dieses Papier von Jürgen Dormann nannte sich „Aufbruch 94" und beschrieb im Charakter eines Manifests im Detail, wo das geplante Veränderungsprogramm hinführen sollte. Dieses Papier war aber nicht nur in den Führungsetagen bekannt, sondern nahezu unter allen Mitarbeitern. Die durchgängige Verbreitung der darin festgelegten Zielsetzungen und Umsetzungsstrategien führte zu einem breiten Wissensstand in der Belegschaft und gab den in den darauf folgenden Jahren den umgesetzten Change-Projekten den konzeptionellen Rahmen, an dem konsequent, jedoch nicht stur festgehalten wurde. Rückfragen verunsicherter Mitarbeiter konnten auf Basis dieser festgelegten Change-Reise-Route unverfälscht, direkt und transparent beantwortet werden, sodass damit insgesamt die Glaubwürdigkeit des Managements zugenommen hat.

Kernaussage

Erfolgreiche Veränderungen benötigen eine „sinnvolle" Vision und nützliche Ziele, um Orientierung, Ernsthaftigkeit, Beständigkeit, Konsequenz, Steuerung und Kontrolle zu ermöglichen.

5.4. Die Wahl der richtigen Change-Promotoren – die Change Facilitators

Veränderungsprogramme sind in der Welt der Unternehmenspraxis kaum Selbstläufer. Sie lösen – wie bereits erwähnt – Ängste unterschiedlicher Art und unterschiedlichen Niveaus aus, führen zu offenen und/oder verdeckten Gegenwehr- und Untergrundaktionen, zu Gewinner-Verlierer-Spielen, zu neu eröffneten Arenen für subtile Machtspiele usw. Sie benötigen daher nicht nur am Beginn die volle Überzeugung und das spürbare Engagement und die erlebbare Ernsthaftigkeit der Führungsebene, sondern auch die Unterstützung zahlreicher bedeutender Unterstützer und Multiplikatoren, um Prozesse am Laufen zu halten und Ergebnisse sicherzustellen. Die Rede ist hier von den unterschiedlichen Promotoren, die für das Gelingen von Veränderungsschritten von essentieller Bedeutung sind. Gemeint sind Personen, die Überzeugungsarbeit leisten sollen, Begeisterung wecken, Motivation fördern, Potenziale erkennen, Mitarbeiter betreuen, Widerstände, Ängste erkennen und handhaben können, Wissen besitzen, wie mit Rückschlägen umzugehen ist, aber vor allem auch das Fachwissen und die Fähigkeiten besitzen, Veränderungsprojekte schrittweise zu realisieren. Promotoren sind in der Regel Führungskräfte oder Nachwuchsführungskräfte mit einem hohen Fähigkeits- und Entwicklungspotenzial, die in der Lage sind, Willens-, Fähigkeits- und Beziehungsbarrieren zu bewältigen. Zum einen braucht es hier die Machtpromotoren, die mit ihrer Position, ihrer Legitimation, Entscheidungen treffen zu können, und ihrer Funktion im Unternehmen die Möglichkeit bieten, Ressourcen bereitzustellen, Meinungsführer zu sein, Parolen auszurufen und Leitlinien zu definieren, sodass der Change-Prozess von Anfang an die richtige Unterstützung erfährt. Hinzu kommen Fachpromotoren als jene Spezialisten für Projektarbeit und Change-Know-how, die aufgrund ihrer Erfahrung wissen, wann welche Instrumente und Methoden einzusetzen sind und wie eine professionelle Projektarbeit erfolgen muss, um Ergebnisse zu erreichen. Wenn diese wichtigen Know-how-Träger im Unternehmen bereits vorhanden sind, ist dies sicherlich von Vorteil, damit die Bearbeitung von Teilprojekten auf eine breitere Basis gestellt werden kann. Nicht selten wird dieses Wissen jedoch auch extern eingebracht, oder aber es werden Ausbildungs-Curricula entwickelt, die dieses Wissen prozessbegleitend aufbauen sollen. Da Veränderungen einen dynamisierenden Effekt haben, in Prozessen und Lernschritten erfolgen, von mikropolitischen Befindlichkeiten beeinflusst werden und solche in unterschiedliche Richtungen auslösen, bedarf es darüber hinaus wichtiger Prozess- bzw. Beziehungspromotoren. Diese verfügen über das entscheidende sozial-emotionale Wissen, zeichnen sich durch eine hohe sozial-kommunikative Kompetenz aus, besitzen ein Gespür für Prozessverläufe, können diese kompetent steuern und verfügen über hervorragende Netzwerkkontakte zu jenen Stakeholdern, die durch einen hohen Einfluss- und Betroffenheitsgrad gekennzeichnet sind. Sie übernehmen eine Brückenfunktion, haben Übersetzungsaufgaben zu leisten und müssen Informationen als Gatekeeper selektieren und richtig positionieren, damit Prozesse beschleunigt oder verlangsamt und richtig kanalisiert werden. Promotoren, „Facilitators“ oder „Change Agents“ – diese wichtigen Schlüssel- und Vertrauenspersonen werden in den unterschiedlichen Programmen verschieden benannt – sind die Stützer, Treiber, Vermittler, Beschleuniger und Multiplikatoren des Wandels, die in unterschiedlichen Funktionen entlang eines Veränderungsprozesses verteilt sind, als Führungskräfte in Lenkungskreisen, als Nahtstellen zu Projektleiter-Runden, als Projektleiter selbst, als Teamleader, als Trainer und Coaches und als Initiatoren in Aufsichtsräten und Vorständen. Entlang dieser Funktionen sind jeweils unterschiedliche Aufgaben wahrzunehmen wie z.B. die Konzeption von Change-Programmen in Abstimmung mit den jeweiligen Betroffenen, die Planung, Koordination und Moderation von Problemlösungs-, Entscheidungs- und Planungsprozessen, die Festlegung von notwendigen und passenden Standards, Regeln und Richtlinien für die Arbeit im Change-Prozess, die Bereitstellung geeigneter Methoden und Instrumente, die Diagnose, das Monitoring und Designen von Prozesslandschaften und das Einbringen von Expertenwissen. Wenn in Veränderungsprogrammen gezielt mit „Facilitators“ gearbeitet wird, so müssen die Skill-Anforderungsprofile definiert werden, ein internes Recruting organisiert werden und die Entscheidungskriterien für die Wahl dieser High-Potenzials transparent und nachvollziehbar sein. Ebenso muss geklärt werden, was mit ausgewählten Change-Promotoren in einem Unternehmen nach Beendigung von festgelegten Change-Programmen passiert, um hier von Anfang an realistische Perspektiven anbieten zu können. Zugleich benötigen diese Personen eine fundierte Qualifizierung und müssen über die Zeit ihres Einsatzes supervisorisch betreut werden. Die notwendige Sicherheit ihres Agierens entsteht jedoch nur, wenn auch die uneingeschränkte Unterstützung sowohl persönlich wie auch ressourcenmäßig seitens der Top-Entscheider und unmittelbaren Vorgesetzten gewährleistet ist.

Beispiel: Im Rahmen großangelegter, unternehmensweiter Reorganisationsprogramme, wie sie in vielen Konzernen realisiert werden, gehören Change-Promotoren zum unerlässlichen Bestandteil der Change-Organisation, um ein „Policy-Deployment“ bzw. die Durchgängigkeit von Change-Maßnahmen gewährleisten zu können. – So auch in dem bereits erwähnten „Business Process Excellence Programm“ bei Hoechst. Hier wurden im Laufe von zwei Jahren ca. 90 „Facilitators“ ausgewählt und ausgebildet und in vielen unterschiedlichen Teilprojekten eingesetzt. In regelmäßigen Supervisionssitzungen wurden Gruppen von „Facilitators“ in der Bearbeitung ihrer Projektlandschaften inhaltlich, prozessmäßig, emotional und reflexiv betreut. Es galt nicht nur die Professionalität ihrer Arbeit zu unterstützen, sondern insbesondere das notwendige Maß an Sicherheit zu geben, das für die Wahrnehmung dieser spannungsreichen Funktion notwendig ist. Während die jeweiligen „Facilitators“ in den jeweiligen Projekten bereits aktiv wurden, wurden nach definierten Kriterien bereits die nächsten „Facilitators“ rekrutiert und qualifiziert, was teilweise über Train-the-Trainer-Modelle erfolgte.

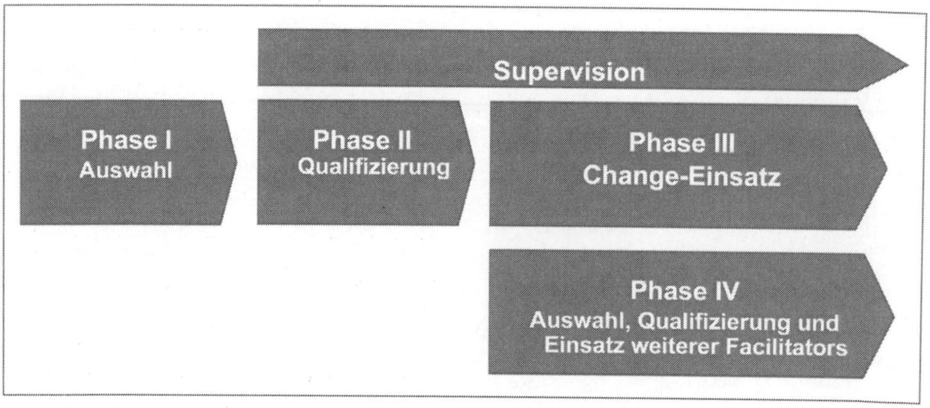

Abbildung 20: Umsetzungsunterstützung mittels Change-Promotoren

Kernaussage

Der Erfolg von Change-Programmen wird maßgeblich durch den Einsatz und die Unterstützung ausgewählter Macht-, Fach-, Prozess- und Beziehungspromotoren sichergestellt, die als „Facilitators", als Multiplikatoren beschleunigend und lösungsorientiert agieren.

5.5. Die Gestaltung der notwendigen Change-Architektur – das Corporate Change Governance System (CCGS)

Veränderungen werden aufgrund verschiedener Anlassfaktoren initiiert und aus unterschiedlichsten offiziellen wie inoffiziellen Motiven und Interessen entweder favorisiert und gepusht oder aber blockiert und verhindert. Change-Programme werden entweder radikal und top down verordnet oder aber mitlaufend explorativ, emergent und evolutionär als Lernprozesse unter partizipativer Mitwirkung der Betroffenen organisiert. Der sprichwörtliche Leidensdruck begünstigt die Ernsthaftigkeit und Ausdauer für die Realisierung notwendiger Umsetzungsschritte, doch meist ist dieser nicht dort, wo er eigentlich sein müsste, nämlich bei jenen, die Veränderungen entscheiden und verantworten müssen. Nicht zuletzt deshalb scheitern derartige Vorhaben entweder schon am Beginn, weil die Ernsthaftigkeit fehlt, oder aber während des Verlaufs, wenn Ressourcen bereitgestellt und Konsequenzen gezogen werden sollen. Oder aber es droht ein Scheitern aufgrund zu hoher Anfangsgeschwindigkeit und dann nachlassender Beständigkeit bzw. fehlender Dringlichkeit. Egal ob Veränderungen emergent partizipativ („Die Betroffenen zu Beteiligten machen") als Lernprozess gestaltet werden oder aber ein dringliches Handeln quer durch die Organisation notwendig machen, sie alle brauchen eine Ordnung, Disziplin und Konsequenz stiftende Change-Struktur bzw. -Architektur einerseits und den Prozess steuernde Maßnahmen andererseits.

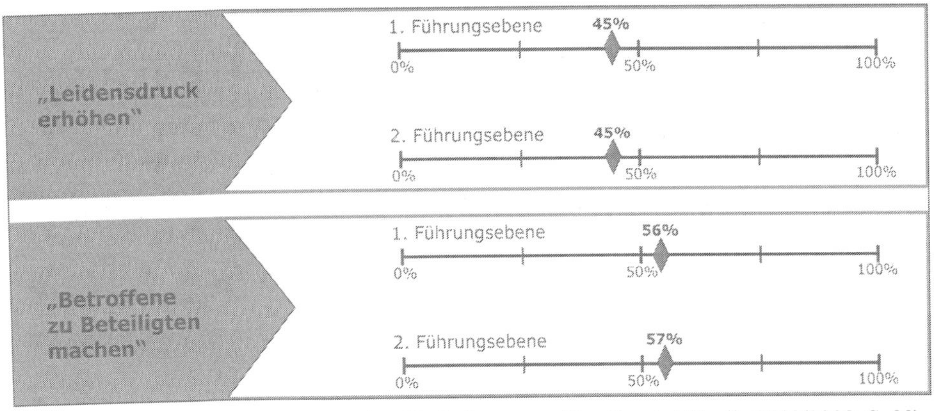

Abbildung 21: Einstellungen gegenüber Veränderungen (CapGemini-Studie 2003/2008, S. 23)

Wir sprechen in diesem Zusammenhang von definierten und verbindlich vereinbarten Governance-Richtlinien und -Prinzipien. Diese legen Verantwortlichkeiten auf personeller Ebene fest, verpflichten zur Einhaltung verhandelter und vereinbarter Verpflichtungen, legen Kontrollkriterien und -punkte fest, belohnen erreichte Ergebnisse und sanktionieren Verzögerungen oder Nichterreichen vereinbarter Qualitäts- und Ressourcen-Maßstäbe. Zur Realisierung dieses **„Corporate Change Governance Systems"** müssen einige Basisprinzipien festgelegt und stringent verfolgt werden.

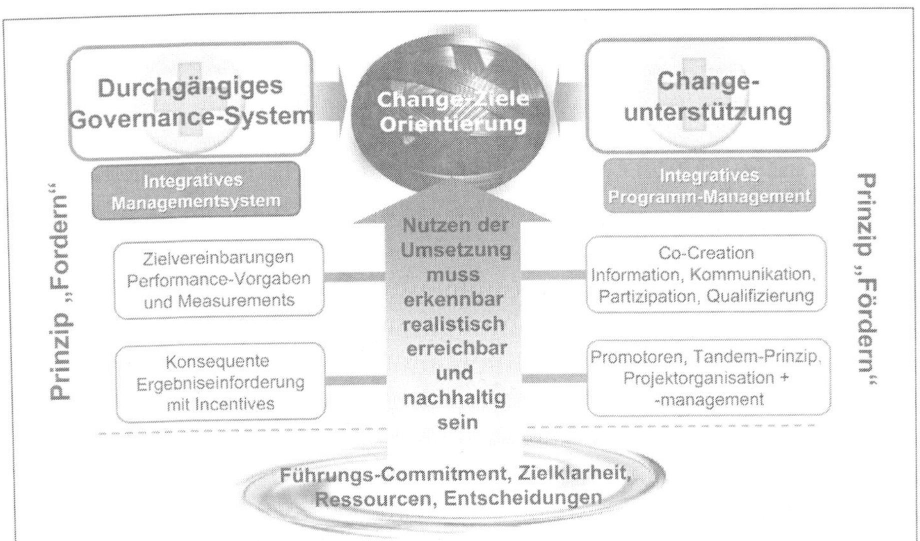

Abbildung 22: Elemente eines Corporate Change Governance Systems

1. **Festlegung des WER – Besetzung „dominanter Koalitionen":** Veränderungen lassen sich leichter und effektiver und mit weniger Korrekturaufwand

bewältigen, wenn festgelegt wird, wer in den jeweiligen Schlüsselpositionen die zentralen Change-Aufgaben entscheiden, verantworten und operativ übernehmen wird. Wenn die richtigen Leute in den Management-Funktionen an Bord sind, kann beinahe jeder Kurs eingeschlagen werden. Umgekehrt – wenn die falschen Leute von Bord gehen, lässt sich ein Kurs schneller und einfacher fahren und auch die Fahrtrichtungen können rascher gewechselt werden. Ein Change-Programm kann noch so sinnvoll und professionell sein, wirken wird es erst mit den richtigen Trägern und Treibern, die aufeinander abgestimmt sind. Um den Steuerungs-, Abstimmungs- und eventuellen Korrekturaufwand so gering wie möglich zu halten, sind notwendige Personalentscheidungen besser gleich an dieser Stelle zu treffen. Denn mit den falschen Leuten wird die Wahrscheinlichkeit des Scheiterns um ein Vielfaches erhöht. Für ein umfassendes Change-Programm benötigt man Top-Leute, zwischen denen ein Prinzip der funktionalen Vertrautheit existiert, kommunikative Abstimmungen aufgrund der gleichen Trägerfrequenz in der Kommunikation schnell und unkompliziert funktionieren und Entscheidungen aufgrund der gegebenen Dringlichkeit und Wichtigkeit rasch getroffen werden können. Wie aus jüngsten Überlegungen von Kaplan/Norton bekannt ist, sind es ja nur zwei bis drei Prozent der Mitarbeiter eines Unternehmens, auf denen der gesamte Erfolg oder Misserfolg lastet, die qualifiziert mitdenken, sich engagieren und effektiv sind. Und genau diese gilt es aufzuspüren oder an Bord zu bringen, um sie an Chancen anzusetzen. Diese Erfolgssucher und Entwicklungsdenker bringen dann jene Dynamisierung, die Misserfolgsmeider und Status-quo-Anhänger ständig verlangsamen und blockieren wollen. Diese Bildung „dominanter Koalitionen“ ist notwendig, um mit einem ähnlichen „Mind-Setting“ an die anstehenden Veränderungen heranzugehen und um (mikro-)politisch, personell, methodisch, instrumentell und kontextuell unterstützend und hilfreich zu agieren. Change Management wird damit nicht zu einem Sonderthema einer temporären Parallelorganisation, sondern zur Verpflichtung und Verantwortung für Linienmanager/innen in der Regelorganisation. Change Management wird zu einem Akt der Souveränität unter Nutzung der Professionalität von internen wie externen Experten.

2. **Tandem-Prinzip:** An den Schlüsselpositionen im Change-Programm werden Tandems aus den ausgewählten Personen gebildet. Ein Tandem besteht aus einem Macht-Promotor, der die leitende Position einnimmt, politisch gewichtige Entscheidungen treffen kann und Ressourcen bereitstellen muss, und einem Fach- bzw. Prozesspromotor, der die notwendige Qualifikation besitzt, in einer Assistenzposition jene Detailaufgaben kompetent wahrzunehmen, die zur Realisierung von Teilprojekten im Change-Programm notwendig sind. Diese Tandems sind nicht nur zu formen, sondern es ist auch in die Beziehung der Partner ständig zu investieren, dass die Notwendigkeit für Veränderungen und das Ziel auf die gleiche Art verstanden wird, die richtigen Schlussfolgerungen aus den strategischen Vorgaben gezogen werden, die definierten Handlungsfelder mit konkreten Maßnahmen hinterlegt werden und

die Konsequenzen für den persönlichen Beitrag klar sind und eingehalten werden.

3. **Festlegung des WAS** – Vorgabe des strategischen Handlungsrahmens: Im Führungskreis werden die strategischen Eckpfeiler entwickelt und vorgegeben sowie Leistungs- und Erfolgskennzahlen für die Steuerung der Prozesse und Einschätzung der Resultate festgelegt. Im jeweiligen Teilbereich der Organisation werden von der verantwortlichen Führungskraft (Bereichsleiter, Standort-Verantwortliche, Abteilungsleiter) Geschäftspläne entwickelt, die konkrete Veränderungsmaßnahmen sozusagen als qualitatives Ziel beinhalten. Diese werden dann zunächst grob abgestimmt mit dem Lenkungskreis bzw. den disziplinarisch Vorgesetzten.
4. **Prinzip „Rüttelstrecke"**: Danach erfolgt die wechselseitige Präsentation und Feinabstimmung der jeweiligen Bereichs-Change-Ziele und Maßnahmen auf einer sogenannten „Rüttelstrecke". Denn die jeweiligen Pläne werden konstruktiv kritisch hinterfragt, gegenübergestellt, auf Machbarkeit und Plausibilität geprüft und verabschiedet. Damit sind die Change-Ziele Bestandteil der Zielvereinbarungen und besitzen einen höheren Verbindlichkeitscharakter. Während des Prozessverlaufs werden zeitlich Meilensteine und Review-Meetings fixiert, um an diesen Kontrollpunkten sowohl Teilergebnisse sichtbar zu machen als auch notwendige Kurskorrekturen vornehmen zu können.
5. **Prinzip „Policy-Deployment" und „Kaskadierung":** Durch die Festlegung der Change-Ziele und die Integration in Zielvereinbarungen können die jeweiligen Ebenen mit konkreten Umsetzungsaufgaben betraut werden, womit eine Verteilung auf die Gesamtorganisation erfolgt. Verschiedene Teilprojekte werden z.B. cross-funktional besetzt, womit Betroffene zu Beteiligten werden und partizipativ in die Generierung von Umsetzungslösungen involviert werden.
6. **Prinzip der Vernetzung:** Die parallel in den einzelnen Bereichen laufenden Change-Programme und Teilprojekte müssen aufeinander abgestimmt und in den Ergebnissen auf wechselseitige Nutzenstiftung beobachtet und überprüft werden. D.h. die jeweiligen Durchbruchsprojekte müssen sozusagen im Sinne eines Multiprojekt-Managements vernetzt und synchronisiert werden. Dies geschieht z.B., indem die jeweiligen Change-Programme in einem Change Governance Board in ihrem jeweiligen Status berichtet, auf Ergebnisse hinterfragt und mit nächsten konkreten akkordierten Umsetzungsschritten belegt werden. Nur durch diese Form der inter- wie intraorganisationalen Vernetzung lässt sich ein konzertiertes Gesamtvorgehen sicherstellen. Eine weitere Form der Vernetzung entsteht durch die unternehmensweit verteilten „Facilitators", die in regelmäßigen Workshops und Supervisionseinheiten ihre jeweiligen Teilprojekte reflektieren und gewonnenes Wissen in Form von „lessons learned" austauschen.
7. **Prinzip des „dualen Managements":** Diese Governance-Strukturen und -Richtlinien basieren auf dem dualen Management-Prinzip von „Fordern" und „Fördern", denn zum einen wird von den in Change-Funktionen eingesetzten Führungskräften eine Menge an konkret definierten realistischen Zielerrei-

chungen gefordert und zum anderen müssen fördernde Kontextbedingungen und Ressourcen bereitgestellt werden, damit diese Leistungen auch tatsächlich erfolgreich erbracht werden können. Zu diesen unterstützenden fördernden Maßnahmen gehören u.a. die Bereitstellung notwendiger zeitlicher, budgetärer und personeller Ressourcen, die Versorgung mit aktuellen steuerungsrelevanten Kenngrößen im Sinne eines Management-Cockpit-Systems, eine Prozessbegleitung mittels Supervision und das Angebot von anlassbezogenen und themenzentrierten Trainings. Der leistungssteigernde Effekt dieses Prinzips entsteht erst, wenn für die Erreichung der Zielgrößen Incentives gewährt werden und andererseits bei Nichterreichung der Ziele bzw. bei Nichteinhaltung vereinbarter Spielregeln Sanktionen zu erwarten sind. Diese sind notwendig, denn „wenn nichts passiert wenn nichts passiert, dann passiert auch nichts" – was so viel bedeutet wie: Wenn es keine Konsequenzen gibt, wenn Leistungsvereinbarungen nicht eingehalten werden, warum sollten sie dann eingehalten werden? D.h. wenn diese Governance-Systeme gewissermaßen „zahnlos" sind, können sie auch nicht die ansonsten positiven performancesteigernden Wirkungen erreichen.

Beispiel: Ein öffentliches Multi-Utility-Unternehmen ist anlässlich der Liberalisierung am Energiemarkt gezwungen, den Weg der Transformation von einer bürokratisch organisierten Behörde mit Beamtenmentalität hin zu einem marktorientierten Unternehmen anzutreten. An der Spitze des Unternehmens agiert ein neues Management, das diese Aufgabe unter aktiver Beteiligung aller Unternehmensbereiche und Führungskräfte zu bewältigen hat. Nach der ersten Diagnose und der Festlegung einzelner Durchbruchsprojekte wird eine Change-Governance-Struktur organisatorisch und prozessual definiert. Ähnlich einem Management-Planungsprozess werden die einzelnen Change-Programme in die Verantwortung der jeweiligen Bereichsleiter gegeben, sodass sie zum inhärenten Bestandteil der jeweiligen Zielvereinbarungen werden. Nach der Grobabstimmung mit dem Vorstand und der Einarbeitung in die jeweiligen Business-Pläne erfolgt die Querabstimmung unter den Bereichsverantwortlichen in einem mehrtägigen Workshop. Während des Geschäftsjahres werden die Pläne in einem Review überprüft und letztlich im Ergebnis beurteilt.

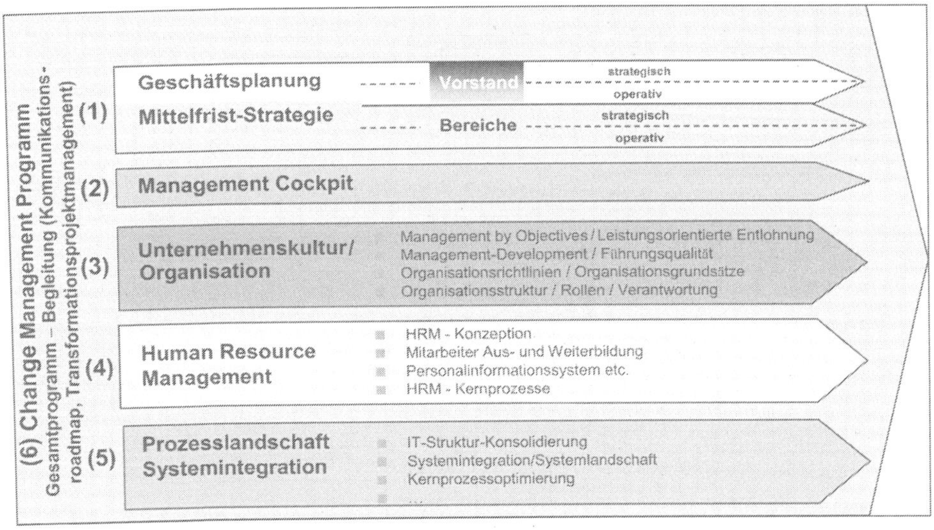

Abbildung 23: Festgelegte Durchbruchsthemen

Change Management wird sozusagen zur Chefsache erklärt, womit die Ernsthaftigkeit und Verbindlichkeit maßgeblich erhöht wird. Aber nur über diese stringente und straffe Form der Change-Organisation lässt sich schrittweise eine leistungsorientierte Lernkultur entwickeln, die wiederum für die neue Ausrichtung die grundlegenden Bedingungen schafft.

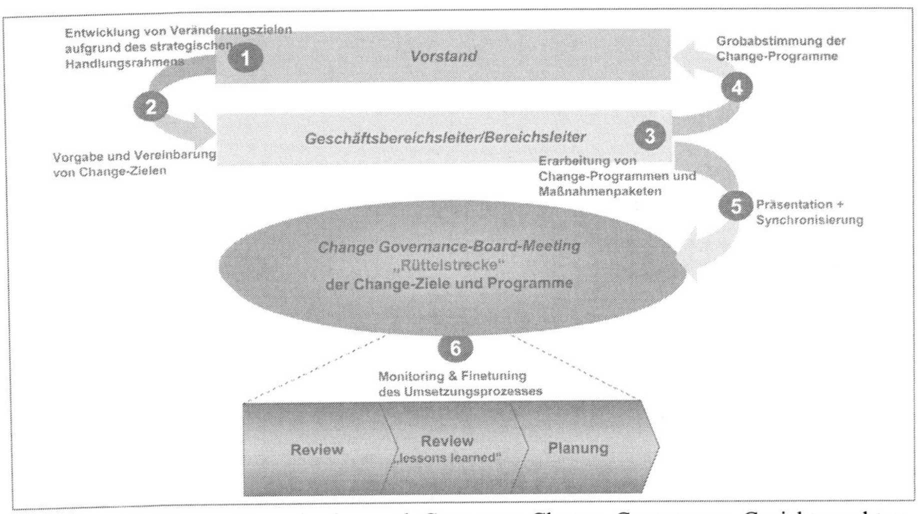

Abbildung 24: Change Organisation nach Corporate-Change-Governance-Gesichtspunkten

Beispiel: Im Rahmen des konzernweiten Reorganisationsprogramms „Business Process Excellence" der Hoechst AG wurde auf höchster Management-Ebene unter den Business-Unit-Leitern ein „Quality Council" installiert. Parallel dazu erfolgte die Auswahl von „Facilitators" nach klar definierten Anforderungskriterien. Diese bildeten jeweils mit einem Business-Unit-Verantwortlichen ein Tandem, sodass Macht- und Fachpromotoren gemeinsam an geschäftsbereichseigenen Change-Themen arbeiten konnten. Als Stabsbereich agierte ein „Corporate Comunication Center", um mitlaufend aktuell und zielgruppengerecht Informationen über den aktuellen Stand bzw. realisierte Erfolge des Gesamtprogramms zu berichten. Die „Facilitators" trafen sich regelmäßig in Supervisionseinheiten, um ihre jeweiligen Teilprojekte im Status quo zu berichten, Problembereiche zu bearbeiten, Lösungsansätze zu generieren und Umsetzungsschritte zu planen. Durch die Auswahl weiterer „Facilitators" in den jeweiligen Unternehmensebenen, durch die Vernetzung von cross-funktional zusammengesetzten Projekt-Teams und durch die Nutzung von Lernforen wurde ein „policy-deployment" praktisch verwirklicht.

Kernaussage

Veränderungen benötigen zur ernsthaften Realisierung nicht nur Leidensdruck, sondern auch einen hohen Verpflichtungscharakter mit Konsequenz, Disziplin und Ausdauer, welcher über ein Corporate Change Governance System zu institutionalisieren ist.

5.6. Die Steuerung des Change-Prozesses – die rollierende Planung im Programm-Management

Veränderungen passieren nicht schlagartig von heute auf morgen, sondern benötigen Zeit für die Einblicke, Einsichten, Ausblicke und Umstellungen und sind daher mit einer Fülle an Begleiterscheinungen und „blow backs" verbunden. Sie verlaufen in Phasen bzw. Schritten und sind daher auch in logischen Etappen zu portionieren. Diese Etappen werden sowohl von Organisationstheoretikern wie auch Change-Praktikern auf den ursprünglichen Dreischritt von Lewin, „unfreezing", „changing" und „refreezing", zurückgeführt und mit unterschiedlichen Schwerpunkten besetzt. Für Kilmann/Covin umfasst der Veränderungsprozess z.B. fünf Phasen – (1) Initiierung der Prozesse, (2) Problemdiagnose, (3) Planung der Änderungspfade, (4) Implementierung der Änderungspfade und (5) Evaluation der Ergebnisse. Kotter hingegen listet primär eine Reihe von Schritten und Empfehlungen zur Veränderung auf wie z.B. (1) Führe die Überzeugung herbei, dass Wandel dringlich ist, (2) Installliere ein Steuerungsteam, das den Wandel konzipiert, initiiert und in Gang hält, (3) Schaffe eine Vision und Strategie, (4) Kommuniziere die Vision, (5) Initiiere Projekte, um den Wandel auf eine breite Basis zu stellen, (6) Sorge für frühzeitige Erfolge und mache sie bekannt, (7) Konsolidiere Änderungen und (8) Verankere die Änderungen in der Unternehmenskultur. Auch für uns soll hier ein Modell leitend sein für die Fragen, wie ein Programm-Management gestaltet sein soll, welche Soll-Bruchstellen vereinbart werden müssen, welche Standards an Vorgehen notwendig sind und welche Teilergebnisse erwartbar sind, damit insgesamt eine Veränderung emergent zu neuen Strukturen und Verhaltensweisen führen kann. Die Basisprinzipien lauten dabei:

(1) Erkenne die Unterschiede zwischen Symptomen und Ursachen und finde die wirklichen Veränderungsthemen!

(2) Vereinbare Handlungsmöglichkeiten, Spielregeln der Zusammenarbeit, Prinzipien, Leitlinien und Standards im „Change-Contracting"!

(3) Die Energie für die Problemlösung muss dort verankert werden, wo das Problem ist.

(4) Entwickle ein intelligentes Design mit Arbeitspaketen zur effektiven Umsetzung!

(5) Halte den Prozess am Laufen, schaffe produktive Spannung, wähle das richtige Tempo im Takten des Prozesses!

(6) Stelle Ergebnisse sicher, verankere Lösungen und organisiere Lernprozesse!

Aus diesen Basisprinzipien einer anwendungsorientierten Veränderungsarbeit lassen sich dann die jeweiligen Etappen in ein durchgängiges Programm-Management integrieren, wie die nachfolgende Abbildung zeigt.

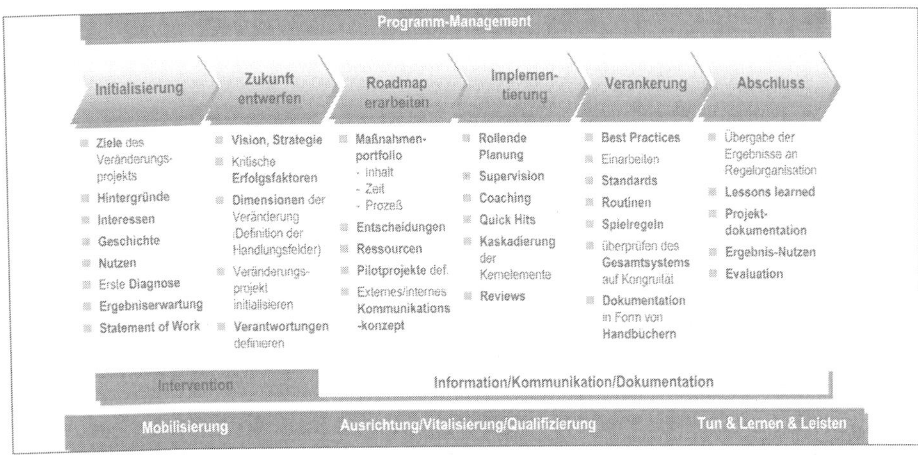

Abbildung 25: Vorgehenskonzept zum Management von Veränderungen

Insbesondere die Phase der Implementierung erfordert ein „Am-Laufen-Halten" des Prozesses, was mittels unterschiedlicher Detailmaßnahmen sichergestellt werden kann. Zum einen benötigt es die Installierung einer durchgängigen Projektorganisation und zum anderen die Führung eines professionellen Projektmanagements, auf dessen Prinzipien im gesonderten Beitrag von Graf/Bergmann speziell eingegangen wird. Vor allem eine durchgängige Projektorganisation nach dem „Linking-pin-Prinzip" (Mitglieder eines Entscheidungsgremiums sind gleichzeitig auch Vertreter von Interessen und Inhalten eines Teams, in dem sie selbst aktiv mitwirken) mit Lenkungskreis, Projektleiterrunde und Projektteams sorgt für eine klare strukturelle Verankerung von Change-Vorhaben und schafft definierte und legitimierte Verantwortlichkeiten in den jeweiligen hierarchischen Stufen. Der Einsatz traditioneller Projektmanagement-Tools (z.B. Stakeholder-Matrix, Risikoanalysen, Readyness-Assessments, Wirksamkeitsanalysen) unterstützt darüber hinaus die Verantwortlichen in der Wahrnehmung ihrer Umsetzungsverantwortung von Change-Projekten. Zum anderen macht die Steuerung des Prozesses die Anwendung des Prinzips der „rollierenden Planung" notwendig. Dabei wird zunächst auf unterschiedlichen Ebenen der Roll-out vom analysierten Ist-Stand bis zum angestrebten Soll-Zustand geplant. Auf der Sachebene erfolgt die Festlegung inhaltlich notwendiger Arbeitspakete, Meilensteine, kritischer Momente, die zur Erledigung der praktischen Hauptaufgaben notwendig sind, damit die Change-Ziele erreicht werden. Parallel dazu ist antizipatorisch festzulegen, von wem welche Entscheidungen auf der Managementebene notwendigerweise getroffen werden müssen, damit die geplanten Kernaufgaben überhaupt erfüllt werden können. Auch geht es hier um die Frage, welche Ressourcen bereitgestellt werden müssen, um die einzelnen Prozess-Schritte zu ermöglichen. Wie wir wissen, sind Veränderungsprozesse keine technisch zu leitende Projekte, die rational-analytischen Gesetzmäßigkeiten folgen. Change-Prozesse besitzen eine innere Logik, die wesentlich auch von psychosozialen Eigendynamiken und Nebenwirkungen bestimmt werden, die auf Ergebnisse wirken, Rückschläge, vorübergehende Stillstände, Untergrundaktionen, Sabotageeffekte, Querinterventionen, Protestmaßnahmen usw. auslösen können. Werden diese möglichen Effekte rechtzeitig angenommen, szenarioartig durchgespielt, mit Präventivmaßnahmen versehen und vorab mit sozial-emotional intelligenten Interventionen versehen, so können positive Effekte auf dieser Ebene der Beziehungen und Zusammenarbeit im Gesamtprozess entstehen. D.h., dass die Kunst im Change Management vorwiegend darin besteht, intelligente Interventionen zu setzen, damit Veränderungen reibungs- und geräuschlos vor sich gehen, nach dem Motto: „Ungestörter Betrieb trotz Umbau!"

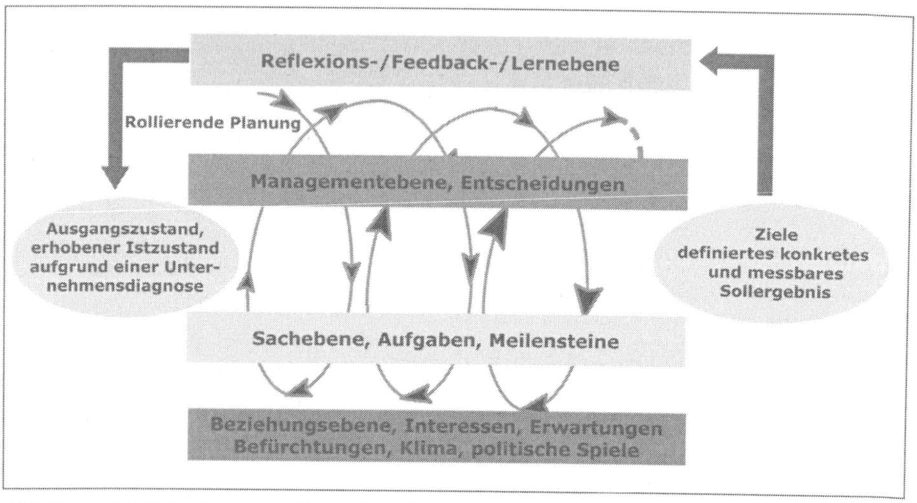

Abbildung 26: Prinzip der „rollierenden Planung" auf vier Ebenen

Die vierte Ebene ist die Reflexions- und Lernebene. Sozusagen aus der Hubschrauber-Perspektive werden rückblickende und vorausschauende konstruktive Fragen an den Prozess gerichtet. Im Wesentlichen lauten die Fragen: „Was lief bisher im Prozess gut, was lief weniger gut und was würden wir konkret anders machen, wenn wir noch einmal von vorne beginnen könnten?" Bei diesen Fragen geht es niemals um Fehleranalysen oder Sündenbocksuche für misslungene Prozess-Schritte, sondern immer um die Generierung von Lernerfahrungen und Wissen für die Planung und Steuerung nächster Schritte und Maßnahmen. Durch diesen iterativen, schleifenförmigen Prozess der Rückschau und Vorausprognose auf der Sach-, Management- und psychosozialen Beziehungsebene verwirklicht sich das Prinzip der „rollierenden Planung", das für die Gestaltung von Change-Projekten von erfolgsrelevanter Bedeutung ist.

Beispiel: In einem Produktionswerk eines internationalen Chemie- und Pharmakonzerns muss ein Kostensenkungsprogramm bzw. eine drastische Reorganisation geplant und in kürzester Zeit realisiert werden. In einem Diagnose-Workshop wurden die zentralen Themen erhoben und in drei Teilprojekte gegliedert. Als Ziel der geplanten Schritte wurde formuliert: „Durch ständige und organisierte Veränderung werden wir der kostengünstigste Produktionsstandort der XY in Europa!" Im Detail entstanden Arbeitsziele für die Kategorien Kosten, Prozesse/Organisation, Personal, Qualität/Technik/Produkt und Kunden.
Kosten: Einsparung von……T € /Jahr; Kostenblöcke definieren; mittelfristige Planung 2008 bis 2010; Budgetdisziplin pro Monat.

(1) Prozesse/Organisation:

- Überprüfung aller Prozessabläufe auf Verbesserungspotenzial (Notwendigkeit; make or buy, Wertschöpfung) durch Kunden/Abteilung/Lieferant.
- 2008: Kernprozesse mit Benchmark
- Ergebnisse Evaluation von Inhouse Consulting umgesetzt
- Kernprozesse evaluiert und gebenchmarkt intern
- 2008: 2 Kernprozesse optimiert und Benchmark erreicht
- Installierung eines Schichtsystems im Hinblick auf eine Optimierung und Flexibilisierung der Schicht

(2) Personal:

- MA zu Beteiligten machen
- Anforderungsprofile/MA-Schulungspläne
- Lehrlingsausbildung

(3) Qualität/Technik/Produkt:

- Qualität erhalten
- Produktspezifikationen erfüllen
- Verbesserungen realisieren
- Senken der Instandhaltungskosten
- Ausreichende technische Ausrüstung
- Qualifizierte MA

- Automatisierung weiter ausbauen
- Ständige Optimierung des Produktionsprozesses

Die festgelegten Ziele wurden zur Grundlage für die entlang der drei Teilprojekte „Prozesse“ inklusive Verwaltung, „Arbeitsorganisation“ und „Instandhaltung“ notwendigen Aufgabenpakete, die in der untenstehenden Roadmap skizziert sind.

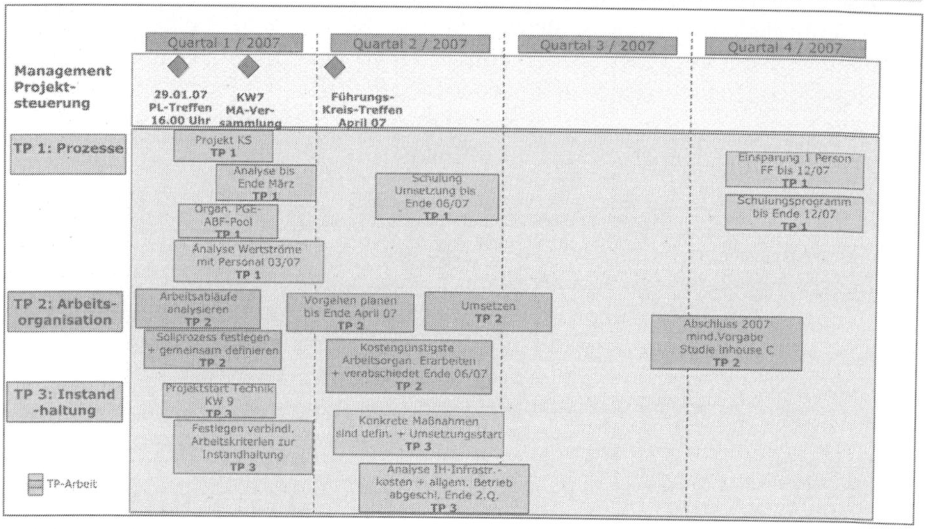

Abbildung 27: Geplante Teilprojekte entlang der Roadmap

Beispiel: Ein internationaler Repair- und Logistik-Konzern ist strategisch gesehen auf dem Weg der Expansion und realisiert diese Strategie mittels Merger & Acquisitions. Diese Vorhaben bieten zentrale Herausforderungen an ein Change Management wie z.B.:

- Neuausrichtung der gesamten Organisation bei gleichzeitiger Integration versus undifferenziertes Überstülpen von Strukturen, Systemen und Verfahren
- Kurzfristige gemeinsame und erfolgreiche Absicherung des Kerngeschäftes – versus konkurrierende Konzeptionen in der strategischen Ausrichtung (z.B. bei Marktbearbeitung; Wachstum; Grad der Internationalisierung, ...)
- Schaffung von Akzeptanz bei den Kunden
- Unterschiedliche Standards, Prozesse, Guiding Principles etc. treffen aufeinander
- Performance muss in kürzester Zeit erreicht und unter Beweis gestellt werden
- Schaffen von Akzeptanz, Perspektive und Sicherheit bei den Mitarbeitern trotz massivem Umbau

- Bewährte Methoden und Erfolgsrezepte bewusst in Frage stellen und Entwicklung von wirklich Neuem bei gleichzeitiger Beachtung der jeweiligen Kernkompetenzen
- Eventuell parallele Projekte integrieren bzw. konzertiert managen

Das auf diesem Gebiet bereits international erfahrene Unternehmen stellte sich ein weiteres Mal diesen Herausforderungen und übernahm ein lokales mittelständisches Unternehmen dieser Branche mit einer interessanten Kundenstruktur. Auf Druck von Key Accounts musste im Rahmen der Übernahme sehr rasch gehandelt werden, was kurzfristig auch zu einem räumlichen Umzug in ein gemeinsames Firmengebäude zwang, der professionell organisiert werden musste. Als Ziele für dieses Vorhaben wurden folgende Faktoren definiert:

1. Es muss ein Höchstmaß an Kundenzufriedenheit im After-Sales-Bereich Terminal und Customer Services im Falle von Kunde A Reparaturfällen– bzw. auch aller anderen vertriebenen Terminals / Produkte gewährleistet sein. Überführung nach vorgegebenen SLAs von Reparaturen und Reparaturlogistik (ab 1. Juni 2007)
2. Customer Care Interfaces (communication interfaces, men power & IT power)
3. Reporting & Documentations
4. Nachhaltig umgesetzter Integrations-Prozess
5. Folgende unabdingbare Forderungen der Kernkunden müssen erfüllt werden:
   Etablierung eines Projektteams; Durchführung eines professionellen Projektmanagements mit klaren Interfaces und Deadlines; personelle und hierarchische Klarstellungen des Managements; professionelles Integrations-Management.

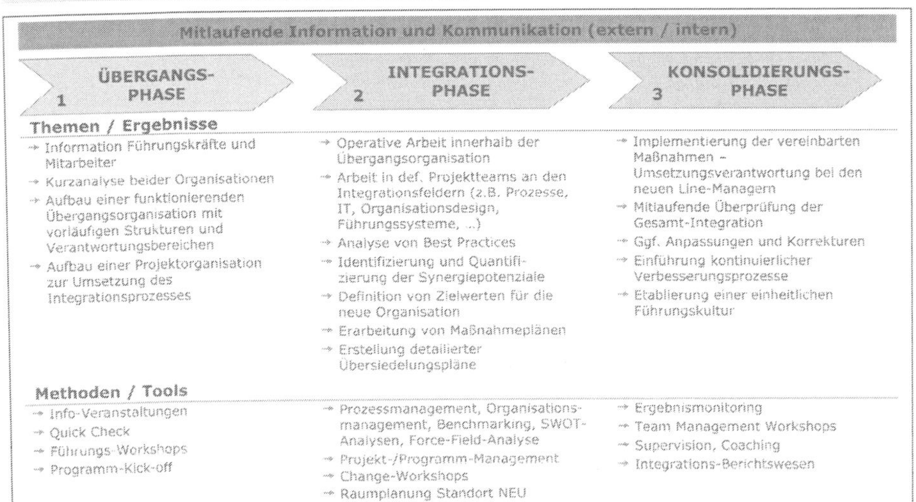

Abbildung 28: Phasenmodell des Integrationsprozesses

Diese Vorgaben und Forderungen führten sozusagen als gesetzte Eckpfeiler zu nachfolgend dargestellten Phasenschemata und detaillierter Planung auf den genannten vier Ebenen (Sach-, Management-, Emotions- und Reflexionsebene).

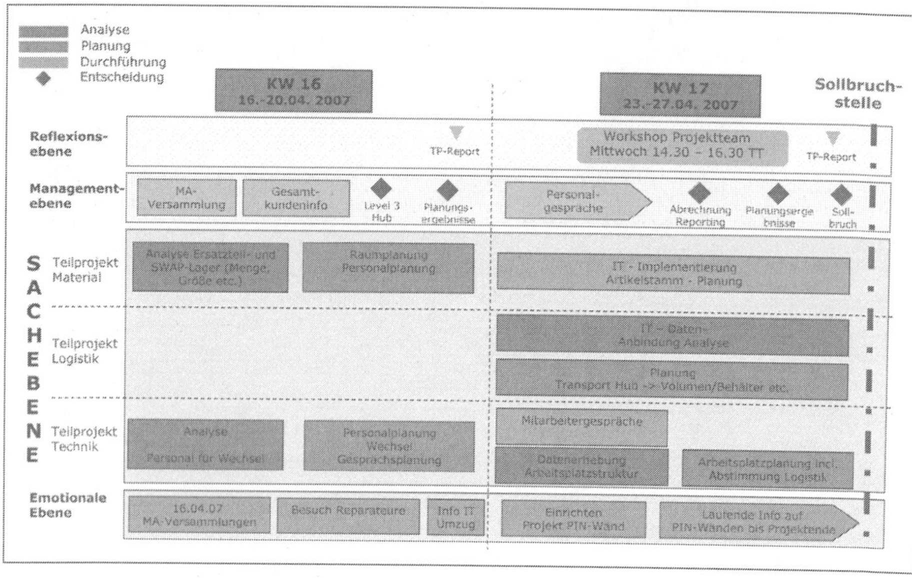

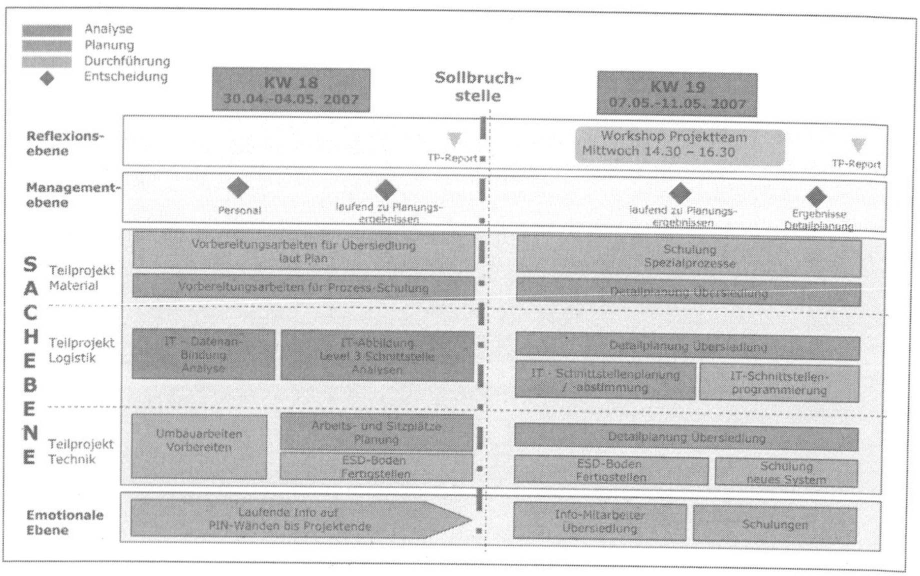

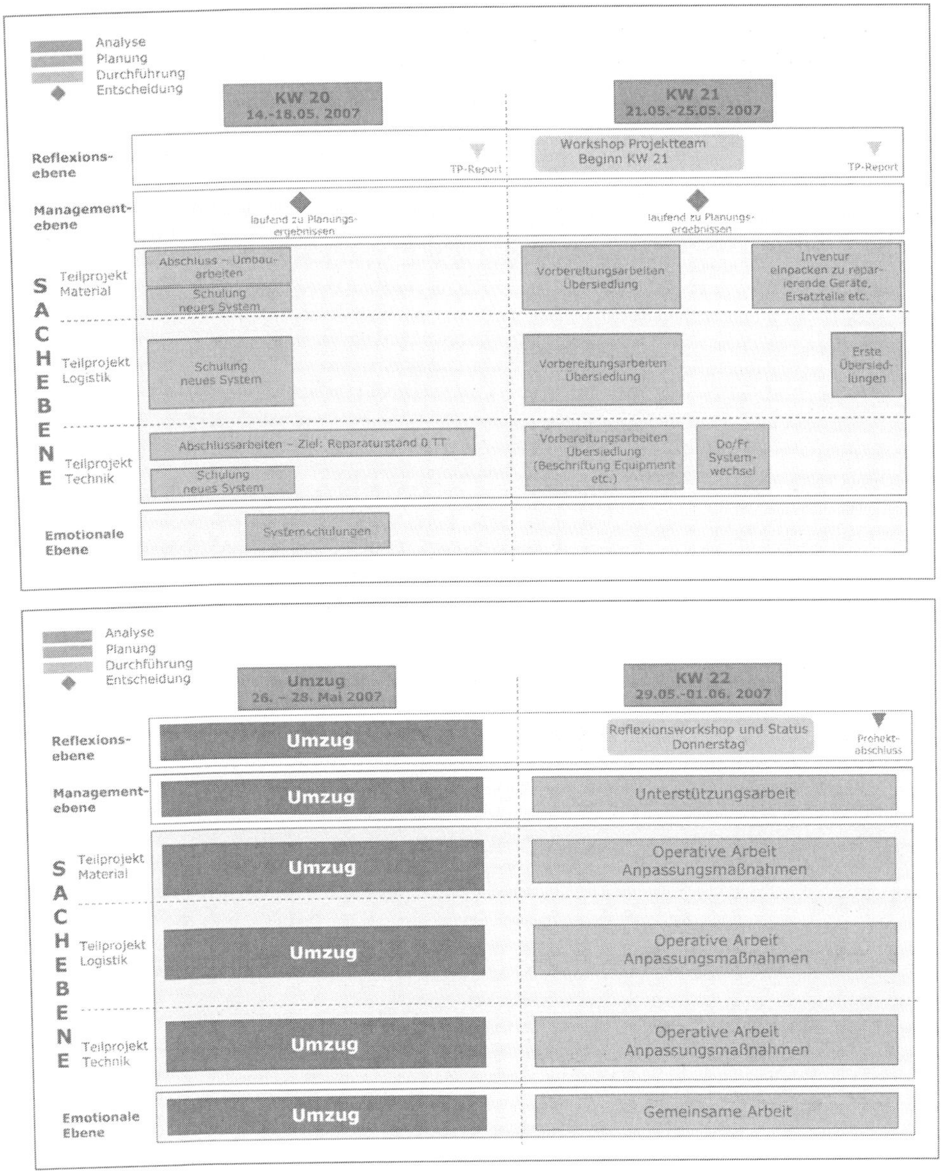

Abbildungen 29–32: Prozess-Planung auf vier Ebenen

Kernaussage

Die Steuerung des Programm-Managements erfolgt nach dem Prinzip der „rollierenden Planung“ auf der Sach-, Management-, psychosozialen und reflexiven Lernebene, um schrittweise die Change-Ziele zu erreichen.

5.7. Die Anpassung des Change-Tempos an die Reife und Organisationszeit – Chronos/Kairos und Pacing

Zeit spielt in Veränderungsprozessen eine an sich zentrale und meist unterschätzte Rolle. Denn bei der Initialisierung, dem gezielten Setzen von Interventionen und der schrittweisen Dosierung von Umsetzungsmaßnahmen ist nicht nur der „richtige" Zeitpunkt, „Kairos" („window of opportunity"), für die Wirksamkeit entscheidend, sondern auch die Eigenzeitlichkeit der jeweiligen Organisation. Zum einen geht es also um das Herausfinden des „richtigen" Zeitpunkts für anschlussfähige, beschleunigende und im Ergebnis wirksame bewusste Eingriffe und zum anderen um das zeitliche Takten von Umsetzungsschritten entlang einer terminierten Roadmap („Chronos"). Im Sinne eines sogenannten „pacings" besteht die Herausforderung darin, die jeweiligen Organisationsmitglieder weder zu unter- noch zu überfordern, indem der Umfang, die Tiefe, der Inhalt und die zeitliche Dringlichkeit an zu wählenden Umsetzungsschritten wohldosiert werden. Das „pacing" konzentriert sich auf das richtige Takten von Interventionsschritten, die auch realistischerweise aufgegriffen und ergebnisorientiert verarbeitet werden können. Die jeweiligen Veränderungsschritte müssen im Fluss bzw. am Laufen gehalten werden, um nicht vorzeitig zu versanden. Bisherige Erfahrungen zeigen, dass insbesondere am Beginn von Change-Projekten meist recht ambitioniert zu viele Aufgaben und Detailmaßnahmen übernommen werden, die dann oft aufgrund des Tagesgeschäftes nicht mehr in der geforderten Zeit und Qualität realisiert werden können. An dieser Stelle entsteht die Gefahr, dass dann Termine verschoben bzw. Teilprojekte wieder geschlossen werden. Dies erfordert einerseits das Sicherstellen eines hohen Verpflichtungscharakters zur Umsetzung von definierten und vereinbarten Arbeitspaketen und die Verteilung realistisch zu erreichender Teilziele und zum anderen die Aufrechterhaltung von Energie, Ressourcen, Perspektiven, Erfolgswahrscheinlichkeiten und konkreten, präsentierbaren schnellen Zwischendurch-Lösungen, sogenannten „quick hits" bzw. „quick wins".

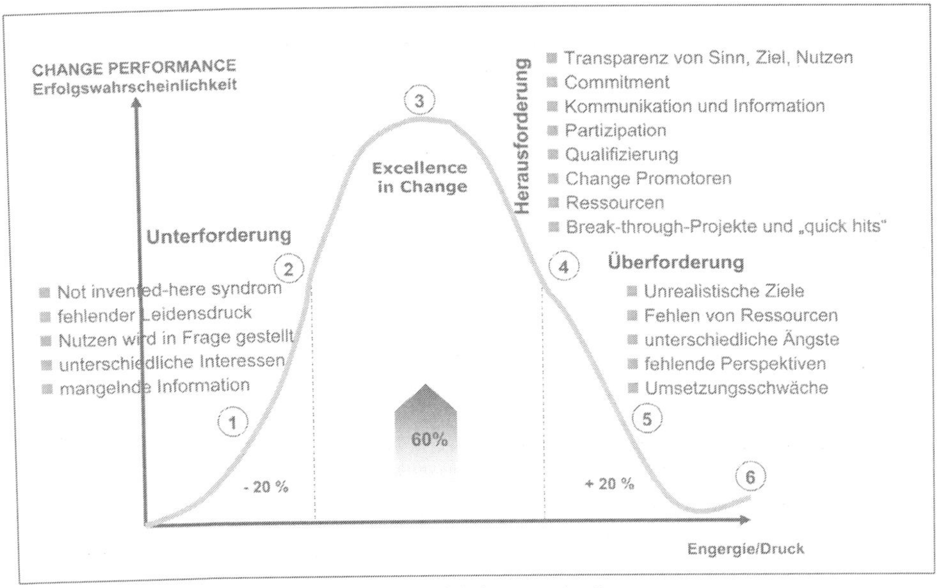

Abbildung 33: Prozess-Dynamik und das richtige „pacing"

Welche Interventionen im Stande sind, die organisationalen Trägheitsmomente zu überwinden und aus der Unterforderung zu führen, welche hingegen zu einer „Over-stretch"-Reaktion führen und bereits überfordernd wirken, ist von der jeweiligen Kultur, geschichtlichen Entwicklung und Chronik, dem aktuellen Reife- und Entwicklungsstand, der Wissensbasis, der Eigenzeitlichkeit bzw. Identität der Organisation abhängig. Unternehmen, die im Zuge von Standardisierungs- und Optimierungsprozessen bereits Veränderungsmanagement-Erfahrung gesammelt haben, gelernt haben, mit Projekten kompetent umzugehen, Methoden und Instrumente im Einsatz beherrschen und bereits mehrfach gezwungen waren, sich flexibel auf sich ändernde Bedingungen einzustellen, besitzen ein höheres Reifeniveau in Form eines erweiterten Verhaltens- und Problemlöserepertoires. Hier können Veränderungsprojekte unter Umständen schneller getaktet und einzelne Phasen der Veränderung schneller bewältigt werden. Besteht hingegen keine bzw. negative Erfahrung im Umgang mit Veränderungen, ist nicht nur die Resistenz stärker ausgeprägt, Vorgehensweisen führen auch schneller zur Überforderung. Ebenso sind die zeitlichen Frequenzen so anzupassen, dass die Umsetzung auch „verdaut" werden kann. In jeder Organisation hat sich eine eigentümliche Gesetzmäßigkeit beim Treffen von Entscheidungen, Vergeben von Aufgaben, Treffen von Anweisungen, Umsetzen von Arbeitsschritten, bei der Kommunikation von Ergebnissen usw. herausgebildet, die letztlich bestimmend sind für den Umgang mit Neuem. Verantwortliche interne wie externe Change-Manager/innen müssen diese inneren Logiken und Formen der Schattenorganisation nicht nur erkennen, sondern auch respektieren und in die eigene Form der Intervention integrieren.

Beispiel: Ein Unternehmen mit einer Beamtenkultur und einer behördenähnlichen Unternehmensstruktur, das bis dato als öffentliche Institution geführt wurde, soll sich neu und marktorientiert ausrichten. Da Veränderungen bis zu diesem Zeitpunkt die Eigenzeitlichkeit von gesetzlichen Novellierungen hatten, die Kultur daher wenig veränderungserfahren und -freudig erscheint, können rasche Eingriffe und Top-down-Verordnungen überfordernd wirken und den Widerstand erwartungsgemäß erhöhen.

Kernaussage

Die Dosierung von Veränderungsschritten hinsichtlich Umfang, Tiefe und Zeitdruck soll weder zur Unter- noch zur Überforderung der Betroffenen führen, damit die Change-Performance steigt. Interventionen müssen sich an den Eigenlogiken und Eigenzeitlichkeiten der Organisation orientieren.

5.8. Die Kommunikation mit den Change-Stakeholdern

Veränderungsprozesse müssen mit nach innen wie auch im Bedarfsfall nach außen orientierten Kommunikationspaketen begleitet werden, um die Trägerfrequenz zu allen relevanten Stakeholder-Gruppierungen aufzubauen bzw. aufrechtzuerhalten. Damit sollen nicht nur Veränderungsfortschritte dokumentiert, sondern auch Veränderungserfolge deutlich und nachvollziehbar gemacht werden. Es ist für den Fortgang von Veränderungsprojekten entscheidend, dass regelmäßig, aktuell, aussagekräftig, zielgruppengerecht, offen und direkt, klar, konkret und nachvollziehbar über Zielrichtungen, Inhalte, Maßnahmen, Entwicklungen, Erfolge berichtet wird, Programme beim Namen genannt werden, Fragen aufgeworfen und beantwortet werden, um zu signalisieren, dass die Betroffenen und Beteiligten mit ihren Themen ernst genommen werden.

Insbesondere am Beginn von geplanten Veränderungen, wo es um die klare Vermittlung anzustrebender Visionen, Ziele und Soll-Zustände geht, oder während laufender Prozesse, um Rückmeldungen aufzugreifen, Aktuelles zu berichten und bereits erzielte Zwischendurcherfolge zu publizieren, spielt die bewusst organisierte Form der Begegnung und Kommunikation eine zentrale Rolle. Die Herausforderung besteht vor allem in der Wahl des „richtigen“ Zeitpunkts, des Umfangs, des Einsatzes bestimmter Medien und der Wahl der Sprache. Werden beispielsweise Informationen hinsichtlich geplanter Maßnahmen bzw. Programme zu früh publik, führt dies zu Verunsicherungen und vorschnellen Bedenken und vor allem zu einer Fülle an Fragen, die womöglich zu einem sehr frühen Zeitpunkt des Projektes noch gar nicht beantwortet werden können. Wichtig ist auch die Frage: Wen, also welche Zielgruppe, will ich mit welchen Botschaften bzw. Medien ansprechen und welche Sprache muss daher verwendet werden, um auch verstanden zu werden? Führungskräften kommt dabei die wesentliche Aufgabe zu, mehr „Zweiwege-Kommunikation“ als Form der persönlichen, mündlichen Verständigung, des Dialogs zu verwenden als Information (Einweg-Kommunikation), die in der Regel nur zu mehr Verwirrung und Unklarheit führt (konstruktivistisches Prinzip). Es gilt zu berücksichtigen, dass mangelnde Information und Kommunikation zu Spekulationen führt, also zu einer Gerüchtebörse basierend auf Vermutungen und einem informellen Stille-Post-Syndrom, was dann vielfach die Kraft des Faktischen erhält und bremsenden Einfluss auf Lernprozesse nimmt. Kommunikation bedeutet – wie wir ja wissen – dass bewusst Rückkopplungsschleifen eingebaut werden, um festzustellen, was der Empfänger wirklich verstanden hat, so nach dem Motto: „Die Kommunikation beginnt beim Empfänger" – oder anders ausgedrückt: „Sag mir, was du gehört hast, damit ich weiß, was ich gesagt habe."

Kernaussage

Entlang des Veränderungsprozesses müssen Informations- und Kommunikationspakete für die jeweiligen Stakeholder geschnürt werden. Dies erfordert die Wahl der jeweils richtigen Momente, Inhalte, Dimensionen und Sprachregelungen, um wirksam zu sein. Mangelnde Information wird durch Spekulation ersetzt!

5.9. Die Vermittlung von mehr Sicherheit für Change-Verantwortliche – Coaching, Supervision, Training

Die Herausforderungen, Veränderungen bewältigen und erfolgreich realisieren zu müssen, lösen wie bereits erwähnt, Ängste unterschiedlicher Art aus. Entwicklungsdenker oder Status-quo-Denker, Erfolgssucher bzw. Misserfolgsmeider sehen die Herausforderung naturgemäß jeweils anders. Unterm Strich lösen aber Veränderungen immer Unsicherheiten hinsichtlich Startbedingungen, Take-off-Möglichkeiten, Steuerungsinstrumenten, Methodeneinsatz, möglicher Unberechenbarkeiten, Tempo, Interventionsgelegenheiten usw. aus, sodass hier eine Unterstützungsleistung vielfältiger Art notwendig wird. Auf persönlicher Ebene der jeweiligen Führungskräfte bieten sich Leistungen eines Coachings an, um Unsicherheiten besprechbar, systemische Gesamtzusammenhänge deutlich, Ursachen-Hintergründe erfahrbar machen zu können. Weiters geht es um die Klärung bzw. Veränderung von Funktionen, Rollen und Aufgaben oder ganz pragmatisch um die Vorbereitung bzw. Reflexion von Meetings, Workshops, Entscheidungen, Konfliktsituationen usw. Das Hinterfragen mentaler Modelle und gedanklicher Koordinatensysteme, eventuelle Bewusstmachungs- und Umdenkprozesse („rethinking", „refraiming") müssen ja von der Führungsspitze ausgehen. Ziel ist es, ein Stück mehr an Sicherheit für die Betroffenen aufzubauen, um mit komplexen und dynamischen Situationen entlang zu gestaltender Veränderungsprozesse persönlich besser zurechtzukommen. Auf der Ebene von Gruppen und Teams unterschiedlicher Art (Steuerkreise, Management Boards, Projekt-Teams usw.) bieten sich regelmäßige Supervisionen an. In der Supervision werden inhaltliche Sachthemen entlang unterschiedlicher Teilprojekte besprochen, aktuelle Probleme analysiert, nächste konkrete Schritte geplant und konstruktiv kritisch auf eine realistische Machbarkeit hinterfragt (Rüttelstrecke), Stakeholder-Bewegungen beobachtet, Risiken eingeschätzt, Team-Dynamiken diagnostiziert und persönliche Rollenkonflikte aufgearbeitet. Supervisions-Meetings haben eine klare Agenda. Es geht zunächst um die Darstellung aktueller Problemlandschaften, die Entwicklung möglicher Lösungsansätze, die Planung konkreter Umsetzungsschritte, die Evaluation derselben und die Beurteilung erzielter Ergebnisse. Damit entsteht nicht nur Transparenz hinsichtlich parallel laufender Teilprojekte und ihrer wechselseitigen Beiträge, sondern insgesamt eine höhere Team-Qualität mit verstärktem Verpflichtungscharakter für realistische Machbarkeit, da ein sozialer Druck auf die jeweiligen Teilnehmer/innen entsteht.

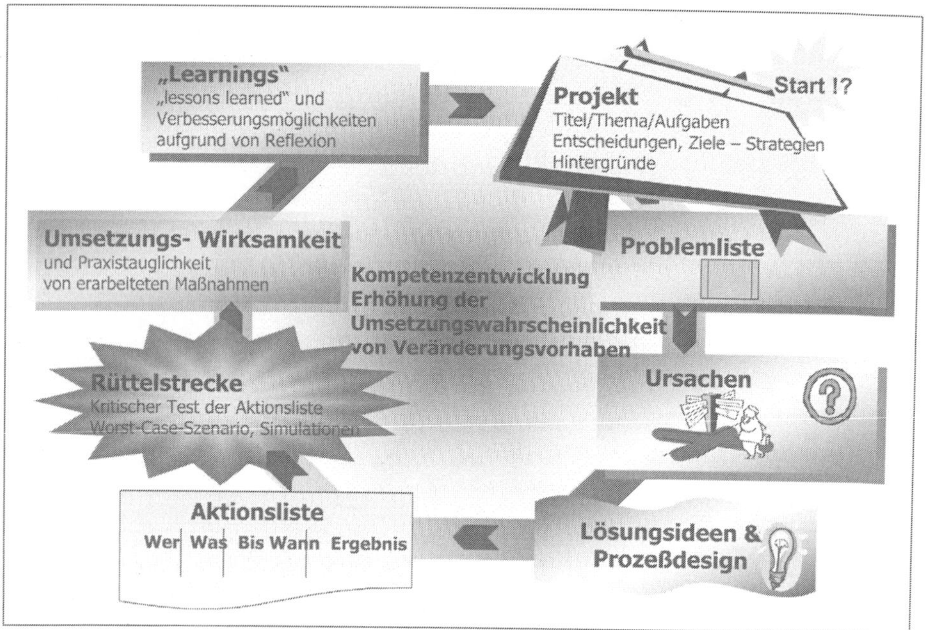

Abbildung 34: Supervisions-Regelkreis

Neben der Möglichkeit der aktiven Mitwirkung im Veränderungsprozess spielt vor allem die Qualifikation als Motivationsfaktor eine zentrale Rolle. Hier geht es um den Aufbau von Sicherheit durch die gezielte Vermittlung von anwendungsrelevanten Wissensbausteinen und Fähigkeiten. Es muss einerseits Wissen hinsichtlich Methoden, Instrumenten, Steuerungsmöglichkeiten, Interventionstechniken usw. aufgebaut werden. Andererseits bedarf es Inhalte moderner Management-Development-Programme, um die Qualität der Führungsarbeit zu steigern, denn diese bestimmt maßgeblich die Professionalität in der Wirksamkeit von Change-Projekten.

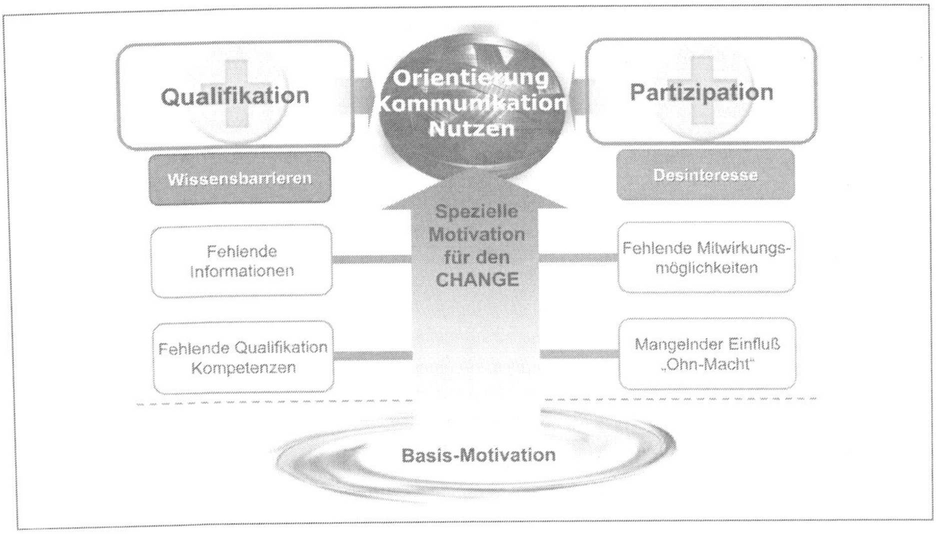

Abbildung 35: Qualifikation und Partizipation als Motivatoren des Wandels

Und dann gibt es da noch die Selbsterfahrungs-, Sensibilisierungs- und verhaltensorientierten Trainingsbausteine, in denen Führungskräfte und Mitarbeiter mit sich selbst, ihrem eigenen Verhalten und dessen Wirkungen auf andere konfrontiert werden, um zu erkennen, wo sie bei sich selbst ansetzen müssen, um Veränderungen auch wirklich glaubhaft und authentisch leben zu können. Ziel ist es, den Blick für psychosoziale Prozesse zu schärfen und Kompetenz im Bereich der Intervention in dieselben zu erweitern. Diese „awareness" wird erfahrungsgemäß sehr effizient anhand gesamthafter, verhaltensorientierter Unternehmenssimulationen durch Erfahrungslernen in einer „microworld", also einer Art Flugsimulator, exploriert und am eigenen Leib erfahren, was in den meisten Fällen zur stärkeren Nachhaltigkeit führt. Denn dies ist immer auch mit Konfrontation, Desillusionierung und Betroffenheit verbunden. Führungskräfte stehen, ob sie wollen oder nicht, immer mehr als andere im Mittelpunkt der Beobachtung, und nach dem wahrnehmbaren und beobachtbaren Verhalten dieser Attraktoren, richtet sich dann auch das Verhalten anderer. Denn Verhalten schafft Verhältnisse und Verhältnisse schaffen Verhalten, weshalb Veränderungen immer erst bei dem Einzelnen beginnen und ansetzen müssen, um diese überzeugend transportieren zu können. Damit verbunden ist dann ja auch das Verständnis dafür, warum für welche Projektschritte welche Unterstützungsmaßnahmen bzw. -bedingungen geschaffen bzw. sichergestellt werden müssen.

Kernaussage

Mittels individueller Coachings, Supervisionen von change-verantwortlichen Teams und Trainingsmaßnahmen für unterschiedliche Zielgruppen soll Wissen vermittelt und Sicherheit aufgebaut werden, um mit sich ändernden Bedingungen, Funktionen, Aufgaben, Rollen und Verhaltensweisen zurechtzukommen.

5.10. Lernprozesse lebendig halten

Die Verankerung und Institutionalisierung generierter Anpassungs- und Entwicklungsveränderungen lässt sich nur durch die Integration von handhabbaren Lösungen in den Design-Systemen der Organisation realisieren („Every organization is perfectly designed to get the results it gets."). D.h., dass getestete und für brauchbar und umsetzbar befundene Lösungen mit begleitenden, adaptierten Standards, Richtlinien, Regeln, Informations-, Sanktions- und Kontrollmechanismen, Belohnungen und Incentives ausgestattet werden müssen, sodass diese in der Regelorganisation sozusagen in die Normalität des täglichen Gebrauchs übergehen und so auch Bestandteil einer gelebten Unternehmenskultur werden. Auch sind Verhaltensgrundsätze und Leitprinzipien für Führungskräfte und Mitwirkende so in die Unternehmenskultur einzupflegen, dass Zustimmung und Verbindlichkeit in der täglich gelebten Praxis entsteht. „Holding the organization in question", heißt die Devise, d.h. es geht um die Institutionalisierung einer gelebten Reflexions- und Lernkultur, um proaktiv notwendige Veränderungen bzw. Optimierungen zu erkennen. Dazu erweist es sich z.B. als sinnvoll und praktikabel, die im Projektverlauf installierten Sounding-Boards, Steuerkreise, Governance-Boards, Supervisions-Teams, Projektleiter-Runden oder wie immer diese Monitoring-Teams benannt werden, weiter bestehen zu lassen. Diese haben dann die Aufgabe, auch nach dem offiziellen Ende von Veränderungsprojekten in regelmäßigen zeitlichen Abständen bisher Erreichtes oder notwendig Neues zu scannen. Veränderungsprojekte brauchen aber auch ein offizielles Ende, selbst wenn natürlich das Lernen, Einüben und praktische Tun weiter andauert. Denn es bedarf auch Phasen der Stabilisierung, damit entwickelte Lösungen die Chance der Erprobung und Institutionalisierung haben und nicht ständig neu adaptiert werden müssen. Das offizielle Ende, die zu zelebrierenden und zu feiernden Erfolge tun nicht nur emotional gut, sondern sind auch ein klares Symbol für die Gültigkeit von Neuerungen. Dieses offizielle Ende ist auch mit der Dokumentation von „lessons learned" und „best practices" und einer Übergabe der Resultate in die Regelorganisation verbunden. Eine schrittweise durch Veränderungen entwickelte Kultur, in der Wandel nicht nur eine Störfunktion hat, sondern auch als Anlass für Weiterentwicklung, Fortschrittsfähigkeit, zunehmende Professionalität und verbesserte Business Performance erkannt wird, soll letztlich die Arbeit im Change Management vervollständigen.

6. Abschließende Bemerkungen

Der Erfolg bzw. Misserfolg von Veränderungen wird von einer Vielzahl an harten wie weichen Faktoren bestimmt und ist letztlich ein Ausdruck der Führungsqualität eines Unternehmens. Die Führungskräfte müssen nicht nur den Mut für Veränderungen durch aktives Vorangehen, Treffen von Entscheidungen und Bereitstellen von Ressourcen unter Beweis stellen, sie sind es auch, die durch die Form der Intervention und kompetente Anwendung von Change-Know-how Veränderungen turbulent und eskalierend oder aber ruhig und geräuschlos werden lassen können. Die Professionalität im Change Management zeichnet sich durch den Mut zu und eine Verlässlichkeit von Entscheidungen, die Brauchbarkeit und Realisierbarkeit von Zielen, eine Ernsthaftigkeit des Managements, das Wissen um mögliche Reaktionen, das gezielte Schaffen von Unterstützung, eine konstruktive Form der Zusammenarbeit, die umfassende Kenntnis von diagnostizierten Ursachen, die Kompetenz im Einsatz von Methoden und Instrumenten, das Bilden von internen und externen Netzwerken, eine Ausdauer und Konsequenz in der Umsetzung und die gelebte Verantwortung für Ergebnisse aus.

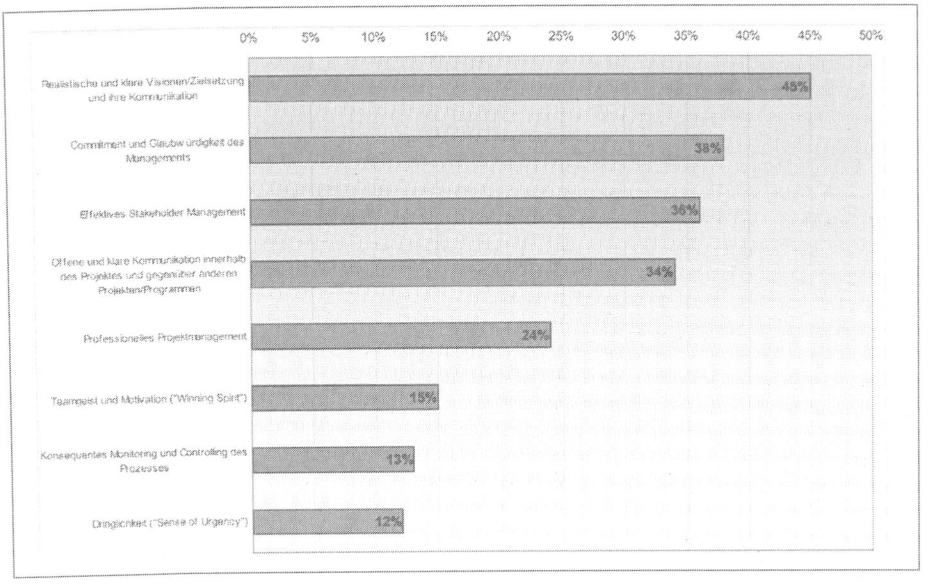

Abbildung 36: Erfolgsfaktoren im Change Management nach der CapGemini-Studie, S. 37

In diesem Beitrag wurde versucht, auf einige bewährte Prinzipien, Modelle und Methoden des Change Managements einzugehen und diese anwendungsorientiert in ihrer Brauchbarkeit unter Beweis zu stellen, auch mit dem Wissen, dass es dazu noch wesentlich mehr gibt. Letztlich wird sich aber die Brauchbarkeit gezeigter Ansätze und Leitlinien an der Deutung gemachter Erfahrungen der Anwender messen, denen auf diesem Weg viel Erfolg und ein hoher Wirkungsgrad zu wünschen sind.

Leitlinien im Change Management

- „Ticken“ der Organisation verstehen und akzeptieren.
- Diagnose von „Problemursachen“ und „Durchbruchsthemen“.
- Entwicklung einer „sinnvollen“ Vision und nützlicher Ziele für die anstehende Veränderung.
- Klare überzeugte und überzeugende Entscheidung für den Start!
- Professionelles Management mit Commitment!
- Schaffung von „Leidensdruck“ und „Veränderungsenergie“.
- Integration von Change-Projekten in bestehende Managementplanungs- und Kontrollsysteme!
- Aufbau der „richtigen“ Trägerfrequenz in der Kommunikation mit wichtigen Stakeholdern!
- Aktives Lobbying (intern/extern) im sozialen Netzwerk!
- Schaffen von „Verantwortlichkeiten“.
- Auswahl geeigneter Promotoren für einzelne Aufgabenpakete in Projekten.
- Betroffene sollen zu Beteiligten im Change-Prozess werden!
- Synchronisierung der jeweils laufenden Veränderungsprogramme und Projekte in einer durchgängigen Projektorganisation.
- Duales Management-Prinzip „Fordern“ und „Fördern“!
- Rollierende Planung und ausreichende Ressourcen.
- Steuerung des Veränderungsfortschritts. Sicherstellung und Verdeutlichung von erzielten Veränderungserfolgen.
- Anpassung des Veränderungstempos an die aktuelle Organisationszeit.
- Ausdauer und Beständigkeit in der Umsetzung von Maßnahmen.
- Verankerung von Lösungen und Herstellen einer Balance von Stabilität und Bewegung.
- Zelebrieren und Transparentmachen von Erfolg in den Ergebnissen.

7. Lern- und Kontrollfragen

- Warum ist die Fähigkeit zur wirkungsvollen Umsetzung von Veränderungsprozessen ein strategischer Wettbewerbsfaktor?
- Woran scheitern Veränderungsvorhaben häufig in der Unternehmenspraxis?
- Welche theoretischen Hintergründe kennzeichnen Veränderungen in und von Organisationen?
- Welche Dynamiken bestimmen den Verlauf von Change-Prozessen?
- Welche Vorgehenskonzepte können bei der Umsetzung von Change-Projekten zur Anwendung kommen?
- Welche zentralen Kriterien bestimmen die Qualität und Professionalität eines Change Managements?
- Welche Faktoren sind bei der Durchführung einer Unternehmensdiagnose zu berücksichtigen?

- Welche Methoden und Instrumente haben sich im Einsatz von Veränderungsprojekten bewährt?
- Welche Prinzipien leiten ein Corporate Change Governance System?
- Welche Rolle spielen Führungskräfte im Zuge von Veränderungen?

8. Verwendete und weiterführende Literatur

Allen, R. (2002) Guiding Change Journeys. San Francisco.

Caluwé, L. de/Vermaak, H. (2003) Learning to Change. A Guide for Organization Change Agents. London.

CapGemini (2003) Veränderungen erfolgreich gestalten. Bedeutung, Strategien, Trends. Berlin.

Collins, J./Porras, J.I. (1995) Immer erfolgreich. Die Strategien der Top-Unternehmen. Stuttgart.

Doppler, K. (2003) Der Change Manager, Frankfurt/Main.

Doppler, K., Lauterburg, C. (2005) Change Management. Den Unternehmenswandel gestalten. Frankfurt/Main.

Glasl, F., Lievegoed, F. (2004) Dynamische Unternehmensentwicklung. Grundlagen für nachhaltiges Change Management.

Glazinski, B. (2007) Innovatives Change Management: Wie Sie Strategie, Organisation und Verhalten erfolgreich integrieren.

Harvard Business Review on Change (1998).

Heberle, K./Stolzenberg, K. (2006) Change Management Veränderungsprozesse erfolgreich gestalten – Mitarbeiter mobilisieren. Vision, Kommunikation, Beteiligung, Qualifizierung. Berlin.

Heitger, B./Doujak, A. (2002) Harte Schritte Neues Wachstum. Die Logik der Gefühle und die Macht der Zahlen im Change Management – Das Konzept der Unbalanced Transformation. Wien.

Holman, P./Devane, T./Cady, S. (2007) The Change Handbook. The definitive Resource on today's best methods for engaging whole systems. San Francisco.

Kaplan, R.S./Norton, D.P. (2004) Strategy Maps. Der Weg von immateriellen Werten zum materiellen Erfolg. Stuttgart.

Keuper, F./Groten, H. (2007) Nachhaltiges Change Management. Interdisziplinäre Fallbeispiele und Perspektiven. Wiesbaden.

Königswieser, R./Exner, A. (1999) Systemische Interventionen: Architekturen und Designs für Berater und Veränderungsmanager, Stuttgart.

Kostka, C./Mönch, A. (2007) Change Management. 7 Methoden für die Gestaltung von Veränderungsprozessen. München.

Kotter, J. P. (2002) The Heart of Change. Real-Life Stories of how People change their Organizations. Boston.

Kotter, J.P. (1996) Leading Change. Boston.

Kotter, J. P./Rathgeber, H. (2006) Das Pinguin-Prinzip. Wie Veränderung zum Erfolg führt. New York.

Krüger, W. (2006) Excellence in Change. Wege zur strategischen Erneuerung. Wiesbaden.

Kundinger, P. (2007) Die Interne Revision als Change Agent. Veränderungen anstoßen und erfolgreich umsetzen. Berlin.

Loebbert, M. (2006) The Art of Change. Von der Kunst, Veränderungen in Unternehmen und Organisationen zu führen. Leonberg.

Schaffer, R. H. (1988) The Breakthrough Strategy. Using short-term successes to build the higt performance Organization. New York.

Schreyögg, G./Conrad, P. (Hrsg.) (2000) Organisatorischer Wandel und Transformation. Managementforschung 10. Wiesbaden.

Schuh, G. (2006) Change Management – Prozesse strategiekonform gestalten. Berlin.

Senge, P. (2000) The Dance of Change. Die 10 Herausforderungen tiefgreifender Veränderung in Organisationen. Wien.

Ulrich, D., et al. (2003) The Change Champion's Fieldbook – Strategies and Tools for Leading Change in your Organizations. New York.

Projektmanagement bei Organisations- und Managementprojekten

Eine besondere Herausforderung im Umgang mit Komplexität und Dynamik

Gerhard Graf / Martin Bergmann

In diesem Beitrag erfahren Sie

- die Besonderheiten von Organisations- und Managementprojekten
- Details über sinnvolle und hilfreiche Tools, damit Sie deren Vor- und Nachteile besser einschätzen können
- was Project-Governance bedeutet und wie Projekt-Governance praktisch funktioniert
- einen Ausblick über die weiteren Entwicklungen dieses Bereiches.

1. Einleitung und Zielsetzung

Projekte verändern unsere Welt: der Bau eines Straßentunnels oder eines Krankenhauses, die Umorganisation eines Unternehmens, die Entwicklung von Produkten oder SW-Programmen, der Aufbau eines Datennetzes, die Euro-Einführung, eine Opern-Inszenierung, der Umzug in eine neue Betriebsstätte, die Organisation eines Jazz-Festivals, all das sind Beispiele für Herausforderungen, die nur in Projektform bewältigt werden können.

Bereits die wenigen Beispiele verdeutlichen, wie bunt der Strauß an möglichen Projekten sein kann. Damit im Rahmen des vorliegenden Beitrages annähernd wichtige Punkte zum Themenfeld Projektmanagement insbesondere zu Organisations- und Managementprojekten bearbeitet werden können, muss daher der Betrachtungsfokus zunächst geschärft werden, um anschließend den Diskussionsrahmen abzustecken und das Untersuchungsfeld einzugrenzen.

Stützen wir uns auf die allgemeine Projektdefinition nach DIN 69.901, so hilft uns das zunächst bezüglich Sensibilisierung zur Themenstellung weiter.

Laut dieser Definition wird ein Projekt sehr allgemein als „ ... ein Vorhaben, das sich im Wesentlichen durch

- die Einmaligkeit der Bedingungen in ihrer Gesamtheit, wie z. B.
  - Neuartigkeit: nicht oder nur zum Teil sich wiederholende Aufgabenstellung, verbunden mit Unsicherheit und Risiko;
  - Zielorientierung: das zu erbringende inhaltliche Ergebnis (Sachziel) ist spezifiziert;
  - Zeitvorgabe;
  - zeitliche, finanzielle, personelle und andere Begrenzungen;
  - Abgrenzung gegenüber anderen Vorhaben;
  - projektspezifische Organisation;
- die Gesamtheit von Führungsaufgaben, -organisation, -techniken und -mittel für die Abwicklung eines Projektes definiert“. Damit sind alle einleitend genannten Projektbeispiele mit eingeschlossen und das Fundament für die weitere Arbeit ist gelegt.

Wollen wir nun die Thematik selbst weiter konkretisieren, hilft die Kategorisierung im Sinne von: „Welche Arten von Projekten gibt es eigentlich?“ weiter und hier hat sich im Laufe der Entwicklung folgende Struktur durchgesetzt:

Gliederungskriterium	Beispiele
Projektinhalt	• Unternehmensgründungs- und Unternehmenskaufprojekte • Unternehmensbeteiligungsprojekte • Marketingprojekte, Strategieprojekte • Akquisitionsprojekte, Angebote • Durchführbarkeitsstudien, Planungsprojekte • Forschungsprojekte • Produktentwicklungsprojekte • Organisationsentwicklungsprojekte • Investitionsprojekte (Bau, Anlagenbau etc.) • Einführungsprojekte (z. B. Softwareeinführung) • Instandhaltungsprojekte, Großreparaturen
Projektträger	• Staatliche Projekte: Eisenbahnbau, Straßenbau, Euro-Einführung, Steuerreform • Unternehmensprojekte: Markteinführung, Gründung einer Tochtergesellschaft, F+E-Projekte, neue Produktion • NGO-Projekte: Entwicklungshilfeprojekte, Projekte zum Artenschutz, Projekte zum Klimaschutz etc.
Nach dem zu erstellenden Objekt	• Investitionsprojekt: Bau- oder Anlagebauprojekt • Forschungs- und Entwicklungsprojekt: Technik- oder Produktentwicklung • Organisationsprojekt: Reorganisation, Re-Engineering, Outsourcing • Softwareprojekte etc.
Stellung des Kunden bzw. des Auftraggebers	• Externe Projekte: externe Kunden (externer Auftraggeber, Besteller) • Interne Projekte: interner Kunde (interner Auftraggeber, Nutzer)
Grad der Wiederholung	• Einmalige Projekte (Pionierprojekte) • Ähnlich wiederkehrende Projekte (Standard- bzw. Routineprojekte)
Beteiligte Organisationseinheiten	Die organisatorische Komplexität steigt mit der Anzahl der involvierten Stellen. Hier wird differenziert zwischen: • abteilungsinternen Projekten • abteilungsübergreifenden Projekten • abteilungsübergreifenden und externe Organisationen beinhaltenden Projekten

Gliederungskriterium	Beispiele
Schwierigkeitsgrad	Dieser manifestiert sich in den Projekteigenschaften Umfang, Komplexität, Laufzeit sowie rechtliche Bestimmungen etc. Eine Kategorienbildung nach Schwierigkeitsgrad wird nur unternehmensspezifisch sinnvoll sein, um etwa das erforderliche Ausmaß an Methoden und Regelungen, die im unternehmensinternen Projektmanagementhandbuch angeführt sind, festzulegen.

Konzentrieren wir uns auf den grundlegenden Fokus des vorliegenden Bandes, so können wir eine Vielzahl von Projektarten vernachlässigen und folgende Diskussionsschwerpunkte im weiteren Verlauf der Arbeit setzen:

Konsequenterweise wollen wir hier in spezieller Form Organisations- und Managementprojekte behandeln. Sie sind in der Regel gekennzeichnet von hoher Komplexität mit einer Vielzahl von involvierten Stellen, Abteilungen und Bereichen und von tendenzieller Einmaligkeit.

Konkret wollen wir uns mit deren Spezifika, deren besonderen Herausforderungen, bewährten Tools und Projektmanagementinstrumenten sowie den speziellen Rollen und dem besonderen Funktionsverständnis beschäftigen.

2. Charakteristiken von Organisations- und Managementprojekten

Lassen Sie uns vorweg folgende These formulieren:

Das Scheitern bzw. die oft unbefriedigenden Ergebnisse vieler anspruchsvoller Projekte in Organisationen ist im Wesentlichen auf die Gleichsetzung „technischer/well defined“ Projektkategorien mit Management- oder Organisationsprojekten zurückzuführen. Dabei wird das Gesetz der erforderlichen Varietät[1] verletzt.

Nachfolgende Graphik soll dies verdeutlichen:

[1] In der Kybernetik (Lehre von den komplexen, nicht trivialen Maschinen und Systemen) bezeichnet man im Zusammenspiel/in der Interaktion von solchen Systemen eine Zunahme (einen wachsenden Vorrat) an Wirkungs-, Handlungs- und Kommunikationsmöglichkeiten eines Systems mit dem Begriff der zunehmenden Varietät. (vgl. http://de.wikipedia.org/wiki/Variet%C3%A4t_%28Kybernetik%29).

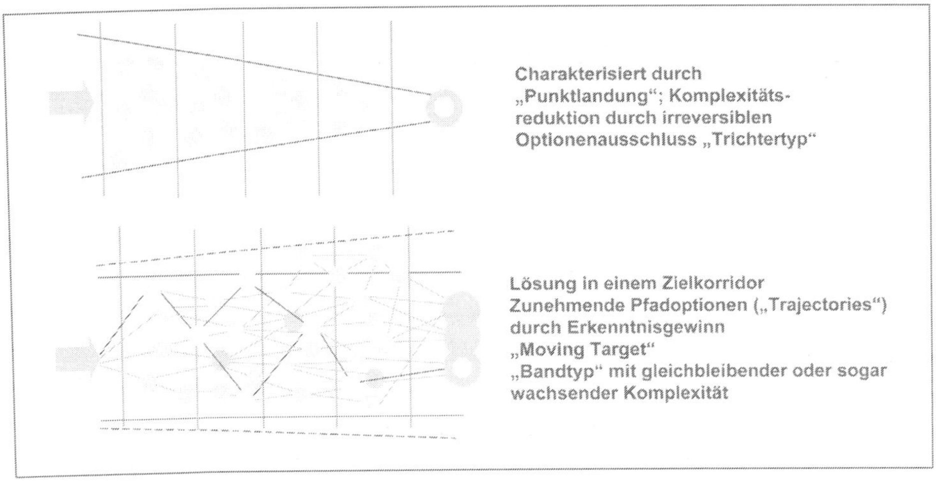

Abbildung 1: Well defined/technical Projekte versus Management- bzw. Organisationsprojekte

Entgegen technischer Projekte sind Organisations- und Managementprojekte meist durch zunehmende „Pfad-Optionen" während der Projektarbeit gekennzeichnet. Sie bilden in der Regel ein klassisches „Moving Target", das man in der Regel durch eine detaillierte klassisch fixierende Projekt-Planung, durch PSP, Arbeitspakete, Zeitenschätzung und Ressourcenzuordnung in den Griff zu bekommen versucht, was jedoch in der Regel nur bedingt zum gewünschten Ergebnis und Erfolg führt. Im Gegenteil, durch ihre spezielle soziale, technische und organisationale Komplexität und Veränderbarkeit stellen Organisations- und Managementprojekte eine besondere Herausforderung dar, die ein spezifisches Projektmanagement, spezielle Skills und maßgeschneiderte Tools fordert.

Daraus ergibt sich nun die Frage: Was charakterisiert diese Management- und Organisationsprojekte konkret und welche Instrumente und Tools haben sich hier bewährt? Zur substanziellen Behandlung dieser Thematik wollen wir uns nach den allgemeinen Richtlinien klassischer Projektaufträge orientieren. Sie umfassen folgende Schwerpunkte:

- Rahmenbedingungen (Organisation, Stakeholder, Umfeld, kritische Erfolgsfaktoren)
- Projektzielsetzung und Ergebniskorridor
- Projektmasterplan (Zeitplan mit Arbeitspaketen, Meilensteinen etc.)
- Projektorganisation (Projektorganigramm, Rollen und Aufgaben, Qualitätsmanagement im Projekt, Stakeholdermanagement, Risikomanagement, Informations- und Kommunikationsmanagement)
- Projektkosten/Budget

2.1. Der besondere Rahmen von Organisations- und Managementprojekten

Wie in den Kapiteln „Kooperation und Zusammenarbeit" sowie „Organisation und Gestaltung" des vorliegenden Bandes bereits ausführlich diskutiert wird, gibt es eine Vielzahl von Möglichkeiten, das Funktionieren von und erfolgreiche Agieren in Organisationen zu beschreiben. Je nachdem, mit welcher Grundhaltung Unternehmen betrachtet werden, resultieren daraus entsprechende Interventions- und Handlungsmuster; dies gilt natürlich auch für Projektmanager und Projektmitarbeiter gleichermaßen.

Im vorliegenden Kontext verstehen wir eine Organisation als offenes soziales System, als Organismus, als Fluss und Wandel. Projektinterventionen in einem Element des Systems gehen mit Veränderungen und Reaktionen an anderer Stelle einher und wirken auch auf das Projekt selbst zurück.

Wodurch sind nun Projekte speziell unter dieser Organisationsperspektive bestimmt?

- Zum einen dadurch, wie die Beziehung zwischen dem Projekt selbst und dem Ganzen der Organisation geregelt wird (Differenzierung versus Integration). Dieses Spannungsfeld wird durch Steuerung und Organisation gestaltet. So wird der Freiraum bzw. das Zusammenspiel zwischen Projekt und Gesamtgefüge der Organisation primär durch Aushandlungsprozesse (interne Kommunikation, interne Märkte), durch Strukturen (Unternehmenshierarchie – Projekthierarchie) durch Personen (Leitfiguren) und durch die Projektmanagement-Governance gestaltet. Projekte können daher niemals innerhalb einer bestehenden Organisation eine eigene Kultur entwickeln bzw. nur ganz bedingt. Die Grundregeln der Organisation wirken hier gleichermaßen wie im Regelbetrieb.
- Zum anderen bestimmen sich Projektsysteme durch die Gestaltung der Projekt-Umwelt-Relation. Wie zieht das Projekt-System seine Grenzen? Wer gehört dazu, wer nicht? Wer oder was wird als relevante Umwelt wahrgenommen und wer oder was nicht (Stakeholder wie Projektsponsoren, Organisationsmitarbeiter, Projektmitarbeiter oder technologische Entwicklungen etc.)? Wie durchlässig sind diese Grenzen gestaltet? Sind sie zu offen, ist das Projekt von Turbulenzen geprägt und verliert allmählich seine Ausrichtung. Sind sie zu geschlossen, übersieht das Projektteam wesentliche Entwicklungen. Dieses Grenzmanagement spielt bei Organisations- und Managementprojekten eine fundamental wichtige Rolle, denn an diesem Punkt kann sich der Erfolg oder Misserfolg entscheiden. Hier bündelt sich auch die Hauptaufgabe des Projektverantwortlichen (siehe dazu die Rolle des Projektmanagers – unten).
- Der dritte bestimmende Faktor liegt in der Frage nach dem Grund für die Existenz des Projektes an sich, dem so genannten Existenzgrund. Er ermöglicht die Ausrichtung des gesamten Projektteams und das „Halten der moving targets" in einem bewältigbaren Zielkorridor. Die Frage: „Warum gibt es uns und wer sind unsere Hauptpromotoren?" ist die Frage nach der Kernidentität und bestimmt die Antworten zur erfolgreichen Projektarbeit. In sozialen Sys-

temen kann sich dies je nach Rahmenbedingungen, strategischen, aber auch operativen Entscheidungen immer wieder verschieben. Ein einmal definiertes Projektziel mit zur Verfügung gestellten Ressourcen garantiert noch bei weitem nicht den erfolgreichen Abschluss von Projekten. Das richtige Management mit den Machtpromotoren des Projektes, das Ausbalancieren der unterschiedlichen Interessen und Erwartungshaltungen spielt hier eine zentrale Rolle.

Damit unterscheidet sich das skizzierte Projektmanagementbild vom klassischen, technokratischen Grundverständnis. Denn hier bedeutet Projektmanagement, wie ein Ingenieur von außen zu agieren, auf den richtigen Knopf zu drücken und mechanistisch die gewünschten Ergebnisse zu erzielen. Das detaillierte Ausarbeiten von Projektrollen und Aufgabenpaketen führt zum gewünschten Projektergebnis. Das Handeln ist, wenn der Projektmanager die Technik kennt, berechenbar und er selbst bleibt dabei unverändert. Nur aus dieser Perspektive lässt sich ein Projekt als „well defined" bestimmen, entspricht jedoch aufgrund der eben skizzierten tatsächlichen organisationalen Fakten einem unrealistischen Idealbild. Sowohl die hohe Rate gescheiterter Projekte als auch die Erfahrungen aus unserer Beratungspraxis erlauben die Vermutung, dass vielfach speziell Projektmanager ausgebildet nach dem klassischen Projektverständnis immer noch sehr stark geprägt sind von diesem mechanistisch, bürokratischen Organisations- und dem damit unmittelbar zusammenhängenden Projektmanagementbild.

Der Analogieschluss, was gut für technische oder „well defined" Projekte ist, müsse auch für Managementprojekte gut sein, ist aber nicht zulässig und führt zu unproduktivem Methoden- und Tooleinsatz mit schlechten Ergebnissen. Heute wissen wir: Es liegt in der Regel nicht an den eingesetzten Instrumenten und Methoden, sondern vielmehr im Grundverständnis der andersartigen Komplexität von Management- und Organisationsprojekten und dem nicht angemessenen Einsatz der gegebenen Projektmanagementwerkzeuge.

Vielmehr verschiebt sich der Projektmanagement-Fokus vom methoden- und instrumentenzentrierten Wie hin zum Was und vor allen Dingen Wann, Was. Mit anderen Worten, das Was und das Wann zugleich, also die Effektivität zum richtigen Zeitpunkt (Kairos), haben das Primat. Sie sind die „Driver", das Wie, und die Effizienz steht erst an zweiter Stelle und ist der „Enabler".

2.2. Projektzielsetzung und Ergebniskorridor

Management- und Organisationsprojekte sind durch Erkenntnisgewinn charakterisiert. Damit verbunden ist die Tatsache der steigenden Anzahl möglicher, richtiger Handlungsoptionen im Laufe der Projektarbeit. Dies führt wiederum zu einer permanenten Unsicherheit bezüglich der richtigen Zielkategorien und Zielkontainer. Neue Erkenntnisse erlauben neue „Pfad-Optionen" mit durchaus weiteren, ursprünglich außerhalb des Fokus gelegenen interessanten Zielpunkten. Wir sprechen hier von „moving targets". Ein Projekt ist nicht dann erfolgreich, wenn es ein definiertes Ziel erreicht hat, sondern entfaltet dann seinen Impact auf die Organisation, wenn das angestrebte und erreichte Ziel auch im Kontext zu den Rahmenbedingungen und von den zentralen Stakeholdern des Bezugssystems als erstrebenswert und hilfreich angesehen wird.

Das Spannungsfeld zwischen einem unreflektierten Festhalten an dem ursprünglich definierten Ziel ohne Bedachtnahme auf neue Erkenntnisse bzw. eine permanente Neuausrichtung des Projektes auf sich immer wieder verändernde Rahmenbedingungen und Erwartungshaltungen muss somit bewusst gestaltet werden. Es geht um ein Austarieren möglicher sinnvoller Zielkategorien und das Halten derselben in einem so genannten Ergebniskorridor. Das erfordert umfassendes, professionelles und konsequentes Stakeholder-Management unter Einbeziehung der wesentlichen, sich häufig ändernden Rahmenbedingungen (siehe dazu auch Punkt 3 in diesem Beitrag).

Dem konsequenten und permanenten Management der verschiedenen Interessen der Stakeholder des Projektes kommt damit für den Projekterfolg eine zentrale Rolle zu. Die Interaktionsmuster mit den unterschiedlichen Interessengruppen am Projekt müssen in einem immer wiederkehrenden zirkulären Prozess proaktiv und zielgerichtet gestaltet werden. Passende – im Sinne von effektiv und effizient – Kommunikations- und Informationsmaßnahmen sind hier erfolgskritisch. Nur so lassen sich Projekte bei „moving targets“ erfolgreich „durchs Ziel bringen“.

Im Umgang mit den unterschiedlichen Interessengruppen und den damit verbundenen Projektmanagementmaßnahmen haben sich folgende Werkzeuge als sehr hilfreich erwiesen:

a. die richtige Projektorganisation (siehe dazu die Details unten);
b. permanentes Stakeholdermonitoring über die Stakeholdermap.
   In unserem Sinne verstehen wir Stakeholder als diejenigen Schlüsselgruppen oder Personen, welche entweder in der Lage sind, Einfluss auf das Projekt zu nehmen, und/oder von dem Projekt (un)mittelbar betroffen sind, und dabei haben diese auch mittelbaren oder unmittelbaren Einfluss auf die „moving targets“.
   In einem ersten Schritt sollte sich das Projektteam eine Übersicht über sämtliche der projektrelevanten Stakeholder, deren Einflussgröße und Interesseneinschätzung mit Hilfe der Stakeholdermatrix verschaffen:

Stakeholder (-gruppe)	Einfluss auf den Erfolg des Projektes	Betroffenheit durch das Projekt	Erwartungen an das Projekt(-ergebnis)	Veränderte Erwartungen, veränderter Blick

Abbildung 2: Stakeholdermatrix

Im Anschluss werden die Arbeitsergebnisse auf eine Stakeholdergraphik bewertet und visualisiert.

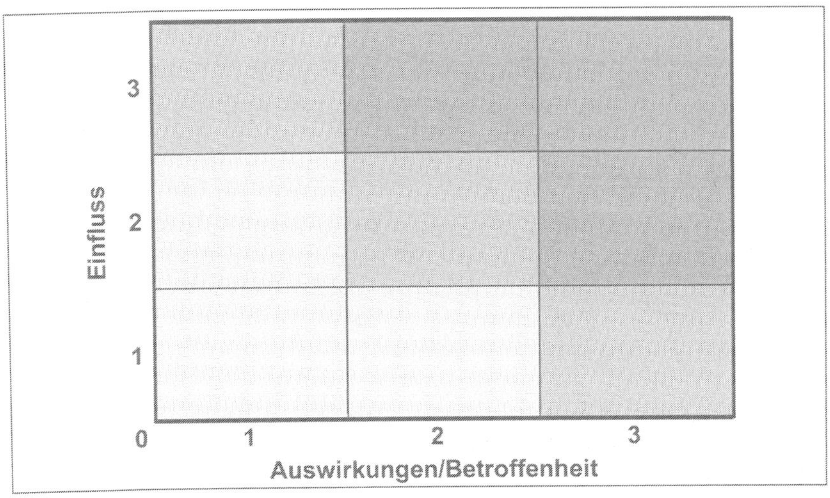

Abbildung 3: Stakeholdergraphik

Stakeholder, die aufgrund der Bewertung in den dunklen Bereich hineinfallen, haben einen zentralen Einfluss auf diese „moving targets" und müssen seitens des Projektmanagements entsprechend betreut werden. Besonders zu betonen sind hier die Veränderlichkeit dieser Ziele und die auslösenden Faktoren. Die „moving targets" an sich bewegen sich in einem Feld von Interessen und Einflussnahme. Es erfolgt hier nicht nur ein permanenter Einfluss von außen zum Projektteam, also unidirektional (outside in), sondern bidirektional sowohl von den Stakeholdern zum Projektmanagement als auch von der Projektarbeit zu den Stakeholdern.

Das Instrument des Stakeholder-Managements an sich ist nichts Neues und ist Teil klassischen Projektmanagements. Das Tool muss im Zeitablauf eines Projektes gesehen, verstanden und konsequent verwendet werden. Die dynamische, sinnvolle Anwendung im laufenden Projektmanagementprozess und das Ziehen der richtigen Schlüsse führen erst zur gewünschten Wirkung bei Organisations- und Managementprojekten.

c. Gezielte Kommunikationsmaßnahmen und ein bewusst gelenkter Diskurs zum Projekt in verschiedenen Organisationsbereichen und auf unterschiedlichen Unternehmensebenen garantieren erst eine nachhaltige Stabilisierung (zu den Kommunikationsmaßnahmen siehe unten).

In Anbetracht der bisherigen Ausführungen kommt den Projektverantwortlichen in hohem Maße die Funktion des Beziehungsmanagements auf allen Ebenen zu allen nur möglichen Interessengruppen zum Projekt und zu weiteren Organisations- und Managementprojekten im Unternehmen zu – eine Anforderung, die das klassische Projektmanagement eher stiefmütterlich behandelt (siehe dazu im Besonderen die Ausführungen weiter unten).

2.3. Spezifika in der Gestaltung des Projektprozesses (Masterplan, Meilensteinplan)

Zum grundsätzlichen Planungsablauf im Sinne des klassischen Projektaufbaus kann von folgendem Phasenmodell zum Start eines Organisations- oder Managementprojektes als Orientierungsrahmen ausgegangen werden:

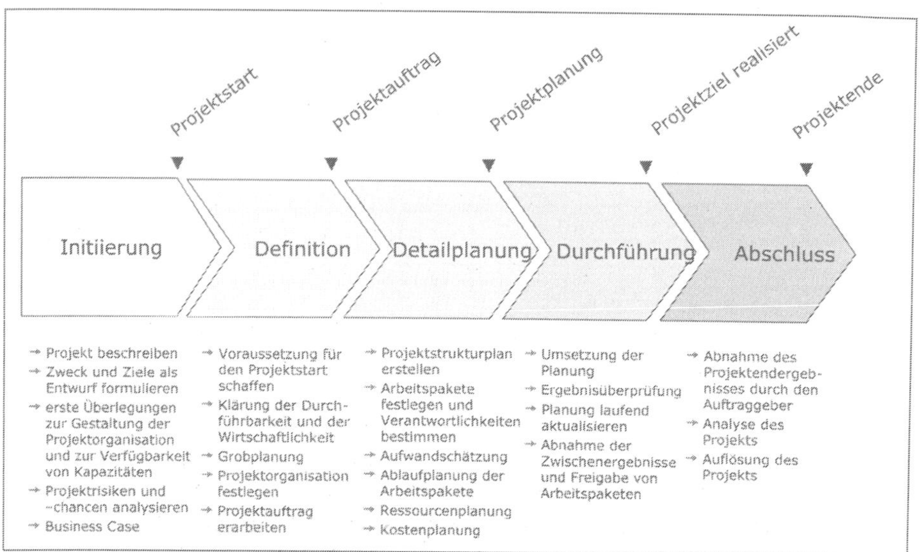

Abbildung 4: Klassisches Phasenmodell zum Projektstart

Das vorliegende Phasenmodell gibt einen grundsätzlichen Überblick über zentrale Fragestellungen, die im Zeitablauf geklärt werden müssen. Die unterschiedlichen Projektphasen sollen jedoch nicht den Eindruck erwecken, dass eine einmal abgeschlossene Phase auch wirklich beendet ist. Vielmehr zeichnen sich Organisations- und Managementprojekte durch einen iterativen Prozess des Immer-wieder-Hinterfragens einmal abgeklärter und vereinbarter Themenstellungen und Inhalte ab (siehe dazu auch die Ausführungen zu den Loops unten).

Und diese Iterativität des Prozesses spielt sich auf den klassischen vier Prozessebenen im Projektmanagement permanent ab. Denn wie bereits in anderen Beiträgen dargestellt, läuft ein klassischer Projektmanagementprozess auf vier Ebenen ab.

Diese vier Prozessebenen gliedern sich in die Sach-, die psychosoziale-emotionale Ebene, die Management- und die Reflexionsebene.

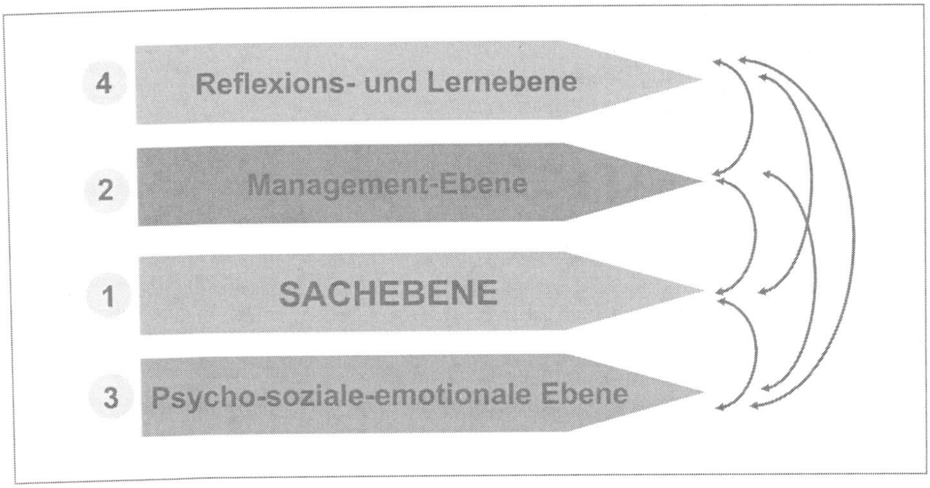

Abbildung 5: Das Vier-Ebenen-Modell im Projektmanagement

Die Sachebene umfasst sämtliche Meilensteine, Arbeits- und Aufgabenpakete, die allgemein in jedem Projektmanagementlehrbuch und im klassischen Projektmanagementverständnis geschnürt werden: Thema, Aufgabe, Inhalte, Produkt; diesbezügliche Fragestellungen umfassen Themen wie:

- Was ist der Projektauftrag sachlich?
- Welche inhaltlichen Meilensteine sind definiert und wurden bisher erreicht?
- Wie sind die konkreten inhaltlichen Aufgaben definiert?
- Was ist konkret zu tun?
- Was sind die messbaren, abzuliefernden Teilergebnisse?
- Wie wird das Projekt inhaltlich „vorangetrieben“?

Die Managementebene bezieht sich primär auf die Stabilisierung des Projektes in der Gesamtorganisation, die Sicherstellung der notwendigen Ressourcen, das Absichern des Projektes im Zielkorridor, die gesamte Projektsteuerung, den Kunden-Entscheidungs-Prozess, politische Grundströmungen etc. Folgende Fragestellungen stehen hier im Fokus:

- Wie und durch welche Kanäle erfolgt die Informationsbeschaffung?

- Wie werden die Ziele gesetzt? Welche Ziele wurden gesetzt?
- Welche Entscheidungen sind notwendig, wer sind die Entscheidungsträger und wie läuft der Entscheidungsprozess ab? Von welchen Entscheidungen ist das Projekt abhängig?
- Wie erfolgt die Planung der Zwischenschritte, der Vorgespräche (Abstimmung)?
- Wie werden die notwendigen Ressourcen gesichert?
- Wie wird das gesamte Projekt in Bezug auf Stakeholder koordiniert?
- Wie wird das Erreichen von Ergebnissen sichergestellt und kontrolliert?

Die psychosoziale-emotionale Ebene umfasst: Einstellungen, Gefühle, Emotionen, Motivation, Gerüchte, Befürchtungen, Ängste, Hoffnungen, Chancen und konzentriert sich auf Fragen wie:

- Wie motiviert sind die wichtigen Stakeholder des Projektes (Interesse, Informations- und Ressourcenbereitstellung)?
- Wie engagiert sind die Keyplayer des Projektes?
- Was sind die Do`s und Dont`s im Gespräch? Was sind absolute K.o.-Kriterien?
- Auf welcher Ebene laufen in der Regel die Diskussionen ab (sachlich, emotional)?
- Wie sieht das Klima des gesamten Prozesses aus – Zustimmung, Ablehnung etc.?
- Welche Phantasien in Bezug auf das Projekt könnten unter den Stakeholdern bestehen?
- Was sagt die Gerüchteküche?

Der Reflexionsebene kommt schließlich speziell in Organisations- und Managementprojekten eine der wichtigsten Funktionen zu. Hier erfolgt die eigentliche Projektsteuerung, hier muss permanent über „moving targets", neue Erkenntnisse und deren Konsequenzen, Maßnahmen für Gegensteuerung, Pacing (das richtige Tempo im Projektfortschritt), Kairos (der richtige Zeitpunkt für bestimmte Interventionen) und Chronos (die richtigen Maßnahmen, Interventionen etc. im richtigen Zeitablauf) etc. reflektiert werden, um die richtigen projektdienlichen Entscheidungen und nächsten Schritte bewusst zu setzen. Monitoring spielt hier die herausragende Rolle und bedeutet: Wahrnehmungen sammeln – Phänomene beschreiben – Zusammenhänge erkennen:

- Welche Spielregeln gelten im Projekt, unter den Projektmitgliedern, unter/zwischen den Stakeholdern des Projektes?
- Was ereignet sich auf den verschiedenen Prozessebenen und warum?
- Welche Zusammenhänge lassen sich hier erkennen?
- Was läuft im Moment im Projekt gut, was schlecht?
- Warum ist es bisher so gelaufen, wie es gelaufen ist?
- Was kann ich verbessern, wo muss ich steuernd eingreifen?
- Wie soll ich steuernd eingreifen?
- Welche Maßnahmen zur Nachbereitung sind nun notwendig?

Speziell die Erkenntnisse aus der Arbeit auf der Reflexionsebene liefern die notwendigen Anhaltspunkte für iterative Loops, um das Projekt im Gesamten auf

Kurs zu halten, den Ergebniskorridor auszuloten und die notwendige Arbeitsspannung im Projektverlauf hoch zu halten.

Zur Reflexion hat sich neben dem „richtigen Fragesetting" das rekursive Projektmanagement-Modell mit wiederkehrenden und während des Projektes kontinuierlich durchgeführten Reflexions- und Lern-Loops bewährt.

Nachfolgende Graphik zeigt den grundsätzlichen Prozess:

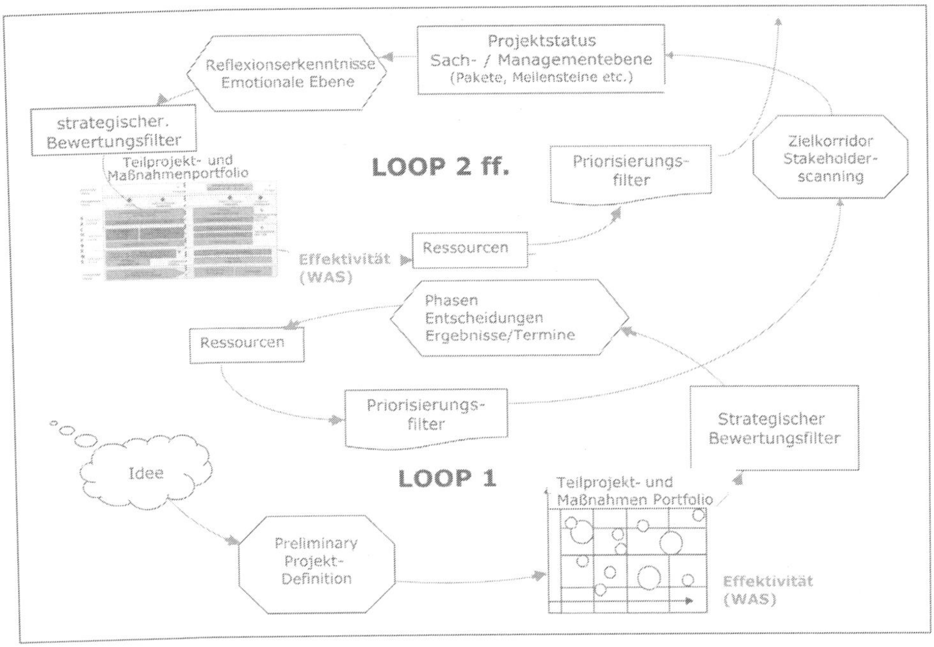

Abbildung 6: Überblick über das rekursive Projekt-Management-Modell

Zusammenfassend kann festgehalten werden: Was durch ein ungenügendes Management von Organisations- und Managementprojekten auf den vier Ebenen als Ergebnis erzielt wurde, kann auch durch ein noch so virtuoses Change Management nicht wieder wettgemacht werden. Das Monitoring des Systems muss die sich im Projektverlauf ändernden „Contents" mit Auswirkungen auf den Projektauftrag rechtzeitig aufzeigen können.

Folgende Grundsystematik weisen Management- und Organisationsprojekte im Projektverlauf auf:

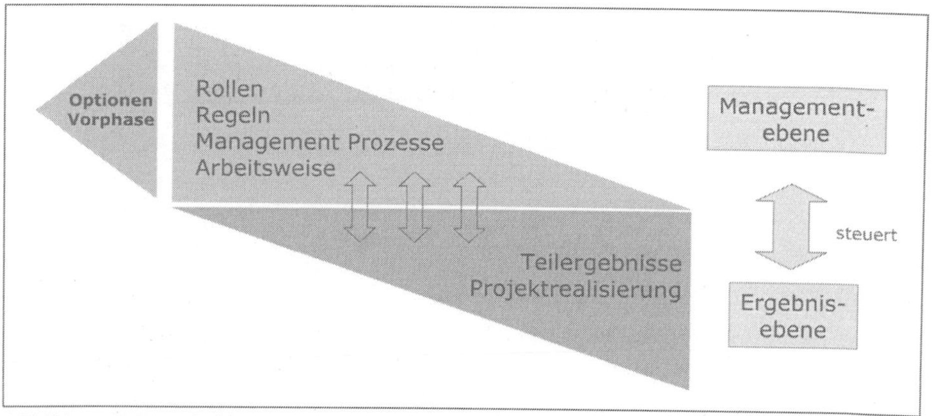

Abbildung 7: Entscheidungsvielfalt, Optionen- und Alternativensystematik in Management- und Organisationsprozessen

Die Projektmanagementsteuerungsprozesse (Projekt-Governance-Systeme – siehe unten) sind im Design standardisiert, sie werden jedoch auf der Ergebnisebene immer wieder zu einzigartigen, nicht vordefinierbaren Gesamtlösungen kommen.

2.4. Besonderheiten im Management von Organisations- und Managementprojekten

2.4.1. Die Projektorganisation

Das Management und die Organisation von Projekten muss (da mehrheitlich querschnittsbezogen und vor allen Dingen funktionsübergreifend) von den obersten dafür verantwortlichen Projektmanagern geführt werden. Die Projektorganisation selbst kann durchaus dann in der „Linie" verbleiben, nur dürfen derartige Projekte nicht rein aus einer organisatorischen Linie gesteuert werden.

Idealerweise soll die Struktur der Projektorganisation jene Unternehmensbereiche widerspiegeln, die vom Projekt unmittelbar bzw. mittelbar betroffen sind.

Zur mikropolitischen Absicherung empfiehlt sich neben der Implementierung des Steuerungskreises mit dem für das Gesamtprojekt Verantwortlichen und den Sponsoren ein Soundingboard, welches sich aus projektspezifischen Experten und weiteren Key-Promotoren zusammensetzt.

Nachfolgende Graphik zeigt exemplarisch eine derartige Projektorganisation:

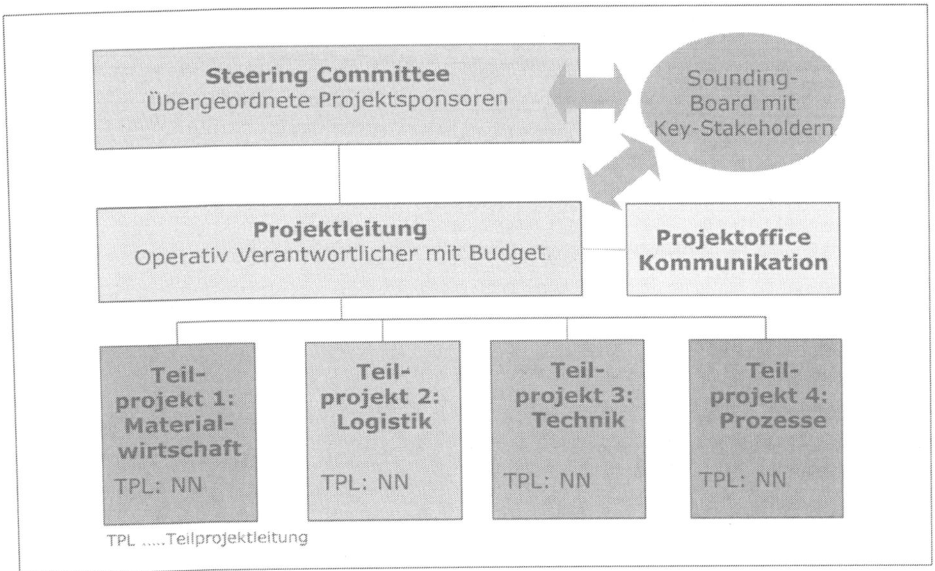

Abbildung 8: Beispiel einer idealtypischen Projektorganisation von Organisations- und Managementprojekten

Funktion und Rolle der übergeordneten Projektsponsoren und des Sounding Boards

Die Projektsponsoren sind jene Stakeholder des Projektes, die als Macht- und Entscheidungspromotoren das Ergebnis abnehmen und zentral beeinflussen. Sie sind die Instanzen einer Organisation, in deren Verantwortungsfeld die zu bearbeitenden Schwerpunktthemen fallen. Sie werden auch als interne Projekt-Auftraggeber verstanden und sind konsequent in enger Kommunikation, Interaktion und Information rechtzeitig zur Entscheidungsfindung, in Bezug auf sich ändernde Projektziele, Ressourcenanpassung und Schaffung von notwendigen Rahmenbedingungen zu sehen. Die Projektsponsoren übernehmen die Einbettung des Projektes in den größeren strategischen Gesamtkontext und sind für die erfolgreiche Nutzung der Ergebnisse verantwortlich. Zur Absicherung ist jedoch dieser Blickwinkel aus Sicht der Projektleitung zu kurz gegriffen. Aus mikropolitischer Notwendigkeit heraus ist das Netzwerk auf übergeordneter Ebene zu beobachten und aktiv zu gestalten. Das punktuelle Einbeziehen eines Sounding Boards spielt hier eine zentrale Rolle. Erst dadurch kann der Diskurs zur Projektentwicklung, zur Gestaltung des Zielekorridors mit weiteren zentralen Key-Stakeholdern aktiv gestaltet werden.

Durch diesen organisationsstrukturellen Überbau in der Projektorganisation ist die mikropolitische Komplexität sehr hoch und fordert ein spezielles Fingerspitzengefühl und entsprechendes Agieren des Projektleiters.

Funktion und Rolle der Projektleitung

Grundsätzlich lassen sich in Abhängigkeit von der Ausgestaltung der Kompetenzen des Projektmanagers drei Arten dieser Funktion unterscheiden:

- Beim *Einfluss-Projektmanagement* erhält der Projektmanager keine Entscheidungskompetenzen und Weisungsbefugnisse. Seine Aufgaben erstrecken sich darauf, Pläne für den Projektablauf zu erstellen und die betroffenen Instanzen zur Akzeptierung dieser Pläne zu bewegen, den Projektfortschritt zu überwachen, auf Verzögerungen aufmerksam zu machen, Abweichungen von den spezifizierten Projektzielen zu ermitteln und den verantwortlichen Instanzen mitzuteilen. Um diese Aufgaben wahrnehmen zu können, hat er umfassende Informations- und Beratungsrechte. Er kann sich aber nicht mit Weisungen gegenüber Instanzen und Ausführungsstellen durchsetzen, sondern ist darauf angewiesen, dass diese sich durch seine Information überzeugen lassen und seine Vorschläge akzeptieren.

  Der *Vorteil* dieser Form des Projektmanagements liegt darin, dass für die Abwicklung von Organisations- und Managementprojekten nur wenige organisatorische Umstellungen erforderlich werden.

  Dem stehen offensichtliche, gewichtige *Nachteile* gegenüber: Der Projektmanager kann sich oft nicht gegenüber den Leitern der funktionalen Abteilungen durchsetzen, die mehr an der Erfüllung ihrer ständigen Aufgaben interessiert sind. Er ist dann gezwungen, jeweils übergeordnete Instanzen anzusprechen und zu verbindlichen Entscheidungen zu bewegen, was eine Eskalation des Entscheidungsprozesses mit sich bringt und für die Position des Projektleiters nicht zwangsläufig massive Nachteile zur Folge haben muss. Weiters erfordert diese organisatorische Einbettung und Verantwortung sehr viel politisches Fingerspitzengefühl und viel Zeit und kann sehr schnell zu Überlastung der höheren Hierarchieebenen führen. Der Projektfortschritt kann darüber ins Stocken geraten. Außerdem sind die Hierarchieebenen oft zu weit von den eigentlichen Problemen entfernt, um richtige Entscheidungen fällen zu können. Alle diese Nachteile lassen das Einfluss-Projekt-Management nur für kleinere, wenig komplexe Aufgaben geeignet erscheinen.
- Die aufwändigste Form des Projektmanagements besteht darin, dem Projektmanager für die Dauer des Projekts das zur Durchführung erforderliche Personal voll zu unterstellen. Der Projektmanager ist dann mit allen Kompetenzen und Weisungsbefugnissen gegenüber diesem Personal ausgestattet. Dieses „*reine Projektmanagement*“ findet man bei großen technischen Projekten, beispielsweise beim Bau eines Staudammes, von Eisenbahnlinien etc.
- Das Projektmanagement, das der Art der hier beschriebenen und behandelten Projekte am nächsten kommt, ist jenes des *Matrix-Projektmanagements.* Der Projektmanager bekommt in der Regel nur einen Teil der erforderlichen Ressourcen fest zugeteilt. Er muss, um Projektaufgaben erledigen zu können, auf Ressourcen von funktionalen Abteilungen zurückgreifen. Im Gegensatz zum Einfluss-Projektmanagement hat er jedoch Entscheidungskompetenzen und Weisungsbefugnisse. Er kann den Instanzen in den funktionalen Abtei-

lungen, unter Umständen auch den Ausführungsstellen in diesen Abteilungen durchaus Anweisungen erteilen, die notwendige Leistungen für das Projekt betreffen. Durch diese Regelung entsteht ein komplexes Mehrliniensystem. Der prinzipielle Vorteil liegt darin, dass der Projektleiter, der Kompetenzen und Weisungsbefugnisse besitzt, die Erreichung der Projektziele und den Projektfortschritt nachhaltig verfolgen kann und die Instanzen in den funktionalen Abteilungen gleichzeitig auf die Effizienz der zu erbringenden Leistungen achten können. Dieser generelle Vorteil muss jedoch durch den Nachteil erkauft werden, dass durch die sich überschneidenden Kompetenz- und Weisungsbeziehungen eine Tendenz zu Konflikten entsteht. Diese Tendenz ist dann besonders stark ausgeprägt, wenn mehrere mit Kompetenzen und Weisungsrechten ausgestattete Projektmanager um die knappen Kapazitäten der funktionalen Abteilungen ringen.
Der Projektleiter ist daher in solchen Projekten vom administrativen Projektanteil zu entlasten und wird nicht in erster Linie danach beurteilt, ob die quantitativen Projektgrößen eingehalten werden, sondern ob das Resultat dem definierten aktuellen Projektauftrag und den Erwartungen der Auftraggeber entspricht. Er ist eine Art „Unternehmer auf Zeit" mit begrenzt zur Verfügung gestellten Ressourcen und einem definierten Zielkorridor.

- Führung in Projekten unterscheidet sich von „herkömmlicher" Führung. Intensive Identitäts- und Überzeugungsarbeit bestimmt den Alltag. Wie führt man ein Team, ohne dessen formaler Vorgesetzter zu sein? Wer vereinbart Ziele? Wie löst man Widersprüche zwischen Kundenorientierung und Projektzielerreichung? Anhand typischer Führungssituationen in projektorientierten Organisationen, praxiserprobter Projektmanagement-Methoden und vieler Beispiele und Tipps werden die speziellen Rahmenbedingungen von Projekten und projektorientierten Unternehmen berücksichtigt.

2.4.2. Die Spezialitäten im Kommunikationsprozess

In sämtlicher Projektmanagementliteratur kommt der Gestaltung des Kommunikationsprozesses in einem Organisations- und Managementprojekt eine besondere Bedeutung zu. Das zeigt sich darin, dass dieser Schwerpunkt in der Regel durch ein eigenes Teilprojektthema institutionalisiert, somit faktisch von allen anderen Teilprojektthemen ausgelagert und gesondert behandelt wird. Kommunikations- und Informationsmanagement in Organisations- und Managementprojekten hat ja in erster Linie die Funktion, mögliche Widerstände so früh wie nur möglich abzumildern. Und das funktioniert auf diese Weise nach systemischem Organisationsverständnis nicht.

Vielmehr muss der Kommunikationsprozess projektimmanent vorangetrieben werden und darf nur im Sinne einer Koordination und übergeordneten Funktion zentral über das Projektmanagement-Office gesteuert werden.

Auch hier ist ein iterativer Prozess empfehlenswert, der die klassischen Kommunikationstools situativ in den verschiednen Projektbereichen unterschiedlich einsetzt.

Das gezielte Kommunikationsmanagement muss an der existierenden Kommunikationslandschaft der Organisation ansetzen und dann jene Elemente nutzen, die entsprechend der Zielsetzung und den Inhalten am effizientesten erscheinen.

Ein pragmatisches, effizientes und effektives Werkzeug zur Darstellung der gelebten Kommunikationslandschaft und wahrgenommenen Kommunikationswirkung bei der Zielgruppe in einem Unternehmen bildet die Kommunikationsmatrix.

Nachfolgende Abbildung zeigt ein konkretes Beispiel:

Medium	Häufigkeit der Verwendung	Schnelligkeit	Breite (Empfänger-kreis)	Gültigkeit	Akzeptanz	Bedeutung		Σ
Gerüchteküche	4	4	2,6	2	4	4	20,6	
Gespräch mit Vorgesetzten	2,6	3	2	4	3,6	5	20,2	
Brief / Rundschreiben	3,3	2,6	2	5	5	5	22,9	I
Abteilungsmeetings	3,3	3,3	3	4	4	4	21,6	
Intranet / Infopool	3,3	4	5	5	3,3	3,3	23,9	
...-Push	1	2	1	5	1	1	11	II
E-mail	5	4,3	4	4		[illegible]	26,3	
Face-to-face-Kollegen		[illegible]	1,3				[illegible]	
[illegible]			[illegible]					

1 – gering, 5 – hoch

Abbildung 9: Die Kommunikationsmatrix als Analysetool

Ausgehend von dieser Matrix wird schließlich rollierend ein Kommunikationsplan erstellt, der je nach Situation, Zielgruppe, Thematik und Problemstellung entwickelt, angepasst und verfeinert wird. Dabei ist im Detail auf den vier Prozess-Ebenen zu arbeiten.

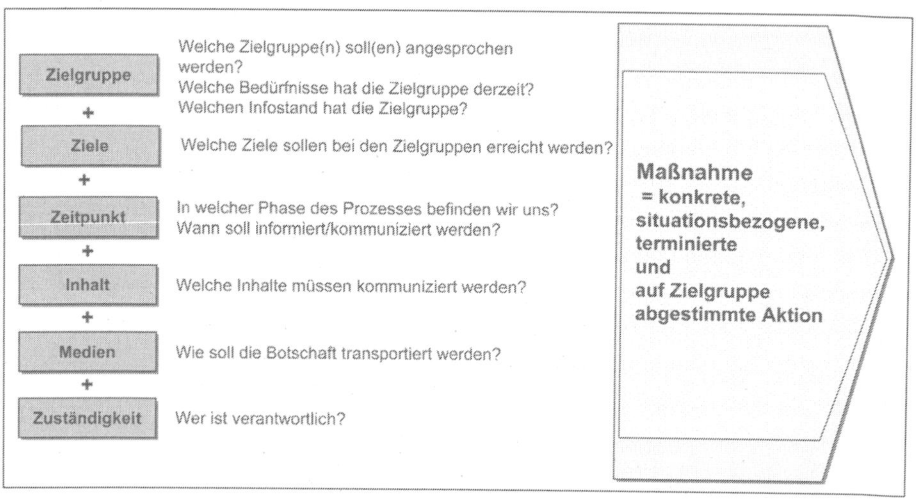

Abbildung 10: Beispiel einer konkreten Kommunikationsplanung

Was konkret wie folgt aussehen kann:

Zielgruppe	Ziele	Zeitpunkt	Inhalt	Medium	Zuständigkeit	Maßnahme
Alle ... MA	MA wissen, wer, wo an welchem Standort zu erreichen ist	10.04	• Standorte • Abteilungen • Anfahrtskizzen	Landkarte Elektronisches Element	NN	
Steering Comm.	SC wird über den aktuellen Sachstand bei ... informiert	15.04	• Geschaftszahlen • Projekte •Teamvorstellung	Präsent	Team/NN	1. Ausgabe Newsletter im März
Alle ... MA	MA über Bereiche von ... informieren Allg. Kennenlernen	abh. von Leitungs-kreisentscheidung	1 Bereich stellt sich vor	Mitarbeiter-veranstaltung und Mini-Messe	Kalff /Abstimmung in Leitungskreis	offen
Alle ... MA	MA lernen die anderen Bereiche kennen Interesse ant[illegible]	offen	offen	Tagesmesse: Tag der offenen Tür pro Bereich	offen	offen
Alle ... MA		15.03	•Vorstellung Team •Interessen abfragen •Ansprechpartner	[illegible]		Artikel in der 1. [illegible]gabe Newsletter

Abbildung 11: Beispiel einer konkreten Kommunikationsplanung

2.5. Budget und Kostenplanung

Aufgrund der Komplexität, der zunehmenden Zahl der Handlungspfade und „moving targets“ besteht bei Organisations- und Managementprojekten die Gefahr der „never ending story“. Schließlich gibt es immer Gründe, warum bestimmte Projektergebnisse zu einem definierten Projektendpunkt ungünstig sind, warum eine leichte Veränderung der Zielsetzung und der damit verbundenen Adaptionen hilfreich wäre etc. etc. Oft hilft da nur die budgetäre Restriktion.

Grundsätzlich kann festgestellt werden, dass die Budgetplanung in einem Organisations- und Managementprojekt aufgrund der sich entwickelnden Dynamik und Komplexität prinzipiell sehr schwierig ist.

Es kann hier nur ein pragmatischer Zugang empfohlen werden: eine detaillierte Planung zu Beginn des Projektes mit genauen Budgetangaben und ein anschließendes prinzipielles, striktes Orientieren an diesem Budget und bei massiven Veränderungen im Schwerpunkt ein ausführlicher und klar definierter Change-Request mit entsprechender fundierter Begründung.

Damit sind nun die prinzipiellen Charakteristiken und die daraus resultierenden Besonderheiten und Konsequenzen von Management- und Organisationsprojekten ausreichend skizziert. Mit diesem Hintergrund und aufgrund der Tatsache, dass in modernen Großorganisationen heute in der Regel eine Vielzahl an Organisations- und Managementprojekten parallel läuft, deren Interdependenzen häufig sowohl von Projektmanagern als auch von Unternehmensverantwortlichen gleichermaßen nicht gesehen werden, zeigt sich immer deutlicher der Handlungsbedarf in einer übergeordneten Koordination sämtlicher Organisations- und Managementprojekte.

Diese besondere Form des Komplexitätsmanagements mit einer Vielzahl sich verändernder und wechselseitig beeinflussender „moving targets“ bei gleichzeitigem Performancedruck lässt sich nur durch eine effiziente und effektive Projekt-Governance erfolgreich bewältigen. Denn ein Multiprojektmanagement nach klassischem Verständnis greift gerade in diesem Kontext zu kurz. Das Management einer unternehmensweiten Projekt-Koordination durch eine professionelle Projekt-Governance ist in der Wahrnehmung sowohl von praktischer als auch theoretisch-wissenschaftlicher Seite sehr jung.

Erste konzeptionelle Überlegungen auf Basis eines konkreten Projektes bei einem internationalen Telekommunikationsanbieter sollen im Folgenden nun skizziert werden.

3. Projektsteuerung und Projekt-Governance als zentrales Erfolgselement von Organisations- und Managementprojekten

3.1. Projekt-Governance – Grundsätzliches

Der Terminus Projekt-Governance wird in der Industrie vornehmlich in der Informations-Technologie verwendet, um die zur Koordination und erfolgreichen Umsetzung aller Projekte notwendigen Prozesse, Rollen und Verantwortlichkeiten zu beschreiben.

Konkret handelt es sich bei der Projekt- bzw. Programm-Governance um ein zentrales Erfolgselement zur Aussteuerung sämtlicher Projekte eines Unternehmens.

Die Projekt-Governance umfasst:

- Die Gestaltung aller zur erfolgreichen Projektorganisation notwendigen **Organisationsstrukturen**, Councils und Komitees und die Aufgaben des Projektmanagement-Leiters.
- Das **Controlling, Reporting und die Regeln** zur erfolgreichen Projektabwicklung.
- Die **Rollen und Verantwortlichkeiten** sowohl in der Projektorganisation als auch in Governance-Funktionen.
- Den eigentlichen **Governance-Prozess** zur Implementierung und Verbesserung der Projektmanagementfähigkeiten eines Unternehmens. Durch ihn wird auch der Reifegrad (Maturity) einer Projektmanagementorganisation gemessen.

Projekt-Governance ist mehr als aktive, gestaltende Aufgabe zu verstehen denn als Controlling-Funktion.

Dazu gleich eine Klarstellung: Auch wenn Governance-Strukturen eingerichtet sind, gibt es aufgrund des Fehlens von Senior Management Commitment massive Projektprobleme, was sogar bis zu einem Scheitern von Projekten führen kann. Dieses geschieht, wenn die Projekt-Governance nicht richtig verstanden und ausgeführt wird. Auch die Interdependenz zwischen den Projekten ist ein wesentlicher Erfolgs- bzw. Misserfolgsfaktor. Oft werden Redundanzen zwischen den Projekten unterschätzt und nicht erkannt.

Jüngste Untersuchungen im Bereich Projekt-Governance (durchgeführt zwischen 2005 und 2006 durch die australische Vereinigung der Unternehmensberater) zeigen, dass weniger als 10 % des Senior Managements ihre Governance-Rolle verstehen und so erfolgreich wahrnehmen, dass dadurch ein signifikanter Beitrag zur Performance-Steigerung geleistet wird.

„Wir treffen Entscheidungen und hoffen, dass sie richtig sind", so lauten häufige Statements aus Managementkreisen.

Die Untersuchungsergebnisse zeigen, dass effektiv wahrgenommene Projekt-Governance im Durchschnitt um 10 % die Projektergebnisse (z.B. Return of Investment) verbessert und Risiken halbiert. Effektive und effiziente Projekt-Governance ist beides: wichtig und wertvoll.

Projekt-Governance kann als Bestandteil von **neun Schlüsselfunktionen** gesehen werden:

- Die **Schaffung** einer Basis für Projektabnahmen und Performancemessungen – inklusive der Definition von Rollen und Verantwortlichkeiten, Regeln, Standards und der entsprechenden Prozesse.
- Die **Bewertung** von alternativen Projektvorschlägen und damit die Auswahl der Projekte, bei denen das Kapital am besten angelegt ist, die am wirtschaftlichsten mit den vorhandenen Ressourcen umgehen und die am erfolgversprechendsten am Markt erscheinen.
- Die **Nutzung** von internen Ressourcen (Mitarbeiter und Berater), des Supports und der Management-Funktionen.
- Der **Definition** des gewünschten Geschäftsergebnisses, des Nutzens und Wertes – die Messung von Erfolg und Value Proposition.
- Die **Steuerung** des Projektumfangs, des Eventualfonds, des Projektwertes etc.
- Das **Monitoring** des Projektfortschrittes, der Stakeholder Commitments, der erreichten (Zwischen-)Ergebnisse und der wichtigsten Fehler-Indikatoren.
- Die **Messung** der Ergebnisse, des Nutzens und des Wertes – gegenüber Plan und Forecast.
- Die **Aktion,** um das Projekt richtig in der Organisation zu platzieren, Hindernisse zu beseitigen, die kritischen Erfolgsfaktoren zu managen und Projektfehler zu beheben.
- Die **Entwicklung** der organisatorischen Projekt-Management-Fähigkeiten – kontinuierliche Verbesserung der Fähigkeiten, um komplexere und anspruchsvollere Projekte in kürzerer Zeit und zu geringeren Kosten zu bestem Wert zu erbringen.

Wie die skizzierten Schlüsselfunktionen verdeutlichen, ist Projekt-Governance weit davon entfernt, eine passive Funktion einzunehmen.

Das so genannte Projekt-Governance-Team bzw. bei größeren Unternehmen die Projekt-Governance-Organisation sehen sich selbst in einer aktiven Rolle, das jeweilige Projektteam zu unterstützen, um den messbaren Erfolg des Projektes abzusichern.

Im Folgenden werden der Wirkungskreis der Projekt-Governance sowie die vier Implementierungsaspekte diskutiert. Hintergrund der Ausführungen ist die konkrete Implementierung der Projekt-Governance bei einem internationalen Telekommunikationsunternehmen im Jahr 2007.

3.2. Wirkungskreis der Projekt-Governance

Wenn man sich mit den Schwerpunkten und Zielrichtungen von Management- und Organisationsprojekten befasst, so ist zu empfehlen, sich zunächst mit den Unternehmensprozessen grundsätzlich auseinanderzusetzen.

Die Unternehmensprozesse lassen sich in drei Ebenen – Managementprozesse, Kernprozesse und Supportprozesse – gliedern.

Managementprozesse
Diese decken alle Prozesse ab, die sich mit der Unternehmensplanung und -steuerung befassen, z.B.

- Vision, Mission, Values, Management-Prinzipien
- Markt- und Portfoliostrategie
- Business-Planung/M&A (Merger and Acquisition)
- Communication/Corporate Identity
- Controlling, **Governance**, Risk Management, Quality
- Prozesse und Organisation
- IS-Strategie
- HR-Strategie

Kernprozesse
In Abhängigkeit von Branche und Fokus des Unternehmens setzen sich die Kernprozesse vom Markt zum Markt unterschiedlich zusammen. Anbei ein Beispiel aus der Telekommunikation:

- Input von der Marktentwicklung (z.B. durch Partner)
- Planung, Aufbau und Betrieb von Kommunikationstechnologien (Netze, Vermittlungsstellen etc.)
- Planung, Aufbau und Betrieb von Kommunikationsservices (Sprache, Daten, etc.)
- Marketing und Vertriebsprozesse bilden die Schnittstellen zum Markt.

Supportprozesse
Sie umfassen all jene Prozesse, die zur Unterstützung der Kernprozesse dienen, wie

- Rechnungswesen/Controlling
- HR
- Rechtsabteilung
- Marketingsupport
- IT
- Einkauf (ist je nach Branche auch im Kernprozess angesiedelt)
- Koordination von Ländern/Regionen

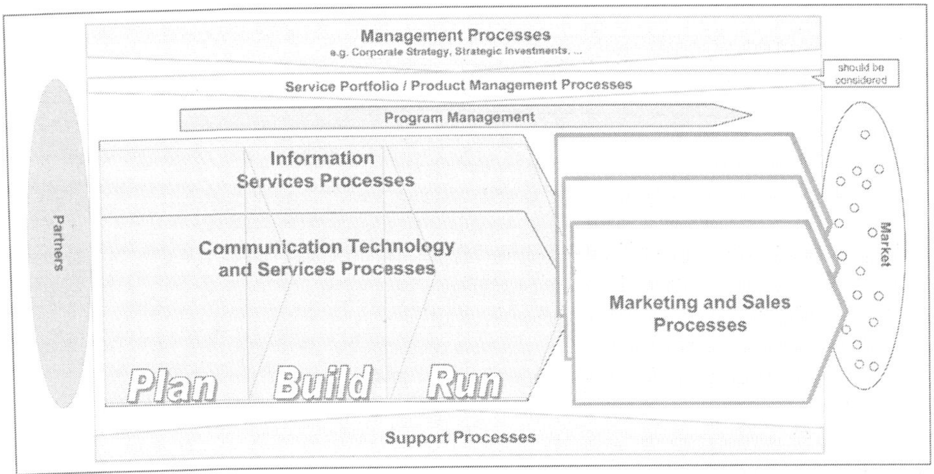

Abbildung 12: Geschäftsprozesse eines Telekommunikationsunternehmens (Projekt-Beispiel)

Fokus der Managementprojekte

Die Intention von Managementprojekten kann unterschiedlich sein:

- Projekte zur (Neu-)Ausrichtung auf dem Markt mit entsprechender interner Änderung in Prozessen und Aufbauorganisation
- Einführung neuer Technologien im Unternehmen
- Marketing und Vertriebsprojekte
- Kundenprojekte

Alle diese Projektarten haben unterschiedliche Auswirkungen auf die Unternehmensbilanz, egal ob es sich um kapitalintensive, langjährige CAPEX-relevante (CAPEX = capital expenditure) oder dienstleistungsintensive OPEX-relevante (OPEX = operational expenditure) Projekte handelt.

Beim Aufbau von Projekt-Governance ist der Fokus aller Managementprojekte mit den Schwerpunkten Organisationsstrukturen, Controlling/Reporting und Regeln, Rollen und Verantwortlichkeiten, Governance-Prozess abzudecken.

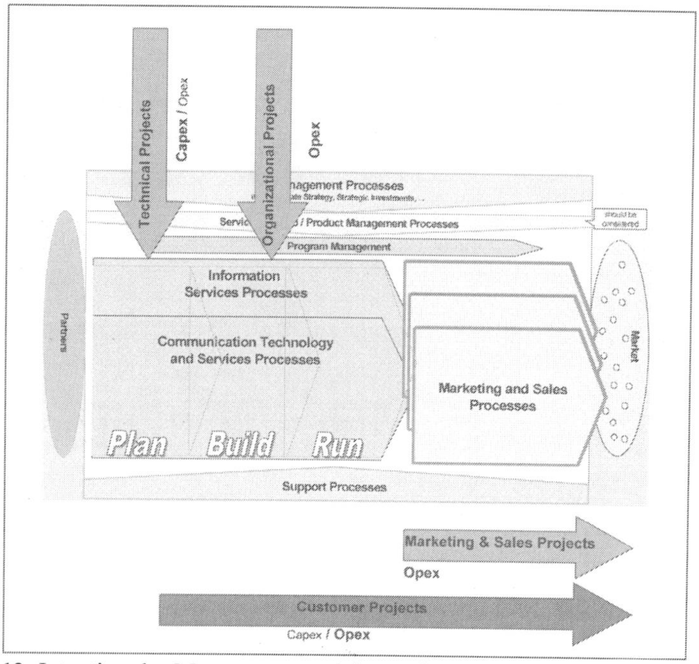

Abbildung 13: Intention der Managementprojekte auf externen Markt/interne Organisation (Projekt-Beispiel)

3.3. Projekt-Governance – Organisationsstrukturen

Aufbauorganisatorische Einbindung

Hier ist grundsätzlich zwischen dem Projekt-Management-Office und dem Projekt-Governance-Office zu unterscheiden.

Im Projekt-Management-Office (PMO) sind die Projektmanager disziplinarisch und/oder fachlich angesiedelt. Es hat die operative Verantwortung für Projekte, wendet die Projekt-Management-Prozesse an, erfüllt die PM-Rollen und Regeln, untersteht dem definierten Controlling und Reporting und ist verantwortlich für die Ausbildung der Projektmanager nach dem vorgegebenen Curriculum. Das PMO ist im jeweiligen operativen Bereich platziert.

Das Projekt-Governance-Office kann ebenfalls im jeweiligen operativen Bereich angesiedelt sein und untersteht meist in seiner Funktion direkt dem Leiter des Bereiches (SPGO = Sector Project Governance Office). Bei einer unternehmensweiten Koordination aller Projekte kann eine entsprechende Funktion direkt die Unternehmensleitung unterstützen (CPGO = Corporate Project Governance Office). Die Aufgaben des Projekt-Governance-Office umfassen die übergreifende Definition aller PM-Prozesse und Rollen, projektübergreifende Regeln und Vorgehensweisen, den Aufbau des allgemein gültigen Projekt-Controllings und Reportings, die Projekt-Reviews und Qualitätskontrolle, die Definition und Gestaltung aller PM-Trainingsmaßnahmen und ihre Weiterentwicklung sowie die Festlegung der Anforderungen an die Informations- und Datenverarbeitung.

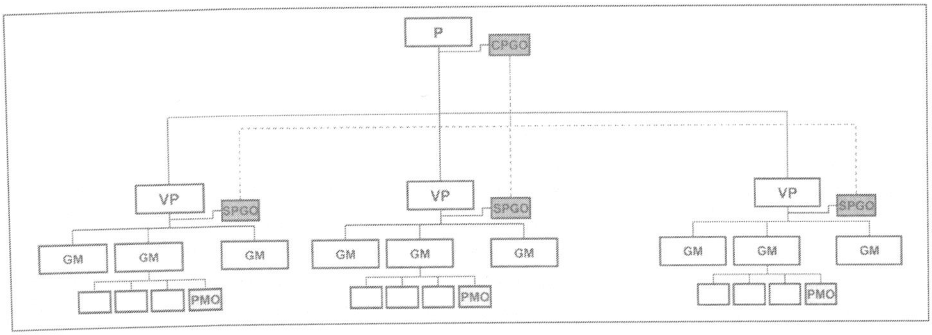

Abbildung 14: Aufbauorganisation mit Projekt-Management-Office und Projekt-Governance-Office (Projektbeispiel)

Hauptaufgaben und Verantwortung eines Projekt-Governance-Officers

- **Projekt-Planung, Controlling & Reporting**

Entwicklung des Projekt-Controlling und Reporting

- Definition der Controlling und Reporting Standards und -Regeln
- Entwicklung der Reportingtermine und -zeiten sowie der Meetingstrukturen
- Training des Managements, der PM und anderer Nutzer

Operatives Controlling und Reporting

- Sicherstellung der Vollständigkeit und der zeitgerechten Verfügbarkeit von Reporting- und Controlling-Daten
- Sicherstellung der Datenqualität und Informationsqualität durch regelmäßige Feedbacks und Guidance
- Vorbereitung der Standard-Reports, z.B. der zehn Top-Projekte, bestimmter Projektarten, Management-Zusammenfassung über alle Projekte.
- Unterstützung des Managements bei der Erstellung bestimmter Reports, z.B. nach Kunden, Partnern, Technologien, strategischen Ausrichtungen.

- **Standard-PM-Prozess**

Entwicklung der Standard-PM-Prozesse

- Definition von PM-Standards und -Regeln (Prozess-Beschreibungen, Handbuch, Rollen)
- Definition der Anforderungen aus Prozesssicht an Informationssysteme

Unterstützung und Monitoring der PM-Applikationen im PM-Prozess

- Organisation der Projekt-Reviews und der Approval-Meetings
- Monitoring der in den Reviews/Meetings getroffenen Entscheidungen und ihrer Ausführungen
- Ständige Verbesserung der Prozesse und Anwendungen

- **PM-unterstützendes Informationssystem**

Festlegung des Anforderungsprofils an die IT

- Prozessbeschreibungen, Handbuch, Rollen incl. Key-Performance-Indikatoren (KPI) und der Kompetenzbeschreibung
- Definition der IT-Anforderungen für die PM-Prozess-Automatisierung (Prozesse, Templates, Management und PM-Sichtweisen/Reports)

Implementierung der Standards durch Software-Applikationen mit dem IT-Bereich
- Aufbau des Nutzer- und Software-Applikation-Support (Dokumentation, Help-Desk)
- Training des Managements, der PM und anderer

Unterstützung und Monitoring der Applikationen
- Unterstützung der Manager und PM in der Anwendung
- Management der Applikations-Probleme aus Nutzer-Sicht
- Interface zwischen Nutzer und IT
- **PM-Befähigung und -Qualifikation**

Entwicklung der PM-Befähigung und -Qualifikation
- Positionierung der PM-Rollen im Job-Modell der Company und dem entsprechenden Kompetenzmodell
- Entwicklung der PM-Ressourcen-Planung als Teil des Strategie- und Budget-Planungsprozesses
- Entwicklung der PM-Assessment-Prozesse, Rollen und entsprechender Fragebögen
- Entwicklung der Befähigungs- und Qualifikations-Strategie: Skill- und Kompetenzanforderungen, Karrierepfad, Portfolio von Entwicklungsmaßnahmen, Trainingspartner

Unterstützung und Monitoring der laufenden PM-Befähigung und -Qualifikation
- Unterstützung von Management und PM in der Anwendung der PM-Rollen/des Kompetenz-Modells/der Assessments
- Unterstützung von Management und PM in der Entwicklung und Implementierung der PM-Entwicklungspläne
- Organisation der PM-Qualifikations-Programme und Workshops
- Ständige Verbesserung des Befähigungs- und Qualifikationsprogramms
- Vertreter im generellen HR-Team zum Thema Mitarbeiterentwicklung aus Sicht des Projekt-Managements.

3.4. Projekt-Governance – Zielkorridor, Controlling, Reporting und Regeln

Der Zweck eines standardisierten, allgemein gültigen Projekt-Reportings besteht in erster Linie in der strukturierten Information aller Beteiligten zum jeweiligen Status aller Projekte.

So müssen alle Projektmanager ihre definierten Stakeholder (Kunden, Management, Subprojekt-Management, Beteiligte und sonstige Betroffene) zeitgerecht über den Status ihrer Projekte hinsichtlich des Fortschritts, der Ereignisse, des notwendigen Supports sowie eines Forecast zur Fertigstellung informieren.

Die Regelmäßigkeit des Projekt-Reportings unterstützt die Projekt-Management-Disziplin und stärkt den Fokus, das vereinbarte Projekt in seinem speziellen Zielkorridor zu halten.

Den Überblick über alle Organisations- und Managementprojekte besitzen die Unternehmensverantwortlichen. Sie sind informiert über die gesamte Projektsituation im Hinblick auf Budget, Projektabhängigkeiten, kritische Ressourcen.

Der Projekte-Zielkorridor orientiert sich meist in seiner Struktur an dem Balanced Scorecard Model mit seinen typischen Kategorien Finanzen, Prozesse, Kunden (intern/extern), Lernen und Entwicklung.

Typische Ziele (Goals), Kenngrößen (Metrics), Key-Performance-Indikatoren (KPI) eines Projekt-Governance-Systems

Meist sind diese Ziele auch Bestandteil der Vereinbarung zwischen dem Projektmanager und seinem Linienmanager zur Beurteilung seiner persönlichen Jahresperformance.

- **Finanz-Ziele**
  Kostenziele und -einsparungen, Abweichungen Budget/Forecast, Return of Investment (ROI), Projekt-EBITA (betriebswirtschaftliche Kennzahl zum Gewinn eines Unternehmens)
- **Prozess-Ziele**
  Erreichen der vereinbarten Zeiten und Fristen, Genauigkeit der Abweichungen auf Basis der monatlichen Berichterstattung, definiertes Reporting, Meilensteine und definierte Projekt-Produkte („Deliverables“), Scope-Definition, Assignment und Teamentwicklung entsprechend den Standard-Prozessen, Prozessoptimierung
- **Kunden-Ziele**
  Kundenzufriedenheit, Akzeptanz zu Veränderungen (Change Management), Kundenentwicklung (additives Business beim Kunden), Marktentwicklung (neue Produkte und Services oder neue Kundensegmente)
- **Lernen und Wachsen (Mitarbeiter/selbst)**
  Erreichen der geplanten eigenen Skill-Entwicklung, Unterstützung der Entwicklung bei den Projektmanagern und den Team-Mitgliedern, aktiver Knowledge-Transfer, aktives Marketing (Transfer vom/zum Markt).

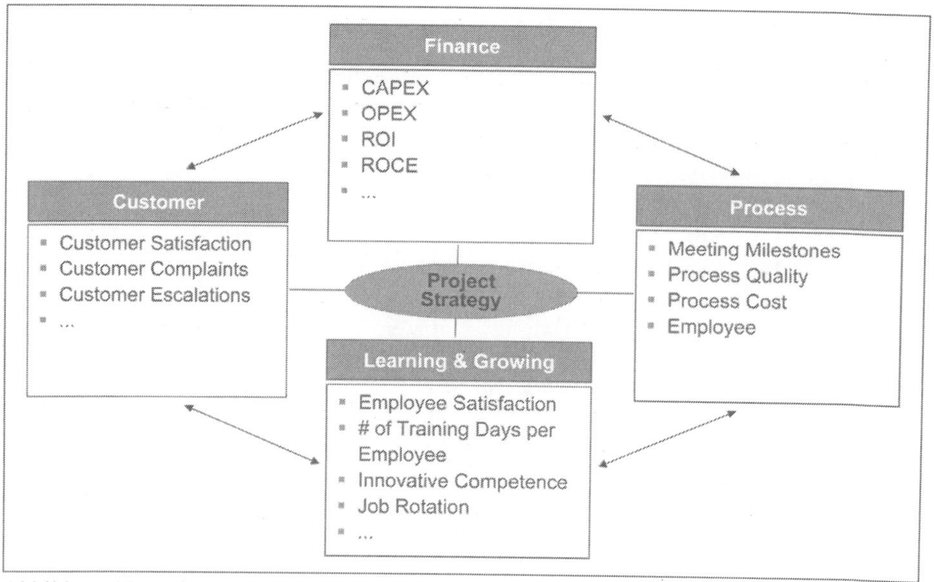

Abbildung 15: Projekt-Beispiel der vier Grundpfeiler eines Projektcontrollings (basierend auf der Balanced Scorecard)

Übergeordnetes Projekt-Governance-Reporting

Das regelmäßige **Projektreporting** unterscheidet die Projekte nach Wichtigkeit und Größe (Projektkategorie) und umfasst in der Regel drei Abschnitte:

Projektkategorisierung (Beispiel)

- A-Projekte (z.B. Projekte, die dem Vorstand/der Geschäftsführung regelmäßig berichtet werden und entsprechende Aufmerksamkeit genießen)
- B-Projekte (z.B. Projekte, die dem Bereichsvorstand regelmäßig berichtet werden)
- C-Projekte (z.B. Projekte, die dem Bereichsvorstand bei Bedarf berichtet werden)
- D-Projekte (z.B. Projekte auf Abteilungsebene)

Management Summary

- Wer sind der Kunde, der Projekt Owner, der Projektmanager …
- Was sind die Ziele, der Scope, die zu erbringenden Leistungen, Meilensteine …
- Wie ist der Status (entsprechend Balanced Scorecard), Auffälligkeiten, benötigter Support

Performance-Daten

- Projektplan, aktueller Status und Forecast nach Zeiten, Kosten und Qualität

Anhang

- Abhängig vom Projekttyp

Beispiel eines Projekt-Governance-Reportings in einem Telekommunikationsunternehmen

Das aufgeführte Reporting ist datenbankgestützt und umfasst alle Formen des Reportings (regelmäßigen Projekt-Statusreport, spontanen Blitzlichtreport, monatlichen Management-Report über alle Projekte).

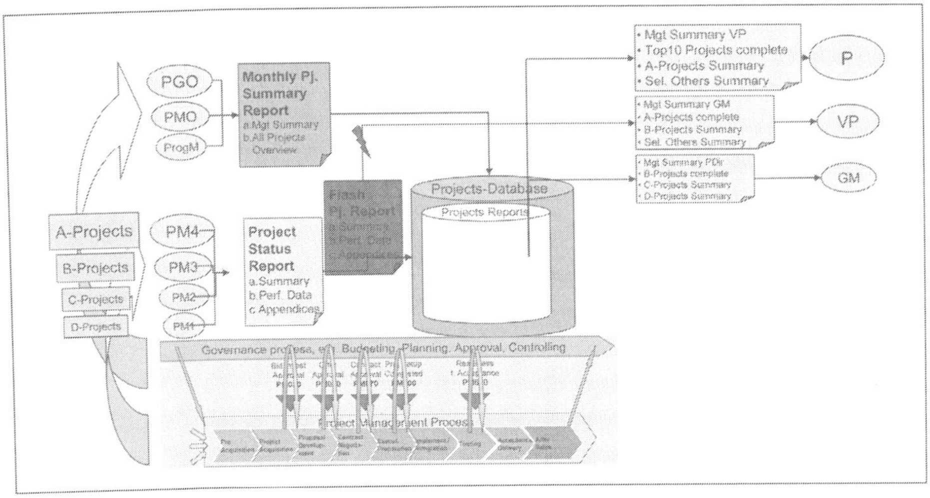

Abbildung 16: Projektübergreifender Reporting-Mechanismus (Projektbeispiel)

Legende (zu Abbildung 15): PGO (Program Governance Office), PMO (Project Management Office), ProgM (Program Manager; PM 1-4 (unterschiedliche Program Manager Level); P (President), VP (Vice President), GM (General Manager)

3.5. Projekt-Governance – Rollen und Verantwortlichkeiten

Im Kapitel 3.3 wurde bereits ausführlich auf die Rolle des Projekt-Governance-Officers eingegangen. Dessen Aufgaben können je nach Verfügbarkeit auch auf mehrere Personen verteilt werden. So wurden die Verantwortlichkeiten in dem bereits mehrfach skizzierten Projektbeispiel auf zwei Personen aufgeteilt. Die Gestaltung der Geschäftsprozesse und deren Anforderung an die IT übernahm eine Person. Für alle anderen Aufgaben zeichnete der zweite PGO verantwortlich.

Oft sind die Rollen eines Linien-Managers und eines Projekt-Managers nicht scharf getrennt. Die jeweiligen Rollen und Verantwortungsbereiche können wie folgt skizziert werden:

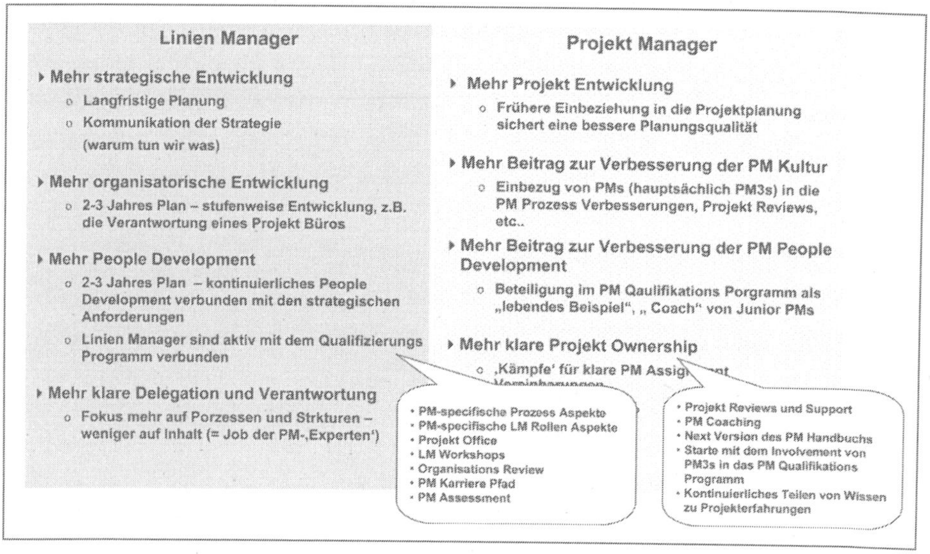

Abbildung 17: Verantwortungs-Schwerpunkte: Linien-Manager – Projekt-Manager

Wie in früheren Kapiteln bereits ausgeführt, ist der Projekt-Manager verantwortlich für die Entwicklung und Implementierung von Projekten in Zeit, Kosten und Qualitätsstandards, um den Anforderungen von internen und externen Kunden und deren Business in vollem Umfang gerecht zu werden. Projekt-Management ist auch eine Schlüsselaktivität zur erfolgreichen Entwicklung von neuen Services und um die dazu notwendige Infrastruktur aufzubauen.

Verantwortungsbereich des Projektmanagers im Rahmen des Projekt-Governance-Prozesses

Die Verantwortung eines Projekt-Managers entlang des Projekt-Governance-Prozesses kann in neun Bereiche gegliedert werden:

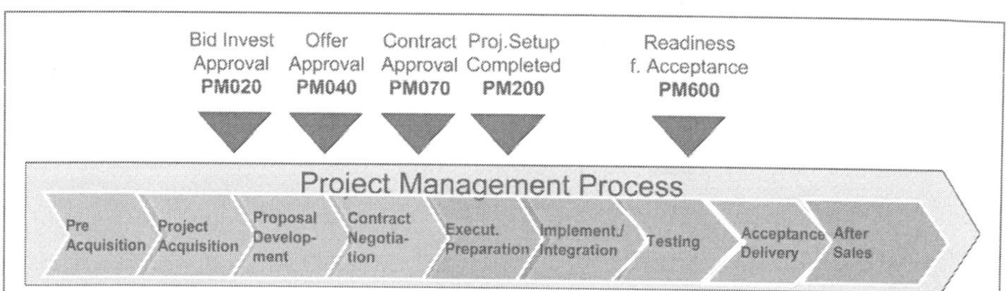

Abbildung 18: Projekt-Management-Prozess, Approvals und Verantwortungsbereiche (nach Project-Management-Institute – PMI)

Projekt-Integration-Management: Projekt-Plan-Entwicklung, Projekt-Plan-Ausführung, Change Control, Projekt-Informations-System, Projekt-Office

Projekt Scope-Management: Definition der Anforderungen (Business), Definition der Anforderungen (technisch), Identifikation der Liefereinheiten, Scope Change Control

Projekt Time-Management: Definition der Aktivitäten, Aktivitätsfolgen, Entwicklung des Zeitplans, Steuerung des Zeitplans, Integration des Zeitplans

Projekt Kosten-Management: Ressourcen-Planung, Kosten-Schätzung, Kosten-Budgetierung, Performance-Messung, Kosten-Kontrolle

Projekt Quality-Management: Qualitäts-Planung, Qualitäts-Absicherung, Qualitäts-Kontrolle, Management-Übersicht

Projekt Human-Ressourcen-Management: Organisations-Planung, Akquisition der Team-Mitglieder, Team-Entwicklung und Buy-In, Personal-Development

Projekt Kommunikations-Management: Kommunikations-Planung, Informations-Verteilung, Performance-Reporting, Tracking der Projekt-Issues

Projekt Risk-Management: Risk Identifikation, Risk Quantifikation, Risk Response Development, Risk Control, Risk Dokumentation

Projekt Procurement-Management: Procurement-Planung, Requisition, Identifikation und Auswahl, Vertrags-Management

Projekt-Kategorien und Zuordnung zu Projekt-Manager-Level

In Kapitel 3.4. wurde bereits prinzipiell auf die verschiedenen Projekt-Kategorien eingegangen. Analog dieser Ausführungen ergeben sich im Projekt-Governance-System folgende Projekt-Management-Level:

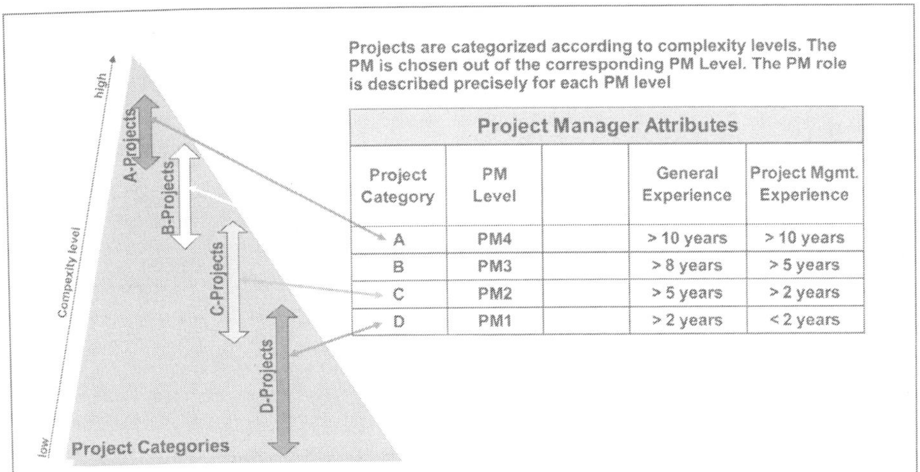

Abbildung 19: Zuordnung von PM-Levels zu den Projekt-Kategorien (Projektbeispiel)

Im Detail umfasst der Funktions- und Aufgabenbereich jedes dieser Levels folgende Inhalte (entnommen den Originalunterlagen des Projektcs):

PM4	The Project Manager 4 manages very large cost, size and risk programs with a high degree of strategic importance to the business (typically category A projects). He leads the project planning and is responsible for the development of the technical solution concept and description, the project implementation plan and the effort calculation. The PM4 has to control and influence larger projects as part of the program. PM4 are part of the management team being responsible for developing and implementing process improvement and business strategies. As a member of the management team a PM4 actively represents the sector in the whole organization and the public.
PM3	The Project Manager 3 manages mostly single, large cost, size and risk projects (typically category B projects). He leads the project planning and is responsible for the development of the technical solution concept and description, the project implementation plan and the effort calculation. The PM3 has to control and influence a project team consisting of partly full time and not fully dedicated team members. PM3 may also act as subproject managers within projects of category A. The PM3 makes proposals on PM process optimization and/or general customer development. A PM3 may additionally be involved in strategic business initiatives.
PM2	The Project Manager 2 manages single, medium cost, size and risk projects (typically category C projects). He is involved in project planning and is responsible for the development of the technical solution concept and description, the project implementation plan and the effort calculation. The PM2 has to control and influence a project team consisting of most likely not fully dedicated team members. PM2 may also act as subproject managers within large projects of categories B and A.
PM1	The Project Manager 1 manages single, small cost, size and risk projects (typically category D projects). He is involved in the project planning and effort calculation process and is responsible for the development of the technical solution concept. The PM1 has to control and influence a small and limited number of project team members in the project team. PM1 may also act as subproject managers within larger projects and/or as assistant for PMs being responsible for projects of categories C, B, or A.

3.6. Der Projekt-Governance-Prozess

Der projektbegleitende Governance-Prozess ist eng an den eigentlichen Projekt-Management-Prozess gekoppelt und ermöglicht dadurch eine direkte Synchronisation der Projekt-Planung mit dem Controlling.

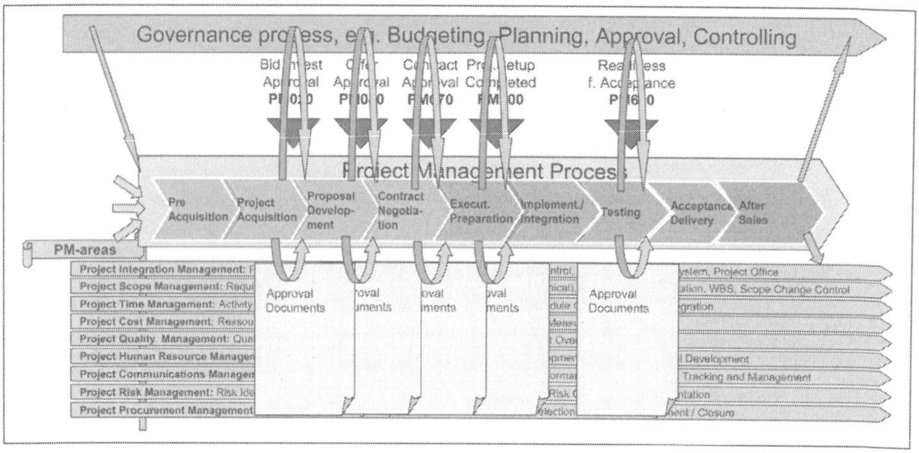

Abbildung 20: Synchronisation von Projekt-Governance-Prozess und Projekt-Management-Prozess (Projektbeispiel)

Im Rahmen der Projekt-Governance werden auch die Rollen definiert und die Vorgehensweisen abgestimmt, um dadurch die richtigen Entscheidungen treffen zu können, den Zielkorridor stabil zu halten, den Fortschritt zu monitoren sowie die Performance zu messen und die Risiken abzuschätzen.

Die erreichten Meilensteine werden über „Quality Gates“ im Rahmen von Risk Review Boards gemessen und in den Zwischenphasen wird kontinuierlich an die Kernstakeholder berichtet.

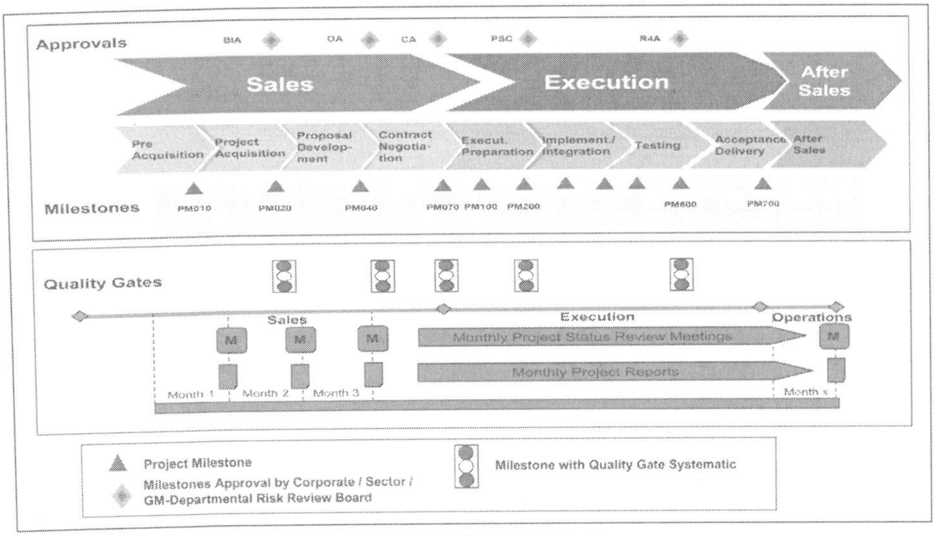

Abbildung 21: Qualitätssicherung durch den Governance-Prozess

Reifegrad einer Projekt-Management-Organisation

Abschließend soll noch kurz darauf eingegangen werden, wie der Reifegrad einer Organisation nach der Implementierung von Projekt-Management-Fähigkeiten gemessen werden kann.

Nach dem PMI-Maturity Model werden verschiedene Ziele definiert, um durch regelmäßige Einschätzung (Metric-Beurteilung) den Reifegrad des Projektes und dessen Entwicklung im Zeitablauf zu beurteilen.

Beispiel zu Zielen und Metric

Goal:	Metric:
Process standardization	All process standards documented and regularly optimized The defined key projects apply PM standard processes Reporting is based on the same standards
Management involvement	Regular project reviews for all key projects with Mgmt involv. Organizational performance review is done
Stakeholder management	All key projects have stakeholder communication plan Scope is agreed and progress is reviewed with key stakeholder
PGO / PMO organis. environment	PGO / PMO organisation in order to standardize processes & methods and to monitor the project performance is in place Roles & responsibilities of PM and LM are identified
PM Qualification	All PM are classified (PM1-4) and have an individual development plan and career path
Develop. & Qualific. Program	All PM (>x) are trained in PMI standards More than y PM pass the Extended PM development program

Durch standardisierte Beurteilung kann dann die Entwicklung des Reifegrades der Organisation abgeleitet werden.

Im skizzierten Projektbeispiel soll im Zeitraum von Frühsommer 2007 bis Mitte 2010 der Reifegrad von 1.7 auf 3.0 verbessert werden. Der derzeitige Maturity-Grad liegt bei 1,7. Ein Erreichen des Wertes 3.0 bedingt eine dramatische Entwicklung der Gesamtorganisation. Dies kann nur durch große Kontinuität bei der systematischen Weiterentwicklung der Projekt-Management-Fähigkeiten der betroffenen Mitarbeiter (> 1.000) und im Unternehmen erreicht werden (siehe dazu auch die Ausführungen im Beitrag „Organizational Maturity …“ in diesem Band).

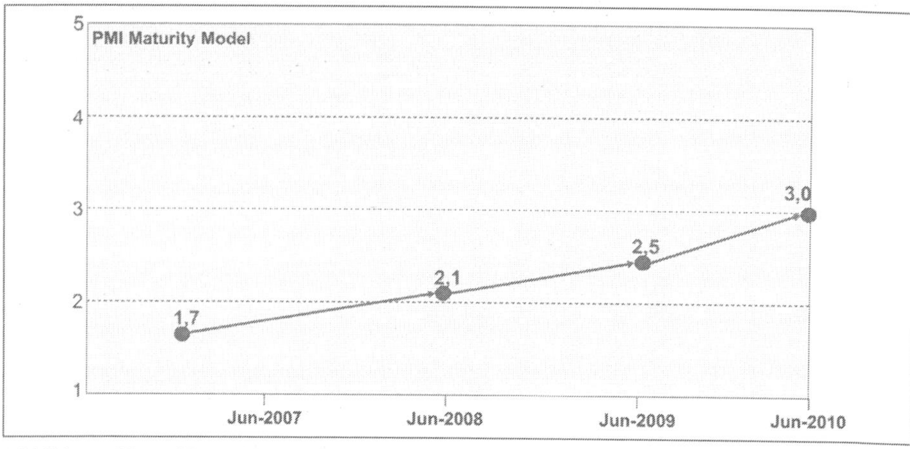

Abbildung 22: Reifegradentwicklung bei allen Projekten und Unternehmensbereichen (Projektbeispiel)

Entsprechend durch das PMI und andere Consulting-Organisationen vorgenommene Beurteilungen der verschiedenen Projekt-Management-Organisationen wird heute von einem Durchschnittswert des Reifegrades über alle Unternehmen hinweg von < 2.0 ausgegangen.

In den letzten Jahren hat sich das Bewusstsein sowohl im Fachbereich Projektmanagement als auch bei den Unternehmensverantwortlichen bezüglich der Besonderheiten von Organisations- und Managementprojekten und der daraus resultierenden Konsequenzen stark geändert. Trotzdem ist nach wie vor zu beobachten, dass vielfach gerade diese Differenzierung zu technischen Projekten im Unternehmensalltag und im täglichen Projektmanagement zu wenig Beachtung erfährt und in der täglichen Projektarbeit meist unberücksichtigt bleibt. Diesbezüglich muss daher weiterhin eine stete Sensibilisierung bei den betreffenden Zielgruppen erfolgen.

Mit der Thematik unternehmensweite Projekt-Governance öffnet sich nun ein weiteres für den Erfolg einer Organisation essenzielles Projekt-Management-Feld, das in seiner Tiefe noch nicht ausreichend durchdrungen scheint und bedeutende Optionen zur Weiterentwicklung des Fachgebietes Projektmanagement bietet.

4. Lern- und Kontrollfragen

- Wie lassen sich Projekte grundsätzlich definieren?
- Nach welchen Kriterien lässt sich die Vielzahl unterschiedlichster Projekte kategorisieren?
- Wodurch charakterisieren sich Organisations- und Managementprojekte grundsätzlich?
- Worin liegt der Hauptunterschied von Organisations- und Managementprojekten zu technischen Projekten und was bedeutet dies für das Projektmanagement an sich, für die Projektorganisation und die Projektkommunikation im Speziellen?
- Welche Rolle spielen Projektziele und Ergebniskorridor bei Management- und Organisationsprojekten?
- Worauf muss beim Stakeholdermanagement besonders geachtet werden und welche Instrumente sind hier zu empfehlen?
- Welche besondere Funktion hat die Kommunikation bei Organisations- und Managementprojekten?
- Welche drei Arten des Projektmanagements gibt es und welche empfiehlt sich für Organisations- und Managementprojekte?
- Wie sieht der Projektmanagement-Prozess idealerweise aus?
- Wie erfolgt idealerweise grundsätzlich die Budget- und Kostenplanung?
- Was versteht man unter Projekt-Governance und wofür ist diese zunehmend wichtig?
- Welche Tätigkeiten umfasst in der Regel die Projekt-Governance?
- Was sind die neun Schlüsselfunktionen in der Projekt-Governance?
- Wie skizzieren sich die Rollenunterschiede zwischen Projektmanager und Linienmanager?

5. Verwendete Literatur

Kieser, A.; Walgenbach, P. (2003); Organisation; 4. Auflage; Stuttgart.

Morgan, G. (2000); Bilder der Organisation; 2. Auflage; Stuttgart.

Oeller, K.H. (2003); Erfolgreiches systemorientiertes Projektmanagement; Arbeitspapier.

Patzak, G.; Rattay, G. (1997); Projektmanagement: Leitfaden zum Management von Projekten, Projektportfolios und projektorientierten Unternehmen; 2. Auflage; Wien.

Project Management Institute (2006); A Guide to the Project Management – Body of Knowledge.

Schelle, H. (1996); Projekte zum Erfolg führen; München.

Stumbries, Ch. (1994); Projektleiter mit Profil; Hamburg.

Verwendete Internetseiten:

http://www.projektmagazin.de/glossar/gl-0688.html

http://de.wikipedia.org/wiki/Variet%C3%A4t_%28Kybernetik%29

Entwicklung, Veränderung und Neugestaltung von Unternehmen durch Transformationsmanagement

Gerhard Graf / Robert Neumann

In diesem Beitrag erfahren Sie

- Hintergrund und Zielsetzung eines Transformationsmanagements
- die definitorische Abgrenzung von Transformation
- Arbeitshypothesen zur Gestaltung von Transformationsprozessen
- Erfolgsfaktoren einer Transformation

1. Ausgangssituation, Hintergrund und Problemstellung

Neueste Trends in der strategischen Unternehmensentwicklung zeigen, dass eine langfristige Erfolgssicherung und nachhaltige Steigerung des Wertbeitrages von Unternehmen nur mehr durch die Verfolgung einer Doppelstrategie erzielt werden kann: einerseits durch massive Einschnitte zur Kostenreduktion und gleichzeitig durch strategische Maßnahmen mit dem Anspruch auf neues Wachstum. Laut einer Umfrage der American Management Association verfolgten 2001 36 % aller befragten Firmen zugleich Wachstums- und Rationalisierungsziele, bauten Stellen ab und schufen gleichzeitig neue Arbeitsplätze. Bis heute steigt dieser Anteil stetig an. Solche Vorhaben sind besonders herausfordernd, geht es doch um vermeintlich völlig gegensätzliche Ziele – Abbau durch Rationalisierung und Aufbau durch neues Wachstum. Jüngste Pressemeldungen verstärken den Eindruck dieses allgemeinen Trends. Zu Beginn des Jahres 2007 kündigte der neue Vorstandsvorsitzende der Deutschen Telekom AG, René Obermann, an, 50.000 Mitarbeiter vornehmlich im Servicebereich zunächst in einer eigenen Gesellschaft auszugliedern und in den kommenden fünf Jahren entsprechende Mitarbeiterabbauprogramme zu „fahren", und gleichzeitig plane das Unternehmen etwa 6.000 Neueinstellungen beim Aufbau des Hochgeschwindigkeits-Glasfasernetzes. Ein ähnliches Bild zeigt sich bei VW in Wolfsburg: Bis 2008 soll das Konzernergebnis vor Steuern auf 5,1 Mrd. Euro mehr als verdoppelt werden – bei gleichzeitiger Reduktion von 20.000 Arbeitsplätzen. Qualifiziertes qualitatives und quantitatives Wachstum bei gleichzeitigem Abbau von Überkapazitäten sind hier gleichermaßen gefragt. Es geht um Wachstum durch Innovation unter dem Druck einer zunehmenden Änderungsgeschwindigkeit von außen bei gleichzeitiger, gezielter Reduktion der Mitarbeiterzahl.

Doppler et al. bringen die heutigen Herausforderungen auf den Punkt: „Eine Unternehmung wird … auf Dauer nur überleben, wenn ihre Lern- und Änderungsgeschwindigkeit mindestens so groß ist wie das Tempo der Veränderung ihres Umfeldes …" (Doppler et al., 2002, S. 19). Auch wenn die „Down-Sizing-Bereiche" organisatorisch – wenn überhaupt möglich – von den Expansionsfeldern getrennt werden, strahlen in der Regel die Befürchtungen und Ängste unmittelbar aus und behindern die sehr wichtige progressive Entwicklungsdynamik. Viele Unternehmen befindet sich daher heute in intensiven Nach- und Umdenkprozessen, in fundamentalen Such-, Lern- und Umlernschritten, mit dem Ziel, eine nachhaltig bessere, schnellere Anpassung an neue, sich laufend verändernde Umfeldbedingungen zu erzeugen und einen dauerhaften effektiveren Umgang mit Dynamik, Komplexität und Instabilität zu bewirken. Neue Erfolgsparameter tauchen auf: nach lean-, prozess- und kundenorientiert nun selbststeuernd, lernend und virtuell.

Es kann davon ausgegangen werden, dass diejenigen Innovationen, die den größten Entwicklungsschritt bringen, nicht die evolutionären sind, sondern die radikalen. Denn kontinuierliche Verbesserungen und Best-Practice-Anstrengungen von Unternehmen stoßen an ihre Grenzen. Innerhalb bestehender Branchen führen sie oft zu strategischer Konvergenz. Die Unternehmen werden immer ähnlicher, was den Wettbewerbsdruck weiter verstärkt und den „Return" solcher Innovationen verringert. Das ist immer dann zu beobachten, wenn Neuerungen imitiert werden. Heute kennen wir eine Vielzahl gleicher oder ähnlicher Geschäftsmodelle in verschiedenen Branchen, sie bringen nicht mehr den gewünschten Wettbewerbsvorteil und erhofften Erfolg. Die Grenzen von Benchmarking und evolutionärer Innovation liegen dort, wo sie zum Hindernis für umfassende Innovationen werden.

Strategische Turnarounds mit oftmals widersprüchlichen Zielsetzungen und innovativer Selbsterneuerung erfordern aus diesem Grund mehr als klassisches Change Management, sie erfordern radikale, tiefgreifende Veränderung, sie erfordern Transformation.

2. Was ist Transformationsmanagement?

Transformation heißt „... Umwandlung, Umformung, Umgestaltung, Übertragung ...".

Transformation ist radikal, weil sie in wesentlichen Elementen die Identität verändert. Sie ist umfassend, da sie das gesamte System involviert. Sie verändert die inhaltliche Ausrichtung des Unternehmens (Vision, Strategie, Ziele), seine Strukturen, Prozesse und Systeme, aber auch den „materiell-psychologischen" Kontakt zwischen Organisationseinheiten und Mitarbeitern und die Relation zu Kunden und Wertschöpfungspartnern. Das bedeutet eine tiefgreifende Veränderung der Unternehmenskultur, auch wenn sich diese einer direkten Beeinflussung entzieht. Und diese tiefgreifende Veränderung dient nicht dem Selbstzweck, sondern einem Wertbeitrag (Business Value, Stakeholder Value und Value-based Leadership) in weiterem, nicht nur ökonomischem Sinn.

Unter Transformationsprozess verstehen wir, in Abgrenzung zu den Geschäftsprozessen, die bewusste Entwicklung von tiefgreifenden Veränderungsvorhaben innerhalb bestimmter Rahmenbedingungen. Dabei stellen sich immer wieder zentrale Fragen: Wie interagieren die wesentlichen Akteure des Unternehmens zu dieser Transformation? Welche Regeln gibt es derzeit, wie werden neue Transformationsregeln gefunden und gelebt? Welche Werte werden wie gelebt? Wie finden wir die notwendige Veränderungskraft und Transformationsdynamik? Transformationsprozesse führen in ihrer Grundausrichtung daher zwangsläufig zu einer hohen internen und externen Komplexität. Transformationsmanagement ist in der Regel eingebettet in ein Umfeld, das sich durch hohen internen und/oder externen Handlungsdruck charakterisiert. Transformationsmanagement bewegt sich meist in einem Spannungsfeld einer oft überlebenssichernden Notwendigkeit von Unternehmen bzw. deren Verantwortlichen, derartige Prozesse anzugehen, und das im Bewusstsein und angesichts der Tatsache einer permanenten Gefahr des Scheiterns. Umso legitimer ist das Verlangen von Verantwortlichen gerade nach Rezepten und Handlungsempfehlungen im Umgang mit derart komplexen Veränderungsvorhaben. Und diese Tipps und Tricks werden am Markt vielfältig angeboten.

Sie lassen sich im Allgemeinen und vereinfacht dargestellt in zwei Bereiche kategorisieren: Da gibt es die harten Saniererkonzepte mit ihrem Kahlschlag und ihren Zahlen, die häufig „im gestreckten Galopp" zentrale Leistungsträger des Unternehmens verlieren, die neben kurzfristigen Erfolgszahlen häufiger als gewünscht nachhaltige Kollateralschäden produzieren, welche die langfristige Erfolgssicherung des Unternehmens mehr als in Frage stellen. Im Mittelpunkt stehen hier Fakten, Fakten, Fakten.

Und dann gibt es noch die sanften Organisationsentwicklerrezepte „auf dem Weg ins Irgendwohin" mit ihrem humanitären Touch! Hier steht im Zentrum das Feld der Soft-Facts. Sowohl die eine als auch die andere Herangehensweise ist in der Regel weder gewollt noch gewünscht und führt häufiger als erwartet zu einem ungewünschten Ergebnis.

Erfolgreiches Transformationsmanagement hingegen erreicht nach dem Grundsatz des „Value Impact in Change" seine nachhaltige, tiefgreifende Veränderung in Organisationen durch eine intelligente, prozessorientierte Steuerung harter und weicher Transformationshebel (Instrumente, Methoden und Module zur beschleunigten bzw. verlangsamten Gestaltung von Veränderungsprozessen wie z.B. Geschäftsmodelle, Managementinformationssysteme, Kommunikationsmaßnahmen) gleichermaßen. Der zum richtigen Zeitpunkt erfolgte Einsatz dieser Transformationshebel erhöht maßgeblich die Chancen, einen Transformationsprozess erfolgreich im gewünschten Sinne zu Ende zu bringen.

3. Die theoretische Basis zum effizienten Transformationsmanagement

3.1. Das Organisationsverständnis im Transformationsprozess

Es gibt eine Vielzahl unterschiedlichster Auffassungen von Organisationen. Je nachdem, mit welcher Grundhaltung Unternehmen betrachtet werden, resultieren daraus entsprechende Interventions- und Handlungsmuster. Gareth Morgan hat in seinem Buch „Bilder der Organisation" neun unterschiedliche Verständnistypen im Umgang mit Organisationen beschrieben. Sie reichen von „die Organisation verstanden als Maschine" über „die Organisation verstanden als psychisches Gefängnis" bis hin zu „die Organisation als Fluss im Wandel" etc. Mit jedem dieser Bilder verbindet Morgan unmittelbar Betrachtungsweisen und Verhaltensmechanismen, die auf die Akteure wirken und Führungskräfte, Mitarbeiter aber auch Berater gleichermaßen in ihrem Handeln dominieren.

In Anbetracht dieser unterschiedlichen Organisationsmodelle, im Hinblick auf die oben skizzierten Herausforderungen und vor allen Dingen aufgrund unserer bisherigen Erfahrungen in Transformationsprojekten verstehen wir eine Organisation als offenes soziales System, als Organismus, als Fluss und Wandel.

Damit sind Organisationen durch drei Hauptmerkmale gekennzeichnet: Autonomie, Zirkularität und Rekursivität. Diese verleihen ihnen die Fähigkeit, sich selbst zu erhalten und zu erneuern, d.h. soziale Systeme steuern sich grundsätzlich selbst. Maturana und Varela haben dafür den Begriff Autopoiesis geprägt. Sie behaupten, dass das Bestreben solcher Systeme letztendlich darin besteht, sich selbst hervorzubringen. Ihre Organisation und Identität ist eines der wichtigsten Ergebnisse.

Das erfolgt durch zirkuläre Interaktionsmuster, wobei Veränderungen in einem Element des Systems mit Veränderungen an anderer Stelle einhergehen, wodurch kontinuierliche Interaktionsmuster entstehen, die immer rekursiv, d.h. rückbezogen sind. Diese Selbstreproduktion und damit die Aufrechterhaltung der eigenen Grenzen ist der lebenserhaltende Mechanismus von sozialen Systemen. Mit diesem Verständnis sind soziale Systeme somit in sich, d.h. operativ geschlossen, um stabil Beziehungsmuster nach innen aufrechtzuerhalten (Rekursivität). Das systemische Organisationsverständnis spricht hier von mentalen Modellen der Organisation. Sie sind wichtige Ressourcen, denn sie schaffen Orientierung, begründen Gemeinsamkeit und Identität. Sie ziehen Grenzen, normieren und entlasten in Alltagsroutinen. Sie umfassen zentrale Glaubenssätze und Werte des Unternehmens. Diese mentalen Modelle erklären, wie das Unternehmen sich steuert, worauf es ankommt, welche für die Organisation relevanten „Ursachen-Wirkungsketten“ greifen.

Damit unterscheidet sich das Bild des Organismus und Wandels von jenem der Organisation verstanden als maschinelles Machtinstrument oder Bürokratie. Hier bedeutet managen wie ein Ingenieur von außen zu agieren, Richtlinien zu erlassen, auf den richtigen Knopf zu drücken und mechanistisch die gewünschten Ergebnisse zu erzielen. Das detaillierte Ausarbeiten von Stellenbeschreibungen und Funktionsanweisungen führt zur Organisationsoptimierung. Das Handeln ist, wenn der Manager die Technik kennt, berechenbar und er selbst bleibt dabei unverändert. Sowohl die hohe Rate gescheiterter Veränderungsprozesse als auch die Erfahrungen aus unserer Beratungspraxis erlauben die Vermutung, dass vielfach speziell Führungskräfte immer noch sehr stark geprägt sind von diesem mechanistisch-bürokratischen Organisationsbild und dem damit unmittelbar zusammenhängenden Selbstbild der Verantwortlichen. Dieses Modell funktioniert nur in stabilen Umwelten und klar definierten, immer wiederkehrenden Situationen.

Nun kann man davon ausgehen, dass gerade im öffentlichen Bereich diese Rahmenbedingungen heute noch gelten mögen. Unsere Erfahrung durch zahlreiche Projekte gerade in diesem Umfeld zeigt jedoch, dass auch die öffentlichen Institutionen zunehmend von Unsicherheit geprägt sind. Somit erscheint ein Organisationsverständnis nach oben beschriebenem Zugang auch hier erfolgversprechender als ein Agieren nach dem prinzipiellen Muster Befehl-Gehorsam, nach dem Befolgen bürokratischer Vorgaben.

Kernaussage

Transformationsvorhaben lassen sich von Organisationen oder Institutionen nach mechanistischem Verständnis nicht erfolgreich bewältigen.

3.2. Arbeitshypothesen für die Gestaltung von Transformationsprozessen

Wenn wir metaphorisch Organisation als Organismus mit Entwicklungs- und Veränderungspotenzial und die Vielschichtigkeit und Komplexität sozialer Prozesse als deren tragende Säulen verstehen, dann resultieren daraus wichtige Arbeitshypothesen für die Gestaltung von Transformationsprozessen:

- Verantwortliche Manager und/oder externe Berater sind durch ihre Interventionen (Entscheidungen, Vorgaben etc.) immer sowohl Externe als auch Teil des Systems. Senge nimmt bildlich dazu Anlehnung an die Biologie und die Vorstellung eines Gärtners. „Viele Leader, die Veränderungen auslösen, verhalten sich wie Gärtner, die auf ihre Pflanzen einreden: wachse; streng dich an; du schaffst es! Kein Gärtner würde versuchen, eine Pflanze zum Wachsen zu bewegen. Hat ein Samen nicht das Potenzial zu wachsen, so kann ihn nichts zum Wachsen bewegen." (Senge, 2000, S. 16) Die im Unternehmen gültigen, d.h. tatsächlich gelebten Verhaltens- und Entscheidungsmuster sind nur bedingt unmittelbar beeinflussbar. Rahmenbedingungen müssen gestaltet werden, damit sich die Unternehmensprozesse in die gewünschte Richtung entwickeln. Die Vorstellung einer direktiven, linearen Steuerbarkeit (im Sinne eines Wenn-dann-Mechanismus) führt in der Regel nicht zum gewünschten Erfolg.

Arbeitshypothese 1: Transformationsprozesse werden nicht gesteuert, sie werden gestaltet.

- Ohne Fehlerfreundlichkeit und Experimente mit schneller Rückkoppelung geht es nicht. Die Wirkung von gesetzten Maßnahmen und Transformationsinterventionen und Erprobungen ist im Vorhinein nicht in letzter Form vorherzusehen. Denn das System an sich entscheidet über mögliche Reaktionen, Reaktionsmuster und Verhaltensweisen.

Arbeitshypothese 2: Transformationsprozesse brauchen Experimentierfreude mit schneller Rückkopplung über deren Wirkung im System.

- Neue, ungewohnte Interventionen lösen in sozialen Systemen große Irritationen und Turbulenzen aus oder, was ebenso häufig passiert, verhallen ungehört. Manager und/oder Berater sind als Intervenierende selbst zugleich Teil des Prozesses und spüren an sich selbst die Resonanz und Spannungsfelder, die sie mit erzeugt haben.

  Zentrale Indikatoren für die Wirksamkeit von gesetzten Change-Maßnahmen sind die Reaktionen der Organisation auf ebendiese gesetzten Maßnahmen, d. h. in den tatsächlich beobachtbaren Verhaltensweisen der Mitarbeiter des Unternehmens auf allen Ebenen und der „richtigen" Interpretation derselben. Dabei müssen dic zeitlichen Abschnitte zwischen gesetzter Maßnahme und darauf folgender Reaktion nicht unmittelbar zusammenliegen, sondern können auch zeitlich verschoben, überlagert etc. sein.

Arbeitshypothese 3: Die Wirksamkeit von gesetzten Maßnahmen in der Organisation spüren Verantwortliche und Manager an sich selbst durch die Resonanz und Spannungsfelder, die sie mit erzeugt haben. Und das meist zeitverzögert.

- Damit sind Transformationsprozesse nur bedingt planbar. Guidelines sind lediglich Orientierungsrahmen und Leitplanken, die während des Prozesses permanent beobachtet, hinterfragt und neu gesetzt werden müssen. Um diesem hohen Maß an Offenheit und Nichtplanbarkeit trotzdem adäquat Sicherheit und Stabilität zu verleihen, brauchen Transformationsprozesse stabile Interventions- und Steuerungsarchitekturen, also Gefäße, in denen Diagnose- und Entscheidungsarbeit als kontinuierlicher Prozess geleistet werden kann (z. B. Steuerungsteams, Soundingboards, Change-Promotoren). Eine erfolgreiche Prozessgestaltung hält einerseits an vereinbarten Richtlinien fest, erlaubt jedoch immer wieder ein kritisches Hinterfragen über Wirkungen der gesetzten Maßnahmen im System und eine möglicherweise notwendige „Nachsteuerung". Das termingerechte Erzeugen von Hebel- und Sogwirkungen steht im Mittelpunkt.

  Hier seien zwei zentrale Transformationsprozess-Steuerungselemente ausgeführt:

  1. Kairos im Sinne von „zum richtigen Zeitpunkt die richtige Intervention setzen", damit das System in die gewünschte Richtung reagiert. Ob allerdings die erhoffte Wirkung erzielt werden konnte oder nicht, das kann in der Regel erst im Nachhinein eruiert werden. Dem Management bzw. dem Transformationsberater bleibt im Vorfeld lediglich die Möglichkeit der Einschätzung.
  2. Beim zweiten Steuerungselement sprechen wir von Chronos oder Pacing, d. h. im Transformationsprozess muss permanent die Spannung des Systems erhalten bleiben, darf jedoch nicht zu stark sein, sonst bricht der Prozess ab, ist sie jedoch zu gering, dann verlangsamt sich der Transformationsprozess und kann bis zu der sehr häufig auftretenden Problematik des „Prozessversandens" führen.

Arbeitshypothese 4: Transformationsprozesse sind nur bedingt planbar. Guidelines sind lediglich Orientierungsrahmen und Leitplanken, die während des Prozesses permanent beobachtet, hinterfragt und neu gesetzt werden müssen.

- Wie oben bereits erwähnt konstruieren soziale Systeme ihre Wirklichkeiten selbst. Diese Realität führt zu der Notwendigkeit, verschiedenste Perspektiven im Prozess zu berücksichtigen und dort, wo sinnvoll, zu integrieren (politische Interessenten wie Arbeitnehmervertreter, Arbeitgebervertreter in den Bundesländern, Vertreter der Bundesregierung, leitende Angestellte, Vertreter von verschiedenen Verbänden etc.). Die unmittelbar Betroffenen müssen unbedingt zu Beteiligten gemacht werden und sich im Prozess/in der Organisation selbst wiederfinden, d.h. nicht im basisdemokratischen Sinn alle mitreden lassen.

Arbeitshypothese 5: Die Vielschichtigkeit der wahrgenommenen Realitäten muss im Transformationsprozess „eingefangen" werden. Die Perspektiven verschiedenster Stakeholder müssen sich nach dem Prinzip: „Betroffene zu Beteiligten machen" durch ein entsprechendes Transformationsdesign wiederfinden.

- Die Spannung zwischen klaren Zielen mit vereinbarten Messgrößen und der Transformation als offenem Prozess mit ungewissem Ausgang bleibt die gesamte Zeit aufrecht. Immer wieder sind Ziele und Erfolgskriterien auf den Prüfstand zu stellen und oft zu re-definieren, weil die aktuelle Diagnose andere Prioritäten nahe legt. Jede Intervention – in ambivalenten, komplexen Situationen – braucht eine solide Diagnose. Dafür ist es gut, die eigenen Beobachtungsmuster und das eigene Wahrnehmungssensorium zu kennen. Ziel der Diagnose ist es, die System-Umwelt-Relationen (Stakeholder, Akteure), die Muster und Eigenlogik des Systems (Steuerung) und seine Identität (Selbstbild in Geschichte und Zukunft) zu erfassen und möglichst gut zu verstehen, worauf das System anspricht – im Sinn von Kooperationsbereitschaft oder auch im Sinn von Konflikten. Die Diagnose hilft, wirksame Interventionen für die Transformation zu setzen, sei es auf der …
  (1) Ebene der Ziele und Aufgaben mit Meilensteinen und Arbeitspaketen (inhaltliche Dimension – Sachebene),
  (2) Ebene der Ressourcen (Zeitkapazität festlegen, Ressourcen bereitstellen, notwendige Entscheidungen fällen – Managementebene),
  (3) Ebene der Architektur (Organisation der Transformation und – wer wird involviert etc., soziale Dimension oder soziale, emotionale Ebene),
  (4) Ebene der permanenten Reflexion (Reflexionsebene zur Gesamtsteuerung des Systems).

Arbeitshypothese 6: Ein Transformationsprozess läuft permanent auf der Sachebene, der sozial-emotionalen Ebene, auf der Managementebene und der Reflexionsebene ab. Alle vier Ebenen müssen parallel betrachtet werden und gesetzte Interventionen einer eingehenden Diagnose auf mögliche Auswirkungen auf jeder der vier Ebenen überprüft werden.

Nachfolgende Graphik zeigt nochmals übersichtlich die vier Ebenen des Transformationsprozesses:

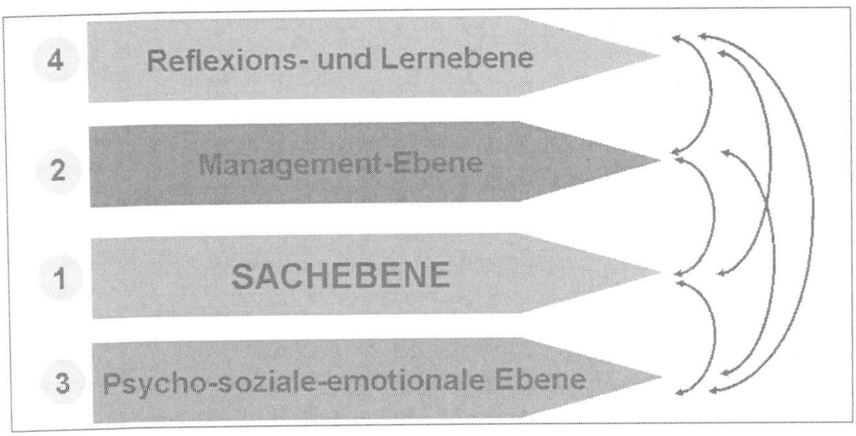

Abbildung 1: Die vier Ebenen des Transformationsprozesses

- „Die systemische Steuerung von Transformationsprozessen ist ein Paradoxon“ (vgl. Heitger, Doujak (2002), S. 52). Erfahrungsgemäß stehen Strukturen und Prozesse meist im Zentrum von tiefgreifenden Veränderungsbemühungen, ebenso die Re-Definition von Strategien (Geschäftsmodell, Werte der Stakeholder, neue Zukunftsbilder, Portfolio-Redimensionierung, Steuerungssysteme etc.). Mit der Arbeit an der neuen Identität der Organisation, seiner neuen Ausrichtung etc. geht die Erneuerung des „materiell-psychologischen“ Kontraktes mit den Mitarbeitern einher. Ohne diesen neuen Kontrakt, der auf Wechselseitigkeit und Gemeinsamkeit aufbauen muss, kann weder von Engagement und Einsatzbereitschaft seitens der Mitarbeiter noch seitens der Manager ausgegangen werden. Nun braucht jeder für sich individuelle Kontraktpunkte; doch dieser neue Kontrakt basiert nicht auf einem geschriebenen Vertrag, sondern primär auf Arbeitserfahrung und Arbeitsvertrauen, und diese Elemente lassen sich nicht von heute auf morgen innerhalb kürzester Zeit für die Vertragspartner als gültig definieren.

  Für die einzelne Person bedeutet Transformation, für sich selbst ein neues Zukunftsbild zu entwerfen und zu entscheiden, ob bzw. wie die Veränderung des Unternehmens mit der eigenen Identität, mit dem eigenen Selbstverständnis und den eigenen Entwicklungsperspektiven korrespondiert. Das Warum und Wohin der Transformation zu verstehen ist notwendig, um den eigenen Beitrag dazu konkretisieren zu können, den persönlichen Sinn zu verstehen, die individuellen Veränderungskonsequenzen herauszufinden und sich dafür oder dagegen zu entscheiden. Dieses essentielle Commitment entsteht durch Kommunikation, durch Nachdenken, Erleben, Befähigen und Partizipation am Neuen und Entscheiden.

  Transformation bedeutet in der Beziehung Mitarbeiter–Unternehmen den materiellen-psychologischen Kontrakt zu erneuern und die Vielfalt der wechselseitigen Währungen (Geld, Spaß, Entwicklung, Herausforderung, Sicherheit etc.) zu überprüfen und zu re-balancieren.

Inhaltlich geht es darum, Neues zu lernen, neues Verhalten und Wissen einzuüben, sich zu ändern und neue Verhaltensmechanismen als mentale Modelle zu entwickeln.

Arbeitshypothese 7: mit einem neuen Organisationsmodell verschiebt sich das persönliche Beziehungsgefüge eines jeden Mitarbeiters zur neuen Organisation. Dieses Beziehungsgefüge muss sich neu entwickeln und muss jedem die Möglichkeit geben, Vertrauen in das Neue zu gewinnen.

- Für die Abteilung, für die Gruppe oder das – heute viel zitierte – Hochleistungsteam bedeutet das eine Redimensionierung und Re-Fokussierung. Bisherige Rollen müssen hinterfragt, neue Herausforderungen und damit neue Rollenverteilungen ausprobiert und gesetzt werden. Dieses Hineinfinden von Abteilungen in ein neues mentales Modell erfordert Team-Management-Sensibilität und die Fähigkeit, Altes, Bewährtes zu hinterfragen und Neues auszuprobieren. Eine hochkomplexe Herausforderung, da Interteamprozesse ebenfalls sich wechselseitig bedingen.

Arbeitshypothese 8: Nicht nur der individuelle Kontrakt Individuum–Organisation, auch das Beziehungsgeflecht Team/Abteilung–Organisation verschiebt sich und muss neu, im Sinne von erlebbar neu, definiert werden.

- Für die Kultur von Organisationen bedeuten Transformationsprozesse immer, dass sich die mentalen Modelle und Muster, die den Erfolg von heute und von früher ausgemacht haben, verändern. Sie sind oft selbstverständlich geworden, wirken unsichtbar im Tagesgeschäft und sind den Akteuren oft weniger bewusst als Beobachtern von außen. Transformation heißt aber, sich gerade von diesen erprobten Erfolgsmodellen zu lösen und neue, nicht oder wenig erprobte Modelle aufzubauen und sich im zukünftigen Geschäft darauf zu stützen – ein Unterfangen, das sich primär auf guten Glauben an die Zukunft, Vertrauen in ein noch nicht etabliertes Modell und Hoffnung auf das Funktionieren des noch Ungewissen stützt. Dieser mentalen Herausforderung können Menschen und Organisationen auf sehr unterschiedliche Weise begegnen:
  - Da braucht es Helden, die die Organisation vorantreiben und das nötige Vertrauen und die notwendige (Schein-)Sicherheit vermitteln.
  - Da gibt es das geniale Konzept, von dem die zentralen Entscheidungsträger der Organisation überzeugt sind. Den dafür notwendigen erfolgreichen Weg beschreiten sie durch permanenten Diskurs.
  - Da gibt es die externen Unterstützer, die die vermeintlich notwendige Sicherheit vermitteln und die Gesamtorganisation im Prozess der Transformation begleiten.
  - Da gibt es den hemdsärmeligen Vordenker, der mit politischem Geschick die kritische Masse im Unternehmen mobilisieren kann und somit das unsichere Zukunftsbild zum Leben erweckt.
  - Da gibt es das Modell der kleinen Schritte, in dem die Gefahr des Versandens, des Verzettelns besteht, aber das nachhaltige Learning by Doing notwendige Stabilität gibt.

Arbeitshypothese 9: Vertrauen in das neue Modell zu gewinnen braucht Zeit und je nach Organisation, nach Teamqualität und nach Persönlichkeit eines jeden Mitarbeiters ein ganzes Set unterschiedlicher unterstützender, vertrauensbildender Maßnahmen.

- Schließlich bedeutet Transformation auch die Veränderung des Beziehungsgefüges zu den externen Stakeholdern wie Eigentümer, Kunden, Wertschöpfungspartner etc. Die Transformation wirkt nicht nur bei der internen Neuausrichtung, sondern manifestiert sich erst, wenn sich die Beziehungen zu den relevanten Umwelten verändern. Sie wird erst erfahrbar durch verändertes Auftreten, andere Rückmeldungen etc. von außen. Die innenorientierte Dynamik mancher konventioneller Veränderungsprozesse lässt diese Öffnung erst sehr spät oder gar nicht zu. Wertvolle Ressourcen können durch die bewusste Auseinandersetzung mit den verschiedenen Umwelten für die Transformation genutzt werden, denn Kunden und Partner zu integrieren, stärkt Kunden- und Partnerbindung und fördert immer wieder ungeahnte Innovationspotenziale zu Tage. Oft erfordern Transformationen auch von externen

Stakeholdern anderes Verhalten und Veränderung – umso mehr gilt es sie aktiv dafür zu gewinnen und rechtzeitig zu involvieren.

Arbeitshypothese 10: Durch einen erfolgreichen Transformationsprozess ändert sich auch das Beziehungsgeflecht zu den Stakeholdern der Organisation. Dieses muss gezielt durch vertrauensbildende Maßnahmen entwickelt werden.

In der nachfolgenden Übersicht sind die zehn zentralen Arbeitshypothesen zum Transformationsmanagement nochmals zusammengefasst:

Arbeitshypothese 1: Transformationsprozesse werden nicht gesteuert, sie werden gestaltet.

Arbeitshypothese 2: Transformationsprozesse brauchen Experimentierfreude mit schneller Rückkopplung über ihre Wirkung in der Organisation.

Arbeitshypothese 3: Wirkerfolge von gesetzten Maßnahmen in der Organisation spüren Verantwortliche und Manager an sich selbst durch die Resonanz und Spannungsfelder, die sie mit erzeugt haben. Und das sehr oft zeitverzögert.

Arbeitshypothese 4: Transformationsprozesse sind nur bedingt planbar. Guidelines sind lediglich Orientierungsrahmen und Leitplanken, die während des Prozesses permanent beobachtet, hinterfragt und neu gesetzt werden müssen.

Arbeitshypothese 5: Die Vielschichtigkeit der wahrgenommenen Realitäten muss im Transformationsprozess „eingefangen" werden. Die Perspektiven verschiedenster Stakeholder müssen sich nach dem Prinzip: „Betroffene zu Beteiligten machen" durch ein entsprechendes Transformationsdesign wiederfinden.

Arbeitshypothese 6: Ein Transformationsprozess läuft permanent auf der Sachebene, der sozial-emotionalen Ebene, auf der Managementebene und der Reflexionsebene ab. Alle vier Ebenen müssen parallel betrachtet werden und gesetzte Interventionen einer eingehenden Diagnose auf mögliche Auswirkungen auf jeder der vier Ebenen überprüft werden.

Arbeitshypothese 7: Mit einem neuen Organisationsmodell verschiebt sich das persönliche Beziehungsgefüge eines jeden Mitarbeiters zur neuen Organisation. Dieses Beziehungsgefüge muss sich neu entwickeln und jedem die Möglichkeit geben, Vertrauen in das Neue zu gewinnen.

Arbeitshypothese 8: Nicht nur der individuelle Kontrakt Individuum–Organisation, auch das Beziehungsgeflecht Team/Abteilung–Organisation verschiebt sich und muss neu definiert werden.

Arbeitshypothese 9: Vertrauen in das neue Modell zu gewinnen braucht Zeit und je nach Organisation, nach Teamqualität und nach Persönlichkeit eines jeden Mitarbeiters ein ganzes Set unterschiedlicher unterstützender, vertrauensbildender Maßnahmen.

Arbeitshypothese 10: Durch einen erfolgreichen Transformationsprozess ändert sich auch das Beziehungsgeflecht zu den Stakeholdern der Organisation. Dieses muss gezielt durch vertrauensbildende Maßnahmen entwickelt werden.

4. Zusammenfassung und Ausblick

Unsere bisherige Beratungserfahrung hat gezeigt, dass gerade bei sehr schwierigen und äußerst komplexen Veränderungsvorhaben die oben skizzierte Herangehensweise sehr erfolgreich greift – gerade dort, wo klassische Change-Ansätze bereits gescheitert sind und das berühmte „Kind bereits im Brunnen liegt".

Der zentrale Erfolgsfaktor professionellen Transformationsmanagements besteht darin, die Wirkmechanismen eines Unternehmens bewusst zu erkennen, die Haupthebel oft sogar durch „trail-and-error" zu identifizieren und den Gesamtprozess der tiefgreifenden Entwicklung zu gestalten – und das gemeinsam mit den Verantwortlichen, mit dem Bewusstsein, dass diese ebenfalls der Transformation ausgesetzt sind und sich selbst schrittweise „transformieren" müssen.

Der Gesamtprozess funktioniert nur durch intensives Reflektieren, Setzen nächster Schritte, Probieren, Messen, Riskieren und Auseinandersetzen mit dem Unternehmen und den gegebenen und möglichen zukünftigen Rahmenbedingungen.

Transformationsmanagement ist eine interessante und zugleich spannende Art, derzeitige zentrale Herausforderungen im Management anzugehen und die Entwicklung von Unternehmen erfolgreich voranzutreiben.

5. Lern- und Kontrollfragen

- Was bedeutet Transformationsmanagement – wo liegt bei Transformationsmanagement der Betrachtungsfokus?
- Was bedeuten Zirkularität, Rekursivität im Hinblick auf Organisationsmanagement?
- Was sind die zehn Arbeitshypothesen in der Gestaltung von Transformationsprozessen?
- Was versteht man im Zusammenhang mit Transformationsmanagement unter Kairos und Chronos und warum sind diese Elemente in der Prozessgestaltung besonders wichtig?
- Welche Dimensionen umfasst die Gestaltung des Beziehungsgefüges bei Transformationsprozessen und welche Rolle spielt dieser Faktor generell im Transformationsmanagement?

6. Verwendete und weiterführende Literatur

Burghardt, D.; Germer, T.; Sippel, St. (2002); Flugzeugstandardisierung und Beschaffungsmanagement der Deutschen Lufthansa AG; S. 675–695; in: Hahn, D.; Kaufmann, L.; Handbuch – Industrielles Beschaffungsmanagement; Wiesbaden.

Doppler, K.; Fuhrmann, H.; Lebbe-Waschke, B.; Voigt, B. (2002); Unternehmenswandel gegen Widerstände. Change Management mit den Menschen; Frankfurt/New York.

Graf, G. (1996); Das Phänomen Lean Management. Eine kritische Analyse; Wiesbaden.

Graf, G.; Jordan, G. (2002); Prozessdynamik im Change Management – ein Fallbeispiel zur Neuausrichtung eines Konzernbereichs; internes Papier.

Hennemann, G. (2005); Telekom will 32.000 Stellen abbauen; in: Süddeutsche Zeitung 61. Jahrgang / 44. Woche / Nr. 253 S. 1.

Heitger, B.; Doujak, A. (2002); Harte Schnitte neues Wachstum. Die Logik der Gefühle und die Macht der zahlen im Changemanagement; Frankfurt/Wien.

Janes, A.; Prammer, K. (2001); Transformations-Management. Organisationen von Innen verändern. Wien.

Königswieser, R.; Cichy, U.; Jochum, G. (2001); SIMsalabim. Veränderung ist keine Zauberei. Systemisches Integrations Management; Stuttgart.

Krüger, W. (2000); Excellence in Change; Wiesbaden.

Morgan, G. (2000); Bilder der Organisation; 2. Auflage; Stuttgart.

Neumann, R. (2000); Die Organisation als Ordnung des Wissens – Wissensmanagement im Spannungsfeld von Anspruch und Realisierbarkeit; Wiesbaden.

Picot, A.; Freudenberg, H.; Gassner, W. (1999); Management von Reorganisationen. Maßschneidern als Konzept für den Wandel; Wiesbaden.

Riedl, T. (2005); Die Zukunft wird schnurlos; in: Süddeutsche Zeitung 61. Jahrgang / 44. Woche / Nr. 253 S. 21.

Schein, E. H. (2000); Prozessberatung für die Organisation der Zukunft. Der Aufbau einer helfenden Beziehung; Köln.

Schreyögg, G.; Conrad, P. (2000); Organisatorischer Wandel und Transformation; Wiesbaden.

Senge, P., et al. (2000); The Dance of Change: die 10 Herausforderungen tiefgreifender Veränderungen in Organisationen; Wien et al.

Kooperation und Zusammenarbeit

Unternehmenskooperationen Aufbau, Gestaltung und Nutzung

Ursula Liebhart

In diesem Beitrag erfahren Sie

- was unter einer Unternehmenskooperation zu verstehen ist und welche Formen der Einteilung es gibt
- welche Nutzen-, aber auch Risikopotenziale Unternehmenskooperationen in sich tragen
- welche zentralen Gestaltungsdimensionen bei Unternehmenskooperationen zu berücksichtigen sind
- welche Verhaltensdimensionen bei einer Kooperationsentwicklung von besonderer Bedeutung sind
- warum Vertrauen in Kooperationen eine wichtige Rolle spielt und welche Instrumente des Vertrauensaufbaus bekannt sind
- welche Phasen der Entwicklung eine Unternehmenskooperation durchläuft
- was die zentralen Aufgaben und Entscheidungsfelder der Emergenzphase einer Kooperation sind
- welche Aspekte in der Formationsphase zu berücksichtigen sind
- was die Inhalte der Leistungsphase sind
- was in der Auflösungsphase wichtig zu beachten ist
- welche strategischen, strukturellen, kulturellen und personenorientierten Faktoren für die erfolgsorientierte Entwicklung von Kooperationen wesentlich sind.

1. Einleitung

Unternehmenskooperationen und Unternehmensnetzwerke gewinnen auf globaler, internationaler wie auch nationaler und regionaler Ebene zunehmend an Bedeutung. Dabei ist der eigentliche Grundgedanke von Kooperationen und Netzwerken nicht wirklich neu, denn schon seit jeher gilt, dass man mit vereinten Kräften stärker ist. Während die Forschung und sozialwissenschaftliche Praxis den Bereich der Netzwerke schon wesentlich früher untersuchte, wurden erste Überlegungen zur Übertragung des Netzwerkgedankens auf den wirtschaftlichen Kontext zunächst auf innerbetriebliche Netzwerke fokussiert. Erst in der Folge haben sich zwischenbetriebliche Kooperationsformen vor allem im Non-Profit-Bereich zunehmend ins Blickfeld der Verantwortlichen gestellt.

Im Zuge zunehmend turbulenterer Wettbewerbsbedingungen in den 70-er und 80-er Jahren werden Unternehmenskooperationen und -netzwerke als strategische Strukturen betrachtet, deren Zielsetzung in der Reduzierung ökonomische Unsicherheiten sowie der Innovationsgenerierung lagen. Erst in den 90-er Jahren entstand merkliches Interesse an strategischen Kooperationsnetzwerken sowie deren Gestaltung und Management. Sydow (1992) gibt einen ersten wegweisenden und zusammenfassenden Überblick im deutschsprachigen Raum. Die Zunahme relevanter Umweltveränderungen bei Unternehmen, wie die verstärkte horizontale Differenzierung und die zunehmende Integration der Produktion und Logistik, die Globalisierung, die Digitalisierung, die Individualisierung der Mitarbeiter/innen bedingt, dass traditionelle Formen von Organisation zunehmend auf Zeit-, Ressourcen- und Kompetenzdefizite stoßen. Es geht im heutigen Wettbewerb verstärkt darum, mit der synergetischen Nutzung von Ressourcen und Kompetenzen unterschiedlicher Kooperationspartner eine Strategie zur langfristigen Wettbewerbsfähigkeit zu finden. Die wesentlichen Hintergründe der wirtschaftlichen Entwicklung, welche die verstärkte Orientierung an Unternehmenskooperationen und -netzwerken unterstützt haben, sind:

- **Entwicklung moderner IuK-Technologien.** Der beschleunigte technische Fortschritt im Bereich moderner Informations- und Kommunikationstechnologien (IuK-Technologien) führt zu deren verbreitetem Einsatz in der intra- und interorganisationalen Zusammenarbeit (E-Collaboration). Mittels dieser Technologien können wesentlich rascher aufgabenbezogene Koordinationsaktivitäten der Geschäftsprozesse über die Unternehmensgrenzen hinweg erfolgen.
- **Trend zur Globalisierung bei gleichzeitiger Regionalisierung.** Globale Ressourcenbeschaffung und die Bündelung der Ressourcen unterstützen Unternehmen in der Wettbewerbsfähigkeit. Moderne Konzepte der Beschaffung und der gesamten Logistikkette sind die Konsequenz einer globalen Ressourcenakquise. Dabei muss jedoch auf eine zunehmende Regionalisierung der Consumer- und Customerbedürfnisse abgestellt werden.
- **Verschärfung der Konkurrenz auf allen Wertschöpfungsstufen.** Die ersten beiden Ursachen bedingen eine zunehmende interorganisationale Arbeitsteilung und damit eine verstärkte Konzentration auf Kernkompetenzen (Not-

wendigkeit für Innovationen, Schaffen von „Einzigartigkeit" für Produkte, Leistungen, Kompetenzen etc.) bei einem gleichzeitigen Trend des gezielten Auslagerns suboptimaler Funktionen und Aktivitäten (Outsourcing = outside resource using). Zugleich bedeutet das steigende Ergänzungsbedürfnis der Unternehmen eine Erhöhung der Integrationsfähigkeit der Unternehmen.

- **Reduzierung der Deckungsbeiträge durch teilgesättigte Märkte.** Eine verschärfte Konkurrenz führt mitunter auch zu geringeren Deckungsbeiträgen und bringt letztendlich einen enormen Druck zur Kostenreduktion mit sich. Da innerbetriebliche Kostenstrukturen ohnehin vielfältigen Kostenreduktionen unterworfen sind, ergeben sich vor allem zwischenbetriebliche Reserven (z. B. Reduzierung der Kontroll- und Koordinationskosten, Outsourcing).
- **Zunehmende Komplexität und Dynamik in der Wirtschaft.** Dies führt zu einem gleichzeitigen Innovations-, Zeit-, Qualitäts-, Kosten- und Preiswettbewerb im Bewusstsein, dass herkömmliche Wettbewerbsstrukturen suboptimale Lösungen liefern. Die Forderung nach einem vernetzten Denken und Handeln, einem gezielten unternehmensübergreifenden Erfahrungsaustausch, kollektivem Lernen und der Wissensgenerierung erfordert eine engere interorganisatorische Zusammenarbeit.

Unternehmenskooperation sind vielfach strategische Entscheidungen bis hin zu Überlebensoptionen der teilnehmenden Unternehmen und haben mittlerweile in alle Branchen der Wirtschaft und des öffentlichen Bereichs Einzug gehalten. Die Vorteile solcher Zusammenschlüsse sind so offensichtlich, dass Unternehmenskooperationen als strategische Instrumente verstanden werden. Unternehmenskooperationen sind jedoch nicht einfach nur Instrumente, sondern hochkomplexe Sozialgebilde, die eigenen Dynamiken und Regeln unterliegen, sehr wandelbar und labil sind. Als Leitgedanke sei dazu eine bedeutsame Aussage von Henry Ford I. (1863–1947) zitiert:

„Zusammenkommen ist ein Beginn.
Zusammenbleiben ist ein Fortschritt.
Zusammenarbeit ist Erfolg."

2. Einführung in Unternehmenskooperationen

2.1. Begriffliche Klärungen

Für die Begriffe der Unternehmenskooperation und der Unternehmensnetzwerke existieren vielfältige, sich teilweise überschneidende und ineinandergreifende Beschreibungen und Abgrenzungen. So werden die beiden Begriffe Unternehmenskooperation und Unternehmensnetzwerke mitunter als Synonym für eine *unternehmensübergreifende Zusammenarbeit* aufgefasst. Dabei bedeutet unternehmensübergreifend, dass die Grenzen der eigenen Organisation überschritten werden und gezielt über die bisherigen Grenzen hinweg nach Möglichkeiten gesucht wird, um beispielsweise die Kompetenzen der eigenen Organisation zu ergänzen und zu stärken.

Für eine Zusammenarbeit sind letztlich typische Merkmale von Bedeutung: gemeinsame Zielsetzung, freiwillige Zusammenarbeit, wechselseitige Nutzung der Ressourcen und Kompetenzen sowie wechselseitige Verpflichtung (Commitment) zur Loyalität, Vertrauen, Klarheit und Ehrlichkeit und auch die wechselseitige Rücksichtnahme. Nach Miles/Miles/Snow (2006, S. 41) ist die Zusammenarbeit von anderen Konzepten wie der Konkurrenz und der Kooperation anhand der Faktoren der intrinsischen Motivation und der partnerschaftlichen Vertrauensorientierung abzugrenzen (Abb. 1):

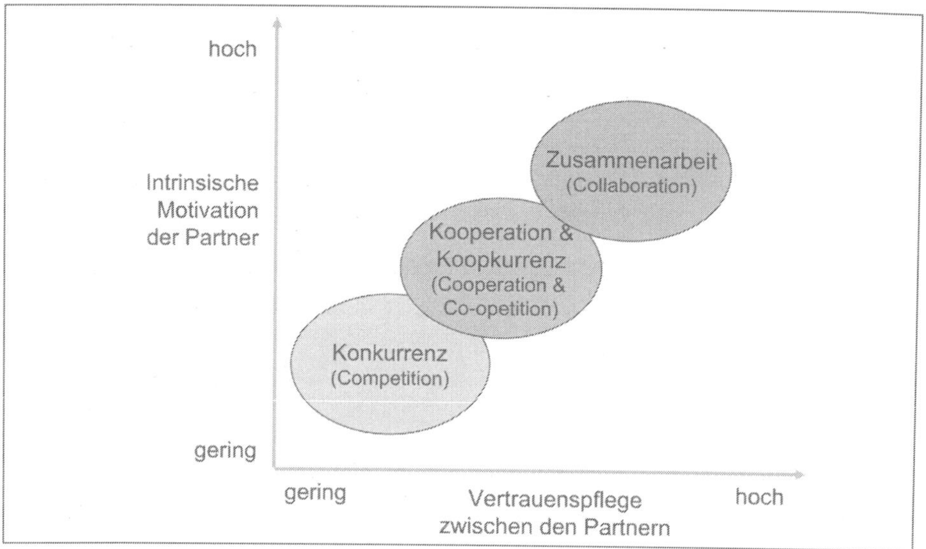

Abbildung 1: Potenzial zur Ressourcen- und Wissensnutzung

Zentrale und differenzierende Faktoren sind die Motivation der zusammenarbeitenden Partner und ein partnerschaftliches Verhalten basierend auf Vertrauen und Commitment. Kompetitives Verhalten wird vom Wunsch nach einer maximalen Ertragsorientierung durch die Unternehmen beeinflusst. Kooperation kann als Zusammenarbeit für einen gemeinsamen Zweck gesehen werden, indem die Motivation in den wechselseitigen Vorteilen der Partner aus den geteilten Ideen, Ressourcen und Wissen liegt. Sie ergibt sich also aus dem zu erwartenden Nutzen und ist eher extrinsisch beeinflusst. In der Kooperation kommt hinzu, dass durch Selbstinteressen der beteiligten Unternehmen regelmäßige Assessments der Kooperationsfähigkeit erforderlich werden. Wirksame Zusammenarbeit (Collaboration) hingegen schafft darüber hinaus wertschöpfende, gemeinsam entwickelte Innovationen und Wissensbasen für alle Partner. Durch das Commitment kollaborativer Unternehmen zu den Zielen und Interessen der Partner wie auch zu den eigenen nimmt der Beziehungswert der Partnerschaft zu und die Partner können sich auf eine faire Verteilung der Nutzenpotenziale verlassen.

Denn die Möglichkeit, wertvolle Beiträge zu leisten, ohne gleichzeitig den möglichen Gewinn berücksichtigen zu müssen, ist entlastend und legt zusätzliche Energiepotenziale frei. Je stärker also die intrinsische Motivation ist, um mit vertrauensorientierten Partnern innovative Ideen und Handlungen nahezu bedingungslos und im Vertrauen auf einen fair geteilten Gewinn umzusetzen, desto intensiver ist die Qualität der Zusammenarbeit.

Für die *Koordination sozio-ökonomischer Aktivitäten* von Unternehmen zeigen sich prinzipiell zwei Formen von Verhandlungssystemen mit unterschiedlichen Logiken: Markt und Hierarchie. Unternehmenskooperationen (oder Unternehmensnetzwerke) können jedoch weder über rein hierarchische noch über rein marktliche Koordinationsmuster verstanden werden. Sie haben Anteile von Hierarchie und Markt in sich und erzeugen damit eine bestimmte Komplexität, weswegen sie auch einer besonderen Gestaltung und Führung bedürfen (Abb. 2).

	Hierarchie	Netzwerke/Kooperation	Markt
Normative Basis	Anstellung: Weisungsrechte	Komplementarität: Austausch	Vertrag: Eigentumsrechte
Beziehung der Akteure	einseitig abhängig	wechselseitig abhängig	unabhängig
Medien der Interaktion	Verfahrensregeln Macht	Beziehungen, Wissen und Kompetenz	Preise Geld
Verhandlungs-atmosphäre	Formell, bürokratisch	offen, zum wechselseitigen Vorteil	Sachlich und/oder misstrauisch
Flexibilitätsgrad	gering	mittel	hoch
Koordinationsbedarf	gering	mittel	hoch
Methoden der Konfliktlösung	Ermächtigung Überwachung Zwang	Verbindliche Normen "guter Ruf"	Verhandlung rechtliche Durchsetzung

Abbildung 2: Hierarchie – Kooperation/Netzwerk – Markt

In der Szene haben sich bislang zwei diametrale Positionen herauskristallisiert: Unternehmensnetzwerke sind *intermediäre* Organisationsformen (zwischen Markt und Hierarchie) versus Unternehmensnetzwerke sind *eigenständige* Organisationsformen (neben Markt und Hierarchie). In Anlehnung an Willke (1995, S. 137) sind Unternehmenskooperationen hybride Koordinationsmuster mit entweder mehr hierarchischem oder mehr marktlichem Charakter in Abhängigkeit von Gestaltung und Steuerung (Abb. 2).

Die normative Basis bei der Hierarchie sind Weisungsrechte aufgrund von Dienstverhältnissen, während in der marktlichen Koordination Eigentumsrechte mittels Verträgen erworben werden. Bei Kooperationen/Netzwerken bildet der Austausch verschiedener Leistungen, Waren und Ideen die Koordinationsbasis. Basis der Partnerbeziehungen innerhalb der Kooperation ist eine wechselseitige Abhängigkeit, die je nach Kooperationsform und -gestaltung stark oder gering sein kann – also mehr in hierarchische oder marktliche Richtung tendiert. Die Medien – die Mittel – der Interaktion sind bei der Hierarchie definierte und einzuhaltende Verfahrensregeln und Machtpositionen, während am freien Markt geldwerte Einheiten in Form von Preisen die Interaktion bestimmen. In Kooperationen passieren Interaktionen aufgrund von entwickelten Beziehungen zwischen den Partnern (Individuen, Gruppen, Organisationen), deren Wissenspotenzialen und Kompetenzen. Auch ist die Verhandlungsatmosphäre in Kooperationen offen und zum wechselseitigen Vorteil bedacht, um sogenannte Win-win-Situationen entstehen zu lassen, während die Hierarchie eine formelle bis bürokratische und der Markt eine sachliche, mitunter misstrauische Atmosphäre der Verhandlung aufweist. Im Gegenzug zur Hierarchie besitzt der Markt einen hohen Flexibilitätsgrad, erfordert jedoch auch einen hohen Koordinationsaufwand. Bei Kooperationen ist dies umgekehrt. Im Idealfall ist die Kooperation so gestaltet und wird so gelebt, dass der Flexibilitätsgrad möglichst hoch ist und gleichzeitig der Koordinationsbedarf möglichst gering ist (durch zum Beispiel eine überschaubare Partneranzahl, durch klare Regeln der Kommunikation und der Interaktion, durch transparente Ziele). Die Methoden der Konfliktlösung sind bei stark hierarchischer Ausprägung das Mittel der Ermächtigung bis hin zum Zwang, am freien Markt sind dies harte Verhandlungen bis hin zur rechtlichen Durchsetzung. Diese Methoden sind in Kooperationen wenig fruchtbar und müssen durch verbindliche Normen ersetzt werden. Eine weitere Form der Konfliktlösung ist der „gute Ruf", durch welchen sich Unternehmen über bestimmte Konflikte erhaben machen. Beispiel dafür wären stets korrekte und partnerberücksichtigende Verhaltensweisen. Zwischen der Hierarchie und dem Netzwerk gibt es eine Zone hybrider Formen wie Franchising und Joint Ventures. In dieser Zone sind Koordinationsmuster mit stärker hierarchischen Ausprägungen zu finden, während in der Zone hybrider Formen zwischen Netzwerk und Markt etablierte Beziehungen und lose Partnerschaften sowie andere Formen eines gemanagten Marktes zu finden sind.

Eine *Unternehmenskooperation* bzw. ein *Unternehmensnetzwerk* ist demnach eine auf die mittel- bis langfristige Sicherung der Überlebensfähigkeit und Stärkung der Wettbewerbsposition ausgerichtete strategische Kooperation von rechtlich und wirtschaftlich selbstständigen Organisationen, basierend auf vielfältigen überwiegend kooperativen, aber durchaus auch kompetitiven Beziehungen (Sydow 1992, S. 79). Dabei konzentrieren sich die Unternehmen jeweils auf deren Kernkompetenzen, welche projektbezogen aktiviert und koordiniert werden müssen, um damit eine intelligente Nutzung kooperationsinterner Ressourcen, Kompetenzen und Potenziale zu ermöglichen.

2.2. Einteilungsmöglichkeiten von Kooperationen

Einteilung nach Tauschinhalten bzw. Funktionsbereichen

Unternehmen arbeiten mit Unternehmen zusammen, um durch den Austausch von Ressourcen und Kompetenzen ihre individuellen und/oder gemeinsamen Ziele zu erreichen. Je nach Inhalt dieser Tauschaktionen können verschiedene Kooperationsformen unterschieden werden:

- Lern- und Wissenskooperationen ermöglichen Partnerunternehmen, durch koordinierte Weiterbildung, Erfahrens- und Wissensaustausch kollektive und individuelle Kompetenzen zu erhöhen.
- Forschungs- und Entwicklungskooperationen bieten für die beteiligten Unternehmen ein höheres Innovationspotenzial bei gleichzeitiger Senkung der F&E-Kosten und einer reduzierten Entwicklungszeit.
- Beschaffungskooperationen, wie zum Beispiel Einkaufspartnerschaften, erhöhen für die beteiligten Unternehmen durch größere Einkaufsvolumen die Einkaufsmacht und ermöglichen verbesserte Beschaffungskonditionen.
- Produktionskooperationen ermöglichen Kostensenkungen durch technologische und produktionsspezifische Spezialisierung sowie eine höhere Auslastung von personellen und maschinellen Ressourcen.
- Marketingkooperationenen bieten mittels gemeinsamer Aktivitäten im Vertrieb, der Öffentlichkeitsarbeit, in der Werbung etc. Kostensenkungen und Zeiteinsparungen.
- Wertschöpfungskooperationen umfassen die Zusammenarbeit entlang der Supply-Chain zwischen Zulieferern und Produzenten.
- Umwelt- und Logistikkooperationen (Entsorgungsnetzwerke) ermöglichen den teilnehmenden Unternehmen die langfristige Sicherung günstiger Entsorgungsmöglichkeiten sowie die Berücksichtigung des Umweltschutzes und die Befolgung gesetzlicher Auflagen.

Einteilung nach Partnerpositionierung

Bei dieser Einteilungsform ist das Unterscheidungsmerkmal die Marktposition der einzelnen Partnerunternehmen (Kunde, Lieferant, Mitbewerber). Bei einer *horizontalen Kooperation* nehmen die Partnerunternehmen eine Position auf derselben Stufe der Wertschöpfungskette ein (z. B. Tischlerkooperation), während bei einer *vertikalen Kooperation* die Partnerunternehmen auf verschiedenen Stufen der Wertschöpfungskette stehen (Produzent, Händler). Wenn bei einer horizontalen Kooperation die Kooperationspartner jeweils verschiedene Funktionsbereiche einbringen, spricht man auch von einer *lateralen Kooperation.* Ähnlich einer vertikalen Kooperation nehmen bei der *konglomeraten (= diagonale) Kooperation* die Partnerunternehmen verschiedene Positionen auf der Wertschöpfungskette ein und sind unterschiedlichen Branchen zugehörig.

Eine weitere Unterscheidung bezieht sich auf die jeweilige Marktposition der Partner. So spricht man in der Regel von *asymmetrischen Kooperationen*, wenn die Abhängigkeit eines Kooperationspartners vom anderen größer sein kann als die jeweils umgekehrte Abhängigkeit. Ist beispielsweise ein Partner der Unternehmenskooperation allein für den Verkauf und das Marketing zuständig und erwirbt sich im Laufe der Zeit eine verstärkte Marktpräsenz, so kann sich diese Marktposition auf eine verstärkte Machtposition innerhalb der Kooperation zugunsten dieses Partners auswirken.

Einteilung nach Grenzen

Netzwerke innerhalb der Organisation sind innerbetriebliche *(intraorganisationale)* Netzwerke. Wenn die Grenzen der Organisation überschritten werden und mit anderen Unternehmen kooperiert wird, spricht man von überbetrieblichen *(interorganisationalen)* Netzwerken.

In Bezug auf die räumliche Entfernung der miteinander kooperierenden Partner können *regionale, nationale, internationale und globale Kooperationen* unterschieden werden.

Einteilung nach Zentralität der Führung

Unternehmenskooperationen haben gemeinsam, dass sie von rechtlich und wirtschaftlich selbstständigen Unternehmen eingegangen werden. Dabei spielt insbesondere die Frage der Führung der Kooperation eine bedeutende Rolle, denn viele der Entscheidungen in der Kooperationsführung haben konkrete Auswirkungen auf alle teilnehmenden Partnerunternehmen. Generell kann man eine zentrale Führung von einer polyzentrischen Führung unterscheiden.

Eine *zentralistische Führung* liegt dann vor, wenn die Unternehmenskooperation von einem zentralen Unternehmen koordiniert und geführt wird. Dieses Unternehmen kann auch als *fokales Unternehmen* bezeichnet werden und verfügt über eine stark ausgeprägte zentrale Steuerinstanz, um die Koordinationsanforderungen und die unterschiedlichen Interessen der Partnerunternehmen zu bewältigen. Zumeist übt das fokale Unternehmen aufgrund seiner Position in der Kooperation wesentlichen Einfluss auf die Kooperationsstrategie und -gestaltung aus. Es koordiniert die Aufgabenverteilung, die Beziehungen der Kooperationspartner sowie die Produktivitäts- und Koordinationssteigerung in der Wertschöpfungskette. Die zentralistische Führung führt damit zu hierarchisch-pyramidalen Über- und Unterverhältnissen.

Die *polyzentrische Führung* geht von verteilten Machtzentren in der Kooperation aus. Das bedeutet, dass alle bzw. viele Kooperationspartner in einem dynamischen, partizipativen Prozess die strategische Ausrichtung des Netzwerkes festlegen. Gleichzeitig ist auch die Verteilung der Funktionen, der Aufgaben sowie die Abstimmung der Kompetenzen ein Prozess, der durch die Kooperationspartner erfolgt, um mittels partizipativer Vorgehensweise eine möglichst hohe Identifikation aller mit der Kooperation zu erzielen. Die Abhängigkeitsverhältnisse existieren bei der polyzentrischen Führung in wechselseitiger Form, sodass die Partner daran interessiert sein müssen, einen Konsens über die Zielsetzungen der Unternehmen zu erreichen. Zumeist findet sich die polyzentrische Führung in jenen Kooperationen wieder, in denen einige wenige gleichberechtigte Partner die Kooperation aktiv und gleichwertig mitbeeinflussen.

Einteilung nach der Kooperationsintensität und/oder Rechtsform

Generell kann sich die Zusammenarbeit von Unternehmen von lockeren zwischenbetrieblichen Absprachen bis hin zur gegenseitigen Kapitalverflechtung der Unternehmen erstrecken. *Lose Formen* der Kooperation sind zumeist mündliche Absprachen zwischen einem und mehreren Partnern, die sich freiwillig ohne vertraglichen Zwangscharakter ergeben. Solche losen Formen sind aufgrund der geringen Bindungsintensität mitunter labil und greifen kaum in bestehende Strukturen und Prozesse der einzelnen Kooperationspartner ein. Unternehmenskooperationen bilden zumeist eine höhere Stufe der Zusammenarbeit, in der *vertragliche Vereinbarungen* das Zusammenwirken formell regeln und die gegenseitigen Rechte und Pflichten der Kooperationspartner festgehalten werden. Eine *kapitalmäßige Verbindungen* zwischen den Kooperationspartnern kann durch eine gegenseitige direkte Beteiligung erfolgen und/oder eine gemeinschaftliche Beteiligung an einer bestehenden oder zu gründenden Gesellschaft.

Kooperationen können aufgrund unterschiedlicher Intensität der Zusammenarbeit und/oder verschiedener Rechtsformgestaltung in eine ganze Reihe bekannter Formen der Zusammenarbeit eingeordnet werden, die per Definition nicht überschneidungsfrei sind.

- *Kartelle:* Dies sind Formen vertraglicher Absprachen über ein bestimmtes gemeinsames Handeln mit der Zielsetzung, den Wettbewerb zu beherrschen oder eine marktbeherrschende Stellung (Bewahrung eines bestimmten Zustandes) zu erreichen.
- *Konsortien:* Dies sind Unternehmensverbindungen basierend auf umfangreichen formalen vertraglichen Bestimmungen mit bestimmten Aufgaben. Konsortien existieren als eigene Rechtsform mit einer zeitlichen Determiniertheit.
- *Allianznetzwerke:* Mehrere Unternehmen ausschließlich derselben Branche arbeiten in ausgewählten Geschäftsfeldern zusammen und sind mittels umfangreicher Kapitalbeteiligung miteinander verflochten.
- *Wertschöpfungspartnerschaften:* Darunter kann eine Gruppe selbstständiger Unternehmen verstanden werden, die ihre Aktivitäten im Rahmen vertikaler und/oder horizontaler Kooperationen auf bestimmte Wertschöpfungsstufen konzentrieren. Der Nutzen ergibt sich aufgrund von Spezialisierungsvorteilen durch die bewusste Konzentration auf eine Funktion.
- *Unternehmenscluster:* Regionale Konzentration von Unternehmen und verbundenen Einrichtungen und Institutionen, deren Aktivitäten in einem bestimmten Betätigungsfeld miteinander verbunden sind.
- *Virtuelle Organisation:* Darunter wird eine zumeist zeitlich befristete Organisationsform zur simultanen Leistungserbringung verstanden, die sich mittels moderner Informations- und Kommunikationstechnologien austauscht.

- *Hollow-Organisation (Schaltbrettorganisation):* Dies ist eine Organisation, welche sämtliche Funktionen externalisiert hat und lediglich die Funktion eines Brokers ausübt.

2.3. Zielsetzungen und Nutzen von Unternehmenskooperationen

Die generelle Zielsetzung von Unternehmenskooperationen liegt in der mittel- bis langfristigen Existenzsicherung durch eine Verbesserung der Wettbewerbsposition. Grundlage sind Wettbewerbsvorteile, welche die Netzwerkteilnehmer im Falle einer isolierten Vorgehensweise nicht erzielen würden. Weitere relevante Nutzen sind:

Zugang zu Ressourcen

Die zentrale Voraussetzung dafür ist eine Funktions- und Arbeitsverteilung über die Unternehmensgrenzen hinweg, wobei sich die teilnehmenden Unternehmen auf diejenige Aktivitäten in der Kooperation konzentrieren, für die sie die größte unternehmensspezifische Kompetenz besitzen. Die Fokussierung der einzelnen Unternehmen auf ihre *Kernkompetenzen* ermöglicht eine Bündelung der Energien und Kosten auf die Entwicklung dieser Kompetenzen. Die Nutzung *komplementärer Ressourcen, Kompetenzen und Technologien* ist ein weiterer Vorteil einer Unternehmenskooperation. Die Ressourcen umfassen Fähigkeiten und Know-how einzelner Kooperationspartner in bestimmten Bereichen, den Austausch konkreter Erfahrungen und die Nutzung spezifischer Technologien und Verfahren im Wertschöpfungsprozess.

Ein weiterer Vorteil, der sich durch die Nutzung der unterschiedlichen Kompetenzen ergibt, ist die *Verminderung von Investitionsrisiken* in Zielmärkte, Entwicklung, Anlagen etc. beispielsweise durch die Nutzung von Auslandskontakten der Kooperationspartner für einen Markteintritt, die Nutzung kapitalintensiver Anlagen und Maschinen etc.

Lösung komplexer Problemstellung

Die *Nutzung der verteilten Kompetenz* für maßgeschneiderte und innovative Lösungen von komplexen Problemstellungen ist im Sinne einer erhöhten Kundenorientierung ein zentraler wettbewerbswirksamer Vorteil von Unternehmenskooperationen.

Darüber hinaus entwickeln Unternehmenskooperationen gemeinsame Kreativitätsspielräume für die *Generierung und Weiterentwicklung von Wissen und Innovationen*, welche letztendlich Wettbewerbsposition und -vorsprung maßgeblich beeinflussen können. Während Großunternehmen Grundlagenforschung und Entwicklung betreiben, ist dies für Klein- und Mittelbetriebe zumeist verstärkt nur über Kooperationen möglich. Wechselseitiges Lernen und regelmäßiger Informationsaustausch ist die Basis, um nachhaltige Chancen nutzbar machen zu können.

Zeit- und Flexibilitätsvorteile

Abgestimmte Wertschöpfungsprozesse und eine enge, vertrauensvolle Zusammenarbeit durch eine ziel- und aufgabenorientierte Übernahme von Aufgaben und Funktionen zwischen den Partnerunternehmen können *Entwicklungs- und Prozesszeiten* reduzieren. So können aufwendige Such- und Auswahlverfahren von Lieferanten, Prüfprozesse etc. synergetisch genutzt werden, denn in der Unternehmenskooperation sind Ressourcen und Kapazitäten vorhanden, auf die zur Unterstützung zugegriffen werden kann.

Trotz und wegen der beibehaltenden Entscheidungsautonomie der Klein- und Mittelbetriebe innerhalb von Unternehmenskooperationen kann ein *hohes Maß an Flexibilität* durch rasche Entscheidungsfindung und schnelles Handeln erfolgen. Unternehmenskooperationen können somit schneller, leistungsstärker und flexibler sein als allein operierende Unternehmen.

Potenziale zur Kostensenkung

Die Zielsetzung der Kostenreduzierung ist neben der Konzentration auf die Kernkompetenzen eine bedeutende Zielsetzung. Nachdem der Preiswettbewerb in vielen Branchen innerbetriebliche Kostenoptimierungen gefordert hat und viele Potenziale der innerbetrieblichen Kostensenkungen bereits ausgeschöpft sind, wird der nächste Fokus auf *zwischenbetriebliche Kosteneinsparungen* gelegt, also die Reduzierung der Kosten zwischen den einzelnen Schnittstellen entlang der direkten und auch indirekten Wertschöpfungskette. Es geht darum, die „Best-Practice-Verfahren" der Kooperationspartner zu eruieren, diese zu standardisieren und auf die Partner übertragbar zu machen. Mögliche Rationalisierungseffekte liegen in standardisierten Prozessen (zum Beispiel in der Auftragsvergabe, im Materialfluss) und Informationsträgern (zum Beispiel in vereinheitlichten Formularen, Auswertungen) sowie einheitlichen und schnittstellenfähigen IT-Systemen. Ein abgestimmter Personaleinsatz (wie beispielsweise durch einen Personalpool für administrative Aufgaben, Urlaubszeiten) sowie gemeinsam benützte Logistikeinrichtungen tragen weiters zu einer Rationalisierung innerhalb und zwischen Unternehmen bei.

Potenziale zur Kostensenkung liegen also in einer *Arbeits- und Leistungsteilung über die Unternehmensgrenzen* hinweg sowie im *Abbau von Redundanzen*, die sich durch eine Fokussierung auf Kompetenzen innerhalb der Unternehmenskooperation ergeben.

Ein weiteres Potenzial liegt in der *Verteilung der Kosten* auf mehrere Unternehmen. Mittels Shared Services können gemeinsame Funktionseinrichtungen (IT-Support, Personalentwicklung, Forschung und Entwicklung etc.) sowie kostenintensive Maschinen und Anlagen, Programme etc. gemeinsam genützt werden (siehe dazu den Beitrag „Shared Services" oben in diesem Band). Kosten der einzelnen Unternehmen werden reduziert und die Kapazitätsauslastung dieser Investitionsbereiche deutlich erhöht. Damit können Ressourcen in der Kooperation besser verteilt und optimiert werden. Darüber hinaus können besonders kostenintensive Entwicklungsprojekte nur durch eine Kostenteilung auf mehrere Partner realisiert werden. Durch den regelmäßigen Austausch von Informationen unter den Kooperationspartnern können auch die Kosten bei der Informationsbeschaffung für beispielsweise teure Technologie- und Patentrecherchen oder Marktstudien deutlich reduziert werden.

Mit einer Kooperation können klein- und mittelständische Unternehmen ihre *Marktakzeptanz verbessern*, indem sie durch eine koordinierte Disposition ihrer Ein- und Zukäufe (Waren, Vorprodukte, Leistungen etc.) eine stärkere Verhandlungsmacht gegenüber den Lieferanten schaffen und damit bessere Beschaffungskonditionen und maßgefertigte Produkte bzw. Leistungen erwirken können. Die Größenvorteile aus dem Zusammenschluss können auch bei Förderungen für Gemeinschaftsprojekte und bei Verhandlungen mit Finanzgebern spürbar werden.

Zusammenfassend sind also *Skalenerträge und Synergieeffekte* aufgrund größerer Einkaufsvolumen, Absatzvolumen und Kapazitätsauslastungen bedeutsame Vorteile, die sich wiederum positiv auf eine wettbewerbsfähige Preis- und Deckungsbeitragsgestaltung auswirken können.

2.4. Risiken und Nachteile von Unternehmenskooperationen

Den vielfältigen Nutzen und Vorteilen von Unternehmenskooperationen müssen jedoch auch Risken und Gefahren gegenübergestellt werden, die letztendlich zeigen, dass Kooperationen nicht unbedacht und hoffnungsfroh eingegangen werden dürfen. Die nachstehenden Gefahren sind zentrale Risikofaktoren von Unternehmenskooperationen.

Balance zwischen Eigenständigkeit und Integration

Die Definition von Unternehmenskooperation und das Kooperationsverständnis selbst gehen von einer Zusammenarbeit gleichwertiger sowie wirtschaftlich und rechtlich selbstständiger Kooperationspartner aus. Im Sinne einer Zusammenarbeit muss jedoch auch jeder Partner etwas in die Kooperation einbringen, mit den anderen teilen und eventuell auch etwas aufgeben. Je intensiver dies die kooperierenden Unternehmen ausleben, desto enger werden die Beziehungsbänder gezogen und führen möglicherweise in eine wechselseitige wirtschaftliche Abhängigkeit. Es gilt also die Kosten- und Gewinn- sowie die Risikoverteilung in Unternehmen zu hinterfragen, damit jedes Unternehmen für sich die passende *Wahl zwischen Eigenständigkeit und Integration* in Bezug auf die eigenen und gemeinsamen Ziele treffen kann.

Die Entscheidungsträger von Klein- und Mittelbetrieben sind es durchwegs gewöhnt, dass sie Entscheidungen und Handlungen alleine sehr rasch und flexibel treffen können, was letztendlich auch einen wesentlichen Vorteil dieser Betriebsstrukturen darstellt. Die *Beschränkung der Entscheidungs- und Handlungsfreiheit* in Unternehmenskooperationen zugunsten der Kooperationspartner bedingt, dass Unternehmer bzw. Geschäftsführer in vielen Aspekten des unternehmerischen Tagesgeschäftes Rücksicht auf die Kooperationspartner nehmen müssen. Diesbezügliche Einschränkungen sind möglicherweise problematisch und können zu Spannungen in der Kooperation führen, wenn einzelne Unternehmen Entscheidungen mittragen müssen, die sich zu ihrem Nachteil auswirken. Die Angst vor potentiellen und vor allem langfristigen Abhängigkeiten stellt daher für viele Partner ein großes Hemmnis dar.

Ungleiche Nutzen- und Risikoverteilung

Unternehmenskooperationen müssen langfristige Win-win-Situationen zwischen den Partnerunternehmen ermöglichen können, denn jede Kooperation birgt das Risiko in sich, dass Nutzen und Risiken ungleich unter den Partnern verteilt sind. Typische konfliktäre Situationen sind Verteilungskonflikte unter den Partnern wie zum Beispiel, dass Ressourcen ungleich verfügbar sind, Kosten nach unklaren Schlüsseln zugeordnet werden etc. Neid, Konkurrenz, Misstrauen tragen zur Verschärfung solcher Konflikte bei. Auch die Verantwortung und die Haftung gegenüber dem Kunden bzw. dem Projekt muss von zumindest einem Kooperationspartner übernommen werden.

Die Entstehung und Entwicklung von Unternehmenskooperationen kostet viel Zeit, Energie und vor allem auch Geld. Die Übernahme für die anfallenden Kosten der Entwicklung müssen abgeschätzt und geklärt werden, um vorab schon Klarheit zu haben. Beispielsweise sollte eine Regelung für die Kostenübernahme bei einem vorzeitigen Ausstieg eines Partners fixiert werden.

Fehlendes Systemdenken

Die Interaktionsbeziehungen der Partner in Unternehmenskooperationen erzeugen und unterliegen vielfachen Wechselwirkungen, in denen Wenn-dann-Denkweisen überholt sind. Komplexes systemisches Denken, in das Neben-, Rück- und Fernwirkungen in Entscheidungen und Verhaltensweisen einzubeziehen sind, muss kausales, eindimensionales Ursache-Wirkungs-Denken überwinden können. Kollaborative Unternehmenskooperationen entwickeln sich besonders vertrauensvoll und erfolgreich durch ein Systemdenken der Partner.

Koordinations- und Steuerungsaufwand

So wie die individuelle Unternehmensentwicklung eine stetige Investition darstellt, muss auch die Unternehmenskooperation als eigenständiges neues System gesehen werden, in dem sich die Strategie, die Strukturen und Prozesse sowie die Kultur durch und mit den Partnern langsam entwickeln. Zudem sind Unternehmen ständig gefordert, die Strategien, Strukturen und Prozesse und die Kultur zwischen der Kooperation und den eigenen Unternehmensgrenzen zu überprüfen, abzugleichen, zu entwickeln und verändern. In einer Kooperation tätig zu werden, bedeutet nicht, dass sich Einzelne zurücklehnen dürfen, sondern bedeutet gleichzeitige Arbeit am System der gemeinsamen Kooperation und am System des einzelnen Unternehmens. Je schwieriger und komplexer die Integration der einzelnen Unternehmen unter ein gemeinsames Dach abläuft, desto höher sind die Koordinationskosten wie Kosten für Struktur- und Prozessabstimmungen, Kommunikationsaufwendungen etc.

Menschliche Interaktions- und Risikofaktoren
Basis für eine erfolgreiche Unternehmenskooperation ist auch das persönliche und menschliche Miteinander. In Kooperationen mit gleichberechtigten und freiwilligen Partnern funktionieren klassische hierarchische Denk- und Verhaltensmuster nicht mehr. Nicht alle Unternehmer und Manager können jedoch über Jahre hinweg erlernte und funktionierende Verhaltensweisen über Bord werfen und sich auf offene und kooperative Interaktionsbeziehungen einlassen. Zu den eigentlichen Kooperationsbarrieren zählen Egoismus, Autonomiestreben, Kommunikationsprobleme, die fehlende Offenheit gegenüber anderen Ideen und Anregungen etc., die verhindern, dass sich die potentiellen Partner besser kennenlernen und durch intensivere Interaktion auch ein Sozialgebilde weben. Die menschlichen Makel wie Eitelkeit, Gier, Neid, Zorn und Trägheit tragen dazu bei, dass die langfristig erforderliche Vertrauensbasis nicht aufgebaut werden kann, und untergraben die möglichen Vorteile einer Kooperation. Meist scheitern viele Verhandlungen über geplante Unternehmenskooperationen sowie deren Entwicklung an der Einstellung und Haltung der beteiligten Personen selbst.

2.5. Paradoxien in Unternehmenskooperationen

Unternehmenskooperationen sind instabile, komplexe und herausfordernde steuerbare Gebilde. Die vielfachen Chancen und Vorteile aus einer Zusammenarbeit können nur dann die vorhandenen Risiken und Gefahren ausgleichen, wenn die Kooperationen immanenten Paradoxien (Widersprüchlichkeiten) bewusst und gezielt balanciert werden. Kooperationsimmanente Spannungsfelder sind:

- ***Grad der Autonomie versus Grad der interdependenten (wechselseitigen) Abhängigkeit:*** Eine zu starke Betonung der Selbständigkeit der Partner verhindert die Entwicklung eines gemeinsamen Bewusstseins über die Unternehmenskooperation, unterbindet die Entwicklung von Vertrauen und fördert opportunes und egoistisches Verhalten. Dagegen läuft eine zu starke Integration der Partner Gefahr, dass die Eigenständigkeit im Laufe der Zeit zugunsten einer innovationshemmenden Gleichheit aufgegeben wird und einige Partner die Geschicke der Kooperation stärker beeinflussen können als andere. Das Dilemma „Autonomie-Interdependenz“ besteht darin, dass Unternehmenskooperationen sowohl autonome als auch interdependente Partner benötigen, um die zentralen Vorteile schrittweise nutzbar machen zu können.
- ***Kooperation versus Wettbewerb:*** Eng mit diesem Dilemma verbunden ist die notwendige Balance zwischen einem selbstbeschränkenden Kooperationsverhalten jedes einzelnen Partners zugunsten eines höheren Kollektivs und dem Wunsch der einzelnen Partner, eigene Vorteile schrittweise wettbewerbsorientiert auszunutzen. Diese Konstellation zwischen Kooperation und Konkurrenz wird als „Koopkurrenz“ oder auch als „Coopetition“ sowie als „kollaborativer Individualismus“ bezeichnet (siehe dazu Abbildung 1).
- ***Langfristige Investition versus individueller Nutzen:*** Unternehmenskooperationen bieten vielfach die Chance für den Einzelnen, den eigenen individuellen Nutzen kurzfristig einseitig zulasten anderer Partner zu optimieren.

Transparente Kontrollmechanismen müssen existieren, um den Partnern zu vermitteln, dass langfristige Investitionen in das Netzwerk gefordert und opportunistische Verhaltensweisen nicht akzeptiert werden.

- ***Redundanz versus Rationalisierung:*** Die Entscheidung, *redundante Funktionen* und Strukturen für einen Cooperative Sack („Kooperationsüberschuss", Spielräume) aufzubauen oder *Rationalisierung* konsequent durchzuführen, um zum Beispiel Skalenerträge zu generieren, ist ein weiterer Balanceakt in Kooperationen. Beides ist erforderlich, um langfristig überlebensfähig zu sein. Je stärker redundante Funktionen/Prozesse gefördert werden, desto mehr werden kreative Spielräume und Risikopuffer zugelassen. Umso eher besteht jedoch die Gefahr suboptimaler Prozesse. Dagegen ist bei einer zu starken zwischenbetrieblichen Rationalisierung die Gefahr gegeben, dass kleinste Störungen massive negative Auswirkungen haben, da das System nicht in der Lage ist, rasch auf Krisen zu reagieren.
- ***Ressourcenpoolung versus Kernkompetenzen:*** Die Bereitwilligkeit einer unternehmensübergreifenden Ressourcenpoolung oder eines egozentrischen Aufbaus von individuellen Kernkompetenzen knüpft an das zuvor genannte Dilemma Kollektiv versus Individualität an. So kann die Kooperation aus Sicht des Partners genutzt werden, um gemeinsam einen Pool an Ressourcen aufzubauen, indem die Kooperationspartner bestimmte Ressourcen anderen Partnern zur Verfügung stellen und darauf vertrauen, dass auch sie dadurch Zugang zu deren Ressourcen erhalten.
- ***Kleinheit versus Größe:*** Als paradoxe Situation kann in Netzwerken auch der Widerspruch zwischen der flexiblen Kleinheit und der machtvollen Größe erlebt werden. Um in turbulenten und dynamischen Umwelten überleben zu können und rasch reaktionsfähig zu sein, sind Unternehmen gezwungen, flexibel zu agieren. Dabei tun sich kleine Unternehmen bekanntlich leichter. Manche Größenvorteile durch Kapazitätsauslastungen, Skalenerträge und Einkaufskonditionen können jedoch nur über eine bestimmte Unternehmensgröße erreicht werden. Damit müssen Unternehmenskooperationen selbst ihre ideale Größe bezogen auf die Anzahl der teilnehmenden Unternehmen finden. So ermöglicht beispielsweise eine optimale Größe einerseits verbesserte Einkaufskonditionen, kann andererseits aber die Komplexität und Abstimmungskosten erhöhen.
- ***Stabilität versus Veränderung:*** Das Grunddilemma aller Organisationen, nämlich die Balance zwischen Stabilisierung und Veränderungsfähigkeit, trifft auch auf Unternehmenskooperationen zu. Eine Stabilität ist erforderlich, um einen bestimmten Grad der Routinisierung zu erreichen, Vertrauen in das System und die Partner zu festigen und Erfahrungs- und Lernkurveneffekte nutzen zu können. Dem gegenüber steht die Notwendigkeit, dass auch strategische Kooperation Anpassungen an Umweltveränderungen erfordern, die aufgrund der Anzahl der beteiligten Partner eine gewisse Herausforderung darstellen.

Abb. 3 zeigt die wesentlichsten Spannungsfelder unternehmerischer Zusammenarbeit auf.

Abbildung 3: Paradoxien in Unternehmenskooperationen

3. Gestaltungsdimensionen von Unternehmenskooperationen

3.1. Gemeinsame Ziele und Visionen

Für eine erfolgreiche Kooperation ist die Entwicklung einer gemeinsam getragenen Vision und der Zielvorstellungen eine unabdingbare Voraussetzung. Für die Definition der kollektiven Ziele ist das Identifizieren des so genannten „Nettonutzens" der Zusammenarbeit in der Kooperation für jedes einzelne Unternehmen wichtig. Hinter einem interaktiven Zielbildungsprozess stehen mehr oder weniger dauerhafte multilaterale Abstimmungs- und Einigkeitsprozesse, die auf Basis der verschiedenen Interessen der Partner ausgehandelt werden. Durch die vielfältigen und mitunter auch divergierenden Interessen der Teilnehmer ergibt sich bei der Entwicklung eines stimmigen Zielsystems mitunter eine hohe Komplexität. In einer Unternehmenskooperation kann sich daher stets nur ein „kollektiver Richtungskorridor" (Bellmann 2000, S. 138) herausbilden, innerhalb dessen sich die Unternehmenskooperation und die einzelnen Partner zielfokussiert bewegen können. Eine McKinsey-Studie zeigt, dass die Hälfte der untersuchten Partnerschaften für einen oder mehrere Partner ein Fehlschlag war. Dabei haben Kooperationen so lange Bestand, als eine hohe Zielkongruenz gegeben ist und die Erwartung der Partner besteht, dass diese Ziele auch erreicht werden können.

3.2. Strategische Führung

Unternehmenskooperationen weisen in ihrer Gestaltung und Organisation eine Reihe relevanter Unterschiedlichkeiten gegenüber klassischen Organisationen auf. Die Interaktionsbeziehungen bauen auf unsicheren und mehrdeutigen Strukturen, Normen und Werten auf, die sich erst im Laufe der Kooperationsentwicklung festigen. Die einzelnen Partner haben eine hohe Autonomie, die Rollen Führer–Geführte sind nicht festgelegt. Aufgrund der wechselseitigen Abhängigkeit der Kooperationspartner werden Macht- und Einflussbeziehungen durch wiederholte Abstimmungs- und Verhandlungsprozesse hergestellt und können sich demnach auch immer wieder verändern.

Es bedarf daher einer formalen strategischen Steuerung des Kooperationssystems, um die Nutzen und Erwartungen der Teilnehmer generieren zu können. Die strategische Führung einer Unternehmenskooperation ist ein aus den Kooperationspartnern gebildetes, formales, dauerhaftes und institutionalisiertes Führungsgremium, dessen Hauptfunktion die langfristige Existenzsicherung des Netzwerkes und die Nutzengenerierung der einzelnen Partner ist. Stark strategisch orientierte Unternehmenskooperationen werden von einer fokalen oder mehreren Unternehmungen strategisch geführt, sind in einem größeren Ausmaß das Ergebnis eines intentionalen Handelns und verfügen über explizit formulierte Ziele. Prinzipiell können Unternehmenskooperationen durch unterschiedlich intensive Zentralisations- und Dezentralisationsgrade gesteuert werden. Die Bandbreite reicht vom autonomen Kooperationsmanagement durch ein Aufsichtssystem über ein dominantes Kooperationsmanagement durch ein Lenkungssystem bis hin zu einem zentralistischen Management als Durchgriffsystem (Becker 1999, S. 189).

Eine strategische Kooperation weist Handlungsstrukturen auf mehreren Ebenen auf:

- Auf der *Ebene des Gesamtsystems* sichert die strategische Führung den Zusammenhalt, fördert die Integrations- und Aktivierungsfähigkeit der Beziehungen und initiiert Lern- und Reflexionsprozesse.
- Auf der *Projektebene* bietet die strategische Führung Unterstützung in Bezug auf den Austausch und die Koordination der Grenz- und Schnittstellen zwischen den Unternehmen.

Für die strategische Kooperationsführung ist zu entscheiden, ob alle Partner oder nur ausgewählte einbezogen werden sollen. Eine selektive Beteiligung der Partner an einer strategischen Führung und damit an Entscheidungsprozessen hat dem Grundgedanken demokratischer und partizipativer Führungsstrukturen zu entsprechen. Es ist auch zu entscheiden, ob ausschließlich Kooperationspartner und/oder deren Fach- und Führungskräfte und/oder externe Partner wie Berater und Institutionen im Führungsgremium beteiligt werden. Eine weitere Variante besteht im Einsatz alternativer *Entscheidungsprinzipien*, wie das Jedermannsprinzip, das Mehrheitsprinzip oder das Konkordanzprinzip. In jedem Fall wird in Abhängigkeit von der Größe und der Dynamik der Kooperation individuell zu entscheiden sein, welche Entscheidungsplattform einer adäquaten Führung gerecht wird. Als wesentliche Aufgaben der strategischen Netzwerkführung können Folgende gesehen werden:

- Aufbau eines strategischen Kooperationskonzepts (Vision, Grundsätze, Ziele)
- Langfristige Wettbewerbssicherung
- Förderung der Kooperationsentwicklung und Gestaltung der Kooperationsbeziehungen
- Management des Wissens innerhalb der Kooperation
- Integration, Modifikation und Weiterentwicklung bestehender intraorganisationaler Managementsysteme und einer gemeinsamen Infrastruktur
- Erarbeitung von Rahmenbedingungen für die Kooperationspartner
- Identifizierung, Koordination, Integration und Weiterentwicklung der Ressourcen in der Kooperation
- Motivation und Kontrolle der beteiligten Kooperationspartner
- Schlichtungsstelle für kooperationsinterne Konflikte und Störungen
- Repräsentation und Interessenvertretung der Kooperationsunternehmen.

Jeder Kooperation kann ein *Reflexionsgremium* empfohlen werden, dessen Zielsetzung es ist, auf Meta-Ebene die Entwicklung und Steuerung zu reflektieren und gegebenenfalls entsprechende Interventionen zu setzen. Dieses Reflexionsgremium kann aus Mitgliedern der Führung sowie weiteren Know-how-Partnern (wie zum Beispiel externe Unternehmensberater, Finanzexperten oder auch wichtige Kunden oder Lieferanten) bestehen. Es empfiehlt sich auch die Installation eines *Schlichtungsgremiums*, welches auf Wunsch eines Kooperationsmitgliedes einberufen werden kann und bei der Lösung von internen Problemen und Konflikten herangezogen wird (Mediatorengremium).

3.3. Ressourcenpoolung in Kooperationen

Ein konstituierendes Merkmal von Unternehmenskooperationen ist die intensive Arbeitsteilung über die Unternehmensgrenzen hinweg, wobei sich die einzelnen Partner auf diejenige Wertschöpfung in der Kooperation konzentrieren, für die sie die größte *unternehmensspezifische Kompetenz* besitzen. Kernkompetenzen dürfen nicht isoliert betrachtet werden, denn deren Entwicklung und Aufrechterhaltung hängt maßgeblich davon ab, ob es in der Kooperation gelingt, verschiedenste Kompetenzen durch Synergieeffekte zu generieren und damit zur Entwicklung von Wettbewerbsvorteilen zu nutzen. Durch ein aktives Ressourcenmanagement können folgende Nutzenaspekte realisiert werden:

- Höhere Fixkostendeckung durch bessere Auslastung der vorhandenen Entwicklungs-, Fertigungs- und Vertriebskapazitäten
- Kostensenkung durch Einbindung von Spezialisten bei Forschungs-, Fertigungs-, Einkaufs- und Vertriebspartnerschaften
- Verbesserte Lieferbereitschaft und höhere Flexibilität durch Zugriff auf Kapazitäten und Kompetenzen von Partnerunternehmen
- Erfahrungsaustausch und gemeinsame Aus- und Weiterbildung
- Reduzierung der Vorhaltekapazitäten bei Personal und Betriebsmitteln
- Anpassungsfähigkeit der Personal- und Betriebsmittelkapazität an konjunkturelle und strukturelle Änderungen der Marktbedingungen.

Die Qualität der Kompetenzvernetzung und -nutzung ist maßgeblich für die Wettbewerbsfähigkeit der Unternehmenskooperation. Dabei geht es zuerst einmal um die *Identifikation und Poolung* der individuellen, komplementären Kernkompetenzen zum wechselseitigen Nutzen. Im Sinne eines „Best-class"-Gedankens werden die Leistungen ausschließlich von dem Unternehmen angeboten, welches in der Lage ist, die Aufgabenstellung besser zu erfüllen als andere Partner. Wie die Ressourcenpoolung gemanagt und die Entwicklung weiterer Kompetenzen sowohl in der Unternehmenskooperation als auch in jedem einzelnen Partnerunternehmen gefördert wird, ist die zentrale Abstimmungsherausforderung. Bei der Ressourcenabstimmung ist im Sinne eines „cooperative slack" zu beachten, dass ausreichend redundante Ressourcen im Netzwerk vorhanden sind, da diese eine zwingende Voraussetzung zum Erreichen von Flexibilität, Innovationen und Fehlertoleranz darstellen. Die gleichwertige Einbringung von Ressourcen und die „Freigabe" zur netzwerkinternen Nutzung ist ein sensibles Thema, welches klare Vereinbarungen und Vertrauen zwischen den Partnern voraussetzt. In keinem Fall dürfen Kooperationen als „Hängematten" (Beck 1998, S. 271) für träge Spieler missbraucht werden.

Für kooperierende Unternehmen stellen die Entwicklung der Fähigkeit zur Zusammenarbeit als soziale Kompetenz und die Entwicklung eines Wissensmanagements als fachliche Kompetenz kritische Ressourcen dar. Unter der *Kooperationskompetenz* ist die Fähigkeit des effektiven und effizienten Aufbaus, Betreibens und Auflösens von Kooperationsunternehmen zu verstehen. Kooperationskompetenz kann aber auch als unternehmensübergreifende Interaktionskompetenz den Stellenwert einer Kernkompetenz einnehmen. Das Wissen zum Beispiel über System- und Problemzusammenhänge bei der Entwicklung von Kooperationen stellt eine Ressource dar, die einen entscheidenden Wettbewerbsvorteil gegenüber anderen Kooperationen bringen kann.

3.4. Größe der Unternehmenskooperation

Eine bekannte Dimension zur Beschreibung von Unternehmenskooperationen ist die Größe, da sie allgemein als ein Indikator für den Umfang verschiedener zur Verfügung stehender Ressourcen gesehen werden kann.

Die ***Größe des Kooperationssystems*** wird üblicherweise mit der Anzahl der teilnehmenden Partner beschrieben, wobei zwischen *einfachen und komplexen Netzwerken* unterschieden wird: Einfache Kooperationsnetzwerke liegen vor, wenn die Teilnehmerzahl gering ist oder die Partner überwiegend dyadische Beziehungen pflegen. Komplexe Kooperationsnetzwerke zeichnen sich durch eine größere Zahl beteiligter Mitglieder aus, was die Komplexität durch die höhere Anzahl potentieller Beziehungen steigen lässt. Ein *hoher, mittlerer und niedriger Gesamtumsatz* bietet eine einfache Unterscheidung. Für die Größe einer Unternehmenskooperation gibt es eine einfache Regel, die besagt, dass nur so viele Partner wie gerade notwendig an der Kooperation beteiligt sein sollen. Mit der Größe der Kooperation steigt die Gefahr, dass sich Fraktionen bilden bzw. dass es Trittbrettfahrer gibt (Beck 1998, S. 275 f.).

Anhand der ***Größe der teilnehmenden Akteure*** basierend auf der Ressourcenausstattung kann zwischen *Groß-, Mittel- und Kleinunternehmen* unterschieden werden, wobei größeren Unternehmen tendenziell ein größerer Einflussbereich im Hinblick auf die Ressourcenverteilung und Steuerung in der Kooperation unterstellt werden kann. Eine weitere Möglichkeit, die Größe eines Kooperationssystems zu beschreiben, liegt in der Erfassung der ihm angehörenden Partner anhand deren Umsatzbedeutung, Beschäftigtenzahl oder Bilanzsumme.

Die ***Reichweite*** in Netzwerken kann im Hinblick auf zwei Dimensionen betrachtet werden: zum einen bezogen auf die Spannbreite der involvierten Wertschöpfungsstufen bzw. die Art und Anzahl der einbezogenen Funktionsbereiche. Zum anderen bezieht sich die Reichweite auf die räumliche bzw. geographische Ausdehnung des Systems.

3.5. Autonomie und wechselseitige Abhängigkeit (Interdependenz)

Unter Autonomie ist nicht die völlige Unabhängigkeit eines Unternehmens von seiner Umwelt zur verstehen, sondern vielmehr die Möglichkeit des Unternehmens, seine Ziele, Mittel und Wege zur Zielerreichung selbst zu bestimmen. Im Hinblick auf Unternehmenskooperationen muss die Autonomie in eine formal-rechtliche und in eine wirtschaftliche Selbständigkeit untergliedert werden. Während die formal-rechtliche Selbständigkeit in der Regel auch durch implizite bzw. explizite Verträge unberührt bleibt, kann die wirtschaftliche Autonomie durch wechselseitige Interdependenzen eingeschränkt werden. In Unternehmenskooperationen wird daher von einer *relativen Autonomie* der Partner als Definitionsmerkmal gesprochen.

Das Ausmaß der *Interdependenz* (wechselseitige Abhängigkeit) ergibt sich aufgrund gemeinsamer Entscheidungen und eines bestimmten Abstimmungs- und Steuerungsbedarfs. Die Entscheidungsabhängigkeit der einzelnen Partner von der gesamten Kooperation kann als politische Tauschbeziehung gesehen werden: Die Entscheidung der Kooperationspartner sollte stets so sein, dass die Entscheidungen, Erwartungen und Forderungen der anderen Netzwerkmitglieder in den eigenen Aktivitäten berücksichtigt werden (systemische Denk- und Handlungsweise). Demzufolge sind Interdependenzen in einer Kooperation von sozialen und politischen Faktoren beeinflusst. Der Tauschprozess in einer Kooperation ist durch die Norm der *Reziprozität* als ein umfassendes Prinzip gekennzeichnet. Dieses Prinzip besagt, dass die Beiträge der Partner im Tausch nicht gleich sein müssen und die Erwartungen eines Ausgleiches in der Tauschbeziehung sich nicht kurzfristig auf den einzelnen Tauschvorgang, sondern auf die Tauschbeziehung insgesamt und ihre langfristige Aufrechterhaltung richten. Damit besteht eine Verpflichtung zur Gegenleistung, auch wenn keine vertragliche Vereinbarung existiert. Die moralische Verpflichtung trägt zur Stabilität eines sozialen Systems bei und wirkt positiv auf Austausch und Kooperationsentwicklung ein, sodass eine weitere Verstärkung der Interdependenz zur Reziprozität eintritt.

Die Interdependenz wird dabei beeinflusst von der Dauer der Interaktionen bzw. der Unternehmenskooperation, von der Freiwilligkeit der Mitgliedschaft, aber auch durch Verbote, Macht oder Interventionen einflussreicher Partner. Interdependenzen sind im Laufe der Kooperationsentstehung und -entwicklung dynamischen Veränderungen unterworfen und sollten durchaus Gegenstand einer regelmäßigen Reflexion der Kooperation sein.

3.6. Dauer und Stabilität

Soziale Systeme können in zeitlicher Hinsicht sowohl in temporäre Systeme (begrenzte *Dauer*, wie zum Beispiel Forschungsprojekte) als auch in permanente Systeme (unbegrenzte Dauer, wie zum Beispiel Produktionskooperationen mit starker Ressourcenpoolung) unterteilt werden. Bezugspunkt dieser Unterscheidung ist die Frage, ob zum Zeitpunkt der Systemherausbildung eine Entscheidung über das voraussichtliche Ende der Interaktion getroffen wurde oder nicht. Die Dauer der Zusammenarbeit wird über die Zeitspanne bestimmt, in welcher die Kooperation aufrechterhalten bleibt. Eine mögliche Unterscheidung betrifft die formale Dauer, die über den Zeitraum durch einen geschlossenen Vertrag bis hin zum Kooperationsende gekennzeichnet ist. Die Aussagekraft einer ausschließlich *formalen Sicht* kann jedoch eingeschränkt werden, denn nicht jede Zusammenarbeit muss über einen Vertrag definiert werden. Darüber hinaus wird zwischen formaler und *faktischer Dauer* einer Zusammenarbeit unterschieden werden. Demnach bestimmt sich eine Kooperation über das Vorliegen der Bereitschaft, die Ziele und die Interessen der Partner bei der Wahl der eigenen Mittel und Handlungen faktisch zu berücksichtigen. Ein weiteres Merkmal der beabsichtigten Dauer kann die *Einmaligkeit* oder die *Wiederholung* der Zusammenarbeit sein.

Die Stabilität eines sozialen Systems bezeichnet die Tatsache, dass sich die Strukturen, Beziehungen, Strategien, Annahmen und Werte und damit das Verhalten der Partner über einen längeren Zeitraum nicht verändern. Ähnlich bedeutet die *Stabilität* in einer Kooperation, dass die in einem sozialen Netzwerk entwickelten Interorganisationsbeziehungen über einen gewissen Zeitraum nahezu unverändert bleiben. Kooperation sind langfristig angelegte und relativ stabile soziale Systeme, denn nur auf Basis einer langfristigen Perspektive ist es möglich, dass Prozesse und Ressourcen abgestimmt, koordiniert und integriert werden, eine Vertrauenskultur entsteht und Lernprozesse realisiert werden. Die Unternehmenskooperation als vernetzte Plattform, auf deren Basis die temporären Projekte gebildet werden, muss stabil sein, um die vielfältigen Vorteile wie Flexibilität, Schnelligkeit, Preisgünstigkeit etc. gegenüber den Mitbewerbern ausnutzen zu können. Stabilisierende Faktoren von Kooperationsbeziehungen sind dabei das Systemvertrauen, die Selbstverpflichtung, das Ausmaß der kooperationsinternen Redundanz sowie die Zufriedenheit mit den Kooperationsergebnissen und die interne Verteilung. Gleichzeitig unterliegt die Plattform Änderungen, zum Beispiel durch Ein- und Austritte von Partnern. Da die Kooperation wettbewerbsfähig bleiben und neueste Entwicklungen integrieren muss, müssen Veränderungen innerhalb der Kooperation integrierbar sein.

3.7. Interorganisationale Beziehungen

Unternehmenskooperationen basieren auf umfangreichen, unternehmensübergreifenden Beziehungen, die sich durch Langfristigkeit, relative Geschlossenheit, Zielabhängigkeit und hohe Kosten eines Partnerwechsels auszeichnen. Die Entwicklung solcher Beziehungen ist ein evolutionärer Prozess, der aus einem gemeinsamen kooperativen Handeln entsteht. Die Interorganisationsbeziehungen entstehen entweder infolge ökonomischer Transaktionen (Geschäftsbeziehungen) oder infolge aufgabenbezogener und/oder sozialer Interaktionen der Kooperationspartner (personale, informationstechnische und/oder kapitalmäßige Beziehungen). Die Bandbreite der Intensität der Zusammenarbeit reicht vom einfachen Informationsaustausch bis hin zu intensiven *Verflechtungen* in unterschiedlichsten Bereichen:

- Personell-organisatorische Verflechtungen: Erfahrungsaustausch, KVP-Teams, Job Rotation, temporärer Mitarbeiteraustausch (Hospitation), Personalpools, personale Kommunikationsnetze
- Informatorisch-kommunikative Verflechtung: Kooperationsveranstaltungen und -events, Aus- und Weiterbildung, Einsichtnahme in Kalkulationen, gemeinsame Preisermittlung
- Technisch-organisatorische Verflechtungen: abgestimmte Managementsysteme, interorganisatorisches, vernetztes Informationssystem
- Finanzielle Verflechtungen: gemeinsame Beteiligungen und Verbindlichkeiten in eine Dachgesellschaft, Gründung von Beteiligungsgesellschaften
- Verflechtungen auf Sachmittelebene: gemeinsame Nutzung externer Dienstleister, Transportmittel, Lager oder auch gemeinsamer Besitz von Werkzeugen und Anlagen.

Unternehmenskooperationen können auch durch die *Art der Beziehung* zwischen den Akteuren beschrieben werden. Die Beziehung ist dabei vor allem im Zusammenhang mit der Dauer der Kooperation von Bedeutung, da kurzfristige Bindungen mit wechselnden Partnern die Zusammenarbeit in vielen Aspekten verkomplizieren und deswegen von den teilnehmenden Partnern nicht gerne akzeptiert werden. Wichtig ist eine Gruppe von Kernpartnern mit Erfahrungen in der Zusammenarbeit, die auftragsbedingt weitere Partner in die Kooperation holen und für deren Verlässlichkeit bürgen. Die sich daraus ergebende starke Interdependenz zwischen den Kooperationspartnern zeigt auf, dass der *Beziehungsaufbau* als Investition zu erfassen ist. Dabei kann zwischen *latenten* (ruhenden) und *aktiven Beziehungen* unterschieden werden. Beziehungen können auch *potentieller Natur* sein, was bedeutet, dass noch keine reale Zusammenarbeit zustande gekommen ist, eine solche aufgrund vorhandener Kompetenzen jedoch als hochsynergetisch gesehen wird. Beziehungen in Kooperationen können aufgrund der Macht- und Abhängigkeitsverhältnisse in *symmetrische* oder *asymmetrische Beziehungen* und aufgrund des Beziehungscharakters in eher *kooperative* oder eher *kompetitive* Beziehungen unterschieden werden. Generell ist das gleichzeitige Vorhandensein von ***Konkurrenz*** und ***Kooperation*** („Coopetition") ein kennzeichnendes Element von Unternehmenskooperationen. Im Wesentlichen werden drei mögliche Formen des Verhältnisses Kooperation und Konkurrenz in Unternehmenskooperationen unterschieden, die durchaus auch gleichzeitig existieren können:

- ***Kooperationsinterner Wettbewerb:*** Zielsetzung es ist, die Strukturvorteile der interorganisationalen Zusammenarbeit mit den Strukturvorteilen aus dem Wettbewerb zu verbinden. Kompetitive Beziehungen verhindern, dass sich eine Unternehmenskooperation mit zunehmender Dauer gegenüber äußeren Einflüssen abzuschotten beginnt. Ein ständiger Markttest erzeugt einen kooperationsinternen Effektivitäts- und Effizienzdruck, der für längerfristige Netzwerkbeziehungen als entwicklungstreibende Kraft sehr positiv sein kann.
- ***Präkompetitive Kooperationen:*** Diese sind von einem zeitlichen, sequentiellen Wechsel zwischen Kooperation und Konkurrenz gekennzeichnet und finden besonders in Entwicklungsnetzwerken Anwendung, wo zur gemeinsamen Entwicklung, aber am Markt ein harter Wettkampf betrieben wird.
- ***Kooperationsbasierter Wettbewerb:*** Hier werden kooperative und langfristige Beziehungen in der Kooperation eingegangen, um gegenüber Mitbewerbern außerhalb der Kooperation besser konkurrieren zu können. Es kommt dadurch zu einem Wettbewerb zwischen Unternehmenskooperationen bzw. -netzwerken. Diese Konstellation wird durchaus als Wettbewerbsmodell der Zukunft gesehen.

Unternehmenskooperationen werden auch auf Basis einer ***losen oder intensiven Kopplung*** der Beziehungen unterschieden. Die Ergebnisse Granovetters zeigen, dass lose Kopplungen besser geeignet sind, unterschiedliche Netzwerke von Personen zu verknüpfen. Eine eher lose Kopplung impliziert, dass eine eventuell auftretende Störung lokal begrenzt bleibt und sich nicht auf das Gesamtsystem der Unternehmenskooperation überträgt, aber auch, dass die lokale Anpassung eines Kooperationspartners an spezifische Umweltsysteme rascher vollzogen werden kann. Ergebnisse einer eher losen Kopplung sind die Bewahrung der Identität, Autonomie und Responsiveness sowie die Puffer- und Adaptionsfähigkeit, Zufriedenheit und Effektivität mit der Kooperation. Eine lose Kopplung der Beziehungen wird als wesentlicher Bestandteil und Voraussetzung für eine Balance zwischen Kooperation und Konkurrenz gesehen.

3.8. Ebenen einer Unternehmenskooperation

Eine Unternehmenskooperation kann generell in folgende Ebenen unterteilt werden:

- ***Ebene der Unternehmenskooperation:*** Diese Ebene besteht aus den teilnehmenden Kooperationspartnern in ihrer Gesamtheit, die entsprechend den zuvor genannten Gestaltungsaspekten interagieren: Integrations- und Koordinationsprozesse planen und umsetzen, Ressourcen- und Beziehungspotenziale aufbauen, Vertrauen entstehen lassen etc. Die Zusammenarbeit stellt die inaktive, langfristig angelegte Kooperationsbasis im Potenzialzustand einer strategischen Kooperation dar und bildet die Plattform für befristete gemeinsame Projekte.

- ***Projektebene der Leistungserbringung:*** Auf dieser Ebene kommt es zu konkreten, intendierten, arbeits- und ressourcenbeteiligten sowie auch vertragsbasierten und temporären Vernetzungen zwischen den Partnern zur Leistungserbringung. Nach Vollendung des Kooperationsprojektes löst sich diese Projektebene wieder auf. In Unternehmenskooperationen können mitunter mehrere Projektebenen aktiviert sein.
- ***Individuelle Unternehmensebene:*** Diese Ebene bildet die Basis für die zuvor genannten Ebenen, denn die individuelle Unternehmensebene besteht aus dem einzelnen Kooperationspartner. Integrations- und Koordinationsprozesse auf der Ebene der Unternehmenskooperation unterliegen vielfachen Wechselwirkungen mit der individuellen Unternehmensebene.
- ***Managementebene:*** Auf dieser Ebene finden umfangreiche Management- und Steuerungsentscheidungen für die Unternehmenskooperation statt. Zielsetzung der Aktivitäten auf dieser Ebene ist, die strategische Orientierung im Hinblick auf die Entwicklung von Kernkompetenzen und Erfolgspotenzialen festzulegen und die Rahmenbedingungen für eine erfolgreiche Entwicklung und verbesserte Selbstkoordination auf den Ebenen der Unternehmenskooperation und jener der Projekte zu erarbeiten.

3.9. Grenzen (in) der Kooperation

Im Zuge der Entstehung und Entwicklung von Unternehmenskooperationen erhalten *Unternehmensgrenzen* zunehmend Bedeutung und werden damit zum Gegenstand reflexiver Organisation. Schlagworte und Konzepte wie „grenzenlose Unternehmung" (Picot et al. 2003) das „Konzept verschwommener Grenzen" (Krystek et al. 1997, S. 34) oder „Unternehmen als Brausetabletten" (Littmann/Jansen 2000, S. 121) gelten plakativ für die Entwicklung in Richtung Netzwerke, Kooperationen und virtuelle Organisationen. Mittlerweile werden diese Aussagen bereits wieder relativiert und fordern ein aktives Grenzmanagement zur Steigerung der Durchlässigkeit und nicht zur Auflösung von Systemgrenzen. Unternehmensgrenzen werden damit zu Reflexionsobjekten. Die Bedeutung oder der *Sinn von Grenzen* liegt in der Begrenzung von Sinn, denn in komplexen Umwelten müssen soziale Systeme ihre Energien, Aufmerksamkeiten und die Zeit auf das systemspezifisch Sinnvolle fokussieren. Nach diesem Verständnis haben Grenzen daher eine Doppelfunktion: die Trennung und Verbindung – die Schließung und Öffnung – von System und Umwelt. Damit soziale Systeme ihre Existenz sichern können, müssen einerseits Umweltgrenzen zur Identitätsbestimmung existieren und andererseits die Grenzen für Input und Output mehr oder weniger durchlässig sein.

Bei Unternehmenskooperationen wird die Weiterexistenz von Unternehmensgrenzen und damit auch der eigenständigen Identität von Organisationen konstitutionell gefordert. Es gilt drei Ebenen des *Grenzmanagements* in einer Kooperation zu beachten: Kooperationsgrenzen, interorganisationale Grenzen und intraorganisationale Grenzen (Ortmann/Sydow 1999, S. 207 f.). Das Grenzmanagement von Unternehmenskooperationen muss daher die Frage nach der Grenzöffnung und nach der Grenzschließung behandeln. Eine Erhöhung der Durchlässigkeit von Grenzen führt zu positiven Folgen wie erhöhter Reaktionsgeschwindigkeit für Kundenwünsche, Nutzung von komplementärem Know-how etc., kann jedoch auch negative Folgen wie Identifikationsverlust, Abhängigkeit und Know-how-Verlust mit sich bringen. Die Grenzen in und von Kooperationen sind durch qualifizierte Personen („boundary spanning roles") und/oder Managementsysteme zu managen (dazu mehr im Beitrag „Entwicklung, Veränderung und Neugestaltung von Unternehmen durch Transformationsmanagement", oben).

3.10. Rechtliche und vertragliche Gestaltung

Zu den wichtigen Gestaltungsaspekten jeder Unternehmenskooperation und deren Entwicklung zählt auch die *Rechtsform- und Vertragsgestaltung.* Unter Rechtsform wird die Summe aller gesetzlichen Normen und vertraglichen Vereinbarungen verstanden, welche die Rechtsbeziehungen des strategischen Kooperationsnetzwerks im Innen- und im Außenverhältnis regeln. Dabei bieten sich verschiedene Formen an, ohne dass eine allgemein gültige Rechtsform von Unternehmenskooperationen empfohlen werden kann. Eine Fülle von Entscheidungskriterien wie Leitungsbefugnis, Kapitalbeschaffungsmöglichkeiten, Steuerbelastung, Haftung etc. und deren Interdependenzen sind in jeder spezifischen Kooperation gesondert zu bewerten. Die Rechtsformgestaltung kann darüber hinaus nicht losgelöst von den gewünschten *Beteiligungsverhältnissen* entschieden werden. Der Beteiligungsanteil bei Unternehmenskooperationen ergibt sich häufig durch den Anteil der Leistungserbringung oder das eingebrachte Auftragspotenzial eines Kooperationspartners. Die Palette an möglichen Rechtsformen ist de facto groß, schränkt sich in der Realität für Kooperationen jedoch auf einige wenige, handhabbare Formen ein. So stellen die Gesellschaft mit beschränkter Haftung und die Aktiengesellschaft in eingeschränkter Form mögliche Rechtsformen juristischer Personen dar. Personengesellschaften wie die stille Gesellschaft, die Gesellschaft bürgerlichen Rechts, die offene Erwerbsgesellschaft und die offene Kommanditgesellschaft bieten sich ebenfalls an. Auch Sonderstrukturen wie wirtschaftliche Vereine oder Genossenschaften (zum Beispiel: Europäische wirtschaftliche Interessenvereinigung [EWIV]) können einem strategischen Netzwerk zugrunde liegen.

Die Kooperationsbeziehungen sollten auf rechtlichen Vereinbarungen basieren, damit steuerliche oder vermögensrechtliche Versäumnisse vermieden werden. Es ist jedoch nicht möglich, für alle denkbaren Umwelt- und Netzwerkzustände Leistungen und Gegenleistungen im Vorhinein festzulegen. Für die *Vertragsgestaltung* bedeutet dies die Berücksichtigung einer hinreichenden Flexibilität zur Abbildung der Unsicherheiten, was durch verschiedene Vertragsbestandteile abgedeckt werden kann. Während bei der derzeitigen Gesetzeslage gegenseitiges Vertrauen sehr wichtig ist, dürfen sich Juristen nicht auf Vertrauen verlassen, sondern müssen klare und letztlich auch klagbare rechtliche Strukturen schaffen. Das Ergebnis einer Studie zeigt, dass ausgeklügelte Vertragswerke keinen Einfluss auf die Lebensfähigkeit einer Zusammenarbeit haben, im Falle eines Scheiterns jedoch unliebsame Auseinandersetzungen erspart bleiben. Folgende Vertragsbestandteile sind beispielsweise zu bedenken:

- Kooperationszweck sowie kurzfristige und langfristige Zielsetzung
- Produkte und Dienstleistungen
- Prinzipielle Organisationsstruktur und Führungsverpflichtungen der Partner
- Verpflichtungen und Verantwortungsbereiche der Kooperationsmitglieder
- Regelung des Ein- und Austritts von Partnern
- Regelungen zur Auflösung der Unternehmenskooperation
- Gewinn- und Verlustverteilung, Ausgleichszahlungen, Beitragszahlungen
- Risikoeinschränkung bei „Versagen" der Kooperation
- Haftung und Gewährleistungen.

Unternehmenskooperationen sollten langfristig mit vertraglichen Regelungen und mit einer für das jeweilige Partnerteam sinnvollen Rechtsform ausgestaltet werden. Natürlich können Rechtsanwälte und Notare hier umfangreiche Möglichkeiten der rechtlichen Gestaltung finden, es soll jedoch darauf hingewiesen werden, dass die Regelungs- und Gestaltungsmaßnahmen finanzierbar und handhabbar sein müssen.

4. Verhaltensdimensionen in Unternehmenskooperationen

4.1. Vertrauen

Vertrauen kann als das bedeutsamste Element innerhalb und auch zwischen Unternehmen gesehen werden und wird zu Recht als wirksames „Schmiermittel" marktlich koordinierter Austauschprozesse bezeichnet. Vertrauen bildet den „Kitt sozialer Bindungen" (Bleicher 1995, S. 392). Vertrauensvolle Beziehungen sind daher äußerst relevant für die Kooperationsentstehung und -entwicklung und stellen erfolgskritische Elemente von Effizienz und Effektivität dar.

4.1.1. Vorteile und Definition von Vertrauen

Die Entstehung und Wirkung von Vertrauen in Unternehmenskooperationen ist das wohl am häufigsten herausgestellte Strukturmerkmal von vernetzten und kooperierenden Organisationen. Vertrauensbeziehungen haben folgende vorteilhafte Wirkungen in Unternehmenskooperationen:

- Reduzierung der Binnenkomplexität
- Unterstützung der Entwicklung kollektiver Strategien
- Erleichterung der Koordination ökonomischer Aktivitäten
- Steigerung der Wirtschaftlichkeit durch die Reduzierung von Transaktionskosten mittels Senkung des Koordinations- und Kontrollbedarfs

- Förderung eines offenen Informationsaustausches und interorganisationalen Lernens
- Förderung innovativer Problemlösungen und Erhöhung der allgemeinen Problemlösungsfähigkeit
- Erhöhung der Motivation und des persönlichen Wohlbefindens
- Verbesserung der Kommunikation und der Projektarbeit
- Erleichterung der interorganisationalen Konflikthandhabung
- Eröffnung von Handlungsspielräumen
- Unterstützung organisatorischer Veränderungen
- Größere Akzeptanz der wechselseitigen Abhängigkeiten
- Beitrag zur Kooperationsstabilität

Vertrauen definiert sich durch

- Zukunftsgerichtetheit
- Bestehen einer Unsicherheit bzw. eines Risikos
- Verletzbarkeit des potentiell Vertrauenden
- eine erwartete positive Intention und Bereitschaft zur Kooperation der Zielperson des Vertrauens
- beiderseitige Freiwilligkeit des Vertrauensschenkens.

Vertrauensverhalten ist ein Verhalten, welches die eigene Verwundbarkeit gegenüber einer nicht unter der persönlichen Kontrolle stehenden Person steigert und in einer Situation erfolgt, in welcher der gewonnene Vorteil aus dem Vertrauen geringer ist als ein eventueller Schaden im Falle eines Vertrauensbruchs. Dabei besteht die Vertrauensproblematik selbst in der riskanten Vorleistung (Luhmann 2000, S. 23). Von Vertrauen kann und soll also nur dann gesprochen werden, wenn die Möglichkeit besteht, dass dieses Vertrauen enttäuscht oder gebrochen werden kann, und wenn paradoxerweise auch gerade dann zu vertrauen ist, wenn die Person, der vertraut werden soll, nicht oder nur eingeschränkt kontrollier- und steuerbar ist. Abhängigkeit und Vertrauen schließen sich aus, denn in der Logik von Vertrauen liegt die Möglichkeit der Partner, auch andere Handlungsalternativen zu wählen.

Vertrauen kann nach Diller/Kusterer (1989, S. 211) als zentrale Drehscheibe der Beziehungsgestaltung und -entfaltung gesehen werden. Faktoren wie die Werthaltung, der Zeithorizont, die innere Verpflichtung und der ökonomische Anreiz bilden das Gerüst des „Moleküls“ Geschäftsbeziehung (Abb. 4).

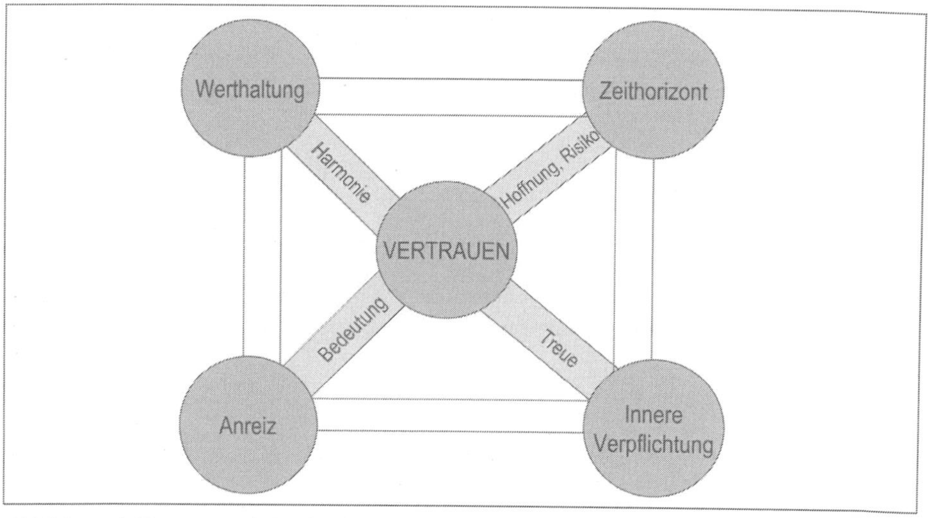

Abbildung 4: Vertrauen als Drehscheibe der Beziehungsentwicklung

Unter Werthaltung werden bewusste und unbewusste Werte und Strategien verstanden, die der Kooperationsbeziehung zugrunde liegen, denn zu unterschiedliche Strategien der Partner stören nachhaltig die Harmonie des Systems. Hoffnungen und Risiken, welche die Partner an die Beziehungen knüpfen, werden durch den Zeithorizont der Unternehmenskooperation beeinflusst. Je länger der Zeithorizont ausgedehnt ist, desto höher ist die Wahrscheinlichkeit der Amortisation getätigter Investitionen. Die innere Verpflichtung kann als die Bereitschaft der Partner, zu den anderen Kooperationspartnern zu stehen, verstanden werden. Sie kann deshalb als Ansatzpunkt zur Stabilität angenommen werden, wodurch Toleranz und Treue gefördert werden. Der erwartete ökonomische Anreiz umfasst die finanzielle Dimension der Beziehungen und stellt den letzten Baustein des „Moleküls" dar.

4.1.2. Personales Vertrauen und Systemvertrauen

Unter Vertrauen versteht man zunächst personales Vertrauen. Es dient der Überbrückung eines Unsicherheitsmoments im Verhalten anderer und bezieht sich grundsätzlich auf Menschen. Im Rahmen des Konzeptes einer Kooperationsentwicklung gilt die Entwicklung von Vertrauen aber nicht nur dem personalen Vertrauen, sondern auch dem Vertrauen in Sozialsysteme. Dieses so genannte „institutionelle Vertrauen" ist auch bekannt als „Systemvertrauen" (Luhmann 1989, S. 54) und bezieht sich auf Institutionen, Geld, Nationen, Unternehmen und Unternehmenskooperationen.

Vertrauen kann weiters anhand der Vertrauensquellen und der Vertrauensobjekte definiert werden (Zucker 1986, S. 53 ff.). Dabei unterscheidet man zwischen einem prozessbasierten Vertrauen, welches aus der konkreten Erfahrung von sozialem und/oder ökonomischem Austausch besteht, und einem eigenschaftsbasierten Vertrauen, bestehend aus personalen bzw. Systemeigenschaften (Abb. 5).

Vertrauensquelle ⇨ / ⇩ Vertrauensobjekt	**Vertrauen aus Prozessen**	**Vertrauen aus Eigenschaften**
Vertrauen in Personen	I Positive Erfahrungen mit Personen in Austauschbeziehungen: • Lange/vielfältige Erfahrung • Vorleistung/Vorschuss	II Vertrauensrelevante Eigenschaften von Personen: • Qualifikationsnachweise • Mitgliedschaft • Sympathie • Toleranz/Integrität • Ehrlichkeit, Aufrichtigkeit, Offenheit
Vertrauen in Institutionen	III Positive Erfahrungen mit Systemen in Austauschbeziehungen: • Lange/vielfältige Erfahrungen • Erfahrungsnachweise • Referenzen	IV Vertrauensrelevante Eigenschaften sozialer Systeme: • Garantien/Zertifikate (ISO) • Offenlegung/Kommunikation • Reputation/Image • Geordnete Abläufe/Strukturen

Abbildung 5: Personales Vertrauen und Systemvertrauen

Der Quadrant I stellt das Vertrauen in Personen aufgrund verschiedener positiver Erfahrungen in Austauschbeziehungen dar. Die wiederholte Erfahrung, dass der Partner Vertrauen in einer bestimmten Situation bzw. bezüglich einer bestimmten Sache nicht missbraucht hat, führt zu Vertrautheit. Bestehen keine persönlichen oder institutionellen Erfahrungen mit einem potentiellen Kooperationspartner, muss auf Erfahrungsnachweise und Referenzen von Dritten zurückgegriffen werden, wie dies im Quadrant III dargestellt ist. Im Quadrant II wird das Vertrauen in Personen aufgrund bestimmter vertrauensfördernder Eigenschaften aufgezeigt. Zu solchen Eigenschaften zählen zum Beispiel Mitgliedschaften zu bestimmten sozial-gesellschaftlichen Plattformen, welche gewisse Eigenschaften vermuten lassen, oder auch persönliche Eigenschaften wie Toleranz, Ehrlichkeit und Offenheit, welche vertrauenserweckend sind. Ähnlich gilt auch im Quadrant IV, der das Vertrauen in Systeme aufgrund bestimmter vertrauensfördernder Eigenschaften beinhaltet. So treten Zertifikate, Garantien und Bonitätsnachweise an die Stelle persönlicher Erfahrungen mit dem potentiellen Kooperationsunternehmen.

Bei der Auswahl der Kooperationspartner gilt demnach zu beachten, welche Vertrauensquellen herangezogen wurden, um die vertrauensorientierte Kooperationsfähigkeit eines potentiellen Partners zu beurteilen.

4.1.3. Entwicklung von Vertrauen

Der Prozess der Vertrauensbildung erfordert den Einsatz aller betroffenen Partner. Persönliches Vertrauen entsteht nach dem „Prinzip der kleinen Schritte“: Zunächst muss ein Anlass gegeben sein, anderen Personen Vertrauen zu erweisen. Der Vertrauende muss dabei eine durchaus riskante Vorleistung erbringen. Im Laufe der Zeit fühlen sich die beiden Partner sicherer und ein kontinuierlicher Zyklus kooperativer Beziehungen beginnt. Die Kontrolle von Vertrauen erfolgt mittels Symbolen der Vertrauenswürdigkeit, welche in einer Art Rückkoppelungsschleife laufend Informationen darüber zurückmelden, ob die Fortsetzung des Vertrauens gerechtfertigt ist oder nicht. Eine Vertrauensperson genießt einen gewissen Vertrauenskredit, innerhalb dessen auch ungünstige rückgekoppelte Informationen bzw. Erfahrungen zurechtinterpretiert werden. Zu beachten ist dabei immer, dass Vertrauen labil ist und ein einmal enttäuschtes Vertrauen nur schwer wieder aufzubauen ist. Der Ausschluss von Kommunikation erschwert die Vertrauensbildung. Nach Lane (1998, S. 4 ff.) vollzieht sich die Vertrauensentwicklung in drei Phasen:

- In der frühen Phase der Netzwerkentwicklung basiert das Vertrauen in andere Partner auf berechenbaren Erwartungshaltungen und darauf, dass die Kosten und Gewinne eines vertrauensvollen Verhaltens bzw. des Missbrauchs abgeschätzt werden können. Dies ist das *berechnende Vertrauen* („calculative trust"). Das Vertrauen ist zunächst sehr fragil, da es sich auf eine geringe bis gar keine gemeinsame Vergangenheit der Partner bezieht. Das Wissen der Partner, dass jeder abwechselnd die Rolle des Vertrauensgebers und des Vertrauensnehmers einnimmt, reduziert die Gefahr von Vertrauensbrüchen. Schlüsselfaktoren in dieser Vertrauensdimension sind Information und Kommunikation.
- Die Entwicklung einer Wissensbasis – die Erfahrungen und das Feedback der Partner über die anderen Partner – bildet die Überleitung in die nächste Stufe des Vertrauens, auf der die Partner zunehmend berechenbarer für andere werden. Die weitere Vertrauensbasis der gemeinsamen Sinnkonstruktion und das Teilen gemeinsamer Vorstellungen führen zu dem *kognitiven Vertrauen* („cognitive trust"). Letzteres unterstützt die Vertrauensbasis durch gemeinsame Informationen und geteilte Erwartungen, das Verstehen, wie der Partner denkt, und die Möglichkeit, die Aktionen des Partners damit vorherzusehen. In Summe bedingt die Weiterentwicklung der Vertrauensbasis von einem berechnenden hin zu einem kognitiven Vertrauen einen hohen Grad an gemeinsamem Wissen.
- Die dritte Perspektive der Vertrauensbasis liegt darin, dass Akteure gemeinsame Wert- und Moralvorstellungen teilen. Dies ist das *normative Vertrauen* („normative trust"). Die Wertvorstellungen bedürfen einer langfristigen Beziehung, weil sich die Akteure wechselseitig verstehen, und kann so weit gehen, dass die Akteure wechselseitig effektiv füreinander agieren können. Eine gute Zusammenarbeit mit solidarischem Engagement, dichter Kommunikation und konstruktivem Teilnahmeverhalten wirkt sehr vertrauensfördernd, stärkt die gegenseitige Vertrauensfähigkeit und -würdigkeit, bietet Vertrauensbeweise und unterstützt vertrauensvolle Beziehungen. Die verstärkte Bindung der Partner bildet den Schlüsselfaktor dieser Vertrauensdimension.

Vertrauen ist also ein *Ergebnis* eines erfolgreichen Entwicklungsprozesses, nicht jedoch dessen Voraussetzung. Vertrauen wird aber nicht nur kontinuierlich aufgebaut. Vertrauen kann verletzt, erschüttert und reduziert werden. Eine Vertrauensverletzung führt zu Unsicherheit, negativen Effekten und Instabilität.

Die Wiedergutmachung von schwerwiegender Vertrauensverletzung kostet entsprechend Zeit und Geld.

4.1.4. Vertrauensfördernde Elemente und Instrumente

Folgende Elemente unterstützen die Vertrauensentwicklung:

- ***Faires Verhalten und offene Kommunikation.*** Ein faires Verhalten und eine offene, klare Kommunikation sind für die Entstehung und Entwicklung von Unternehmenskooperationen notwendig. Vertrauensfördernde Leitsätze für das Kooperationsverhalten in strategischen Kooperationsnetzwerken geben dabei Orientierung.
- ***Gelassenheit und Geduld.*** Für die laufenden Verhandlungen insbesondere in den ersten Phasen der strategischen Kooperationsentwicklung sind bestimmte „unternehmerische Tugenden" wie Gelassenheit und Geduld gefragte Eigenschaften. Darüber hinaus weist das Wesen des Vertrauens eine Reihe von Facetten auf, welche maßgeblich das Menschenbild über Akteure beeinflussen und Vertrauen schaffen, wie zum Beispiel Ehrlichkeit, Offenheit, Toleranz, Humor, Partnerschaft, Würde und Sicherheit.
- ***Tätigung spezifischer Investitionen.*** Die Entwicklung von Vertrauen wird durch gemeinsame spezifische Investitionen unterstützt, weil diese die Verpflichtung zur Kooperation erhöhen.
- ***Reputationseffekte.*** Unter der Reputation eines Unternehmens ist das zusammenfassende Urteil anderer Unternehmen und Wirtschaftspartner über das zukünftig zu erwartende Verhalten eines Unternehmens zu verstehen. Partner können aufgrund der Reputation die Unsicherheit einer neuen Beziehung reduzieren, wenn sie in Bezug auf ihre Leistungsfähigkeit und Vertrauenswürdigkeit kein „unbeschriebenes Blatt" mehr sind.
- ***Wechselseitige Unterstützung.*** Die Gewährung einer technischen und organisatorischen Unterstützung erhöht den Goodwill und senkt die Gefahr opportunistischen Verhaltens.
- ***Langfristigkeit und Reziprozität der Beziehungen.*** Durch wechselseitige Abhängigkeiten gekennzeichnete Beziehungen fördern den Aufbau und den Erhalt vertrauensvoller Beziehungen, in denen sich die Wahrscheinlichkeit opportunistischen Verhaltens reduziert. Bei einem positiven Verlauf führt die Reziprozität zu einem mit der Zeit wachsenden Vertrauen, der so genannten „Vertrauensspirale" (Sydow 1996, S. 12).
- ***Vertrauensvorschuss.*** Damit sich eine vertrauensvolle Beziehung entwickeln kann, muss einer der Partner Vorleistungen in Form eines Vertrauensvorschusses erbringen.
- ***Selbstverpflichtung.*** Selbstverpflichtung hebt nicht Verhaltensspielräume auf, sondern bedeutet Selbstverzicht auf bestehende und bestehen bleibende Handlungsalternativen und im Konkreten den Verzicht auf die Ausnutzung von Opportunismusspielräumen.
- ***Sanktionsbedingungen.*** Vertrauensförderndes Verhalten kann forciert werden, wenn die Sanktionsbedingungen bei einem opportunistischen Verhalten abschreckend genug sind. Als wichtige Handlungsregel gilt, dass für das Er-

zielen und den Erhalt von Vertrauen der Beistand zu dem/den Partner/n „in guten wie in schlechten Zeiten" notwendig ist.

- ***Cross Trusting.*** Darunter versteht man den „Vertrauensimport" in die Kooperation, indem Vertrauen aufgrund anderer positiver, gemeinsamer Erfahrungen aufgebaut wird.
- ***Delegationsmodell.*** Das Delegationsmodell basiert auf dem Involvieren einer unabhängigen Vertrauenspartei wie zum Beispiel eines Unternehmensberaters als „Entwicklungshelfer" einer Unternehmenskooperation.

Weiterhin muss berücksichtigt werden, dass sich Vertrauen neben einer rationalen Kalkulation auch immer auf persönliche Sympathien, Erfahrungen und Fähigkeiten der einzelnen Akteure gründet.

4.2. Positionen und Rollen in Unternehmenskooperationen

4.2.1. Führungsrollen in Unternehmenskooperationen

Die Beziehungen und Interaktionen innerhalb der Kooperationspartner bestimmen die Rolle und Position der einzelnen Partner in der Kooperation. Anhand der Kriterien Kooperationskompetenz und Kooperationsstärke kristallisieren sich nach Schuh et al. (2000, S. 73 f.) vier Typen an Kooperationspartnern heraus (Abb. 6):

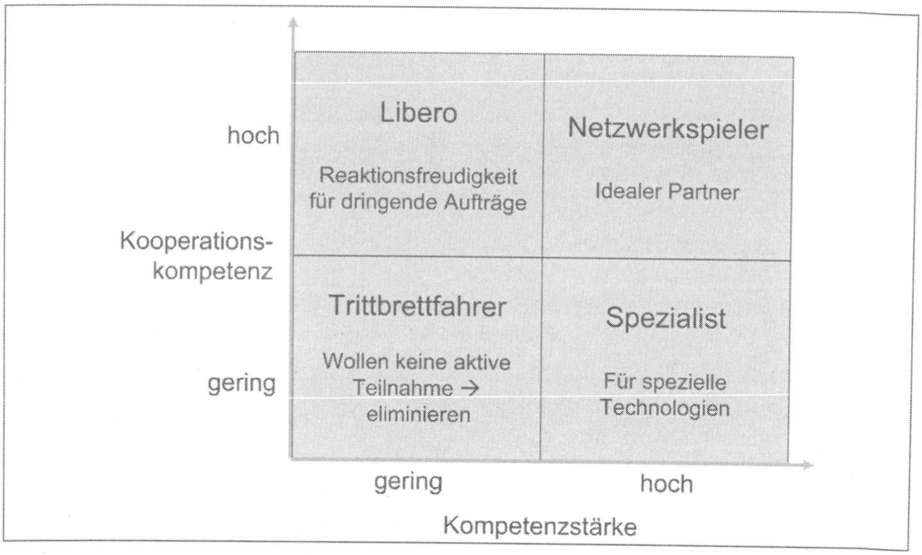

Abbildung 6: Typen der Kooperationspartner

Als idealer Partner kann der Netzwerkspieler gesehen werden, der sowohl Kompetenz als auch Stärke in die Kooperation mitbringt. Der Libero ist ein Partner, der sich für schnelle Aufträge flexibel und kompetent einbringen kann. Der Spezialist unterstützt mit seinem speziellen und einzigartigen Know-how. Trittbrettfahrer bringen keine Kompetenzen in die Kooperation ein, sondern sind Energie- und Kompetenzsauger. Sie zu entlarven und zeitgerecht zu eliminieren, ist ein wichtiger Schritt für eine gesunde Kooperationsentwicklung.

Für die *Entwicklung von Führungsrollen* in Kooperationen sind die Beziehungen und Interaktionen zwischen den Kooperationspartnern verantwortlich. Aufgrund vielfach polyzentrischer Strukturen von Unternehmenskooperationen ist es jedoch keinem Partner alleine möglich, Veränderungen zu bewirken. Führung ist dabei keinesfalls ein einseitiger Beziehungsprozess, sondern erfordert vielmehr die Anerkennung und/oder Zuschreibung der Führungsrolle durch geführte Personen. In Unternehmenskooperationen wird jenen Personen Führung zugeschrieben, die ein Sichtbarmachen unterschiedlicher Denkweisen, Annahmen und Erwartungen der Partner ermöglichen, Alternativen durch positive Interaktionen aufzeigen und kollektive Handlungen durch Strukturbildung initiieren, Vorschläge entwickeln und präsentieren können. Eine besondere Herausforderung aller interorganisationalen Führungsrollen besteht darin, dass Personen aus verschiedenen Kooperationsunternehmen aus ungleichen Hierarchieebenen zusammenarbeiten müssen. Hier werden Kooperationspartner mit neuen Rollenanforderungen konfrontiert.

Führung in Unternehmenskooperationen kann als kollektiv, informal, parallel, abwechselnd und temporär bezeichnet werden, wobei drei zentrale Elemente das Verständnis von Führung in Kooperationen beeinflussen (Winkler 2006, S. 65 f.):

- ***Divergente Ziele und Interessen der Partner.*** Neben einem formalen, institutionalisierten strategischen Führungsgremium besteht ein polyzentrischer Führungsanspruch in Unternehmenskooperationen, da unterschiedliche Ziel- und Interessenlagen der Kooperationspartner existieren und diese durchaus versuchen, die Individualziele zu erreichen. Natürlich werden in der Kooperation auch gemeinsame und geteilte Ziele anvisiert. Letztendlich lässt sich für die Führung von Unternehmenskooperationen ableiten, dass gemeinsame und individuelle Ziele zugunsten einer Zielkompatibilität ausgewogen werden müssen.
- ***Vielfältige Interaktionsprozesse.*** Für das Verständnis von Führung in Kooperationen sind die vielfältigen Interaktionsprozesse, wie Prozesse zur Entstehung von Strukturen und Regeln, politische Aushandlungsprozesse, Konfliktlösungsprozesse etc., wichtig. In diesen Interaktionsprozessen entstehen Beziehungen, die gleichzeitig Führungsrollen und -potenziale enthalten und innerhalb dieser Prozesse geprobt, reproduziert und verändert werden.
- ***Etablierendes „Mehrführertum".*** Manche Partner weisen aufgrund ihrer Machtquellen (Ressourcenzugang, gute Position im Beziehungsgeflecht, offene Unternehmenskultur, kooperatives Personalmanagement) ein höheres Einflusspotenzial auf als andere. Letztendlich etabliert sich in Unternehmenskooperationen stets ein „Mehrführertum". Hier wirken mehrere Führungszentren zusammen. Die konkrete Führungsausprägung entwickelt sich im Laufe der Kooperation und unterliegt einer Begrenzung: für eine bestimmte Situation (zeitlich), für eine definierte Aufgabe (funktional) und für eine bestimmte Gruppe der Kooperation (örtlich). Führungspartner müssen

daher in der Lage sein, den zeitlichen, funktionalen und örtlichen Rahmen zu bestimmen, um damit den Führungsbereich abgrenzen zu können.

4.2.2. Kooperationstypische Rollen

Den grenzüberschreitenden Rollen wie den Broker-Rollen, Boundary-spanning-Rollen, Linking-pin-Rollen, Caretaker-Rollen, Trust-Guardians etc. wird in der Kooperationsliteratur und -praxis große Bedeutung zugeschrieben; sie umfassen folgende Aufgabeninhalte:

- grenzüberschreitende Suche und Weitergabe von Informationen innerhalb und außerhalb der Kooperation
- Aushandeln von Verträgen, Überwachung von deren Einhaltung
- Führung von anderen Mitarbeitern in grenzüberschreitenden Rollen
- Integration und Koordination von Kooperationsaktivitäten
- bewusste Vertrauensentwicklung zwischen den Organisationen.

Für die Rolle des kommunikativen Grenzgängers und Brückenbauers wird ein hohes Maß an transkontextueller Fähigkeit erwartet. Darunter sind die Fähigkeit und der Mut, neue Wege zu gehen, sich in neuen Wirklichkeiten zurechtzufinden und den interorganisationalen Rollenstress zu bewältigen und zu verstehen. Folgende Rollen werden für Unternehmenskooperationen als sinnvoll erachtet:

- ***Kooperationsstratege:*** Ein Visionär und strategischer Führer ist meist der Kooperationsstratege; er ist auch in der Regel der Initiator. Diese Rolle wird nicht nur häufig von einer charismatischen Führungsperson oder einem führenden Partner wahrgenommen, sondern gleichzeitig wird diesem Rolleninhaber auch die Fähigkeit zur richtigen Zusammenstellung der idealen Konstellation zugeschrieben. Zentrale Inhalte dieser Rolle sind die wettbewerbsorientierte Ausrichtung der Kooperation am Markt sowie die Konfiguration der Kooperation.
- ***Kooperationsmanager:*** Die Rolle des Kooperations- oder Netzwerkmanagers umfasst sämtliche Tätigkeiten, welche die Strukturen und die Prozesse, das Controlling und das Marketing sowie die Verwaltung/Dokumentation der Kooperation betreffen. In Zusammenarbeit mit dem Netzwerkstrategen fällt dieser Rolle der Aufbau und die Entwicklung der Unternehmenskooperation zu. Der Kooperationsmanager wirkt auch als „Außenminister“ und ist damit Ansprechpartner für Umfeldkontakte wie zum Beispiel Finanzpartner, Förderstellen, PR-Stellen etc.
- ***Projektmanager:*** Aufgabe des Projektmanagers ist es, die eingehenden Angebote und Aufträge abzuwickeln. In der Kooperation ist davon auszugehen, dass alle Unternehmer oder Führungskräfte in der Lage sein müssen, Aufträge und/oder Projekte zu koordinieren und durchzuführen. Diese Rolle ist für die effektive und effiziente Abwicklung des Kundenauftrages zentral.
- ***IuK-Manager:*** Die Aufgabenstellungen des Infrastruktur- und Kommunikationsmanagers sind die Bedarfsanalyse für die Kooperation, die Installierung und Pflege der Infrastruktur sowie die Einschulung der betroffenen Personen.

- ***Kooperationscoach:*** Der Kooperationscoach ist auf allen Ebenen der Kooperation aktiv und begleitet in Zusammenarbeit mit dem Kooperationsmanager vor allem die psychosoziale Entstehung und Entwicklung der Kooperation. Aufgabeninhalte betreffen die Betreuung von Mitarbeitern in interorganisationalen Teams, Projektgruppen und das Führungsgremium, das Konfliktmanagement und die Reflexion der Unternehmenskooperation.
- ***Moderator:*** In der letzten Zeit wird verstärkt die Moderationsfunktion als Steuerungsaufgabe genannt. Dabei hat der Moderator die Aufgabe, unterschiedliche Interessen und Zielvorstellungen der Unternehmen abzustimmen, deren Motivation zu fördern und eventuelle Machtsymmetrien auszugleichen.

4.3. Interorganisationale Managementsysteme

Planungs- und Controllingsysteme

Primäres Ziel ist die Unterstützung der Netzwerkführung bei der Initiierung, Steuerung und Nutzung von kollektiven Erfolgspotenzialen. Fehlentwicklungen und Abweichungen von gemeinsamen Zielvorstellungen werden damit schneller dem gesamten Netzwerk deutlich gemacht. Gestaltungsaspekte für ein Kooperationscontrolling wie die Planungs- und Kontrollsysteme, Informations- und Steuerungssysteme, Koordinationsorgane und Instrumentarien der Ziel- und Strategieabbildung existieren teilweise schon in den Unternehmen. Insofern liegt die Aufgabe des Controllings damit in der Schaffung von Schnittstellen und der Datenkompatibilität zwischen den verschiedenen Systemen. Damit kann die Vereinheitlichung und Durchgängigkeit des Systems sichergestellt, ein Netzwerk-Controlling initiiert und implementiert werden. Für Unternehmenskooperationen ist nicht nur ein laufendes Controlling zu installieren, sondern auch eine kontinuierliche Kosten-Nutzen-Rechnung sowohl auf strategischer Kooperationsebene als auch auf individueller Unternehmensebene zu berücksichtigen. Typische Controllinginstrumente für Kosten-Nutzen-Rechnungen berücksichtigen die monetäre Bewertung (zum Beispiel für Einnahmen, Zeit, Ausgaben, Investitionen), die qualitative Bewertung – Performancekriterien (zum Beispiel für Liefertreue, Reaktionszeit) – und eine Risikoanalyse (zum Beispiel durch ein Frühwarnsystem). Interorganisationale Berichtssysteme wie zum Beispiel „cooperative scoreboards“ und/oder ein „virtuelles Rechnungswesen“ sind mögliche gemeinsame Planungssysteme einer Kooperation. Regelmäßige Audits und institutionalisierte Controlling-Meetings sind dabei wichtige Steuerungsinstrumente. Die Grenzen eines Netzwerkcontrollings liegen in der fehlenden Durchgriffsoption bei einem Unternehmen, was im ungünstigsten Fall dazu führen kann, dass einzelne Partner aus Sicht der Kooperation als „black box“ agieren.

Informations- und Kommunikationssysteme

Das Informations- und Kommunikationsmanagementsystem spielt in gleichberechtigten unternehmerischen Partnerschaften eine wichtige Rolle, denn zur zieladäquaten Ausschöpfung des wirtschaftlichen Erfolges sind ein wechselseitiger Informationsaustausch und eine regelmäßige Kommunikation erforderlich. Symmetrie und Transparenz der Informationen stellen dabei zentrale Grundelemente einer flexiblen und stabilen Kooperation dar. Ziel einer konzeptionellen Gestaltung von Informations- und Kommunikationsmanagementsystemen muss das Management einer organisatorischen bzw. interorganisatorischen Informations- und Wissenslogistik für alle relevanten Mitarbeiter in der Unternehmenskooperation sein.

Beim Aufbau eines Informations- und Kommunikationssystems sind sowohl Aspekte der persönlichen Face-to-face-Kommunikation als auch der technologisch unterstützten Kommunikation und Information zu sehen. Die Vorteile moderner IuK-Technologien liegen darin begründet, dass räumliche und zeitliche Distanzen überwunden, Daten gemeinsam genutzt und durch den raschen Datentransfer Informationsasymmetrien abgebaut werden können. Daraus ergeben sich Kosten-, Informations-, Kommunikations- sowie Integrationsvorteile. Bei einer tiefergehenden Vernetzung muss nicht nur die Informationssuche, sondern auch die Durchführung von Teilprozessen und die Koordination arbeitsteiliger Leistungserstellung unterstützt werden. Solche Systeme benötigen Groupware-Funktionen. Dies sind Anwendungen, die der computergestützten Gruppenarbeit von Mitarbeitern dienen, dabei die fachlichen Fähigkeiten der Projektbeteiligten zusammenführen und die freie Kommunikation auf bestmögliche Weise unterstützen, wie Workgroup Computing, Workflow Management, gemeinsame Informationsräume oder Kommunikationinstrumente.

Trotz der Favorisierung des Einsatzes dieser Technologien muss vor einem unnötigen, technisch anspruchsvollen System gewarnt werden. Es ist in diesem Zusammenhang das *Produktivitätsparadoxon* zu erwähnen, welches aufgrund mehrerer Studien bestätigt, dass zu aufwendige Investitionen in moderne IuK-Technologien nicht die erwarteten positiven Produktionswirkungen zeigen und der betriebswirtschaftliche Nutzen somit in Frage zu stellen ist.

Personalmanagementsysteme

Die Menschen stellen letztendlich die zentralen Erfolgsfaktoren von Unternehmenskooperationen dar. Mittels eines Personalmanagementsystems sollen folgende Zielsetzungen sichergestellt werden:

- übereinstimmendes Verständnis und Management der menschlichen Potenziale und Ressourcen in den Kooperationsbetrieben
- abgestimmte, am Kooperationserfolg orientierte Bewertungs-, Entlohnungs- und Anreizsysteme
- synergetische Nutzung überbetrieblicher Personalentwicklungs- und Fördermaßnahmen
- ähnliches Verständnis der Personalführung und -beurteilung
- abgestimmte Entgeltpolitik
- kooperationsweite Informationen über das zur Verfügung stehende Personal und deren Kapazitäten im Sinne von synergetischen Personalverflechtungen
- wechselseitige Unterstützung im Falle von Kapazitätsengpässen
- standardisierte Kriterien für Personalsuche, -rekrutierung und -freisetzung.

Gemeinsame Verhaltensregeln

Gemeinsame Regeln der Zusammenarbeit dienen der Verhaltensorientierung und dem Vertrauensaufbau. Die gemeinsame Vereinbarung von Grundsätzen gibt der Unternehmenskooperation eine klare strategische Ausrichtung und stellt die Verfolgung der gemeinsamen Ziele sicher. Mögliche Bezeichnungen für die Kategorie integrativer Spielregeln sind zum Beispiel Kooperationsrichtlinien, Kooperationsleitsätze oder auch Verfassungen (Chartas). Folgende Verhaltensregeln sollten bedacht werden:

- Statuten über Philosophie, Handlungsorientierung, Opportunismus
- Regeln der Führung und Entscheidung
- Informationsrechte und Informationspflichten
- Bedingungen beim Aufnahme- bzw. Ausscheidensprozess
- Regeln in Krisenzeiten
- Regeln für eine Regelmissachtung (Sanktionen)
- Beziehungen einzelner Firmen zu externen Dritten
- Regeln für den Ein- und Ausstieg von Partnern.

4.4. Kooperationskultur

Die Unternehmenskultur umfasst alle von den Systemmitgliedern geteilten Normen, Werte, grundlegenden Annahmen, Regeln und Verhaltensmuster. Jede Organisation besitzt ihre individuelle Kultur, welche die Mitglieder bewusst und unbewusst beeinflusst, also verhaltenssteuernd wirkt und umgekehrt durch die Mitglieder geschaffen, gelebt und beeinflusst wird. Auch in jeder Unternehmenskooperation bildet sich im Laufe der Entwicklung eine spezifische Kultur heraus. Eine Kulturgestaltung auf Kooperationsebene ist für langfristige Unternehmenskooperationen durchaus möglich und sinnvoll. Die vier zentralen Mechanismen zur Schaffung einer integrierenden Kernkultur von Unternehmenskooperationen sind: Information/Kommunikation, Vertrauen, Fairness und Co-Destiny. Für die Entwicklung einer Kooperationskultur gibt es im Wesentlichen drei Zugänge:

- ***Kulturpluralismus.*** Die bisherigen Kulturen existieren nebeneinander weiter. Dies ist dann möglich, wenn die Kooperationspartner sehr lose miteinander gekoppelt sind.
- ***Kulturassimilation.*** Es findet eine langsame Verschmelzung der Kulturen statt, wodurch eine eigenständige Kooperationskultur herausgebildet wird. Diese Assimilation ist eine in längerfristigen Kooperationen anzunehmende Kulturentstehung und Kulturentwicklung unter gleichwertigen Partnern.
- ***Kulturübernahme.*** Ein Unternehmen versucht die Kultur auf ein anderes Unternehmen zu übertragen. Zumeist betrifft dies schwächere bzw. weniger erfahrene Kooperationspartner.

5. Entstehung und Entwicklung von Unternehmenskooperationen

5.1. Einführende Diskussion zur Kooperationsentwicklung

Die Forschungsbemühungen über die Entwicklung von Unternehmenskooperationen sind bislang noch eher rudimentär. Verschiedene bisherige Entwicklungsmodelle sind dennoch zweckdienlich, um das Entstehen und die Entwicklung von Unternehmenskooperationen besser zu verstehen (Sydow 2006):

- ***Lebenszyklusmodelle:*** In der Regel wird bei Lebenszyklusmodellen von einem linearen Kooperationsverlauf ausgegangen, der Unternehmenskooperationen unterstellt, dass sie nach ganz konkreten Entwicklungsphasen ablaufen und dabei ein phasenadäquates Management verlangen. Die Dauer der einzelnen Phasen, der Beginn und das Ende kurzfristiger Prozessübergänge sind dabei nicht immer bestimmbar. Diese Modelle vermitteln Praxisrelevanz und erfüllen den Wunsch nach Komplexitätsreduktion und Determiniertheit der Entwicklung.
- ***Nichtlineare Entwicklungsmodelle:*** Diese Prozessmodelle bestehen zumeist in der Abfolge einiger Basisprozesse, die sich selbst durch das konkrete Handeln der Partner immer wieder beeinflussen und mit positiven und negativen Rückkopplungen, mit Rekursivität, intern und extern eingeleiteten Krisen, Lernen etc. zu rechnen haben.
- ***Interventionsorientierte Entwicklungsmodelle:*** Die von der Tradition der Organisationsentwicklung inspirierte Aktionsforschung des „transorganizational development" versucht Unterschiedlichkeiten zwischen organisationalen und interorganisationalen Interventionssettings herauszuarbeiten. Instrumente, Rollen von Managern, Beratern etc. sind in diesem Prozess jedoch noch unausgereift. Diese Modelle gehen auch von einer weitgehend gestaltbaren Praxis aus. Diskontinuitäten der Entwicklung können hier durch Interventionen stabilisiert werden.

Letztendlich durchdringt derzeit noch keines der oben angeführten Modelle die Entwicklung von Unternehmenskooperation vollständig und umfassend. Neuere Diskussionen führen in Richtung der Evolution oder Strukturation als mögliche Erklärungsansätze.

Mit kritischer Distanz zu den Lebenszyklusmodellen werden in praxisorientierten Darstellungen jedoch überwiegend Phasenmodelle eingesetzt, um die Entwicklung von Unternehmenskooperationen transparenter, nachvollzieh- und gestaltbarer zu machen. Üblicherweise wird von vier bis sieben Phasen ausgegangen. Im Folgenden wird anhand eines Vier-Phasen-Modells nach Liebhart (2001, S. 177 ff.) die Entwicklung skizziert. Graphisch sind die Phasen und deren Entwicklungsschritte in der Abb. 7 wiedergegeben. Auf der horizontalen Achse findet sich das Kriterium „Zeit", welches je nach Kooperation und Partner sehr unterschiedlich ausfallen kann. Auf der senkrechten Achse stellt das Kriterium „kollektives Nutzenniveau" den Fortschritt der Unternehmenskooperation dar. Jede Phase beinhaltet am Ende eine Krise, die durch einen Entscheidungssprung gemeistert wird und in die nächste Phase überleitet oder zu einem Rückfall in eine vorangegangene Phase führt. Dahinter steckt keine Wertung, sondern die Tatsache, dass bestimmte Entwicklungsschritte einer Phase noch nicht qualitativ vollendet wurden oder aufgrund einer neuen Situation nochmals zu durchlaufen sind. Beispielsweise bedeutet die Aufnahme eines weiteren Partners in eine bestehende Kooperation, dass mit ihm nicht „von null auf hundert" gestartet werden kann. Vielmehr müssen die einzelnen Entwicklungsschritte nochmals gemeinsam durchdacht, reflektiert und erprobt werden.

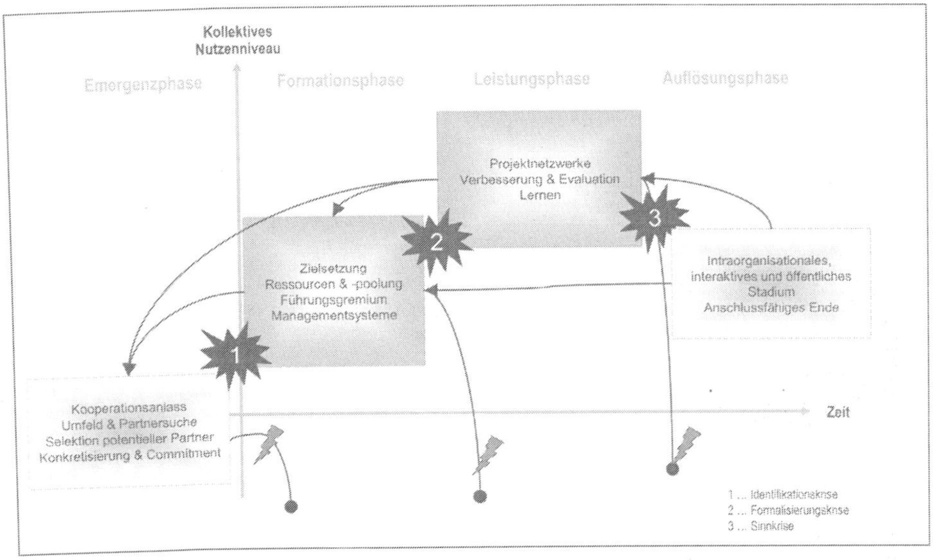

Abbildung 7: Entwicklungsphasen einer Unternehmenskooperation

5.2. Emergenzphase

Die Phase der Emergenz kann im Wesentlichen als „Vorgründungsphase" bezeichnet werden und ist diejenige Phase, die für das Entstehen und die weitere Entwicklung oder auch Nichtentwicklung einer Unternehmenskooperation prägend ist. Denn für die Art und Weise des langsamen Emergierens („Hervorbringen") von Interaktionen, deren Intensität, Inhalt und Qualität spielen die Unternehmensgeschichte und bisherige Kooperationserfahrungen potentieller Partner, der Ruf als Kooperationspartner und das Image des Unternehmens selbst eine bedeutende Rolle.

Generell wird bei sozialen Netzwerken davon ausgegangen, dass das Sichtbarwerden eines Netzwerkes darauf basiert, dass erst beim Vorliegen einer latenten Beziehungskonstellation, gemeinsamer Basisinteressen und eines aktuellen Anlasses ein Netzwerk aktiviert wird (Boos/Exner/Heitger 1992, S. 55 f.). Auf Unternehmenskooperationen übertragen bedeutet dies, dass ein unternehmerisches Ungleichgewicht (zum Beispiel fehlende Ressourcen, Verluste) heute oder zukünftig und/oder ein aktueller Anlass (zum Beispiel ein großer, allein nicht bewältigbarer Auftrag) den Unternehmer zur Erkenntnis bewegen können, dass tiefgreifende Veränderungen erforderlich sind, die ohne externe Partner nicht bewältigt werden können. Im Zuge dieser Erkenntnis versucht der Unternehmer seine Außenkontakte bewusst in Richtung Kooperation zu aktivieren. Es gilt mögliche Partner zur Zusammenarbeit zu finden, mit denen eine langfristige Wettbewerbsverbesserung erzielt werden kann. Voraussetzungen für eine Unternehmenskooperation sind die grundsätzliche Bereitschaft zur Zusammenarbeit, wechselseitige, verbindende Motive und ein mit der Kooperation verbundener positiver Nettonutzen für alle Partner.

5.2.1. Bedeutsame Kontextfaktoren der Entstehung

Kooperationen entstehen nicht aus dem Nichts, sondern sind in die Unternehmensumwelt eingebettet wie die Wirtschaft, die Aktivitäten und die Dynamik der Branche sowie deren Struktur und Entwicklung. Diese beeinflussen kooperatives Denken und Handeln von Unternehmen. Unter ***fruchtbaren Umwelten*** können prinzipiell Folgende verstanden werden:

- *Unternehmenscluster* bieten eine gute Start- und Entwicklungsbasis. Kooperationen können durch die Initiative eines führenden (fokalen) Unternehmens, durch die Absprache einiger kleiner Unternehmen und durch die Initiative externer (Förder-)Gesellschaften/Institutionen und Berater entstehen. Forschungsergebnisse unterstützen die Fruchtbarkeit von Clustern und zeigen, dass Unternehmen, die stark in umfassendere, regionale Netzwerke von Unternehmen eingeflochten sind, überlebensfähiger sind und sich auch besser entwickeln als unabhängige und weitgehend autarke Unternehmen.
- Letztendlich sind als weitere Rahmenbedingungen beispielsweise *staatliche Förderungen* von kooperativen Tätigkeiten in Form einer möglichen finanziellen Unterstützung zu erwähnen, welche vielfach ausschlaggebend für eine verbindliche Zusammenarbeit sind. Die Praxis zeigt jedoch, dass Förderungen stets nur als positive Rahmenbedingungen, nicht jedoch als ausschlaggebende Faktoren für die Entstehung von Kooperationen gesehen werden dürfen.

Des Weiteren sind ***Beziehungskonstellationen*** wichtige Promotoren zur Kooperationsentstehung. Soziale Netzwerke stellen Beziehungen von (Beziehungs-) Optionen dar und bilden im Kern die Grundlage für das Entstehen von Unternehmenskooperationen.

- Gesellschaftlich-ökonomische und gesellschaftlich-soziale *Plattformen* wie Berufsverbände, Branchenverbände, wirtschaftliche Arbeitskreise, Stammtische, Clubs, organisierte Kooperationsmeetings etc. bieten sich an, um latente Beziehungskonstellationen zu unterhalten.
- Kooperativ und partnerschaftlich orientierte Unternehmer erhöhen im Allgemeinen die wechselseitige Unterstützung und eine pro-kooperative Einstellung unter Geschäftspartnern. Infolgedessen werden die *Geschäftspartner* von kooperativen Unternehmen geneigt sein, Kooperationsbeziehungen herzustellen. Zu diesen Partnern zählen zum Beispiel Kunden und Lieferanten, Banken, Unternehmensberater und andere Institutionen.

- Unternehmer greifen auch gerne auf bewährte *persönliche Kontakte* bis hin zu Freundschaften sowie auf bestehende und ehemalige Geschäftsbeziehungen zurück.
- Wenn das latente Beziehungspotenzial ausgeschöpft ist, werden ergänzend zu den eigenen Fähigkeiten Partner außerhalb des sozialen Netzwerks gesucht. Es existieren zum Beispiel verschiedene *kooperationsvermittelnde* und *-anbahnende Institutionen* bei Kammern, Wirtschaftsverbänden sowie Banken und Beratungsgesellschaften.

Kooperationen entstehen aus einem ***aktuellen Anlass***, welcher entweder als „Zündfunke“ das unternehmerische Ungleichgewicht (Leidensdruck des Unternehmers) beheben oder eine bedeutende Chance darstellen kann. Dabei können vielfältige, unternehmensindividuelle, interdependente und oftmals auch nicht transparente ***Beweggründe*** für die Wahrnehmung eines Ungleichgewichts ausschlaggebend sein. Zumeist geht eine bewusste oder eher intuitive Diagnose der eigenen Situation voraus. Motivationsfaktoren zur Teilnahme oder Initiierung von unternehmerischen Partnerschaften können sein:

- ***Programm- und kompetenzbezogene Verbundwirkungen.*** Darunter fallen der Zugang zu nicht eigens vorhandenen Ressourcen, die Verbesserung der Produkt- und Leistungsqualität, eine generelle Umsatzsteigerung und/oder Qualitätsverbesserung, der Zugang zu komplementären Kompetenzen, die Entwicklung von Standards und Systemführerschaften, die Nutzung von Synergien und Know-how-Bündelung.
- ***Kostenreduktion:*** Beispiele hierfür sind die Verbesserung der Erlös-Kosten-Relation, die Senkung von Fixkosten, eine Effizienzsteigerung durch Transfer von Know-how und eine verbesserte Kapazitätsauslastung.
- ***Risikohandhabung:*** Durch eine Unternehmenskooperation kann der Investitionsbedarf auf mehrere Partner verteilt und die Amortisationsdauer verkürzt werden. Ebenso wird der Zugang zu ansonsten risikobedingt verschlossenen Märkten und Technologien ermöglicht.
- ***Wettbewerbsbeeinflussung:*** Durch Kooperationen können Ziele erreicht werden, die für unabhängige Unternehmen nicht erreichbar wären. Sie können die Wettbewerbsposition stärken durch Erhöhung der Flexibilität, stärkere Innovationskraft, Lernen von und mit anderen Unternehmen usw.

Zusammenfassend starten Unternehmenskooperationen häufig in der Form, dass ein oder mehrere Unternehmer durch eine Zusammenarbeit ein sich öffnendes Potenzial bzw. die Chance erkennen, um die eigenen Schwächen auszugleichen und/oder echte, innovative Marktchancen realisieren zu können. Sie übernehmen dann die Initiative, geeignete Partner zu suchen. Generell wird der Such- und Anbahnungsprozess einer Kooperation in den meisten Fällen für interessierte, potentielle Kooperationspartner als äußerst schwierig empfunden.

5.2.2. Selektion potentieller Partner

Für den Aufbau einer Kooperation ist die *Selektion geeigneter potentieller Partner* von erfolgskritischer Bedeutung. Während große Unternehmen teilweise wohlstrukturierte Selektionsprozesse für die Wahl von Kooperationspartnern anstreben, zeigt sich im Bereich der Klein- und Mittelbetriebe, dass die Unternehmer im gesamten Kooperationsgestaltungsprozess oftmals rein intuitiv, spontan, ohne Handlungsrahmen und Grundkonzeption und vor allem auf sehr persönlicher Ebene vorgehen. Der Prozess der Partnerwahl kann durch das Beachten folgender Kriterien verbessert werden (Kanter 1995, S. 36 f.).

- Eine ***Selbstanalyse*** setzt eine intensive Auseinandersetzung mit dem eigenen Unternehmen sowie individuelle Lern- und Reflexionsprozesse der Unternehmer voraus, die zunächst für sich zu prüfen haben, ob eine Kooperationsstrategie wünschenswert und sinnvoll ist. Die Unternehmen müssen sich dabei mit den eigenen Stärken und Schwächen auseinandergesetzt haben, um zu wissen, wie sie ihre eigene Kooperationsattraktivität steigern können, welche Anforderungen sie an potentielle Partner stellen, welche Erwartungen sie an eine Kooperation haben und welchen Nutzen sie letztendlich erzielen wollen. Umfassende Selbstanalysen sollten sich um eine ganzheitliche Betrachtungsweise der potentiellen Kooperationspartner bemühen, wie Unternehmensstrategie, Wettbewerbsposition, Ressourcen, Finanzen und Bonität, Know-how, bestehende Geschäftsbeziehungen etc. Die Erstellung eines konkreten Anforderungsprofils und dessen Abstimmung mit potentiellen Partnern unterstützt die Partnerselektion.
- Die ganzheitliche Betrachtungsweise führt zum Kriterium der Partnerwahl, der ***„Chemie“***. So ist die Partnerwahl nicht nur von objektiven Kriterien abhängig (Branche, Produktions- und Transaktionskosten), sondern auch von subjektiven Wahrnehmungen, wie der Unternehmerpersönlichkeit, des Management- und Führungsverhaltens, der Unternehmenskultur etc. Die Frage der Chemie zielt darauf ab, ob die Menschen miteinander „können“.
- In der Phase des wechselseitigen Kennenlernens und des Werbens wird die ***Verträglichkeit*** (Kompatibilität) der Partner im Hinblick auf die Firmengeschichte, -philosophie und -strategie und Absichten auf die Probe gestellt. Für eine konstruktive Zusammenarbeit ist es wichtig, die Kompatibilität von Motivationen, Orientierungen, Ansprüchen und Werthaltungen der Partner, der Reifegrad und die Größe der Unternehmung, das Wissen des Managements und der Mitarbeiter etc. bis hin zu den möglicherweise verschiedenen Lebensphasen der Unternehmen zu berücksichtigen. Für eine intensive und langfristige Zusammenarbeit ist zu klären, wie viele Gemeinsamkeiten zwischen den kooperierenden Unternehmen in den Kernbereichen ihrer Aktivitäten notwendig sind und mit welchem Aufwand diese geschaffen werden können.

Ein häufig genanntes Problemfeld stellt der Bereich der ***selektiven Wahrnehmung*** dar. Diese Phase ist zu Beginn der Kooperationsbemühungen durch die Suche nach Gemeinsamkeit geprägt, was in einem Zustand emotionaler Euphorie den Blick auf operative und kulturelle Unterschiedlichkeiten verstellt („Honeymoon“). Darüber hinaus besteht die Gefahr, dass diese idealistische Verschleierung den Blick auf die tatsächlichen Beweggründe des Partners verstellt.

In Summe haben die Partnerselektionskriterien „Kompetenz“ und „persönliche Kontakte“ eine überdurchschnittliche hohe erfolgsbeeinflussende Wirkung, während eher allgemeine Auswahlkriterien wie Größenaspekte, räumliche Nähe, bestehende Geschäftsbeziehungen sowie kartell- und wettbewerbsrechtliche Aspekte eine eher unterdurchschnittliche Erfolgswirkung zeigen. Dass bei der Analyse, der Selektion und der strategischen Bewertung der Kooperationspartner knapp die Hälfte der gescheiterten Unternehmen eingestehen, Fehler gemacht zu haben, unterstreicht die Wichtigkeit dieser Phase (Fontanari 1996, S. 230).

5.2.3. Konkretisierung der Zusammenarbeit und Commitment

Wenn sich der Kreis der potentiellen Partner langsam einengt, vertieft sich die Kommunikation in Bezug auf die Konkretisierung und das Ausmaß der Zusammenarbeit. Letzteres betrifft die Spannweite der von der Unternehmenskooperation erfassten Unternehmensfunktionen und Geschäftseinheiten. Viele gemeinsame Gespräche und Diskussionen über die geplante Unternehmenskooperation lassen auch langsam einen kollektiven Sinn entstehen. Dieser umfasst erste Gedanken bis hin zu konkreten Erwartungen darüber, ob und in welcher Form die geplante Unternehmenskooperation umsetzbar ist. Für das Entstehen und die weitere Entwicklung einer Unternehmenskooperation müssen alle Partner darin übereinstimmen, dass eine Kooperation *wirtschaftlichen Sinn* stiftet. Die beiden Faktoren *Effizienz und Effektivität* entscheiden über die Entstehung und das Überleben von Unternehmenskooperationen. Daher sind die klaren Vorteile der Zusammenarbeit für beide Seiten durch beispielsweise die (strategische) Bewertung des Leistungsbereichs, die Bewertung der eigenen Fähigkeiten und Ressourcen, eine Struktur- und Prozessanalyse, die Identifikation von Engpassfaktoren, eine Kundenzufriedenheitsanalyse usw. herauszuarbeiten. Aus diesen und weiteren Analysen ergibt sich für die einzelnen Partner der Kooperationsbedarf.

Am Ende der Emergenzphase ist ein Commitment aller ausgewählten Partner für die weitere Entwicklung der Kooperation erforderlich. Ein mögliches Zeichen dafür kann die Unterfertigung eines „Letters of Intent“, ein „Memorandum of Understanding“ bis hin zu einer schriftlichen Kooperationsvereinbarung als formale Grundlage einer Zusammenarbeit sein.

5.2.4. Identifikationskrise: Weiterentwicklung – Hemmnisse

Charakterisiert wird die Krise am Ende dieser Phase durch das Hinterfragen der bisherigen Ergebnisse und die Klärung, ob die diskutierte Unternehmenskooperation letztendlich wirklich Teil der unternehmerischen Zukunft sein soll. Die Identifikationskrise kann dadurch bewältigt werden, dass sich die Partner nach eingehender Reflexion der bisherigen Ergebnisse entweder für die gemeinsame Zukunft entscheiden und an die konkrete Umsetzung gehen, also nicht mehr darüber philosophieren und diskutieren, sondern Handlungen setzen, oder sich entscheiden, die Verhandlungen nicht fortzusetzen und das Engagement zu beenden.

„Netzwerke sind alles andere als Selbstläufer“ (Beck 1998, S. 287). Beim Entstehen und dem Entwickeln von Unternehmenskooperationen gibt es unterschiedliche Barrieren, welche Partner hindern, den nächsten Entwicklungssprung zu meistern:

- Bindungen an Dritte
- Bestehende Rechts- und Vertragspflichten
- Fehlende Ressourcen
- Veränderungswiderstand
- Angst vor Abhängigkeiten
- Menschliche Interaktionsbarrieren wie Egoismus, Autonomiestreben, Kommunikationsprobleme, die fehlende Offenheit anderen Ideen und Anregungen gegenüber
- Menschliche Verhaltensweisen wie Neid, Zorn, Gier und Trägheit.

5.3. Formationsphase

Die Phase der Formation wird von der Gestaltung der Kooperationsstrukturen und -prozesse sowie der strategischen Führung dominiert.

5.3.1. Konkretisierung von Zielen und formaler Gestaltung

Die Partner sind angehalten, ihre langfristigen Ziele und Erwartungen zum Ausdruck zu bringen, damit Transparenz und Klarheit schon in den ersten Momenten der Orientierungsphase herrscht. Eine so offen wie möglich erfolgende Auseinandersetzung muss individuelle Stärken und Schwächen als auch gemeinsame Zielorientierung erkennen lassen. Instrumente dafür sind Kooperationsforen und Informations-Marktplätze, die es den Kooperationspartnern ermöglichen, etwas über die Ziele und Kompetenzen der anderen Unternehmen zu erfahren. Durch den gemeinsamen Prozess der Zielerarbeitung (Beispielsweise: Definition der Qualitäts- und Performancekriterien) soll auch geklärt werden, was durch eine Kooperation realistischerweise erreicht werden kann (Nettonutzen der Partner). Im gesamten Prozess der Zielerarbeitung spielt Vertrauen eine zentrale Rolle. Denn so lange „kosmetische Schönwetterpolitik" betrieben wird, bleiben die wahren und echten Ziele für die Kooperationspartner unerkannt, werden Ziele vorgeschoben, Energien verschwendet und Enttäuschungen sind programmiert. Ergebnis des *Zielbildungsprozesses* sind konkret formulierte, messbare – also operationalisierbare – Ziele der Unternehmenskooperation sowie die daraus abgeleiteten Ziele für die einzelnen Partner. Aus diesen Zielen sind die Kooperationsstrategie sowie die Rechtsform- und die Vertragsgestaltung abzuleiten.

5.3.2. Ressourcen und Ressourcenpoolung

Eng mit den Zielen, der Strategie und der formalen Gestaltung der Unternehmenskooperation verbunden ist die konkrete Abstimmung der Tätigkeitsfelder sowie der Ressourcenpoolung der Kooperationspartner. Eine Poolung (zentrale Koordination) der vorhandenen Ressourcen setzt voraus, dass in einem ersten Schritt erhoben wird, welche bestehenden und zukünftigen Ressourcen und Fähigkeiten einzelner Partner, Teams und Personen vorhanden sind. Nicht nur Maschinen, Anlagen, Materialien etc., sondern auch Wissens- und Kompetenzzentren sowie deren Beziehungen zur Außenwelt sind zu identifizieren. Dabei gilt die einfache Regel: „Je intensiver sich Unternehmen in Kooperationen einbinden, desto klarer muss das Verständnis für die eigenen Kernkompetenzen und die strategische Grundorientierung ausgeprägt sein."

Die Zuordnung von Leistungsumfängen zu einzelnen Kooperationspartnern erfolgt nach dem Prinzip, dass jeweils der Kooperationspartner die Funktion wahrnimmt, die er besser beherrscht als die Übrigen. Es ist Aufgabe des jeweiligen Kooperationspartners, sich im Rahmen und mit Hilfe des strategischen Netzwerkes dynamisch weiterzuentwickeln, um ein wertvoller Partner zu bleiben. Als adäquate *Steuerungsprinzipien* für einen gemeinsamen Ressourcenpool gelten folgende Elemente:

- Klar formulierte Regeln für die Zugriffsberechtigung von Poolressourcen
- Entsprechungsregelung zwischen Nutzung und Generierung von Ressourcen
- Gemeinsame Kontrolle der Nutzung der Ressourcenpoolung
- Sanktionen für Fehlverhalten, abgestimmt auf die Schwere und die Umfeldbedingungen
- Definierter Konfliktlösungsprozess bei Regelüberschreitungen
- Subgruppenbildung zur besseren Steuerung der Komplexität größerer gemeinsamer Poolressourcen.

Aus der abgestimmten Ressourcenpoolung der Kooperationspartner kann ein *Business Plan* erstellt werden, welcher die Kooperationsstrategie in schriftlicher Form, zahlenmäßig ausgedrückt, festhält und zumeist von Banken und Förderinstitutionen verlangt wird.

5.3.3. Institutionalisierung eines Führungsgremiums

Das *Führungsgremium* ist ganz besonders in der Anlaufphase der Zusammenarbeit gefordert, denn vielfältige neue Aufgaben und Funktionen kommen auf die einzelnen Unternehmer zu. Unternehmen müssen ihre eigene Organisation entsprechend anpassen, aktiv Informationsmanagement betreiben und unternehmensübergreifende Beziehungen managen. Professionelle Hilfe durch Organisations- und Unternehmensberater kann in dieser Phase sinnvoll sein.

Das Führen und Steuern von Kooperationen bedeutet, ohne oder mit nur eingeschränkter hierarchischer Leitungsinstanz multilateral zu koordinieren. Das Führungsgremium muss für Kooperationsentwicklung organisatorische und wirtschaftliche Entscheidungsregeln erarbeiten und viel Energie in die sozialen Prozesse, in die Abstimmung der Tätigkeitsfelder und in das Design der Sach- und Supportprozesse investieren. Zur Bewältigung der zu diskutierenden Themenbereichen gibt es Formen der unternehmensübergreifenden Zusammenarbeit wie interorganisationale Arbeitskreise, thematische „Patenschaften", „interorganisationale Quality Circles" oder „Coordinating Councils".

5.3.4. Aufbau unternehmensübergreifender Managementsysteme

In der Phase der Formation nimmt mit steigendem Kooperationsumfang auch der Bedarf an unternehmensübergreifenden Infrastruktur- und Managementsystemen zu. Daraus ergibt sich, dass Unternehmenskooperationen zunächst bestrebt sein sollten, den Umfang nur langsam wachsen zu lassen, denn je größer die Anzahl der Partner ist, desto schwieriger ist der Abstimmungs- und Koordinationsprozess.

Die Unternehmenskooperation benötigt abgestimmte Planungs- und Controllingsysteme, Informations- und Kommunikationssysteme, Personalentwicklungssysteme sowie Kooperationsspielregeln. Damit sind Partnerunternehmen parallel zur Kooperationsintegration verstärkt internen Veränderungsprozessen unterworfen und müssen zusätzliche Kosten tragen. Als Negativerfahrung von Unternehmenspartnerschaften wird unter anderem angeführt, dass diese Anpassungen neben beachtlichen Zeit- und Kostenpositionen zu großen Kompromissen und Zugeständnissen insbesondere bei ungleichen Machtverhältnissen (zum Beispiel wenn Kunden einbezogen sind) führen. Ziel muss es daher sein, ein vertretbares Maß an unternehmensübergreifenden Managementsystemen, Strukturen und Prozessen aufzubauen, welche die Zielorientierung der Kooperation unterstützen.

5.3.5. Formalisierungskrise: Weiterentwicklung – Hemmnisse

Die Formalisierungskrise besteht in der Problematik einer zu starken Kopplung und Verflechtung der Kooperationspartner. Eine zu starke Kopplung in Form zu detaillierter, vorgeschriebener Prozesse, Strukturen und Verhaltensmuster unterdrückt die Lebendigkeit in der Unternehmenskooperation. Die Partner spüren diesen Ballast in Form von stark eingeschränkter Autonomie und eines hohen Abstimmungs- und Veränderungsbedarfs, ohne jedoch den Nutzen daraus zu erfahren.

Die Krise deutet einerseits auf eine Lockerung der Kopplung hin, andererseits auf den Wunsch, endlich gemeinsame Projekte abzuwickeln. Auch der umgekehrte Fall ist denkbar, wenn die Kopplungen und Verflechtungen zwischen den Partnern zu lose sind. Dann zeigt sich die Krise dadurch, dass keine gemeinsame strategische Kooperationsebene entsteht. Der Fokus und die Energie der Partner wird in die eigenen Unternehmen gesteckt und das „Gemeinsame“ wird vernachlässigt. Das Ende der Entwicklungsphase ist dann erreicht, wenn die erforderlichen Strukturen, Prozesse und Systeme diskutiert und implementiert wurden. Mögliche Hemmnisse für eine verbindliche Teilnahme an Unternehmenskooperationen sind:

- Zu hoher Zeitdruck
- Unterschiedliche Wahrnehmungen
- Fehlende Bereitschaft zur Anpassung
- Hohe kooperationsspezifische Investitionen
- Unvereinbare Unternehmenskulturen
- Störung des politischen Gleichgewichts
- Euphorie statt Konsequenz
- Fehlende Visionen (bzw. Kommunikation dieser)
- Rückfall in hierarchische Denkstrukturen
- Ungleichgewicht zwischen Anspruchsniveau und Kompetenzen
- Kurzfristige Nutzenmaximierung
- Diffuser Kooperationsnutzen.

5.4. Leistungsphase

In dieser Entwicklungsphase wird die eigentliche Leistung des Netzwerkes effizient und effektiv erbracht.

5.4.1. Temporäre Projektnetzwerke

Temporäre Projekte sind potentielle Strukturen, die mit einem Auftrag oder einem konkreten Projekt aktiviert werden. Sie werden von einem Partner koordiniert und lösen sich nach Fertigstellung des Auftrags wieder auf. Je eher die teilnehmenden Partner dabei auf frühere gemeinsame Projekterfahrungen und -beziehungen zurückgreifen können, desto schneller und effektiver können die Projekte die Leistung erbringen. Es ist prinzipiell möglich, dass in einer Unternehmenskooperation mehrere Projekte zeitgleich ablaufen. Es kann auch Phasen geben, in denen die einzelnen Partner kein gemeinsames Projekt abwickeln, aber andere unternehmensübergreifende Synergieeffekte nutzen, wie zum Beispiel einen gemeinsamen Maschinenpark.

Die Aktivitäten auf Ebene der Projektnetzwerke unterliegen typischen Gesetzmäßigkeiten des Projektmanagements. Im Extremfall müssen die Projekte je nach Kundenproblem oder Identifizierung von Marktchancen als sogenannte „Plug-and-play-Organisationen" (Littmann/Jansen 2000, S. 72) realisierbar sein. Diese versinnbildlichen das Bild einer Organisation, welche sich permanent neu erfinden und schnell, re- und dekonfigurieren kann.

- Der Aufbau eines Projektnetzwerkes beginnt typischerweise bereits vor der Auftragserteilung durch den Kunden mit der *Angebotslegung,* da für die Abgabe eines verbindlichen Angebotes bereits die Konfiguration des Projektnetzwerkes mit seinen teilnehmenden Partnern und deren spezifischen Kompetenzen abgeschlossen sein muss.
- Für das Angebot müssen die *Projektanforderungen* transparent sein. Dann werden die Leistungspartner aufgrund der spezifischen Ressourcen, der freien Kapazitäten und des Erfahrungshintergrundes angesprochen. Für die Auftragsabwicklung ist zu entscheiden, wer in welchem Projektteam welche Aufträge abwickelt.
- Die Art und Weise der Auftragsvergabe ist in jedem Fall kooperationsspezifisch. In der Praxis haben sich bestimmte Muster der *Auftragsvergabe* als sinnvoll erwiesen: (1) Vergabemeeting durch direkte Ansprache der Partner, (2) Ausschreibung innerhalb der Kooperation durch elektronische Suchanzeigen und (3) Konzeptwettbewerb mit kooperationsinternem Wettbewerb basierend auf klar definierter Vorgehensweise. Die Transparenz dieser Vergaberegeln ist von besonderer Wichtigkeit.
- Gewöhnlich koordiniert der für den Kunden zuständige bzw. der den Auftrag akquirierende Partner das Projektnetzwerk, da ihm die Bedürfnisse und Besonderheiten des Kunden bekannt sind und er in der Regel auch der Vertrauens- und Ansprechpartner ist. Mit dem Projektbeginn ist auch die Übernahme von potentiellen *Risiken und Haftungen* unter den Partnern genau abzuwägen.

Die Zuordnung ist in erster Linie eine Verhandlungssache zwischen den beteiligten Partnern der Projektebene.
- Der Konfiguration des Projektnetzwerkes und dem erfolgten Kundenauftrag folgt die operative Phase der *Auftragsabwicklung.*
- Danach erfolgt die *Dekonfiguration* des Projektnetzwerkes, die gezielte Beendigung des Projektes. Zu beachten ist, dass mit einem produktiven Ende des Projektnetzwerkes neue Anschlüsse für weitere Projektnetzwerke ausgelöst werden („anschlussfähige Temporalisierung"). Auch müssen etwaige offene Punkte zum Projektende, wie Regelung des After-Sales-Service, Verwertungsrechte etc., geklärt werden.

5.4.2. Verbesserung und Evaluation der Unternehmenskooperation

Für die Beziehungsstabilität in einer Unternehmenskooperation ist letztendlich das Zusammenspiel von Zufriedenheit und Abhängigkeit bedeutsam. Deswegen muss die Kooperation an einer kontinuierlichen Verbesserung der eigenen Strukturen und Prozesse arbeiten. Wie für Organisationen gilt auch für Unternehmenskooperationen, dass ein kontinuierliches Monitoring, die Evaluierung und Reflektion der Kooperationsaktivitäten eine kontinuierliche Entwicklung ermöglichen. Vier Dimensionen sollten bei einer Evaluation beachtet werden:
- Kundenebene
- Ebene der Kooperationspartner und ihrer Mitarbeiter/innen
- Ebene der Geldgeber/Akteure als Unternehmer
- Externe Ebene/Umwelt/Öffentlichkeit.

Die Bewertung kann auf allen Dimensionen sowohl nach quantitativen Kriterien wie der Umsatzentwicklung, der Cashflow-Entwicklung etc. als auch nach qualitativen Kriterien wie einem Wertzuwachs in Form des Know-how-Transfers und der Softfacts wie der Vertrauensintensität, der Mitarbeitermotivation und dem Grad der Zusammenarbeit erfolgen. Eine erfolgreiche Unternehmenskooperation zeichnet sich durch die grundsätzliche Bereitschaft aller Partner aus, Konflikte und Diskrepanzen als Erfahrungen zu verstehen, die am Ende zu Wandel und Innovation beitragen. Reflexion ermöglicht so gesehen eine zielgerichtete und von den beteiligten Akteuren verantwortete „Weiterentwicklung", wie zum Beispiel ein verbessertes Problemlösungspotenzial, ein erweitertes Verhaltensrepertoire, eine verbesserte Lern- und Wahrnehmungsfähigkeit etc.

5.4.3. Sinnkrise: Weiterentwicklung – Hemmnisse

In dieser Phase kann die Unternehmenskooperation bereits effektiv und effizient auf allen Netzwerkebenen arbeiten und einen hohen Nutzengrad für die einzelnen Akteure generieren. Im Laufe der Netzwerkentwicklung können bei den einzelnen Partnern jedoch unterschiedliche Vorstellungen über die Prioritäten der Projekte und damit der Ressourcenzuweisung entstehen, insbesondere wenn die Wettbewerbskontexte der einzelnen Partner unterschiedlicher Natur sind und folglich auch zu divergierenden Interessenschwerpunkten führen. Auch können langjährig bestehende Unternehmenskooperationen in ihrer Entwicklung einen Punkt erreichen, ab dem eine weitere Teilnahme von neuen Partnern als dysfunktional gesehen wird. Ab diesem Zeitpunkt ergibt die Unternehmenskooperation für alle oder einzelne Partner keinen Sinn mehr. Damit wird die Auflösungsphase eingeleitet.

5.5. Auflösungsphase

Ergebnis einer Studie ist, dass die höchste Instabilität von Unternehmenskooperationen im 5. bis 6. Lebensjahr anzutreffen ist. Bezogen auf die unterschiedlichen Funktionsbereiche der Zusammenarbeit weisen erwartungsgemäß die Forschungs- und Entwicklungskooperationen die höchste Auflösungsrate aus, während die Kooperationen im Bereich der Neuproduktentwicklung, der Produktion und der Finanzdienstleistungen die längste Dauer zeigen. Eine Auflösung funktionierender Partnerschaften, die erst einmal zeit- und kostenaufwendig aufgebaut werden mussten, findet nur in seltenen Fällen statt. Die Auflösung durchläuft verschiedene Stadien:

- ***Intraorganisationales Stadium:*** Ausgangspunkt stellt die Unzufriedenheit eines oder mehrerer Partner dar, welche meinen, dass die Kosten einer Weiterführung oder Veränderung der Unternehmenskooperation zu geringen Nutzenpotenzialen gegenüberstehen. Die Gründe des Ausstiegs einzelner Partner können vielfältig sein, wie zu starke Bindung von Zeit, Geld und Managementressourcen, Auseinanderklaffen der Vorstellungen über eine gemeinsame Strategie, einen Vertrauensbruch fördernde Rahmenbedingungen und eskalierende Vereinbarungen bei immer weniger gewinnbringenden Interaktionen usw. Auch bei einem aktiven Ausschluss eines Kooperationspartners durch die anderen Partner wird zunächst wahrgenommen, dass Unzufriedenheit mit dem Partner existiert oder ganz konkret seitens des Partners Regelüberschreitungen vorliegen, die mit dem Ausschluss zu sanktionieren sind. Dies können sein:
  - Einseitiger Ressourceneinsatz wie unzureichende Teilnahme bei Arbeitssitzungen
  - Verstoß gegen vertragliche Vereinbarungen wie Nichteinhalten der Liefertermine
  - Verstoß gegen Spielregeln wie Abwerben von Personal bei Partnerbetrieben
  - Fehlende Kommunikation mit Partnern
  - Vertrauensmissbrauch wie Weitergabe vertraulicher Daten.

  Generell erscheint es schwierig, den besten Zeitpunkt für eine Auflösung bzw. Ausstieg festzulegen. Entsprechend einer Studie hat keine der untersuchten und im Laufe der Zeit versagenden Unternehmenskooperationen bewusste Schritte zur Beendigung desselben eingeleitet, sondern auslösend waren stets Interventionen von externen Partnern, Kapitalgebern und anderen Stakeholdern. Eine mögliche Ursache dafür liegt in dem Verdrängen der negativen Entwicklung, dem Nicht-eingestehen-Wollen einer gescheiterten Zusammenarbeit und dem Nicht-verletzen-Wollen der Hoffnungen von Beziehungen mit anderen Teilnehmern.

- ***Interaktives Stadium der Auflösung:*** Wenn die Partner ihren Unmut und ihre Unzufriedenheit zu artikulieren beginnen und Verhandlungen über eine Auflösung aufnehmen, treten sie in ein interaktives Stadium ein. Dabei stehen den Beteiligten im Wesentlichen zwei Strategien der Loslösung zur Verfügung:
  - ***Strategie der Direktheit:*** Der Partner formuliert klar und eindeutig, dass er die Kooperation verlassen will. Diese Strategie ermöglicht eine direkte Kommunikation und Auseinandersetzung mit dem Ausstieg eines Partners oder der Auflösung der Unternehmenskooperation von Seiten mehrerer Partner.
  - ***Strategie der Außenorientierung:*** Der Partner strebt eine für alle sichtbare Außenorientierung als indirekte Strategie an. Damit wird es im Laufe der Zeit für alle Partner möglich, unbewusst die Beziehungen zu lockern, und eine wirkliche Trennung wird nur noch als logische Konsequenz angesehen.
- ***Öffentliches Stadium der Auflösung:*** Die Auflösung selbst erfolgt schließlich im öffentlich, sozialen Stadium, in dem alle Partner und alle betroffenen Mitarbeiter über die Auflösung der Unternehmenskooperation oder den Ausstieg eines Partners Bescheid wissen und dieses Thema auch „öffentlich" in der Kooperation besprechen. Das Stadium der öffentlichen Diskussion stellt einen notwendigen Rahmen dar, um mit dem gemeinsam Erlebten, den Höhen und Tiefen abzuschließen, das Gelernte anzunehmen und noch Ungesagtes oder offene Angelegenheiten klären zu können („Closing"). Typische psychosoziale und sachlich-fachliche Diskussionspunkte betreffen beispielsweise die zu lösenden vertraglichen und/oder finanziellen Verpflichtungen, Verschwiegenheitsklauseln, Umweltkommunikation über die Auflösung etc.
- ***Ende ... Zukunft?:*** Letztendlich erfolgt die soziale und psychologische Gesundung, indem die Zusammenarbeit durch eine Feier, einen Ausflug etc. beendet wird. Dies ist wichtig, um den Emotionen Raum geben zu können. Partner und deren Mitarbeiter müssen sich mit dem Verlust durch den Ausstieg bzw. der Auflösung auseinandersetzen und bewusst Abschied nehmen und dabei sollten Sie sich auch in Zukunft über die Unternehmensgrenzen hinweg Unterstützung zusichern. Vor allem durch einen ungeordneten Austritt eines Partners kann das gesamte System der Unternehmenskooperation unter Umständen stark negativ beeinflusst werden. In jedem Fall jedoch ist die Auflösungsphase durch Trennung und Veränderung gekennzeichnet. Je nach dem Grad der Kopplung müssen die bislang erarbeiteten und routinisierten Verflechtungen im technischen (Verfahren, Anlagen Material etc.), ökonomischen (Kapital, Finanzierung etc.) und sozialen (Beziehungen, Interaktionen etc.) Bereich wieder entflochten werden. Ein niedriger Grad der Verflechtungen elaubt einen rascheren und pragmatischeren Ausstieg. Im Sinne des oft relativ schnelllebigen Kreislaufs von Entstehung und Beendigung vernetzter Unternehmen sollte das mögliche Ende von Kapitalgebern und dem Management selbst „mitgedacht" werden.

Die Auflösung einer Unternehmenskooperation wird möglicherweise durch folgende Hemmnisse blockiert:

- Hohe Kapitalbindung
- Unstimmigkeiten über die Know-how-Verteilung
- Fehlende wirtschaftliche Selbständigkeit.

5.6. Einflussfaktoren auf die Kooperationsentwicklung

Zusammenfassend sind die Faktoren dargestellt (Abb. 8 und 9), die die Entwicklung der Unternehmenskooperation beschleunigen oder eher bremsen.

beschleunigende	weiche Faktoren	hemmende
große	Zielübereinstimmung	niedrige
viele	gemeinsame Werte (Chemie)	wenige
klare, transparente	Erwartungen	unklare, verschleierte
großes	Vertrauen	geringes
niedriges	Konfliktpotenzial	hohes
niedrige	Machtansprüche	hohe
hohe	Kommunikationsintensität	Niedrige

Abbildung 8: Weiche Faktoren der Kooperationsentwicklung

beschleunigende	harte Faktoren	hemmende
wenige	Kooperationspartner	viele
hohe	Konstanz der Partner	geringe
geringe	Heterogenität der Partner	große
große	Intensität des Leistungsaustausches	geringe
wechselseitige	Richtung des Leistungsaustausches	einseitige
verteilte	Machtstrukturen	zentrierte
dezentralisierte	Kommunikation	zentralisierte
geringe	räumliche Distanz	große
viele	Koordinationsressourcen	wenige
häufiger	Personaltransfer zwischen Partnern	seltener
weiche	Vertragsgestaltung	harte

Abbildung 9: Harte Faktoren der Kooperationsentwicklung

6. Erfolgsfaktoren und Empfehlungen

Als erfolgskritische Grundeinstellungen für langfristige Unternehmenskooperationen können folgende Faktoren genannt werden:

- Mut, sich auf etwas Neues einzulassen
- Commitment der teilnehmenden Partner für und kompromissloses Engagement in die Unternehmenskooperation
- Denken in Netzwerken und Agieren in Synapsen
- Bewusstsein der individuellen Stärken und Schwächen
- Commitment zu einer interorganisationalen Entwicklung
- Lern- und Veränderungsbereitschaft auch bei möglichen Widerständen

Strategische Empfehlungen für eine erfolgsorientierte Entwicklung:

- ***Denken in einer langfristigen Perspektive:*** Unternehmenskooperationen erfordern viel Zeit, Kosten und Energie für ihren Aufbau und amortisieren sich erst längerfristig. Da es keine kurzfristige Nutzenmaximierung geben kann (außer bei Trittbrettfahrern, Opportunisten), muss ein Mindestmaß an Interessenübereinstimmung gegeben sein, um mögliche Nutzenpotenziale aktivieren zu können.
- ***Institutionalisierung eines Führungsgremiums:*** Unternehmenskooperationen benötigen längerfristig angelegte Führungsinstanzen, die mit kompetenten und erfahrenen Personen aus den Kooperationsunternehmen besetzt sind. Vernetzt zu denken und handeln, komplexe Zusammenhänge zu berücksichtigen, Interessenlagen fair auszubalancieren und gleichzeitig teamorientiert und auch wirtschaftlich effizient und effektiv zu agieren, erfordert Menschen mit Kompetenzen und Potenzial.
- ***Berücksichtigung des Lebenszyklus der Kooperation:*** Auch eine kritische Sichtweise auf ein phasenspezifisches Lebenszykluskonzept kann die grundsätzliche phasenspezifische Logik nicht absprechen. Es macht daher Sinn, stets zu berücksichtigen, in welcher Phase der Kooperationsentwicklung sich die Kooperation befindet. Auch jeder neue Partner bedingt, dass vielfältige Prozesse wieder bewusst durchlaufen werden müssen.
- ***Unterstützung durch koordinierte, externe Begleitung:*** Die Herausforderungen an das Kooperationsmanagement und die teilnehmenden Unternehmen dürfen hinsichtlich der Zeit, der Kosten, der Energie und auch des Veränderungspotenzials nicht unterschätzt werden. Eine externe Begleitung kann wertvolle prozess- und reflektionsunterstützende Aktivitäten einbringen.

Strukturelle Empfehlungen für eine erfolgsorientierte Entwicklung:

- ***Dynamische Kopplung forcieren:*** Es entspricht dem dynamischen Kooperations- und Netzwerkgedanken, dass sich die Partner und die Partnerpositionen durchaus verändern, entwickeln, neu definieren usw. („Rearrangementsfähigkeit"). Projektpartnerwechsel, Offenheit und Transparenz bei Innovationen und Entwicklungen, Kommunikationsforen etc. ermöglichen flexible Konstellationen in der Kooperation. Vor allem am Beginn der Kooperation sollten sich die Unternehmen langsam einander annähern dürfen.

- ***Entwicklung interorganisationaler Managementsysteme:*** Auch wenn Partnerunternehmen mit unterschiedlichen Managementsystemen arbeiten, muss die Kooperation durch kompatible Managementsysteme dem Führungsgremium und den Partnerbetrieben einfache und transparente Daten und Informationen liefern können. Eine Analyse der bestehenden Systeme und die Leitlinie: „So wenig wie möglich, so viel wie notwendig" anzupassen, unterstützt das langsame Annähern der Managementsysteme.
- ***Nutzung moderner IuK-Technologien:*** Moderne Technologien können das menschliche Miteinander nicht ersetzen, aber qualifiziert unterstützen. Durch ein abgestimmtes System wird es möglich, auch computerunterstützte Formen der Zusammenarbeit zeit- und kostensparend zu nutzen. Unter Berücksichtigung der Mitarbeiterkompetenzen ist eine langsame und kompetenzadäquate Einführung zur täglichen Nutzung zu empfehlen.
- ***Einfache und transparente Koordinationsmechanismen:*** Unternehmenskooperationen können eine hohe Komplexität hervorbringen. Pragmatisch-praktische Regelungen sind eindeutig technokratischen-high-sophisticated Regelungen vorzuziehen und müssen dem Reifeniveau der Partner entsprechen. Vertrauen in der Kooperation ergänzt Regelungsmechanismen.
- ***Absicherung durch vertragliche Grundlagen:*** Unternehmenskooperationen werden für ganz konkrete Zielsetzungen und Erwartungen mit entsprechenden Risikos und Haftungen langfristig eingegangen. Wenngleich nicht alle möglichen Aspekte und Situationen innerhalb einer Kooperation juristisch vorweggenommen werden können, schaffen rechtliche Rahmenbedingungen ein gutes Fundament.

Kulturelle Empfehlungen für eine erfolgsorientierte Entwicklung:

- ***Umfassende Kommunikation sichern:*** Kommunikation innerhalb des Netzwerkes erfordert die gleiche Sprache und kurze Kommunikationswege zwischen den Partnern, die nicht nur fallweise, sondern institutionalisiert stattfinden soll. Eine regelmäßige Kontaktpflege ist unabdingbar für eine fruchtbare Kooperation. Formale Abstimmungsgespräche und Arbeitstreffen bis hin zu informellen Meetings und Kooperationsveranstaltungen sind wirksame Instrumente zum interaktiven Agieren.
- ***Entwicklung einer Kooperationskultur/-philosophie:*** Sozial kompetente Menschen müssen Beziehungen und Kontakte aufbauen, um ein neues unternehmensübergreifendes Kooperationsbewusstsein zu entwickeln. Dies ist die Basis, damit in Richtung Gemeinsamkeit gedacht und gehandelt wird. Denn für den anderen mitdenken, Win-win-Situationen herstellen, das Wir vor das Ich stellen, Vertrauen aufbauen usw. sind Denk- und Verhaltensweisen, die eine Kooperationskultur prägen.
- ***Kontroll- und Sanktionssysteme:*** Unternehmenskooperationen erfordern eindeutig definierte Systeme der Kontrolle und verlangen klare Sanktionen bei einer Nichteinhaltung der Richtlinien. Dabei bezieht sich diese Forderung verstärkt auf kooperierende Denk- und Verhaltensweisen. Beispielsweise

kann eine Sanktionsregelung das geplante Ersetzen (Ausschluss) von opportunistischen Partnern umfassen.

- ***Regelmäßige Reflexion und Beurteilung:*** Eine Ausgewogenheit zwischen Denken und Handeln unterstützt die erfolgsorientierte Kooperationsentwicklung. So werden Nutzenpotenziale sichergestellt, die Entwicklung und Nutzung von Hard- und Softfacts thematisiert, das zwischenbetriebliche Zusammenwirken und die Zufriedenheit der Partnerunternehmen etc. reflektiert und beurteilt. Eine gemeinsame Reflektion führt zu einem höheren Kooperationsbewusstsein, forciert systemisches Denken, schafft Transparenz, unterstützt die Vertrauensentwicklung und bewirkt über die kollektive Sinnstiftung eine Stabilisierung der Kooperationsentwicklung.

Mitarbeiter- und partnerbezogene Empfehlungen für eine erfolgsorientierte Entwicklung:

- ***Entwicklung kooperationskompetenter Führungskräfte:*** Unternehmenskooperationen unterliegen anderen Gesetzmäßigkeiten als „normale" Unternehmen. Die intermediäre Position zwischen marktlichen und hierarchischen Koordinationsmustern bringt es mit sich, dass vielfältige Aushandlungs- und Abstimmungsprozesse Teil der täglichen Realität sind. Für Führungs- und Grenzrollen müssen die Mitarbeiter daher entsprechende Kompetenzen und Potenziale mitbringen bzw. muss die Kooperationskompetenz entwickelt werden.
- ***Bereitschaft und Fähigkeit zum Perspektivenwechsel:*** Die Bereitschaft und Fähigkeit, sich in die Lage anderer zu versetzen, unterstützt das wechselseitige Verständnis. Schwierigkeiten und Missverständnisse können durch empathische Fähigkeiten besser eingeordnet und verstanden werden, wodurch Spannungen und Konflikte vorab reduziert werden können. Intensive Kommunikation und kurze Wege unterstützen das wechselseitige Verständnis.
- ***Einbeziehung der Mitarbeiter:*** Der Erfolg einer Unternehmenskooperation hängt maßgeblich von dem gelebten Kooperationsverhalten aller Menschen ab. Daher müssen Mitarbeiter vor allem in Schlüsselpositionen von der Sinnhaftigkeit überzeugt werden. Dies erfolgt durch aktives Einbeziehen in kooperationsrelevante Entscheidungen und Veränderungen. Über die bewusst gemachte wechselseitige Abhängigkeit kann eine Beziehungsstabilität der Menschen erreicht werden, die vorteilhaft für die gesamte Kooperation ist.

7. Lern- und Kontrollfragen

- Welche allgemeinen Entwicklungen haben maßgeblich eine verstärkte Orientierung von Unternehmen nach Netzwerken unterstützt?
- Wie definieren sich Unternehmensnetzwerke und Unternehmenskooperationen?
- Welche Arten von Unternehmenskooperationen sind heute üblich?

- Nach welchen Kriterien lassen sich Unternehmenskooperationen klassifizieren?
- Warum werden Unternehmenskooperationen überhaupt eingegangen, welchen primären Nutzen sehen Unternehmensverantwortliche darin und welche Ziele werden im Allgemeinen damit verfolgt?
- Welche Risiken und Nachteile sind mit Kooperationen für Unternehmen verbunden?
- Welches Spannungsfeld gilt es für die Kooperationspartner zu managen? Wie werden heute diese Herausforderungen gelöst?
- Was sind die zentralen Gestaltungsdimensionen zur Entwicklung von Kooperationen?
- Wie müssen die unterschiedlichen Ebenen der Unternehmenskooperation gestaltet werden?
- Wo zeichnen sich die Grenzen von Kooperationen ab?
- Auf welche Imponderabilien ist bei Unternehmenskooperationen zu achten?
- Wie lässt sich das notwendige Vertrauen bei Kooperationen entwickeln und welche vertrauensfördernden Instrumente sind zu empfehlen?
- Welche kooperationstypischen Rollen haben sich inzwischen etabliert?
- Die interorganisationalen Managementsysteme spielen einen zentralen Erfolgsfaktor im Aufbau von Kooperationen. Welche haben sich hier bewährt?
- Was versteht man unter Emergenzphase und wie hängt diese mit dem Entwicklungsmodell von Kooperationen zusammen?
- Welche Phasen umfasst das klassische Entwicklungsmodell für Unternehmenskooperationen?
- Was sind die zentralen Erfolgsfaktoren bei der Entwicklung von Unternehmenskooperationen?

8. Weiterführende Literatur

Beck, Th. (1998): Kosteneffiziente Netzwerkkooperation: Optimierung komplexer Partnerschaften zwischen Unternehmen. Wiesbaden.

Becker, N. (1999): Regelungsfelder für Unternehmensnetzwerke. Wiesbaden.

Bleicher, K. (1995): Vertrauen als kritischer Faktor einer Bewältigung des Wandels. In: ZfO Heft 6, S. 390–395.

Boos, F./Exner, A./Heitger, B. (1992): Soziale Netzwerke sind anders. In: ZOE Heft 1, S. 54–61.

Diller, K./Kusterer, M. (1989): Beziehungsmanagement. In: Marketing ZfP Heft 3, S. 211–220.

Evers, M. (1998): Strategische Führung Mittelständischer Unternehmensnetzwerke. Mering.

Fontanari, M. (1996): Kooperationsgestaltungsprozesse in Theorie und Praxis. Berlin.

Granovetter, M.S. (1973): The Strength of Weak Ties. In: American Journal of Sociology, Volume 78, Issue 6, May, pp. 1360–1380.

Kanter Moss, R. (1995): Unternehmenspartnerschaften. Langsam zueinander finden. In: HBM Heft 2, S. 33–43.

Krystek, U. / Redel, W./ Reppegather, S. (1997): Erfolgsfaktoren und Elemente der Virtualität. In: Gablers Magazin Heft 3, S. 12–15.

Lane, Ch. (1998): Introduction: Theories and issues in the study of trust. In: Lane, Ch./Bachmann, R. (1998): Trust within and between organizations. Conceptual issues and empirical applications. Oxford/New Conceptual issues and empirical applications. Oxford/New York, p. 1–30.

Liebhart, U. (2001): Strategische Kooperationsnetzwerke. Entwicklung – Gestaltung – Steuerung. Wiesbaden.

Littmann, P./Jansen, St.A. (2000): Oszillodox – Virtualisierung – die permanente Neuerfindung der Organisation. Stuttgart.

Luhmann, N. (2000): Vertrauen. Ein Mechanismus der Reduktion sozialer Komplexität. 4. Auflage. Stuttgart.

Miles, R.E./Miles, G./Snow, C.C. (2006): Collaborative Entrepreneurship. Stanford.

Picot, A./Reichwald, R./Wigand, R.T. (2003): Die grenzenlose Unternehmung. Information, Organisation, Management. 5. Auflage. Wiesbaden.

Schuh, G./Katzy, B.R./Eisen, St. (2000): Virtuelle Fabrik: Flexibles Produktionsnetzwerk zur Bewältigung des Strukturwandels. In: Kaluza, B./Blecker, Th. (Hrsg.): Produktions- und Logistikmanagement in virtuellen Unternehmen und Unternehmensnetzwerken. Berlin.

Sydow, J. (1992): Strategische Netzwerke. Evolution und Organisation. Wiesbaden.

Sydow, J. (1996): Erfolg als Vertrauensorganisation. In: Office Management, Heft 7–8, S. 10–13.

Sydow, J. (2006): Wie entwickeln sich Unternehmensnetzwerke? Neue Einsichten für die Praxis des Networking. In: Stahl, H.K./Friedrich von den Eichen, St.A. (Hrsg.): Vernetzte Unternehmen. Wirkungsvolles Agieren in Zeiten des Wandels. Berlin, S. 39–64.

Winkler, I. (2006): Personale Führung in Unternehmensnetzwerken: Eine Analyse der Netzwerkliteratur. in: M@n@gement, Vol. 9, No. 2, p. 49–71.

Wissensmanagement in netzwerkähnlichen Unternehmensverbänden

Robert Neumann

In diesem Beitrag erfahren/erhalten Sie

- Entwicklungslinien, die in der Auseinandersetzung mit Wissensmanagement erkennbar sind
- fördernde und hindernde Faktoren im Umgang mit Aufbau, Austausch und Nutzung von Wissen in Unternehmenskooperationen
- charakteristische Merkmale eines „Managements für Wissen"
- Leitlinien und kritische Erfolgsfaktoren für die Gestaltung eines Wissensmanagements in Unternehmenskooperationen
- ein Anwendungsbeispiel eines Wissensmanagements in einem Technologie-Cluster

1. Rationalisierungen des Wissensmanagements

In einer Zeit fortschreitender Entwicklungen am Informationssektor, einer unaufhaltsamen Globalisierung und verstärkter Tendenzen zu Branchen dominierenden Machtkonzentrationen durch Fusionen, Mergers & Acquisitions bzw. netzwerkartige Unternehmensverbünde wird die Suche nach jenen Faktoren intensiviert, die im Verborgenen der Organisation liegen, die Unsicherheiten zu reduzieren im Stande sind, die etwas Bestehendes, die rasanten Entwicklungen Überdauerndes besitzen und Kontinuität gewährleisten, wie z.B. Lernen, Erfahrung, Kreativität, Kompetenz und schließlich Wissen. Wissen und der Transfer desselben in konkret verwertbare Kompetenzen, die Diffusion und Integration von Wissen innerhalb und zwischen Unternehmen werden zu den zentralen Anliegen der Unternehmenspraxis, mit der Hoffnung, ihre Faktoren für den Erfolg im internationalen Wirtschaftsgeschehen stärken zu können. Bereits seit Mitte der 90er-Jahre stehen das Management, die Organisation und die Bewirtschaftung der Ressource Wissen als intangibler, wertgenerierender und somit nachhaltig wettbewerbsrelevanter Faktor im Mittelpunkt theoretischer Abhandlungen und praktischer Realisierungsversuche. Denn intelligente Produkte mit dem integrierten Wissen von hochspezialisierten Wissensarbeitern erzielen Wachstumsraten auf internationalen Märkten, das intellektuelle Kapital von Unternehmen erhöht dessen Marktwert und das Wissen bzw. die Kompetenzen von Mitarbeitern bestimmt deren Wettbewerbsposition am Arbeitsmarkt. Der Fokus richtet sich auf unterschiedliche Möglichkeiten einer effektiven Entwicklung, Verteilung, Kapitalisierung, Verwertung und Anwendung des personellen, umfeldorientierten und organisationalen Wissens, was wiederum ein Bewusstsein hinsichtlich vorhandener Wissensbausteine, eine strategische Einbettung eines Wissensmanagements in die Unternehmensziele, die Dokumentation erfolgsrelevanten Wissens, die Nutzung anwendungsorientierter Informations- und Kommunikations-Infrastrukturen und deren Zugänglichkeit überall dort, wo sie zur effektiven Abwicklung der unternehmensspezifischen Geschäftsprozesse gebraucht werden, erfordert.

In den ingenieur- wie auch wirtschaftswissenschaftlichen Entwicklungslinien der Theorie wie auch Praxis des Wissensmanagements ist jedoch primär jenes Organisations- und Managementverständnis erkennbar, das nach wie vor von einer omnipotenten Vorstellung einer gezielten Mach-, Plan- und Regelbarkeit und somit einem Mythos der vollkommenen Organisierbarkeit von Sozialsystemen beherrscht wird. Wissenstechnische Lösungsversuche erzielen im ersten Moment eine höhere Anschlussfähigkeit, weil an eine effektive Nutzbarmachung konkrete Erwartungen geknüpft werden, wie die Steigerung der Produktqualität, die Erhöhung der Innovationsgeschwindigkeit, die Verbesserung der Kundennähe, die Verbesserung des Wissensstandes der Mitarbeiter, die Entkopplung des Wissens vom Einzelnen, die Nutzung von „lessons learned“ und „best practices“, die Vermeidung von Fehlern, die Wiederverwendung von Lösungen, der Ausgleich von Wissensgefällen, die schnelle Verbreitung neuen Wissens in dezentralen Strukturen, die Senkung von Kosten und Zeiten, die Verbesserung der unternehmerischen Reaktionsfähigkeit, die Steigerung der Ertragskraft, der Ausbau einer Marktstellung und eine Erhöhung des Shareholder Value. Diese Erwartungslandschaft führte letztlich zu einer Vielzahl an Versuchen der Konkretisierung von Zielen, Aufgaben und Funktionen eines umfassend zu gestaltenden Wissensmanagements. Zahlreiche Ansätze propagieren eine deduktive Ableitung von Wissenszielen aus den übergeordneten Zielen des Unternehmens, um diese schrittweise in der Realisierung steuern und messen zu können. Wissen wird als bewirtschaftbares Objekt betrieblicher Leistungserstellungsprozesse betrachtet, ähnlich wie Kapital, Material und Betriebsmittel. Eine unsichtbare Ressource wie Wissen wird damit zu den bewussten Gestaltungsabsichten des Managements, das meist auf technokratischem Wege versucht, Wissen kollektiv teil- und nutzbar zu machen. Wissen wird dabei meist mit Information gleichgesetzt, was zu den irrtumsbehafteten Versuchen führt, Wissensprobleme mit Hilfe technokratischer I&K-Lösungen in den Griff zu bekommen, wobei lediglich vorhandenes externalisierbares Wissen, und somit der weitaus kleinere Wissensteil in Organisationen, verfügbar gemacht wird, anstatt neues Wissen zu schaffen.

Durch diese euphemistische Steuerungsillusion imprägniert, wird mit Wissensmanagement jenes Dilemma organisationsbedingter Probleme verstärkt, zu deren Bewältigung eigentlich Lösungswege entwickelt werden sollten. Dies deutet nicht nur auf ein trivialisiertes Grundverständnis von Organisationen, sondern auch auf ein Unterschätzen bzw. Ignorieren mikropolitisch-behavioristischer Prozesse und Eigendynamiken in und von Organisationen hin. Denn Versuche des Wissensmanagements stoßen meist auf jene Dysfunktionalitäten, die ihre Ursachen im Wesen von Organisationen haben, wie z.B. **kontraproduktive Kontextbedingungen** (starre Abteilungsgrenzen, rigide Arbeitsteilung, Rekrutierungsfehler, fehlende Anreizsysteme, das Vorherrschen einer Misstrauenskultur und fehlervertuschende statt -vermeidende Kontrollsysteme), interne **Bereichsegoismen** und Konkurrenzdenken, **unklare Funktionen**, Aufgaben, Kompetenz- und Verantwortungsbereiche, **intransparente Entscheidungs-, Informations- und Kommunikationssysteme,** blockierende **„dominante Koalitionen“** mit Dominanzansprüchen, **Kommunikationsblockaden** und Informationspathologien, trainierte **Inkompetenzen, defensive Lernroutinen** und lernresistente Projektkulturen sowie **„heimliche Spielregeln“** in der Zusammenarbeit. Im Wissensmanagement muss es daher um das Gestalten von fördernden Bedingungen gehen, die die Handhabung der Ressource Wissen begünstigen. Daraus leitet sich die Forderung eines „Managements für Wissen“ und die Notwendigkeit zum Aufbau eines „kontextsensitiven Organisationsbewusstseins“ und von „Managementwissen“ ab. Denn Wissen ist kein Objekt, kein Gegenstand, der beliebig gehandelt werden kann. Wissen ist eine dynamische Größe, ein Prozess, der immer in Bewegung und Veränderung ist, weshalb auch immer dafür förderliche organisationale Kontexte angeboten werden müssen. Und dies betrifft nicht nur das jeweilige Unternehmen, sondern stellt insbesondere hohe Anforderungen an die Nutzbarmachung der Ressource Wissen in interorganisationalen Kooperationsformen, auf die der Blick im Folgenden gerichtet ist.

2. Möglichkeiten und Grenzen eines Wissensmanagements in Netzwerken und Unternehmenskooperationen

Der *Transfer von Wissen* zwischen Unternehmen hat vor allem im Zuge der derzeit geführten Diskussion rund um die Gestaltung von *Netzwerken* und *„virtuellen Organisationen"* und dem Management von Austauschprozessen der jeweils in den Unternehmen gebündelten Wissensressourcen zur gemeinsamen Nutzung eine zentrale Bedeutung. Obendrein bildet Wissen Anlass dafür, in Kooperationsbeziehungen zu treten, um Wissen als Ressource auszutauschen, wechselseitig zu nutzen bzw. gemeinsam ein Mehr an Wissen und Fähigkeiten zu entwickeln.

Kooperative Netzwerke eignen sich besonders dann, wenn die zu bewältigenden Aufgaben, komplex, wissensintensiv, dynamisch-verändernd und unsicher sind. Der Transfer von Wissen über Netzwerke in interorganisationalen Lernbeziehungen und -prozessen bedarf einer Kooperationsform, die durch häufige Interaktionen zwischen Personen und/oder Gruppen der jeweils beteiligten Organisationen und die Vergewisserung bzw. den Aufbau einer gemeinsamen Sprache, einer Interorganisationsstruktur und -kultur realisiert werden kann.

Hinter dem Basisprinzip der *„Kooperation"* steckt die Überlegung, gemeinsam Zugang zu Wissen zu erhalten bzw. dieses zu erarbeiten und zu nutzen. Durch die Suche nach bzw. die Nutzung von Synergien in der Zusammenarbeit erweitert sich das gesamte Leistungsspektrum, sodass Wettbewerbsvorteile realisiert werden können. Damit können komplexe und für den Kunden vollständige Problemlösungen angeboten werden, welche die Flexibilität erhöhen und zu schwer imitierbaren Kompetenzen führen. Ziel der Gestaltung sind interorganisationale Beziehungsmuster, gemeinsame Standards, Netzwerkstrukturen, Spielregeln der Zusammenarbeit und Steuerungssysteme. Denn die Ursachen für Probleme bei der interorganisationalen Handhabung von Wissen (Akquisition, Generierung, Austausch, Nutzung) sind meist fehlende gemeinsame Ziele, zu große kulturelle Unterschiede, Konkurrenzdenken, Dominanzansprüche, mangelndes Vertrauen, fehlende Spielregeln der Zusammenarbeit, mangelhafte Koordination, wenig Initiativen, das Einnehmen von Abwartepositionen, opportunistisches Verhalten und unklare Kunden-Lieferanten-Verhältnisse. Es fehlt sozusagen an Bedingungen, die ein kooperatives Agieren und damit eine *Vertiefung* (durch konkrete Anwendung erworbenen Wissens), *Erweiterung* (Erwerb und Hinzulernen von neuem Wissens), *Revision* (bewusstes Reflektieren und Revidieren bestehender Wissensbestände) und *Erneuerung* von Wissen in Unternehmensnetzwerken begünstigen, woraus sich u.a. folgende Implikationen für eine wissensorientierte Netzwerkgestaltung ergeben:

- Entwicklung und Kommunikation gemeinsamer Wissensziele;
- Abbau von Kooperationskonflikten;
- Commitments der beteiligten Partner;
- Identifikation der jeweiligen Wissensressourcen;

- Gestaltung einer interorganisationalen Wissensordnung (Strukturen, Programme, Standards, Routinen, Spielregeln, Kulturprinzipien);
- Gemeinsamer Aus- und Weiterbildungs-Verbund;
- Austausch von Mitarbeitern;
- Unternehmensübergreifendes Vorschlags- und Verbesserungswesen;
- der Aufbau von Redundanz (organizational slack) und losen Kopplungsbeziehungen;
- flexible, auf Modularität, Mehrdimensionalität und Multifunktionalität ausgerichtete Prozessorganisationen; Institutionalisierung von „Knowledge Links“ zwischen Bereichen und Unternehmen; Bildung interner und externer Wissens-/Kompetenz-Cluster;
- Handlungsspielräume zur Förderung der Autonomie;
- die Förderung netzwerkartiger und cross-funktionaler Zusammenarbeit in Arbeits- und Projektteams;
- selbstregulative Kontroll- und Sanktionsmechanismen;
- leistungsfördernde Anreiz- und Belohnungssysteme (Incentives), die zu Aktivitäten der Wissensgenerierung, -diffusion und -anwendung ermutigen und kooperatives Denken und Handeln belohnen;
- die Förderung einer hohen Interaktionsdichte;
- die Verwendung einer gemeinsamen (Alltags-)Sprache;
- der Zugang zu transparenten Informationssystemen;
- kulturelle Spielregeln der Zusammenarbeit, die Vertrauen und grenzüberschreitendes Denken und Handeln fördern. Ohne wechselseitiges Vertrauen sind Wisseninitiativen gewissermaßen zum Scheitern verurteilt. Vertrauen muss dazu primär zwei Anforderungen entsprechen. Erstens muss Vertrauen sichtbar bzw. erlebbar sein, d.h. die Organisationsmitglieder müssen das Prinzip der Wechselseitigkeit unmittelbar erfahren. Zweitens muss Vertrauen auf Führungsebene beginnen, da Führungskräfte eine Vorbildfunktion besitzen und ständigen Beobachtungen anderer Organisationsmitglieder ausgesetzt sind;
- konstruktive und lernfördernde Fehlerhandhabung (Vermeidung des „Sündenbock-Syndroms“);
- Etablierung wissensgenerierender Feedbacksysteme;
- der Aufbau von internen und externen Wissensmärkten;
- die Herstellung gemeinsamer Erfahrungskontexte, sodass Wissen in einer gemeinsamen Praxis („community of practice“) durch konkretes Tun entwickelt und genutzt werden kann.

Eine wissensbezogene Netzwerkbeziehung zeichnet sich durch temporäre, flexible Strukturen (z.B. Projekte, Teams), durch ein hohes Maß an Autonomie und Selbstverantwortung, durch den hohen Stellenwert an implizitem Wissen, durch intelligente Formen der Wissensnutzung und -entwicklung, die auch im Controlling/Reporting berücksichtigt wird, durch Bewusstsein hinsichtlich der eigenen Unternehmensidentität und durch eine Vertrauens-, Neugier-, Lern- und Explorationskultur aus. Darüber hinaus muss die jeweilige Organisation so ausgerichtet werden, dass das entsprechend notwendige Wissen in den Kernprozessen auch tatsächlich genutzt werden kann. Sämtliche Aktivitäten, Entscheidungen, Handlungen, Beobachtungen und Kommunikationen müssen so konfiguriert werden, dass einerseits eine Abgrenzung von der Umwelt die exklusive Leistungsfähigkeit intern erhöht, andererseits aber nicht Verkrustungen und engstirnige Wahrnehmungsausschnitte und starre Abgrenzungen die Folge sind. Anders ausgedrückt geht es um die Erhöhung der strukturellen Intelligenz eines Netzwerkes in Form ausgeklügelter Prozeduren, Abläufe, Standardisierungen und Mitarbeiterunterweisungen. Darüber hinaus müssen die jeweiligen Aktivitäten prozessorientiert auf die Wertschöpfungskette hin ausgerichtet werden. D.h. es muss jener Prozess gestaltet und festgelegt werden, der die einzelnen wertgenerierenden Aktivitäten wie F&E, Beschaffung, Fertigung, Marketing usw. auf den Kunden fokussiert.

An den Nahtstellen zwischen den am Netzwerk beteiligten Unternehmen sind so genannte *Wissens- bzw. Kompetenzcluster* zu institutionalisieren, die aus Vertretern der jeweiligen Unternehmen (besetzt nach Kriterien einer sozialkommunikativen Kompetenz, Fachkompetenz, personalen Kompetenz, Handlungskompetenz) entlang der jeweiligen Management-, Kern- und Supportprozesse zusammengesetzt sind und eine eigene *Wissens- bzw. Praxisgemeinschaft* bilden (auch mit Entscheidungskompetenz).

Diese transdisziplinär zusammengesetzten Teams erfüllen primär Dienstleistungsfunktionen. Sie sollen Wissen, aber auch konkrete anwendungsorientierte Problemlösungen (Lessons learned) sammeln, generieren, mit externen Wissensträgern („Leading-edge-Institutionen", Drittfirmen, Beratungsunternehmen, Bildungs- und Forschungseinrichtungen usw.) austauschen und für eine Speicherung bzw. Diffusion innerhalb der jeweiligen Organisation sorgen. Sie haben daher die Aufgabe, für die Identifizierung, den Transfer und die Weiterentwicklung von geschäftsrelevantem Wissen zu sorgen. D.h. das gebündelte Wissen soll in die Kern-, Support- und Managementprozesse integriert werden, sodass insgesamt die Wissens-Performance der jeweiligen Unternehmen erhöht werden kann. Zum Gelingen eines Transfers bzw. einer Integration von Wissen bedarf es der Aktivierung des verteilten und spezialisierten Wissens, der Balancierung von Perspektiven, der Lösung von strukturimmanenten Widersprüchen und Zielkonflikten, der Bereitstellung und Verarbeitung von Steuerungswissen und der Sicherung von Erfahrungen (z.B. durch regelmäßige Reflexionsmeetings).

Ferner werden durch ein mitlaufendes Reflektieren „Lessons learned" sowie Erfolgs- und Misserfolgsfaktoren erarbeitet, die weiteren Projektteams zur Lern- und Effektivitätsförderung dienen sollen. Eine konstruktive Projektevaluation schafft Wissen und bildet die Basis für Prozesse der Wissensspeicherung und -integration, vorausgesetzt, es kommt zu einer kooperativen Sicherung der Erfahrungen aller Beteiligten, zu einer realitätsgerechten Verarbeitung dieser Erfahrungen, zur Offenlegung von Interessengegensätzen und Konflikten, zur Stärkung der Vertrautheit untereinander und informellen Beziehungen, zur Förderung des wechselseitigen Verständnisses und der Motivation zum Verstehenwollen und vor allem zur Erarbeitung von Verbesserungsvorschlägen auf der Basis eines gemeinsamen Konsenses über die Erfolgs- und Misserfolgsfaktoren eines Projektes. Obendrein bedarf es klarer Zielsetzungen, einer Transparenz hinsichtlich wechselseitiger Erwartungen, Identifikation mit den Aufgaben, Bewusstsein für eigene Stärken und Schwächen, Rollentransparenz und ausreichender Ressourcenausstattung, also insgesamt all jener Faktoren, die ein Gelingen von Team- und Netzwerkarbeit begünstigen.

Diese Wissens-/Kompetenzcluster bilden sozusagen eine *Kommunikations- und Wissensplattform* als ergänzende bzw. parallele adhocratische Konzeption, die Prozesse des Lernens und der Erneuerung bzw. Wissensgenerierung, -verteilung und -integration aufgrund von *Knowledge-Network-Aktivitäten* begünstigt. D.h. sie knüpfen und pflegen Netzwerke zwischen Wissensträgern, um die Entstehung von Wissen auf Individual-, Gruppen-, Organisations- und Interorganisations-Ebene zu ermöglichen. Dazu führen sie auch Benchmarking-Aktivitäten durch und sammeln „Best Practices" sowohl innerhalb wie auch außerhalb der Unternehmen. Dadurch werden sie zu einem kompetenten Partner für interne Nachfragen wie auch für den Austausch von Wissen in interorganisationalen Beziehungen. Es werden kommunikative Verbindungen und Sinnzusammenhänge zwischen Subsystemen (Unternehmensbereiche) bzw. zwischen System und Umwelten (Forschungseinrichtungen, Kooperationspartner, Kompetenzzentren usw.) hergestellt. Zur Erfüllung dieser Aufgaben sind diese Wissens-/Kompetenzcluster selbst als wissensgenerierende Lerngemeinschaften („Learning Laboratories" aus Praktikern, Forschern und Beratern/Trainern) zu organisieren, die gemeinsame Praxisfelder und Erfahrungen zum Anlass des Lernens nehmen und ein eigenes Wissensschöpfungssystem kreieren.

Die größten *Hindernisse* auf dem Weg der Entwicklung wissensorientierter interorganisationaler Netzwerkbeziehungen sind die in den jeweiligen Unternehmen in der Vergangenheit geprägten Denk- und Handlungsmuster, ein Verharren in bewährten (Macht-)Strukturen, ein hohes Maß an Sicherheitsdenken, ein fehlendes Problem- bzw. Nutzenbewusstsein, die Angst vor Neuem, ein hoher Profilierungs- und Selbstdarstellungsbedarf einzelner Netzwerkvertreter, diffuse Zielsetzungen, Planung von innen (eigene Bedürfnisse) nach außen (Bedürfnisse der Kunden) anstatt umgekehrt, unrealistische Zeithorizonte, Verfolgen von Favoritenlösungen, ungenügender Einbezug der betroffenen Netzwerkpartner, verwirrende Informationspolitik, cross-kulturelle Abstimmungsschwierigkeiten und rein technische Problemlösungsversuche. Außerdem werden entworfene Handlungstheorien nicht getragen und Führungskräfte zeigen zu wenig „Commitment", weshalb kein wissensorientierter Kontext für neue Wahrnehmungs-, Denk- und Verhaltensweisen entstehen kann. Obendrein erweist sich das jeweilige Alltagswissen in den einzelnen Unternehmen, das unter Umständen zum gegenwärtigen Zeitpunkt die Entwicklung auf kontraproduktive Weise lähmt, als zentraler Hindernisfaktor. Führungskräfte und andere Organisationsmitglieder neigen dazu, ritualisierte Handlungen unter Rekurs auf institutionelle Bedingungen zu rechtfertigen, womit überkommene Formal- und Verhaltensstrukturen aufrechterhalten und Netzwerkinitiativen blockiert werden. Umso wichtiger ist es, in den am Netzwerk beteiligten Unternehmen nach jenem *„Verhinderungswissen"* zu fragen, das die jeweilige Organisation in ihrer Trägheit und Beharrlichkeit zur Aufrechterhaltung eines Status quo benutzt, indem es zum Ausdruck bringt, was alles nicht möglich ist, sodass neues Wissen keine Chance hat, sich in den jeweiligen Unternehmen zu integrieren. Denn daraus leitet sich die Entscheidung ab, an welchem Wissen und Können festgehalten werden soll, weil es zu den Kernkompetenzen gehört, und welches Wissen bewusst hinterfragt und unter Umständen revidiert werden muss.

Die Entwicklung, Gestaltung und Führung von Netzwerken ist immer auch mit erheblichen Interventionen in die vorhandenen Handlungsspielräume von dominanten Akteuren verbunden. Damit ist die Bildung und Entwicklung von Netzwerken niemals frei von Fragen der Macht und persönlichen Interessen, weshalb immer auch mit Ab- bzw. Gegenwehr, Ignoranz, Renitenz und Immunisierungsverhalten gerechnet werden muss. Denn ob ein Wissensmanagement in einer interorganisationalen Netzwerkbeziehung erfolgreich eingeführt werden kann, ist nicht nur eine Frage der kognitiven Erkenntnis und des guten Willens, sondern ganz wesentlich auch eine involvierter Interessen diverser Richtunggeber. Renitenz und Widerstand sind somit auch auf die neu zu regulierenden Machtverhältnisse und Machtverteilungen zurückzuführen, denn die Ablehnung von Wissen anderer Netzwerkpartner ist nicht nur ein Beleg für eine aufklärungsresistente Irrationalität, sondern eine der besten Möglichkeiten, sich der eigenen Kultur zu vergewissern und diese Kultur zu demonstrieren. Immerhin geht es bei der Einführung von Wissensmanagement-Aktivitäten auch darum, dass ein bewährtes, etabliertes, tradiertes Routinespiel, in dem Spielregeln und Ressourcenverteilungen klar geregelt sind, gestört bzw. hinterfragt wird, um alte Spielstrukturen zumindest teilweise aufzugeben und neue zu Gunsten einer funktionierenden Netzwerkbeziehung Schritt für Schritt einzuführen. Deshalb kann es weiters auch nicht verwunderlich sein, dass innerhalb der jeweiligen Unternehmen diesen Entwicklungsbemühungen (abhängig auch, von wem sie initiiert und getragen werden) mit Abwarten, aktivem oder passivem Widerstand, Konservatismus, Unbeweglichkeit, Skepsis, Sabotage, Bremsen usw. begegnet wird. Resistenzen, undefinierbare Widerstände, Querschläge, Überraschungen, verzögerte Reaktionen und indirekte Wirkungen sind beim Versuch der Etablierung von Wissensmanagement-Vorhaben immer auch Ausdruck der heimlichen, aber von sozialer Faktizität geprägten identitätsstiftenden „zweiten Organisation“, die gewissermaßen in das Gedächtnis der jeweiligen Unternehmen eingeschrieben ist und auf negativen Erfahrungen bzw. Ängsten und Unsicherheiten (z.B. aufgrund größerer Abhängigkeiten, geringerer Kontrollmöglichkeiten, unklare Zeitperspektiven) beruht.

3. Wissensmanagement in einer Unternehmenskooperation – ein Anwendungsfall in der High-Tech-Branche

Bei dem nachfolgend kurz beschriebenen Fallbeispiel handelt es sich um ein mittelständisches Unternehmen in der High-Tech-Branche mit ca. 70 Mitarbeitern, das Instandhaltungsdienstleistungen, Einrichtungsgegenstände und Transportsysteme in Reinräumen[1] der Halbleiterfertigung, der Pharma-Industrie usw. international vertreibt. Die Produktion erfolgt gemeinsam innerhalb eines Unternehmensverbundes mit anderen international tätigen Unternehmen, d.h., dass das fokale Unternehmen zur Erfüllung des Organisationszwecks, zur Produktion der Einrichtungsgegenstände für Reinräume und zur Erbringung diverser Serviceleistungen in der vom Kunden definierten Qualität auf die Zusammenarbeit mit anderen internationalen Anbietern angewiesen ist.

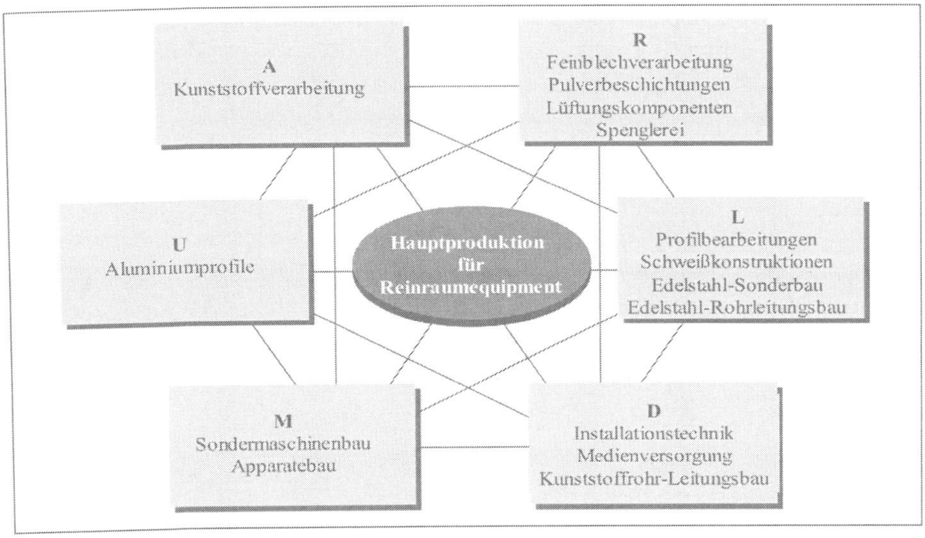

Abbildung 1: Hauptproduktfelder für Reinraumequipment

Das hier beschriebene Unternehmen bildet zugleich einen so genannten Leitbetrieb im Unternehmensverbund, da erstens der Großteil der Kundenaufträge von dort ausgeht, zweitens das Assembling im Unternehmen durchgeführt wird und drittens die Koordination von Netzwerkaktivitäten dort lokalisiert ist. Ziel ist es somit, ein komplementäres Angebot an Sach- und Dienstleistungen durch die Zusammenarbeit mit anderen Experten und die firmenübergreifende Wissens- und Kompetenznutzung zu verbessern, um die international ständig wachsenden Nachfrage an Einrichtungsgegenständen, Transportsystemen und Generaldienstleistungen im Reinraumbereich decken zu können.

1 Reinräume sind Produktionsräumlichkeiten, die aufgrund der hochsensiblen Technologie frei von Staub und sonstigen Schmutzpartikeln gehalten werden müssen.

Ausgehend von den strategischen Zielen des Leitbetriebes wurden zunächst bestehende Kunden-Lieferanten-Beziehungen zu einigen Partnerbetrieben mithilfe unternehmensübergreifender Maßnahmen wie z.B. eines durchgängigen Qualitätssicherungsprogramms und eines Informationsmanagements optimiert. Im nächsten Schritt wurden dann teilweise Ergänzungen des gemeinsamen Leistungsspektrums über neue Partnerbetriebe, die aufgrund von intensiven und klar standardisierten Marktuntersuchungen gefunden wurden, vorgenommen. Zur Abstimmung dieser einzelnen Betriebe wurde ein gemeinsames strategisches Konzept auf Basis auch jeweiliger unternehmensinterner Organisationsanalysen und -diagnosen in einigen Workshops erarbeitet.

Die jeweiligen Entwicklungsphasen dieses Unternehmensverbundes wie auch die konkreten Maßnahmen im Bereich des Wissensmanagements wurden maßgeblich von einem so genannten Support-Team begleitet und beratend unterstützt. Dieses Support-Team bildete selbst wiederum ein Wissens- und Kompetenznetzwerk aus acht Einzelberatern mit unterschiedlichen Expertisen in den Bereichen Logistik, Produktion, Unternehmensführung, Organisationsentwicklung, EDV, Controlling, Finanzierung, Personalentwicklung und Marketing, um diesen Unternehmensverbund umfassend in allen projektrelevanten, organisatorischen, wirtschaftlichen und psychosozio-dynamischen Themen- und Fragestellungen kompetent unterstützen zu können. Das Support-Team arbeitete zwar mit dem Hintergrund eines gemeinsam entwickelten und aufeinander abgestimmten Beratungsverständnisses und einem daraus abgeleiteten Beratungsansatz, doch erst die Zusammenarbeit der jeweiligen Berater bei konkreten Problemstellungen der Unternehmen führte zu einer wechselseitigen Abstimmung und Wissensgenerierung durch einen gemeinsamen Erfahrungskontext. Für die an diesem Unternehmensverbund teilnehmenden Unternehmen ergaben sich daraus u.a. folgende zentrale Vorteile:

- Austausch von Wissen und Kompetenzen über die Unternehmensgrenzen hinweg.
- Höhere Fixkostendeckung durch eine bessere Auslastung der vorhandenen Fertigungskapazitäten.
- Verbesserte Lieferbereitschaft und höhere Flexibilität durch den Zugriff auf Kapazitäten und Kompetenzen der Partnerunternehmen im Netzwerk.
- Zusatzgeschäfte und Bearbeitung neuer Märkte durch Information von sowie Zuarbeit für Partnerunternehmen.
- Überwindung regionaler Grenzen und Branchengrenzen.
- Strategische Ausrichtung auf das Kerngeschäft.
- Akquisition von wettbewerbsrelevanten Marktinformationen durch den Einsatz moderner Formen der Informationstechnologie.
- Minimierung von auftragsrelevanten Durchlaufzeiten durch ein überbetrieblich abgestimmtes Qualitätsmanagement und eine schnittstellenarme Informations- und Materiallogistik.
- Flexibilisierung der Organisationsstrukturen.
- Erfahrungsaustausch, gemeinsames Lernen und die Nutzung gemeinsamer Personalentwicklungsmaßnahmen.

Die Arbeit in diesem Unternehmensverbund wie auch innerhalb des Support-Teams lief nicht immer reibungslos und zeigt insbesondere die Bedeutung von permanenten Abstimmungsprozessen, die sich erst durch gemeinsames Handeln verdeutlichen. Zusammenfassend können aus diesem in aller Kürze beschriebenen Fallbeispiel u.a. folgende Implikationen für das Arbeiten in Netzwerken, wie z.B. in diesem Unternehmensverbund, abgeleitet werden:

- Investition in die Entwicklung eines Teams der Netzwerkvertreter. D.h. die Trägerebene (die jeweiligen Führungskräfte bzw. Repräsentanten der Partnerunternehmen) bildet ein „funktionierendes" Team.
- Eine gemeinsame Vision und von allen getragene Ziel- und Strategierichtung.
- Vertrauen der Netzwerkpartner untereinander (vgl. u.a. Loose/Sydow, 1994, S. 160 ff.).
- Ein angstfreies, offenes Klima, um Befürchtungen, Hoffnungen, Interessen und Gegeninteressen austauschen und besprechen zu können.
- Die jeweiligen Rollen, Funktionen und Aufgaben der Netzwerkpartner müssen allen transparent sein und von allen akzeptiert und getragen werden.
- Fokussierung der gemeinsamen Aktivitäten auf klar definierte Kundengruppen bzw. Märkte.
- Gemeinsame kritische Hinterfragung der getroffenen Entscheidungen und daraus resultierenden Handlungen.
- Klar definierte, von allen getragene, reflektierte, nachjustierte und tatsächlich gelebte Spielregeln der Zusammenarbeit.
- Gemeinsames Bewusstsein über Sinn und Nutzen des gemeinsamen Netzwerkes.
- Konsensuale Konfliktbewältigung.
- Die Möglichkeit, dass sich jedes Partnerunternehmen auf seine Kernkompetenzen konzentriert.
- Die Gleichwertigkeit und Zuverlässigkeit der Partner speziell hinsichtlich Qualität, Liefertreue, Zahlungsmoral usw.
- Der Einsatz abgestimmter, einheitlicher und vor allem adäquater und praxisrelevanter Managementinstrumente.
- Die Durchführung gemeinsamer Aktivitäten (z.B. Personalentwicklung, Projekte, Workshops, Investitionen).

Vernetzungen, die durch ein gemeinsames Basisinteresse und eine Freiwilligkeit zur Teilnahme in einem personenbezogenen Beziehungsgeflecht geprägt sind, fördern die Nutzung existierender Wissensressourcen und die Entwicklung neuer Wissenspotenziale. Über die Form einer selbstgesteuerten Organisation kann Wissen effizienter genutzt und vor allem vermehrt angewendet werden. Dazu ist es allerdings notwendig, dass sich die Partner in der Wissensproduktion wechselseitig anerkennen, gleichwertig von den erzielten Ergebnissen profitieren und das nötige Vertrauen für ein freies, aber zielbezogenes Zirkulieren der Ideen gewährleistet ist. Nur so werden Netzwerke zu einer intelligenten interorganisationalen Form der Zusammenarbeit, die für wissensintensive Kontexte gute Erfolgsvoraussetzungen mitbringt.

4. Abschließende Bemerkungen

Wenn man von Wissen spricht, muss man auch über kompetentes Handeln reden, durch welches Wissen Anwendung findet, reproduziert und weiterentwickelt wird. Deshalb geht es bei Wissensmanagement in erster Linie auch um die Frage, wie das Wissenspotenzial in erfolgreiche Praktiken umgesetzt werden kann, Praktiken, die Marktanteile erhöhen, Wettbewerbsvorteile festigen, Kunden, Lieferanten, Eigentümer und all die anderen Stakeholder zufriedenstellen oder gar begeistern (vgl. auch Deiser, 1996, S. 49). Damit hat sich ein Wissensmanagement in Netzwerken weniger um Antworten auf Fragen der Erfassung, Speicherung und Dokumentation von Wissen zu kümmern als vielmehr um das Organisieren von Wissensintegrationsprozessen durch Anwendung, Aktion, Methode, Verfahren und Interaktion. Denn die Generierung, Diffusion und Integration von Wissen erfolgt am wirksamsten in Interaktionsprozessen und in einem systematischen „Knowledge-Apply-Prozess". Durch konkretes gemeinsames Handeln und die Anwendung neuer Problemlösungen kommt es zu einer Veränderung von Wissen, denn in Handlungen wird nicht nur Wissen eingesetzt, sondern auch (re)produziert. Insbesondere durch eine erfolgreiche Anwendung erfolgt eine neuerliche Reproduktion dieses Wissens, womit es institutionalisiert und somit zur „Normalität" in der jeweiligen Unternehmung wird.

Ein neuer Vorrat an Lernerfahrungen und Wissen entsteht somit primär dann, wenn gemeinsamer Erfahrungs- und Lernkontext die Basis bildet. Die Herstellung gemeinsamer Erfahrungskontexte benötigt daher eine organisierte Form der Interaktionspraxis, indem in Wissens- und Praxisgemeinschaften „Nahwelten" in Form von Kollaborativen und Teams gebildet und mit konkreten Aufgaben betraut werden. Auf diese Weise wird eine Trennung zwischen Arbeiten und Lernen schrittweise abgebaut, es entstehen Lerngemeinschaften als Stätten der Produktion und Integration von Wissen, vorausgesetzt es existiert ein abgestimmter Interessen-, Erwartungs-, Handlungs- und Sprachkontext mit entsprechenden Spielregeln.

5. Lern- und Kontrollfragen

- Welche Entwicklungslinien sind im Wissensmanagement zu erkennen?
- Welche Faktoren hindern die konstruktive Nutzung von Wissen in Netzwerken?
- Was versteht man unter einem „Management für Wissen"?
- Welche fördernden Faktoren sind für den Aufbau, den Transfer und die Nutzung von Wissen in Unternehmenskooperationen wesentlich?
- Welche charakteristischen Merkmale kennzeichnen eine Wissenskooperation?

6. Literaturhinweise

Badaracco, J. L. (1991): The Knowledge Link. How Firms compete through Strategic Alliances, Boston.

Badaracco, J. L. (1991a): Strategische Allianzen. Wie Unternehmen durch Know-how-Austausch Wettbewerbsvorteile erzielen, Wien.

Davenport, T. D./Prusak, L. (1998): Working knowledge. How organizations manage what they know, Boston.

Davidow, W. H./Malone M. S. (1993): Das virtuelle Unternehmen. Der Kunde als Co-Produzent, Frankfurt.

Deiser, R. (1996): Vom Wissen zum tun und zurück. Die Kunst des strategischen Wissensmanagements, in: Schneider, U. (Hrsg.): Wissensmanagement. Die Aktivierung des intellektuellen Kapitals, Frankfurt/M., S. 49–76.

Drucker, P. (1998): Wissen – die Trumpfkarte der entwickelten Länder, in: Harvard Business Manager, 4, S. 9–11.

Moldaschl, M. (1998): Kultur-Enginieering und Kooperative Netzwerke, in: IO-Management, 6, S. 16–22.

Mowery, D. C./Oxley, J. E./Silverman, B. S. (1996): Strategic alliances and interfirm knowledge transfer, in: Strategic Management Journal, 17, S. 77–91.

Mueller, R. K. (1988): Betriebliche Netzwerke – kontra Hierarchie und Bürokratie, Freiburg.

Neumann, R. (1999): Die Veränderung der organisationalen Wissensordnung, in: H. Geißler (Hrsg.): Projektgruppe wissenschaftliche Beratung, Organisationslernen durch Wissensmanagement, Schriftenreihe Betriebliche Bildung, Frankfurt/M., S. 123–152.

Neumann, R. (2000): Die Organisation als Ordnung des Wissens. Wissensmanagement im Spannungsfeld von Anspruch und Realisierbarkeit, Wiesbaden.

Neumann, R./Blecker, T./ (2000): Interorganizational Knowledge Management. Some Perspectives of Knowledge Oriented Strategic Management in Virtual Organizations, in: Malhotra, Y. (Hrsg.): Knowledge Management and Virtual Organizations, London, S. 63–83.

Picot, A./Reichwald, R./Wigand, R. T. (Hrsg.) (1996): Die grenzenlose Unternehmung, Wiesbaden.

Reiß, M. (1996): Mit Netzwerkstrukturen zu virtuellen Strukturen, Gablers Magazin, 12, S. 12–15.

Reuter, B. (1999): Kooperationsmanagement in Managementkooperationen. Die virtuelle Unternehmung – eine reale Konkurrenzunternehmung?, in: Egger, A./Grün, O./Moser, R. (Hrsg.): Managementinstrumente und -konzepte. Entstehung, Verbreitung und Bedeutung für die Betriebswirtschaftslehre, Stuttgart, S. 163–182.

Seufert, A./Seufert, S. (1998): Wissensgenerierung und -transfer in Knowledge Networks, in: IO-Management, 10, S. 76–84.

Sydow, J./Van Well, B. (1996): Wissensintensiv durch Netzwerkorganisation – Strukturationstheoretische Analyse eines wissensintensiven Netzwerkes, in:

Schreyögg, G./Conrad, P. (Hrsg.): Managementforschung 6, Berlin, S. 191–234.

Sydow, J. et al. (1995): Organisation von Netzwerken. Strukturationstheoretische Analysen der Vermittlungspraxis in Versicherungsnetzwerken, Opladen.

Tsuchiya, T./Tsuchiya, S. (1996): Interorganizational Knowledge Creation and Policy Exercise, in: Schreinemakers, J. F. (Hrsg.): Knowledge Management. Organization, Competence and Methodology, Proceedings of the fourth International ISMICK Symposium (21.–22. Oct.), Rotterdam, S. 189–193.

Vicari, S. et al. (1996): Knowledge Creation through Cooperative Experimentation, in: Krogh, G. v./Roos, J. (Hrsg.): Managing Knowledge. Perspectives on cooperation and competition, London, S. 184–202.

Wathne, K./Roos, J./Krogh, G. v. (1996): Towards a Theory of Knowledge Transfer in a Cooperative Context, in: Krogh, G. v./Roos, J. (Hrsg.): Managing Knowledge. Perspectives on cooperation and competition, London, S. 55–81.

Virtuelles Team Management im Projekt – ein Vorgehensmodell zur Entwicklung von High Performance Teams

Gerhard Graf

In diesem Beitrag erfahren Sie

- Details über die besonderen Herausforderungen von virtuellen Teams
- die Gemeinsamkeiten, Unterschiede und Besonderheiten virtueller Teams im Vergleich zur „normalen" Teamarbeit
- die klassischen Phasen des Teamentwicklungsprozesses bezogen auf Gruppenstruktur und Aufgabenverhalten speziell mit dem Fokus virtuell organisierter Teams
- die Kernelemente virtueller Teamarbeit
- Besonderheiten, Vor- und Nachteile, Grenzen und Perspektiven des vorgestellten Vorgehensmodells.

1. Zum Hintergrund

Die zunehmende Vernetzung in und zwischen Unternehmen, die fortschreitende Globalisierung, beschleunigter Wettbewerb und die verkürzten Erneuerungszyklen von Produkten und Prozessen erhöhen die Anforderungen an die schnelle Reaktionsfähigkeit von Unternehmen. Gleichzeitig sind die komplexen Herausforderungen zumeist nur noch durch Einsatz von Teamarbeit lösbar. Die weltweite Vernetzung durch vielfältige Kommunikationsinstrumente ermöglicht dabei heute die Zusammenarbeit „virtueller" Teams[1] über Abteilungs- und Organisationsgrenzen hinweg. Nur wer schnell die richtigen Experten zusammenbringt, diese im Sinne der funktionalen Vertrautheit innerhalb kürzester Zeit als Team arbeitsfähig „macht" und deren Arbeit optimal unterstützt, kann den *Time-to-market*-Prozess verkürzen und so seine Wettbewerbsposition stärken. Die Geschäftsprozesse erfordern hohe Flexibilität in der Zusammenarbeit zwischen – über mehrere Standorte verteilten – Mitarbeitern, Abteilungen, etc. sowie Unternehmen und deren Kunden. Virtuelle Projektteams und die notwendigen damit verbundenen Managementskills gewinnen daher zunehmend auf unternehmensstrategischer Ebene an Bedeutung.

2. Die Problemstellung und Zielsetzung

Virtuelle Projektteams „produzieren" aufgrund ihrer besonderen Rahmenbedingungen völlig neue Probleme. Sie stellen sowohl Verantwortliche als auch Teammitglieder selber vor Herausforderungen und Ansprüche, die mit den üblichen Team Management Tools (kontinuierliche Abstimmungsmeetings, Arbeitstreffen etc.) nicht mehr effizient und effektiv gelöst werden können. Virtuelle Teams sind daher aufgrund der „Arbeit auf Distanz" in einem anderen Licht als herkömmliche Arbeitsgruppen zu sehen. Regelmäßig „kämpfen" virtuelle Teams mit

- einem erhöhten Ausmaß an Abstimmungsproblemen und Missverständnissen,
- einem wenig konzertierten, häufig unabgestimmten Vorgehen zwischen den Team-Mitgliedern,
- plötzlichen „Ausreißern",
- Energie- und Engagementverlust über die Zeit,
- einem unterschiedlich verstandenen – obwohl gemeinsam vereinbarten – Arbeitsziel und Ergebnisverständnis aller am Projekt beteiligten Personen.

---

1 Für den Begriff Virtualität in diesem Kontext existiert mittlerweile eine Vielzahl verschiedenster Definitionen. Bei der Durchsicht einschlägiger Literatur ist es sehr schwierig, ein einheitliches Verständnis zu erkennen. Umso wichtiger erscheint es daher, zu Beginn dieses Beitrages die hier verwendete Begrifflichkeit klar festzulegen. Im Folgenden soll, in Anlehnung an Krystek/Redel/Reppegath, unter „virtuellen Teams" die Zusammenarbeit von Personen verstanden werden, die durch geeignete Informationstechnologien gestützt und vernetzt über Distanz an einer gemeinsam definierten und vereinbarten Aufgabenstellung zeitlich begrenzt zusammenarbeiten (vgl. Krystek/Redel/Reppegath (1997), S. 7).

Der Beitrag beschäftigt sich in erster Linie mit dieser besonderen Problemlage und versucht konkrete, praktische Lösungsmöglichkeiten aufzuzeigen, mit deren Hilfe virtuelles Team Management effizient und effektiv gestaltet werden kann.

Den theoretischen Hintergrund bildet dabei das klassische Phasenmodell der Gruppenentwicklung von Tuckmann. Auf Basis dieses Teamentwicklungsprozesses werden zentrale Themen der Gruppenbildung (Positionen und Rollen im Team, Ziele und Normen von Teams, Bedingungen erfolgreicher Gruppenarbeit) skizziert und auf die Besonderheiten virtuellen Team Managements hin analysiert.

Das Aufzeigen verschiedener, konkreter Gestaltungsansätze anhand eines Vorgehensmodells bildet anschließend den Kernteil dieses Beitrages.

Das Resümee, verbunden mit einem Ausblick, rundet den Artikel ab.

3. Aspekte virtuellen Team Managements

Analog zu jeder Gruppenarbeit zeichnet sich auch ein virtuell organisiertes und arbeitendes Team durch Merkmale aus, die die Zusammenarbeit von Personen generell charakterisieren.

Nun soll hier nicht im Detail auf Arbeitsvoraussetzungen, Vor- und Nachteile, Stärken und Schwächen von Teams in genereller Hinsicht eingegangen werden; in diesem Beitrag geht es vielmehr um die Besonderheiten virtueller Teams und deren effiziente und effektive Gestaltung.

Zunächst drängt sich die Frage auf: Wann und warum sollten überhaupt virtuelle Teams gebildet werden, also Personen über Distanzen auf Zeit zusammenarbeiten? Dazu einige Voraussetzungen:

- Teamarbeit ist dann sinnvoll, wenn die zu bewältigende Aufgabenstellung eine Komplexität aufweist, welche eine Zusammenarbeit mehrerer Experten erfordert.
- Wenn die Aufgabenstellung an sich eine Zusammenarbeit auf Distanz erfordert (im IT-Bereich oft anzutreffen: die Frage des Zusammenspiels verschiedener dislozierter Serverzentren). Häufig sind derartige Experten nicht an einem gemeinsamen geographischen Ort angesiedelt, sondern müssen sich entweder bewusst in einem Projektbüro zusammenfinden oder über Distanzen konzertiert zusammenarbeiten. Im vorliegenden Beitrag fokussieren wir uns auf die Distanzarbeit.
- Eine Kooperation über räumliche Entfernung erfordert entsprechende Voraussetzungen auf inhaltlicher, mentaler, sozialer, technischer und organisatorischer Ebene, die einerseits vorhanden sein müssen (mental), andererseits geschaffen werden sollen (sozial, technisch, organisatorisch).

Grundsätzlich wird in der Gruppendynamik davon ausgegangen, dass Teams stets gleiche oder ähnliche Gruppenbildungsprozesse durchlaufen, die Tuckman in ein Vier-Phasen-Modell gegossen hat. Die bisherigen Erfahrungen mit virtuellen Teams zeigen, dass auch hier diese Prozesse und Abläufe greifen.

3.1. Phasen der Gruppenentwicklung

Empirisch ist die Bildung und Entwicklung von Teams meist in psychotherapeutischen und T-Gruppen (T steht für „Training“) untersucht worden. Tuckman hat auf der Grundlage einer umfangreichen Auswertung zahlreicher ihm vorliegender Studien vier Phasen der Gruppenentwicklung identifiziert:

Phase	Gruppenstruktur	Aufgabenverhalten
(1) Forming	Unsicherheit; Abhängigkeit von einem Führer; Ausprobieren, welches Verhalten in der Situation akzeptabel ist; Versuch der Orientierung	Mitglieder definieren die Aufgaben, die gewünschten Arbeitsregeln, die Ziele und die geeigneten Methoden; Energie steckt primär im Abtasten und Finden, weniger im effizienten und effektiven Arbeiten
(2) Storming	Konflikte zwischen Team-Mitgliedern; Aufstand gegen den vermeintlichen Team-Leiter; Polarisierung der Meinungen; Ablehnung einer Kontrolle durch die Gruppe	Emotionale Ablehnung der Aufgabenanforderung, -verteilung; Energie steckt primär im Durchsetzen der eigenen Meinung und Einschätzung – Machtkampfphase
(3) Norming	Entwicklung von Gruppenkohäsion; Einschätzung des individuellen Selbst- und Fremdbildes; Klärung der Stärken, Schwächen und Interessen der Teammitglieder; Aufbau einer funktionalen Vertrautheit	Offener Austausch von Meinungen und Gefühlen, Kooperation entsteht; Energie steckt im konstruktiven Erarbeiten akzeptabler und lebbarer Teamregeln
(4) Performing	Interpersonelle Probleme sind angesprochen und ausdiskutiert; Gruppenstruktur ist funktional zur Aufgabenerfüllung; Rollenverhalten ist flexibel und funktional; es entsteht ein Wir-Gefühl, Teammitglieder können sich zunehmend mit der Aufgabenstellung identifizieren	Problemlösungen tauchen auf, konstruktive Aufgabenbearbeitung; Energie des Teams liegt primär im effizienten und effektiven Lösen von Aufgabenstellungen – Hauptarbeitsphase

Die Realität zeigt, dass die einzelnen Phasen nicht übersprungen werden können, ohne sich negativ auf das Leistungsniveau des Teams auszuwirken. Es gibt jedoch viele Teams, die in den Phasen 1 oder 2 „stecken bleiben“ und sich in der Folge relativ schnell auflösen oder höchst ineffizient arbeiten.

Auch in virtuellen Teams sind diese Phasen gegeben und müssen, aufgrund der räumlichen Distanz, besonders bewusst gestaltet werden. Ein echtes und tragfähiges Wir-Gefühl, das effiziente Hochleistungsteams charakterisiert, kann ohne das Durchlaufen dieser Phasen nicht entstehen.

Hierin liegt häufig das Kernproblem: Nicht selten wird gerade die Stormingphase umschifft oder ihr Durchleben unterdrückt bzw. wird kontraproduktiv versucht, sie abzukürzen. Obwohl gerade die Kernphase die Grundlage erfolgreicher Teamarbeit bildet, wird dieser Aspekt gern (bewusst oder unbewusst) von den Mitgliedern, aber auch den Verantwortlichen vernachlässigt. Und die Besonderheit virtueller Teams: Die Distanzarbeit lädt förmlich dazu ein, gerade die Bedeutung des bewussten Durchlebens dieser Phasen zu vernachlässigen.

Wir wollen kurz festhalten: Teamentwicklungsprozesse sind auch in virtuellen Teams gleichermaßen wie in jedem anderen Team gegeben. Lediglich der lose Kontakt verführt alle Beteiligten zu einem möglichen Ignorieren, Verdrängen oder Verkürzen. Eine schwache Teamperformance ohne Tiefgang ist daher bei virtuellen Teams sehr häufig zu erkennen. Evidenzen für eine abnehmende Performance sind z.B.: Termine werden nur mehr bedingt eingehalten; das Projekt nimmt in der „Prioritätenliste" der Teammitglieder eine zunehmend nachrangige Position ein; Teammitglieder springen ab; Missverständnisse häufen sich; Anzahl von Absprachen aufgrund widersprüchlicher Wahrnehmungen steigt.

Auch in „Teams of Distance" müssen jedoch wichtige Kernelemente der Teambildung so erarbeitet werden, dass sie eine tragfähige und lebbare Basis bilden. Dazu gehören:

- Arbeitsregeln
- Teampositionen und -rollen
- Eine klare Roadmap zum Vorgehen
- Echtes Commitment der Teammitglieder zur Aufgabenstellung und zur Roadmap
- Funktionale Vertrautheit zwischen den Mitgliedern.

3.2. Kernelemente virtueller Teamarbeit

Wann kann von einem gut organisierten und performanten virtuellen Hochleistungsteam ausgegangen werden?

a) Den Teammitgliedern sind Ziel, Sinn und Zweck des Projektes klar; die einzelnen Personen können sich mit der Aufgabe identifizieren und sehen einen echten persönlichen Sinn in der Mitarbeit – das Verhältnis zwischen individuellen Interessen und Möglichkeiten, sich in das Projekt einzubringen, ist für jedes Teammitglied geklärt.

b) Die Roadmap des Projektes ist von den Teammitgliedern gemeinsam erarbeitet und verabschiedet.

c) Die Regeln der Zusammenarbeit sind festgelegt und werden von den Teammitgliedern gelebt. Bei auftretenden Schwierigkeiten wie Konflikten werden diese direkt angesprochen und zügig und substantiell gelöst.

d) Alle Teammitglieder haben ihren „Platz", ihre Rolle gefunden und können sich mit derselben identifizieren; allen Mitgliedern ist jedoch bewusst, dass eine Verschiebung des Arbeitsfokus oder der Rahmenbedingungen eine Rollenänderung, -verschiebung nach sich ziehen kann.

e) Das Verhältnis der Teammitglieder zueinander kann mit „funktionaler Vertrautheit" umschrieben werden. Jedes Mitglied hat zu den anderen Teammitgliedern so weit Vertrauen, dass es sich auf die anderen tatsächlich verlässt oder mögliche Probleme sofort ansprechen kann.

f) Sämtliche Teammitglieder verfügen über das notwendige technische Equipment (Telekommunikation, E-Mail, Plattform, Sharepoint etc.) und können damit auch sinnvoll und zielgerichtet umgehen.

g) Kommunikationskanäle (siehe unten) sind eingerichtet, deren Einsatz ist eindeutig und für alle Teammitglieder klar definiert und alle halten sich an die getroffenen Vereinbarungen.

4. Virtuelles Team Management – ein Vorgehensmodell

Im Folgenden wird ein Team-Entwicklungsmodell vorgestellt, das sich speziell im Bereich virtueller Zusammenarbeit als sehr effizient und effektiv erwiesen hat.

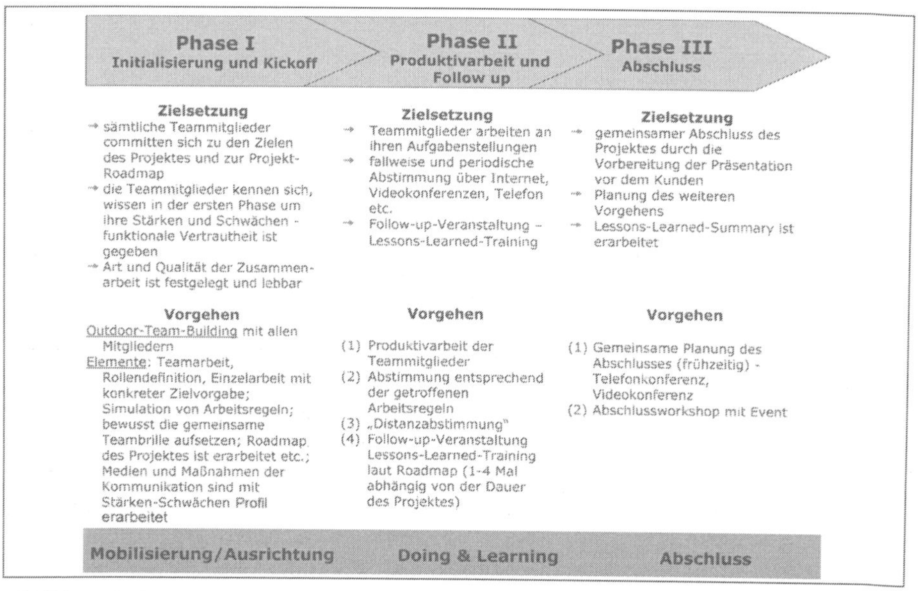

Abbildung 1: Das Vorgehensmodell – virtuelles Team Management

Durch die drei Phasen soll auf strukturierte Weise einerseits der Team-Performanceprozess bewusst gestaltet werden, andererseits soll den Teams der Raum zur individuellen Anpassung an die jeweiligen konkreten Bedingungen gegeben werden.

Vorweg sei an dieser Stelle erwähnt, dass von Beginn an eindeutig die Gesamtprojektleitung festgelegt sein muss.

4.1. Phase I – Initialisierung und Kickoff

Kernelement der Phase I zum effizienten Team-Start bildet ein gemeinsames Outdoor-Team-Training, in welchem alle Kernthemen des virtuellen Team Managements bearbeitet und durchlebt bzw. erlebt werden.

In dieser Phase kommt der Entwicklung einer funktionalen Vertrautheit zwischen den Team-Mitgliedern eine herausragende Bedeutung zu. Wichtig ist dabei, dass sämtliche Mitglieder innerhalb einer kurzen Zeit eine gemeinsame Erfahrungswelt aufbauen, auf welche sie sich während der Projektarbeit immer wieder beziehen können. Aus diesem Grund wird ein Projekt-Kickoff mit Outdoorcharakter empfohlen. In dieser Start-Veranstaltung, die in der Regel drei bis vier Tage umfassen sollte, wird auf zwei Ebenen gleichermaßen gearbeitet.

Die Ebene 1 umfasst die konkrete Projektarbeit mit der Definition der Zielsetzungen, Aufgabenstellungen, Arbeitspakete, Projektroadmap etc. (Sachebene).

Parallel dazu werden auf der Ebene zwei konkrete Teamprozesse thematisiert und angestoßen. Genau auf die Herausforderungen abgestimmte, sukzessive schwieriger werdende Aufgabenstellungen mit Outdoorcharakter müssen schrittweise im Team gelöst werden. Dabei kann genauso ein sich permanent ändernder Rollenmix simuliert wie auch gemeinsame Erfahrung im Aufbau von Vertrauen gesammelt werden. Wichtig für diese Ebene ist, dass der oben erwähnte Teamentwicklungsprozess angestoßen und von den Teammitgliedern bewusst durchlebt wird.

Durch permanente Teamprozess-Reflexion und Transfer zum Projektauftrag und den damit verbundenen Rollen und Spielregeln wird ein Mix von Erfahrungen erarbeitet und erlebt, der die spätere Distanzarbeit wesentlich erleichtert und merkbar die Effizienz und Effektivität virtueller Teams erhöht. Weniger Reibungsverluste von Beginn an innerhalb des Teams und in Bezug zur „Teamaußenwelt" führen zu höherer Motivation bei den Betroffenen.

Was passiert hier konkret?

Das Projektteam wird von Beginn an als solches verstanden. Aufgabenstellungen werden von den Trainern in die Arbeitsgruppe zur Lösung eingebracht. Die Trainer agieren dabei als Inputgeber (Aufgabenstellung) und Beobachter des Teams bei der Bearbeitung (eine Intervention während dieser Phase seitens der Trainer ist nicht vorgesehen). Für die Aufgabenbewältigung ist ein Zeitcontainer mit Leistungspunkten zur Effizienzmessung vorgegeben. Im Anschluss an jede Teamarbeit erfolgt sowohl eine kritische Selbstreflexion aus dem Team heraus als auch eine kritische Rückmeldung durch die Trainer nach folgenden Frageblöcken:

1. Was hat gut funktioniert und soll so bleiben?
2. Was hat nicht funktioniert und muss verbessert werden?
3. Was brauchen wir jetzt, um unsere Teameffizienz zu steigern?

Die Ergebnisse und Erkenntnisse aus diesen Reflexionsrunden sind die Ausgangsbasis und Messlatte für die nächsten Herausforderungen. Das Gesamtsetting umfasst einen Aufgabenmix aus Projekt-Kickoff-Themen (Ebene 1), die vom Team erarbeitet werden, und Aufgabenstellungen mit Outdoorcharakter (Ebene 2), die in erster Linie den Teamprozess anschieben und transparent machen sollen.

Outdoorelemente haben sich hier als besonders effizient erwiesen. Einerseits sind die Teammitglieder in der Regel vor für sie völlig neue Herausforderungen gestellt, und andererseits wird der Prozess der Planung und vor allen Dingen dann die Qualität der Umsetzung draußen (Agieren in der freien Natur) unmittelbar erlebt und transparent. Gerade hier wird offensichtlich, wie schwierig es ist, die Maßnahmen, die während der Planungsphase vereinbart wurden, dann tatsächlich in der „freien Natur" umzusetzen und Vereinbarungen einzuhalten – speziell bei komplexeren Outdooraufgaben, die nur über räumliche Distanz durch Subteams bewältigt werden können.

Die Unmittelbarkeit des Erlebten erlaubt schließlich die schrittweise Teamentwicklung mit Tiefgang. In der Regel sind fünf bis sieben Outdooraufgaben ausreichend im Rahmen eines Drei-Tage-Kickoffs.

Welche Ziele werden durch eine solche Kick-off-Veranstaltung angestrebt?

- Durch die besondere Form des angewandten Methodenmix wird der Transfer in den Projektalltag auf Distanz nachhaltig sichergestellt.
- Durch Learning by doing gewinnen die Teilnehmer eine erhöhte Sensibilität für ihr eigenes Verhalten und für soziale Prozesse (gemeinsame, einheitliche „Teambrille"). Wichtige Team-Entwicklungsschritte (s.o. vier Phasen) werden schneller und zielgerichteter durchlaufen. Die Teilnehmer gewinnen Erfahrung mit diesen Prozessen und lernen, Tools zur Bewältigung von Teamkrisen konstruktiv anzuwenden. Damit ist eine nachhaltige Performancesteigerung garantiert.
- Der erforderliche Grad an funktionaler Vertrautheit im Team wird schneller erreicht.
- Die spezifischen Teamthemen werden unmittelbar erlebt, dadurch für alle Beteiligten schnell transparent und direkt bearbeitet.
- Im Rahmen des Trainings werden allen Mitgliedern ihre jeweiligen Stärken und Schwächen in Bezug auf die Projektthemen transparent.
- Es wird erarbeitet, was vom Teamleader erwartet wird und was der Verantwortliche zur Wahrnehmung seiner Aufgabe von jedem Teammitglied erwartet und benötigt.

Welcher Methodenmix hat sich dabei als besonders hilfreich erwiesen?

- Die konkrete, inhaltliche Projekt-Kickoff-Arbeit erfolgt im Team, wobei alle späteren Teammitglieder auch anwesend sein sollten.
- Parallel ablaufende Outdooreinheiten mit unbekannten und genau auf die jeweilige Problemsituation zugeschnittenen Aufgabenstellungen machen Teamsituationen unmittelbar erfahrbar.
- Die Leistungsfähigkeit des Teams wird messbar gemacht.
- Inhaltliche Inputs durch Trainer garantieren Know-how-Transfer und professionelle, punktgenaue Unterstützung.

- Reflexionsrunden lassen Teamprozesse und Verbesserungsmöglichkeiten transparent werden (Blick von innen und von außen).
- Einzelreflexionen ermöglichen die Klärung der eigenen Position zum Team, zur Aufgabe etc.
- Wechselnde Teamkonstellationen stellen hohe Anforderungen an die Integrationsfähigkeit.
- Unterschiedliche Rahmenbedingungen beschleunigen Teamprozesse (Arbeitszeiten, Arbeitsrhythmus, Leistungsdruck, Konkurrenzsituation, Arbeit außerhalb des gewohnten Umfeldes etc.).

4.2. Phase II – Produktivarbeit und Follow-up

Nachdem in der Phase I während des Kickoffs vom Team gemeinsam die Ziele, Arbeitspakete, Roadmap/Meilensteinplanung usw. festgelegt wurden, geht es in der Phase II darum, die gesetzten Ziele produktiv umzusetzen – die „eigentliche" Arbeitsphase des Projektes hat begonnen. Auf der Teamebene bedeutet dies, dass die Mitarbeiter – über die räumlichen Distanzen hinweg – einen konstruktiven Austausch und die abgestimmte Ausrichtung ihrer Aktivitäten aufbauen und aufrechterhalten müssen. Gerade hier fallen virtuelle Teams im Alltagsgeschehen häufig auseinander, wenn sie diesen Prozess der Zusammenarbeit nicht bewusst und ergebnisorientiert gestalten sowie immer wieder reflektieren und den Erfordernissen anpassen.

Somit kommt der permanenten Kommunikation, Abstimmung, Klärung des aktuellen Standes, auftretender Schwierigkeiten, Änderungen und der erforderlichen nächsten Schritte innerhalb des virtuellen Projektteams in der Produktivphase zentrale Bedeutung zu – es ist ein regelmäßiges gemeinsames Vergewissern zum Projektverständnis erforderlich.

Im Workshop der Phase I wird daher u. a. vereinbart, wie die Kommunikationsplattform und -strukturen gestaltet werden sollen. Hier sind folgende Elemente von besonderer Bedeutung:

- Schriftliche Kommunikation mittels Internetplattform, E-Mail etc.
- Mündliche Kommunikation mittels Telefon, Videokonferenz
- Klare Team-Struktur und Rollenverteilung
- Gemeinsame Arbeit in Follow-ups.

4.2.1. Schriftliche Kommunikationsformen

An dieser Stelle soll als ein Beispiel einer gemeinsamen Kommunikationsplattform ein Internet-Tool vorgestellt werden, das sich in verschiedenen Projekten bei der Distanzarbeit bewährt hat.

Wichtig beim Einsatz von Kommunikationsplattformen ist generell,

- dass möglichst alle an den verschiedenen Projektstandorten (Projektleiter, Projektbüro, unterschiedliche Teamstandorte) vorhandenen, verschiedenen Informationen zentral und einheitlich für alle anderen Teammitglieder zur Verfügung stehen (kein Information Hiding – eine Frage der beim Kickoff vereinbarten Arbeitsregeln),

- dass die zur Verfügung gestellten Informationen, Dokumente etc. stets auf aktuellem Stand sind, d.h., dass sich die Teammitglieder auf die Validität der Informationen absolut verlassen können,
- dass die Nutzung der Plattform im Projektteam verbindlich geregelt ist, d.h., dass einerseits tatsächlich alle relevanten Informationen in dem Tool öffentlich zur Verfügung stehen, andererseits dieses aber für die offiziellen Informationen auch der einzige Kanal ist,
- dass angemessene Möglichkeiten sowohl für die Bereitstellung von Informationen (z.B. Kontaktliste, Teminkalender) als auch für die Möglichkeit der Kommunikation (z.B. Diskussionsforum) bestehen,
- dass alle Teammitglieder gleichermaßen Zugriff auf die Anwendungen haben,
- dass es eine verantwortliche Stelle (Projektbüro) gibt, die für das Kommunikationstool verantwortlich ist.

Im Folgenden werden unterschiedliche Module einer solchen gemeinsamen Plattform beispielhaft demonstriert und kurz erläutert.

Beispielanwendung Projektstatus

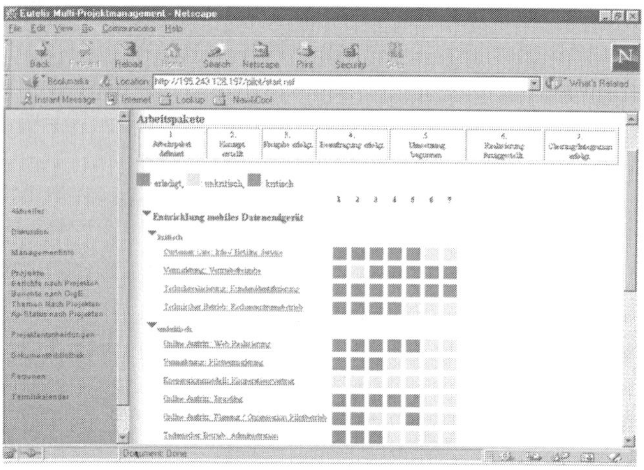

Für jedes Einzelprojekt werden Arbeitspakete definiert und dafür die entscheidenden Meilensteine mit Fertigstellungsterminen festgelegt.

Der Projektleiter hat jederzeit den Überblick über den aktuellen Status.

Beispielanwendung Dokumentbibliothek

Alle relevanten Unterlagen werden zentral abgelegt, nach Schlagworten kategorisiert und sind weltweit den Mitarbeitern in der aktuellen Version zugänglich. Zugriffsrechte regeln dabei die Einsicht.

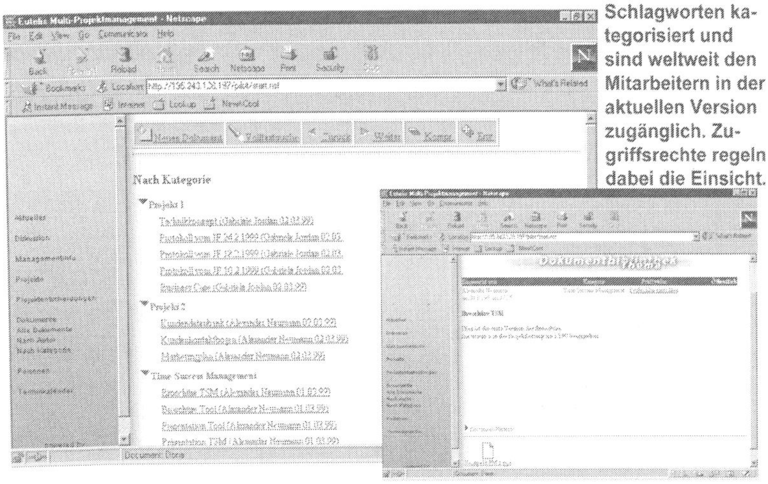

Beispielanwendung Diskussion

Alle Projektbeteiligten können Beiträge in ein „Schwarzes Brett“ einstellen. Kommunikationsforen ermöglichen damit den Wissensaustausch über alle Ebenen.

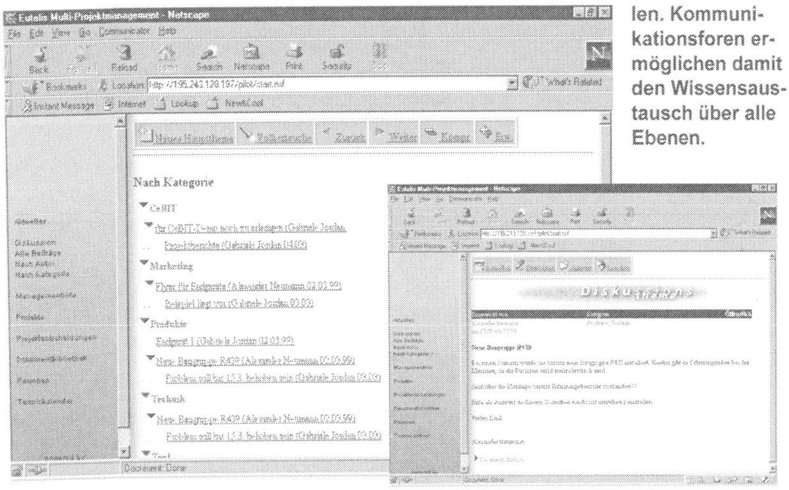

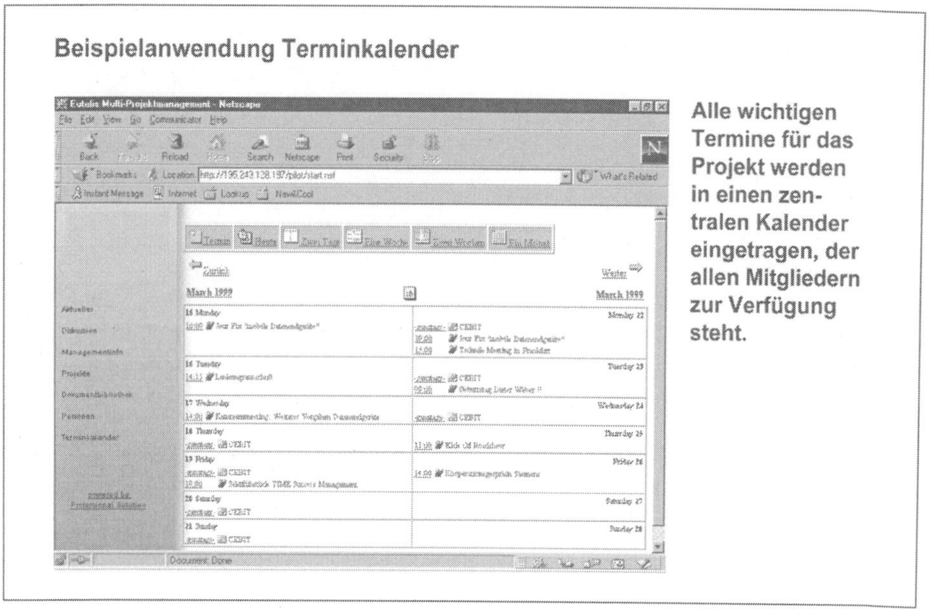

Abbildung 2: Anwendungsbeispiele einer Kommunikationsplattform

Die Thematik E-Mail soll hier nur insofern erwähnt werden, als sich E-Mails sehr gut für kurze schriftliche Nachrichten inkl. des Versendens von Arbeitsmaterialien eignen. Niemals sollte eine E-Mail als Instrument der Konfliktlösung und Konflikteskalation verwendet werden.

4.2.2. Adäquate mündliche Kommunikationsformen

Teamarbeit über Distanzen ohne Telefon ist ausgeschlossen. Kurzfristige Absprachen sind auf diese Art und Weise relativ leicht zu koordinieren.

Zu beachten ist hierbei, dass über das Telefon der persönliche Draht innerhalb des Projektteams wesentlich besser als über schriftliche Medien gepflegt und aufrechterhalten werden kann. Da für die Leistungsfähigkeit des Teams nicht nur die rein sachliche Ebene ausschlaggebend ist, ist gerade bei der Distanzarbeit diese Form der direkten Kommunikation der kritische Erfolgsfaktor.

Heute ist für virtuelle Teamarbeit mittels Telefon die Telefonkonferenz nicht mehr wegzudenken. Sie ist prinzipiell unkompliziert zu handhaben, schnell einsetzbar, erfordert jedoch bei den Teammitgliedern eine besondere Art des Umgangs miteinander.

Der Teammanager sollte dabei dieses Instrument bewusst für Absprachen nutzen. Von besonderer Bedeutung erscheint, dass diese Form der Konferenz bei allen Beteiligten eine Eingewöhnungsphase erfordert. Gerade in dieser ersten Zeit erwiesen sich bisher konsequent durchgeführte, kurze Erfahrungsreflexionen (sie können bereits im Kickoff-Training starten) als sehr hilfreich.

Schließlich sollte auch die Möglichkeit von Videokonferenzen genutzt werden (sofern die notwendige Ausstattung bei allen Team-Mitgliedern vorhanden ist). Sie erlauben den auf sozialer Ebene einfachsten und natürlichsten Umgang der Mitglieder untereinander.

Während der Projektarbeit ist es speziell aufgrund der Distanz besonders wichtig, immer wieder über Teamthemen, Rollenerwartungen, Performances etc. mit allen Teammitgliedern gemeinsam zu reflektieren. Hierfür sollte bewusst Zeit eingeräumt werden, wobei aber ein einfaches Abarbeiten sehr kontraproduktiv wirkt. Wenn Reflexion, dann bewusst und intensiv, ansonsten sollte dieses Element lieber gar keine Anwendung finden.

Nach einer angemessenen Arbeitsphase wird schließlich ein erstes Follow-up-Training mit Lessons-learned-Elementen im Gesamtteam empfohlen, um gemeinsam etwaige Fehlentwicklungen zu erkennen und ihnen zeitgerecht gegenzusteuern.

4.2.3. Klare Team-Struktur und Rollenverteilung

Auf Basis der erlebten Ergebnisse und Erkenntnisse aus dem Projekt-Kickoff-Outdoor-Training muss die Teamstruktur prinzipiell festgelegt sein. Dem/der Projektleiter/in kommt hier eine besondere Funktion zu, denn er/sie ist der/die Garant/in für die Einhaltung der getroffenen Arbeitsregeln.

Im Laufe der Arbeit hat sich herausgestellt, dass die Position des Teamleiters von zentraler Bedeutung ist und in der Regel nur unter besonderen Umständen und Bedingungen während der Projektarbeit von unterschiedlichen Personen bekleidet werden sollte.

4.2.4. Gemeinsame Arbeit im Follow-up-Training

Im Follow-up-Training, das nach einer Zeitspanne von ca. zwei bis drei Monaten durchgeführt werden sollte, werden primär der bisherige Arbeitsprozess und der Status quo reflektiert und nächste konkrete Schritte im Team gemeinsam geplant.

Für den Erfolg des virtuellen Teams ist es dabei von zentraler Bedeutung, diesen Schritt nicht zu überspringen (häufig wird er aufgrund kurzsichtiger Zeit- und Kostenargumente beiseite geschoben). Es ist jedoch zu bedenken, dass hier im Grunde *die wesentliche Stellschraube* in der virtuellen Teamarbeit besteht, um die Qualität der bisherigen Zusammenarbeit zu überprüfen, mögliche Schwierigkeiten auszuräumen, Klärungen herbeizuführen und Fehlentwicklungen zu korrigieren. Wenn in dieser Phase keine aktive, konstruktive Auseinandersetzung mit dem Prozess der Teamarbeit erfolgt, droht das virtuelle Team in seiner Entwicklung *stecken zu bleiben*, bevor es die Phase der hohen Performance erreicht bzw. stabilisiert hat.

Dabei werden wiederum sowohl fachliche, inhaltliche als auch soziale und persönliche Themen angesprochen und diskutiert. Auf folgenden vier Ebenen sollte Projekt-Reflexion schrittweise erfolgen:

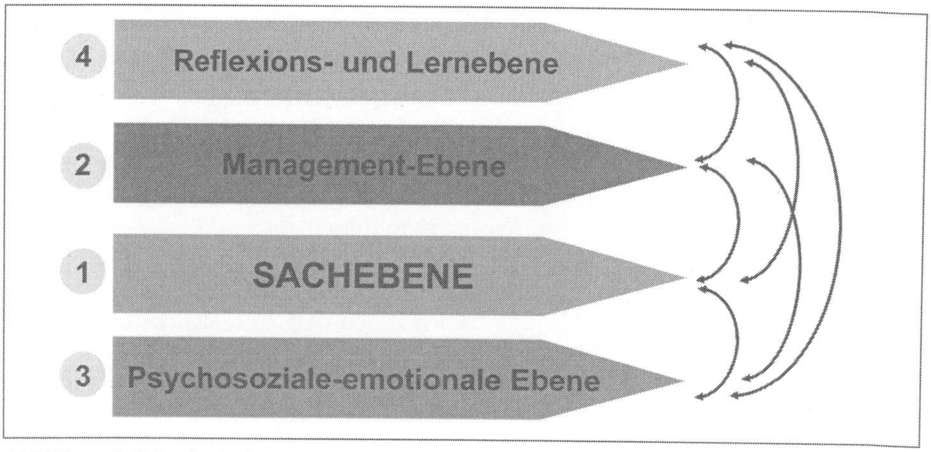

Abbildung 3: Die vier Prozessebenen im Projekt- und Teamprozess

Die Details zu den einzelnen Ebenen siehe dazu den Beitrag „Projektmanagement bei Organisations- und Managementprojekten …" im vorliegenden Band.

Idealerweise sollte dieser Workshop wieder auf ca. zwei bis drei Tage angesetzt sein, wobei auch hier für den Gesamtprozess ein Aufgabenmix aus inhaltlicher Projektarbeit und Aufgaben mit Outdoorcharakter zu empfehlen ist.

4.3. Phase III – Abschluss des Projektes

Der Gesamtabschluss des Projektes sollte nicht mit der Endpräsentation vor dem Kunden, vor dem Steering Committee etc. enden, sondern muss vom Gesamtprojektverantwortlichen gemeinsam mit dem Team konsequent geplant werden.

In der Abschlussphase sind drei Aspekte relevant:

- Er- bzw. Fertigstellung der geforderten Ergebnisse, Übergabe an den Kunden/Auftraggeber, Abschlusspräsentation
- Projektteam-interner Abschluss des Projektes, d.h. Feststellung und Verteilung der noch anstehenden Aktivitäten und Aufräumarbeiten, Aufarbeitung der Zusammenarbeit und Ergebnisse im Sinne der Lessons learned
- Emotionaler Abschluss der Zusammenarbeit, „Abschied" vom Team

Um einen angemessenen, auch für Folgeprojekte sowohl nützlichen als auch motivierenden Abschluss des Projektes zu erreichen, müssen alle drei Aspekte berücksichtigt werden. Jedoch ist in der Praxis meist zu beobachten, dass nur der erste Punkt tatsächlich angegangen wird.

Aus Sicht sowohl der Teammitglieder als auch des Unternehmens ist es aber wichtig, die in dem jeweiligen Projekt erarbeiteten Ergebnisse und Erfahrungen (auf Sach- und Teamebene) zu sichten und für spätere Projekte auch nutzbar zu machen.

Gleichzeitig sollte auf persönlicher Ebene den Teammitgliedern das emotionale *Ausschwingen* aus der Projektarbeit ermöglicht werden. Hierzu gehört, dass auch ein individuelles Resümee gezogen wird, indem sich jeder Mitarbeiter bspw. seiner persönlichen Stärken und Schwächen in diesem virtuellen Team, seiner Lernerfahrungen sowie seiner erforderlichen nächsten Entwicklungsschritte besser bewusst wird. Nicht zuletzt sollten die gemeinsame Arbeit gewürdigt und der gemeinsame Erfolg zum Abschluss des Projektes unbedingt gefeiert werden.

Neben der Abschlusspräsentation etc. wird daher unbedingt empfohlen, den Abschluss mit der Durchführung eines abschließenden Teamevents zu akzentuieren. Hier bietet sich ein letzter gemeinsamer Workshop von zwei Tagen an, bei dem zum einen das Thema Lessons learned gemeinsam bearbeitet wird, zum anderen auch Gelegenheit zu einer Abschlussfeier besteht.

5. Resümee und Ausblick

Aufgrund der bisherigen Erfahrungen über die Qualität und Leistungsfähigkeit virtueller Projekt-Teams kann trotz aller Kommunikationstechnik davon ausgegangen werden, dass ein persönlicher Kontakt zwischen den Mitgliedern eine unbedingte Voraussetzung für ein effizient und effektiv arbeitendes virtuelles Hochleistungsteam darstellt.

Auch virtuelle Teams, die mehrheitlich auf Distanz zusammenarbeiten, benötigen ein gewisses Maß an räumlich gemeinsamer *Teamarbeitszeit*, um überhaupt zu einem Hochleistungsteam zusammenwachsen zu können. In diesem Artikel wurden dabei drei Meilensteine im Sinne des Teams herausgehoben, die für das virtuelle Team eine Schlüsselfunktion haben:

- Kickoff-Training
- Follow-up-Training
- Abschlussworkshop

Prinzipiell sollte keines dieser mindestens drei (selbstverständlich können gerade in längeren Projekten auch mehrere Follow-ups erforderlich sein) Teamevents ausgelassen werden. Erfahrungen zeigen immer wieder, dass die scheinbaren Einsparungen bei „aufwendigen" Teamveranstaltungen in der Folge umso kontraproduktivere, „teurere" Konsequenzen nach sich ziehen. Wo der Einsatz von virtuellen Teams notwendig ist, sollte man diese daher bewusst gestalten und mit den notwendigen Voraussetzungen ausstatten. Ohne diese Investitionen in die Arbeitsfähigkeit des virtuellen Teams wird dieses seine erforderliche Performance nicht erreichen.

Neben dem technischen Equipment als Conditio sine qua non virtueller Teamarbeit zeigt sich der „Team-Prozess aus der Distanz" als besondere – sowohl mentale als auch soziale – Herausforderung aller Teammitglieder gleichermaßen. Dem Teamleiter kommt daher eine Schlüsselfunktion zu, denn die Qualität der Zusammenarbeit hängt weitgehend vom Fingerspitzengefühl und der allgemeinen Akzeptanz des Teamleiters selbst ab.

Für die Zukunft kann davon ausgegangen werden, dass der Einsatz virtueller Teams zunehmen wird. Das heißt sowohl für die Unternehmen als auch für die einzelnen Mitarbeiter, dass sie ihre Fähigkeiten im Umgang mit diesen Herausforderungen erhöhen müssen, wollen sie ihre Wettbewerbsfähigkeit sicherstellen.

Für die Unternehmen bedeutet dies, die Voraussetzungen und Rahmenbedingungen für erfolgreiche virtuelle Teamarbeit zu erkennen und auch bereitzustellen, und zwar in technischer, personeller und kostenmäßiger Hinsicht – technische Infrastrukturen müssen verbessert, zu virtueller Teamarbeit befähigte Mitarbeiter müssen qualifiziert und eingesetzt werden, die Bedeutung von Teamevents für die Leistungsfähigkeit muss gewürdigt und entsprechende Maßnahmen müssen durchgeführt werden.

Für den Mitarbeiter bedeutet dies, dass er seine Fähigkeiten zur Team- und Projektarbeit zunehmend auch auf den Bereich virtueller Teams ausweiten muss. Seine Fähigkeit und Bereitschaft, sich in Teams einzubringen, seine Stärken und Schwächen zu erkennen, sie anzunehmen und an ihnen zu arbeiten, seine Kommunikationsfähigkeit und nicht zuletzt sein nachhaltiges Engagement, Ziele und Aufgaben in einem Team zu bewältigen – alle diese Kompetenzen werden im virtuellen Team durch die räumliche Distanz noch mehr als bisher gefordert sein.

Gleichzeitig sind jedoch gerade die von uns skizzierten Team-Management-Trainings, die genau diese Fähigkeiten im Teamprozess reflektieren und damit Ansatzpunkte zur individuellen und gemeinsamen Verbesserung herausarbeiten, ein permanentes Learning by doing und bieten daher sowohl für den Einzelnen als auch für das Unternehmen eine interessante Möglichkeit, die virtuelle Teamfähigkeit und -performance dauerhaft zu steigern. Jedes Mitglied erwirbt somit durch die konkreten Projekte die erforderlichen Kompetenzen und Erfahrungen, die es für die virtuelle Teamarbeit benötigt.

6. Lern- und Kontrollfragen

- Was sind die Spezifika virtueller Teams? Worin unterscheiden sich virtuelle Teams von „normalen“ Teams?
- Wie sieht ein klassischer Teamentwicklungsprozess aus? Können verschiedene Stufen übersprungen werden?
- Wie sollte idealerweise ein professionell geführter Teamentwicklungsprozess von virtuellen Teams gestaltet sein?
- Welche Rolle spielt in diesem Zusammenhang ein Kickoff-Training und welche Rolle ein Follow-up?
- Auf welchen Ebenen läuft prinzipiell ein Teamprozess ab?
- Welche Tools und Instrumente zur virtuellen Teamarbeit sind empfehlenswert und welche unbedingt notwendig?

7. Verwendete Literatur

Crosby, P. B. (1994); Qualität 2000 – kundennah, teamorientiert, umfassend; München.

Jordan, G. et al. (1999); Transparente Projekte durch innovative Intranetnutzung; in: Projektmanagement 1/1999; S. 12–18.

Königswieser, R.; Exner, A. (2001); Systemische Intervention; Stuttgart.

Krystek, U.; Redel, W.; Reppegather, S. (1997); Grundzüge virtueller Organisationen. Elemente und Erfolgsfaktoren, Chancen und Risiken; Wiesbaden.

Lencioni, P. (2004); Mein Traum-Team. Oder die Kunst, Menschen zu idealer Zusammenarbeit zu führen; Frankfurt am Main.

Meier, D. (2005); Wege zur erfolgreichen Teamentwicklung; Wien.

Redel, W. (1982); Kollegienmanagement. Effizienzaussagen über Einsatz und interne Gestaltung betrieblicher Kollegien; Bern/Stuttgart.

Rieckmann, H.J. (1996); Management of Change. Mastering change in complex organizations and dynamic environments; unveröffentlichtes Typoskript; Universität Klagenfurt.

Staehle, W.H.; Conrad, P.; Sydow, J. (1999); Management. Eine verhaltenswissenschaftliche Perspektive; München.

Steinmann, H.; Schreyögg, G. (1997); Management. Grundlagen der Unternehmensführung. Konzepte – Funktionen – Fallstudien; 4. Auflage; Wiesbaden.

Transformation Consulting Group GmbH (2004); unveröffentlichtes Typoskript; Team Management Training; München.

van Dick, R.; West, M. (2005); Teamwork, Teamdiagnose, Teamentwicklung. Praxis der Personalpsychologie; Göttingen.

Wissen und Lernen

Wissensmanagement im Blickpunkt: Vom Mythos zur unternehmerischen Praxis

Alexandra Müller-Stingl / Waltraud Grillitsch / Gerhard Graf

In diesem Beitrag erfahren Sie

- die Bedeutung von Wissensmanagement für eine zukunftsgerichtete Unternehmenssteuerung
- Grundbegriffe des Wissensmanagements
- was im Zusammenhang mit Wissensmanagement zu beachten ist
- die gängigsten Methoden und Konzepte des Wissensmanagement
- wie wissensorientierte Veränderungsvorhaben ablaufen können
- die Probleme von Wissensverlusten und gezielte Gegenstrategien
- kritische Anmerkungen zur Wisensmehrung
- welche Erfolgsfaktoren bei wissensorientierten Veränderungsvorhaben zu berücksichtigen sind.

1. Die Relevanz des Themas: Bedeutung von Wissensmanagement in der Praxis

Das Thema Wissensmanagement hat in den letzten Jahren in sehr vielen gesellschaftlichen Umfeldern, aber speziell im betriebswirtschaftlichen stark an Bedeutung gewonnen. Organisationen müssen sich auf unternehmensexterne Veränderungen der Wirtschaft und Gesellschaft einstellen, wie es der sprichwörtliche Wandel von der Industrie- zur Wissensgesellschaft auf den Punkt bringt. Aufgrund von Kostenvorteilen in Osteuropa wie auch in Südostasien verlieren Standorte in westlichen Ländern an Attraktivität. Produktionsanlagen können relativ leicht verlagert und an anderer Stelle wieder aufgebaut werden, der Aufwand dafür soll durch das Argument der geringeren Lohnkosten gerechtfertigt werden. Für westliche Industrienationen bleiben da nur mehr Wissen als standortstärkender Faktor und der derzeit noch hohe Ausbildungsstandard. Die heutigen Industriegesellschaften müssen sich daher weiter zur „Wissensgesellschaft" entwickeln. Damit muss das eigene Wissen permanent weiterentwickelt werden, und zwar sowohl auf gesellschaftlicher, organisationaler, sozialer und natürlich auch auf individueller Ebene.

Erschwerend kommt hinzu, dass Wissen als Produktionsfaktor relativ rasch altert. Sowohl der Entwicklungsvorsprung bei Innovationen als auch die Halbwertszeit von Wissen nehmen durchwegs ab, egal welche Branche man betrachtet. Kundennahe Innovationen sind für Unternehmen überlebensnotwendig, Kopien kommen in knappem Zeitabstand als Konkurrenzprodukte auf den Markt.

Aber auch unternehmensinterne Gründe rücken die Thematik Wissensmanagement in den Mittelpunkt. Durch permanenten Kostendruck, durch zunehmende internationale Konkurrenz müssen Unternehmen Mittel und Wege zur Effizienzsteigerung finden. Auch hier sind Innovationen auf der Ebene interner Prozesse und Abläufe erfolgskritisch. Das Wissen der „Insider", also der Mitarbeiter und Führungskräfte in den einzelnen Unternehmensbereichen, trägt hier entscheidend zu Produktivitätssteigerungen bei. Besonders hervorzuheben ist dabei, dass Wissen jene Ressource ist, die sich bei Gebrauch durch wechselseitigen Austausch vermehrt. Das Management zur Generierung der Daten- und Informationsflut, damit das richtige Wissen zum richtigen Zeitpunkt vorliegt, weiterentwickelt und genutzt werden kann, spielt hier eine zentrale Rolle. Wissensmanagement als eine gezielte und strukturierte Vorgehensweise kann dabei unterstützen, einen Wissensvorsprung gegenüber der Konkurrenz auf- und auszubauen, es muss nur richtig gestaltet werden.

Weiters gilt heute nach wie vor: Wissen sichert als schwer imitierbare Ressource nachhaltige Wettbewerbsvorteile. Die Nachahmung von wissensintensiven Prozessen ist, wenn überhaupt, sehr schwierig. Denn Erfahrungswissen einer Organisation reift in einem Prozess stetigen Wachstums und wird durch die Organisation und ihre Beteiligten geprägt, kann also schwer von Konkurrenten nachgeahmt werden. Wissen erlangt dadurch den Status eines strategischen Leistungsfaktors, der gezielt gemanagt werden muss. Wissen orientiert sich allerdings an anderen Gesetzmäßigkeiten als die klassischen Produktionsfaktoren, und das wird von Verantwortlichen oft unterschätzt oder ignoriert.

Wie soll nun dieses Wissensmanagement idealerweise erfolgen? Dazu wollen wir uns dem Thema zunächst von der theoretischen Seite her nähern.

2. Die fundierte Basis: Grundlagen und Terminologie des Wissensmanagements

Experten unterscheiden sich von Anfängern bzw. Laien nicht nur durch ihren Erfahrungsschatz und ihr implizites Wissen, sondern auch durch die Beherrschung der Terminologie des Fachs (spezielle Fachbegriffe), mit deren Hilfe sie sich mit anderen kompetenten Personen über ihr Wissensgebiet austauschen können. Fachbegriffe dienen dazu, komplexere Zusammenhänge durch klare Formulierungen zu schärfen, damit sich Insider präziser, schneller und produktiver zu einem konkreten Themenkomplex unterhalten können. Außenstehende müssen diesen Begriffskontext erst lernen. Das gilt natürlich oder vielmehr im Besonderen auch für Wissensmanagement. Dieser Abschnitt zur Terminologie und den Grundlagen des Wissensmanagements beschreibt die wesentlichsten Begriffe und soll helfen, sich in diese Disziplin schnell einzufinden. In einem ersten Schritt konzentrieren wir uns auf die Unterscheidung zwischen Zeichen, Daten, Informationen und Wissen. Weiters werden unterschiedliche Arten von Wissen behandelt, wobei wichtige Begriffe wie die „organisationale Wissensbasis", „organisationales Lernen" und „Wissensmanagement" selbst erklärt werden.

2.1. Von Daten zu Wissen

Die Differenzierung zwischen Zeichen, Daten, Informationen und Wissen ist eine wichtige Grundlage im Wissensmanagement und basiert auf dem Informationsgehalt und der Komplexität (Vielschichtigkeit) der Begriffe. Zeichen werden durch Syntaxregeln zu Daten, die wiederum in einem gewissen Kontext interpretierbar sind und dann für den Empfänger Informationen darstellen. Daten sind sozusagen die Urquelle für Wissen. Daten sind einfach gehalten (geringe Komplexität) und haben wenig Informationsgehalt. Sie bilden die prinzipielle Menge an gedruckten, gespeicherten, visuellen, akustischen verwertbaren Angaben über diverse Dinge und Sachverhalte. Sie bestehen aus beliebigen Zeichen-, Signal- oder Reizfolgen, die wahrnehmbar und potenziell verwertbar sind. Informationen sind dann diejenigen Daten, die das einzelne Individuum persönlich tatsächlich verwerten kann. Sie sind also subjektiv wahrnehmbar, weshalb sie immer empfängerorientiert sind. Informationen beschreiben systemspezifische Unterschiede und Wissen entsteht erst dann, wenn diese Informationen in bestimmte Erfahrungskontexte eingebunden werden. Die Vernetzung bzw. Kombination dieser Informationen vor dem Hintergrund bestehenden Wissens wird über Bedeutungs- und Sinnzuschreibungen zu Wissen, das aufgenommen und verarbeitet wird. Aus der Verarbeitung und Verankerung von wahrgenommenen Informationen in unserem Gehirn entsteht dann Wissen. Bereits vorhandenes und gespeichertes Wissen bildet den Anker, um neu aufgenommene Informationen wiederum in neues Wissen in der Struktur unseres Gehirns über Vernetzung zu transformieren. Wissen bildet sodann das Endprodukt eines Lernprozesses, in welchem Daten als Informationen wahrgenommen und als neues Wissen verarbeitet werden. Informationen werden vor allem dann zu Wissen, wenn der Mensch daran Interesse hat, diese in einem Prozess der Synthese, Integration, Intuition, Auswahl und Intelligenz zu verarbeiten. Wissen ist somit die Konsequenz einer bestimmten Einstellung, einer Perspektive bzw. Absicht und hat mit Vorstellungsweisen, Engagement und Handeln zu tun. Wissen ist daher immer auch zweckgerichtet, kontext- und beziehungsspezifisch und führt zu Selektionen. In der Abgrenzung zu Wissen lässt sich noch zwischen Intelligenz, Weisheit und Einsicht unterscheiden; darauf soll jedoch hier nicht näher eingegangen werden (vgl. Neumann 2000, S. 61 f.). Die folgende Abbildung stellt diesen Zusammenhang nochmals grafisch dar.

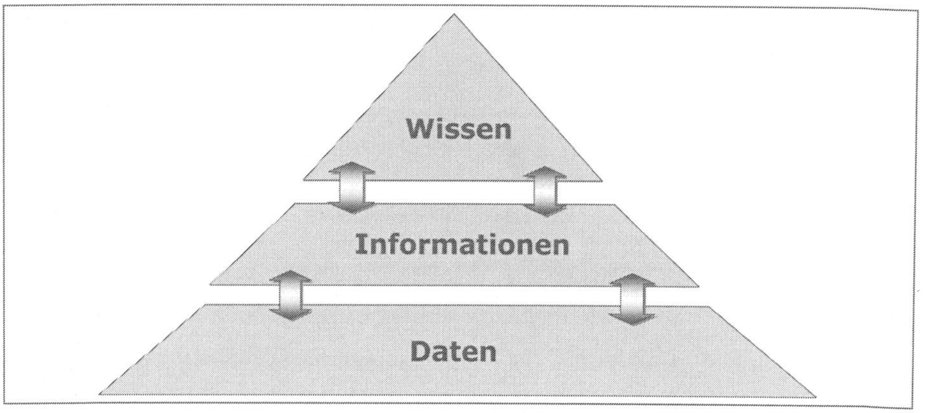

Abbildung 1: Zusammenhang zwischen Daten, Informationen und Wissen

Beispiel: Mit der Kombination „K 39“ kann zunächst niemand etwas Vernünftiges anfangen, der Kontext fehlt. Es sind also weitere Daten notwendig. Wenn wir wissen, dass für „K“ „Kunde/Kundin“ steht und die Nummer „39“ einen bestimmten Kunden meint, nämlich Herrn Maier, hilft uns das im Prinzip schon weiter. Für konkrete Handlungen und Einschätzungen ist dieser Informationsstand jedoch nach wie vor zu gering. Wenn nun die Information ergänzt wird mit: Herr Maier ist ein Stammkunde unseres Unternehmens und verabscheut neue Kontakte, Veränderungen, und das hilft uns im Umgang mit Herrn Maier. Großbestellungen gibt er nur bei seinem Lieblingsvertreter auf, der aufgrund seiner Erfahrungen mit den Eigenheiten dieses Kunden vertraut ist, einmal im Monat diesem einen Besuch abstattet, den neuesten Tratsch austauscht und nebenbei den Vertrag abschließt.

2.2. Die unterschiedlichen Wissensarten

Wissen ist vielschichtig und wird in unterschiedlichen Situationen, Kontexten und Umfeldern unterschiedlich angewendet. Handlungsrelevantes Erfahrungswissen zeichnet sich durch Flexibilität und Anpassungsfähigkeit an verschiedene Gegebenheiten aus. Wissen kann daher auch auf verschiedenste Weise betrachtet und analysiert werden. In Abbildung 2 werden verschiedene Wissensarten im Überblick dargestellt.

Abbildung 2: Überblick über unterschiedliche Wissensarten

Sachwissen versus Handlungswissen

Wissen soll zu kompetentem Handeln führen, in dem Wissen angewendet und erneuert wird. Die Basis dafür ist erlerntes Wissen, so genanntes Sachwissen (Theorie), angeeignet aus Büchern, Dokumenten, Seminaren etc. Dieses Sachwissen wird erst dann für Individuen produktiv verwendbar, wenn eine Umsetzung des erlernten Wissens in die Praxis erfolgt (Wissenstransfer). Durch diese Umsetzung „in die Praxis" ist es möglich, Handlungen zu verbessern, aber auch zusätzliche Erkenntnisse theoretischer Natur zu gewinnen.

Durch die wiederholte Anwendung dieses Wissens wird es internalisiert, d.h. das explizite Wissen wird zunehmend alltäglich und wird mit der Zeit nicht mehr als solches bewusst wahrgenommen. Das führt uns zum nächsten „Wissenspaar".

Explizites versus implizites Wissen

Explizites Wissen ist in sprachlicher Form beschreibbar und kann schriftlich aufgezeichnet bzw. in Medien gespeichert werden. Wie der Begriff *ex*plizit bereits verdeutlicht, wird damit Wissen bezeichnet, das in Dokumenten, Unterlagen, Datenbanken, Handbüchern, Ablaufbeschreibungen, im Inter- und Intranet etc. verfügbar ist. Eine Verteilung und Speicherung von explizitem Wissen ist mit Hilfe der modernen Informations- und Kommunikationstechnologien relativ einfach möglich.

Implizites Wissen hingegen befindet sich in den Köpfen von uns Menschen und besteht aus Handlungen und Erfahrungen, die wir uns im Laufe der Zeit angeeignet haben. Sehr häufig handelt es sich um relativ automatisch ablaufende Handlungen, über die der Wissensträger selbst kaum nachdenkt. Somit ist diese Form des Wissens für die Wissensträger/innen selbst schwer zu erkennen, geschweige denn explizit zu formulieren, und muss ausdrücklich bewusst gemacht werden.

Diesen Prozess der Externalisierung von implizitem Wissen haben Nonaka und Takeuchi in Form der Wissensspirale dargestellt.

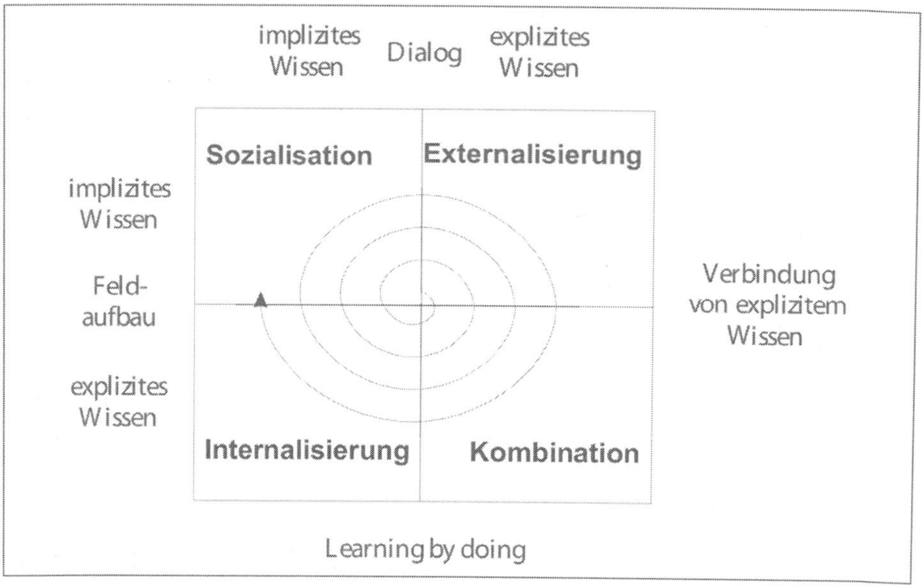

Abbildung 3: Die Wissensspirale (Quelle: Nonaka/Takeuchi 1997)

Nonaka/Takeuchi unterscheiden vier Quadranten der Wissensspirale, nämlich die Sozialisation, die Externalisierung (die auch als Artikulation bezeichnet wird), die Kombination und die Internalisierung.

Unter **„Sozialisation"** wird hier der Prozess des Teilens von Erfahrungen verstanden. Dabei spielt die Sprache eine nachrangige Rolle, denn gelernt wird durch Nachahmung, Beobachtung oder Übung (z.B. bei Kindern, die Erwachsene als Vorbilder nehmen). Damit implizites Wissen zu explizitem Wissen werden kann, muss es zunächst bewusst gemacht, formuliert und schließlich artikuliert werden.

Der Prozess der **„Externalisierung"** ist die Voraussetzung für eine gemeinsame Weiterentwicklung von Wissen. Die Artikulation von Wissen kann beispielsweise über die Sprache, über Konzepte, Bilder, Modelle oder dergleichen erfolgen. Das implizite Wissen wird genutzt, um neues explizites Wissen zu erzeugen.

Bei der **„Kombination“**, wird das im Prozess der „Externalisierung“ gewonnene Wissen in bestehendes Wissen eingeordnet (z.B. in Dokumente, Datenbanken, bei Treffen und Diskussionen). Dieser Prozess ermöglicht, dass dabei wiederum neue Erkenntnisse entstehen. Altes Wissen wird hier mit neuem Wissen kombiniert – explizites Wissen wird mit anderem explizitem Wissen verbunden.

Als vierte Phase folgt schließlich die **„Internalisierung“** dabei wird explizites Wissen wieder zu implizitem Wissen, das Wissen wird also durch permanente Anwendung verinnerlicht. Meist erfolgt diese Verinnerlichung durch „Learning by doing“. Will man dieses erlernte Wissen wiederum anderen zugänglich machen, ist der Prozess der Sozialisation erforderlich und die Spirale erreicht die nächste Wissensstufe.

Wissensentwicklung ist also geprägt von einem lebendigen Wechselspiel zwischen implizitem und explizitem Wissen, wobei die Beteiligten mit jeder erneuten Runde der Wissensspirale ein höheres Wissensniveau erlangen sollten.

Aktives – passives Wissen

Unter aktivem Wissen versteht man jene Wissensbestandteile, die ein Individuum in seinem Alltag für Handlungen und Problemlösungen einsetzt. Es ist jenes Wissen, das ein Individuum wirklich verstanden und gefestigt hat und auch tatsächlich anwenden kann. Passives Wissen hingegen ist jenes Wissen, welches im Prinzip vorhanden ist, aber nicht permanent benötigt wird, es schlummert im Verborgenen, wird selten benutzt und ist daher nicht unmittelbar abrufbar bzw. wird im Laufe der Zeit auch vergessen. Dieses Wissen muss „gut gefestigt werden“, damit es im aktiven Wissensbestand einer Person bleibt.

Aktives Wissen wird zu passivem, wenn es längere Zeit keine Verwendung findet – wir vergessen mit der Zeit, was wir einmal gelernt haben. Hier spricht man von „versunkenem“ Wissen. Dieses versunkene Wissen kann durch Wiederholung und erneutes Lernen wieder hervorgeholt werden (z.B. Sprachkenntnisse können rasch wieder aufgefrischt werden). Der Aufwand für die erneute Aktivierung von bereits früher Gelerntem ist weit geringer als jener für die Aneignung von völlig Neuem (z.B. einer neuen Sprache).

Individuelles – organisationales Wissen

Unter individuellem Wissen versteht man jene Wissensteile, über die Individuen innerhalb einer Organisation verfügen. Individuelles Wissen kann aktiv oder passiv sein sowie aus Sach- oder Handlungswissen bestehen. Individuelles Wissen im organisationalen Kontext ist meist implizit, da Individuen nur selten Abläufe für sich selbst dokumentieren. Die individuelle Wissensbasis ist:

- die Gesamtheit des „aktiven Wissens“, auf das eine Person zur Lösung ihrer Aufgabenstellungen zurückgreifen kann;
- in der Person schlummerndes „passives Wissen“, das erst aktiviert werden muss,

- „versunkenes Wissen", das die Person scheinbar vergessen hat, das aber relativ rasch wieder erlernbar ist.

Organisationales Wissen bzw. die „organisationale Wissensbasis"

- umfasst die Gesamtheit des relevanten Wissens, auf das eine Organisation zur Lösung ihrer Aufgaben und Problemstellungen zurückgreifen kann,
- setzt sich aus individuellen und kollektiven (gemeinschaftlichen) Wissensbeständen zusammen,
- umfasst zusätzlich Daten und Informationsbestände, auf die individuelles und kollektives Wissen aufbaut (z.B. Dokumente, Ordnersysteme, Handbücher, Datenbanken).

Individuelles und organisationales Wissen unterliegen permanenten Erneuerungen, da sich beide immer wieder aufgrund neuer Herausforderungen und Situationen anpassen und weiterentwickeln. Diesen Prozess bezeichnet man als individuelles oder organisationales Lernen und er stellt eine wichtige Voraussetzung für die Weiterentwicklung von Individuen und Organisationen dar.

2.3. Die lernfähige Organisation

Das Wissen eines Unternehmens als Gesamtheit ist mehr als die Summe der Wissensbasen seiner Mitglieder. Wissen um Prozesse, Rahmenbedingungen, aber auch die Weiterentwicklung von Wissen und dessen Träger/inne/n, der erleichterte Zugang zu Informationen durch Informationstechnologien wie auch das relevante Wissen aus dem Unternehmensumfeld sollten sich in der Wissensbasis wiederfinden. Das bedeutet: Unternehmen müssen sich mit sich selbst, mit ihren Mitarbeiter/inne/n, den Kunden, Lieferanten und weiteren externen Einflussfeldern in reflektierender Weise auseinandersetzen.

Zunächst sollen die Mitarbeiter/innen über ihre Kernkompetenzen und deren effizienten und effektiven Einsatz Bescheid wissen, ihre Schwächen erkennen und vorausschauend bezüglich der eigenen Weiterbildung und des Erwerbs von Zusatzqualifikationen planen. Dadurch werden Individuen zu „Wissensmanager/inne/n im Unternehmen" mit einem sich entwickelnden Anteil an Erfahrungen, Methoden und Instrumenten. Es bedarf eines permanenten Abgleichs zwischen der langfristigen Entwicklungsplanung und dem Einsatz des zur Verfügung stehenden individuellen Wissens mit den mittel- bis langfristigen Unternehmenszielen. Die strategische Fortbildung in den vorhandenen Qualifikationsbereichen bei gleichzeitiger „Bearbeitung" der identifizierten persönlichen Schwächen muss in die individuelle Entwicklungsstrategie einfließen.

Beziehen wir das auf die Ebene des organisationalen Lernens, betrachten wir die Methoden, Instrumente und kontextuellen Rahmenbedingungen (Regeln, Richtlinien, Normen, Werte, Kultur, etc.) in einem Unternehmen, die das Lernen der einzelnen Mitglieder auf individueller und kollektiver Basis unterstützen.

Primäres Ziel des organisationalen Lernens ist die Erhöhung der Problemlösungs-, Überraschungs- und Handlungskompetenz der Gesamtorganisation, d.h. die Fähigkeit, einerseits in spezifischen Situation proaktiv Problembereiche zu erkennen und im Vorhinein zu bearbeiten bzw. schneller auf Neues zu reagieren.

Die Organisation soll dadurch schneller auf externe und interne Veränderungen reagieren können und die eigene Leistungsfähigkeit erhalten bzw. erhöhen.

Konkrete Beispiele für Maßnahmen zur Erhöhung des organisationalen Lernens sind:

- Centers of Excellence (innovative Leitungsmodelle für die Aus- und Weiterbildung)
- Schaffung vernetzter Systeme, Servicezentren und/oder Kompetenzzentren
- Offene und vernetzte Organisationsmodelle mit der Schwerpunktsetzung auf geschäftliche Gesamtabläufe – vertikale Desintegration
- Vertikale und laterale Informations- und Kommunikationssysteme zu Kunden, Lieferanten und Kooperationspartnern
- Stärkung der Selbstorganisation (z.B.: autonome Geschäftseinheiten)
- Problemlösungsorientierung z.B. durch abteilungsübergreifende Teams, Anwendungssparten …

In den letzten Jahren hat sich in diesem Zusammenhang vor allem der Begriff der „Modularisierung“ etabliert. Damit ist die Gestaltung von Profit-Center-Strukturen mit zentralen und dezentralen Modulen gemeint (siehe dazu auch den Beitrag „Organisationsdesign heute …“ in diesem Band). Die Gliederung erfolgt nach strategischen Geschäftsfeldern, Regionen und lokalen Einzelmärkten. Modularisierung auf der Ebene der Unternehmensprozesse zeigt sich im Shared-Service-Ansatz (siehe dazu „Industrialisierung interner Dienstleistungs- und Verwaltungsprozesse durch den Aufbau eines Shared-Service-Centers“ in diesem Band).

Intelligente Unternehmen sind bestrebt, Unternehmensprozesse derart zu gestalten, dass einerseits die notwendige Orientierung und Stabilität zur Sicherung der Effizienz und Effektivität innerhalb der Organisation gegeben ist, andererseits jedoch diese genügend Flexibilität erlauben, um auf sich ändernde Situationen flexibel und rasch reagieren zu können. Dabei gilt es vorhandene Prozesse und Abläufe nicht nur laufend zu reflektieren, sondern auch schlummernde Potenziale zu identifizieren und zu heben. In diesem Sinne wird Wissen fokussiert weiterentwickelt.

2.4. Wissensmanagement versus Informationsmanagement

In seiner Anfangsphase war Wissensmanagement in den Unternehmen stark technologiegetrieben. Unternehmen stützten sich auf Datenbanken, Internet- und Intranet-Lösungen sowie komplexe Softwarepakete. Ein zunächst abstraktes Themenfeld war auf diese Art konkretisiert und vermittelte den Verantwortlichen, etwas Konkretes im Wissensmanagement zu leisten. Doch schon bald war erkennbar, dass ein rein technisches System nur Informationsmanagement, aber nicht Wissensmanagement bedeutet. Um den Wissensaustausch, die -dokumentation, Lernprozesse zur Externalisierung internen, individuellen Wissens in und für die Organisation sicherzustellen, sind vielmehr organisationale, führungsrelevante Elemente die Conditio sine qua non erfolgreichen Wissensmanagements. Die eingeführten IT-Lösungen führten zu Probleme wie z.B.:

- Zu komplizierte, anwenderfeindliche Systeme: Es ist schwer, benötigte Inhalte zu finden sowie das System als Gesamtes zu bedienen (keine adäquate Nutzung).
- Aufbau ist zu unpraktisch für die Anwender: die Systeme sind nicht selbsterklärend, viele Optionen im System werden von den Nutzern nicht benötigt, das Ganze ist unübersichtlich.
- Ängste, Barrieren, Unwissenheit: Mitarbeiter fürchten sich davor, durch IT-Systeme ersetzt zu werden, bzw. haben nicht die notwendigen Fähigkeiten, um die Systeme zu bedienen.
- Die rein IT-getriebenen Systeme können nur explizites Wissen dokumentieren. Wenn Mitarbeiter nicht bereit sind, diese Systeme zu nutzen und ihr wertvolles Wissen einzupflegen, sind die Investitionen in dieses Tool reine Ressourcenverschwendung: Der große implizite Wissensschatz im Unternehmen liegt bei einer reinen IT-Lösung brach.

Beispiel: Zu den einfachen, überschaubaren Systemen des Informationsmanagement in technischer Hinsicht zählen gängige Ordner-Verwaltungssysteme. Diese werden fälschlicherweise von vielen Unternehmen schon als Wissensmanagement-Systeme bezeichnet. Hier fehlt die vernetzte, individuelle und kontextbezogene Nutzung.

Die folgende Grafik zeigt den Unterschied zwischen Informations- und Wissensmanagement nochmals im Überblick.

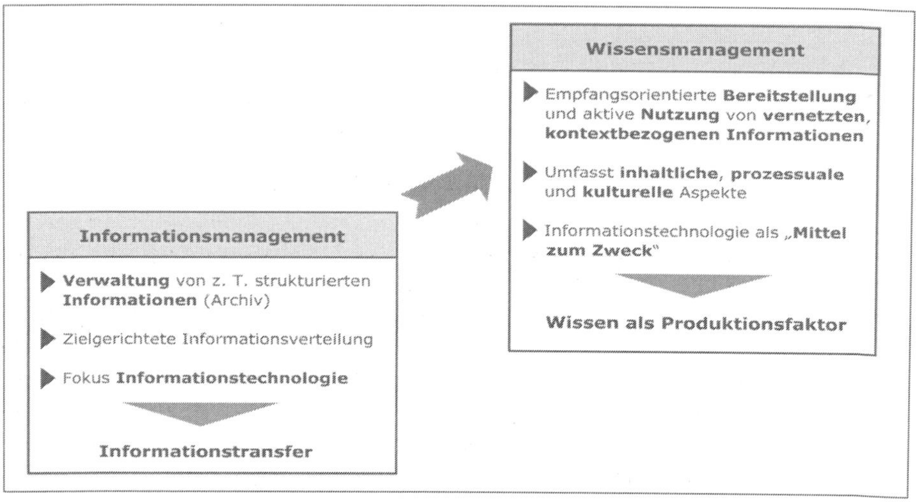

Abbildung 4: Vom Informations- zum Wissensmanagement (Quelle: Management Engineers 2003)

Intelligente Unternehmen nutzen Wissen von spezialisierten „Wissensarbeiter/inne/n" (Personen, die in ihrem Arbeitsprozess hauptsächlich mit Wissen zu tun haben und dieses kombinieren, anwenden und neu generieren), diese haben das Potenzial, die Wettbewerbsfähigkeit von Unternehmen nachhaltig zu stärken. Das Wissen bzw. die Kompetenzen dieser Mitarbeiter/innen bestimmen maßgeblich die Wettbewerbsposition. Sowohl aus Unternehmens- wie auch aus Mitarbeitersicht muss daher Wissen aktiv „bewirtschaftet" werden. Wissen soll auf geeignete Weise aufgebaut, ausgetauscht und in Form von kundengerechten Produkten, Prozessen, Innovationen und Dienstleistungen angewendet werden. Wissensmanagement beschäftigt sich daher mit der gezielten Weiterentwicklung eines Unternehmens hin zur intelligenten Organisation.

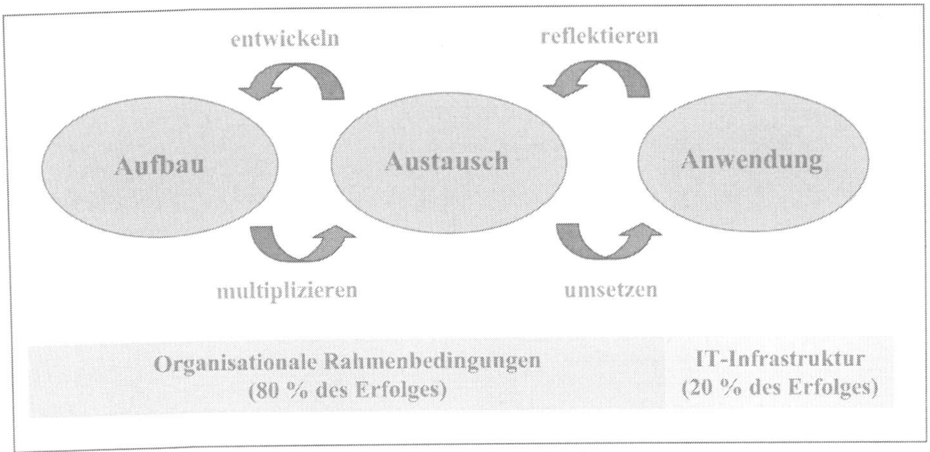

Abbildung 5: Aufbau, Austausch und Anwendung von Wissen

Die Bereitschaft der Mitarbeiter/innen, sich auszutauschen und relevantes Wissen einzubringen, ist primär über organisationale und führungstechnische Maßnahmen zu gestalten. Denn es sind in erster Linie die Menschen, die IT-Systeme mit Know-how befüllen und dieses vorhandene Wissen auch wieder anwenden. Dies erfolgt nur, wenn der Sinn des Systems für die Mitarbeiter/innen klar ist, sie sich durch das System nicht bedroht fühlen und sie einen konkreten Nutzen für ihre tägliche Arbeit darin erkennen. Dabei gilt auch hier das Paretoprinzip 80–20. 20 % des Erfolges hängen von einer funktionierenden und funktionalen IT-Infrastruktur ab, 80 % des Erfolges ergeben sich aus gezielt gewählten und aufeinander abgestimmten organisatorischen Begleitmaßnahmen. Dazu gehört die Berücksichtigung von möglichen Stolpersteinen gleichermaßen wie eine ausgewogene Balance der drei wichtigen Einflussfaktoren „Organisation", „Mensch" und „Technik" (siehe Kapitel 3). Weiters bedarf es der Auswahl der richtigen Werkzeuge des Wissensmanagements für die jeweilige Situation (siehe Kapitel 4) und einer seriösen Planung der wissensorientierten Veränderungsvorhaben (siehe Kapitel 5), wobei die Erfolgsfaktoren für Wissensmanagement-Initiativen (siehe Kapitel 8) von besonderer Bedeutung sind und situativ je nach Unternehmen und Rahmenbedingungen unterschiedlich sind.

Wichtig ist das Bewusstsein für die Machbarkeit von Wissensmanagement als „Management für Wissen" im Sinne einer Steuerung kontextueller Rahmenbedingungen an Stelle eines „Managements von Wissen", welches für die spezifischen Charakteristika der Ressource Wissen nicht nachhaltig betrieben werden kann. Denn Menschen als Wissensträger müssen im Mittelpunkt von Wissensmanagement stehen.

3. Wissensmanagement in Action: Was ist zu beachten?

3.1. Problembereiche von Wissensmanagement

Der heute relativ leichte Zugang zu Medien (in diesem Fall bezogen auf das explizite Wissen und Informationen) zieht natürlich auch negative Folgen nach sich: konkret geht es um die Macht der Wissenden und Ohnmacht der Unwissenden. Dies kann zu einer regelrechten Kontroll- und Sicherheitsmanie von Organisationen führen. Aus Angst vor der Abwanderung von Wissen tendieren immer mehr Führungskräfte dazu, Kontrollmaßnahmen zur verstärken anstatt Vertrauen in die Mitarbeiter/innen und das System aufzubauen und zu entwickeln.

Für Mitarbeiter/innen kann diese zunehmende Kontrolle zu innerem Widerstand und zu einem durchaus berechtigten Gefühl der Ersetzbarkeit und Austauschbarkeit führen, was wiederum den Prozess der Generierung von Wissen konterkariert.

Organisationen versuchen dem entgegenzuwirken, indem sie einerseits die Bemühungen zur Extrahierung und Sicherung von Wissen in Datenbanken und den entsprechenden IT-Systemen verstärken, anderseits eine engere Bindung der Mitarbeiter/innen an die Unternehmen mit dementsprechenden Motivations- und Incentive-Systemen in Kombination mit wirtschaftlich-sozialen, organisationalen Anreizsystemen forcieren, um der starken Abwanderung von qualifizierten Fachkräften entgegenzuwirken.

Die relative hohe Informations- und Datentransparenz führt heute zu einem „Informations-Overload" bei vielen Mitarbeitern. Jeder hat im Prinzip in der Regel direkt und unkompliziert Zugang zu sehr vielen Informationen im Unternehmen und außerhalb des Unternehmens. Doch immer häufiger stellt sich die Frage: Welche Informationen sind richtig, welche sind wichtig und brauchbar und welche führen zwangsläufig zur Verwirrung und Unsicherheit? Wissensmanagement setzt hier an. Wissen bedeutet verwertbare Information und diese muss zum richtigen Zeitpunkt der richtigen Person mit dem richtigen Inhalt zur Verfügung stehen, sonst geht vieles, was erarbeitet und entwickelt wurde, in dieser Informationsflut unter. Wissensmanagement umfasst somit drei wesentliche Eckpfeiler: das Einspeisen der richtigen, gut aufbereiteten Informationen, das Verwalten dieser Informationen, und das Finden und Übernehmen dieser richtigen Informationen.

Damit sind wir bei den Barrieren und Stolpersteinen des Wissensmanagements angelangt.

3.2. Barrieren und Stolpersteine des Wissensmanagements

Warum werden Wissensressourcen nicht genutzt? Was sind die individuellen und kollektiven Barrieren, die einen Wissenstransfer und -aufbau erschweren?

Individuelle Lernbarrieren behindern den Wissenstransfer vom Einzelnen zum System et vice versa. Kollektive Lernbarrieren behindern den Wissensfluss von der Gruppe zur Organisation und umgekehrt. Es ist kein fruchtbarer Austauschprozess möglich.

Unterschieden wird hier zwischen strukturellen, prozeduralen und politischen Barrieren:

- Strukturelle Barrieren beziehen sich auf die Zersplitterung der Gesamtaufgabe auf unterschiedliche Subaufgaben, die den einzelnen Einheiten zugeteilt werden. Durch diese Aufteilung und fortlaufende Spezialisierung kommt es zu Schnittstellenproblemen, die den Wissensaustausch erschweren.
- Mit den prozeduralen Barrieren sind unterschiedliche Normen und Regeln eines Systems gemeint. Das Wissen ist zwar vorhanden, der Transfer aber durch die vorliegenden Bestimmungen schwierig, wenn nicht sogar unmöglich.
- Die politischen Barrieren beziehen sich auf die mikropolitischen Systemspezifika. Persönliche Interessen und politische „Ränkeschmiede“ lassen es oft nicht zu, dass Wissen ausgetauscht wird.

Auf individueller Ebene lassen sich strukturelle Wissensbarrieren in Form einer begrenzten Wahrnehmung, eingeschränkter Verarbeitungs- und Lernkapazitäten, Individualität und Vergangenheitsorientierung sowie die intrapsychischen Konflikte unterscheiden. Die begrenzte Wahrnehmung resultiert in der Regel aus eine Über- bzw. Unterbelastung und kann die Entwicklung der Wissensbasis erschweren. In die Individualität und Vergangenheitsorientierung werden subjektive Erfahrungen miteinbezogen, neues Wissen wird dadurch gefiltert und restriktiv aufgenommen. Durch intrapsychische Konflikte können Handlungen paradox werden. Die intrapsychischen Konflikte können zur Unberechenbarkeit in Verbindung mit unterschiedlichen Reizkonstellationen führen.

Auf der kollektiven Ebene lassen sich strukturelle Wissensbarrieren durch Informationsfilter, Spezialisierung und Zentralisierung, Machtverteilung und Partizipationsregeln, Kooperationskonflikte und defensive Routinen beschreiben. Durch Hierarchien und funktionale Differenzierungen wird die Weitergabe von Informationen (vertikal, horizontal, lateral) erschwert. Dadurch ergibt sich eine unzureichende Wissensbasis. Die zunehmende Spezialisierung führt oft zur Bildung einzelner Wissensinseln mit kontextspezifischem Spezialwissen. Dadurch kann der Überblick fürs Wesentliche verloren gehen und die Kommunikationsfähigkeit zwischen den einzelnen Einheiten wird schwierig, da sich die Kommunikationsbasis auf unterschiedliche Kontexte aufbaut.

Der Umgang mit Macht beeinflusst die Strukturierung des Wissensflusses. Die Dominanz einzelner Machtträger bestimmt den Verhaltensspielraum wie auch die Festsetzung des Oberflächen- und Tiefenwissens.

Kooperationskonflikte behindern die Interaktion und Kommunikation von Einzelnen, Subgruppen und dem ganzen System. Durch interpersonale Konflikte werden Einzelinteressen dem Gruppeninteresse vorgezogen. Die Unterdrückung der Konflikte verhindert die Konfrontation mit dem Problem. Externalisierung von Wissen wird unmöglich gemacht. Defensive Routinen sind Abwehrhandlungen eines Kollektivs, um dieses vor unangenehmen Situationen zu schützen. Fehlerursachenverfolgung und -behebung wird dadurch nahezu unmöglich.

Individuell-kulturelle Wissensbarrieren treten auf durch kollektiven Rollenzwang, Audience Learning, Superstitious Learning und kulturell bedingte Wahrnehmungsverzerrungen. Durch Rollenzwänge wird die Entwicklung der individuellen Wissensbasis behindert und die kollektive Aufbereitung des individuellen Wissens teilweise unmöglich gemacht. Audience Learning beschreibt die Probleme, die auftreten können, wenn sich der eigene Handlungsspielraum auf kollektive geltende Alternativen des Handelns reduziert. Resultierend daraus wird der individuelle Erfahrungshorizont beschränkt und die Handlungsalternativen der Gruppe reduzieren sich.

Kollektiv-kulturelle Barrieren behindern die Entwicklung der kollektiven Wissensbasis ausgehend von einer bestimmten Weltanschauung. Beispiel hierfür wäre eine dominierende Einheitskultur, durch die interne Oppositionen abgelehnt und etwaige Reizthemen tabuisiert werden. Der fruchtbare Austausch zwischen individuellem und kollektivem Wissen ist blockiert. Allerdings kann eine zu starke Ausprägung von Subkulturen innerhalb eines Systems hemmend wirken aufgrund ihrer Diversifikation bezüglich der unterschiedlichsten Normen. Die kulturelle Diversität der einzelnen Gruppen macht ihre Ideologien nicht kompatibel und lässt Wissen als Machtpotenzial gegenüber den anderen erscheinen. Traditionen können die einzelne differenzierte Betrachtung von Stimuli, Problemen, Alternativen etc. ersetzen und dadurch das eigentlich verfügbare Wissen einschränken. Das Verhalten der Individuen und der Gruppe wird reduziert und entgegenstehende Orientierungen werden nicht geprüft.

Zwischen den verschiedenen Wissensbarrieren gibt es natürlich auch Überschneidungen und Interdependenzen.

4. Die „Werkzeugkiste“: Methoden und Konzepte des Wissensmanagements

In diesem Kapitel wird eine grundlegende „Werkzeugkiste“ mit den wichtigsten Methoden und Konzepten des Wissensmanagement vorgestellt. Die Funktion einer „Werkzeugkiste“ im Wissensmanagement ist es, Wissensaustausch und Kommunikation zu fördern, damit Wissen seinen Mehrwert in der Praxis entfalten kann.

4.1. Best Practices

Der Begriff „Best Practice“ bezeichnet die konkrete Anwendung von erfolgreichen Methoden, Konzepten und Prozessen. Mitarbeiter/innen sprechen über erfolgreiche Projekte oder alltägliche Tätigkeiten, dabei ist wechselseitiges Lernen und Erfahrungsaustausch notwendig. Die „optimalen“ bzw. „guten Praktiken“ können teilweise auf das eigene Arbeitsumfeld übertragen werden. Zielsetzung des „Best-Practice“-Ansatzes ist das Streben nach Optimallösungen im Unternehmen sowie die Vermeidung von Doppelarbeiten („das Rad nicht laufend neu erfinden müssen“).

Die Besprechung von Best Practices in einem geeigneten Kreis (Personen mit ähnlichen Aufgaben- und Problemstellungen) ist ein guter Startpunkt für Wissensmanagement, vor allem in wenig fehlertoleranten Unternehmenskulturen, welche geprägt vom „Sündenbocksyndrom“ häufig auf die Suche nach tieferliegenden Ursachen von Fehlern vergessen. Mitarbeiter/innen können über Optimallösungen offener kommunizieren, da hier der Angstfaktor, für Fehler bestraft zu werden, wegfällt. Das Unternehmen kann schrittweise eine Lernkultur aufbauen. Aber auch für Unternehmen mit einer sehr produktiven Lernkultur ist der Austausch vorbildlicher Lösungen erfrischend und sehr motivierend.

Damit Best Practices gezielt genutzt werden können, sind organisationale Rahmenvorgaben nötig. Verantwortliche für den Austausch sowie die unterschiedlichen Funktionen zur Gestaltung des Austauschprozesses (Moderator/in, Schriftführer/in etc.) müssen festgelegt werden. Die Best-Practice-Gruppe benötigt Zeit, um eine gemeinsame Sprache zu entwickeln und wechselseitiges Vertrauen aufzubauen. In diesem Zusammenhang muss die Führung das Projekt (mit Ressourcen) klar unterstützen und gegebenenfalls für weitere förderliche Rahmenbedingungen sorgen.

Beispiel: Ein Beratungsunternehmen sieht nur direkte Leistungen im Zusammenhang mit den Kunden als produktive Arbeitszeit an. Die Mitarbeiter/innen werden dazu angehalten, die „unproduktiven“ Zeiten möglichst einzuschränken. Dies führt dazu, dass die Angestellten bei Problemen im Regelfall auf sich alleine gestellt sind und mehr Zeit aufwenden müssen, um diese zu lösen. Denn die Unterstützung von Kolleg/inn/en durch Auskunft und Hilfestellung wird in dieser Organisation nicht honoriert.

Best Practices haben natürlich auch ihre Grenzen, diese liegen hauptsächlich in den Transferproblemen der unterschiedlichen Kontexte. D.h. was in einem Bereich erfolgreich funktioniert hat, muss noch lange nicht in der anderen Abteilung funktionieren, da hier die Gegebenheiten anders sind. Was einen Kunden überzeugt, muss den anderen Kunden noch lange nicht überzeugen etc.

Neben dem Best-Practice-Ansatz spielt das „Lernen aus einer Situation“ im Wissensmanagement eine zentrale Rolle. Speziell diese „Lessons-learned-Runden“ tragen dazu bei, dass sich Personen weiterentwickeln können.

4.2. Lessons Learned

Die Diskussion von „Lessons learned" („gelernten Lektionen") mit der anschließenden Dokumentation der Ergebnisse hilft, aus Fehlern zu lernen. Somit werden Erfahrungen einzelner Individuen auch anderen zugänglich, die Lernkultur wird gefördert und damit auch die künftige Fehlervermeidung. Voraussetzungen dafür sind ein Mindestmaß an Fehlerkultur bzw. Vorbilder und Anreize.

In einem Unternehmen mit Sündenbocksyndrom leitet man diesen Austauschprozess am besten mit Best Practices ein und schafft dann schrittweise das Bewusstsein, dass Fehler zur Arbeit gehören (nach dem Motto: „Wo gehobelt wird, fallen auch Späne") und dass die Ursachen für die Fehler (mangelnde Ausbildung, wenig Kommunikation etc.) gefunden werden müssen, anstatt rein nur Personen zur Rechenschaft zu ziehen. Die Besprechung von Lessons learned ist ein sehr wichtiger Schritt hin zum intelligenten Unternehmen, denn dadurch wird die Sensibilisierung für mögliche Probleme erhöht.

Beispiel: Ein Produktionsbetrieb im IT-Sektor ist durch die harte Konkurrenz gezwungen, laufende Produktverbesserungen und -innovationen zu generieren. Die Entwicklung neuer Produkte hat einen hohen Stellenwert, ist aber auch mit zahlreichen Risiken und Fehlerquellen verbunden. Das Unternehmen geht dazu über, ein Risikomanagement aufzubauen, in dem mögliche Fehlerquellen und Risiken ausgetauscht und Lösungen dazu dokumentiert werden. Die Risiken werden nach Projektphasen sortiert und die Projektleiter/innen können nun durch das System relevante Risiken in ihren Projektphasen erkennen sowie neue Risiken und Lösungsmöglichkeiten hinzufügen. Viele Fehler werden durch diese proaktive Herangehensweise vermieden.

Die Grenzen der Lessons-learned-Methodik liegen in erster Linie bei den Betroffenen selbst. Hier ist Kreativität und Reflexionsfähigkeit gefragt, die entsprechend entwickelt werden muss.

4.3. Communities of Practice (CoP)

„Communities of Practice" können als Knotenpunkte für Kommunikation, Erfahrungs- und Meinungsaustausch bezeichnet werden. Die Community entsteht durch Netzwerke innerhalb und auch außerhalb von Unternehmen, diese können auch bereichsübergreifend funktionieren. Die Mitgliedschaft an einer Community of Practice ist freiwillig und erfordert Lern- und Kommunikationsbereitschaft, somit können CoPs auch nicht „top down" verordnet werden (vgl. dazu auch „Wissensmanagement und Communities of Practice" in diesem Band). Die Mitglieder treffen sich über einen längeren Zeitraum hinweg, um zu kooperieren, diskutieren und Erfahrungen auszutauschen. Die CoPs leben vom Vertrauen zwischen den Mitgliedern und definieren ihre eigenen Regeln.

Die Communities of Practice ermöglichen die Betrachtung von Problemstellungen aus unterschiedlichen Perspektiven und dienen dazu, Synergieeffekte zwischen Bereichen und/oder Personen zu nutzen. Dadurch, dass die Personen ihre Probleme nicht alleine bewältigen müssen, tragen die CoPs entscheidend zur Steigerung der Arbeitszufriedenheit und Motivation bei.

4.4. Story Telling

Die Methode des „Story Telling" („Geschichtenerzählens") trägt dazu bei, dass Erfahrungsgeschichten zur Förderung von Diskussionen und Gesprächen in Organisationen ausgetauscht werden. Geschichten sind sehr einprägsam und können Lernprozesse und Reflexion fördern. Die Voraussetzung dafür ist, dass diese auch dokumentiert und den Mitarbeiter/inne/n zugänglich gemacht werden.

Vor allem sehr erfahrene Mitarbeiter/innen eignen sich gut für die Methode des „Story Telling". Dabei darf aber nicht davon ausgegangen werden, dass der umfangreiche Erfahrungsschatz einfach zu formulieren, zu erzählen und zu dokumentieren ist. Die Vorgehensweise des „Story Telling" sieht daher vor, dass die Erzählungen beispielsweise durch Interviews präzisiert und bedarfsgerecht aufbereitet werden. Dies bleibt nicht den Experten überlassen, sondern es gibt Verantwortliche, welche die Geschichten verständlich dokumentieren und zugänglich machen.

Beispiel: Frau Huber ist seit Jahren parallel zu ihrer täglichen Arbeit für die Einschulung und Begleitung von Lehrlingen im Betrieb zuständig. Die Lehrlinge schätzen sie sehr, sie wenden sich häufig und gerne an sie, da sie immer wieder interessante Beispiele und Geschichten zu berichten hat. Frau Huber ist es aber langsam leid, immer wieder die gleichen Dinge zu erzählen und zu vermitteln, da ihre eigene Arbeit darunter leidet. Die Methode des „Story Telling" könnte Frau Huber bei der Ausbildung neuer Lehrlinge entlasten, da viele Informationen für die Lehrlinge beispielsweise in eine Lernplattform eingespeist werden könnten.

Story Telling ist ein langfristiger Prozess, denn es braucht Zeit, bis umfangreiche Erfahrungen dokumentiert und genutzt werden können. Dies erfordert die Bereitschaft von Seiten des Unternehmens, Ressourcen für Story Telling bereitzustellen.

4.5. Knowledge Maps

Unter „Knowledge Maps" („Wissenslandkarten") versteht man grafische Verzeichnisse von Wissensträgern, Wissensbeständen, Wissensanwendungen und/oder Entwicklungsstufen des Wissens. Grundlegend unterschieden werden individuelle und kollektive Wissenslandkarten.

Individuelle Wissenslandkarten stellen das Wissen eines Individuums dar und können dazu dienen, eigene Wissenslücken und Entwicklungsmöglichkeiten festzustellen.

Kollektive Wissenslandkarten spiegeln das Wissen eines Teams, einer Abteilung oder der gesamten Organisation wider. Wichtig dabei ist, in welchem Ausmaß und in welcher Ausprägung Wissen vorhanden ist und welche Zusammenhänge es zwischen den einzelnen Wissensgebieten gibt. „Wissensinseln“ sollen verbunden sowie Vorhandenes aufgefunden und dargestellt werden. Kollektive Wissenslandkarten dienen dazu, die Wissenstransparenz im Unternehmen zu fördern und dadurch eine bessere Nutzung und/oder Weiterentwicklung des vorhandenen Wissens zu ermöglichen. Wissenslandkarten erlauben eine bessere Wissenssuche und somit einen leichteren Zugriff. Wissenslücken werden identifiziert und gezielt, entsprechend der künftigen Ausrichtung des Unternehmens, geschlossen (z.B. durch Schulung und Weiterentwicklung der Mitarbeiter/innen).

Folgende Arten von Wissenslandkarten werden heute meist verwendet:

- Wissensträgerkarten (Yellow Pages): Wer verfügt über welches Wissen im Unternehmen, welche Experten gibt es?
- Wissensbestandskarten: Welche Wissensbestände sind vorhanden bzw. welche Themen und Bereiche sind für das Unternehmen wichtig?
- Knowledge Flow Maps: Welche Wissensflüsse gibt es im Unternehmen und wie findet man Möglichkeiten zur Optimierung der Kommunikation? Wie kann die Organisation ihren Mitarbeiter/inne/n das benötigte Wissen besser bereitstellen?
- Wissensanwendungs- und Prozess-Karten: Wie laufen Prozesse im Unternehmen ab und welche Informationen/welches Wissen benötigen die Verantwortlichen dafür?

Wissenslandkarten weisen nur Wege zu Wissensorten und Wissensträgern, eine 1:1-Abbildung von Wissen ist nicht möglich. Eine weitere Einschränkung von Wissenslandkarten ist die notwendige Festlegung auf ein Ordnungsschema, denn Zusammenhänge sind nur mit wenigen Dimensionen darstellbar. Dynamische Veränderungen können nur schwer einbezogen werden. Der Produktionsaufwand ist relativ hoch, eine laufende Wartung und Aktualisierung der Wissenslandkarten ist notwendig.

Wissenslandkarten müssen von den Mitarbeiter/inne/n aktiv genutzt werden, dafür müssen die Systeme möglichst benutzerfreundlich gestaltet sein. Der Nutzen einer Wissenslandkarte wird durch grafische Visualisierung erhöht, da dies einen besseren Überblick ermöglicht.

5. Wissensorientierte Veränderungsvorhaben: Eine gezielte Vorgehensweise

Zur unternehmensweiten Einführung von Wissensmanagement werden von North/Papp auf Basis einer breit angelegten Studie mit Unternehmen und deren Erfahrungen aus der Praxis vier Einführungspfade unterschieden, welche in folgender Grafik dargestellt sind:

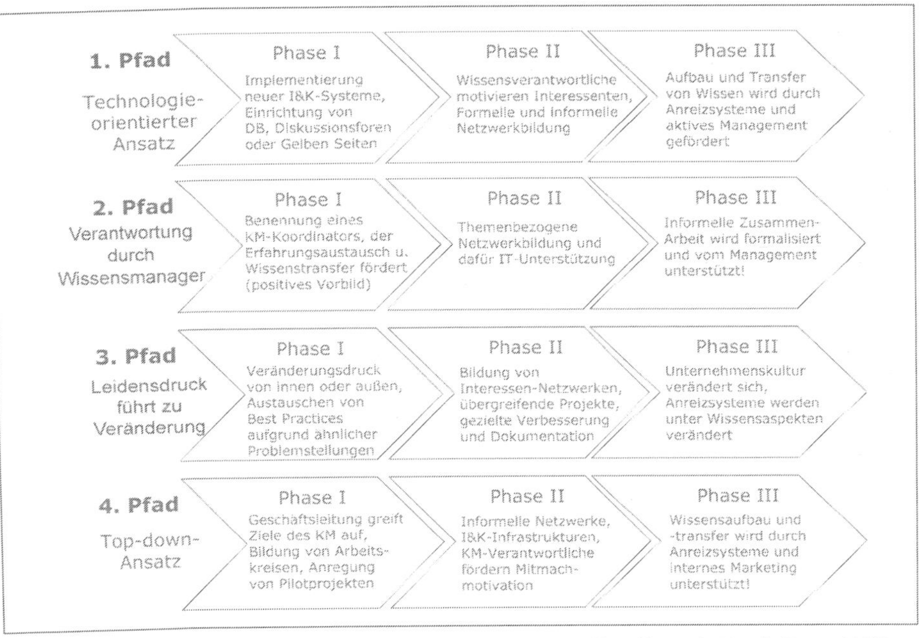

Abbildung 6: Einführungspfade des Wissensmanagements (Quelle: vgl. North/Papp 1999)

Jeder der vier Einführungspfade hat einen anderen Ausgangspunkt zur Einführung von Wissensmanagement im Unternehmen und es wird beschrieben, welche Schritte in den jeweiligen Phasen notwendig sind, um das Projekt zu einem erfolgreichen Abschluss zu bringen. Die einzelnen Einführungspfade sind in der Praxis natürlich nicht streng voneinander zu trennen, sondern können auch in Kombination hilfreich sein (z.B. ein Unternehmen wählt als Ausgangspunkt für Wissensmanagement den Einsatz eines Wissensmanagers, der einen technologieorientierten Ansatz verfolgt).

6. Der Regelkreis des Knowledge Management (KM)

Probst/Raub/Romhardt definieren acht verschiedene Bausteine des Wissensmanagements, welche die komplexe Aufgabe der Einführung von wissensorientierten Projekten erleichtern können. Die acht Bausteine wurden zu einem Kreislauf zusammengefügt, wobei die einzelnen Prozesse miteinander vernetzt sind und nicht isoliert voneinander betrachtet werden sollen.

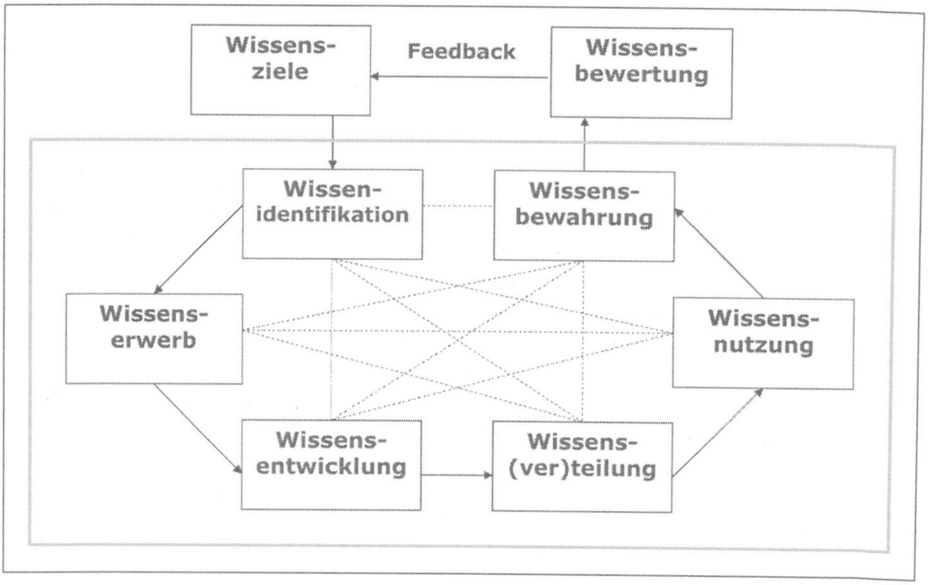

Abbildung 7: Die acht Bausteine des Wissensmanagements (Quelle: Probst/Raub/Romhardt 1997)

Die Formulierung von **Wissenszielen** ist der Ausgangspunkt des Wissensmanagements. Dabei ist zu beachten, dass die Wissensziele auf die Unternehmensziele abgestimmt sein müssen.

Sowohl strategische (langfristige) als auch operative (kurzfristige) Wissensziele sind zu definieren. Leider fehlen in der Unternehmenspraxis die strategischen Wissensziele häufig, dadurch nimmt sich das Unternehmen die Möglichkeit, im Hinblick auf Wissensmanagement eine nachhaltige Orientierung zu geben und die Ressourcen dementsprechend gezielt einzusetzen. Wissensziele helfen dabei, den Mitarbeiter/inne/n den Sinn und den Nutzen von Wissensmanagement-Initiativen zu veranschaulichen. Dabei sollen nicht nur quantitative, sondern auch qualitative Wissensziele festgelegt werden.

Manche Unternehmen formulieren sogar ein Wissensleitbild, um Mitarbeiter/inne/n und Kund/inn/en umfassend zu vermitteln, was mit Wissensmanagement erreicht werden soll. Das Wissensleitbild soll wirklich Anleitung und Möglichkeit zur Identifikation geben, im Sinne von wirklich gelebten, richtungsweisenden Inhalten, und nicht zu einem „Leidbild" entarten, sprich es wird nur dargestellt, wie es idealtypischerweise sein sollte, aber die Realität im Unternehmen entspricht diesem Bild überhaupt nicht.

Ausgehend von den Wissenszielen erfolgt die **Wissensidentifikation**, mit dem Anspruch, den Status quo zu erheben, Wissen explizit zugänglich zu machen und mögliche Wissenslücken aufzudecken. Bei der Wissensidentifikation werden die organisationalen Wissensbestände und die organisationale Wissensbasis analysiert. Informations- und Wissensträger sollen aufgedeckt werden, damit das Wissen innerhalb einer Organisation transparenter und leichter zugänglich wird.

Zur Durchführung des Prozesses der Wissensidentifikation ist es nötig, Verantwortliche für die Wissenstransparenz zu nominieren. Das Thema Wissenstransparenz ist ein sehr kritisches und sensibles, denn niemand möchte zum/zur gläsernen Mitarbeiter/in „mutieren". Dies resultiert einerseits aus Angst der Ersetzbarkeit, andererseits aus Demotivation durch zu strenge Kontrolle und Überwachung. Auch für das Unternehmen haben „übertransparente" Verhältnisse Nachteile, da die Mitarbeiter/innen passiver werden und der Aufwand für die Überwachung laufend ansteigt oder gar die wichtigsten Wissensträger das Unternehmen verlassen. Die Verantwortlichen müssen daher besonders auf die Angemessenheit der Maßnahmen zur Wissenstransparenz achten.

Wissensbestandteile, die intern nicht aufgebaut werden können, müssen von extern in das Unternehmen geholt werden, dies ist die Aufgabe des Prozesses **Wissenserwerb**. Dabei wird die gezielte Schließung von Wissenslücken angestrebt, indem externe Experten „eingekauft" werden. Dies kann beispielsweise durch die Einstellung neuer Mitarbeiter/innen und Führungskräfte erfolgen oder durch das Hinzuziehen von Fachberater/inne/n oder Generalist/inne/n zu bestimmten Problembereichen. Weiters kann das Know-how von Unternehmensberatungen und Netzwerkverbünden sowie aus Kooperationen genützt werden.

Wissenserwerb muss nicht immer teuer sein, sondern das Wissen von beispielsweise Kund/inn/en und Lieferant/inn/en kommt häufig „gratis" und häufig mit wenig Beachtung in das Unternehmen; hier ist mehr Hellhörigkeit nötig. Kundenbeschwerden können z.B. durch ein professionelles Beschwerdemanagement als wertvolles Feedback genutzt statt als lästiges Übel betrachtet werden.

Wissenslücken können natürlich auch geschlossen werden, indem man vorhandenes Wissen intern weiterentwickelt oder sich strategisch relevantes Wissen aneignet, damit beschäftigt sich der Prozess der **Wissensentwicklung**. In diesem Zusammenhang müssen Lernprozesse im Untenehmen initiiert und Wissensnetzwerke aufgebaut werden. Neues Wissen soll durch „Explizierung" geschaffen werden, dabei leistet die Werkzeugkiste aus Kapitel 4 gute Dienste.

Beispiel: Ein Software-Unternehmen hat Spezialwissen im Software-Bereich, aber die meisten Verantwortlichen haben wenig Erfahrung mit den nötigen Veränderungs- und Begleitprozessen, die eine Software-Implementierung bei Kund/inn/en mit sich bringt. Im ersten Schritt kann das bereits vorhandene Change-Management-Wissen im Unternehmen erweitert werden, indem sich die Verantwortlichen über ihre unterschiedlichen Zugangsweisen und Erfahrungen zur Software-Implementierung austauschen.

Wissensentwicklung fördert sowohl die individuelle als auch kollektive Wissensentstehung, Innovationspotenzial und kreative Ideen können sich leichter entfalten. Wichtige Voraussetzung dafür ist das Schaffen der nötigen Rahmenbedingungen. Interaktion, Kommunikation, Transparenz und Integration sind hierbei als wesentliche Schlüsselgrößen kollektiver Wissensentstehung zu beachten.

Wissen, das aufgedeckt, entwickelt und/oder erworben wurde, wird erst durch den Prozess **Wissenstransfer bzw. Wissens(ver)teilung** breitenwirksam. Dabei gilt es das vorhandene Wissen an jene weiterzugeben, die von diesem Wissen profitieren können. Der Wissensaustausch kann persönlich oder via Medien erfolgen, je nach Situation und Kontext müssen geeignete Verteilungsmöglichkeiten gefunden werden.

Beispiel: Wissen, das nur von sehr wenigen Personen in der Organisation genutzt wird, kann diesen persönlich übermittelt werden, eine komplexe IT-Plattform zahlt sich in diesem Fall nicht aus. IT-Systeme eignen sich aber sehr wohl zur Verteilung von Wissen, das für viele Personen innerhalb eines Betriebes relevant ist.

Durch die Förderung von Kooperation und Kommunikation zwischen den Mitarbeiter/inne/n, den Aufbau von Wissensnetzwerken und durch geeignete technologische Unterstützung kann Wissen multipliziert werden. Voraussetzung dafür ist die Förderung der Teilungsbereitschaft sowie der Einsatz von bedarfsgerechten Trainings- und Kommunikationsmaßnahmen.

Der wohl wichtigste Prozess ist jener der **Wissensnutzung**, denn Wissen zu erwerben, zu entwickeln und anzusammeln reicht nicht – Wissen muss aktiv angewendet, also in Produkte und Dienstleistungen transformiert werden sowie in Handlungen und Entscheidungen verbesserungswirksam einfließen. Der Wert des Wissens zeigt sich erst in seiner aktiven Nutzung!

Beispiel: Ein noch so ausgeklügeltes IT-System kann den Austausch von Wissen nicht in Gang bringen, solange es brachliegt. Mitarbeiter/innen müssen IT-Systeme erst durch das Einpflegen, Ergänzen, Aktualisieren und Abrufen von Daten „zum Leben erwecken".

Der Prozess der **Wissensbewahrung** dient dazu, einen unwiederbringlichen Know-how-Verlust zu vermeiden, denn Erfahrungen bilden die notwendige Basis für künftige Lernprozesse.

Beispiel: Erfahrungen aus bereits realisierten Projekten können mit strukturierten Projektreviews (kritischer Rückblick auf das Projekt und dessen Erfolge und Herausforderungen) erfasst und dokumentiert werden. Bei neuerlichen, ähnlich ablaufenden Projekten kann diese Dokumentation hilfreich für die Projektplanung und die Bewertung von Projektrisiken sein.

Der Prozess der Wissensbewahrung läuft in drei Schritten ab. Als Erstes muss das bewahrungswürdige Wissen ausgewählt (selektiert) werden. Danach sind geeignete Methoden der Speicherung dieses Wissens ausfindig zu machen. Die Strukturierung und Aktualisierung der Wissensbestände ist sicherzustellen. Dabei sind Sicherheitsmaßnahmen bei der Dokumentation (insbesondere z.B. bei der Digitalisierung von Patenten) zu beachten.

Die **Wissensbewertung** dient dazu, Zielabweichungen und deren Ursachen festzustellen. Zur Bewertung von Wissen können verschiedene Wissensindikatoren angewendet werden, welche unterschiedliche Ausprägungen und Zielsetzungen verfolgen können:

- Kundenbezogen: z.B. Kundenzufriedenheit, Kundenbindung
- Personalbezogen: z.B. personelle Kontinuität
- Lernbezogen: z.B. Innovationskraft, Entwicklungsprojekte
- Finanzielle Indikatoren: finanzielle Kennzahlen und Kennzahlensysteme (z.B. „Skandia Business Navigator").

Durch Wissensbewertung soll festgestellt werden, wie das Wissen von Unternehmen zu bewerten ist. Wissensbewertung in strategischer und operativer Hinsicht kann auch dazu dienen, Maßnahmen und Methoden zu finden, um den Umgang mit Wissen im Unternehmen zu optimieren und gezielt zu gestalten. Wissensbewertung dient der Abgleichung von Wissenszielen und den Ergebnissen der Maßnahmen des Wissensmanagements, Verbesserungsmöglichkeiten und Anpassungen können vorgenommen werden (Näheres zum Thema Wissensmessung und -bewertung siehe Kapitel 7).

7. Ein brandheißes Thema: Wissensverlust und Wissensbewahrung

Eines der am häufigsten auftretenden Probleme im Zusammenhang mit der Thematik Wissen wie auch Wissensmanagement stellt sicherlich der Verlust von Wissen dar. Unternehmen müssen im Vorhinein durch gezielte Strategien zur Bewahrung von Wissen dagegen vorgehen. Im Folgenden werden Möglichkeiten und Ansätze angeführt und diskutiert.

7.1. Wissensverlustsituationen

Verlässt auch nur ein Mitglied das System, so entsteht ein Wissensdefizit. Diese Lücke muss erst wieder aufgefüllt werden – wobei die Generierung von „Neuwissen" sich als schwieriger herausstellt, als aus bestehenden Ressourcen Wissen zu erfassen und zu generieren. Folgende individuelle, kollektive und elektronische Wissensverlustsituationen können in der Praxis auftreten:

Modus / Form	individuell	kollektiv	elektronisch
Löschung des Wissens	Kündigung Pensionierung Tod	Auflösung von Strukturen – Teams Reengineering Outsourcing	Irreversible Datenverluste: Viren, Hardwarefehler, Systemabstürze Fehlende Back-ups
Befristet	Überlastung Versetzung Krankheit Urlaub	Tabuisierung von alten Routinen Kollektive Sabotage	Reversible Datenverluste Überlastung/befristete Schnittstellenprobleme
Zugriff nicht möglich Auf Dauer	Überlastung Innere Kündigung Bewusstsein für Wichtigkeit des eigenen Wissens fehlt	Verkauf von Unternehmensteilen Abwanderung von Teams	Dauerhafte Inkompatibilität von Systemen permanente Überlastung Falsche Kodifizierung

Tabelle 1: Wissensverlustsituationen auf individueller, kollektiver und elektronischer Ebene

Die unterschiedlichen Ebenen des Wissens müssen von Zeit zu Zeit auf ihren noch bestehenden Wahrheitsgehalt und die Aktualität überprüft werden und „altes", nutzloses Wissen muss entleert (gezieltes Vergessen) und durch neues, aktuelles Wissens aufgefrischt werden. Die Entsorgung von „Altwissen" stellt einen sehr wichtigen Prozess dar, da ansonsten der Wissensapparat unüberschaubar wird und der Ballast des „nutzlosen" Wissens die Manövrier- und Aktionsfähigkeit um einiges erschwert und behindert.

7.2. Maßnahmen der Wissensbewahrung

Dem Unternehmen stehen unterschiedliche Arten der Absicherung gegen Wissensverlust zur Verfügung. Im Rahmen von Mitarbeitermaßnahmen sollen Bedingungen geschaffen werden, die es den Arbeitnehmer/inne/n ermöglichen, ihr Wissen weiterzugeben und mitzuteilen (CoP, Intranetlösungen, Foren, etc.). Somit wäre klargestellt, dass nach Abgang der Mitarbeiter/innen das Wissen noch zur Verfügung steht. Wichtig ist hierbei, früh genug zu beginnen und den Mitarbeiter/inne/n auch Anreize zur Weitergabe zu geben (natürlich ist einer der besten Anreize der konkrete Nutzen der Weitergabe bzw. die direkte Anerkennung, die damit verbunden ist – Wissenshelden, Experten). Weiters sollen Schlüsselmitarbeiter/innen identifiziert werden und Mitarbeiter/innen durch Aus- und Weiterbildungsmaßnahmen gefördert werden, sodass den Mitarbeiter/inne/n vermittelt wird, dass ihr Wissen von Wert ist. Diese Maßnahmen können unterstützt werden durch eine

- Verbesserung der Mitarbeiterkommunikation
- Verbesserung der Netzwerkbildung zwischen Mitarbeiter/inne/n

- Problemsensibilisierung der Mitarbeiter/innen für die Bedeutung der Ressource Wissen
- Identifikation wertvoller Wissensträger/innen
- Reduktion der Mitarbeiterfluktuation
- Kontakt zu pensionierten Mitarbeiter/inne/n

Eine weitere Absicherung des Wissens stellt die Nutzung von technischen Systemen dar. Dadurch besteht die Möglichkeit, explizites Wissen als Informationsmaterial abzuspeichern. Diese Maßnahme ist verbunden mit einer notwendigen

- Transparenz des expliziten Wissens
- Kodifizierung von Mitarbeiter/innenwissen
- wiederkehrenden Aktualitätsprüfung und gezieltem Vergessen (Systembereinigung).

Hierbei ist aber zu berücksichtigen, dass der Zugang zu digitalisiertem Wissen stets selektiv ist, dies erweist sich hinsichtlich des Datenschutzes und der Geheimhaltung als positiv, da nur spezifischen Mitarbeiter/inne/n der Zugang ermöglicht wird. Jedoch stellt es ein Problem dar, wenn der/die jeweilige Mitarbeiter/in ausscheidet und das Wissen somit undokumentiert und erklärungsbedürftig brachliegt. Als Schutzmaßnahme dafür sollte ein rechtzeitiger Einschulungsprozess anderer Mitarbeiter/innen erfolgen (bspw.: Einschulungssysteme, Tandem-Prinzip, Coaching, Mentoring).

Rechtlich kann Wissen durch Patente, Lizenzen, Franchising-Know-how-Verträge, Geheimhaltungsklauseln etc. interner und externer Wissensträger abgesichert werden. Dieser Wissensschutz kommt jedoch nur begrenzt zur Wirkung, da Wissen in den Köpfen der abgehenden Mitarbeiter/innen zur Konkurrenz oder dem neuen Arbeitgeber getragen wird.

8. Wissensmessung

Bei den vorherrschenden Marktbedingungen reicht es nicht mehr aus, allein „nur zu wissen". Nein, es ist auch notwendig, dieses Wissen des Unternehmens „wertvoll" zu machen, sprich dem Wissen einen spezifischen Wert beizumessen. Genau mit diesem Balanceakt beschäftigen sich die folgenden Kapitel.

8.1. Grundlagen der Wissensmessung

Der Wert und die Wettbewerbsfähigkeit eines Unternehmens beruhen zu einem großen Teil auf Aktiva, die sich in der Bilanz der traditionellen Sichtweise entziehen. Neben personenunabhängigen Elementen, wie Patenten, Markenzeichen etc., tritt dabei die Bedeutung des Wissens von und in Organisationen immer stärker hervor. Diese intangiblen Assets wurden in der Forschung wie auch bei zahlreichen innovativen Unternehmen in letzter Zeit durch die Beschreibung, Messung und Bewertung des „intellektuellen Kapitals" übernommen. Der Begriff des intellektuellen Kapitals (IC) kann in fünf Untergebiete eingeteilt werden:

- Finanzkapital (ersichtlich in der Bilanz)
- Humankapital (Fähigkeiten, Fertigkeiten, Erfahrungen, Wissen der Mitarbeiter/innen)
- Kundenkapital (kundenspezifische Merkmale wie Kundenbeziehung, Markenstärke, etc.)
- Prozesskapital (definiert durch die internen und externen Prozessabläufe)
- Erneuerungskapital (befassend mit dem Wachstum, Entwicklung und Research)

Dadurch ergibt sich eine Systematisierung, um das intellektuelle Kapital eines Unternehmens quantifizierbar zu machen. Folgend einer ähnlichen Systematisierung nach Skandia wird der Marktwert eines Unternehmens eingeteilt in Finanzkapital (materielles Vermögen und Ressourcen) und intellektuelles Kapital (immaterielles Vermögen, Wissen und Informationen). Zum immateriellen Vermögen werden hier auch organisationsexterne Teile gezählt, wie das Image des Unternehmens und der jeweiligen Marken, die Lieferantenbeziehungen, etc. Das intellektuelle Kapital schlüsselt sich dann auf in:

- Humankapital (Kompetenzen der Mitarbeiter/innen, Beziehungen, Wertesystem)
- Kundenkapital (bestehende Kundenbeziehungen, den Wert der Kundenbasis – Vertrauen, Wertschöpfung etc., Potenzial des Kundenstocks)
- Organisationales Kapital (Innovations- und Prozesskapital, Kultur)

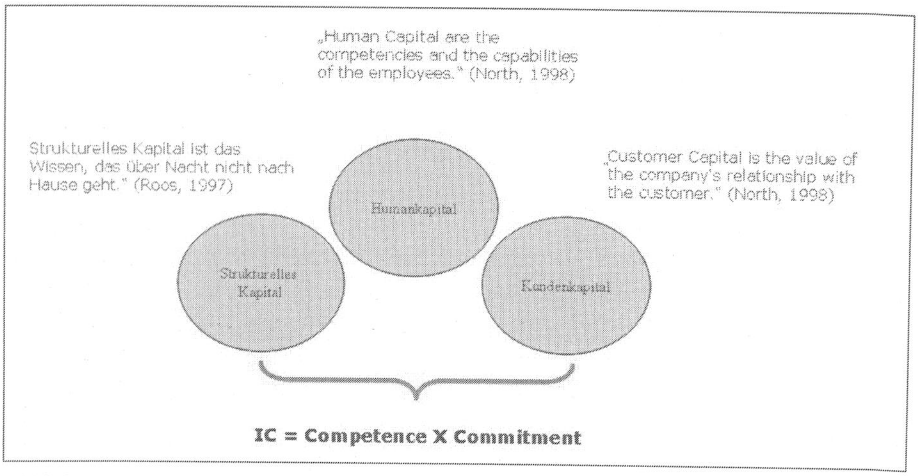

Abbildung 8: Intellektuelles Kapital

Somit wird versucht, Wissen anhand seines Wertschöpfungspotenzials zu bewerten. Diese drei Bestandteile des intellektuellen Kapitals werden in den folgenden Abschnitten beschrieben.

8.1.1. Humankapital

Mitarbeiter tragen ihr Wissen mit sich; hierbei ist aber nicht jede Art von Wissen zugänglich und relevant. Für das Unternehmen ist es von Bedeutung, das relevante Wissen zu nutzen und zu vermehren. Einerseits kann dies geschehen durch den Wissenserwerb seitens der Mitarbeiter und andererseits durch Wissensnutzung seitens des Unternehmens.

Das betriebsnotwendige Wissen des Humankapitals stellen die Erfahrungen, Erkenntnisse, Fähigkeiten und Fertigkeiten der einzelnen Mitarbeiter dar, wobei der Besitz alleine noch keinen Nutzen für das Unternehmen bringt, erst die Speicherung und Teilung dessen können Wissen für das Unternehmen brauchbar machen. In Nonakas Wissenspirale wird dies in den Prozessen der Externalisierung und Kombination von Wissen veranschaulicht. Weiters besteht die Aufgabe des Unternehmens im Legen des Fundaments für diesen Austausch durch eine funktionierende, fruchtbare Unternehmenskultur, die dies auch erlaubt. Allerdings müssen die jeweiligen technologischen Unterstützungen seitens der IT auch bereitgestellt werden.

Die Einstellung der Mitarbeiter/innen zum Unternehmen selbst zeigt sich auch in der Bereitschaft, ihr Wissen zugänglich zu machen. Wird intern eine Dezentralisierung von Verantwortung und eine Aufforderung zum Mitdenken geleistet, zeichnet sich ein Weg von den „Mit-Arbeiter/inne/n" zu den „Mit-Unternehmer/inne/n" ab. Dadurch wird die persönliche Leistung als ein essentieller Beitrag zum Gesamterfolg gesehen, der in jeder Hinsicht gleich steht mit dem persönlichen Erfolg, der sich im betrieblichen Ergebnis niederschlägt. Als „Mit-Unternehmer/in" steht das Gesamtergebnis im Vordergrund und somit ist das Vermögen eines Unternehmens das, was die Mitarbeiter/innen vermögen.

Hier spielt der Begriff der Wissensarbeit und der Wissensorganisation eine bedeutende Rolle. Die meisten Mitarbeiter/innen von Wissensunternehmen sind hoch qualifizierte und speziell ausgebildete Fachkräfte, sogenannte „knowledge worker". Ihre Arbeit besteht zum größten Teil darin, Informationen in Wissen umzuwandeln, indem sie ihre eigene Kompetenz einsetzen, dadurch können sie von Informationsanbietern bzw. Anbietern von Spezialwissen unterstützt werden. Wissensorganisationen sind auf die Entwicklung einer bestimmten Art von Wissensarbeit angewiesen und vice versa. Die Wissensorganisation ist nach Wilke als Ort und Kontext für Wissensarbeit zu sehen, welche in einem direkten Zusammenhang zur Wissensgesellschaft und intelligenten Produkten steht. Hierbei ist Wissensarbeit so zu definieren, dass relevantes Wissen kontinuierlich revidiert und verbessert wird. Wissen wird als Ressource gesehen und ist mit Nichtwissen gekoppelt, wobei hier ein hohes Ausmaß an Kompetenz von den Mitarbeiter/inne/n verlangt wird und die Güter bzw. Dienstleistungen sich von trivialen zu nicht-trivialen, komplexen Gütern weiterentwickeln.

Wissensarbeiter/innen nutzen ihre eigenen Ressourcen, brauchen jedoch ein System, um diese nutzbar zu machen. Sie stellen somit die intellektuelle Kernkompetenz der meisten Firmen dar und können Aussagen über Probleme und neue Situationen treffen. Der Großteil des Wertes eines Unternehmens wird durch die

Wissensarbeiter/innen generiert. Die Organisationsformen für solche Arten von Erwerbstätigkeit sind jedoch nur schemenhaft gegeben. Einerseits wird versucht, dies anhand motivatorischer Erfolgsfaktoren abzuhandeln und andererseits anhand adäquater Faktoren einer neuen Führung. Im günstigsten Falle wird somit erreicht, dass das Wissen in das System direkt übertragen wird und somit zu intellektuellem Kapital übergeht.

8.1.2. Kundenkapital

Das Kundenkapital bezieht sich auf den Wert der Kundenbeziehungen, wobei hier die externen wie auch die internen Kundenbeziehungen berücksichtigt werden sollen. Die internen Kundenbeziehungen umfassen die Schnittstellen bzw. Kunden-Lieferanten-Beziehungen zwischen den einzelnen Abteilungen, Standorten, Gruppen im Unternehmen. Externe Kundenbeziehungen schließen die direkten Kunden, Lieferanten und Zulieferer ein, wobei die Bewertung solcher Kundenbeziehungen immer subjektiv sein kann und somit individuelle Unterschiede auftauchen können. Der Wert der Beziehung wird definiert durch die Tiefe (Durchdringung des relevanten Marktes), die Weite (flächenmäßige Abdeckung der einzelnen Marktsegmente) und die Loyalität der Kundenstöcke (Bindung der einzelnen Kunden an das Unternehmen und das Produkt). Daraus lässt sich ableiten: Wenn die Beziehung zum Kunden von langjähriger Treue und Vertrauen geprägt ist, wird die Bereitschaft des Kunden zur Teilung bzw. dem Transfer von Wissen viel höher sein; und eines darf nicht vergessen werden: Wer ist derjenige, der am meisten Wissen über das Produkt hat? Der Kunde bzw. die Kundin! Das Kundenkapital kann anhand folgender exemplarisch aufgelisteter Indikatoren fassbar gemacht werden:

- Kundentyp (das Profil eines typischen Kunden)
- Dauer der Kundenbeziehung (temporäre Dauer der Kundenloyalität)
- Kundenrolle (Welchen Platz nimmt der Kunde in der Wertschöpfungskette ein?)
- Kunden-Support (Wie stellt das Unternehmen die Kundenzufriedenheit sicher?)
- Kundenerfolg (Helfen die bereitgestellten Produkte/Dienstleistungen dem Kunden auf dem Weg der Zielerreichung?)

Das Kundenkapital stellt den familiärsten Teil des intellektuellen Kapitals dar und wird in vielen Unternehmen bereits weitläufig ermittelt und gemessen, wobei an dieser Stelle keine Aussage bezüglich der Wertigkeit dieser Messung bzw. Bewertungsversuche und deren Ergebnisse getroffen werden soll (dazu noch später).

8.1.3. Organisationskapital/strukturelles Kapital

Edvinsson bezeichnet als strukturelles Kapital alles, was nach fünf Uhr nachmittags im Unternehmen verbleibt. Der Kernbaustein des strukturellen Kapitals stellt das Wissen eingebunden in die täglichen Routinen und Abläufe des Unternehmens dar. Für diese Art der „intangiblen Ressourcen" existiert ein Markt (zwar limitiert), wo diese ge- und verkauft werden können. Die Dynamik dieses Marktes gestaltet sich sehr ähnlich demjenigen der traditionellen Ressourcen.

Das strukturelle Kapital kann geteilt werden in:

- Beziehungen (mit jeder Art von externen Mitspielern: Zulieferer, Kunden, Institutionen, lokale Vereinigungen, Regierungen, Stakeholder, etc.)
- Organisation (inkludiert die Struktur, Kultur, Routinen und Prozesse)
- Entwicklung und Erneuerung (beinhaltet alle zukünftigen Projekte: R&D, neue Produktionsanlagen, neue Produkte, etc.).

Dadurch wird klar, dass außer den Fähigkeiten und dem Know-how der Individuen, die in den Unternehmensprozess involviert sind, auch die institutionalisierten Prozesse, Gelerntes, Erfahrenes, Best Practices, Technologien etc. als die Wurzeln für Erfolg und die primären Elemente des intellektuellen Kapitals bezeichnet werden können.

Den ersten Schritt zu einer Definition von strukturellem Kapital stellt die Identifizierung von Ressourcen dar. Edvinsson und Malone schlagen einige Indikatoren zur Messung des strukturellen Kapitals vor (diese Indikatoren wurden für Skandia vorgeschlagen, ein Financial-Service-Unternehmen, welches sehr stark von Informationstechnologien abhängt):

- PCs/Mitarbeiter (%)
- Prozesszeiten (#)
- Administrative Ausgaben/Mitarbeiter (#)
- IT-Ausgaben/Mitarbeiter ($)
- IT-Ausgaben/administrative Ausgaben (%)
- IT-Personal/gesamtes Personal
- Change in den IT-Technologien und Bestandteilen

8.2. Ansätze der Wissensmessung, Wissensbilanzen

Um die organisationale Wissensbasis darzustellen, sind Wissensziele zu setzen und ist für die Darstellung ihrer Erfüllung und Überprüfung zu sorgen. In der Literatur wird unterschieden zwischen deduktiv-summerischen und induktiv-analytischen Ansätzen. Deduktiv-summerische Ansätze gehen von einer Bezifferung des Unterschiedes zwischen Markt- und Buchwert eines Unternehmens aus. Beispiele solcher Indikatoren stellen Tobin's q sowie Calculated Intangible Value (CIV) dar. Diese Indikatoren versuchen das immaterielle Vermögen in monetärer Form darzustellen, beschäftigen sich aber nicht eingehend mit der Markt-/Buchwert-Relation. Dadurch sind sie nicht als alleiniges Messinstrument zur Steuerung des Unternehmens denkbar. Zu den induktiv-analytischen Ansätzen zählen u.a. BSC (Balanced Score Card), der ICN (Intellectual Capital Navigator) und im weiteren Sinne kann auch das EFQM (European Foundation Quality Management Instrument) herangezogen werden. Diese Ansätze gehen von einer Wissensbasis und der Bewertung der einzelnen Elemente aus, wodurch Ansatzpunkte zur Weiterentwicklung realisiert werden sollen. In der folgenden Mindmap werden die Möglichkeiten der BSC, des ICN und des EFQM zur Messung und Bewertung des intellektuellen Kapitals eines Unternehmens visualisiert.

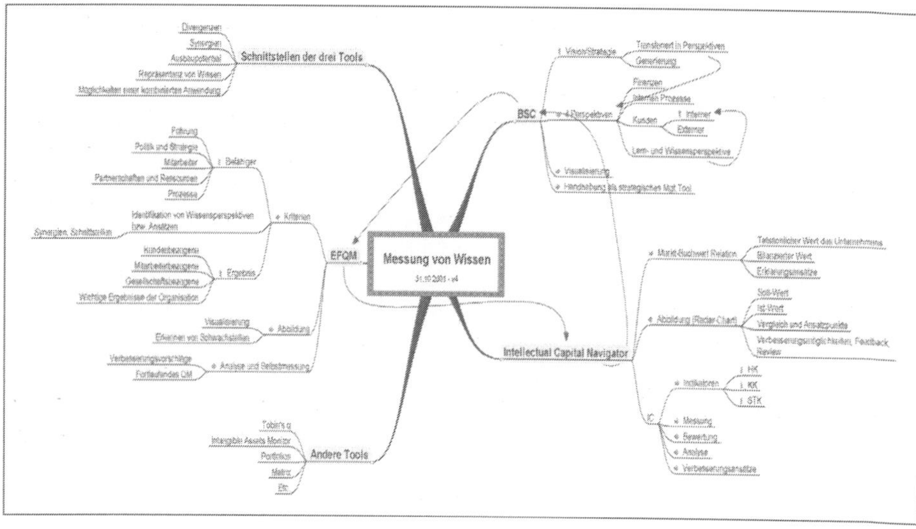

Abbildung 9: Möglichkeiten der Messung und Bewertung von Wissen durch BSC, ICN und EFQM

In der folgenden Grafik wird ein Überblick über die gängigsten Tools der Wissensbewertung und -messung gegeben.

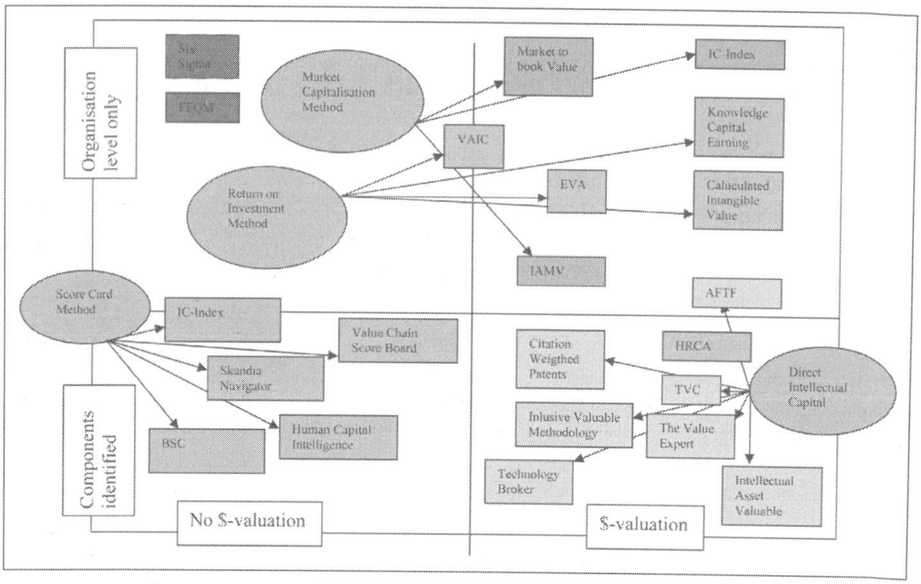

Abbildung 10: Überblick der Messinstrumente (Quelle: Stingl 2006)

Unter **Wissensbilanz** wird ein Instrument zur zielgerichteten Darstellung und Entwicklung des intellektuellen Kapitals eines Unternehmens verstanden; hierzu gehört auch, dass die Zusammenhänge zwischen den organisationalen Zielen, den Geschäftsprozessen, dem intellektuellen Kapital und dem Erfolg eines Unternehmens aufgezeigt werden. Weiters wird versucht, diese Elemente mittels Indikatoren zu fassen und zu visualisieren. Initiativen zur Erstellung von Wissensbilanzen (unter Anwendung der vorab beschriebenen Instrumente) sind in der Europäischen Union schon zahlreicher. Die einzelnen nationalen Bundesministerien sind hier beauftragt, die Anwendungen und Verbreiterung von Wissensbilanzen auch im Mittelstand (und nicht nur in Großunternehmen) zu begleiten und auch voranzutreiben. Hiermit soll nicht nur versucht werden, auch „weichen“ Faktoren einen Wert beizumessen, sondern auch eine leichtere Repräsentanz des Know-hows eines Unternehmens für die Außenwelt zu liefern (hierzu auch beispielsweise im Zusammenhang mit Basel II). Generell gilt es hier noch zu sagen, dass die Implementierung eines solchen Bewertungssystems zur Erfassung des intellektuellen Kapitals eines Unternehmens oder einer Institution immer als eine Intervention in den tagtäglichen Arbeitsablauf gesehen werden kann. Hier gilt es vorab zu klären: Welche Intention liegt dahinter, wie aussagekräftig sind die vorgeschlagenen Methoden? Was für Auswirkungen sind im Vorhinein zu berücksichtigen und welche Voraussetzungen müssen gegeben sein (im Sinne von kritischen Erfolgsfaktoren)?

Im folgenden Kapitel soll ein kritischer Blick auf die Thematik der Bewertung und Messung von Wissen und den damit zusammenhängenden Initiativen geworfen werden.

8.3. Ein kritischer Blickwinkel: Sinnhaftigkeit, Möglichkeiten und Grenzen der Wissensmessung und -bewertung

Im Rahmen der Wettbewerbsdifferenzierung von Unternehmen reicht es bei den zur Zeit herrschenden und auch prognostizierten Marktverhältnissen nicht mehr aus, sich auf eine einsichtige Ausrichtung auf ausgezeichnete Produkt- und Dienstleistungsqualität zu konzentrieren. Das Image und die gesellschaftliche Akzeptanz eines Unternehmens spielen eine immer bedeutendere Rolle. In der Mehrzahl der Industrienationen wird sich die Sensibilität des Verbrauchers zunehmend auf die öffentliche Wahrnehmung des Umweltengagements eines Unternehmens und sein soziales Verhalten konzentrieren (brandheißes Thema in diesem Zusammenhang ist Corporate Social Responsibility, im weiteren Sinne das Bewusstsein des Unternehmens seiner sozialen gesellschaftlichen Verantwortung).

Diese Gegebenheiten zielen auf einen Prozess des „Continuous Improvement“, der organisationalen Transformation und der Veränderungsfähigkeit in und um Organisationen, ab. Darauf aufbauend ist es notwendig, neue Prozesse, Prozess- und organisationale Strukturen zu entwickeln, mit denen es möglich ist, die unternehmensspezifischen Veränderungen in der Organisation/im Unternehmen und dem relevanten Umfeld zu meistern. Organisationen müssen ihre Fähigkeiten zur Transformation dahingehend weiterentwickeln, dass sie den Schritt von zuerst strikter Produktionsorientierung hin zur Wissens- und Kompetenzorientierung vollführen können.

In diesem Zusammenhang wird der Faktor Mensch als der eigentliche Träger des Wissens wie auch die kreative und innovative Kraft der Schaffung von Wissen an sich betont. Die Entkopplung des Wissens (als die reine Speicherung von Wissenseinheiten; inwiefern diese wirklich als Einheiten speicherbar sind, sei hier einmal außer Acht gelassen, denn an sich stellt schon die Speicherung des explizierten Wissens und der Prozess der Explizierung ein sehr großes Problem dar) vom menschlichen Träger stellt den völlig Weg dar. Dies gleicht vielmehr einer Entmachtung des Wissens bezüglich seiner soziologischen Bindefähigkeit, der Isolierung des Kontextes und der Situation. Vielmehr sollte es im Sinne einer langfristig-zielorientierten Unternehmensspitze sein, durch zielgerichtete Steuerung (das Ziel kann in einer langfristigen Erhaltung der Wettbewerbsfähigkeit durch Wissensvorsprung bzw. Erhalt der Wissensbasis gesehen werden) des Aufbaus und Austausches von Wissen und die dazugehörigen Rahmenbedingungen (Incentive-and-Reward-Systeme, Infrastrukturen, kulturelle Rahmenbedingungen, etc.) eine langfristige Bindung von innovativen und kreativen Köpfen an das Unternehmen zu forcieren: In der globalen Ökonomie findet der Wettbewerb um Menschen statt, nicht um Waren oder Dienstleistungen (vgl. R. Florida, 2005). Dazu bedarf es natürlich der strategischen Ausrichtung des Unternehmens hin zur Verankerung der Wertigkeit des Wissens, der Wissensträger und des Weiterentwicklungspotenzials in den Leitlinien der Organisation.

Einer der essentiellen Erfolgsfaktoren eines Unternehmens und ein langfristiger Wettbewerbsfaktor ist das anforderungsgerechte Management der Ressource Wissen (organisationales, kollektives und individuelles Wissen), der (Kern-)Kompetenzen und das darauf ausgerichtete Wissensmanagement-System. Um den Erfolg des Wissensmanagements messbar zu machen, ist das Unmögliche notwendig: Die kontextgebundene Ressource Wissen muss objektivierbar gemessen werden. Wissen kann nur um den Preis der Verdinglichung quantifizierbar werden, also der Entnahme aus zeitlichen, situativen und persönlichen Kontexten. Es kann deshalb, ebenso wie es nur kontextuell gesteuert werden kann, nur mittelbar und unscharf erfasst werden; also anhand von vermittelten Messgrößen wie Prozesszeiten, Ausbildungserfolg oder Ähnlichem. Der Anspruch, Wissen exakt messen zu können, gaukelt dort Objektivität und Präzision vor, wo nur Unschärfe sein kann.

Daraus folgt, dass eine allumfassende Messung von Wissen illusionistisch und somit unmöglich ist. Jedoch ist dies auch nicht vonnöten, da das jeweilige relevante Wissen nicht allumfassend, sondern kontextspezifisch sein muss und somit einer fortwährenden Beurteilung und Prüfung unterzogen werden sollte. Diese Prüfung und Beurteilung kann ehestmöglich innerhalb einer Branche stattfinden, im Sinne des Benchmarking, wobei hier der Vergleich schon schwer wird, da die jeweiligen Kontexte unternehmensspezifisch (Entwicklungsstand des Unternehmens und seiner Mitarbeiter) in Betracht gezogen und evaluiert werden müssen.

Um Wissen überhaupt messbar zu machen, müssen die jeweiligen Maßstäbe klargelegt werden, wobei „intangible assets“ anders als „tangible assets“ bewertet werden.

Sehr viel Energie wird in die Definition von Messvariablen, Indikatorensystemen und dergleichen investiert, ohne die notwendige Sensibilität des Themas selbst zu behandeln. Alleine die Tatsache, dass hier ein greifbarer Zahlenwert ermittelt werden soll, der den Wissensstand des gemessenen Elementes zum Tage x darstellen soll, führt den Weg der Messung schon in ein Desaster. Wissen in starre Formen und Zahlen zu pressen, kann langfristig gesehen nicht zum Erfolg führen, hier bedarf es eher der Kombination von schon bestehenden Systemen und den Kernideen des Wissensmanagements, um von einer reinen Messung des Wissens hin zu einer tatsächlichen Bewertung und Vergleichbarkeit zu kommen.

Wissensmessung als Benchmark bzw. als Instrument des Benchmarking gleicht einer Illusion: Um erfolgreich zu benchmarken, müssen die gleichen Maßstäbe verwendet werden bzw. die Parameter entsprechen. Die Wertigkeit der Ressource Wissen ist an sich situations- und kontextspezifisch, natürlich auch branchen- bzw. unternehmensspezifisch, im Zuge einer Isolierung und Abstrahierung zum Zwecke der Messung wird das Wissen dem Kontext enthoben und somit auch schwerer fassbar und nachvollziehbar bzw. teilweise nicht mehr anwendbar. Weiters stellt sich die Frage, ob die Vergleichbarkeit der Wisseneinheiten branchen- bzw. unternehmensübergreifend überhaupt möglich ist, da ja die unterschiedlichen Entwicklungsstände der Unternehmen, der Haushalt der Ressource Wissen und das kulturelle Gefüge eine bedeutende Rolle spielen.

9. Fallstudie: „Wissensorientierte Projektsupervision“

Ein IT-Dienstleistungsunternehmen mit ca. 200 Mitarbeitern, spezialisiert auf Customer Relationship Management (CRM) für den Finanzbereich, betreut vorwiegend Banken mit Standard- oder Individual-Softwarelösungen. Über 90 % des Umsatzes werden mit internationalen Kunden abgewickelt, die vorwiegend in Mittel- und Südosteuropa, in Südafrika und Südasien angesiedelt sind. Für die Akquisition von Kundenaufträgen ist die Abteilung Marketing und Vertrieb zuständig, die Programmierung der individualisierten Kundenlösungen erfolgt durch die Softwareentwickler im Haus. Die Consultants übernehmen die Projekte von der Abteilung Marketing und Vertrieb, ihre Hauptaufgabe ist die Implementierung der Software vor Ort beim Kunden.

Die Consultants haben wechselnde Rollen in unterschiedlichen Projekten, da die Projektteams je nach Dringlichkeit und Ressourcenverfügbarkeit zusammengestellt werden. Sie müssen ausgezeichnet mit der Software vertraut sein, um auf Spezial(an)fragen der Kunden eingehen zu können. Weiters müssen sie kompetent in Beratungs-, Organisations- und Veränderungsprozessen agieren, um die

Software beim Kunden erfolgreich einzuführen. Die Projektleiter müssen sich um die Koordination der unterschiedlichen Projekte kümmern, wobei ein Projektleiter eines Teams auch ein Mitarbeiter eines anderen Teams sein kann, wodurch sich Überschneidungen und Engpässe ergeben können. Die Einarbeitung von Neulingen erweist sich aufgrund dieser Rahmenbedingungen als langwierig und schwierig, wichtige Projekte werden überwiegend von „alten Hasen“ abgearbeitet.

Das Unternehmen möchte die Projektabwicklung mittels Wissensmanagement verbessern. Da wenig Erfahrungen mit den Methoden des Wissensmanagements bestehen und das Unternehmen alternative Sichtweisen in die Projektproblematik einfließen lassen will, werden externe Partner für den Implementierungsprozess herangezogen; dabei wird die Consultingabteilung als erstes Einsatzgebiet für Wissensmanagement ausgewählt. Der Erfahrungsaustausch in diesem Bereich verspricht einen hohen Nutzen, da die Koordination der Projektabläufe sehr herausfordernd ist und die Implementierung der Software sowie die Beratungsleistung beim Kunden häufig ähnliche Problemfelder aufweist.

Erfahrungen aus den Projekten stehen für die Mitarbeiter nur teilweise zur Verfügung, denn Projekte werden nicht einheitlich aufgearbeitet, dokumentiert, organisiert und koordiniert, der Erfahrungsaustausch erfolgt auf informeller Basis. Innerhalb der einzelnen Projektteams gibt es „bei Bedarf“ Meetings, ein übergreifender und organisierter Austausch zwischen den Projektteams findet nicht statt. Auftretende Probleme und deren Lösungen werden nicht regelmäßig analysiert und wirkungsvoll für neue Projekte genutzt. Da die Consultants durch die internationale Orientierung des Unternehmens oft außer Haus arbeiten, wird der informelle Wissensaustausch erschwert. Durch die strukturierte Einführung von Wissensmanagement sollen Synergiepotenziale innerhalb des Consultingbereichs aufgedeckt und genützt werden.

Interpretation des Falles

Aufgrund der in der Ausgangssituation beschriebenen Probleme und Rahmenbedingungen im Arbeitsbereich der Consultants werden wissensorientierte Projektsupervisionsmeetings eingeführt. Externe Supervisoren begleiten die Meetings, um sicherzustellen, dass relevante, nutzbare Endergebnisse in Form von **„Best Practices“** und **„Lessons learned“** durch das Projekt entstehen.

Als zentrale Ziele der wissensorientierten Projektsupervision können die systematische Überprüfung der eigenen Arbeit, die Gewinnung von Ideen und Denkanstößen durch die Erfahrung anderer und der Einblick in die Arbeit der Kollegen genannt werden. Die Teilnehmer entwickeln die individuelle Lern- und Beratungskompetenz durch die analytische Betrachtung der Projekte und die Diskussion in der Supervisionsgruppe, wodurch ihre Arbeit beim Kunden erheblich erleichtert und professionalisiert wird. Die Consultants treffen sich in relativ regelmäßigen Abständen, wobei jede/r Teilnehmer/in die Aufgabe hat, aktiv ein „Lernprojekt“ einzubringen. Pro Meeting wird jeweils ein Lernprojekt präsentiert und von der Supervisionsgruppe diskutiert und analysiert. Als „Lernprojekte gelten die jeweiligen Problemfelder und Herausforderungen sowie Lösungsansätze aus der Arbeit der Consultants.

Die Consultants entwickeln sich im Laufe der Zeit zu einer **„Community of Practice“** mit dem gemeinsamen Interesse, Kundenprojekte besser abzuwickeln. Entscheidend für den erfolgreichen Wissensaustausch zwischen den Consultants ist die Etablierung einer Meetingkultur, die offenen Austausch, konstruktive Kritik und die Erarbeitung von Lösungsansätzen fördert. Spielregeln sind nötig, aber nur sinnvoll, wenn sie transparent, klar, überschaubar und akzeptiert sind, sie werden daher im ersten Supervisionsmeeting gemeinsam definiert, um die Qualität der Meetings sicherzustellen.

Die Consultants wissen somit, unter welchen Rahmenbedingungen die Supervisionsmeetings ablaufen werden, und können innerhalb dieses Rahmens agieren und Interventionen setzen. Sie haben die Regeln akzeptiert und verstehen ihren Sinn. Die Teilnehmer werden weiters dazu angeregt, die Einhaltung der Rahmenbedingungen zu prüfen, um aktiv zur Gestaltung der „supervisorischen Kultur“ beizutragen. Um die inhaltliche Qualität der wissensorientierten Projektsupervision sicherzustellen, bekommen die Teilnehmer einen konkreten Fahrplan für die Projektsupervision in Form einer Checkliste. Diese soll eine Hilfestellung für die Consultants in der Reflexion und Aufarbeitung ihrer Projekte bieten. Die Consultants wissen genau, was sie selbst einbringen müssen und was sie von ihren Kolleg/inn/en im Austausch dafür bekommen. Die Projekte werden jeweils kritisch reflektiert, Probleme und Stolpersteine dargestellt sowie Lösungen präsentiert und dokumentiert. Herausforderungen in noch laufenden Projekten werden gemeinsam diskutiert und mögliche Lösungsideen formuliert. Die Consultants haben die Möglichkeit, Feedback und Empfehlungen von ihren Kolleg/inn/en zu holen, und die Pflicht, jeweils ihr eigenes Lernprojekt zu dokumentieren und den anderen Teilnehmer/inne/n zur Verfügung zu stellen.

10. Das erfolgreiche Finale: Die Erfolgsfaktoren von Wissensmanagement und wissensorientierten Veränderungsvorhaben

Ausgehend von klar definierten Wissenszielen (nicht nur quantitativen sondern auch qualitativen Zielen) soll ein Wissensleitbild entwickelt werden, das idealerweise seinen Raum und Platz im Unternehmensleitbild findet, d.h. passend für die Organisationsform und -kultur. Dieses Wissensleitbild gibt Möglichkeiten zur

- Identifikation (Orientierung, Identität: Wer sind wir?),
- Koordination (Zusammenhang zwischen einzelnen Individuen und Organisationseinheiten: wie arbeiten Wir zusammen?),
- Motivation (Anreize, Entwicklungsmöglichkeiten: Wohin gehen wir?) und
- Integration (Zukunfts-, Optimierungspotenzial: Was können wir künftig erreichen?).

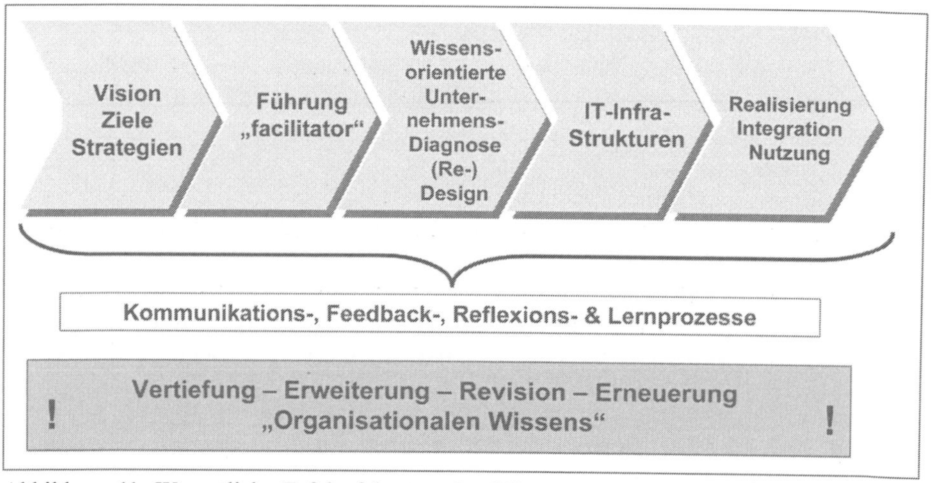

Abbildung 11: Wesentliche Erfolgsfaktoren des Wissensmanagements (Quelle: Neumann/Stingl/Grillitsch 2002)

Dieses Wissensleitbild soll in Fleisch und Blut der Organisation übergehen, also auch wirklich gelebt werden und nicht zum „Leidbild“ degenerieren (so sollte es sein, ist es aber nicht). Die Ziele werden mit passenden Maßnahmenportfolios hinterlegt – konkreten Aufgaben, Tätigkeiten, die zur Zielerreichung führen. Hier ist es sinnvoll, mittel- und langfristige Strategien zur berücksichtigen.

Die Aufgabe der Führung in diesem Zusammenhang ist in erster Linie, sich durch konkretes Tun, Leisten und Vorleben auszuzeichnen wie auch durchgehend unterstützend, beratend und steuernd zur Seite zu stehen. Sprichwörtlich ausgedrückt darf die Führungskraft nicht „Wasser predigen“, aber „Wein trinken“. Das heißt die Führungskraft muss sich besonders bei wissensorientierten Veränderungsvorhaben ihrer Vorreiterrolle bewusst sein, da ansonsten die Mitarbeiter die Zielsetzungen und Anleitungen in diesem Falle nicht mittragen würden. Auf die Frage: „Wer ist bei uns zuständig für Wissensmanagement?“, muss die Antwort eindeutig lauten: „Jede/r ist dafür zuständig!“

Um den aktuellen Status quo im Unternehmen zu ermitteln, ist es notwendig, eine wissensorientierte Unternehmensdiagnose durchzuführen. Ziel dieser Diagnose ist die Analyse von bereits genutzten Wissensbeständen, von vorhandenem Potenzial und die Identifikation von Schwachstellen (Wissenslücken). Davon ausgehend werden die ersten Möglichkeiten einer zukunftsorientierten Entwicklung im Sinne eines (Re-)Designs des Unternehmens aufgezeigt. Für die laufende Aktualisierung, Erweiterung und Ergänzung (Updating) darf auf die parallel zu planenden Kommunikations-, Feedback-, Reflexions- und Lernprozesse nicht verzichtet werden. Dadurch können zusätzliche Entwicklungs- und Verbesserungsmöglichkeiten von Seiten der Mitarbeiter auch wirklich genutzt werden. Weiters wird sichergestellt, dass diese Veränderungsinitiative auch wirklich den konkreten Nutzen bringt und sinnstiftend in Arbeitsabläufe und -prozesse integriert werden kann.

Um breitere Zugangsmöglichkeiten zu schaffen, soll auf unterstützende IT-Infrastrukturen nicht vergessen werden. Die Technik bietet in diesem Zusammenhang mehr Lernpotenzial durch einen Multiplikatoreffekt (Zugang, Handhabung und Lernmöglichkeiten für viele Personen).

Schlussendlich darf die Integration in den organisationalen Alltag nicht fehlen. Das heißt die Strukturen, Regeln, Richtlinien und Rahmenbedingungen müssen entsprechend adaptiert werden, um der zielgerechten Nutzung und Anwendung von Wissensmanagement im organisationalen Kontext nicht im Wege zu stehen. Der erfolgreiche prozedurale Ablauf stellt im „Best Case" (Durchlaufen der einzelnen Prozess-Schritte zur richtigen Zeit, Tiefe und angepasst an die Organisation) eine Optimierung der organisationalen Wissensbasis her.

11. Ausblick und praktische Tipps

Für Unternehmen, die sich langfristig mit der Etablierung von Wissensmanagement auf der organisationalen Ebene auseinandersetzen, können folgende Punkte als Leitlinien dienen, welche dabei helfen, Stolpersteinen im Vorhinein proaktiv entgegenzuwirken.

- Gut strukturierte, anwenderorientierte IT-Systeme als Sprachrohre des Wissensmanagements
- Strategische Ausrichtung und Entwicklung eines prozeduralen Wissensmodells
- Reviews als Werkzeuge des Wissensmanagements (Best Practices, Lessons learned)
- Wissensbewahrung: Pre-Retirement Contracts, variable Trainingsmethoden, interaktive Webpages
- Sozialkompetenz-Modelle und Teamentwicklung
- Förderung und Weiterentwicklung von Wissensgemeinschaften (hard and soft facts)
- Vernetzung von Expertise, Aufbauen von Wissensnetzwerken
- Kontinuierliche Erneuerung von Kooperationen und interaktivem Lernen
- Wissensaustausch zwischen einzelnen Mitarbeitern einer Organisation
- Zugriff auf kollektive Wissensbasen: Abteilungsserver, Projektdatenbank, Projektportale, Entwicklungsdatenbanken, Internet-/Intranet-Lösungen
- Computerunterstütztes kooperatives Lernen – CSCL: Weiterentwicklung von CBT (Computer based Training) durch Lernen in Gruppen und wechselseitige soziale Unterstützung
- Aktive Förderung von Wissensaustausch durch formelle und informelle Rahmenbedingungen
- Einsatz von Kreativitätstechniken, z.B. in der Projektsituation Sammeln von Use-Cases und den dazugehörigen Szenarien bei der Erstellung der Anforderungsanalyse

Schlussendlich darf aber nicht vergessen werden, dass die „ideale" Lösung – anwendbar für jede Art von Kontext, Situation und Unternehmen – nicht existieren sein kann, Wissensmanagement muss immer unternehmensspezifisch gestaltet werden, um den erwünschten Erfolg erreichen zu können.

12. Lern- und Kontrollfragen

- Warum ist die Relevanz von Wissen und Wissensmanagement für die Praxis in den letzten Jahren stark gestiegen?
- Was ist der Unterschied zwischen Daten/Informationen/Wissen sowie zwischen Informations- und Wissensmanagement?
- Erklären Sie die Begriffe „organisationale Wissensbasis", „organisationales Lernen" und „Wissensmanagement".
- Welche Rolle spielen organisationale Rahmenbedingungen für den Erfolg von Wissensmanagementvorhaben?
- Welche Probleme und Stolpersteine können bei Wissensmanagementvorhaben auftauchen?
- Welche Methoden und Konzepte des Wissensmanagements kennen Sie? Was leisten diese Methoden und wo liegen ihre Grenzen?
- Erläutern Sie vier mögliche Einführungspfade des Wissensmanagements.
- Erklären Sie den Regelkreis/acht Bausteine des Wissensmanagements.
- Was bedeutet Wissensverlust und welche typischen Wissensverlustsituationen treten in der Praxis auf?
- Welche Möglichkeiten der Wissensbewahrung kennen Sie?
- Was wird unter dem Begriff der Wissensmessung erfasst?
- Worin bestehen die Möglichkeiten, aber auch die Grenzen der Wissensbewertung?
- Welche Erfolgsfaktoren sind bei wissensorientierten Veränderungsvorhaben zu berücksichtigen?

13. Verwendete und weiterführende Literatur

Bontisa, N./Dragonettio, N./Jacobsene, K./Roose, G. (1999): The knowledge toolbox. A review of tools available to measure and manage intangible resources. Volume 17, 4. Ausgabe, August 1999.

Carneiro, A. (1998): How does knowledge management influence innovation and competitiveness? In Journal of Knowledge Management, Volume 6, Juni 1998, S. 30–36.

Edvinsson, L./Malone, M. (1997): Intellectual Capital. New York.

Kitts, B. / Edvinsson, L. / Beding, T. (2001): Intellectual Capital: From Intangible Assets to Fitness Landscapes. In Expert Systems with Applications, Volume 20, 1. Ausgabe, Januar 2001.

Heck, A. (2002): Die Praxis des Knowledge Managements. Grundlagen – Vorgehen – Tools. Braunschweig/Wiesbaden.

Huseman, R.C./Goodman, J.P. (1999): Leading with Knowledge: The nature of competition in the 21st century. Thousands Oaks, u.a.

Management Engineers (2003): Wissensmanagement in deutschen Unternehmen. Management-Summary einer Umfrage in der deutschen Industrie. Düsseldorf. http://www.management-engineers.de/index.php?id=1128&no_cache=1&L=0, (März 2006)

Mertins, K./Alwert, K./Heisig, P. (2005) (Hrsg.): Wissensbilanzen: Intellektuelles Kapital erfolgreich nutzen und entwickeln. Berlin.

Müller-Stingl, A./ Neumann, R. (2006): Ausgewählte Methoden der Bewertung von Intangible Assets: Entwicklung eines Business Excellence Navigators. In Matzler, K./Hinterhuber, H.H./Renzl, B./Rothenberger, S. (Hrsg.): Immaterielle Vermögenswerte: Handbuch der intangiblen Assets. Berlin.

Neumann, R. (2000): Die Organisation als Ordnung des Wissens. Wissensmanagement im Spannungsfeld von Anspruch und Realisierbarkeit. Wiesbaden.

Neumann, R./Stingl, A./Grillitsch, W. (2002): Best Practices and Lessons Learned in Knowledge Management Projects, presented and published at the ECKM 2002 in Dublin, Ireland. In: Proceedings of the Third European Conference on Knowledge Management. S. 481–495.

Neumann, R., Müller-Stingl, A., Grillitsch, W. (2007): Best Practices und Lessons Learned aus Wissensmanagement-Initiativen. www.community-of-knowledge.de, Februar 2007

Nonaka, I./Takeuchi H. (1997): Die Organisation des Wissens. Wie japanische Unternehmen eine brachliegende Ressource nutzbar machen, Frankfurt am Main/New York.

North, K. / Papp, A. (1999): Erfahrungen bei der Einführung von Wissensmanagement. In: IO Management, 4/99, S. 18–22.

North, K. (1999): Wissensorientierte Unternehmensführung: Wertschöpfung durch Wissen. Wiesbaden.

Papmehl, A. (1999): Wer lernt, ist dumm! Stolpersteine auf dem Weg zur Wissensorganisation. In Papmehl, A:/Siewers, R. (Hrsg.): Wissen im Wandel: die lernende Organisation im 21. Jahrhundert. Wien/Frankfurt.

Pfeffer, J., Sutton, R. (2001) Wie aus Wissen Taten werden. So schließen die besten Unternehmen die Umsetzungslücke. Frankfurt am Main.

Probst, G./Gomez, P. (1997): Die Praxis des ganzheitlichen Problemlösens: vernetzt denken, unternehmerisch handeln, persönlich überzeugen. Bern, u.a.

Probst, G./Raub, S./Romhardt, K. (1997): Wissen managen – Wie Unternehmen ihre wertvollste Ressource optimal nutzen. Wiesbaden.

Probst, G./Knaese, B. (1998): Führen Sie Ihre „Knowbodies" richtig? Die steigende Bedeutung von Wissens-Mitarbeitern im Betrieb ruft nach neuer Führungsqualität. In IO-Management, 4, S. 38–41

Rylatt, A. (2003) Winning the Knowledge Game. Smarter learning for business excellence. Oxford.

Schmitz, Ch./Zucker, B. (2003): Wissensmanagement: Schnelleres Lernen im Unternehmen. Regensburg, Berlin.

Schüppel, J. (1996): Wissensmanagement: organisatorisches Lernen im Spannungsfeld von Wissens- und Lernbarrieren. Wiesbaden.

Stewart, T.A. (1997): Intellectual Capital. London.

Stingl, A. (2006): Intangible Assets Measuring Models. In: Heisig, P. (Hrsg.): Ergebnisse und Perspektiven der Wissensbilanzierung in Deutschland – ein Zwischenergebnis. European Research Center of Knowledge and Innovation. www.eureki.org, Februar 2006.

Sveiby, K.E. (1997): Wissenskapital – das unentdeckte Vermögen. Immaterielle Unternehmenswerte aufspüren, messen und steigern. San Francisco.

Wilke, H. (1998): Systemisches Wissensmanagement. Mit Fallstudien von D. Gnewekow, T. Hermsen, J. Köhler, C. Krück, S. Mingers, K. Piel, T. Strulik, O. Vopel. Stuttgart.

Wilke, H. (1998): Organisierte Wissensarbeit. In zeitschrift für Soziologie, 27/3, S. 161–177.

Wissensmanagement und Communities of Practice (CoP)

Bernhard Schmiedinger

In diesem Beitrag erfahren Sie

- welche Communities bzw. Gruppen es in der Praxis gibt
- welchen Beitrag sie im Wissensmanagement liefern
- welche Rahmenbedingungen zu beachten sind
- wie Gemeinschaften entstehen bzw. gefördert werden können
- welchen Nutzen sie stiften können

1. Theoretische Grundlagen zu CoP

„Was ist eine Community of Practice (CoP)?“ Dazu gibt es sehr viele intuitive Ansätze und auch einige klar definierte Merkmale, die jedoch nur auf einen kleinen Teil der so bezeichneten „Gemeinschaften“ zutreffen. Grundlegend kann man CoPs als praxisbezogene Gemeinschaften bezeichnen, die sich aus Mitgliedern zusammensetzen, die ähnliche Aufgaben erfüllen und in informeller Beziehung zueinander stehen. Durch diesen „informellen“ Charakter unterscheiden sie sich von anderen Gemeinschaften wie Arbeitsgruppen, Teams oder Vereinigungen. Jean Lave und Etienne Wenger gelten als die Ersten, die den Begriff CoP geprägt haben, obwohl Jean Lave auf einem Kongress in Innsbruck 2004 die Grundidee auf John Seely Brown und seine Versuche bei XEROX zurückführte.

Beispiel: XEROX
Der Kopiererhersteller erkannte in einer Arbeitsanalyse, dass die Kundendienstmitarbeiter beträchtliche Zeit nicht beim Kunden, sondern im Gespräch miteinander in der Zentrale oder der Teeküche verbrachten. Weiters trafen sich viele Mitarbeiter außerhalb der regulären Arbeitszeit zum gemeinsamen Frühstück. Eine üblicher Umgang mit den Ergebnissen aus der Analyse wäre gewesen, diese „Leer“zeiten zu eliminieren, damit mehr Zeit bei den Kunden verbracht werden kann. Das Forschungsteam fand jedoch heraus, dass gerade in diesen „unproduktiven“ Terminen wichtiges Wissen über Wartungsverbesserungen bzw. Reparaturtipps ausgetauscht wurden. Viele Lösungen standen nicht im Reparaturhandbuch und wurden gemeinsam erarbeitet, z.B. Probleme mit Umweltschutzpapier Anfang der 80er Jahre. Ein weiteres sehr interessantes Resultat alter Konzernpolitik war die Pflege einer doppelten Dokumentation. Kundendienstmitarbeiter hatten zwei Handbücher – ein sauberes zum Vorweisen und eines voll mit Notizen und Ergänzungen aus den gemeinsamen Diskussionen. Konsequenterweise förderte das Unternehmen diesen Austausch, indem es (vor der Handyära) Rahmenbedingungen für die Kommunikation der Techniker unterwegs schaffte. Es wurde dazu eine zweite Funkfrequenz für die Techniker eingerichtet, die zum Knowledge-Channel avancierte. Die französische XEROX-Tochter etablierte ein Informationssystem namens EUREKA, in das wichtige Erfahrungen von den Servicetechnikern eingestellt und diskutiert werden konnten, so dass sie einem weiteren Personenkreis zur Verfügung standen.

Dazu ein Zitat, das den freiwilligen Charakter einer Community unterstreichen soll:

> *„Man kann Communities ermutigen oder anstoßen, aber nicht erzwingen. Stattdessen sollte man sich darauf konzentrieren, Bedingungen zu schaffen, unter denen sie aufblühen.“* [Larry Prusak, CIO-Magazine, 1999]

Lernen wird oft als Prozess gesehen, der einen definierten Start und ein klares Ende hat, wie z.B. ein Kurs oder eine Schulausbildung. Jedoch entspricht dies nicht der gängigen Praxis. Erfahrungslernen ist vielmehr ein sozialer Prozess, der hauptsächlich durch unsere Erfahrungen im täglichen Leben passiert. Wir sind normalerweise Mitglied in vielen CoP und nehmen dort unterschiedliche Rollen ein, sei es als gestaltendes Kernmitglied oder eher passiv am Rand einer Gruppe.

Theoretische Grundlage von CoPs bilden hauptsächlich zwei Lerntheorien: „Legitimate, Peripheral Participate", und die „Theory of Social Learning". Wie bereits oben erwähnt, verändert sich in unserer Gesellschaft die Primärausbildung zu Beginn unseres Lebens zur lebenslangen berufsbegleitenden Ausbildung. Auch wandelt sich dabei die Ausbildung von „unangenehmem" Frontalunterricht in dafür vorgesehenen Räumen (Seminarräume, Klassenzimmer) zu situationsbezogener Schulung „on-the-job" oder in Trainingssituationen. Nachhaltiges Lernen erfolgt primär durch soziale Interaktion und Partizipation, was nur durch gemeinsames Erfahren in der Praxis und Austausch möglich ist. Speziell im Konzept des „peripheren Lernens" wird betont, dass Zusehen, Mitarbeiten und Nachahmen einen Großteil des Lernerfolgs ausmachen. Dass dies auch eine spezielle Form des Wissenstransfers beinhaltet, sei hier besonders betont.

Die offizielle Legitimation zur Teilnahme hat nichts mit einer formellen Mitgliedschaft zu tun, es ist eher die intrinsische Bereitschaft der Community, einem Neuen gegenüber Vertrauen aufzubauen, um so dessen Expertise zu gewinnen ihm und auf der anderen Seite die Kompetenz der Community zur Verfügung zu stellen. So wächst die Expertise der Community und die Mitglieder gewinnen durch einen neuen sozialen Kontakt und dessen eingebrachte Kompetenz. „Peripheral" bedeutet auch, dass das neue Mitglied zuerst „am Rand" der Community beginnt und langsam in die Rolle eines vollen Mitglieds hineinwächst. Grundkonzept ist, dass man ab dem Eintritt in die Peripherie partizipiert: „Participation is central to the evolution of a community. It is essential for the creation of the relationships that help to build the trust and identity that define a community."

Beispiel: Plattform Wissensmanagement
Jeder, der am Thema Wissensmanagement interessiert ist, kann sich kostenlos auf der Plattform registrieren (www.pwm.at) und so Mitglied werden. Je nach Interesse kann man eine Arbeitsgruppe gründen, Publikationen zur Verfügung stellen, Umfragen gestalten, Veranstaltungen organisieren oder einfach als passives Mitglied teilnehmen. Ziel der Plattform ist, das Thema Wissensmanagement zu fördern, Interessierten einen Überblick zu bieten und Impulse zu setzen.

Das Konzept der CoP wurde ursprünglich als Form sozialer Kooperation gesehen und wurde im Laufe der Etablierung in Richtung Organisationsentwicklung ausgebaut. Besonders durch die Erfahrung in Unternehmen, dass informeller Wissensaustausch einen wichtigen Bestandteil trotz formeller Kommunikationskanäle darstellt, werden formelle und informelle Gruppen gefördert (z.B. Qualitätszirkel).

2. Historische Betrachtung

Communities oder „Gemeinschaften" sind keine Erfindung der Gegenwart. Der Erfahrungsaustausch in der Steinzeit war nur durch gemeinsames Lernen möglich. Beim Feuer wurden Erzählungen und Erfahrungen über Material (Steine, Holz, Knochen) und Jagdstrategien ausgetauscht oder darüber, welche Wurzeln genießbar sind.

Im antiken Rom gab es „Gesellschaften" der Metallbearbeiter, Töpfer, Maurer, Fischer und anderen Handwerker, die so eine soziale Schicht mit eigenen Regeln und Bräuchen schufen (Feiertage, Götter, etc.) und auch inhaltlichen Austausch pflegten (Innovationen, Erfahrungen). Dazu ermöglichten solche Strukturen eine einheitliche Ausbildung bei Lehrlingen.

Im Mittelalter erfüllten Gilden denselben Zweck, wenn auch mit oft sehr strengen Regelungen. So durfte ein Meister seine Stadt nicht verlassen, da er sein Wissen mitnehmen könnte. Erfahrungsaustausch zwischen den Städten passierte daher nur durch wandernde Gesellen, die Erfahrungen bei der Anwendung mitnahmen, auch wenn oft die letzten Kenntnisse des Meisters ein wohl behütetes Geheimnis blieben.

Die industrielle Revolution zerstörte viele dieser alten Strukturen und schuf auf der anderen Seite wieder neue. Heute sind Communities auch in Industrieansammlungen erkennbar – Silicon Valley (Chips), Detroit (Autos), High-tech-Unternehmen nahe bei Universitäten. Gemeinsam pflegen diese den inhaltlichen Austausch, der so weit geht, dass sich Ingenieure im Silicon Valley über Unternehmensgrenzen hinweg gegenseitig helfen.

Beispiel: Virtuelle Community – Linux
Ein Zeichen virtueller Communities ist die technische Unterstützung mittels Internet und Computer. Als eines der bekanntesten Beispiele gilt die Linux-Gemeinde. Hier entwickeln mehrere tausend Programmierer das Betriebssystem gemeinsam weiter. Der Quellcode ist daher für jedermann frei zugänglich. Verbesserungsideen werden in der Community diskutiert und wenn sinnvoll umgesetzt. Auch wenn sich die meisten Programmierer nicht persönlich kennen, arbeiten sie weltweit verteilt zusammen. Jeder ist auf jeden angewiesen und so entwickelt sich Linux zu einem stabilen Standard, dessen Fehler schneller korrigiert werden als bei den meisten anderen kommerziellen Software-Produkten.

3. Kriterien für Communities

Um die Vorstellung von CoPs zu schärfen, definierte Wenger Kriterien, mit denen eine CoP als solche „identifizierbar" wird.

Dimensionen einer CoP:

- Inhalt (what it is about): Ein gemeinsames Vorhaben, das von allen Mitgliedern gleich verstanden und ständig neu angepasst wird.
- Ablauf (how it functions): Die Beziehung der Mitglieder besteht aus einer gegenseitigen Verbindlichkeit, die so ein eigenes soziales Gebilde entwickelt.
- Geschaffene Ressourcen (what capabilities it has produced): Welches Repertoire an Werkzeugen wurde durch die Mitglieder geschaffen: Vorgehensweisen, Werkzeuge, Artefakte, Vokabular, Stile, Normen?

Wichtig zur Unterscheidung ist der Umstand, dass es sich dabei um den Austausch von Praxiswissen handelt, nicht um Beschränkungen auf Faktenwissen.

3.1. Unterscheidung zwischen CoP und anderen Strukturen

Nicht jede soziale Struktur ist eine Community. Dies sollte den Verantwortlichen immer bewusst sein, wenn in Organisationen soziale Strukturen eingeführt werden, zu welchem Zweck auch immer. Jede Form hat ihre eigenen Vor- und Nachteile und sollte daher zweckdienlich ausgewählt und implementiert werden.

	Ziel	**Mitglieder**	**Grenzen**	**Grund des Zusammenhalts**	**Dauer**
CoP	Wissen generieren, ausbauen, austauschen und individuelle Fähigkeiten entwickeln	Selbstbestimmung basierend auf Expertise oder Leidenschaft für ein Thema	Unscharf	Leidenschaft, Verbindlichkeit und Identifikation mit der Gruppe	Organische Entwicklung und Ende (solange Interesse besteht und man gemeinsam lernen möchte)
Abteilung	Produkt- oder Dienstleistung	Jeder, der dem Gruppenleiter unterstellt ist	Genau	Arbeitsanforderung und gemeinsame Ziele	Permanent (bis zu einer Reorganisation)
Arbeitsgruppen	Arbeiten oder Prozesse überwachen	Durch Management zugeordnet	Genau	Gemeinsame Verantwortlichkeit für die Aufgabe	Laufend – solange die Aufgabe benötigt wird
Projektteam	Ausführung einer speziellen Aufgabe	Mitglieder mit einer definierten Rolle, um die Aufgabe zu erfüllen	Genau	Projektziele und Meilensteine	Definiertes Ende (durch Projekt)
Communities of Interest	Informiert bleiben	Alle interessierten	Unscharf	Gleicher Informationszugang und ähnliche Informationsbedürfnisse	Dynamisch
Informelle Netzwerke	Informationen erhalten und weitergeben, zu wissen, „who is who“	Freunde und (berufliche) Kontakte	Undefiniert	Gemeinsame Bedürfnisse und Beziehungen	Kein Start und kein Ende – „keep in touch“ und gegenseitiges Wiedererkennen

Tabelle 1: Unterscheidung CoP und andere Strukturen

Damit wird der Unterschied zu Arbeitsgruppen, Teams oder Abteilungen deutlicher. CoP sind selbstgesteuert, selbstdefinierend und selbstorganisierend. Ein definierter Zielbezug bzw. Auftrag ist schwer(er) möglich, genau wie die Forderung nach einem definierten Ergebnis. Arbeitsgruppen und Teams haben klare Prozesse, Funktionen und meist vordefinierte Rollen.

Zentraler Punkt aller Communities ist der Austausch von Ideen, Einsichten, Erkenntnissen und gemeinsames Lernen. Durch diese offene Einstellung ist auch gegenseitige Hilfe oder Unterstützung leichter als außerhalb. Die Mitglieder einer Community haben ein (unbewusstes) Netzwerk sozialer Beziehungen, die als Summe eine eigenständige Identität (die Community) prägt, die nicht von außen vorgegeben wird und deren Grenzen fließend sind.

Eine solche Community of Practice kann eine Gruppe von Arbeitskollegen sein, die sich regelmäßig zum Austausch trifft (z.B. Stammtisch) und dabei über Job und Probleme diskutiert, oder eine Künstlergruppe, die sich in Cafés trifft, um über Sozialthemen und Techniken zu reden. Diese Gruppe und der dort stattfindende Austausch müssen für alle Teilnehmer einen Wert an sich darstellen, da sie freiwillig teilnehmen. Dies kann ein reeller Vorteil im täglichen Leben oder eine intellektuelle Herausforderung sein, je nach Motiv der Person, die daran teilnimmt. Ergebnisse sind nicht unbedingt primäres Ziel, können jedoch auch durch die Gruppe erarbeitet werden und fließen als Dokument, Technik, Methode oder Instrument aus diesen Treffen.

„However they accumulate knowledge, they become informally bound by the value that they find in learning together." (Wenger, McDermott, Snyder, 2002)

3.2. Status von Communities in Unternehmen

In vielen Unternehmen wird der Gedanke an selbstbestimmende Mitarbeiter, die sich noch dazu „unkoordiniert" weiterbilden leider sehr skeptisch bis ablehnend gesehen. Der Wunsch, zentralistisch die Konzepte, Ausbildungen und damit die Kompetenzen der Mitarbeiter am Plantisch zu bestimmen, wächst mit der Größe des Unternehmens. In kleineren Unternehmen ist das Bewusstsein für eine strategische Aus- und Weiterbildung der Mitarbeiter sehr gering. Aktuelle Untersuchungen ergaben, dass nur ca. 1/3 der Unternehmen überhaupt Weiterbildungen operativ und strategisch planen.

So bilden sich (motivierte) Mitarbeiter sehr oft durch praxisnahen Austausch weiter, der durch ähnliche Unternehmen in der Region unterstützt wird. (Sehr gute Beispiele sind dazu in Oberösterreich das Kremstal bei Kirchdorf, wo sich sehr viele Unternehmen im Bereich Formenbau und Metallverarbeitung angesiedelt haben, sowie die Region um Kremsmünster, wo viele Spritzgussunternehmen ihren Sitz haben.) Die Mitarbeiter kennen sich über die Unternehmensgrenzen hinweg. Sie wohnen meist in der Region, damit findet auch ein Austausch außerhalb der Unternehmen leicht statt. Häufig arbeiteten die Fachkräfte auch schon in anderen Unternehmen aus der Region, wodurch sie den Betrieb noch besser kennen. Durch diesen kollektiven Austausch und die regionale Bündelung von Experten profitieren alle Unternehmen, und auch die wissenschaftlichen Institute suchen den praxisbezogenen Austausch, um Feedback aus der Industrie zu bekommen (z.B. RWTH-Achen, TU-Wien, Fraunhofer Institut). Diese Community of Practice hat keinen offiziellen Status, aber sie existiert doch sehr greifbar.

Nachfolgende Übersicht gibt eine Aufstellung über den Status, den eine Community aus der Sicht von Unternehmen einnehmen kann, unabhängig davon, ob sie innerhalb oder außerhalb einer Organisation existiert.

Status	Definition	Herausforderungen/ Problemstellungen
Unbekannt	Die Community ist unsichtbar für die Organisation und teilweise auch für ihre Teilnehmer	Erkennen eines Werts für die Mitglieder, da nicht abzuschätzen ist, ob alle relevanten Personen teilnehmen
„Geheim" oder „versteckt"	Nur diejenigen, die von der Community wissen, können teilnehmen	Ressourcenbeschaffung, Einflussnahme, Geheimhaltung, Legitimation
Legitimiert	Die Community ist offiziell und als wertvolle Einheit anerkannt	Bekanntheitsgrad, schnelles Wachstum, wechselnde Anforderungen und Erwartungen
Unterstützt	Die Community bekommt direkte Unterstützung durch die Organisation in Form von Ressourcen	Prüfbarkeit von sinnvollem Ressourceneinsatz, Aufwand, Zeit, kurzzeitiger Erfolgsdruck
Institutionalisiert	Die Community hat einen offiziellen Status und eine Funktion in der Organisation	Fixe Aufgabenstellung, starre Verwaltung, „am Leben erhalten" – auch wenn nicht mehr sinnvoll

Tabelle 2: Status von Communities of Practice

Wie eine Community of Practice sich von selbst bildet und schließlich in eine institutionalisierte Form übergeht, zeigt das folgende Beispiel:

Beispiel: Chrysler – Tech-Clubs
Durch enormen Wettbewerbsdruck erkannte Chrysler 1988, dass seine Konkurrenten (speziell aus Japan) zur Entwicklung eines neuen Autos ca. drei Jahre benötigten und sie selbst 60 Monate! Die alte Struktur aus Design, Engineering, Produktion und Vertrieb wurde wegen der langen Kommunikations- und Wiederholungswege auf Plattform-Organisation umstrukturiert, denen die Techniker zugeordnet wurden (z.B. Großfahrzeuge, Kleinwagen, Jeep, Minivan, LKW). Die Techniker spezialisierten sich nun auf ihren Bereich innerhalb der Plattform und berichteten den jeweiligen Supervisoren ihres Bereichs. Die Reform hatte Erfolg und durch die Spezialisierung wur-

de die Zeit von 60 auf 30 Monate reduziert, jedoch stiegen die Kosten enorm an, da jeder Bereich für sich Teile entwickelte und damit doppelte Arbeit, komplexere Bestellungen etc. anfielen. Als dies erkannt wurde, begannen die Mitarbeiter sich zuerst informell über spezifische Themen auszutauschen und abzustimmen. Als man erkannt, dass man voneinander lernte, wurde in einer zweiten Phase versucht, die Lernprozesse organisiert weiterzutragen. So wurden alle Ingenieure eines bestimmten Bereichs zu Lerntreffen eingeladen, dazu Vertreter des Einkaufs, der wissenschaftlichen Labors etc. Das Management erkannte das Potenzial und unterstützte diesen quer laufenden Austausch, behielt jedoch das Reporting innerhalb der Plattformen. So wurden zwar formell definiert, aber weiterhin informellen Charakters die „Tech-Clubs" gegründet.

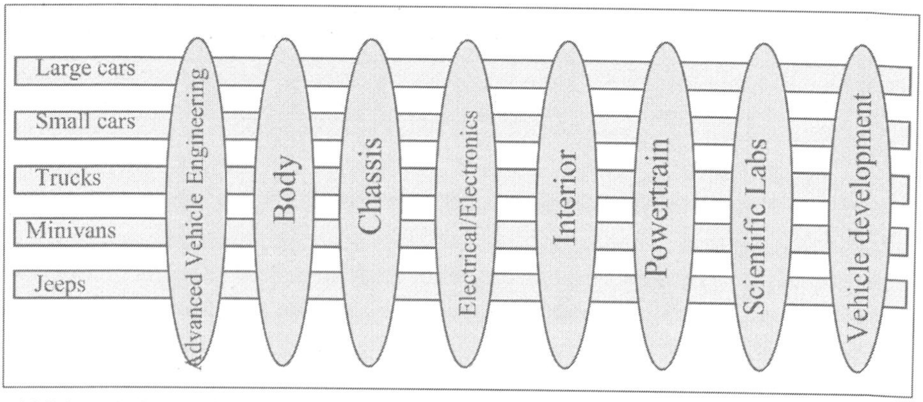

Abbildung 1: Cross-Plattform Tech-Clubs bei Chrysler

Über die Zeit zeigten die Tech-Clubs ihren Added Value und wurden integraler Teil der Entwicklung bei Chrysler. Die Tech-Clubs übernahmen mehr Verantwortung und überprüften Pläne für Produkte und Prozesse und dokumentierten ihre Erfahrungen in einer Datenbasis – dem „Engineering Book of Knowledge". Diese Datenbasis wurde Mitte der 90er Jahre ins Leben gerufen und enthält unter anderem Entwicklungsstandards, Lessons learned, Best Practices und Lieferantenspezifikationen. Neben den fest definierten Tech-Club-Themen können jederzeit bei Bedarf neue Themenfelder ins Leben gerufen werden, z.B. für Head-up-Displays in Fahrzeugen. Die aktuelle Herausforderung ist die Ausweitung dieser Aktivitäten.

Wie an diesem Beispiel ersichtlich ist, werden Communities of Practice nicht mit dem Wunsch gegründet, eine „CoP" zu gründen, sondern aus einem konkreten Anlassfall heraus. Wie auch Wissensmanagement nie als Selbstzweck durchgeführt wird, muss sich eine kritische Menge an Interessierten zusammenfinden und die Community zum Leben „erwecken". Je nach „Drive" und „Bedarf" lebt sie länger oder kürzer.

4. Unterscheidung Großunternehmen–KMU

Wie bei vielen Konzepten des Wissensmanagements oder organisationalen Lernens liegt der Fokus auch bei der Community-of-Practice-Literatur meist auf Großunternehmen (z.B. Shell, Siemens) oder großen Gemeinschaften. Die Umsetzung oder besser gesagt die Initiierung von Communities in mittleren Unternehmen ist schwieriger, da oft die kritische Masse an Teilnehmern fehlt. Dies kann an der mangelnden Bereitschaft der Geschäftsführung liegen, Freiräume zu schaffen, an fehlenden sozialen Kontakten unter den Mitarbeitern oder an einem enormen Zeitdruck durch Auslastung und andere Parameter, die extern bestimmt sind.

Angelehnt an die Idee der Tech-Clubs gibt es in einigen Maschinenbau-Unternehmen die Bestrebung, fachlichen Austausch zwischen den einzelnen Produktphasen und Themenschwerpunkten zu schaffen. Dieses Konstrukt ist ein „Mittelding" zwischen Arbeitsgruppe und Community of Practice, da der Austausch sehr zielorientiert und organisiert passiert, aber auch stark auf der freiwilligen Mitarbeit der Teilnehmer und deren Engagement aufbaut. So wurde in einem Unternehmen, das Blechbiegemaschinen produziert, dieser Weg eingeschlagen, indem es sowohl projektorientierte (horizontaler Austausch zwischen den hintereinanderliegenden Abteilungen) als auch technikorientierte Gruppen initiierte (vertikaler Austausch zu Fachthemen wie Elektronik oder Hydraulik). In diesen Gruppen wurden mögliche Ideen, aktuelle Probleme und Herausforderungen, die über den Rahmen von Qualitätszirkeln (sehr problemorientiert) hinausgehen, thematisiert.

In kleineren Unternehmen bilden sich Communities über die Unternehmensgrenzen hinweg und sorgen für fachlichen Austausch in der Region oder im Fachbereich – je nach Spezialisierung. Dies kann ein Stammtisch der Mechatronik genauso sein wie die eher formale Mitarbeit in einem Normengremium. Zu Grunde liegt auf jeden Fall ein gemeinsames Thema und das Interesse, daran weiterzuarbeiten.

Beispiel: Eli Lilly – Business Customer Communities

Eli Lilly ist ein weltweit agierender Pharmakonzern, der unter anderem auch sehr teure Spezialmedikamente für kritische Fälle produziert. Bis 2000 wurde der Hauptumsatz in Europa mit einem Herzmedikament gemacht, das jedoch ab 2001 unter zunehmenden Konkurrenzdruck kam. Die Mitbewerber erhöhten die Anzahl der Verkäufer und so wurde es immer schwieriger, notwendige Information zu den Kunden zu transportieren. Daher startete Lilly CCE, das europäische Tochterunternehmen, ein Projekt mit dem Titel „Customer Community". Damit sollten das Know-how und die Infrastruktur für Business Customer Communities (BCCs) geschaffen werden. BCCs sind Gruppen von Kunden (hier: Ärzte, Kassen, Institute, …), die gezielt von einem Unternehmen aktiviert werden, um einen Langzeit-Austausch zu spezifischen Themen durchführen zu können. Lilly CCE unterstützt diese Communities durch Technologie (Plattformen) und Organisation (Events, Workshops). BCCs werden vom Unternehmen strategisch genutzt, um Informationen zu verbreiten, Erfahrungen zu sammeln und auszutauschen. Damit sollen auch neue Kunden gewonnen werden. Zwischen 2002 und 2004 gründete Lilly CCE über 50 BCCs in Europa.

Wie im obigen Beispiel verdeutlicht, können Communities nicht nur einen gewissen Eigennutzen schaffen, sondern durchaus auch als strategisches Element in den Bereichen Kundeninformation, -austausch, -bindung und -einbindung eingesetzt werden.

5. Entwicklung von Communities

Wie entwickeln sich Communities – oder kann man sie gezielt „aufsetzen"? Viele Strukturen wachsen von sich aus, entwickeln eine gewisse kritische Größe und bilden eine eigene Community aus: Jugendgruppen, Hobby-Vereine, Foren. Andere werden gezielt initiiert und am Leben gehalten, um einen bestimmten Zweck zu erfüllen.

Communities durchlaufen wie alle Organisationsformen einen Lebenszyklus. Hier lassen sich fünf Stufen definieren (die jedoch nicht zwangsläufig jede Community betreffen):

- Potenzial
- Verschmelzung der Mitglieder
- Reifung
- Verwaltung
- Umsetzung

Hierbei wird auch ein Teil des „Dilemmas" von Communities sichtbar. CoP werden sehr häufig während der ersten Phasen beendet. Dies lässt sich teilweise mit einer Kontextverschiebung erklären. Speziell die Umsetzungsphase mündet oft in strukturierte Prozesse und Abläufe, wodurch die Mitglieder in bestimmte „Verhaltensbahnen" gezwungen werden. Dann besteht nur mehr bedingt genügend Freiraum für offene, nicht zielgerichtete, aber kreative Betätigungen (siehe dazu Abb. 2).

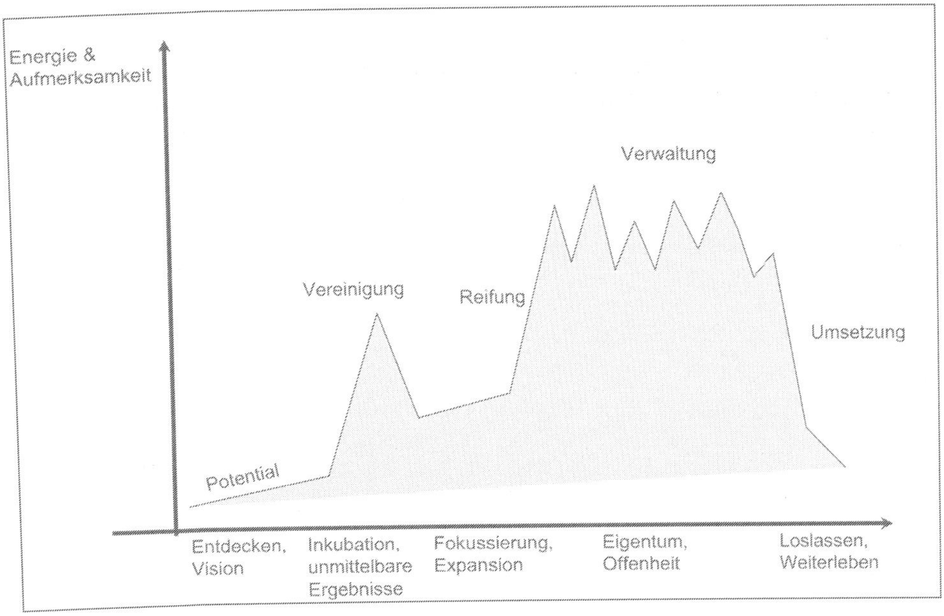

Abbildung 2: Stufen der Community-Entwicklung

5.1. Stufe 1: Potenzial

In der Regel finden sich in einer ersten Phase Experten eines Netzwerks zu einem Thema, das mehrere Personen interessiert, zusammen und arbeiten auf informeller Weise zusammen. Diese verstärken die Zusammenarbeit und suchen weitere Interessenten. Das ist das Potenzial des Netzwerks.

Zur „Gründung" einer CoP müssen folgende Punkte beachtet werden:

- Ein Kernthema, das den Rahmen definiert und das ein tiefes Bedürfnis bei den Mitgliedern darstellt, parallel zu interessanten und wichtigen Aufgaben der Organisation.
- Die Kerngemeinschaft muss gefunden werden, indem die bereits existierenden Netzwerke integriert werden.
- Das Kernwissen der Gemeinschaft muss als praktischer Wert, von dem alle Mitglieder profitieren, identifiziert werden.

5.2. Stufe 2: Vereinigung bzw. Verschmelzung der Mitglieder

Nach der ersten Ausrichtung und der inoffiziellen Orientierung hinsichtlich Thema und Vision wird in diesem Schritt die Community „offiziell". Kickoff-Events werden organisiert, technische Unterstützung wird eingerichtet und die Strukturen werden ausgebildet. Wichtig sind Treffen, um die Beziehungen unter den Mitgliedern zu stärken und einen Austausch zu initiieren.

Hauptaufgaben dieser Phase:

- *Thematisch:* Kultur des Wissensaustausches fördern.
- *Gemeinschaft:* Schaffen von Beziehungen, Vertrauen und Offenheit.
- *Praktische Orientierung:* Identifikation des Wissens, das ausgetauscht werden soll, und Klärung, auf welche Art dies erfolgen muss.

5.3. Stufe 3: Reifung

Nach der ersten Orientierung, der Gründung und Themenfindung findet in der nun folgenden Entwicklungsphase die „Professionalisierung" und das eigentliche „Wachstum" statt. Zuerst von einigen wenigen Interessierten gegründet und kaum wahrgenommen, wird die Community nun präsent und liefert die ersten praktischen Ergebnisse, die über einzelne Hinweise hinausgehen. Die Community wird „greifbarer" und definiert auch Grenzen (thematisch und organisatorisch), wodurch es für Außenstehende möglich wird, sie „einzuordnen".

Hauptaufgaben dieser Phase:

- *Thematisch:* Abgrenzung der Themenstellung.
- *Gemeinschaft:* Managen der Grenzen zu anderen Bereichen, um das Wachstum zu kontrollieren und nicht ausufern zu lassen.
- *Praktische Auswirkung:* Wechsel von Ideen- und Tipp-Austausch zu einer organisatorischen Wissensbasis (Community Knowledge), die wertvoll für die Mitglieder ist. Kernmitglieder müssen Wissenslücken identifizieren und zu schließen versuchen, was wiederum die Kernfunktion der Community stärkt.

5.4. Stufe 4: Verwaltung

Eine Community, die den Reifungsprozess hinter sich gebracht hat, muss nun am Leben gehalten werden, und dies erfordert kontinuierliche Themenüberwachung und Motivation der Mitglieder. Über die Lebensdauer einer Community werden die Themen verändert (technologisch, organisatorisch, kulturell), und dies muss thematisch sowie „emotional" berücksichtigt werden. Weiters ist zu beachten, dass die Mitglieder nicht immer gleicht stark involviert sind, was Schwankungen in der Aktivität und auch Attraktivität der CoP verursacht. Hier sind die „Verwalter" der Community gefordert. Durch geeignete Maßnahmen wie Veranstaltungen, Bewerbe, Informationskampagnen erhält eine Community in der Regel immer wieder neue Energie.

Beispiel: Gruppenforum einer Rot-Kreuz-Gruppe
Eine Dienstgruppe des Roten Kreuzes nutzt ein Online-Forum zum regelmäßigen Austausch unter den Mitgliedern. Dies ist notwendig, da viele Mitglieder (15 von 43) studieren und nicht so oft präsent sein können. Durch die stärkere Informationsverteilung und Intensivierung der Diskussion innerhalb der Gruppe können nun die seltener anwesenden Mitglieder der Gruppe am Gruppengeschehen intensiver teilnehmen. Dies funktioniert jedoch nur, so-

lange Gesprächsinhalte und Information vorhanden sind. Wenn längere Pausen in der Diskussion eintreten, sinkt die Bereitschaft der physisch weiter entfernten Mitglieder, am Gruppengeschehen teilzunehmen, und verringert so auch die emotionale Bindung, die jedoch besonders im Freiwilligen-Segment des Rettungsdienstes sehr wichtig ist. Durch regelmäßige Aktivitäten wie Stammtisch und Ausflüge wird jedoch die emotionale Bindung angeregt und es ist im Speziellen vor und nach solchen Events ein vermehrter Input durch alle Gruppenmitglieder zu beobachten.

Dieses Beispiel soll zeigen, dass freiwillige Teilnahme zwar sehr hoch einzuschätzen ist, jedoch bedarf es regelmäßiger gezielter Maßnahmen.

Hauptaufgaben in dieser Phase:

- *Thematisch:* Anpassen der thematischen Inhalte und Präsentation nach außen hin.
- *Gemeinschaft:* Aufrechterhalten der notwendigen Energie.
- *Praktische Auswirkung:* Steuerung der Community, damit sie thematisch für die Organisation relevant bleibt.

Wie lange Communities in dieser Entwicklungsphase verharren, ist im Vorfeld nicht eindeutig, da Communities und deren Akteure unterschiedliche Gründe und heterogene Ziele verfolgen. Entweder existiert ein dezidierter organisatorischer Auftrag oder eine emotionale Bindung der Mitglieder zu einem Thema, die kontinuierlich vorhanden sind, jedoch sollte eine Community nie als reiner „Selbstläufer" betrachtet werden.

5.5. Stufe 5: Umsetzung/Veränderung

Wenn die Mitglieder das Interesse verlieren, die Themenstellungen zu weit werden oder organisatorische Rahmenbedingungen sich ändern, kann das Ende einer Community nahen.

Gründe hierfür können sein:

- *Auslaufen:* Mitglieder verlieren das Interesse, Themenstellung verändert sich zu stark.
- *Isolation:* Es werden keine neuen Mitglieder mehr aufgenommen, da sich die Kerngruppe zu stark auf sich selbst konzentriert.
- *Aufteilung:* Thematische Änderungen können eine Community spalten oder mit einer anderen verschmelzen.
- *Institutionalisierung:* Wenn der Ressourcenverbrauch so hoch wird, dass die Organisation beschließt, eine eigene Organisationseinheit zu gründen.

Wie bereits oben erwähnt, ist die freiwillige Mitarbeit Kernpunkt einer Community of Practice, da nur so der offene und vertrauensvolle Austausch passiert. Wenn sich Rahmenbedingungen ändern, wird auch die Teilnahme uninteressant und damit sinkt die Qualität der Community. Kernwissen geht verloren. Daher ist es wichtig zu erkennen, dass das Ende einer Community auch positive Aspekte aufweist.

6. Zehn kritische Erfolgsfaktoren für Communities of Practice

Management-Herausforderungen
1. Fokussierung auf Theme, die für Wirtschaft, Organisation und Mitglieder wichtig sind
2. Finden eines allseits anerkannten Community-Mitglieds als Koordinator
3. Sicherstellung, dass die Mitglieder Zeit haben, und Motivieren zu Teilnahme
4. Aufbauen auf den vorhandenen Werten der Organisation

Community-Herausforderungen
5. Einbindung von Vordenkern und Meinungsbildnern
6. Aufbau von persönlichen Beziehungen zwischen den Mitgliedern
7. Entwicklung einer aktiven und leidenschaftlichen Kerngruppe
8. Bereitstellung von Foren zum gedanklichen Austausch sowie Informations-Tools

Technische Herausforderungen
9. Einfacher Zugang zur Community, deren Wissen, Erfahrung und Werkzeugen

Persönliche Herausforderungen
10. Unterstützung von Dialogen über innovative Themen

7. Nutzen von CoP

Die „Gründe" der Teilnahme an einer CoP sind vielfältig und reichen von persönlicher Darstellung, altruistischer Wissensbereitstellung bis zu zielgerichteter Nutzung des Wissenspotenzials einer Organisation. Jeder Teilnehmer bzw. jede unterstützende Organisation sieht jedoch Nutzen für sich, um Teilnahme und Energie (Zeit, Ressourcen, Emotion) zu rechtfertigen. Wie schon einige Beispiele zeigen, sind Nutzen und Ergebnisse von CoPs oft sehr schwer „messbar", da sie anderen Kriterien wie Optimierung von Abläufen, Qualitätsverbesserung oder Kundenbindung folgen.

Folgende Nutzensaspekte werden durch CoPs gefördert:
- Teilung von Wissen über ähnliche Problemstellungen und gemeinschaftliche Lösungsstrategien (Informationstransfer, unbürokratische Hilfe)
  - Verbreitung von erfolgreichen Lösungen innerhalb der Organisation
- Wissenstransparenz zu einem Thema
  - Gemeinschaftlicher Wissensaufbau (Wissensentwicklung)
- Synergien durch Erfahrungsaustausch und damit schnelleres Lernen auf hohem Niveau
- Förderung von Kreativität und Gemeinschaft

- Schaffung von Rahmenbedingungen für bessere Kooperation
- Bindung von Mitarbeitern durch Integration
- Zusammenführung von Mitarbeitern über Hierarchie- und Organisationsgrenzen hinweg

- Förderung von Innovationen.

7.1. Teilen von Wissen und gemeinsame Problemlösung

Wie in den Beispielen von Xerox und Chrysler aufgezeigt, profitieren die Mitglieder abteilungsübergreifender Communities von unterschiedlichen Denkweisen (technisch, wirtschaftlich, juristisch, ...), Lösungsstrategien und Erfahrungen in der Art, dass sie schneller Lösungen für Problemstellungen erhalten (evtl. durch bereits einmal gelöste Situationen in anderen Bereichen) und Meinungen/Ideen durch Feedback anderer Mitglieder absichern können. Diese Hilfe ist auf Grund der persönlichen Struktur von Netzwerken meist direkt und sehr unbürokratisch, ad hoc und damit effektiv und effizient. Neue Mitarbeiter profitieren dabei von „alten Hasen" et vice versa, da ein offener Austausch auch die Akzeptanz von neuen Inputs zu bestehenden Themen ermöglicht. Um dies zu schaffen, ist es notwendig, genau diesen Kontakt zwischen Wissenden und Unerfahrenen zunächst zu ermöglichen und dann zu fördern, z.B. durch einen Mentor, der einen neuen Mitarbeiter in die Community einführt und ihm die internen Regeln und Strukturen erklärt.

7.2. Wissenstransparenz

Im Austausch mit Experten ist es möglich, diffus definierte Wissensbedürfnisse zu schärfen und so Erfahrungen und Erkenntnissen zu generieren, die in einer Datenbank nie abgebildet werden könnten. Innovationen sind oft in der ersten Phase sehr unkonkret und schwer einzuordnen. Durch die Community ist jedoch ein Pool von Ansprechpartnern bekannt, die Expertise zu unterschiedlichsten Themenstellungen besitzen, unabhängig davon, welcher Fachabteilung sie zugeordnet sind. Durch diese „Querverbindung" ist es möglich, Experten zu identifizieren, die aufgrund der organisatorischen Zuordnung nie gefunden worden wären. Durch Weitervermittlung in der Community können auch unkonkrete Fragestellungen geschärft werden, und zwar speziell dann, wenn eine klare Formulierung des Wissensbedarfes für den Wissensuchenden nicht möglich war, und somit Konstruktionen wie „Yellow Pages (Wer weiß was)" nicht zielführend sind. Es ist notwendig, Möglichkeiten zu schaffen, die Kommunikation zwischen Wissensträgern und -nachfragern zu fördern. Damit soll Wissen lokal verfügbar gemacht werden, sollen Problemlösungen an spezifische Bedürfnisse angepasst sowie fehlendes Wissen beschafft, vernetzt und kombiniert werden.

7.3. Synergien und Lernen

Durch den Austausch von Wissen treten in der Regel zusätzliche Synergieeffekte zu Tage, die Community bietet daher meist den „Ort" für speziellen organisatorischen Mehrwert. Dies geschieht dann in besonderer Weise, wenn die Community Mitglieder vereint, die ansonsten wenig oder gar nicht kooperieren und so nie den gedanklichen Austausch pflegen könnten.

Das organisationale Wissen steigt dadurch ebenso wie die Qualifikation jedes Mitglieds der Community. In der Regel fördert die Community of Practice das Lernen der Mitarbeiter. Freiwillige Mitarbeit durch Interesse am Thema und hohe Motivation sind die Voraussetzungen für die Aufnahme von neuer Information und deren Vernetzung in den eigenen Erfahrungskontext. Hier liegt auch der Ursprung der CoP: im aufgabennahen Wissenstransfer sowie im Lernen von anderen Praxis-Experten.

7.4. Förderung von Kreativität und Gemeinschaft

Offene Kommunikation mit Gleichgesinnten fördert Kreativität und ein Zugehörigkeitsgefühl. Die Mitglieder der Community erleben die positive Stimmung, eigene Erfahrungen an andere weiterzugeben, und zwar in der Form, dass dieses Erfahrungswissen auch tatsächlich Nutzen für andere stiftet. „*Das freiwillige Zusammenkommen und Bearbeiten eines Themas, sei es in Arbeitsgruppen im Unternehmen, über Organisationsgrenzen hinweg, in Vereinen, Berufsverbänden, Veranstaltungen zur Führungskräfteentwicklung oder in Internet Communities zeigt, dass Personen an Zusammenarbeit interessiert sind, ohne dass dies direkte finanzielle Auswirkungen haben muss.*“ (Probst, Romhardt, North)

7.5. Förderung von Innovation

Durch die Integration von Kunden, Anwendern, Produktion und Entwicklung ist es möglich, kontinuierliche Erfahrungen zu sammeln, Visionen abzugleichen und dadurch Innovationen zu generieren. Produktverbesserungen oder radikale Neuerungen können in Communities diskutiert und noch vor der Produktion auf Mängel oder spezielle Anforderungen hin überprüft werden. Hier wird vor allem auf Kreativität, Neugierde und Erfahrung der Mitglieder aufgebaut. Alleine die Mitgliedschaft in einer solchen Runde ist oft Anreiz genug, sich einzubringen, da sie emotionalen Status und Ansehen mit sich bringen kann.

8. Tools für CoP

Communities werden heute durchwegs mit elektronischen Tools unterstützt, die mittlerweile auch unter dem Web 2.0 als Internetstandard-Tools verwendet werden. Folgende Instrumente finden in der täglichen Community-Arbeit am häufigsten Verwendung:

- Gemeinsame Informationsablage, Suche, Verwaltung
  - Dokumentenmanagement (DMS), Content Management (CMS)
  - Portale
  - CSCW (Computer Supported Collaborative Work)

- Gemeinsame Kommunikation (inkl. Nachvollziehbarkeit)
  - Skype, ICQ, Messenger, …
  - Diskussionsforen
- Gemeinsame Bearbeitung von Dokumenten
  - CSCW
  - Application Sharing
  - E-Conferencing
- Gemeinsame Internetaktivitäten (Web2.0)
  - Video-Sharing, Foto-Sharing, …
  - Del.icio.us (Social Bookmarking)
  - Blogs

Da eine ausführliche Behandlung der Tools den Rahmen dieses Kapitels sprengen würde, soll hier nur eine grobe Übersicht angeführt werden. Beim Einsatz ist jedoch auf Folgendes zu achten:

- Verfügbarkeit – Erreichbarkeit: alle Mitglieder müssen leicht Zugriff haben
- Einfachheit: keine komplexen Tools – sie müssen selbsterklärend ohne Hilfe funktionieren
- Sicherheit: es dürfen nur Gruppenmitglieder Zugriff haben, sonst geht das Vertrauen in dieses System verloren
- Nicht zu viel: es reicht, ein System zu Beginn einzuführen und zu nutzen; Vertrauen und Kommunikation funktionieren immer am besten, nachdem persönlicher Kontakt hergestellt wurde.

9. Community of Practice – Beispiel: Maschinenbauunternehmen

Bereich: Produktionsübergabe

In einem mittelgroßen Unternehmen der Metallbranche ist ein Schnittstellenproblem zwischen zwei Abteilungen aufgetreten, das im Wesentlichen zu einem mangelhaften Informations- und Wissensaustausch bzw. mangelhafter oder nicht zielorientierte Kommunikation führt. Diese Situation „produziert“ auch negative Einflüsse hinsichtlich Qualität und Produktivität in den Abteilungen „Fertigung“, „Montage“, „Vertrieb“, „Einkauf/Beschaffung“ und „Service“.

Tätigkeitsbereich:	Entwicklung, Konstruktion und Fertigung von Fertigungsmaschinen für die Blechbearbeitung entsprechend einem strategischen Programm, das vom Mutterkonzern vorgegeben wird.
Hauptkunden:	Blechverarbeitende Betriebe aller Größen, weltweit.
Mitarbeiterzahl:	220 Mitarbeiter am Standort.

9.1. Hintergrund der Problemstellung

Im Zuge einer Restrukturierung des Unternehmens wurde die Abteilung für „Entwicklung und Auftragsbearbeitung" in zwei Abteilungen aufgesplittet. Ziel der Aufteilung war eine Effizienzsteigerung in der Auftragsbearbeitung sowie eine kürzere Entwicklungszeit von neuen Maschinen (geplante Reduktion um 25 % von durchschnittlich 2 Jahren auf 1,5 Jahre).

Die Abteilung „Entwicklung" war mit den Aufgaben der Erarbeitung von Maschinenkonzepten, neuen Steuerungen, etc. betraut. Der Aufgabenumfang reicht von der Idee bis zur Sicherstellung der Serienreife (ca. 10 MA).

Die Abteilung „Konstruktion" wurde mit den Aufgaben der Auftragsabwicklung betraut (ca. 25 MA). Das bedeutet, diese Mitarbeiter adaptieren das „Basismodell" einer Maschine entsprechend der Kundenanfragen.

Da für die Auftragsbearbeitung jedoch umfangreiche Kenntnisse der Entwicklungsergebnisse (des Basismodells) notwendig sind, diese aber den Mitarbeitern der „Konstruktion" nicht mehr in ausreichender Form vertraut sind (sie sind in den Entwicklungsprozess nicht mehr eingebunden), kommt es im Arbeitsalltag zunehmend zu Schwierigkeiten wie Lieferverzögerungen, Qualitätsengpässen, Fehlern in der Fertigung und Montage, etc.

Es war bald klar, dass eine „reine" Übergabe von Entwicklungsergebnissen in Form von Dokumenten, Zeichnungen und Konzeptpapieren bei weitem nicht ausreicht, um genug Wissen über eine neue Maschine zu vermitteln.

9.2. Aufgabenstellung – Übergabekonzept zwischen den Abteilungen

Welchen Ansprüchen muss eine effiziente und effektive Lösung des Problems genügen?

- Sie muss ressourcenschonend sein
- eine vorhandene IT-Lösung für Projektmanagement soll integriert werden
- alle Abteilungen müssen berücksichtigt werden, da auch für Vertriebe, Einkauf, Service, etc. die Entwicklungserkenntnisse wichtig sind
- die Abwicklung von Entwicklungsprojekten folgt einem konzernweit einheitlichen Entwicklungsprozess – dem ist zu folgen.

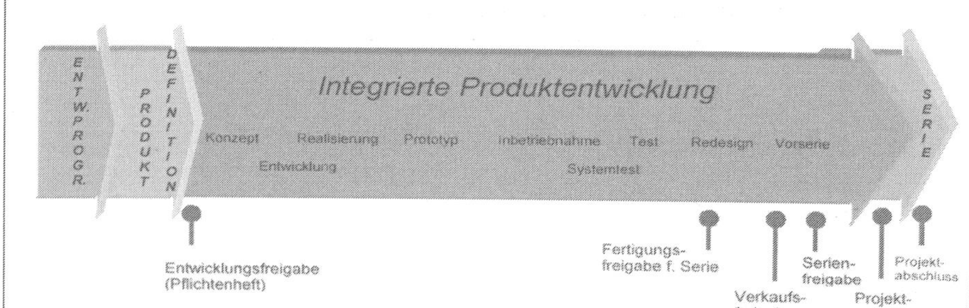

Abbildung 3: Entwicklungsprozess (vorgegeben)

IST-Situation der „Entwicklung“

Die Situation der Mitarbeiter der Entwicklungsabteilung stellt sich wie folgt dar:

- Mitarbeiter fühlen sich zum Teil „im Stich gelassen“, weil sie für Schwierigkeiten verantwortlich gemacht werden
- Mitarbeiter wünschen sich Input von anderen Abteilungen
- Mitarbeiter sind überlastet
- Mitarbeiter klagen über mangelndes Feedback von anderen Abteilungen
- Fehlende Maßnahmen und fehlende Planung zur Übergabe von Projektergebnissen wird beklagt
- Übergabe in Form von Dokumenten und Zeichnungen wird als nicht möglich erachtet
- Der Einsatz eines PM-Tools wird als sinnvoll erachtet.

IST-Situation der „Konstruktion“

Die Situation der Mitarbeiter in der Konstruktionsabteilung ist geprägt von einer generellen Missstimmung durch den „Ausschluss“ von der Entwicklungsarbeit.

- Mitarbeiter sind durch das Tagesgeschäft überlastet und mit der zusätzlichen Auseinandersetzung mit der „neuen“ Maschine überfordert
- Mitarbeiter fühlen sich schlecht informiert
- Mitarbeiter können sich nicht einbringen, obwohl viele durch ihre Erfahrung Beiträge leisten könnten
- Abteilungsauslastung wird mit mind. 100 % beurteilt
- Übergabe von Entwicklungsergebnissen erfolgt aus Sicht der Konstruktion nicht strukturiert und nicht geplant
- Der Einsatz eines PM-Tools wird als sinnvoll erachtet.

Es wird nun das entwickelte Vorgehensmodell im Detail vorgestellt und die Aktivitäten, die in den einzelnen Phasen des Modells durchzuführen waren, werden erklärt.

9.3. Überblick über das Vorgehensmodell

Um das Problem der Projekt- bzw. Ergebnisübergabe zu lösen, wurde ein Vorgehensmodell entwickelt, das sich an der „integrierten Produktentwicklung“ orientiert.

Die „integrierte Produktentwicklung“ folgt einem definierten Prozess zur Entwicklung neuer Produkte, der das strategische Entwicklungsprogramm als Ausgangspunkt hat. Basierend auf diesem Programm wird ein Produkt oder eine Produktreihe definiert, das/die im Anschluss von der Abteilung Entwicklung im Detail ausgearbeitet wird und von der Abteilung Konstruktion ab der „Fertigungsfreigabe“ (siehe Abbildung) betreut wird.

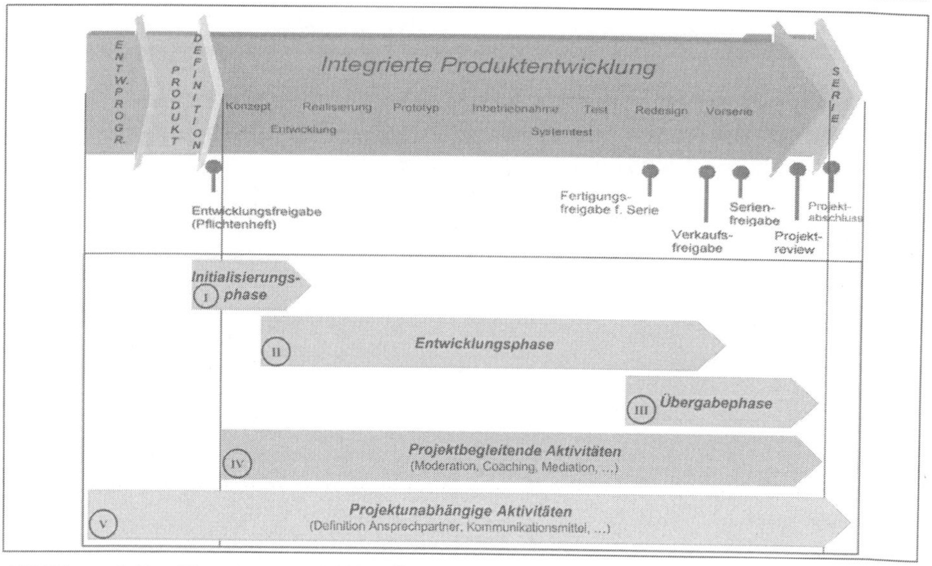

Abbildung 4: Das Vorgehensmodell im Überblick

Wie Abbildung 4 zeigt, gibt es im Vorgehensmodell fünf Hauptphasen, die sich wiederum aus verschiedenen Teilphasen zusammensetzen und sich auch teilweise überlappen. Diese Überlappung ist notwendig, da in nachfolgenden Phasen bereits vorbereitenden Aktivitäten durchzuführen sind, noch bevor die laufende Phase vollständig abgeschlossen ist. Die Phasen I, II und III konzentrieren sich auf den Prozess der Produktentwicklung und die damit verbundene, gewünschte Interaktion zwischen den beteiligten Abteilungen (damit sind Abteilungen wie Montage und Fertigung gemeint). Die Phase IV begleitet das gesamte Entwicklungsprojekt und beinhaltet Aktivitäten und Maßnahmen, die zur Unterstützung der Aktivitäten in den Phasen I, II und III eingesetzt werden können. Da sich im Zuge der Projektabwicklung zeigte, dass es bei TAT Verbesserungspotenzial unabhängig von der Schnittstelle Entwicklung–Konstruktion gibt, werden in Phase V verschiedene Aktivitäten und Maßnahmen beschrieben, die zur Verbesserung der Transparenz und Kommunikation im Gesamtunternehmen beitragen.

In den folgenden Kapiteln werden die Phasen des Vorgehensmodells im Detail beschrieben und die inkludierten Maßnahmen erklärt.

9.4. Das Vorgehensmodell im Detail

Abbildung 5 zeigt die Phasen des Vorgehensmodells im Detail. Es wird verdeutlicht, dass es nach der Initialisierungsphase und der Entwicklungsphase Workshops gibt, die von entscheidender Bedeutung für die erfolgreiche Anwendung des Vorgehensmodells sind.

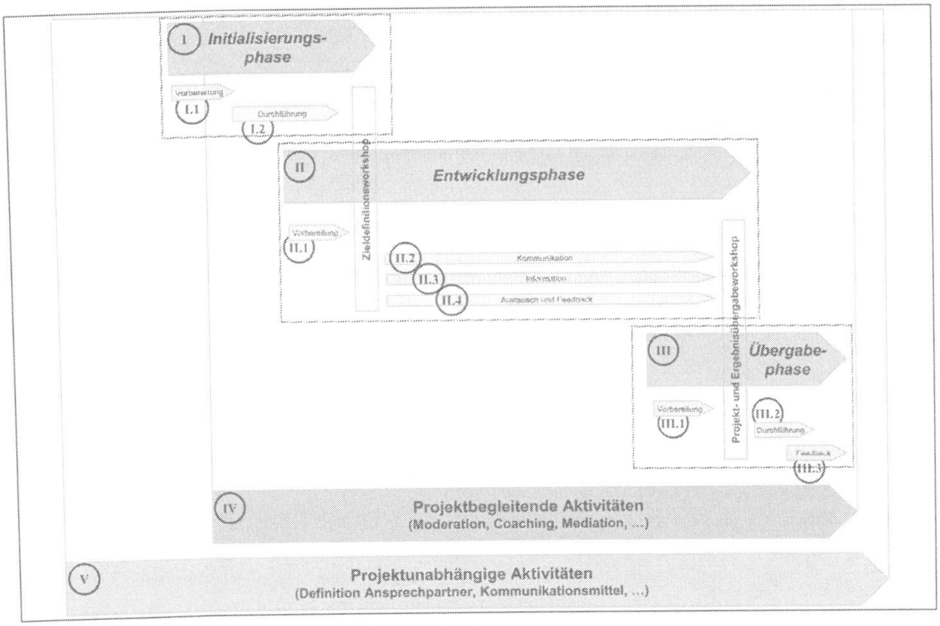

Abbildung 5: Das Vorgehensmodell im Detail

In Phase I, der Initialisierungsphase, erfolgen die notwendigen Vorbereitungen für die Durchführung der Entwicklung.

Überlappend dazu startet Phase II, die Entwicklungsphase, die mit der Vorbereitung des Zieldefinitionsworkshops beginnt. Der Zieldefinitionsworkshop ist zugleich das Ende der Initialisierungsphase.

Im Zieldefinitionsworkshop werden „Wissensziele", welche Information, Kommunikation sowie Austausch und Feedback bei der Projektabwicklung betreffen, erarbeitet. Basierend auf diesen Zielen wird in den Subphasen II.2 – II.4 der Entwicklungsphase der fortlaufende Informations- und Erfahrungsaustausch gesichert.

Zum Ende von Phase II startet überlappend Phase III, die Übergabephase. In der Subphase Vorbereitung der Übergabephase wird der Projekt- und Ergebnisübergabeworkshop konzipiert.

Die Durchführung dieses Workshops stellt das Ende der Entwicklungsphase dar. Wesentlicher Inhalt des Projekt- und Ergebnisübergabeworkshops ist die Erarbeitung eines detaillierten Übergabeplans.

Im Anschluss erfolgt die Abarbeitung des Übergabeplans in der Subphase Durchführung sowie die Aufarbeitung der „Lessons learned", die im Zuge der Projektabwicklung gesammelt wurden.

Unterstützend zu den drei Hauptphasen des Vorgehensmodells werden in Phase IV, Projektbegleitende Aktivitäten, verschiedene Maßnahmen gesetzt, die der Unterstützung der Projektabwicklung dienen. Es handelt sich dabei um Maßnahmen wie die Definition von Themengruppen, Ablagestrukturen für Projektdokumente oder IT-Unterstützung.

Projektunabhängig gibt es in diesem Vorgehensmodell Phase V, Projektunabhängige Aktivitäten, die sich mit generellen Verbesserungsmöglichkeiten befasst. Sie beinhaltet Maßnahmen wie die Definition der Aufgabenverteilung von Abteilungen oder die Bereitstellung von Kommunikationsmitteln.

9.5. Die Maßnahmen

Der Handlungsbedarf und implizit auch die Maßnahmen werden in drei Bereiche gegliedert:
- Organisation/Struktur
- Information/Kommunikation
- Projektabwicklung/Dokumentation/Übergabe.

In der Folge werden diese Maßnahmen den Phasen des Vorgehensmodells zugeordnet. Diese Zuteilung erfolgt, um deutlich zu machen, zu welchen Zeitpunkten welche Maßnahmen sinnvoll eingesetzt werden können.

9.6. Phase I – Initialisierungsphase

Die Initialisierungsphase ist Ausgangspunkt für alle weiteren Aktivitäten zur Sicherung von fortlaufender Information, Kommunikation sowie des Austausches von Erfahrung zwischen den beteiligten Abteilungen im Entwicklungsprojekt.

Vorbereitung

In der Subphase Vorbereitung wird vom Projektleiter des Entwicklungsprojektes eine Präsentation der Idee des neuen Produktes (z.B.: Maschinen oder Maschinenreihe) vorbereitet, welche die Neuheiten und Unterschiede zu aktuellen Produkten transparent macht.

Nachfolgend wird diese Ideenpräsentation den Abteilungsleitern sowie Mitarbeitern aller Abteilungen präsentiert und erstes Feedback gesammelt. Es werden dadurch erste Diskussionsprozesse zwischen den Mitarbeitern angeregt und ein einheitlicher Informationsstand gesichert, der für die Motivation der Mitarbeiter entscheidend ist.

Ideenpräsentation

Teilnehmer:	Abteilungsleiter und erfahrene Mitarbeiter der Abteilungen, die von den Abteilungsleitern ausgewählt werden
Verantwortung:	Projektleiter und Geschäftsführung
Inhalt:	Präsentation der Idee für die neue Maschine, im Speziellen die Unterschiede zu bestehenden Maschinen. Technische Details werden noch nicht im Detail vorgestellt.
Ziel:	Erstes Feedback sammeln und Diskussionsprozesse im Unternehmen initiieren

Die zweite wichtige Maßnahme dieser Phase ist die Erarbeitung einer Konzeptpräsentation, die erstellt werden kann, wenn die Konzeptphase im Wesentlichen abgeschlossen ist. Es werden dabei die wichtigsten Eckpunkte, wie technische Anforderungen, Neuerungen oder komplexe Elemente, aufbereitet.

Konzeptpräsentation

Teilnehmer:	Wenn möglich **alle** Mitarbeiter von TAT
Verantwortung:	Projektleiter
Inhalt:	Präsentation des Maschinenkonzepts inklusive aller definierten technischen Details, Anforderungen und Leistungsdaten
Ziel:	Identifikation aller Mitarbeiter mit der neuen Maschine und Motivation zur Mitarbeiter durch frühzeitige Involvierung. Intensivierung der Diskussionsprozesse, erleichtert durch gleichen Informationsstand.

Durchführung

Im Zuge der Subphase Durchführung wird die Konzeptpräsentation abgehalten (die Konzeptpräsentation ist **nicht** Teil des Zielfindungsworkshops). Dabei soll ein möglichst großer Kreis von Mitarbeitern aller Abteilungen bei TAT teilnehmen, um weitere vertiefende Diskussionsprozesse loszutreten. Weiters wird der Informationsstand aller Beteiligten auf dem gleichen Level gehalten und die Motivation gesichert, da es sich von Beginn an um **„ihr"** Produkt handelt und die Identifikation sichergestellt wird.

Zieldefinitionsworkshop

Die Vorbereitung des Zieldefinitionsworkshops erfolgt in der Subphase II.1 der Entwicklungsphase. Inhalt dieses Workshops ist es, so genannte Wissensziele für die Zusammenarbeit der Abteilungen im Entwicklungsprojekt zu definieren. Das heißt es wird vereinbart, wie die Kommunikation zwischen den Abteilungen, die Information aller Mitarbeiter sowie Austausch und Feedback der beteiligten Mitarbeiter im Entwicklungsprojekt sichergestellt werden. Es ist **nicht** Ziel dieses Workshops, technische Anforderungen zu erarbeiten, da diese Vorgaben bereits durch Produktidee und Konzept der Maschine(nreihe) definiert sind.

Teilnehmer dieses Workshops sind die Abteilungsleiter sowie ausgewählte Mitarbeiter (wenn möglich „Meinungsbildner") der beteiligten Abteilungen.

Als Teil dieses Workshops werden Themengruppen zu projektbegleitenden Aktivitäten gebildet. Folgende Details dazu:

Teilnehmer:	Abteilungsleiter und erfahrene Mitarbeiter aus den Abteilungen (diese werden von den Abteilungsleitern ausgewählt).
Verantwortung:	Projektleiter ist für die Vorbereitung und Durchführung des Workshops verantwortlich.
Vorbereitungen:	Terminvereinbarung, Versand von Einladungen, Vorbereitung der Agenda, ev. Abstimmung mit externem Moderator. Vorbereitung einer Kurzpräsentation über die „kritischen" Elemente der neuen Maschine. Kritisch bedeutet hier „mit hohem Aufwand verbunden", „neu für TAT" oder „entscheidend für den Erfolg des neuen Maschinenkonzepts".

Inhalt: Diskussion der „kritischen Elemente“ und fortlaufender Informations- und Erfahrungsaustausch im Entwicklungsprozess über Abteilungsgrenzen hinweg.
Definition der Themengruppen sowie von deren Leitern und Teilnehmern.

Ziel: Definition von Zielen für die Zusammenarbeit im Entwicklungsprozess über Abteilungsgrenzen hinweg. Es werden **keine** technischen Ziele für die Maschinen definiert; diese sollten bereits im Konzept der neuen Maschinen fix festgelegt sein.

Beispielhaft können folgende Ziele genannt werden:

Ziel 1: Sicherung des Feedbacks aller Abteilungen bei TAT.

Ziel 2: Monatlicher Austausch des Projektstatus, die Erfahrungen und Probleme zwischen Entwicklung und Konstruktion.

Ziel 3: Quartalsmäßige Information aller Abteilungen über Projektstatus und Erfahrungen.

Die definierten Ziele werden mit entsprechenden Maßnahmen in der „Entwicklungsphase“ verfolgt.

9.7. Phase II – Entwicklungsphase

Die Entwicklungsphase ist für die erfolgreiche Anwendung des Vorgehensmodells von zentraler Bedeutung, da in dieser Phase die Interaktion zwischen den Abteilungen und damit der Erfahrungsaustausch erfolgt. Wesentlich dabei ist, dass im Zieldefinitionsworkshop gemeinsame Wissensziele vereinbart wurden.

Vorbereitung

Da die Vorbereitung des Zieldefinitionsworkshops bereits parallel zur Initialisierungsphase durchgeführt werden kann, ergibt sich eine Überlappung der Subphase Vorbereitung mit der Initialisierungsphase.

Es wird an dieser Stelle vorgeschlagen, für die Moderation des Workshops einen externen Moderator einzusetzen, um möglichst effizient und zielgerichtet zu arbeiten.

Der Projektleiter vereinbart mit diesem externen Moderator die Inhalte sowie das Vorgehen bei der Zieldefinition und der Erarbeitung von Themengruppen.

Im Zuge der Vorbereitung werden auch die Teilnehmer ausgewählt und eingeladen.

Kommunikation

In den Teamsitzungen wird aktiv zu definierten Themen diskutiert. Durch die heterogene Zusammensetzung der Mitglieder dieser Gruppen werden wichtige Information in allen Abteilungen bei TAT verteilt.

Formell wird die Kommunikation der Mitarbeiter durch Abbildung von Benutzergruppen im Projektmanagement Tool (ISPM) sichergestellt.

Information

Basierend auf den vereinbarten Wissenszielen werden vom Projektleiter periodisch allgemeine Informationen zum Projekt via E-Mail an alle Mitarbeiter ausgesandt. Parallel wird die gleiche Information über Aushänge in zentralen Bereichen (z.B.: Café und Raucherbereich) publiziert.

In den Teamsitzungen werden Protokolle je Sitzung erstellt und an die definierte Informationsgruppe im ISPM-Tool verteilt. Auf diese Weise wird die Information aller Mitarbeiter erzielt.

Austausch und Feedback

Die Themengruppen erarbeiten in einer Sitzung wichtige Elemente in ihrem Themenbereich. Wichtige Elemente sind dabei solche, die von hoher Komplexität sind oder bei der Übergabe besonders zeitkritisch sind. Die erarbeitete Übersicht wird periodisch überprüft und angepasst.

Folgende Maßnahmen sind zusätzlich möglich:

- Diskussion über wichtige Elemente/Teilkonzeption
  Die Themengruppen diskutieren in ihren Sitzungen auch wichtige Elemente und Teilkonzepte. Lösungsansätze und wichtige Erkenntnisse werden an die Feedbackgruppe ausgesandt, um das Feedback und Synergieeffekte zu nutzen.
- Definition von Projektdokumenten
  Zur Sicherung einer vollständigen und übersichtlichen Projektdokumentation werden für jede Projektphase die geforderten Dokumente sowie deren Inhalte definiert. Diese Dokumente (sowie die nötigen Vorlagen) werden entsprechend der Projektstruktur im ISPM-Tool abgelegt und vom Projektleiter freigegeben. Durch einheitliche Projektdokumente kann jedes weitere nachfolgende Projekt effizienter abgewickelt werden. Von besonderem Interesse sind diesbezüglich Protokolle und Zeitaufschreibungen.

In den Phasen II.2 – II.4 werden die im Zieldefinitionsworkshop gesetzten Ziele verfolgt. Es werden dadurch eine effiziente Zusammenarbeit, sukzessiver Aufbau von Know-how in der Entwicklung nachgelagerten Abteilungen, Nutzung von Know-how nachgelagerter Abteilungen sowie die fortlaufenden Information über den Projektablauf **aller** Mitarbeiter bei TAT gesichert.

Kommunikation, Information, Austausch und Feedback

Teilnehmer:	Alle Mitarbeiter; Themengruppen für Kommunikation, Austausch und Feedback werden von Mitarbeitern der Entwicklung und/oder Konstruktion geleitet.
Verantwortung:	Projektleitung ist für die Information aller Mitarbeiter verantwortlich. Themengruppenverantwortliche sind für die Arbeit in den Gruppen verantwortlich.
Vorbereitungen:	Informationen für alle Mitarbeiter sind vorzubereiten und bei Bedarf (sensible Informationen) mit der Geschäftsführung abzusprechen.

	Themengruppen müssen gebildet und Verantwortliche definiert werden (wird im Zieldefinitionsworkshop erarbeitet).
Inhalt:	Information über den Projektverlauf für alle Mitarbeiter. Kommunikation, Austausch und Feedback über entwicklungsrelevante oder für die Übergabe wichtige Inhalte.
Ziel:	Fortlaufende Information aller Mitarbeiter über den Projektverlauf zur Sicherung der Motivation. Aufbau von Know-how über die neue Maschine(nreihe) in der Entwicklung nachgelagerten Abteilungen. Nutzung von Know-how nachgelagerter Abteilungen. Aufbau eines verstärkten „Wir-Gefühls“ bei allen beteiligten Mitarbeitern zur Sicherung effizienter, zielorientierter Zusammenarbeit.

Projekt- und Ergebnisübergabeworkshop

Zu Beginn der Übergabephase findet ein Übergabeworkshop statt, der bereits im Gesamtprojektplan des Entwicklungsprojektes verankert sein muss. Inhalt dieses Workshops ist die Erarbeitung eines detaillierten Übergabeplanes. Die Teilnehmer sind im Wesentlichen die Gleichen wie beim Zieldefinitionsworkshop. Der (externe) Moderator erstellt im Anschluss ein Protokoll sowie den Übergabeplan in elektronischer Form. Protokoll und Übergabeplan werden von allen Teilnehmern bestätigt. Der Plan gibt Übersicht darüber, was, wer, mit wem, wann, in welcher Form zu übergeben ist.

Als Instrument zur Planung, Abwicklung und Kontrolle der Ergebnisübergabe wurde eine Übergabematrix entworfen. Voraussetzung für den effektiven Einsatz ist, das während der Entwicklungsphase bereits von den Themengruppen die durchgeführten Aktivitäten und deren Output dokumentiert wird.

Projekt- und Ergebnisübergabeworkshop

Teilnehmer:	Alle Abteilungsleiter
Verantwortung:	Projektleiter
Voraussetzung:	Aktivitäten und Output in der Übergabematrix im notwendigen Umfang vorhanden.
Inhalt:	Festlegung der einzelnen Felder der Übergabematrix wie z.B. Priorität, Start- und Endtermin, Verantwortliche und Beteiligte der Übergabe.
Ziel:	Detaillierte Planung der Übergabe, die in der Durchführungsphase der Übergabephase umgesetzt wird.

9.8. Phase III – Übergabephase

Die Abarbeitung dieser Phase sichert die effiziente Übergabe von Projektergebnissen an nachgelagerte Abteilungen, wie zum Beispiel die Konstruktion.

Vorbereitung

Da die Vorbereitung des Projekt- und Ergebnisübergabeworkshops bereits parallel zur Entwicklungsphase erfolgen kann, ergibt sich an dieser Stelle eine Überlappung der Subphase Vorbereitung mit der Entwicklungsphase.

Der Projektleiter plant gemeinsam mit dem externen Moderator den Projekt- und Ergebnisübergabeworkshop. Wesentlich dabei ist es, diesen Workshop so zuplanen, dass am Ende ein detaillierter Übergabeplan (was wer mit wem wann in welcher Form) verfügbar ist.

Durchführung

In der Subphase Durchführung wird im Wesentlichen der Übergabeplan abgearbeitet und werden auftretende Probleme und damit verbunden Lösungen dokumentiert. Zur Dokumentation wird ein Übergabeprotokoll verwendet.

Feedback

Die Subphase Feedback bildet den Abschluss der gemeinsamen Projektabwicklung. Um Erfahrungen bestmöglich für kommende Projekte nutzbar zu machen, gilt es die Erfahrungen („Lessons learned") der Themengruppen sowie des Projektleiters und der Teilprojektleiter zu sammeln und in ein Dokument zu aggregieren. Im Lessons-learned-Dokument werden die wichtigsten wiederverwendbaren Erkenntnisse aus der Projektabwicklung, den Themengruppen sowie aus den Ergebnisübergaben aufbereitet und zu einem Gesamtdokument aggregiert.

Dieses Dokument wird im ISPM-Tool bereitgestellt und kann dort eingesehen werden.

Erstellung Lessons-learned-Dokument:

Teilnehmer:	Beteiligte an Themengruppen Ersteller von Übergabeprotokollen
Verantwortung:	Projektleiter für das Gesamtdokument Themengruppenverantwortliche für die Lessons learned der jeweiligen Themengruppe.
Voraussetzung:	Abwicklung der Übergabe ist abgeschlossen; Übergabeprotokolle wurden erstellt; Protokolle der Themengruppensitzungen wurden erstellt.
Inhalt:	Ausarbeitung der wichtigsten Erkenntnisse aus der Projektabwicklung, den Themengruppen sowie aus den Ergebnisübergaben.
Ziel:	Erstellung eines Dokuments, das die wichtigsten Erfahrungen aus dem abgeschlossenen Projekt enthält und so bei der Planung und Durchführung des nächsten Entwicklungsprojektes wichtige Optimierungshinweise geben kann.

9.9. Projektbegleitende Aktivitäten

Folgende Maßnahmen können als projektbegleitende Aktivitäten definiert werden:

- Bildung von Themengruppen
  Themengruppen sind **keine** organisatorischen Einheiten. Sie bestehen aus Mitarbeitern von *verschiedenen* Abteilungen (nicht nur Entwicklung und Konstruktion), die im Zuge ihrer Tätigkeiten mit einem Thema befasst sind. Beispielsweise können Mitarbeiter, die sich mit Hydraulikelementen befassen, eine Themengruppe bilden. Die Themengruppen sollten eine Mitgliederzahl von sieben Mitarbeitern nicht übersteigen. Für jede Themengruppe wird eine „Vertreter" definiert, der Feedback-Aufgaben zu erfüllen hat. Feedback-Aufgaben zu erledigen heißt, die Aussendungen von anderen Themengruppen zu kommentieren. Alle anderen Teilnehmer einer Themengruppe werden lediglich informiert und können ihre Kommentare dem „Vertreter" ihrer Gruppe mitteilen.
  In den Themengruppen werden die durchgeführten Entwicklungsaktivitäten, deren Output und die Relevanz für eine spätere Übergabe in einer Übergabematrix dokumentiert.
  Welche Themengruppen es gibt und welche Mitarbeiter diese beinhalten, wird im Zieldefinitionsworkshop erarbeitet.
- Durchführung von Teamsitzungen
  Um die abteilungsübergreifende Information und Kommunikation zu verbessern, werden Teamsitzungen der Themengruppen institutionalisiert. Die Sitzungen behandeln inhaltlich jeweils ein Thema (z.B.: Entwicklungsproblem, -status, eine neue Technologie, ...), das vornehmlich von den beteiligten Entwicklern vorgegeben wird. Die anderen Mitglieder geben Input und diskutieren das Thema gemeinsam. Die Teamsitzungen sollten periodisch (z.B.: zu Beginn des Projekts einmal monatlich; gegen Ende sogar wöchentlich) durchgeführt werden und fachliche Themen aus dem Entwicklungsprojekt zum Inhalt haben. Um den administrativen Aufwand möglichst gering zu halten, kann die Vorbereitung je Teamsitzung von einem anderen Mitglied durchgeführt werden („roulierende Organisation der Teamsitzung"). Der Verantwortliche erstellt eine Agenda, reserviert den Sitzungsraum und versendet die Einladung zum Termin.
  Ein Template für die Erstellung einer Agenda sowie eines Protokolls ist im ISPM-Tool bereitzustellen.
- Schaffung von einheitlichen Dokumentations- und Ablagestrukturen
  Um die Effizienz der Projektabwicklung zu steigern, sollten Dokumentationsstrukturen erarbeitet werden. Diese Struktur gibt Auskunft darüber, wann welche Dokumente im Projektverlauf zu erstellen sind und wie diese inhaltlich auszusehen haben. Um den Zugriff einfach und effizient zu machen muss zusätzlich eine einheitliche, projektunabhängige Ablagestruktur definiert werden.

- IT-Unterstützung
  Zur bestmöglichen Unterstützung der Dokumentation sollte das gemeinsam mit der FH entwickelte Projektmanagementsystem (ISPM-Tool) eingesetzt werden.
- Moderation, Coaching, Mediation
  Falls notwendig können zur Unterstützung des Projektleiters oder der Leiter von Themengruppen Methoden wie Moderation oder Coaching eingesetzt werden. Als Mittel zur Konfliktlösung ist die Anwendung von Mediation zu empfehlen.
- Thema der Woche (oder des Monats)
  Durch Publikation (z.B.: Aushang) dieses Themas (z.B.: könnte als Frage formuliert werden) an zentralen Kommunikationsstellen werden Kommunikation und Interaktion zu diesem Thema gefördert. Das Thema sollte vom Gesamtprojektleiter definiert werden.

9.10. Projektunabhängige Aktivitäten

Folgende Maßnahmen können als projektunabhängige Aktivitäten definiert werden:

- Definition von Ansprechpartnern in den Abteilungen
  Um die Effizienz der Kommunikation, speziell nach Übergabe des serienreifen Produktes, zu sichern, sollten Ansprechpartner in den Abteilungen definiert werden. Diese Ansprechpartner sind Vertreter der Abteilungen und der definierten Themengruppen (z.B.: Hydraulikelemente).
  Eine Weiterentwicklung bietet die Erstellung einer Kompetenzmatrix, die einen Überblick über die Fähigkeiten und Interessen aller Mitarbeiter bei TAT gibt.
- Bereitstellung von Kommunikationsmitteln
  Zur Unterstützung von informellen Diskussionen (bei denen laut wissenschaftlichen Arbeiten die kreativsten Lösungen gefunden werden) können Hilfsmittel wie „Whiteboards" oder Flipcharts in Kommunikationsbereichen („Café und Raucherbereich" bei TAT) bereitgestellt werden.
- Aufgabenverteilung
  Die Ergebnisse der Ist-Erhebung haben gezeigt, dass die Aufgabenverteilung zwischen den Abteilungen (im Speziellen zwischen Entwicklung und Konstruktion) nicht vollständig klar ist. Aus diesem Grund können unabhängig vom konkreten Entwicklungsprojekt die Aufgaben der Abteilungen im Projektverlauf (von der Freigabe bis zur Serienreife) beschrieben werden. Die Ausarbeitung sollte durch die Abteilungsleiter unter Einbindung erfahrener Mitarbeiter aus den Abteilungen erfolgen.

Unterstützung durch IT

Noch vor dem Start des vorliegenden Projektes wurde bei TAT gemeinsam mit der FH ein Projektmanagement-Tool entwickelt. In Absprache mit dem internen Projektleiter wurde versucht, die Einsatzmöglichkeiten dieses Tools für das „Konzept zur Schnittstellenoptimierung“ zu untersuchen und zu konzipieren.

Benutzergruppen im ISPM-Tool

Im ISPM-Tool werden Benutzergruppen entsprechend ihren Aufgaben und Kompetenzen im ISPM-Tool abgebildet.

Es werden folgende Benutzergruppen vorgesehen:

- Projektleiter:
  Der Projektleiter ist die für das Projekt verantwortliche Person, der entsprechend dem Quasi-Workflow lt. ISPM-Tool die Dokumente freigibt.
- Projektmitarbeiter:
  Projektmitarbeiter sind je nach Aufgabenbereich im Entwicklungsprojekt Mitarbeiter der Entwicklung und Systemtechnik. Sie sind für die Erstellung und Bereitstellung von Dokumenten verantwortlich.
- Themengruppenleiter:
  Themengruppenleiter können Protokolle der Teamsitzungen sowie Dokumente zur Information der Projektleitung und der Projektmitarbeiter erstellen.
- Projekt-Feedback-Gruppe:
  Die Projekt-Feedback-Gruppe besteht aus je einem Vertreter der Themengruppen. Die Mitglieder dieser Gruppe müssen zu den ausgesandten Dokumenten von Projektleitung, Projektmitarbeitern und anderen Themengruppen ihr Feedback abgeben.
- Projekt-Informations-Gruppe
  In den Projekt-Informations-Gruppen sind die anderen Mitglieder der Themengruppen sowie alle anderen Mitarbeiter, die über die laufenden Entwicklungsaktivitäten auf dem Laufenden gehalten werden sollen, zusammengefasst, um so frühzeitig auf kommende Aufgaben vorbereitet zu werden. Durch diesen Informationsprozess wird es den Mitarbeitern ermöglicht, sich einen Gesamtüberblick zu verschaffen. Weiters wird dadurch frühzeitig die informelle Kommunikation über Neuentwicklungen angestoßen.

Benutzergruppen im Überblick

Folgende Tabelle stellt die Benutzergruppen, deren Aufgaben und Rechte im Überblick dar.

Gruppe	*Aufgaben*	*Rechte*
Projektleiter	Kontrolle von Dokumenten; Freigabe von Dokumenten im „Quasi-Workflow“ Aussendung von Dokumenten Einfordern von Feedback	Schreib-, Lese- und Administrationsrechte
Projektmitarbeiter	Erstellung von Entwicklungsdokumenten Aussendung von Dokumenten Einfordern von Feedback Erstellung Status-Dokument	Schreib- und Leserechte

Themengruppenleiter	Erstellung von Protokollen Erstellung von Informationsdokumenten f. Projektleitung und -mitarbeiter	Leserechte Eingeschränkte Schreibrechte f. Protokolle und Informationsdokumente
Projekt-Feedback Gruppe	Erstellung von Feedback-Dokumenten	Leserechte Schreibrechte f. Feedbackdokumente
Projekt-Informations Gruppe	Information über laufende Aktivitäten aufnehmen Feedback an Themengruppenleiter geben	Leserechte

Vorlagen im ISPM

Folgende zusätzliche Vorlagen sollten im ISPM-Tool bereitgestellt werden, um die einheitliche Dokumentation sicherzustellen:

- Feedback-Dokument:
  Dieses Dokument steht den Projekt-Feedback Gruppen zur Verfügung, um in strukturierter und gleicher Form ihren Input abzugeben. Jedes Mitglied hat Feedback abzuliefern.
- Status-Dokument:
  Das Status-Dokument dient den Projektmitarbeitern zur Ausarbeitung einer Übersicht über den Projektverlauf und die vorliegenden Ergebnisse. Dieses Dokument kann ebenfalls an die Projekt-Informations-Gruppen ausgesandt werden.
  Im Projektplan ist zu definieren, zu welchen Zeitpunkten diese Dokumente mindestens erstellt werden müssen.
- Agenda und Protokoll für Themengruppen:
  Für die Erstellung einer Agenda sowie eines Protokolls für die Themengruppen ist eine Vorlage bereitzustellen. Auf diese Weise kann eine einheitliche Dokumentation der Ergebnisse gesichert werden.

Übergabematrix

Um die Übergabe von Projektergebnissen möglichst effizient planen, überwachen und steuern zu können, wird beim Projekt- und Ergebnisübergabeworkshop eine Übergabematrix befüllt. Diese Matrix enthält alle notwendigen Informationen über Übergabeelemente, Übergabeverantwortliche und -beteiligte sowie Statusinformationen zur Übergabe. Im Detail präsentiert sich diese Matrix wie folgt:

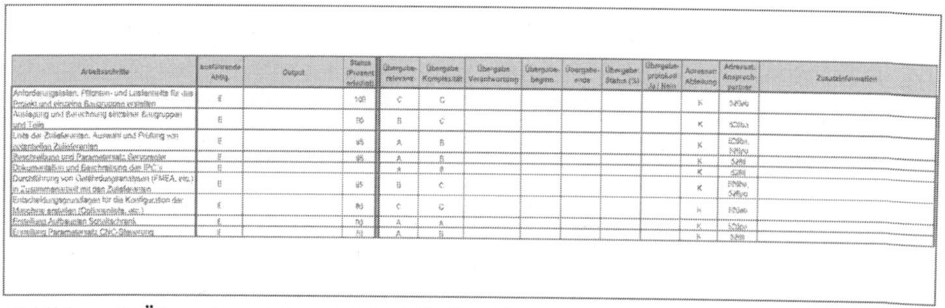

Arbeitsschritte	ausführende Abtlg.	Output	Status (Prozent erledigt)	Übergabe-relevanz	Übergabe Komplexität	Übergabe Verantwortung	Übergabe-beginn	Übergabe-ende	Übergabe Status (%)	Übergabe-protokoll Ja / Nein	Adressat Abteilung	Adressat Ansprech-partner	Zusatzinformation
Anforderungslisten, Pflichten- und Lastenhefte für das Projekt und einzelne Baugruppen erstellen	E		100	C	C						K	[illegible]	
Auslegung und Berechnung einzelner Baugruppen und Teile	E		90	B	C						K	[illegible]	
Liste der Zulieferanten, Auswahl und Prüfung von potentiellen Zulieferanten	E		95	A	B						K	[illegible]	
Beschreibung und Parametersatz Servoregler	E		95	A	B						K	[illegible]	
Dokumentation und Beschreibung der IPC's	E			A	B						K	[illegible]	
Durchführung von Gefährdungsanalysen (FMEA, etc.) in Zusammenarbeit mit den Zulieferanten	E		95	B	C						K	[illegible]	
Entscheidungsgrundlagen für die Konfiguration der Maschine erstellen (Optionsliste, etc.)	E		80	C	C						K	[illegible]	
Erstellung Aufbauten Schaltschrank	E		50	A	A						K	[illegible]	
Erstellung Parametersatz CNC-Steuerung	E		30	A	B						K	[illegible]	

Abbildung 6: Übergabematrix mit beispielhaften Einträgen

Spalten der Übergabematrix

Arbeitsschritte:	diese Spalte enthält alle Arbeitschritte, die im Zuge der Produktentwicklung durchgeführt wurden. Diese Spalte wird in den Themengruppensitzungen von der Gruppe im Projektverlauf befüllt.
Ausführende Abteilung:	der Arbeitsschritt wurde unter der Leitung von Entwicklung (E), Konstruktion (K) bzw. von Entwicklung mit Konstruktion (E/K) oder Konstruktion mit Entwicklung (K/E) durchgeführt.
Output:	beschreibt den Output eines Arbeitsschrittes
Status (Prozent erledigt):	gibt Auskunft über den Status der Abwicklung dieses Arbeitsschrittes.
Übergaberelevanz:	mit A (hoch), B (mittel) und C (niedrig) wird die Wichtigkeit der Übergabe (welche Elemente sind bevorzugt bei der Übergabe zu behandeln) angegeben.
Übergabekomplexität:	mit A (hoch), B (mittel) und C (niedrig) wird angegeben, wie schwierig die Übergabe sein wird.
Übergabeverantwortung:	hier wird ein Mitarbeiter definiert, der für die Übergabe des entsprechenden Elements verantwortlich ist.
Übergabebeginn:	enthält das Datum an dem die Übergabe starten soll.
Übergabeende:	enthält das Datum an dem die Übergabe beendet sein soll.
Status der Übergabe (%):	vom Übergabeverantwortlichen ist wöchentlich der Status der Übergabe zu aktualisieren. Bei entsprechendem Verzug kann vom Projektleiter steuernd eingegriffen werden.
Übergabeprotokoll (ja/nein):	im Übergabeworkshop wird festgelegt, ob ein Protokoll zu erstellen ist, da für Übergabeelemente, die von geringer Relevanz und geringer Komplexität sind nicht immer ein Protokoll vonnöten ist.
Adressat – Abteilung:	hier wird die Abteilung eingetragen, die den Output eines Arbeitsschrittes weiter zu erhalten hat.

Adressat – Ansprechpartner:	hier wird aus der Empfängerabteilung der/die entsprechende(n) Mitarbeiter/in eingetragen.
Zusatzinformation:	hier können Zusatzinformationen zur Übergabe angegeben werden; bspw. können Gründe für einen Verzug bei der Übergabe notiert werden.

Übergabeprotokoll
Um die Abwicklung der einzelnen Übergaben und damit die Erfahrungen dokumentieren zu können, wird ein Übergabeprotokoll verwendet.
Die wichtigsten Elemente dieses Protokolls sind:

- Verantwortliche und Beteiligte
- Datum der Protokollerstellung
- Status & Aufwand – inklusive Beginn- und Endedatum sowie der benötigten Zeitaufwand
- Übergabeinformationen wie Relevanz und Komplexität der Übergabe
- Einsatz von verwendeten Materialien

Zusatzinformationen über verwendete Hilfsmittel und Anmerkungen der Beteiligten.

10. Lern- und Kontrollfragen

- Was sind die historischen Vorläufer von Communities of Practice und wo finden sich die Wurzeln des heutigen Verständnisses der CoPs?
- Nach welchen Kriterien lassen sich die CoPs definieren?
- Welchen Lebenszyklus durchlaufen in der Regel Communities of Practice und warum werden CoPs häufig bereits bei den ersten „Gehversuchen" beendet?
- Welchen Status kommen CoPs aus Sicht von Unternehmen einnehmen, unabhängig davon, ob sie innerhalb oder außerhalb von Organisationen existieren?
- Was sind die häufigsten Gründe für die Auflösung von CoPs?
- Was sind die zentralen kritischen Erfolgsfaktoren beim Aufbau von CoPs?
- Worauf ist beim Einsatz von CoP-Tools vornehmlich zu achten?

11. Verwendete Literatur

Bobrow, G., Whalen, J. (2002); Community Knowledge, Sharing in Practice: The Eureka Story, Reflections; in: the SOL Journal Vol. 4 No. 4.

Brown, J. S.; Duguid, P. (2000); The Social Life of Information; Harvard Business School Press.

Brown, J. S.; Gray, E. S.: (1995); The People Are the Company in: Fast Company, November 1995; http://www.fastcompany.com/online/01/people.html (last visited: 31.1.2007).

Erat, P.; Desouza, K.; Schäfer-Jugel, A.; Kurzawa, M. (2006); Business customer communities and knowledge sharing: exploratory study of critical issues; in: European Journal of Information Systems, Volume 15, Number 5, October 2006, pp. 511–524(14).

Hildreth, P., Kimble, C., Wright, P. (2001); Communities of Practice: Going Virtual; in: Knowledge Management and Business Model Innovation, Idea Group Publishing, Chapter 13. Hershey (USA)/London (UK).

Lave, J., Wenger, E. (1991) Situated Learning. Legitimated Peripheral Participation; Cambridge.

Nonaka, I., Takeuchi, H. (1997); Die Organisation des Wissens – Wie japanische Unternehmen eine brachliegende Ressource nutzbar machen; Frankfurt am Main.

Reinhardt, R., Eppler, M. (2004); Wissenskommunikation in Organisationen. Methoden, Instrumente, Theorien; Berlin.

Wenger, E.; McDermott, R. and Snyder, W. (2002); Cultivating communities of practice; Boston; p. 69. and http://www.ewenger.com/theory/start-up_guide_PDF.pdf.

Wenger, E. (1998); Communities of Practice: Learning as a Social System, Systems Thinker; Cambridge.

Wenger, E., Snyder, W.: Tech Clubs at DaimlerChrysler (internes Papier).

Der Einsatz von Wissensmanagement zur Realisierung von Shared-Service-Prinzipien

Robert Neumann

In diesem Beitrag erfahren Sie

- Praktische Anwendungsgebiete des Wissensmanagements.
- Mögliche Wissensperspektiven im Beschaffungsmanagement.
- Alternative Organisationskonfigurationen im Procurement-Bereich.
- Best-Practice-Analysen mittels Benchmarking.
- Wissenstransfer mittels Prinzipien der Vernetzung.

1. Entwicklungslinien, Irrtümer und Chancen eines Wissensmanagements

Auf der Suche nach jenen Erfolgsfaktoren, die internationale Spitzenleistungen nachhaltig garantieren und gewissermaßen die Business Excellence eines Unternehmens konstituieren, hat Wissensmanagement in denen letzten Jahren eine zentrale Rolle gespielt. Immerhin bezieht jedes Unternehmen seinen Erfolg u.a. aus der Fähigkeit, sich auf Kernkompetenzen konzentrieren und diese bewirtschaften zu können, Innovationen generieren und nutzen zu können sowie die Kompetenzen der Belegschaft erkennen, erweitern, austauschen und anwenden zu können, um so immer einen Schritt vor den wichtigsten Mitbewerbern zu sein. Die Konzentration auf jene immateriellen Faktoren – wie Lern- und Entwicklungsvermögen, Veränderungskompetenz, Leistungsbereitschaft und letztlich die Fähigkeit zu Aufbau, Austausch und Anwendung von Know-how –, die den Erfolg bzw. Misserfolg eines Unternehmens beeinflussen, führen auch zu zahlreichen Managementmoden. Auch das Wissensmanagement wird von vielen in Wissenschaft und Wirtschaft als neue Trendthematik betitelt, obwohl es realistisch betrachtet wenig Alternativen zulässt. Denn welches Unternehmen in Wirtschaft und Verwaltung kann es sich zukünftig leisten, sich nicht weiterzuentwickeln, sprich das vorhandene implizite und explizite, individuelle wie organisationale Wissen nicht zu entdecken und auszubauen, um es produktiv in innovative Leistungen zu transferieren? Vielleicht war bisher nur der Zugang zu oberflächlich bzw. zu reduktionistisch gewählt, ohne das Funktionieren von Organisationen ausreichend zu berücksichtigen. Die ständige Suche nach Ansätzen, Methoden und Instrumenten, die den Erfolg von Unternehmen nachhaltig bestimmen, hat immerhin bis dato meist zu „Entweder-oder-Strategien" geführt bzw. schnelle Lösungen sollten große neue Würfe mit sich bringen. Implementierungs-Bemühungen sind so rasch an die Grenzen der Umsetzbarkeit geraten, da spezifische Adaptierungsaufwendungen an unternehmensspezifische Gegebenheiten gescheut werden. Schuld daran sind aber meist nicht die Konzepte an sich, obwohl natürlich auch vielfach alter Wein in neuen Schläuchen verkauft wird, sondern die mangelnde Bereitschaft, sich mit den unternehmenseigenen Gegebenheiten, den historisch geprägten Randbedingungen, dem Potenzial an handelnden Akteuren, den notwendigen Entscheidungen wichtiger Promotoren und den konkreten Umsetzungserfordernissen konstruktiv kritisch auseinanderzusetzen, um die für eine erfolgversprechende Umsetzung notwendigen Start- und Begleitvoraussetzungen zu schaffen. Auch im Wissensmanagement sind Entwicklungslinien erkennbar, die bisher gemachte Managementfehler deutlich machen (siehe Abb. 1). In der ersten Wissensmanagement-Generation ging man davon aus, dass es im Sinne einer ingenieurdisziplinartigen Vorgehensweise möglich ist, Wissen elektronisch einfach erfassen, speichern und abrufen zu können, wozu es lediglich die dafür passenden IT-Systeme brauche. Aufwendige Anwendungs-Systeme wurden programmiert, z.B. Groupware-Lösungen und Wissensdatenbanken mit aufwendigen Suchmaschinen implementiert, um letztlich doch erkennen zu müssen, dass der „User" nicht wie eine Maschine funktioniert und per Anordnung und Knopfdruck so reagiert, wie man es vielleicht gerne hätte. Den zweiten Zugang zur Wissensthematik setzte die Betriebswirtschaft, indem darauf hingewiesen wurde, dass der Wert eines Unternehmens maßgeblich vom immateriellen, sogenannten intellektuellen Kapital bestimmt wird. Nur konnten bis heute keine wirklich brauchbaren und realistischen Berechnungsmethoden entwickelt werden, womit es lediglich beim Hinweis blieb, wie wichtig es doch sei, in intangible Ressourcen zu investieren. In den ingenieur- wie auch wirtschaftswissenschaftlichen Entwicklungslinien der Theorie wie auch der Praxis des Wissensmanagements ist jedoch primär jenes Organisations- und Managementverständnis erkennbar, das nach wie vor von einer omnipotenten Vorstellung einer gezielten Mach-, Plan- und Regelbarkeit und somit einem Mythos der vollkommenen Organisierbarkeit von Sozialsystemen beherrscht wird. Wissenstechnische und rein betriebswirtschaftliche Lösungsversuche erzielen im ersten Moment eine höhere Anschlussfähigkeit, weil an eine effektive Nutzbarmachung konkrete Erwartungen geknüpft werden, wie die Steigerung der Produktqualität, die Erhöhung der Innovationsgeschwindigkeit, die Verbesserung der Kundennähe, die Verbesserung des Wissensstandes der Mitarbeiter, die Entkopplung des Wissens vom Einzelnen, die Nutzung von „lessons-learned" und „Best-Practices", die Vermeidung von Fehlern, die Wiederverwendung von Lösungen, der Ausgleich von Wissensgefällen, die schnelle Verbreitung neuen Wissens in dezentralen Strukturen, die Senkungen von Kosten und Zeiten, die Verbesserung der unternehmerischen Reaktionsfähigkeit, die Steigerung der Ertragskraft, der Ausbau der Marktstellung und eine Erhöhung des Shareholder Values. Zahlreiche Ansätze propagieren eine deduktive Ableitung von Wissenszielen aus den übergeordneten Zielen des Unternehmens, um diese schrittweise in der Realisierung steuern und messen zu können. Dabei wird Wissen mit Information gleichgesetzt und als bewirtschaftbares Objekt betrieblicher Leistungserstellungsprozesse betrachtet, ähnlich wie Kapital, Material und Betriebsmittel. Eine unsichtbare Ressource wie Wissen wird damit zu den bewussten Gestaltungsabsichten des Managements, das meist auf technokratischem Wege versucht, Wissen kollektiv teil- und nutzbar zu machen. Dabei wird lediglich vorhandenes externalisierbares Wissen, und somit der weitaus kleinere Wissens-Teil in Organisationen, verfügbar gemacht, anstatt neues Wissen zu schaffen.

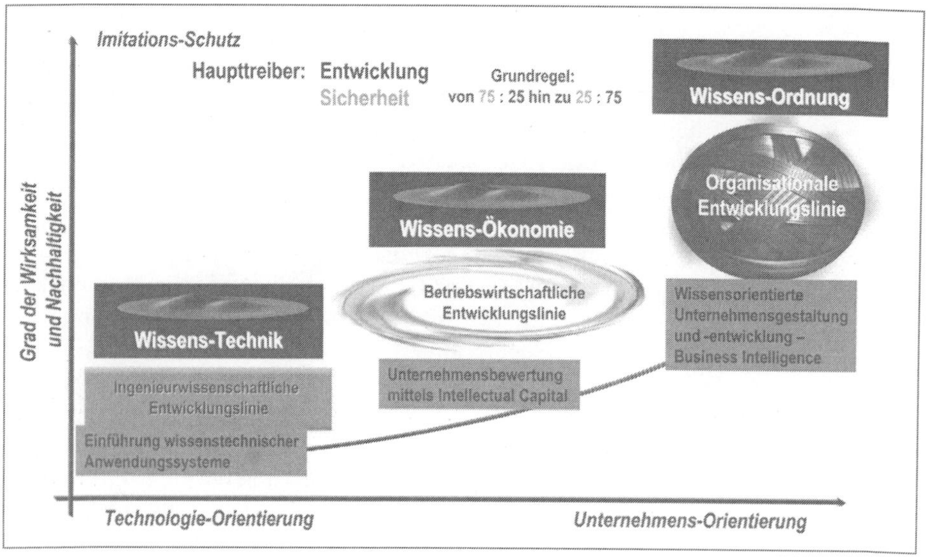

Abbildung 1: Entwicklungslinien des Wissensmanagements

Es dominiert nach wie vor der Glaube daran, dass es möglich sei, Unternehmen nach bestimmten entscheidungstheoretischen, funktionalistischen und informationstechnischen Oberbegriffen zu strukturieren und in Entscheidungsmaximen, Aufgaben und Funktionen zu definieren, ohne zu merken, dass dies selbsterwirkten organisierten Einbildungen folgt, die letztlich zur Reproduktion von herrschenden Rationalitäten und vermeintlich existierenden Effizienzmustern führen. Dies deutet nicht nur auf ein trivialisiertes Grundverständnis von Organisationen, sondern auch auf ein Unterschätzen bzw. Ignorieren mikropolitisch-behavioristischer Prozesse und Eigendynamiken in und von Organisationen hin. Die dritte Entwicklungsgeneration des Wissensmanagements hat daher verstärkt das Augenmerk auf das Funktionieren von Organisationen zu richten und glaubhaft unter Beweis zu stellen, dass der Erfolg bzw. Misserfolg von Wissensmanagement von organisationalen Randbedingungen abhängig gemacht werden muss (ausführlich dazu Neumann, 2000). Denn egal welches Management-Programm auch implementiert werden soll, es trifft auf eine bestehende, von Historizität und Pfadabhängigkeiten geprägte Organisation, die gegebenenfalls adaptiert bzw. auch weitreichender hinterfragt und geändert werden muss, damit eine wirkungsvolle Nutzung von z.B. Wissensmanagement-Maßnahmen unterstützt werden kann. Aus einer Metaperspektive einer Theorie selbstreferentieller Systeme gilt es, die Eigenlogiken eines Systems, die darin herrschenden Rationalitäten und Sinnzusammenhänge wie auch Widersprüchlichkeiten und blinden Flecken und die daraus resultierenden organisationalen Konservatismen und Abwehrroutinen bzw. Veränderungsresistenzen und zweckorientierten Realitätsoptimierungen zu erkennen bzw. zu verstehen, um kontextsensitive und wirkungsvolle Gestaltungsmaßnahmen ansetzen zu können (Neumann, 2000).

Kurzum, es geht darum herauszufinden, warum die jeweils spezifische Organisation so ist wie sie ist, nach welchem funktionalen Muster die Organisation tickt und warum die darin handelnden Akteure so agieren wie sie agieren (Wissensordnung). So gesehen reagiert jede Organisation auf verschiedene Management-Programme und Konzepte unterschiedlich, weshalb in jedem Fall hier nicht nur spezifische Lösungsansätze gefunden, sondern auch unternehmensadäquate Tunings vorgenommen werden müssen. Aus einer realexplikativen Perspektive einer Theorie der Strukturation innerhalb einer interpretativ geprägten Organisationsforschung sind es die rekursiven Wechselwirkungen und Gesamtzusammenhänge von Strukturen und Verhaltensweisen, die unterschiedliche Möglichkeitsräume für die wirkungsvolle Aufnahme von „neuen" Ansätzen erweitern oder aber auch einschränken. Es sind die etablierten Standards, Richtlinien, Regeln und Routinen, die gewissermaßen das Denken und Verhalten von Organisationsmitgliedern so steuern, dass daraus fördernde oder hemmende Arenabedingungen für die Aufnahme von alternativen Handlungsansätzen entstehen. Darüber hinaus bestimmen die sogenannte „zweite Organisation" bzw. „Schattenorganisation" und damit die (mikro-)politische Dimension von Interessen und Gegeninteressen dominanter Koalitionen und die „hidden agendas, rules and games", inwieweit diversen Veränderungs-, Entwicklungs- und Optimierungsansätzen die Chance zur Entfaltung ihres Fortschrittsbeitrags eingeräumt wird oder auch nicht. Aus diesen theoretischen Vorüberlegungen lässt sich ableiten, dass Management-Programme wie z.B. ein Wissensmanagement in der Regel ein Vorgehen nach einem dualen Prinzip für ihren Implementierungserfolg benötigen (siehe Abb. 2). Zum einen müssen die beabsichtigten Inhalte einen konkreten Nutzen in Aussicht stellen, der von Entscheidungsträgern konsequent verfolgt wird. Dazu müssen konkrete Ergebniserwartungen und Performance-Ziele im Sinne eines „Governance-Systems" in ein durchgängiges Top-down-Zielsystem integriert werden, und definierte Verantwortungsbereiche haben diese nachweislich und kontrolliert zu erfüllen (Prinzip „fordern"). Zum anderen muss die Implementierung mit unterstützenden Transformations-Maßnahmen mit einem konzertierten Programm-Management, Kommunikation, Partizipation (Betroffene werden zu Beteiligten), Kaskadierung, Vernetzung, Projektmanagement, Qualifizierung, Incentives mit Hilfe von Promotoren begleitet werden (Prinzip „fördern").

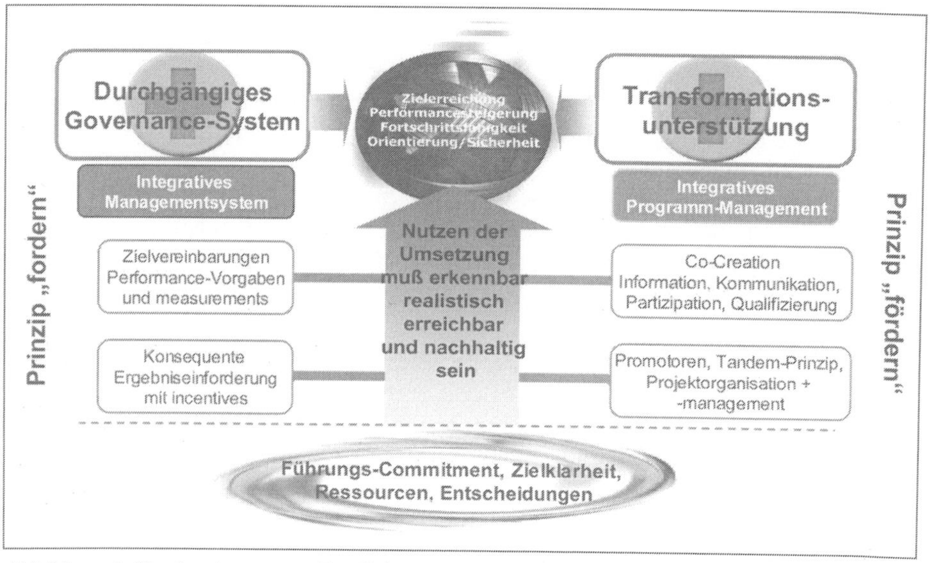

Abbildung 2: Dualer Ansatz zur Realisierung von Management-Programmen

D.h. nur durch eine definitive Verankerung im Ziel-, Werte-, Bewertungs-, Kontroll-, Sanktions- und Entscheidungssystem des Unternehmens und flankierende Maßnahmen zur Förderung der Umsetzungsbereitschaft und -fähigkeit lassen sich u.a. Wissensmanagement-Konzepte nachhaltig in die „Funktionalität", „Normalität" und „Regelhaftigkeit" der Organisation übertragen und können so ihre Wirksamkeit entfalten. Ansätzen und Methoden eines Wissensmanagements fehlt per se meist die Anschlussfähigkeit, um in die organisationale Relevanz integriert zu werden, denn sie sind in der Regel „Nice-to-have"-Konzepte, die maximal in wirtschaftlichen Schönwetterphasen zum Einsatz kommen, da sie keinen sofort und schnell verwertbaren Beitrag zur Steigerung der Business Performance eines Unternehmens liefern. Und doch sind Maßnahmen zur Generierung, Diffusion und Nutzung von Wissen notwendig, um die Zukunfts- und Fortschrittsfähigkeit eines Unternehmens zu verbessern. Die Anschlussfähigkeit kann jedoch dadurch erreicht werden, dass Wissensmanagement-Methoden als nennenswerte und erfolgsrelevante Begleitmaßnahmen zur Realisierung von aktuellen Management-Programmen herangezogen werden. Wissensmanagement wirkt damit nicht nur integrativ, sondern nimmt auch eine zentrale Support-Funktion zur Erreichung anvisierter Ziele ein. Wie so ein konkreter Leistungsbeitrag von Wissensmanagement in der Praxis aussehen kann, soll anhand der Realisierung eines „Shared-Service"-Ansatzes im Procurement-Bereich nachfolgend skizziert werden.

2. Zielsetzung und Nutzen eines „Shared-Service"-Ansatzes

Die Frage nach der optimalen Organisationskonfiguration und somit einem möglichen Erfolgsbeitrag unterschiedlicher Strukturformen bestimmt immer wieder einen betriebswirtschaftlich geführten Diskurs innerhalb der Organisationsforschung. Im Mittelpunkt steht vor allem die Handhabung teilweise widersprüchlicher Gestaltungsprinzipien wie Zentralisation vs. Dezentralisation, Spezialisierung vs. Generalisierung, Konkurrenz vs. Kooperation, Routinisierung vs. Flexibilisierung, Funktionsgliederung vs. Objektgliederung usw. Jahrelang dominierten Leitideen zur Förderung der Selbstorganisation und Autonomie und in Redundanz, organizational slack und losen Kopplungsbeziehungen zwischen Organisationseinheiten wurden zentrale Möglichkeiten zur Realisierung von Modularität, Mehrdimensionalität, Multifunktionalität, Innovations- und Lernfähigkeit erkannt. Aktuell wird versucht, mit einem sogenannten „Shared-Service-Ansatz" ein Entweder-oder zu Gunsten eines Sowohl-als-auch-Struktur-Prinzips aufzulösen. Aus Sicht einer neuen institutionenökonomischen Theorie der Organisation (Property Rights Theory, Principal-Agency Theory, Transaction Cost Economics) besteht die zentrale Zielsetzung beim Shared-Service-Ansatz darin, unternehmensinterne Kundenwünsche durch Bündelung, Standardisierung und Optimierung von Produkten und Dienstleistungen so zu befriedigen, dass damit auch signifikante Skaleneffekte erzielt werden können (siehe Abb. 3). Aufgaben und Aktivitäten, die in verschiedenen Unternehmenseinheiten anfallen, können abteilungs- bzw. standortübergreifend zusammengefasst werden. Diese Bündelung erfolgt in neuen, semi-autonomen, service- und marktorientierten Organisationseinheiten, die ihrerseits eine eigene Managementstruktur mit eigener Erfolgsverantwortung aufweisen (siehe Abb. 4). Im Mittelpunkt steht eine Realisierung von Economies-of-Scale-Effekten hinsichtlich Kosten, Kompetenz, Geschwindigkeit, Flexibilität und Qualität durch eine gezielte Nutzung von Synergien, eine Konzentration auf Kernkompetenzen, die Optimierung des Ressourceneinsatzes, eine Förderung von Wissensaustauschprozessen und den konzentrierten Aufbau von Spezialwissen sowie der Anwendung von „Best Practices" und „lessons learned".

Abbildung 3: Ziele von Shared Services

Zur Erreichung dieser ambitionierten Zielsetzungen bedarf es jedoch einiger zentraler Erfolgsvoraussetzungen, wie z.B. der klaren Festlegung von Verantwortlichkeiten zwischen einem Shared Service Center und einer Geschäftseinheit, der Definition von Schnittstellen, der Regelung von Transaktionsleistungen entlang vertraglich festgelegter Service Level Agreements, einer ständige Wirtschaftlichkeitsanalyse im Shared Service Center nach festgelegten Controlling-Kennzahlen und laufenden Benchmarkings, der Schaffung von Transparenz, der Etablierung eines Verrechnungspreissystems, der Einrichtung eines Kontrollorgans und insbesondere der Bewältigung von nennenswerten zu erwartenden Implementierungs-Barrieren, um einer Vielzahl unterschiedlicher Stakeholder-Interessen annähernd gerecht zu werden.

Der Shared-Service-Ansatz gleicht zwar auf den ersten Blick einer klassischen Zentralisierung, unterscheidet sich tatsächlich von dieser jedoch maßgeblich. Denn die Zusammenführung von Leistungen und Prozessen erfolgt in einer oder mehreren Organisationseinheiten, wobei die Planung und Kontrolle der Leistungserbringung bei den lokalen Geschäftseinheiten verbleibt (vgl. Kagelmann, 2001). Shared Service ist auch nicht gleich zu setzen mit Outsourcing, denn damit ist im Sinne von „outside" und „resourcing" generell der Fremdbezug von Dienstleistungen, d.h. die Verlagerung von Wertschöpfungsaktivitäten eines Unternehmens auf andere Unternehmen gemeint.

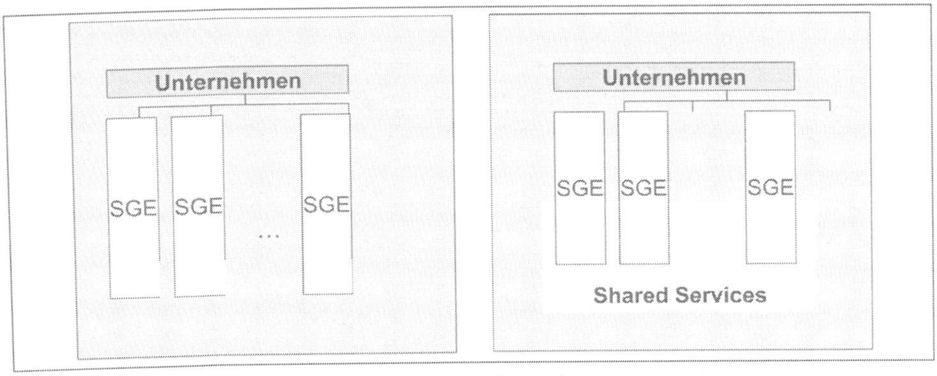

Abbildung 4: Shared-Service-Organisationskonfiguration

Das Hauptinteresse gilt beim Shared-Service-Ansatz aber vor allem der Kostenreduktion in unternehmensinternen dienstleistenden Randaktivitäten. Dazu zählen transaktionsorientierte Shared Services wie innerbetriebliche Transportleistungen, Debitoren-/Kreditorenbuchhaltung, Mahnwesen, Anlagenbuchhaltung, Personalverwaltung, Rechenzentren, Datendienste und Beschaffung sowie wissensorientierte Shared Services wie juristische und steuerliche Beratungsdienste, Forschung und Entwicklung, Weiterbildung, Versicherungsmanagement, Marketing und Pressearbeit, Cash Management und Treasury.

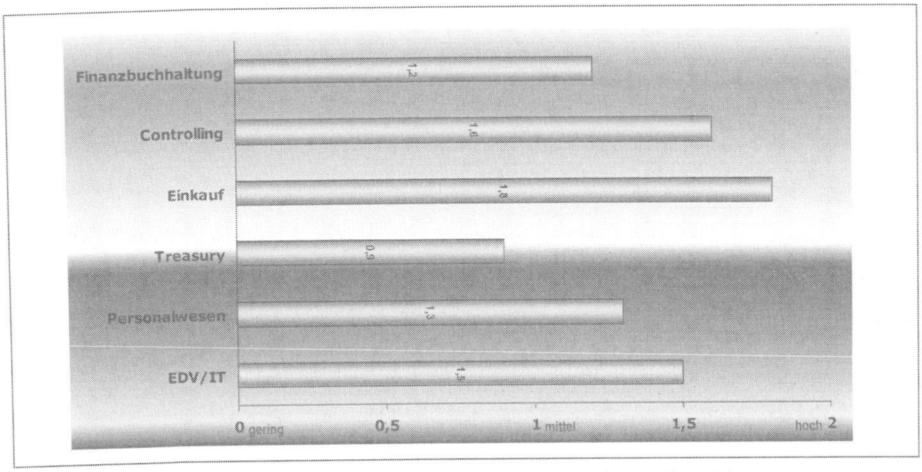

Abbildung 5: Grad an Verbesserungspotenzial nach Unternehmensbereichen

Da vor allem in der Beschaffung enorme Verbesserungspotenziale gegeben sind (siehe Abb. 5), die insbesondere durch Standardisierungen von Produkten, Optimierungen in den Prozessen, die Bündelung und Auswahl von Lieferanten nach strategischen Gesichtspunkten und ein gezieltes IT-unterstütztes Demandmanagement erreicht werden können (siehe Abb. 6), konzentrieren sich die nachfolgenden Ausführungen auf die Darstellung des sogenannten Lead-Buyer-Konzeptes bzw. Competence-Center-Beschaffung im Sinne eines integrativen Procurement-Managements.

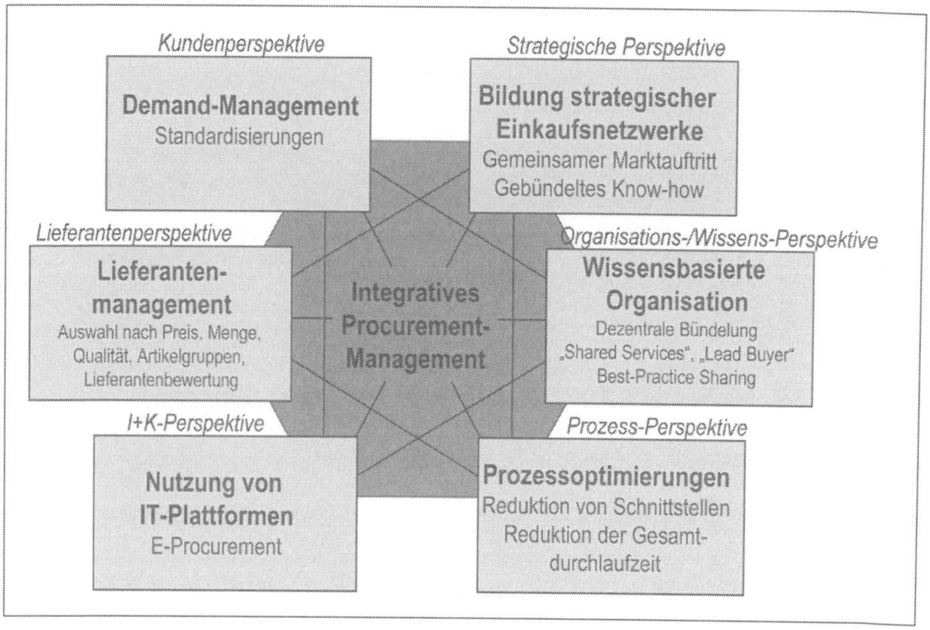

Abbildung 6: Unterschiedliche Perspektiven eines integrativen Procurement-Managements

3. Die Realisierung des Lead-Buyer-Modells aus der Wissensperspektive

Die Beschaffung hat sich heute nicht mehr nur auf Konditionenvergleiche und Bestandsoptimierungen zu konzentrieren, sondern auf konsequente Kundenorientierung und Konzentration auf Einsparpotenziale in Beschaffungsprozessen, was die Entwicklung einer effektiven Organisationsstruktur und einen konsequenten Einsatz von Informationstechnologien erfordert. Damit nimmt die Beschaffung einen entscheidenden Einfluss auf den Unternehmenserfolg und lässt Wettbewerbsvorteile entstehen. Dies setzt voraus, dass die Einkaufsstrategie mit der jeweiligen Unternehmensstrategie abgestimmt wird und Einkaufsstrategie-Messgrößen in die jeweiligen Zielvereinbarungen von Einkaufsverantwortlichen integriert werden. Ebenso müssen die Einsparerfolge durch unabhängige Messlatten wie z.B. Marktpreisentwicklungsvergleiche, Preisvergleiche auf Basis von Referenzgrößen und CAPS (Center of Advanced Purchasing Studies)-Vergleiche objektiviert werden. Insbesondere Vereinheitlichungen, die Festlegung von Minimalstandards und die Überprüfung von deren Einhaltung durch interne Prüf-Audits führen zu merklichen Effizienzverbesserungen. Synergiepotenziale müssen durch eine hohe Transparenz im Einkaufsprozess, durch vereinfachte Vereinbarungen, durch flexible Koordination und sinnhafte Bündelungen verstärkt genutzt werden.

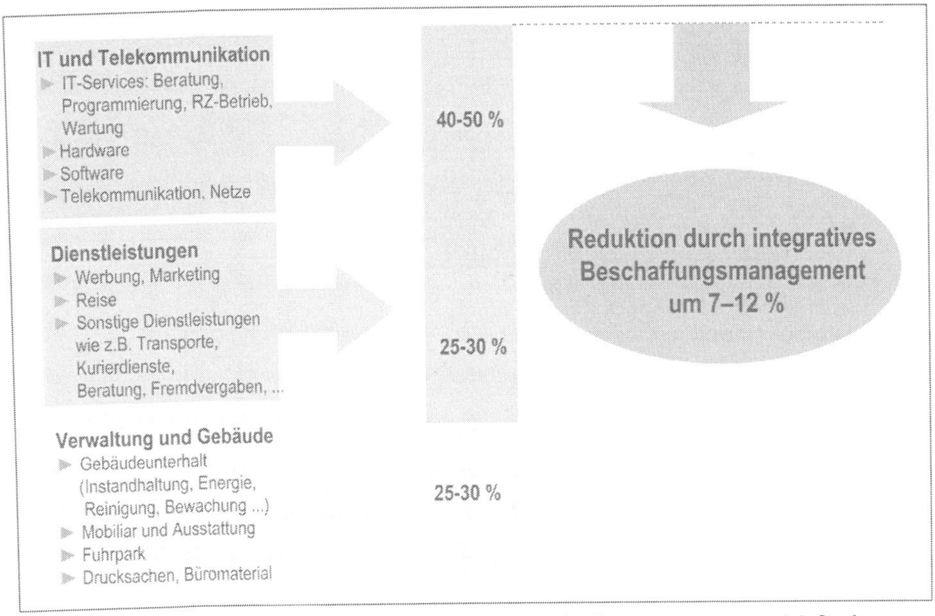

Abbildung 7: Einsparpotenziale durch integrative Beschaffungsmanagement-Maßnahmen

Eine Möglichkeit zur Realisierung der bereits erwähnten Shared-Service-Vorteile im Beschaffungsbereich bietet insbesondere das sogenannte im internationalen Industrie-Einsatz befindliche „Lead-Buyer-Modell". Dieses Modell ermöglicht durch Vernetzung von Beschaffungskompetenzen über Betriebsgrenzen hinweg und durch Bündelung des Einkaufsvolumens eine signifikante Erhöhung der Beschaffungsmacht, um einen wirtschaftlichen Beschaffungserfolg zu erzielen. Darüber hinaus werden mit dem Lead-Buyer-Modell Arbitrageeffekte durch eine optimale Ausnutzung regionaler und spezifischer Kostenunterschiede sowie Transaktionseffekte durch eine Minimierung interner Lager- und Transportkosten und Differenzierungseffekte durch eine professionelle, differenzierte Behandlung von Märkten erzielt.

In der Gegenüberstellung zu möglichen alternativen Beschaffungsmodellen lassen sich zunächst in einem Scoringmodell konkrete Vergleichskriterien definieren.

- In einer Bewertung nach Zielkongruenz ist zu fragen, wie gut das jeweilige Beschaffungsmodell zur Erreichung definierter Ziele für das Beschaffungsmanagement beiträgt.
- In einer Bewertung hinsichtlich der strategischen und operativen Merkmale und Umsetzbarkeit des jeweiligen Beschaffungsmodells werden Faktoren hinterfragt wie z.B. Verhandlungsmacht, Bestandsoptimierung, Flexibilität, Problemorientierung, Schnelligkeit, Einsparpotenzial/Beschaffungspreis,

Koordinationsaufwand, Prozesskosten, Versorgungssicherheit, Kundenanforderungen, Komplexität/Schnittstellen, Einkaufs-Know-how, Technik-Know-how, Nutzung dezentralen Know-hows, Realisierbarkeit (Zeithorizont), Akzeptanz (Stakeholder).

- Letztlich erfolgt eine Bewertung der jeweiligen Beschaffungsmodelle hinsichtlich der mit ihnen verbundenen Kosteneinsparungen im Bereich operative und dispositive Personalkosten, Preise für Material und Fremdleistungen, Logistikkosten für Transport und Lagerung, Lifecycle-Costs und Overheadkosten.

In einem weiteren Schritt lassen sich die möglichen Beschaffungsalternativen einer SWOT-Analyse unterziehen, d.h. für jedes Modell werden die damit verbundenen Stärken (Strengths), Schwächen (Weaknesses), Chancen (Opportunities) und Risiken (Threats) ermittelt, was letztlich überwiegend auf die Wahl des Lead-Buyer-Modells hindeutet, wie auch die Abbildung 8 zeigt.

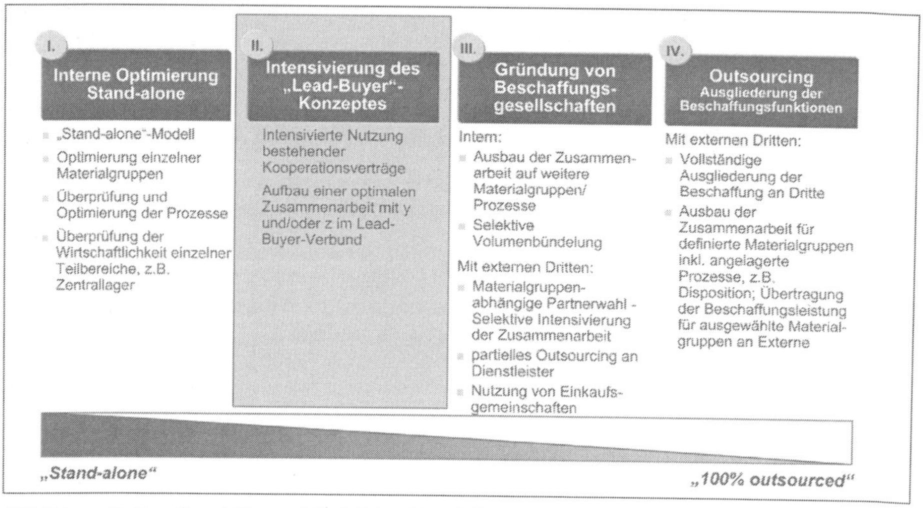

Abbildung 8: Das Lead-Buyer-Modell im Vergleich

Auf den umfassenden Prozess der Einführung, sprich der institutionellen Verankerung, dieser alternativen Organisationskonfiguration im Procurement-Bereich in Richtung Lead-Buyer-Modell soll nachfolgend nicht im Detail eingegangen werden. Wir reduzieren uns hier auf den Hinweis einer eingangs bereits dargestellten Vorgehensweise nach dem Dualprinzip, d.h. einerseits die Verankerung des Ansatzes mit konkreten Vorgaben, Standards und Regeln und andererseits der Prozessbegleitung mit einem professionellen Programm-Management und transformationsunterstützenden Maßnahmen. Damit soll eine zeitlich und inhaltlich fein abgestimmte Vorgehensweise auf Basis einer rollierenden Planung mit iterativen Planungsschritten des Gesamtprozesses sichergestellt werden, die der Komplexität der Thematik gerecht wird und hilft, mögliche Negativwirkungen wie z.B. Gegeninteressen dominanter Koalitionen, Unsicherheiten und Ängste Betroffener aufgrund sich ändernder Rahmenbedingungen, neue interne Wettbewerbsverhältnisse usw. kompetent und wirkungsvoll zu bewältigen. Eine nachhaltig funktionierende Implementierung erfordert vor allem eine Modell-Integration auf der wertmäßig-kulturellen Ebene (Aufbau einer Vertrauenskultur nach gemeinsam definierten Prinzipien), der strukturellen Ebene (Vernetzungsprinzip, definierte Routinen, Entscheidungskompetenzen und -regeln), der personellen Ebene (Besetzung von Schlüsselpositionen nach definierten Kompetenzprofilen) und der kommunikativen Ebene (Regelung des Informationsflusses, Abstimmungsprozesse, Erfahrungsaustausch-Meetings).

Im Mittelpunkt der nachfolgenden Ausführungen soll vor allem die Darstellung von konkreten Maßnahmen aus der Wissensperspektive stehen. D.h., es werden jene Aspekte des Wissensmanagements skizziert, die für eine erfolgreiche Einführung einer alternativen Beschaffungsorganisation von größter Relevanz sind und somit für den Gesamterfolg und zur Realisierung der angestrebten Synergie-, Optimierungs- und Kostenreduktionsziele einen wesentlichen impact liefern. Im Detail handelt es sich um die Nutzung von qualitativen Kriterien zur Beurteilung und Auswahl von Lead Buyern z.B. mittels der Durchführung von Best-Practice-Benchmarkings nach definierten Leistungskriterien (KPIs, key performance indicators), der Festlegung von Lead-Buyer-Aktivitäten aufgrund jeweils ermittelter Kernkompetenzen, einer Standardisierung von Einkaufsroutinen entlang erkannter „lessons learned", der Organisation von Wissenstransferprozessen zwischen Lead Buyern mit Hilfe des Prinzips der Vernetzung, sowie der Etablierung eines Pesonalentwicklungs-Verbunds zwischen Lead Buyern zur Erweiterung der jeweiligen Einkaufskompetenzen.

3.1. Best-Practice-Analyse mittels Benchmarking

Mit Hilfe eines pragmatischen Verfahrens des Benchmarkings begibt man sich auf die gezielte Suche nach vorbildlichen Methoden, Verfahrensweisen und vorhandene Erfahrungen und Lösungen unter ausgewählten Benchmark-Partnern, um herauszufinden, was von den Besten gelernt werden kann, um neue Impulse und Ideen außerhalb der eigenen Perspektivenwelt zu finden. Die daraus resultierenden Erkenntnisse werden sodann so adaptiert und implementiert, dass daraus Verbesserungen möglich werden. Während Best Practices lediglich eine am besten realisierte Lösung kennzeichnen, wird in Kombination mit einem systematischen Benchmarking-Prozess auch nach tatsächlichen am Markt befindlichen Produkten und/oder Dienstleistungen nach einheitlichen Kriterien gesucht und verglichen. Ein differenzierter Blick auf die jeweiligen Best Practices innerhalb definierter Kategorien von einzelnen Vergleichskriterien bietet sodann den eigentlichen Nutzen und führt zu Messlatten für andere Benchmarkingpartner. Verbesserungspotenziale können so schnell und effizient in messbarer Form abgeschätzt werden und liefern damit die Basis für kontinuierliche Verbesserungsprozesse (siehe Abbildung 9).

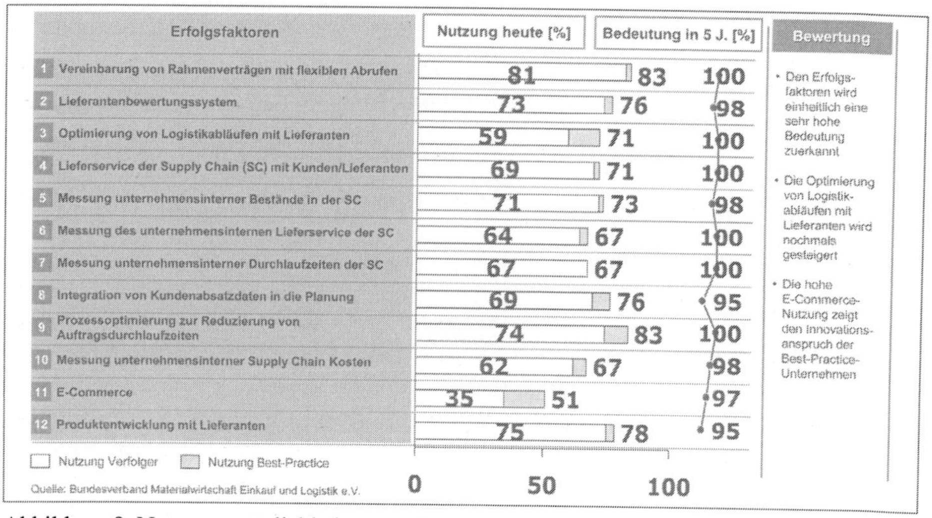

Abbildung 9: Nutzungsmöglichkeiten von Best Practices

Die Problematik liegt jedoch in der Systematik selbst und in der Unterschiedlichkeit von Organisationen, weshalb oft aussagekräftige Kriterien und Kennzahlen nur schwer definiert werden können, die zu einem Vergleich führen. Aus diesem Grund können Benchmarks lediglich Indikatoren und Zielgrößen sein, anhand derer eine Erreichbarkeit bei der Umsetzung laufend zu überprüfen ist.

Im Fall des Beschaffungsbereiches eignet sich ein Vergleich der Best Practices vor allem im Bereich der Strukturdaten und Kennzahlen. Die Untersuchungsfelder konzentrieren sich somit auf Einkaufsvolumina (Einkaufsvolumen je Artikelgruppe, Anzahl der Bestellpositionen, Anzahl der Artikel, Anzahl der Lieferanten, Anzahl der Eingangsrechnungen), Vergleiche im Bereich ausgewählter Top-20-Artikel und Personalkosten (z.B. Personalkosten der Beschaffung, Anzahl von Mitarbeitern je Wirtschaftsabteilung). Neben dieser quantitativen Form des Vergleiches bedarf es aber ebenso interpretationsfähiger qualitativer Daten, die beispielsweise mittels Diagnose im Sinne eines Kompetenzmonitorings nach anerkannten internationalen Leistungskriterien im Bereich Beschaffungsmethoden-, Artikel-, Leistungs- und Marktkompetenz ermittelt werden können.

Die differenzierten Vergleiche der Beschaffungsorganisationen mit Hilfe des Benchmarkings bilden damit die Basis für die Potenzialberechnung. Die ermittelten Kennzahlen verdeutlichen einerseits die Unterschiede zwischen den Benchmarking-Teilnehmern bezüglich Organisation, Prozessen, Beschaffungsstrategie, Bezugspreisen, Bezugsmengen, Qualität (Produkt und Service), Leistungsumfang, Effizienz und Effektivität und führen letztlich im Sinne einer validierten Vergleichsanalyse aller im Einkauf relevanten Daten zu qualitativen Optimierungsmöglichkeiten von Einkaufsprozessen und zur Erzielung von quantitativen Einsparpotenzialen.

3.2. Kernkompetenzen bestimmen den Lead Buyer

Für die Bestimmung und Auswahl des optimalen „Leads“ im Beschaffungswesen ist es notwendig, die insgesamt zu beschaffenden Artikelgruppen zu Kompetenzfelder zusammenzufassen. Ebenso sind die jeweils benötigten Fähigkeiten und Kompetenzen zu konkretisieren, die einen professionellen Lead Buyer auszeichnen. Die einzelnen Artikelgruppen werden somit unter den Aspekten „Regionalisierung der Beschaffungsaufgaben“ und „Struktur der operationellen Einheiten zur Durchführung der Beschaffungstätigkeiten“ hinsichtlich der jeweils vorhandenen Lead-Fähigkeiten und Zugehörigkeit zu Kompetenzfeldern beurteilt und festgelegt. Ein Lead ist daher über Artikelgruppen-Kompetenz definiert, d.h. über die vorhandene Fachkompetenz einer professionellen Beschaffung bezüglich der Artikelgruppe sowie über die Marktkompetenz in der jeweiligen Artikelgruppe (Markt- und Lieferantenanalysen, Teilangebote, Gesamtangebote, Losregelungen). Die Artikelgruppen-Kompetenz wird schrittweise mittels Qualifizierung und praktischer Tätigkeit als Lead Buyer ständig erweitert, so dass eine Expertenkompetenz durch Aufgabenfokus nach definierten Qualifikationsprofilen aufgebaut wird. Die Zusammenfassung von Artikelgruppen zu einem Kompetenzfeld erfolgt auf Basis ihrer thematischen Zusammengehörigkeit nach Produkt- und Leistungseigenschaften, den erforderlichen Markt- und Lieferantenkenntnissen, den Kenntnissen der zugehörigen Qualitätskriterien sowie nach Service-Level-Agreements (SLAs) als Performancekriterien und somit maßgeblichen Bestandteilen des strategischen und operativen Beschaffungsprozesses. Aus einer ressourcenbasierten Sicht des strategischen Managements erfolgt demnach eine verbesserte Bewirtschaftung der Ressource Wissen durch die Nutzung vorhandener Kompetenzen im Beschaffungsmanagement und die rasche Know-how-Verfügbarkeit im Lead-Buyer-Netzwerk sowie den effektiveren Zugang zu Marktinformationen unter Ausnutzung moderner Beschaffungs- und Kommunikationswerkzeuge. Ebenso lassen sich aufgrund der Spezialisierungen, der Konzentration auf Kernkompetenzen, des regelmäßigen Wissensaustausches und der wechselseitigen Lernprozesse auf Basis validierter Daten Kosten senken und Risiken im Beschaffungsprozess minimieren. Vor allem aber lässt sich die Lieferbereitschaft, die Flexibilität und die Anpassungsfähigkeit an geänderte Produkt-, Leistungs- und Marktbedingungen nachweislich verbessern, da auf die Kapazitäten und Kompetenzen eines Lead Buyers rascher zugegriffen werden kann. Da das Lead-Buyer-Modell auf den vorhandenen Ressourcen und Fähigkeiten der einzelnen Organisationseinheiten ansetzt, lässt sich auch eine Umsetzung aufgrund einer höheren Akzeptanz der Nutzer und aktiv Beteiligten am schnellsten realisieren.

3.3. Wissenstransfer durch Vernetzung

Die Realisierung der Shared-Service-Prinzipien mittels Lead-Buyer-Modell führt im weiteren Sinne zur Bildung eines Competence Centers Procurement, das nicht als räumlich zentrale Organisationseinheit zu verstehen ist, sondern als

Plattform, in der Ressourcen und Know-how für Beschaffungsmanagement gebündelt und fokussiert werden (siehe Abb. 10).

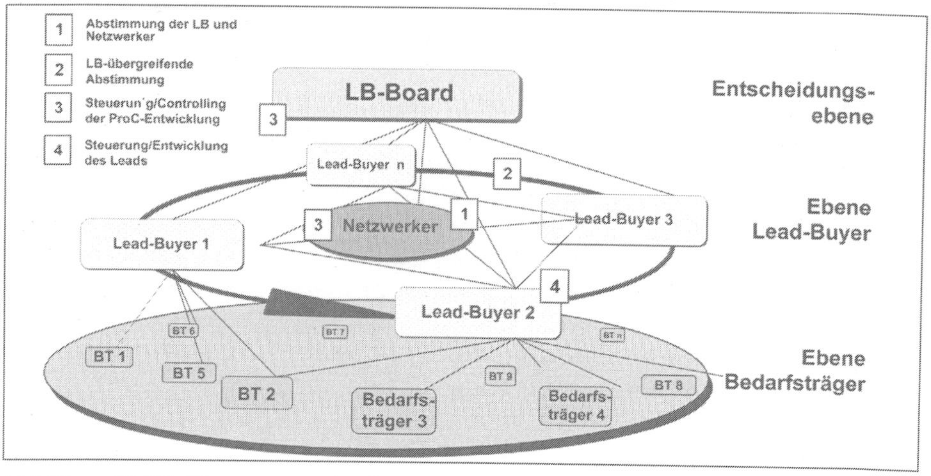

Abbildung 10: Die Vernetzungen im Competence Center Procurement

Für das Funktionieren des Competence Centers Procurement bedarf es der Festlegung einer klaren Aufbau- und Ablauforganisation dieser temporären Organisationsform und konkrete Standards und Routinen sowie Spielregeln der Zusammenarbeit mit unterschiedlichen Rollen, Aufgaben und Verantwortungsbereichen. Der jeweilige Lead Buyer ist z.B. für definierte Warengruppen/Artikel und die Durchführung der Beschaffungsaufgaben verantwortlich. Lead Buyer werden auf Basis ihrer vorhandenen Kernkompetenzen im Beschaffungsbereich, des spezifischen notwendigen Produkt-Know-hows und der Ressourcen nominiert und sind räumlich in den bestehenden dezentralen Organisationen angesiedelt. Auf Seiten des Lead Buyer befinden sich ausgewählte Kompetenzträger, die für die Durchführung der strategischen Beschaffungsaufgaben entsprechend den Leadinhalten zuständig sind. Zu diesen Aufgaben zählen im Wesentlichen Marktrecherchen und Beschaffungsmarktforschung, die Vorauswahl von Anbietern, die Durchführung von Ausschreibungen und Auswahlverfahren, die Zusammenstellung von Beschaffungsstatistiken, die Festlegung der Beschaffungsstrategien (Regionalität, Lossplittung), die Schaffung und Bereitstellung der Infrastruktur inkl. Personalkapazität und -qualifikation zur Durchführung der strategischen und operativen Beschaffung, das Führen von Leistungsaufzeichnungen zur Leistungsverrechnung, die Abstimmung mit anderen Lead Buyern, dem Lead Buyer Board und dem Netzwerker hinsichtlich Wissensaustausch und Erfahrungstreffen und das Betreiben des gesamten Innovationsprozesses. Das Lead Buyer Board ist das relevante Entscheidungsgremium und übernimmt daher die Gesamtverantwortung und strategische Ausrichtung und legt die Prinzipien für das Competence Center Beschaffung fest. Von diesem Gremium werden die Vorgaben und Kontrollmechanismen für die gesetzten Produktivitäts-

und Einsparziele festgelegt und die Einhaltung von definierten Standards für Prozesse und Leistungen überwacht. Das Lead Buyer Board initiiert auch notwendige Innovationen und unterstützt deren Umsetzung, ist für die interne wie externe Kommunikaition zuständig und kümmert sich um die Budgetgebarung. Ausgehend von Entscheidungen des Lead Buyer Boards werden geeignete Lead Buyer und Netzwerker ausgewählt und beauftragt, sowie Teilnehmer am Lead-Buyer-Modell aufgenommen bzw. ausgeschlossen. Als Steuerungsinstrumente stehen dem Lead Buyer Board Zielvereinbarungen, regelmäßige Reports der Lead Buyer und des Netzwerkers, Abstimmungsgespräche, Kosten- und Leistungskennzahlen und Budgetkennzahlen, sowie mögliche Incentives in Form von beispielsweise Prämien zur Verfügung. Der sogenannte Netzwerker bildet eine Informations- und Kommunikationsdrehscheibe und unterstützt den/die Lead Buyer mit zentralen Supportdienstleistungen. Der Netzwerker hat somit eine koordinierende Rolle zwischen den Lead Buyern und kümmert sich u.a. um ein Qualitätsmanagement, das Management der Steuerungsplattform und der Einrichtung eines E-Procurement. Die Rolle der jeweiligen Bedarfsträger je Trägerorganisation besteht darin, die konkreten Beschaffungsaufgaben an den definierten Lead Buyer abzugeben, womit sie die eigentlichen Treiber des Netzwerkes sind, indem sie auch die entscheidenden Qualitätsziele vorgeben. Die hier dargestellten unterschiedlichen Rollen und Aufgaben und die definierten Regelungen zur Institutionalisierung dieser temporären Netzwerkstruktur machen zum Funktionieren und Erreichen der festgelegten Beschaffungsziele einen ständigen Wissenstransfer regelrecht zur Verpflichtung, da ansonsten die jeweiligen Interessen nicht ausreichend erfüllt werden können.

4. Zusammenfassende Bemerkungen

Bei allen Bemühungen der letzten Jahre, Konzepte des Wissensmanagements in die Aufmerksamkeit der Unternehmenspraxis zu bringen, muss letztlich wohl eingestanden werden, dass es in den meisten Fällen entweder bei theoretischen Diskursen geblieben ist, oder aber Pilot-Lösungen als versuchsartige Schönwetteraktionen endeten. Die Anschlussfähigkeit von Ansätzen, Methoden und Instrumenten des Wissensmanagements wird dann erhöht, wenn diese als wesentliche Erfolgstreiber für die Realisierung unterschiedlicher Performance-orientierter Management-Programme wirkungsvoll eingesetzt werden können. Da aktuell primär Konzepte zur Optimierung, Neu-Ausrichtung, Integration und Kostenreduktion im Mittelpunkt der Management-Interessen stehen, liefert Wissensmanagement vor allem einen wesentlichen Beitrag dort, wo es um die Diagnose, Erweiterung, synergetische Vernetzung, Integration und Transformation unterschiedlicher Wissensbasen geht, um die Fortschrittsfähigkeit und nachhaltige Wettbewerbskraft der Unternehmen erfolgreich zu stärken. In dem hier beschriebenen spezifischen Fall der Realisierung von Shared-Service-Ziele mit Hilfe eines Lead-Buyer-Modells im Bereich des Procurement-Managements wurde deutlich, dass Maßnahmen aus einer Wissensperspektive in erster Linie zur Institutionalisierung und Regelhaftigkeit eines Bündelungs- und Vernetzungsprinzips dienen. Denn die Grundlage dafür liefern die jeweils vorhandenen Kernkompetenzen und damit eine auf Professionalitätskriterien beruhende Nutzung der jeweiligen Wissensbasis, die es intelligent zu nutzen und laufend zu erweitern gilt, so dass daraus angestrebte und nennenswerte Skaleneffekte resultieren.

5. Verwendete und weiterführende Literatur

Bergeron, B. (2003) Essential of Shared Services, Canada.

Booz, Allen & Hamilton (1998) Shared Services – Management Fad or Real Value? New York.

Boutellier, R./Zagler, M. (2000) Materialgruppenmanagement und Einkaufskooperationen; München/Wien.

Campenhausen, C./Rudolf A. (2001) Shared Services – profitabel für vernetzte Unternehmen, in: Harvard Business Manager 1/2002, S. 82–93.

Frehner, U./Bodmer, Ch. (2000) Best Practice im Einkauf. Optimieren durch Messen und Vergleichen; München/Wien.

Graf, G./Neumann, R./Jordan, G./Henseler, A. (2004) Optimierung der Beschaffungsvorgänge österreichischer Krankenversicherungsträger, unveröff. Abschlussbericht Procurement Center, St. Gallen.

Grillitsch, W. /Müller-Stingl, A./Neumann, R. (2005) Development of Corporate Networks to Foster Regional Opportunities for SMEs with the Special Focus on Knowledge Management. Making Knowledge Work, Stirling, Scotland

Kagelmann, Uwe (2001) Shared Services als alternative Organisationsform am Beispiel der Finanzfunktion im multinationalen Konzern, 1. Auflage, Wiesbaden.

Kaplan, R.S./Norton, D. (2001) Die strategiefokussierte Organisation, Stuttgart.

Kaplan, R.S./Norton, D. (2004) Strategy Maps – Der Weg von immateriellen Werten zum materiellen Erfolg, Stuttgart.

Müller-Stingl, A./Grillitsch, W./Neumann, R. (2005) Knowledge Management in Technology Networks – A Qualitative Research Study, presented at ECKM European Conference of Knowledge Management, Dublin

Müller-Stingl, A./Grillitsch, W./Neumann, R. (2005) Intangible Assets: Entwicklung eines Business Excellence Navigators. In: Bewertung und Management von Intangible Assets, Innsbruck.

Neumann, R. (2000), Die Organisation als Ordnung des Wissens – Wissensmanagement im Spannungsfeld von Anspruch und Realisierbarkeit. Wiesbaden.

Neumann, R./Stingl, A. (2003) The organisational order of knowledge – interpretations of knowledge based companies. 19th EGOS Conference on Organization Analysis Informing Social and Global Development, Copenhagen, Denmark.

Quinn, B./Cooke, R./Kris, A. (2000) Shared Services. Mining for Corporate Gold, London et al.

Schreyögg, G. (1998) Organisation: Grundlagen moderner Organisationsgestaltung, 2. Auflage, Wiesbaden.

Schreyögg, G./Conrad, P. (2000) Organisatorischer Wandel und Transformation, Wiesbaden.

Schulmann, D. (1999) Shared Services: adding value to the business units. New York.

Wißkirchen, F. (2001) Das Shared Service Center Konzept. München.

Kompetenzmanagement
Methoden, Vorgehen, Praxiserfahrungen

Volker Heyse

In diesem Beitrag erfahren Sie

- die bedeutendsten Ziele eines professionellen Kompetenzmanagements bei Unternehmen.
- die zentralen Inhalte professionellen Kompetenzmanagements.
- den grundsätzlichen Aufbau, die Struktur, die Entwicklung und das Vorgehen zur Implementierung von Kompetenzmanagement-Systemen anhand eines konkreten Kompetenzmanagement-Modells.

1. Ausgangssituation

Unstrittig ist heute: Kompetenzmanagement-Systeme sind unverzichtbar für eine strategisch orientierte Personalarbeit. Bei allen Bemühungen von Unternehmen, sich Sicherheiten zu schaffen, bleibt die Zukunft unsicher, und es wird immer schwieriger, Personen, Teams, Belegschaften auf das Morgen vorzubereiten. Umso mehr kommt es darauf an, nicht auf einzelne Qualifikationen, engere fachliche Anforderungen und Ähnliches zu setzen, sondern auch auf die überfachlichen Kompetenzen, bei denen es sich ja im Wesentlichen um Selbstorganisationsvoraussetzungen, um Möglichkeiten der Anpassung an und Bewältigung von komplexen und bisher nicht bekannten Anforderungen handelt. Kompetenzen umfassen sowohl Wissen, Fähigkeiten, Fertigkeiten als auch Motivationen, Gefühle und Werte.

Es kommt immer mehr darauf an, dass Unternehmen – unabhängig von ihrer Größe – eigene Kompetenzmodelle erarbeiten, auf deren Grundlage dann SOLL-IST-Abgleiche und differenzierte Personal- und Organisationsprozesse eingeleitet werden. Letztere müssen auf die tatsächlichen Unternehmensbedarfe ausgerichtet sein, sind primär als Mittel zum Zweck der Unternehmensentwicklung zu betrachten. Das Unternehmen muss strategiebasiert kompetenzfördernde Rahmenbedingungen bereitstellen und Selbstentwicklungsprozesse auf den verschiedensten Ebenen wollen und ermöglichen. Kompetenzen sind also gefragt: bei Personen, bei Teams, bei Belegschaften, beim Unternehmen insgesamt.

Ohne ein Kompetenzmodell ist das heute nicht leistbar. Dabei ist wichtig zu wissen, dass jedes Unternehmen ein eigenes Kompetenzmanagement aufbauen muss, zumal die eigene Geschichte, betriebswirtschaftliche Situation, die eigenen externen und internen Ziele und natürlich die Unternehmenskultur hierbei eine entscheidende Rolle spielen.

Das Bewusstsein für die Bedeutung des Kompetenzmanagements ist in den zurückliegenden zehn Jahren sehr deutlich gestiegen. So arbeiten rund ein Drittel der in Deutschland 2006 befragten Unternehmen mit differenzierten Kompetenzanalysen, mit denen geklärt wird, welche Kompetenzen gegenwärtig sowie in der Zukunft für diese Unternehmen gebraucht werden. Und rund 50% sind auf dem Weg zu einer regelmäßigen Ermittlung der notwendigen Kompetenzen.

2. Gegenstandsbestimmung Kompetenzmanagement

Welche Ziele verfolgt ein modernes Kompetenzmanagement?

Das oberste Ziel von Wirtschaftsunternehmen ist die Sicherung bzw. Steigerung der Wettbewerbsfähigkeit des Unternehmens (und in unmittelbarer Folge: die Sicherung von Arbeitsplätzen). Dazu bedarf es zunehmend kompetenter Mitarbeiter mit einer hohen Lernbereitschaft und einem hohen Maß an selbstorganisiertem Lernen.

Die einzelnen Ziele eines Kompetenzmanagements sind:

1. Eindeutige Ableitung aus der Unternehmensstrategie. Dabei ist es wichtig, überschaubare Betrachtungszeiträume zu wählen und wenige, aber umso zwingendere Unternehmensziele herauszuarbeiten. Die strategische Personalentwicklung darf nicht parallel zur Unternehmensstrategie abgeleitet werden, sondern muss sich als Umsetzung der Unternehmensstrategie beweisen.
2. Das Kompetenzmanagement muss im Einklang mit der Unternehmenskultur des Unternehmens stehen und diese wiederum weiterentwickeln und lebbar gestalten.
3. Gemeinsame Sprache sowohl für Kompetenzanforderungen als auch für Kompetenzentwicklungsmaßnahmen an die Führungskräfte und Mitarbeiter. Die einzelnen Kompetenzen müssen differenziert und eindeutig beschrieben werden. So werden sie allen einleuchtend und in verschiedenen Unternehmensbereichen vergleichbar.
4. Einführung übergreifender Kompetenzmodelle. Hierdurch werden Kompetenzen identifiziert, die für Gruppen von Mitarbeitern, für mehrere Tätigkeiten und Funktionen gelten. Es wird deutlich, welche Kompetenzen standortübergreifend vorhanden sind und über die entsprechenden Personen oder Teams ausgeglichen werden können. Es werden differenzierte Kompetenz-Sollprofile möglich und entsprechende Soll-Ist-Vergleiche mit sehr konkreten Entwicklungsorientierungen. Der Formalismus und die Diversität der Stellenbeschreibungen werden überwunden.
5. Die Bindung guter Mitarbeiter soll erhöht werden. Die Mitarbeiter erhalten Einblick in ihren Entwicklungsstand und unterschiedliche Kompetenzentwicklungsmöglichkeiten, aber auch in andere Tätigkeiten und Funktionen, für die sie auch oder gar besser geeignet zu sein scheinen. IT-gestützte Kompetenzmodelle mit Profil-Ist-Vergleichen haben hierbei einen großen Vorteil.
6. Die Kompetenzentwicklung kann sehr individuell (Personen, Teams) geplant und bereichs- bzw. standortübergreifend vollzogen werden. Dabei erhalten arbeitsintegrierte Kompetenzentwicklungsmaßnahmen den Vorzug.
7. Das Kompetenzmodell trägt zu einer Verdichtung und Verbesserung der Unternehmenskommunikation bei. Kommunikation ist die Voraussetzung für die gemeinsame Sicht und für Selbstorganisationsprozesse. Zugleich fördert ein konsequentes Kompetenzmanagement die durchgängige Kommunikation auch solcher Sachverhalte, die in vielen Unternehmen nicht transparent gemacht werden und dadurch unternehmerisch unwirksam bleiben: insbesondere alles, was mit strategischen Zielen und entsprechenden Maßnahmen zusammenhängt.
8. Schließlich ist es Ziel des Kompetenzmanagements, die Qualität der Führung auf den unterschiedlichen Ebenen zu erhöhen, insbesondere in den Kompetenzbereichen zielorientiertes Führen, Entscheidungsfähigkeit, Eigenverantwortung, Delegieren und Mitarbeiterförderung.

Was schließt das Kompetenzmanagement im Einzelnen ein?

Vorausgesetzt, das Kompetenzmanagement baut auf einer aktuellen Unternehmens-(Teil-)Strategie und auf einem unternehmensspezifischen Kompetenzmodell auf, kann es – je nach Bedarf des speziellen Unternehmens – folgende Aufgabengruppen realisieren:

- Kompetenzanforderungen: Strategie- und Kompetenz-orientierte Tätigkeitsbeschreibung und -bewertung, neuartige Funktions- und Jobbeschreibungen und Anforderungsprofile
- Kompetenzanalysen und -Bilanzierung: Kompetenz- und Stärkenmanagement-orientierte Management-Audits, Potenzialanalysen und Kompetenzbilanzierungen
- Stärken-Schwächen-Analysen und erfolgreiche Intervention: Erkennen von Stärken und Schwächen im Rahmen der Unternehmensstrategie auf der organisationalen, auf der Team- sowie auf der individuellen Ebene und Ableiten differenzierter Organisations- und Personalentwicklungsmaßnahmen
- Top-Performer-Entwicklung: Erkennen, Fördern und Binden von Top Performer und High-Potenzials
- Kompetenzorientierte Rekrutierung: Erhöhung der Objektivität beim Rekrutieren und bei der Neubesetzung von Funktionen und Jobs, Erhöhung der Entscheidungssicherheit und Minimierung der Kosten durch Fehlbesetzungen
- Beurteilungssystem: Implementierung eines kompetenzorientierten Beurteilungssystems; Entwicklung und Pflege eines Beurteilungssystems mit differenziertem Feedback und Anregungen zur Kompetenzentwicklung bzw. sinnvollen Jobrotation
- Unternehmenskultur: Förderung der Führung und Unternehmenskultur durch konkrete strategie-orientierte Maßnahmen und Rückkopplungen
- Erhöhung der Mobilität: Durch unternehmensinterne Soll-Ist-Vergleiche – bezogen auf alle unterscheidbaren Job- und Funktionsprofile – sowie durch dynamische Entwicklungspfade, Job- und Einsatzberatung, Jobbörsen werden die personelle Mobilität und Employability deutlich erhöht, die Human Ressources werden dynamisiert
- Kompetenzentwicklungsmaßnahmen: Neben die traditionellen Qualifizierungen treten neuartige Kompetenzentwicklungsmaßnahmen, insbesondere solche mit deutlichen Selbsttrainings- und arbeitsnahen Trainings-/Weiterbildungs- Orientierungen.

Die Entwicklung eines Kompetenzmodells ist das A&O für jegliches Kompetenzmanagement und entscheidet über die Güte und Effizienz aller nachfolgenden Maßnahmen. Wenn an dieser Stelle oberflächlich und Strategie-entfernt gearbeitet wird, entstehen unnötige Zeit-, Ressourcen-, finanzielle und Motivationsverluste.

Und: Schon zu Anfang müssen sich die Entscheidungsträger darüber im Klaren sein, dass ihr späteres Kompetenzmanagement IT-gestützt und damit beratungseffizient, objektiviert und kontrollierbar gestaltet werden muss.

Gibt es bereits „reife“ Kompetenzmodelle und -instrumente, die sich in der Praxis bewährt haben, zeit- und kostenökonomisch und nachweisbar nutzenstiftend sind?

Lassen sich solche Modelle und Instrumente auch durch interne Spezialisten einführen oder ist das Unternehmen bei der Einführung und späteren Nutzung von Externen abhängig? Werden solche (anfangs extern erworbenen) Instrumente einmalig erarbeitet, oder werden sie kundenbedarfsnahe weiterentwickelt?

Das sind berechtigte Fragen von Unternehmen, die den Schritt zur Einführung eines Kompetenzmanagements erwägen und die Voraussetzungen prüfen.

Diese Fragen sind gegenwärtig noch leicht zu beantworten.

In den letzten Jahren haben sich die Berge mit Literatur zum Kompetenzmanagement enorm erhöht. Allerdings gibt es wenig Neues hinsichtlich praktisch einsetzbarer Instrumentarien.

Und andererseits sind im Handbuch „Kompetenzmessung“ von J. Erpenbeck und L. von Rosenstiel (2007) dutzende Verfahren beschrieben, die mehr oder weniger plausibel vorgeben, Kompetenzen zu erheben und zu bewerten. So gibt es nicht wenige Anbieter, die lediglich Fertigkeiten und Wissen diagnostizieren und als Kompetenzen ausgeben – zumal diese Vorstellung von Kompetenzen bei nicht wenigen Unternehmen vorherrschen. Andererseits gibt es aber nur wenige Kompetenzdiagnostikverfahren, die sich in der betrieblichen Praxis in Breite bewähren (im deutschsprachigen Raum vor allem KODE®, KODE®X, Kasseler Kompetenz Raster, ASSESS®), noch weniger, die auf die oben genannten Ziele und Aufgaben des Kompetenzmanagements mit eigenen Instrumenten hinzielen (KODE®X, Kassler Kompetenz Raster) und noch weniger, die umfassende Selbsttrainingsverfahren zur Kompetenzentwicklung und andere neuartige Interventionsmöglichkeiten bieten (zur Zeit nur KODE®X).

Das KODE®X-Gesamtverfahren ist also gegenwärtig das am meisten entwickelte und wird auch zukünftig weiterentwickelt. Im Folgenden wollen wir uns deshalb dieses Verfahrenssystem näher ansehen.

Lesehinweis: Betrachten Sie die Darstellungen stets kritisch unter folgenden Gesichtspunkten:

- Abgesichertes wissenschaftliches Modell
- Unternehmensinterne und strategische Passfähigkeit
- Einfachheit, Verständlichkeit der Instrumente
- (Zeit-) Ökonomie bei der Anwendung
- Breite der Kompetenzmanagement-Aufgaben, die unterstützt werden.

3. KODE®X: Kompetenzmodell und Instrumentenkasten

Da eines der problematischsten Aufgaben in vielen Unternehmen die Strategieentwicklung und Arbeit mit strategischen Zielen ist, soll nach einer kurzen Darstellung der wichtigsten Hintergründe von KODE®X mit einigen kritischen Überlegungen zur strategischen Arbeit und den Auswirkungen auf die Personalentwicklung begonnen werden. Es werden dann die einzelnen KODE®X-Instrumente zum Aufbau eines Kompetenzmanagements ausschnittsweise vorgestellt und schließlich Beispiele für die Nutzung der KODE®X-Software ***Competenzia*** abgebildet.

Was ist KODE®X?

KODE®X – der KOMPETENZ-EXPLORER – dient der Erkundung von unternehmensstrategischen Kompetenzprofilen, von anforderungs- bzw. funktionsspezifischen Kompetenz-SOLL-Profilen sowie von Kompetenzpotenzialen der Mitarbeiter und Führungskräfte. KODE®X stellt für die Kompetenzentwicklung gegenwärtig 74 Modulare Informations- und Trainingsprogramme (MIT) zur Verfügung. KODE®X wird seit 1999 entwickelt und eingesetzt und schließt seit 2005 eine spezielle Software ein. Entwickler sind die KODE®-Entwickler Heyse/Erpenbeck/Max (vgl. 2004, 2007, 2007).

KODE®X ist eine bewusst gewählte Kombinationslösung, ein hybrid approach. Es ermöglicht auf verblüffend einfache Weise, alle wichtigen Seiten der Kompetenzermittlung sowie der Erarbeitung von Kompetenzprofilen zu beherrschen.

Für die Anwendung werden seit 2002 KODE®-Berater in eintägigen Intensiv-Lizenzausbildungen geschult.

Welches Kompetenzmodell liegt KODE®X zu Grunde?

KODE®X geht von vier Grundkompetenzen aus:

- Personale Kompetenz
- Aktivitäts- und Handlungskompetenz
- Fach- und Methodenkompetenz
- Sozial-kommunikative Kompetenz.

Auf dieser Basis wurde in umfangreichen Untersuchungen ein KompetenzAtlas entwickelt, der inzwischen als Ausgangspunkt für viele betriebliche Kompetenzmodelle im deutschsprachigen Raum dient. Mit dem KompetenzAtlas ist es gelungen, 64 Teilkompetenzen logisch zuzuordnen, die Zusammenhänge zwischen ihnen darzustellen und die Typologie der Grundkompetenzen praxisnahe zu erweitern.

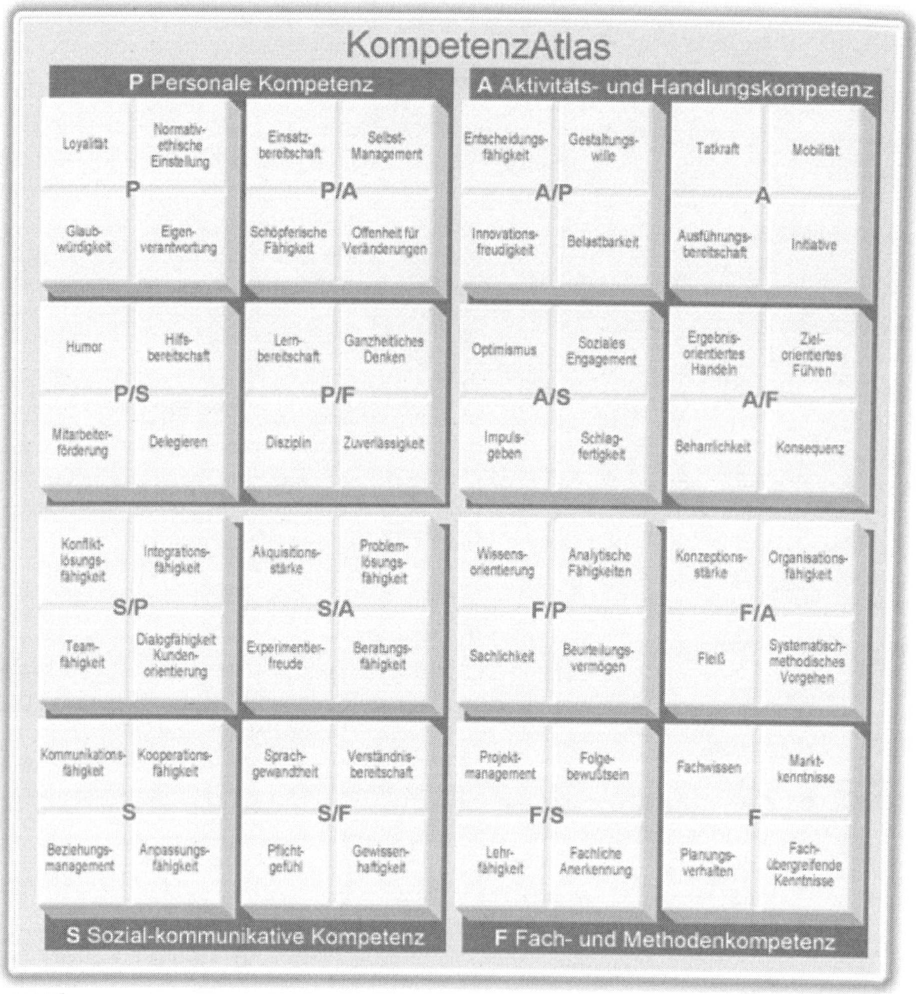

Abbildung 1: KompetenzAtlas

Auf Grund mehrfacher Anfragen und Anregungen von KODE®X-Nutzern wurden zwischen 2004 und 2006 zwei weitere Untersuchungen speziell zu synonymen Begriffen durchgeführt. Von 320 vorgefundenen Synonymen und eng verbundenen Begriffen wurden 147 selektiert und den 64 Feldern des KompetenzAtlas zugeordnet. So entstand der SynonymAtlas mit insgesamt 211 Begriffen, von denen man immer wieder auf den elementaren 64er Atlas kommt (Heyse/Erpenbeck 2007).

Die 64 Teilkompetenzen wurden ausführlich beschrieben und können – ausgehend von einem gleichen Verständnis der Bewerter – bei Potenzialanalysen und Einzel-Beurteilungen verwendet werden. Nachfolgend sind beispielhaft zwei Beschreibungen wiedergegeben. Sie erfolgen stets nach dem gleichen Aufbau:

Oberer Block: Arbeitsbezogene Identifikationsmerkmale/Beobachtungs- und Beurteilungsmerkmale als „Rohlinge“ gedacht und somit im konkreten Unternehmen präzisierbar und ergänzbar.

Mittlerer Block: Lexikalische Definition – feststehend und nicht veränderbar.

Untere Zeile: Beispiele für Kompetenzübertreibungen. Das KODE®X zu Grunde liegende Kompetenzmodell geht davon aus, dass eine Übertreibung von Kompetenzen und Stärken zu Schwächen führen können (Stärken-Schwächen-Paradox nach E. Fromm).

Beispiel 1: Beschreibung „Akquisitionsfähigkeit“

	Akquisitionsstärke **S/A**
Kompetenzbegriff: Identifikationsmerkmale und Kurzcharakteristika der Kompetenzkombinationen	Geht auf andere Personen aktiv und initiativreich zu; versteht und beeinflusst andere durch intensive und kontinuierliche Kommunikation Erkennt wichtige Kundenbeziehungen und baut sie aus, sucht die Nähe zum Kunden und stellt sich auf Besonderheiten des Kunden ein Entwickelt beim Kunden spezifische Lösungsvorschläge und vermittelt das Gefühl der vollen Einbeziehung des Kunden; unterstützt den bestehenden Kundenstamm sowie potenzielle Neukunden durch Beratung und Lösungsvorschläge Beendet Gespräche mit konkreten Vereinbarungen (weiteres Vorgehen, Termine...)
Erläuterungen: Begriffsbestimmungen und Begriffsumfänge der Kompetenzkombinationen	Akquisitionsstärke bezeichnet allgemein die Intensität und Aktivität, mit der Erwerbungs- und Werbungsprozesse in sozialen Zusammenhängen durchgeführt werden. Dabei kann es sich um den Erwerb neuer Produkte, die Anwerbung von qualifizierten Mitarbeitern (Personalmarketing), um die Erschließung von Kunden (Kundenwerbung) oder von notwendigem Wissen (Wissensakquisition) handeln. Die Akquisition im und für den Verkauf nimmt dabei eine Schlüsselrolle ein. Sie erfordert, Zielmärkte offensiv anzugehen und ein Gefühl für das Verhältnis von Akquisitionsaufwand und Akquisitionsnutzen zu entwickeln. Akquisitionsstärke hat in der Dienstleistungsgesellschaft einen immer nachhaltigeren Einfluss auf den Unternehmenserfolg und wird zunehmend Gegenstand der Optimierung durch ein systematisches Prozessmanagement. Ein zunehmend wichtiger Bereich, der die Akquisitionsstärke in das Zentrum eines Berufsbildes stellt, sind z. B. die Call Center mit ihren Call Center Agents.

Kompetenzübertreibungen: Alle aufgeführten Überziehungen sind – erweiterbare – Beispiele	*Wirkt auf andere zu bedrängend, zu sehr ergebnisorientiert...*

Beispiel 2: Beschreibung „Konfliktlösungsfähigkeit"

	Konfliktlösungsfähigkeit **S/P**
Kompetenzbegriff: Identifikationsmerkmale und Kurzcharakteristika der Kompetenzkombinationen	Erkennt die Interessengegensätze anderer und kennt die eigene Interessenlage Besitzt die nötige Einsicht und Toleranz, andere Interessen unvoreingenommen zu prüfen und die eigenen kritisch zu hinterfragen, führt konfliktäre Gespräche mit Kollegen, Führungskräften, Kunden ... sensibel und hält Konflikte aus Besitzt Überzeugungsfähigkeit, löst Widerstände und Blockaden durch überzeugende Argumentation auf, schafft Vertrauen und wirkt sicher im Auftreten Löst Konflikte nicht auf Kosten der widerstreitenden Parteien, sondern so, dass deren Eigenverantwortung, Kreativität und soziale Kommunikation zunimmt, ist deshalb eine Persönlichkeit, die in Konfliktfällen gern als Vermittler aufgesucht wird
Erläuterungen: Begriffsbestimmungen und Begriffsumfänge der Kompetenzkombinationen	Konfliktlösungsfähigkeit beinhaltet das Erkennen von Interessengegensätzen, die persönliche Toleranz, Meinungen anderer auch dann noch zuzulassen, wenn sie der eigenen Vorstellung widersprechen sowie die individuelle Bereitschaft zur Konfliktbearbeitung. Dabei soll die Konfliktlösung nicht das Ergebnis harmoniegeleiteter schneller Einigungen sein, sondern aus einem fair geführten Ausgleich der Interessengegensätze herbeigeführt werden. Besonders wichtig ist Konfliktlösungsfähigkeit in Prozessen der Mediation, wobei Konflikte zwischen zwei oder mehreren Personen, unter Hinzuziehung eines neutralen Dritten ohne Entscheidungsbefugnis (Mediator), außergerichtlich, freiwillig und eigenverantwortlich gewalt- und zwangsfrei durch direkte soziale Kommunikation und Interaktion geregelt werden. Ein wichtiger Bestandteil der Konfliktlösungsfähigkeit ist die Überzeugungsfähigkeit, d.h. die Befähigung, eigene Standpunkte klar und fundiert vorzutragen und Dritten das Gefühl zu vermitteln, Lösungen durch eigene Einsichten gewonnen zu haben.

Kompetenzübertreibungen: Alle aufgeführten Überziehungen sind – erweiterbare – Beispiele	*Bringt ein zu hohes Verständnis für das Handeln von Mitarbeitern, Gruppen ... auf; versucht auch noch dann zwischen konfligierenden Parteien zu vermitteln, wenn konsequente Entscheidungen und Standpunkte notwendig wären ...*

Der Kompetenz-Atlas umfasst in dieser Kompendienform 64 Seiten.

3.1. Am Anfang steht die Strategie

Es kann nun demonstriert werden, wie mit KODE®X strategische Kompetenzanforderungen ermittelt und Kompetenz-Sollprofile abgeleitet werden.

Zu Anfang soll auf einige Grundsätze und typische Fehler bei der Arbeit mit Unternehmensstrategien hingewiesen werden.

Das strategische Verständnis

Entscheidend für den Erfolg eines Unternehmens ist die richtige Strategie. Sie gibt die Richtung an, richtet die Produktionsplanung aus und beeinflusst maßgeblich die Kommunikation nach innen und nach außen.

Strategie ist das, was ein Unternehmen einzigartig macht. Strategische Überlegenheit wiederum setzt voraus, dass man sich sowohl der eigenen Strategie bewusst ist als auch diese offensiv kommuniziert.

Eine gute Strategie sichert das Überleben auf dem hart umkämpften Feld der Wirtschaft. Sie dient der günstigsten Positionierung gegenüber den Wettbewerbern, der Positionierung durch Differenzierung.

Strategien sollten immer in gemischten Teams mit sehr guter Kenntnis des Geschäfts und der gültigen Geschäftspraktiken entwickelt werden und nicht Top-down. So ist es sehr wichtig, wie ein Strategieteam zusammengesetzt wird. Es müssen einerseits die wichtigsten Glieder der Wertschöpfungskette in persona vertreten sein. Andererseits muss eine Brainstorming-ähnliche Diskussionsatmosphäre geschaffen werden, was voraussetzt, dass die Strategieteam-Mitglieder ziel- und lösungsorientiert sind und reinen Bedenkenträgern der Zugang ins Team erschwert wird.

Wenn von Strategie gesprochen wird, dann wird einerseits an Visionen gedacht und Trendbetrachtungen über einen Zeitraum von 8, 10 oder mehr Jahren. Ein solcher Langblick ist insbesondere bei Unternehmen in einer Mehr-Generationsfolge wichtig. Immer dringlicher werden jedoch kürzere strategische Betrachtungen mit konkreten Zielen und Maßnahmen. Ein Fehler, der nicht selten in größeren Unternehmen anzutreffen ist, ist das typische (und ausschließliche) Top-down-Denken mit den damit verbundenen Mängeln:

- Zeitverschwendung an einer sehr allgemeinen, nicht lebendigen Unternehmensstrategie, die auch nicht kommuniziert wird und damit für alle Seiten unverbindlich bleibt

- Unternehmensstrategien über einen langen Zeitraum (10 und mehr Jahre), die sich auf so genannte Forschungsberichte und Supertrends beziehen, die eine Voraussagbarkeit der Zukunft suggerieren. Je unberechenbarer die Welt wird, umso mehr wird versucht, längerfristige Voraussagen zu erhalten, nach denen entschieden werden kann, was zu tun ist.
- Weigerung, ein mögliches Scheitern einzukalkulieren. Keine Gegenszenarien für schwere Zeiten (zum Beispiel: Einbruch des Umsatzes um 20%)
- Zurückhaltung und Zaudern, den gegenwärtigen Erfolg optimal zu nutzen und auszubauen.

Wenn von kurzfristigeren Strategien und strategischen Zielen gesprochen wird, dann wird an einen Zeitraum von 18–24 Monaten gedacht. In einigen Branchen, z. B. IT und Multimedia, ist das schon wieder ein *sehr langer* Zeitraum. Generell kann jedoch eine solche Zeitspanne einerseits noch besser überschaut werden, und andererseits entscheidet sich gerade in den nächsten zwei Jahren, ob der eingeschlagene strategische Weg richtig ist, ob die inzwischen eingetretenen Erfolge das weitere Vorgehen in dieser Richtung rechtfertigen oder ob gegebenenfalls die Strategie verändert werden muss. Immer mehr werden strategische Überlegungen auf den Weg und weniger auf starre langfristige Ziele fokussiert. Top-down-Denken sieht jedoch im Ziel ausschließlich das Ergebnis und setzt nicht selten unerreichbare Ziele. Anders ist es mit den strategischen Zielen eines begrenzten Zeitraums. Sie kennzeichnen das unbedingt zu Erreichende – als Voraussetzung für die weitere erfolgreiche Entwicklung. Sie berücksichtigen die Kunst des Möglichen. Sie ermöglichen das Mobilisieren aller Kräfte und einen auf Hochtouren laufenden Entwicklungsprozess.

Strategische Ziele sollten sich stets an den Kernkompetenzen (Was kann das Unternehmen wirklich gut?) eines Unternehmens ausrichten und unternehmensspezifische Spezialisierungen ermöglichen.

Häufig werden jedoch Stärken eines Unternehmens mit Kernkompetenzen verwechselt. Kernkompetenzen genügen hingegen folgenden sechs Kriterien: * wertvoll am Markt, * selten, * übertragbar auf mehrere Märkte, * schwer imitierbar, * beständig, * nicht substituierbar.

Und andererseits sind sich die Führungskräfte oft der vorhandenen Kernkompetenzen und ihrer Quellen nicht bewusst. Die Quellen von Kernkompetenzen sind: Unternehmensressourcen, Mitarbeiterkompetenzen, Wissen, Netzwerke und Beziehungen.

Die strategischen Ziele müssen sich durch Einfachheit und Erreichbarkeit auszeichnen. Nur so sind sie realistisch und erreichbar. Sie müssen davon ausgehen, was wirklich ist, den Gesetzen der Logik folgen und Eigeninteressen ausschalten.

Wichtig ist die Umsetzung. Die besten Führungskräfte wissen, dass die Richtung allein nicht ausreicht. Die Richtung, die strategischen Ziele müssen nach innen gut verkauft werden, es muss geworben und mitgerissen werden. Die Richtung muss durch Wort und Taten erlebbar werden. Sie müssen klar, deutlich und konsequent *um*gesetzt werden (im Sinne von „aus dem Kopf ins unternehmerische Handeln“).

Die strategischen Ziele sollten sich nicht an Zahlen aufhängen, die nachfolgenden Maßnahmen schon. Verfolgt man die richtigen strategischen Ziele, dann folgen die Zahlen von allein. Wenn jedoch die Hauptaufgabe im Management darin gesehen wird, die Mitarbeiter nur auf die Erfüllung von Umsatzzielen zu dressieren, wird die eigene sowie die Gesundheit des Unternehmens riskiert. Artur Fischer, der Gründer der Fischer-Werke und Deutschlands größter Erfinder, sagte in einem Interview mit dem Autor: „Als Unternehmer muss ich mir immer wieder Ziele stecken, natürlich. Jedoch sollte man Ziele nicht an Zahlen orientieren, denn sobald man nur die Zahlen sieht, ist man gebunden, gefangen, eingeschränkt. Man muss Zahlen haben. Aber wenn ich die Ziele und Aufgaben erfülle, dann erfülle ich auch die Zahlen – und nicht umgekehrt. Denn die Zahlen können falsch sein, aber Ziele und Aufgaben stehen immer da. Nicht immer klar, aber sie sind da. ...*Wenn* ich die Ziele und Aufgaben erledigt habe, dann klappt alles Weitere und der Umsatz stellen sich ein."

Während in kleineren und mittleren Unternehmen überhaupt die konsequente Entwicklung von Strategien als sehr schwierig empfunden (und lieber umgangen) wird, scheint das in großen Unternehmen weniger ein Problem zu sein, zumal man auch gewohnt ist, zu solchen Fragen Berater ins Haus zu rufen. Gemeinsam sind jedoch in der Mehrzahl der Unternehmen unterschiedlicher Größenordnung die Schwierigkeiten bei der *Umsetzung der Strategien*, beginnend bei der Ableitung und Kontrolle von konkreten Maßnahmen. Und was nur selten in die Umsetzung einbezogen wird, ist das Ableiten von Anforderungen an das Humanpotenzial aus der Strategie heraus sowie die zweckmäßigste Umsetzung dieser.

Hier wird eine große Kluft sichtbar: Auf der eine Seite steht die mehr oder weniger mühsam erarbeitete Strategie (ohne konkrete Umsetzung). Auf der anderen Seite steht die Personalentwicklung mit der Orientierung: „Macht mal Weiterbildung, aber nicht zu teuer!" Damit wird ein Führungsversagen auf beiden Seiten und das Fehlen einer (Umsetzungs-)Brücke ersichtlich. Viel Humanpotenzial bleibt dadurch ungenutzt. Es gibt eine empfindliche Lücke zwischen dem Erkennen und dem sinnvollen Tun. Viele Strategien verschwinden nach ihrer Formulierung und Bestätigung durch den Aufsichtsrat oder die Geschäftsleitung in irgendwelchen Geheimfächern.

Zur Umsetzung von Strategien ist es notwendig, eine kleine Zahl gemeinsamer Ziele und Prioritäten festzulegen und sich dann mit aller Kraft auf die wenigen Dinge zu orientieren, die die größte Auswirkung auf den Unternehmenserfolg haben.

Für die Umsetzung spielen ferner Transparenz, Messbarkeit und klare Verantwortlichkeit für die Ergebnisse eine große Rolle.

3.2. KODE®X-Arbeitsschritte

Kommen wir zu KODE®X zurück. Das A und O der Vorgehensweise mit KODE®X sind die Herausarbeitung der wichtigsten strategischen Ziele einer Organisation für einen überschaubaren Zeitraum von 1,5 bis 2 Jahren in einem

TOP-Team und die nachfolgenden Arbeitsschritte dieses Teams in einem eintägigen Workshop.

Diese Arbeitsschritte, verbunden mit bewährten Bearbeitungszeit-Vorgaben, sind:

Arbeitsschritte		Zeitbedarf (Minuten)
1.	Eröffnung, Mitteilung der Zielstellung und des Ablaufes	20
2.	Moderierte Diskussion zur Unternehmensstrategie, Ableitung von 3–5 strategischen Zielen (extern *und* intern gerichtet)	90–120
3.	Ableitung von 12–16 strategischen Kompetenzanforderungen mit allgemeiner Verbindlichkeit – auf der Grundlage der strategischen Unternehmensziele	60
4.	Präzisierung der Kompetenzanforderungen: Formulierung unternehmensspezifischer Identifikations- und Beurteilungsmerkmale	150
5.	Entwicklung von Muster-Anforderungsprofilen für unterscheidbare Job- und Funktionsgruppen	à 30

Zeitbedarf (ohne Pausen): rund 6 bis 6,5 Stunden

Tabelle 1: Arbeitszeit-Vorgaben bei einzelnen Arbeitsschritten

3.2.1. Ableitung strategischer Ziele der Organisation

Für die systematische und strategiebasierte Arbeit ist es notwendig, das Team so zusammenzusetzen, dass die wichtigsten Bereiche durch die wichtigsten Entscheider und Kernpersonen vertreten sind, angefangen beim Vorstand oder der Geschäftsleitung. Der Personalbereich muss ebenso durch einen Teilnehmer vertreten, darf jedoch nicht überpräsentiert sein.

Günstig ist ein TOP-Team mit 6–9 Personen, die an neutralem Ort (zum Beispiel in einem Tagungshotel), ohne Telefonunterbrechung und mit ganztägiger Präsenz zusammenkommen.

Die Diskussion zur Unternehmensstrategie kann sich in kleinen und mittleren Unternehmen bis ca. 2.500 Mitarbeitern auf das ganze Unternehmen beziehen. In größeren Unternehmen sollte sie sich auf Teilstrukturen beziehen, zum Beispiel auf eigenständige Werke oder auf Querbereiche (zum Beispiel auf den Vertrieb international mit rund 2.300 Mitarbeitern eines großen, weltweit agierenden Unternehmens).

In der Regel geht die Moderation in vier Schritten vor:

Schritte/Fragen	Zeitbedarf
1. ***Woher*** kommt unser Unternehmen? Was sind unsere Wurzeln und vergangenen Kernkompetenzen?	1/8.
2. ***Wo*** stehen wir heute? Wie ist unsere Marktposition? Wer ist unser stärkster Wettbewerber und wie stehen wir ihm gegenüber?	1/8.
3. ***Wohin*** wollen wir? Was sollen zukünftig unsere Kernkompetenzen sein?	3/8.
4. ***Wie*** kommen wir dorthin? Welche Ziele müssen wir unbedingt in den kommenden (1,5–2) Jahren erreichen, um die längerfristigen Ziele zu realisieren?	3/8.

Tabelle 2: Vier Schritte

Bei kleineren bzw. gut zu überschauenden Organisationen mit einem langjährigen Führungskräftestamm wird häufig mit dem 3. Schritt begonnen, und die Moderation konzentriert sich dann auf die Schritte 3 und 4.

Interessant ist auch, an *aktuell erarbeiteten* Visionen und Strategien (nicht länger als ein Jahr alt) anzuknüpfen oder *aktuelle* Ballance Scorecards zum Ausgangspunkt zu nehmen. Letztere sind in der Regel eine Mischung von strategischen Zielen und nachfolgenden Umsetzungsmaßnahmen.

Für die KODE®X-Strategiediskussion ist es wichtig, dass

- über die strategischen Ziele eines annähernd überschaubaren Zeitraumes nachgedacht wird, ohne deren Erreichung die weitere Entwicklung der Organisation beeinträchtigt oder gefährdet ist;
- im Rahmen der heterogenen Zusammensetzung die unterschiedlichsten Betrachtungen und Bewertungen eingefangen werden: Geschäftsleitung, Produktion, Entwicklung, Marketing, Vertrieb, Personal, Service, Betriebs-/Personalrat... Insbesondere interessieren die marktnahen Erfahrungen;
- alle Teilnehmer davon ausgehen, dass im Ergebnis der Strategiediskussion immer etwas Unvollendetes stehen wird, eine Art Torso, der in den kommenden Monaten weiter ausgeformt und verifiziert werden muss. Die Anpassung der strategischen Ziele an den Markt mit seinen Veränderungen sollte in jährlichen Abständen erfolgen (in bestimmten Branchen ist das sogar eine zu große Zeitspanne, zum Beispiel in IT oder Multimedia). Wichtig ist nicht die Suche nach Vollständigkeit, sondern die Konzentration auf das Wesentliche, auf wenige Ziele, die jedoch umso konsequenter umgesetzt werden müssen;
- nach der Ableitung von drei bis fünf extern und intern zu verfolgenden Zielen auch eine konsequente Maßnahmeplanung zur Umsetzung dieser Ziele auf der Ebene aller Organisationseinheiten erfolgen und die Maßnahmenrealisierung in festzulegenden Zeitabständen kontrolliert werden muss;

- die erarbeiteten strategischen Ziele von allen Anwesenden mitgetragen und gegenüber den Mitarbeitern vertreten werden müssen.

Solcherart durchgeführte Strategiediskussionen erhalten von den Anwesenden einen hohen Zuspruch:

- In den meisten Organisationen kam man in einer solchen Runde noch nie zu einer Strategiediskussion zusammen.
- Diese Zusammensetzung führt Bereiche über ein für alle Seiten relevantes Thema zusammen, von denen zwar „Laterale Kooperation" erwartet wird, die aber im Alltag kaum an gemeinsamen strategischen Aufgaben arbeiten.
- Mit einer straffen, ergebnisorientierten Moderation werden in einer sehr kurzen Zeit praktikable Ziele erarbeitet, verbunden mit der Entwicklung weiterer Führungsinstrumente. Die anwesenden Führungskräfte und Kernpersonen lernen intensiv im Team und hautnah ihr eigenes OE- und PE-Management.

Die erarbeiteten strategischen Ziele sind sodann die Grundlage für alle weiteren KODE®X-Schritte. Ohne diese grundlegende Teamarbeit ist KODE®X nicht anwendbar.

Im Folgenden seien drei Praxis-Beispiele für strategische Ziele aufgeführt.

Beispiel 1: Mittelständisches Unternehmen des Werkzeugbaus; über 100 Jahre alt; 3 nationale Standorte; wachstumsorientiert.
Es lag eine Unternehmensstrategie mit einem Orientierungswinkel von neun Jahren vor. Die KODE®X-Strategiediskussion baute auf dieser auf:
Erstens: Verdopplung des *Unternehmenswertes* in den kommenden sieben Jahren
Zweitens: Bindung der *Hauptkunden* zur nachhaltigen Unternehmenssicherung
Drittens: Wachstum in den *Nicht-Hauptkunden*-bezogenen Bereichen.

Damit sind verbunden:

- Wachstum im Ausland (bi-directional); Erweiterung des Leistungsspektrums (Servicebereitschaft weltweit; Produktion im Ausland ...)
- Höhere Selbstständigkeit/Unabhängigkeit gegenüber den Hauptkunden
- Produkt-Nutzen-Abstand zum Wettbewerb vergrößern/Technologieführerschaft erreichen
- Kostenführerschaft erreichen
- Flache, leistungsfähige Organisationsstruktur im Unternehmen.

Als *strategische Ziele* für die kommenden 18–24 Monate wurden im KODE®X-Strategieteam herausgearbeitet:

MÄRKTE:
- Vertriebsoffensive, neue Vertriebsstrategien
- Ansteuern neuer Märkte (Europa, Nordamerika); Aufbau Vertrieb, Service, Produktion im Ausland
- Entscheidende Stärkung der freien Marktsegmente (Ergebnis, Umsatz)

PRODUKTION:
- Verbesserung der laufenden Produkte (und Prozesse, Strukturen)
- Permanente KVP und Einsatz von Rationalisierungsmitteln und -Instrumenten
- Neue intelligente „XXX" in den Markt einführen (Entwicklungstransfer)
- Verringerung der eigenen Fertigungstiefe, Fremdbeschaffung zu niedrigen Preisen

ORGANISATION:
- Unternehmensspezifische Konzepte zur Organisations- und Personalentwicklung
- Neue Organisationsstrukturen, prozessorientierte Ablauforganisation und unternehmerisch agierende Mitarbeiter

Beispiel 2: Starkes mittelständisches Unternehmen im Bereich Kunststoffverarbeitung; Familienunternehmen; wachstumsorientiert; mehrere nationale und internationale Standorte; technologiegetriebenes Unternehmen im notwendigen Wandel.
Ausgehend von der Balanced-Scorecard-Analyse mit einem Zeithorizont von sechs Jahren wurden in einem TOP-Team folgende vier strategische Ziele nebst Prioritäten bei der Umsetzung der strategischen Ziele herausgearbeitet:

1. Erzielen eines ROI von 12% in fünf Jahren; Schaffen der Voraussetzungen dafür insbesondere durch: *Steigerung des Marktanteils in „XXX"-Technik und *Steigerung der Kundenrentabilität.
2. Jährliche Steigerung des Unternehmenswertes, insbesondere durch: *Gewinnung von Neukunden und *Reduktion der Abhängigkeit von Einzelkunden.
3. Gewinnung neuer attraktiver Märkte und Ausbau der bestehenden, insbesondere durch: *Globale Präsenz für neue Märkte und lokale Belieferung.
4. Lösungsanbieter für komplexe Baugruppen durch intelligente Integration, insbesondere durch: *Innovative Lösungen und Sichern bzw. Erhöhen der Kundenzufriedenheit.

Beispiel 3: Internationaler Pharmaziekonzern, europaweit; wachstumsorientiert; Neustrukturierung des großen Marketingbereiches mit den Teilbereichen Medizinische Spezialisten/Berater und Produktmanager.
Es wurden *fünf* strategische Ziele herausgearbeitet, die qualitativ für alle Tätigkeitsgruppen und Mitarbeitern des Bereiches gleichermaßen gelten:

1. Marketing-Mix

Klaren Fokus auf „ROI" im Marketing-Mix setzen! Das bedingt ein umfassendes Voneinander-Lernen und eine offensive Kommunikation.

2. Festlegen und Wahren der Spielregeln der Zusammenarbeit

Insbesondere soll die Zusammenarbeit mit dem Außendienst sowohl qualitativ als auch quantitativ verbessert und verbessert gesteuert werden. Insbesondere sollten verbessert werden:

- cross communication
- schnelles Verallgemeinern von Vor-Ort-Erfahrungen.

3. Testen der promotion materials
Fokus noch mehr auf den „Kunden“ und auf die entsprechenden Zielgruppen legen: Arzt, Patient *und* Außendienst! Hierfür noch feinere und flexible Konzepte erarbeiten *und* testen. Interaktion mit dem Außendienst im Rahmen der Tests intensivieren.

4. Szenarienplanung
Entsprechende Analysen *proaktiv, situationsbezogen, marktorientiert* anlegen und im Bereich Marketing schnell auswerten. Individuelle Verantwortung für entsprechende Datenanalysen und Szenarien-Erarbeitung. Setzt Marketingkenntnisse in beiden Tätigkeitsgruppen (Produktmanager, Med. Spez./Berater) voraus.

5. Erweiterung der Marktanteile
Umsatzsteigerung, Wachstum und Erweiterung der Marktanteile auf Feldern, die bisher sehr stark von der Konkurrenz besetzt sind, sind die Primärziele.
Die Darstellung der unterschiedlichen strategischen Ziele wurde individuell vorgenommen, um damit das jeweils „eigene Gesicht“ des einzelnen Unternehmens hervorzuheben.

3.2.2. Ableitung strategischer Teilkompetenzen

Nach der Einigung auf die vorrangig zu verfolgenden strategischen Ziele wird das Teamergebnis für alle sichtbar an eine PIN-Wand oder an die Wand geheftet, und es erfolgt der nächste Schritt: Ableiten der notwendigen personellen strategischen Kompetenzanforderungen aus den strategischen Zielen heraus: Welche Kompetenzen, die im Unternehmen noch zu wenig ausgeprägt sind oder intensiv verstärkt oder neu gefordert werden müssen, sind notwendig, um die Ziele zu erreichen? Worauf muss in den nächsten Jahren bei der Rekrutierung, bei den Personalgesprächen und Zielvereinbarungen sowie im Rahmen einer differenzierten Personalentwicklung besonders geachtet werden?

Es wird der jeweilige Ausgangspunkt der Organisation („Wo stehen wir in Bezug auf…?“) geortet. Die Mitglieder des TOP-Teams bewerten nun die 64 Teilkompetenzen des KompetenzAtlas unter dem Gesichtspunkt ihrer jeweiligen Bedeutsamkeit für die Realisierung der strategischen Ziele – unabhängig von konkreten Personen. Diese Bewertung wird zuerst individuell mit einer Checkliste vorgenommen. Die bewertenden Personen arbeiten dabei wieder mit den Definitionen und Beispielen des KompetenzAtlas und sichern somit ein einheitliches Begriffs- und Inhaltsverständnis. Danach werden die Einzelwertungen zusammengetragen und verdichtet. Hierbei ist das Softwareprogramm „Competenzia“ eine gute Hilfe; die Teilnehmer können die Eingabe der Bewertungen und deren Verdichtung über den Beamer verfolgen und gleich in eine Teamdiskussion übergehen.

Es muss nun ein Konsens im Team über die von allen zu vertretenden und offensiv zu fördernden 12–16 Teilkompetenzen erfolgen. Der erste Zugang ist der Vergleich der Mittelwerte und der Streuungen, der zweite ist die inhaltliche Bewertung – immer wieder rückbeziehend auf die strategischen Ziele. So kann es dazu kommen, dass bisher als „weniger bedeutsam" eingeschätzte Teilkompetenzen zu sehr „bedeutsamen" werden und in der Rangreihe nach oben rücken. Die Diskussion ist sehr wichtig, da es sich hierbei um einen normativen Prozess handelt und das Team die Grundlagen für das HR-Management herausarbeitet. Ohne es explizit zu sagen, wird an dieser Stelle der Teamarbeit ein zweites Mal über Stärken, Schwächen, Risiken und Chancen nachgedacht – dieses Mal jedoch gebrochen über das Personal.

Erst wenn alle mit den diskutierten und hervorgehobenen Teilkompetenzen einverstanden sind, kann der nächste Teilschritt unternommen werden: die Präzisierung der Teilkompetenzen. Im Rahmen der Moderation ist ein Kuhhandel in der Diskussion ebenso auszuschließen wie machtvolles „Durchboxen" von Einzelmeinungen, oberflächliche Diskussionen und Zerreden.

In der Praxis hat sich die Konzentration auf 12–16 Teilkompetenzen bewährt, zumal diese in den nachfolgenden Arbeitsschritten noch weiter untersetzt werden. Unter 12 Kompetenzen bleibt man zu undifferenziert und zu distanziert gegenüber den strategischen Zielen. Über 16 führt zu einer Zersplitterung und Verdeckung des Wesentlichen.

Bei der Auswahl und Widmung sind verschiedene Varianten möglich:

- Alle 12-16 Anforderungen sind für alle Führungskräfte und Mitarbeiter gleichermaßen bedeutsam und verbindlich
- 12 Teilkompetenzen gelten für alle Führungskräfte und Mitarbeiter und vier zusätzliche für die Führungskräfte
- 10 gelten für alle Unternehmen einer internationalen Gruppe. Darüber hinaus sind vier länderspezifisch verschieden plus zwei zusätzlich für alle Führungskräfte der internationalen Gruppe.

Über diese in der Praxis bewährten Zuordnungen sind weitere Varianten vorstellbar.

Diese Teilkompetenzen gelten im Sinne von Anforderungen *und* Beurteilungsgrößen für den Zeitraum der strategischen Ziele. Werden Letztere erreicht oder präzisiert, muss auf der Ebene der strategischen Kompetenzen ebenfalls geprüft werden, ob die Kompetenzentwicklungsziele erreicht wurden, präzisiert oder korrigiert werden müssen. Bei neuen Zielen muss geprüft werden, welche anderen Kompetenzen nun in den Vordergrund treten müssen – zumal, wenn die bisherigen Kompetenzanforderungen im Allgemeinen erfüllt wurden.

Wie aus dem Vergleich der Organisationen ersichtlich wird (siehe Tab. 4), haben alle drei insgesamt vier Teilkompetenzen als gleichermaßen besonders bedeutsam hervorgehoben. Es gibt darüber hinaus Überlappungen bei jeweils zwei Organisationen sowie deutliche weiterführende individuelle Züge aller drei Organisationen.

Vergleichbar ähnlich und zugleich unterschiedlich charakterisieren sich zum Beispiel auch verschiedene Unternehmen innerhalb einer Holding oder verschiedene große Bereiche in Großunternehmen.

Hier noch einmal unsere drei Beispielunternehmen: In der Tabelle sind ihre strategieadäquaten Teilkompetenzen wiedergegeben.

Nr.	zu Beispiel 1	zu Beispiel 2	zu Beispiel 3
1.	Dialogfähigkeit/Kundenorientierung	Dialogfähigkeit/Kundenorientierung	Dialogfähigkeit/Kundenorientierung
2.	Normativ-ethische Einstellung	Normativ-ethische Einstellung	Normativ-ethische Einstellung
3.	Ergebnisorientiertes Handeln	Ergebnisorientiertes Handeln	Ergebnisorientiertes Handeln
4.	Offenheit für Veränderungen	Offenheit für Veränderungen	Offenheit für Veränderungen
5.	Tatkraft	Tatkraft	Folgebewusstsein
6.	Pflichtgefühl	Eigenverantwortung	Ausführungsbereitschaft
7.	Entscheidungsfähigkeit	Entscheidungsfähigkeit	Konfliktlösungsverhalten
8.	Akquisitionsfähigkeit	Integrationsfähigkeit	Integrationsfähigkeit
9.	Delegieren	Delegieren	Projektmanagement
10.	Zuverlässigkeit	Analytische Fähigkeiten	Zuverlässigkeit
11.	Mitarbeiterförderung	Kommunikationsfähigkeit	Beurteilungsfähigkeit
12.	Lernbereitschaft	Initiative	Initiative
13.	Marktkenntnisse	Marktkenntnisse	Beratungsfähigkeit
14.	Glaubwürdigkeit	Innovationsfreudigkeit	Ganzheitliches Denken
15.	Zielorientiertes Führen	Systematisch-methodisches Vorgehen	Anpassungsfähigkeit
16.	Organisationsfähigkeit	Organisationsfähigkeit	Problemlösungsfähigkeit

Tabelle 3: 16 Teilkompetenzen

3.2.3. Präzisierung der Teilkompetenzen

Eine weitere Teamaufgabe besteht nun darin, die Teilkompetenzen zu beschreiben und überprüfbare Verhaltensanforderungen und -normen zu definieren. Als Grundlage dienen die gemeinsam herausgearbeiteten strategischen Ziele, die abgeleiteten (16) strategischen Kompetenzen sowie der KompetenzAtlas. Das Team löst sich in Teilgruppen mit 2–3 Mitgliedern auf, die jetzt eine bestimmte Anzahl von Kompetenzen bearbeiten. So bekäme beispielsweise bei vier Gruppen á zwei Personen jede Gruppe vier Kompetenzen zu weiteren Bearbeitung:

Die Bearbeiter prüfen die jeweils im KompetenzAtlas zugeordneten Identifikationsmerkmale auf ihre Gültigkeit in ihrem Unternehmen und übernehmen diese, wenn sie wesentlich zur Erreichung der strategischen Ziele beitragen oder ändern sie ab oder definieren neue und zieladäquate.

Sie fragen sich zum Beispiel:

- Was heißt Akquisitionsstärke für unser Unternehmen? Was müssen wir im Sinne des (eines bestimmten) bzw. der strategischen Ziele besser machen?

- Welche Forderungen müssen unsere Führungskräfte und Mitarbeiter an sich stellen?
- An welchen Verhaltensweisen erkennen wir unzureichend ausgebildete Kompetenzen bzw. entsprechende Verstöße gegen die Kompetenzanforderungen?
- Wie lassen sich unsere Unternehmensangehörigen zu entsprechendem Verhalten bewegen?

Die Bearbeiter entwickeln damit Verhaltensnormen und -Anforderungen und – quasi nebenbei – ein den strategischen Zielen entsprechendes Beurteilungssystem. Die Ergebnisse werden im Plenum zusammengetragen, diskutiert, ggf. verändert oder präzisiert und schließlich als gemeinsam erarbeitetes und zu vertretendes Führungsinstrument angenommen. Die inhaltlich untersetzten Kompetenzen gehen als organisationsspezifischer Anforderungskatalog in die weitere Arbeit des Teams ein.

Selbstmanagement/KompetenzAtlas (Allgemeinvorlage)	**Selbstmanagement**/Handelsunternehmen X (präzisiert auf die Situation des Unternehmens)
Hat ein zutreffendes Bild von den eigenen Handlungsmöglichkeiten und -begrenzungen	Konzentriert sich auf die wichtigen eigenen Aufgaben, trennt Wesentliches von Unwesentlichem und Wichtiges von Dringlichem
Schöpft die gegebenen Handlungsmöglichkeiten aktiv aus und versucht bewusst, sie auszuweiten	Hat die wichtigsten Aufgaben im Rahmen des vorhandenen Zeitbudgets im Griff
Handelt planvoll und überlegt, ohne durch Vorsicht den eigenen Wirkungsrahmen vorzeitig einzuengen	Setzt Grenzen, steckt Aufgabengebiete ab und übernimmt nicht für alles die Verantwortung
Sucht unaufgefordert nach Möglichkeiten, welche die eigenen Erfahrungen und das eigene Wissen erweitern	Sucht unaufgefordert nach Möglichkeiten zur Entwicklung der eigenen Erfahrungen und des eigenen Wissens

Zielorientiertes Führen/siehe oben	**Zielorientiertes Führen**/siehe oben
Schwört auch andere auf die Ziele ein und bündelt die Aktivitäten auf die Ziele hin	Vermittelt anderen Ziele plausibel und achtet darauf, dass auch die anderen die Ziele kennen und umsetzen; führt MbO-Gespräche
Verfügt über das zur Zielsetzung notwendige Sach- und Methodenwissen und setzt dieses aktiv ein	Verfügt über Sach- und Methodenwissen für ein zielorientiertes Vorgehen
Richtet das eigene Wirken auf klar beschriebene Ziele und Resultate und nicht auf spontane Aktionen aus	Richtet das eigene Wirken auf klar beschriebene Ziele und Resultate und nicht auf spontane Aktionen aus
Vermittelt den anderen die Ziele plausibel und achtet darauf, dass die Mitarbeiter die Ziele kennen und verinnerlichen	Definiert Meilensteine zum strukturierten Vorgehen zur Zielerreichung

Tabelle 4: Kompetenzmerkmale am Anfang der Bearbeitung und zum Schluss (Beispiel aus einem Handelsunternehmen)

3.2.4. Ein zweiter Weg: Teilkompetenzen und deren Identifikationsmerkmale

Der KompetenzAtlas definiert 64 Teilkompetenzen und stellt eine Reihe von Identifikationsmerkmalen zu jeder Teilkompetenz zur Diskussion, die jedoch nicht unmittelbar auf ein Unternehmen übertragen werden können. Die Aufgabe des Unternehmens besteht insbesondere darin, auf der Grundlage der Unternehmenskultur und des jeweiligen Entwicklungsstandes (betriebswirtschaftlich sowie sozial betrachtet) die für die Zukunft wichtigen Anforderungen und Beurteilungsmerkmale abzuleiten und zu präzisieren. Damit wird der Einmaligkeit der Organisation Rechnung getragen. Mittels einer Bewertungsskala kann dann die individuelle Ausprägung eingeschätzt werden.

Für die Untersetzung der einzelnen (16) Teilkompetenzen durch die jeweiligen Expertengruppen ist es günstig, die jeweilige Teilkompetenz unter dem Aspekt der gegenwärtig geforderten und realisierten Verhaltensweisen sowie der zukünftigen Verhaltenserfordernisse zur Umsetzung der strategischen Ziele des Unternehmens zu betrachten. Aus dem Vergleich von IST und SOLL lassen sich in der Regel Verhaltensanforderungen ableiten.

Ein möglicher zweiter Weg ist das Zusammentragen von Verhaltensweisen, die auf fünf Level abgebildet werden können und die Entscheidung für die wichtigsten vier, die dann in das Beurteilungssystem aufgenommen werden:

- hervorragend,
- übertrifft die Erwartungen,
- entspricht den Erwartungen,
- bedarf noch Verbesserungen,
- unakzeptables Verhalten.

Aus solchen „Sammlungen" von erwünschten und nicht erwünschten Einstellungen und Verhaltensweisen können dann die wichtigsten aus den Merkmalgruppen „Hervorragend" und „Übertrifft die Erwartungen" für die Atlas-Untersetzung entnommen werden.

Auf keinen Fall aber sollten diese Differenzierungen dazu verleiten, im Sinne einer Schulnotenskala Personen bewerten, Personen in Kästchen stecken zu wollen. Die Übergänge sind fließend, und es gibt durchaus lebendige Widersprüche dahingehend, dass eine Person Charakteristika der Level 2 und 4 zeitweilig in sich vereint. Nachfolgend werden für die zweite Herangehensweise einige Sammlungsbeispiele gegeben.

Kundenbeziehung/Dialogorientierung

Hervorragend

- Hat eine erstaunlich loyale Kundenbasis entwickelt
- Hat das volle Vertrauen der Kunden: Hält, was er verspricht, und kümmert sich um eine schnelle Reaktion gegenüber den Kunden
- Setzt sich ideenreich für das Finden von Lösungen für Kundenprobleme ein
- Die Beziehungen zu den Firmenkunden sowie zu den individuellen Kunden ist hervorragend

Übertrifft die Erwartungen

- Baut feste Kundenbeziehungen auf und pflegt diese
- Bringt stets Geduld gegenüber den Kunden auf, verhält sich kompetent und professionell gegenüber den Kunden
- Löst Kundenprobleme rasch und korrekt
- Repräsentiert das Unternehmen sehr gut
- Verhält sich gegenüber den Kunden würdig und taktvoll auch unter starker Belastung
- Hat die Loyalität der Kunden häufig für das Unternehmen gewonnen und gesichert

Entspricht den Erwartungen

- Tritt im Allgemeinen kompetent und professionell gegenüber den Kunden auf
- Ist höflich und verbindlich in der Kommunikation gegenüber den Kunden und kennt sich fachlich gut aus
- Präsentiert professionell
- Geht mit den Kundenbeziehungen verantwortlich um
- Bewältigt so gut wie alle herausfordernden Kundensituationen

Bedarf noch Verbesserungen

- Ist mitunter sarkastisch
- Legt ein lässiges, unbekümmertes Verhalten an den Tag
- Ist ungeduldig und angenervt von Kunden, die viele Fragen haben

- Das Wissen und Können hinsichtlich Aufbau und Erhaltung von Kundenbeziehungen bedürfen der Verbesserung
- Verliert immer wieder die Fassung bei Kunden
- Telefoniert während eines Kundengespräches

Unakzeptables Verhalten
- Ist gegenüber Kunden ausfällig
- Ist herablassend und ignorant gegenüber Kunden
- Verhält sich unhöflich bis abweisend
- Besitzt kaum Kenntnisse über Kundenbeziehung

Projektmanagement
Hervorragend
- Akquiriert eigeninitiativ und erfolgreich Projekte
- Weiß, wie man das beste Team zusammenstellt, um ein Projekt anzupacken
- Ist hervorragend beim Koordinieren der zur Verfügung stehenden Personen bei der Projektbearbeitung
- Kommuniziert und kooperiert effektiv mit allen Projektbeteiligten
- Beherrscht die Feinheiten der Projektplanung

Übertrifft die Erwartungen
- Alle Teammitglieder sind stets gut informiert
- Hält das Budget eines Projektes stets gut ein
- Bringt Projekte erfolgreich zu Ende
- Entwickelt gute Ideen und Systeme, damit Projekte am Laufen bleiben

Erfüllt die Erwartungen
- Erkennt neue Probleme und kann sie in der Regel gut lösen
- Verwendet Instrumente und Techniken zur Projektplanung
- Die von dieser Person geführten Projekte übersteigen nie mehr als 5% des Budgets
- Arbeitet gut mit den Teammitgliedern zusammen

Bedarf noch Verbesserungen
- Beherrscht die Instrumente und Techniken eines erfolgreichen Projektmanagements nur zum Teil
- Teammitglieder beklagen sich über zu späte bzw. zu wenig Informationen
- Neigt zu Budgetüberziehungen
- Die Zusammenarbeit mit externen Organisationseinheiten oder Personen spielt eine nur sehr geringe Rolle
- Die erforderliche Ergebnisse kommen häufig nicht zur notwendigen Zeit und mit der geforderten Qualität

Unakzeptables Verhalten
- Hat Probleme bei der Auswahl der richtigen Teammitglieder

- Vergeudet sowohl Humanressourcen als auch Zeit auf Grund schlechter Projektplanung
- Verstößt deutlich gegen den Zeit- und den Budgetrahmen
- Kann das Projektteam nicht führen

Akquisitionsfähigkeit

Hervorragend

- Gehört zu den besten Akquisiteuren
- Ist sowohl bzgl. des Willens, der Eigeninitiative als auch der Belastbarkeit Vorbild für andere
- Kennt alle Produkte und Dienstleistungen des Unternehmens und vertritt diese in ihrer Breite sehr erfolgreich
- Übertrifft die Akquisitionsziele regelmäßig
- Ist sehr abschlussstark
- Erkennt die Kundenbedarfe klar und geht konsequent auf diese ein

Übertrifft die Erwartungen

- Unterhält sehr gute Beziehungen zu den Kunden
- Repräsentiert das Unternehmen sehr gut
- Schließt seine Akquisitionsvorhaben stets mit weiteren Geschäftsaussichten
- Durch die sehr guten Kundenkontakte werden weitere Kunden auf unser Unternehmen aufmerksam
- Unterhält einen umfassenden Kontakt zu den Kunden – bis hin zu diversen Gratulationen

Entspricht den Erwartungen

- Ist ein engagierter Akquisiteur
- Macht verlässlich Verkaufsabschlüsse
- Erreicht in der Regel die angezielte Verkaufsquote
- Kann sich zu einer sehr guten Verkäuferpersönlichkeit entwickeln
- Bezieht das „Hinterland“ im Unternehmen, insbesondere die Produkt-Spezialisten, aktiv ein
- Führt stets Angebots-Folder, Probe, Muster mit sich, um auf alle Eventualitäten vorbereitet zu sein
- Hat gute Produktkenntnisse, ist jedoch im Abschluss schwach

Bedarf noch Verbesserungen

- Bemüht sich um gute Kundenkontakte, kommt aber kaum zu Abschlüssen
- Ist noch unsicher hinsichtlich der Verkaufstechniken
- Hat persönlich große Probleme mit Abweisungen
- Kann in großen Gruppen von Menschen nicht gut präsentieren
- Muss die eigene Produktkenntnis erweitern

Unakzeptabel

- Erreicht nur max. 80% der geplanten Verkaufsquote

- Besitzt schwache Kundenbeziehungen und hat große Probleme beim Gewinnen von Neukunden
- Die Akquisitionsfähigkeit ist unzureichend
- Fehlendes Wissen und Erfahrungen beim Einsetzen von Verkaufstechniken

3.2.5. SOLL-Profile

Sobald die (16) Kompetenzanforderungen (Begriffe, Definitionen, Identifikations-/Beurteilungsmerkmale) im TOP-Team entschieden sind und der organisationsspezifische KompetenzAtlas vorliegt, werden nun Anforderungsprofile für die unterscheidbaren Job- und Funktionsgruppen entwickelt. Im TOP-Team werden als Maßstab für die nachfolgende Arbeit ein bis zwei SOLL-Profile erarbeitet.

Zuerst ist zu prüfen, ob die Organisation überhaupt mit differenzierbaren Job- und Funktionsgruppen (ggf. auch Jobclustern und Job-families oder anders lautend) arbeitet. In großen Unternehmen gibt es in der Regel (veralterte) Stellenbeschreibungen, „Rollen“differenzierungen, Job-/Tätigkeitsgruppen- und Funktionsgruppen. Die Einordnung ist sehr unterschiedlich, ebenso die Art der Arbeit mit diesen im OE- und PE-Management. In kleineren Unternehmen fehlen nicht selten solche Unterscheidungen, und Organigramme etwa sind eher zufällig oder formale Ergebnisse einer Bankenforderung und Unternehmensberatung. In einer territorial großen Sparkasse mit rund 1.000 Beschäftigten gab es 212 „Stellenbeschreibungen“. Auf unsere Frage, wonach die Stellen und Stellenbeschreibungen entstehen, wurde mitgeteilt, dass seit zwei Jahren bei jeder Neueinstellung eine neue Beschreibung „zu Papier gebracht“ würde. Nach einer intensiven Diskussion in einem erweiterten Vorstand-Workshop konnten dann 31 unterschiedliche und auch vertretbare Job- und Funktionsgruppen als ausreichend praktikabel verwendbar befunden werden.

In einem Handelsunternehmen mit rund 900 Beschäftigten kamen wir auf 12 solcher Gruppen. In einem weltweit agierenden Unternehmen mit rund 35.000 Beschäftigten konnten im Vertriebsbereich mit rund 2.400 Mitarbeitern – auch unter Berücksichtigung nationaler Besonderheiten – 14 Job- und Funktionsgruppen unterschieden werden.

Zum A und O solcher Einteilungen führen insbesondere diese Fragen:

- Welche von anderen deutlich unterscheidbaren Job- und Funktionsgruppen benötigen wir aus Sicht unserer Unternehmensstrategie und insbesondere unserer strategischen Ziele der nächsten 18–24 Monate?
- Welche von anderen deutlich unterscheidbaren Job- und Funktionsgruppen benötigen wir unbedingt in unserer Wertschöpfungskette (Berechtigungsnachweis muss erbracht werden)? Wie müssen die „weichen Ränder“ zu anderen Gruppen aussehen, und was kann zukünftig zusammengezogen oder aufgelöst werden?
- Durch welche Gruppeneinteilung gelangen wir zu einem internationalen Transfer von Führungskräften und Spezialisten? Was ist künftig das Entscheidende: vorrangig oder ausschließlich das Fachwissen, die Sprachkenntnis o.Ä. oder das deutliche Vorhandensein strategisch erforderlicher überfach-

licher Kompetenzen, gepaart mit solidem Fachwissen und der Bereitschaft, auf den verschiedensten Gebieten dazu zu lernen (Letzteres ist selbst wieder eine Teilkompetenz)?

Das TOP-Team differenziert auf der Grundlage der herausgearbeiteten strategischen Ziele zwischen den herkömmlichen und den gegenwärtig und zukünftig erforderlichen Job- und Funktionsgruppen und wählt ein bis zwei der wichtigsten heraus und erarbeitet zuerst individuell und sodann im Plenum die entsprechenden SOLL-Profile. Während bislang die strategischen Ziele qualitativ beschrieben (in den zwingend folgenden Ableitungen von Maßnahmen müssen quantitative Aussagen folgen) und auf ihrer Grundlage qualitative Kompetenzanforderungen formuliert wurden, werden nun quantitative Forderungen – bezogen auf die unterschiedlichen Job- und Funktionsgruppen – erhoben. Das Allgemein-qualitative wird nun auf die konkrete Arbeits- und Prozessebene herunter gebrochen.

Für diese Aufgabe werden genutzt:

- die strategischen Ziele und daran gebundenen wichtigsten Aufgaben für die nächsten 18–24 Monate,
- die (bis zu 16) durch die anschließende Anforderungsanalyse abgeleiteten Teilkompetenzen,
- die erarbeiteten Identifikations- und Beurteilungsmerkmale innerhalb der (16) Kompetenzen.

Die Mitglieder des TOP-Teams erhalten eine 12-stufige Bewertungsskala, auf der sie zu jeder Teilkompetenz einen Kompetenz-Soll-Korridor entwickeln. Die Korridore haben eine Breite von mindestens drei und maximal fünf Skalenpunkten. Der linke Rand des Korridors kennzeichnet die für die jeweilige Job- oder Funktionsgruppe erforderliche Mindestausprägung, der rechte Rand die zulässige Maximalausprägung.

Das Profil wird unabhängig von den vorhandenen Mitarbeitern erarbeitet und richtet sich ausschließlich an den strategischen Zielen aus. Nach der Erarbeitung in wiederum kleinen Gruppen oder nach individuellen Vorlagen berät das TOP-Team im Plenum die Einzelergebnisse und einigt sich auf ein verbindliches Anforderungsprofil. Nach diesem Muster können nach dem TOP-Team-Workshop alle weiteren Anforderungsprofile durch den Personalbereich mit oder ohne externe Unterstützung entwickelt werden.

Mit diesem Ergebnis hat das TOP-Team innerhalb nur eines Tages ein ganzheitliches Organisations-/Personalentwicklungs-Konzept erarbeitet und instrumentell unterlegt. Es liegen folgende Ergebnisse vor:

- Strategische Ziele,
- daraus abgeleitete strategische Kompetenzanforderungen,
- diese untersetzende Anforderungs- und Beurteilungsbögen sowie
- KompetenzSoll-Profil(e) für konkrete SOLL:IST-Vergleiche.

Das Softwareprogramm Competenzia stellt auf diesem Bearbeitungsniveau auch ein Beurteilungshandbuch ausdrucksreif zur Verfügung, in dem nicht nur die erarbeiteten Kompetenzanforderungen, Beurteilungsmerkmale und Einschätzungsbögen zusammengefasst sind, sondern die wichtigsten Hinweise zur Vorbereitung und Durchführung von Beurteilungen, zur Auswertung mit den Mitarbeitern und zu empfehlenswerten nachfolgenden Schritten.

Wichtig ist, dass das TOP-Team an dieser Stelle Maßnahmevorschläge für die Geschäftsleitung/Vorstand erarbeitet bzw. bei Anwesenheit der Geschäftsführer vor Ort Festlegungen zur Umsetzung der Workshop-Ergebnisse trifft:

- Kurzfristige Information aller Führungskräfte über die strategischen Ziele und damit verbundenen Kompetenzanforderungen; Auswertung in allen Organisationseinheiten;
- kurzfristige Unterweisung aller Führungskräfte in der Anwendung der Kompetenzanforderungen und Beurteilungsmerkmale;
- zügige Erarbeitung aller Anforderungsprofile;
- Selbst- und Fremdeinschätzungen aller Führungskräfte, SOLL : IST-Vergleiche und diskrete Auswertung mit den Einzelnen;
- ggf. Leitbild-Workshop auf der Grundlage der lang- und mittelfristigen strategischen Ziele und Kompetenzanforderungen.

Wenn Fremdeinschätzungen (und ggf. als auch Selbsteinschätzungen) vorliegen, können diese sowohl ausführlich und auf der Grundlage der 16-mal-4-Einschätzungsmerkmale als auch in Form einer Liste mit auf-/abgerundeten Mittelwerten sowie als Vergleich von SOLL und IST ausgewertet werden.

Liegen einmal die Kompetenzeinschätzungen einer Person vor, dann können diese mit allen SOLL-Profilen einer Organisation verglichen werden. Solche Vergleiche machen insbesondere dann Sinn, wenn

- interne Ausschreibungen und Rekrutierungen vorgenommen werden,
- nach internen High potenzials und Führungs-Nachwuchs-Kräften gesucht wird, organisationelle Veränderungen und Umsetzungen geplant sind,
- differenzierte Entwicklungsabsichten bestehen (wie im Falle des Beispieles) und nach Gaps zwischen den SOLL-Anforderungen und IST-Ausprägungen gesucht werden soll.

Das Softwareprogramm Competenzia lässt auf dieser Grundlage bis zu neun Fremdeinschätzungen zu und ermöglicht somit auch bis zu 360° Feedbacks.

3.2.6. Anregungs- und Interventionsmöglichkeiten

Es ist relativ einfach zu sagen, *welche* Teilkompetenzen gestärkt und entwickelt werden sollen. Das wird – wie wir gesehen haben – besonders durch den Vergleich von SOLL- und IST-Profilen nahegelegt. Schwierig ist hingegen zu sagen, *wie* und *womit* diese Entwicklungsprozesse erfolgen können. Hierauf sind viele Führungskräfte nicht vorbereitet und finden auch in ihren vorgesetzten Führungskräften kein Vorbild.

Im Rahmen von KODE®X empfehlen sich insbesondere zwei Wege zur Stärkung der Führungskräfte beim Anregen und Initiieren von Kompetenz-Entwicklungsprozessen:

1. Gemeinsames Herausarbeiten von Verhaltensankern und Anregungsformen,
2. Modulare Informations- und Trainingsformen für gezielte Kompetenz-Selbsttrainings.

3.2.6.1. *Verhaltensanker und Entwicklungsanregungen*

In Unternehmen, in denen für den KODE®X-Workshop 1,5 bis 2 Tage zur Verfügung gestellt werden, kann das TOP-Team am zweiten Tag in Kleingruppen und im Plenum die Kompetenz-adäquaten Verhaltensanker und Anregungsformen herausarbeiten und in einem abschließenden Protokoll zum Führungsinstrument für alle Führungskräfte verdichten. In den darauf folgenden Wochen und Monaten der Umsetzung der KODE®X-Ergebnisse können seitens der Personalentwicklung begleitende Trainings und Foren des praktischen Erfahrungsaustausches angeboten werden.

Beispiel: Arbeitsfragen und Gruppenergebnisse – bezogen auf die beiden Kompetenzen „Ergebnisorientiertes Handeln" und „Eigenverantwortung" (Ausschnitte)

Erstens: Was sollte vermieden werden? Was widerspricht der jeweiligen Teilkompetenz? Was führt weg von der im TOP-Team geforderten Kompetenz?

Ergebnisorientiertes Handeln

- Blinder Gehorsam
- Keine kompetenten Antworten geben
- Ständige Veränderungen der Ziele
- „Über-Leichen-Gehen"

Eigenverantwortung

- Trifft, fordert und steht nicht zu Entscheidungen
- Ist nicht bereit, Fehlentwicklungen aufzuzeigen
- Steht nicht zu Fehlern und bringt keine Lösungsvorschläge, um diese nicht zu wiederholen
- Schiebt die Eigenverantwortung auf andere Mitarbeiter ab

Zweitens: In welcher Richtung sollen die Kompetenzen im Zeitraum 08/07 – 08/09 verstärkt werden?

Ergebnisorientiertes Handeln

- Vereinbart klar formulierte Ziele und ergreift bei Abweichungen Konsequenzen
- Behält die Ziele im Auge, kontrolliert sie laufend im Prozess
- Übergibt und übernimmt Eigenverantwortung (räumt Bewegungsspielraum ein bzw. bittet um einen entsprechenden)
- Arbeitet fachlich-methodisch bewusst
- Fragt nach Schulungen, Weiterbildung und nimmt an solchen aktiv teil
- Ist offen für Neues und befreit sich von Altlasten
- Stattet andere mit ergebnisorientierten Kompetenzen aus

Eigenverantwortung
- Trifft, fordert und steht zu Entscheidungen
- Ist bereit, Fehlentwicklungen aufzuzeigen
- Steht zu Fehlern und bringt Lösungsvorschläge, um diese nicht zu wiederholen
- Schiebt die Eigenverantwortung nicht auf Dritte ab

Drittens: Woran können wir erkennen, dass Herr/Frau … im Sinne unserer Kompetenzanforderung „o k." ist?

Ergebnisorientiertes Handeln
- Kennt die eigenen Arbeitsziele
- Hat ein umfangreiches fachliches Wissen
- Ist belastbar
- Geht auch alternative Wege, um die angestrebten Ergebnisse zu erreichen
- Ist ausdauernd und zielbeharrlich, gibt nicht auf
- Gibt 150%, wenn notwendig
- Vertritt überzeugend die Meinung: „Geht nicht – gibt es nicht"
- Denkt lösungsorientiert
- Verfügt über Willensstärke und Belastbarkeit
- Stellt Gruppendenken vor Bereichsdenken
- Erreicht gemeinsam definierte Ziele
- Bei jeder Tätigkeit weiß der Mitarbeiter, warum er es macht (kein blinder Gehorsam) – Aufgaben werden verstanden
- Mitarbeiter hinterfragt selbstständig

Eigenverantwortung
- Übernimmt aktiv Verantwortung, bietet sich zuverlässig an
- Verantwortet auch jede Entscheidung

Viertens: Wie können die Führungskräfte die jeweilige Teilkompetenz der Mitarbeiter und Mitarbeiterinnen stärken? Und allgemeiner: Wie können auch Letztere die Teilkompetenz bewusster (selbst) entwickeln?

Ergebnisorientiertes Handeln
- Schulungen, Weiterbildung
- Eigenverantwortung übergeben (Bewegungsspielraum einräumen)
- Wertschätzung
- Führen durch MbO

Eigenverantwortung
- Mut machen
- Vorbildfunktion bewusst ausüben
- Freiraum für selbstständige Entscheidungen gewähren
- Hinter Entscheidungen der Mitarbeiter stehen

- Herausstellen guter Beispiele für Eigenverantwortung in der Abteilung/Bereich/Unternehmen
- Klare Mitteilung, was im Sinne der Eigenverantwortung von den Mitarbeitern verlangt wird und wann wie um Unterstützung gebeten werden kann
- Auswerten mit den Mitarbeitern und konsequentes Unterbinden von Aufgaben- bzw. Lösungs-Rückdelegierungen, von unzureichenden Ergebnissen und Oberflächlichkeiten bei der Aufgabenbearbeitung.

Es ist immer wieder erstaunlich, was die Führungskräfte in kurzer Zeit in den Kleingruppen zusammentragen und mit positiven und negativen Beispielen belegen können. Dieses implizite Wissen wird häufig in den Unternehmen nicht abgerufen und kultiviert. Damit treten Verunsicherungen, Rollenkonflikte und Vernachlässigung wichtiger Personalentwicklungsaufgaben an die Stelle kompetenzorientierter Führung.

3.2.6.2. *Modulare Informations- und Trainingsprogramme (MIT)*

Kompetenzentwicklung durch Kompetenztraining

Schwierigkeit der Kompetenzentwicklung

Sobald durch irgendwelche quantitativen, qualitativen oder komparativen (vergleichenden) Feststellungsverfahren oder auch nur gefühlsmäßige Urteile Kompetenzdefizite offenbar geworden sind, wird in der Regel gefragt: Wie lassen sich die Defizite ausgleichen? Oder auch: Wie kann man die bereits vorhandenen Kompetenzen bewusster machen und verstärken? Oder: Wie kann man aus seinen eigenen oder aus Mitarbeiterkompetenzen das meiste herausholen? Dabei ist sicher jedem klar: Kompetenzen kann man nicht „lernen", so wie man das Einmaleins oder die Differentialrechnung oder die Abfolge historischer Ereignisse lernt. Das hängt damit zusammen, dass Kompetenzen von Werten fundiert und von Erfahrungen konsolidiert werden. Werte kann man aber nur *selbst* verinnerlichen, Erfahrungen nur *selbst* machen. Man kann zwar fremde Erfahrungen mitgeteilt bekommen; um aber eigene zu werden, müssen sie durch den eigenen Kopf und das eigene Gefühl hindurch. Das gilt ebenso für Werte, die erst zu Emotionen und Motivationen verinnerlicht werden müssen, um wirksam zu werden. Das eigene Gefühl, die eigenen Emotionen und Motivationen werden nur beteiligt, wenn man vor spannungsgeladene, dissonante, nicht durch bloße Verstandesoperationen lösbare geistige oder handlungsbezogene Problem- und Entscheidungssituationen gestellt wird.

Deshalb gilt: Wissen im engeren Sinne lässt sich prinzipiell (wenngleich nicht immer vorteilhaft) durch Lehrprozesse vermitteln. Erfahrungen, Werte, Kompetenzen lassen sich nur durch emotions- und motivationsaktivierende Lernprozesse aneignen. Solche Lernprozesse lassen sich durchweg als Trainingsprozesse charakterisieren.

Kompetenzen sind folglich vorrangig in Trainingsformen vermittelbar.

Dabei muss stets gegenwärtig bleiben, dass sich viele Kompetenzen biographisch schon sehr früh herausbilden, und dass wichtige Kompetenzen nicht in

Trainingsprozessen, sondern gleichsam nebenbei, im sozialen Umfeld oder in der unmittelbaren Arbeit, erworben werden. Die Analyse des Lernens im sozialen Umfeld ist deshalb eine wichtige Voraussetzung für die Planung von Kompetenztrainings.

In der konkreten betrieblichen Situation, die Mitarbeiter mit unbedingt notwendigen und zu benennenden Kompetenzen braucht, ist die Besinnung auf biographisch oder sozial erworbene Kompetenzen allerdings wenig zielführend. Da existiert ein Mitarbeiterstamm, dessen Kompetenzen man kennt oder qualitativ und quantitativ ermitteln kann. Und da stehen neue Aufgaben an, die möglicherweise viel höhere oder gänzlich andere Kompetenzen als die bisherigen benötigen. Sie lassen sich ebenfalls qualitativ benennen und quantitativ kennzeichnen.

Wodurch kann man dann Ist und Soll in Übereinstimmung bringen?

74 MIT

Auf diese Fragestellung versuchen inzwischen 74 Modulare Informations- und Trainingsprogramme theoretisch fundierte und praktisch erprobte Antworten zu geben. Sie sind im Rahmen von KODE®X entwickelt worden und werden periodisch aktualisiert und ergänzt.

Dabei orientiert sich der Aufbau der MIT an der abgeleiteten Übersicht der 64 Grund- und Teilkompetenzen. Der Vorteil dieses Aufbaus für ein Trainingskompendium ist, dass die vier **Basiskompetenzen** und die davon ausgehenden **Teilkompetenzen** in Zweierkombinationen ein äußerst differenziertes und vor allem nicht „Fachkompetenz-lastiges“ Bild ergeben, wie das bei eher qualifikationsorientierten Weiterbildungsmaßnahmen so häufig der Fall ist.

MIT-Charakteristik

Jede der 74 Informations- und Trainingseinheiten, die sich auf die 64 Teilkompetenzen beziehen, ist modular aufgebaut:

- Zu jeder der 64 Teilkompetenzen liegen aus dem KODE®X-Verfahren charakterisierende Definitionen vor.
- Davon ausgehend werden in den einzelnen Trainingseinheiten zunächst umrissartig – oft mit Bonmots, Beispielen und Anekdotischem gewürzt – *die Basis- und Teilkompetenzen* plastisch umrissen.
- Fragebögen zur *Selbsteinschätzung* von nachgefragten eigenen Basis- und Teilkompetenzen ermöglichen es, Antworten auf solche Fragen zu finden:
  - Wie sieht es mit meinen Kompetenzen aus?
  - Habe ich deutliche Kompetenzdefizite?
  - Kann ich diese durch andere, stärker ausgeprägte Kompetenzen kompensieren?
  - Wo muss ich mir über weniger ausgeprägte Kompetenzen klar werden und sie durch ein entsprechendes Training erhöhen?
- Daraus leiten sich die *persönlichen Zielsetzungen* ab, die in Veränderungsvorsätzen – gleich ob mit oder ohne Training – münden:
  - Was muss sich ändern?
  - Was muss ich erweitern?

- Was muss ich vertiefen?
- Wo setze ich an?
- Welche konkreten Ziele stelle ich mir persönlich?
* Zugleich werden die Hintergründe von *Veränderungsmöglichkeiten* deutlich:
  - Was sollte und was kann ich überhaupt verändern?
  - Wo stehen mir Hilfe und Unterstützung zur Verfügung?
  - Welche Energiequellen können und sollen mich antreiben?
* Zugleich ist herauszufinden, welche Gewohnheiten, Hindernisse, *Bremsen* der Zielerreichung entgegenstehen:
  - Wann und wo habe ich meine Kompetenzentwicklung vernachlässigt?
  - Was steht subjektiv und objektiv meiner Entwicklung entgegen?
  - Wie kann ich Bremsen beseitigen?
* Daraus lassen sich schließlich persönliche *Schlussfolgerungen* und *Maßnahmen* für die eigene Kompetenzentwicklung ableiten.
* Ist man bis zu diesem Punkt vorgedrungen, beginnt die Suche nach geeigneten *Techniken und Übungen.* Hier soll dem Suchenden nichts vorgeschrieben werden. Es gibt keine allgemein gültigen Rezepte zur Kompetenzentwicklung. Es gibt nur Erfahrungen und Möglichkeitsfelder, die man selbst – eventuell gestützt durch Trainer, Personalentwickler, Kollegen oder Freunde – ausschreiten kann.
* Abschließend ermöglichen zusammenfassende Checklisten einzuschätzen, ob sich die Kompetenzen tatsächlich in der gewünschten Weise entwickelt haben, ob man sich durch die Anstrengungen belohnt und bereichert fühlen darf.
* Am Ende jedes Modularen Informations- und Trainingsprogramms gibt es Hinweise auf Literatur, die zur Entwicklung des Moduls dienen und die auch für den Laien lesenswerte Hinweise und Weiterführungen enthalten.

Bisherige Anwendungen:
* Coaching in Unternehmen
* Trainer-Instrumentenbaukasten/Kompendium
* KODE®-Rückmeldungen mit MIT-Anregungen im Rahmen von Kompetenzpotenzial-Analysen und PE-Strategien
* Learning labs
* Kopplung mit Verhaltenstrainings verschiedenster Art
* Als immanenter Bestandteil von Beratungsleistungen im Rahmen der Kompetenzbilanzierung

3.3. KODE®X Arbeitsbasiertes KompetenzInterview (AKI)

Wie können wir etwas über die impliziten Erfahrungen von Menschen, über deren wahre Kompetenzen und Stärken erfahren? Diese Frage treibt alle Personalentwickler, Trainer, Berater, die Kompetenzen, Eignungen für anspruchsvolle Aufgaben und individuelle, differenzierte Personalentwicklungsmöglichkeiten suchen.

Insbesondere sind Personalleiter und Personalberater, die sich schon am Telefon einen ersten und nach Möglichkeit trennscharfen Eignungseindruck über die unbekannte Person gegenüber verschaffen müssen, an dieser Frage interessiert. Sie suchen nach hocheffizienten Interviewformen – im Wissen um die Täuschungsmöglichkeiten in den traditionellen Interviews. Es gibt genügend Literatur, mit der sich ein durchschnittlich begabter Mitteleuropäer erfolgreich auf Assessment-Interviews vorbereiten und hohe Scheinqualifikationen vortäuschen kann.

3.3.1. Traditionelle Interviews

Viele traditionelle Interviews folgen noch heute solchen Frageklischees wie:

- Was sind Ihre größten Stärken und Schwächen?
- Wie würden Sie sich als Person beschreiben?
- Welche Art Bücher und Zeitschriften bevorzugen Sie?
- Was möchten Sie in fünf Jahren arbeiten, was könnte eines Ihrer Ziele sein?
- Wer ist für Sie ein konkretes Vorbild und warum?

Der Vorzug solcher Fragen mag einerseits in der hohen Verständlichkeit für jedermann liegen. Andererseits lassen sie scheinbar konkrete, kurze Antworten zu. Die Interviews sind zudem recht einfach zu handhaben.

Die Nachteile sind hingegen:

- Die Fragen sind sehr allgemein und lassen kaum eine Aussage über die tatsächlichen Erfahrungen einer Person in Bezug auf die ausgeschriebene oder einzuschätzende Tätigkeit, den Job, zu.
- Die Antworten können brillant einstudiert werden und relativ abgehoben-theoretisch beantwortet werden. Über die wahren Erfahrungen erfährt man wenig oder gar nichts, eher über die rhetorischen Fähigkeiten und Präsentationstechniken.

3.3.2. Situationsgebundene Interviewfragen

In anderen Interviews oder auch in kombinierten Interviews werden Fragen nach bestimmten Situationen gestellt, und es wird erwartet, dass die Person die eigenen Erfahrungen in der Beantwortung einbringt und bewerten lässt. Die Befragten sollen angeben, wie sie in wichtigen Situationen in und außerhalb der Arbeit handeln „würden“: „Wie würden Sie sich verhalten, wenn plötzlich...?“ Die Fragen können mit kleinen Fallstudien verbunden werden.

Typische Fragen sind in diesem Fall zum Beispiel:

- Wie würden Sie in Situationen handeln, in denen Sie eine schnelle Entscheidung treffen müssen, aber nur über sehr vage und widersprüchliche Informationen verfügen?
- Was würden Sie machen, wenn Sie ein Vorgesetzter zu etwas nötigt, das Sie als nicht legal einschätzten?
- Stellen Sie sich vor, Sie arbeiten mit noch einem zweiten Mitarbeiter gemeinsam an einem Projekt. Sie haben die Zielstellung und eine Zeit- und Ergebnisplanung gemeinsam erstellt sowie die jeweiligen Verantwortungen festgelegt.

Sie merken, dass der zweite Mitarbeiter sich aber nicht an Ihre Absprachen hält, und kommen nun schon das zweite Mal in Verzug. Was unternehmen Sie in dieser Situation?

Der Vorteil dieser Interviewfragen gegenüber dem traditionellen Interview ist der klarere Bezug auf unterschiedliche Situationen. Und so können hinter die abgefragten Situationen unterschiedliche Anforderungs- und Bewältigungsstufen gestellt werden. Von einem Spitzenverkäufer werden andere Antworten erwartet als von einem Junior-Verkäufer, von einem Manager andere als von einem hoch spezialisierten Fachmann.

Andererseits suggerieren diese Fragen eine hohe Korrelation zu dem erlebten (Bewährungs-)Alltag, bringen jedoch in der Regel keine brauchbaren Antworten. Der Konjunktiv in der Frage („Was würden Sie...machen...?“) führt zu abstrakten, erwünschten und leicht trainierbaren Antworten. Zwischen der „Ideal“-Aussage und dem tatsächlichen Verhalten gibt es maximal mittlere Korrelationen, aus denen sich keine Vorhersagen auf eine reale Verhaltensweise ableiten lassen.

3.3.3. Problemlöseinterviews

Eine weitere Interviewmethode basiert auf ungewöhnlichen Fragen, die ein beobachtbares Problemlöseverhalten auslösen sollen und insbesondere Aufschluss geben sollen zur

- Intelligenz einer Person,
- Reaktion auf untypische und indifferente Probleme,
- Belastbarkeit unter Stress,
- analytischen Fähigkeit und zu
- kreativen oder innovativen Problemlöseversuchen.

Solche Interviews sind ein Übergang zu oder ein Teil von Testsituationen in Assessments und sind sicher für spezielle Anforderungen angebracht, zum Beispiel wenn man die Fähigkeit eines Programmierers erkunden will, Fehler oder fehlerhafte Informationen in einem sehr komplexen Gebilde zu erkennen. Sie können jedoch nicht auf die Breite der in Interviews erforderlichen Situationen übertragen werden.

Daneben gibt es weitere Nachteile:

- Die individuellen Ergebnisse dieser Testsituationen können, wenn überhaupt, dann nur sehr eingeschränkt auf das Verhalten in realen Problemlösesituationen übertragen werden.
- Ein Versagen unter anstrengenden Testsituationen muss kein Indikator für ein Versagen in Realsituationen sein.
- Es kann häufig geraten und geschätzt werden, und eine so entstandene „richtige“ Antwort vermag nichts auszusagen über das tatsächliche Problemlöseverhalten und die Intelligenz der Person im Alltag.

Wie kommen wir aus diesem Dilemma herkömmlicher Interviews am besten heraus?

3.3.4. AKI

Eine wirkliche Alternative zu den aufgezeigten Interviewformen ist das Arbeitsbasierte KompetenzInterview (**AKI**).

Was ist das Neue beim **AKI**? In aller Kürze sind das:

Erstens: AKI enthält 568 Fragen – bezogen auf 64 Teilkompetenzen des KODE®X KompetenzAtlas. Die Interviewfragen basieren auf der Kompetenztheorie von Erpenbeck/Heyse und der ihr zugrunde liegenden Selbstorganisationstheorie. Die Fragegruppen sind also theoretisch abgesichert.

Zweitens: Alle Interviewfragen orientieren sich auf tatsächlich durchlaufene Anforderungssituationen und damit auf konkret erlebte, die erfolgreich oder weniger erfolgreich bewältigt und entsprechend reflektiert werden.

Während die traditionellen Interviewfragen etwa so lauten: „Wie arbeiten Sie unter Druck? Können Sie im Allgemeinen gut mit Druck umgehen?", fragt **AKI** nach einer konkreten Situation und der individuellen nachhaltigen Erfahrung, zum Beispiel: „Berichten Sie von einer konkreten Situation, in der Sie durch Stress richtig belastet waren und in der Ihre Fähigkeit, damit fertig zu werden, getestet wurde."

„Berichten Sie von einem konkret erlebten Fall in Ihrem Berufsleben, bei dem Sie mit Stress nicht gut umgehen konnten. Erinnern Sie sich an eine konkrete Situation. Diese kann schon länger zurückliegen oder auch in jüngster Zeit von Ihnen erlebt worden sein."

Ein zweites Beispiel mag den Unterschied in den Interviews verdeutlichen. In traditionellen Interviews wird oft gefragt: „Wenn Sie Ihr Leben noch einmal leben könnten, was würden Sie dann anders machen?" Diese Frage kann nur sehr allgemein beantwortet werden und drängt auch noch sozial erwünschte Antworten auf, um in einem „guten Licht" zu erscheinen. **AKI** hingegen bezieht konkrete Arbeitssituationen ein, z. B.: „Berichten Sie über eine Arbeitssituation, in der Sie eine Entscheidung treffen mussten, die Sie heute, wenn Sie noch einmal vor dieser Situation stünden, anders treffen würden. Wie war diese Situation damals? Wie entschieden Sie sich damals? Wie würden Sie heute anders entscheiden und warum?"

Diese **AKI**-spezifische Fragegruppe bohrt nach, möchte das Erfahrungsniveau so genau wie möglich erkunden. Natürlich können auch bei diesen Fragen durch intelligente Personen Täuschungen erfolgen, jedoch die Wahrscheinlichkeit ist gegenüber den anderen Interviewformen bedeutend geringer. Ferner wird schnell offensichtlich, ob die befragte Person überhaupt schon solche Situationen erlebt hat und wenn ja, auf welchem Level sie diese bewältigt hat. Dazu gibt es beim **AKI** eine siebenstufige Bewertungsskala, die der Interviewer entsprechend den Schilderungen des Befragten ausfüllt.

Drittens: AKI orientiert sich auf eine differenzierte Analyse realer Anforderungssituationen und deren individuelle Bewältigung. Die Fragen werden der Fragensammlung zum KompetenzAtlas entnommen. Ohne mögliche Verkürzungen sieht AKI die Befragung auf fünf Ebenen vor:

Ebene 1: *Situationsbeschreibung.*

Frage nach der Anforderungssituation; Einschätzung des Schwierigkeitsgrades. Der Interviewer lässt sich – ausgehend von seiner AKI-spezifischen Frage – die Anforderungssituation genau beschreiben (Womit war die Person konfrontiert, was wurde von ihr verlangt, wie waren die äußeren Umstände, erhielt sie Hilfe…? Welche Aufgabe sollte die Person konkret in dieser Situation lösen?). Bei der Aufgabenbeschreibung werden „wir" oder „man" nicht zugelassen, und es wird nach dem Eigenanteil gefragt.

Ebene 2: *Absichtsebene.*

Frage nach der Absicht der Person. Was nahm sich die Person vor? Was wollte sie erreichen, welche Resultate (maximal, minimal) wollte sie erreichen? Wofür wollte sie sich willentlich einsetzen? Mit welcher Willensstärke wollte sie das erreichen?

Ebene 3: *Verhaltensebene.*

Frage nach dem real erfolgten Verhalten. Was tat die Person, um ihre Ziele zu erreichen, um ihren Lösungsanspruch zu realisieren? Was waren die Aktivitäten im Einzelnen? Fühlte sich die Person unter Zwang handelnd? Fühlte sich die Person über- oder unterfordert? Auf dieser Frageebene muss auf die Genauigkeit von Beschreibungen geachtet werden und müssen Allgemeinplätze ausgeschlossen werden: zum Beispiel nicht „wir", „man" „Wir machten". Manche Personen sagen „Wir regten an…", zeigten aber tatsächlich keine Aktivitäten.

Ebene 4: *Wirkungsebene.*

Was hat die Person erreicht? Welche Resultate und welche Wirkungen wurden erreicht? Welche Folgen? Wurden die Aufgaben aus der Sicht der Organisation gelöst? Wie war die Reaktion Dritter? Was lernte die Person aus dieser Anforderungssituation?

Ebene 5: *Idealebene.*

Wie hätte die Person die Situation noch besser lösen können? Was hätte sie noch mehr beachten, sich noch vornehmen müssen? Würde sie sich aus heutiger Sicht anders verhalten? Hätte sich die Person zur damaligen Zeit gern anders verhalten, konnte das jedoch auf Grund der Umstände nicht? Welche Ideale hätte sie damals gern umsetzen wollen?

Zweifellos ist die fünfte Ebene die schwierigste Interviewebene. Sie setzt ein hohes Reflektionsvermögen der Person und eine hohe Lernbereitschaft voraus.

Nach Möglichkeit sollten die Antworten jeder dieser Befragungsebenen mittels der siebenstufigen Bewertungsskala eingeschätzt werden. Aus den fünf Werten wird sodann ein Gesamtwert gebildet.

1	2	3	4	5	6	7
Nicht überzeugend		Passt fast. Bedarf für Verbesserungen		Gut bis sehr gut passend		Hervorragend. Führungsniveau

Beschreibung der Bewertungskriterien

1:
- o Der Kandidat hat kaum ersichtliche Kompetenzen hinsichtlich.....
- o Die als positiv beschriebene Situationsbewältigung steht im Widerspruch zu der vom Unternehmen erwarteten.
- o Es überwiegt eine Negativkennzeichnung mit ausbleibendem Bewältigungserfolg für das Unternehmen.
- o Es erfolgte kein Lernprozess und Aufbau von Idealvorstellungen.
- o Dem Kandidat fehlen allem Anschein nach die Voraussetzungen, an den eigenen Herausforderungen zu wachsen bzw. die Mitarbeiter zu fördern. Seine Darstellungen zeugen von unzureichenden Entwicklungsschritten bzw. waren zu negativ.

2:
- o Der Kandidat konnte kein Beispiel für seine Kompetenz bzw. zur Entwicklung der Kompetenzen seiner Mitarbeiter nennen. Es fehlen entsprechende Erfahrungen.
- o Das Beispiel war auf einem sehr niedrigen Niveau.
- o Der Kandidat war nicht in der Lage, sich bzw. seine Mitarbeiter auf diesem Gebiet zu entwickeln.

3:
- o Der Kandidat hat in der richtigen Richtung gedacht und agiert. Allerdings unterliefen ihm einige Fehler.
- o Er erkennt seine Fehler und lernt aus ihnen. Eine Entwicklung ist erkennbar. Er hat durchaus Entwicklungspotenzial.

4:
- o Der Kandidat zeigt eine gute Performance, allerdings fehlen ihm noch Erfahrungen im Umgang mit sehr schwierigen Situationen.
- o Das Beispiel ist akzeptabel. Durch konkrete PE-Maßnahmen kann seine Kompetenz weiterentwickelt werden.

5:
- o Der Kandidat hat die umfassenden Kompetenzen (Wertvorstellungen, Erfahrungen, Wissen, Fähigkeiten...), um die Anforderungen erfolgreich zu meistern.
- o Er kann aus der Sicht des Unternehmens anspruchsvolle Situationen erfolgreich bewältigen.

6:
- o Der Kandidat bewältigt die Situation über die Erwartungen des Unternehmens hinaus.

	o	Er kann mit komplizierten Situationen sehr gut umgehen, ist sehr kompetent.
	o	Er reflektiert Situationen sowie **A/V/W/I** sehr prägnant und lernt aus problematischen Situationen.
7:	o	Der Kandidat hat sehr stark ausgebildete und vielfach in der Praxis bestätigte Kompetenzen auf diesem Gebiet.
	o	Er kann in der Bewältigung solcher Situationen als Vorbild für andere gelten.
	o	Der Kandidat ist imstande zu führen. Er kann als Mentor, Promoter, Trainer, Coach andere motivieren und entwickeln. Der Kandidat kann zu den High potenzials und zu den Exzellenten des Unternehmens gezählt werden. Die gezeigten Kompetenzen übertreffen die allgemeinen Erwartungen.
	o	Die individuelle Kompetenzbilanz (A:V:W) ist optimal.

Tabelle 5: Bewertungskriterien

Viertens: AKI baut auf der KODE®X-Ableitung der strategischen Unternehmensziele und der daraufhin erfolgenden Ableitung der 12–16 wichtigsten Kompetenzanforderungen für die nächsten 18–24 Monate auf. Den definierten und durch mögliche Beurteilungsmerkmale untersetzten 64 Kompetenzen des KompetenzAtlas sind insgesamt 512 **AKI**-Einzel- bzw. Mehrfachfragen zugeordnet, also im Durchschnitt 8 pro Kompetenz. Insofern ist der Bezug zum betrieblichen Alltag und zur notwendigen betrieblichen Entwicklung mehrfach gegeben und klar strategieorientiert.

3.3.5. Einfache AKI-Vorgehensweise

Der Einsatz von AKI im Rahmen von Rekrutierungsmaßnahmen, Assessments, Personalgruppierung für spezielle Förderwege, Potenzialanalysen, Personalkompasserstellungen… ist einfach:

1. Schritt: Erarbeitung der strategischen Unternehmensziele
2. Schritt: Ableitung von 12–16 Kompetenzanforderungen
3. Schritt: Präjudizierung von 2–4 Kompetenzen für spezielle Interviews. Auswahl von jeweils einer Frage/Fragegruppe je Kompetenz und Aufnahme dieser in das Interviewarsenal. Bei 2–4 Kompetenzen, die ausschnittsweise geprüft werden, stehen dem Interviewer 2–4 AKI-Fragen zur Verfügung.
4. Schritt: Erfragen konkretere Anforderungssituationen/Bewerten dieser Situation.
   Hinterfragen der persönlichen Absichten, des Verhaltens, des Ergebnisses und des persönlichen Ideals.
5. Schritt: Vergleich von Absicht und Wirkung/Resultat: War die Person mit dem Ergebnis zufrieden? Entsprach es den ursprünglichen Erwartungen der Person? Wenn nicht, warum nicht? Wurden hohe Erwartungen auch mit hohen Ergebnissen realisiert?

Vergleich von Absicht, Verhalten und Resultat: Rechtfertigte der Zeit- und Krafteinsatz die Erwartung sowie das Ergebnis?

Prüfen des Ideals: Was hat die Person aus der Situation gelernt? Was wäre aus heutiger Sicht die Ideallösung (gewesen)? Hat die Person aus der Situation gelernt?

Das Ergebnis dieser Analyse drückt sich in Bewertungsziffern gemäß den sieben Bewertungsvorgaben aus. Es ist sinnvoll, auf den fünf verschiedenen Interviewebenen zu unterscheiden; auf jeden Fall muss aber eine Gesamtbewertung erfolgen, in die alle Einzelbewertungen einfließen. Diese Gesamtbewertungsziffer wird auch in den Personalkompass aufgenommen.

KODE®X-Anwendung in der Praxis – ein Beispiel

In einem mittelständischen international tätigen Handelsunternehmen mit 2.300 Beschäftigten wurden in einem Zeitraum von 12 Monaten folgende acht Schritte auf der Grundlage des KODE®X-Verfahrens unternommen:

1. Schritt: Erarbeitung von 5 Strategischen Zielen für den Zeitraum von zwei Jahren auf der Grundlage der ein Jahr alten Ballance Scorecards mit 26 Zielen in XXXX Bereichen. Diese Arbeit fand in einem Top-Team mit beiden Geschäftsführern und weiteren 6 Führungskräften des Unternehmens statt.

2. Schritt: Ableitung von 16 Strategischen Kompetenzanforderungen im Top-Team.

3. Schritt: Inhaltliche Präzisierung der 16 Strategischen Kompetenzanforderungen, Erarbeitung von 16x4 Identifikationsmerkmalen, die als „Strategie-unterstützende Normen des alltäglichen Verhaltens" formuliert und auch als Grundlage zur Überarbeitung des bestehenden Systems der Leistungseinschätzungen deklariert wurden.

4. Schritt: Erarbeitung von zwei („Muster"-)SOLL-Profilen: a.) für die Gruppe „Geschäftsführung", b) für die Gruppe „Einkäufer".

Diese vier Schritte wurden innerhalb von sieben Stunden erfolgreich realisiert. Der Workshop endete mit folgenden Festlegungen:

(1) Mündliche Informationen an alle Führungskräfte betr. der Strategischen Ziele und der erarbeiteten Personalmanagement-Normen und Ausrichtungen innerhalb von 14 Tagen durch einen Geschäftsführer und zwei weitere Mitglieder des Top-Teams.

(2) Abklärung der Präzisierung des Leistungseinschätzungssystems mit dem Betriebsrat. Vorstellung und Begründung der Schritte 2.–4. vor dem Betriebsrat. Parallele Klärung des weiteren Vorgehens mit der Leiterin P.

(3) Erarbeitung aller noch ausstehenden 25 SOLL-Profile (einschließlich LKW-Fahrer) mit den zuständigen Bereichs- bzw. Abteilungsleitern innerhalb der nächsten drei Wochen.

(4) Vorbereitung eines Wochenend-Workshops „Unser zukünftiges Leitbild" mit 22 Teilnehmern (Führungskräfte, Vertreter Betriebsrat, besonders progressive Mitarbeiter) auf der Grundlage sowie zur Umsetzung der in den Schritten 1.–3. erarbeiteten Ergebnisse.

(5) Das Top-Team trifft sich in drei Wochen halbtägig ein weiteres Mal und prüft die 25 neuen SOLL-Profile – auch unter dem Aspekt einer möglichen Erweiterung oder Zusammenlegung von Job- und Funktionsgruppen. Des Weiteren soll das zukünftige Vorgehen für die Kompetenz- und Stärkenerfassung sowie für gezielte OE- und PE-Maßnahmen erörtert werden.

5. Schritt: Nach vier Wochen und der zwischenzeitlichen Umsetzung der fünf Festlegungen ließ die Geschäftsleitung durch den externen KODE®X-Berater prüfen, inwieweit die bisher üblichen Assessment Center den nun vorliegenden Strategischen Kompetenzanforderungen entsprechen und inwieweit die Anforderungen bei allen Fragen der Rekrutierung neuer Mitarbeiter und Führungskräfte Berücksichtigung finden können. In diesem Zusammenhang wurden das AKI und zum Teil neue AC-Übungen und -Elemente eingeführt. Der bisherige Aufwand für die AC-Vorbereitung und -Auswertungen wurde deutlich gesenkt.

Ferner wurde eine Analyse der im Unternehmen bestehenden Kernpositionen durchgeführt, um in einem nächsten Schritt das Verhältnis von Kernpositionen zu vorhandenen Kernpersonen festzustellen und wichtige Maßnahmen zur personellen Stärkung der Kernpositionen (einschließlich frühzeitige Nachfolgeplanung) ableiten zu können.

In der fünften Woche wurde ein halbtägiger Workshop mit 15 Führungskräften (darunter drei Mitglieder des Top-Teams) durchgeführt. Die Teilnehmer erarbeiteten in Kleingruppen sowie im Plenum wichtige Führungsinstrumente: a) Beobachtungskriterien für das Erkennen sowohl eingeschränkter als auch stark ausgeprägter Strategischer Teilkompetenzen; b) Kriterien, Formen und Mittel zur Entwicklung und Stärkung der Teilkompetenzen durch die Führungskräfte und die betreffenden Mitarbeiter selbst.

Zwei Monate nach dem Realisieren der Schritte 1.–4. wurden unter Anwendung des im Schritt 3 erarbeiteten Norm- und Beurteilungsbogens und der im Schritt 4 und nachfolgend entwickelten SOLL-Profile SOLL-IST-Vergleiche für alle Führungs-Nachwuchs-Kräfte durchgeführt. Mit einem zusätzlichen Fragebogen und mit dem KODE® wurden auch die Kernpersonen beurteilt.

6. Schritt: Die Fremdeinschätzungen (jeweilige Führungskraft) und Selbsteinschätzungen wurden innerhalb der darauf folgenden zwei Wochen mit jeder bewerteten Person differenziert ausgewertet, und es wurden gemeinsam Ziele, Inhalte und Formen der individuellen Kompetenzentwicklung für den Zeitraum der kommenden 2, 4 und 6 Monate abgeleitet. Anonymisierte Gruppenergebnisse wurden sowohl mit der Geschäftsleitung als auch in einer Informationsveranstaltung mit allen eingeschätzten Personen und dem Betriebsrat strategie-orientiert ausgewertet. Alle Teilnehmer erhielten einen individuellen Kompetenzkompass mit ausführlichen Kompetenzeinschätzungen und konkreten Anregungen zur eigenen Kompetenzentwicklung in schriftlicher Form – anonym gehalten gegenüber dritten Personen.

Im gleichen Zeitraum fand der Leitbild-Workshop erfolgreich statt.

7. Schritt: Es folgten in weiteren sechs Monaten unterschiedliche PE-Maßnahmen, zum größten Teil gekoppelt an konkrete arbeitsbezogene Aufgaben mit

Teil- und Endzielen – abgestimmt auf die strategische OE des Unternehmens –, deren Realisierung attestiert werden konnte.
8. Schritt: In Abstimmung mit dem Betriebsrat wurden nach Abschluss dieser konzertierten PE- und OE- Entwicklungsarbeit die SOLL-IST-Vergleiche für alle Mitarbeiter des Unternehmens zur Grundlage der Personalauswahl- und -Entwicklungsarbeit genommen, unterstützt durch die Software Competenzia. Darüber hinaus wurden die KODE®X-Entwicklungsdateien für den Aufbau eines „Talente-Pools“ genutzt. Beabsichtigt ist zur Zeit dieser Darstellung eine Kompetenzzertifizierung der Führungs-Nachwuchs-Kräfte.

Grundlage einer solchen Zertifizierung ist der Nachweis der Kompetenzbedarfsanalyse, einer differenzierten Kompetenz-IST-Analyse, der Verminderung von Gaps aus einem SOLL-IST-Vergleich und dem Nachweis von Kompetenzentwicklungen durch gezielte PE-Interventionen. Die Geschäftsleitung plant weiterführend die Kompetenzzertifizierung ganzer Belegschaften und sieht darin auch über die innere Stärkung hinausgehende Effekte, insbesondere einen zusätzlichen öffentlichen Qualitätsnachweis des Unternehmens: Neutral bestätigte Kompetenzbilanzen und HR-Qualitätsnachweise.

4. Verbindung unterschiedlicher Verfahren im Rahmen des Kompetenzmanagements

Parallel zum KODE®X-System wurde KODE® entwickelt. KODE® ermittelt das Ausprägungsverhältnis der Grundkompetenzen einer Person (personale, aktivitätsbezogene, fachlich-methodische, sozial-kommunikative Kompetenzen) – einmal unter „normalen“, unproblematischen Arbeits- und/oder Lebensbedingungen, einmal unter besonders fordernden, auch belastenden Bedingungen wie Stress, Zeitdruck, Konflikt. Beides kann in Form von Selbst- oder Fremdbeurteilungen geschehen. Kompetenzen werden dabei immer als etwas Positives betrachtet: Es gibt keine negativen Kompetenzen, sondern nur unterschiedlich Ausprägungsgrade.

Zusätzlich werden die Ausprägungen der Grundkompetenzen in Bezug auf – entweder selbst- oder fremdbeurteilte – ideale Ansprüche, reale Handlungsabsichten, konkrete Handlungsweisen und verwirklichte Handlungsresultate verglichen.

Damit ermöglicht KODE®

- die schnelle und intensive Aufklärung eines individuellen Kompetenzspektrums,
- die Bestimmung von zu fördernden, aber auch von übertrieben starken Kompetenzbereichen,
- die Überprüfung der Belastungsfähigkeit des individuellen Kompetenzgefüges unter Problembedingungen,

- die Ermittlung von Umsetzungsproblemen der Selbstorganisationsdispositionen in geistige oder gegenständliche Handlungsergebnisse, insbesondere bei Differenzen zwischen Handlungsidealen und -absichten einerseits und den Prozessen und Resultaten ihrer Verwirklichung andererseits,
- die Weiterentwicklung vorhandener, die Entwicklung neuer, den Ausgleich stark differierender und die Dämpfung „überzogener" Kompetenzen.

5. Software-gestützte Arbeit mit KODE®X am Beispiel Competenzia (S. Buhr/S. Ortmann)

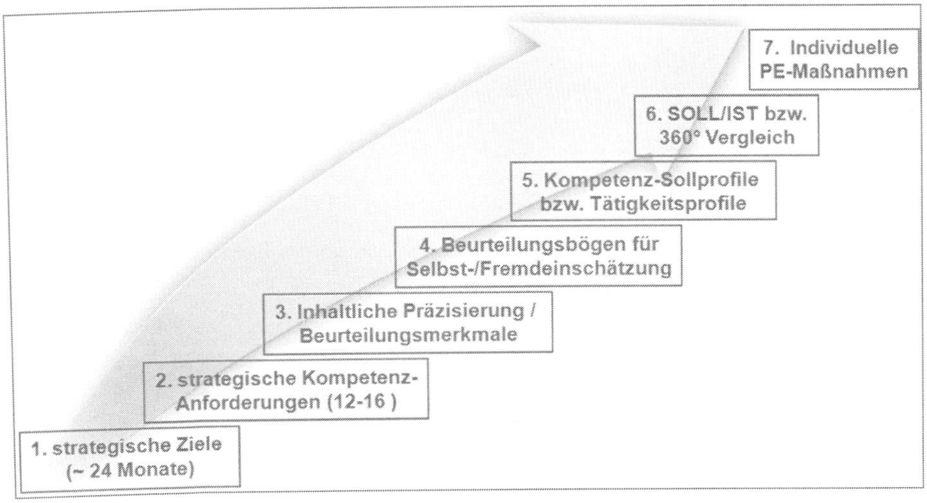

Abbildung 2: KODE®X-Schritte („Vorgehensmodell")

Im Folgenden wird auf die sieben Schritte detaillierter eingegangen.

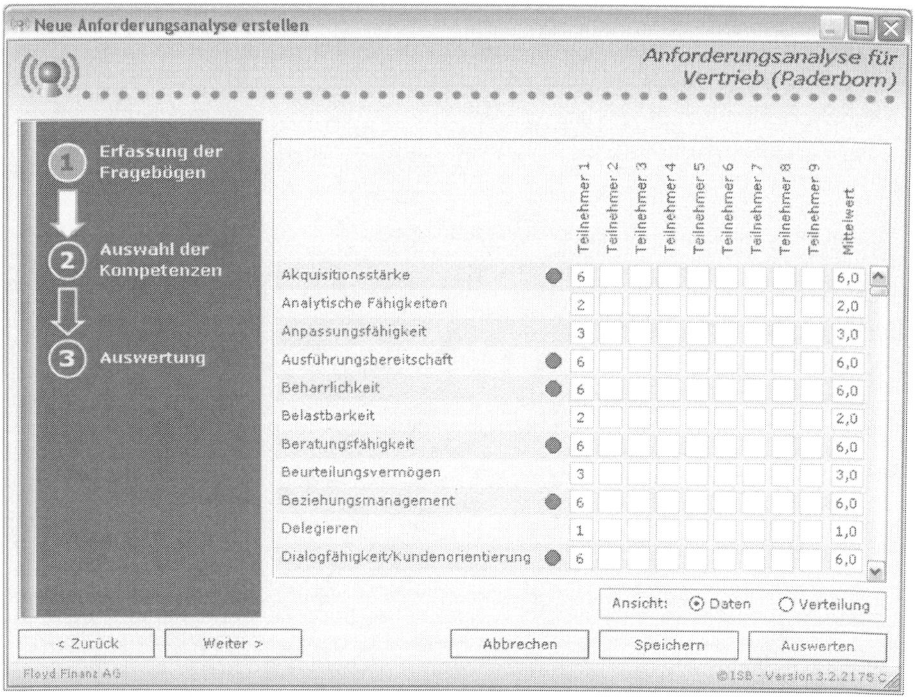

Abbildung 3: Identifizierung der strategisch wichtigen Kompetenzen

Im ersten Schritt werden in einem moderierten Workshop die strategischen Ziele identifiziert. Daraus leiten die Teilnehmer des Strategieworkshops im zweiten Arbeitsschritt die 12 bis 16 strategischen Kompetenzen ab.

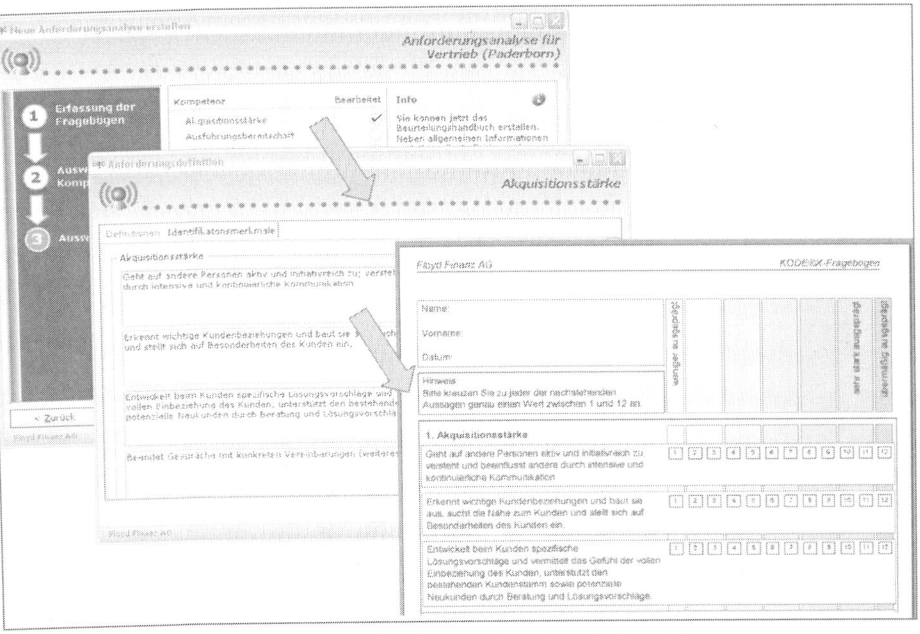

Abbildung 4: Hinterlegung der Identifikationsmerkmale und Einschätzung

Im dritten Schritt erfolgt die organsationsspezifische Präzisierung der Kompetenzbegriffe. Die hier hinterlegten Präzisierungen (Beurteilungsmerkmale, Identifikationsmerkmale) ergeben die Fragen der Selbst- und Fremdeinschätzungen (Schritt 4) welche, papierbasiert oder per Internet-Fragebogen eingelesen werden.

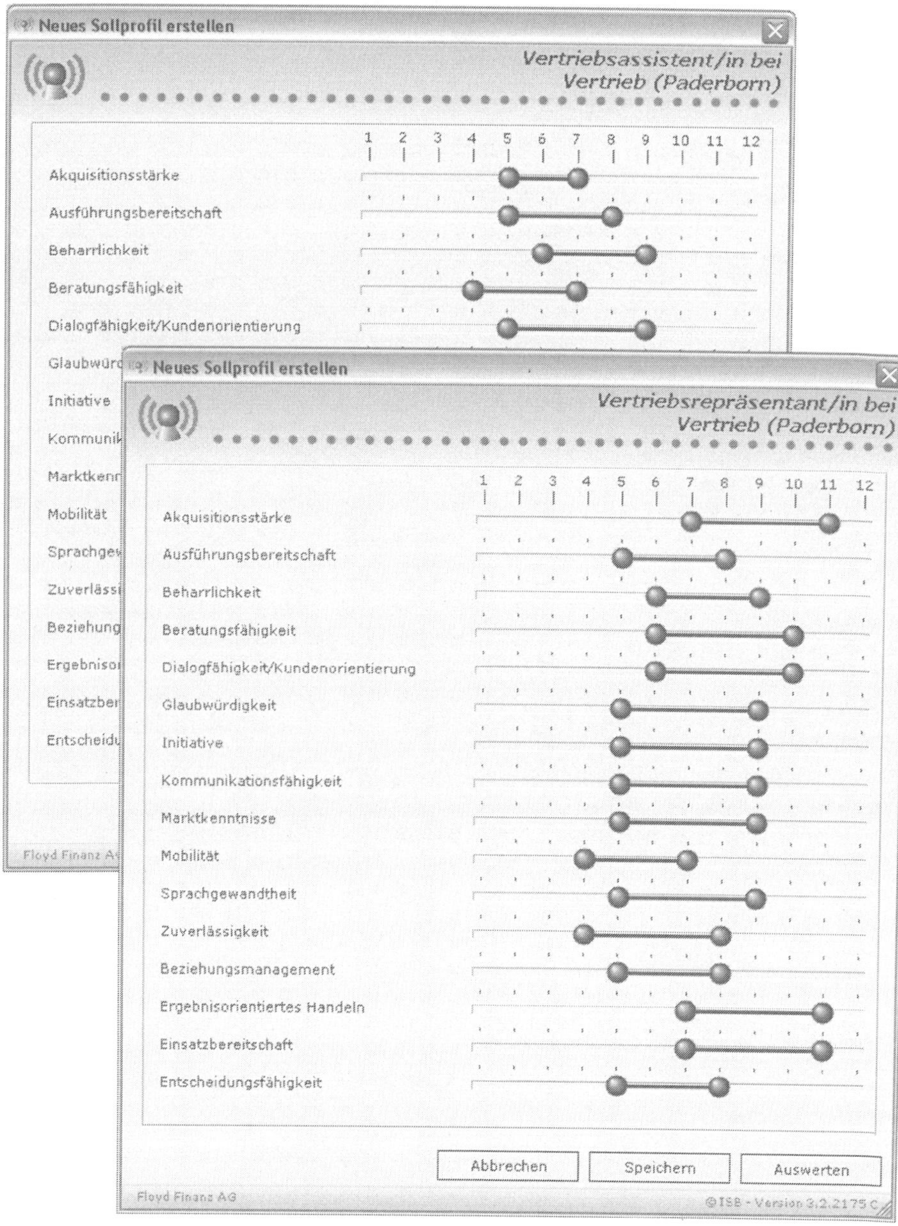

Abbildung 5: Kompetenz-Sollprofil für Vertriebsassistent und Vertriebsrepräsentant

Die Sollprofile (Schritt 5) bilden die gewünschte Ausprägung der Kompetenz ab, beispielsweise ist die Ausprägung der Kompetenz Akquisitionsstärke im Tätigkeitsprofil der Vertriebsrepräsentanten stärker ausgeprägt als im Sollprofil der Vertriebsassistenz.

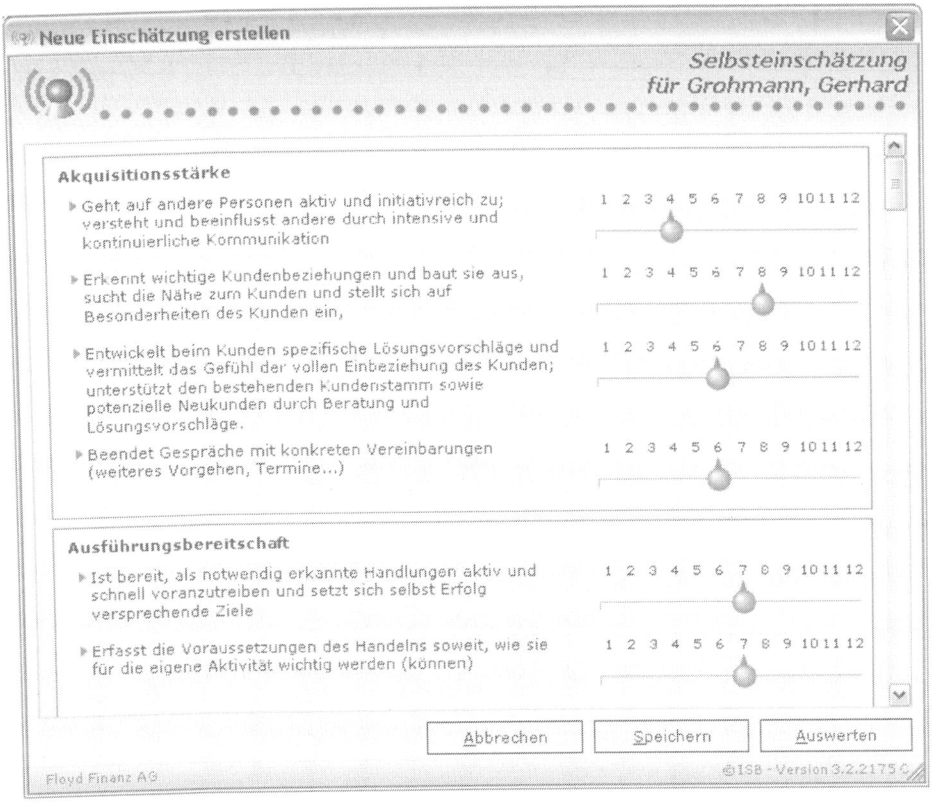

Abbildung 6: Erfassung der Einschätzung in Competenzia

Die Einschätzungen können ebenfalls über einen Internetfragebogen eingelesen werden. Der Internetfragebogen wird aus Competenzia heraus automatisiert erzeugt und freigeschaltet.

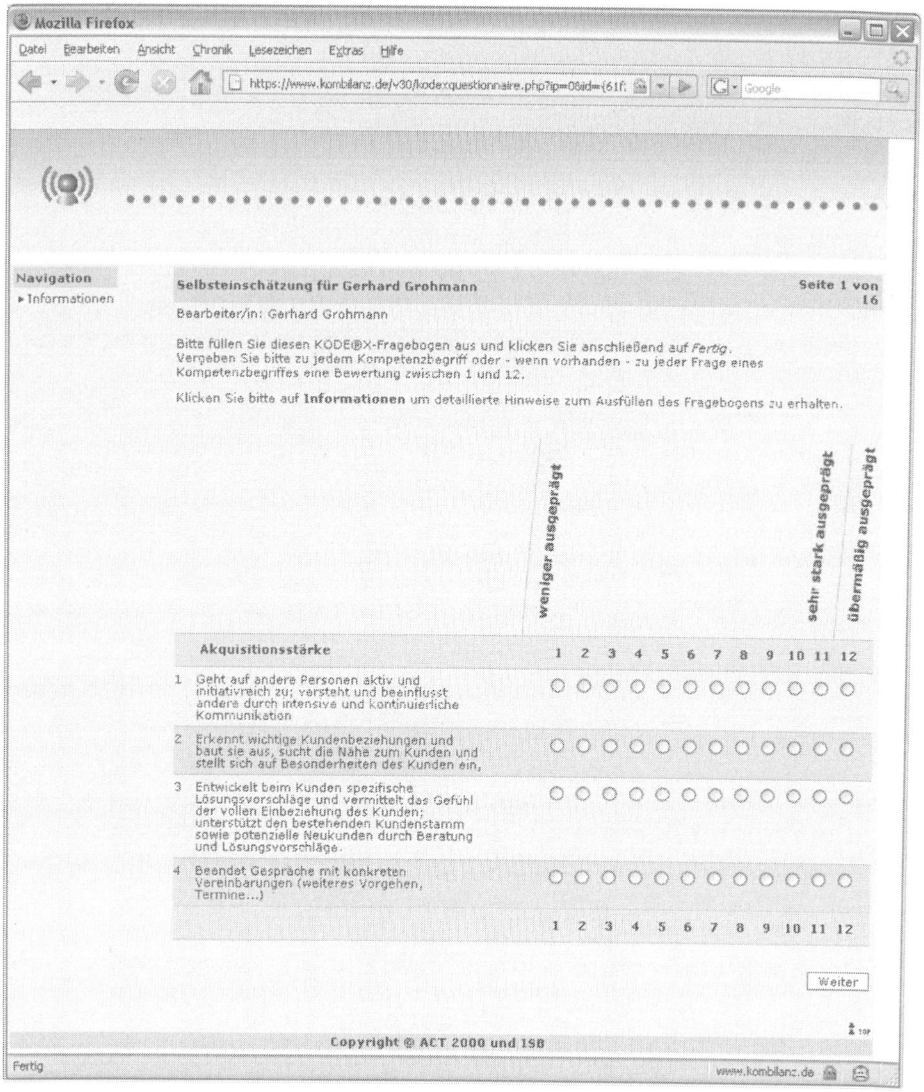

Abbildung 7: Erfassung der Einschätzung über einen Internetfragebogen

Nachdem Sollprofile und Einschätzungen erfasst wurden, können sie in Form eines SOLL/IST-Vergleichs übereinander gelegt und interpretiert werden (Schritt 6).

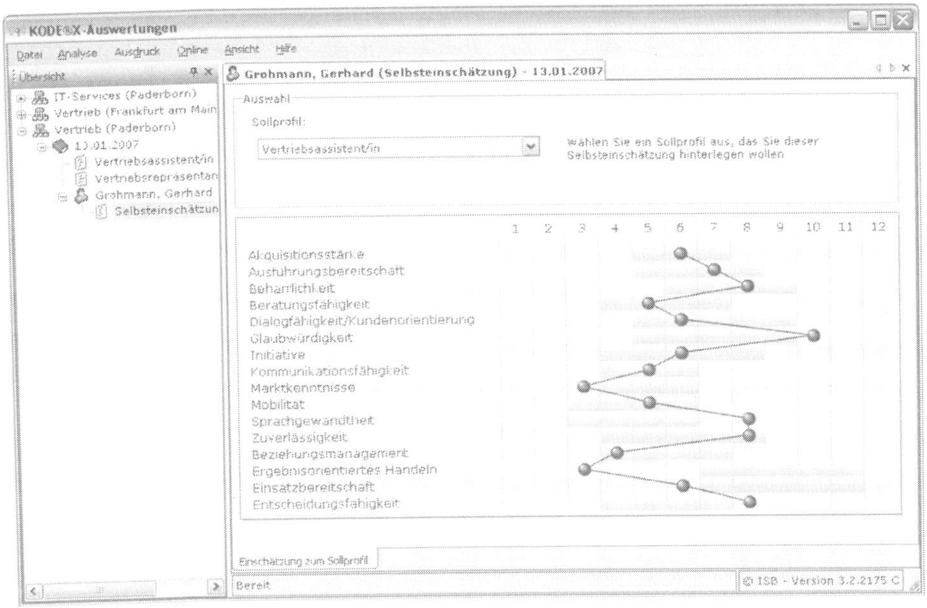

Abbildung 8: SOLL/IST-Vergleich

Diverse Auswertungen runden die Informationsvielfalt des KODE®X-Systems ab und bilden eine Basis für die PE-Maßnahmen (Schritt 7).

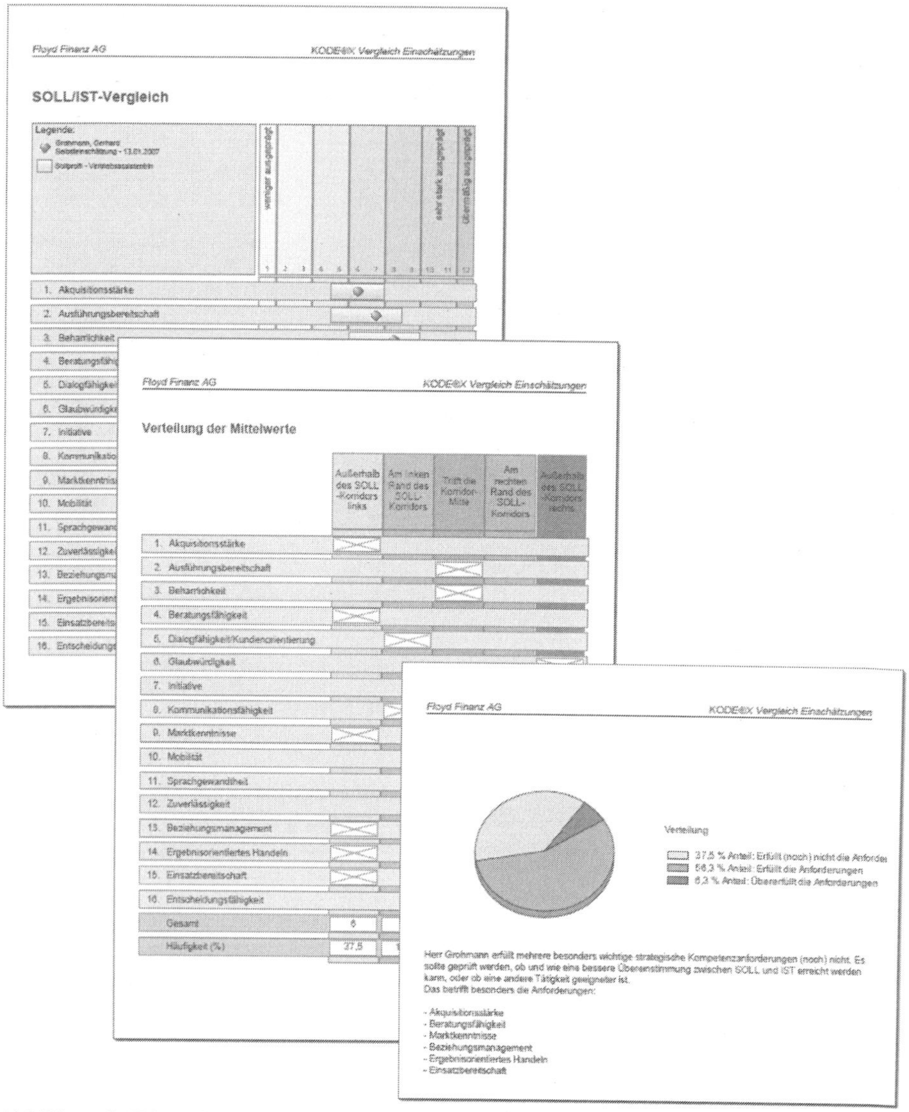

Abbildung 9: KODE®X-Auswertung

KODE®-KODE®X-Brücke

Die Brücke ist das verbindende Element der KODE®X- und KODE®-Systematik.

In der ersten Darstellung werden Übereinstimmungsfaktoren ermittelt. Sie geben Auskunft darüber, wie gut sich eine Person bezogen auf ein Stellenprofil eignet.

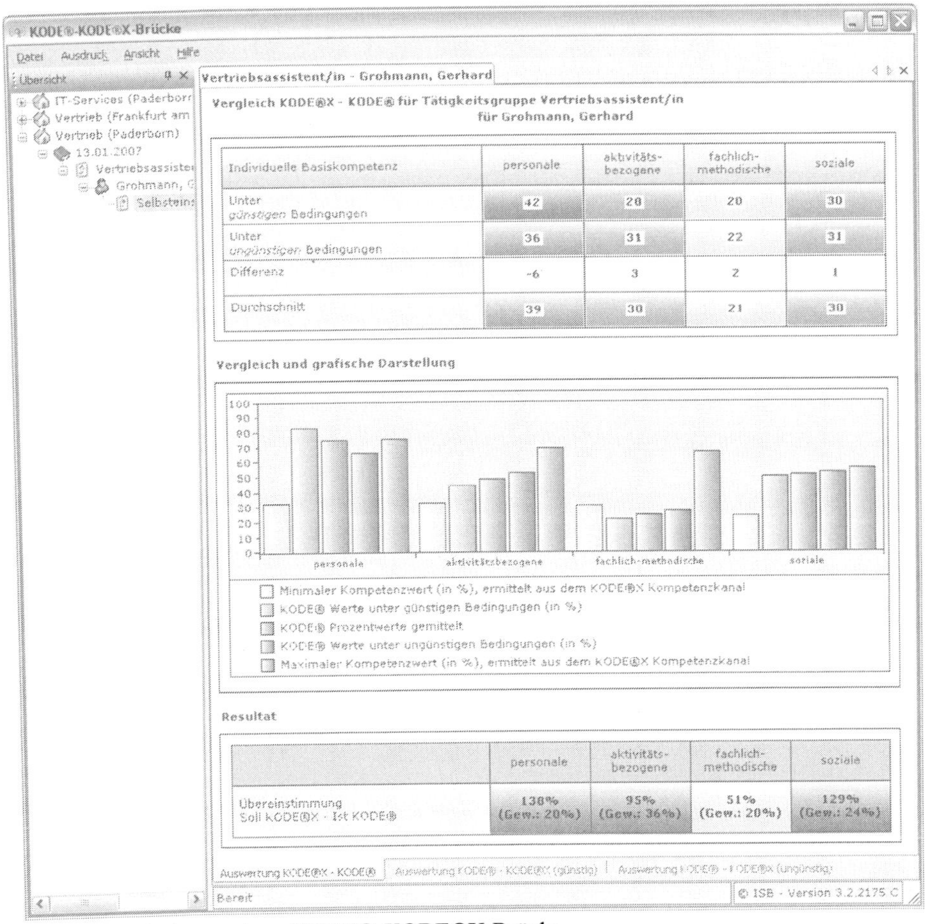

Abbildung 10: Auswertung KODE®-KODE®X-Brücke

Die zweite Darstellung repräsentiert detailliert, welche Kompetenzen für einen Tätigkeitsbereich/Sollprofil erforderlich sind und stellt deren Ausprägung unter Einbeziehung einer KODE®-Einschätzung farblich gegenüber.

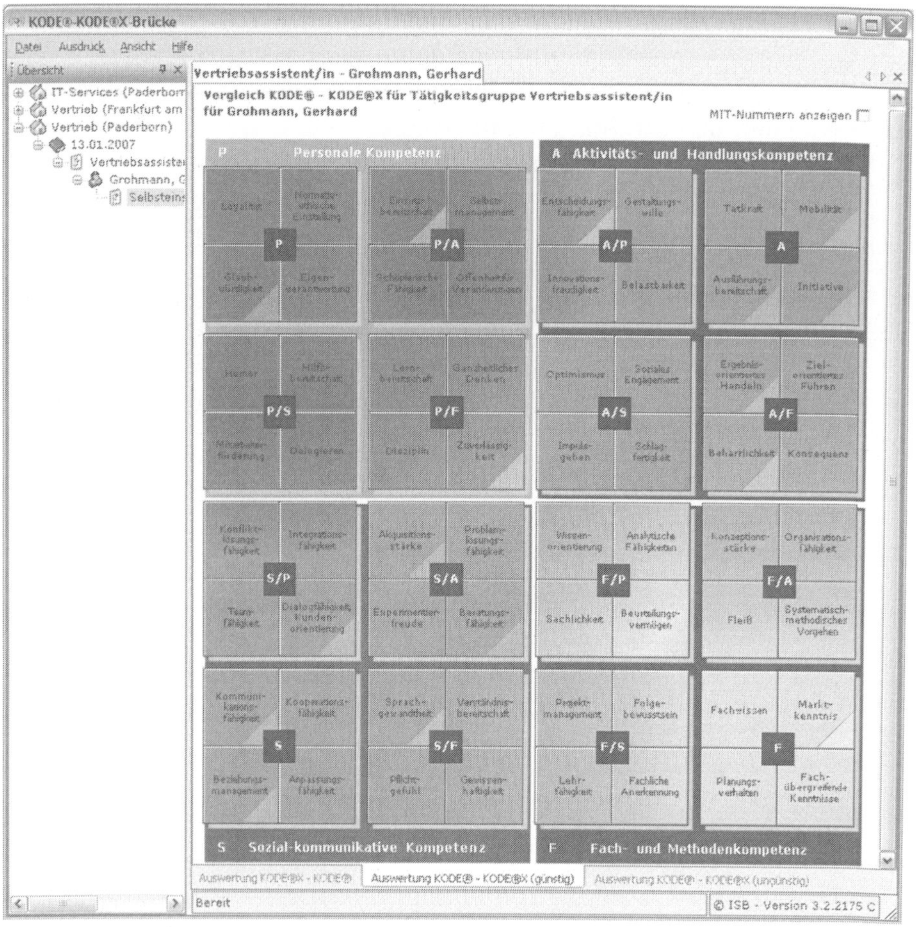

Abbildung 11: Kompetenzatlas in der KODE®-KODE®X-Brücke

Für die Brückenauswertung liegen Mustersollprofile zu den Metakompetenzen „Interkulturelle Kompetenz", „Führungskompetenz", „Selbstentwicklungskompetenz", und „Vertriebs- und Verhandlungskompetenz" vor.

Arbeitsbasiertes Kompetenz-Interview (AKI)

Eine neue Form von Kompetenz-Interviews eröffnet die Möglichkeit, auch die impliziten Erfahrungen von Menschen, deren tatsächliche Kompetenzen und Stärken zu erfahren.

Abbildung 12: Definition des Interviews

In Competenzia sind 512 Fragen zu 64 Kompetenzen hinterlegt. Aufgrund der begrenzten Interviewdauer werden für das Kompetenz-Interview zwei bis drei Kompetenzen sowie dazugehörige Interviewfragen ausgewählt.

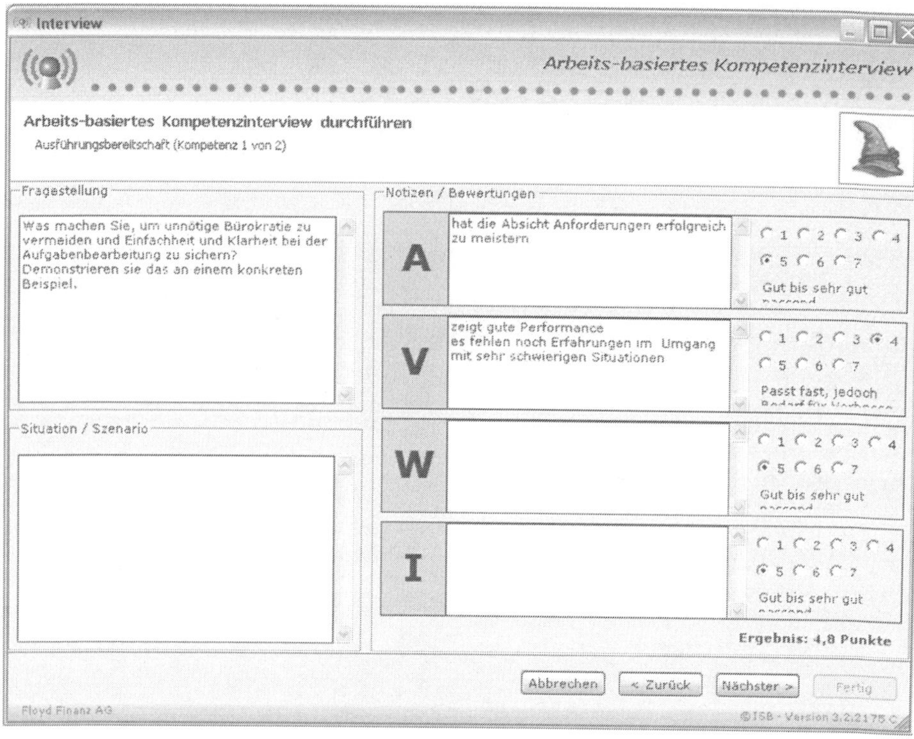

Abbildung 13: Durchführung und Beurteilung des Interviews

Die Bewertung der Antworten der interviewten Person wird anhand einer siebenstufigen Skala vorgenommen. Die sieben Stufen sind klar definiert, damit eine objektive Beurteilung ermöglicht wird.

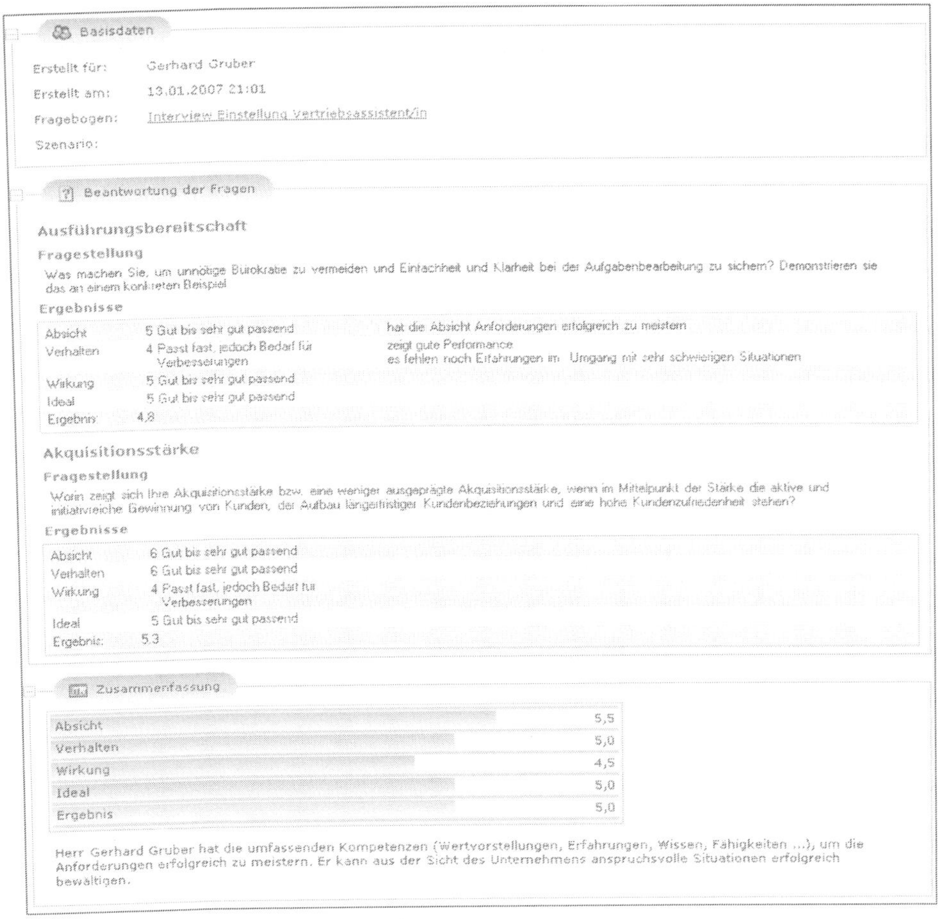

Basisdaten

Erstellt für: Gerhard Gruber
Erstellt am: 13.01.2007 21:01
Fragebogen: Interview Einstellung Vertriebsassistent/in
Szenario:

Beantwortung der Fragen

Ausführungsbereitschaft

Fragestellung

Was machen Sie, um unnötige Bürokratie zu vermeiden und Einfachheit und Klarheit bei der Aufgabenbearbeitung zu sichern? Demonstrieren sie das an einem konkreten Beispiel

Ergebnisse

Absicht	5 Gut bis sehr gut passend	hat die Absicht Anforderungen erfolgreich zu meistern
Verhalten	4 Passt fast, jedoch Bedarf für Verbesserungen	zeigt gute Performance es fehlen noch Erfahrungen im Umgang mit sehr schwierigen Situationen
Wirkung	5 Gut bis sehr gut passend	
Ideal	5 Gut bis sehr gut passend	
Ergebnis:	4,8	

Akquisitionsstärke

Fragestellung

Worin zeigt sich Ihre Akquisitionsstärke bzw. eine weniger ausgeprägte Akquisitionsstärke, wenn im Mittelpunkt der Stärke die aktive und initiativreiche Gewinnung von Kunden, der Aufbau längerfristiger Kundenbeziehungen und eine hohe Kundenzufriedenheit stehen?

Ergebnisse

Absicht	6 Gut bis sehr gut passend
Verhalten	6 Gut bis sehr gut passend
Wirkung	4 Passt fast, jedoch Bedarf für Verbesserungen
Ideal	5 Gut bis sehr gut passend
Ergebnis:	5.3

Zusammenfassung

Absicht	5,5
Verhalten	5,0
Wirkung	4,5
Ideal	5,0
Ergebnis	5,0

Herr Gerhard Gruber hat die umfassenden Kompetenzen (Wertvorstellungen, Erfahrungen, Wissen, Fähigkeiten ...), um die Anforderungen erfolgreich zu meistern. Er kann aus der Sicht des Unternehmens anspruchsvolle Situationen erfolgreich bewältigen.

Abbildung 14: Auswertung des Interviews

Anhand der Ergebnisse wird die Entscheidung über weitergehende Maßnahmen des Personalauswahlprozesses getroffen.

6. Lern- und Kontrollfragen

- Was sind die wichtigsten Anforderungen an professionelles Kompetenzmanagement?
- Wozu brauchen Unternehmen überhaupt professionelles Kompetenzmanagement?
- Welche Ziele werden dadurch verfolgt?
- Welche Funktionen und Aufgaben umfasst ein Kompetenzmanagement?
- Wie sieht der grundsätzliche Aufbau eines Kompetenzmanagement-Systems aus?

- Wo liegen die Besonderheiten des KODE-Kompetenzmanagement-Modells?
- Was ist ein Kompetenzatlas und wie wird ein solcher entwickelt (Vorgehensschritte)?

7. Literatur

Altmann, A.: Gesagt, getan! Business-Strategien und Pläne erfolgreich umsetzen. Heidelberg 2006.

Erpenbeck, J.; Heyse, V.: Die Kompetenzbiographie. Strategien der Kompetenzentwicklung durch selbstorganisiertes Lernen und multimediale Kommunikation. Münster/New York/München/Berlin 1999, 2., verk. Auflage 2007.

Erpenbeck, J.; v. Rosenstiel, L.: Handbuch Kompetenzmessung. Erkennen, verstehen und bewerten von Kompetenzen in der betrieblichen, pädagogischen und psychologischen Praxis. Stuttgart 2003.

Erpenbeck, J.: KODE® – Kompetenzdiagnostik und -Entwicklung. In: Erpenbeck, J.; v. Rosenstiel, L.: Handbuch Kompetenzmessung. Erkennen, verstehen und bewerten von Kompetenzen in der betrieblichen, pädagogischen und psychologischen Praxis. Stuttgart 2003.

Grote, S.; Kauffeld, S.; Billich, M.; K.; Frieling, E. (Hrsg.): Kompetenzmanagement. Grundlagen und Praxisbeispiele. Stuttgart 2006.

Grote, S.; Kauffeld, S.; Billich, M.; K.; Frieling, E.: Implementierung eines Kompetenzmanagementsystems: Phasen, Vorgehen und Stolpersteine. In: Grote, S.; Kauffeld, S.; Billich, M.; K.; Frieling, E.: Kompetenzmanagement. Grundlagen und Praxisbeispiele. Stuttgart 2006

Heyse, V.; Erpenbeck, J.; Michel, L.: Kompetenzprofiling. Münster/New York/München/Berlin 2001.

Heyse, V.: KODE(r)X Kompetenz-Explorer. In: Erpenbeck, J.; v. Rosenstiel, L.: Handbuch Kompetenzmessung. Erkennen, verstehen und bewerten von Kompetenzen in der betrieblichen, pädagogischen und psychologischen Praxis. Stuttgart 2003.

Heyse, V.; Erpenbeck, J.; Max, H.: Kompetenzen erkennen, bilanzieren und entwickeln. WAXMANN, Münster/New York/München/Berlin 2004.

Heyse, V.; Erpenbeck, J.: Kompetenztraining. 64 Informations- und Trainingsprogramme. Stuttgart 2004.

Heyse, V.; Erpenbeck, J.: Kompetenzen erfolgreich managen. Methoden, Vorgehen, Praxiserfahrungen. Münster/New York/München/Berlin 2007.

Jumpertz, S.: Zwischen Anspruch und Akzeptanz. Kompetenzmanagement einführen. In: managerSeminare, Heft 109, April 2007.

Probst, J.B.; Deussen, A.; Eppler, M.J.; Raub, S.P.: Kompetenzmanagement. Wiesbaden 2000.

Rosenstiel, L. v.; Pieler, D.; Glas, P. (Hrsg.): Strategisches Kompetenzmanagement. Wiesbaden 2004.

Zaugg, Robert, J. (Hrsg.): Handbuch Kompetenzmanagement. Durch Kompetenzen nachhaltig Werte schaffen. Bern 2006.

Personal und Arbeit

Human Resource Management aktuell – Herausforderungen, Lösungsansätze, Trends

Ursula Liebhart

In diesem Beitrag erfahren Sie

- Wie hat sich betriebliche Personalarbeit in den letzten Jahrzehnten entwickelt?
- Welche Anforderungen und Erwartungen werden heute an die Rolle des Personalmanagers gestellt? Wie muss sich das Personalwesen organisieren, um diesen Anforderungen gerecht zu werden?
- Wie ist bei der Personalplanung vorzugehen?
- Warum ist Personalmarketing zu einem wichtigen Instrument der strategischen Personalarbeit geworden und welche Instrumente können eingesetzt werden?
- Wie sind die Prozesse und Wege der Personalbeschaffung zu gestalten?
- Welche Prozesse und Verfahren können bei der Personalauswahl unterstützen?
- Wozu sind professionelle Kenntnisse der Personalbeurteilung wichtig?
- Was sind die Ziele, Zielgruppen und die Prozesse der Personalentwicklung?
- Welche Vergütungs- und Arbeitszeitmodelle werden in der Praxis eingesetzt?
- Was ist unter Trennungsmanagement zu verstehen und warum nimmt dieses Thema in der Praxis zu?
- Was versteht man unter Personalcontrolling?

1. Einführung, Entwicklung und Trends des Human Resource Management (HRM)

1.1. Einführung und Begriffsklärungen

Aufgrund der rasanten Entwicklung des wirtschaftlichen Umfeldes von Unternehmen, den bedeutenden Veränderungen auf den Arbeitsmärkten, den gesellschaftlichen und rechtlichen/gesetzlichen Veränderungen, aber auch der technologischen Entwicklungen wird die „Ressource Mensch“ als zentraler Wettbewerbsfaktor für Unternehmen immer wichtiger. Wenn Ressourcen, Technologien, Produkte und Dienstleistungen zunehmend austauschbarer und auch zugänglicher werden, ist es letztendlich ausschließlich der Mensch als Mitarbeiter, welcher den Wettbewerbsvorsprung für das Unternehmen sichern kann. Das Bewusstsein, dass Erfolg und Wachstum in verstärktem Ausmaße von der Qualität der Mitarbeiter abhängen, stellt diese wieder verstärkt in den Mittelpunkt unternehmerischer Überlegungen: nämlich hoch qualifizierte Mitarbeiter zu rekrutieren, diese den Herausforderungen entsprechend weiter zu entwickeln und durch individuelle Maßnahmen ans Unternehmen zu binden. Klassische Methoden und Instrumente des Personalmanagements werden durch Perspektiven und Instrumente erweitert, die auf die genannten wirtschaftlichen Entwicklungen abgestimmt sind, wie Personalmarketing, E-Portale etc. Darüber hinaus steht auch das Personalmanagement selbst ganz massiv unter der Herausforderung, einen nachweislichen Beitrag zur Wertschöpfung des Unternehmens zu erbringen. Das Selbstverständnis des Personalmanagements erfordert daher das kritische Hinterfragen der Gestaltung des Personalmanagements sowie der Rolle des Personalmanagers als Business Partner der Geschäftsführung. In den weiteren Abschnitten wird daher der Bogen von den klassischen Personalaufgaben und -funktionen bis hin zu aktuellen Trends und Herausforderungen gespannt, beginnend mit einer kurzen Begriffsklärung und einem historischen Abriss der Entwicklung des Personalmanagements.

Als das ***Personal*** bzw. die Belegschaft eines Unternehmens werden alle Mitarbeiterinnen und Mitarbeiter[1] sämtlicher Hierarchiestufen und Tätigkeitsbereiche verstanden, die in einer Unternehmung tätig sind und in einem vertraglichen Verhältnis zu diesem stehen. Das Personal ist Träger von Leistungen, Bedürfnissen und von Werten (Drumm 1995). Hinzu zählen Arbeitnehmer, Angestellte, leitende Mitarbeiter (Führungskräfte), Auszubildende (= Lehrlinge) und Praktikanten, Volontäre ebenso wie freie Mitarbeiter, Leiharbeiter, arbeitnehmer-ähnliche Mitarbeiter etc.

Der Begriff des Human Resource Managements (Personalmanagement) ist angelsächsischer Herkunft und wird im heutigen Sprachgebrauch verwendet,

[1] Im vorliegenden Beitrag wird stets nur die männliche Formulierung für Mitarbeiter, HR-Manager, Abteilungsleiter, Praktikanten, Leiharbeiter, Leasingarbeiter, Berater, Arbeitgeber, Projektleiter, Kandidat etc. verwendet. Selbstverständlich ist diese Formulierung stellvertretend auch für die weibliche Form zu sehen.

wenn personalwirtschaftliche Aufgaben auch als strategische Führungsaufgaben betont werden sollen. Begrifflich kann das Personalmanagement sowohl funktionell oder auch institutionell verstanden werden:

- Als Funktion des Personalmanagements werden alle personalwirtschaftlichen Aufgaben verstanden, die im Hinblick auf festzulegende Ziele erfüllt werden müssen. Der funktionale Aspekt aller personalwirtschaftlichen (Teil-)Aufgaben wird auch durch den Begriff Personalarbeit ausgedrückt.
- Aus institutioneller Perspektive werden unter Personalmanagement all jene organisatorischen Einheiten erfasst, die zentral oder dezentral personalwirtschaftliche Aufgaben wahrnehmen. Auch der Begriff des Personalwesens umschreibt die institutionelle Bedeutung.

Das Personalmanagement verfolgt als ***oberstes Sachziel***, der Unternehmung personelle Kapazität (menschliche Arbeitsleistung) in der erforderlichen Quantität und Qualität, zum richtigen Zeitpunkt und für die benötigte Dauer am jeweiligen Einsatzort bereit zu stellen, damit Leistungserstellung und -verwertung durchgeführt werden können. Die beiden abgeleiteten Formalziele der Personalwirtschaft sind folgende:

- ***ökonomische Effizienz:*** mit einem möglichst günstigen Verhältnis zwischen Faktorertrag zu Faktoreinsatz, beispielsweise die Arbeitsproduktivität
- ***soziale Effizienz:*** durch die Erfüllung der Erwartungen, Bedürfnisse und Interessen der Mitarbeiter, beispielsweise anforderungs-, leistungs- und marktgerechtes Entgelt, Entwicklung individueller Fähigkeiten, angemessene Arbeitszeitregelung, sozialer Kontakt, menschengerechte Gestaltung der Arbeitsplätze und ansprechende Gestaltung der Arbeitsinhalte, Schutz der Gesundheit etc.

Als personalwirtschaftliche Aufgabenträger können gesehen werden:

- Die ***Personalabteilung*** erstellt Planungs- und Konzeptarbeiten und unterstützt durch Dienstleistungen beim Beschaffungsprozess, der Entwicklung der Mitarbeiter etc.
- Die ***Führungskräfte*** wie Manager, Abteilungsleiter etc. führen die Mitarbeiter und unterstützen die Personalabteilung bei der Planung, der konzeptionellen Arbeit und Weiterentwicklung.
- Der ***Betriebsrat*** hat ein Mitspracherecht bei Entscheidungen der Personalabteilung und setzt sich entsprechend der Größe des Unternehmens aus einer gewählten Anzahl von Mitarbeitern zusammen.
- Die ***Unternehmensleitung*** unterstützt die Personalstrategien und Maßnahmen durch das Bereitstellen von Ressourcen und aktive Vorbildwirkung.
- Die ***Mitarbeiter*** des Unternehmens leisten einen Beitrag durch die Nutzung personalwirtschaftlicher Instrumente wie Entwicklungsmaßnahmen.
- ***Externe Berater*** können durch ein Expertenwissen über verschiedene Aufgabenstellungen und/oder Instrumente einen bedeutenden Beitrag zur Entwicklung personalwirtschaftlicher Aufgabenstellungen leisten.

1.2. Entwicklung des Human Resource Management

Ein global verschärfter Wettbewerb zwingt Unternehmen strategische, kulturelle, organisatorische Veränderungsprozesse zu initiieren, um wettbewerbsfähig zu bleiben. Der Einsatz moderner Managementkonzepte betrifft dabei das Personalmanagement in doppelter Hinsicht: Einerseits muss der Personalbereich aktiv die Gestaltung und Implementierung der Konzepte im Unternehmen unterstützen und andererseits ist auch der Personalbereich dem Druck nach Effektivität und Effizienz ausgesetzt. Dabei reicht ein Selbstverständnis als interne Verwaltungs- und Administrationsfunktion nicht mehr aus, sondern erfordert einen internen, kunden- und qualitätsorientierten Dienstleistungsgedanken. Vor allem die Begleitung von Veränderungsprozessen und eine proaktive, strategische und unternehmerische Ausrichtung prägen das heutige Bild des modernen Personalbereichs. Vom bürokratischen Verwalter in den 50er-Jahren bis zum aktiven Gestalter unternehmerischer Personalprozesse heute lässt sich ein wesentlicher Wandel des Selbstverständnisses des HR-Managers und der Personalarbeit selbst feststellen. Die Abb. 1 gibt den bedeutsamen Wandel in Anlehnung an Wunderer/von Arx (2002, S. 26 ff.) und Scholz (2000, S. 33) wieder:

Entwickl. HR-management seit den 50er Jahren

Bürokratisierung bis 1950	Kontextvariable	Wirtschaftliches Wachstum, Disziplin
	Selbstverständnis	Bürokrat
	Strategie	Aufbau vorwiegend administrativer Personalfunktionen
	Aufgaben	Verwaltung der Personalakte, Durchführung personalpolitischer Entscheidungen, Lohn- und Gehaltsabrechnung, Rechtshüter, Personalgewinnung
	Organisation	Gehalts- und Personalbüro
	Träger & Verantwortung	Juristen kaufmännische Leitung
Institutionalisierung ab 1960	Kontextvariable	Wirtschaftliches Wachstum, Disziplin
	Selbstverständnis	Professioneller Bürokrat
	Strategie	Professionalisierung, Spezialisierung und Zentralisierung des Personalwesens führen zu einer Identität des Personalbereichs
	Aufgaben	Verwaltung, Einstellung und Einsatz, Entgeltfindung, juristische Konfliktregelung, Ausbau einer qualitativen Sozialpolitik wie Bildung, Freizeit, etc.
	Organisation	Personalbüro
	Träger & Verantwortung	Juristen Personalleiter in Groß- und ev. auch Mittelbetrieben

Humanisierung & Partizipation ab 1970	Kontextvariable	Humanisierung der Arbeitswelt, Partizipation
	Selbstverständnis	Sozialstation und Fürsorger für die Mitarbeiter
	Strategie	Weitere Spezialisierung, Ausbau der Mitarbeiterorientierung und -betreuung der Personalfunktion
	Aufgaben	Humanisierung, Partizipation, weiterer Ausbau qualitativer Personalpolitik wie Aus- und Weiterbildung, kooperative Mitarbeiterführung, Human Relations, Humanisierung von Arbeitsplätzen und -umgebung, Arbeitszeit, Organisations- und Personalentwicklung
	Organisation	funktionale Personalabteilung, Personalstäbe, Arbeitnehmervertreter
	Träger & Verantwortung	Soziologen, Psychologen Personalressort in der Geschäftsleitung
Ökonomisierung ab 1980	Kontextvariable	Zunehmender Druck zur Wandlungsfähigkeit
	Selbstverständnis	Dienstleister
	Strategie	Wertschöpfung durch Personalarbeit, Anpassung von Organisation und Personal an veränderte Rahmenbedingungen nach Aspekten der Wirtschaftlichkeit
	Aufgaben	Flexibilisierung der Arbeit und der Arbeitskräfte, Rationalisierung des Entwicklungspotenzials, Aufbau quantitativer und freiwilliger Sozialleistungen, Freisetzungspolitik
	Organisation	Personalabteilung als Dienstleister
	Träger & Verantwortung	Betriebswirte Geschäftsleitung, Personalwesen, Linienmanagement

Unternehmerische Orientierung ab 1990	Kontextvariable	Organisatorische Wandlungsfähigkeit als Wettbewerbsstärke, Konkurrenzdruck, moderne Informations- und Kommunikationstechnologien,
	Selbstverständnis	Dienstleister, Berater
	Strategie	Zentralisierung des strategischen und konzeptionellen Personalmanagements, da Mitarbeiter wertvollste und sensitivste Ressource darstellen. Mitarbeiter als Mitunternehmer gewinnen. Added Value als oberstes Ziel
	Aufgaben	Unternehmerisches Mitwissen, Mitdenken, Mithandeln und Mitverantworten für integrierte Mitwirkung bei Unternehmenspolitik und -strategie, Personalcontrolling
	Organisation	Personalmanagement als „Competence Center"
	Träger & Verantwortung	Betriebswirte Geschäftsleitung, insbesondere ein für Personal verantwortliches Mitglied. Zentrales Personalmanagement, Linie als dezentrales Personalmanagement
Steuerung des Human Capitals ab 2000	Kontextvariable	Globalisierung, Netzwerke, Diversity, Individualisierung, Virtualisierung
	Selbstverständnis	Business Partner
	Strategie	Personalmanagement als integrierte Funktion der Unternehmensführung, Professionalität führt zur wertorientierten Steuerung des Humankapitals
	Aufgaben	Personalarbeit wird analytischer und quantifizierbarer, Personalmarketing, Personalcontrolling, Konzeptarbeit
	Organisation	Personalmanagement als „Wertschöpfungscenter" und dezentrales Netzwerk
	Träger & Verantwortung	Akademiker mit hoher Methoden- und Sozialkompetenz Geschäftsleitung, insbesondere ein für Personal verantwortliches Mitglied. Zentrales Personalmanagement, Linie als dezentrales Personalmanagement

Abbildung 1: Entwicklungsphasen des Human Resource Managements

2. Organisation des HRM

2.1. Grundpostulate des Personalmanagements

Die Grundpostulate für die Entwicklung personalwirtschaftlicher Konzepte liegen in der konsequenten Erfolgsorientierung und der Professionalisierung der Personalarbeit. Dabei muss Personalarbeit flexibel, individualisiert, kunden- und qualitätsorientiert agieren und die eigene Akzeptanz im Unternehmen sichern. Diese Grundpostulate sind Richtlinien für das Verhalten und Prüfkriterien für den Erfüllungsgrad des Personalmanagements.

- *Erfolgsorientierung*: Personalmanagement ist kein Selbstzweck, sondern muss letztendlich alle personalwirtschaftlichen Aktivitäten konsequent und explizit auf die Unternehmensziele ausrichten. Neben dieser ökonomischen Zielorientierung soll jedoch nicht zwangsläufig auf die Verfolgung sozialer Ziele verzichtet werden. Erfolgreiches Personalmanagement trägt zum Gesamterfolg des Unternehmens bei.
- *Professionalisierung*: Damit Personalmanagement maßgeblich zum Unternehmenserfolg beitragen kann, sind die konsequente Aktualisierung des Wissensstandes und die kontinuierliche Entwicklung der Kompetenzen im Personalmanagement selbst unabdingbar. Die Professionalisierung kommt durch die zunehmende funktionale Spezialisierung und Differenzierung zum Ausdruck, erfordert die verstärkte Fähigkeit an strategische Aspekte anzuknüpfen, die eigene Wertschöpfung zu verbessern, reflektorische und IT-Kompetenzen.
- *Flexibilisierung*: Eine bessere Ressourcenauslastung, eine raschere Anpassung an Märkte und Kunden erfordern die Fähigkeit zur kurzfristigen Anpassung an unvorhersehbare Veränderungen. Die personalwirtschaftlichen Anwendungsfelder reichen von der Flexibilisierung des Personalbestandes beispielsweise mittels Leiharbeitnehmer, der Arbeitszeitstrukturen durch dynamische Arbeitzeitregelungen bis hin zu nachfrageorientierten Leistungen des Personalbereichs selbst.
- *Individualisierung*: Mittels der Individualisierung soll verstärkt auf die Bedürfnisse und Vorstellungen der einzelnen Mitarbeiter Rücksicht genommen werden, um sowohl für potentielle, aber auch für bestehende Mitarbeiter ein attraktiver Arbeitgeber zu sein und damit die Leistung der Mitarbeiter anzuspornen. Vielversprechende Umsetzungsmöglichkeiten der Individualisierung liegen in den Bereichen Arbeitszeit, Vergütung, Personalentwicklung, Personalführung und -beurteilung.
- *Kundenorientierung*: Personalmanagement wird zukünftig verstärkt alle personalwirtschaftlichen Aktivitäten an den Wünschen potentieller und vorhandener Kunden erfassen und ausrichten müssen. Die wichtigsten Kundengruppen sind dabei die vorhandenen Mitarbeiter, die Führungskräfte und die Unternehmensleitung. Weitere Beispiele für interne Kunden sind nach Goerke/Wickel-Kirsch (2002) freie Mitarbeiter, Abteilungen der Verwaltung etc. Beispiele für externe Kunden sind potentielle und ehemalige Mitarbeiter,

Grundforderungen des modernen HR-Managements

Personalberater, Rechtsanwälte, Zeitarbeitsfirmen, Seminaranbieter, Hochschulen etc. Die Kundengruppen haben unterschiedliche Erwartungen an das Personalmanagement, so dass eine detaillierte Auseinandersetzung mit den heutigen und zukünftigen Bedürfnissen der einzelnen Kundengruppen erforderlich ist (Kienbaum 2000, S. 4; Wunderer/von Arx 2002, S. 28 f.).

- *Qualitätsorientierung*: Personalmanagement muss in zweierlei Richtungen Qualität ermöglichen. (1) Qualität durch Personalarbeit ist dann gegeben, wenn das Personalmanagement durch seine personalwirtschaftlichen Aktivitäten das Qualitätsmanagement des gesamten Unternehmens wesentlich unterstützt. (2) Qualität in der Personalarbeit ist dann gegeben, wenn alle personalwirtschaftlichen Aktivitäten selbst stets kontinuierlich verbessert werden.
- *Akzeptanzsicherung*: Die personalwirtschaftlichen Aktivitäten bedeuten in vielen Bereichen Veränderungen für die betroffenen Personen. Das Schaffen von Rahmenbedingungen, unter denen die Mitarbeiter in Zeiten von Veränderungen ihre Aufgaben erfüllen können, und die Herstellung von Sinn und Akzeptanz für Veränderungsprozesse sind wichtige Aspekte des Personalmanagements. Zu beachten sind dabei ein angemessenes Maß an Problemdruck, die Methodeneffektivität und der Implementationsprozess, ein geeignetes Promotorenteam sowie das zeitgerechte Abpuffern etwaiger Bedrohungsgefühle.

Die schnelleren Entwicklungszyklen des wirtschaftlichen Umfeldes konfrontieren die Personalarbeit mit sich ständig verändernden Rahmenbedingungen. Ein aktives Personalmanagement muss daher kontinuierlich an sich arbeiten und die eigene Arbeit professionalisieren. Was jedoch letztendlich den Erfolg und den Wert der Personalarbeit bestimmt, sind nicht Aktivitäten, sondern der messbare Wertschöpfungsbeitrag. Die Herausforderung der Personalarbeit ist es, einen nachweislichen Wertbeitrag bei weiterer Kosteneffizienz als kompetenter Partner zu generieren. Mit dieser Forderung sind zwangsläufig veränderte und/oder neue Aufgaben, Funktionen und Rollen sowie eine veränderte Organisation der Personalarbeit verbunden, die in den nächsten Absätzen diskutiert werden. So darf es nicht verwundern, wenn das Personalmanagement in den Unternehmen durchschnittlich ein- bis mehrmals innerhalb von fünf Jahren reorganisiert wird. Die wesentlichen Anlässe dafür sind die Verbesserung ineffizienter Personalprozesse, eine Restrukturierung von Geschäftsbereichen durch beispielsweise Fusionen/Mergers & Acquisitions, ein Wechsel der Personalleitung sowie zunehmender Kostendruck.

2.2. Organisation des Personalmanagements

Das Personalwesen hat sich in den vergangenen Jahrzehnten entsprechend den veränderten Herausforderungen und Anforderungen an Mitarbeiter, Führungskräfte und Unternehmen deutlich verändert. Daher ist eine zweckmäßige Organisation Voraussetzung, dass das Personalmanagement innerhalb dieses dynamischen Umfeldes erfolgreich agieren kann. Es gibt eine Fülle von Organisationsformen, die in der Literatur diskutiert und in der Praxis realisiert werden.

Unabhängig von der inhaltlichen Gestaltung sind zunächst zwei wesentliche Entscheidungen zu treffen: Soll die Personalarbeit zentral oder dezentral organisiert werden und wie sollen die Aufgaben zwischen Personalbereich und Führungskraft aufgeteilt werden?

- *Zentral vs. dezentral*: Dieses Kriterium beschreibt die organisationale Einordnung. Bei der zentralen Gestaltung finden alle Tätigkeitsfelder des Personalmanagements in einem Personalressort (Personalabteilung) statt. Zu den Personalaufgaben, die eher zentral wahrgenommen werden, gehören die Konzeption der Führungsinstrumente und personalwirtschaftliche Aspekte der Unternehmenspolitik. Bei der dezentralen Gestaltung gibt es mehrere, hierarchisch gestaffelte Personalabteilungen bis hin zu dezentralen Personalreferenten. Eher dezentral wahrzunehmende Aufgaben sind die Lohn- und Gehaltsfindung, die Rekrutierung der Nachwuchsführungskräfte etc. Eine dezentrale Gestaltung trägt dazu bei, dass die gleichen Personalprozesse an unterschiedlichen Standorten unterschiedlich stattfinden, eine heterogene Systemlandschaft aufgebaut wird und ein hoher Infrastrukturbedarf besteht, der Managementkapazitäten für Verwaltungs- anstatt für Entscheidungsprozesse bindet. Ineffiziente Personalprozesse und die Fehlallokation von Ressourcen sind das Ergebnis.

Personal-arbeil
Aufgaben
zentral oder dezentral

- *Universalistisch vs. partizipativ*: Bei der von Scholz (2000, S. 195) als universalistisch bezeichneten Organisationsform findet Personalarbeit weitgehend in der Personalabteilung statt und löst Fragen der Personalbedarfsbestimmung, realisiert die Personalbeschaffung und -entwicklung und übernimmt auch wichtige Funktionen der Personalführung. Die partizipative Gestaltung bezeichnet eine bewusste und sehr weitgehende Verteilung von Aufgaben auf die jeweiligen Führungskräfte, denen als Träger der Personalverantwortung eine große Bedeutung zukommt. Wie eine Untersuchung der Deutschen Gesellschaft für Personalführung (dgfp 2006a, S. 21) zeigt, ist dies jedoch keine Selbstverständlichkeit. In rund 50% der befragten Unternehmen leben keine bis nur wenige Führungskräfte ihre Rolle als Träger der Personalfunktion.

Entsprechend der Gliederung der Personalmanagement-Aufgaben können generell folgende Strukturen unterschieden werden:

- *Funktionale Aufgabengliederung:* Gleichartige Tätigkeitsfelder des Personalmanagements werden gruppiert, so dass die Personalverantwortlichen auf ihre Tätigkeitsbereiche spezialisiert sind. Zum Beispiel erfolgt die Gliederung in „Personalrecruiting", „Personalentwicklung" etc.
- *Objektorientierte Gliederung:* Die Tätigkeitsfelder des Personalmanagements werden insgesamt bezogen auf eine definierte Mitarbeitergruppe wahrgenommen. Mögliche Gliederungskriterien sind zum Beispiel Mitarbeiterkategorien (Arbeiter, Angestellte), Berufsgruppen (technische, wissenschaftliche, kaufmännische Mitarbeiter), Geschäftsbereiche (= Referentensystem), geographische Regionen. Zum Beispiel erfolgt die Gliederung in „Personalbereich Private Banking", „Personalbereich Betreuung Expats" etc.
- *Matrixgliederung:* Kennzeichnend ist die Anwendung zweier Gliederungskriterien, funktional und objektorientiert. Zum Beispiel erfolgt die Gliede-

rung in „Personalrecruiting Arbeiter", „Personalentwicklung Führungskräfte" etc.

- *Projektorientierte Struktur:* Die vielfachen Herausforderungen, auch im Personalbereich innovative Konzepte umzusetzen, bewirken einen steigenden Einsatz von Projektarbeit, die mitunter dauerhafte Organisationseinheiten im Personalbereich ersetzt. So werden bei einem Großteil von Unternehmen Sonderaufgaben in Projektform bearbeitet, wie zum Beispiel Projekte zum Vergütungssystem, zur Mitarbeiterführung etc.
- *Virtuelle Personalabteilung:* Die Kernkompetenzen des Personalmanagements sind konsequent in Form eines dezentralisierten Mitarbeiternetzwerkes über das gesamte Unternehmen verteilt und werden durch moderne Informations- und Kommunikationstechnologien unterstützt.

In der Praxis dominiert die Mischform, d.h. in den meisten Unternehmen sind die Aufgabenbereiche sowohl funktional als auch objektbezogen gegliedert.

Von den bisher genannten, überwiegend klassischen Organisationsformen des Personalbereichs werden für heute und die Zukunft neuartige HR-Architekturen diskutiert. Der Diskussionshintergrund ist im verstärkten Druck nach kompetenten, kostenoptimalen, kundenorientierten und strategisch unterstützenden Organisationsformen der Personalarbeit zu suchen. Unter dem Stichwort der modernen HR-Architekturen sind die Center-Konzepte einzureihen. Scholz (2000, S. 197 f.) unterscheidet dabei nach dem Autonomie- und Leistungsaspekt. Der Autonomieaspekt legt die Befugnisse und die Verantwortungsbereiche fest und ergibt folgende ***Business-Center-Formen*** (Abb. 2):

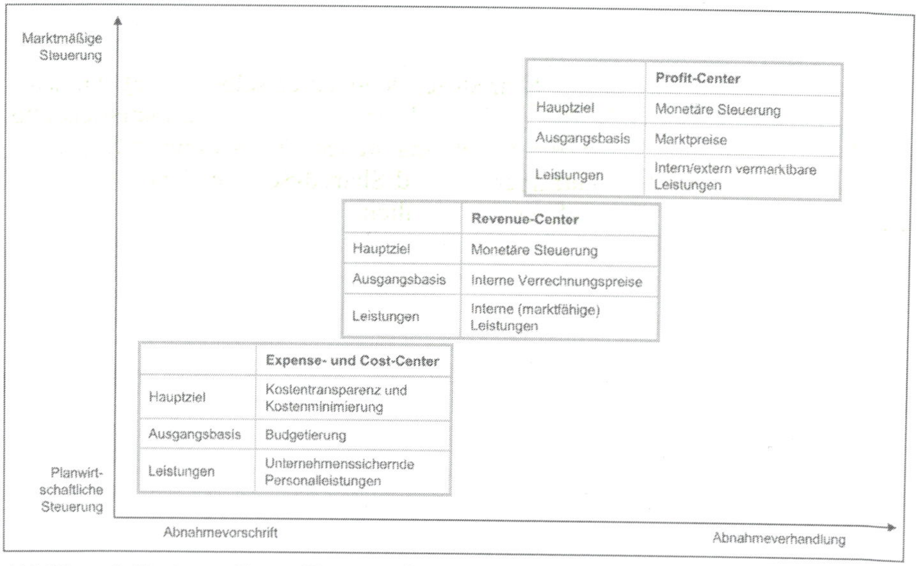

Abbildung 2: Business-Center-Konzepte für den Personalbereich

Der Leistungsaspekt stellt den inhaltlichen Schwerpunkt des Personalbereichs in den Mittelpunkt, der letztendlich das Selbstverständnis der Abteilung prägt. Grundsätzlich werden nach dem Leistungsaspekt folgende Center-Konzepte unterschieden:

- ***Strategie-Center (Competence-Center)***: Definition der Personalstrategie und strategische Umsetzung sowie die Entwicklung von Personalprogrammen und -instrumenten zur Unterstützung der Unternehmensstrategie
- ***Intelligenz-Center***: Generierung, Koordination und Erhalt des unternehmerischen Wissens
- ***Kultur-Center***: Induzierung von Kulturimpulsen und bewusste Gestaltung der Unternehmenskultur, Sinnvermittlung
- ***Service-Center***: Erbringung einer klar definierten Dienstleistung mit prozessualer Ausrichtung und hoher Kundenorientierung sowie die kostengünstige Abwicklung administrativer Personalserviceleistungen
- ***Beratungs-Center (Referentenmodell)***: Unterstützung für die Führungskräfte durch Personalexperten als Kompetenzverstärker – Verbindung von Dezentralisierung von Personalaktivitäten mit der Zentralisierung von Managementkonzepten

Aus der Verschränkung der Autonomie- und Leistungsaspekte ergibt sich eine Matrix von möglichen Ausprägungsformen für die Personalarbeit. An dieser Stelle wird aufgrund der Aktualität in der Praxis noch ein weiteres wertschöpfungsorientiertes Center-Konzept diskutiert. Dieses versucht die Nachteile einer dezentralisierten Gestaltung (ineffiziente Prozesse, Fehlallokation von Ressourcen) und der zentralen Gestaltung (fehlende Flexibilität für die dezentralen Bedürfnisse) abzupuffern und ist unter dem Stichwort ***„Shared-Service-Center"*** bekannt (vgl. dazu auch der Beitrag „Industrialisierung interner Dienstleistungs- und Verwaltungsprozesse durch den Aufbau eines Shared-Service-Centers" in diesem Band). Demgemäß sind Shared-Service-Center selbstständig handelnde Organisationseinheiten mit gebündelten Ressourcen, die ihre Dienstleistung mehreren Geschäftsbereichen zur Verfügung stellen. Auch wenn mitunter die Unterscheidung zwischen Zentralbereich und Shared-Service-Center nicht immer einfach ist, so lässt sich Folgendes festhalten:

- *Ressourcen*: Zentralbereiche stellen Ressourcen für HR-Dienstleistungen zur Verfügung – in Shared-Service-Center legen dezentrale Geschäftsbereiche ihre Ressourcen zusammen.
- *Planung*: Zentralbereiche planen Leistungserstellung, bei Shared-Service-Center planen die dezentralen Einheiten
- *Kosten- und Kundenorientierung*: Zentralbereiche streben Kostensenkung durch Mengeneffekte und Standardisierung an. Shared-Service-Center streben Optimierung von Kostensenkung bei gleichzeitiger Qualitätssteigerung durch die Realisierung individueller Anforderungen der internen Kunden an.

Darüber hinaus sind Shared-Service-Center wirtschaftlich und/oder rechtlich selbständige Organisationseinheiten. Sie sind in der Regel operative Dienstleister, haben Durchführungsverantwortung, keine Planungs-, Steuerungs-, Controllingverantwortung und beliefern mehrere Geschäftsbereiche mit den Leistungen. Auch hier findet man in der Praxis häufig Mischformen wie das Cost-Center oder Profit-Center, die rechtlich nicht selbständig agieren.

Das ***Outsourcing*** (Vergabe an externe Dienstleister) einzelner Aufgaben (-bereiche/-funktionen) ist eine Form der Organisation des Personalmanagements, welche in den letzten Jahren viel diskutiert und teilweise auch bereits umgesetzt wurde. Das Outsourcen von Personal und Personalmanagement liegt international im Trend, wenngleich der europäische Trend dem amerikanischen Trend hinterherhinkt. So wuchs in den 90er Jahren in Amerika mit der zunehmenden Nutzung des HR-Outsourcings die Sparte der Personaldienstleister im Geschäft mit Unternehmensservices am schnellsten. Dabei sind besonders die Aufgabenfelder Personalrekrutierung und Personalentwicklung bevorzugte Bereiche, in denen externe Dienstleister genutzt werden. Einer deutschen Studie zufolge zeigt sich, dass neben der Arbeitsmedizin vor allem Personalverwaltungsaufgaben wie Lohn- und Gehaltsverrechnung, arbeits- und steuerrechtliche Beratung, BAV/Sozialleistungen etc. und des Weiteren die Personalrekrutierung an externe Dienstleister vergeben werden. Aber für immer noch 59% kommt das Outsourcing von Aufgaben des Personalmanagements nicht in Frage.

Potentielle Vorteile des Outsourcings von Personalmanagement-Aufgaben liegen in einem Kapazitätsgewinn dadurch, dass sich der Personalbereich auf andere Aufgaben konzentrieren kann. Mit der Abgabe von Bürokratie entsteht daher die Chance, mehr Zeit für die Beziehung zu den internen Kundengruppen des Personalbereichs und deren Bedürfnisse zu gewinnen. Eine Effizienzsteigerung, eine Kostenersparnis sowie ein Know-how-Gewinn und die Qualitätssteigerung sind weitere Vorteile. Mögliche Nachteile werden in Abhängigkeit von externen Dienstleistern, der Beschränkung der Lernfähigkeit des Unternehmens, fehlende Nähe zu den Mitarbeitern und eine Schwächung der Personalfunktion gesehen.

Ein weiterer Begriff in diesem Zusammenhang ist das ***HR-Offshore*** (Auslandsverlagerung). Darunter wird das Offshoring von Aufgaben des Personalmanagements (unternehmensinternes Verlagern in ein Ausland mit kostengünstigeren Rahmenbedingungen, insbesondere Arbeitskosten) und das Offshore Outsourcing von Aufgaben des Personalmanagements (Vergabe an externe Dienstleister in ein Ausland mit kostengünstigeren Rahmenbedingungen) verstanden. Einer Untersuchung zufolge sehen deutsche Personalmanager die Chancen von HR-Offshore vor allem in den Kostensenkungspotenzialen; ihrer Einschätzung nach überwiegen jedoch die Risiken wie der hohe Koordinationsaufwand, Einbußen in der Servicequalität, sprachliche Barrieren etc. Am ehesten ist die Verlagerung der Lohn- und Gehaltsabrechnung in Billiglohnländer denkbar. Aus der Studie geht auch hervor, dass als Zielland im Sinne eines Nearshoring (Verlagerung in benachbarte Länder) einer möglichen Auslagerung eher der osteuropäische Raum als die asiatische Zielregion bevorzugt werden würde.

2.3. Rollenanforderungen an den HR-Manager

Mit den dynamischen und zunehmend komplexen Herausforderungen des wirtschaftlichen Umfeldes und auch den internen Anforderungen an den Personalbereich seitens der Mitarbeiter, der Führungskräfte und der Unternehmensleitung ergibt sich die Notwendigkeit der HR-Manager, die eigene Rolle und Position im Unternehmen zu hinterfragen und zeitgemäß zu entwickeln. Die Entwicklung der letzten Jahrzehnte zeigt, dass sich das Rollenbild des HR-Managers von einem passiven Verwalter der Personalagenden hin zu einem wertschöpfenden HR Business Partner der Personalarbeit gewandelt hat.

Ausgehend von den Funktionen und internen Kundengruppen des Personalbereichs zeigen sich unterschiedliche Erwartungen an das Service der Personalverantwortlichen, -arbeit und -abteilung in der Abb. 3. Die Bandbreite der Erwartungen der zentralen internen Kundengruppen ist groß und durch unterschiedliche Interessen und Ziele dieser geprägt. Als zentrale Erwartung der Unternehmensleitung ist die Unterstützung zur Steuerung der Unternehmensstrategie aus personalpolitischer Perspektive zu sehen. Führungskräfte erwarten sich Unterstützung eines Personalexperten bei ihren Herausforderungen der Führung und Umsetzung der Unternehmensprogramme. Mitarbeiter wollen individuelle Betreuung in deren Entwicklung durch einen kompetenten Personalbereich.

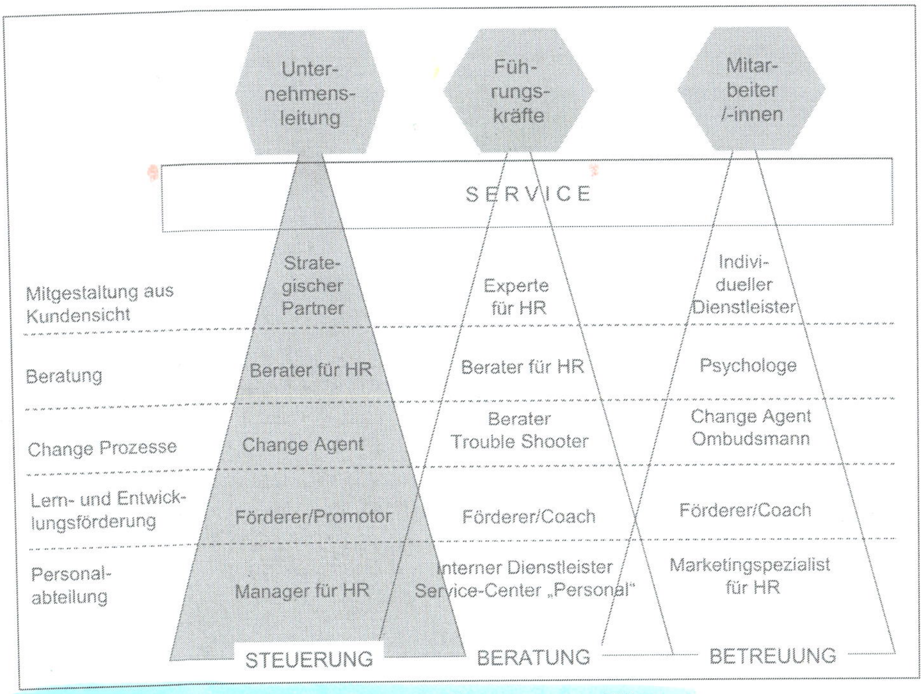

Abbildung 3: Erwartungen der internen Kundengruppen an HR

Die vielfältigen Erwartungen der Zielgruppen bedingen, dass die Rolle der Personalarbeit bzw. des HR-Managers mitunter widersprüchlich und mit einer Diskrepanz erlebt wird, denn die vielfältigen Rollen wie Berater, Coach, Förderer, Instrumentenexperte, Prozessgestalter, Change Agent, Spezialist etc. stellen eine bedeutsame Herausforderung dar. Als gemeinsame Entwicklungsrichtung der HR-Rolle ist ein (nahezu) eindeutiger Konsens in Literatur und Praxis hin zum HR-Manager als aktiver, verändernder und strategischer Gestalter zu sehen; diskutiert unter dem Begriff Business Partner.

Promotor der ersten Definition des ***HR Business Partners*** ist Ulrich, der unter dem Business Partner die Summe mehrerer Rollen versteht, die eine Personalfunktion erfüllen muss, um als echter Geschäftspartner verstanden zu werden. Aktuelle Rollendiskussionen und -umfragen werden auch zumeist mittels der vier klassischen Rollen des Personalmanagements anhand des Rollenkonzepts von Ulrich erstellt (Abb. 4). Besonders bedeutend sehen die Personalverantwortlichen die Rolle des strategischen Partners der Geschäftsleitung. Change-Agent und Employee Champion sind die beiden wichtigsten Rollen danach, während der Verwaltungsexperte auf dem letzten Platz rangiert.

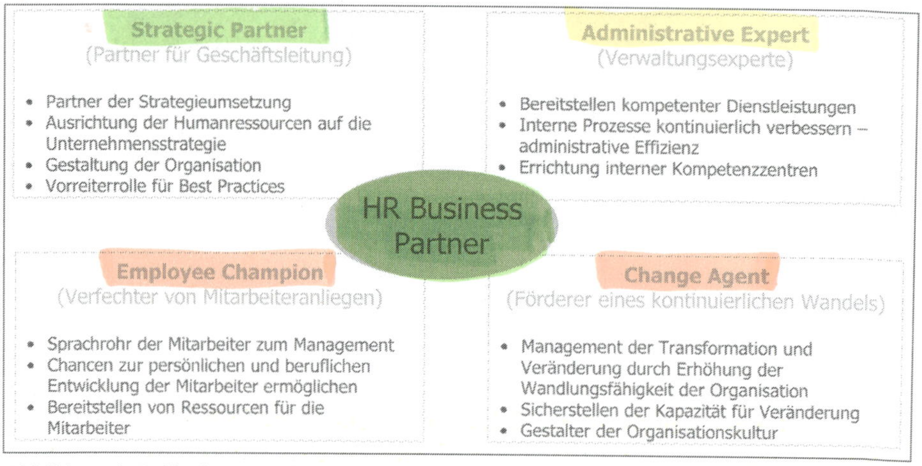

Abbildung 4: Rollenkonzept des HR Business Partner

In einer Studie haben Claßen/Kern von Capgemini (2006, S. 19 ff.) die verschiedenen theoretischen Begriffe und Interpretationen des Business bzw. Strategic Partners zusammengefasst und verdeutlicht, dass trotz vieler Diskussionen noch keine einheitliche Interpretation dieser Rolle existiert. Sowohl in der Literatur als auch in der Praxis reichen die verschiedenen Sichtweisen von „...HR Business Partner ist Partner in Augenhöhe der Geschäftsführung, der Single Point of Contact für sämtliche HR-Themen ...“ bis hin zur strategischen Ausrichtung wie „... HR Business Partner ist ein HR-Mitarbeiter, der weiß, was im Business läuft, der genau die Business Treiber und Trends kennt, der die Strategie kennt und sich daran orientiert.“ (Claßen/Kern 2006, S. 21). Ulrich bringt es auf den Punkt, was von HR-Profis erwartet wird:

- Das Geschäft kennen.
- HR-Maßnahmen beherrschen.
- Änderungsprozesse durchführen.
- Kulturen und Arbeitsplätze schaffen, die individuelle Leistungsfähigkeit und organisatorisches Engagement fördern.
- Persönliche Glaubwürdigkeit beweisen.

Die Aufgabenbereiche werden durch folgende weiteren Kompetenzen als Persönlichkeits- und Kompetenzprofil ergänzt: General Management-Kompetenzen, Gremienfähigkeit, Wissen um Unternehmenssituation, Weitblick, Risikobereitschaft, soziale Kompetenz & Empathie, Teamfähigkeit, Extrovertiertheit, Frustrationsresistenz, Berater-Kompetenz, Coaching-Kompetenz, Change-Kompetenz, Umsetzungsfähigkeit & Ergebnisorientierung, Pragmatismus. Der Stellenwert an und das Bewusstsein um die professionelle Ausbildung und den Erfahrungshintergrund des HR-Managers kommt in der Praxis dadurch zum Ausdruck, dass die Berufung von Nicht-Personalspezialisten zu Personalleitern abnimmt und im Gegenzug eine Berufung von HR-Spezialisten aus dem eigenen oder aus fremden Unternehmen zu Personalleitern zunimmt.

2.4. Organisationale Einbindung des Personalmanagements

Die Wertigkeit der Personalarbeit innerhalb des Unternehmens wird nicht nur durch eine moderne HR-Architektur ausgedrückt, sondern insbesondere durch die hierarchische Stellung des Personalbereichs in der Organisation verdeutlicht.

Das Cranfield Network on International Human Resource Management erhebt seit 1990 in mittlerweile 39 Ländern regelmäßig Personalpolitiken und -praktiken auf Unternehmensebene und vergleicht unter anderem auch die hierarchische Einbindung der Personalleitung (Kabst/Giardini 2006, S. 76). Noch im Jahre 2000 wurde laut der Cranfield Studie die Personalfunktion in mehr als der Hälfte der Unternehmen Deutschlands als so nachrangig angesehen, dass es nicht notwendig erschien, Personalleiter als Mitglieder der Geschäftsführung zu verankern. Im europäischen Vergleich im Jahre 2005 sind insbesondere in französischen Unternehmen 94% der Personalleiter Mitglied der Geschäftsführung; in Spanien sind dies 88% und in Deutschland mittlerweile 56%. Die Ergebnisse der Cranfield-Studie (Kabst/Giardini 2006, S. 76) weisen darauf hin, dass ein steter Trend hin zu einem höheren Status und einer höheren Professionalisierung des deutschen (und auch österreichischen) Personalmanagements erkennbar ist.

Das Selbstverständnis des Personalbereichs wird durch die Organisation des Personalbereichs geprägt und umgekehrt. Es ist daher nachvollziehbar, dass mit einer hohen hierarchischen Eingliederung des Personalmanagements in der Unternehmung das Selbstverständnis des Personalbereichs als Business Partner der Geschäftsleitung steigt. Eine diesbezügliche Studie belegt den eindeutigen signifikanten Zusammenhang (dgfp 2006a, S. 36 ff.): Wenn der höchste Vertreter der Personalfunktion Mitglied der Unternehmensleitung und dabei auch hauptsächlich für die Personalfunktion zuständig ist, sieht sich der Personalbereich eher als Business Partner. Die Studie belegt weiter eindeutige Zusammenhänge zwischen der Rolle des Business Partners und der Anwendung eines Personalcontrollings, der Beachtung strategischer Ziele bei der Reorganisation des Personalwesens und der Änderung der Geschäftsstrategie als Anlass von Reorganisationen des Personalwesens.

3. Aufgabenfelder und Prozesse des Personalmanagements im Überblick

Die personalwirtschaftlichen Kernaufgaben und Prozesse umfassen den Employee Life Cycle, von der Ansprache am Arbeitsmarkt über den Eintritt des Mitarbeiters in die Organisation bis hin zur Freisetzung & Trennung (Abb. 5).

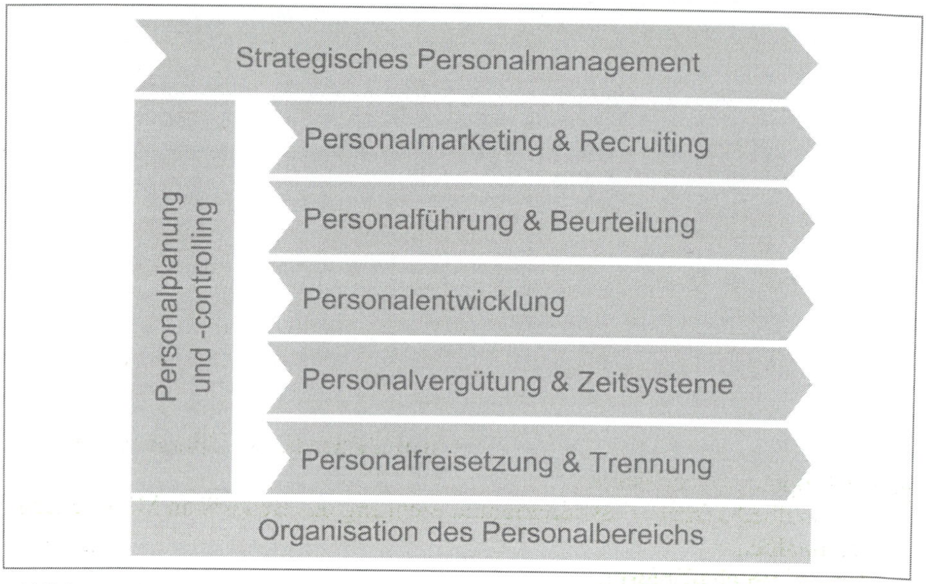

Abbildung 5: Prozessuale Darstellung der HR-Aufgaben

Alle personalwirtschaftlichen Aufgabenbereiche sind deutlich mit den unternehmerischen Zielen zu verknüpfen, um eine bestmögliche Ressourcenverwendung sicherzustellen und einen hohen Wirkungsgrad aller Aktivitäten zu erzielen. So liegen in der Unternehmensstrategie die zentralen Rahmenbedingungen für die Personalpolitik, das HR-Leitbild und die abzuleitenden Zielfelder, die Rollen und die Werte.

Wie bereits an anderer Stelle erwähnt, gehören zu den Trägern personalwirtschaftlicher Aufgaben und Funktionen die Personalabteilung, die Führungskräfte, die Unternehmensleitung, Mitarbeiter und ein bestehender Betriebsrat. Externe Berater unterstützen die genannten Aufgabenträger dabei. Im Sinne eines partizipativen Zugangs werden personalwirtschaftliche Agenden also nicht ausschließlich von spezialisierten Fachabteilungen wahrgenommen, sondern benötigen die aktive und partizipative Mitwirkung vor allem der Führungskräfte. Wenn in Unternehmen mehrere Personen an den Personalmanagement-Prozessen beteiligt sind, stellt sich die Frage der Prozesssteuerung, um Effizienz und Verfahrensvergleichbarkeit und -gerechtigkeit zu gewährleisten. Zur Standardisierung der Prozesse werden von Unternehmen vor allem zentral vorgegebene Richtlinien, regelmäßige Meetings der Prozessverantwortlichen und eine Standardsoftware für das Personalmanagement genutzt (dgfp 2006/3, S. 21). Ausgewählte Personalmanagement-Prozesse können durch den Einsatz technischer Möglichkeiten wie Employee Self Services (ESS), Manager Self Services (MSS) etc. effizienter gestalten werden.

4. Personalplanung

4.1. Überblick

Zur Beschaffung von Mitarbeitern muss zunächst die Anzahl und Qualifikation, der erforderliche Zeitpunkt und der jeweilige Einsatzort neuer Mitarbeiter planerisch ermittelt werden und davon ausgehend wie bei der Personalbeschaffung vorzugehen ist. Nach der Wahl des Beschaffungsweges erfolgt der Auswahlprozess, der in eine Entscheidung mündet.

Grundsätzlich ist die Personalplanung Teil der unternehmerischen Planungsbereiche und ist sowohl strategisch als auch operativ auf die gesamte Unternehmensplanung abzustimmen (Abb. 6). Die Personalplanung geht von der Ermittlung des Personalbedarfs in qualitativer, quantitativer, zeitlicher und örtlicher Hinsicht aus und bereitet systematisch alle sich daraus ergebenden Maßnahmen für die weiteren Personalaufgaben vor. Innerhalb der Personalplanung sind folgende Teilpläne zu realisieren:

- Personalbedarfsplan (Feststellung und Sichtung des Bedarfs an Mitarbeitern, Personalbedarf)
- Personalbeschaffungsplan
- Personaleinsatzplan
- Personalkostenplan
- Personalentwicklungsplan (Bildung und Förderung, Schaffung der Voraussetzung für die Karriereplanung)
- Personalanpassungsplan (Freistellungen, Anpassungen)

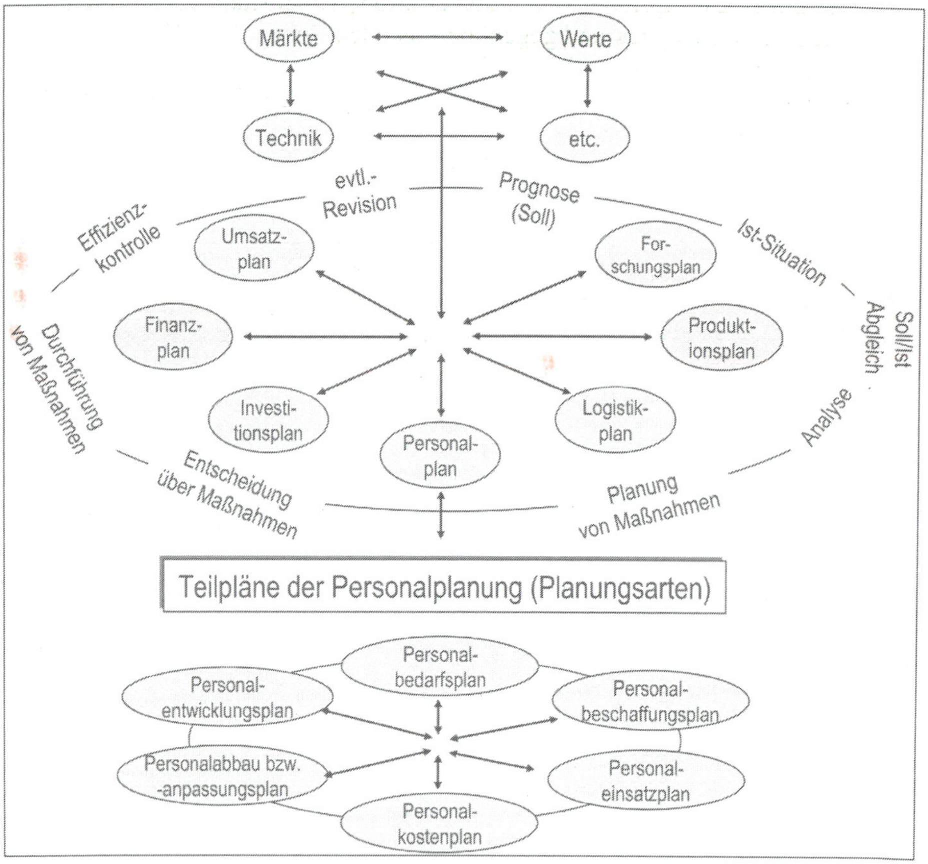

Abbildung 6: Teilpläne der Personalplanung

4.2. Vorgehensweise bei der Personalplanung

Ausgangspunkt jeder Personalplanung ist die Bestimmung des erforderlichen Personalbedarfs. Die Personalbedarfsbestimmung legt fest, wie viele Mitarbeiter welcher Qualifikation zu welchen Zeitpunkten an welchen Orten zur Realisation des geplanten Produktions- und Leistungsprogramms erforderlich sind. Unter dem Personalbedarf versteht Scholz (2000, S. 252 f.) die Gesamtheit an Arbeitskräften, die zur Wahrnehmung der Aufgaben in einem Unternehmen in Abhängigkeit vom unternehmerischen Leistungsprogramm sowie von internen und externen Kontextfaktoren benötigt werden. Durch die Personalbedarfsplanung zeigt sich die enge Verzahnung des Personalmanagements mit den strategischen Unternehmensfragen, denn ein Zeithorizont von 3–5 Jahren zur Erstellung der Personalplanung in konkreter Abstimmung mit der Unternehmensstrategie ist äußerst sinnvoll.

Insgesamt ist es empfehlenswert, den Bruttopersonalbedarf zu ermitteln und diesem den Personal-Istbestand gegenüberzustellen. Dieser Vergleich ergibt eine Über- oder Unterdeckung im Hinblick auf die vier Kriterien Qualität, Quantität, Zeit und Ort. Daraus lässt sich der tatsächlich erforderliche Personalbedarf (Nettopersonalbedarf) ableiten (Abb. 7 und Abb. 8), dem durch die Personalbeschaffung, Personalentwicklung oder aber Personalfreisetzung begegnet werden kann.

Einsatzbedarf	**Anzahl der benötigten Mitarbeiter für das geplante Umsatzvolumen**, inkl. feststehender Eintritte, Übertritte aus Lehr- und Arbeitsverhältnissen, Beförderungen und Versetzungen
+ Reservebedarf	**Reservebedarf der Mitarbeiter**, um Krankheiten, Urlaub etc. abzupuffern.
+ Ersatzbedarf	**= voraussichtliche Abgänge – voraussichtliche Zugänge** Abgänge durch Pensionierungen, Todesfälle, Entlassungen und Kündigungen, Beförderungen und Versetzungen sind zu berücksichtigen.
+ Neubedarf	**= Schaffung neuer Arbeitsplätze** Weiterer Bedarf durch Erweiterungsinvestitionen, neue Standorte etc.
= Bruttopersonalbedarf	Der Bruttopersonalbedarf ergibt sich stichtagsbezogen aus dem notwendigen Einsatz der Mitarbeiter und dem Reservebedarf (=Sollpersonalbedarf)
- Ist-Bestand	Stichtagsbezogener Personalbestand
= Nettopersonalbedarf	Der Nettopersonalbedarf ergibt sich aus dem Bruttopersonalbedarf abzüglich des Bestands.

Abbildung 7: Personalbedarfsrechnung

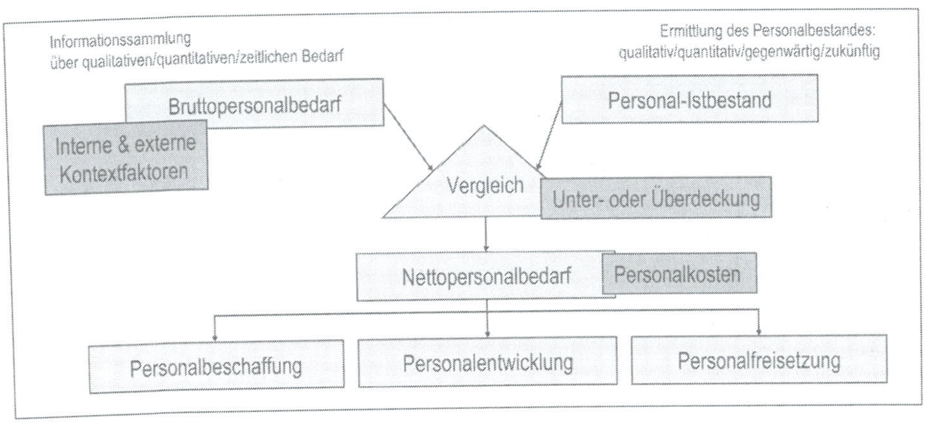

Abbildung 8: Personalbedarfsplanung

Auf operativer, qualitativer Ebene ist die einzelne Stelle oder eine einzelne Tätigkeit das Planungsobjekt. In qualitativer Hinsicht sind Aussagen über die Anforderungsmerkmale einer Stelle und die jeweiligen Ausprägungen zu treffen, die in das Anforderungsprofil übergeleitet und später einem Fähigkeitsprofil gegenüber gestellt werden können. Auf operativer, quantitativer Ebene ist der Zeitbedarf als Ansatzpunkt zu sehen.

- Planung des quantitativen Personalbedarfs
  Für die Bestimmung des quantitativen Personalbedarfs lassen sich nach Hentze (1991, S. 181 f.) fünf Hauptdeterminanten nennen: produzierte bzw. abgesetzte Mengen, Technisierungsgrad, Fertigungsprogramm, Niveau der Betriebsorganisation, Betriebsgröße und Leistungsergebnisfaktor der technischen und menschlichen Arbeit. Dabei umfasst die Personalbedarfsbestimmung verschiedene Verfahren und Methoden wie Schätzverfahren, globale Bedarfsprognosen, Stellenplanmethode, Verfahren der Personalmessung etc., um den quantitativen Personalbedarf zu eruieren. Dabei ist auch festzulegen, was unter einer Arbeitskraft zahlenmäßig zu verstehen ist, denn vielfältige Arbeits(-zeit-)modelle müssen für eine diesbezügliche Rechnung eingerechnet und qualifiziert werden. Auch ist zu klären, wie die Zählung von Arbeitnehmergruppen wie langfristig Kranke, Personen im Erziehungsurlaub, Wehrdienstleistende und Leiharbeiter funktionieren soll.
  Unter einem langfristigen Personalbedarf wird beispielsweise der Ersatzbedarf für ausscheidende Mitarbeiter (Pensionierungen), der Erweiterungsbedarf im Falle einer betrieblichen Erweiterung (weiterer Standort) sowie ein Umschichtungsbedarf (grundsätzliche Änderung betrieblicher Anforderungen) oder ein Freisetzungsbedarf (Kündigung) verstanden. Kurz- und mittelfristige Schwankungen ergeben sich aus einem zeitlich schwankenden Personalbedarf (saisonale Schwankungen), Schwankungen aus sozialrechtlichen Gründen (Urlaub, Mutterschutz) und aus persönlichen Gründen (Ausbildung, Krankheit).
- Planung des qualitativen Personalbedarfs
  Die Aufgabe der qualitativen Bedarfsermittlung besteht zum einen im Erfassen der Arbeitsanforderungen und zum anderen in der Bestimmung der bestehenden Qualifikation der Mitarbeiter. Die Anforderungen und die Bemessung können nach Berufsgruppen erfolgen, wie zum Beispiel technische und kaufmännische Angestellte, sowie nach Qualifikationsgruppen, wie zum Beispiel Hochschulausbildung ohne Berufserfahren etc. oder auch nach Tätigkeitsbereichen wie zum Beispiel die mittlere bzw. obere Führungsebene.

Eine weitere Möglichkeit, die Anforderungen eines Arbeitsplatzes detailliert zu erfassen, besteht über das Instrument der ***Stellenbeschreibung*** (Arbeitsplatzbeschreibung) (Abb.09). Der Stellenbeschreibung ist eine ***Arbeits- bzw. Aufgabenanalyse*** vorgelagert, die in systematischer Form die Arbeitsbeschreibung und die Spezifizierung der Anforderungen als Ergebnis hat. Die Stellenbeschreibung dient der Information des Stelleninhabers über seine Aufgaben, Kompetenzverteilungen, Stellvertretung und Kommunikationsbeziehungen. Sie bietet weiters die Grundlage für ein rasches Einarbeiten und systematisches Unterweisen neuer Mitarbeiter, die rasche Einweisung eines Vertreters in Abwesenheit des Stelleninhabers und dient auch als Hilfsmittel der Nachwuchsförderung durch das Aufzeigen höherwertiger Stellen. Darüber hinaus ist die Stellenbeschreibung Grundlage für die Personalbeurteilung und trägt zur Lohn- und Gehaltsfestsetzung bei. Inhalt und Aufbau jeder Stellenbeschreibung sind abhängig von den Organisationszielen und umfassen nach Hentze (1991, S. 210f.) im Wesentlichen drei zentrale Teilbereiche:

- **Instanzenbild**: Stellenkennzeichnung, Rangbezeichnung, Regelung der instanziellen Einordnung und Zusammenarbeit mit anderen Stellen, Vertretung, Rechte, Pflichten, spezielle Vollmachten
- **Aufgabenbild** (Kern der Stellenbeschreibung): Aufgabenbereiche, Handlungs- und Entscheidungsspielraum, geltende Richtlinien und Vorschriften
- **Leistungsbild:** Stellenziele, Stellenerwartungen, Kompetenzen und Befugnisse, Fixierung der Leistungsanforderungen
- **Sonstiges:** Datum der Erstellung, Unterschriften

Anforderungsprofile bauen auf Arbeitsanalysen und Stellenbeschreibungen auf. Nach Bestimmung der einzelnen Anforderungsarten und -merkmale ist in einem weiteren Schritt die Anforderungshöhe im Rahmen eines Anforderungsprofils zu definieren. Dabei ist zu berücksichtigen, dass das Anforderungsprofil so konkret wie möglich beschrieben werden soll, um eine Auswahl und Besetzung durchzuführen. Allgemeinfloskeln wie „teamfähige, belastbare, leistungswillige und kommunikationsstarke Mitarbeiter mit Verhandlungsgeschick und Entscheidungsfähigkeit" (Boden 2005, S. 65f.) sollten tunlichst vermieden werden. Wichtige Prinzipien für die Erstellung eines Anforderungsprofils sind die Relevanz und Vollständigkeit der charakteristischen Merkmale einer Stelle, deren Überschneidungsfreiheit, Eindeutigkeit und Einfachheit sowie die Reliabilität und Validität der Merkmale und letztendlich die Effizienz als Ausdruck der Kosten-Nutzen-Überlegung bei der Merkmalsanzahl. Das Anforderungsprofil beinhaltet im Wesentlichen folgende Bereiche:

- **Stelle:** Benennung, Nummer, Abteilung
- **Allgemeine Anforderungen**: Alter, Geschlecht
- **Grundvoraussetzung der Ausbildung:** Schul- und Berufsbildung, Studium, berufliche Fortbildung
- **Fachkenntnisse:** Berufserfahrung, Branchenkenntnisse, Fremdsprachen, besondere Kenntnisse wie Führerschein etc.
- **Persönliche Voraussetzungen:** Fachkompetenz, Methodenkompetenz, Soziale Kompetenz, personale Kompetenz bis hin zu körperlichen und geistigen Anforderungen (jeweils mit detaillierten Beschreibungen)

Der Vergleich des Anforderungsprofils mit dem Fähigkeitsprofil lässt auf die Eignung des Stelleninhabers oder Bewerbers schließen. Bei einer qualitativen Über-/Unterdeckung ist der sinnvolle Einsatz geeigneter Personalinstrumente zu prüfen.

Arbeitsanalyse (Tätigkeitsanalyse, Aufgabenanalyse)	Ergebnis der Aufgabenanalyse ist die Arbeitsbeschreibung und die Spezifizierung der Anforderungen.
Stellenbeschreibung	Die Stellenbeschreibung beinhaltet: Instanzenbild Aufgabenbild Leistungsbild
Anforderungsprofil	Das Anforderungsprofil definiert die Anforderungshöhe einzelner Anforderungsarten.

Abbildung 9: Prozess der qualitativen Personalplanung

5. Personalmarketing

5.1. Bedeutung des Personalmarketings

Die Qualität und die Kompetenzen der Mitarbeiter bilden mittlerweile den zentralen, langfristigen Erfolgsfaktor des Unternehmens. Wenn Produkte und Dienstleistungen zunehmend austauschbarer, Ressourcen global zugänglicher sowie Verfahren und Techniken imitierbar oder kaufbar werden, so liegt die wettbewerbsspezifische Differenzierungsmöglichkeit in den Kompetenzen und der Einsatzbereitschaft der Mitarbeiter. Erfolgreiche Unternehmen legen und haben deshalb auch immer schon besonderen Wert auf das Personalrecruiting und die Personalentwicklung gelegt, denn dieses ***Profilierungsproblem*** trifft durchaus auch Unternehmen als Anbieter von Arbeitsplätzen.

Zukünftig müssen Unternehmen verstärkt den Unterschied zu Wettbewerbern auch am Arbeitsmarkt erarbeiten und betonen damit das ***Employer Branding***. Am Arbeitsmarkt treten Unternehmen stets als Anbieter von Arbeitsplätzen auf mit Aspekten des Arbeitsumfeldes und der Weiterbildung. Gleichzeitig sind Unternehmen aber auch Nachfrager nach quantitativer und qualitativer Arbeitsleistung. Auch die Bewerber sind Nachfrager nach einem bestimmten Arbeitsplatzprofil und stellen als Anbieter bestimmte Qualifikationen, Einsatzbereitschaft und Zeit zur Verfügung. Je geringer die (qualifizierte) Nachfrage nach Arbeit bzw. nach Arbeitsplätzen ist, also eine Verknappung bestimmter qualifizierter Arbeitskräfte(-gruppen) bzw. Berufsbilder vorliegt, desto stärker müssen Unternehmen durch personalmarketingpolitische Maßnahmen gegenwirken. Dies betrifft derzeit insbesondere den Arbeitsmarkt der Fachkräfte mit Berufserfahrung, die Gruppe der „High-Potentials"-Studenten und der Young Professionals sowie den technischen Führungskräftenachwuchs. Die Entwicklung in Hinblick auf qualifizierte Mitarbeiter („War for Talents") ist mittlerweile in manchen Branchen offenkundig und stellt ein erhebliches ***Akquisitionsproblem*** dar, so dass Unternehmen dazu veranlasst sind, Maßnahmen zu ergreifen, um Mitarbeiter mit der geforderten Qualität zu erreichen. Hinzu kommt, dass aufgrund der demographischen Entwicklung in absehbarer Zeit ein Mangel an Facharbeitern vorherrschen wird. Ergänzend werden personalmarketingpolitische Aktivitäten auch dort erforderlich sein, wo ein großer Personalersatzbedarf vorliegt.

In vielen Bereichen müssen Unternehmen auch die veränderten Erwartungshaltungen der Mitarbeiter wahrnehmen und realisieren, so dass mitunter auch das ***Motivationsproblem*** Einfluss auf das Bewerbungs- und Leistungsverhalten hat. Wenn Arbeitszeit und Entgelt die alleinige Wirkung verlieren, müssen Unternehmen ergänzende und von anderen Arbeitgebern differenzierende Leistungen anbieten. Vor allem Unternehmen mit Nachteilen gegenüber Konkurrenzunternehmen beispielsweise durch den Standort oder ein bestimmtes Branchenimage müssen gezielte Aktivitäten zur Veränderung des Bewerberpools oder zur Veränderung der Anreizsituation schaffen (Scholz 2000, S. 417; Moser/Zempel 2006, S. 70 f.).

Unternehmerische (externe und interne) Arbeitsmarktforschung wird entsprechend einer anziehenden Konjunktur und dem stärkeren Wettbewerb um die besten Mitarbeiter eine zunehmend wichtige Rolle spielen, um die qualitative und quantitative regionale Verteilung von Mitarbeiterpotenzialen erkennen zu können, unabhängig davon, ob sie diese Funktion selbst übernehmen oder an Personalvermittler und -berater auslagern. Die Funktion des Personalmarketings muss ausgebaut werden (Drumm 2001, S. 66) und dafür müssen sich Unternehmen Gedanken machen, welches akquisitorische Potenzial zur Anwerbung von Mitarbeitern sie aufbauen und nutzen wollen. Wie intensiv Personalmarketing zu betreiben ist, hängt vom Verhältnis Arbeitsangebot und -nachfrage, vom Personalersatzbedarf, der Wettbewerbssituation von Unternehmen und den individuellen Leistungsunterschieden der (potentiellen) Mitarbeitergruppen ab. Eine Studie der Deutschen Gesellschaft für Personalführung ergibt jedoch, dass die Unternehmen die Bedeutung des Personalmarketings bereits sowohl heute als auch langfristig gesehen als sehr wichtig einschätzen und eine weiterhin zunehmende Bedeutung erwarten (dgfp, 2004, S. 11).

In der Literatur gibt es je nach Sichtweise unterschiedliche Definitionen des Personalmarketings. Engere Definitionen des Begriffs Personalmarketing konzentrieren sich auf das Profilierungs- und Akquisitionsproblem, indem sie auf Aktivitäten fokussieren, die der Einstellung von Mitarbeitern am externen Arbeitsmarkt vorausgehen und Personalmarketing lediglich als aktives Instrument der Gewinnung von Arbeitskräften vom Arbeitsmarkt sehen. Der Begriff des Personalmarketings im weiteren Sinne impliziert auch das Motivationsproblem und erstreckt sich über die strategischen, taktischen und operativen Aspekte des Arbeitgeberimages und Recruiting bis zu den Aspekten der Mitarbeiterbindung. Diesem Begriff soll nach Scholz (2000, S. 417) Rechnung getragen werden, weswegen unter dem Begriff des Personalmarketing daher die bewusste und zielgerichtete Anwendung personalpolitischer Instrumente zu Akquisition von zukünftigen und Motivation von gegenwärtigen Mitarbeitern zu verstehen ist.

Grundsätzlich lassen sich drei zentrale Aufgabenbereich des Personalmarketings ableiten:

- ***Akquisitionsfunktion***: Externe Bewerber sollen sich für Unternehmen interessieren. Umfassende und leicht zugängliche Informationen zur offenen Stelle sollen eine Motivation zur Kontaktaufnahme schaffen. Über das Entgelt und die Arbeitszeitregelung hinaus spielen weitere Leistungsangebote für die potentiellen Bewerber ein Rolle, vor allem das Unternehmensimage in Form von emotionalen Aspekten.
- ***Motivationsfunktion***: Diese Funktion zielt auf die Mitarbeiter im Unternehmen ab, um diese für das Unternehmen zu begeistern, eine überzeugende Leistung abzugeben und eine hohe Leistungsbereitschaft zu generieren. Besonders diejenigen Mitarbeiter, die sich mit dem Unternehmen identifizieren können und die einzelnen Leistungsaspekte wie Entwicklungsprogramme, Beteiligungssysteme etc. annehmen, werden verstärkt an das Unternehmen gebunden.
- ***Profilierungsfunktion***: Die Akquisitions- und Motivationsfunktion werden entscheidend von der wahrgenommen Positionierung als Arbeitgeber am Arbeitsplatz beeinflusst. Durch das Corporate Design, Corporate Behavior und Corporate Communication soll ein Arbeitgeberimage erkennbar gemacht werden, das die Zielgruppe anspricht.

Es ist Aufgabe des Personalmanagements des Unternehmens, basierend auf der Ist-Analyse des internen und externen Beschaffungsmarktes, Strategien für das zukünftige Personalmarketing zu entwickeln und die Aktivitäten zur Umsetzung zu planen. Diese Aufgabe umfasst strategische und taktische/operative Aufgaben.

5.2. Personalimage als strategischer Aspekt

Unter dem Personalimage ist die aggregierte Wahrnehmung eines Unternehmens als Arbeitgeber durch potentielle und vorhandene Mitarbeiter zu verstehen. Das Personalimage entsteht durch kognitive Prozesse der Aufnahme, Verarbeitung und Speicherung von unterschiedlichsten Informationen über das Unternehmen sowie durch emotionale Prozesse (Simon et al. 1995, S. 108 f.). Nach Simon et al. (1995, S. 109) wird die Entstehung des Personalimages von der Wechselwirkung mit anderen Images des Unternehmens beeinflusst (Abb. 10). Insbesondere das Branchenimage und die Bekanntheit der eigenen Marke haben großen Einfluss auf das Personalmarketing (dgfp 2004, S. 21).

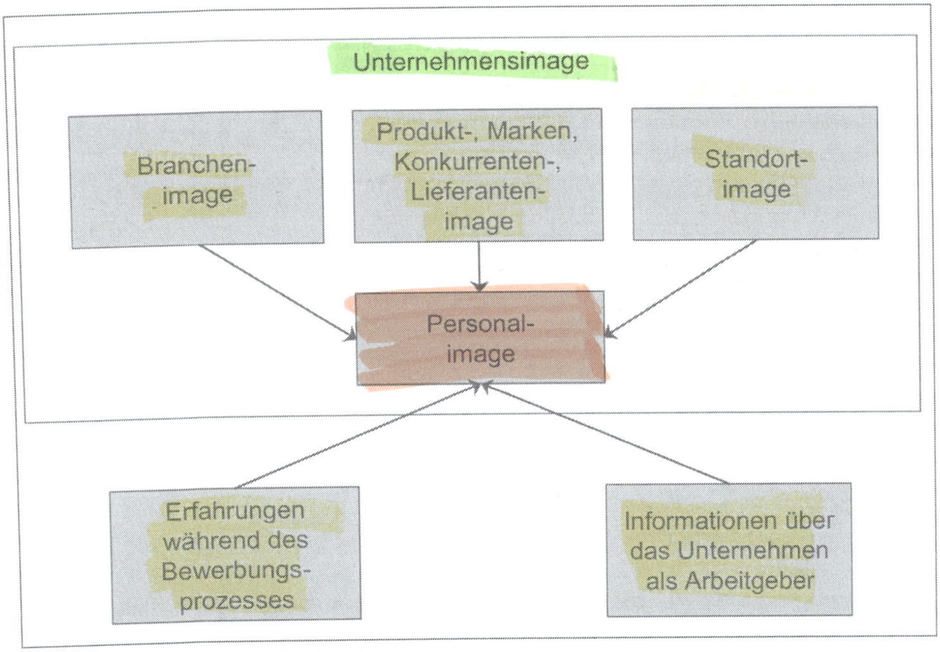

Abbildung 10: Image-Wechselwirkungen

Mögliche Instrumente für die Analyse des Personalimages, der Arbeitgeberattraktivität und der Einflussfaktoren sind beispielsweise fundierte Markt- und Konkurrenzforschungen, Teilnahme an Studien zur Arbeitgeberattraktivität, Veröffentlichung von Verbänden und Unternehmensberatern, Tagespresse etc. Weiters nutzen Unternehmen Mitarbeiterbefragungen und Austrittsinterviews, Mitarbeitergespräche, Diplomarbeiten und Bewerberinterviews, um diesbezügliche Informationen zu erhalten.

Im nächsten Schritt müssen der qualitative und der quantitative Personalbedarf des Unternehmens definiert werden, um eine Arbeitsmarktsegmentierung und eine Zielgruppenauswahl für Personalmarketingaktivitäten definieren zu können. Dabei ist die Auseinandersetzung mit der Zielgruppe sowie dem Personalimage des eigenen und der Konkurrenzunternehmen erforderlich. Zu analysieren sind:

- Anforderungen (konkrete Vorstellungen) und Kenntnisse über Verhaltensweisen (wie Informationsverhalten) der Zielgruppe/-n
- Personalimage des eigenen Unternehmens
- Personalimage der Mitbewerber

Die hohe Übereinstimmung des Personalimages mit den Bedürfnissen und Werten der potentiellen Bewerber, also den Anforderungen an den potentiellen Arbeitgeber, ergibt die Einstellung zum Unternehmen als Arbeitgeber, was letztendlich die Attraktivität des Arbeitgebers beim Kandidaten bestimmt und die Präferenz einer aktiven Bewerbung erhöht (Simon et al., 1995, S. 105). Mitunter haben Unternehmen Schwierigkeiten, die Erwartungen der potentiellen Bewerber realistisch einzuschätzen. Deshalb ist der Vergleich des Wahrnehmungsprofils des Personalimages einer Zielgruppe mit dem Anforderungsprofil der Zielgruppe wichtig, denn mögliche Defizite oder aber auch Vorteile gegenüber Mitbewerbern werden sichtbar.

Zu beachten ist nicht nur, welche Merkmale für die Zielgruppe relevant sind, sondern auch wie wichtig die Erfüllung der Merkmale für die Zielgruppe ist, um gezielter die Aktivitäten des Personalmarketings auf diese Zielgruppe abstimmen zu können. Die Interpretation von Wahrnehmungsprofilen ist aufgrund der Vielzahl der einzelnen gemessenen Arbeitgebermerkmale sehr komplex, so dass Personalimageportfolios zur verdichteten Darstellung erstellt werden.

Die Arbeitsmarktsegmentierung, die Zielgruppenauswahl und die (Re-)positionierung des Personalimages zur Schaffung von Wettbewerbsvorteilen sind erforderliche strategische Entscheidungen. Die Herausforderung des nächsten Schritts liegt nun darin, das Personalimage durch den Einsatz der Personalmarketinginstrumente so zu positionieren, dass es den Anforderungen potentieller Bewerber möglichst nahe kommt (Simon et al., 1995, S. 15). Das strategische Personalmarketing ist langfristig angelegt, so dass die Klarheit und Ehrlichkeit der Kommunikation zwischen Unternehmen und Zielgruppe von besonderer Bedeutung ist. Enttäuschte und überhöhte Erwartungen der Mitarbeiter führen zu Demotivierung und innerer Kündigung und wirken sich letztendlich negativ auf das Personalimage aus. Grundsätzlich können die Unternehmen im Anschluss an die Situationsanalyse sowie Problemkritisierung verschiedene Strategien aus drei Gruppen des Personalmarketings verfolgen (Abb. 11).

Intensiv-strategie (Entwicklungs-, Erhaltungs- und Revitalisierungs -aufgaben)	Pushstrategie	Unternehmen spricht bewährte Zielgruppe auf den bewährten Arbeitsmärkten an Marketinganstrengungen werden jedoch intensiviert
	Relaunchstrategie	Unternehmen konzentriert sich auf gewohnte Zielgruppe, tritt jedoch mit differenziertem Anreizsystem gegenüber (verbesserte Produkte)
	Zielgruppenstrategie	Vorhandene Produkte des Unternehmens werden neuen Zielgruppen kommuniziert (regionale Expansion oder neue Zielsegmente)
Integrativ-strategie (verändern des Arbeitsplatz-angebotes)	Expansionsstrategie	Unternehmen dehnt Bemühungen auf qualifikations- niedrigere Zielgruppen aus, Beförderung aus eigenen Reihen, Personalentwicklungsmaßnahmen notwendig
	Akquisitionsstrategie	Unternehmen beschafft sich angemessen qualifizierte Mitarbeiter – Personalsuche und Personalselektion
Diversifikations-strategie (Innovation bei den Produkten)	Anreiz-Innovationsstrategie	Unternehmen fokussiert auf gänzlich neue Anreize (Betriebskindergärten, flexible Zeitmodelle etc.)
	Personal-Innovationsstrategie	Potentielle Mitarbeiter, die mit dem Unternehmen noch nicht in Berührung kamen wie ausländische Fachleute, Personalleasing

Abbildung 11: Strategien des Personalmarketings

5.3. Personalmarketinginstrumente als taktische und operative Aspekte

Die taktischen und operativen Aspekte des Personalmarketings umfassen die Umsetzung der Personalmarketingstrategien, die sich aus den strategischen Analysen und den Zielen der (Re-)Positionierung ergeben. Nach Simon et al. (1995, S. 17 f. und 161 ff.) werden aufbauend auf dem klassischen Marketing-Mix Instrumente aus der Leistungs-, Kommunikations- und Entgeltpolitik unterschieden (Abb. 12), die nicht immer und notwendigerweise einem der folgenden Bereiche zuordenbar sind.

- ***Leistungspolitik***: Sie umfasst die inhaltliche Gestaltung der Tätigkeiten sowie die Ausstattung des Arbeitsplatzes. Gerade bei der Leistungspolitik wird ersichtlich, dass diese untrennbar mit der Unternehmensorganisation, der Unternehmenskultur und dem Führungsstil des Managements verbunden ist. Daher ist gerade die Herausforderung der Leistungspolitik, die Gestaltung gezielt auf die Zielgruppen abzustimmen, ohne dabei die Unternehmensrestriktionen außer Acht zu lassen.
- ***Kommunikationspolitik***: Sie befasst sich mit der Festlegung der zu übermittelnden Aussagen, der Auswahl der geeigneten Medien durch Erkennen des Informationsverhaltens der Zielgruppe und der Durchführung der Kommunikationsmaßnahmen. Die besondere Herausforderung in der Kommunikationspolitik liegt in der Integration der Personalmarketingkommunikation in die Kommunikationspolitik des Unternehmens. Für die persönliche und unpersönliche Kommunikation kommt ein großes Bündel an Instrumenten in Frage, welches in einem transparenten Kosten-Nutzen-Verhältnis auch zu begutachten ist. Letztendlich ist auch das Bewerberservice Teil der Kommunikationspolitik und muss entsprechend definierter Prinzipien gestaltet werden: Bewerbungsdauer, zwischenzeitlicher Kontakt, Offenheit etc.
- ***Entgeltpolitik***: Sie umfasst Instrumente wie das Gehalt nach Höhe und Struktur, betriebliche Sozialleistungen oder sonstige einkommensnahe Nebenleistungen. Die Gestaltung der Entgeltpolitik darf nicht isoliert von der Leistungspolitik gesehen werden, sondern muss besonders gezielt auf die Zielgruppe und deren Bedürfnisse und Einstellungen abgestimmt sein.

Abbildung 12: Instrumente des Personalmarketings

In der Praxis kommen insbesondere folgende Instrumente zum Einsatz: Stellenanzeigen, Internetauftritt, Mitarbeitergespräche, Praktikantenprogramm, Imageanzeigen, Mitarbeiterbefragungen, Firmenkontaktmessen, Presse- und Öffentlichkeitsarbeit, Kontaktpflege zu Hochschulen, Informationsbroschüren, Diplomandenprogramm, Anreizsysteme, Sozialleistungen, Pflege regionaler Netzwerke, Austrittinterviews, Pflege eines Bewerberpools usw. Davon werden als besonders gute Kosten-Nutzen-Verhältnisse der Internetauftritt, Mitarbeitergespräche, Praktikantenprogramme, Stellenanzeigen und der Kontakt zu Zielhochschulen genannt.

In den letzten Jahren hat sich besonders das Instrument der ***Zertifizierung*** hervorgetan. Ausgehend vom amerikanischen Gedanken und vom der EU-Kommission initiierten Wettbewerb finden seit 2002 auch in Europa in 15 EU-Staaten Wettbewerbe um den „besten Arbeitgeber" statt. Ein international tätiges Unternehmen (www.greatplacetowork.de) im Forschungs- und Beratungsbereich angesiedelt, führt diese Wettbewerbe regelmäßig durch und erstellt anhand von Mitarbeiterbefragungen, Audits, Dokumentationsmaterial etc. ein Ranking der Arbeitgeberattraktivität von Unternehmen eines Landes, einer definierten Unternehmensgröße und/oder Branche. Die Zertifizierung ist ein durchaus gutes kommunikationspolitisches Instrument, um sich vom Mitbewerb zu differenzieren und sich als zertifizierter „bester Arbeitgeber" verstärkt zu positionieren. Nach dem Kosten-Nutzen-Verhältnis gefragt, beurteilen die Unternehmen dieses Instrument, wie auch Doktorandenprogramme, allgemeines Sponsoring und Informationsbroschüren, jedoch als ungünstig.

6. Personalbeschaffung

Die Personalbeschaffung trägt die Verantwortung dafür, dass der bei der Personalplanung ermittelte Bedarf an erforderlichen Mitarbeitern in qualitativer, quantitativer, zeitlicher und örtlicher Hinsicht gedeckt wird.

6.1. Prozess der Personalbeschaffung

Die Basis für den Personalbeschaffungsprozess stellen systematisch gewonnene, beschaffungsrelevenate Informationen wie die Ermittlung des Nettopersonalbedarfs, der Beschaffungsmarkt für Mitarbeiter und die Positionierung des Unternehmens als Arbeitgeber dar. Darüber hinaus sind organisatorische und wirtschaftliche Rahmenbedingungen zum Beschaffungsprozess zu berücksichtigen. Nach Scholz (2000, S. 456) sind für eine Prozesseffizienz neben dem nachstehenden Prozess der Personalbeschaffung (Abb. 13) die Berücksichtigung von Mitbestimmungsvorschriften, die Kooperation mit dem Betriebsrat, die Berücksichtigung von funktionierenden Verbindungen zu AMS, Hochschulen etc. sowie eventuelle Kooperationsstrategien mit Zeitschriften, externen Dienstleistern etc. ins Kalkül zu ziehen.

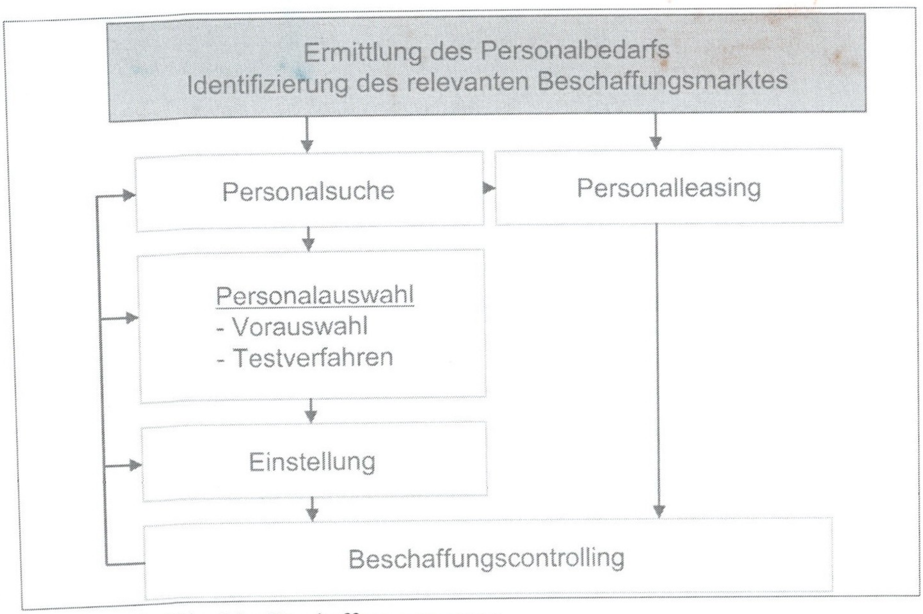

Abbildung 13: Ablauf des Beschaffungsprozesses

Nach Ermittlung des Personalbedarfs erfolgen die Schritte der Personalsuche inklusive der Auswahl der relevanten Beschaffungswege, danach ist eine Personalauswahl zu treffen und das Einstellungsgespräch zu führen. Die Entscheidung für ein Personalleasing kann beispielsweise aus Gründen des Beschäftigungsrisikos, der Anpassungsgeschwindigkeit und Produktivität in hochkonjunkturellen Zeiten oder stark belasteten Zeiten des Stammpersonals aufgrund von Urlauben, Krankheiten, Projekten usw. erfolgen. Abschließend ist diesen Schritten idealerweise ein Beschaffungscontrolling nachgelagert, in dem die Effektivität und Effizienz der einzelnen Teilschritte und deren Maßnahmen überprüft wurden.

6.2. Wege der Personalbeschaffung/Personalsuche

Grundsätzlich stehen den Unternehmen folgende kurz- bzw. langfristigen Möglichkeiten der Personalbeschaffung (Hentze 1991, S. 245) zur Verfügung (Abb. 14):

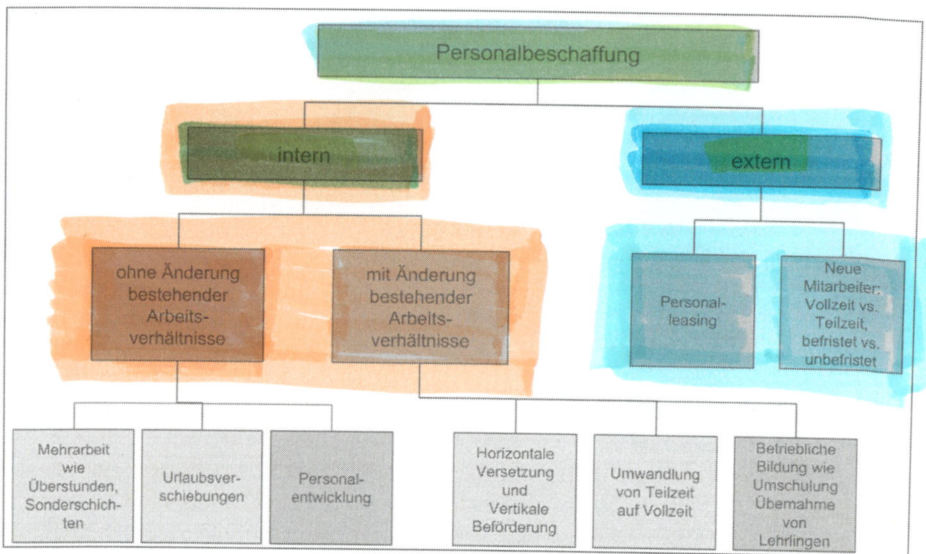

Abbildung 14: Arten der Personalbeschaffung

Die Erkenntnisse aus der Analyse des Beschaffungsmarktes und den Erkenntnissen aus personalmarketingpolitischen Überlegungen bestimmen den nächsten Schritt der Vorgehensweise, nämlich die Wahl der Beschaffungswege: das Wo und Wie der Personalsuche und -beschaffung.

Bei jedem freien Arbeitsplatz sollte zunächst geprüft werden, ob von den bestehenden Mitarbeitern Potenzial und Interesse an der Besetzung des freien Arbeitsplatzes besteht *(interne Personalbeschaffung)*. Eine innerbetriebliche Stellenausschreibung, die alle wesentlichen Details zur Stelle auf einheitlichen Formularen beinhalten soll, muss den Mitarbeitern bekannt gemacht werden. Dafür bieten sich schwarze Bretter, Werkstor, Mitarbeiterzeitung etc. an. „Inhouse-

Interne Personal-beschaffung

Stellenmärkte", die Mitarbeiter beispielsweise via Newsletter, Intranet, Mitarbeiterportal unternehmensweit über frei werdende Stellen informiert, sind gute Hilfsmittel bei Firmen mit mehreren Standorten. Die Auswertung der internen Bewerberunterlagen erfolgt nach dem gleichen Procedere wie auch externe Bewerbungen. Im Falle einer Besetzung der freien Stelle durch einen internen Mitarbeiter ist zu berücksichtigen, dass eine Besetzung des nun frei gewordenen Arbeitplatzes erfolgen muss. Im Falle einer Ablehnung ist wichtig, dass der Mitarbeiter aus seiner Bewerbung keine Nachteile zu tragen hat, sondern für weitere Ausschreibungen ähnlicher freier Stellen berücksichtigt wird.

Bei einer *externen Personalbeschaffung* wendet sich das Unternehmen an ausgewählte Segmente des Arbeitsmarktes, die zugeschnittene Beschaffungsmaßnahmen erforderlich machen. Folgende Möglichkeiten an eher aktiven/passiven Maßnahmen stehen zur Verfügung (Abb. 15):

Eher passive Maßnahmen	Eher aktive Maßnahmen
• Eigenwerbung	• Personalberater und -vermittler
• Bewerberkartei	• Anschlagtafeln & Aushänge
• Arbeitsvermittlung über AMS	• Stellenanzeigen in Printmedien
• Personalleasing	• Personalbeschaffung via Internet
	• College-/Hochschulrecruiting
	• Anwerbung/Empfehlung von Betriebsangehörigen
	• Persönlicher Kontakt zu potentiellen Bewerbern
	• Young Professionals ansprechen
	• Öffentlichkeitsarbeit (Tag der offenen Tür, etc.)

Abbildung 15: Maßnahmen der externen Personalbeschaffung

Die *Personalbeschaffung via Internet* hat sich in den letzten Jahren als Instrument der Personalbeschaffung und umgekehrt der Stellensuche etablieren können. So haben sich die Karrierebereiche der Unternehmens-Homepages und Internet-Stellenbörsen zu häufig genutzten Informationsplattformen entwickelt. Das *E-Recruiting* wird die Stellenanzeige in Printmedien so schnell nicht verdrängen, denn beide Informationskanäle werden als ähnlich effektiv eingeschätzt, mittlerweile ist auch die Ansprache von potentiellen Bewerbern über das Internet für viele Unternehmen zur Selbstverständlichkeit geworden (König et al. 2005, S. 48). Der Vorteil des E-Recruiting ist das Hinterlassen eines zeitgemäßen und innovativen Images des Unternehmens bei potentiellen Bewerbern. Die Verwendung von spezifischen Links ermöglicht weitere Informationen über Stellen, Laufbahn- und Karrieremöglichkeiten, das Unternehmen selbst usw., wobei der Bewerber die Informationstiefe selbst steuern kann (Konradt/Sarges 2003, S. 6). Weitere Vorteile sind die Dauer der Stellenanzeige und die Möglichkeit einer raschen, zeitnahen Aktualisierung von Stellenausschreibungen (Moser et al. 2003, S. 26 f.). Generell werden die Einfachheit, Kostengünstigkeit und Schnelligkeit als Hauptvorteile für elektronische Stellenanzeigen gesehen. Vorteile aus Bewerbersicht sind der Umfang und die Darstellung der Informationen sowie die große Anzahl von Stellenanzeigen, die rasche, einfache und komfortable Durchsuchbarkeit nach Kriterien und Vergleichsmöglichkeiten der Stellenangebote. Beim Bewerber liegen mögliche Nachteile elektronischer Anzeigen vor allem in der Vielfalt der Anbieter, den möglichen Kriterien und den Angeboten und der geringeren Überschaubarkeit der Stellenanzeigen. Die Auswahl geeigneter Jobbörsen ist daher wichtig (Boden 2005, S. 74). Aus Unternehmenssicht ist für einen elektronischen Bewerbungsprozess ein einheitlicher Bewerbungskanal mit formularbasierten Verfahren Voraussetzung. Durch den verstärkten Wettbewerb um talentierte Mitarbeiter müssen Unternehmen den Internetauftritt gezielt auf die Bewerbergruppe abstimmen. Potentielle Bewerber müssen über Suchmaschinen, Links und Empfehlungen auf die Homepage gelangen und letztendlich müssen die Bewerber mittels Internet überzeugt werden, dass die Unternehmen mit ihnen in Kontakt treten und zur Aktion übergehen. So können letztendlich die „time-to-apply" und auch die „time-to-hire" gesenkt werden. Im Sinne des Personalmarketings sind Unternehmen angehalten, neben den Arbeitgeberanforderungen ihrer Mitarbeiterzielgruppe auch zu klären, über welche Kanäle sich die potentiellen Kandidaten informieren und bewerben. Damit kann eine Basis für ein bewerbungsorientiertes Recruiting der zukünftigen Personalarbeit geschaffen werden.

Generell kann keine Empfehlung für bestimmte Beschaffungswege abgegeben werden. Die Vor- bzw. Nachteile einer internen bzw. externen Personalbeschaffung (Hentze 1991, S. 253 f.) werden in folgender Tabelle dargestellt (Abb. 16):

	Interne Beschaffung	Externe Beschaffung
Vorteile	+ Schnellere Besetzungsmöglichkeit + Geringere Beschaffungskosten + Geringes Auswahlrisiko durch Kennen des Mitarbeiters bzw. seiner Kenntnisse („Sicherheitsgefühl") + Betriebskenntnis und idR schnellere Einführung + Eröffnung von Aufstiegschancen (Mitarbeiterbindung, Betriebsklima) + Freie Anfangsstellen für Nachwuchskräfte + Transparente Personalpolitik + Einhaltung des betrieblichen Vergütungsniveaus	+ Breite Auswahlmöglichkeit + Bringt neue Impulse für das Unternehmen + Information über Konkurrenzverhalten + „Wettbewerbsgefühl" + Verringerung von Betriebsblindheit + leichtere Akzeptanz durch Mitarbeiter + evtl. geringere Fortbildungskosten
Nachteile	- Weniger Auswahlmöglichkeiten - Enttäuschung abgelehnter Mitarbeiter (Spannungen/Rivalitäten) - Soziale Aspekte der Stellenbesetzung / Beförderung überlagert Sachentscheidung - Mögliche Betriebsblindheit - Nachlassende Mitarbeiterinitiative wegen Beförderungsautomatik - Versetzung löst den Bedarf quantitativ nicht; qualitativ oft nur mit PE-Maßnahmen sinnvoll - u.U. hohe Fortbildungskosten	- Höhere Beschaffungskosten - Zeitaufwendigere Stellenbesetzung - Fluktuationsgefahr bei hoher externer Einstellungsquote - Negative Auswirkungen auf Betriebsklima - Höheres Risiko, Probezeit - Keine Betriebskenntnis / Einführungszeit notwendig - Blockieren von Aufstiegsmöglichkeiten - „Vor die Nase gesetzte" muss Spannungen abbauen (Energieverluste für Unternehmen) - Höheres Vergütungsniveau als bei innerbetrieblicher Versetzung

Abbildung 16: Vor- und Nachteile der internen und externen Beschaffung

6.3. Personalauswahl

6.3.1. Prozess der Personalauswahl

Die Aufgabe der Personalauswahl besteht darin, aus den zur Verfügung stehenden Bewerbern denjenigen auszuwählen, der die Anforderungen der zu besetzenden Stelle am besten erfüllt. Der Prozess der Personalauswahl umfasst die Übernahme der Bewerbungsunterlagen bis hin zur Absage bzw. zur Einstellung bzw. dem Absageschreiben (Abb. 17).

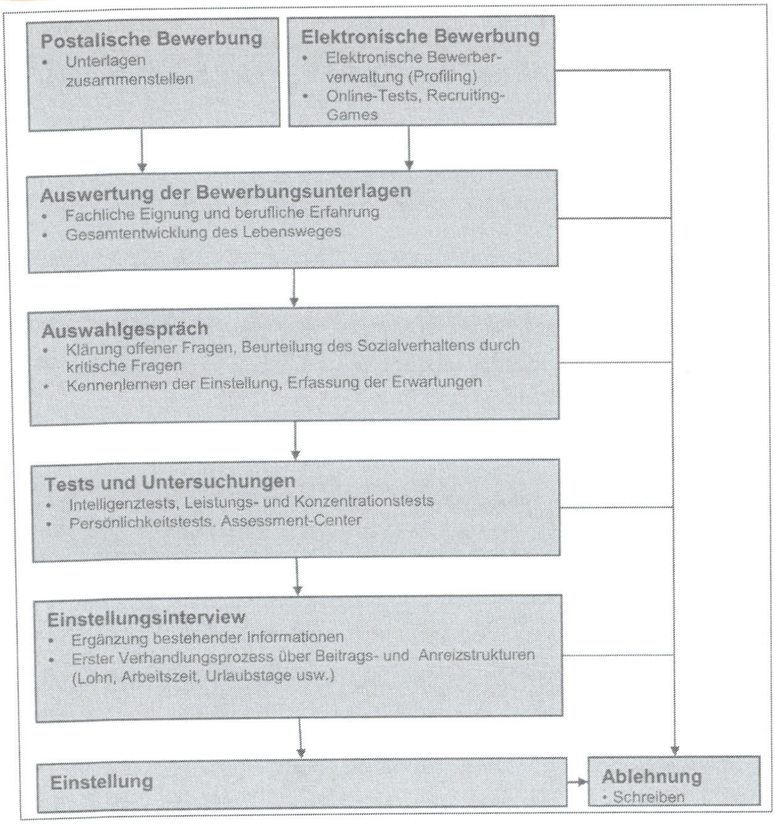

Abbildung 17: Prozess der Personalauswahl

Es ist heute in vielen Unternehmen durchaus üblich, dass Kandidaten ergänzend zur postalischen Bewerbung auch eine elektronische Bewerbung abgeben. In vielen Unternehmen endet der elektronische Bewerbungsprozess nach der Online-Bewerbung und die weiteren Prozessschritte wie Auswahl und Verwaltung der Unterlagen erfolgen manuell. Softwarelösungen, die den kompletten Workflow elektronisch abwickeln, bieten verschiedene Interaktionsmöglichkeiten zwischen Bewerbern und Unternehmen wie beispielsweise die Bewerberverwaltung, das Versenden von Bestätigungen, Einladungen, Gesprächsterminen und

Absagen etc. Zu möglichen Formen des *E-Recruiting* zählen „Job Posting" (Unternehmen veröffentlichen Stellen auf der Homepage), Bewerberhomepage, Jobbörsen, Applicants-Self-Service, Virtuelle Recruitingmessen und Bewerberspiele (Recruiting-Games), Newsgroups und Virtual Communities sowie elektronische Fragebögen zur automatischen Auswertung nach dem Anforderungsprofil bis hin zu personaldiagnostischen Online-Tests. Viele Anbieter webbasierter Eignungsdiagnostik bieten externe Unterstützung an, ohne dass sich die Unternehmen mit teueren IT-Lösungen belasten müssen.

Bewerbungsunterlagen stellen zumeist den ersten Kontakt zwischen dem Bewerber und Arbeitgeber dar und dienen zunächst zur Überprüfung der formalen Voraussetzungen der zu besetzenden Stelle. Nach Schuler (2000, S. 79 f.) können die Bewerbungsunterlagen nach folgenden Kriterien ausgewertet werden (Abb. 18):

Formale Aspekte	Ist die Bewerbung ordentlich und übersichtlich angelegt? Ist sie fehlerfrei und vollständig? Systematik, Stil? Für Art und Umfang der zu besetzenden Position angemessen? Lichtbild?
Anschreiben und Lebenslauf	Anschreiben und ausführlicher oder tabellarischer Lebenslauf enthalten? Motivation erkennbar, Lebenslaufanalyse
Erforderliche Ausbildung	Zeugnisse, Praktikumsnachweise, sonstige Bescheinigungen, ausbildungsbedingter Auslandsaufenthalt
Erforderliche Spezialkenntnisse	Sprachen, EDV-Kenntnisse, Zusatzausbildung, Lehrgänge
Übereinstimmung Lebenslauf/Belege	Lückenlosigkeit, Zeitfolgenanalyse
Plausibilität des Stellenwechsels	Positionsanalyse, Nachvollziehbarkeit des Arbeitgeberwechsels
Schulnoten	gut geeignet zur Prognose weiterer Ausbildungsleistung, wenig gut geeignet zur Prognose des Berufserfolges
Studienleistungen	Zielsetzung aus der Wahl der Studienschwerpunkte erkennbar, Notenniveau berücksichtigen, Qualität der Diplomarbeit ist wichtiger als Thema
Arbeitszeugnisse und Referenzen	verlässlich, wenn von Fachleuten ausgestellt, persönliche (mündliche) Referenz ist zumeist aussagefähiger als schriftliche
Ergänzende anforderungsspezifische Aspekte	Berufserfahrung, Mobilität
Offengebliebene Fragen für das Gespräch vormerken	

Abbildung 18: Auswertung von Bewerbungsunterlagen

Das Auswahl- oder Einstellungsgespräch (oder auch Vorstellungsgespräch) ist nach der Auswertung der Bewerbungsunterlagen die Methode, die am stärksten in Unternehmen eingesetzt wird. Der Durchführungsmodus reicht von einer offenen Gesprächsform über teilstruktuierte bis hin zu vollstrukturierten Varianten mit standardisierten Abläufen und Fragestellungen (Schuler 2000, S. 84). Nach Scholz (2000, S. 498) sind zumeist falsche Erwartungshaltungen der Hauptgrund für Mitarbeiter, das Unternehmen innerhalb des ersten Jahres zu verlassen. Auswahlgespräche haben deshalb in ungestörten und angenehmen Rahmenbedingungen stattzufinden und bedürfen einer kompetenten Vorbereitung (Abb. 19) (Schuler 2000, S. 90). Der Einsatz von Personalfragebögen und biographischen Fragebögen kann die Einschätzung des Bewerbers für die ausgeschriebene Stelle unterstützen. Im Anschluss an das Gespräch ist das Ergebnis aus dem Gespräch zusammenzufassen. Je stärker standardisiert das Gespräch aufgebaut war, desto leichter ist eine vergleichbare Beurteilung möglich.

Gesprächsbeginn	kurze informelle Unterhaltung, Bemühen um eine angenehme und offene Atmosphäre, eventuelle Vorstellung der Stelle bzw. des Unternehmens, keine Beurteilung
Selbstvorstellung des Bewerbers	Bewerber spricht einige Minuten über seinen persönlichen und beruflichen Hintergrund, Beurteilung nach anforderungsbezogenen Dimensionen
Freies Gespräch	Interviewer stellt offene Fragen in Anknüpfung an die Selbstvorstellung und Bewerbungsunterlagen, summarische Eindrucksbeurteilung
Biographiebezogene Fragen	biographische (oder Erfahrungs-) Fragen aus den Anforderungsanalysen ableiten, Beurteilung nach verhaltensbezogenen Dimensionen
Realistische Tätigkeitsinformation	Ausgewogene Information seitens des Interviewers über Arbeitsplatz und Unternehmen, Überleitung zu situativen Fragen
Situative Fragen	konstruierte situative Fragen beurteilt nach verhaltensbezogenen Dimensionen
Gesprächsabschluss	Fragen des Bewerbers, Vertragsvorverhandlungen, Zusammenfassung & Verabschiedung, weitere Vereinbarungen

Abbildung 19: Ablauf eines Auswahlgespräches

6.3.2. Verfahren zur Personalauswahl

Neben den zuvor genannten und bekannten Auswahlverfahren gibt es eine Reihe weiterer Auswahlverfahren, die in Unternehmen eingesetzt werden:

- *Testverfahren*: Psychologische Tests sind standardisierte, routinemäßige anwendbare Verfahren zur Messung individueller Verhaltensmerkmale, aus denen Schlüsse auf Eigenschaften der betroffenen Personen oder auf deren Verhaltensweisen in bestimmten Situationen gezogen werden können. Tests sind prinzipiell sehr gut für bestimmte Berufsgruppen einsetzbar. Die wichtigsten Arten von Tests, die in der Berufsdiagnostik eingesetzt werden, sind beispielsweise ein allgemeiner Intelligenztest, allgemeine und spezifische Persönlichkeitstests, spezielle Funktionsprüfungs- und Eignungstests, Leistungstests, Tests spezifischer kognitiver Fähigkeiten, Tests der Aufmerksamkeit und Konzentration. Generell werden tätigkeitsbezogene Verfahren insbesondere von jüngeren Bewerbern durchaus als aktivierend erlebt (Schuler 2000, S. 102 ff.).
- *Arbeitsproben*: Darunter werden standardisierte Aufgaben verstanden, die bei allen Arten von Berufstätigkeiten einsetzbar sind. Während Tests eher eigenschaftsorientierte Prognosen hervorbringen, zielen Arbeitsproben auf die Generierung von simulationsorientierten Prognosen. Zwar wird mit Arbeitsproben häufig eine motorisch-handwerkliche Tätigkeit suggeriert, dies ist jedoch nicht zwanghaft der Fall. Auch journalistische Artikel können Arbeitsproben darstellen. In Summe können Arbeitsproben eine durchaus inter-

essante Alternative zu bisherigen Verfahren insbesondere der internen Mitarbeiterauswahl und Personalentwicklung sein (Schuler 2000, S. 115 ff.).

- *Assessment Center*: Das Assessment Center ist eine multiple Verfahrenstechnik, die sich auf die Einschätzung aktueller und zukünftiger Kompetenzen konzentriert. Ziel ist die Objektivierung der Urteilsbildung über mehrere Kandidaten durch möglichst viele, möglichst realitätsnahe Verhaltensbeobachtungen von mehreren unabhängigen Beobachtern über einen längeren Zeitraum. Die wichtigsten Einsatzzwecke eines Assessment Centers sind die Personalauswahl, Potenzialbeurteilung und Laufbahnplanung, Trainingsbedarfanalyse, Teamentwicklung usw. Als wichtigste Einzelverfahren sind dabei individuell auszuführende Arbeitsproben und Aufgabensimulationen, Gruppendiskussionen mit und ohne Rollenvorgaben, Gruppenaufgaben mit Wettbewerbs- und/oder Kooperationscharakter, Vorträge und Präsentationen, Rollenspiele, Interviews, Fallstudienanalysen, Selbstvorstellung etc. anzusehen (Schuler 2000, S. 120; Fisseni/Fennekels 1995). Während die Vorteile im systematischen Ablauf, der Fokussierung auf bestimmte Verhaltensmerkmale, der mehrfachen Erfassung der Merkmale durch den Methodenverbund, im Einsatz mehrerer Beobachter und der direkten Vergleichsmöglichkeit liegen, sind die Nachteile vor allem im großen Aufwand sowie möglichen Beobachtungs- und Beurteilungsfehlern zu finden (vgl. dazu auch die Ausführungen in diesem Band).
- *Computerunterstützte Simulationen:* Ein Großteil der computerunterstützten Diagnostik beschränkt sich heute noch auf die Vorgabe von Testverfahren, die auch mit Papier durchgeführt werden könnten. Gleichzeitig mit dem Einsatz der computergestützten Eignungsdiagnostik wurden aber auch komplexe dynamische Simulationsmodelle entwickelt, die Diagnosen auf mehreren Ebenen zulassen: Systemsteuerung, Strategien und Wissenserwerb/Lernfähigkeit (Schuler 2000, S. 136 f.). Der Vorteil von computergestützten Simulationen, wozu auch das E-Assessment zu zählen ist, liegt in der zeit- und ortsunabhängigen Nutzung sowie der Erstellung von zusätzlichen Leistungs- und Verhaltensdiagnosen (Konradt/Sarges 2003, S. 7).
- *Unternehmenssimulationen*: Unternehmenssimulationen bieten einen realistischen Rahmen mit einem definierten Geschäftsauftrag, mit festgelegtem Budget, einem exakten Branchen- und Funktionsfokus und konkretem Kundenkreis, um die Qualitäten zukünftiger Führungskräfte verhaltensorientiert ohne eine IT-Anwendung einige Tage zu beobachten und beurteilen (Graf/Neumann 2006, S. 44 f.).
- *Stressinterview*: Bei diesem Instrument geht es darum, eine wirkliche, konkrete Gesprächssituation zu erzeugen, bei der die Bewerber durch mehrere Interviewpartner mit einer klaren Rollenverteilung durch eine rasche und „scharfe" Fragetechnik bewusst in Stresssituationen gebracht werden sollen. Ein solches Stressinterview gibt Auskunft über das Führungs- und Konfliktverhalten von potentiellen Führungskräften (Boden 2005, S. 84).

6.4. Personaleinarbeitung und -einführung in das Unternehmen

Die Einarbeitung (berufliche Qualifizierung bezüglich der Anforderungen), Integration (Einführung in das soziale Gefüge) und das Anlernen (Aufgabenübertragung zusätzlicher Aufgaben) neuer Mitarbeiter ist ein wesentliches Kriterium für eine erfolgreiche Partnerschaft zwischen dem neuen Mitarbeiter und dem Unternehmen, denn etwa ein Drittel aller neuen Mitarbeiter geben die Stelle noch innerhalb der Probezeit wieder auf. Möglicherweise sind die Ursachen in einem Auseinanderklaffen der Erwartungshaltung der neuen Mitarbeiter mit der Unternehmensrealität zu finden. Durch einen vorzeitigen Ausstieg neuer Mitarbeiter entstehen wiederum Kosten für die Auswahl neuer Mitarbeiter im Rahmen der Personalbeschaffung und anderseits Enttäuschung und Verunsicherung der vorhandenen Mitarbeiter im betreffenden Bereich (Verfürth 2006, S. 91).

Mit einer kompetenten Einarbeitung, Einführung und einem Anlernen werden Ziele verfolgt wie effektive Informationsvermittlung, strukturierte und geplante Einführung neuer Mitarbeiter, schnelleres und praktisches Zurechtfinden in der Komplexität und dem Sozialsystem im neuen Unternehmen, Kennenlernen von Führungskräften und Mitarbeitern, Erleben der Unternehmenskultur, schnelle Bindung an das Unternehmen etc. und vor allem schnelle Identifikation mit der Aufgabe und dem Unternehmen.

Wenn neue Mitarbeiter in das Unternehmen kommen, gibt es folgende Punkte zu klären:

- *Einarbeitung beginnt vor dem Einstellungsgespräch*: Abgleich der Qualifikation mit dem Anforderungsprofil, Einarbeitungsplan, Information der Kollegen über die Neueinstellung, notwendige Vorarbeiten leisten (administrative Erfordernisse klären, Arbeitsplatz, Telefon, PC etc. bereitstellen usw.)
- *Der erste Arbeitstag*: Einführungsgespräch durch den Vorgesetzten mit einem Zeichen der Wertschätzung (Bsp. Blumenstrauß) und der Erläuterung des vorbereiteten Einführungsplans, Intervalle der Feedbackgespräche klären
- *Einführungsveranstaltung*: quartalsweise Veranstaltung, in der alle neuen Mitarbeiter größerer Unternehmen die Philosophie, die Strategie und die wichtigsten Ansprechpartner erfahren. Vorträge, Besichtigungen, gemeinsame Essen etc. sind zu organisieren und zu koordinieren.
- *Die ersten Wochen und Monate*: Feedbackgespräche durchführen, eventuelle Anpassungen des Einarbeitungsplans
- *Probezeit*: i.d.R. 3–6 Monate, die genutzt werden sollten, um die Aufgabenerfüllung des neuen Mitarbeiters zu erproben, aus Verbesserungspotenzialen Maßnahmen abzuleiten und die Einhaltung der Maßnahmen nachhaltig zu kontrollieren. Zweifel während der Probezeit bestehen bei einer Übernahme des Mitarbeiters in ein Dienstverhältnis auch weiterhin.

In Summe zeigen sich nach Verfürth (2006, S. 101 f.) einige kritische Erfolgsfaktoren wie eine quantitative und/oder qualitative Unter- bzw. Überforderung, eine unklare Aufgaben- bzw. Stellenbeschreibung, fehlendes Feedback durch den Vorgesetzten, unklares Feedback und unklare Aufgabenerteilung.

7. Personalführung und -beurteilung

Da die Beziehung zwischen dem Vorgesetzen und dem Mitarbeiter eine wichtige Bestimmungsgröße für das Funktionieren von Unternehmen darstellt, zählen die Führung und Motivation der Mitarbeiter zu den zentralen Aufgaben jeder einzelnen Führungskraft. Daher müssen Führungskräfte neben Fach- und Methodenkompetenz vor allem über soziale und persönliche Kompetenz verfügen. Letztendlich setzt die Führungskraft in vielen Aspekten die Rahmenbedingungen für ein engagiertes und kompetentes Leistungsverhalten der Mitarbeiter. Zu den Zielen und Aufgaben der Führungskräfte im Rahmen der Mitarbeiterführung zählt daher das Ausräumen von Barrieren zur effektiven Leistungserbringung, die das Zusammenspiel von Wollen, Können und Dürfen ermöglicht (Abb. 20). Die Aufgabenbereiche der Führungskraft im Bereich des WOLLENS liegen darin, den Mitarbeitern Loyalität und Commitment zu ermöglichen, Anerkennung zu vermitteln, die unternehmerischen und individuellen Ziele zu verknüpfen sowie entsprechendes Feedback zu gestalten. Im Bereich des KÖNNENS ist es Aufgabe der Führungskraft das Selbstvertrauen zu stärken und die Mitarbeiter entsprechend deren Stärken einzusetzen, um schließlich mittels des DÜRFENS den Mitarbeitern Freiräume zu eröffnen, Missionen und Projekte zu delegieren sowie Selbstverantwortung zu ermöglichen.

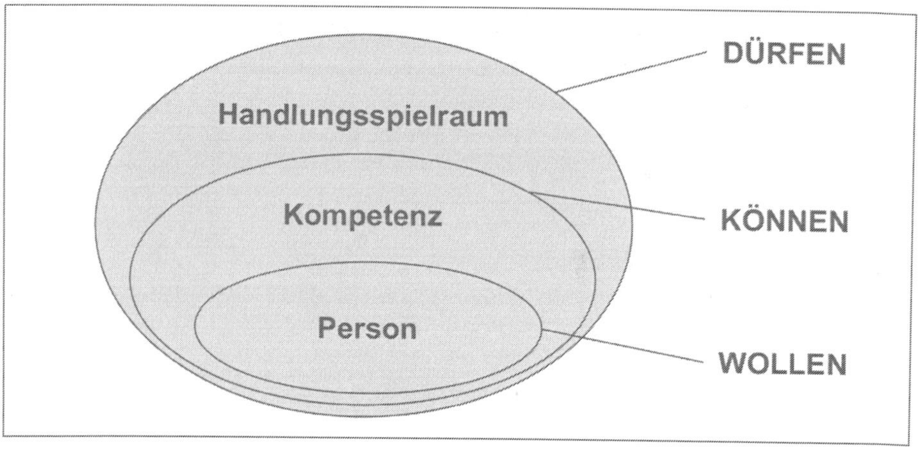

Abbildung 20: Zusammenspiel der Basisfaktoren der Motivation

Führungskräfte sehen sich heute vielfachen komplexen, sich rasch wandelnden und herausfordernden Aufgabenstellungen gegenüber, wo sie nicht nur Qualitäten des klassischen Managements, sondern auch des Leaderships benötigen. In Kombination mit den Basisfaktoren der Motivation benötigen Führungskräfte Methoden und Techniken der Mitarbeiterführung, wo sie mittels abgestimmten Zielvorgaben die Mitarbeiter entsprechend deren Entwicklungsniveaus führen, fordern und fördern. Dazu zählen beispielsweise Einführungsprogramme, Anweisungen und Richtlinien, Stellenbeschreibungen, Führung durch Management by Techniken, Jour-fix und Quartalsgespräche, Beurteilungsgespräche, Kritikgespräche, Trainee-Programme etc. Zu dem wichtigsten Instrument der Personalführung zählt das Mitarbeitergespräch.

7.1. Das Mitarbeitergespräch

Unter dem Mitarbeitergespräch wird ein institutionalisiertes Gespräch mit spezifischer Zielsetzung verstanden, welches aufgrund eines formalen Anlasses terminieren wird und eine ordentliche Vorbereitung von Seiten der Führungskraft und des Mitarbeiters erfordert. Kennzeichnend für das Mitarbeitergespräch ist, dass es vorbereitet und in einer ruhigen und ungestörten Umgebung durchgeführt wird. Alltagsgespräche, Gruppengespräche, Konferenzen etc. fallen daher nicht unter den Begriff des Mitarbeitergesprächs. Das Mitarbeitergespräch soll als offener, regelmäßig stattfindender Dialog zwischen dem Vorgesetzten und Mitarbeiter verstanden werden, bei dem alle relevanten Aspekte der Zusammenarbeit gemeinsam reflektiert werden können. Beide Gesprächspartner sollen dabei aktiv eigene Vorstellungen, Interessen und Ziele einbringen können, wodurch die Kooperation gefördert wird und das gegenseitige Verständnis bei der Lösung von Schwierigkeiten und Problemen gefördert wird und der Vorgesetzte auch Feedback über sein eigenes Vorgesetztenverhalten erhält. Das Gespräch fördert ein vertieftes Vertrauensverhältnis und baut Unsicherheiten bei der Kommunikation und Zusammenarbeit ab und fördert darüber hinaus die Identifikation mit dem Unternehmen. Zusammengefasst verfolgt das Mitarbeitergespräch folgende Zielsetzungen:

- Austausch von Sachinformationen
- Beziehungsklärung und -entwicklung
- Feedback und Zielsetzung
- Leistungs- und Potenzialbeurteilung
- Entwicklung und Förderung

Für den Ablauf eines Mitarbeitergesprächs kann folgender Ablauf empfohlen werden (Abb. 21), wobei ein unterstützender Fragebogen für Vorgesetzten und Mitarbeiter einen strukturierten Aufbau des Gesprächs unterstützt:

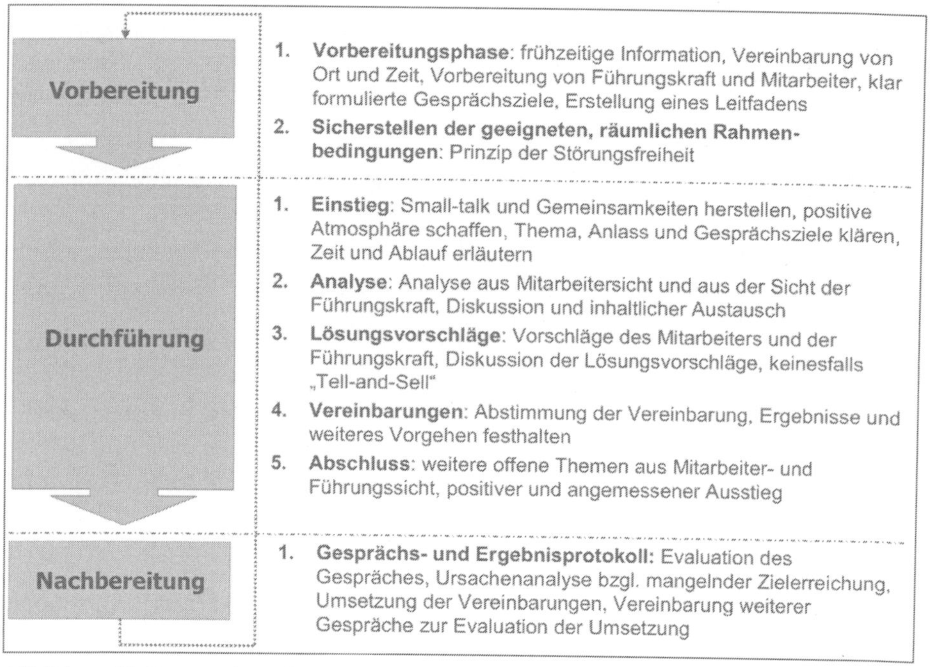

Abbildung 21: Prozess des Mitarbeitergespächs

7.2. Personalbeurteilung

7.2.1. Definition und Ziele der Personalbeurteilung

Von Personalbeurteilung soll dann gesprochen werden, wenn folgende Merkmale vorliegen (Breisig 2005, S. 41):

- regelmäßige, in gewissen Abständen stattfindende Beurteilungen
- standardisiertes Verfahren
- Beurteilung der Leistung (quantitativ/qualitativ) und/oder des Verhaltens (aufgaben- und/oder ressourcenbezogen und sozial) und/oder der Persönlichkeit/Eigenschaften
- Beurteilung durch nächsthöheren Vorgesetzten

Verfahren der Personalbeurteilung können verschiedene Ziele verfolgen und unterschiedliche Gründe haben. Die wesentlichsten ***Ziele der Personalbeurteilung*** liegen begründet in der Objektivierung der Personalarbeit, einer Leistungssteigerung, der Verbesserung der Führungsqualität sowie der Potenzialnutzung. Daraus können Ziele bzw. Funktionen abgeleitet werden (Nerdinger 2001, S. 10 f):

- Leistungsabhängige Lohn- und Gehaltsfindung
- Personalplanung und -einsatz
- Unterstützung und Fundierung aktueller Personalentscheidungen
- Personelle Entscheidungen wie Einstellung, Beförderung, Versetzung, Übernahme, Kündigung

- Überprüfung personeller Maßnahmen
- Zeugniserstellung
- Planung, Auswahl und Gestaltung von Maßnahmen der Personalentwicklung
- Personalführung und -förderung
- Bessere Gestaltung der Arbeitsbedingungen

Darüber hinaus verfolgt die Personalbeurteilung auch eine Kommunikationsfunktion wie erhöhte Transparenz von Informationen, die Klärung und Definition von sozialen Beziehungen zur verbesserten Zusammenarbeit, Zielsetzungs- und Beeinflussungsfunktion von Arbeits- und Entwicklungszielen zur Motivation und Organisationsentwicklung.

Die Beurteilungen müssen einigen ***Anforderungen*** gerecht werden:

- Beurteilungen müssen zunächst gültig sein. Das bedeutet, dass die Beurteilung der betroffenen Person bekannt gemacht und begründet werden muss, wie der Beurteiler zu dem Beurteilungsergebnis gekommen ist. Durch die Information und Diskussion über das Ergebnis kann die Beurteilung insofern gültig werden, als ihr die Betroffenen zustimmen.
- Beurteilungen müssen fehlerfrei sein. Darunter ist zu verstehen, dass im Laufe von mehreren Beurteilungen häufig systematische Verzerrungen vorkommen, die darauf zurückzuführen sind, dass die Beurteiler nicht ausreichend zwischen den betroffenen Personen differenzieren. Mittelwertsfehler (Tendenz zur Milde) und Streuungsfehler verzerren die Beurteilung.
- Beurteilungen müssen von den Betroffenen akzeptiert werden. Die Akzeptanz von Beurteilungsverfahren hängt stark von der Art der Einführung und vom Verfahren selbst ab.
- Beurteilungen müssen ökonomisch und praktikabel sein. Beurteilungsverfahren müssen einfach zu handhaben und vor allem verständlich sein. Eine Beurteilung darf nicht so schnell neben dem Tagesgeschäft erfolgen, denn die Aufgabe ist verantwortungsvoll und die Konsequenzen für die betroffenen Personen/Abteilungen auch viel zu ernst. Zeit soll aber in die Inhalte und Gespräche fließen, aber effektiv und ökonomisch ohne umständliche bürokratische Regelungen zur Durchführung.

7.2.2. Verfahren, Formen und potentielle Fehler der Beurteilung

Zur Personalbeurteilung können verschiedene Verfahren eingesetzt werden, die jeweils verschiedene Vor- und Nachteile in sich vereinen:

- *Freie Eindrucksschilderung*: Die Beurteilung und Eindrucksschilderung erfolgen mit eigenen Worten des Beurteilten. Vergleiche werden erschwert, Rückmeldungen im Sinne von konstruktivem Feedback jedoch unterstützen eine Leistungsverbesserung.
- *Einstufungsverfahren*: Beurteiler stufen die Beobachtungen und Einschätzungen auf einer Skala ein. Es gibt eigenschafts-, verhaltens- und aufgabenorientierte Verfahren, die sich nach dem Grad der Abstufungen und dem Ausmaß der konkreten Ausformulierung der Stufen unterscheiden. Die Skalen sind leicht konstruier- und anwendbar, erfordern jedoch für eine konkrete

Anwendung eine sorgfältige Analyse der zu beurteilenden Kriterien. Je präziser die Beschreibungen sind, desto aussagefähiger ist die Beurteilung, desto aufwendiger jedoch auch die Formulierung der Fragen. Diese Verfahren haben sich in vielen Unternehmen durchgesetzt.

- *Rangordnungsverfahren*: Bei diesem Verfahren werden die Mitarbeiter in Hinblick auf zu definierende Kriterien in eine Reihung gebracht, was eine Gesamtbeurteilung gut zum Ausdruck bringen kann. Man unterscheidet eine unmittelbare Rangordnung, einen Paarvergleich und das Verfahren der erzwungenen Verteilung. Im Rahmen des letzten Verfahrens erfolgt eine Quotenzuteilung. Mit diesem Verfahren passieren mitunter Diskriminierungen der zu beurteilenden Personen anhand der Kriterien.
- *Kennzeichnungs- und Auswahlverfahren*: Bei diesem Verfahren geben die Beurteiler an, ob bestimmte vorgegebene Leistungskriterien oder bestimmte Aussagen auf die Beurteilten zutreffen oder nicht (ja/nein Antworten). Hierzu zählen das Checklist-Verfahren, das Zwangswahlverfahren (forced-choice method) und auch das Verfahren kritischer Ereignisse (critical incident technique). Das Verfahren ist relativ leicht in der Handhabung, aber durchaus aufwendig in der Konstruktion, um aussagefähige Kriterien und Aussagen zu definieren.
- *Zielorientierte Verfahren*: Mittels dieses Verfahrens werden Soll-Ist-Vergleiche anhand zuvor definierter und für den Mitarbeiter transparenter Ziele und Standards möglich und sind besonders für die Führung und Förderung der Mitarbeiter zweckdienlich. Das Verfahren ist stark aufgabenbezogen und auf die einzelnen Mitarbeiter abgestimmt. Bei Zielveränderungen müssen diese entsprechend angepasst werden.

Die wichtigsten Beurteilungsformen sind:

- *Mitarbeiterbeurteilung*: Mitarbeiterbeurteilungen dienen der Beurteilung der Leistung und des Verhaltens der Mitarbeiter zum Zwecke der Lohn- und Gehaltsabstimmung, Beförderung, Versetzung, Übernahme sowie der gezielten Förderung und Entwicklung. Je nach Zielsetzung eignen sich standardisierte Verfahren zum Zwecke der besseren Vergleichbarkeit oder Mitarbeitergespräche zur individuellen Analyse, Zielvereinbarung und Erarbeitung der Fördermaßnahmen.
- *Kollegenbeurteilung*: Diese Beurteilungsform findet in systematischer und standardisierter Weise unter gleichgestellten Kollegen (Teammitgliedern) statt, um die Weiterentwicklung der einzelnen Mitglieder und die Verbesserung der Zusammenarbeit zu fördern.
- *Vorgesetztenbeurteilung*: Vorgesetzte können indirekt im Rahmen einer Mitarbeiterbefragung (Borg 2002; Bungard/Jöns 1997) oder direkt durch gezielte Beurteilungsrunden der geführten Mitarbeiter beurteilt werden. Dabei wird durch die Diagnose des Führungsverhaltens, der Partizipation, der Teamentwicklung etc. die Zielsetzung verfolgt, die Leistung aller Betroffenen zu steigern.

- *360°-Beurteilung*: Dieses Verfahren sieht vor, dass zumeist eine Führungskraft von allen Seiten beobachtet und beurteilt wird. Von allen Seiten kann bedeuten, dass der Mitarbeiter durch seinen Vorgesetzten, die Mitarbeiter, die Kollegen und ausgewählte Kunden oder durch sich selbst beurteilt wird. Die Zielsetzung des Verfahrens liegt darin, dass eine Person durch verschiedene relevante Bezugsgruppen beurteilt wird, und es sollte ausschließlich zur persönlichen Entwicklung der beurteilten Person eingesetzt werden. Dieses Verfahren wird häufig auch als Instrument der unmittelbaren Umsetzung der Kundenorientierung gesehen (Neuberger 2000, S. 16).

Jede Beurteilung wird von Menschen vorgenommen und enthält daher bestimmte subjektive Elemente. *Soziale Wahrnehmungstäuschungen* sind all jene Täuschungen, bei denen uns das eigene Auge bzw. das Gedächtnis betrügt. Dazu zählen beispielsweise der Similar-to-me-Effekt, der Selbst-Bezug, die Tendenz zur Mitte, der Kontrast-Effekt, der Halo-Effekt, der Nikolaus-Effekt, stereotype Wahrnehmungen, ein Konformitätsdruck sowie die Stimmung des Beurteilenden. *Potentielle Beurteilungsverzerrungen* sind verzerrte Beurteilungen, da der Beurteiler in gewisser Weise unterschiedliche Beurteilungsmaßstäbe ansetzt, wie zum Beispiel der Milde-Effekt, der Nähe-Effekt, der Hierarchie-Effekt, der Klebe-Effekt etc. *Beurteilungsversagen* liegt dann vor, wenn die Beurteilung nicht allein nach den gezeigten Leistungen erfolgt, sondern auch bewusst leistungsfremde Kriterien einfließen. Eine entsprechende Schulung und ein geeignetes Training der Beurteiler ist daher eine Notwendigkeit, um eine größtmögliche Wirksamkeit im Sinne der gesetzten Beurteilungsziele zu erlangen.

Generell gilt für den Einsatz von Beurteilungsverfahren, dass die Kriterien der Akzeptanz durch die Mitarbeiter, die Praktikabilität der Durchführung, die Objektivität des Beurteilungsprozesses und -verfahrens sowie die Reliabilität im Sinne der Zuverlässigkeit und Kenntnis der Beurteilungskriterien gegeben sein müssen (Jung 2001, S. 748 f.). Bei der Einführung von Beurteilungssystemen hat sich gezeigt, dass Projektgruppen mit temporärem, partizipativem Einsatz betroffener und relevanter Mitarbeitergruppen die Akzeptanz und das Funktionieren von Beurteilungssystemen erhöhen. Dabei sind die Zielsetzungen und die Anwendbarkeit verschiedener Verfahren konkret abzustimmen. Nach Schuler (2004 nach Marcus/Schuler 2006, S. 462 f.) sind dabei drei Ebenen zu berücksichtigen, die unterschiedliche Zielsetzungen und daher auch unterschiedliche Instrumente benötigen (Abb. 22). So geht es auf der 1. Ebene um ein sehr konkretes verhaltensteuerndes und lernorientiertes Feedback. Auf der 2. Ebene geht es im Gegensatz zur 1. Ebene um eine systematische Vergleichbarkeit und Standardisierung, bei der die Zielerreichung und damit verbundene Konsequenzen im Mittelpunkt stehen. Erst auf der 3. Ebene sind stabile Dispositionen wie Eigenschaften und Fähigkeiten im Rahmen einer Prognose des Potenzials zu berücksichtigen. Da es auf dieser Ebene um Karriere- und Laufbahnplanentscheidungen geht, kommen spezifische eigenschafts- und simulationsorientierte Verfahren in Betracht. Der methodische Anspruch steigt dabei von Ebene zu Ebene.

	Ebene	Funktion	Verfahrensweise
1. Ebene	Day-to-day-Feedback	Verhaltenssteuerung Lernen	Gespräch Unterstützung
2. Ebene	Regelbeurteilung	Leistungseinschätzung Zielsetzung	Systematische Beurteilung Beurteilungsgespräch
3. Ebene	Potenzialbeurteilung	Fähigkeitseinschätzung Prognose	Eignungsdiagnose Assessment Center

Abbildung 22: Ebenen der Beurteilung

8. Personalentwicklung

8.1. Zielsetzung und Bedeutung der Personalentwicklung

Die Mitarbeiter werden zunehmend als zentrale Wettbewerbsgröße gesehen, so dass Unternehmen die Intention verfolgen, diese Ressource zu erhalten, zu fördern und im Sinne der Organisation zu nutzen. Es ist Aufgabe der Personalentwicklung, durch Entwicklungsarbeit die Voraussetzungen für kompetentes Handeln der Mitarbeiter im Sinne der Organisation zu schaffen und eine verstärkte Bindung zwischen den Organisations- und Mitarbeiterzielen zu ermöglichen. Unter der Personalentwicklung wird die „Summe von Maßnahmen verstanden, die systematisch, positions- und laufbahnorientiert eine Verbesserung der Qualifikation der Mitarbeiter/innen zum Gegenstand haben mit der Zwecksetzung, die Zielverwirklichung der Mitarbeiter/innen und des Unternehmens zu fördern“ (Conradi 1983, S. 3). Weiterführend erfordert das Management eine strategische Einbindung der Personalentwicklungsfragen, um die Unternehmensstrategie durch personalpolitische Aspekte aktiv mitgestalten bzw. umsetzen zu können.

Folgende Aspekte unterstreichen die Bedeutung der Personalentwicklung aus der Perspektive des Unternehmens, wobei die nachhaltige Sicherung der Wettbewerbsfähigkeit im Vordergrund steht:

- Erhaltung und Erhöhung der *Wettbewerbsfähigkeit* durch eine organisationsweite Lernkultur als Voraussetzung für eine Strategieumsetzung und Organisationsentwicklung
- Erhöhung der internen *Mobilität und Flexibilität* der Mitarbeiter durch erweiterte Einsatzmöglichkeiten durch Mehrfachqualifikationen und der Organisation
- Förderung der *Kompetenzentwicklung* der Mitarbeiter und der Förderung der *Innovationsfähigkeit* sowie schwer imitierbarem Know-how
- Verbesserung des *Leistungsverhaltens*
- Erhöhung der innerbetrieblichen *Kommunikation*

- Erhöhung der *Mitarbeitermotivation, -integration und bindung* und Senkung der Fluktuation
- Sicherung eines *qualifizierten Personalstamms* durch Entwicklung von Nachwuchsführungskräften, Projekt- und Fachexperten, auch in Hinblick auf eine größere Unabhängigkeit von externen Arbeitsmärkten bei gleichzeitiger Stärkung des Akquisitionspotenzials am Arbeitsmarkt

Die Bedeutung der Personalentwicklung für Mitarbeiter liegt vor allem in der Erhöhung der Karrierechancen:

- Unterstützung der *persönlichen und fachlichen Entwicklung* durch Aufrechterhaltung der und Verbesserung der Qualifikation sowie die Erschließung und Vervollkommnung ungenutzter persönlicher Fähigkeiten
- Schaffung *karrierebezogener Voraussetzungen* für die Übernahme neuer, erweiteter Aufgaben und für den beruflichen Aufstieg
- Sicherung der *individuellen Mobilität* auf internen und externen Arbeitsmärkten
- Verbesserung der *Selbstverwirklichung* durch Übernahme qualifizierter Aufgaben
- Sicherung und *Erhöhung des Einkommens*
- Erhöhung der *Identifikation* mit der Organisation
- Sicherung der *Stellung in Beruf und Gesellschaft*

Je nach dem Verständnis für und der Wertigkeit der Personalentwicklung innerhalb der Organisation, können vier grundlegende *Typen der Personalentwicklung* unterschieden werden, die mit einer strategieorientierten Unternehmensentwicklung eng verbunden sind.

Die *Enthaltsamen* verzichten auf eine Personalentwicklung im eigenen Unternehmen und leben die Einstellung, dass die Entwicklung der Qualifikation eine Sache des Individuums ist. Solche Unternehmen legen ein parasitäres Verhalten an den Tag, in dem sie qualifiziertes Personal vom Markt durch Lohn- und Gehaltszuschläge aktiv akquirieren. Die *Pragmatischen* sehen Personalentwicklungsmaßnahmen als anlassbezogen und zufällig an, ausgelöst durch Leistungsmängel dient es Reparaturdiensten und fällt ebenso rasch eventuellen Einsparmaßnahmen zum Opfer. Beide Grundtypen sind nicht zeitgemäß, aber dennoch in überwiegend kleineren Unternehmen vorhanden. Die *Systematischen* sehen Personalentwicklung bedarfsorientiert als nicht delegierbare Managementaufgabe, die mittels systematischen, streng sequentiellen Instrumenten verfolgt wird. Im Sinne der wirtschaftlichen Denkweise der Personalentwicklung ist Planung, Steuerung und Kontrolle i.S. einer Messbarkeit wichtig. Die *Strategischen* messen der Personalentwicklung eine Schlüsselfunktion zur Einleitung und Durchsetzung von Veränderungen bei, welche in turbulenten Umfeldbedingungen von Unternehmen eine strategisch-proaktive Ausrichtung erfordert. Aus dieser Perspektive muss Personalentwicklung das Wollen, Können und Dürfen der Mitarbeiter stärken. Vor allem die beiden letzten Typen entsprechen dem Bild einer zeitgemäßen Personalentwicklung.

Die *Träger der Personalentwicklung* stellen im Wesentlichen vier Gruppen dar (Abb. 23), die je nach Verteilung der Personalaufgaben die Verantwortung, Konzeption und Durchführung in die Personalentwicklungsarbeit involviert sind. Aufgabe der Unternehmensleitung ist, die Rahmenbedingungen zu ermöglichen, innerhalb derer eine wirksame Personalentwicklung betrieben werden kann. Die Personal(-entwicklungs-)abteilung ist, für die konzeptionelle Entwicklung und Umsetzung verantwortlich. Führungskräfte müssen eine Entwicklung ihrer Mitarbeiter fördern und unterstützen. Die Mitarbeiter selbst tragen die Personalentwicklung durch Akzeptanz der Maßnahmen und Engagement bei der Nutzung. Wenn die Mitarbeiter durch einen Betriebsrat bzw. durch eine Personalvertretung im Unternehmen vertreten sind, so ist dieser in die grundsätzlichen Weichenstellungen der Personalentwicklung einzubeziehen, so dass die Grundsatzentscheidung und Rahmenbedingungen auch von ihm mitgetragen werden.

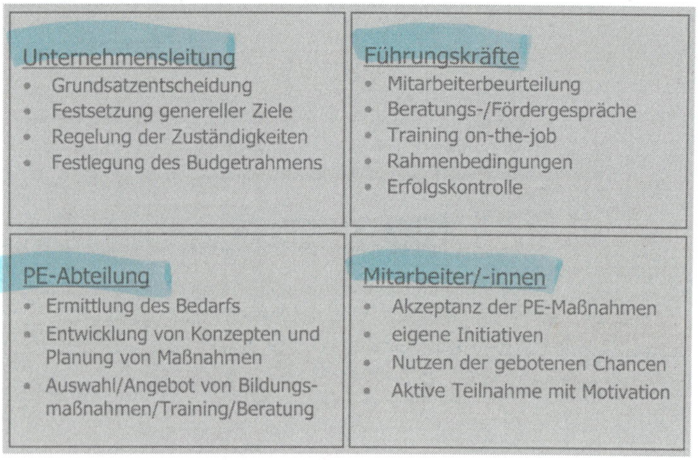

Abbildung 23: Träger der Personalentwicklung

Zu den Zielgruppen der Personalentwicklung gehören alle Mitarbeiter eines Unternehmens. Für eine bessere Fokussierung der Entwicklungsarbeit sind Mitarbeitergruppen zu bilden, auf die eine spezifische Entwicklung abgestimmt werden kann (Abb. 24).

Führungskräfte	Zukünftiger Top-Potentialträger (temporäre) Nachwuchsführungskraft
Experten/Fachkräfte	Top-Leistungsträger Beitragsbringer
Restliche Gruppen	Neu-unbekannte Mitarbeiter/-innen Rückkehr & Wiedereingliederung Lehrlinge & Trainees ältere Arbeitnehmer/-innen Teilzeitbeschäftigte Homeworker Etc.

Abbildung 24: Zielgruppen der Personalentwicklung

8.2. Konzept der Personalentwicklung

Vor allem die Integration und Verknüpfung aller Entwicklungsebenen des Unternehmens – die Personalentwicklung, die Managemententwicklung und die Organisationsentwicklung – ermöglichen letztendlich eine wettbewerbsfähige Unternehmensentwicklung. Die Personalentwicklung stellt eine wertvolle Entwicklungsarbeit der Mitarbeiter und der Organisation dar und ist strategisch konsequent an den Unternehmenszielen zu orientieren. Auf taktischer Ebene sind die Ziele und der Bedarf der Zielgruppen abzustimmen und daraus die Personalentwicklungsinstrumente abzuleiten, operativ umzusetzen und schließlich ergebnisbezogen zu evaluieren (Abb. 25).

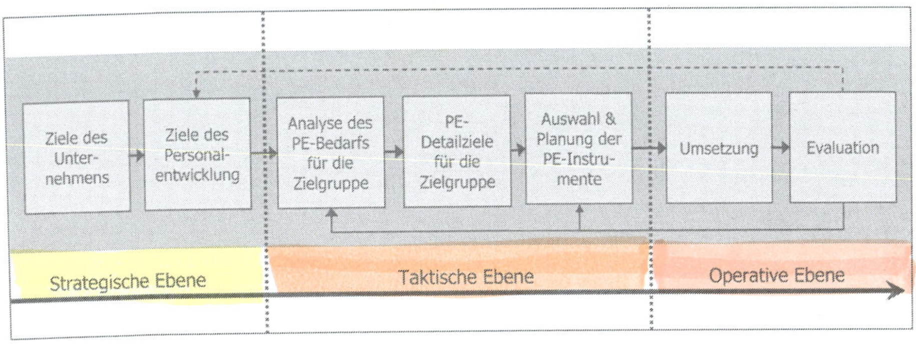

Abbildung 25: Zeitebenen und Prozess der Personalentwicklung

Ausgehend vom Entwicklungsbedarf einzelner Mitarbeiter bzw. Zielgruppen (originäre Ziele) als auch abgeleitet von den Unternehmenszielen (derivate Ziele) sind die Entwicklungsziele festzuhalten. Ausgangsbasis für die Personalentwicklung ist die Gegenüberstellung der gegenwärtigen und zukünftigen Anforderungsprofile mit den Fähigkeitsprofilen der Zielgruppe (Personalbedarfsbestimmung im Vergleich zur Personalbestandsanalyse). Basierend auf einer möglichen Abweichung, der „Fähigkeitslücke“ (Scholz 2000, S. 507), sind die Detailziele für die konkrete Zielgruppe zu formulieren und adäquate Personalentwicklungsmaßnahmen bzw. -programme zu definieren. Nach der Durchführung der Maßnahmen ist eine Evaluation durchzuführen. Ziel einer Evaluation ist im Sinne eines Bildungscontrollings nicht nur, die einzelne Maßnahme im Sinne eines Kostencontrollings zu beurteilen, sondern vor allem deren Wirksamkeit in Hinblick auf den Lerntransfer, Qualifikations- und Verhaltensentwicklungen etc. der Zielgruppe zu analysieren. Kirkpatrick (1999, S. 19 ff.) empfiehlt Evaluierungen auf vier Ebenen: Reaction (Zufriedenheitsmessung), Learning (Veränderung der Wissensbasis und der Einstellungen), Behavior (Verhaltensveränderung) und Results (Beitrag zum Unternehmenserfolg).

8.3. Systematisierung der Personalentwicklungsmaßnahmen

Die Personalentwicklungsmaßnahmen können anhand unterschiedlicher Kriterien systematisiert werden. Dabei sind die einzelnen Abgrenzungen nicht immer überschneidungsfrei, da sich beispielsweise ein und dasselbe Instrument zu unterschiedlichen Zwecken einsetzen lässt und/oder der Einsatz eines Instrumentes multiple positive Auswirkungen generiert. In weiterer Folge werden zwei Systematisierungen dargestellt, wobei diese inhaltlich aufgrund von Platzgründen nicht weiter vertieft und behandelt werden können. Die bekannteste Einteilung ist auf Conradi (1983, S. 25) zurückzuführen, der als Bezugspunkt die Zugehörigkeitsdauer des Mitarbeiters zur Organisation heranzieht und die entsprechenden Entwicklungsmaßnahmen anhand der zu dem jeweiligen Zeitpunkt erforderlichen Bedürfnisse systematisiert (Abb. 26).

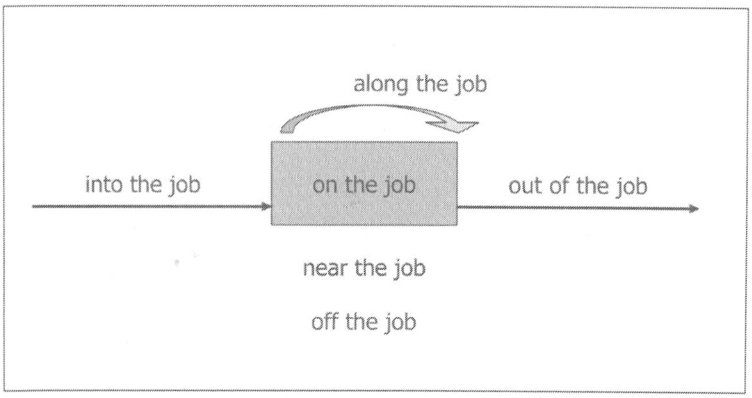

Abbildung 26: Personalentwicklungsmaßnahmen

Die Details können (Conradi 1983, S. 25; Scholz 2000, S. 510 ff.) nachstehender Tabelle entnommen werden (Abb. 27), wobei jeweils die Maßnahmenart, deren Charakteristika und Beschreibung sowie beispielhafte Personalentwicklungsmaßnahmen dargestellt werden.

Maßnahmenart	Charakteristikum	Beschreibung	Beispiel
PE into the job	Erfolgt in zeitlicher, zum Teil auch räumlicher Entfernung, aber meist mit inhaltlicher Nähe zum Job	Vorbereitung auf neuen Job, erster systematischer Erwerb beruflicher Kenntnisse und Fertigkeiten	Berufsausbildung, Trainee-Programme Einführungsprogramme
PE on the job	Erfolgt unmittelbar am Arbeitsplatz während des Jobs	Anpassung an neue Aufgaben, Erwerb neuer Kompetenzen	Training Qualifikationsfördernde Aufgabengestaltung Job Rotation, Job Enrichment, Job Enlargement
PE near the job	Erfolgt meist in zeitlicher, räumlicher und inhaltlicher Nähe zum Job	Neben dem Job stattfindender Lernprozess bzgl. konkreter Probleme	Qualitätszirkel, Lernstatt
PE off the job	Erfolgt meist in zeitlicher, räumlicher und inhaltlicher Entfernung zum Job	Fortsetzung organisierten Lernens nach Abschluss der ersten Bildungsphase	Externe Bildungsveranstaltungen Inhouse-Schulungen Corporate Universities
PE along the job	Erfolgt im Laufe der Zugehörigkeit zum Unternehmen in unterschiedlicher zeitlicher, räumlicher und inhaltlicher Nähe zum Job	Maßnahmen zur individuellen Karriereplanung sowie der Laufbahn und Nachfolgeplanung	Förderkandidaten-programm Laufbahnplanung Karriereplanung Junior Executive Boards
PE out of the job	Erfolgt gegen Ende des Erwerbslebens	Gleitender Ruhestand	Outplacement Ruhestandsvorbereitungen

Abbildung 27: Systematisierung nach Conradi

Eine weitere bekannte Klassifizierung der Maßnahmen nach Bröckermann/Müller-Vorbrüggen (2006, S. VI) kann anhand der klassischen Einteilung der PE-Maßnahmen in Bildung, Förderung und Arbeitsstrukturierung vorgenommen werden (Abb. 28).

	Personalbildung	Personalförderung	Arbeitsstrukturierung
Zielsetzung	Die Personalbildung zielt auf den Erhalt und Entwicklung des Wissens.	Die Personalförderung zielt auf die Förderung, Unterstützung, Entwicklung von Qualifikationen und Kompetenzen	Die Arbeitsstrukturierung zielt auf die Gestaltung von Inhalt, Umfeld und Bedingungen des Arbeitsplatzes.
Instrumente	Berufsausbildung Onboarding & Integration Training into the job & Reintegration Berufliche Neuorientierung Training off the job E-Learning & Blended Learning	Traineeprogramme 360° Feedback Assessment-Center Coaching & Supervision Mentoring & Patenschaften (Outdoor-)Teamentwicklung Förderkreise Talent- und Karrieremanagement Juniorfirma ...	Remote Work, Telearbeit Job Rotation & Job Families Job Enlargement Job Enrichment Teilautonome Arbeitsgruppen Qualitätszirkel, Lernstatt Projektgruppen Stellvertretungen Versetzung & Beförderung Entsendung & Auslandseinsatz ...

Abbildung 28: Systematisierung nach Bröckermann/Müller-Vorbrüggen

8.4. Zukunftsfelder der Personalentwicklung

Die Frage nach den Herausforderungen der Personalentwicklung in den nächsten Jahren zeigt folgende Schwerpunktbereiche einer Studie mit Personalentwicklern (dgfp 2006b, S. 21):

- *Personalentwicklung für Führungskräfte*: Verstärkt im Mittelpunkt der Betrachtung steht dabei der Vergleich zwischen Key-Positionen, Key-Funktionen und eine altersgruppenspezifische Personalentwicklung der Key-Personen.
- *Entwicklung und Einsatz ganzheitlicher Methoden der Anforderungsanalyse und -beschreibung*: Erfassung der operativen und strategischen Kompetenzanforderungen für Tätigkeitsgruppen, -familien und -cluster.
- *Knowledge Management*: Das Management von Wissen wird unter Einbeziehung vor allem „weicher Faktoren" des Unternehmens zum Kompetenzmanagement.
- *Rückbesinnung auf die Stärken von Teams*: Nutzung neuer Erkenntnisse und Methoden zur Steigerung der Team-Performance.
- *Corporate Social Responsibility (CSR)*: Einbeziehen von CSR-Aktivitäten in die Lernarchitektur von Führungskräften, um Führungskräfte mit zukunftsrelevanten Kompetenzen zu entwickeln.
- *Kompetenzlernen:* Kompetenzen werden durch selbstorganisierte Lernprozesse angeregt, so dass eine positive Lernbetroffenheit und direkte Mittel und Wege eines Erfahrungstransfers und -lernens erforderlich werden.
- *HRM-Herausforderungen im Zeitalter der Globalisierung*: Globale HR-Themen müssen in Unternehmen bewusst gemacht und verankert werden.
- *Innovative Lösungen der Weiterbildung*: Verstärkte Integration von blended learning zur sensibleren Steuerung des Lernprozesses.
- *Arbeitsbegleitende Förderung von Führungsnachwuchskräften und Spezialisten*: Verstärkte Beachtung und damit verbunden auch neue Wege der Entwicklungs- und Graduierungssysteme für Spezialisten ohne Führungsaufgaben.

9. Vergütungs- und Arbeitszeitmodelle

9.1. Kriterien zur Vergütung

Es gibt keine eindeutige Grundlage für die Gestaltung von Vergütungssystemen, sondern lediglich die Herausforderung, das Entgelt nach bestimmten Gerechtigkeitskriterien zu definieren. Eine gerechte Entlohnung muss fünf Kriterien entsprechen (Abb. 29).

Die *Anforderungsgerechtigkeit* wird mittels einer anforderungsorientierten Lohnsatzdifferenzierung auf Basis einer Arbeitsbewertung berücksichtigt und fließt in die Grundlohnbestimmung ein. Die *Leistungsgerechtigkeit* findet durch eine Differenzierung anhand verschiedener Lohnformen wie Zeitlohn, Prämienlohn, Akkordlohn etc. sowie durch Erfolgsbeteiligungen statt. Die *Marktgerechtigkeit* berücksichtigt den Marktwert einer Leistung des Arbeitnehmers und spielt vor allem im nicht geregelten Führungskräftebereich sowie bei professionalisierten Berufen eine Rolle. Mit dem Kriterium der *Sozialgerechtigkeit* soll der unterschiedliche Beitrag einer Person zur Realisierung sozialpolitischer Ziele einer Gesellschaft bzw. ein Ausgleich für außerbetriebliche Belastungen ermöglicht werden. Die Sozialleistungen stehen zwar nicht in unmittelbarem Zusammenhang mit der Leistungserbringung, bietet jedoch durchaus einen positiven Anreiz. *Qualifikationsgerechtigkeit* stellt auf die vom Arbeitnehmer angebotene Qualifikation ab und findet meist über Zulagensysteme Anwendung. Bei betrieblichen Vergütungssystemen findet man zumeist eine Mischung der unterschiedlichen Gerechtigkeitskriterien, da die konkrete Ausgestaltung immer das Ergebnis von Aushandlungsprozessen ist (Elsik/Nachbagauer 2002, S. 530 f.).

Abbildung 29: Gerechtigkeitskriterien für das Entgelt

9.2. Bestimmungen zur Vergütung und Trends

Im Wesentlichen können die anforderungsorientierte, qualifikationsorientierte und leistungsorientierte Grundlohnbestimmung als gelebte Formen genannt werden (Scholz 2000, S. 735 ff.; Elsik/Nachbagauer 2002, S. 533 ff.):

- Die *anforderungsorientierte* Grundlohnbestimmung geht von einer analytischen (Zerlegung der Aufgabe in einzelne Anforderungen) oder einer summarischen (Erfassung der Anforderungen als Ganzes) Arbeitsplatzbewertung aus. Über einen errechneten Arbeitswert ergeben sich Grundlohn bzw. Lohngruppen.
- Die *qualifikationsorientierte* Grundlohnbestimmung orientiert sich am Qualifikationsniveau. Bei flexibilitätsorientierten (skill-based-pay) Systemen wird die Beherrschung verschiedener weiterer Tätigkeiten, bei wissensbasierten (knowledge-based-pay) Systemen werden zusätzliche Kenntnisse durch Zulagen entlohnt.
- Bei den *leistungsorientierten* Systemen gibt es traditionelle Modelle der Entlohnung wie dem Zeitlohn mit Leistungszulagen, dem Leistungslohn (Prämien- und Akkordlohn) und dem Pensumlohn (Programmlohn, Measured Day-Work-Lohn, Kontraktlohn). Individualisierungsmodelle wie das Cafeteria-System bieten dem Arbeitnehmer die Möglichkeit, innerhalb eines Budgets verschiedene Entgeltbestandteile nach eigenem Bedarf zusammenzustellen. Vor allem die freiwilligen betrieblichen Sozialleistungen (Vorsorgeleistungen, Geldleistungen, Sachleistungen und Serviceleistungen) können mittels des Cafeteria-Systems gut zur Wahl gestellt werden. Beteiligungsmodelle bieten den Mitarbeitern die Möglichkeit, sich nach bestimmten Regeln

am Unternehmenserfolg bzw. am -kapital zu beteiligen. Die Erfolgsanteile können ausgeschüttet, in Form von Eigenkapital einbehalten oder in Fremdkapital umgewandelt werden. Kapitalbeteiligungen sind in Form von Fremdkapital (Darlehen der Mitarbeiter, Mitarbeiterschuldverschreibungen) oder Eigenkapital (indirekte/direkte) möglich.

- Die *Führungskräfteentlohnung* unterscheidet sich durch die wesentlich höhere Entlohnung und durch den weit reichenden Einfluss des Managers auf den Unternehmenserfolg. Auch rechtlich gibt es größere Gestaltungsspielräume für die einzelne Vertragsgestaltung. Mögliche Gestaltungsformen unternehmenserfolgsabhängiger Vergütungssysteme sind beispielsweise Stock Option Plans (Gewährung des Rechts, Aktion zu bestimmten Preis zu kaufen), Performance Share Plans (Anreizsysteme, die Erreichung operativer Zielgrößen mit der Aktienkursentwicklung zu koppeln) Deferred Compensation Systems (Beteiligung an der langfristigen Entwicklung bestimmter operativer Erfolgskriterien) etc.

Folgende Trends im Rahmen der Vergütungssysteme können festgestellt werden (Elsik/Nachbagauer 2002, S. 564):

- Stärkere Betonung des Leistungsprinzips
- Zunehmende Flexibilisierung und Individualisierung
- Vereinheitlichung der Arbeitnehmerkategorien
- Tendenz zur summarischen Arbeitsbewertung
- Abnehmende Bedeutung des Akkordlohns
- Strategische Orientierung

9.3. Arbeitszeitmodelle

Zu Beginn des 19. Jahrhunderts gehörten Arbeitstage mit 16 Arbeitsstunden zur Normalität. Im Laufe der Jahrzehnte hat sich das geändert, nach gesellschaftlichen Veränderungen und unzähligen Verhandlungsrunden zwischen den Sozialpartnern gibt es seit 1994 eine Arbeitswoche mit unter 40 Stunden und 209 Arbeitstagen im Jahr. Die anhaltende bzw. in machen Berufs- und Altersgruppen leicht steigende Arbeitslosigkeit, der gesellschaftliche Wertewandel und der (internationale) Konkurrenzdruck verschaffen der Arbeitszeitgestaltung verstärkte Beachtung (Scholz 2000, S. 666). Dabei müssen die individuelle Zielebene der Mitarbeiterbedürfnisse, die betriebliche Zielebene der Unternehmenserfordernisse und die gesellschaftliche Zielebene in die Konzepte der Arbeitszeitgestaltung einfließen. Im Rahmen des ***betrieblichen Arbeitszeitmanagements*** sind gesetzliche Bestimmungen, tarifvertragliche Regelungen zur durchschnittlichen Wochenarbeitszeit und zu Überstunden sowie das Mitbestimmungsrecht des Betriebsrates hinsichtlich Beginn und Ende der täglichen Arbeitszeit, Pausenregelung etc. zu berücksichtigen.

Die Arbeitszeit hat eine chronometrische, eine chronologische und eine chronomorphische Dimension, die für die Gestaltung flexibler Arbeitszeiten zur Verfügung stehen (Hellert 2006, S. 39 f.; Scholz 2000, S. 672 f.; Hentze 1999, S. 213). Die chronometrische Dimension beschreibt die Dauer der Arbeitszeit und betrifft die vertragliche vereinbarte Arbeitszeit. Die chronologische Dimension beschreibt die Lage der Arbeitszeit und definiert damit den Beginn und das Ende der zu leistenden Arbeitszeit. Die Verteilung der Arbeitszeit als chronomorphische Dimension definiert eine gleichmäßige oder ungleichmäßig flexibel verteilte Arbeitszeit.

Basierend auf rechtlichen Rahmenbedingungen können aus den angeführten drei Dimensionen für Unternehmen und Mitarbeiter nach Hentze (1999, S. 214) maßgeschneiderte Arbeitszeitregelungen entwickelt werden (Abb. 30).

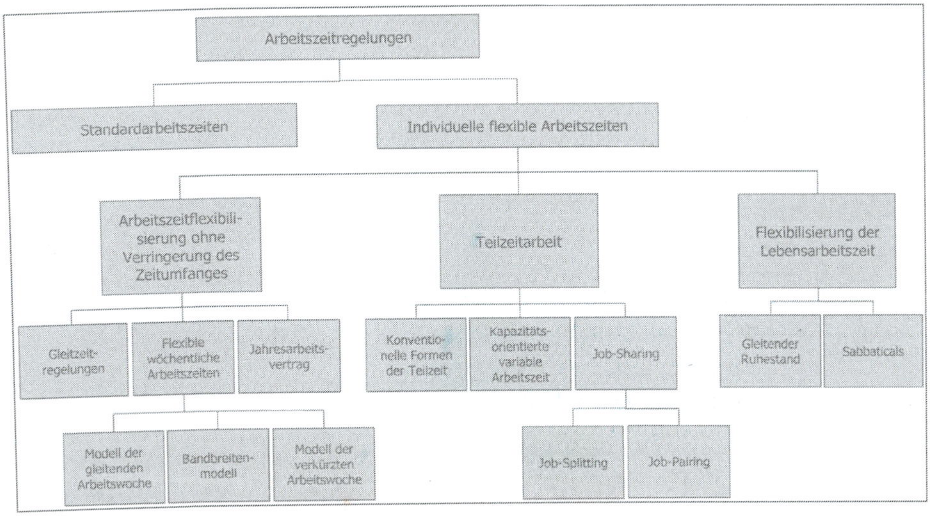

Abbildung 30: Arbeitszeitmodelle

Zu den starren *Standardarbeitszeiten* zählen die Schichtarbeit, verkehrte Schichten, Kurzschichten und Baukastensysteme, sowie definierte Halbtagsarbeit, Sonntagsarbeit, Feiertagsarbeit, Tagarbeit und Nachtarbeit.

Zu den *individuellen, flexiblen Arbeitszeitmodellen* zählt eine geraume Anzahl an möglichen Variationen, die bei den Unternehmen und/oder Mitarbeitern einen erhöhten Flexibilisierungsgrad erwirken. Die Vorteile einer Flexibilisierung der Arbeitszeit für Unternehmen liegen einer besseren Kapazitätsauslastung, im Abfangen von Schwankungen durch Aufträge bzw. auch Urlaube, Arbeitskostensenkung etc. und natürlich auch in einer positiven Beeinflussung des Betriebsklimas, der Leistung und Motivation durch das Eingehen auf die Mitarbeiterwünsche. Die Vorteile der Mitarbeiter erfahren durch die individuelle Arbeitszeitgestaltung eine erhöhte Zeitsouveränität. Die Nachteile eines flexiblen Arbeitszeitsystems liegen in einem erhöhten Planungs- und Koordinationsaufwand, der guten Absprache zwischen Vorgesetzen und Mitarbeiter und einem verstärkt ergebnisorientierten Führungsverhalten. Für Mitarbeiter liegen eventuelle Nachteile in einer erhöhten Verfügbarkeitsanforderung (Arbeit auf Abruf als Extremvariante).

10. Trennungsmanagement

Unternehmen trennen sich mitunter aus verschiedenen Gründen von Mitarbeitern: Kündigungen sind in der Wirtschaftswelt durchaus normal und auch wirtschaftlich begründeter Personalabbau ist heute regelmäßig in Wirtschaftsmagazinen lesbar. Trotz der Regelmäßigkeit, in der Kündigung und Trennung in Unternehmen geschehen, wird dieses Thema noch als Tabu behandelt und noch zu wenig offen besprochen. Nach Andrzejewski (2004, S. 83 ff.; 3002, S. 4 ff.) sind die psychischen und ökonomischen Kosten eines unprofessionellen Trennungsmanagements beachtlich. Sie ergeben sich aus den nicht direkt messbaren (verdeckten) Kosten wie den indirekten, den versteckten und den ungeplante Kosten und den direkten Kosten, die zumeist durchaus wahrgenommen werden. (Abb. 31).

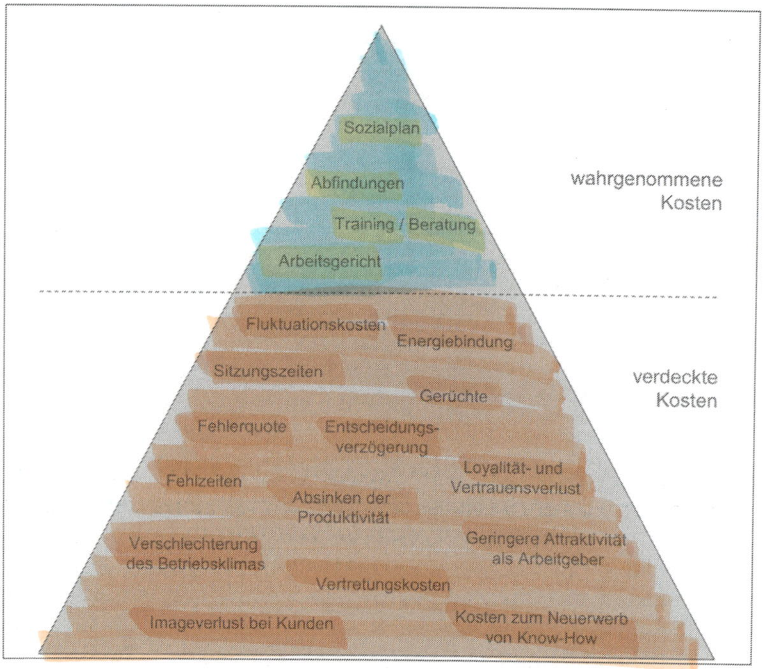

Abbildung 31: Kosten-Eisberg einer unprofessionellen Trennung

Die Praxis zeigt, dass professionelle Trennungsgespräche in jeder Form eine Herausforderung darstellen. Sie sind die schwierigste Form des Mitarbeitergesprächs, das eine Führungskraft führen muss. Einer empirischen Management-Studie über die Ängste der Manager bei Trennungsgesprächen zufolge (Andrzejewski 2004, S. 33 ff.) sind nachstehende Aspekte relevant (Abb. 32):

Größte Schwierigkeiten bei Trennungsgesprächen	mangelnde Erfahrung eigene Betroffenheit Einzigartigkeit der Gespräche Argumentations-Notstand fehlende Möglichkeit einer Harmonie Zerstörung einer Existenz Reaktion der Verbleibenden
Eigene Ängste in Trennungsgesprächen	eigene Glaubwürdigkeit Imageverlust Auswahlverfahren Trennung trotz positiver Unternehmensentwicklung Formulierung der individuellen Begründung Konfrontation mit Unerwartetem
Fehler in Trennungsgesprächen	Mangelhafte Vorbereitung Delegation des Gesprächs Fehlender Konsens Unklare Botschaften Den „starken" Mann markieren Informationspolitik unbedacht Verbleibende werden übersehen
Erkenntnisse für weitere Trennungsgespräche	Vorbereitung ist alles Der Vorgesetzte hat den schwierigeren Part. Missbehagen ist körperlich spürbar. Zehn Minuten sind lang. Perspektiven aufzeigen können, hilft.
Unterstützungsbedarf	Erfahrungsaustausch Besserer Umgang mit sich selbst Systematik der Abläufe Gesprächstechniken & Argumentationshilfen Integration in die Unternehmenskultur

Abbildung 32: Probleme und Erkenntnisse bei Trennungsgesprächen

Aufgrund der emotionalen und ökonomischen Kosten eines unprofessionellen Trennungsmanagements erscheint es für Unternehmen zunehmend wichtig, eine gute Trennungskultur aufzubauen. Diese wird definiert als „die Summe aller Regeln und Maßnahmen, die Trennungen und Veränderungen in Unternehmen fair und professionell machen. Trennungskultur ist manifest, wenn Trennungen und Veränderungen mit möglichst geringen Verletzungen der Persönlichkeit aller Beteiligten einhergehen" (Andrzejewski 2004, S. 19). Die Zielsetzung einer positiven Trennungskultur ist es daher, die Wirtschaftlichkeit des Unternehmens zu sichern, die Ängste und Nöte der Führungskräfte im Trennungsprozess zu erkennen, das Trennungsgespräch selbst fair durchzuführen und die Bindung und Revitalisierung der Verbleibenden zu gewährleisten.

Im Wesentlichen sind drei *Personengruppen* durch den Trennungsprozess betroffen: die Führungskraft, der betroffene Mitarbeiter und die verbleibenden Mitarbeiter. Darüber hinaus sind auch die Betroffenen im sozialen Umfeld wie Partner und Kinder und auch mögliche Randgruppen wie die Region und die Politik zu berücksichtigen (Andrzejewski 2003, S. 151 f.).

- *Führungskraft:* Trennungsgespräche sind schwierig zu führen und belasten auch die Führungskräfte auf emotionaler Basis. Selbstdiagnose und Reflexion sowie eine durchdachte und geübte Vorbereitung auf das Gespräch insbesondere bei der Sozialkompetenz sind wichtige Aspekte der Unterstützung.
- *Gekündigte Person:* Trennungserlebnisse sind für betroffene Personen vielfach traumatische Erlebnisse und manifestieren sich in Problemen wie psychische Reaktionen, medizinische Symptome, soziale Dysreglationen, Selbstwertprobleme und lebensbedrohliche Reaktionen. Außerdem lösen sie eine Achterbahn der Emotionen aus.
- *Verbleibende Mitarbeiter:* Die verbleibenden Mitarbeiter müssen mit dem Verlust (liebgewordener) Kollegen, eigenen Schuldgefühlen, eigener Betroffenheit, Unsicherheit und Zukunftsängsten, steigender Arbeitsbelastung usw. zurande kommen. Das Gerechtigkeitsempfinden der Mitarbeiter über die vorgenommene Trennung bestimmt in weiterer Folge den Erfolg von vertrauensbildenden Maßnahmen.

Ziel des *Trennungsgesprächs* ist es, der betroffenen Person die Trennung oder Kündigung auszusprechen und dafür zu sorgen, dass sie als unumkehrbare Tatsache verstanden wird. Zeit, Raum und Aufmerksamkeit für den Betroffenen, um den ersten Schock zu bewältigen, sind erforderliche Rahmenbedingungen. Das Trennungsgespräch gehört sicher nicht zum Alltagsgeschäft einer Führungskraft, weswegen in der Vorbereitung darauf durchaus mit einem Coach, Berater oder Personalentwickler trainiert werden sollte. Andrzejewski (2003, S. 61 f) und Hübner/Würth (2003, S. 15 ff.) empfehlen den Trennungsprozess in mehrere Phasen einzuteilen (Abb. 33). Wichtig dabei ist, dass die Trennungsbotschaft stets in den ersten fünf Sätzen übermittelt wird.

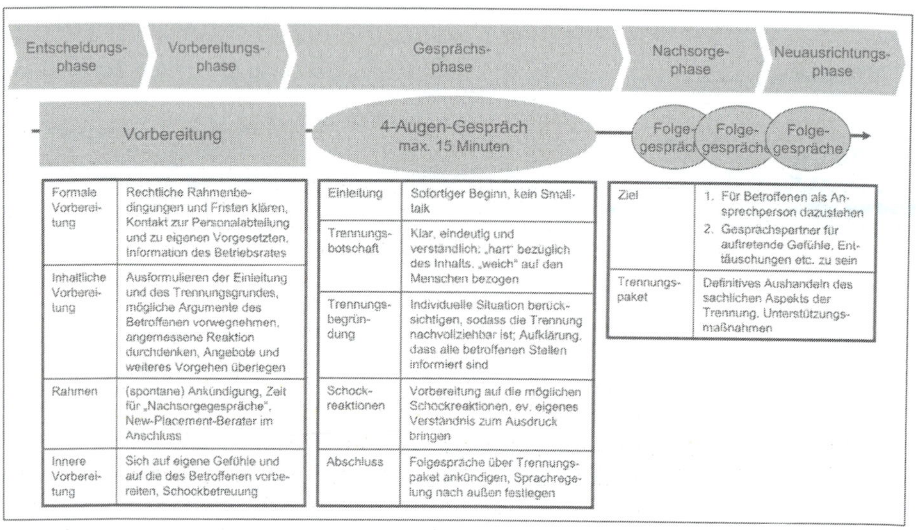

Abbildung 33: Ablauf eines Trennungsgesprächs

Begleitende Maßnahmen zur Unterstützung der beteiligten Personen können folgende sein (Andrzejewski 2003, S. 203 f; Stark 2003, S. 22):

- *Newplacement-Beratung*: Darunter sind jene Aktivitäten zu verstehen, die sich um die Qualifizierung, Arbeitsplatzbeschaffung und berufliche Neuorientierung eines gekündigten Mitarbeiters drehen. Die Inhalte der Beratung umfassen in jedem Fall ein Auffanggespräch unmittelbar nach dem Kündigungsgespräch sowie weitere Maßnahmen je nach Bedarf wie eine Status-Quo-Analyse, Potenzialanalyse, berufliche Zielsetzung, Bewerbungsunterlagen und Interviewtrainings, Vertragsverhandlungen, Coaching während der Probezeit etc.
- *Coaching von Führungskräften*: Neben einer hierarchieübergreifenden Qualifizierung von Führungskräften für eine positive Trennungskultur zeigt sich in konkreten Einzelfällen Beratungsbedarf, um mit den emotionalen Nöten zurande zu kommen. Hierbei geht es um konkrete Coaching-Maßnahmen für eine individuelle Begleitung, die Führungskräften helfen soll, die Nöte und Ängste vor und während des Trennungsgesprächs zu managen, die Trennungsbotschaft klar auszuformulieren etc.

11. Personalcontrolling

11.1. Ziele und Ansätze des Personalcontrollings

Das Personalmanagement steht vor der Herausforderung, die Leistungsbeiträge der Humanressourcen und des eigenen Bereichs zur Wertschöpfung des Unternehmens darzulegen, transparent zu machen und die eigenen Ressourcen so einzusetzen, dass eine optimale kurz- und langfristige Effektivität im Sinne des Gesamtunternehmens entstehen kann.

Dabei stellt Personalcontrolling die Übertragung des Controlling-Konzeptes auf den Bereich des Personalmanagements mit der Zielsetzung dar, die Entscheidungsunterstützung und die damit verbundene Verbesserung der Gesamtzielerreichung des Unternehmens und besonders des Personalmanagements zu forcieren. Der Unterstützungscharakter bezieht sich sowohl funktional als auch instrumentell auf die Planungs-, Kontroll-, Koordinations- und Informationsaufgaben innerhalb des Regelkreises aus Zielsetzung, Definition von Maßnahmen, Soll-Ist-Vergleich und eventuelle Gegensteuerung bzw. Korrektur der Ziele (Hentze/Kammel 1999, S. 213 und 232). In der Literatur lassen sich verschiedene Controllingansätze finden:

- *Operatives und strategisches Personalcontrolling*: Das operative Controlling hat primär die Führungskräfte als Adressat und befasst sich mit der Planung, Kontrolle und Anpassung kurz- und mittelfristiger Maßnahmen im Personalbereich, wie beispielsweise die Wirtschaftlichkeit von Personalbeschaffungsmaßnahmen, Kosten-Nutzen-Rechnung von Bildungsmaßnahmen etc. Operatives Controlling betrifft die Effizienz. Das strategische Controlling ist primär an den Vorstand und an die Personalabteilung adressiert und befasst sich mit der Erfassung, Umsetzung und Planung langfristiger Maßnahmen, wie zum Beispiel die Erfassung von Mitarbeiterpotenzialen, Prüfung der Personalstrategie etc. Strategisches Personalcontrolling betrifft die Effektivität (Hentze/Kammel 1999, S. 232).

- *Faktororientiertes und prozessorientiertes Personalcontrolling*: „Der Begriff des Personalcontrollings kann sich nach dem Wortlaut entweder auf das *Controlling des Personals* oder auf das *Controlling der Personalarbeit* beziehen" (Wunderer/Jaritz 2006, S. 12). Das Controlling des Personals hat seine Ursprünge im amerikanischen Human Resource Accounting in den 60er-Jahren, während sich der Gedanke des funktionalen Controllings für den Personalbereich ab den 80er-Jahren entwickelte. Letztendlich lassen sich die beiden Richtungen folgend abgrenzen (Schmeisser 1999, S. 3 f.; Hentze/Kammel 1999, S. 217 ff und 232 f.):
  - Das Controlling des Personals wird auch *faktororientiertes (kennzahlenorientiertes) Personalcontrolling* genannt und stellt unternehmensweite Betrachtungen und Analysen mit dem Ziel der Optimierung des Produktionseinsatzes Personal in den Mittelpunkt des Interesses. Dabei werden weiters quantitatives (ergebnisorientiertes) und qualitatives (substanzorientiertes) Personalcontrolling unterschieden. Quantitative Aspekte sind vor allem die Optimierung der Personalkosten (Personal- und Kostenplanung mit Personaleinsatz und -nutzen) sowie deren transparente Darstellung. Qualitative Aspekte beschäftigen sich mit der Erhaltung und Entwicklung des Human Capital und berücksichtigen auch „weiche Faktoren" wie Motivation, Arbeitszufriedenheit etc. Typische Anwendungsgebiete sind die Erfassung und Pflege von Qualifikations-, Potenzial- und Strukturdaten der Belegschaft, qualitative Personalplanung und Personalentwicklung. Die Kennzahlen haben dabei in erster Linie allgemeine Beschreibungs- und Dokumentationsfunktionen für die Entscheidungsträger. Ein typisches Kennzahlensystem umfasst aussagefähige Kennzahlen zur Personalbeschaffung, zum Personaleinsatz, zur Personalführung, zur Personalentwicklung etc.
  - Das Controlling der Personalarbeit wird auch als *prozessorientiertes Personalcontrolling* bezeichnet und konzentriert sich auf die Optimierung der Personalarbeit in der Personalabteilung. Im Sinne einer verstärkten Wertschöpfungsorientierung der Personalarbeit ist die Personalabteilung selbst aufgefordert, die personalwirtschaftlichen Prozesse optimaler zu gestalten und eine Kosten- und Leistungstransparenz zu erzielen. Der Fokus liegt also auf den Kosten, der Effizienz und der Effektivität der Personalarbeit.

Die meisten Unternehmen wenden noch immer das faktororientierte bzw. kennzahlenorientierte Personalcontrolling an, wenngleich sich zunehmend ein Trend in Richtung prozessorientiertes Personalcontrolling zeigt (Schmeisser 1999, S. 3 f.).

Aus den vielen verschiedenen Perspektiven und Begrifflichkeiten in der Literatur lässt sich das Personalcontrolling in vier grundsätzliche Ansätze einteilen (Tonnesen 2002, S. 27 ff.):

- *Planungs- und kontrollorientierter Ansatz auf Basis quantitativer Daten*: Der Fokus dieser Perspektive liegt auf einer rein ökonomischen Betrachtungsebene, einem quantifizierbaren Personalmanagement, ohne die sozialen Belange der Mitarbeiter zu berücksichtigen. Planung, Steuerung, Kontrolle und Informationsversorgung sind Grundlagen dieses Ansatzes.
- *Personalcontrolling als Konzept der Verhaltenssteuerung*: Im Vordergrund des Ansatzes steht nicht ein Planungs- und Informationssystem, sondern die Steuerung der persönlichen Identifikation und Motivation der Mitarbeiter, um somit die bestmögliche Ausschöpfung der Humanressourcen im Unternehmen zu erzielen. Personalcontrolling ist Teil des strategischen Managements, da die Humanressourcen als wichtiger Erfolgsfaktor strategisch gesteuert werden müssen. In der allgemeinen Controllingdiskussion findet sich die Tendenz, diesen lernorientierten Ansatz verstärkt zu berücksichtigen.
- *Koordinationsorientierter Ansatz*: Dieser Ansatz sieht die Bereitstellung quantitativer Daten für die Unterstützung der personalwirtschaftlichen Planungen und deren Koordination mit den Teilplänen anderer Unternehmensbereiche vor. Die Zielorientierung und Koordination sind die übergreifenden Prinzipien.
- *Wirtschaftlichkeits- und wertschöpfungsorientierter Ansatz*: Der Schwerpunkt liegt im Transparentmachen des Wertes der Personalarbeit und basierend auf diesen Daten in der Erzielung des added value für das Gesamtunternehmen. Spezifische Besonderheiten des Faktors Personal müssen durch das Controlling berücksichtigt werden, denn dieser Ansatz beruht auf der Vorstellung einer mit der Unternehmensführung integrierten und systematischen (Rück-)koppelung. Dazu zählen quantitatives Messen und Kontrollieren sowie auch eine qualitative und strategische Steuerung. Dabei treten drei Schwerpunkte des Personalcontrollings (Dimensionen) hervor:
  - *Kosten- und kalkulatorisches Personalcontrolling*: Darunter wird die periodische Planung und Kontrolle der Personalkosten und der Kosten der Personalabteilung selbst verstanden.
  - *Wirtschaftlichkeits- und Effizienzcontrolling*: Die Effizienz der personalwirtschaftlichen Prozesse bzw. die Produktivität des Personalmanagements wird durch die Planung und Kontrolle des Mitteleinsatzes beurteilt.
  - *Erfolgs- oder Rentabilitätscontrolling*: Dadurch wird der Beitrag des Personalmanagements zum Unternehmenserfolg transparent gemacht.

Die *organisatorische Einbindung* des HR-Controllings im Unternehmen erfolgt einer Studie von Capgemini (2006, S. 37) zufolge zu 63% im Personalbereich, nur zu 8% im Finanzbereich, aber zu 26% mit steigender Tendenz im Bereich beider Zuständigkeiten. Die Dualität der Einbindung führt in der betrieblichen Praxis mitunter zu nicht immer einfachen Diskussionen über die Abstimmung von einfachen Fragen über Kennzahlen bis hin zu komplexen Berechnungen.

11.2. Instrumente des Personalcontrollings

Personalcontrolling umfasst also die Aufgabe der Information, der Dienstleistungs- und Serviceleistung, der Kontrolle und der Koordination, erweitert um die Frühwarnfunktion und die strategische Funktion. Aufgrund dieser Aufgaben und Funktionen und den unternehmensindividuellen Zielsetzungen für ein Personalcontrolling lassen sich Anforderungen an die Personalcontrolling-Instrumente ableiten wie Transparenz, Informationsgehalt, strategische Entscheidungsunterstützung etc. Als Instrumente des Personalcontrollings werden alle jene Verfahren, Techniken und Methoden verstanden, die als Hilfsmittel und Konzeptionen zur Erreichung der Ziele und zur Erfüllung der Aufgaben des Personalcontrollings dienen. Die Instrumente (Abb. 34) stammen aus dem Bereich der „klassischen" personalbezogenen Arbeit, aus der strategischen Analysearbeit sowie dem Rechnungswesen und dem Unternehmenscontrolling (Tonnesen 2002, S. 41 ff.; Papmehl 1990, S. 53 ff.):

Instrumentenart		Ausgewählte Instrumente
Etablierte Instrumente des Personalcontrollings	Klassische personalwirtschaftliche Instrumente	• Leistungsbeurteilung • Assessment-Center • Mitarbeiterbefragung • Personalportfolios
	Instrumente der strategischen Managementplanung	• GAP-Analyse • Szenariotechnik • Soll-Ist-Vergleich • Frühwarnsysteme • Wertschöpfungskettenorientierung
	An das Rechnungswesen angelehnte Instrumente	• Humanvermögensrechnung • Sozialbilanzen • Kostenstrukturanalysen • Budgetierung
Innovative Instrumente des Personalcontrollings	Instrumente des Kostenmanagements	• Target Costing • Prozesskostenrechnung • Gemeinkostenwertanalyse
	Management-instrumente	• Auditierung • Benchmarking • Balanced Scorecard

Abbildung 34: Instrumente des Personalcontrollings

Nach Capgemini (2006, S. 37 f.) können in der unternehmerischen Praxis können *vier Entwicklungsstufen* des Personalcontrollings und des Einsatzes elektronisch-handwerklicher Instrumente und Systeme unterschieden werden (Abb. 35):

- In der Stufe 1 geschieht kein Personalcontrolling, sondern lediglich einige wenige Kennzahlen wie Personalbestand, Fluktuation etc. werden herangezogen.

- Auf der Stufe 2 werden Kennzahlensysteme wie die HR-Scorecard verwendet, die an die Unternehmens- oder HR-Strategie angeknüpft wird.
- In Stufe 3 werden Kennzahlensysteme weiterentwickelt, indem mit Kennzahlen agiert wird, die das qualitative Unternehmenskapital wie Innovationsrate, Arbeitgeberimage etc. messen.
- Auf der Stufe 4 wird der spezifische Beitrag des Personalbereichs für den gesamten Unternehmenserfolg bzw. -wertschöpfung gemessen.

Ausgereifte Personalcontrollingsysteme sind derzeit noch selten im Einsatz, zumeist stehen die Unternehmen erst am Beginn eines systematischen Personalcontrollings (Stufen 1–2).

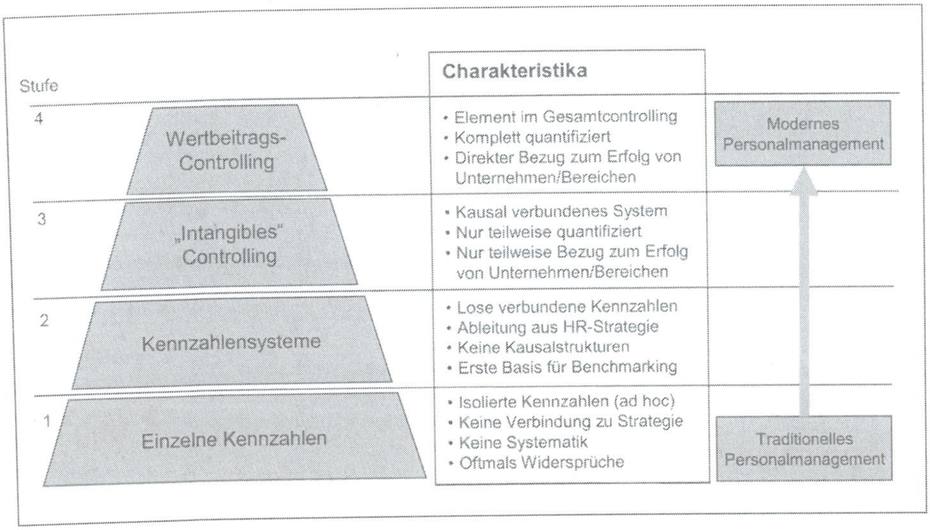

Abbildung 35: Entwicklung des Reifegrades des Personalcontrollings

12. Trends der nächsten Jahre

Die aktuellen Auslöser für die zu bewältigenden Herausforderungen des Human Resource Managements lassen sich nach Kienbaum (2000, S. 3) in vier große Themenbereiche einteilen (Abb. 36).

Megatrends Internationalisierung Globalisierung E-Business	**Unternehmensstrategie** Branding und Positionierung Merger-Prozesse Steigerung Unternehmenswert
Kundenanforderungen Attraktivität als Arbeitgeber Personalentwicklung und Coaching Interne Kundenorientierung/Flexibilität	**Benchmarking** Recruitment-Erfolgsquoten Effiziente Personalprozesse HR-IT-Systeme/Lösungen

Abbildung 36: Aktuelle Handlungsfelder für das Human Resource Management

Große Megatrends wie die Internationalisierung/Globalisierung und E-Business bedingen, dass das Personalmanagement in Belangen der personalwirtschaftlichen Prozesskette international agieren muss wie bei der internationalen Personalsuche, globale Personalentwicklung als auch zunehmend moderne Konzepte und Tools basierend auf den modernen Informations- und Kommunikationstechnologien wie E-Recruiting, interne HR-IT Lösungen etc. einsetzen muss. Personalarbeit wird zunehmend am Wertschöpfungsbeitrag zur Umsetzung der Unternehmensstrategie in der Rolle als aktiver Business Partner gemessen. Dazu zählen der professionelle Beitrag bei Merger- und De-Merger-Prozessen, das Branding und die Positionierung als attraktiver Arbeitgeber sowie der messbare Beitrag zur Unternehmenssteigerung. Strategisch wichtige HR-Themen werden dabei das qualifizierte High-Potenzial Recruiting und die Mitarbeiterbindung sein, die Personal- und Führungskräfteentwicklung, die Bewältigung der Herausforderungen aufgrund einer Aging-Workforce sowie das Kompetenzmanagement und die HR-Strategie (Capgemini 2007, S. 31; Kienbaum 2000, S. 3). Die Personalarbeit der Zukunft wird sich noch stärker auf einzelne Kundengruppen und deren Anforderungen konzentrieren müssen. Dies betrifft die Attraktivität als Arbeitgeber für ausgewählte Mitarbeitersegmente, die gezielte Personalentwicklung und individuelles Coaching sowie auch die internen Kunden des Unternehmens. Als weiterer Megatrend sind auch noch das Benchmarking einzelner Kennzahlen und „Best-case"-Prozesse der Personalarbeit sowie die Unterstützung des Personalmanagements durch IT-Systeme zu beobachten.

13. Lern- und Kontrollfragen

- Welche Sachziele verfolgt das klassische HR-Management?
- Die personalwirtschatlichen Aufgabenträger in Unternehmen sind sehr heterogen. Welche sind hier besonders wichtig?

- Welche Funktion haben Business Partner im Zusammenhang mit HR-Management?
- Welche Kernprozesse umfasst das klassische HR-Management?
- Die Entwicklung des HR-Management seit den 50-er Jahren setzt verschiedene Schwerpunkte im Zeitablauf? Wie erklären sich die Entwicklungsschritte in Bezug auf Kontextvariablen, Selbstverständnis, Strategie, Aufgaben, Organisation, Träger und Verantwortung?
- Was sind die Grundpostulate modernen HR-Managements?
- Welche organisationspraktischen Herausforderungen müssen vom HR-Management situations- und anforderungsspezifisch in Unternehmen heute gelöst werden?
- Welche Grundüberlegungen versucht das Business-Center-Konzept für den Personalbereich zu lösen?
- Was bedeutet HR-Offshore?
- Ist Outsourcing von HR-Aufgaben eine empfehlenswerte Lösung?
- Welchen Rollenanforderungen muss ein moderner HR-Manager genügen?
- Was ist das klassische Vorgehen bei der Personalplanung? Welche Funktion nimmt in diesem Zusammenhang das Personalmarketing ein?
- Welche modernen Wege der Personalbeschaffung werden heute zunehmend von Unternehmen genutzt?
- Wie sieht der klassische Weg der Personalbeschaffung aus?
- Was ist die Zielsetzung der Personalentwicklung und welchen Stellenwert sollte die PE in modernen Organisationen einnehmen?
- Wer sind die Hauptträger der Personalentwicklung?
- Wie gestaltet sich die PE in Bezug auf die Zeitebenen und den PE-Prozess?
- Was sind die bedeutendsten Zukunftsfelder der Personalentwicklung?
- Nach welchen „Dimensionen der Gerechtigkeit“ kann das Entgelt festgesetzt werden?
- Welche Trends zur Vergütung zeichnen sich heute ab?
- Welches sind die heute am weitesten verbreiteten Arbeitszeitmodelle und welche Entwicklungen sind diesbezüglich erkennbar?
- Wie sollte professionelles „Trennungsmanagement“ erfolgen?
- Welche Ziele und Ansätze im Personalcontrolling sind aktueller Stand bei modernen Organisationen?
- Was sind die heute üblichen Instrumente im Personalcontrolling?

14. Weiterführende Literatur

Andrzejewski, L. (2003): Personalabbau und Kündigung wirtschaftlich, professionell und fair gestalten. In: Hernsteiner, Ausgabe 3/2003, S. 4–9.

Andrzejewski, L. (2004): Trennungs-Kultur. Handbuch für ein professionelles, wirtschaftliches und faires Kündigungs-Management. 2. Auflage. München.

Becker, F. (1992): Grundlagen betrieblicher Leistungsbeurteilungen. Stuttgart.

Boden, M. (Hrsg.) (2005): Handbuch Personal. Personalmanagement von Arbeitsrecht bis Zeitarbeit. Landsberg am Lech.

Borg, I. (2002): Führungsinstrument Mitarbeiterbefragung. 2. Auflage. Göttingen.
Breisig, Th. (2005): Personalbeurteilung – Mitarbeitergespräche und Zielvereinbarungen regeln und gestalten. 3. Auflage.
Bröckermann, R./Müller-Vorbrüggen, M. (Hrsg.) (2006): Handbuch Personalentwicklung. Die Praxis der Personalbildung, Personalförderung und Personalstrukturierung. Stuttgart.
Bungard, W. /Jöns, I. (Hrsg.): Mitarbeiterbefragung. Ein Instrument der Innovations- und Qualitätsmanagements. Weinheim.
Capgemini (2006): HR-Barometer 2005/06. Bedeutung, Strategien, Trends in der Personalarbeit. http://www.de.capgemini.com/studien_referenzen/studien/dienstleistungen/tc/ 03.11.06.
Capgemini (2007): HR-Barometer 2007. Bedeutung, Strategien, Trends in der Personalarbeit. http://www.de.capgemini.com/studien_referenzen/studien/dienstleistungen/tc/ 25.06.07.
Claßen, M./Kern, D. (2006): Studie HR Business Partner. Theorie und Praxis – Sichtweisen und Perspektiven. Eine Studie von Capgemini Consulting. www.de.capgemini.com.
Conradi, W. (1983): Personalentwicklung. Stuttgart.
Cranfield Network on Comparative Human Resource Management (2005): www.cranet.org.
Cranfield-Project on European Human Resource Management. Cranet-E (1999): Ergebnisbericht 1999. www.cranet.org.
Deutsche Gesellschaft für Personalführung (dgfp) (2004): Personalmarketing – ein unterschätzter Erfolgsfaktor. Ergebnisse aus einer Tendenzbefragung. Aus der Reihe PraxisPapiere Ausgabe 8/2004.
Deutsche Gesellschaft für Personalführung (dgfp) (2005): Personalplitzlicht: HR Offshore – auf zu neuen Ufern? Befragungsergebnisse. Aus der Reihe PraxisPapiere Ausgabe 7/2005.
Deutsche Gesellschaft für Personalführung (dgfp) (2006a): Organisation des Personalmanagements – Ergebnisse einer Tendenzbefragung. Aus der Reihe PraxisPapiere Ausgabe 3/2006.
Deutsche Gesellschaft für Personalführung (dgfp) (2006b): Neue Ansätze der Personalentwicklung für kleine und mittelständische Unternehmen. Anregungen aus Wissenschaft und Praxis. Aus der Reihe PraxisPapiere Ausgabe 6/2006.
Drucker, P.F. (2002): Es sind nicht Arbeitnehmer – es sind Menschen. In: Harvard Businessmanager, Heft 2, S. 74–84.
Drumm, H.J. (1995): Personalwirtschaftslehre. 3. Auflage, Berlin.
Drumm, H.J. (2001): Szenarioprognosen für ein künftiges HR-Management. In: Personalführung Heft 5, S. 64–71.
Dulisch, F. (2002): Die Psychologie der Personalbeurteilung – Lernprogramm. URL: www.personalbeurteilung.de 24.05.07.
Elsik, W./Nachbagauer, A. (Hrsg.) (2002): Entlohnung. In: Kasper, H./Mayrhofer, W. S. (Hrsg.) 527–564.

Fisseni, H.-J./Fennekels, G.P. (1995): Das Assessment Center. Eine Einführung für Praktiker. Göttingen.
Goerke, S./Wickel-Kirsch, S. (2002): Internes Marketing für die Personalarbeit. Wie Branding Kundenansprache und Image verbessert. Neuwied.
Graf, G./Neumann, R. (2006): Eine Unternehmenssimulation als Alternative zum klassischen AC. In: Personalführung, Heft 10, S. 44–51.
Hellert, U. (2006): Lebensphasenorientierte Arbeitszeitgestaltung. In: Personalführung, Heft 12, S. 36–43.
Hentze, J. (1991): Personalwirtschaftslehre 1. 5. Auflage, Bern-Stuttgart.
Hentze, J. (1991): Personalwirtschaftslehre 2. 5. Auflage, Bern-Stuttgart.
Hentze, J./Kammel, A. (1999): Aufbau und Anwendungsbereiche personalwirtschaftlicher Kennzahlensysteme im Rahmen eines wertorientierten Personalcontrolling. In: Schmeisser/Clermont/Protz. S. 213–225.
Hübner, E./Würth, J. (2003): Das Trennungsgespräch. Unglücklich macht meist nicht das „Was“, sondern das „Wie“. In: Hernsteiner, Ausgabe 3/2003, S. 15–18.
Jung, H. (2001): Personalwirtschaft. 4. Auflage. Wien.
Kabst, R./Giardini, A. (2006): Status und Professionalisierung des deutschen Personalmanagements. Ergebnisse der Cranet-Studie 2005 zur Situation der HR-Funktion. In: Personalführung, Heft 11, S. 74–77.
Kasper, H./Mayrhofer, W. (Hrsg.) (2002): Personalmanagement-Führung-Organisation. 3. Auflage. Wien.
Kienbaum, J. (2000): Change Management im Personalbereichen. http://www.kienbaum.de/cms/gfx/content/change_management.pdf, 15.11.06.
Kirkpatrick, D.L. (1999): Evaluating Training Programs. The Four Levels. 2. ed. San Francisco.
König, W./Weitzel, T./Keim, T./Fritsch, K./Von Westarp, F. (2005): Bewerbungspraxis 2006. Eine empirische Studie mit über 10.000 Stellensuchenden im Internet. http://media.monster.com/dege/b2b_pdf/Studien/Bewerbungspraxis-2006.pdf, 11.06.07.
Konradt, U./Sarges, W. (Hrsg.) (2003): E-Recruitment und E-Assessment. Göttingen.
Konradt, U./Sarges, W. (2003): Suche, Auswahl und Förderung von Personal mit dem Intra- und Internet: Strategien, Zielrichtungen und Entwicklungspfade. In: Konradt/Sarges (Hrsg.) (2003) S. 1–16.
Marcus, B./Schuler, H. (2006): Leistungsbeurteilung. In: Schuler (2006): S. 433–469.
Moser, K./Zempel, J./Göritz, A. (2003): Personalmarketing im Internet. In: Konradt/Sarges (Hrsg.) (2003). S. 19–35.
Moser, K./Zempel, J. (2006): Personalmarketing. In: Schuler (2006): S. 69–96.
Mülder, W. (2003): Einsatz von Workflow-Management-Systemen bei der Personalrekrutierung, In: Konradt/Sarges (Hrsg.) S. 83–104.
Nagel, R./Oswald, M./Wimmer, R. (1999): Das Mitarbeitergespräch als Führungsinstrument. Stuttgart.

Nerdinger, F.W. (2001): Formen der Beurteilung in Unternehmen. Anforderungen, Verfahren, Anwendungen. Weinheim/Basel.
Neuberger, O. (2000): Das 360° Feedback. Alles fragen? Alles sehen? Alles sagen? München
Neuberger, O. (1998): Das Mitarbeitergespräch. 4. Auflage. Leonberg.
Papmehl, A. (1990): Personal-Controlling. Arbeitshefte Personalwesen. Band 19. Heidelberg.
Sattelberger, Th. (2006): Ein langer, dorniger Weg. In: Personalwirtschaft, Heft 11, S. 10–16.
Schmeisser, W./Clermont, A./Protz, A. (Hrsg.) (1999): Personalinformationssysteme & Personalcontrolling. Auf dem Weg zum Personalkostenmanagement. Neuwied.
Schmeisser, W. (1999): Personalcontrolling und Personalinformationssysteme im Spannungsfeld einer prozess- und kundenorientierten Personalarbeit. In: Schmeisser/Clermont/Protz, S. 3–14.
Scholz, Ch. (2000): Personalmanagement. 5. Auflage. München.
Scholz, Ch. (2007): Der Profi-Personalmanager. In: Standard. Bildung & Karriere vom 3./4.3.2007.
Scholz, Ch./Büch, D. (2007): Kompetenz4HR: Befähigung, Befugnis und Rollenverständnis für die Personalabteilung in Österreich. Ergebnis einer Studie, erstellt anlässlich des „4. Jahresforum für die Personalwirtschaft Power of People" in Rust/Wien, April 2007.
Schuler, H. (2000): Psychologische Personalauswahl. Einführung in die Berufseignungsdiagnostik. 3. Auflage. Göttingen.
Schuler, H. (2006): Lehrbuch der Personalpsychologie. 2. Auflage. Göttingen.
Simon, H. /Wiltinger, K. /Sebastian, K.-H./Tacke, G. (1995): Effektives Personalmarketing. Strategien – Instrumente – Fallstudien. Wiesbaden.
Stark, M. (2003): Die Rolle der HR-Manager und PersonalentwicklerInnen in Trennungsprozessen. In: Hernsteiner, Ausgabe 3/2003, S. 19–22.
Tonnesen, Ch.T. (2002). Die Balanced Scorecard als Konzept für das ganzheitliche Personalcontrolling. Analyse und Gestaltungsmöglichkeiten. Wiesbaden.
Ulrich, D. (1997): Human Resource Champion. The next agenda for adding value and delivering results, Boston.
Ulrich, D. (1998): Das neue Personalwesen: Mitgestalter der Unternehmenszukunft. In: Harvard Businessmanager. Heft 4, S. 59–69.
Ulrich, D. (1999): Strategisches Human Resource Management. Harvard.
Verfürth, C. (2006): Einarbeitung, Integration und Anlernen neuer Mitarbeiter. In: Bröckermann, R./Müller-Vorbrüggen, M. S. 89–108.
Wißkirchen, F. (2002): Dezentrale Abläufe in einen Topf werfen. In: Personalwirtschaft, Heft 9, S. 34–39.
Wunderer, R./Jaritz, A. (2006): Unternehmerisches Personalcontrolling. Evaluation der Wertschöpfung im Personalmanagement. 3. Auflage. München.
Wunderer, R./von Arx, S. (2002): Personalmanagement als Wertschöpfungscenter. Unternehmerische Organisationskonzepte für interne Dienstleister, Wiesbaden.

Development Center/Assessment Center „Future Mind®“

Eine neue, innovative und sehr effiziente Form zur Potenzialbeurteilung und Mitarbeiterauswahl

Gerhard Graf / Martin Sonnert / Natalie Hagedorn / Robert Neumann

In diesem Beitrag erfahren Sie

- Sinn und Zweck der Personalbeurteilung
- verschiedene Methoden der Potenzialbeurteilung und die Besonderheiten von Assessment Centers
- die besonderen Herausforderungen in der heutigen Personalbewertung
- den Nutzen des Development Centers/Assessment Centers „Future Mind®“

1. Ausgangssituation, Hintergrund und Problemstellung

Wie neueste Entwicklungen zeigen, ist das Auswahlverfahren mittels Assessment Center durch alle Branchen hinweg wieder stark im Kommen. Unternehmen stellen wieder in breiterer Front ein und wollen über qualifizierte Auswahlmechanismen die „richtigen Mitarbeiter" finden.

Assessment Center sind dabei längst ein anerkanntes Mittel. Einer Einladung zur Teilnahme an einem Assessment Center (AC) geht nicht immer eine Bewerbung auf eine Arbeitsstelle voraus. Möglich sind auch unternehmensinterne ACs, so genannte Development Centers (DCs), Standortbestimmungsseminare, Potenzialanalyse-Seminare, erweiterte psychologische Untersuchungen, z.B. im Rahmen einer Potenzialanalyse oder Job-Match-Analyse etc. Sie dienen der Auswahl eines Pools geeigneter Kandidaten für zukünftige Führungsaufgaben. In diesem Umfeld hat sich das Assessment Center bewährt. Das bestätigt unter anderem Heinz Schuler, Professor für Psychologie an der Universität Hohenheim. (vgl. Schuler (2005))

Grundgedanke des Assessment Centers ist es, die Kandidaten in Situationen (Übungen) zu beobachten, die die Anforderungen der künftigen Arbeit so gut als möglich abbilden. Mehrere Beobachter halten anhand von Beobachtungsbögen das Verhalten der Teilnehmer fest. Bezeichnend dabei ist, dass die zu beurteilenden Personen nicht nur in einer (z. B. das „klassische Bewerber-Interview"), sondern in mehreren Aufgabensequenzen (Verhaltenssimulationen, Arbeitsproben etc.) über einen längeren Zeitraum beobachtet und bewertet werden sollen. Man spricht hier von einer multiplen Verfahrenstechnik. Insbesondere können durch die geschulten Beobachter mit Hilfe unterschiedlichster eignungsdiagnostischer Instrumente und leistungsrelevanter Aufgaben die zwischenmenschlichen Kommunikationsfähigkeiten, fachliche Kompetenz und Führungsqualitäten genauer festgestellt werden, denn gerade die lassen sich nicht mit gleicher Sicherheit aus Arbeitszeugnissen ableiten.

Erfolgsentscheidend für die (Vorhersage-)Güte (Validität) eines Assessment Centers ist die Korrespondenz der in den verschiedenen Tests bewerteten Kompetenzen (Fähigkeiten, Fertigkeiten, Einstellungen etc.) mit den Anforderungen in der Realität bzw. Praxis, hinsichtlich derer das Assessment-Ergebnis eine Vorhersage (prognostische Validität) treffen soll.

Wesentliche Inhalte von klassischen Assessment Centern sind heute:

- strukturierte Interviews (häufig zu Beginn),
- Gruppendiskussionen, (jeder gegen jeden) meist ist anschließend ein in der Gruppe gefundenes Ergebnis zu präsentieren,
- Postkorb-Fallstudien,
- Rollenspiele (kritischer Vorgesetzter – Mitarbeiter – Gespräche, Kollegengespräche, Verkaufsgespräche),
- Präsentationsaufgaben, einzeln oder in Kleingruppen,

- Fragebögen (psychometrische Testverfahren: Persönlichkeits- und Leistungstests), Intelligenztests, schriftlich und/oder am PC; nur unter Aufsicht eines Diplompsychologen zulässig,
- Abschlussgespräch mit Auswertung und ggf. Jobangebot,
- bei längeren AC auch Essenseinladung (Gabeltest).

Damit zeigt sich auch sofort die Problematik der klassischen Assessment-Methodik von heute: Es handelt sich immer um künstliche Rahmenbedingungen, in welchen die Teilnehmer (in der Regel maximal 6 – 8 Personen) genau definierte, zeitlich begrenzte (maximal einige Stunden) Aufgabenstellungen erfüllen müssen. Die dadurch entstehende „Out-of-the-box"-Situation lässt eine realitätsnahe Simulation nur bedingt zu. Speziell unübersichtliche, dynamische und komplexe Situationen unter enormem Zeitdruck, wie wir sie heute vielfach in Unternehmen antreffen, können nicht simuliert werden.

Erschwerend kommt hinzu, dass vielfach Bewerber nach zwei-, dreimaliger Assessment-Erfahrung die Kernaufgaben bereits kennen. Dieser Erfahrungseffekt führt zunehmend zu einer Unschärfe bis hin zur Verfälschung von Beobachtungsergebnissen.

Generell kann davon ausgegangen werden, dass Führungsqualitäten, die den Managern von morgen abverlangt werden, erstaunlich einheitlich sind – quer durch alle Branchen und Unternehmensgrößen. Verschieden sind nur noch die fachlichen Fähigkeiten und Fertigkeiten von Pharmazeuten oder Juristen, Informatikern oder Volkswirten. Es gilt vielfach: „We hire for the attitude and train for the skills."

Ausschlaggebend sind Persönlichkeit, die Fähigkeit Mitarbeiter zu motivieren, Kunden zufriedenzustellen, Loyalität dem Unternehmen gegenüber, in unterschiedlichen Situationen intuitiv das Richtige zu tun – sich einmal dem Teamgeist unterordnen, ein anderes Mal besser mit Überzeugungskraft die eigenen Vorstellungen „durchzudrücken" – Flexibilität, Zielorientierung und das in unübersichtlichen, komplexen und sehr dynamischen Umfeldern.

Nachfolgende Graphik zeigt eine umfassende Studie unter Personalverantwortlichen und deren Einschätzung über die Anforderungen an High Potenzials in Unternehmen:

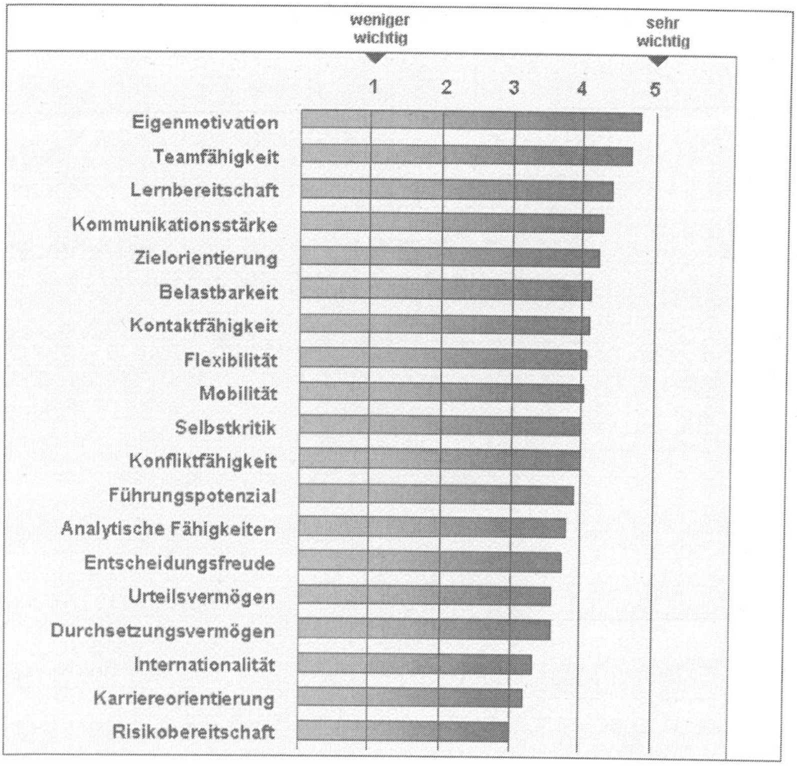

Abbildung 1: Anforderungen an High Potenzials (Kienbaum & Partner 2002)

Setzen wir nun diese zentralen Anforderungen, welche an Führungskräfte, Nachwuchsführungskräfte und Universitätsabsolventen heute gestellt werden, den Möglichkeiten klassischer Assessment Center gegenüber, muss von einer sehr bedingten Ableitbarkeit der Qualitäten der Teilnehmer aus den Beobachtungen gerade in den Schlüsselqualifikationen aus diesem Setting ausgegangen werden. Dazu Ernst Fay: „Es gibt meines Erachtens ein aussagefähigeres Verfahren als das AC: Die halbjährige Probezeit. Mit anderen Worten: Es ist wohl nichts Besseres auf dem Markt als das AC.“ (vgl. Fay 5/2005)

Als hilfreiche und sinnvolle Alternative bietet sich hier ein Unternehmenssimulator an, welcher mit vertretbarem Aufwand, unter Einhaltung der zur Verfügung stehenden Ressourcen, in einem handhabbaren zeitlichen Rahmen in erster Linie jene Schlüsselqualifikationen abtestet und dessen Ergebnisse in einen validen Beobachtungsrahmen gegossen werden können.

Die Unternehmenssimulation „Future Mind®“ greift gerade diese Herausforderungen auf und stellt eine neue Form des Assessment Centers bzw. Development Centers dar.

2. Grundstruktur des Assessment Centers/ Development Centers „Future Mind®"

Das Assessment Center/Development Center „Future Mind®" ist als Unternehmenssimulator konzipiert. Konkret handelt es sich um ein fiktives Beratungsunternehmen, welches auf der „grünen Wiese" mit einem genau definierten Geschäftsauftrag, festgelegten Jahresbudgets, einem festgelegten Branchen- und Funktionsfokus sowie mit einem konkreten Kundenkreis gegründet wird. Es handelt sich um eine verhaltensorientierte Unternehmenssimulation ohne IT-Unterstützung.

Aufgabe der Teilnehmer ist es, gemeinsam mit dem Direktorium (2 erfahrene Trainer) das Unternehmen innerhalb von den zweieinhalb Tagen erfolgreich aufzubauen und zu entwickeln.

Aufbau bedeutet:

- Entwicklung des Unternehmens Future Mind®", Implementierung einer funktionierenden Organisationsstruktur mit den klassischen Funktionsbereichen (Personal, Marketing/Vertrieb, Produktion, Controlling etc.) als Managementebene, sowie der Aufbau von 3–5 Competence Centern als Abteilungen.
- Entwicklung von konkurrenzfähigen Beratungsprodukten zum vorgegebenen Beratungsfokus in den definierten Competence Centern – Ebene des Mittelmanagements und Mitarbeiter.
- Notwendige Teilnehmerzahl mind. 15 – 35 Personen.

Das AC bzw. DC „Future Mind®" arbeitet somit auf zwei Ebenen.

Die **Ebene 1** bezieht sich auf den Prozess der Assessoren bzw. den Prozess der **Beobachtung und Bewertung** und wird als **Hauptprozess** bezeichnet. Hier erfolgt gerade durch die Beobachtung und Beurteilung verschiedenster, konkreter Verhaltensweisen im Verlaufe der Arbeit im Unternehmenssimulator eine eindeutige, qualifizierte Einschätzung der Teilnehmer über deren Potenziale und Fähigkeiten speziell in den oben beschriebenen Schlüsselqualifikationen.

Die **Ebene 2** bezieht sich auf die **Unternehmenssimulation** selbst und gilt als **Stützprozess**. Aufgabe der Trainer ist es in diesem Prozess, möglichst viele Beobachtungsmomente für die Assessoren zu „erzeugen", um diesen eine valide Datenbasis und substanzvolle Beurteilung zu ermöglichen.

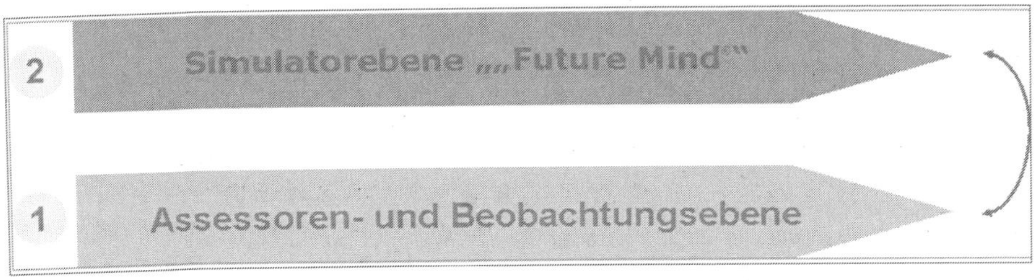

Abbildung 2: Die beiden zentralen Arbeitsebenen im AC/DC „Future Mind®"

2.1. Vorbereitung des Gesamtsettings „Future Mind®"

Das Assessment Center/Development Center beginnt mit der Definition und Erstellung eines Profils jenes Unternehmens, für welches das AC bzw. DC durchgeführt werden soll. Das Unternehmensprofil umfasst Informationen zum Geschäftsmodell, zur Branche, zur derzeitigen Organisationsstruktur, sowie Detailangaben zum relevanten Funktions- und Aufgabenbereich. Dieses Kurzprofil bildet die Basis des Unternehmenssimulators.

Weiters wird das gültige Mitarbeiterqualifizierungssystem bzw. Anforderungsprofil in das Beobachtungs- und Bewertungsraster übernommen bzw. für das „Future Mind – Scoringmodell®" adaptiert (siehe unten).

Damit ein optimaler Fit zwischen Simulation und Unternehmensrealität gewährleistet ist, wird auf Basis dieser grundsätzlichen Informationen das Detaildesign des Simulators festgelegt und abgestimmt.

Die bisherigen Erfahrungen haben gezeigt, dass dieses Setting für Development Centers besonders interessant ist. Denn die Mitarbeiter der „Future Mind®" sind ja Mitarbeiter des Unternehmens selbst und bilden somit unternehmensspezifische Verhaltensmechanismen, Besonderheiten der Unternehmenskultur, die vorhandenen und entwickelten Fähigkeiten zur Problemlösung, vorhandene Skills für konzeptionelle Arbeiten und Fertigkeiten direkt ab – ein Aspekt, auf welchen im Rahmen der Gesamtreflexion durch die Assessoren im Sinne der erfolgsfördernden und -hindernden, lernfördernden und -hindernden etc. Spezifika des Unternehmens im Detail eingegangen werden kann.

2.2. Der Prozessverlauf im Simulator anhand eines konkreten Kundenbeispiels

2.2.1. Hintergrund des Kunden

Die Deutsche Telekom AG beschäftigt weltweit rund 240.000 Menschen. Die hohe Mitarbeiterzahl des Unternehmens erfordert ein hochprofessionelles Skill Management der Beschäftigen, welche auf das Ziel „best people for the job" fokussiert. Um diesem Ziel gerecht werden zu können, legt die Deutsche Telekom AG größten Wert auf die Themen Personalauswahl und Personalentwicklung.

Neben den Verfahren zur Rekrutierung neuer Mitarbeiter sind vor allem Verfahren innerhalb der Deutschen Telekom im Einsatz, die bei der internen Stellenbesetzung die beste Passung zwischen Bewerbern und Position sicherstellen. Außerdem betreibt das Unternehmen einen erheblichen Aufwand für die Einschätzung der Potenziale und Entwicklungsbedarfe der Mitarbeiter durch professionelle diagnostische Instrumente und Verfahren.

In der Einkaufsorganisation der Deutschen Telekom AG wurde im Jahr 2005 ein Personalentwicklungsprogramm zur Förderung qualifizierter Mitarbeiter initiiert.

Die Auswahl der geeigneten Mitarbeiter für dieses Programm erfolgte in einem zweistufigen Verfahren.

1. Zunächst wurden 30 Leistungsträger benannt.

2. In einem zweiten Schritt wurden mittels eines klassischen Assessment Centers aus diesen 30 Nominierten 15 Teilnehmer für das Programm ausgewählt. Das Design des Assessment Centers beinhaltete eine Selbstpräsentation der Teilnehmer, ein klassisches Verhandlungsgespräch der Teilnehmer und eine Gruppendiskussion. Das Verfahren war als Tagesveranstaltung angelegt, pro Tag konnten drei Teilnehmer das Verfahren durchlaufen. Diese Durchführungsform der Auswahl für ein Förderprogramm war sehr aufwendig. Insgesamt benötigte man 10 Durchführungstage, was vor allem für die Beobachter einen enormen Zeitaufwand bedeutete.

Sowohl die hohen Kosten als auch der große Zeitaufwand veranlasste die Verantwortlichen nach einer Alternative zum klassischen Auswahldesign zu suchen. Es wurde eine Alternative gefunden und im Jahre 2006 die Auswahl zum Advanced Procurement Program mittels des Assessment Centers „Future Mind®“ durchgeführt.

Ausschlaggebend für die Entscheidung zugunsten des „Simulators“

- Simulation der bei den Teilnehmern vorhandenen Entscheidungs-, Entwicklungs-, Lern- und Verhaltensmechanismen sowie die Abbildung der unternehmensspezifischen Verhaltensmuster im Umgang mit Dynamik sowie Komplexität und damit verbundene Berücksichtigung von systemischen Zusammenhängen
- enorme Zeitersparnis für die internen Assessoren
- konzeptionelle Arbeit an konkreten Problemen des Unternehmens und damit Mehrwert für das Unternehmen selbst
- enge Kooperation und Teamarbeit in multikulturellen Teams
- qualifizierte Detailergebnisse über Entwicklungs- und Leistungspotenziale der Teilnehmer.

2.2.2. Ablauf des Simulators „Future Mind®“ – Simulationsebene

Grundsätzliches Setting

- 30 Teilnehmer
- Dauer: Montag 18 Uhr bis Mittwoch 18 Uhr
- Internationale, cross-divisionale Zusammensetzung der nominierten Teilnehmer

Start des Simulators am Montag, 18 Uhr – Warming-up-Phase

Zur Klarheit und Orientierungssicherheit für alle Teilnehmer erfolgte eine ausführliche Beschreibung und Information über die Methodik, Systematik und vor allen Dingen die Beobachtungskriterien und -raster in diesem Development Center. Weiters wurden Arbeitsregeln für die Dauer des DC vorgestellt und gemeinsam verabschiedet.

Der erste Abend diente als Warming up sowohl für die Teilnehmer als auch für die Assessoren. In dieser Phase erfolgte noch keine Beurteilung.

Der endgültige Start des DC „Future Mind®“ und die tatsächliche Firmengründung erfolgten um 19.30. Die Mitarbeiter wurden offiziell im neuen Unternehmen begrüßt. Geschäftsauftrag, Geschäfts- und Marktfokus sowie die prinzipielle Unternehmensstruktur (siehe Abb. 3) wurden im Detail vorgestellt.

Die Future Mind PLC war konzipiert als internationales Consulting-Unternehmen mit Hauptsitz in London: Das Headquarter will 2006 eine Tochtergesellschaft gründen mit der Bezeichnung Future Mind AG – Division Germany. Die Tochtergesellschaft wird mit entsprechendem Kapital ausgestattet und soll in einem ersten Schritt Fuß in Deutschland, der Schweiz und Österreich fassen und in einer zweiten Phase den zukünftigen Markt im Bereich CEE und weiterführend in den Osten erschließen.

Als Kernmarkt der Future Mind Division Deutschland waren festgesetzt: Procurement und Logistics sowohl im öffentlichen, halböffentlichen als auch privatwirtschaftlichen Feld. Eine Branchenfokussierung war zunächst nicht vorgesehen.

Mit diesen Eckwerten begann das Start-up-Unternehmen „Future Mind" mit dem Aufbau, mit der Entwicklung von Produkten etc.

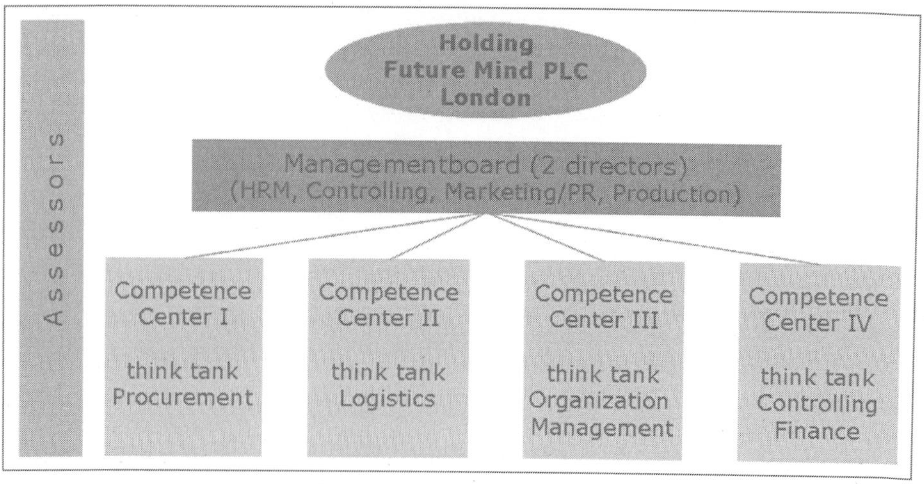

Abbildung 3: Struktur der Future Mind PLC

In einem ersten Arbeitsschritt erhielten die Competence Center eine konkrete Warming-up-Aufgabenstellung und parallel wurden die Stellen für HRM, Controlling, Marketing/PR, Produktion aus den Mitarbeitern des Unternehmens durch ein einfaches Rekrutierungsverfahren besetzt.

„Future Mind®" Development Center Dienstag und Mittwoch bis 17 Uhr

Mit Start um 8.00 Uhr präsentierten die einzelnen Teams ihre Arbeitsergebnisse im Plenum, das gesamte, neu rekrutierte Management stellte sich vor. Nächste konkrete Aufgabenstellungen zur Produktentwicklung wurden an die Competence Center verteilt.

Durch verschiedene Formen von internen Qualitätszirkeln auf unterschiedlichen Rekursionsebenen der Organisation wurden die Beratungsprodukte schrittweise verbessert und konkretisiert (interner Markt).

Die erste Phase zur Produktentwicklung war geprägt von grundsätzlichen Überlegungen zu den Themenfeldern Logistik und Procurement. Mit fortschreitendem Aufbau des Unternehmens wurden die Produktideen konkreter, Produktkalkulationen wurden durchgeführt, Designideen umgesetzt, Preise festgesetzt und konkrete Marktbereiche zur Bearbeitung identifiziert. Schließlich stand die Qualitätsprobe durch einen realen externen Kunden an.

Dazu war für den zweiten Tag ein externer Kunde angekündigt, dem konkrete Consulting-Produkte, Konzepte und Lösungsansätze für seine konkreten Herausforderungen präsentiert werden sollten. Dieser externe Kunde sollte real über Kauf oder nicht Kauf mit entsprechend qualifiziertem Feedback entscheiden. Diese Notwendigkeit erzeugte eine zusätzliche Komponente der Realitätsnähe.

Am Ende des ersten Tages wurde der externe Kunde den Competence Centern bekannt gegeben. Im konkreten Fall stellte sich der Gesamtverantwortliche für den Bereich Procurement des Konzerns[1] als Kunde zur Verfügung.

Damit hatten die Teilnehmer die Aufgabe, auf Basis ihrer allgemeinen Produktüberlegungen im Rahmen der Future Mind AG und mit ihrer Detailkenntnis über Probleme und Herausforderungen in ihrem konkreten täglichen Arbeitsumfeld, diese Themen zu konkretisieren, zu abstrahieren und konkrete Lösungsansätze vorzustellen.

Durch diese Verschränkung im Gesamtdesign arbeiteten die Teams an konkreten Problemen ihrer eigenen Organisation, und hatten die Möglichkeit ihre konkreten Lösungsideen dem Verantwortlichen vorzustellen. Dieser Verantwortliche hatte dadurch die reale Möglichkeit die Ideen aufzugreifen und diese als konkrete Projekte in der realen Organisation zu implementieren (was auch tatsächlich erfolgte).

Zu Beginn des zweiten Tages wurde zur Optimierung der Gesamtorganisation eine Restrukturierung durchgeführt, um die Zusammensetzung der Teams sowie des Managements im Sinne der Beobachtung zu optimieren.

Der Gesamtverlauf ist in der nachfolgenden Abbildung 4 nochmals dargestellt.

1 Als externer Kunde sollte immer eine Person aus der Geschäftsführung bzw. aus dem Management Board agieren, um die Bedeutung des DC zu unterstreichen. Dies führt in der Regel zu einem weiteren Leistungsdruck und Stressfaktor bei den Teilnehmern.

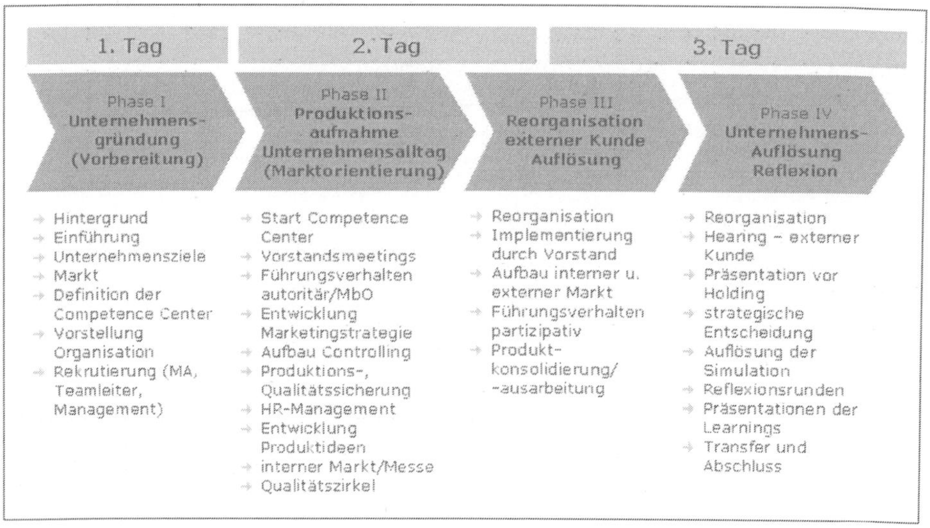

Abbildung 4: Gesamtdesign der Prozessebene 2 – der Simulatorebene

Durch die reale Arbeit an Beratungsprodukten, an der Konzeption von Consultingleistungen in einem simulierten Umfeld nahe an der Realität mit den damit verbundenen Dynamiken und Komplexitäten können sich die Teilnehmer über die gesamte Dauer des DC bzw. AC nicht „verstellen", sondern natürliche Verhaltensmuster treten in den Vordergrund.

2.2.3. Assessorenebene

Grundsätzlich ist bei der Zusammensetzung der Assessoren wichtig, dass diese aus einem Mix von Fachexperten, Gruppendynamikexperten, Psychologen und Kennern der internen Organisation bestehen sollte. D. h., es sollten bei ca. 30 Teilnehmern 4–5 erfahrene Assessoren engagiert sein.

Die Assessoren haben jederzeit zu jedem Raum und zu jedem Meeting während des Simulators Zugang. In regelmäßigen Abstimmungsmeetings zwischen den Assessoren werden Beobachtungsmomente besprochen und konkrete nächste Beobachtungsschritte gemäß dem Design der Future-Mind-Organisation (z. B. Beobachtungsmomente während der Team-Arbeitsphasen, während Plenumsbesprechungen, während der Reorganisation etc.) geplant. Die Assessoren selbst agieren innerhalb des Simulators nicht, sie beobachten und werden in keiner Phase aktiv.

Durch eine enge Abstimmung mit den Gesamtverantwortlichen der Future Mind AG werden speziell am zweiten Tag gezielte Designmaßnahmen zur konkreten Beobachtung von Einzelpersonen getroffen. Hier ist in besonderer Form die organische Prozessgestaltung seitens der Gesamtverantwortlichen zu betonen.

Die Hauptherausforderung seitens der Assessoren besteht darin, ein eindeutiges und gemeinsames Verständnis über Beobachtungsmomente zu finden.

Ein detailliertes und ausführliches Briefing verbunden mit der Konkretisierung in der Aufwärmphase zu Beginn des Development-Centers am Montag Abend führt zu einem hohen Grad an Verlässlichkeit und Validität des Datenmaterials.

Beim Eintragen und Bewerten der Beobachtungsmomente hat sich das „Future Mind – Scoringmodell®“ bewährt.

Folgende Punkte bei der Entwicklung bzw. Adaption des Scoringmodells werden hier empfohlen:

a) Festlegung und Gewichtung der Beobachtungs-Hauptkriterien (Anlehnung an das vorhandene Mitarbeiterskills-Programm oder Anforderungsprofil)
b) Festlegung und Gewichtung der Beobachtungs-Subkriterien
c) Detailbearbeitung der Bewertungskriterien bzw. Ausprägungen

Folgende Graphik zeigt die konkrete Ausführung anhand des Fallbeispieles:

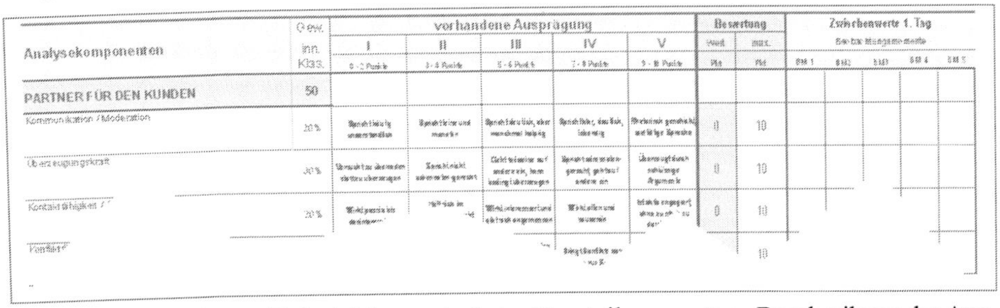

Analysekomponenten	Gew. inn. Klass.	vorhandene Ausprägung I	II	III	IV	V	Bewertung Wert	max.	Zwischenwerte 1. Tag BM 1	BM 2	BM 3	BM 4	BM 5
		0 - 2 Punkte	3 - 4 Punkte	5 - 6 Punkte	7 - 8 Punkte	9 - 10 Punkte	Pkt	Pkt					
PARTNER FÜR DEN KUNDEN	50												
Kommunikation / Moderation	20 %	[illegible]	[illegible]	[illegible]	[illegible]	[illegible]	0	10					
Überzeugungskraft	30 %	[illegible]	[illegible]	[illegible]	[illegible]	[illegible]	0	10					
Kontaktfähigkeit	20 %	[illegible]	[illegible]	[illegible]	[illegible]	[illegible]	0	10					
[illegible]					[illegible]			10					

Abbildung 5: Konkretes Beispiel der erarbeiteten Beurteilungsraster – Beschreibung der Ausprägungen und Liste der Beobachtungsmomente

Um die bekannten Probleme im Beobachtungsfeld wie z. B. „Blender-Effekt“, „Sympathie-Effekt, „Milde-Effekt“, „Erwartungs-Effekt“ etc. auszugleichen, erhalten die Beobachter Analyse-Hauptkriterien mit ihren Subausprägungen zugeteilt, welche sie dann für alle Teilnehmer ermitteln müssen. Damit ist ein Ausgleich in Bezug auf Beobachtungsschärfe, Ausstrahleffekte, Bewertungsschärfe etc. sichergestellt.

Sämtliche Daten werden am Ende des ersten und am Ende des zweiten Tages zusammengefasst. Nachfolgende Graphik zeigt ein Beispiel über die endgültigen Daten:

Zusammenfassung

		Bewertung Wert	maximal	Gewichtete Bewertung aktuell	maximal	%	Mindest-anforderg.	Zielwerte
							(muss von Fall zu Fall	angepasst werden)
A	Partner für den Kunden	0	50	0	50	0,00%	60,0%	85,0%
B	Top Excellence	0	30	0	30	0,00%	40,0%	85,0%
C	Mitarbeiter-Führung	10	25	0	25	0,00%	50,0%	85,0%
D	Steigerung des Konzernwertes	0	30	0	30	0,00%	60,0%	85,0%
E	Respekt und Integrität	0	35	0	35	0,00%	60,0%	85,0%
F	Innovation und Flexibilität	0	40	0	40	0,00%	60,0%	85,0%
	Summe	10	210	0	210	0,00%		

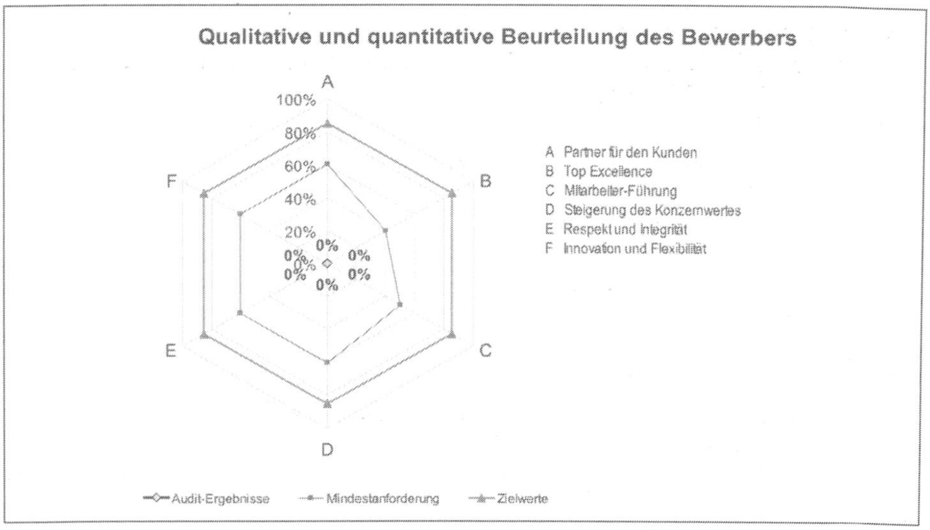

Abbildung 6: Beispiel eines konkreten „Future-Mind-Scoringmodells®“

Der besondere Vorteil dieses Tools besteht darin, dass eine sehr große Datenmenge, in dem konkret beschriebenen Fall ca. 120 Detaildaten pro Teilnehmer, innerhalb kürzester Zeit sehr übersichtlich aufbereitet und ausgewertet ist.

Am Ende des Development Centers wurde über jeden Teilnehmer eine qualifizierte Gruppendiskussion über Besonderheiten, Stärken, Schwächen, Potenziale, nächste notwendige Entwicklungsschritte innerhalb des Kreises der Assessoren geführt.

Auf Basis der Gesamtergebnisse erhielten schließlich sämtliche Teilnehmer ein qualifiziertes Feedback über deren Potenziale und Gaps, gemessen an den 6 Hauptleistungskriterien.

Die ermittelte Gesamtpunktezahl je Teilnehmer nach der durchgängigen Beobachtung über 2 Tage führte zu einem Ranking, in welchem die 15 Top-Teilnehmer in das Advanced Procurement Program 2006 aufgenommen wurden.

2.3. Rückmeldungen des Kunden zum Development Center „Future Mind®“

Die Besonderheit dieses Modells liegt vor allen Dingen in der Ersparnis von Zeit und in der Qualität der Ergebnisse in Form von:

- Networking durch internationale Zusammenarbeit in den Competence Center-Teams
- in der Aufarbeitung konkreter Problemsituationen des Unternehmens selbst mit griffigen und umsetzbaren Lösungsansätzen sowie
- in der auch für die Teilnehmer hochinteressanten und intensiven Lernarbeit während des gesamten Settings

Seitens der Teilnehmer können die durchweg sehr positiven Rückmeldungen in drei Kategorien zusammengefasst werden:

1. Was war positiv am Verfahren „Future Mind AG“ im Vergleich zu klassischen Assessment-Center-Methoden?
   - Networking
   - Teamspirit/Interaktion in der Gruppe
   - Horizonterweiterung
2. Was waren die besten Lerneffekte?
   - Teamwork unter hohem Druck
   - Schnelle Entscheidungen treffen
   - Verantwortung übernehmen
3. Was berichte ich meinen Kollegen über das Verfahren?
   - Feedback als Erfolgsfaktor
   - Kontakte nutzen/aktives Networking ernst nehmen
   - Sehr intensive und sehr lehrreiche Erfahrung

Herr Martin Sonnert, Gesamtverantwortlicher für die Auswahl, meint zu diesem Modell: „Die Auswahl der Kandidaten für unser konzernweites und internationales Entwicklungsprogramm im Einkauf konnte durch diese Form des Auswahlverfahrens ideal ausgeführt werden. Darüber hinaus haben sich sogar konkrete und realisierbare Ergebnisse für das daily business ergeben. Ein klasse Verfahren!“

3. Besonderheiten und Nutzen des AC/DC „Future Mind®“ – kritische Würdigung

Wie bereits in den Rückmeldungen oben beschrieben wurde, zeigt sich in dieser besonderen Form der Simulation ein mehrfacher Nutzen:

3.1. Nutzen für den/die Mitarbeiter/in, den/die Bewerber/in

Die persönliche Entwicklung beginnt mit einem ausführlichen Stärken-Schwächen-Profil und dem Verständnis von Anforderungen, dem Selbstbild und dem Fremdbild.

Das Development-Center „Future Mind®“ ermöglicht durch …

- das Agieren der Teilnehmer in einer realistischen Unternehmenssituation,
- die kontinuierliche Arbeit der Teilnehmer in Teams, im Management, in Profit Centern, die nicht durch die künstliche Abfolge isolierter Assessment-Aufgaben unterbrochen wird,
- den genau dosierbaren Leistungs- und Ergebnisdruck,
- das substanzvolle Beobachten über den Zeitablauf mit garantierter Beobachtungskontinuität,
- die genaue Anpassung der Arbeitsinhalte an die individuellen Bedürfnisse des jeweiligen Unternehmens,

- den Einsatz sowohl externer als auch hausinterner Assessoren, die die Anforderungen des Unternehmens am besten kennen,

... die Schaffung einer äußerst authentischen Beurteilungssituation in Form eines Unternehmenssimulators. Das „künstliche" Klima klassischer Assessments wird damit vermieden.

„Future Mind" bietet die Möglichkeit, echte Führungspotenziale und Schlüsselqualifikationen deutlich zu erkennen und gezielt zu fördern bzw. kostenintensive Fehlentscheidungen zu reduzieren. Das Verfahren bietet ein hohes Maß an Objektivität und Fairness. Damit kommuniziert das Unternehmen den hohen Stellenwert der Chancengleichheit für alle Mitarbeiter.

3.2. Nutzen für das Management

Durch die besonderen Aufgabenstellungen liefert das Assessment Center bzw. das Development Center zusätzliche, sehr wertvolle inhaltliche Ergebnisse:

- durch die Gründung des Beratungsunternehmens „Future Mind AG" werden Beratungsprodukte für den Markt entwickelt, in welchem das jeweilige Unternehmen tätig ist;
- mit der Kreativität der Teilnehmer werden aktuelle Probleme, aktuelle Entwicklungen inhaltlich substanzvoll diskutiert und Lösungsansätze, Lösungskonzepte von den Teilnehmern für das eigene Unternehmen entwickelt;
- diese Lösungsansätze können erfahrungsgemäß direkt im Unternehmen übernommen werden;
- im Rahmen eines internen Development Centers werden aktuelle Themen des Unternehmens analysiert und konkrete Lösungsansätze für die Verantwortlichen erarbeitet;
- Durch die Einbindung der Beobachter in den Feedbackprozess können gleichzeitig wichtige Führungskompetenzen vertieft werden.

3.3. Nutzen für das Unternehmen

Dieses Qualitätsinstrument in der Mitarbeiterrekrutierung und Personalentwicklung trägt durch das besondere Setting zu einer Ressourcenersparnis bei:

- bis zu 35 Teilnehmer können gleichzeitig beobachtet werden
- Zeitgewinn – Dauer 2 ½ bzw. 3 Tage – hohe Ersparnis der internen Kosten
- durch in der Regel bereichsübergreifende Teams, international zusammengesetzte Teams erhält das Unternehmen zusätzliche gezielte Impulse, welche die Entwicklung der Unternehmenskultur sehr positiv beeinflussen;
- ein konkretisiertes Feedback ist die Verhandlungsbasis für die Erarbeitung von Spielregeln und Kompromissen, die die Zusammenarbeit optimieren.

Abschließend ist an dieser Stelle zu betonen, dass sowohl aus diagnostischen Gesichtspunkten als auch aus pragmatischer Perspektive das Assessment Center „Future Mind" ein sehr interessantes, zukunftsweisendes Instrument zur Personalauswahl und zur Potenzialbeurteilung darstellt.

4. Lern- und Kontrollfragen

- Warum werden Assessment bzw. Development Center durchgeführt? Welcher Hausforderung will man durch diese Instrumente sinnvoll begegnen?
- Wie sind klassische Assessment bzw. Development Center aufgebaut? Welche Probleme ergeben sich dadurch?
- Wohin gehen die letzten Entwicklungen diesbezüglich?
- Welche zwei Kernprozesse laufen bei einem Unternehmenssimulator klassischerweise ab und wie unterscheiden sich diese beiden Prozesse?
- Welche Vor- und Nachteile birgt ein Unternehmenssimulator eingesetzt als Development- bzw. Assessment Center in sich?

5. Literatur

Baumer, T. (2004); Handbuch Interkulturelle Kompetenz. Anforderungen, Erwerb und Assessment. Band 2; Zürich.

Bröckermann, R. (2001); Personalwirtschaft; 2. Auflage; Stuttgart.

Edenborough, R.; Kogan, P. (2005); Assessment Methods in Recruitment, Selection and Performance; London.

Erpenbeck, J.; Rosenstiel, L. v. (Hrsg.) (2003); Handbuch Kompetenzmessung; Stuttgart.

Hentze, J. (1994); Personalwirtschaftslehre 1; 6. Auflage; Bern/Stuttgart/Wien.

Hentze, J. (1995); Personalwirtschaftslehre 2; 6. Auflage; Bern/Stuttgart/Wien.

Kienbaum & Partner (2002); Human Resource Management in Zeiten wirtschaftlicher Krise 2002; in: www.kienbaum.de/studien/human resources.

Kienbaum & Partner (2004); Verfahren zur Potenzialerkennung und Beurteilung in Unternehmen 2004; www.kienbaum.de/studien.

Kompa, Ain (2004); Assessment Center. Bestandsaufnahme und Kritik; 7. Auflage; München.

Mentzel, W. (1997); Unternehmenssicherung durch Personalentwicklung; 7. Auflage; Freiburg im Breisgau.

NN (4/2001); Schlüsselqualifikationen im Management; in: www.manager-magazin; April.

NN (5/2005); Psychologe und AC-Spezialist Ernst Fay mit Erfolgstipps für den Sprung über die Einstiegshürde; in: www.manager-magazin; Mai 2005

NN (11/2005); Der ganz normale Alltagswahnsinn im Büro nennt sich Postkorbübung; in: FAZ Nr. 264 vom 12. November 2005; S. 58

Püttjer, C.; Schnierda, U. (2005); Assessment-Center; Frankfurt.

Püttjer, C.; Schnierda, U. (2006); Assessment-Center-Training für Führungskräfte. Die wichtigsten Übungen – die besten Lösungen; Frankfurt.

Generation Resource Management – Innovative Human-Resource-Konzepte im demografischen Wandel

Markus Rimser

In diesem Beitrag erfahren Sie

- welchen Verlauf die demografische Entwicklung Österreichs bis 2050 nehmen wird
- mit welchen Konsequenzen Unternehmen, insbesondere in Bezug auf die Ressource Personal, konfrontiert werden
- welche betrieblichen Handlungsfelder sich aus der Bewältigung demografischer Folgewirkungen ergeben
- die Grundpfeiler eines altersgerechten Human Resource Managements: Generation Resource Management

1. Die Zukunft der Ressource Personal

Die Arbeitswelt von heute befindet sich in einem stetigen Wandel. Den Veränderungen der externen Rahmenbedingungen, in Form von neuen Märkten, zusätzlichen Mitbewerbern und gesellschaftlichen, politischen und rechtlichen Einflüssen steht ein Wandel der inneren Rahmenbedingungen durch neue Technologien und schnellere Arbeitsprozesse gegenüber. Noch nie waren Unternehmen und deren Belegschaften in Flexibilität und Innovationsfähigkeit derart gefordert, um in Zeiten des Wandels ihre Wettbewerbsfähigkeit zu erhalten bzw. auszubauen.

In den nächsten zehn bis zwanzig Jahren kommt eine neue, massive Herausforderung auf Europas Staaten und deren (Volks-)Wirtschaften zu: die demografische Veränderung der Bevölkerungsstrukturen. Was in manchen Ländern auf gesellschaftspolitischer Ebene (z.B. Rentendiskussion und Anhebung des Rentenalters in Deutschland, Lissabon-Strategie der Europäischen Gemeinschaften, EU-Projekt WAGE in Österreich) bereits erkannt ist, zeichnet sich als Auswirkung auf Unternehmen und deren Mitarbeiter schon jetzt ab: die Alterung der Gesellschaft, damit einhergehend die Alterung der Belegschaften und daraus folgernd eine radikale Veränderung des Produktionsfaktors Arbeit.

Um im Arbeitsprozess die Quantität und Qualität der Ressource Personal sicherzustellen, werden bestehende HR-Programme gefordert sein, durch Anpassung und Neukonzeption den veränderten Rahmenbedingungen neue Instrumente für die Beschaffung, Entwicklung und Veränderung von Personal bereitzustellen und damit auch langfristig das Bestehen und den Erfolg des Unternehmens (mit) zu garantieren.

Wie die bisherige Beratungsarbeit aktueller Good-Practise-Beispiele gezeigt hat, genügt es keineswegs, nur innerhalb der Gestaltung von HR-Konzepten den demografischen Herausforderungen zu begegnen, vielmehr werden nachhaltige Rahmenbedingungen und Kulturaspekte über die Konkurrenzfähigkeit der nächsten zehn bis zwanzig Jahre entscheiden.

Nach Rump und Schmidt (Rump/Schmidt 2004, S. 15) ist davon auszugehen, „... dass die Arbeitswelt in den nächsten zehn Jahren durch eine Reihe von ökonomischen und technischen Trends, durch die Veränderung von gesellschaftlichen Werten, durch die demografische Entwicklung sowie durch Veränderungen auf dem Arbeitsmarkt beeinflusst wird“.

Welche gesellschaftlichen, wirtschaftlichen und demografischen Veränderungen Auswirkungen auf Märkte, Unternehmen und damit letztlich auf den Produktionsfaktor Personal Einfluss nehmen, soll im folgenden Kapitel näher skizziert werden.

1.1. Ökonomische Trends

Mit hoher Geschwindigkeit schreitet die **zunehmende Internationalisierung** (vgl. Hahn 2000; Rump/Schmidt 2004) voran, und mit ihr die Abhängigkeit von neuen, noch größeren Märkten mit noch gesonderten Rahmenbedingungen. Nicht nur die Ausrichtung auf neue Märkte mit neuen Anforderungen, sondern auch der zunehmende Kostendruck durch steigende Konkurrenz aus Billigproduktionsländern verlangen von Unternehmen eine stärkere Fokussierung auf Kosten und Effizienz ihrer internen Prozessabläufe.

Auf dem Weg der zunehmenden Wettbewerbsfähigkeit in stark umkämpften Märkten steigt die Anforderung an Flexibilität und Innovationsstärke innerbetrieblicher Wertschöpfung und damit auch die **Abhängigkeit von erfolgskritischem Wissen**. Nachdem Gutenberg die Druckerpresse erfunden hatte, dauerte es mehr als dreihundert Jahre, bis sich das Volumen der Informationsmedien weltweit verdoppelte. Heutzutage erfolgt eine Verdopplung nahezu alle fünf Jahre und nach Rump und Schmidt (vgl. 2004, S. 17) wird sich das Wissen in den nächsten zehn Jahren in der Hälfte der Zeit verdoppeln. In der fortschreitenden Globalisierung von Wirtschaft und Wissenschaft kam es auch zu einer Globalisierung des Wissens und damit zu verschärften Wettbewerbssituationen auf den Märkten.

Um in einem solchen Umfeld bestehen und dauerhaft wettbewerbsfähig zu bleiben, sind Unternehmen gezwungen, immer mehr Produkte und Dienstleistungen anzubieten, die sich durch Neuartigkeit und Hochwertigkeit von denen der Konkurrenz abheben. Die damit einhergehende **Verkürzung der Produktlebenszyklen** führt auch zu einer erheblichen Beschleunigung des Wertschöpfungsprozesses und erfordert von Unternehmen und deren Belegschaften ein hohes Maß an Wissen. Entscheidend ist aber nicht nur die Nutzung von vorhandenem Wissen, sondern, ob der Beschleunigung der Prozesse, auch die Generierung, der Aufbau und die Verteilung des kritischen Wissens: „Nur wenn sich Unternehmen um aussagekräftige Indikatoren und Bewertungsmaßstäbe zur Messung ihrer organisatorischen Wissensbasis bemühen, können sie Wissensmanagement auch effektiv betreiben.“ (Probst/Raub/Romhardt 1998, S. 315)

Eine weitere markante Veränderung zeigt sich in der **Tertiarisierung (Dienstleistungsgesellschaft) der sektoralen Wirtschaftsentwicklung**, die sich auch die nächsten Jahre aufgrund der Dynamisierung von wissensintensiven Gütern (vgl. Rump/Schmidt 2004, S. 18) weiter fortsetzen wird.

1.2. Technologische Trends

Der technologische Fortschritt wird nicht nur Produktionsbedingungen – wie auch bisher – entscheidend beeinflussen, auch die Arbeitsplatzgestaltung sowie die Organisation von Arbeitsabläufen werden zunehmend technologisiert. Nach Horx (vgl. 2004) wird das sog. „Mobile Business“ in unterschiedlichen Formen den Arbeitsalltag entscheidend verbessern, aber auch gravierend verändern. Weiss und Schröter (2001, S. 20 ff.) unterscheiden fünf Arten der E-Mobility:

- Mobilität der Person
- Mobilität der Arbeit bzw. der Arbeitsinhalte
- Mobilität der Arbeitsbeziehungen
- Mobilität der technischen Werkzeuge
- Virtuelle Mobilität in paralleler Umgebung

Die daraus resultierende zunehmende Abnabelung der Mitarbeiter von fixen Arbeitsplätzen führt zu einer räumlichen und zeitlichen Unabhängigkeit bei der individuellen Arbeitsbewältigung und damit zu einer zunehmenden Individualisierung und neuen Formen der Arbeitskontrolle.

1.3. Gesellschaftliche Trends

Die Veränderung der gesellschaftlichen Werte basiert auf einer Reihe von Spannungsfeldern, die sich vor allem auf den Konflikt divergierender Lebenskonzepte beziehen. Besonders deutlich zeigt sich das **Spannungsfeld zwischen dem Streben nach Lebensgenuss** einerseits **und dem gesellschaftlich attribuierten Leistungsnachweis**. Wunderer und Dick (vgl. 2002, S. 29) prognostizieren für die Zukunft die Forderung nach herausfordernden Aufgaben, Entwicklungschancen, aber auch Spaß an der Arbeit und Möglichkeiten, an Gestaltungs- und Entscheidungsprozessen mitwirken zu können. Damit einhergehend sehen sie aber auch die Abkehr der Akzeptanz von Fremdsteuerung und hierarchischer Unterordnung, solange die Herausforderung nicht den Fähigkeiten und Neigungen des Mitarbeiters gerecht wird. Csikszentmihalyi (1999) spricht in diesem Zusammenhang von der Suche nach dem „Flow".

Weiters ist festzustellen, dass der Wunsch nach einer klassischen Karriere, also beruflichem Aufstieg, hohem Einkommen und Status, eine geringere Rolle spielt; nach Wunderer und Dick (2002) wird zunehmend versucht, ein Gleichgewicht zwischen Beruf und Freizeit zu erzielen, und damit wird ein Streben nach ethischen Idealen eingeleitet. Allerdings kommt es gerade bei Frauen dazu, dass sich deren Entscheidungen bezüglich **Familie und Beruf** immer stärker zugunsten der beruflichen Perspektiven verschieben. Bessere Ausbildung, ein verändertes Rollenbild und der oben angeführte Trend zur Wissensgesellschaft beeinflussen diese Entwicklung zunehmend positiv.

Anders als bei Frauen steigt bei den Männern der Wert Familie und ein damit verbundener Verzicht auf eine Karriere um jeden Preis. Aus diesem Grund ist damit zu rechnen, „dass viele männliche Fach- und Führungskräfte zukünftig weniger bereit sind, private Interessen jenen beruflicher Intentionen unterzuordnen." (Rump/Schmidt 2004, S. 25)

Weiters zeigt sich eine **zunehmende Individualisierung** in sämtlichen Gesellschaftsschichten. „Während das Individuum in der traditionellen Gesellschaft dem Kollektiv untergeordnet war, steht es in der modernen Gesellschaft bald an erster Stelle. (...) Der abstrakte Charakter von Beziehungen bewirkt, zusammen mit einer immer pluralistischer werdenden Kultur, dass sich moderne Individuen zunehmend autonomer in der Beziehung zu anderen fühlen." (van der Loo/van Reijen 1992, S. 194) Doch wie entwickelt sich die Individualisierung im Zusammenprallen mit der – in Unternehmen geforderten – Orientierung an gemeinsamen Zielen und Teamwork?

Besonders interessant erscheint die zunächst widersprüchlich erscheinende Erkenntnis aus zahlreichen Studien, dass nicht nur die individualistische Orientierung zunimmt, sondern auch die Bedeutung der Orientierung an gemeinsamen Zielen gewinnt. Begründet wird diese Entwicklung mit der Einsicht in die Notwendigkeit von Kooperation und Teamarbeit. Die komplexer werdenden Aufgabenstellungen und der hohe Spezialisierungsgrad lassen sich alleine nicht mehr bewältigen (vgl. Rump/Schmidt 2004, S. 27).

Unmittelbar mit der zunehmenden Individualisierung geht (vor allem in Städten) der **Trend zur Singelisierung** (vgl. Horx 2001, S. 13) und die damit entsprechende Anpassung der Märkte einher.

Der Wunsch nach herausfordernden Tätigkeiten und Mitwirkung in Entscheidungsprozessen verlangt aber auch seinen Preis in Form von **Flexibilität**, was die Arbeitsleistung, die Zeiteinteilung, aber auch den persönlichen Einsatz im Arbeitsprozess betrifft. Dieser Entwicklung **steht** jedoch **das Bedürfnis nach Kontinuität und Beständigkeit gegenüber**. Ein längerfristige Laufbahnplanung und die Klärung der eigenen Vorstellungen über den beruflichen Werdegang werden in Zukunft weiterhin ein zentrales Mittel im Kampf gegen die Arbeitsplatzunsicherheit sein.

Neben den bereits beschriebenen Veränderungen und deren Auswirkungen auf die Arbeitswelt drängt sich jedoch eine viel größere Herausforderung (vgl. Holliger 2005) für Unternehmen und deren langfristige Erfolgssicherung in den Vordergrund: die demografische Veränderung von Bevölkerung und Belegschaften.

2. Die demografische Entwicklung

Nach Dickmann (vgl. 2004) schrumpft und altert die Bevölkerung in den meisten westlichen Industrieländern. Der Wandel innerhalb der demografischen Entwicklung setzte mit Anfang der 1970er Jahre ein, bis dahin wuchs die Bevölkerung und die demografische Entwicklung der meisten westlichen Industrieländern verlief weitestgehend konstant. Die Bevölkerung glich in ihrem Altersaufbau einem Tannenbaum, dessen breiter Boden sich durch eine große Anzahl von Kindern und Jugendlichen als Mehrheit der Bevölkerung bildete.

Anfang der 1970er Jahre setzte schließlich der Wandel ein, die Geburtenzahlen waren erstmals rückläufig und fielen geringer aus als die Zahlen der Sterbefälle (vgl. Bundesamt für Statistik, Statistik Austria, KOF Konjunkturforschungsinstitut der ETH Zürich, etc.). Heute gleicht der Altersaufbau der mitteleuropäischen Bevölkerung eher einem Laubbaum mit einem breiten Bauch, der im Begriff ist, unaufhaltsam nach oben zu wandern: der Anteil der jungen Bevölkerung wird zunehmend kleiner und Fortschritte in Medizin, Gesundheitswesen und höherer sozialer Sicherheit führen dazu, dass die Menschen ein höheres Lebensalter erreichen. Dickmann (2004) führt als Gründe für den Geburtenrückgang u.a. veränderte Lebenseinstellungen sowie Lebens- und Erwerbsmuster an (vgl. Kapitel 1.1.3). In Anlehnung an den US-Census (2006) lässt sich die demografische Veränderung in den mitteleuropäischen Industrieländern in zwei Ausprägungen zusammenfassen:

- einerseits in einer **schrumpfenden Bevölkerungszahl,** damit einhergehend auch einem **Rückgang des Erwerbspotenzials,**
- andererseits in einer starken **Veränderung der Altersstruktur.**

2.1. Die Bevölkerungsentwicklung in Österreich

Auch für die Bevölkerungsentwicklung in Österreich zeichnen sich ähnliche Trends ab in der aktuellen Prognose (vgl. Statistik Austria 2005 bzw. die kleinräumigen Bevölkerungsprognosen der Österreichischen Raumordnungskonferenz ÖROK) für die demografische Entwicklung Österreichs werden insbesondere die Trends bis 2031 bzw. 2075 unter besonderer Berücksichtigung der Altersstrukturen bzw. der Entwicklung der Erwerbsbevölkerung auf Bundesebene dargestellt.

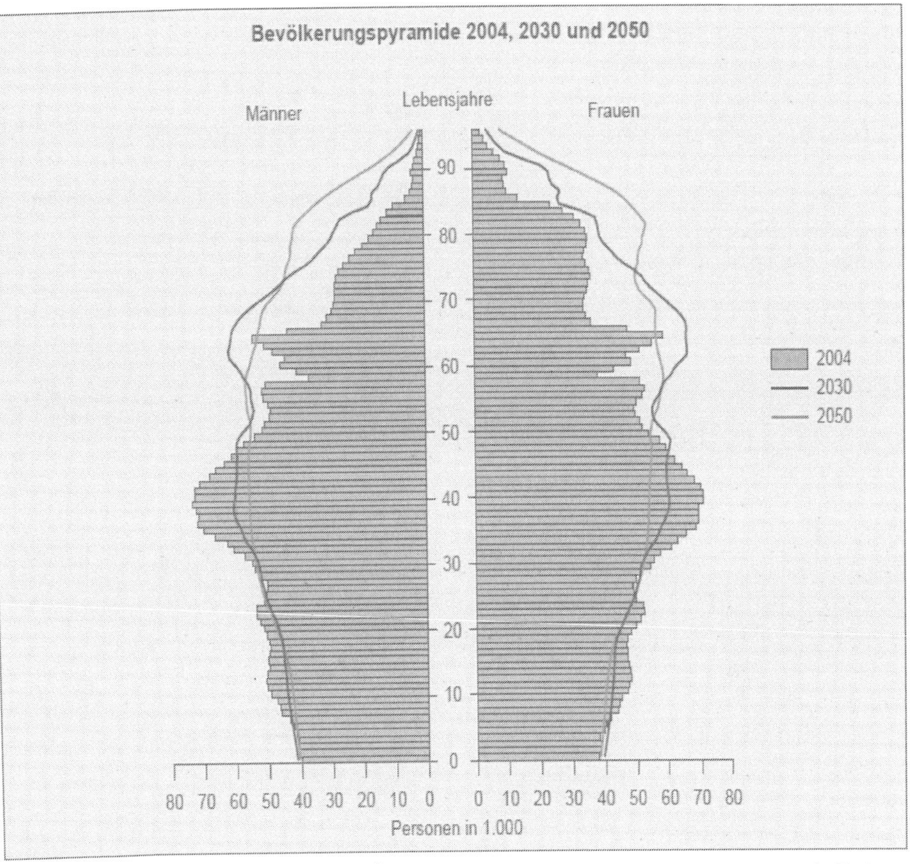

Abbildung 1: Bevölkerungspyramide Österreich 2004, 2030 und 2050 (Quelle: Statistik Austria 2005, S. 9)

Die langfristige Entwicklung bis 2075

Ähnlich der Bevölkerungsentwicklung innerhalb der Europäischen Union zeichnet sich auch in Österreich (siehe Abbildung 1) im Vergleich zur aktuellen Bevölkerungspyramide mit den prognostizierten ein Wechsel von der Tannenbaum- zur Laubbaum-Form mit schwerwiegenden Folgen auf das volkswirtschaftliche Sozialsystem ab.

- **Bis 2027 wächst die österreichische Bevölkerung**
  Entgegen früheren Untersuchungen wird die österreichische Bevölkerungszahl ebenso wie in der Vergangenheit vorerst auch in Zukunft wachsen. Ausgehend von einer Einwohnerzahl von 8.031.560 im Durchschnitt des Jahres 2001 wird die österreichische Bevölkerung nach jüngsten Berechnungen im Jahr 2027 mit 8.427.503 Bewohnern ihren historischen Höchststand erreichen. Danach nimmt die Einwohnerzahl langsam ab und sinkt bis 2050 auf 8.162.695 und bis 2075 auf 7.539.932. (vgl. Windisch 2005)

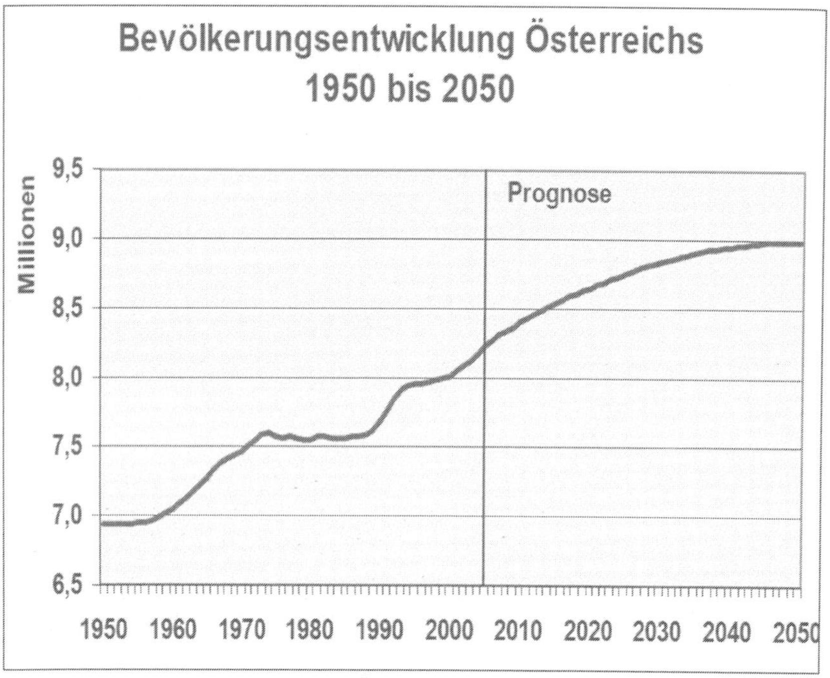

Abbildung 2: Bevölkerungsentwicklung Österreichs 1950 bis 2050 (Quelle: Statistik Austria 2005, S. 4)

- **Starke Veränderungen in der Altersstruktur Österreichs**
  Die Altersstruktur Österreichs wird sich bis 2050 stark verändern und in weiterer Folge stabilisieren. Im Jahr 2050 wird der Anteil an Kindern (unter 15 Jahren) an der Gesamtbevölkerung 12,2 Prozent betragen. 2001 vergleichsweise war der Prozentanteil der unter 15-Jährigen bei 16,8 Prozent, es kommt

also zu einem Rückgang um 4,6 Prozentpunkte, verursacht durch den kontinuierlichen (vgl. Statistik Austria 2005, S. 3) Geburtenrückgang.
Der Anteil der Senioren (über 65-Jährigen) wird von 15,5 Prozent (2001) auf 29,5 Prozent (2050) steigen und damit wird sich auch das Durchschnittsalter der österreichischen Bevölkerung von 39,7 Jahre (2001) auf 45 Jahre (2027) bzw. 48,2 Jahre (2050) erhöhen.

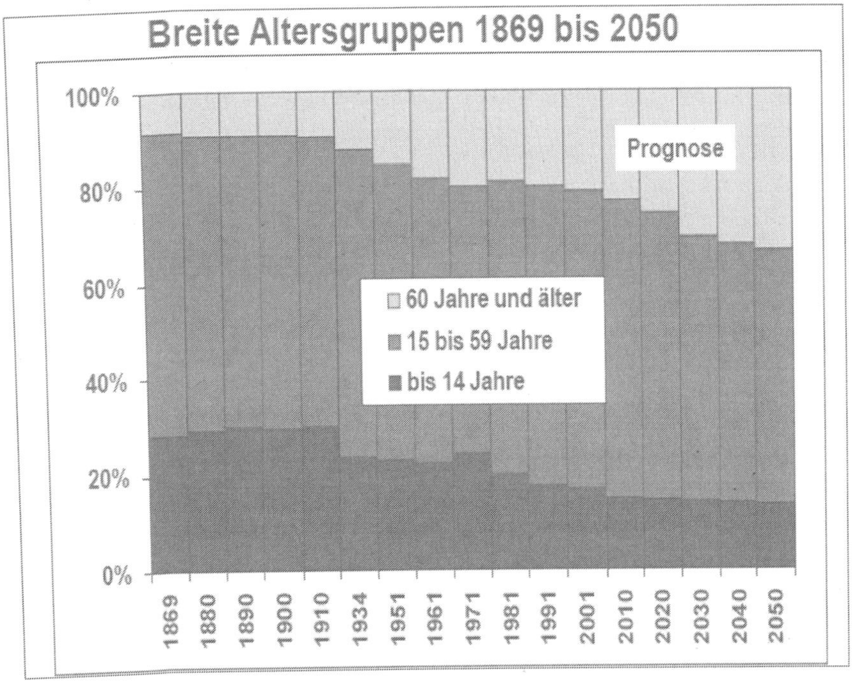

Abbildung 3: Altersgruppen im Vergleich 1869 bis 2050 (Quelle: Statistik Austria 2005, S. 14)

Ein besonderes Problem wird die Zunahme betagter und hochbetagter (über 80 Jahre) Personen darstellen, deren Anteil an der Wohnbevölkerung sich von 3,7 Prozent (2001) auf 11,7 Prozent (2050) mehr als verdreifachen wird. Im Jahr 2050 wird Österreich mehr als 1 Million Menschen im Alter von über 80 Jahren zählen.
Die Zunahme der älteren Bevölkerungsschichten (siehe Abbildung) ist nicht nur auf das Sinken der Geburtenrate zurückzuführen, sondern wird auch durch die steigende Lebenserwartung begünstigt.

- **Die Erwerbsbevölkerung sinkt bis 2050 von 67,7 auf 58,3 Prozent (2050)**
  Nach Biehl (zitiert in IV/ÖGB/WKO/AK 2004, S. 24) verringert sich die erwerbsfähige Bevölkerung zahlenmäßig nur gering. Dies ist durch die bereits oben erwähnte hohe Anzahl an Zuwanderern in der Altersgruppe der ca. 35-Jährigen zu erklären. Sind heute die 25- bis 44-Jährigen die größte Gruppe innerhalb der erwerbsfähigen Bevölkerung, so ist aufgrund der ge-

burtenschwachen Jahrgänge davon auszugehen, dass sich dieses Bild bis 2035 drehen wird: ab dann wird die Gruppe der 45- bis 65-Jährigen die dominante Gruppe sein.
Im Bereich der jugendlichen Erwerbsfähigen zeigt sich nach einem leichten Anstieg bis 2010 danach ein kontinuierlicher Rückgang, die Zahl der 18- bis 29-Jährigen steigt und fällt ähnlich, jedoch in zeitlich entsprechender Verzögerung.
In der Gruppe der 30- bis 54-Jährigen zeigt sich das Volumen von momentan 3 Millionen Personen auch längerfristig konstant, allerdings wird es innerhalb dieser Gruppe zu einer Verschiebung der Altersstruktur in Richtung der über 50-Jährigen kommen. Deutlich wird sich das ab 2020 bemerkbar machen, denn dann nimmt der Anteil der über 65-Jährigen erheblich zu.
Wie sie die einzelnen Altersgruppen der erwerbsfähigen Bevölkerung entwickeln, zeigt folgende Abbildung.

Jahr	14–17 Jahre	18–29 Jahre	30–54 Jahre	55–64 Jahre
2002	378.238	1.197.860	3.048.817	934.293
2008	394.375	1.225.160	3.078.490	934.710
2010	384.031	1.244.802	3.081.123	960.295
2012	368.063	1.248.102	3.077.244	1.005.444
2014	350.160	1.242.581	3.060.316	1.035.108
2016	336.523	1.229.661	3.024.221	1.088.921
2018	333.481	1.206.120	2.973.949	1.154.430
2020	330.821	1.176.598	2.920.696	1.215.732
2022	325.363	1.145.185	2.873.969	1.254.781
2024	322.078	1.114.330	2.828.187	1.280.366
2026	320.482	1.089.512	2.792.018	1.275.387
2028	319.785	1.071.171	2.764.550	1.243.191
2030	319.229	1.061.033	2.740.743	1.195.232
2035	315.434	1.044.337	2.694.791	1.076.537

Tabelle 1: Entwicklung der erwerbsfähigen Bevölkerung (Quelle: eigene Darstellung in Anlehnung an Statistik Austria 2005)

Zusammenfassend kann festgehalten werden: Eine ausreichende Versorgung der österreichischen Volkswirtschaft mit dem Produktionsfaktor Arbeit wird auch in Zukunft gewährleistet sein. Allerdings zeichnen sich innerhalb der Altersgruppen gravierende Verschiebungen ab, die vor allem im langfristigen Absinken der erwerbsfähigen Personen im Alter zwischen 30 und 54 Jahren (nach Holliger in der Gruppe der Führungs- und Fachkräfte; vgl. Holliger 2005 und 2006) bzw. im starken Ansteigen der erwerbsfähigen Personen von 55 bis 64 Jahren, also einer starken Alterung der Belegschaften, besteht.

2.2. Fazit

Die Wirtschaft unterliegt einem stetigen Wandel. Schnelles Reaktionsvermögen und die Fähigkeit zur Anpassung bestimmen über den zukünftigen Erfolg von Unternehmen in Zeiten des ökonomischen, technologischen und gesellschaftlichen Wandels. Für einen Großteil der bestehenden Unternehmen gehören diese Anpassungen mittlerweile zum Alltags- und strategischen Managementwissen, stellen also kein bzw. nur ein geringfügiges Problem dar. Lösungsansätze werden bzw. wurden bereits diskutiert und in Strategien, Konzepten und Handlungsplänen umgesetzt. Anders jedoch zeigt sich die Situation bei der Darstellung der prognostizierten demografischen Veränderung im deutschsprachigen Raum, in der viele Unternehmen bisher kaum Vorkehrungen getroffen haben:

In allen dargestellten demografischen Werten spiegelt sich – trotz länderspezifischer und regionaler Unterschiede – die demografische Veränderung auf zwei Ebenen wider:

- Die Erwerbsbevölkerung nimmt ab bzw.
- verändert sich in ihrer Altersstruktur mit dem Trend der Abnahme an jungen Erwerbspersonen hin zum Anstieg des Anteils Älterer.

Doch welche Konsequenzen für die Wirtschaft bedeuten diese demografischen Kennzahlen insbesondere für Unternehmen und deren Personalstrategie? Welche Handlungsfelder für Betriebe ergeben sich aus den oben beschriebenen gesellschaftlichen, technologischen, wirtschaftlichen und demografischen Veränderungen? Wie und wann soll am besten auf diese drohende Herausforderung zeitgerecht reagiert werden?

3. Die Konsequenzen des demografischen Wandels

Wie bereits oben dargestellt, vollzieht sich der Wandel in mehreren demografischen Indikatoren, welche einerseits Handlungsbedarf auf Seiten der Politik, andererseits auch auf Seiten der Unternehmen fordern. Im Folgenden soll nun insbesondere auf die Auswirkungen auf Unternehmen und deren Belegschaften eingegangen werden, Konsequenzen für Politik und Gesellschaft sollen nur am Rande erwähnt sein.

In der gängigen Literatur (vgl. Frevel 2004; Frerichs et al. 2001; Goedicke/Brose/Diewald 2006; Grundig/Pohl 2004; Kistler 2002; Knuth 2005) wird grundsätzlich zwischen originären Konsequenzen, aufgrund des demografischen Wandels, und sekundären Konsequenzen, als Folgen der originären Konsequenzen, differenziert.

3.1. Originäre Konsequenzen des demografischen Wandels

Laut Statistik Austria (2005) wird die Zahl der Erwerbstätigen im Alter von 45 Jahren und darüber bereits 2015 über 35 Prozent betragen, mit steigender Tendenz, während der Anteil der jüngeren Arbeitnehmer im selben Ausmaß zurückgeht. Gleichzeitig wird das gesetzlich vorgeschriebene Pensionsalter angehoben, was zwangsläufig zur Folge hat, dass immer mehr ältere Arbeitnehmer in Zukunft auch länger arbeiten müssen.

Nöbauer (zitiert in IV/ÖGB/WKO/AK 2004, S. 123) schätzt die Situation für Unternehmen wie folgt ein:

- „Es wird mehr ältere Arbeitskräfte in den Betrieben geben. Während bisher Unternehmen und Mitarbeiter/innen von Frühpensionierungsregelungen oder Altersteilzeit Gebrauch machen konnten, werden in Zukunft z.B. 55-Jährigen noch einige Berufsjahre bevorstehen."
- „Wenn das Pensionsantrittsalter steigt, müssen Arbeitskräfte länger arbeitsfähig sein – gesund, motiviert und mit dem notwendigen Wissen ausgestattet. Wie können Unternehmen ihre Mitarbeiter/innen so einsetzen, dass sie auch in körperlich und psychisch anstrengenden Berufen 45 Berufsjahre gesund und leistungsfähig bleiben? Wie werden Unternehmen, in denen bisher ausschließlich die jüngeren Mitarbeiter/innen als Leistungs- und Know-how-Träger gesehen wurden, damit umgehen?"
- „Betriebe werden schwerer junge Arbeitskräfte bekommen. Einerseits wird es dadurch schwieriger, Ältere gegen Jüngere auszutauschen, wie es bisher Praxis war. Andererseits stellt sich auch die Frage, wie motiviert Jüngere sein werden, wenn erstrebenswerte Schlüsselpositionen von Älteren besetzt sind und es noch über Jahre hinweg bleiben werden. Schon jetzt ist bei Fach- und Hochschulabsolventen eine hohe Bereitschaft zum Arbeitgeberwechsel nach einer 3- bis 4-jährigen Beschäftigungsdauer gegeben. Rekrutierung und Betriebsbindung gehören in manchen Branchen oder Regionen zu den wichtigsten personalpolitischen Herausforderungen. In Zukunft wird es noch bedeutsamer werden, sich auf den relevanten Arbeitsmärkten als attraktiver Arbeitgeber zu positionieren."

Köchling (vgl. Köchling 2004, S. 2) spricht in diesem Zusammenhang von einem „Altersscheren-Effekt, weil etwa im Jahre 2000 die Anteile der über 50-Jährigen höher sind als die Anteile der unter 30-Jährigen". Mit 2008 wird sich (siehe Abbildung) der ebenso bei Köchling zitierte (ebd.) „Altersberg" zeigen, der auf den Baby-Boom der Nachkriegszeit zurückzuführen ist.

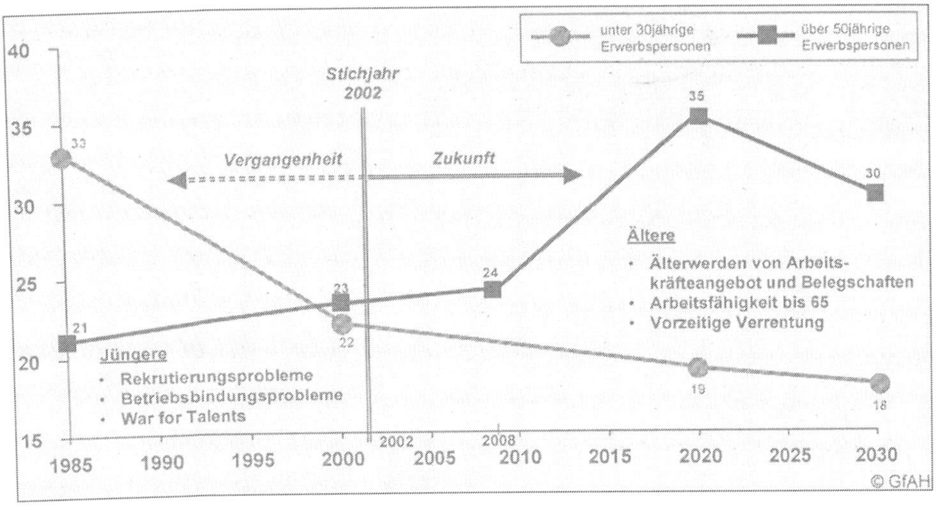

Abbildung 4: Der Altersscheren-Effekt (Quelle: Köchling 2004, S. 2)

Aus obiger Abbildung sind zweierlei Entwicklungen ersichtlich, die im Allgemeinen als das sogenannte „doppelte demografische Dilemma" (Köchling 2004, S. 2) bezeichnet werden:

- Der **Rückgang an jüngeren (unter 30-jährigen) Erwerbspersonen**
  Rimser (2006) begründet den Rückgang an jüngeren Erwerbspersonen auch mit dem Trend zur Verkürzung der Erwerbszeit gerade bei Jugendlichen (siehe Abbildung 5).

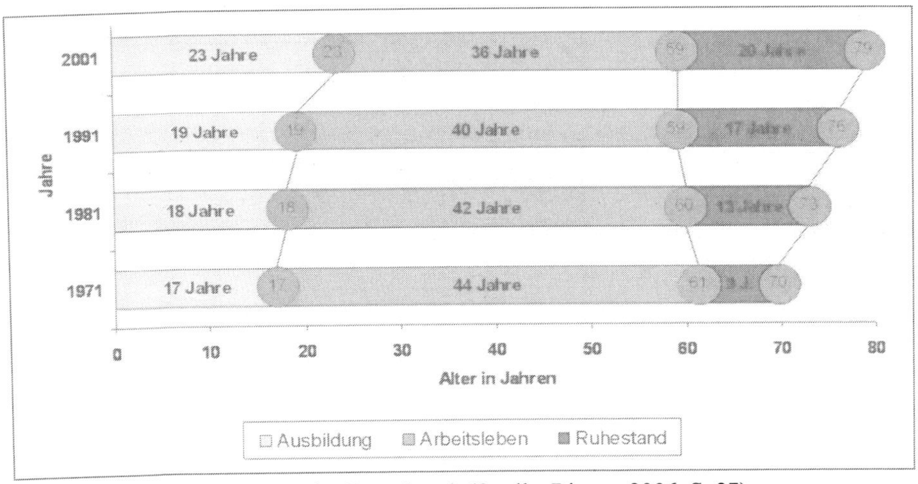

Abbildung 5: Die Verkürzung der Erwerbszeit (Quelle: Rimser 2006, S. 27)

In der Literatur findet sich oftmals der Begriff „War for Talents", der in Zeiten einer geringen jugendlichen Erwerbsbevölkerung droht und Unternehmen vor die Herausforderung stellt, von einem „ausgetrockneten Markt" (Holliger 2005,

S. 50) die besten jungen Arbeitskräfte – in Konkurrenz zu anderen Unternehmen – zu rekrutieren.

- der **Anstieg an älteren (über 50-jährigen) Erwerbspersonen**
  Blum (2005, S. 7) wirft dabei die Frage auf, „ob durch diese demografischen Entwicklungen die Innovationskraft und die Wettbewerbsfähigkeit der Unternehmen gefährdet ist".

Dies wird von Holliger (2005, S. 49) sowie Mühlbrandt/Schultetus (2004, S. 1 ff.) klar bejaht, „findet [Anm. d. Verf.: der demografische Wandel] in einer Zeit statt, die sich zunehmend als globaler Wettbewerb zwischen wissensbasierten Gesellschaften beschreiben lässt. Aktuelles Wissen wird zum primären Wertschöpfungsfaktor in den Unternehmen. Die besondere Gefahr des demografischen Wandels in der Wissensgesellschaft besteht mithin darin, diesen Wissenswettlauf zu verlieren, indem

- anhaltende Engpässe, besonders bei hoch qualifizierten Fachkräften, entstehen und
- Erhalt und Ausbau von Kompetenzen bei den Mitarbeitern nicht gelingen". (ebd.)

Holliger (2005, S. 49) merkt dazu an, dass neben dem Mangel an Fachkräften auch zunehmend ein Fehlen an Führungskräften eintreten wird, der die langfristige Unternehmensperformance durchaus beeinträchtigen kann.

Vor diesem Hintergrund kommen auch qualifikationsspezifische Angebots- und Nachfrageprojektionen zu dem Ergebnis, dass ein Fachkräftemangel auf mittlere Sicht immer wahrscheinlicher wird (vgl. Reinberg/Hummel 2003).

3.2. Sekundäre Konsequenzen des demografischen Wandels

Köchling (2000, S. 8 ff.) weist im Zusammenhang mit den originären Entwicklungen des demografischen Wandels besonders auf die zu erwartenden sekundären Folgen hin, die in Zukunft auch die Wirkungen der demografischen Veränderung unterstützen werden. Die tatsächlich auftretenden Auswirkungen der sekundären Konsequenzen sind jedoch immer in Verbindung mit der jeweiligen betrieblichen Altersstruktur und Personalpolitik zu betrachten:

- Die **gesundheitliche Leistungsfähigkeit** der älteren Arbeitnehmer, insbesondere bei lang andauernden, psychisch oder physisch belastenden Tätigkeiten.
- Die **betriebliche Innovationspolitik,** insbesondere bei lang andauernden Rekrutierungs- und Fluktuationsproblemen, wie sie sich aus der Tendenz des häufigen Arbeitsplatzwechsel (siehe originäre Konsequenzen des demografischen Wandels) ergeben.
- Kritisches Wissen, „das implizite **Erfahrungswissen der Älteren, geht verloren**" (ebd.).
  „... derzeit ist die Situation so, dass ältere Arbeitnehmerinnen und Arbeitnehmer mit allen (il)legalen Mitteln aus dem Arbeitsleben gedrängt werden. Entscheidend ist dabei für mich die Frage, wie es gelingt, bewusst zu machen, dass sich im Laufe eines (Arbeits-)Lebens die Stärken der Menschen ändern. Ich wehre mich dagegen, Ältere als besonders schutzbedürftig und

mit Mangelerscheinungen behaftet zu bezeichnen." (Kallauer zitiert in IV/ÖGB/WKO/AK 2004, S. 124)
Dazu entsteht aufgrund entsprechender Behandlung älterer Arbeitnehmer auch begründete Demotivation sowie Frust, der in Form von Kränkung auch krank macht. (vgl. Holliger 2006)

- Die **qualifikatorische Leistungsfähigkeit** der älteren Arbeitnehmer, insbesondere deren Erhaltung.
  Weiterbildungsbeteiligung verändert sich mit dem Alter. Alle einschlägigen Untersuchungen ergaben, dass das Lebensalter ein eigenständiger Einflussfaktor auf die Weiterbildungsbeteiligung ist.
  Ab etwa dem 50. Lebensjahr nehmen sowohl Beteiligung als auch Interesse an Weiterbildungsmaßnahmen tendenziell ab, jedoch zeigt sich dieses geringere Interesse an beruflicher Weiterbildung früher als das Interesse an allgemeiner persönlicher Weiterbildung.
  Nach einer FESSEL-GfK-Umfrage (zitiert in IV/ÖGB/WKO/AK 2004, S. 34) erklärt sich die Weiterbildungsabstinenz wie folgt:

Gründe für die Weiterbildungsabstinenz in den letzten drei Jahren nach Altersgruppen, 12/2000, in Zeilenprozenten

Frage: „Was waren die Gründe dafür, dass Sie sich in den letzten drei Jahren nicht weitergebildet haben?"; tabellierter Wert: „sehr wichtig" und „eher wichtig"

Gliederungsmerkmal (Alter in Jahren)	aus Altersgründen	kein Bedarf *	Mangel an Informationen	schlechte räumliche Erreichbarkeit	Zeitmangel	ungünstige Zeiten	Kosten der Weiterbildung	Noch in Ausbildung
20–29	0	10	2	2	20	12	14	24
30–44	7	18	8	3	36	13	10	-
45–39	35	20	5	7	17	2	10	-
60 J. und älter	69	3	1	2	8	3	3	-

Abbildung 6: Gründe für Weiterbildungsabstinenz (Quelle: FESSEL-GfK in IV/ÖGB/WKO/AK 2004, S. 34)

- Nach Holliger (2006) findet sich in der **Weiterbildungsabstinenz** besonders älterer Menschen nicht nur die Basis für den Verlust des kritischen Erfahrungswissens, sondern auch die Ursache für den Verlust der Innovationsfähigkeit und damit Wettbewerbsfähigkeit von Unternehmen.
- Die Entstehung bzw. aktive Förderung einer extremen Jugendkultur („Jugendwahn" – Holliger 2005, S. 48), wie wir sie heute erleben, hat nach Köchling (2000, S. 10) auf Mitarbeiterzufriedenheit und Arbeitsmotivation durchaus eine negative Auswirkung.

4. Handlungsfelder für Unternehmen

Aus den bisher dargestellten originären und sekundären Konsequenzen des demografischen Wandels ergeben sich vielfältige unternehmensspezifische Handlungsfelder, die in erster Linie die Bedrohung durch die demografische Entwicklung mindern und in Folge daraus Ressourcen für nachhaltige Wettbewerbsvorteile sichern sollen.

So sehen Rump und Schmidt (vgl. 2004) den demografisch bedingten betrieblichen Handlungsbedarf in folgenden Bereichen:

- Management von erfolgskritischem Wissen (also Wissensmanagement, das aufgrund intergenerativer Konflikte nur teilweise oder gar nicht fließt und damit dem Unternehmen Innovationskraft und Qualität entzieht)
- Intergenerative und lebensphasenorientierte Personalentwicklung (als Antwort auf die älter werdenden Belegschaften und der Begegnung von drei Generationen innerhalb einer Wertschöpfungskette)
- Employability Management (als ganzheitlich-integrativer Ansatz zur Steigerung der Wettbewerbsfähigkeit durch Beschäftigungsfähigkeit der Mitarbeiter)
- Work Life Balance (als Bewältigungsstrategie eines politisch verlängerten Erwerbslebens).

Das Institut für angewandte Arbeitswissenschaften (vgl. 2005) erweitert das Spektrum der Handlungsfelder um spezifische Instrumente des Human Resource Managements und zählt vor allem

- Strategien gegen den zukünftigen Fachkräftemangel
- Intensivierung und Anpassung der Aus- und Weiterbildung
- Integration von Frauen in technische Berufe
- Personalentwicklung älterer Mitarbeiter
- Integration und Förderung von Migranten in technischen Berufen
- Mitarbeiterbindung durch Anreizsysteme
- flexible Arbeitszeitgestaltung und familienfreundliche Arbeitsgestaltung

zu den wichtigsten Aktionsparametern von Unternehmen.

Köchling et al. (2000) verweisen im Hinblick auf betriebliche Handlungsfelder vor allem auf

- betriebliche Gesundheitsvorsorge und
- Erhalten der Arbeitsfähigkeit älterer Mitarbeiter,

Holliger (2005) ergänzt den ganzheitlichen Handlungsansatz um das Feld der intergenerativen Arbeitsmodelle.

5. Generation Resource Management

Rimser (vgl. 2006) fasst die in der Literatur gesammelten und angeführten interdisziplinären Handlungsfelder zusammen und leitet als Programm zur Bewältigung des demografischen Wandels aus dem Instrumentarium des Human Resource Managements das altersgerechte und demografiefokussierte Generation Resource Management (GRM) ab. In Anlehnung daran lassen sich die betrieblichen Handlungsfelder in Anbetracht der in Kapitel 1. beschriebenen Wandlungsprozesse wie folgt beschreiben und als Anleitung für die praktische Umsetzung darstellen.

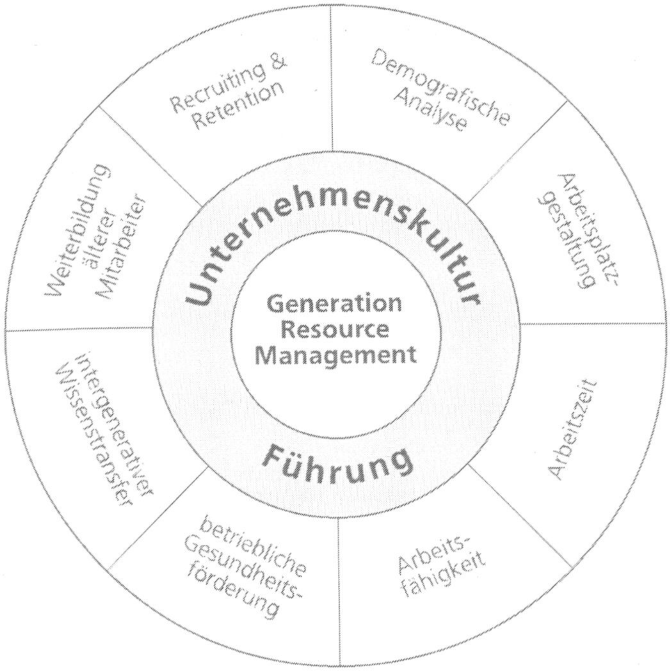

Abbildung 7: Generation Resource Management – betriebliche Handlungsfelder (Quelle: Rimser 2006, S. 32)

5.1. Demografische Analyse

Die demografische Entwicklung führt dazu, dass der Wettbewerb um Nachwuchskräfte, aber auch um erfahrenes Fachpersonal künftig zunehmen wird. Die Schaffung eines möglichst ausgewogenen Altersmix im Betrieb, Bindung guter Mitarbeiter an das Unternehmen, Erhaltung der Arbeitsfähigkeit bei den Älteren, rechtzeitige Planung der Nachfolge planmäßig ausscheidender Mitarbeiter und frühzeitige Rekrutierung von Nachwuchs werden zu zentralen Aufgaben betrieblicher Personalarbeit.

Ausgangsbasis für jede Art von betrieblicher Reaktion auf die Folgen des demografischen Wandels ist die Durchführung einer detaillierten demografischen Analyse der internen sowie externen Rahmenbedingungen. So zeigen beispielsweise statistische Untersuchungen (vgl. Statistik Austria 2005; Bundesamt für Statistik 2004), dass

- nicht alle Branchen gleich,
- nicht alle Regionen gleich bzw.
- weder alle Branchen und Regionen gleichzeitig
- noch alle Unternehmen gleich

von der demografischen Entwicklung und deren Folgen betroffen sind. Zudem finden sich, je nach Branche und Wettbewerbsportfolio eines Unternehmens unterschiedliche Einflussfaktoren wie z.B. Trends der Globalisierung oder der technischen, wirtschaftlichen und demografischen Entwicklung der Kundenschicht eines Unternehmens, welche kumuliert in einer Risikomatrix externer Veränderungen dargestellt werden.

Fallbeispiel: Altersstrukturanalyse Schweizerische Bundesbahn (SBB)
Um die Altersstruktur innerhalb einer Berufsgruppe ihrer Belegschaft zu erheben, hat die SBB die Einzeldaten aller Beschäftigten nach Klassen in Zweijahressprüngen zusammengefasst. Diese Klassen können z.B. jeweils ein Jahrzehnt umfassen, also z.B. „unter 20", „20–30", „30–40" usw., aber auch in Form von Klassen in Zweijahressprüngen (siehe Abbildung) dargestellt werden. Auf der Senkrechten wird die Häufigkeit eingetragen, mit der die jeweilige Klasse entweder in Prozentangaben an Mitarbeitern oder in Zahl der Mitarbeiter (siehe Abbildung) in diesem Alterssegment besetzt ist.

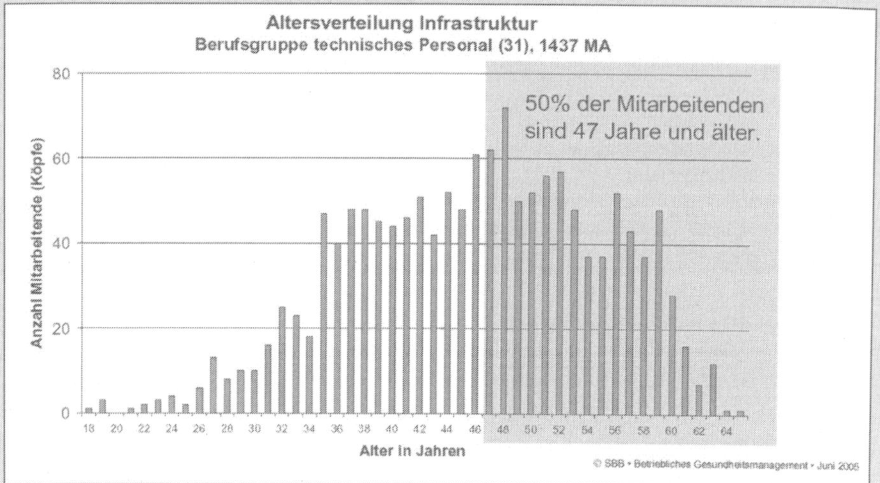

Abbildung 8: Beispiel für eine betriebliche Altersstruktur (Quelle: SBB 2005, S. 18)

Wie in oben angeführter Abbildung zu sehen ist, sind mehr als fünfzig Prozent der Mitarbeiter über 47 Jahre, was Buck (2002) als alterszentrierte Belegschaftsstruktur bezeichnet. Nach Buck (2002) ist eine ausbalancierte Altersstruktur, in der alle Altersgruppen ungefähr gleich stark vertreten sind, wünschenswert, da sie dadurch bereits innerbetriebliches Bewältigungspotenzial in sich trägt: Jede Altersgruppe kann durch die jeweils nachfolgende ersetzt werden, ohne dass ein Nachwuchsmangel auftritt.

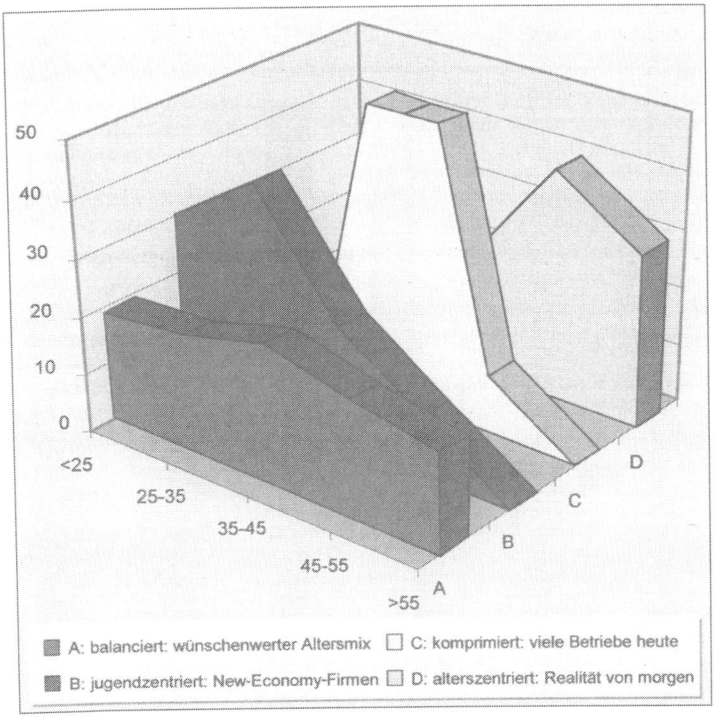

Abbildung 9: Typische Altersstrukturen von Belegschaften (Quelle: IFAA 2005, S. 46)

In der Beispielkurve A (siehe Abbildung 9) ist eine **balancierte Altersstruktur** exemplarisch abgebildet.

In Kurve B spiegelt sich eine **jugendzentrierte Altersstruktur** wider mit entsprechend niedrigem Altersdurchschnitt. Hier stellt sich in nächster Zeit nicht die Frage des Umgangs mit einer zunehmend alternden Belegschaft. Dennoch bleibt die Fragestellung offen, „ob nicht Fähigkeiten fehlen, die besonders älteren Mitarbeitern zugeschrieben werden: z.B. Erfahrungswissen und Abgeklärtheit im Umgang mit Komplexität und Krisensituationen". (IFAA 2005, S. 45)

Kurve C entspricht der sogenannten **komprimierten Altersstruktur** (IFAA 2005, S. 26) und beschreibt einen Personalaufbau, der durch Modelle der Frühverrentung bzw. durch Personalabbau und Nichteinstellung junger Arbeitskräfte gekennzeichnet ist. Die dem Unternehmen verbliebenen Mitarbeiter verteilen sich auf die mittleren Altersklassen, was in einem kollektiven Alterungsprozess der Belegschaft mündet und spätestens bei Eintritt der Verrentungsgrenze für das gesamte Unternehmen zu massiven Problemen führen kann.

In Kurve D findet sich die Fortführung dieser Personalpolitik in der sogenannten **alterszentrierten Personalstruktur**, die von den Folgewirkungen der demografischen Veränderung am massivsten betroffen ist.

5.2. Arbeitsplatzgestaltung

Im Mittelpunkt einer altersgerechten Arbeitsplatzgestaltung steht die Überprüfung des Arbeitsplatzes sowie der Arbeitsorganisation auf Eignung für eine gealterte Belegschaft. Unter den Gesichtspunkten der Ergonomie sollen nicht nur präventive Maßnahmen gesetzt werden, sondern auch Arbeitsabläufe und -prozesse an die Bedürfnisse älterer Mitarbeiter angepasst werden. Neben der Ausrichtung auf veränderte Bedürfnisse bedarf es auch der Schaffung neuer, altersgerechter Arbeitsplätze, die dem Einsatz der im Alter entstehenden neuen Potenziale auch gerecht werden können. Die Steigerung der Arbeitssicherheit mit entsprechenden Maßnahmen der Arbeitsorganisation (z.B. Schichtbetrieb, Pausengestaltung) steht ebenfalls zentral im Handlungsfeld der Arbeitsplatzgestaltung.

Spirduso (zitiert nach Ilmarinen 1999, S. 193) hat 1995 einen Maßnahmenkatalog zusammengestellt, der Arbeitsplätze altersentsprechend ausgestaltet. Die entwickelten Anforderungen wurden im Besonderen auf altersspezifische physiologische und psychologische Veränderungen angepasst und liefern für die praktische Umsetzung im Arbeitsalltag eine Fülle von Anregungen:

Altersbezogene physiologische und psychologische Veränderung	Anpassung von Arbeitsplatz und Arbeitsumgebung
1. Eingeschränkte Beweglichkeit der Gelenke, verminderte Elastizität von Sehnen und Bändern	**Vermeiden von Jobs, die erfordern oder bereits haben:** – Aktivitäten mit angehobenen Armen – länger dauernde ungewöhnliche Körperhaltung – verdrehte Wirbelsäule – Arbeiten mit erheblicher Verbiegung des Handgelenks, um Kraft mit Hilfe von Werkzeugen auszuüben **Beachte:** – Positionierungen von Gegenständen, Kontrollgeräten, Bildschirmen, um verlängertes Verbiegen der Körperhaltung, Vorbeugen und Bücken zu minimieren – die Maschinenausrüstung soll an die individuellen Körpermaße angepasst werden (in Fahrzeugen, im Büro, etc.) – Gestaltung der Sitze, um Vibrationen zu vermindern – niederfrequente Vibrationen (Lastwagen, Baugeräte, Werkbaugeräte) – größere Belastungen der Handgelenke beim Ausführen von Arbeiten

2. Nachlassen der Kraft	**Vermeide:** – Kontrollgeräte und Werkzeuge, die große Kraft erfordern – Heben, Senken, Scheiben, Ziehen und Tragen von Lasten – schnelles Heben **Gestalte Arbeitsabläufe so, dass** – eine Last in Körpernähe getragen werden kann – die Aufgabe kein übermäßiges Beugen, Bücken oder Verdrehen der Wirbelsäule verlangt – genügend Pausen zwischen den einzelnen Arbeitsaufgaben sind – Bodenhaftung und sicherer Stand möglich sind **Beachte:** – Korrekte Unterweisungen der Mitarbeiter im Heben und Tragen
3. Verminderte physische funktionelle Kapazität	**Beachte:** – Tätigkeiten mit erhöhtem Energieaufwand sollten nicht 0,7 (bei Männern) oder 0,5 (bei Frauen) Liter/Minute Sauerstoffverbrauch überschreiten
4. Verminderte Wahrnehmung und Entscheidungsfähigkeit, Defizite bei der Aufmerksamkeit, Defizite beim Gedächtnis, Schwierigkeiten bei der geistigen Umsetzung	**Stelle bereit:** – längere Trainingsabschnitte – Ergänzung der Praxis durch schriftliche Arbeitsanweisungen – Videos, die gewünschte Arbeitsleistungen darstellen – Erhöhung der Signal-Geräusch-Relation am Arbeitsplatz – Einteilung von älteren Mitarbeitern für Aufgaben, in denen die Arbeit eher vorhergesehen als in Reaktion geleistet wird – Aufgaben, die eine gute Mischung von Erfahrungswissen und Weiterbildung erfordern
5. Sehschwächen, Sehschärfe, Farbensehen (blau/grün)	**Bereitstellung von:** – 50 Prozent mehr Beleuchtung für Arbeitnehmer zwischen dem 40. und 55. Lebensjahr – 100 Prozent mehr Beleuchtung für Arbeitnehmer über 55 Jahre – Erhöhung des Kontrasts an Sichtgeräten und Messinstrumenten – Vergrößerung der Schrift und Symbole auf Monitoren und Sichtgeräten – Abbau von Blendung – Blau-Grün-Unterscheidung aus dem Signalangebot entfernen
6. Hitzeunverträglichkeit	**Vermindern:** – Hitzebelastung am Arbeitsplatz

7. Weniger Kälteverträglichkeit	**Aufrechterhalten von:** – Optimaler Arbeitsplatztemperatur – Kälteschutzkleidung einführen und benutzen
8. Hörverminderung	**Erhöhen der:** – Signal-Geräusch-Relation bei Aufgaben, die signalabhängige Anweisungen enthalten
9. Höhere Häufigkeit von Lendenwirbelsäulenbeschwerden (low-back pain)	**Bereitstellen von:** – Trainingsprogrammen über Prävention von LWS-Beschwerden – Verbreitung von Basiswissen über die Körperreaktionsmuster – Speziellen Arbeitsanweisungen, um dies zu vermeiden – Arbeitsaktivität so gestalten, dass Rückenbeschwerden minimiert werden – Vorbeugen von beschwerden und Verletzungen im Freizeitbereich
10. Erhöhtes Risiko für Fallen und Ausrutschen	**Beseitigen von:** – schlüpfrigen Arbeitswegen **Bereitstellen von:** – Fußtrittmarkierungen auf Rampen
11. Langsame Behandlung (Rehabilitation) bei Verletzungen und Erkrankungen	**Ermöglichen von:** – schrittweiser Rückkehr zur vollen Arbeitsbelastung – Rotation zwischen leichter und schwerer Arbeit, um eine Gewöhnung an die Arbeitsanforderung zu erleichtern – Bereitstellung von Informationsmaterial bzgl. Vernünftiger Rehabilitation und Rückkehr zur Arbeit
12. Tendenz zur Inaktivität	**Bereitstellen:** – eines inner- oder außerbetrieblichen Fitness-Programms – Ermunterung für die Mitarbeiter, von diesem Gebrauch zu machen

Tabelle 2: Maßnahmen altersgerechter Arbeitsplatzgestaltung (Quelle: Spirduso zitiert nach Ilmarinen 1999, S. 239 ff.)

Zusammenfassend lassen sich folgende Empfehlungen für die altersgerechte Arbeitsplatzgestaltung geben:

- Physikalische Belastungen wie z.B. Hitze, Kälte, Luftverschmutzung müssen bei älteren Mitarbeitern vermindert werden.
- Physische Anforderungen wie z.B. Tragen schwerer Lasten, monotone und repetitive Arbeiten, statische Muskelarbeit und Spitzenbelastungen müssen insbesondere bei Frauen und älteren Mitarbeitern sukzessive abgebaut werden.
- Ältere Mitarbeiter benötigen Einbeziehung in die Arbeitsplatzgestaltung sowie interessante Lernaufgaben und Arbeitsgebiete.

5.3. Arbeitszeitgestaltung

Gerade die technologische Entwicklung macht auch vor Veränderungen der Arbeitsorganisation und Arbeitszeitgestaltung nicht Halt. Teleworking- und Heimarbeitsplatze, Jobsplitting und Jobsharing sind die neuen Trends der Arbeitsorganisation. Da sich mit dem Alter auch die Bedürfnisse der Mitarbeiter verändern, möglicherweise das Interesse für Freizeit, die Notwendigkeit der Pflege von Mitmenschen, aber auch das eigene Körperbewusstsein steigen, macht es auch Sinn, über eine variable Arbeitszeitgestaltung (Lebensarbeitszeitgestaltung) insbesondere für ältere Mitarbeiter nachzudenken.

In der praktischen Anwendung finden sich zahlreiche flexible Instrumente zur Gestaltung der Arbeitszeit. Nach dem österr. Ministerium für Arbeit und Soziales, Qualifikation und Technologie (vgl. MASQT 2000) sind bei der Gestaltung der Arbeitszeit jeweils die **Dauer, Lage und Verteilung** der Arbeitszeit zu beachten. Dabei bezeichnet die **Dauer der Arbeitszeit** die vertraglich vereinbarte Arbeitszeit, kann also für alle Beschäftigten gleich groß, aber auch individuell verschieden sein. Die **Lage der Arbeitszeit** gibt jeweils Beginn und Ende der zu leistenden Arbeitszeit an, während die **Verteilung der Arbeitszeit** die gleichmäßige oder ungleichmäßige Verteilung auf einzelne Tage, Wochen oder Monate beschreibt.

In der folgenden Tabelle finden sich alle Grundformen der Arbeitszeitgestaltung dargestellt:

Dauer der Arbeitszeit	Verteilung der Arbeitszeit	
	Lage der täglichen Arbeitszeit	Verteilung der Arbeitszeit im Ausgleichszeitraum
Die Arbeitszeitdauer bezeichnet die vertraglich vereinbarte Arbeitszeit. Sie kann im Rahmen gesetzlicher & tarifrechtlicher Regelungen erstmalig festgelegt werden bzw. verkürzt oder verlängert werden. Sie kann für alle Beschäftigten gleich groß oder verschieden sein.	Die Arbeitszeitlage gibt den Beginn und das Ende der zu leistenden Arbeitszeit an.	Die vertraglich vereinbarte Arbeitszeitdauer kann gleichmäßig oder ungleichmäßig flexibel auf einzelne Tage, Wochen oder Monate verteilt werden.
Mögliche Varianten sind: • Teilzeit • Altersteilzeit • Job-Sharing • Mehrarbeit/Überstunden • Kurzarbeit	**Mögliche Varianten sind:** • Schichtsysteme • Versetzte Arbeitszeiten • Springerlösungen • Mehrfachbesetzungssysteme • Gleitzeit & Funktionszeit	• Jahresarbeitszeit • Wahlarbeitszeit • Korridormodelle • Vertrauensarbeitszeit • Telearbeitszeit

Tabelle 3: Formen der Arbeitszeitgestaltung (Quelle: MASQT zitiert nach Krämer 2002, S. 20)

Aus Sicht einer optimalen Lebensarbeitszeitgestaltung ist es sinnvoll, die Mitarbeiter bei der Gestaltung der betrieblichen Arbeitszeitformen in den Entscheidungsprozess einzubeziehen und im Rahmen betrieblicher Vereinbarungen und Kontrakte (wie z.B. dem Arbeitsvertrag) zu implementieren. Nach Krämer wird das lebensarbeitszeitliche Gestaltungspotenzial derartiger Arbeitsformen „(...) von den konkreten Rahmenbedingungen der jeweiligen Arbeit abhängig sein sowie von

- den tätigkeitsbezogenen Qualifikationsanforderungen und Belastungsstrukturen,
- den individuellen, sozio-ökonomischen Merkmalen wie Alter, Geschlecht, Familienstand, etc.,
- dem potenziellen und tatsächlichen Auftreten von Ereignissen in der Erwerbsbiographie (familienbezogene Aufgaben und Unterbrechungen, Pflegebedarf, Krankheiten usw.),
- den jeweiligen Präferenzen biographischer Lebensphasen (Familiengründungsphase, Erholungsphase, Qualifizierungsphase für berufliche (Wieder-) Ein-, Um- oder Aufstiege, Familienpflegephase) in Verbindung mit schon vorhandenen arbeitszeitlichen Gestaltungsmöglichkeiten". (Krämer 2004, S. 21)

Wie Levinson (1979, S. 100) bemerkt, „(...) ist es nicht möglich, die mittleren Erwachsenenjahre hinter sich zu bringen, ohne zumindest eine leichte Krise zu erleben, entweder im Übergang zur Lebensmitte oder im Übergang in die Fünfzigerjahre". Daraus ergibt sich zwangsläufig eine besondere Berücksichtigung der Lebensphasen aus Sicht der Personalentwicklung.

Aus den oben dargestellten Formen der Arbeitszeitgestaltung eignen sich für eine vielfältige lebensarbeitszeitliche Gestaltung insbesondere die Arbeitszeit- und Arbeitsorganisationsformen wie Teilzeitarbeit, Wahlarbeitszeit und die Jahresarbeitszeit sowie diverse Formen von Arbeitskonten und Sabbatical-Angeboten.

Eine flexible Arbeitszeitgestaltung, mögliche Seniorenpausen, vor allem aber neu gestaltete Szenarien für einen Berufsausstieg zählen hier zu adäquaten Maßnahmen. Gerade in Bezug zu lebenszyklischen Karriereentwicklungsplänen ist das Thema individuelle Arbeitszeitgestaltung von immenser Bedeutung.

Wenn es gelingt, die Arbeitszeiten an den individuellen Bedarf gerade älterer Mitarbeiter anzupassen, können in Kombination mit anderen Maßnahmen auch die Arbeitsplatzzufriedenheit sowie die Fähigkeit zur Arbeitsbewältigung erhöht und damit die Innovations- und Wettbewerbsstärke des Unternehmens verbessert werden.

5.4. Arbeitsfähigkeit

Mit steigendem Alter einer Belegschaft gehen auch körperliche Abbauprozesse bzw. Veränderungen in der Leistungs- und Arbeitsfähigkeit der Mitarbeiter einher. Generation Resource Management stellt im Rahmen des Handlungsfeldes Arbeitsfähigkeit mit dem Arbeitsfähigkeitsindex (ABI) ein Instrument zur Verfügung, welches die Arbeitsfähigkeit von Mitarbeitern erfassen und mit anderen

Branchen, Abteilungen etc. vergleichbar machen kann. Aus dem Status quo der Arbeitsfähigkeit können Maßnahmen zur Erhöhung oder Erhaltung dieser erarbeitet, durchgeführt und anschließend auf Wirksamkeit evaluiert werden. Die Erkenntnisse der Arbeitsfähigkeitsanalyse dienen Personalverantwortlichen als Entscheidungsgrundlage zur besseren Bedarfserhebung und Planung von Maßnahmen der betrieblichen Gesundheitsförderung.

5.5. Gesundheitsförderung

Mit der Zunahme des Alters, so wird allgemein behauptet, kommt es auch zu einer Abnahme der körperlichen und geistigen Fähigkeiten das Leistungsvermögen älterer Arbeitnehmer sinkt. Stimmt diese These, so sind Personalverantwortliche gezwungen, einerseits das Leistungsvermögen dort konstant zu halten bzw. auszubauen, wo es eine Notwendigkeit darstellt, andererseits jedoch auch die mit dem Alter entstehenden Fähigkeiten, also Vorteile des Alters gegenüber der Jugend, zu erkennen und dafür entsprechenden Einsatz zu finden.

Die betriebliche Gesundheitsförderung wird einerseits branchenspezifisch (z.B. bei Schwerarbeitern) notwendig sein, andererseits auch individuell berücksichtigt werden müssen. Gerade aus präventiven Gründen, aber auch anknüpfend an die Wirkung von Unternehmenskultur wird betriebliche Gesundheitsförderung zum langfristigen Erhalt der körperlichen und geistigen Leistungsfähigkeit führen.

Für Betriebe bedeutet dies, Zeit und Geld in Arbeitsplatzanalysen zu investieren und so den ergonomischen Standard weiterhin zu erhöhen bzw. technische Hilfsmittel für den Arbeitsprozess zu entwickeln. Präventiv könnten vor allem Anti-Stress-Seminare und Fortbildungsveranstaltungen in Ernährungslehre, aber auch Rückentraining für den Erhalt der Leistungsfähigkeit der Mitarbeiter sorgen.

Im Mittelpunkt der betrieblichen Gesundheitsförderung steht also nicht nur die Stärkung der physischen Belastbarkeit, sondern vor allem auch Hilfe bei der Bewältigung psychischer Belastungen am Arbeitsplatz, insbesondere verursacht durch technische oder arbeitsstrukturelle Gegebenheiten.

Fallbeispiel: Betriebliche Gesundheitsförderung in Großbetrieben

Nach Müller (2005, S. 9 f.) wird „ ... gesunde Arbeit in gesunden Organisationen ... durch Zusammenarbeit von

- Betrieben,
- Sozialpartnern und
- dem Staat“

sichergestellt, den Betrieben kommt dabei die Förderung des Wohlbefindens und der Produktivität ihrer Mitarbeiter als Hauptaufgabe zu.

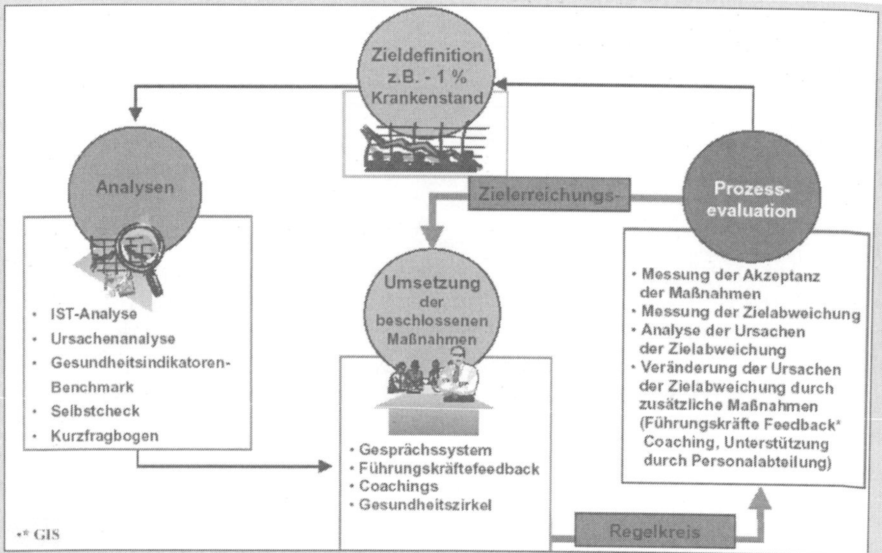

Abbildung 10: Umsetzung der betrieblichen Gesundheitsförderung (Quelle: eigene Darstellung in Anlehnung an Müller 2005, S. 15)

Bevor betriebliche Gesundheitsförderung im Unternehmen gestartet werden kann, gilt es eine Steuergruppe als organisatorisches Steuerelement des Prozesses zu bestimmen.

Einrichtung einer Steuergruppe
Diese Steuergruppe z.B. bestehend aus Mitgliedern der Geschäftsleitung, Betriebsrat, Betriebsarzt, Entsandten der Mitarbeiter, begleitet den Prozess vom Anfang bis zum Ende. Im ersten Schritt der Umsetzung betrieblicher Gesundheitsförderung stehen die Analyse des Ist-Zustandes bezüglich bestimmter, im Vorfeld definierter Kriterien (Fehlzeiten, Work Ability Index, Arbeitsplatzanalysen, etc.), sowie deren Auswirkungen auf Mitarbeiter, Unternehmen und dessen Produktivität im Mittelpunkt.

Analyse des IST-Zustandes
In der sog. Ursachenanalyse werden bestimmte Gesundheitsindikatoren entweder
- im Selbstcheck oder
- im Vergleich mit Benchmarks

verglichen und analysiert. Im Folgenden finden sich einige Beispiele für die Auswahl und Darstellung möglicher Kriterien des Ist-Zustandes als Basis für die Erarbeitung von Lösungsansätzen:
- Arbeitsunfähigkeit in Tagen pro Jahr
- Aktuelle Krankenstände
- Häufige Krankheitsarten

- Arbeitsunfähigkeit nach Dauer
- Arbeitsunfähigkeit nach Altersgruppen
- Krankheitsarten nach Alter

Zieldefinition des betrieblichen Gesundheitsprojektes
Nach entsprechender Auswahl und Erhebung der unternehmensrelevanten Gesundheitsindikatoren werden aufgrund der erhaltenen Daten Zielsetzungen für die Verbesserung der Gesundheitsperformance des Unternehmens formuliert und in Zieldefinitionen umgewandelt. Im Anschluss daran werden die erhobenen Daten analysiert und für den zukünftigen betrieblichen Umgang mit dem Thema Gesundheit diskutiert.

Diskussion der Ergebnisse und Identifikation von Handlungsfeldern

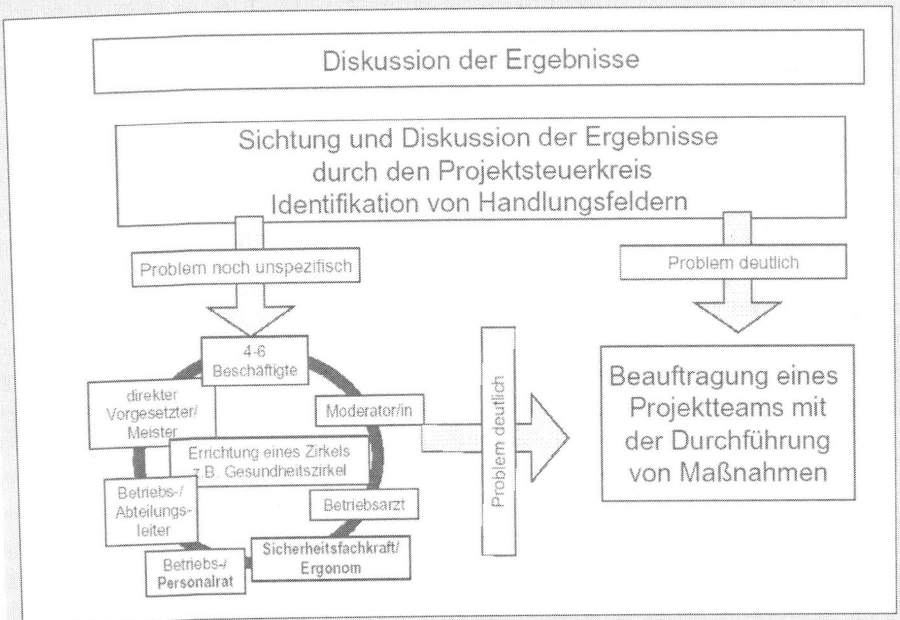

Abbildung 11: Handlungsfelder betrieblicher Gesundheitsförderung (Quelle: Joussen 2005, S. 7)

Im Mittelpunkt dieser Phase steht die Sichtung und Diskussion der Ergebnisse im Projektsteuerkreis. Unter Berücksichtigung unternehmensinterner und externer Ressourcen beginnt ein Brainstorming, von wem welche Tätigkeiten in welchem Umfang bis wann gesetzt werden müssen, um die definierten Zielsetzungen des Projektes zu erreichen.

Umsetzung der beschlossenen Maßnahmen

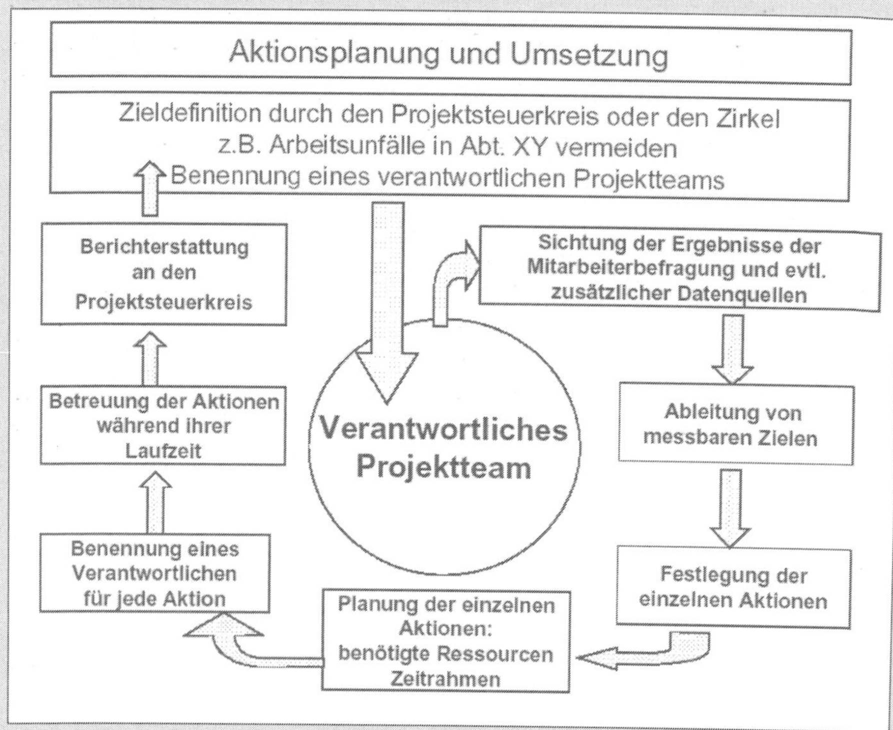

Abbildung 12: Umsetzung und Aktionsplan (Quelle: Joussen 2005, S. 8)

Unter Bedachtnahme auf die zuvor gesetzten Unternehmensziele beginnt das Projektsteuerteam unter ständiger Evaluation des Prozesses die Erreichung der Zielsetzungen an die verantwortlichen Akteure zu delegieren und unter Betreuung der gesetzten Maßnahmen die Erreichung des Projektziels sicherzustellen. Sind die am Beginn des Projektes definierten Zielsetzungen durchwegs erfüllt, wird das Projektsteuerteam nach abschließender Evaluation verabschiedet, möglicherweise einer neuen Aufgabenstellung zugeteilt.

5.6. Intergenerativer Wissenstransfer

Wie bereits oben beschrieben, ist es heute gängige Praxis, ältere Mitarbeiter aufgrund der hohen finanziellen Belastung in den Vorruhestand zu entsenden, und zwar häufig nicht auf elegante Art und Weise („golden handshake"). Dies führt oftmals dazu, dass das in vielen Jahren durch Erfahrung angeeignete Wissen dieser Mitarbeiter verloren geht, einerseits weil es keinerlei Übergabeszenarien für diese Art von Wissen gibt, andererseits deshalb, weil viele ältere Mitarbeiter so frustriert in den Ruhestand entlassen werden, dass sie ihr Wissen um keinen Preis mehr mit jungen Kollegen teilen wollen. Oftmals lässt sich auch beobachten, dass es für den Prozess der Wissensweitergabe kein geeignetes Instrument bzw. keine geplante Möglichkeit gibt, das Erfahrungswissen zu teilen.

Holliger (2006, S. 32) schreibt, dass in vielen Unternehmen der Anteil des „erfolgskritischen Wissens“ zu mehr als vierzig Prozent in den Köpfen der Mitarbeiter steckt. Geht das verloren, so ist dies einem Verlust an Innovations- und damit an Wettbewerbsfähigkeit gleichzusetzen.

Doch was dagegen unternehmen? Wie kann vorgegangen werden, wenn neben dem Problem des Wissensverlustes auch noch Intergenerationskonflikte die Weitergabe von Wissen erschweren?

Köchling (2004) sieht darin eine Bestätigung für die Wichtigkeit einer Wertschätzungskultur, die sich in einem Unternehmen und zwischen den Generationen entwickeln muss. Ansonsten haben Modelle des intergenerativen Know-how-Transfers keine Chance, werden vielmehr als zusätzliche Belastung im täglichen Arbeitsablauf empfunden und greifen schließlich nicht.

Moderne Arbeitsformen aus Skandinavien (vgl. Ilmarinen/Tempel 2002) zeigen, dass die Zusammenarbeit von Jung und Alt in altersgemischten Teams, Tandems und Patenmodellen nicht nur möglich, sondern vor allem auch effizient ist.

Fallbeispiel: Wissensstafette bei der Volkswagen AG

„Ein Wechsel bei Fach- und Führungskräften stellt für Unternehmen immer wieder eine Herausforderung dar. Ob aus Altersgründen oder um sich neuen Herausforderungen zu widmen: Wenn die Personen, die seit Jahren wertvolles Know-how über Kunden, Mitarbeiter und Prozesse erlangt haben, gehen, dann verlässt mit dem Wechsel wertvolles Wissen den Konzern – Wissen, das es nicht zu kaufen gibt, geht unwiderruflich verloren.“ (Volkswagen Coaching GmbH. 2005, S. 4)

Dieses „wertvolle Wissen“ (ebd.) bezieht sich auf organisatorische Abläufe, betriebliche Prozesse, systemimmanente Ressourcen, individuelle Erfahrungen, Kompetenzen und persönliche Netzwerke und trägt damit direkt und indirekt zur Wertschöpfung eines Unternehmens bei. Aus diesem Grund beschäftigt sich der VW-Konzern seit einigen Jahren mit Strategien der Erhaltung des erfolgskritischen Know-hows. Die Wissensstafette stellt ein Werkzeug dar, das sich intensiv mit dem Erfahrungsträger und dessen Nachfolger auseinandersetzt und Möglichkeiten eines optimalen Transfers bzgl. Erfahrungs-, Fach-, Führungs- und Projektwissen diskutiert.

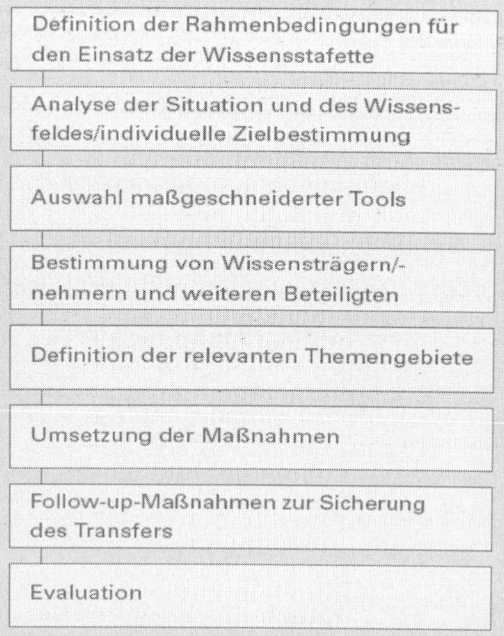

Abbildung 13: Ablauf Wissensstafette (Quelle: Volkswagen Coaching GmbH. 2005, S. 7)

Die Basis der Wissensstafette bildet die wertschätzende und individuelle Betreuung des Erfahrungsträgers. Im Rahmen von professionell geführten Experteninterviews werden den Erfahrungsträgern „die richtigen Fragen" (ebd.) gestellt und deren „Antworten in Wissen" (ebd.) übersetzt. Im Sinne von Hooshmandi-Robia (vgl. 2004, S. 67) kommt es zu einer „Verbalisierung des stillen Wissens".

Im Rahmen der Experteninterviews werden die Fragestellungen in moderierender Art und Weise auf die folgenden Aspekte des Expertenwissens erhoben (vgl. Abbildung 14):

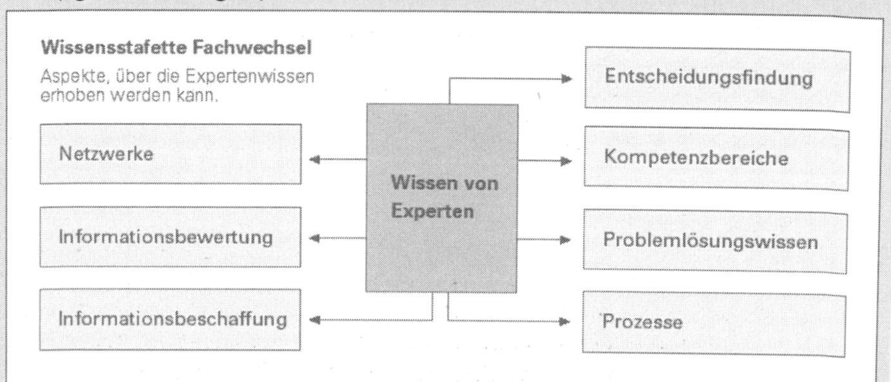

Abbildung 14: Aspekte des Expertenwissens (Quelle: Volkswagen Coaching GmbH. 2005, S. 8)

Die aus den Gesprächen resultierenden Wissensbasis wird im weiteren Verlauf der Wissensstafette übersichtlich strukturiert, interaktiv dargestellt und bei Bedarf öffentlich zugänglich gemacht. Im Rahmen eines Übergabegesprächs zwischen dem Vorgänger (Experten) und seinem Nachfolger werden die Erfahrungen, das kritische Wissen in den Bereichen Führung, Mitarbeiter, Projekte, innerbetriebliche Prozesse etc., unterstützt durch einen kompetenten Berater (Coach) kommuniziert und im Dialog weitergegeben.

Mit der Inanspruchnahme seiner neuen Funktion begibt sich der Nachfolger gemeinsam mit seinem Vorgesetzten in ein Auftaktgespräch, in dem seine zu erfüllenden Rollen, die kritischen Aufgaben und wichtigen Projekte ausreichend diskutiert werden. Nach offizieller „Inbetriebnahme" seiner Funktion folgt ein Transitionsworkshop zwischen Nachfolger und seinem Team, um eine möglichst friktionsfreie Übergabe zu gewährleisten.

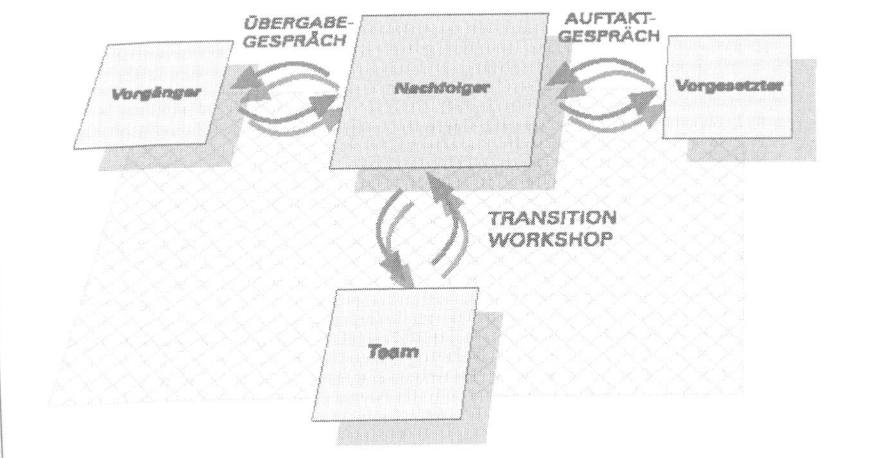

Abbildung 15: Prozess der Wissensstafette (Quelle: Volkswagen Coaching GmbH. 2005, S. 9)

5.7. Weiterbildung älterer Beschäftigter

Neue Arbeitsformen bedingen auch neue Lernformen innerhalb der berufsbegleitenden Weiterbildung. Wie aktuelle Statistiken beweisen (vgl. Holliger 2006), sinkt die Zahl der Weiterbildungsteilnehmer in der Altersgruppe ab 37 deutlich, die Gründe dafür sind sehr vielfältig.

Als Grund für die vergleichsweise geringere Teilnahme Älterer an Weiterbildungsmaßnahmen erkennen Langhof und Israel (1993, S. 89), „ ... [dass] bei Qualifizierungsmaßnahmen eine Selektion der Mitarbeiter stattfindet, die als problembehaftet geltende Arbeitnehmergruppen, wie z.B. Ältere ... ausschließt, als auch weil „ ... Weiterbildungskonzepte, die den besonderen Bedürfnissen Älterer entgegenkommen, ... kaum entwickelt und realisiert" (ebd.) werden.

Weiterbildungsangebote müssen dem spezifischen Weiterbildungsbedarf unterschiedlicher Beschäftigtengruppen und Betriebe angepasst sein. Nach Severing (vgl. 1993, S. 18) zeigt sich, dass die bisherigen Weiterbildungsmaßnahmen für ältere Beschäftigte insbesondere durch meist zu lange (zwei bis drei Jahre) dauernde Bildungsmaßnahmen bzw. durch Nichtberücksichtigung bereits bestehenden Erfahrungswissens der Teilnehmer und damit eine Benachteiligung der Qualifizierungsbedürfnisse und Lernvoraussetzungen älterer Arbeitnehmer (vgl. Fritsch 1996, S. 130) charakterisiert sind.

Einhellig, so Günther Wachtler (1997, S. 56) „wird festgestellt, dass die Weiterbildung älterer Beschäftigter, sofern sie stattfindet, überwiegend im Bereich der Anpassungsfortbildung erfolgt". Damit entziehen sich die bisherigen Strategien der Weiterbildung Älterer dem Aspekt der selbstbestimmten und individuellen Weiterentwicklung zugunsten betrieblich optimierter Amortisation, die, das belegen zumindest die Studien (vgl. Fritsch 1994; Severing 1993), bei tätigkeitsübergreifender Weiterbildung (also nicht auf Qualifikationsanpassung ausgerichtet) nicht gegeben ist.

Eine weitere Begründung in der Bildungsbenachteiligung älterer Beschäftigter findet sich im lange Zeit anhaltenden Defizitmodell, das davon ausgeht, dass mit zunehmendem Alter auch ein Abbau körperlicher und geistiger Fähigkeiten einhergeht. „Häufig ist dieses Vorurteil jedoch sogar bei den Betroffenen selbst bereits so internalisiert, dass es im Sinne einer selbsterfüllenden Prophezeiung dazu führt, dass diese sich häufig selbst für eher weiterbildungsungeeignet und sogar für tendenziell lernunfähig halten". (Klaßen-Kluger 1998, S. 19)

Dies führt dazu, dass ältere Beschäftigte zunehmend skeptisch neuen Weiterbildungsangeboten gegenüberstehen und diese eher negativ, durchaus als etwas Fremdes empfinden und als nicht unbedingt etwas Notwendiges erachten. So darf es nicht verwundern, wenn der Wunsch nach beruflicher Weiterbildung nicht unmittelbar von den Betroffenen selbst kommt.

Kruse (vgl. 1997) fasst die Ursachen für geringe Teilnahmequoten älterer Mitarbeiter an Weiterbildungs- und Qualifizierungsmaßnahmen mit der Kategorisierung in „externe" und „interne Barrieren" zusammen:

Externe Barrieren für mangelnde Weiterbildung älterer Mitarbeiter:

- Fehlende Bildungsangebote für ältere Mitarbeiter
- Negative Altersbilder in Unternehmen bezüglich ihrer Belastbarkeit und des Umstellungsverhaltens
- Betriebliche Tendenzen, ältere Mitarbeiter frühzeitig freizusetzen

Interne Barrieren für mangelnde Weiterbildung älterer Mitarbeiter:

- Fehlende oder zu lange zurückliegende Lernerfahrungen
- Identifikation mit den negativen Altersbildern.

Fallbeispiel: Lernbedürfnisse und Lerngewohnheiten älterer Mitarbeiter
In einer Metaanalyse zum Zusammenhang von Leistungen in tätigkeitsbezogenen Trainings und dem Lebensalter konnten Kubeck et al. 1996 feststellen, dass ältere Beschäftigte nicht schlechter, sondern anders als Jüngere lernen. Dies zeigt sich insbesondere darin, dass das Lernpensum konzentrierter erlernt wird, jedoch auch mehr Zeit in Anspruch nimmt als bei Jüngeren.

Nach Forteza & Preito (vgl. 1989) empfehlen sich für die Gestaltung von Weiterbildungsmaßnahmen für ältere Menschen insbesondere

- eine langsame Vermittlung der Lerninhalte unter Einplanung ausreichender Pausen und Feedbackschleifen zur Wiederholung und Festigung des erarbeiteten Wissens,
- selbsterklärende Lehrunterlagen, die in direktem Zusammenhang vernetzbar mit anderen Lerninhalten sind,
- aktives, explorierendes und kooperatives Lernen sowie selbstorganisierte und selbstgesteuerte Lernformen, bei denen Lerntempo und Reihenfolge der Lerninhalte selbst bestimmt werden können,
- eingehende Beratungen der älteren Teilnehmer im Vorfeld der Bildungsmaßnahme, Bezug nehmend auf Ziel, Inhalt und Methodik des Seminars,
- Durchführung der Weiterbildung im Umfeld des bisherigen Tätigkeitsbereichs (near the job, on the job).
- Hohe Anteile an beruflicher Praxis dienen insbesondere der Vermittlung relevanten Wissens bzw. nützlicher Fähig- und Fertigkeiten, wenn dieses auf altersgerechte Weise eine Verknüpfung zwischen den betrieblichen Berufserfahrungen und den neuen Qualifizierungsinhalten herstellen.
- Integration und Verwertung von bisherigen Berufserfahrungen älterer Teilnehmer.

Damit Qualifizierungsmaßnahmen für ältere Beschäftigte erfolgreich sind, stellt das eben angeführte Kriterium der Integration und Verwertung bisheriger Berufserfahrungen eine der wichtigsten Voraussetzungen für das Gelingen betrieblicher Weiterbildung dar. Wenke (1996, S. 55) hat den Begriff des „stillen Wissens" älterer Mitarbeiter geprägt, dessen Verbalisierung als Hauptaufgabe von Weiterbildung gesehen werden kann.

„Sie müssen den Teilnehmerinnen und Teilnehmern zunächst einmal deren stilles Wissen bewusst machen. Ihnen muss vermittelt werden, dass sie bereits über Wissen, Erkenntnisse und Erfahrungen verfügen, die situationsabhängig sind und im Bedarfsfall sozusagen intuitiv abgerufen werden, die aber oftmals nicht bewusst sind und sprachlich vielleicht nie kodiert wurden und dennoch für die jeweilige Person von Bedeutung sind." (Klaßen-Kluger 1998, S. 37)

Einen wichtigen Schritt in diese Richtung stellt das sog. „Partizipationsmodell" (Hooshmandi-Robia 2004, S. 18) dar. Dieses plädiert für die Aufweichung der klassisch-hierarchischen Rollenverteilung in Bildungsmaßnahmen von Lehrern und Lernenden hin zu einem partnerschaftlichen, gleichberechtigten Lernmodell, das die am Lernprozess beteiligten Akteure auf einen gemeinsamen Wachstumsprozess zielen lässt:

„Die Weiterbildner/innen sind auf die fachliche und soziale Kompetenz, vor allem auch auf den reichhaltigen Erfahrungshintergrund der Teilnehmerinnen und Teilnehmer angewiesen, um erfolgreiche Weiterbildung durchführen zu können. (...) Die Teilnehmerinnen und Teilnehmer wiederum sind auf die fachliche und soziale Kompetenz ihrer Weiterbildner/innen angewiesen, um fachliche und fächerübergreifende, vor allem auch pädagogische und didaktisch-methodische Komponenten bei der Gestaltung von betrieblichen Lern- und Entwicklungsprozessen mit einbinden zu können. Beide Seiten – Teilnehmerinnen und Teilnehmer einerseits, Multiplikatoren andererseits – müssen die Vorteile des eigenständigen, in Selbstverantwortung gestalteten Lernens und des sozial kompetenten Umgangs (zunächst) in praxisnahen Lernsituationen selbst erfahren, um (anschließend) das Gelernte am Arbeitsplatz selbst praktizieren bzw. Anderen vermitteln zu können." (Klaßen-Kluger 1998, S. 38f.)

Die spezifischen Charakteristika älterer Arbeitnehmer in der Weiterbildung sind auch aus methodisch-didaktischer Perspektive zu berücksichtigen (vgl. Faulstich, Bayer & Krohn 1998; Wenke 1996). Dies bedeutet nicht nur, die Lernmerkmale älterer Arbeitnehmer zu berücksichtigen (aufgaben- und fallbezogener Lernstil, Praxisbezug, Anschaulichkeit sowie sozialer Kontext- und Statusbezug), sondern auch die Methodik handlungsorientiert, jedoch mit Rückbezug auf die theoretische Fundierung des Stoffs zu gestalten.

Den (meist jüngeren) Dozenten kommt in der beruflichen Weiterbildung mit älteren Arbeitnehmern eine äußerst wichtige Rolle zu: Nicht der traditionelle Frontalunterricht ist gefordert, sondern auch die Fähigkeit, als Moderator zu agieren und damit den Unterricht auf die vorhandenen Qualifikationen und Erfahrungen der Teilnehmer abzustimmen. Gerade die Aktivierung und Motivierung der älteren Teilnehmer ist wichtig, da sonst die Gefahr bestehen könnte, dass Weiterbildungsmaßnahmen als stigmatisierend erlebt werden. Um dies zu vermeiden, sind besonders altersheterogene Lerngruppen sinnvoll, wobei sich freilich in altersgemischten Gruppen auch das Problem unterschiedlicher Lerngeschwindigkeiten stellen kann.

Obwohl z.B. Ilmarinen (1999, S. 222) meint: „older workers prefer learning among their equals", plädieren viele Praktiker (vgl. Klaßen-Kluger 1998) dafür, altersgemischten Gruppen den Vorzug zu geben und damit den Wissensaustausch zwischen Jung und Alt zu gestalten.

5.8. Rekrutierung und Mitarbeiterbindung

In Zeiten des „War for Talents" (vgl. McKinsey 2004) müssen sich Personalverantwortliche zweierlei Fragestellungen widmen: Einerseits, wie gute, qualifizierte und vor allem junge Fachkräfte in das Unternehmen geholt werden können (Rekrutierung), andererseits, wie in Zeiten der massiven Abwerbung durch Headhunting genau diese Mitarbeiter langfristig erhalten und an das Unternehmen gebunden werden können. Die Ausgestaltung eines Employer Brandings, also einer Marke als attraktiver Arbeitgeber, steht in diesem Handlungsfeld genauso zur Diskussion wie die Förderung des Nachwuchses, Kooperationen mit (Fach-)Hochschulen, Öffnung technischer Berufe auch für Frauen, vor allem aber in der Gestaltung familien- und frauenfreundlicher Arbeitsplätze und Rahmenbedingungen.

Fallbeispiel: Maßnahmen der Mitarbeitergewinnung
In Anlehnung an Köchling (zitiert nach BMBF 2005, S. 10) ergeben sich folgende Möglichkeiten einer demografieorientierten Personalbeschaffung:

- Rekrutierung junger Arbeitskräfte
- Personalgewinnung über externe Personalanbieter
- Interne Personalgewinnung über Aus- und Fortbildung
- Personalgewinnung älterer Arbeitnehmer
- Ausschöpfung der Arbeitsmarktreserven
- Erhöhung der Frauenerwerbsquote.

Um sowohl der Verknappung junger qualifizierter Fachkräfte als auch der Zunahme älterer Arbeitskräfte Rechnung zu tragen, können Betriebe aus den oben angeführten Personalbeschaffungsmöglichkeiten den für sie passenden Maßnahmen-Mix zusammenstellen und eine betriebsindividuelle Lösung erarbeiten.

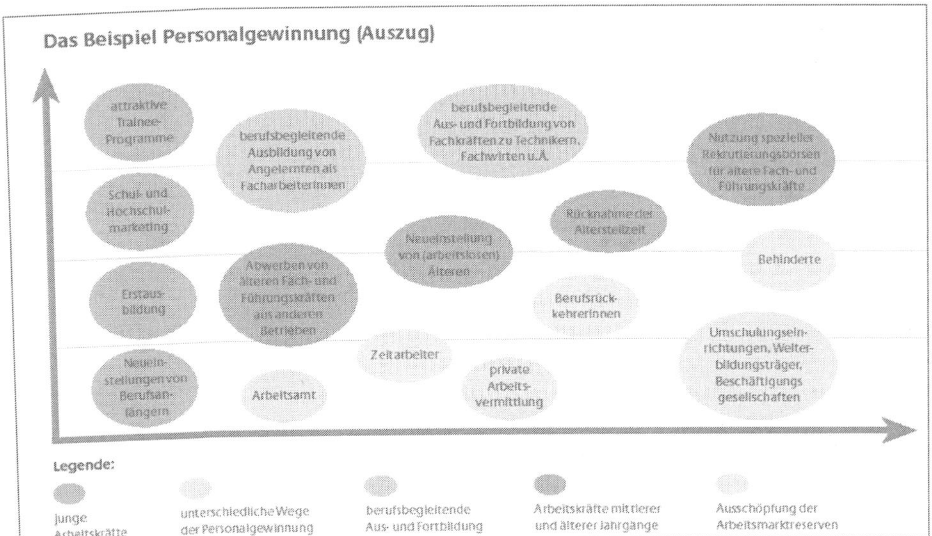

Abbildung 16: Beispiele möglicher Personalgewinnung (Quelle: Köchling zitiert nach BMBF 2005, S. 10)

5.9. Unternehmens- und Führungskultur

Hier handelt es sich nicht um Unternehmenskultur im engeren Sinn, sondern um eine besondere Ausprägung der Kultur, der Wertschätzungskultur. Die zunehmende Alterung der Belegschaften wird einerseits zu einer stärkeren Polarisierung von Jung und Alt führen, andererseits ist es denkbar, statt bisher zwei in Zukunft drei Generationen im Arbeitsprozess zu integrieren.

Die bisherige Praxis des „Jugendkults“ (vgl. Holliger 2005) ist medial bereits im Wandel zu einer „Altenkultur“ doch genau darin liegt auch für Köchling (2004, S. 185) die Problematik: es geht nicht um Jung oder Alt, sondern um das wertschätzende Miteinander im Arbeitsprozess. Und genau diese Wertschätzung muss die Unternehmenskultur vermitteln, nicht nur nach innen, sondern – auch als ehrlich gemeinte Personalstrategie – nach außen.

Einen ersten Schritt auf dem Weg zur gegenseitigen Wertschätzung stellt die Forderung nach dem Abbau bestehender Diskriminierungen des Alters, nicht nur im Sprachgebrauch (Ageism), sondern auch in Form von Handlungen (Frühverrentung) und Einstellungen (typische Attributionen des Alters). Bestehende Leistungs- und/oder Qualifikationseinschränkungen als objektive Barrieren können mit dem Ziel der Chancengleichheit behoben, ausgeglichen oder gemindert werden. Die Chancengleichheit beinhaltet auch eine entsprechende Förderung von Fähigkeiten und Fertigkeiten, gerade in Bezug auf Weiterbildung von älteren Mitarbeitern finden sich hier viele Ansatzpunkte wieder.

Eine entsprechende Betriebsbindung sowie Weitergabe des kritischen Wissens kann auch nur im Rahmen einer Wertschätzungskultur ablaufen, die sich jedoch nur in Taten, nicht in Polemik zeigt. Das gezielte Abholen der Mitarbeiter durch Interessenbekundungen in Form von Mitarbeiterbefragungen, die Festsetzung von Unternehmensleit- und -richtlinien, die den gemeinsamen Umgang regeln sollen, bis hin zum Wertschätzungs- und Führungskräftetraining stellen nach Morschhäuser et al. (vgl. 2005) geeignete Maßnahmen zur Bewältigung der demografischen Veränderung dar.

6. Lern- und Kontrollfragen

- Welche grundlegenden Veränderungen der österreichischen Bevölkerungsstruktur bringt der demografische Wandel mit sich?
- Welche allgemeinen Trends werden die Ressource Personal in den nächsten Jahren massiv beeinflussen?
- Mit welchen originären und sekundären Konsequenzen sehen sich heimische Unternehmen in den nächsten Jahrzehnten konfrontiert?
- Welche betrieblichen Handlungsfelder zur Bewältigung des demografischen Wandels finden sich in der gängigen Fachliteratur?
- Anhand welcher Kriterien lässt sich eine betriebliche Altersstrukturanalyse durchführen?
- Welche Belastungen am Arbeitsplatz sind mit zunehmendem Alter unzumutbar und bedürfen einer altersgerechten Arbeitsplatzgestaltung?
- Skizzieren Sie kurz einen möglichen Projektablauf zum Start einer betrieblichen Gesundheitsförderung.
- Welche Formen der altersgerechten Arbeitszeitgestaltung kennen Sie?
- Wie müssen Weiterbildungsveranstaltungen konzipiert sein, damit sie altersgerecht empfunden werden?
- Wie funktioniert der Ablauf einer intergenerativen Wissensstafette?
- Welche Möglichkeiten an Rekrutierungsstrategien kennen Sie?

7. Literatur

Blum, A.: Aging Workforce Maßnahmen als betriebliche Bausteine einer alters- und alternsgerechten Personalpolitik. Eine qualitative Befragung zu Handlungsstrategien in der Praxis zur Bewältigung des demografischen Wandels, Passau, Univ., Dipl.-Arb., 2005.

Buck, H.: Alternsgerechte und gesundheitsförderliche Arbeitsgestaltung – ausgewählte Handlungsempfehlungen, in: Morschhäuser, M. (Hrsg.): Gesund bis zur Rente. Konzepte gesundheitsfördernder und alternsgerechter Arbeits- und Personalpolitik, Stuttgart, 2002, S. 73–85.

Bundesamt für Statistik (Hrsg.): Statistik Schweiz, online im WWW unter http://www.bfs.admin.ch/bfs/portal/de/index/themen/bevoelkerung/zukuenftge_bevoelkerungsentwicklung0/blank/analysen__berichte/scenarios_suisse/tab.html [Stand 22.02.2006].

Bundesministerium für Bildung und Forschung (BMBF) (Hrsg.): Demografischer Wandel – (k)ein Problem? Werkzeuge für betriebliche Personalarbeit, Bonn/Berlin, 2005.

Csikszentmihalyi, M.: Flow. Das Geheimnis des Glücks, Stuttgart, 1997.

Dickmann, N.: Grundlagen der demografischen Entwicklung, in: Institut der deutschen Wirtschaft Köln (Hrsg.): Perspektive 2050. Ökonomik des demografischen Wandels, Köln, 2004, S. 11–33.

Faulstich, P./Bayer, H./Krohn, M. (Hrsg.): Zukunftskonzepte der Weiterbildung. Projekte und Innovationen, Weinheim, 1998.

Forteza, J./Prieto, J.: Aging and work behavior, in: Triandis, D./Hough, L. (Hrsg.): Handbook of Industrial and Organizational Psychology, 1989, Nr. 4, S. 447–483.

Frerichs, F./Krämer, K./Zimmermann, E.: QUATRO Projekt TransAlt. Selbstbeurteilung altersstruktureller Problemstellungen im Betrieb, Dortmund, 2001.

Frevel, B. (Hrsg.): Herausforderung demografischer Wandel, Wiesbaden, 2004.

Fritsch, St.: Aktivierung des Potenzials älterer Mitarbeiter, in: Personal-Zeitschrift für Human Resource Management, 1996, Heft 3, S. 130–132.

Goedicke, A./Brose, H./Diewald, M.: Die Herausforderungen des demografischen Wandels für die betriebliche Beschäftigungspolitik, online im WWW unter URL http://www.uni-bielefeld.de/soz/we/we3/Diewald/goedicke_brose_diewald.pdf [Stand 12.02.2006].

Grundig, B./Pohl, C.: Auswirkungen des demografischen Wandels auf den Arbeitsmarkt in Sachsen – Analyse und Gegenstrategien, in: ifo Dresden berichtet, 3/2004, S. 5–17.

Holliger, P.: Generation Resource Management, online im WWW unter URL http://www.corporateconsult.net/grm-pp_26012006.pps [Stand 2.02.2006].

Holliger, P.: Seniorität contra Jugendwahn. Quo vadis HR?, in: Magazin Training, Nr. 7, November 2005, S. 48–50.

Hooshmandi-Robia, B.: Age Management. Modelle zur Förderung der Arbeitsfähigkeit älterer Mitarbeiter/innen, Graz, 2004.

Horx, M.: Die neue Alterskultur, in: Alternde Gesellschaft, 54. Jahrgang, Nr. 48, 22. November 2004, S. 7.

Horx, M., et al.: 100 Top Trends, München, 2001.

IFAA Institut für angewandte Arbeitswissenschaften (Hrsg.): Demografische Analyse und Strategieentwicklung in Unternehmen, Köln, 2005.

Ilmarinen, J.: Ageing Workers in the European Union. Status and promotion of work ability, employability and employment, Helsinki, 1999.

Ilmarinen, J.: 40plus – Gesundheit und Erfahrung als betriebliches Potenzial. Nationale Tagung für betriebliche Gesundheitsförderung, 16. März 2005, Bern

Ilmarinen, J./Tempel, J.: Arbeitsfähigkeit 2010. Was können wir tun, damit Sie gesund bleiben?, Hamburg, 2002.

Industriellenvereinigung/Österreichische Bundesarbeiterkammer/Wirtschaftskammern Österreich/Österreichischer Gewerkschaftsbund (Hrsg.): Alternsgerechte Arbeitswelt. Referate und Diskussionsbeiträge des ExpertInnenhearings der Sozialpartner (27. und 28. Mai 2004), 2004.

Joussen, R.: Mitarbeiterbefragung, Bonn, 2005.

Kistler, E./Huber, A.: Die Beschäftigung älterer Arbeitnehmer und die demografische Herausforderung. Ergebnisse eines Projekts für das Bundesministerium für Bildung und Forschung, in: Huber, A./Kistler, E./Papies, U. (Hrsg.): Arbeitslosigkeit Älterer und Arbeitsmarktpolitik im Angesicht des demografischen Wandels. Ergebnisse aus der Bundesrepublik Deutschland und dem Land Berlin, Stuttgart 2002, S. 14–29.

Klaßen-Kluger, L.: Qualifizierungskonzept für ältere Arbeitnehmerinnen und Arbeitnehmer, Gelsenkirchen, 1998.

Knuth, M.: Älter werden im Betrieb. Herausforderungen für die Arbeitsmarkt- und Beschäftigungspolitik, online im WWW unter http://www.iatge.de/aktuell/veroeff/am/knuth99d.pdf [Stand: 3.01.2005].

Köchling, A./Astor, M./Fröhner, K./Hartmann, E./Hitzblech, T./Jasper, G./Reindl, J. (Hrsg.): Innovation und Leistung mit älter werdenden Belegschaften, München und Mering, 2000.

Köchling, A.: Projekt Zukunft. Leitfaden zur Selbstanalyse altersstruktureller Probleme in Unternehmen, Dortmund, 2002.

Köchling, A.: Projekt Zukunft. Leitfaden zur Selbstanalyse altersstruktureller Probleme in Unternehmen, Dortmund, 2004[2].

Krämer, K.: Lebensarbeitszeitgestaltung in der Altenpflege – Handlungsleitfaden für eine alternsgerechte Personalentwicklung. Informationen und Erfahrungen aus einem Beratungsprojekt, Stuttgart, 2002.

Kruse, A.: Bildung und Bildungsmotivation im Erwachsenenalter, in Weinert, F./Mandl, H. (Hrsg.): Psychologie der Erwachsenenbildung. Themenbereich D, Enzyklopädie der Psychologie – Pädagogische Enzyklopädie, Band IV, Göttingen, 1997, S. 115–178.

Langhoff, Th./Israel, D.: Von der altersgerechten zur altersübergreifenden Qualifizierung, in: Bullinger, Hj., et al. (Hrsg.): Alter und Erwerbsarbeit der Zukunft, Berlin, 1993, S. 89–91.

Levinson, D.: Das Leben des Mannes. Werdenskrisen, Wendepunkte, Entwicklungschancen, Köln, 1979.

McKinsey & Company (Hrsg.): „War for Talents" ist nicht vorbei: Bedarf an Topstudenten steigt – professionelles Personalmarketing entscheidend, Pressemitteilung vom 18. November 2004, online im WWW unter URL http://www.mckinsey.de/_downloads/Presse/pm_041118_personalmarketing.pdf [Stand 18.11.2004].

Ministerium für Arbeit und Soziales, Qualifikation und Technologie NW (Hrsg.): Landesinitiative „Moderne Arbeitszeiten". Arbeitszeiten und Betriebszeiten flexibel gestalten, Düsseldorf, 2000.

Morschhäuser, M. et al.: Erfolgreich mit älteren Arbeitnehmern. Strategien und Beispiele für die betriebliche Praxis, Gütersloh, 2005.

Mühlbrandt, Th./Schultetus, W.: Auswirkungen des demografischen Wandels – Strategien mit betrieblichen demografischen Analysen, in: Angewandte Arbeitswissenschaft, Nr. 179, 2004, S. 1–16.

Probst, G./Raub, S./Romhardt, K.: Wissen managen. Wie Unternehmen ihre wertvollste Ressource optimal nutzen, Frankfurt am Main, 1998.

Reinberg, A./Hummel, M.: Bildungspolitik: Steuert Deutschland langfristig auf einen Fachkräftemangel hin?, Nürnberg, 2003.

Rimser, M.: Generation Resource Management. Nachhaltige HR-Konzepte im demografischen Wandel, Leonberg, 2006.

Rump, J./Schmidt, S.: Lernen durch Wandel – Wandel durch Lernen, Ludwigshafen, 2004.

Severing, E.: Es fehlen Weiterbildungsangebote für ältere Arbeitnehmer aus der Industrie, in: Berufsbildung in Wissenschaft und Praxis, 1993, Heft 4, S. 18–22.

Statistik Austria (Hrsg.): Statistische Nachrichten. November 2005, Wien, 2005.

U.S. Census Bureau (Hrsg.): IDB Data – IDB Aggregation, online im WWW unter http://www.census.gov/cgi-bin/ipc/agggen.html [Stand 3.06.2006].

Van der Loo, H./Van Reijen, W.: Modernisierung. Projekt und Paradox, München, 1992.

Volkswagen Coaching GmbH (Hrsg.): Wissensstafette. Transferring skills – sharing knowledge, Wolfsburg, 2005.

Wachtler, G./Franzke, H./Balcke, J.: Die Innovationsfähigkeit von Betrieben angesichts alternder Belegschaften. Expertise im Auftrag der Friedrich Ebert Stiftung, Bonn, 1997[2].

Wenke, J.: Berufliche Weiterbildung für ältere Arbeitnehmer. Ein Leitfaden für Bildungsträger. Dokumentation zum Modellversuch „Entwicklung und Erprobung von Qualifizierungskonzepten für ältere Arbeitnehmer aus der Industrie, Bielefeld, 1996.

Windisch, P.: Prognosen für Österreich, in: Österreichischer Sparkassenverband (Hrsg.): Prognosen für Österreich Teil 1. Wohnbevölkerung und Beschäftigung. Entwicklungstrends bis 2031 bzw. 2075, Wien, 2005.

Wunderer, R./Dick, P.: Personalmanagement – Quo vadis? Analysen und Prognosen zu Entwicklungstrends bis 2010, Neuwied/Kriftel, 2006[4].

Management und Führung

Managementtheorie: Grundlagen und aktuelle Entwicklungen

Alexandra Müller-Stingl / Gerhard Graf

In diesem Beitrag erfahren/erhalten Sie

- die Grundlagen des Managements
- die Paradigmen im Management
- Qualitätskriterien guter Führungsarbeit
- einen Überblick über die bekanntesten neuen Führungstheorien
- neueste Erkenntnisse zu den Kompetenzen einer modernen Führungskraft
- einen Überblick über die häufigsten Fehler im Führungsprozess

1. Grundlagen

Als Karl Marx in den 50er Jahren des 19. Jahrhunderts mit seiner Arbeit an „Das Kapital" begann, war die Methode des Managements[1] unbekannt. Dasselbe galt natürlich auch für von Managern geführte Unternehmen. Der größte Produktionsbetrieb weit und breit war eine Baumwollspinnerei in Manchester, in der weniger als 300 Menschen arbeiteten. Diese Fabrik gehörte Friedrich Engels, dem Freund und Mitarbeiter von Marx. Und soweit wir heute wissen, gab es in Engels Fabrik – übrigens eine der rentabelsten zu jener Zeit – keine „Manager", sondern lediglich „Vorarbeiter", die für die Disziplin der übrigen Mitarbeiter zu sorgen hatten.

Nur selten in der Geschichte der Menschheit hat sich eine Funktion derart schnell durchgesetzt oder eine vergleichbare Wirkung entfaltet wie das Management. In weniger als 150 Jahren hat das Management die soziale und die wirtschaftliche Struktur der Industrieländer verwandelt. Dabei hat sich das Management selbst verwandelt. Kaum einer Führungskraft ist der gewaltige gesellschaftliche Einfluss des Managements bewusst. Daher sind sie durchwegs nur unzureichend auf die gewaltigen Herausforderungen vorbereitet, mit denen sie heute konfrontiert sind. Die wirklich gewichtigen Probleme, die die Manager heute zu lösen haben, sind nicht in den technologischen oder politischen Entwicklungen und nicht außerhalb des Managements und des Unternehmens zu suchen. Vielmehr haben diese Probleme ihre Wurzel im Erfolg der Unternehmensführung.

Die grundlegende Funktion des Managements bleibt unverändert: „Menschen durch gemeinsame Werte, Ziele und Strukturen durch Aus- und Weiterbildung in die Lage zu versetzen, eine gemeinsame Leistung zu vollbringen und auf Veränderungen zu reagieren." (Drucker 2004; S. 19 f.)

Zu Beginn des vorigen Jahrhunderts begannen Wissenschafter zu erkennen, dass es das Management gibt. Doch selbst in den fortschrittlichsten Ländern beschäftigte sich kaum jemand damit. Heute stellen jene Personen, die in der letzten amerikanischen Volkszählung als „Manager und Fachleute" eingestuft wurden, mehr als ein Drittel aller Erwerbstätigen. Dieser Wandel wurde in erster Linie vom Management selbst herbeigeführt. Die Unternehmensführung ist der Grund dafür, dass wir zum ersten Mal in der Geschichte eine große Zahl von gut ausgebildeten Menschen in produktiver Arbeit einsetzen können. Keine frühere Gesellschaft war dazu in der Lage. Tatsächlich war keine Gesellschaft bisher imstande, mehr als eine Handvoll solcher Menschen zu erhalten. Bis vor relativ kurzer Zeit wusste niemand, wie man es bewerkstelligen sollte, dass Menschen mit unterschiedlichen Fähigkeiten und Kenntnissen mit Blick auf ein gemeinsames Ziel zusammenarbeiten könnten.

Kaum ein Unternehmensführer hätte diese Entwicklung im Jahr 1870, als die ersten größeren Unternehmen Gestalt annahmen, voraussagen können. Der Grund dafür war weniger in einem Mangel an Vorausblick als in einem Mangel an Präzedenzfällen zu suchen. Zu jener Zeit war die einzige große Organisation

[1] In weiterer Folge werden die Termini Führung, Management, Unternehmensführung, Verantwortliche/r, Führungskraft synonym verwendet.

die Armee. Daher überrascht es auch nicht, dass sich die Männer, die transkontinentale Eisenbahnlinien, Stahlwerke, moderne Banken und Kaufhäuser gründeten, am Vorbild der militärischen Befehlsstruktur orientierten. Das Modell von Befehl und Kontrolle, in dem einige wenige an der Spitze Anordnungen gaben, die von den vielen am unteren Ende der Hierarchie befolgt wurden, beherrschte die Wirtschaft fast ein Jahrhundert lang. Doch dieses Modell war nicht derart statisch, wie man angesichts seiner Langlebigkeit vermuten könnte. Ganz im Gegenteil: Es begann sich fast augenblicklich zu wandeln, als die verschiedensten Spezialkenntnisse in die Unternehmen zu strömen begannen.

Der erste an einer Universität ausgebildete Ingenieur in einem Produktionsunternehmen wurde im Jahr 1867 von Siemens eingestellt. Sein Name war Friedrich von Hefener-Alteneck. Innerhalb von wenigen Jahren baute er eine Forschungsabteilung auf. Andere spezialisierte Abteilungen folgten. Bis zum Ersten Weltkrieg hatten sich die Standardabteilungen des Produktionsunternehmens herausgebildet: Forschung und Entwicklung, Fertigung, Vertrieb, Finanz- und Rechnungswesen. Ein wenig später folgte die Personalabteilung.

Noch größeren Einfluss auf den Fortschritt des Unternehmens nahm eine weitere zu jener Zeit vom Management eingeleitete Entwicklung. Gemeint ist die Anwendung des Managements auf die manuelle Arbeit in Form der Schulung. Die Schulung trieb den Wandel der Weltwirtschaft im vergangenen halben Jahrhundert voran, da sie Niedriglohnländern etwas ermöglichte, was laut der herkömmlichen Wirtschaftstheorie unmöglich war: Sie konnten sich fast über Nacht in effiziente – und dennoch kostengünstige – Konkurrenten verwandeln[2].

Im Ersten Weltkrieg musste eine große Zahl ungelernter Arbeitskräfte, die bis dahin unter vorindustriellen Bedingungen gearbeitet hatten, innerhalb kürzester Zeit in produktive Arbeiter verwandelt werden. Um diesem Erfordernis zu genügen, begannen Unternehmen in den Vereinigten Staaten und in Großbritannien, die von Frederick W. Taylor zwischen 1885 und 1910 entwickelte Theorie der wissenschaftlichen Betriebsführung anzuwenden und systematisch in großem Maßstab Arbeiter zu schulen. Die Unternehmen analysierten die Tätigkeiten und zerlegten sie in einzelne Handgriffe, die leicht zu erlernen und auszuführen waren. Nachdem die Methode im Zweiten Weltkrieg weiterentwickelt worden war, wurde sie von den Japanern und 20 Jahre später von den Südkoreanern aufgegriffen, die die Schulung zur Grundlage für ihren phänomenalen Fortschritt machten.

Bereits Mitte der 20er und Anfang der 30er Jahre begannen einige amerikanische Managementpioniere (darunter Thomas Watson Sr. von IBM, Robert E. Wood von Sears, Roebuck und George Elton Mayo von der Harvard Business School und weitere), die Organisation der Herstellung in Frage zu stellen. Sie gelangten zu dem Ergebnis, das Montageband (eine unmittelbare Konsequenz aus den Überlegungen von F. W. Taylor) könnte nur eine Übergangslösung sein. Trotz

2 Adam Smith erklärte noch, ein Land oder eine Region brauche mehrere hundert Jahre, um eine Tradition der Arbeit sowie jene handwerklichen und Führungskenntnisse zu entwickeln, die erforderlich seien, um ein Produkt (sei es Baumwollgewebe oder seien es Violinen) zu erzeugen und zu vermarkten.

seiner ungeheuren Produktivität sei es unwirtschaftlich, da es inflexibel sei, die Human Resources seien schlecht genutzt und diese Produktionsform sei sogar technisch unzureichend. Also begannen sie mit jenen Überlegungen und Experimenten, die schließlich zur „Automation" im Herstellungsprozess sowie zur Teamarbeit, zu den Qualitätszirkeln und zu einer Organisation führten, die den Einsatz der menschlichen Ressourcen anhand der Information steuerte. Jede dieser Innovationen in der Methode der Unternehmensführung weitete die Anwendung des Wissens auf die Arbeit aus und trug dazu bei, Vermutungen und Krafteinsatz durch Systeme und Information zu ersetzen. Um es mit Taylors Worten zu sagen: Man „arbeitete intelligenter" statt „härter".

Nach dem Zweiten Weltkrieg wurde klar, dass das Management nicht auf die Unternehmensführung beschränkt war. Es war auf jede menschliche Aktivität anwendbar, die Menschen mit verschiedenen Kenntnissen und Fähigkeiten in einer Organisation zusammenführte. Es zeigte sich, dass man es auch in allen Einrichtungen des dritten Sektors – in Krankenhäusern, Universitäten, Kirchen, Kunst- und sozialen Institutionen – anwenden musste. Dieser Sektor ist im Allgemeinen nach dem Zweiten Weltkrieg rascher gewachsen als die Privatwirtschaft oder die staatlichen Einrichtungen. Die Aufgabe, Freiwillige zu führen oder Spendenmittel zu sammeln, mag die Arbeit der Manager in Einrichtungen ohne Gewinnzweck von derjenigen ihrer in der Wirtschaft arbeitenden Kollegen unterscheiden, doch ihre Verantwortungsbereiche sind vielfach identisch: Beide Gruppen müssen die richtige Strategie und geeignete Ziele festlegen, die Fähigkeiten der Mitarbeiter entwickeln, die Leistungen messen und die Dienste der Organisation vermarkten.

Wie der kurze Abriss verdeutlichen soll, ist Management im Prinzip, in der Form, wie wir es heute kennen, eine sehr junge Disziplin. Deshalb verwundert es auch nicht, dass in den letzten Jahrzehnten eine rasche Entwicklung in der Managementliteratur stattgefunden hat. An der Flut der Bücher und Artikel fällt vor allen Dingen auf, dass ständig neue Moden, Schlagwörter und Patentrezepte in den Ring geworfen werden und zur jeweils allein richtigen Problemlösung erklärt werden (siehe dazu auch den kritischen Beitrag: „Mind-Settings" im Management – Gedanken zum „Führungskraft-Sein" weiter unten).

In diesem Dschungel an Ansätzen und Konzepten ist es schwierig, aktuelle und fundierte Lehrbuchinhalte zum Thema Management und Führung zusammenzufassen. Nachfolgende Ausführungen konzentrieren sich daher auf die klassischen führungstheoretischen Konzepte und Ansätze und sollen einen grundlegenden Überblick vermitteln.

2. Managementparadigmen

Von den grundlegenden theoretischen Annahmen in Bezug auf die Realität hängt es ab, worauf sich eine Disziplin konzentriert. Diese Annahmen sind üblicherweise im Unterbewusstsein der Experten, Wissenschafter, Autoren, Lehrer und Anwender gespeichert und zeigen sich in unterschiedlichen Ausprägungen im praktischen Alltag: bei Managern und Führungskräften in ihrem täglichen Handeln, bei Autoren im Zugang, wie und aus welchem Blickwinkel heraus sie Themen behandeln und „verarbeiten".

Diese Annahmen entscheiden darüber, was eine Disziplin als „Tatsache" betrachtet und worin sie eigentlich ihren Gegenstand sieht. Sie haben wesentlichen Einfluss darauf, was außer Acht gelassen oder als „störende Ausnahme" abgelehnt wird.

Gerade im Management ist sehr häufig von diesen Paradigmen die Rede, obgleich sehr selten darüber ausdrücklich und mit Tiefgang diskutiert wird. Im Gegensatz zu den Naturwissenschaften kommt jedoch in den sozialwissenschaftlichen Disziplinen dem Paradigma eine zentralere Rolle zu. Das Paradigma – das heißt die vorherrschende allgemeine Theorie – hat keinerlei Einfluss auf das Universum. Gleichgültig ob dem Paradigma zufolge die Sonne um die Erde kreist oder die Erde als Scheibe gilt: es hat keinerlei Einfluss auf die Erde oder die Sonne selbst. Die naturwissenschaftliche Disziplin beschäftigt sich mit den Objekten.

Bei sozialen Disziplinen, wie dem Management, ist das grundlegend anders. Hier beschäftigt man sich mit dem Verhalten von Menschen und menschlichen Einrichtungen und das verändert sich, passt sich an – und das oft in relativ kurzer Zeit. Die praktischen Anwender der Management- und Führungstheorien versuchen sich in der Regel entsprechend den theoretischen Annahmen zu verhalten. Das hat eine viel tiefgreifendere Konsequenz als bei den Naturwissenschaften, denn die Realität des Universums und seine Gesetze ändern sich nicht, die der Sozialwissenschaft wie bereits erwähnt sehr wohl. Die Sozialwissenschaften beziehen sich nicht auf Naturgesetze, sie fußen auf sich verändernde Paradigmen. Das bedeutet, dass die Annahmen, die in der Vergangenheit galten, innerhalb kürzester Zeit ihre Gültigkeit verlieren und vollkommen irreführend sein können. Daher sind auch die Grundannahmen in einer sozialen Disziplin wie dem Management von entscheidender Bedeutung. Noch bedeutsamer ist der Wandel der Grundannahmen.

Seit Entstehung der Managementtheorie in den 30er Jahren verfochten die meisten Gelehrten, Autoren und Führungskräfte bestimmte Annahmen bezüglich der Realität des Management. Sie lassen sich laut Drucker (vgl. Drucker 2004, S. 95 ff.) in zwei Gruppen unterteilen:

Die erste Gruppe von Annahmen bezieht sich auf die Theorie des Managements und umfasst folgende Aussagen:

1. Management ist gleichbedeutend mit der Führung von Unternehmen.
2. Es gibt eine optimale Organisationsform – oder zumindest sollte es sie geben.
3. Es gibt eine richtige Methode der Menschenführung – oder zumindest sollte es sie geben.

Die zweite Gruppe von Annahmen bezieht sich auf die Praxis des Managements:

1. Technologie, Märkte und Endanwendungen sind gegeben.
2. Der Anwendungsbereich des Managements ist rechtlich definiert.
3. Das Management ist nach innen gerichtet.

2.1. Paradigmen zur Theorie des Managements

Paradigma 1: Management ist gleichbedeutend mit der Führung von Unternehmen
Die meisten Menschen innerhalb und außerhalb des Managements nehmen diese Annahme als gegeben hin. Tatsächlich meinen Managementforscher, Manager und auch Laien meist „Unternehmensmanagement", wenn sie das Wort „Management" verwenden.

Der Ursprung dieser Annahme über das Management liegt nicht allzu weit zurück. Bis in die 30er Jahre nahmen die wenigen Autoren und Wissenschafter, die sich mit dem Thema Führung befassten – von F. W. Taylor bis hin zu Chester Barnard, der seine Thesen kurz vor dem Zweiten Weltkrieg entwarf –, allesamt an, die Unternehmensführung sei lediglich eine Untergattung des allgemeinen Managements und unterscheide sich im Grunde nicht mehr von der Führung anderer Organisationen. Diese Gleichsetzung hatte ihren Ursprung in der Weltwirtschaftskrise der 30er Jahre, die einer feindseligen Einstellung gegenüber den Unternehmen und einer Geringschätzung ihrer Leitung Vorschub leistete. Damit das Management im öffentlichen Sektor nicht mit den verachteten Unternehmensverantwortlichen über einen Kamm geschoren wurde, taufte man es in „öffentliche Verwaltung" um und rief eine eigene Disziplin mit eigenen Universitätsbereichen, einer eigenen Terminologie und einer eigenen Karriereleiter ins Leben.

Wer in den Depressionsjahren „political correctness" üben wollte, vermied den Terminus „Management".

Nach dem Zweiten Weltkrieg änderte sich diese „Mode". In den 50er Jahren war „Business" ein „gutes Wort" geworden – was weitgehend auf die Leistungen der amerikanischen Unternehmensmanager im Krieg zurückzuführen war. Und bald war es auch gern gesehen, das Unternehmensmanagement zu studieren. Seitdem wird das Management in der allgemeinen Debatte sowie in der Wissenschaft mit dem „Führen von Unternehmen" gleichgesetzt.

Und gerade dieser Fehler wird nach Drucker heute Schritt für Schritt rückgängig gemacht. Heute bieten Hochschulen immer häufiger „Executive-Management-Programme" sowohl für Unternehmensmanager als auch für Führungskräfte aus anderen Bereichen, „Non-Profit-Management-Programme" für Verantwortliche aus dem Non-Profit-Bereich bis hin zu „Pastoralmanagement" für religiöse Bildungseinrichtungen etc. an. Drucker weist nachdrücklich darauf hin, dass es sich beim Management nicht zwangsläufig um Unternehmensmanagement handelt, ebenso wie die Medizin nicht auf die Geburtshilfe beschränkt ist.

Selbstverständlich bestehen Unterschiede zwischen den Managementmethoden in verschiedenen Organisationen – schließlich entscheidet die Aufgabenstellung über die Strategie und die Strategie über die Struktur. Doch diese Unterschiede betreffen mehr die Anwendung als die Prinzipien.

Aus dieser Auseinandersetzung mit den Annahmen, die einem produktiven Studium und einer erfolgreichen Praxis des Managements zugrunde liegen sollten, kann folgender Schluss gezogen werden:

„Das Management ist das spezifische und einzigartige Organ einer Organisation." (Drucker 2004, S. 97)

Paradigma 2: Es gibt eine optimale Organisationsform – oder zumindest sollte es sie geben

Die „einzig richtige Organisationsform" hat sich schon mehr als einmal geändert. Doch die Suche danach geht unvermindert weiter. PIMS-Studien, Best-Practice-Ansätze, Benchmarking sind alles Versuche, gerade diese richtige Organisation zu finden und dann natürlich auch zu kopieren.

Doch mittlerweile wissen wir: Die ideale Organisationsform gibt es nicht. Jede Organisation hat ihre Stärken, ihre Grenzen und ihre spezifischen Anwendungsbereiche. Es hat sich gezeigt, dass die Organisationsform an sich keine Ziele darstellen kann. Vielmehr ist sie ein Werkzeug, das den Menschen die produktive Zusammenarbeit ermöglichen soll. Jede Organisationsstruktur erfüllt zu bestimmten Zeiten und unter bestimmten Bedingungen bestimmte Funktionen (siehe dazu auch den Beitrag „Organisationsdesign heute – ein pragmatischer Ansatz zur Entwicklung einer Hochleistungsorganisation" in diesem Band).

Zum Themenfeld der richtigen Organisation gibt es bereits eine unübersehbare Menge an Literatur und Fachbeiträgen. Ein Bereich jedoch, in dem unbedingt noch Forschungsarbeit geleistet werden muss, ist die Organisation des Topmanagements.

Drucker meint: „…es gibt niemanden, der ernsthaft behaupten wird, wir wüssten, wie man die Führung organisieren muss, sei es in einem Unternehmen, einer Universität, einem Krankenhaus oder auch einer modernen Kirche." (Drucker 2004, S. 101) Und wer Hintergrundinformationen als Externer oder gar selbst als Mitglied eines solchen Gremiums kennt, kann davon sicherlich viele Negativbeispiele über das Zusammenspiel in Management-Boards aus seinem Erfahrungsschatz aufzählen.

Ein deutliches Zeichen für diese mangelnde Kenntnis ist die wachsende Kluft zwischen Theorie und Praxis. Wir sprechen unentwegt über „Teams" – und jede Studie gelangt zu dem Ergebnis, dass die Arbeit des Topmanagements tatsächlich von einem Team geleistet werden sollte. Wer jedoch eine Vorstandsrunde und die Arbeitspraxis darin kennt, glaubt wohl eher ein Haifischbecken vor sich zu sehen, in dem „jeder gegen jeden vertraut". Denn die heutige Praxis zeigt auch, dass gerade diese individuellen Führungskräfte im Mittelpunkt eines extremen „Persönlichkeitskults" stehen. Und nicht selten sind gerade diese „Wirtschaftskapitäne" getrieben von Geldgier, Egozentrik und Narzissmus.

Es bleibt also in der Theorie und in der Praxis speziell auf dem zuletzt aufgezeigten Feld noch sehr viel zu tun.

Die Pioniere des Managements vor einem Jahrhundert hatten Recht. Es bedarf einer Organisationsstruktur, um Aufgaben heutiger Komplexität vernünftig erledigen zu können. Doch die Pioniere irrten sich, als sie annahmen, dass es eine ideale Organisationsform gebe oder geben müsste. Das heißt anstatt nach der einen richtigen Organisationsform zu suchen, sollte das Management daher lernen, die für die Aufgaben geeignetste Organisationsform zu entwickeln.

Paradigma 3: Es gibt eine richtige Methode zur Menschenführung

Diese Annahme liegt praktisch jeder Publikation zur Menschführung zugrunde. Der am häufigsten zitierte Exponent dieser These ist Douglas McGregor, der in seinem 1960 erschienenen Buch „The Human Side of Enterprise" erklärte, das Management habe zwischen zwei Methoden der Menschenführung zu wählen. Dabei handelt es sich zum einen um die „Theorie X" und zum anderen um die „Theorie Y", wobei McGregor meinte, vernünftig sei nur die zweite Methode.

Theorie X	Theorie Y
Mensch hat angeborene Abscheu vor der Arbeit	Arbeit gilt als Quelle der Zufriedenheit, körperliche und geistige Anstrengung beim Arbeiten gilt als natürlich
Die meisten Menschen müssen kontrolliert, geführt oder zur Arbeit angeleitet werden	Durch Zielidentifikation wird die Kontrollnotwendigkeit minimiert
Vermeidung von Verantwortung und Entscheidungen	Verantwortung, Initiative, Kreativität, Einfallsreichtum
Starkes Sicherheitsbestreben und -bedürfnis	Wichtigste Anreize sind die Befriedigung von Ich-Bedürfnissen und das Streben nach Selbstverwirklichung
Mensch möchte gerne geführt werden	Selbstdisziplin, Selbstkontrolle und eigene Initiative

Abbildung 1: Menschenbilder Theorie X/Y

Schein spezifiziert 20 Jahre später in seinem Werk „Organizational psychology" (1980) die stereotypische Behandlung der menschlichen Verhaltensweisen etwas genauer und unterscheidet in seinen Annahmen folgende Kategorisierungen:

- Rational economic man (entspricht großteils den Annahmen der Theorie X nach McGregor): Personen, die diesem Bild entsprechen, erscheinen eher passiv und monetär motivierbar, rational orientiert und weisen eine verstärkte Tendenz zur Steuerung und Kontrolle auf.
- Social man: Die sozialen Bedürfnisse stehen im Vordergrund und die Interaktion bzw. Zugehörigkeit zu bestimmten Gruppen stellt einen Anreiz zur Motivation dar.
- Self actualizing man (entspricht großteils den Annahmen der Theorie Y nach McGregor): Der Mensch ist befähigt, sich selbst zu motivieren und zu kontrollieren; Selbstverwirklichung kann auch in der Arbeit gefunden werden und konform mit der unternehmerischen Zielerreichung gesehen werden.
- Complex man: Diese Kategorisierung entspricht dem lernorientierten Menschen im Sinne eines „Knowledge Worker" in der Wissensgesellschaft, zukunftsorientiert, wandlungs- und anpassungsfähig bezüglich unterschiedlicher Situationen und Kontexte.

Abraham H. Maslow wies in seinem Buch „Eupsychian Management" aus dem Jahr 1962 nach, dass McGregor mit seinen Vorstellungen vollkommen im Irrtum ist. Maslow demonstrierte überzeugend, dass unterschiedliche Menschen unterschiedlich geführt werden müssen.

Auf der Grundannahme, es gebe eine einzige richtige Methode der Menschenführung oder es sollte sie zumindest geben, beruhen alle anderen Annahmen in Bezug auf die Beziehung zwischen Mensch und Organisation bzw. Aufgabe.

Eine dieser Annahmen lautet, dass die Menschen, die für eine Organisation arbeiten, Angestellte dieser Organisation sind, der sie ihre gesamte Arbeitszeit widmen und von der ihr Lebensunterhalt und ihre Karriere abhängen (übrigens findet sich ein Großteil dieser Formulierung auch in unserem Arbeits- und Sozialrecht wieder). Eine weitere Annahme lautet, dass die Menschen, die für eine Organisation arbeiten, deren Untergebene sind. Ja es wird sogar angenommen, dass die überwiegende Mehrheit dieser Menschen entweder keine oder nur geringe Fähigkeiten besitzen und lediglich tun, was ihnen aufgetragen wird.

Als diese Annahmen kurz nach dem Ende des Ersten Weltkriegs formuliert wurden, kamen sie der Realität nahe genug, um als zutreffend anerkannt zu werden. Doch mittlerweile sind sie allesamt unhaltbar geworden. Die Mehrheit der Menschen, die heute für eine Organisation tätig sind, sind weiterhin deren Angestellte. Doch eine sehr große und stetig wachsende Minderheit ist, obwohl sie weiterhin für eine Organisation arbeitet, nicht länger dort angestellt, geschweige denn als Vollzeitangestellte. Stattdessen arbeiten diese Personen für einen Vertragspartner, der beispielsweise für die Instandhaltung eines Krankenhauses oder die Wartung einer Fertigungsanlage zuständig ist oder das IT-System eines KMU betreut. Sie sind Teilzeitmitarbeiter oder haben befristete Arbeitsverträge. Immer öfter handelt es sich bei diesen Personen um individuelle Auftragnehmer, die gegen Honorar arbeiten oder für einen bestimmten Zeitraum unter Vertrag genommen werden. Dies gilt insbesondere für die am besten ausgebildeten und daher wertvollsten Mitarbeiter einer Organisation.

Auch die Vollzeitbeschäftigten können immer seltener als „Untergebene" bezeichnet werden, und dies gilt sogar für viele eher gering qualifizierte Personen. Mitarbeiter sind immer öfter „Wissensarbeiter". Und Wissensarbeiter sind keine Untergebenen, sondern „Partner". Sobald sie ihre Ausbildungszeit hinter sich haben, müssen die Wissensarbeiter mehr über ihre Tätigkeit wissen als ihre Vorgesetzten, da sie ansonsten kaum von Nutzen sind. Dazu kommt, dass heute meist „Vorgesetzte" vor ihrem „Aufstieg" niemals die Tätigkeit ihrer „Untergebenen" ausgeübt haben, wie es noch vor wenigen Jahrzehnten der Fall war und weiterhin allgemein angenommen wird.

Heute muss eine wachsende Zahl von Vollzeitbeschäftigten geführt werden, als handle es sich bei ihnen um freiwillige Mitarbeiter. Natürlich werden sie bezahlt, doch Wissensarbeiter sind mobil. Sie können gehen, wann immer sie wollen.

Wir wissen seit über 50 Jahren, dass Geld allein keinen ausreichenden Leistungsanreiz darstellt. Ein nicht zufrieden stellendes Gehalt wirkt nicht viel mehr als ein „Hygienefaktor", wie Frederick Herzberg in seinem Buch „The Motivation to Work" schrieb. Der Mitarbeiter – und insbesondere der Wissensarbeiter – wird von denselben Dingen motiviert wie der Freiwillige. Wir wissen heute, dass Freiwillige größere Befriedigung aus ihrer Arbeit beziehen müssen als bezahlte Mitarbeiter, was seinen Grund eben darin hat, dass sie für ihre Arbeit nicht bezahlt werden. Beide suchen vor allem Herausforderung, was Herzberg unter „Motivatoren" subsumiert. Motivatoren sind so genannte Zufriedenmacher (d.h. diese Faktoren können Zufriedenheit herstellen, wie Leistung, Anerkennung, Arbeitsinhalte, Aufstiegsmöglichkeiten, Entscheidungs- und Verantwortungsmöglichkeit); dem gegenüber stehen die Hygienefaktoren, die Unzufriedenheitsvermeider (diese Faktoren verhindern Unzufriedenheit, stellen aber keine Zufriedenheit her, wie Entlohnung, Arbeitsbedingungen, Unternehmenspolitik). Anders als bei Maslow basieren diese Aussagen auf empirischen Ergebnissen und lenken auch die Bemühungen der Mitarbeitermotivation auf die Inhalte und Strukturierung der Arbeit an sich. Jedoch muss auch hier gesagt werden, dass diese Aussagen schwer generalisierbar sind; manche Faktoren können sowohl Zufriedenheit als auch Unzufriedenheit erzeugen, dies ist schwer definierbar, da eine sehr große Abhängigkeit zum Individuum und dessen jeweiliger Entwicklung besteht (Alter, Status, Bildungsgrad, Position, etc.).

Fassen wir die bisherigen Ausführungen zusammen, so kommen wir zu dem Schluss, dass nicht nur die verschiedenen Beschäftigtengruppen unterschiedlich geführt werden müssen, sondern dass auch dieselbe Beschäftigtengruppe zu verschiedenen Zeitpunkten unterschiedlich geführt werden muss. Mitarbeiter sollten zunehmend als Partner verstanden werden, und alle Mitglieder einer Partnerschaft müssen definitionsgemäß gleich behandelt werden. Partner kann man nicht befehligen, man muss sie überzeugen.

Die Produktivität des Wissensarbeiters dürfte in diesem Jahrhundert in den Mittelpunkt der Personalführung rücken, so wie vor 100 Jahren die Arbeit an der Produktivität des ungelernten Fabrikarbeiters im Mittelpunkt des Personalmanagements stand. Dazu werden vor allem ganz andere Annahmen in Bezug auf die Menschen in Organisationen und in Bezug auf ihre Arbeit formuliert werden müssen:

Mitarbeiter oder sogar Mitwirkende werden nicht „gemanagt". Die Aufgabe besteht darin, sie zu leiten. Und das Ziel lautet, die spezifischen Stärken und Kenntnisse jedes einzelnen Mitarbeiters produktiv einzusetzen.

2.2. Paradigmen zur Praxis des Managements

Wie oben bereits dargestellt, geht die Managementpraxis von drei Annahmen aus. Sie beruhte schon lange vor der Entstehung einer Managementtheorie auf diesen Grundannahmen.

Paradigma 1: Technologie, Märkte und Endanwendungen sind gegeben

Dieser Annahme liegen der Aufstieg der modernen Unternehmung und die Entwicklung der modernen Wirtschaft zugrunde. Ihren Ursprung hat sie in der Frühzeit der industriellen Revolution.

Als aus den Spinnereien die Textilindustrie entstand, wurde angenommen, dass die Textilindustrie über eine eigene, einzigartige Technologie verfügt. Das Gleiche galt für den Kohlebergbau und für alle anderen Industrien, die Ende des 18. Jahrhunderts und in der ersten Hälfte des 19. Jahrhunderts entstanden. Der Erste, der dies begriff und ein großes, international agierendes Unternehmen auf dieser Erkenntnis aufbaute, war auch der Begründer des ersten modernen Unternehmens: Ernst Werner von Siemens stellte, wie oben bereits erwähnt, 1896 als erster Unternehmer einen an einer Universität ausgebildeten Wissenschafter ein. Er sollte ein eigenes Forschungslabor aufbauen. Dieses Labor beschäftigte sich ausschließlich mit dem Thema Elektronik und beruhte auf der Erkenntnis, dass die Elektronik (dazumal wurde sie noch als Niederspannungstechnik bezeichnet) etwas Eigenes und ganz anderes war als alle anderen Industriezweige und daher ihre eigene und ganz andere Technologie hatte. Dieser Erkenntnis entsprang nicht nur Siemens als Konzern, sondern ganze Industriezweige wie die deutsche chemische Industrie, die eine weltweite Führungsposition erlangte. Sie, wie auch viele Weitere, ging von der Annahme aus, dass die Chemie – insbesondere die organische Chemie – mit einer eigenen, einzigartigen Technologie Hand in Hand gehe. Darauf basieren alle anderen Großunternehmen der Welt, seien es die Elektro- und Maschinenbauunternehmen, die Automobilhersteller oder die Telefongesellschaften.

Im 19. und während der gesamten ersten Hälfte des 20. Jahrhunderts konnte man davon ausgehen, dass die Technologien außerhalb der eigenen Industrie keinerlei oder zumindest nur sehr geringen Einfluss auf die eigene Tätigkeit haben würden. Mittlerweile sollten wir von der Annahme ausgehen, dass die Technologien, die den größten Einfluss auf Unternehmen und Industrie haben, außerhalb ihrer originären Geschäftstätigkeit angesiedelt sind.

Die ursprüngliche Annahme lautete wie selbstverständlich, dass das eigene Forschungslabor alles produzieren könne und werde, was das Unternehmen – oder die Industrie – benötige. Und der Umkehrschluss lautete, dass alles, was dieses Labor hervorbringe, ausschließlich auch in der eigenen Branche Verwendung finde.

Auf dieser Annahme basierte das vermutlich erfolgreichste aller großen Forschungslaboratorien, die in den letzten 100 Jahren entstanden: die Bell Labs des amerikanischen Telefonsystems. Die Anfang der 20er Jahre gegründeten Bell Labs brachten bis Ende der 60er Jahre praktisch alles neue Wissen und alle neuen Technologien hervor, die von der Telefonindustrie benötigt wurden. Umgekehrt kam fast alles, was die Bell Labs entwickelten, im Wesentlichen in der Telefonie zum Einsatz. Doch das änderte sich vollkommen, als die Bell Labs ihre wohl größte wissenschaftliche Errungenschaft hervorbrachten: den Transistor. Selbstverständlich gebrauchte die Telefongesellschaft diese Innovation. Aber die wichtigsten Einsatzgebiete für den Transistor fanden sich außerhalb der Telefonie. Diese Entwicklung kam für die Verantwortlichen derart unerwartet, dass die Bell Telephone Company diese Errungenschaft praktisch verschenkte, da sie in der Telefonie nicht genug Anwendungsmöglichkeiten dafür sah. Zudem erkannte sie keinen möglichen Nutzen der Technologie in anderen Industrien. Und so wurde die revolutionärste – und wertvollste – Entwicklung der Bell Labs für den lächerlichen Betrag von 25.000 US-Dollar frei an jeden Interessenten verkauft.

Moderne Märkte sind dadurch gekennzeichnet, dass ein und dasselbe Bedürfnis auf unterschiedlichste Art und Weise befriedigt werden kann. Nicht das Mittel zur Befriedigung des Bedürfnisses, sondern das Bedürfnis selbst ist einzigartig. Ein klassisches Beispiel dafür bildet das Bedürfnis nach aktuellen Nachrichten. Noch zu Beginn des Zweiten Weltkriegs waren die Nachrichten ein Monopol der Zeitungen. Die Zeitung, eine Erfindung des 18. Jahrhunderts, erlebte ihre Blütezeit zu Beginn des 20. Jahrhunderts. Mittlerweile gibt es eine Reihe konkurrierender Methoden der Nachrichtenübermittlung mit unterschiedlichen Geschwindigkeiten. An die Seite der gedruckten Zeitung ist die Online-Ausgabe im Internet getreten; dazu kommen neben anderen Medien Radio und Fernsehen. Eigene Nachrichtendienste bedienen sich ausschließlich der elektronischen Übermittlung, so z.B. die Anbieter von Wirtschafts- und Finanznachrichten.

Das moderne Management muss heute von der Annahme ausgehen, dass keine Technologie zu einer bestimmten Industrie gehört, sondern dass im Gegenteil alle Technologien potenziell – und sogar mit einiger Wahrscheinlichkeit – von großer Bedeutung für sämtliche Industrien sind und Einfluss auf diese haben werden. Zudem gilt, dass es keine bestimmte Anwendung für ein Produkt oder eine Dienstleistung gibt und dass umgekehrt keine Anwendung mit einem bestimmten Produkt oder einer bestimmten Dienstleistung verknüpft werden kann.

Zu den Implikationen dieser Annahme zählt auch, dass die Nichtkunden einer Organisation zunehmend ebenso bedeutsam sind, wenn nicht sogar bedeutsamer als deren eigentliche Kunden. Das Management eines Unternehmens kann heute nicht länger von seinem Produkt oder seiner Dienstleistung, ja nicht einmal von seinem bekannten Markt und den bekannten Endanwendungen seiner Produkte oder Dienstleistungen ausgehen. Vielmehr steht der Kundennutzen im Mittelpunkt und nicht mehr das produzierte Gut. Dabei hat der Nutzen aus Sicht des Kunden oft sehr wenig damit zu tun, was der Anbieter unter Produkt-Nutzen oder Produkt-Qualität versteht.

Konkret bedeutet das:

„Das Management wird zunehmend auf der Annahme beruhen müssen, dass weder die Technologie noch die Anwendung die Grundlage für die Managementpolitik darstellen können. Sie stellen Einschränkungen dar. Grundlage des Managements müssen die Werte des Kunden und seine Entscheidungen bezüglich der Verteilung seines verfügbaren Einkommens sein. Von diesen beiden Faktoren müssen die Managementpolitik und die Managementstrategie zunehmend ausgehen." (Drucker 2004, S. 112)

Paradigma 2: Der Anwendungsbereich des Managements ist rechtlich definiert

Im Mittelpunkt des Managements steht eine rechtliche Einheit, d.h. ein Unternehmen, ein Krankenhaus, eine Universität etc. Der Anwendungsbereich ist somit prinzipiell rechtlich festgelegt. Von dieser Annahme wird im Allgemeinen als gesetzter Größe ausgegangen.

Ein Grund für diese Annahme ist, dass das traditionelle Managementkonzept auf Befehl und Kontrolle beruht. Geschäftsführer, Vorstände, Leiter eines Krankenhauses habe über die rechtlichen Grenzen ihrer Einrichtungen hinweg keine Befehls- und Kontrollbefugnis.

Vor bereits 100 Jahren zeigte sich jedoch erstmals, dass die rechtliche Definition ungeeignet war, um eine große Einrichtung zu leiten. Im Allgemeinen wird den Japanern durch die Anwendung des *keiretsu* jenes Managementkonzept zugesprochen, dem zufolge die Lieferanten eines Unternehmens mit ihren wichtigsten Kunden in den Bereichen Planung, Produktentwicklung, Kostensenkung etc. verknüpft werden. D.h. es erfolgt eine Integration von nicht rechtlich kontrollierten, sondern wirtschaftlich verbundenen Unternehmen in ein gemeinsames Managementsystem. Heute verstehen wir darunter das auch in diesem Band in mehreren Beiträgen angeführte Netzwerkmanagement. Und dieses Netzwerkmanagement fordert von den Verantwortlichen eine völlig andere Art der Steuerung und Ausrichtung, als klassische Organisationsstrukturen dies fordern. Hier geht es dann nicht mehr um Machtanwendung, sondern um den Aufbau einer tatsächlich tragfähigen Partnerschaft.

Die neue Annahme, auf der sowohl die Theorie als auch die Praxis des Managements beruhen müssen, lautet, dass der Anwendungsbereich des Managements nicht mehr rechtlich definiert werden kann. Er muss betrieblich und situativ definiert und umfassender gesehen werden. Das Management muss sich auf die Ergebnisse und die Leistungen entlang der gesamten Wertschöpfungskette im Netzwerk konzentrieren und diese Einheiten übergreifend koordinieren und gestalten.

Paradigma 3: Das Management zielt auf das Innenleben des Unternehmens ab

Diese Annahme erklärt die ansonsten vollkommen unverständliche Unterscheidung zwischen Management und unternehmerischem Handeln. In der Praxis war diese Unterscheidung nie sinnvoll. Jede Einrichtung, sei es ein Unternehmen oder irgendeine andere Organisation, die keine Neuerungen vornimmt und nicht unternehmerisch handelt, ist über kurz oder lang dem Untergang geweiht.

Es hätte von Anfang an klar sein müssen, dass Management und Unternehmertum lediglich zwei verschiedene Dimensionen derselben Tätigkeit darstellen. Ein Entrepreneur, der nicht lernt, wie man managt, wird sich nicht lange behaupten. Dasselbe gilt umgekehrt für einen Manager, der nicht erlernt, Innovationen einzuführen. Tatsächlich muss jedes Unternehmen – so wie jede andere Organisation – so gestaltet werden, dass es die Veränderung als Norm betrachtet und Veränderungen herbeiführt, anstatt lediglich darauf zu reagieren.

Das unternehmerische Handeln geht von der Auseinandersetzung mit der Außenwelt aus und zielt auf die Außenwelt. Daher passt es nicht in die traditionelle Vorstellung vom Anwendungsbereich des Managements. Das ist der Grund dafür, dass Unternehmertum und Management üblicherweise als unterschiedliche oder sogar unvereinbare Sphären betrachtet werden.

Aus der traditionellen Annahme, der zufolge das Innere der Organisation der Bereich des Managements sei, folgt die Annahme, dass sich das Management mit

Bemühungen, wenn nicht sogar nur mit Kosten zu befassen habe. Denn innerhalb einer Organisation gibt es nur Bemühung. Und alles innerhalb einer Organisation ist eine Kostenstelle.

Aber die tatsächlichen, zählbaren Ergebnisse einer Organisation existieren nur außerhalb ihrer Grenzen.

Prinzipiell ist es nachvollziehbar, dass sich anfangs das Interesse des Managements auf das Innenleben konzentrierte, denn in den großen Unternehmen, die um 1870 entstanden, war vorrangig die Aufgabe, ihre internen Funktionsweisen unter Kontrolle zu bringen. Diese Aufgabe war vollkommen neu. Wenn auch die Annahme, das Innere der Organisation sei der Anwendungsbereich des Managements, ursprünglich berechtigt oder zumindest erklärbar war, hat es keinen Sinn, weiterhin daran festzuhalten.

Das Management muss sich auf die Ergebnisse und die Leistung der Organisation konzentrieren. Tatsächlich besteht die vorrangige Aufgabe des Managements darin, festzulegen, worin die Ergebnisse und Leistungen bestehen sollen – und jedermann, der je mit dieser Aufgabe betraut war, kann bestätigen, dass dies eine der schwierigsten, umstrittensten und bedeutsamsten Aufgaben des Managements ist. Die spezifische Funktion des Managements besteht also darin, die Ressourcen zu organisieren, um außerhalb der Organisation Ergebnisse zu erzielen.

Das heißt, der Daseinsgrund des Managements sind die Ergebnisse des Unternehmens. Das Management hat von den angestrebten Ergebnissen auszugehen und die Ressourcen der Einrichtung so zu organisieren, dass die angestrebten Ergebnisse erzielt werden können. Das Management ist das Organ, das die Organisation befähigt, in der Außenwelt Ergebnisse zu erzielen.

In weiterer Folge könnten wir jetzt die Vielzahl unterschiedlichster Managementkonzepte konsequent vorstellen und abarbeiten. Aufgrund des hier gewählten Arbeitsfokus möchten wir uns im nächsten Schritt lediglich auf die gängigsten, weil am weitesten verbreiteten Führungstechniken der „Management-by"-Ansätze konzentrieren. Diese Führungstechniken dienen als eine Art Hilfestellung zur Ausübung der Tätigkeit als Führungsperson, um so die organisationalen und die individuellen (Mitarbeiter-)Ziele und Ergebnisse langfristig realisieren zu können.

3. Führungstechniken

Zur Orientierung bedient sich die heutige Führungs-Fachwelt der weitverbreiteten „Management-by"-Ansätze, von denen die Wichtigsten im Folgenden kurz skizziert werden.

3.1. Management by Exception

Als Management by Exception bezeichnet man die Führung durch Ausnahmeregelungen. Die Mitarbeiter/innen müssen hier in einem im Vorhinein definierten und vorgegebenen Rahmen selbstständig entscheiden und tragen dafür auch vollumfänglich die Verantwortung (zentraler Organisationsgrundsatz: Entscheidung muss immer unmittelbar mit der entsprechenden Verantwortung gekoppelt sein, d.h. je umfassender der Entscheidungsrahmen ist, desto größer ist auch im gleichen Ausmaß die entsprechende Verantwortung). Die Vorteile dieser Führungstechnik liegen zunächst in der Entlastung der Führungskraft von Routineaufgaben (ständig wiederkehrende, standardisierte Tätigkeiten) sowie in der Motivation und Entwicklung der Mitarbeiter/innen, denn durch das Übertragen von eigenständig zu erledigenden Aufgaben erhöht sich in der Regel die Motivation der Mitarbeiter/innen, und das Engagement und die Selbstständigkeit steigen.

Werden hingegen die Aufgaben lediglich auf reine Routineaufgaben beschränkt, muss von einer gegenläufigen Wirkung ausgegangen werden, die Motivation nimmt durch diese Einschränkung ab. Grundsätzlich muss bei Management by Exception natürlich im Vorfeld festgelegt werden, wie weit der Bereich der eigenständigen Entscheidungen angelegt ist und ab wann Ausnahmeregelungen, d.h. Entscheidungen der Führungskraft, notwendig werden.

3.2. Management by Delegation

Der Irrglaube vieler Führungskräfte, alles selbst erledigen zu müssen (oder auch zu wollen), führt langfristig betrachtet zu Überforderung, Frustration und schließlich zum Burn-out. Um dem vorzubeugen, sollten Führungskräfte lernen, Aufgaben zu delegieren, um Zeit für wirklich Wichtiges und Strategisches zu haben. Delegieren bedeutet „übertragen“ oder „jemanden mit einer bestimmten Aufgabe betrauen“, der über die notwendigen Kompetenzen verfügt und auch die Verantwortung in dem ihm übertragenen Bereich tragen kann. Unterschieden wird zwischen extern Delegieren (an Service, Kompetenzeinheiten außerhalb des Unternehmens, bspw. Unternehmens,- Steuer-, Rechtsberater) und intern Delegieren (an fähige Mitarbeiter/innen).

Eine von Führungskräften immer wieder gestellte „Führungsfrage“ bezieht sich auf das Thema des „richtigen Delegierens“. Nachfolgend skizzierter Prozess soll einen ersten Einblick geben:

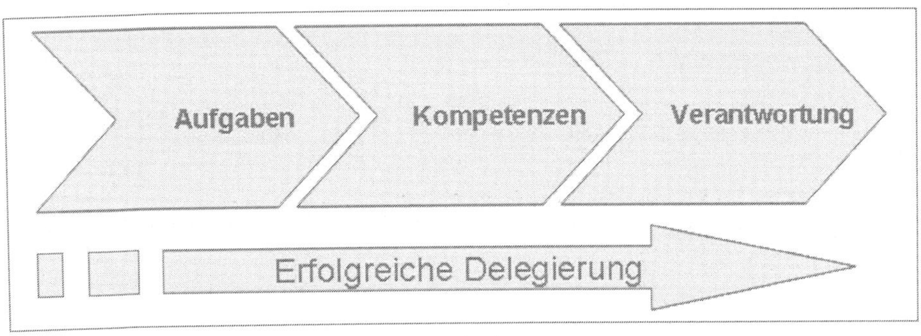

Abbildung 2: Elemente eines erfolgreichen Delegierungsprozesses

Aufgabe
Zunächst muss die Führungskraft prinzipiell entscheiden, ob die Tätigkeit selbst ausgeführt werden muss oder von einer kompetenten anderen Person (besser) erledigt werden kann (Aufgabenanalyse).

Kompetenzen
Ist diese grundsätzliche Entscheidung getroffen, muss geklärt werden, welche notwendigen Mittel und Kompetenzen die jeweilige Person mitbringen muss, damit die Aufgabe qualifiziert erledigt werden kann. Hierbei wird unterschieden zwischen:

- Fachkompetenz: fachliche Fähigkeiten, Fertigkeiten, Spezialwissen, einschlägige Erfahrungen
- Methodenkompetenz: Wissen und Erfahrungen (Know-how, Know what) über den Einsatz unterschiedlicher Methoden, Instrumente, Techniken (bspw. Qualitätsmanagementtechniken, Software-Anwendungswissen)
- Soziale Kompetenz: Fähigkeiten des Erkennens, Behandelns und bewussten Gestaltens von sozialen Prozessen im Unternehmen (bspw. Vertrauen schaffen, Konflikte konstruktiv lösen, Motivationsbarrieren erkennen)
- Persönliche Kompetenz: charakterliche Eigenschaften der Person (bspw. Integrität, Einsatz, Engagement, Verantwortungs- und Leistungsbereitschaft, Risikobereitschaft, Offenheit, Ehrlichkeit)

Unterschiedliche Aufgaben fordern unterschiedliche Kompetenzbündel und führen daher zu einem unterschiedlichen Einsatz der Mitarbeiter/innen. Richtig delegieren heißt daher, den richtigen Mitarbeiter für die richtige Herausforderung einzusetzen, denn nur dann können alle Beteiligten erfolgreich sein.

Verantwortung
Im Rahmen des Delegierens werden gerade in der inadäquaten Übertragung von Verantwortung heute nach wie vor die meisten Führungsfehler gemacht. Die Übertragung der Verantwortung hat zwei Gesichter: Sie kann einerseits Motivation fördern (Entgegenbringen von Vertrauen und Wertschätzung, Möglichkeiten der Einflussnahme und daraus resultierende Verwirklichung), andererseits jedoch auch belastend wirken (zu große Bürde, objektiv nicht tragbar, Abwälzen von lästigen Aufgaben und deren Verantwortung, zeitliche und fachliche Überforderung).

Die Qualität der Aufgabendelegation an sich ist natürlich in erster Linie abhängig von der grundsätzlichen Einstellung der Führungskraft zu Mitarbeitern und Mitmenschen generell, d.h.: Von welchem Menschenbild ist die Führungskraft in ihrem Handeln geprägt? (siehe dazu auch die Ausführungen oben).

3.3. Management by Objectives

Unter diesem Ansatz wird die systematische Entwicklung von gemeinsamen Ziele-Werte-Definitionen verstanden: Ausgehend vom langfristigen strategischen Unternehmensziel werden gemeinschaftlich (vom Führenden und Betroffenen) abgeleitete Abteilungs-, Gruppen- und einzelne Mitarbeiterziele definiert. Diese Ziele werden im Sinne von Zielvereinbarungen mit einem zeitlichen Horizont hinterlegt, d.h. es wird ein zeitlicher Rahmen der Erreichung der Ziele kreiert. Wichtig ist in diesem Zusammenhang, dass die Ziele im Sinne der Unternehmensstrategie definiert werden. Die SMART-Regel (**s**pezifisch – für den/die einzelne/n Mitarbeiter/in; **m**essbar – der Erfolg bzw. die Erreichung des Ziels muss sichtbar sein, mit einer Messzahl hinterlegt; **a**kzeptiert – hier muss eine klare Übereinkunft zwischen Führungskraft und Mitarbeiter getroffen werden; **r**ealistisch – in dem Ausmaß auch wirklich von der Person erreichbar, nicht überfordernd und nicht unterfordernd; und **t**erminiert – klare realistische Zeithorizonte mit einem klar definierten Erreichungsdatum) gibt hier hilfreiche Orientierung. Als weiteres Hilfsmittel zur Spezifizierung von Mitarbeiterzielen, um hier auch Missverständnissen entgegenzuwirken, dient die „Regel der 6 Ws“:

Wer
Persönliche Ansprache derjenigen, die mit der Erfüllung des Ziels beauftragt sind.

Was
Es geht darum, die Tätigkeit bzw. das Tätigkeitsbündel genau zu präzisieren, um Irrtümer, Missverständnisse und Verwechslungen im Vorhinein auszuschalten, um von den allgemeinen Beschreibungen wie: „Wir müssen dies machen“, bei dem sich niemand betroffen bzw. angesprochen fühlt, hin zu einer klar gerichteten Aktion zu kommen.

Wie
Eine Führungskraft darf sich nicht darauf verlassen, dass die Mitarbeiter/innen ohnehin Bescheid wissen müssten! Klare sprachliche Formulierung und Prüfung des Verständnisses der Mitarbeiter/innen im Sinne einer zielgruppenspezifischen Kommunikation spielen eine bedeutende Rolle, d.h. es sollte genau die Sprache verwendet werden (Personifizierung), welche die Mitarbeiter/innen auch verstehen. Fehlt hier die klare Definition, so wird dieser Freiraum mit Interpretationen gefüllt; dies kann im Sinne und im Interesse des Unternehmens erfolgen, muss es aber nicht.

Wo
Natürlich wird davon ausgegangen, dass bei Mitarbeitern mit Vollzeitbeschäftigung das Wo im Sinne von der Örtlichkeit geklärt ist, hier gilt es jedoch zu spezifizieren, wenn sich dies ändern sollte, da ansonsten Störungen im Arbeitsablauf entstehen könnten.

Wann
Hier geht es darum, welchen Prioritätsgrad die Tätigkeit/Aufgabe einnimmt, um die Zeit und die Arbeitskraft optimal zu nutzen und somit die gesetzten Ziele

besser zu erreichen – wobei Prioritäten nach Wichtigkeit und Dringlichkeit klassifiziert werden:

- Wichtigkeit – Berücksichtigung findet einerseits die Wertorientierung (Welcher Aufgabe wird der größte Wert in bspw. finanzieller Hinsicht zugemessen?) und andererseits die Zielorientierung (Welche Tätigkeit liefert den größten Beitrag zur langfristigen Zielerreichung?).
- Dringlichkeit – dies hängt vom Faktor Zeit und der daraus resultierenden Terminierung ab.

Grundsätzlich gilt: Wichtigkeit kommt vor Dringlichkeit, nicht alles, was eilig erscheint, ist auch wirklich so dringend, manches kann warten oder delegiert werden. Eine einfache Systematik dazu gibt das Eisenhower-Prinzip, welches die unternehmerischen Aufgaben einordenbar bezüglich der Priorität und der Art der Erledigung zusammenfasst.

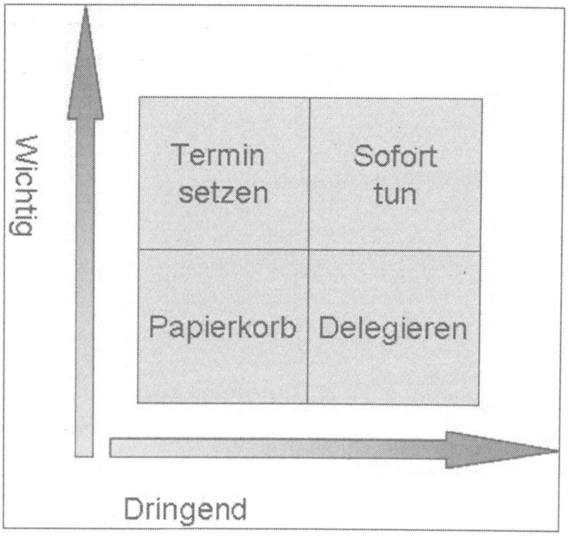

Abbildung 3: Eisenhower-Prinzip

Aufgaben, die wichtig und dringlich (auch bekannt als A-Aufgaben in der ABC-Analyse) und somit auch sehr bedeutend für die strategische Ausrichtung des Unternehmens sind, müssen von Führungskräften selbst erledigt werden und sind zu priorisieren. Dafür werden sie schließlich auch bezahlt.

Aufgaben, die zwar wichtig sind, aber nicht dringend (d.h. der Faktor Zeit spielt hier eine untergeordnete Rolle), sollen auch von der Führungskraft erledigt werden, aber zu einem späteren Zeitpunkt – hier wird ein Termin gesetzt.

Aufgaben, die dringend sind, aber nicht so wichtig (d.h. die Wertigkeit dieser Aufgaben ist nicht so hoch, aber dafür spielt der Faktor Zeit eine große Rolle, auch bekannt als B-Aufgaben), können von der Führungskraft an verantwortungsvolle Mitarbeiter/innen übertragen werden – delegieren (siehe hierzu Management by Delegation).

Aufgaben, die weder von Wichtigkeit noch Dringlichkeit geprägt sind (so genannte Störfaktoren), sollen aussortiert werden, damit die einsetzbare Zeit auch wirklich wirksam geplant werden kann – Papierkorb.

Warum
Anweisungen alleine werden nicht immer zum Ziel bzw. zur Zielerreichung führen, wenn jedoch der/die Mitarbeiter/in den Sinn und Nutzen der Tätigkeit sieht, wird sich leichter Engagement und Motivation entwickeln und somit das Kreativitäts- und Innovationspotenzial der Mitarbeiter/innen ausschöpfen lassen.

4. Die Führungskraft im Wandel der Zeit

„Freude an der Arbeit, Freude über das Resultat und sein Nutzen für die Mitmenschen muss das wichtigste Motiv unserer Anstrengungen in der Ausbildung und im späteren Berufsleben sein.“ (Albert Einstein)

Die Karikatur des Managers als Supersachbearbeiter auf einsamen Allein-Entscheidungswegen führt sich in hochkomplexen Umwelt- und Rahmenbedingungen ad absurdum. Schon eher trifft die Rolle des Komplexitätsreduzierers durch Delegation und verantwortungsvolle Führung und Leitung von selbstständigen und partizipativen Mitarbeitern mit situativer Teamfähigkeit auf dem Weg zur Business Excellence zu. Der Manager benötigt soziale Sensitivität (bezogen auf die Situation, den Kontext und die Rahmenbedingungen) für die Wahrnehmung, Erkennung und darauf ausgerichtetes Handeln von Prozessen im und um das Unternehmen. Hierbei ist die Thematik des „Pro-Agierens“ versus Reaktion an sich von signifikanter Relevanz. Im Sinne der „Pro-Aktion“ wird die Bedeutung und der Aktions-Handlungsrahmen auf die Gegenwart gelegt (im Gegensatz zur Reaktion, die in der Zukunft liegt), d.h. Barrieren und eventuelle Hindernisse sind schon im Vorhinein in Betracht zu ziehen und mögliche Maßnahmen zur Vermeidung frühzeitig einzuleiten, um so einer möglichen Entstehung vorab entgegenzuwirken.

4.1. Entwicklung der Führungstheorie – Neuere Führungslehre

Ausgehend von diesem Betrachtungsschwerpunkt geben die neueren Führungstheorien als Bezugsrahmen Orientierung. Bei den neueren Führungstheorien, im Gegensatz zu den klassischen Ansätzen, wird hier nicht nur von der Person und Rolle der Führungskraft ausgegangen, sondern deren wechselseitiger Einflussnahme (zwischen „Führendem“ und „Geführtem“), welches einem pro-aktiven Handeln im Gegensatz zu einem maximal reaktiven Handeln entsprechen kann. Diese Führungspersönlichkeiten, wie auch die von ihnen Geführten, müssen sich in genau dieser schon anfänglich erwähnten komplexen Umwelt und deren Wechselwirkungen mit der eigenen Realität zurechtfinden.

Alt	Neu
Dominierender Bezug auf die Führenden und deren Handeln	Führungsprozess als Interaktionsprozess zwischen Führenden und Geführten
Passives, allenfalls reaktives Verhalten der Geführten	Wechselseitige Einflussnahme
Vorspiegelung einer „objektiven" Realität ohne Wirkungszusammenhänge	Subjektive Wirklichkeitskonstruktionen, in die Erfahrungen, Wahrnehmungen und Erwartungen einfließen
„Geschlossenes" System	Bild der Führungsumwelt und -situation als komplex, dynamisch und mehrdeutig (populationsökologischer Ansatz: Hannan/Freeman 1989; „survival of the fittest" Darwin 1870, 1880) (lebendige Systeme: Pümpin/Prange 1991, Gomez 1993)
Einfache Kausalitäten Stabile Umwelten	Vielfalt, Vielschichtigkeit und starke Vernetzung der Umweltfaktoren unter der Betonung des Wandels *„Die Kunst, mit Komplexität erfolgreich umzugehen"* (Malik, 1998, 3 ff.)
Dominante Rolle der Führungsperson	Stärkere Betonung auch der strukturellen Faktoren (Struktur- und Situationsvariabeln, Frese 1992)
Normative Modelle und schnelle Handlungsempfehlungen	Funktion der Führungsforschung im Sinne von Beschreiben und Verstehen; Handlungsempfehlungen unter der Akzeptanz und Annahme von Grenzen (kausale Wenn-dann-Beziehungen, die mögliche Handlungsalternativen aufzeigen: Weber 1972, Kieser/Kubicek 1992)

Abbildung 4: Gegenüberstellung klassische Ansätze – neue Ansätze

Einerseits wählen die neueren Führungsansätze einen ganz neuen, von den klassischen Konzepten abgrenzenden und auch kritisch betrachtenden und andererseits einen ergänzenden, den neuen Gegebenheiten (Umweltbedingungen, Kontexten) angepassten, adaptierten Weg (siehe dazu die Tabelle Abbildung 4, die die wesentlichen Unterschiede zwischen den klassischen und den neueren Ansätzen zusammenfassend darstellt). Die Vielzahl an Führungsmodellen darzustellen, erweist sich in diesem Rahmen nicht als sinnvoll, deswegen wird auf diejenigen zurückgegriffen, die im Ausmaß des Betrachtungsschwerpunktes Relevanz besitzen. Wobei hier anzumerken ist, dass die erwähnten Modelle ausnahmslos die Führungspersönlichkeit und die Geführten als selbstständig denkende und agierende, bewusst handelnde und strategische Akteure betrachten und auch als solche verstehen. Somit ergibt sich für die Führung die Rolle des Befähigers und Steuerers mit unterstützender Funktion zur Meisterung von Situationen in komplexen, dynamischen Umwelten.

Die Einteilung erfolgt nach *personalen Ansätzen*, in deren Mittelpunkt die Person der Führungskraft wie auch die dahinter liegenden Motivationsanreize stehen (wobei hier nochmals unterschieden wird zwischen „persönlichem Wollen“ – motivationsorientiert – und „individuellem Können“ – personen- und eigenschaftsorientiert). In den personalen Führungsansätzen sind die transformationale versus die transaktionale Führungstheorie, die charismatische und in diesem Zusammenhang auch die neo-charismatischen Ansätze und die wertebasierte, insbesondere „spirituelle“, Führungstheorie von Bedeutung. Diese unterscheiden sich von den *Verhaltensansätzen* in der Führungstheorie, unter denen großteils die klassischen Führungskonzepte zusammengefasst werden, wie auch der sogenannte „Supportive“, also unterstützende/anleitende/supervisorische Führungsstil als Mentor/in oder Coach. Eine weitere Unterscheidung kann getroffen werden in *personalistische* und *kollektivistische Ansätze*, welche zusammengeführt werden in der Eigenschafts- und Situationstheorie. In der *Eigenschaftstheorie* wird wieder von einer großen Persönlichkeit, „great man“, ausgegangen, die durch ihre Person die Geschicke lenkt, d.h. markanten, außerordentlichen, visionären Vordenkern, die es beherrschen, andere für ihre Ideen zu begeistern und in ihren Bann zu ziehen. In der *Situationstheorie* spielen die konkrete Führungssituation und der Kontext eine markante Rolle. Ausgehend davon agieren Führende und Geführte unterschiedlich.

Eine grobe Einteilung der globalen Grundströmungen der Führungsansätze kann wie folgt getroffen werden:

- **Personale Ansätze**
  Hier steht die (Führungs-)Person und ihr Handeln im Mittelpunkt der Erklärung von Führungsprozessen: die individuelle Ebene des Verhaltens.
  Es wird unterschieden zwischen „persönlichem Wollen“ (im Sinne von: Welche Motive und Erwartungen liegen dahinter bzw. existieren?) und „individuellem Können“ (Welche Eigenschaften und Fähigkeiten kennzeichnen die Führungsperson?).
- **Interaktionsorientierte Ansätze**
  Führung selbst wird als ein Prozess der Interaktion zwischen Führenden und Geführten erkannt, in dem alle an diesem Prozess Beteiligten eine spezifische, bedeutende Rolle erfüllen.
- **Situative Ansätze**
  In dieser Grundströmung wird erstmals die Bedeutung der konkreten Führungssituation untersucht, der verstärkenden oder abschwächenden Effekte der situativen Bedingungen und Aufgabencharakteristika auf das Führungsverhalten und den -erfolg, bezogen auf die Aufgabe, die Gruppenstruktur und die Ressourcen.

- **Strukturale Ansätze**
  Diese Ansätze stellen eine neuerliche Erweiterung dar aufgrund der Einbeziehung des Einflusses durch das System selbst, die Kultur oder die vorherrschenden Macht- und Herrschaftsstrukturen: Sinn-Wert-Wissensuchende; System-Umwelt-Verhältnis. Hier wird auch die entsprechende Struktur, im Sinne von Rahmenbedingungen, mit einbezogen.

In der folgenden Tabelle werden diese Ansätze zusammengefasst und den jeweils klassischen bzw. neuen Ansätzen zugeordnet.

Klassische Ansätze (bis ca. 1970)	**Neue Ansätze** (ab ca. 1970)
Personale Ansätze	
Eigenschaftsansatz	(Neo-)charismatischer Ansatz Transformationaler Ansatz
Interaktionsorientierte Ansätze	
Verhaltensansätze	Kooperative Führung Attributionstheoretischer Ansatz
Situative Ansätze	
Situative Führungstheorie	Theorie der Führungsdyaden Idiosynkrasiekreditmodell
Strukturale Ansätze	
-	Symbolische Führung Systemische Führung

Abbildung 5: Überblick über die relevantesten Führungsansätze (Grundströmungen)

In den folgenden Kapiteln werden die prägnantesten Ansätze der neueren Führungslehre vorgestellt und diskutiert.

4.1.1. Leadership-Management

Unternehmen sind „over-managed" und „under-led"

Die Diskussion bezüglich der Theorie des/der „great man/great woman" entwickelte sich aus der Erkenntnis, dass es in Unternehmen eine größere Anzahl an Managern (im Sinne von Kontrollorganen) denn wahre und wirkliche Führungskräfte (integer handelnden, vorlebende, Leitpersonen) gibt.

Leadership	Management
Führend, vorausgehend, meinungsbildend, visionär, begeisternd	Beherrschend, kontrollierend, verwaltend, imitierend, rational
Orientierung an Wandel, Dynamik, Konflikten, Veränderung	Orientierung an Sicherheit, Ordnung, Statik, Machterhalt
Konzentration auf Kreativität, Innovation, Balance zwischen Emotion und Sachlichkeit	Konzentration auf Struktur, Institution, Techniken

Objekt: Menschen – Menschen werden geführt!	Objekt: Prozesse und Gebilde – Geschäftsprozesse werden gemanagt!
Machen die richtigen Dinge!	Machen Dinge richtig!

Abbildung 6: Gegenüberstellung Leader-Manager

Good leadership does the right things!
Good managers do the things right!

Erfolgreiche Führungskräfte müssen beides können: effektiv und effizient sein. Das richtige Bündel hängt von dem jeweiligen Einsatzgebiet, der Situation und dem Mitarbeiter ab. Im charismatischen Ansatz geht man von der Beeinflussung der Mitarbeiter/innen durch die Person der Führungskraft, d.h. durch die spezielle persönliche Begabung, außergewöhnliche Dinge zu tun, und die soziale Beziehung zwischen Führungskraft und Geführten aus. Dadurch ergibt sich aber eine Instabilität in der Beziehung, da diese sehr abhängig von der Person an sich, deren Wahrnehmung und Bewährung ist.

4.1.2. Transformationaler Ansatz

Der transformationale Ansatz setzt ebenfalls beim charismatischen Konzept an, wobei hier Charisma als notwendig, aber nicht ausreichend angesehen wird (siehe dazu auch das Fazit am Ende des Beitrages). Die Bedürfnisse der Mitarbeiter und die emotionalen Aspekte der Führung werden stärker mit einbezogen. Hier wird unterschieden zwischen transaktional (Manager: Austausch zwischen Anerkennung und Belohnung gegen Leistung) und transformational (Leader: können Veränderungen ankündigen und herbeiführen, neue Werte vorgeben und durchsetzen, sie können fördern und in Frage stellen).

Merkmale transformationaler Führung sind:

- Vorbildmacht
- Setzt hohe moralische Standards, ist visions- und missionsweckend
- Stimuliert die Entwicklung neuer Sichtweisen und Perspektiven
- Fördert und stimuliert Mitarbeiter und Kollegen zu höheren Entwicklungsniveaus
- Motiviert Einzelne, zum Wohle der Gruppe beizutragen.

In der transformationalen Führung werden Mitarbeiter/innen dazu angespornt, sich für höhere Ziele, die über ihre rein subjektiven Eigeninteressen hinausgehen, einzusetzen. Hierbei spielt der Grad des Vertrauens, den die Mitarbeiter/innen der Führungskraft entgegenbringen, eine große Rolle. Je höher dieser erscheint und je mehr Respekt die Führungskraft von Seiten der Mitarbeiter/innen erhält (die Führungskraft als Idol, Vorreiter, die mit gutem Beispiel vorangeht), desto höher ist die Einsatzbereitschaft der Mitarbeiter/innen. Die Unternehmensführung geht als inspirierendes Beispiel voraus und versucht durch die Entwicklung von motivierenden Visionen die Mitarbeiter/innen zu emotionalisieren und zu aktivieren. Für die intellektuelle Stimulierung der Mitarbeiter/innen ist es sehr wichtig, eingefahrene Denkmuster aufzubrechen und innovatives

Verhalten zu fördern (Stimulation von innovativen, neuen Ideen). Schlussendlich spielt die Wertschätzung der Einzelpersonen als individuelle Persönlichkeiten im Sinne von Fördern, Beraten und Unterstützen in der transformationalen Führung eine bedeutende Rolle, um nicht nur erwartete Leistungen zu ermöglichen, sondern darüber hinaus zu überdurchschnittlichen, außerordentlichen Leistungen zu motivieren.

4.1.3. Kooperative Führung

Bei der kooperativen Führung gibt es eine aktive Zusammenarbeit zwischen Führungskräften und Mitarbeiter/inne/n, wobei hier einerseits von einem ähnlichen Niveau der Bildung (Einbindung in den Entscheidungsprozess hängt mit gewissen notwenigen Qualifikationen zusammen) und einer Orientierung an immateriellen Motivationsanreizen (Struktur der Bedürfnisbefriedigung) ausgegangen wird.

Kooperativ heißt hier:

- Delegation von Aufgaben, Einbeziehen bei Entscheidungen
- Sachliche Unterstützung durch die Mitarbeiter/innen
- Berücksichtigung des Innovations- und Kreativitätspotenzials der Mitarbeiter/innen
- Wenig anordnen – gemeinsam entwickeln
- Tendenz zur Erfolgs- und Selbstkontrolle
- Transparente Informationspolitik (so viel Information wie in der jeweiligen Situation notwendig; Zugang zu Informationsmedien und -quellen)
- Informieren und Kommunizieren als Führungsaufgabe.

Die kooperative Führungskraft geht von den Annahmen der Theorie Y aus, wobei durch die Beteiligung der Mitarbeiter/innen mit einer Steigerung der Motivation mit einem sich entwickelnden Engagement für die Arbeit und daraus resultierenden besseren Leistungen zu rechnen ist. Der krasse Gegensatz zum kooperativen Führungsstil ist der autoritäre. Bei diesem geht die Führungsperson von den Annahmen der Theorie X aus, ordnet an und trifft eigenständig, ohne Einbezug der Mitarbeiter/innen die Entscheidungen. Somit ist der Entscheidungsspielraum der Mitarbeiter/innen gleich null und viel Potenzial geht verloren.

4.1.4. Attributionstheoretischer Ansatz

Dieses Modell beschreibt den Zusammenhang zwischen einem bestimmten Verhalten, den involvierten Personen und den zu berücksichtigenden Umständen (der Situation). Ausgehend von den Beobachtungen der Führungskraft werden die Ursachen für ein bestimmtes Handeln der Mitarbeiter entweder der Aufgabe (Schwierigkeitsgrad, Ausmaß, Breite, Tiefe, etc.), der Situation oder der Person (Qualifikationen, Kompetenzen, Engagement, Einsatz, etc.) zugeschrieben.

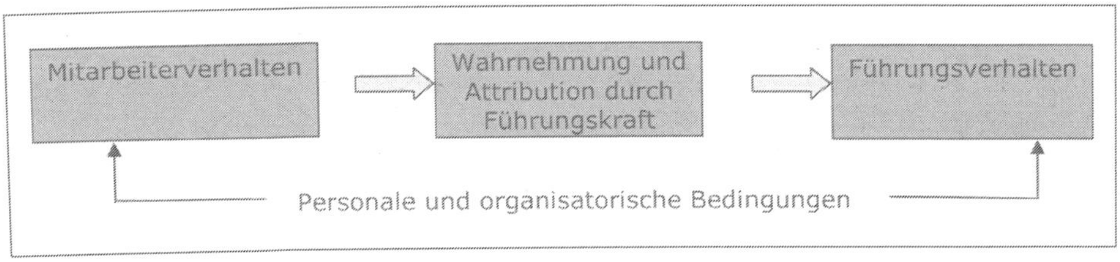

Abbildung 7: Attributionstheoretischer Führungsprozess

4.1.5. Theorie der Führungsdyaden

Ausgehend von einem beidseitigen Führungsaustauschprozess beschreibt dieses Modell die unterschiedliche Entwicklung der Beziehungen zwischen Geführten und Führenden. Im Zentrum stehen die dyadischen Austauschbeziehungen zwischen Führenden und Geführten, die sich unterschiedlich entwickeln können. In Abhängigkeit von der Ausprägung der Führungsbeziehung werden Organisationsmitglieder schon sehr früh als zugehörig zur „in-group“ oder „out-group“ erkannt. Die Interaktionsbeziehungen teilen sich in rein formale, vertraglich geregelte Beziehungen (low quality leader-member relations) und in erweiterte, auf gegenseitigem Vertrauen, Respekt, Wertschätzung und wechselseitigem Einfluss beruhende Beziehungen (high quality leader-member relations). Je höher die Bereitschaft ist, zur Zielerreichung der Gruppe beizutragen, desto größer ist die Möglichkeit, zur „in-group“ zu gehören.

Qualitativ hochwertige Beziehungen sollen folgende Ergebnisse für die Organisation zeigen: eine geringere Fluktuation, eine höhere positive Leistungseinschätzung, ein höheres organisationales Engagement, eine bessere Arbeitseinstellung und eine höhere Partizipationsrate.

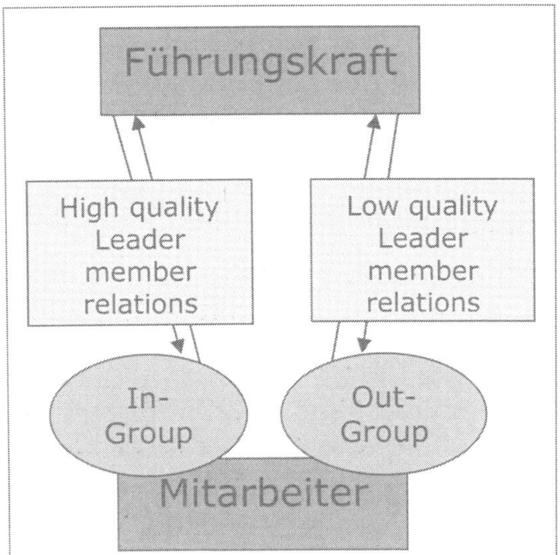

Abbildung 8: Modell der Führungsdyaden

Natürlich sind nicht nur die dyadischen Austauschbeziehungen betrachtenswert – im Sinne von *einer* Führungskraft zu *einer* geführten Person –, sondern mehrdimensionale Beziehungen: beispielsweise zwischen einer Führungskraft zu mehreren Untergebenen, zu weiteren Vorgesetzten etc. Die Führungskraft ist somit einem Kollektiv übergeordnet oder sogar in dieses integriert. Dadurch werden die unterschiedlichen Austauschbeziehungen um ein Vielfaches komplexer.

Dass es zwischen den Führenden und den von ihnen Geführten zu unterschiedlichen Beziehungen kommen kann, entspricht sehr exakt der Unternehmensrealität, wobei sich hier eine Unterscheidung der Beziehungen und eine dementsprechende Kategorisierung komplex darstellen. Schwierig wird es vor allem bei dem Versuch, den Grad zu definieren, ab wann von einer qualitativ hochwertigen Beziehung ausgegangen werden kann und wann von einer minderwertigen. Dies hat sich als sehr stark personenorientiert erwiesen, d.h. es gibt Unterschiede abhängig von den Personen, die in den Prozess involviert sind.

Ein weiterer Faktor, der zusätzliche Gefahr birgt, ist die Trennung der Mitarbeiter/innen in „Auserwählte" und „nicht Auserwählte", was einerseits wiederum der Realität entspricht, aber andererseits in einer zu starken Auslebung bzw. Offensichtlichkeit Unstimmigkeit, Konflikte, Emotionen schüren und somit durchaus auch negative Auswirkungen auf die gesamte Unternehmenskultur haben kann. Es liegt einerseits in der Natur des Individuums, zu Gleichgesinnten bzw. Personen ähnlicher Interessen eine intensivere Beziehung aufzubauen, andererseits widerspricht es der Rolle und Funktion der Führungskraft als objektiver Steuerer, Promotor und Facilitator. Es ist aber auch so, dass hier von einer interpersonellen Beeinflussung ausgegangen werden kann, und zwar von einer gezielten Beeinflussung des Verhaltens der geführten Individuen zum Zwecke der Erhöhung der Effizienz und Effektivität der Gesamtorganisation mit Hilfe moderner Kommunikationsprozesse und -medien. Die Geführten nehmen natürlich auch Einfluss auf die Führungsperson im Sinne eines Konditionierens ihres Handelns. Die Austauschbeziehung geht somit über eine einfache eindimensionale „Zwei-Ebenen-Beziehung" hinaus und Führung wird als Gruppenfunktion zur Erzielung positiver Ergebnisse für die Gesamtorganisation erkannt.

Gezielte Vorschläge zur Entwicklung positiver und qualitativ hochwertiger Beziehungen werden bei diesem Modell leider keine geboten, wobei auch die Auswirkungen der unterschiedlichen Beziehungen auf die Mitarbeiter nicht ausreichend untersucht wurden. Hier liegt die Problematik sicherlich in der Wertigkeit und Messbarkeit der Austauschbeziehungen an sich. Dieser Ansatz ist jedoch alleine schon deswegen sehr bedeutend, da die hohe Wertigkeit der Kommunikation als Führungsmittel erkannt wird.

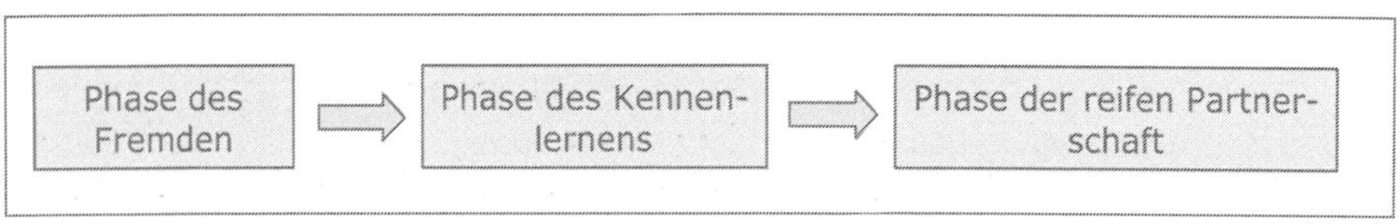

Abbildung 9: Entwicklungsprozess der Geführten-Führenden-Beziehung

4.1.6. Idiosynkrasiemodell

Hierbei wird die Abhängigkeit der Führungsperson von den Geführten betrachtet, d.h. die Führungsperson ist in einem gewissen Ausmaße von den Mitarbeiter/inne/n abhängig. Wie eine Art von Kredit bekommen die Führungspersonen Vertrauen von Seiten der Geführten geschenkt, ausgehend von Verhaltensweisen, gemeisterten Situationen oder Wertschätzung in der Vergangenheit. Durch genau diese Anerkennung und Wertschätzung erhält die Führungsperson den jeweiligen Status. Das Verhalten kann sich einerseits durch Konformität auszeichnen (bspw. langfristiges Eintreten für die Unternehmenswerte), andererseits gibt es Situationen, in denen genau das Gegenteil gefragt und ausgezeichnet wird (bspw. Entwicklung neuer Ideen). Eine gewisse Zeitspanne kann dann die Führungskraft von der ihr entgegengebrachten Wertschätzung zehren (hier im Sinne eines Kredites), ohne dass die Führungsrolle aberkannt oder in Frage gestellt wird. Durch diesen Ansatz erklärt sich, warum Führungskräfte durch ihr einerseits konformes Verhalten zur Führungsposition kommen und andererseits durch ihr nichtkonformes Verhalten eine weitere Steigerung der Anerkennung als Führungskraft erhalten. Damit erscheint dieses Modell aussagekräftig bezüglich der Entstehung von Führungsrollen innerhalb von Gruppen unter Einbezug des Interaktionsprozesses zwischen Führenden und Geführten.

4.1.7. Systemische Führung

Die Ideen der systemischen Führung knüpfen an den Erkenntnissen der neuen Systemtheorie an. Hierbei handelt es sich um ein Konzept, welches strukturelle und kulturelle Faktoren als beeinflussend auf das Verhalten und die Handlungen von Führungskräften mit berücksichtigt, wobei in diesem Zusammenhang Organisationen immer als das Produkt selbstorganisierten Handelns und geschaffener Ordnung angesehen werden, und dies beeinflusst bzw. begrenzt auch das Handeln und den Einfluss von Führungskräften: Einerseits sind die Führungskräfte auch Mitglieder des Systems und somit auch dessen Einflüssen ausgesetzt und andererseits können die kreierten Strukturen durch ihre Eigendynamik einen oftmals stärkeren Einfluss auf die Mitarbeiter/innen ausüben als die direkte Steuerung der Führungskraft. Somit erfordert der Eingriff durch Führung in das System einen gewissen Respekt und das Wissen um die Grenzen der Steuerung und Beeinflussung. Zusätzlich zu den strukturellen Systemelementen werden auch der soziale Charakter von Systemen und die Bedeutung sinnstiftender Aktivitäten und Aspekte mit einbezogen. Eingriffe werden als Interventionen angesehen, die einen entwicklungsfördernden Charakter besitzen sollen.

4.2. Das Lebenszykluskonzept einer Führungskraft

Nach dem Lebenszykluskonzept einer Führungskraft mit seinen sieben Entwicklungsstufen (nach Bennis) sind die Herausforderungen und Krisen, denen sich die Führungskraft stellen muss und kann, je nach Entwicklungsstufe anders, wie auch die Bewältigung derselben.

Die erste Stufe – die Führungskraft in den *Kinderschuhen*

Dies beschreibt die Phase der „ersten" Führungsverantwortung, in welcher es unter anderem sehr wichtig ist zu erkennen, wer das Leben positiv beeinflussen kann, und sich damit zu beschäftigen, Vertrauen aufzubauen und überhaupt zu lernen, wem wie Vertrauen geschenkt werden soll bzw. von wem hier gelernt werden kann (Mentoren gewinnen). In diesem Stadium geht es darum, Wissen dementsprechend zu erhalten, aber auch weiterzugeben, somit stellt sich für beide Parteien eine Win-win-Situation ein: einerseits dem Aspiranten als dem Wissenssuchenden, Lernenden und dem Mentor als der Wissensquelle, dem Lehrenden, aber auch vice versa, denn durch die Tatkraft, Jugend, Vitalität und das Interesse des Aspiranten findet hier ein gegenseitiger fruchtvoller Austausch statt.

Die zweite Stufe – die Führungskraft im *Schulalter*

In dieser Phase wurden die ersten schmerzlichen Erfahrungen bereits gemacht. Kritik, Kommentaren, Konflikten, Argumenten – all dem wurde die Führungskraft schon ausgesetzt, wie auch den möglichen Fehlinterpretationen, aufgrund von fehlendem Verständnishintergrund, aber auch von Missgunst, Neid, politischem Ränkespiel. Die Führungskraft wird als solche akzeptiert, da die ersten Erfahrungen bereits bestehen und die Bewährung schon erfolgte. An diese Akzeptanz werden bestimmte Erwartungshaltungen wie auch Bedürfnisse und Ängste geknüpft. Die Führungskraft fungiert als Idol, Vorbild, Projektion der Phantasien der Untergebenen. Natürlich hängt dies auch sehr stark von der jeweiligen Situation und dem Kontext ab (Krisenbewältigung versus „Schönwetter").

Die dritte Stufe – die *seufzende* (liebende) Führungskraft

Beziehungen verändern sich (Beziehungen zu ehemaligen Mitarbeitern, Kollegen, Vorgesetzten) aufgrund der sich ändernden Führungsaufgaben und -positionen. In diesem Sinne ist die Macht und Kraft der Kommunikation von hoher Bedeutung – die Führungskraft darf zwar niemanden vor den Kopf stoßen, muss jedoch auf der anderen Seite klare Linien und Grenzen zu setzen wissen.

Die vierte Stufe – der *bärtige Soldat*

In dieser Phase ist die Führungskraft mit der Rolle und Position an sich schon vertraut, ist auch gewohnt, Macht zu haben und diese auch auszuüben, und strahlt dementsprechend Sicherheit aus. Dadurch werden bestimmte Tätigkeiten selbstverständlich und verstärktes Augenmerk muss auf die Kraft der Sprache gelegt werden, d.h. Aussagen dürfen erst dann getätigt werden, wenn die damit in Zusammenhang stehenden Konsequenzen auf das Bestmögliche abgewogen wurden (die Führungskraft sollte beim Wort genommen werden können, da ansonsten die Integrität und Akzeptanz verloren gehen oder Missverständnisse resultieren). Dies korrespondiert mit den Aussagen, die Kark und Shamir getroffen haben, dass das Verhalten der Führungskraft massiv das relationale und kollektive Selbst der Untergebenen beeinflusst, wobei die Beeinflussung wiederum die persönliche Identifikation mit der Führungskraft und die soziale Identifikation mit dem relevanten Organisationskonstrukt kräftigt und fördert.

Jedoch tritt die Führungskraft hier in eine Lebensphase, in der sie auch als Förderer agieren sollte – damit hängt einerseits die Kompetenz der Wissensweitergabe zusammen, aber auch andererseits die Größe, bei anderen Erfolg zuzulassen. Führungskräfte sollten selbstbewusst genug sein, um sich mehr mit Personen zu umgeben, die von Intelligenz, Tatendrang und zielgerichtetem Engagement geprägt sind, als von konsequenten Jasagern, die die eigene Betriebsblindheit fördern und lediglich die Eitelkeit befriedigen.

Die fünfte Stufe – die Führungskraft als *weiser General*

Vor allem erfahrene Führungskräfte müssen teils wieder lernen, über ihren eigenen Schatten zu springen. Diese häufig auftretende Blindheit für Ideen und Meinungen anderer erstickt nämlich oft Neues im Keim, dazu gehört natürlich auch die Fähigkeit, sich unangenehme Wahrheiten anzuhören. Dafür sollte man sich nicht nur mit Personen umgeben, die einem nur das mitteilen, was man hören will, sondern – auch auf die Gefahr der Konfrontation hin – diejenigen zu Wort kommen lassen, die auch Probleme ansprechen bzw. Schwächen aufdecken. In direktem Zusammenhang damit steht die Kraft der Selbstreflexion einer Führungskraft, sich auch den eigenen Schwächen und Fehlern zu stellen anstatt sich abzukapseln. Die Nähe zur Basis – der Organisation, den Mitarbeitern, den Kunden – sollte gewahrt werden um nicht an der Realität vorbei zu denken, zu entwickeln und zu planen. Führungskräfte müssen lernen zu unterscheiden zwischen wirklicher Akzeptanz und stillschweigendem Protest beispielsweise aus Angst vor Repressalien. Stärke, in diesem Falle menschliche und charakterliche Stärke, zeichnet sich dadurch aus, dass auch Wahrheiten, die unangenehm sein können, gehört werden. „Führungskräfte haben keine *müden Ohren*." Abzuwägen, Visionen klar und schmackhaft zu machen, die Aufmerksamkeit auf das Wesentliche zu lenken und durch dieses ausreichende Gespür die nachhaltige Unterstützung der Untergebenen zu sichern, gehört zu den zentralen strategischen Aufgaben.

Die sechste Stufe – die Führungskraft als *Staatsmann*

Die Kräfte der Führungspersönlichkeit beginnen langsam zu schwinden, jedoch kann sie die langfristig aufgebauten Berufs- und Lebenserfahrungen bestmöglich in bestimmte Aufgaben und Situationen einbringen – das erworbene Wissen zum Nutzen des Unternehmens dokumentieren, aufbereiten und weitergeben. Der Großteil der gesteckten Ziele wurde schon erreicht und die Führungskraft ist nicht mehr vom Ehrgeiz geplagt bzw. hat es nicht mehr nötig, der Karriere wegen politisches Ränkespiel zu betreiben. Eine zusätzliche Aufgabe kann in der aktiven Rolle als Mentor gefunden werden, in der das Konkurrenzverhalten keinen Platz mehr hat, sondern die aktive Förderung und die Begeisterung an diese Stelle tritt.

Die siebte Stufe – die *weise* Führungskraft

In dieser letzten Phase des Führungskräftelebenszyklus besteht die Rolle und Aufgabe hauptsächlich darin, die nächste Generation auf ihre Führungsaufgaben vorzubereiten, d.h. die offene Austauschbeziehung als Mentor, wobei durchaus beide Seiten profitieren. Wertvolle, oftmals schwer fassbare Informationen werden ausgetauscht: Die Jüngeren profitieren von der Lebenserfahrung und der Weisheit und die Erfahrenen profitieren von der Vitalität und der Möglichkeit der Wissensweitergabe und dem Nutzen auch für andere über die eigene Lebenszeit hinaus.

Eine andere Sichtweise der Charakterisierung von moderner Führung stellt nach Robbins der Ansatz des „Pull Leadership" mit seiner Tendenz zur Inspiration der Mitarbeiter und dem Aufbau und der Ausweitung der Loyalität, welche in Zeiten hoher Komplexität und eines intensiven Wandels teilweise abhanden gekommen scheint, dar. (Doch hat es teilweise auch den Anschein, dass die starken, charismatischen und entschlossenen Führungskräfte vergangener Zeiten durch farblose Verteidigungsstrategen, die nach dem Gesetz des Überlebens des Stärkeren agieren, ersetzt wurden.) Besagte „Leader" kreieren den sozialen Raum, der die Möglichkeit der inspirierten Teilnahme/Motivation seitens der Mitarbeiter schafft, einerseits durch die Verantwortung, die sie für ihre Handlungen übernehmen und auch an die Mitarbeiter weitergeben, wie auch andererseits durch die Akzeptanz der Mitarbeiter als eigenständige Individuen mit unterschiedlichen Bedürfnissen und individuellen Zielen. Dies verlangt natürlich nach einer verstärkten (Weiter-)Bildung der Persönlichkeit und der interpersonalen Fähigkeiten. Der „Pull Leader" steht für seine Werte und Wertsysteme ein und lebt den Ansatz des „value in action". Sein Verhalten und sein Charakter lassen die Wertschätzung der Mitarbeiter zu – „credit where credit is due" – im Gegensatz zur überspitzten Ich-Zentrierung und der Vereinahmung von Team-Erfolgen. Natürlich setzt dies die Akzeptanz der Mitarbeiter, wie auch den Aspekt „sich um andere kümmern bzw. mit anderen beschäftigen" voraus. Ein solcher Leader schätzt das Individuum an sich, mit seinen Stärken und Schwächen, die als menschlich angesehen werden. Die Tendenz der Mitarbeiter-(weiter)entwicklung setzt an den Stärken (Kompetenzen) an und versucht gleichzeitig die Schwächen zu reduzieren, wobei verstärktes Augenmerk auf die Stärken zu richten ist, da diese die nachhaltige Wettbewerbsfähigkeit des Individuums langfristig bestimmen werden und eine Investition in die Schwächen höchstens die Entwicklung hin zum Mittelmaß bedeuten könnte.

Je besser der Leader seine Mitarbeiter kennt, desto direkter kann er auf sie eingehen, ergo desto loyaler werden die Mitarbeiter sich verhalten und auch gewillt sein, in schwierigen Zeiten an seiner Seite zu stehen. Somit ergibt eine soziale Investition in die Mitarbeiter und die Beziehung zu ihnen, den Aufbau eines Nährbodens zum erfolgreichen Überstehen von Krisen, die einer komplexen und dynamischen Umwelt über kurz oder lang nicht vollständig abwendbar sein werden.

5. Ein pragmatisches Fazit

Wie eingangs bereits skizziert, gibt es heute zahlreiche Bücher, Artikel und Konferenzen zum Thema Führung und Qualität der Führungskraft.

Selbstverständlich ist gute Führung wichtig. Allerdings hat sie wenig mit dem zu tun, was heute unter diesem Schlagwort propagiert wird. „Sie hat wenig mit Führungsqualitäten und überhaupt nichts mit Charisma zu tun. Sie ist profan, unromantisch und eigentlich langweilig. Bei der Führung geht es einzig und allein um Leistung …", wie Peter Drucker treffend meint. (Drucker 2004, S. 314)

Wovon hängt dann die Qualität guter Führung ab? Vom Charisma einer Führungspersönlichkeit? Die Geschichte zeigt genügend Beispiele, dass dies nicht unbedingt die Voraussetzung ist. Im Gegenteil, Charisma kann einer Führungskraft schaden. Es beraubt sie jeder Flexibilität und der Fähigkeit zur Veränderung. Es weckt in ihr die Illusion der Unfehlbarkeit. Charisma ist keine Garantie für die Effektivität einer Führungskraft.

Drucker meint, die Qualität einer Führungskraft hänge in erster Linie von harter Arbeit ab, was auch charismatische Führer wieder und wieder bestätigt haben.

Grundlegend für effektive Führung sind die Analyse, die Definition und die Umsetzung einer klaren Aufgabenstellung für das Unternehmen und in besonderer Form die bewusste Gestaltung des Prozesses zur konsequenten Realisierung. Die Führungskraft sorgt für die mobilisierende Kraft von realistischen, herausfordernden und anspruchsvollen Zielen, stellt eine vernünftige, nämlich akzeptierte Priorisierung fest und kümmert sich um die Einhaltung der Standards. Dabei muss sie natürlich Kompromisse eingehen; tatsächlich ist effektiven Führungskräften vollkommen klar, dass sie das Universum nicht beherrschen. Doch bevor sie einen Kompromiss eingeht, denkt eine effektive Führungskraft gründlich darüber nach, was richtig und wünschenswert ist. Und der Kompromiss muss mit der Mission und den gesteckten Zielen korrespondieren. Ob eine gute Führungspersönlichkeit überzeugte oder heuchlerische Gefolgsleute hat, hängt davon ab, ob sie an einigen grundlegenden „Standards" festhält und – vor allen Dingen – diese im eigenen Verhalten zum Ausdruck bringt.

Eben weil eine effektive Führungskraft weiß, dass letzten Endes sie allein die Verantwortung trägt, fürchtet sie sich nicht vor starken Kollegen und Untergebenen. Schlechte Führer tun dies und versuchen stets, sich der kompetenten und damit gefährlichen Personen in ihrer Umgebung zu entledigen. Hingegen brauchen effektive Führungskräfte starke Mitarbeiter und fördern diese auch nach Kräften. Da sie sich für die Fehler ihrer Kollegen und Untergebenen verantwortlich fühlen, betrachten sie deren Erfolge als ihre eigenen Erfolge, anstatt eine Bedrohung darin zu sehen. Eine Führungskraft kann eitel oder aber demütig sein. Doch sie umgibt sich stets mit fähigen, unabhängigen, selbstsicheren Personen, fördert ihre Mitarbeiter, lobt und befördert sie.

Selbstverständlich weiß eine effektive Führungskraft, dass es ein Risiko gibt. Fähige Menschen sind zumeist ehrgeizig. Doch sie erkennt, dass es sehr viel riskanter ist, sich mit mittelmäßigen Mitarbeitern zu umgeben. Und sie weiß, dass das schlechteste Zeugnis jenem ausgestellt wird, dessen Organisation nach seinem Ausscheiden zusammenbricht. Eine effektive Führungskraft weiß, dass ihre wesentliche Aufgabe darin besteht, die Energie und die Vorstellungskraft der Menschen zu wecken.

Und schließlich muss eine gute Führungskraft sich das Vertrauen der Mitarbeiter verdienen. Ohne Vertrauen bildet sich keine Gefolgschaft – und eine Führungsperson muss definitionsgemäß eine Gefolgschaft haben. Die Untergebenen müssen ihre „Vorgesetzten" nicht mögen, um ihnen zu vertrauen. Auch ist es nicht erforderlich, dass sie deren Meinung teilen. Vertrauen entspringt der Überzeugung, dass der Verantwortliche meint, was er sagt. Es entspringt dem Glauben in den altmodischen Wert „Integrität". Die Handlungen einer Führungskraft müssen mit den von ihr geäußerten Überzeugungen übereinstimmen oder zumindest damit vereinbar sein.

Effektive Führung beruht nicht auf Klugheit, sondern auf Beständigkeit – eine alte Weisheit.

6. Lern- und Kontrollfragen

- Auf welchen Annahmen beruht die Theorie des Managements?
- Auf welchen Annahmen beruht die Praxis des Managements?
- Wie beeinflussen Menschenbilder das Verhalten und die Sichtweise von Führungskräften?
- Worin unterscheiden sich die Menschenbilder von McGregor und Schein und welche Rolle spielt hier Maslow?
- Wie hat sich der Anwendungsbereich des Managements in rechtlicher Hinsicht (rechtliche Entitäten) verschoben und welche aktuellen Antworten gibt es bereits diesbezüglich?
- Was wird unter Management by Objectives verstanden?
- Was ist unter Management by Exception gemeint?
- Wie sieht der klassische Prozess einer erfolgreichen Delegation aus?
- Worin bestehen die Unterschiede im Betrachtungsschwerpunkt in den klassischen und in den neuen Ansätzen der Führungstheorie?
- Welche relevanten Grundströmungen der Führungsansätze kennen Sie?
- Welche Kompetenzen soll eine moderne Führungskraft mitbringen?
- Wie sehen der Lebenszyklus der Führungskraft und die Ausprägung der Kompetenzen in den einzelnen Phasen aus?

7. Verwendete und weiterführende Literatur

Antonakis, J.; House, R. (2002): The Full-Range-Leadership theory: The way forward. In Avolio, B., J.; Yammarino, F., J. (Edt.): transformational and charismatic leadership. Oxford, 3–35.

Avolio, B., J.; Yammarino, F., J. (Edt.) (2002): transformational and charismatic leadership. Oxford.

Bennis, W.(2004): Wie es euch gefällt; In Harvard Business Manager, Führung spezial April 2004, 11–22.

Bleicher, K. (Hrsg.) (1972): Organisation als System, Wiesbaden.

Bleicher, K./Meyer, E. (1976): Führung in der Unternehmung: Formen und Modelle, Reinbek bei Hamburg.

Bleicher, K. (1981): Organisation – Formen und Modelle, Wiesbaden.

Booth, Ch.; Rowlinson, M. (2006): Management and organisational history: Prospects. M&OH Articles Vol. I (I): 5–30.

Brown, T.; Crainer, St.; Dearlove, D.; Rodrigues, J., N. (2002): Business Minds. Prentice Hall, Harlow and London.

Brytting, T.; Trollestad, C. (2000): Managerial Thinking on value-based Management. In: International Journal of value-based Management 13, 55–77.

Darwin, Ch. (1880): The power of movement in plants.

Deming, W.E. (1986): Out of the crisis. Cambridge.

Drucker, P.F. (2004); Was ist Management? Das Beste aus 50 Jahren; 2. Auflage; München.

Edgeman, R., L.; Rodgers, T. (1999): Escape from Organizational Nihilism: Leadership Core Values for Business Excellence. International Journal of Applied Quality Management, Volume 2, Number 1, 117–125.

Frese, E. (1992): Organisationstheorien: Historische Entwicklung, Ansätze, Perspektiven. 2. Aufl. Wiesbaden.

Glauser, E.; C.; Bondt, R. (1999): Wie verpflichtet man Manager auf Qualität? The Swiss Deming Institut, June 1999.

Gomez, P. (1993): Unternehmensorganisation: Profile, Dynamik, Methodik. Frankfurt am Main et al.

Greiner, L.E. (1972): Evolution and Revolution as organizations grow. In Harvard Business Review, Heft 50, July-August, 37–46.

Hannan, M. T.; Freeman, J. H. (1989): Organizational ecology, Cambrige in Müller-Stewens, G.; Lechner, Ch. (2005): Strategisches Management. Wie strategische Initiativen zum Wandel führen. 3. Aufl., Stuttgart.

Hentze, J.; Kammel, A.; Lindert, K. (1997): Personalführungslehre: Grundlagen, Funktionen und Modelle der Führung 3. Aufl., Bern, Stuttgart, Wien, 113–287.

Hersey, P.; Blanchard, K.H. (1993): Management of Organizational Behavior. 6. Aufl., Englewood Cliffs, NJ.

Herzberg, F. (1982): The managerial choice: To be efficient and to be human. 2. Aufl., Salt Lake City, Utah.

Kark, R.; Shamir, B. (2002): The dual effect of transformational leadership: Priming relational and collective selves and further effects on followers. In: Avolio, B., J.; Yammarino, F., J. (Edt.): Transformational and charismatic leadership. Oxford, 67–95.
Kieser, A.; Kubicek, H. (1992): Organisation. 3. Aufl., Berlin et al.
Larmore, Ch. (1994): Strukturen moralischer Komplexität. Stuttgart, Weimar.
Locke, E.A. (1968): Toward a theory of task motivation and incentives. In: Organizational Behavior and Performance, 3/1968, 157–189, 1968
Malik, F. (1998): Komplexität was ist das? Modewort oder mehr? Kybernetisches Führungswissen – Control of High Variety-Systems. Cwarel Isaf Institute.
Maslow, A. (1977): Motivation und Persönlichkeit. Olten und Freiburg.
Mintzberg, H. (1983): Power in and around organizations. Englewood Cliffs.
Morgan, G. (1997): Images of organizations. 2. Aufl., Thousand Oaks.
Müller-Stingl, A. (2005): The role and function of leadership as a criteria for success: establishing the organisational framework for Business Excellence. ECMLG 2005, Reading, UK. In: Proceedings of the European Conference of IS Management, Leadership and Governance. 481–495.
Müller-Stingl, A. (2007): Leadership Excellence: ein reifegradorientierter Führungskompetenzansatz (Working Paper), Klagenfurt.
Musès, C. (2002): Simplifying complexity: The greatest present challenge to management and government. In: Kybernetes 31, 7/8, 962–988.
Neuberger, O. (1976): Führungsverhalten und Führungserfolg. Berlin.
Ottaway, R., N. (2003): Defining Spirituality of Work. International Journal of Value-Based Management 16, 23–25.
Owen, H. (2001): The Spirit of leadership. Führen heißt Freiräume schaffen. Heidelberg.
Pümpin, C.; Prange, J. (1991): Management der Unternehmensentwicklung – Phasengerechte Führung und der Umgang mit Krisen. Frankfurt et al.
Quinn, R./Cameron, K. (1983): Organisational Life Cycles and Shifting Criteria of Effectiveness: Some Preliminary Evidence. Management Science 29 (1), 33–51.
Robbins, St. (2004): The "Pull Leadership" Manifesto, HBSWK Aug 23, 2004
Schein, E.H. (2004): Organizational Culture and Leadership. 3rd Edition, San Francisco.
Schnetzer, R., Soukup, M. (2001): Business Excellence: effizient und verständlich, Braunschweig/Wiesbaden.
Schwarz, G. (2001): Konfliktmanagement. Konflikte erkennen, analysieren, lösen. 5. Aufl., Wiesbaden.
Staehle, W.H. (1994): Management. 7. Aufl., München.
Üsdiken, B.; Kieser, A. (2004): Introduction: History in organization studies. Business History 46: 321–330. In Booth, Ch.; Rowlinson, M. (2006): Management and organisational history: Prospects. M&OH Articles Vol. I (I): 5–30.
Van de Ven, A.H.; Joyce, W.F. (Hrsg.) (1981): Perspectives on Organization Design and Behavior. et al.
Vroom, V.H. (1964): Work and Motivation. New York etc.

Weber, M. (1972): Wirtschaft und Gesellschaft. 5. Aufl., Tübingen.
Whittington, R.; Mayer, M. (2000): The European corporation: strategies, structures and social sience. In Booth, Ch.; Rowlinson, M. (2006) Management and organisational history: Prospects. M&OH Articles Vol I (I): 5–30.
Zucha, R. O. (1995): Führungsstärke in der Praxis: Leadership, Organisation und Kultur, Wien.

Qualifizierte Intuition

Linda Pelzmann

In diesem Beitrag erfahren Sie

- die Zusammenhänge zwischen Intuition, Expertenwissen und Erfahrung,
- die notwendigen Voraussetzungen für qualifizierte Intuition,
- wie Menschen vorgehen, die intuitiv richtige Entscheidungen treffen,
- die zentralen Forschungserkenntnisse auf Basis derer nachgewiesen werden kann, dass Intuition erlernbar ist,
- wie Intuition im Prinzip „funktioniert",
- die Hauptfallen der Intuition,
- wie Intuition manipuliert werden kann.

1. Ist Intuition ein guter Ratgeber?

> *„Expertenwissen und Intuition sind keine Gegensätze, sondern zwei Seiten der gleichen Medaille. Intuition ist nicht eine exklusive, geheimnisvolle, persönliche Fähigkeit, sondern das Resultat von vielen Jahren Erfahrung."*
> (Herbert A. Simon)

In die gleiche Kerbe wie Herbert Simon, der 1978 mit dem Nobelpreis für Ökonomie ausgezeichnet wurde, schlägt auch Fredmund Malik (2002), wenn er jenen widerspricht, die einen dümmlichen Gegensatz aufbauen zwischen Verstand und Gefühl. Dem herrschenden Trend folgend, kann man sich *„allgemeiner Zustimmung, in manchen Kreisen gar der Verehrung sicher sein, wenn man mehr ‚Bauch' fordert und gegen die ‚Verkopfung' auftritt. Seminare für mehr ‚Emotionalität' sind Marktrenner – nicht etwa nur für den Privatbereich, sondern für die berufliche Entwicklung generell und für Management im Speziellen. Regelmäßig machen denn auch Vertreter des Topmanagements Konzessionen an den Zeitgeist und treten für mehr Intuition und ‚Guts-Feelings' ein.*

Wie sieht es denn aus mit der Richtigkeit der Entscheidungen aus dem *Bauch*? Kann Intuition ein guter Ratgeber sein für Führungskräfte? Unter bestimmten Bedingungen ja. Allerdings, damit Intuition ein guter Ratgeber wird und zur richtigen Entscheidung führt, braucht es Lernprozesse, Begleitmaßnahmen und Regeln. Die Kernfrage ist nicht, ob eine Führungskraft intuitiv vorgeht, sondern ob sie die richtige Entscheidung trifft oder die falsche.

Auf unbekanntem Terrain hat man gar nicht die Wahl, nur jene Aspekte einzubeziehen, die man durchschaut, bewusst überblickt, analytisch im Griff hat, sorgfältig durchdacht und geklärt hat. Und man hat auch nicht die Zeit, so lange weitere Informationen zusammenzutragen, bis man alle Möglichkeiten überblickt. Wenn die zu bewältigende Informationsmenge unüberschaubar ist und viele irrelevante Informationen enthält, dann reicht angestrengtes Nachdenken allein nicht aus. Unter solchen Umständen hat man gar keine andere Wahl, als der Intuition Raum zu geben.

Eine Präferenz, bei der unklar ist, wie man dazu gekommen ist, wird gewöhnlich als Intuition bezeichnet. Eine *„Entscheidung aus dem Bauch heraus"* trifft man, ohne sich bewusst zu sein, wie man zu diesem Entschluss gekommen ist. Der Kognitionsforscher Gerd Gigerenzer (2007) definiert Intuition als ein Urteil, das drei Kriterien erfüllt: Erstens ist es ganz schnell im Bewusstsein da; zweitens wissen wir nicht, warum wir dieses Gefühl haben; drittens ist es dennoch stark genug, um unsere Handlungen zu leiten. Gigerenzer betont, dass eine Intuition viel Information ignoriert und sich nur auf einen, zwei oder drei wesentlichen Gründe konzentriert; dass intuitive Urteile schneller sind und man auch guten Grund hat, ihnen zu vertrauen.

Damit die intuitive Vorgangsweise zur richtigen Entscheidung führt, muss man sie genauso lernen, schulen, entwickeln und trainieren wie die analytische Vorgangsweise. Für diesen Lernprozess gibt es gute alte Faustregeln und interessante neue Forschungsergebnisse. Eine Regel, die sich bewährt hat, lautet:

Sammle bewusst alle nötigen Informationen für eine Entscheidung. Vermeide jedoch, die Alternativen sogleich als wichtig oder unwichtig, als richtig oder falsch zu bewerten; stattdessen überschlafe sie. Lass das Hirn ungestört Verbindungen herstellen und die Präferenzen ordnen.

Sofortiges Entscheiden auf der Basis von bewusstem Nachdenken führt am ehesten dann zum richtigen Entschluss, wenn es sich um eine kleine und begrenzte Menge von Informationen handelt. Muss aber eine unüberschaubare Flut von Informationen berücksichtigt werden, dann ist es ratsam, die Entscheidung zu überschlafen, damit das Gehirn alles mit allem vernetzen kann und die Präferenzen klärt. So vorbereitet führt das intuitive Vorgehen zu besseren Richtungsentscheidungen. Es sind keine göttlichen Eingebungen, die uns unser ganz normales Gehirn über Nacht beschert, wohl aber bringt es Ordnung in die Präferenzen und reiht an die oberste Stelle, was der Person am wichtigsten ist. Die Präferenzen klärt das Gehirn in der Nacht, wenn es bei Tag gut darauf vorbereitet wurde. Ohne Präferenzen und klärende Richtungsentscheidung agieren Führungskräfte unsicher, unentschlossen, im Zickzackkurs, oder sie sind wie gelähmt und entscheidungsunfähig.

2. Kein Gegensatz zwischen Verstand und Gefühl

Wie Malik (2002) ausführt, hält sich auch in der Managementliteratur allen Argumenten und Widerlegungen zum Trotz hartnäckig die Behauptung, *„dass Gefühle dem Verstand überlegen seien, und wenn man es schon nicht nachweisen kann, dann wird es wenigstens umso häufiger behauptet. Ganz ungeniert wird Gefühl höher gewertet als Verstand und Vernunft. Gefühl wird mit Wärme und Menschlichkeit assoziiert, Verstand mit deren Gegenteil, mit Kälte und wenn schon nicht Unmenschlichkeit, so doch eisigem Kalkül. Diese sich gegenseitig ausschließende Zweiteilung ist dümmlich. Als ob es nicht beides gemeinsam und zugleich geben könnte, Gefühl und Verstand. [...] Aber das würde für die dogmatischen Gefühlsmenschen das Risiko bergen, aus ihrer romantischen Selbstgerechtigkeit zu erwachen, und die Emotions-Gurus würden ihre Einkommensquellen verlieren."*

Wer den analytischen gegen den intuitiven Managementstil ausspielt, begeht einen *Kunstfehler*. Führungskräfte müssen in der Lage sein, Probleme systematisch und unter Einsatz des modernen analytischen Instrumentariums zu lösen, und sie müssen außerdem schnell auf Situationen reagieren können, und das erfordert die Entwicklung der Intuition. Erfolgreiche Führungskräfte können es sich nicht leisten, zwischen analytischer und intuitiver Problembewältigung einen Gegensatz aufzubauen; sie müssen die Unternehmensführung in ihrem ganzen Spektrum beherrschen und je nach Situation richtig einsetzen. Analytische Methoden, die in eine intuitive, erkennungsgesteuerte schnelle Reaktionsfähigkeit eingebettet sind, das ist der Königsweg, um die richtigen Entscheidungen zu treffen, wenn der Weg unklar und die Datenlage unübersichtlich ist und wenn es darum geht, neues Terrain zu erschließen.

Herbert A. Simon (1916 – 2001) hat durch originelle und überzeugende Forschungsergebnisse den fälschlich angenommenen Gegensatz zwischen Intuition und rationaler Vorgangsweise widerlegt. Als ich ihn 1986 an der Carnegie Mellon University in Pittsburgh besuchte, hatte ich das Glück, dass er mit mir über sein Anliegen und seine Forschungsergebnisse sprach. *„Es gibt zwei Wege zur Erkenntnis: die rationale methodische Vorgangsweise und den intuitiven Geistesblitz. Diese weit verbreitete Ansicht ist ebenso falsch wie sie populär ist."* Mit Michael Prietula und Robert Glaser ist er der Frage nachgegangen, welche Vorgangsweisen Personen gemeinsam haben, die intuitiv erfolgreich sind. Denn die Frage ist ja nicht, wie Menschen vorgehen, die intuitiv entscheiden; sondern die Kernfrage ist, wie Menschen vorgehen, die intuitiv die richtigen Entscheidungen treffen. Nur wenige von uns haben einen begnadeten Mechaniker, der die Motorhaube öffnet und treffsicher an der richtigen Schraube dreht. Nur wenige kennen einen Investor, der mitten im *Bearmarket* Aktien kauft, die steigen, steigen, steigen. Was kennzeichnet ihre Vorgangsweise? Ziehen sich bestimmte Gemeinsamkeiten wie ein roter Faden durch ihr Handeln? Die folgenden Erkenntnisse sind eine Zusammenfassung der mündlichen Aussagen von Herbert A. Simon, seiner publizierten Ergebnisse (1983, 1988, 1994) und meiner Forschungsarbeiten.

3. Forschungsergebnisse

(I) Intuition ist immer beschränkt auf ein bestimmtes Gebiet. Ein interessantes Beispiel ist der erfolgreiche Investor und Spekulant George Soros, der darüber berichtet, dass sein legendäres Gespür nur beim Geld wirksam ist, nicht aber bei der Auswahl seiner Mitarbeiter, wo er eine weit weniger glückliche Hand hat. 1992 hat er Berühmtheit und finanziellen Reichtum erlangt durch die Währungsspekulation gegen das britische Pfund. Er schreibt seinen außergewöhnlichen Geschäftserfolg unter anderem der Fähigkeit zu, dass er Bruchlinien, Diskrepanzen, Ungleichgewichte, Balancestörungen im wirtschaftspolitischen und finanzpolitischen Umfeld intuitiv und rascher, aufmerksamer und konsequenter als andere aufnimmt und ausnutzt. Während kritische Vorfälle, die diese Bruchstellen signalisieren, den anderen entgehen, treffen sie bei ihm auf einen vorbereiteten Geist. Soros geht davon aus, dass die Früherkennung von Bruchstellen potenzielle Gewinnmöglichkeiten bietet, und er sucht den Markt ab nach Diskontinuitäten und Unsicherheiten, die von den anderen unbeachtet bleiben. Soros zieht Nutzen daraus, dass er grundsätzlich anders mit Ungewissheit umgeht als die meisten Investoren. Er sucht geradezu nach fehlerhaften Erwartungen. Wenn er welche findet, dann ist er beruhigt, denn *„Fehlbarkeit spielt die gleiche Rolle in Human Affairs wie Mutation in der Biologie, denn es existiert eine große Kluft zwischen den Erwartungen und der Wirklichkeit. [...] Während der letzten vier oder fünf Jahre entwickelte ich ein zunehmendes Gespür für ein drohendes finanzielles Desaster. Ich spürte, dass der lange andauernde Zyklus des konjunkturellen Aufschwungs brüchig wurde und nicht länger aufrechtzuerhalten war, und dass wir bald reif für einen Einbruch waren. Das war einer der Gründe, aus* *denen ich mich 1981 vom aktiven Management des Fonds zurückzog und alle Risikopositionen reduzierte"*, schrieb Soros (1987) in *Alchemie der Finanzen.*

Diesen Spürsinn und scharfen Instinkt habe er – wie schon erwähnt – allerdings nur beim Geschäft, betont Soros, nicht beim Personal, bei dem er lange Zeit eine weniger glückliche Hand hatte. Soros (1996, S. 22 ff.) erläutert im Gespräch mit seinem Freund Byron Wien, worauf er heute bei der Auswahl seiner Mitarbeiter achtet, um ihren voraussichtlichen Erfolg einschätzen zu können. *„Als sich Michael Milken aus der Branche zurückzog, hinterließ das im Junk-Bond-Geschäft ein Vakuum. Ich war in großer Versuchung und sehr erpicht darauf, in dieses Vakuum zu stoßen, weil dort viel Geld zu verdienen war. Mit einigen Leuten, die für Milken gearbeitet hatten, führte ich Gespräche, weil ich sie mir als potentielle unabhängige Manager oder Partner vorstellen konnte. Ich fand aber, dass sie eine für den Handelssektor dieses Unternehmens typische amoralische Einstellung hatten, die sich von der im Investmentgeschäft sehr unterscheidet. Es waren offensichtlich sehr aggressive, fähige, intelligente und aufgeweckte Leute, aber es gab da diese amoralische Einstellung, die mir signalisierte, dass der Geldgeber auf der Hut sein müsste, und da wollte ich nicht in der Position des Geldgebers sein. Ich fühlte mich einfach unwohl dabei [...] Ich habe mich selbst gelegentlich bis zum Rand des Abgrunds vorgewagt. Dann stand aber mein ganzes Vermögen auf dem Spiel. Ich möchte nicht, dass andere mit meinem Geld so weit gehen. Früher hat mal ein sehr talentierter Währungsspekulant für mich gearbeitet, der ohne mein Wissen ein sehr hohes Währungsrisiko eingegangen war, das sich als profitabel herausstellte. Ich habe ihn aber sofort entlassen, weil ich das als Warnung verstand: Ich hätte niemand anderen als mich selbst verantwortlich machen können, wenn wir von einem unerwarteten Verlust getroffen worden wären."*

(II) Intuitiv erfolgreich sind Personen auf ihrem Spezialgebiet, auf dem sie über viele Jahre gründliche Sachkenntnis erworben haben. Weil sie über großes Können und reiche Erfahrung verfügen, können sie auf ihrem Gebiet intuitiv vorgehen. Hunderte, tausende Stunden von Erfahrung und intensivem Lernen ermöglichen ihnen das und unterscheiden sie von Anfängern. Wichtig ist die richtige Art von Erfahrung, die relevante von irrelevanten Informationen unterscheidet; nur sie führt zur *richtigen* Intuition.

(III) Während sich Anfänger und Unkundige dem Problem in kleinen Schritten nähern müssen, haben erfahrene Experten schnellen Zugriff auf das Wesentliche und eine gut organisierte Vorgangsweise. Intuitiv Erfolgreiche gehen schnurstracks auf den Kern der Sache los.

(IV) Der schnelle Zugriff resultiert aus einem Strukturierungsprozess, der einzelne Daten zu *chunks*, zu großen Informationsblöcken, verarbeitet. *Chunking* überwindet drei Beschränkungen, denen alle Sterblichen unterliegen: eine begrenzte Aufmerksamkeitsspanne, den begrenzten Gedächtnis-Arbeitsspeicher und das begrenzte Langzeitgedächtnis. Durch diese Grenzen wird das Wissen limitiert, das wir verarbeiten und in die Entscheidung einbeziehen können. Wer aber mit einigen großen Blöcken operiert statt mit vielen kleinen Fragmenten, der kann ein viel größeres Informationsvolumen nutzen. Mit zunehmender Erfahrung verarbeitet der Experte die Einzelinformationen in *chunks* und die Zwischenschritte werden abgekürzt. Seine Intuition beruht darauf, zur rechten Zeit auf die richtigen Informationen aus dem Langzeitgedächtnis zugreifen zu können, und *chunking* ist der Schlüssel dazu. Die Route, die den Zugriff bestimmt, wird direkter und schneller.

Den Unterschied erklären Simon und Glaser anhand von medizinischen Diagnosen. Ein erfahrener Arzt sieht ein Kind an und diagnostiziert Masern. Sein junger Kollege kommt zur gleichen Diagnose, aber er braucht viel länger, weil er eine ganze Reihe von kleinen Ad-hoc-Entscheidungen durchgehen muss, die beim erfahrenen Arzt zu *automatischen* Abläufen geworden sind.

(V) Intuition hängt essentiell zusammen mit dem Erkennen der wesentlichen Gesetzmäßigkeiten. Personen, die intuitiv richtig handeln, gehen *more principled* – bezogen auf die zugrunde liegenden Gesetzmäßigkeiten – vor und verwenden aufgrund ihrer Erfahrung profunde und wirksame Kriterien anstatt irrelevanten und falschen. Sie haben sich dazu erzogen, in die Tiefe zu gehen und relevante von irrelevanten Hinweisen zu unterscheiden.

(VI) Intuitiv Erfolgreiche können den Lernprozess der Intuition beschleunigen, indem sie sich immer wieder mit neuen Situationen konfrontieren, große relevante Muster erkennen und über das hinausgehen, was sie schon gemeistert haben.

(VII) Ein weiteres Geheimnis der *„richtigen“* Intuition bei erfolgreichen Entscheidungen ist, dass genug Aufmerksamkeit und Arbeitsspeicher offen bleiben dafür, was sich im Umfeld abspielt. Den Spielraum im Arbeitsspeicher braucht der Experte für die situationsgerechte Anpassung seiner Entscheidung.

(VIII) Die Anpassung an die Situation ist entscheidend, sonst führt Intuition unter den gegebenen Umständen zur falschen Vorgangsweise. Wenn Entscheidungen unverzüglich zu treffen sind, fallen intuitive Entschlüsse am häufigsten falsch aus, weil sich die intuitive Reaktion unter zeitlichem, psychologischem oder wirtschaftlichem Druck nicht situationsgerecht anpassen kann. Das Bedürfnis, sich von Angst, Druck und Peinlichkeit zu befreien, löst ein Verhalten aus, das dem Entscheidungsträger kurzfristig zwar Erleichterung verschafft, aber diese intuitive Reaktion unterscheidet sich maßgeblich von der Intuition des Experten.

(IX) Die strategische Verbindung von intuitiver und analytischer Vorgangsweise hat Herbert A. Simon beim Schachspiel systematisch untersucht. Bei Simultanpartien brauchen Großmeister oft nur Sekunden für einen Zug, da haben sie für eine sorgfältige Analyse gar nicht die Zeit. Fragt man einen Schachgroßmeister, wie er unter derartigen Bedingungen die richtigen Züge treffsicher ausführen kann, so beruft er sich auf seine Intuition und professionelle Urteilsfähigkeit, die er der jeweiligen Situation anpasst. Aus der Betrachtung der Position der Figuren auf dem Schachbrett kann er in Sekundenschnelle einen guten Zug ableiten, ohne sich bewusst zu sein, wie er zu seinem Entschluss gekommen ist. In der noch verbleibenden Zeit versucht er analytisch zu erfassen, ob der vordergründig gute Spielzug nicht doch eine verborgene Schwäche hat. Das gleiche prüfende Verhalten, die gleiche analytische Selbstkontrolle, schreibt Simon (1988), ist auch aus anderen Berufen bekannt, wo intuitive Entscheidungen vor ihrer Implementierung noch einer ganzen Reihe kritischer Tests unterzogen werden, zum Beispiel in der Medizin und bei technischen Innovationen.

(X) Der Großmeister kombiniert schnell. Er sieht auf dem Schachbrett nicht einfach 25 wahllos angeordnete Figuren, sondern erkennt wohlbekannte Muster. Auf den ersten Blick scheint sich seine Fähigkeit durch ein bemerkenswertes visuelles Vorstellungsvermögen und Gedächtnis zu erklären. Aber, so Simon, der Unterschied liegt in seiner über Jahre erworbenen Erfahrung, dass sich auf einem Schachbrett im Verlauf einer Partie immer wieder gewisse wohlbekannte Muster ergeben. *„Zu jedem Kombinationsmuster gehören auch Informationen über dessen Bedeutung, seine Risiken sowie die weiteren Möglichkeiten für eine aggressive oder defensive Spielführung. Sobald der Großmeister das Muster erkennt, fallen ihm Züge ein, die sich für die jeweilige Situation eignen könnten. Dank dieser Erfassung von Kombinationen kann der erfahrene Schachspieler auch unter enormem Zeitdruck gut Schach spielen. Diese Leistung ist nur aufgrund von Lernerfahrungen möglich, welche die Kombinationsmuster und die dazugehörigen Informationen im Gedächtnis abgespeichert haben. Darin liegt denn auch das Geheimnis der Intuition.“*

(XI) Dass die intuitiven Fähigkeiten von Führungskräften auf den gleichen Mechanismen beruhen wie die Intuition von Schachgroßmeistern oder Ärzten, belegt Simon. Eine erfahrene Führungskraft hat in ihrem Gedächtnis eine große Wissensbasis abgespeichert und ein Reservoir von Kombinationsmöglichkeiten durch Ausbildung und Erfahrung angelegt, das in Form von *chunks* und assoziativer Information strukturiert ist. Während Anfänger erst nach bewusster und ausführlicher Analyse zu einem Ergebnis kommen, brauchen Experten unter Einsatz ihrer Intuition nur sehr wenig Zeit, ohne allerdings zu wissen, wie sie dazu gekommen sind. Im Gegensatz zu den kleinen Schritten des Anfängers macht der Experte in seinem Denkprozess riesige intuitive Sprünge. Das lässt sich dadurch erklären, dass er mit einem Erkennungs- und Abfrageprozess arbeitet, der eine große Anzahl von Kombinationsmustern absucht, die im Langzeitgedächtnis gespeichert sind. Demnach ist die Intuition kein von der Analyse getrennter Prozess, sondern beide Vorgangsweisen ergänzen einander und wirken komplementär.

4. Der schnelle Brüter

Erforschung der neuronalen Vorgänge, die sich bei intuitiven Entscheidungen vollziehen, boomt derzeit in den Neurosciences. Sie liefern den Nachweis, dass das Bewusstsein nur einen winzigen Ausschnitt des geistigen Geschehens beherrschen kann.

Zum Beispiel, wenn jemand gelangweilt im Flugzeug sitzt, wirken pro Sekunde elf Millionen Sinneseindrücke auf ihn ein, die von ebenso vielen Sinneszellen im Körper ans Gehirn gesendet werden. Dazu gehört der Druck des Sessels auf den Rücken und das Gesäß genauso wie das leise Summen der Triebwerke oder

der Geschmack des Kaugummis. Wenn ein Passagier Brandgeruch in der Nase spürt, so verlangt diese Wahrnehmung nach rascher Entscheidung: *Alarm schlagen oder ruhig bleiben? Nach der Stewardess läuten, den Notausgang suchen oder warten, was die anderen tun?* Das Bewusstsein schafft es gerade noch, vierzig Sinneseindrücke gleichzeitig zu verwalten. Der Rest muss schon aus Mangel an Verarbeitungskapazität dem Autopiloten im Kopf überlassen werden.

Seit den neunziger Jahren ist eine Generation von Hirnforschern am Werk, um implizite, automatische oder prozedurale Vorgänge im Gehirn zu entschlüsseln. Ein Pionier war und ist Antonio Damasio, Neurologe an der University of Iowa, in dessen einzigartiger Kartei sich viele Patienten mit Hirnläsionen durch Schlaganfall oder Unfall finden. Sein besonderes Interesse weckten Fälle, in denen der *ventromediale präfrontale Cortex*, eine Hirnregion hinter Nase und Stirn, zerstört ist. Menschen mit diesem Defekt sind ihrer intuitiven Entscheidungshilfe beraubt und das schafft ihnen Probleme im Alltag, die zu bewältigen sie überfordert sind. Zum Beispiel konnten sie sich nicht entscheiden, ob sie den Arzt am Wochenende auf einem Spaziergang begleiten wollten oder nicht. Für diesen einfachen Entschluss mussten sie lange hin und her überlegen und kamen schließlich doch zu keiner Entscheidung. Ohne intuitive Vorgangsweisen sind sie völlig unfähig, ein normales Leben zu führen, und dies, obwohl ihre Intelligenz intakt und ihr Verstand psychologischen Tests zufolge normal ist. Damasio belegt, dass der ventromediale präfrontale Cortex eine zentrale Rolle bei der Entscheidungsfindung spielt. In dieser Hirnregion werden Gefühle, die im limbischen System entstehen, mit den rationalen Erwägungen der Großhirnrinde verknüpft. Ohne diese Verknüpfung ist der Mensch entscheidungsmäßig wie gelähmt, es fehlt der emotionale Anstoß zum Handeln. Damasios Experimente zeigen, dass Weichenstellungen im limbischen System stattfinden, lange bevor die Ratio anspringt. Diese Richtungsentscheidungen dienen als Orientierungshilfe, ob die Situation gefährlich oder harmlos ist, neu oder bekannt. Das Gehirn sammelt nicht nur Informationen, es gewichtet, bewertet und sortiert sie auch.

Dass die Intuition wie ein schneller Brüter arbeitet, zeigt sich anhand des Kartentests, den Antonio Damasio entwickelt hat. Er gibt zwei Stapel blaue und zwei Stapel grüne Karten vor. Testpersonen werden aufgefordert, Karten ihrer Wahl umzudrehen. Auf der Rückseite steht ein Dollarbetrag, den sie entweder an sich nehmen dürfen oder abgeben müssen. Was die Teilnehmer nicht wissen, ist, dass die blauen Karten zwar mitunter hohe Gewinne ausweisen, aber schwere Verluste sind in der Überzahl. Die grünen Karten zeigen moderate Beträge, dafür überwiegen aber die Gewinne. Etwa fünfzig Versuchsdurchgänge dauert es, bis die meisten Teilnehmer verkünden, dass sie von nun an nur noch grüne Karten wollen. Dass die blauen Stapel risikoträchtiger sind, wussten sie intuitiv schon lange vorher. Das konnte man mit Hilfe von Temperatur- und Feuchtigkeits-Sensoren nachweisen, die man am Handteller befestigt hatte. Schon nach zehn umgedrehten Karten zeigten die Geräte an, dass die Testpersonen Stress haben, wenn sie nach einer blauen Karte greifen. Schon vierzig Runden, bevor die Spieler bewusst sagen konnten, dass die blauen Karten schlecht für sie sind, ahnten sie dies. In dem Moment, in dem ihre Handflächen zu schwitzen begannen, änderten sie intuitiv ihr Verhalten und bevorzugten grüne Karten, ohne dass sie wussten, warum.

Die Intuition kann mit erstaunlicher Schnelligkeit aus dem Dickicht der Informationen die entscheidenden herausfiltern. Ein anschauliches Beispiel liefert Gigerenzer (2007), Direktor am Center for Adaptive Behavior and Cognition in Berlin: Er hat am Flughafen in New York beobachtet, wie ein Drogenfahnder unter all den Passagieren eine Frau, die als Drogenkurier unterwegs war, ausgemacht und festgenommen hat. Woran hat er erkannt, dass die Frau als Drogenkurier unterwegs war? Seiner Ausbildung folgend hätte er einen ganzen Katalog von Kriterien als mögliche Erkennungsmerkmale in Erwägung ziehen müssen: Hautfarbe, Alter, Kleidung, Art des Gepäcks usw. Tatsächlich alarmierte den Fahnder ein Moment, als sich sein Blick mit dem der Frau kreuzte. Sie hatte nach jemandem wie ihm Ausschau gehalten und das hatte der Polizist blitzschnell intuitiv erfasst. Der gehetzte Blick der Geldbotin trat als Alarmsignal in sein Bewusstsein. Geschulte Drogenfahnder z.B. sind für subtile Signale der Mimik besonders empfänglich, sie haben ein hoch entwickeltes Radarsystem.

Intuition nutzt auch Gesetze der Physik. Gigerenzer (2006) führte bei einem Vortrag an der Universität Klagenfurt das Beispiel eines Piloten an, der in seiner Kanzel sitzt und plötzlich sieht, wie ein anderes Flugzeug auf ihn zukommt. In dem Moment könnte er aus Geschwindigkeit und Flugbahn der beiden Maschinen exakt berechnen, ob sie auf Kollisionskurs sind. Das Problem ist nur, dass er womöglich schon tot wäre, bevor er damit fertig ist. Deshalb bedient sich der Pilot einer anderen, viel effizienteren Strategie, auch wenn er sich dessen gar nicht bewusst ist. Er fixiert einen Kratzer in der Scheibe und beobachtet dann, wie sich die Position des entgegenkommenden Flugzeugs zu diesem Fixpunkt entwickelt. Verändert sie sich, kann der Pilot aufatmen; bleibt sie konstant, muss er schleunigst abdrehen und ausweichen.

Selbst Hunde verwenden diese intuitive Vorgangsweise. Wenn sie einem Ball nachjagen, fixieren sie mit ihren Augen das Objekt, rennen und halten dabei Richtung und Geschwindigkeit genau so, dass der Ball konstant in ihrem Gesichtsfeld bleibt. Dann landet der Ball vor ihrem Maul, so dass sie im richtigen Moment nach ihm schnappen können. Gigerenzer erklärt das so: *„Die intuitive Kraft des Gehirns besteht aus vielem unbewusstem Wissen über die Welt.“*

5. Schwächen der Intuition

Das intuitive Vorgehen hat sich in Jahrmillionen der Evolution entwickelt; es hat sich bewährt und es hat auch in die Irre geführt. Einer der Pioniere, der die Schwächen erforscht und aufgezeigt hat, ist der Psychologe Daniel Kahneman, an der Princeton University, 2002 mit dem Nobelpreis für Ökonomie ausgezeichnet. Gemeinsam mit Amos Tversky hat er der Frage: *„Kann ich meiner Intuition trauen, wenn es um Geld geht?“*, viele Experimente gewidmet, ebenso wie der Nobelpreisträger Reinhard Selten an der Universität Bonn. Das Verlust-Reparationsprinzip und das Gewinn-Sicherungsprinzip (Pelzmann 2006, S. 28 f.)

beschreiben die systematischen Irrtümer, denen wir im intuitiven Umgang mit Risiken erliegen. Die Angst vor einem Verlust wirkt sich ungefähr doppelt so stark aus wie die Aussicht auf einen Gewinn. Beim Spekulieren mit Aktien führt das zu einem systematischen Fehler, einem sogenannten Bias. Bei steigenden Aktienkursen neigen Anleger dazu, zu früh den Gewinn mitzunehmen; bei fallenden Kursen hingegen erliegen sie dem gegenteiligen Intuitions-Defekt, indem sie noch mehr riskieren, um erlittene Verluste zu reparieren. Dieser intuitive Bias bewirkt Optimismus und stete Geschäftigkeit. Die Analyse von mehreren zehntausend Transaktionen (Shleifer 2000) hat aber ergeben: Je mehr die Leute handeln, desto geringer sind ihre Gewinne an der Börse.

Ein weiterer Intuitions-Defekt besteht darin, dass Menschen ihre Fähigkeit überschätzen, die Zukunft zu überblicken. 80 Prozent aller Firmengründer glauben daran, dass sie sich am Markt behaupten können. Tatsächlich sind schon nach fünf Jahren 75 Prozent wieder vom Markt verschwunden. Für die Volkswirtschaft ist das ein starker Motor. Ohne diesen Bias zum Optimismus gäbe es die wirtschaftliche Dynamik kaum in diesem Maße. Das führt aber auch dazu, dass Unternehmer wie Privatleute das Risiko des Scheiterns unterschätzen, dass Konzerne viel zu viel Geld bei der Übernahme anderer Firmen zahlen; dass Privatleute in die Schuldenfalle geraten, weil sie ihre künftigen Einnahmen zu hoch veranschlagen.

6. Manipulation der Intuition

Wie leicht es ist, intuitive Präferenzen zu manipulieren, zeigen Forschungsarbeiten von Bargh (2006), Professor für Psychologie an der Yale University und Experte auf dem Gebiet des Priming, eines zentralen Mechanismus der Intuition. In einem Experiment auf dem Flughafen von San Francisco hat sein Team Passagiere angesprochen, die auf ihren Flug warteten, und sie gebeten, an einem psychologischen Test teilzunehmen. Der Hälfte der Testpersonen stellte man Fragen nach ihrem besten Jugendfreund; die anderen fragte man nach dem Kollegen, mit dem sie am wenigsten Lust hätten, nach der Arbeit noch ein Glas trinken zu gehen. Ohne es zu merken, waren die Testpersonen damit bereits manipuliert. Das zeigte sich, als man sie fragte, ob sie bei einem weiteren Test mitmachen wollten. Fast ohne Ausnahme wollten alle, die zuvor von ihrem besten Freund erzählen konnten, weitermachen und am nächsten Experiment teilnehmen. Diejenigen, die über den unangenehmen Kollegen berichten mussten, lehnten ab. Der Gedanke an einen angenehmen Freund ließ die Passagiere kooperativ sein, der Gedanke an einen unangenehmen Kollegen unkooperativ. Die Passagiere selbst lehnten diese Erklärung empört ab und schoben allerlei andere Gründe vor. Sie sagten *„Ich war gestresst“, „Ich musste mein Flugzeug erreichen“* (Traufetter 2006, S. 167). Wer will sich schon eingestehen, manipuliert worden zu sein?

Die Wertschätzung der Intuition und die Auseinandersetzung mit ihren Schwächen sind großen Schwankungen unterworfen, sowohl in der Wissenschaft als auch im Management und in der Gesellschaft. Das Gleiche gilt für das Lob der Gefühle, wie Malik (2002) zeigt. *„Wenn von Emotionen und ihrer Wünschbarkeit die Rede ist, meinen die Leute die positiven Emotionen. Es gibt sie – Liebe, Mitleid, Empathie. Wer wollte ohne sie sein? Gibt es aber nur diese? Über die negativen, destruktiven, bösen Gefühle findet sich kein Wort. Gibt es den Neid, die Missgunst, den Hass, die Aggression, die Eifersucht und die Angst nicht? Sollen wir sie uns unter dem Etikett ‚mehr Bauch' ebenfalls wünschen – in unseren Familien und Organisationen?"* Derzeit beruft man sich gern auf Albert Einstein, der *die göttliche Gabe der Intuition* weit über die treuen Dienste des Verstandes gestellt hat: *„Es ist paradox, dass wir heutzutage angefangen haben, den Diener zu verehren und die göttliche Gabe zu entweihen."*

Es macht allerdings einen Unterschied, ob das Genie Albert Einstein sich der göttlichen Gabe Intuition bedient, um in der Physik Neuland zu betreten und treffsicher neue Kombinationen zu entdecken, oder ob irgendein Physiker aus dem Bauch heraus über ein Gebiet redet, von dem er keine Ahnung hat. Wie Malik richtig bemerkt: *„Dass der Verstand des Menschen fehlerhaft arbeitet, wird nicht bestritten; weswegen Gefühle diesen Mangel aber nicht haben sollten, bleibt unerfindlich. Eine starke, ja zwingende Empfindung subjektiver Gewissheit, die in der Regel mit intuitiven und emotionalen Urteilen verbunden ist, führt viele in die Irre. Denn subjektiv empfundene Gewissheit, und mag sie noch so stark sein, hat absolut gar nichts zu tun mit objektiver Richtigkeit oder Wahrheit."* Es braucht qualifizierte Intuition, um die richtige Entscheidung zu treffen. Der Weg dorthin ist weit und voller Stolpersteine.

7. Lern- und Kontrollfragen

- Gibt es aufgrund von verschiedenen Studien einen Gegensatz von Verstand und Gefühl?
- Wie hängen Erfahrung, Intuition und Verstand in Bezug auf das Fällen von richtigen Entscheidungen zusammen?
- Aufgrund welcher Kernerkenntnisse kann man davon ausgehen, dass Intuition zum Fällen richtiger Entscheidungen erlernt werden kann?
- Was ist im Zusammenhang mit Intuition mit „schnellem Brüter" gemeint?
- Was ist ein „Bias" und was sind die bedeutendsten Intuitionsdefekte?
- Kann Intuition manipuliert werden?

8. Literatur

Bargh, J. A.: What have we been priming all these years? On the development, mechanisms, and ecology of nonconscious social behavior. European Journal of Social Psychology, 2006.

Damasio, Antonio: Descartes' Irrtum. Fühlen, Denken und das menschliche Gehirn. Berlin 2004.

Gigerenzer, Gerd: Bauchentscheidungen. Gütersloh 2007.

Malik, Fredmund: Kopf oder Bauch? manager magazin-online, 23.08.2002.
March, James G., Simon, Herbert A., Guetzkow, Harold: Organizations. 2nd edition, Oxford 1993.
Pelzmann, Linda: Wirtschaftspsychologie. Wien/New York, 4. Auflage, 2006.
Pelzmann, Linda: Geheimwaffe Glück. Malik on Management. 14. Jahrgang, 9/06, S. 135–148, 2006.
Pelzmann, Linda: Strategic Surprise Management. Malik on Management. 14. Jahrgang, 8/06, S. 122–134, 2006.
Simon, Herbert A.: Entscheidungsfindung: Welche Rolle spielen Gefühl und Intuition? gdi impuls, 2/88.
Simon, Herbert, A: Die Wissenschaften vom Künstlichen. Wien/New York, 1994.
Soros, George, The Alchemy of Finance. Reading the Mind of the Market. New York 1987.
Soros, George Soros über Soros. Frankfurt 1996.
Traufetter, Gerald: Stimme aus dem Nichts. Hirnforscher entdecken die Macht der Intuition. Der Spiegel, Nr. 15, 10.4.2006, 158–171.

„Mind-Settings“ im Management – Gedanken zum „Führungskraft-SEIN“

Robert Neumann

„Wer mehr Verantwortung tragen kann,
sollte die Verpflichtung haben,
dies auch zu tun!" (Laotse)

Das Thema „Führung" fasziniert, geht es doch seit jeher um das Phänomen, was Menschen tun können oder müssen, damit andere Menschen, die sich in einer neben- oder untergeordneten Position befinden, definierte Richtungen einschlagen, Anweisungen befolgen und zur Zusammenarbeit bereit sind. Das Thema ist deshalb auch beinahe immer aktuell. Denn Führungskräfte wollen wissen, ob sie mit ihrer Praxis richtig liegen, Wissenschaftler wollen dazu intelligente Erklärungsansätze liefern, Mitarbeiter wollen wissen, ob die Fehler ihrer Vorgesetzten erklärbar sind, und ambitionierte Nachwuchsführungskräfte wollen Tipps und Tricks, wie sie erfolgreich an die Spitze kommen. Und diese Bedürfnisse haben in den letzten Jahren zu einer regelrechten Inflation an Beiträgen zum Thema Führung und Management geführt.

Zuerst wollte uns die Management-Literatur erzählen, was einen idealtypischen Führungsstil ausmacht, und entwickelte Einteilungen in unterschiedliche Kategorien. Diese Überlegung wurde widerlegt von der Erkenntnis, dass es den zu hundert Prozent richtigen Führungsstil nicht geben kann, da Führung von einer komplexen Situation bestimmt wird, die obendrein vom Reifegrad der zu Führenden und der Führungskraft selbst determiniert wird. Führungskräfte in der Praxis lehnten sich entspannt zurück und waren stolz darauf, dass ihr intuitives „Trial-and-error-Führen" endlich einen Namen hatte – „situativer Führungsstil". Es dauerte nicht lange, da waren wieder vermeintlich richtige Führungsempfehlungen im Umlauf – die „Management-by-Ansätze" und damit neuerlich der Hinweis, was sich in der Führungspraxis bewährt und was weniger. Es ging um „management by objectives", „motivation", „delegation", „exception", „walking around" und jedes Konzept für sich schien optimal zum Erfolg zu führen. Positive Erfahrungen im Versuch der Anwendung blieben aber scheinbar aus, weshalb ironische Ableitungen dieser Management-by-Ansätze schnell die Runde machten und die „Führungsthematik" in ein Schauspiel, ja in ein Kabarett sich selbst ernannter Management-Wissenschaftler mutieren ließ.

Nach einigen Jahren „aktiver Sendepause" wurde auf der gezielten „Suche nach Spitzenleistungen" (Peters/Waterman) neuerlich der „Manager" als Held gefeiert. Herausragende Persönlichkeiten an der Spitze erfolgreicher Unternehmen wurden der Öffentlichkeit präsentiert. Von ihnen wollte man wissen, warum sie so sensationelle Ergebnisse erzielen und was sie denn von all den anderen unterscheidet. Ein Jack Welch, Lee Iacocca, Bill Gates, Steven Jobs, Heinrich v. Pierer, Jürgen Dormann und wie sie alle heißen wurden von internationalen Managermagazinen wiederholt zum Manager des Jahres gekürt – eine Auszeichnung, die mitunter ein böses Omen zu sein scheint, denn nicht selten stellten sich später diese Heros als nicht mehr ganz so glänzend dar.

Management-Päpste der Wissenschafts-Szene stellten glaubwürdig dar, was erfolgreiche Führungskräfte auszeichnet. Peter F. Drucker, Henry Mintzberg,

K.H. Blanchard, Robert E. Quinn, Steven R. Covey, Knut Bleicher, Fredmund Malik und viele andere wurden ständig befragt und präsentierten auch oft unaufgefordert Hinweise für exzellente Führungs-Qualität und „high-performance leadership" – meist an jene gerichtet, die vermeintlich noch weit davon entfernt zu sein schienen.

Management Science wurde zur eigenen Disziplin für Experten ohne Führungspraxis, die hochintellektuell und plausibel Erklärungen an jene abgeben, die die Praxis manchmal leidvoll erleben und sich eben wohl oder übel im Führungshandeln erproben. Der Boom an unterschiedlichen Management-Trainings, Seminarreihen, Lehrgangs-Curricula, Workshops zu unterschiedlichen Führungsthemen ließ diverse freie und universitäre Anbieter und Business Schools gut verdienen.

Nur die Themen sind jeweils andere, je nachdem, was in der Wirtschaft eben so angesagt ist. Mal geht es um „Hardcore-BWL" und die Wissensvermittlung von Kosteneffizienz-Tools und ein anderes Mal wieder um psychosoziale Aspekte der Gruppendynamik und Selbsterfahrung. Ein anderes Mal geht es um das Lernen aus bekannten „Management-Failures and Mistakes" (Robert F. Hartley), mal um die Prinzipien von Leadership 5 Qualitäten der Besten (Jim Collins), um unternehmerische Höchstleistungen zu erzielen.

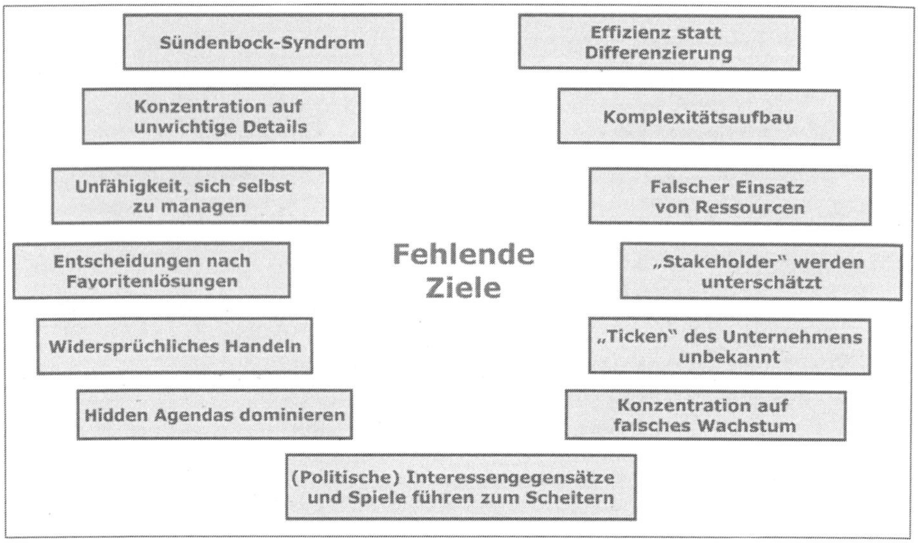

Abbildung 1: Klassische Management-Fehler

Und wenn es nichts mehr zu dem Thema zu sagen bzw. schreiben gibt, dann wird es plötzlich wichtig, Unterschiede zu thematisieren. Zum Beispiel geht es dann um die Klärung zwischen Management und Leadership. Dadurch wird zu verdeutlichen versucht, was der eine weiß, kann und tut und was das Gegenüber charakterisiert.

Offen gesagt – ich halte die Unterscheidung für wenig brauchbar. Im amerikanischen Sprachgebrauch ist es ja vielleicht noch ein lustiges Wortspiel, aber die Grenzen müssen im Alltag nicht wirklich gezogen werden, bzw. wem soll das wirklich helfen? Zum einen mangelt es so oder so an visionären Denkern, Strategen und persönlichen Leitfiguren und zum anderen sind auch diese von Zeit zu Zeit in Situationen, in denen es wichtig wird, schnell und pragmatisch Entscheidungen zu treffen, zu koordinieren, zu organisieren, Dinge in die Gänge zu bringen und Ergebnisse zu kontrollieren (typischer Management-Regelkreis). Umgekehrt sollte nicht ausgeschlossen sein, dass auch Manager den ihnen zur Verfügung stehenden Freiraum (und sei es nur der zwischen ihren beiden Ohren) für Reflexion, Planung, Strategie-Entwicklung und Zielformulierungen nutzen, was sie dann ja schon wieder quasi zu Leadership-Typen werden lässt.

Führung bedeutet, dafür zu sorgen, dass Dinge getan werden, im Gegensatz zum Selbertun. Auf welche Art dies passiert, welcher Taktschlag hier verwendet wird, ist abhängig von der jeweiligen Konsensbereitschaft und sozial geteilten Zustimmung im Unternehmen. Wenn es einerseits ein mehrheitlich gleiches Verständnis von der einzuschlagenden Richtung sowie breite Übereinstimmung darüber gibt, was erreicht werden soll, und andererseits dies zu dem passt, was Mitwirkende im Unternehmen wollen, und nach welchen Werten und Prioritäten dies passieren soll, wird entweder Macht einzusetzen oder aber kooperativ an der Umsetzung zu arbeiten sein. Es kann aber auch reichen, lediglich grobe Eckwerte vorzugeben.

Nüchtern betrachtet ist das Führungsthema eigentlich abgearbeitet, denn man kennt die notwendigen „Skills“ und „Attitudes“, man weiß um die wichtigsten Führungsinstrumente und mehr oder weniger brauchbaren Management-Methoden. Kaum ein Führungspraktiker hat nicht schon einige Seminarstunden erlebt, in denen vermittelt wurde, wie man richtig motiviert, was die Delegation gelingen lässt, wie man Ziele vereinbart, was die Information von der Kommunikation unterscheidet, welche Entscheidungstechniken sich anbieten und welche Kontroll-Möglichkeiten wirken.

Undifferenziert und reduktionistisch erfahren „angehende Richtungsgeber“, wie Zeit optimal zu nutzen ist, um den Schlafmangel gesundheitlich auszugleichen, dass Entscheidungen rational zu treffen sind, Aufgaben richtig verteilt werden müssen, „Leid-Bilder“ zu vermitteln sind, Mit-Arbeiter, nicht Mit-Denker so über den Tisch zu ziehen sind, dass die dabei entstehende Reibungshitze als Nestwärme empfunden wird etc. etc. Wissen ist also vorhanden und da es sich um eine anwendungsorientierte Disziplin handelt, wäre es auch vermessen, hier einen wissenschaftlichen Anspruch zu erheben.

Malik ist also zuzustimmen, wenn er meint, dass Management keine Wissenschaft ist, sondern eigentlich ein Handwerk. Und dieses Handwerk kennt man von A bis Z und wenn nicht, so lässt es sich studieren, lesen, lernen und erleben. Mit diesen Themen lockt man auch keine erfahrene Führungskraft in den Unterricht. Locken können höchst noch überbewertete akademische Titel wie „Master of Business Administration – MBA“ auf diesem Gebiet, die bereits inflationär verliehen werden und ja nichts über die praktizierte Führungsqualität aussagen.

Aktuell erfährt daher das Thema wieder eine neue Akzentuierung. Management-Topics rücken weg von der soften Psycho-Sozio-Ecke mit weniger vagen Aussagen, es wird zunehmend der Mut aufgebracht, zu erklären, was erfahrungsbasiert „richtig" und was „falsch" ist, was sich also bewährt bzw. weniger bewährt hat. Das kommt sicherlich gut an, denn wie wir wissen ist der Großteil an Berufstätigen nicht per se Führungskraft und bringt auch nicht immer die angeborenen Alpha-Qualitäten mit. Im Gegenteil, es bedarf harter konzentrierter und zielorientierter Arbeit an sich selbst und an der eigenen Karriere. Und das ist naturgemäß mit Unsicherheit und offenen Fragen zur Richtigkeit des eigenen Tuns verknüpft. Da kommen also praktische hilfreiche Empfehlungen gerade recht. Diese Tipps können sich aber immer nur auf das Handwerk reduzieren, hier weiß man ja auch schon recht viel, was klug ist und was weniger (z.B. Vier-Augen-Prinzip bei Kritik und Anerkennung).

Schwieriger ist es da schon mit den Verhaltensempfehlungen, da diese ja nicht so ohne weiteres übernommen werden können und doch stark an die jeweils eigene Persönlichkeit gekoppelt sind. Und in der Persönlichkeits-Thematik sind wohl auch immer noch die größten Defizite zu orten, das wird an Universitäten und in Lehrgängen viel zu wenig realitätsnah vermittelt und simuliert. Obwohl es eigentlich immer wieder die gleichen oder ähnlichen Verhaltensfehler sind, die Führungskräfte an ihrem Job scheitern lassen, ist die Bereitschaft, hier zu lernen, noch nicht in dem Maße gegeben, wie es notwendig wäre. Gerade jüngere Nachwuchshoffnungen bringen an sich oft viel für den Erfolg mit – sie sind in einer Disziplin die Besten, verfügen über ein hervorragendes soziales Netzwerk und können ihre Leistungen auch gut vermarkten. Und doch fehlt ihnen die Fähigkeit, sich emotional und sozial richtig zu bewegen. Sie wissen als Top-Performer oft nicht, wie sie sich in Situationen verhalten sollen, die den Umgang mit Menschen erfordern. Diese Verhaltenstorheiten folgen treu der Weisheit und Leitdevise von Tom Hanks in der Rolle von Forrest Gump: „Dumm ist der, der Dummes tut!" – Wie Musterschüler, die aufgrund überrragender Leistungen in der Schule mehrere Klassen übersprungen haben und nicht wissen, wie man sich am Abschlussball verhalten soll. Wie kleine Ferraris, die nur im ersten Gang gefahren werden und daher ihre PS leider nicht voll auf die Straße bringen. Absolventen und Jungakademiker von Wirtschaftsuniversitäten sind zwar randvoll mit Wissen, scheitern aber an der Fähigkeit, sich im sozialen Umfeld einer Firma gegenüber Vorgesetzten, Kollegen und Geschäftspartner angemessen zu verhalten bzw. zu bewegen. Intellektuell hochgerüstet, stolz, ehrgeizig und erfolgssüchtig verteidigen sie jede Lösung, wissen alles besser, mischen sich in die Arbeit anderer Leute ein, dulden keine gleichwertigen Experten und Mitspieler an ihrer Seite, respektieren zu wenig Alter, Erfahrung und Leistung anderer, treffen Entscheidungen im Alleingang, verlieren die Bodenhaftung und schieben Fehler auf andere, stehen nicht hinter oder vor ihren Leuten, verdrängen andere rücksichtslos aus dem Feld und kennen nur eins – „persönlichen Ruhm" und Erfolg, der neurotisch und zwanghaft verkauft und verteidigt wird. Wie ein Pfau, der sein Rad schlägt, bunt und prächtig, versuchen sie anderen zu imponieren oder sie abzuschrecken. Und wie sieht ein Pfau in diesem Moment von hinten aus? – eine erbärmliche Figur, die aber gut kaschiert wird. Der Vergleich mit dem Tierreich ist gar nicht so exotisch, wie man vielleicht glauben mag. Denn immerhin versuchen Bestseller-Autoren seit Jahren das Verhalten von Führungskräften zu erklären, indem sie das Verhalten von Tieren studieren und daraus nachahmenswerte Schlüsse ziehen. Die Literatur ist voll mit diesen Metaphern und Bildern wie dem Alpha-Wolf, dem Haifisch-Prinzip, dem Pinguin-Prinzip, bionischen Vergleichen mit Bienen und Fliegen. Auch der Vergleich mit dem Sport wird überstrapaziert, Vergleiche mit dem Mannschaftssport dienen ebenso Erklärungen effektiven Verhaltens in Teams wie das Klettern in der Bergwelt (z.B. das Nordwand-Prinzip). Jeder, der persönliche Erfahrungen gemacht hat, seien sie in Wirklichkeit noch so gering, fühlt sich bemüßigt, vielversprechende und hochintelligente Weisheiten zum Thema Führung von sich zu geben. Was ich von diesen Zugängen halte, kommt hoffentlich subtil zum Ausdruck – nämlich nichts!

Natürlich kann sich jeder aus diesen Modellen etwas mitnehmen und herauslesen oder besser gesagt schönlesen und zurechtrationalisieren. Die Übertragung naturwissenschaftlicher Erkenntnisse auf soziale Systeme wie Organisationen ist nur bedingt möglich, Beispiele daher nur in Teilbereichen wirklich zulässig und schon gar nicht in der Praxis immer anwendbar. Besser gefällt hier schon der „Arschloch-Faktor“ (vom Bestseller-Autor Robert I. Sutton), der darauf aufmerksam macht, wie rücksichtslose, karrieregeile, brutale, überwichtige Möchtegern-Manager agieren und dominieren, wie sie rechtzeitig erkannt werden, welche Machenschaften sie pflegen, welchen Schaden sie dabei auch auf der Kostenseite anrichten und wie sie frühzeitig verhindert werden können. Gefallen an dieser Metapher kann man deshalb finden, weil man sofort persönlich Bekannte identifiziert und endlich die Begründung dafür findet, warum man ihnen lieber aus dem Weg geht. Resultat für den Leser: Führungsqualität ist das Resultat aus *„individuelle „Persönlichkeit“* x *„praktische Führungserfahrungen“* x *„Reflexionsvermögen“* x *„Bereitschaft und Fähigkeit, die Erkenntnisse auch umzusetzen“* x *„Anspruchsniveau der jeweils gegebenen Führungssituation“*.

Die Anschlussfähigkeit von Rezeptbüchern ist schnell erklärt. Führung wird einem nicht beigebracht, dafür gibt es keine Gebrauchsanweisung, es wird nur als angenehm oder weniger angenehm erlebt, solange man Führung am eigenen Leib erfährt. Von heute auf morgen ist man dann „Chef“ oder „Vorgesetzter“ – was immer das heißen mag. Selten besteht die Zeit, sich mit dieser Rolle, den damit verbundenen Funktionen und Aufgaben direkt und bewusst auseinanderzusetzen. Viele haben nicht einmal die Zeit, sich wichtig und bedeutend zu fühlen, und machen daher die gleiche Arbeit wie bisher. Sogenannte Führungskräfte verdienen dann nicht einmal die Bezeichnung, denn sie sind sich selbst die besten Sachbearbeiter, konzentrieren sich auf operative Details statt auf ein größeres Ganzes, machen alles selbst (Wem sollte man denn sonst vertrauen?) und kommen zeitlich kaum zurecht, Beruf, Familie und Freizeit zu balancieren.[1] Es entsteht Stress als Wirkung von Druck des Unerledigten.

1 Immerhin widmen sich Führungskräfte nur rund 10 % der Tätigkeiten mehr als 1 Stunde, nur 50 % der Arbeiten dauern weniger als 9 Minuten, nur einmal in zwei Tagen wird eine halbe Stunde ununterbrochen gearbeitet und rund 93 % der Kontakte sind ad hoc. Hinzu

Fehler fallen zunächst gar nicht auf – alles läuft in gewohnter Manier. Ist auch kein Wunder, in der operativen Arbeit liegt die Sicherheit – das hat man ja auch gelernt. Vernachlässigt wird nur die eigentlich neue Arbeit – die Führungsarbeit, wo es keinen „one best way" gibt, bei der das Gefühl der Angst und Unsicherheit aufkommt. Hier fehlt die Anleitung, es mangelt an wirklich brauchbaren helfenden Hinweisen, wenn, dann kommen nur gut gemeinte Rat-Schläge von Kollegen und Vorgesetzten, Verhaltens-Maß-Regelungen, die vielleicht bei irgendjemandem irgendwann funktioniert haben könnten – oder auch nicht. Die Unternehmenswelt ist geprägt von diesem Karrieremodell: gute Fachkräfte werden zu Vorgesetzten mit Führungsverantwortung. Eine gute Fachkraft geht dabei nicht selten verloren und wesentlich häufiger wird eine schlechte Führungskraft so lange zu dem gemacht, was viele nie sein werden, bis endgültig die Grenzen eigener Inkompetenz überschritten werden (man nennt das bekanntlich Peter-Prinzip).

> „Wer das Ziel kennt, kann entscheiden,
> Wer entscheidet, findet Ruhe.
> Wer Ruhe findet, ist sicher.
> Wer sicher ist, kann überlegen.
> Wer überlegt, kann verbessern.
> Wer verbessert, ist erfolgreich !"
>
> (Konfuzius)

Der Mangel an sozial-kommunikativer Kompetenz wird dann vor allem für andere spürbar, wenn Sonderaufgaben notwendigerweise delegiert werden müssen, wenn auch unbeliebte Entscheidungen getroffen werden müssen, wenn Verantwortung übernommen werden soll, wenn Störfunktionen kompetent wahrgenommen werden müssen, wenn es Ziele zu definieren gilt, die in produktiver und reibungsloser Form der Zusammenarbeit erreicht werden müssen. Gerade an der Zielfestlegung erkennt man Führungsqualität, denn wer keine Ziele hat und diese klar und deutlich setzen und konsequent verfolgen kann, sollte lieber weiterhin für jemanden arbeiten, der das beherrscht.

Übrig bleibt die Erkenntnis, dass der schwierigste Mitarbeiter, den eine Führungskraft zu führen hat, wohl im eigenen Ich zu finden ist. Wer dabei die Bereitschaft hat, zwar in sich zu gehen, dabei aber leider niemanden antreffen kann, sollte auch besser das Thema „Führung" bleiben lassen. Es gibt also genug Führungskräfte, die mit Recht behaupten können: „Wir haben in unserer Firma keine Probleme – ich bin das Problem!" Aber glücklicherweise gibt es immer noch genug herausragende Persönlichkeiten, denn wo viel Schatten ist, gibt es auch Licht!

Die Qualität in der Führung lässt sich nicht durch das Lesen wissenschaftlich abstrakter Literatur verinnerlichen, nicht in reinen Wissensvermittlungs-Semi-

---

kommen ständige Routinetätigkeiten und Repräsentationspflichten, die den Arbeitsalltag füllen.

naren weitergeben und auch in Verhaltens-Trainings nur bedingt erlernen. Pinguine können nicht zum Fliegen gebracht werden. Und auch Hühner werden durch Training nur zu Rennhühnern, nie aber zu vollwertigen Adlern. Es bedarf der individuellen Auseinandersetzung mit der Rolle als Führungskraft, der Beantwortung von Fragen nach der eigenen Einstellung zum Thema Verantwortung, einer individuellen Lernbereitschaft und Entwicklung und der Bereitschaft, sich selbst ständig neu zu erfinden, worauf Reifung folgen muss, um die Lebenskunst der Führung schrittweise authentisch zu verinnerlichen und wirksam zu praktizieren (value based leadership).

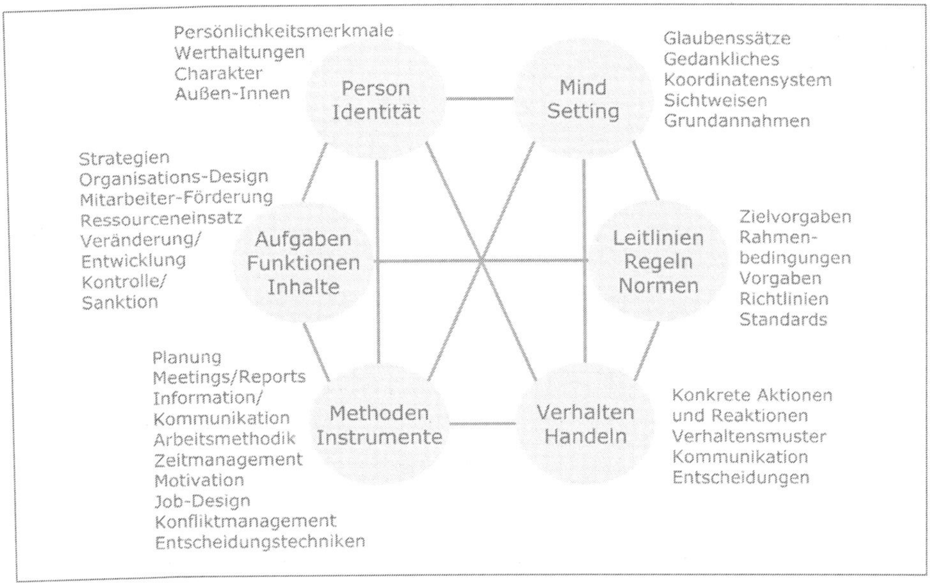

Abbildung 2: Das Management-Gewebe

Der Schwerpunkt muss also in der Entwicklung von **Führungs-Persönlichkeiten** liegen, was mit der eigenen Einstellung, den jeweils individuellen Werthintergründen, Weltsichten, Sinnbezügen und Betrachtungsweisen zur eigenen Person, zu den zu erfüllenden Aufgaben und Funktionen, zur Übernahme von Verantwortung gegenüber anderen usw. beginnt. Wir sprechen hier also vom **„Mind Setting“**, den mentalen Modellen in den Köpfen der Führungskräfte, die das Verhalten prägen und letztlich als verfestigte Glaubenssätze sogar Geschäftsmodelle einzementieren. Mentale Modelle, sogenannte „cognitive maps“, bestehen aus individuellen Annahmen, Beurteilungen, Erwartungen und Bedeutungszuschreibungen, die im Bewusstsein von uns allen gespeichert sind. Unsere individuellen kognitiven Landkarten der Welt verändern sich in rekursiven Schleifen zwischen erlebter Praxis, Reflexion und praktischer Anwendung. Diese geistigen Werkzeuge helfen uns, mit Situationen und Handlungsalternativen zurechtzukommen. Sie strukturieren den Handlungsrahmen und repräsentieren eine persönliche Ordnungsvorstellung. Sie sind gewissermaßen eine Form impliziten

Wissens, das in den kognitiven Strukturen der Menschen verankert ist, für das Deuten von Wahrnehmungen entscheidend ist, das eigene Verhalten entwirft und gemachte Erfahrungen einordnet.

Dieser „mental cage“ ist relativ stabil, sorgt für die Aufbewahrung individuellen Wissens, prägt das Treffen von Annahmen, wie etwas zu funktionieren hat, selektiert und strukturiert Information und bewertet richtig oder falsch. Die Gefahr von „selbsterfüllenden Prophezeiungen“ ist daher auch dementsprechend groß. Die Wirkung dieses individuellen Codes ist leicht erklärt: Wenn z.B. eine Führungskraft davon ausgeht, dass Mitarbeiter eigentlich nicht selbstverantwortlich agieren können, weil sie zu wenig Wissen haben und ihnen nichts zuzutrauen ist, erfolgt die bewusste oder unbewusste Entscheidung zu detaillierten Anweisungen, engen Handlungsspielräumen, ständigen genauen Kontrollen und striktem Sanktionieren von Fehlern. Resultat ist, dass die Unselbständigkeit im Verhalten vieler Mitarbeiter wirklich größer wird, die Angst vor Fehlern zunimmt, eine Dienst-nach-Vorschrift-Mentalität entsteht und persönliche Fähigkeiten nicht eingebracht werden. Dieses beobachtbare Verhalten bestätigt damit die Führungskraft in dem, was sie ohnehin schon immer zu wissen geglaubt hat, nämlich dass Mitarbeiter nicht genug wissen und können, um selbständig etwas Großartiges zu leisten. Dieser Dominoeffekt, der letztlich auf die Führungskraft selbst zurückwirkt, lässt sich nur auflösen, indem die persönliche Denke hinsichtlich der eigenen Rolle, des Verhaltens von Partnern, Kollegen, Vorgesetzten, Kunden, Lieferanten und vor allem Mitarbeitern hinterfragt und bewusst abgeändert wird, damit andere Entscheidungen folgen und andere Bestätigungen erlebt werden – ein Prozess, der jedoch nicht schlagartig von heute auf morgen passieren kann, sondern Bereitschaft, Bewusstsein, Investition, Ausdauer, Beständigkeit und Mut an sich selbst zu arbeiten erfordert.

Dieses geistige Korsett nimmt Einfluss auf Entscheidungen, auf die Gestaltung von Randbedingungen, auf die Auswahl und individuelle Anwendung von Methoden und Instrumenten, was dann zu jeweils unterschiedlichen Resultaten führt. Die Professionalität im Management, der Reifegrad an gelebter Führungsqualität, das erzielte Maß an Wirksamkeit bestimmen letztlich Erfolg oder Misserfolg eines Unternehmens und dies nicht nur kurzlebig – von heute auf morgen, sondern nachhaltig. Hier kommt die Rolle der Führungskraft als Gestalter, Kultivierer und Entwickler zum Tragen, die selbst Teil des zu gestaltenden Systems sind. Mittels transparenter und verbindlicher Richtlinien und Regeln werden Randbedingungen geschaffen, die das Verhalten indirekt steuernd beeinflussen. Hier kommen Prinzipien sowohl eines *transaktionalen* als auch *transformationalen* Managements zur Geltung. Im Bewusstsein der Verantwortung werden Kontextfaktoren entwickelt, angepasst oder auch radikal geändert, um einerseits angestrebte Ziele und Aufgaben zu erfüllen und andererseits Konsensbedingungen in der Kultur und Zusammenarbeit der Organisation zu begünstigen. Dies schließt die Vermittlung von Werten und Verhaltensgrundsätzen mit ein, die in die Unternehmenskultur eingepflegt werden müssen und nicht nur über „Corporate-Governance-Prinzipien“ und Codes-of-Conduct-Richtlinien verordnet werden können. Sie erfordern glaubwürdiges, authentisches, nachvollziehbares, integres Verhalten und Vorleben, um ernst genommen zu werden. Ein unbeständiges und von Widersprüchen getriebenes Flik-Flak-Management erzielt die gegenteiligen Resultate.

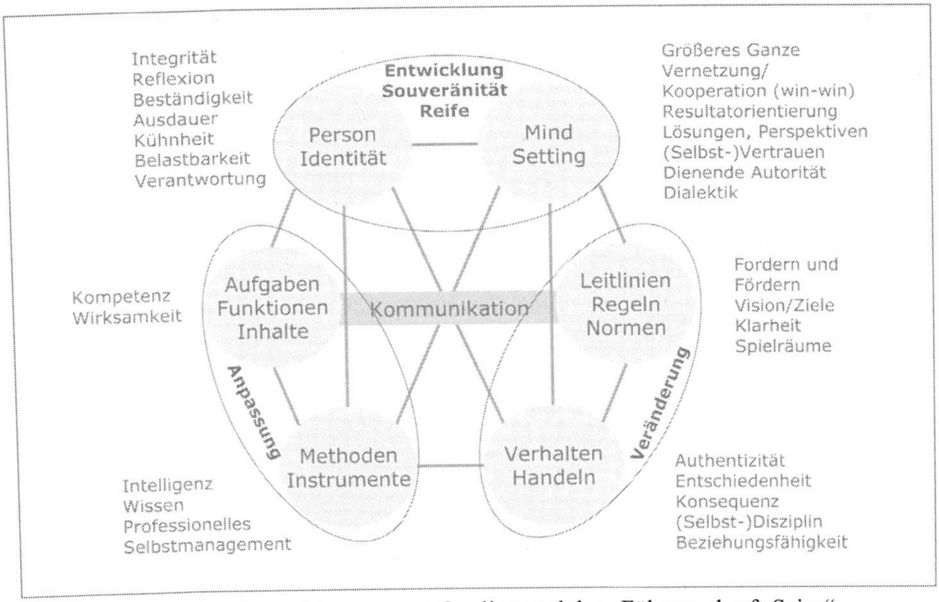

Abbildung 3: Merkmale der Management-Qualität und des „Führungskraft-Seins“

Das Plädoyer für die Führungspersönlichkeit bleibt also aufrecht. Nichtsdesto trotz besteht die Aufgabe darin, das vorhandene Wissen und die gegebenen Fähigkeiten in Erfolg zu transformieren, und dafür bedarf es auch des professionellen Einsatzes passender Führungsinstrumentarien und zunehmender Sicherheit in der kompetenten Anwendung von Ansätzen und Methoden zum Ausrichten und Designen von Organisationen und Job-Inhalten. Die zentrale Herausforderung besteht im Verhalten und in der Balance unterschiedlicher Widersprüchlichkeiten wie Nähe versus Distanz, Innenorientierung versus Außenorientierung, Autonomie versus Abhängigkeiten, Konkurrenz versus Kooperation, Kontinuität versus Veränderung. Wer „Führungs-Kraft“ sein will, muss diese daher auch haben, nämlich die Kraft und das Durchhaltevermögen, um jene Beständigkeit und Ausdauer an den Tag zu legen, die verlangt bzw. notwendig wird. Und was zeichnet jetzt wirklich eine „erfolgreiche“ Führungskraft aus?“ Es soll hier bewusst darauf verzichtet werden, das Bild einer „Eier legenden Woll-Milch-Sau“ zu entwerfen. Es gilt lediglich entlang entscheidender Größen eines Management-Gewebes die Wechselwirkungen zwischen Persönlichkeit, dem jeweils individuellen „Mind Setting“, den gesetzten transformativen Rahmenbedingungen, dem tatsächlichen eigenen Verhalten, den klug einzusetzenden Management-Methoden bzw. Instrumenten und den wahrzunehmenden Aufgaben und Funktionen zu sehen und als Komplexität des **„Führungskraft-Seins“** anzuerkennen. Entlang dieser Bausteine der Führung haben sich einzelne Weisheiten als nützlich erwiesen, um schrittweise jene individuelle Professionalität und Souveränität zu entwickeln, die für den eigenen Stil bezeichnend sind und in persönlichem Erfolg und wirtschaftlichem Resultat ihren Ausdruck finden.

Merkmale des „Führungskraft-Seins“

- Das Setzen realistischer Ziele.
- Authentisch handeln und die Differenz von „talk“ und „action“ so gering wie möglich halten.
- Lernen, die richtigen Fragen zu stellen, anstatt immer nur Antworten zu finden.
- Den Mut aufbringen, sich von Zeit zu Zeit neu zu erfinden.
- Die „richtigen“ Partner finden und die Beziehung zu ihnen pflegen.
- Das größere Ganze erkennen, anstatt sich nur auf Details zu konzentrieren!
- Respekt gegenüber sich selbst und anderen zeigen.
- Versuchen, die Dinge auch mit den Augen anderer zu sehen.
- Dinge zu Ende denken und Möglichkeitsräume schaffen.
- Mehr Sicherheit aufbauen auch auf unsicherem Terrain.
- Immer wieder das Neue in den Blick nehmen, ohne das Alte aus den Augen zu verlieren.
- Selbstsicherheit und persönliche Souveränität aufbauen, d.h. innerlich so stark sein, dass eine Abgrenzung gegenüber außen möglich ist! Entscheidungen können dann unabhängig von herrschenden Trends getroffen werden.
- Von Zeit zu Zeit das Gewohnte unterbrechen, um die nötige Distanz zu gewinnen.

Verwendete und weiterführende Literatur

Abegglen, Ch. (Hrsg.) (2005); Knut Bleicher – Management im Wandel. Meilensteine der Entwicklung eines Integrierten Managements. Künzelsau.

Collins, J. (2006); Der Weg zu den Besten. Die sieben Management-Prinzipien für dauerhaften Unternehmenserfolg. München.

Hartley, R. F. (2003); Management Mistakes and Successes. New York.

Krieg, W./Galler, K./Stadelmann, P. (2005); Richtiges und gutes Management: vom System zur Praxis. Festschrift für Fredmund Malik. Bern, Stuttgart.

Malik, F. (2002); Die neue Corporate Governance. Frankfurt/Main.

Malik, F. (2004); Gefährliche Managementwörter. Und warum man sie vermeiden sollte. Frankfurt/Main.

Malik, F. (2006); Management – Das A und O des Handwerks. Frankfurt/Main.

Maxwell, J.C. (2007); Leadership – Die 21 wichtigsten Führungsprinzipien. Gießen.

Oetinger, B. v. (2006); Hänsel und Gretel und die Kuba-Krise. München.

Sutton, R.I. (2007); Der Arschloch-Faktor. Vom geschickten Umgang mit Aufschneidern, Intriganten und Despoten im Unternehmen. München.

Welch, J. (2007); Winning – Die Antworten auf die 74 brisantesten Managementfragen. Frankurt/Main.
Zimmerli, W. Ch./Wolf, St. (Hrsg.) (2006), Spurwechsel. Wirtschaft weiter denken. Hamburg.

Autoren

Christian Abegglen (Dr. oec. HSG), ist Präsident des Verwaltungsrates der von ihm aufgebauten St. Galler Business School Gruppe und konzentriert sich als Dozent und Unternehmensberater renommierter Großunternehmen vornehmlich auf Fragen der Unternehmensentwicklung.

Martin Bergmann (Dipl.-Wirtschaftsingenieur) berät seit 20 Jahren internationale Unternehmen in den verschiedensten Branchen bei ihrer Neuausrichtung und Veränderung. Der Beratungsschwerpunkt liegt in der ganzheitlichen Gestaltung von Geschäftsprozessen, dem Einsatz von Informationstechnologien und der Begleitung der Organisation durch Change Management.

Matthias Egelhaaf (Diplom-Wirtschaftsingenieur) arbeitet im Bereich Global Shared Services bei der Siemens AG. Seit mehreren Jahren ist er auf umfangreiche internationale Shared-Service-Projekte spezialisiert. Im Rahmen seiner Doktorarbeit entwickelt er Managementkonzepte für den erfolgreichen Aufbau von Shared-Service-Einheiten und kombiniert diese mit den Erfahrungen aus seiner Praxis.

Gerhard Graf (Mag. Dr.) ist geschäftsführender Gesellschafter der Transformation Consulting Group St. Gallen/München sowie Associate Partner der St. Galler Business School. Seine Arbeitsschwerpunkte in der Top-Managementberatung konzentrieren sich auf aktuelle Herausforderungen der Geschäftsmodelloptimierung, im Design von Organisationsstrukturen sowie zu passenden Governancesystemen. Komplexes Change-Projektmanagement zählt zu seinen besonderen Spezialitäten. Zu erreichen unter: ggraf@transformation-consulting.com.

Waltraud Grillitsch (MMag.), Studium der Betriebswirtschaft und Publizistik bzw. Kommunikationswissenschaften an der Alpen Adria Universität Klagenfurt. Wissenschaftliche Mitarbeiterin am Industriestriftungsinstitut eBusiness, business technologies (biztec) der Alpen Adria Universität Klagenfurt in der Projektgruppe Knowledge Management und Lektorin am Institut für Unternehmensführung in der Abteilung für Organisations-, Personal- und Managemententwicklung.

Natalie Hagedorn (Dipl.-Psych.) absolvierte nach dem Abschluss des Studiums der Psychologie das internationale Trainee-Programm bei der Deutschen Telekom AG mit dem Schwerpunkt Human Resource Management. Aktuell ist sie als Expertin für Personal- und Organisationsentwicklung in der HR Community der Deutschen Telekom tätig.

Volker Heyse (Prof. Dr.), promovierter Sozialpsychologe, habilitiert auf dem Gebiet der Soziologie. Geschäftsführer mehrerer Consulting-Unternehmen (Regensburg/Wien), in der Lehre im Bereich Personalentwicklung/Organisationsentwicklung tätig. Gründungsrektor der Fachhochschule des Mittelstands (FHM) Bielefeld. Zahlreiche Veröffentlichungen zur Kompetenzentwicklung. Trainerausbilder: KODE® und KODE®X.

Ursula Liebhart (Univ.-Ass. Mag. Dr.) ist Assistentin und Habilitandin an der Alpen Adria Universität Klagenfurt, Institut für Unternehmensführung. Lektorin in zahlreichen Universitätslehrgängen für den Bereich Kooperationsnetzwerke, Projektmanagement, E-Collaboration sowie (Internationales) Human Resource Management. Sie schrieb das Buch „Strategische Kooperationsnetzwerke" (2002) sowie zahlreiche Artikel zu obigen Themen. Die Forschungsarbeiten konzentrieren sich auf die Schwerpunkte E-Collaboration, Human Resource Management und die Wirkungsmessung von Managementaktivitäten.

Alexandra Müller-Stingl (MMag.), Studium der Betriebswirtschaft und Anglistik. Wissenschaftliche Mitarbeiterin am Industriestriftungsinstitut eBusiness, business technologies (biztec) der Alpen Adria Universität Klagenfurt in der Projektgruppe Knowledge Management und Lektorin am Institut für Unternehmensführung in der Abteilung für Organisations-, Personal- und Managemententwicklung.

Robert Neumann (Univ.-Prof. Mag. Dr.), Universitätsprofessor am Institut für Unternehmensführung im Fachbereich Organisations-, Personal- und Managemententwicklung sowie Senior Researcher am Industriestiftungsinstitut Business Technologies der Alpen Adria Universität Klagenfurt. Wissenschaftlicher Leiter und Trainer von General Management Executive MBA-Programmen. Partner der Transformation Consulting Group St. Gallen/München. Assoziierter Partner der St. Gallen Business School. Forschungs- und Beratungsschwerpunkte in den Themengebieten Führung, Change und Knowledge Management, Management Development in Business-/Public- und Non-Profit-Organisationen. Mitglied des Herausgeberkollegiums des Electronic Journal of Knowledge Management des Management Centre International, London.
Zu erreichen unter: robert.neumann@uni-klu.ac.at.

Linda Pelzmann (Univ.-Prof. Dr.), Leiterin der Abteilung für Wirtschaftspsychologie an der Alpen Adria Universität Klagenfurt. 1992–1999 Gastprofessorin für Wirtschaftspsychologie an der Wirtschaftsuniversität Wien. 1999–2001 Research Professor und Visiting Scholar an der Harvard University, Cambridge, U.S.A. mit dem Forschungsprojekt „Mass Manufactured Will".

Markus Rimser (MMag.), Studium der Betriebswirtschaftslehre mit Spezialisierung auf Human Resource Management, Studium der Pädagogik mit Schwerpunkt Erwachsenen- und Berufsbildung, seit 1994 als externer Personalentwickler; Referenzen u.a.: Österreichisches Parlament, Voestalpine Stahl GmbH, Raiffeisenbankengruppe, Fischer Ski GmbH.

Bernhard Schmiedinger (DI), Studium der Informatik an der Johannes Kepler Universität Linz. Sechs Jahre als EDV- und Wissensmanagement-Consultant bei der VA TECH International tätig. Tätigkeiten im Bereich Organisationsentwicklung und Technologiemanagement bei der Profactor Produktionsforschungs GmbH. Aktuell tätig als wissenschaftlicher Mitarbeiter der FH OÖ Forschungs & Entwicklungs GmbH und Lektor an der FH OÖ sowie an den Universitäten Linz und Salzburg. Neben Projekten in der Industrie leitete er unter anderem auch das EU-Projekt Know-CoM und Forschungsprojekte zum Thema Unternehmenskompetenz und Wissensbewahrung in KMUs.

Martin Sonnert (Dipl.-Wirtschaftsingenieur) ist seit 2002 im Konzerneinkauf der Deutsche Telekom AG und hier global verantwortlich für übergeordnete Strategie und Organisation, Richtlinien, Performance Management wie auch Personalentwicklung. Vor dieser Position war er Projektleiter bei der T-Mobile Deutschland GmbH im Bereich Strategie.

Index

F

Q

R

S

T

U

V

W

Z